WISSEN FÜR DIE PRAXIS

WALHALLA

Walhalla Fachredaktion

Das gesamte Betreuungsrecht

Die Rechtsgrundlagen für die tägliche Betreuungsarbeit

12. Auflage, 2024

Bibliografische Information der Deutschen Nationalbibliothek
Die Deutsche Nationalbibliothek verzeichnet diese Publikation in der Deutschen Nationalbibliografie; detaillierte bibliografische Daten sind im Internet über www.dnb.de abrufbar.

Zitiervorschlag:
Das gesamte Betreuungsrecht
in der Reihe WALHALLA-Textausgaben
Walhalla Fachverlag, Regensburg 2024

Rechtsstand: 1. Juni 2024

Produktion Walhalla Fachverlag, 93042 Regensburg
Umschlaggestaltung: grubergrafik, Augsburg
Printed in Germany
ISBN 978-3-8029-5327-9

Rechtsgrundlagen für die tägliche Betreuungsarbeit

Neben den Kernvorschriften des Betreuungsrechts, geregelt in den §§ 1896 ff. BGB, stehen in dieser Textsammlung die zahlreichen – in verschiedenen Gesetzen und Verordnungen niedergelegten – Regelungen zur Verfügung, die die tägliche Arbeit von ehrenamtlichen Betreuern und Betreuerinnen, Berufsbetreuern, Rechtspflegern, Notaren, Richtern am Betreuungsgericht sowie Mitarbeitern in Betreuungsvereinen und Betreuungsbehörden berühren.

Einzigartig und umso hilfreicher ist diese gezielt für die Praxis zusammengestellte kompakte Gesetzessammlung; wer sie nutzt, spart Zeit und hat Zugriff auf umfassende und zuverlässige Information. Das graue Griffregister und die Abschnittsübersichten verdeutlichen die klare rechts- bzw. themensystematische Gliederung. Die alphabetische Schnellübersicht sowie das Stichwortverzeichnis helfen beim schnellen Auffinden des maßgeblichen Paragraphen.

Die Leitziffernsystematik am oberen Seitenrand funktioniert ganz einfach:

Die erste Zahl entspricht der Abschnittsnummer.

Die zweite Zahl stellt die Ordnungsnummer innerhalb des Abschnitts dar.

II.1 **BGB: Bürgerliches Gesetzbuch**

Diese Textausgabe beruht auf dem Rechtsstand 1. Juni 2024. Neu aufgenommen wurde das Betreuer-Inflationsausgleichs-Sonderzahlungsgesetz (siehe Leitziffer II.3.1).

Wir danken für die Anregungen zur weiteren Verbesserung der Textausgabe und wünschen erfolgreiches Arbeiten mit „Das gesamte Betreuungsrecht".

Ihr Walhalla Fachverlag

Alphabetische Schnellübersicht

AO	Abgabenordnung	VI.1
BetrInASG	Betreuer-Inflationsausgleichs-Sonderzahlungsgesetz	II.3.1
BeurkG	Beurkundungsgesetz	V.2
BGB	Bürgerliches Gesetzbuch	II.1
BMG	Bundesmeldegesetz	VI.10
BNotO	Bundesnotarordnung	V.1
Bürgergeld-V	Bürgergeldverordnung	VII.1.1
BtOG	Betreuungsorganisationsgesetz Ausführungsgesetze der Bundesländer	IV.1 IV.2 – IV.17
BtRegV	Betreuerregistrierungsverordnung	IV.1.1
EGBGB	Einführungsgesetz zum Bürgerlichen Gesetzbuche	II.2
ErwSÜAG	Erwachsenenschutzübereinkommens-Ausführungsgesetz	III.8
ESÜ	Haager Erwachsenenschutzübereinkommen	III.9
FamFG	Gesetz über das Verfahren in Familiensachen und in den Angelegenheiten der freiwilligen Gerichtsbarkeit	III.3
GG	Grundgesetz	I.1
GNotKG	Gerichts- und Notarkostengesetz	III.6
GVG	Gerichtsverfassungsgesetz	III.1
JBetrG	Justizbeitreibungsgesetz	III.7
JVEG	Justizvergütungs- und -entschädigungsgesetz	III.5
PAuswG	Personalausweisgesetz	VI.9
RPflG	Rechtspflegergesetz	III.2
SGB I	Sozialgesetzbuch (SGB) Erstes Buch (I) – Allgemeiner Teil –	VI.5
SGB II	Sozialgesetzbuch (SGB) Zweites Buch (II) – Bürgergeld, Grundsicherung für Arbeitsuchende	VII.1
SGB VIII	Sozialgesetzbuch (SGB) Achtes Buch (VIII) – Kinder- und Jugendhilfe	VII.2
SGB IX	Sozialgesetzbuch Neuntes Buch – Rehabilitation und Teilhabe von Menschen mit Behinderungen – (Neuntes Buch Sozialgesetzbuch – SGB IX) – Teil 2: Eingliederungshilferecht	VII.5
SGB X	Zehntes Buch Sozialgesetzbuch – Sozialverwaltungsverfahren und Sozialdatenschutz	VI.6
SGB XI	Sozialgesetzbuch (SGB) Elftes Buch (XI) – Soziale Pflegeversicherung	VII.3
SGB XII	Sozialgesetzbuch (SGB) Zwölftes Buch (XII) – Sozialhilfe	VII.4
SGG	Sozialgerichtsgesetz	VI.7
StPO	Strafprozessordnung	VI.8
VBVG	Vormünder- und Betreuervergütungsgesetz	II.3

VRegGebS	Satzung über die Gebühren in Angelegenheiten des Zentralen Vorsorgeregisters (Vorsorgeregister)	V.4
VRegV	Vorsorgeregister-Verordnung	V.3
VwGO	Verwaltungsgerichtsordnung	VI.4
VwVfG	Verwaltungsverfahrensgesetz	VI.2
VwZG	Verwaltungszustellungsgesetz	VI.3
WBVG	Gesetz zur Regelung von Verträgen über Wohnraum mit Pflege- oder Betreuungsleistungen (Wohn- und Betreuungsvertragsgesetz)	VIII.1
ZPO	Zivilprozessordnung	III.4

Gesamtübersicht

I Grundrechte, Überstaatliches Recht

I.1 Grundgesetz (GG) (Auszug) ... 12
I.2 Bundeswahlgesetz (Auszug) ... 17
I.3 Übereinkommen über die Rechte von Menschen mit Behinderungen (UN-Behindertenrechtskonvention) (Auszug) ... 21

II Materielles Betreuungsrecht

II.1 Bürgerliches Gesetzbuch (BGB) (Auszug) ... 32
II.2 Einführungsgesetz zum Bürgerlichen Gesetzbuche (EGBGB) (Auszug) ... 167
II.3 Gesetz über die Vergütung von Vormündern und Betreuern (Vormünder- und Betreuervergütungsgesetz – VBVG) (Auszug) ... 169
II.3.1 Gesetz zur Regelung einer Inflationsausgleichs-Sonderzahlung für berufliche Betreuer, Betreuungsvereine und ehrenamtliche Betreuer (Betreuer-Inflationsausgleichs-Sonderzahlungsgesetz – BetrInASG) ... 175

III Verfahren, Kosten

III.1 Gerichtsverfassungsgesetz (GVG) (Auszug) ... 178
III.2 Rechtspflegergesetz (RPflG) (Auszug) ... 181
III.3 Gesetz über das Verfahren in Familiensachen und in den Angelegenheiten der freiwilligen Gerichtsbarkeit (FamFG) (Auszug) ... 186
III.4 Zivilprozessordnung (ZPO) (Auszug) ... 222
III.5 Gesetz über die Vergütung von Sachverständigen, Dolmetscherinnen, Dolmetschern, Übersetzerinnen und Übersetzern sowie die Entschädigung von ehrenamtlichen Richterinnen, ehrenamtlichen Richtern, Zeuginnen, Zeugen und Dritten (Justizvergütungs- und -entschädigungsgesetz – JVEG) (Auszug) ... 236
III.6 Gesetz über Kosten der freiwilligen Gerichtsbarkeit für Gerichte und Notare (Gerichts- und Notarkostengesetz – GNotKG) (Auszug) ... 241
III.7 Justizbeitreibungsgesetz (JBeitrG) ... 250
III.8 Gesetz zur Ausführung des Haager Übereinkommens vom 13. Januar 2000 über den internationalen Schutz von Erwachsenen (Erwachsenenschutzübereinkommens-Ausführungsgesetz – ErwSÜAG) ... 253
III.9 Übereinkommen über den internationalen Schutz von Erwachsenen (Haager Erwachsenenschutzübereinkommen) ... 256

IV Betreuungsorganisation, Registrierungsverfahren

IV.1 Betreuungsorganisationsgesetz (BtOG) ... 264
IV.1.1 Verordnung über die Registrierung von beruflichen Betreuern (Betreuerregistrierungsverordnung – BtRegV) ... 273
IV.2 Gesetz zur Ausführung des Betreuungsrechts (AG BtG) (Baden-Württemberg) ... 281
IV.3 Bayerisches Gesetz zur Ausführung betreuungsrechtlicher Vorschriften (AGBtG) ... 283
IV.4 Berliner Gesetz zur Ausführung des Betreuungsorganisationsgesetzes (AGBtOG Bln) ... 285
IV.5 Gesetz zur Ausführung des Betreuungsorganisationsgesetzes im Land Brandenburg (Brandenburgisches Betreuungsorganisationsausführungsgesetz – BbgAGBtOG) ... 287
IV.6 Gesetz zur Ausführung des Betreuungsrechts (Bremisches Betreuungsrechtsausführungsgesetz – BremBtRAG) ... 290
IV.7 Hamburgisches Gesetz zur Ausführung des Betreuungsorganisationsgesetzes (HmbAGBtOG) ... 292
IV.8 Hessisches Ausführungsgesetz zum Betreuungsrecht (HAG/BtR) ... 294
IV.9 Gesetz zur Ausführung des Betreuungsrechts in Mecklenburg-Vorpommern (Betreuungsrechtsausführungsgesetz – AG BtG) ... 297
IV.10 Niedersächsisches Ausführungsgesetz zum Betreuungsrecht (Nds. AGBtR) ... 298
IV.11 Gesetz zur Ausführung des Betreuungsgesetzes (Landesbetreuungsgesetz – LBtG) (Nordrhein-Westfalen) ... 299

IV.12 Landesgesetz zur Ausführung des Betreuungsrechts (AGBtR) (Rheinland-Pfalz) 301
IV.13 Gesetz zur Ausführung des Betreuungsorganisationsgesetzes (AG-BtOG) (Saarland) 303
IV.14 Gesetz zur Ausführung des Betreuungsrechts (AGBtR) (Sachsen) 305
IV.15 Gesetz zur Ausführung des Betreuungsrechts (BtR AG) 308
IV.16 Landesbetreuungsgesetz (Schleswig-Holstein) 310
IV.17 Thüringer Gesetz zur Ausführung des Betreuungsorganisationsgesetzes (ThürAGBtOG) 311

V Betreuungsverfügung, Vorsorgevollmacht

V.1 Bundesnotarordnung (BNotO) (Auszug) 314
V.2 Beurkundungsgesetz (BeurkG) (Auszug) 318
V.3 Verordnung über das Zentrale Vorsorgeregister (Vorsorgeregister-Verordnung – VRegV) 322
V.4 Satzung über die Gebühren in Angelegenheiten des Zentralen Vorsorgeregisters (Vorsorgeregister-Gebührensatzung – VRegGebS) 324
V.5 Grundsätze der Bundesärztekammer zur ärztlichen Sterbebegleitung 326

VI Sonstige Mitteilungs-/Vertretungsregeln

VI.1 Abgabenordnung (AO) (Auszug) 330
VI.2 Verwaltungsverfahrensgesetz (VwVfG) (Auszug) 336
VI.3 Verwaltungszustellungsgesetz (VwZG) (Auszug) 338
VI.4 Verwaltungsgerichtsordnung (VwGO) (Auszug) 339
VI.5 Sozialgesetzbuch (SGB) Erstes Buch (I) – Allgemeiner Teil – (SGB I) (Auszug) 342
VI.6 Zehntes Buch Sozialgesetzbuch – Sozialverwaltungsverfahren und Sozialdatenschutz – (SGB X) (Auszug) 343
VI.7 Sozialgerichtsgesetz (SGG) (Auszug) 348
VI.8 Strafprozeßordnung (StPO) (Auszug) 352
VI.9 Gesetz über Personalausweise und den elektronischen Identitätsnachweis (Personalausweisgesetz – PAuswG) (Auszug) 354
VI.10 Bundesmeldegesetz (BMG) (Auszug) 356

VII Sozialrecht

VII.1 Sozialgesetzbuch (SGB) Zweites Buch (II) – Bürgergeld, Grundsicherung für Arbeitsuchende – (SGB II) (Auszug) 362
VII.1.1 Verordnung zur Berechnung von Einkommen sowie zur Nichtberücksichtigung von Einkommen und Vermögen beim Bürgergeld (Bürgergeld-Verordnung – Bürgergeld-V) 399
VII.2 Sozialgesetzbuch (SGB) Achtes Buch (VIII) – Kinder- und Jugendhilfe – (SGB VIII) (Auszug) 403
VII.3 Sozialgesetzbuch (SGB) Elftes Buch (XI) – Soziale Pflegeversicherung – (SGB XI) (Auszug) 408
VII.4 Sozialgesetzbuch (SGB) Zwölftes Buch (XII) – Sozialhilfe – (SGB XII) 459
VII.5 Sozialgesetzbuch Neuntes Buch – Rehabilitation und Teilhabe von Menschen mit Behinderungen – (Neuntes Buch Sozialgesetzbuch – SGB IX) (Auszug: Teil 2 Eingliederungshilferecht) 515
VII.5.1 Verordnung nach § 60 des Zwölften Buches Sozialgesetzbuch (Eingliederungshilfe-Verordnung) 533
VII.6 Verordnung zur Durchführung der Hilfe zur Überwindung besonderer sozialer Schwierigkeiten 534
VII.7 Verordnung zur Durchführung des § 82 des Zwölften Buches Sozialgesetzbuch 536
VII.8 Verordnung zur Durchführung des § 90 Abs. 2 Nr. 9 des Zwölften Buches Sozialgesetzbuch . 539

VIII Heimrecht

VIII.1 Gesetz zur Regelung von Verträgen über Wohnraum mit Pflege- oder Betreuungsleistungen (Wohn- und Betreuungsvertragsgesetz – WBVG) 542

Stichwortverzeichnis 549

I Grundrechte, Überstaatliches Recht

I.1 Grundgesetz (GG) (Auszug) 12

I.2 Bundeswahlgesetz (Auszug) 17

I.3 Übereinkommen über die Rechte von Menschen mit Behinderungen (UN-Behindertenrechtskonvention) (Auszug) 21

Grundgesetz für die Bundesrepublik Deutschland

Vom 23. Mai 1949 (BGBl. S. 1)

Zuletzt geändert durch
Gesetz zur Änderung des Grundgesetzes (Artikel 82)
vom 19. Dezember 2022 (BGBl. I S. 2478)

– Auszug –

Inhaltsübersicht

PRÄAMBEL

I. Die Grundrechte

Artikel 1 (Schutz der Menschenwürde)
Artikel 2 (Persönliche Freiheit)
Artikel 3 (Gleichheit vor dem Gesetz)
Artikel 4 (Glaubens- und Bekenntnisfreiheit)
Artikel 5 (Freie Meinungsäußerung)
Artikel 6 (Ehe, Familie, uneheliche Kinder)
Artikel 7 (Schulwesen)
Artikel 8 (Versammlungsfreiheit)
Artikel 9 (Vereinigungsfreiheit)
Artikel 10 (Brief- und Postgeheimnis)
Artikel 11 (Freizügigkeit)
Artikel 12 (Freiheit des Berufes)
Artikel 12a (Wehrpflicht, Ersatzdienst)
Artikel 13 (Unverletzlichkeit der Wohnung)
Artikel 14 (Eigentum, Erbrecht und Enteignung)
Artikel 15 (Sozialisierung)
Artikel 16 (Ausbürgerung, Auslieferung)
Artikel 16a (Asylrecht)
Artikel 17 (Petitionsrecht)
Artikel 17a (Wehrdienst, Ersatzdienst)
Artikel 18 (Verwirkung von Grundrechten)
Artikel 19 (Einschränkung von Grundrechten)

III. Der Bundestag

Artikel 38 (Wahl)

IX. Die Rechtsprechung

Artikel 104 (Rechtsgarantien bei Freiheitsentziehung)

PRÄAMBEL

Im Bewußtsein seiner Verantwortung vor Gott und den Menschen, von dem Willen beseelt, als gleichberechtigtes Glied in einem vereinten Europa dem Frieden der Welt zu dienen, hat sich das Deutsche Volk kraft seiner verfassungsgebenden Gewalt dieses Grundgesetz gegeben.

Die Deutschen in den Ländern Baden-Württemberg, Bayern, Berlin, Brandenburg, Bremen, Hamburg, Hessen, Mecklenburg-Vorpommern, Niedersachsen, Nordrhein-Westfalen, Rheinland-Pfalz, Saarland, Sachsen, Sachsen-Anhalt, Schleswig-Holstein und Thüringen haben in freier Selbstbestimmung die Einheit und Freiheit Deutschlands vollendet. Damit gilt dieses Grundgesetz für das gesamte Deutsche Volk.

I. Die Grundrechte

Artikel 1 (Schutz der Menschenwürde)

(1) Die Würde des Menschen ist unantastbar. Sie zu achten und zu schützen ist Verpflichtung aller staatlichen Gewalt.

(2) Das Deutsche Volk bekennt sich darum zu unverletzlichen und unveräußerlichen Menschenrechten als Grundlage jeder menschlichen Gemeinschaft, des Friedens und der Gerechtigkeit in der Welt.

(3) Die nachfolgenden Grundrechte binden Gesetzgebung, vollziehende Gewalt und Rechtsprechung als unmittelbar geltendes Recht.

Artikel 2 (Persönliche Freiheit)

(1) Jeder hat das Recht auf die freie Entfaltung seiner Persönlichkeit, soweit er nicht die Rechte anderer verletzt und nicht gegen die verfassungsmäßige Ordnung oder das Sittengesetz verstößt.

(2) Jeder hat das Recht auf Leben und körperliche Unversehrtheit. Die Freiheit der Person ist unverletzlich. In diese Rechte darf nur auf Grund eines Gesetzes eingegriffen werden.

Artikel 3 (Gleichheit vor dem Gesetz)

(1) Alle Menschen sind vor dem Gesetz gleich.

(2) Männer und Frauen sind gleichberechtigt. Der Staat fördert die tatsächliche Durchsetzung der Gleichberechtigung von Frauen und Männern und wirkt auf die Beseitigung bestehender Nachteile hin.

(3) Niemand darf wegen seines Geschlechtes, seiner Abstammung, seiner Rasse, seiner Sprache, seiner Heimat und Herkunft, seines Glaubens, seiner religiösen oder politischen Anschauungen benachteiligt oder bevorzugt werden. Niemand darf wegen seiner Behinderung benachteiligt werden.

Artikel 4 (Glaubens- und Bekenntnisfreiheit)

(1) Die Freiheit des Glaubens, des Gewissens und die Freiheit des religiösen und weltanschaulichen Bekenntnisses sind unverletzlich.

(2) Die ungestörte Religionsausübung wird gewährleistet.

(3) Niemand darf gegen sein Gewissen zum Kriegsdienst mit der Waffe gezwungen werden. Das Nähere regelt ein Bundesgesetz.

Artikel 5 (Freie Meinungsäußerung)

(1) Jeder hat das Recht, seine Meinung in Wort, Schrift und Bild frei zu äußern und zu verbreiten und sich aus allgemein zugänglichen Quellen ungehindert zu unterrichten. Die Pressefreiheit und die Freiheit der Berichterstattung durch Rundfunk und Film werden gewährleistet. Eine Zensur findet nicht statt.

(2) Diese Rechte finden ihre Schranken in den Vorschriften der allgemeinen Gesetze, den gesetzlichen Bestimmungen zum Schutze der Jugend und in dem Recht der persönlichen Ehre.

(3) Kunst und Wissenschaft, Forschung und Lehre sind frei. Die Freiheit der Lehre entbindet nicht von der Treue zur Verfassung.

Artikel 6 (Ehe, Familie, uneheliche Kinder)

(1) Ehe und Familie stehen unter dem besonderen Schutze der staatlichen Ordnung.

(2) Pflege und Erziehung der Kinder sind das natürliche Recht der Eltern und die zuvörderst ihnen obliegende Pflicht. Über ihre Betätigung wacht die staatliche Gemeinschaft.

(3) Gegen den Willen der Erziehungsberechtigten dürfen Kinder nur auf Grund eines Gesetzes von der Familie getrennt werden, wenn die Erziehungsberechtigten versagen oder wenn die Kinder aus anderen Gründen zu verwahrlosen drohen.

(4) Jede Mutter hat Anspruch auf den Schutz und die Fürsorge der Gemeinschaft.

(5) Den unehelichen Kindern sind durch die Gesetzgebung die gleichen Bedingungen für ihre leibliche und seelische Entwicklung und ihre Stellung in der Gesellschaft zu schaffen wie den ehelichen Kindern.

Artikel 7 (Schulwesen)

(1) Das gesamte Schulwesen steht unter der Aufsicht des Staates.

(2) Die Erziehungsberechtigten haben das Recht, über die Teilnahme des Kindes am Religionsunterricht zu bestimmen.

(3) Der Religionsunterricht ist in den öffentlichen Schulen mit Ausnahme der bekenntnisfreien Schulen ordentliches Lehrfach. Unbeschadet des staatlichen Aufsichtsrechtes wird der Religionsunterricht in Übereinstimmung mit den Grundsätzen der Religionsgemeinschaften erteilt. Kein Lehrer darf gegen seinen Willen verpflichtet werden, Religionsunterricht zu erteilen.

(4) Das Recht zur Errichtung von privaten Schulen wird gewährleistet. Private Schulen als Ersatz für öffentliche Schulen bedürfen der Genehmigung des Staates und unterstehen den Landesgesetzen. Die Genehmigung ist zu erteilen, wenn die privaten Schulen in ihren Lehrzielen und Einrichtungen sowie in der wissenschaftlichen Ausbildung ihrer Lehrkräfte nicht hinter den öffentlichen Schulen zurückstehen und eine Sonderung der Schüler nach den Besitzverhältnissen der Eltern nicht gefördert wird. Die Genehmigung ist zu versagen, wenn die wirtschaftliche und rechtliche Stellung der Lehrkräfte nicht genügend gesichert ist.

(5) Eine private Volksschule ist nur zuzulassen, wenn die Unterrichtsverwaltung ein besonderes pädagogisches

Interesse anerkennt oder, auf Antrag von Erziehungsberechtigten, wenn sie als Gemeinschaftsschule, als Bekenntnis- oder Weltanschauungsschule errichtet werden soll und eine öffentliche Volksschule dieser Art in der Gemeinde nicht besteht.

(6) Vorschulen bleiben aufgehoben.

Artikel 8 (Versammlungsfreiheit)

(1) Alle Deutschen haben das Recht, sich ohne Anmeldung oder Erlaubnis friedlich und ohne Waffen zu versammeln.

(2) Für Versammlungen unter freiem Himmel kann dieses Recht durch Gesetz oder auf Grund eines Gesetzes beschränkt werden.

Artikel 9 (Vereinigungsfreiheit)

(1) Alle Deutschen haben das Recht, Vereine und Gesellschaften zu bilden.

(2) Vereinigungen, deren Zwecke oder deren Tätigkeit den Strafgesetzen zuwiderlaufen oder die sich gegen die verfassungsmäßige Ordnung oder gegen den Gedanken der Völkerverständigung richten, sind verboten.

(3) Das Recht, zur Wahrung und Förderung der Arbeits- und Wirtschaftsbedingungen Vereinigungen zu bilden, ist für jedermann und für alle Berufe gewährleistet. Abreden, die dieses Recht einschränken oder zu behindern suchen, sind nichtig, hierauf gerichtete Maßnahmen sind rechtswidrig. Maßnahmen nach den Artikeln 12a, 35 Abs. 2 und 3, Artikel 87a Abs. 4 und Artikel 91 dürfen sich nicht gegen Arbeitskämpfe richten, die zur Wahrung und Förderung der Arbeits- und Wirtschaftsbedingungen von Vereinigungen im Sinne des Satzes 1 geführt werden.

Artikel 10 (Brief- und Postgeheimnis)

(1) Das Briefgeheimnis sowie das Post- und Fernmeldegeheimnis sind unverletzlich.

(2) Beschränkungen dürfen nur auf Grund eines Gesetzes angeordnet werden. Dient die Beschränkung dem Schutze der freiheitlichen demokratischen Grundordnung oder des Bestandes oder der Sicherung des Bundes oder eines Landes, so kann das Gesetz bestimmen, daß sie dem Betroffenen nicht mitgeteilt wird und daß an die Stelle des Rechtsweges die Nachprüfung durch von der Volksvertretung bestellte Organe und Hilfsorgane tritt.

Artikel 11 (Freizügigkeit)

(1) Alle Deutschen genießen Freizügigkeit im ganzen Bundesgebiet.

(2) Dieses Recht darf nur durch Gesetz oder auf Grund eines Gesetzes und nur für die Fälle eingeschränkt werden, in denen eine ausreichende Lebensgrundlage nicht vorhanden ist und der Allgemeinheit daraus besondere Lasten entstehen würden oder in denen es zur Abwehr einer drohenden Gefahr für den Bestand oder die freiheitliche demokratische Grundordnung des Bundes oder eines Landes, zur Bekämpfung von Seuchengefahr, Naturkatastrophen oder besonders schweren Unglücksfällen, zum Schutze der Jugend vor Verwahrlosung oder um strafbaren Handlungen vorzubeugen, erforderlich ist.

Artikel 12 (Freiheit des Berufes)

(1) Alle Deutschen haben das Recht, Beruf, Arbeitsplatz und Ausbildungsstätte frei zu wählen. Die Berufsausübung kann durch Gesetz oder auf Grund eines Gesetzes geregelt werden.

(2) Niemand darf zu einer bestimmten Arbeit gezwungen werden, außer im Rahmen einer herkömmlichen allgemeinen, für alle gleichen öffentlichen Dienstleistungspflicht.

(3) Zwangsarbeit ist nur bei einer gerichtlich angeordneten Freiheitsentziehung zulässig.

Artikel 12a (Wehrpflicht, Ersatzdienst)

(1) Männer können vom vollendeten achtzehnten Lebensjahr an zum Dienst in den Streitkräften, im Bundesgrenzschutz oder in einem Zivilschutzverband verpflichtet werden.

(2) Wer aus Gewissensgründen den Kriegsdienst mit der Waffe verweigert, kann zu einem Ersatzdienst verpflichtet werden. Die Dauer des Ersatzdienstes darf die Dauer des Wehrdienstes nicht übersteigen. Das Nähere regelt ein Gesetz, das die Freiheit der Gewissensentscheidung nicht beeinträchtigen darf und auch eine Möglichkeit des Ersatzdienstes vorsehen muß, die in keinem Zusammenhang mit den Verbänden der Streitkräfte und des Bundesgrenzschutzes steht.

(3) Wehrpflichtige, die nicht zu einem Dienst nach Absatz 1 oder 2 herangezogen sind, können im Verteidigungsfalle durch Gesetz oder auf Grund eines Gesetzes zu zivilen Dienstleistungen für Zwecke der Verteidigung einschließlich des Schutzes der Zivilbevölkerung in Arbeitsverhältnisse verpflichtet werden; Verpflichtungen in öffentlich-rechtliche Dienstverhältnisse sind nur zur Wahrnehmung polizeilicher Aufgaben oder solcher hoheitlichen Aufgaben der öffentlichen Verwaltung, die nur in einem öffentlich-rechtlichen Dienstverhältnis erfüllt werden können, zulässig. Arbeitsverhältnisse nach Satz 1 können bei den Streitkräften, im Bereich ihrer Versorgung sowie bei der öffentlichen Verwaltung begründet werden; Verpflichtungen in Arbeitsverhältnisse im Bereiche der Versorgung der Zivilbevölkerung sind nur zulässig, um ihren lebensnotwendigen Bedarf zu decken oder ihren Schutz sicherzustellen.

(4) Kann im Verteidigungsfalle der Bedarf an zivilen Dienstleistungen im zivilen Sanitäts- und Heilwesen sowie in der ortsfesten militärischen Lazarettorganisation nicht auf freiwilliger Grundlage gedeckt werden, so können Frauen vom vollendeten achtzehnten bis zum vollendeten fünfundfünfzigsten Lebensjahr durch Gesetz oder auf Grund eines Gesetzes zu derartigen Dienstleistungen herangezogen werden. Sie dürfen auf keinen Fall zum Dienst mit der Waffe verpflichtet werden.

(5) Für die Zeit vor dem Verteidigungsfalle können Verpflichtungen nach Absatz 3 nur nach Maßgabe des Artikels 80a Abs. 1 begründet werden. Zur Vorbereitung auf Dienstleistungen nach Absatz 3, für die besondere Kenntnisse oder Fertigkeiten erforderlich sind, kann durch Gesetz oder auf Grund eines Gesetzes die Teilnahme an Ausbildungsveranstaltungen zur Pflicht gemacht werden. Satz 1 findet insoweit keine Anwendung.

(6) Kann im Verteidigungsfalle der Bedarf an Arbeitskräften für die in Absatz 3 Satz 2 genannten Bereiche auf freiwilliger Grundlage nicht gedeckt werden, so kann zur Sicherung dieses Bedarfs die Freiheit der Deutschen, die Ausübung eines Berufs oder den Arbeitsplatz aufzuge-

ben, durch Gesetz oder auf Grund eines Gesetzes eingeschränkt werden. Vor Eintritt des Verteidigungsfalles gilt Absatz 5 Satz 1 entsprechend.

Artikel 13 (Unverletzlichkeit der Wohnung)

(1) Die Wohnung ist unverletzlich.

(2) Durchsuchungen dürfen nur durch den Richter, bei Gefahr im Verzuge auch durch die in den Gesetzen vorgesehenen anderen Organe angeordnet und nur in der dort vorgeschriebenen Form durchgeführt werden.

(3) Begründen bestimmte Tatsachen den Verdacht, daß jemand eine durch Gesetz einzeln bestimmte besonders schwere Straftat begangen hat, so dürfen zur Verfolgung der Tat auf Grund richterlicher Anordnung technische Mittel zur akustischen Überwachung von Wohnungen, in denen der Beschuldigte sich vermutlich aufhält, eingesetzt werden, wenn die Erforschung des Sachverhalts auf andere Weise unverhältnismäßig erschwert oder aussichtslos wäre. Die Maßnahme ist zu befristen. Die Anordnung erfolgt durch einen mit drei Richtern besetzten Spruchkörper. Bei Gefahr im Verzuge kann sie auch durch einen einzelnen Richter getroffen werden.

(4) Zur Abwehr dringender Gefahren für die öffentliche Sicherheit, insbesondere einer gemeinen Gefahr oder einer Lebensgefahr, dürfen technische Mittel zur Überwachung von Wohnungen nur auf Grund richterlicher Anordnung eingesetzt werden. Bei Gefahr im Verzuge kann die Maßnahme auch durch eine andere gesetzlich bestimmte Stelle angeordnet werden; eine richterliche Entscheidung ist unverzüglich nachzuholen.

(5) Sind technische Mittel ausschließlich zum Schutze der bei einem Einsatz in Wohnungen tätigen Personen vorgesehen, kann die Maßnahme durch eine gesetzlich bestimmte Stelle angeordnet werden. Eine anderweitige Verwertung der hierbei erlangten Erkenntnisse ist nur zum Zwecke der Strafverfolgung oder der Gefahrenabwehr und nur zulässig, wenn zuvor die Rechtmäßigkeit der Maßnahme richterlich festgestellt ist; bei Gefahr im Verzuge ist die richterliche Entscheidung unverzüglich nachzuholen.

(6) Die Bundesregierung unterrichtet den Bundestag jährlich über den nach Absatz 3 sowie über den im Zuständigkeitsbereich des Bundes nach Absatz 4 und, soweit richterlich überprüfungsbedürftig, nach Absatz 5 erfolgten Einsatz technischer Mittel. Ein vom Bundestag gewähltes Gremium übt auf der Grundlage dieses Berichts die parlamentarische Kontrolle aus. Die Länder gewährleisten eine gleichwertige parlamentarische Kontrolle.

(7) Eingriffe und Beschränkungen dürfen im übrigen nur zur Abwehr einer gemeinen Gefahr oder einer Lebensgefahr für einzelne Personen, auf Grund eines Gesetzes auch zur Verhütung dringender Gefahren für die öffentliche Sicherheit und Ordnung, insbesondere zur Behebung der Raumnot, zur Bekämpfung von Seuchengefahr oder zum Schutze gefährdeter Jugendlicher vorgenommen werden.

Artikel 14 (Eigentum, Erbrecht und Enteignung)

(1) Das Eigentum und das Erbrecht werden gewährleistet. Inhalt und Schranken werden durch die Gesetze bestimmt.

(2) Eigentum verpflichtet. Sein Gebrauch soll zugleich dem Wohle der Allgemeinheit dienen.

(3) Eine Enteignung ist nur zum Wohle der Allgemeinheit zulässig. Sie darf nur durch Gesetz oder auf Grund eines Gesetzes erfolgen, das Art und Ausmaß der Entschädigung regelt. Die Entschädigung ist unter gerechter Abwägung der Interessen der Allgemeinheit und der Beteiligten zu bestimmen. Wegen der Höhe der Entschädigung steht im Streitfalle der Rechtsweg vor den ordentlichen Gerichten offen.

Artikel 15 (Sozialisierung)

Grund und Boden, Naturschätze und Produktionsmittel können zum Zwecke der Vergesellschaftung durch ein Gesetz, das Art und Ausmaß der Entschädigung regelt, in Gemeineigentum oder in andere Formen der Gemeinwirtschaft überführt werden. Für die Entschädigung gilt Art. 14 Abs. 3 Satz 3 und 4 entsprechend.

Artikel 16 (Ausbürgerung, Auslieferung)

(1) Die Deutsche Staatsangehörigkeit darf nicht entzogen werden. Der Verlust der Staatsangehörigkeit darf nur auf Grund eines Gesetzes und gegen den Willen des Betroffenen nur dann eintreten, wenn der Betroffene dadurch nicht staatenlos wird.

(2) Kein Deutscher darf an das Ausland ausgeliefert werden. Durch Gesetz kann eine abweichende Regelung für Auslieferungen an einen Mitgliedstaat der Europäischen Union oder an einen internationalen Gerichtshof getroffen werden, soweit rechtsstaatliche Grundsätze gewahrt sind.

Artikel 16a (Asylrecht)

(1) Politisch Verfolgte genießen Asylrecht.

(2) Auf Absatz 1 kann sich nicht berufen, wer aus einem Mitgliedstaat der Europäischen Gemeinschaften oder aus einem anderen Drittstaat einreist, in dem die Anwendung des Abkommens über die Rechtsstellung der Flüchtlinge und der Konvention zum Schutze der Menschenrechte und Grundfreiheiten sichergestellt ist. Die Staaten außerhalb der Europäischen Gemeinschaften, auf die die Voraussetzungen des Satzes 1 zutreffen, werden durch Gesetz, das der Zustimmung des Bundesrates bedarf, bestimmt. In den Fällen des Satzes 1 können aufenthaltsbeendende Maßnahmen unabhängig von einem hiergegen eingelegten Rechtsbehelf vollzogen werden.

(3) Durch Gesetz, das der Zustimmung des Bundesrates bedarf, können Staaten bestimmt werden, bei denen auf Grund der Rechtslage, der Rechtsanwendung und der allgemeinen politischen Verhältnisse gewährleistet erscheint, daß dort weder politische Verfolgung noch unmenschliche oder erniedrigende Bestrafung oder Behandlung stattfindet. Es wird vermutet, daß ein Ausländer aus einem solchen Staat nicht verfolgt wird, solange er nicht Tatsachen vorträgt, die die Annahme begründen, daß er entgegen dieser Vermutung politisch verfolgt wird.

(4) Die Vollziehung aufenthaltsbeendender Maßnahmen wird in den Fällen des Absatzes 3 und in anderen Fällen, die offensichtlich unbegründet sind oder als offensichtlich unbegründet gelten, durch das Gericht nur ausgesetzt, wenn ernstliche Zweifel an der Rechtmäßigkeit der

I

Maßnahme bestehen; der Prüfungsumfang kann eingeschränkt werden und verspätetes Vorbringen unberücksichtigt bleiben. Das Nähere ist durch Gesetz zu bestimmen.

(5) Die Absätze 1 bis 4 stehen völkerrechtlichen Verträgen von Mitgliedstaaten der Europäischen Gemeinschaften untereinander und mit dritten Staaten nicht entgegen, die unter Beachtung der Verpflichtungen aus dem Abkommen über die Rechtsstellung der Flüchtlinge und der Konvention zum Schutze der Menschenrechte und Grundfreiheiten, deren Anwendung in den Vertragsstaaten sichergestellt sein muß, Zuständigkeitsregelungen für die Prüfung von Asylbegehren einschließlich der gegenseitigen Anerkennung von Asylentscheidungen treffen.

Artikel 17 (Petitionsrecht)

Jedermann hat das Recht, sich einzeln oder in Gemeinschaft mit anderen schriftlich mit Bitten oder Beschwerden an die zuständigen Stellen und an die Volksvertretung zu wenden.

Artikel 17a (Wehrdienst, Ersatzdienst)

(1) Gesetze über Wehrdienst und Ersatzdienst können bestimmen, daß für die Angehörigen der Streitkräfte und des Ersatzdienstes während der Zeit des Wehr- oder Ersatzdienstes das Grundrecht, seine Meinung in Wort, Schrift und Bild frei zu äußern und zu verbreiten (Artikel 5 Abs. 1 Satz 1 erster Halbsatz), das Grundrecht der Versammlungsfreiheit (Artikel 8) und das Petitionsrecht (Artikel 17), soweit es das Recht gewährt, Bitten oder Beschwerden in Gemeinschaft mit anderen vorzubringen, eingeschränkt werden.

(2) Gesetze, die der Verteidigung einschließlich des Schutzes der Zivilbevölkerung dienen, können bestimmen, daß die Grundrechte der Freizügigkeit (Artikel 11) und der Unverletzlichkeit der Wohnung (Artikel 13) eingeschränkt werden.

Artikel 18 (Verwirkung von Grundrechten)

Wer die Freiheit der Meinungsäußerung, insbesondere die Pressefreiheit (Artikel 5 Abs. 1), die Lehrfreiheit (Artikel 5 Abs. 3), die Versammlungsfreiheit (Artikel 8), die Vereinigungsfreiheit (Artikel 9), das Brief-, Post- und Fernmeldegeheimnis (Artikel 10), das Eigentum (Artikel 14) oder das Asylrecht (Artikel 16a) zum Kampfe gegen die freiheitliche demokratische Grundordnung mißbraucht, verwirkt diese Grundrechte. Die Verwirkung und ihr Ausmaß werden durch das Bundesverfassungsgericht ausgesprochen.

Artikel 19 (Einschränkung von Grundrechten)

(1) Soweit nach diesem Grundgesetz ein Grundrecht durch Gesetz oder auf Grund eines Gesetzes eingeschränkt werden kann, muß das Gesetz allgemein und nicht nur für den Einzelfall gelten. Außerdem muß das Gesetz das Grundrecht unter Angabe des Artikels nennen.

(2) In keinem Falle darf ein Grundrecht in seinem Wesensgehalt angetastet werden.

(3) Die Grundrechte gelten auch für inländische juristische Personen, soweit sie ihrem Wesen nach auf diese anwendbar sind.

(4) Wird jemand durch die öffentliche Gewalt in seinen Rechten verletzt, so steht ihm der Rechtsweg offen. Soweit eine andere Zuständigkeit nicht begründet ist, ist der ordentliche Rechtsweg gegeben. Artikel 10 Abs. 2 Satz 2 bleibt unberührt.

III. Der Bundestag

Artikel 38 (Wahl)

(1) Die Abgeordneten des Deutschen Bundestages werden in allgemeiner, unmittelbarer, freier, gleicher und geheimer Wahl gewählt. Sie sind Vertreter des ganzen Volkes, an Aufträge und Weisungen nicht gebunden und nur ihrem Gewissen unterworfen.

(2) Wahlberechtigt ist, wer das achtzehnte Lebensjahr vollendet hat; wählbar ist, wer das Alter erreicht hat, mit dem die Volljährigkeit eintritt.

(3) Das Nähere bestimmt ein Bundesgesetz.

IX. Die Rechtsprechung

Artikel 104 (Rechtsgarantien bei Freiheitsentziehung)

(1) Die Freiheit der Person kann nur auf Grund eines förmlichen Gesetzes und nur unter Beachtung der darin vorgeschriebenen Formen beschränkt werden. Festgehaltene Personen dürfen weder seelisch noch körperlich mißhandelt werden.

(2) Über die Zulässigkeit und Fortdauer einer Freiheitsentziehung hat nur der Richter zu entscheiden. Bei jeder nicht auf richterlicher Anordnung beruhenden Freiheitsentziehung ist unverzüglich eine richterliche Entscheidung herbeizuführen. Die Polizei darf aus eigener Machtvollkommenheit niemanden länger als bis zum Ende des Tages nach dem Ergreifen in eigenem Gewahrsam halten. Das Nähere ist gesetzlich zu regeln.

(3) Jeder wegen des Verdachtes einer strafbaren Handlung vorläufig Festgenommene ist spätestens am Tage nach der Festnahme dem Richter vorzuführen, der ihm die Gründe der Festnahme mitzuteilen, ihn zu vernehmen und ihm Gelegenheit zu Einwendungen zu geben hat. Der Richter hat unverzüglich entweder einen mit Gründen versehenen schriftlichen Haftbefehl zu erlassen oder die Freilassung anzuordnen.

(4) Von jeder richterlichen Entscheidung über die Anordnung oder Fortdauer einer Freiheitsentziehung ist unverzüglich ein Angehöriger des Festgehaltenen oder eine Person seines Vertrauens zu benachrichtigen.

I

Bundeswahlgesetz

in der Fassung der Bekanntmachung vom 23. Juli 1993 (BGBl. I S. 1288, S. 1594)

Zuletzt geändert durch
Siebenundzwanzigstes Gesetz zur Änderung des Bundeswahlgesetzes
vom 7. März 2024 (BGBl. I Nr. 91)

– Auszug –

Inhaltsübersicht

**Dritter Abschnitt
Wahlrecht und Wählbarkeit**

§ 12 Wahlrecht
§ 13 Ausschluss vom Wahlrecht
§ 14 Ausübung des Wahlrechts[1])
§ 15 Wählbarkeit

**Fünfter Abschnitt
Wahlhandlung**

§ 33 Wahrung des Wahlgeheimnisses

**Sechster Abschnitt
Feststellung des Wahlergebnisses**

§ 39 Ungültige Stimmen, Zurückweisung von Wahlbriefen, Auslegungsregeln

[1]) Als Hinweis ist der Wortlaut des § 48 und § 57 der Bundeswahlordnung sowie § 107a des Strafgesetzbuches abgedruckt.

I

Dritter Abschnitt
Wahlrecht und Wählbarkeit

§ 12 Wahlrecht

(1) Wahlberechtigt sind alle Deutschen im Sinne des Artikels 116 Abs. 1 des Grundgesetzes, die am Wahltage

1. das achtzehnte Lebensjahr vollendet haben,
2. seit mindestens drei Monaten in der Bundesrepublik Deutschland eine Wohnung innehaben oder sich sonst gewöhnlich aufhalten,
3. nicht nach § 13 vom Wahlrecht ausgeschlossen sind.

(2) Wahlberechtigt sind bei Vorliegen der sonstigen Voraussetzungen auch diejenigen Deutschen im Sinne des Artikels 116 Absatz 1 des Grundgesetzes, die am Wahltag außerhalb der Bundesrepublik Deutschland leben, sofern sie

1. nach Vollendung ihres vierzehnten Lebensjahres mindestens drei Monate ununterbrochen in der Bundesrepublik Deutschland eine Wohnung innegehabt oder sich sonst gewöhnlich aufgehalten haben und dieser Aufenthalt nicht länger als 25 Jahre zurückliegt oder
2. aus anderen Gründen persönlich und unmittelbar Vertrautheit mit den politischen Verhältnissen in der Bundesrepublik Deutschland erworben haben und von ihnen betroffen sind.

Als Wohnung oder gewöhnlicher Aufenthalt im Sinne von Satz 1 gilt auch eine frühere Wohnung oder ein früherer Aufenthalt in dem in Artikel 3 des Einigungsvertrages genannten Gebiet. Bei Rückkehr eines nach Satz 1 Wahlberechtigten in die Bundesrepublik Deutschland gilt die Dreimonatsfrist des Absatzes 1 Nr. 2 nicht.

(3) Wohnung im Sinne dieses Gesetzes ist jeder umschlossene Raum, der zum Wohnen oder Schlafen benutzt wird. Wohnwagen und Wohnschiffe sind jedoch nur dann als Wohnungen anzusehen, wenn sie nicht oder nur gelegentlich fortbewegt werden.

(4) Sofern sie in der Bundesrepublik Deutschland keine Wohnung innehaben oder innegehabt haben, gilt als Wohnung im Sinne des Absatzes 1 Nr. 2 oder des Absatzes 2 Satz 1

1. für Seeleute sowie für die Angehörigen ihres Hausstandes das von ihnen bezogene Schiff, wenn dieses nach dem Flaggenrechtsgesetz in der jeweils geltenden Fassung, die Bundesflagge zu führen berechtigt ist,
2. für Binnenschiffer sowie für die Angehörigen ihres Hausstandes das von ihnen bezogene Schiff, wenn dieses in einem Schiffsregister in der Bundesrepublik Deutschland eingetragen ist,
3. für im Vollzug gerichtlich angeordneter Freiheitsentziehung befindliche Personen sowie für andere Untergebrachte die Anstalt oder die entsprechende Einrichtung.

(5) Bei der Berechnung der Dreimonatsfrist nach Absatz 1 Nr. 2 und Absatz 2 Satz 1 ist der Tag der Wohnungs- oder Aufenthaltsnahme in die Frist einzubeziehen.

§ 13 Ausschluss vom Wahlrecht

Ausgeschlossen vom Wahlrecht ist, wer infolge Richterspruchs das Wahlrecht nicht besitzt.

§ 14 Ausübung des Wahlrechts

(1) Wählen kann nur, wer in ein Wählerverzeichnis eingetragen ist oder einen Wahlschein hat.

(2) Wer im Wählerverzeichnis eingetragen ist, kann nur in dem Wahlbezirk wählen, in dessen Wählerverzeichnis er geführt wird.

(3) Wer einen Wahlschein hat, kann an der Wahl des Wahlkreises, in dem der Wahlschein ausgestellt ist,

a) durch Stimmabgabe in einem beliebigen Wahlbezirk dieses Wahlkreises oder

b) durch Briefwahl

teilnehmen.

(4) Jeder Wahlberechtigte kann sein Wahlrecht nur einmal und nur persönlich ausüben. Eine Ausübung des Wahlrechts durch einen Vertreter anstelle des Wahlberechtigten ist unzulässig.

(5) Ein Wahlberechtigter, der des Lesens unkundig oder wegen einer Behinderung an der Abgabe seiner Stimme gehindert ist, kann sich hierzu der Hilfe einer anderen Person bedienen. Die Hilfeleistung ist auf technische Hilfe bei der Kundgabe einer vom Wahlberechtigten selbst getroffenen und geäußerten Wahlentscheidung beschränkt. Unzulässig ist eine Hilfeleistung, die unter missbräuchlicher Einflussnahme erfolgt, die selbstbestimmte Willensbildung oder Entscheidung des Wahlberechtigten ersetzt oder verändert oder wenn ein Interessenkonflikt der Hilfsperson besteht.

Zur Ausführung von § 14 Abs. 5 ist **§ 48 der Bundeswahlordnung** zu beachten:

§ 48 Wahlbekanntmachung der Gemeindebehörde

(1) Die Gemeindebehörde macht spätestens am sechsten Tage vor der Wahl nach dem Muster der Anlage 27 Beginn und Ende der Wahlzeit sowie die Wahlbezirke und Wahlräume öffentlich bekannt; an Stelle der Aufzählung der Wahlbezirke mit ihrer Abgrenzung und ihren Wahlräumen kann auf die Angaben in der Wahlbenachrichtigung verwiesen werden. Dabei weist die Gemeindebehörde darauf hin,

1. dass der Wähler eine Erststimme und eine Zweitstimme hat,
2. dass die Stimmzettel amtlich hergestellt und im Wahlraum bereitgehalten werden,
3. welchen Inhalt der Stimmzettel hat und wie er zu kennzeichnen ist,
4. in welcher Weise mit Wahlschein und insbesondere durch Briefwahl gewählt werden kann,
5. dass nach § 14 Abs. 4 des Bundeswahlgesetzes jeder Wahlberechtigte sein Wahlrecht nur einmal und nur persönlich ausüben kann und eine Ausübung des Wahlrechts durch einen Vertreter anstelle des Wahlberechtigten unzulässig ist,

5a. dass nach § 14 Absatz 5 des Bundeswahlgesetzes ein Wahlberechtigter, der des Lesens unkundig oder wegen einer Behinderung an der Abgabe seiner Stimme gehindert ist, sich zur Stimmabgabe der Hilfe einer anderen Person bedienen kann, die Hilfeleistung auf technische Hilfe bei der Kundgabe einer vom Wahlberechtigten selbst getroffenen und geäußerten Wahlentscheidung beschränkt und eine Hilfeleistung unzulässig ist, die unter missbräuchlicher Einflussnahme erfolgt, die selbstbestimmte Willensbildung oder Entscheidung des Wahlberechtigten ersetzt oder verändert oder wenn ein Interessenkonflikt der Hilfsperson besteht,

6. dass nach § 107a Absatz 1 des Strafgesetzbuches mit Freiheitsstrafe bis zu fünf Jahren oder mit Geldstrafe be-

straft wird, wer unbefugt wählt oder sonst ein unrichtiges Ergebnis einer Wahl herbeiführt oder das Ergebnis verfälscht und unbefugt auch wählt, wer im Rahmen zulässiger Assistenz entgegen der Wahlentscheidung des Wahlberechtigten oder ohne eine geäußerte Wahlentscheidung des Wahlberechtigten eine Stimme abgibt, sowie dass nach § 107a Absatz 3 des Strafgesetzbuches auch der Versuch strafbar ist.

(2) Die Wahlbekanntmachung oder ein Auszug aus ihr mit den Nummern 1, 3, 4 und 6 der Anlage 27 ist vor Beginn der Wahlhandlung am oder im Eingang des Gebäudes, in dem sich der Wahlraum befindet, anzubringen. Dem Auszug ist ein Stimmzettel als Muster beizufügen.

Der in §48 Absatz 1 Ziffer 6 der Bundeswahlordnung angesprochene **§ 107a StGB** lautet:

§ 107a Wahlfälschung

(1) Wer unbefugt wählt oder sonst ein unrichtiges Ergebnis einer Wahl herbeiführt oder das Ergebnis verfälscht, wird mit Freiheitsstrafe bis zu fünf Jahren oder mit Geldstrafe bestraft. Unbefugt wählt auch, wer im Rahmen zulässiger Assistenz entgegen der Wahlentscheidung des Wahlberechtigten oder ohne eine geäußerte Wahlentscheidung des Wahlberechtigten eine Stimme abgibt.

(2) Ebenso wird bestraft, wer das Ergebnis einer Wahl unrichtig verkündet oder verkünden läßt.

(3) Der Versuch ist strafbar.

Ebenfalls zu berücksichtigen ist **§ 57 der Bundeswahlordnung**:

§ 57 Stimmabgabe von Wählern mit Behinderungen

(1) Ein Wähler, der des Lesens unkundig ist oder der wegen einer Behinderung gehindert ist, den Stimmzettel zu kennzeichnen, zu falten oder selbst in die Wahlurne zu werfen, bestimmt eine andere Person, deren Hilfe er sich bei der Stimmabgabe bedienen will, und gibt dies dem Wahlvorstand bekannt. Hilfsperson kann auch ein vom Wähler bestimmtes Mitglied des Wahlvorstandes sein.

(2) Die Hilfeleistung ist auf technische Hilfe bei der Kundgabe einer vom Wahlberechtigten selbst getroffenen Wahlentscheidung beschränkt. Unzulässig ist eine Hilfeleistung, die unter missbräuchlicher Einflussnahme erfolgt, die selbstbestimmte Willensbildung oder Entscheidung des Wahlberechtigten ersetzt oder verändert oder wenn ein Interessenkonflikt der Hilfsperson besteht.

(3) Die Hilfsperson darf gemeinsam mit dem Wähler die Wahlkabine aufsuchen, soweit das zur Hilfeleistung erforderlich ist. Die Hilfsperson ist zur Geheimhaltung der Kenntnisse verpflichtet, die sie bei der Hilfeleistung von der Wahl eines anderen erlangt hat.

(4) Ein blinder oder sehbehinderter Wähler kann sich zur Kennzeichnung des Stimmzettels auch einer Stimmzettelschablone bedienen.

§ 15 Wählbarkeit

(1) Wählbar ist, wer am Wahltage

1. Deutscher im Sinne des Artikels 116 Abs. 1 des Grundgesetzes ist und
2. das achtzehnte Lebensjahr vollendet hat.

(2) Nicht wählbar ist,

1. wer nach § 13 vom Wahlrecht ausgeschlossen ist oder
2. wer infolge Richterspruchs die Wählbarkeit oder die Fähigkeit zur Bekleidung öffentlicher Ämter nicht besitzt.

Fünfter Abschnitt
Wahlhandlung

§ 33 Wahrung des Wahlgeheimnisses

(1) Es sind Vorkehrungen dafür zu treffen, dass der Wähler den Stimmzettel unbeobachtet kennzeichnen und falten kann. Für die Aufnahme der Stimmzettel sind Wahlurnen zu verwenden, die die Wahrung des Wahlgeheimnisses sicherstellen.

(2) Die nach § 14 Absatz 5 zulässige Hilfe bei der Stimmabgabe bleibt unberührt. Die Hilfsperson ist zur Geheimhaltung der Kenntnisse verpflichtet, die sie bei der Hilfeleistung von der Wahl einer anderen Person erlangt hat.

Sechster Abschnitt
Feststellung des Wahlergebnisses

§ 39 Ungültige Stimmen, Zurückweisung von Wahlbriefen, Auslegungsregeln

(1) Ungültig sind Stimmen, wenn der Stimmzettel

1. nicht amtlich hergestellt ist,
2. keine Kennzeichnung enthält,
3. für einen anderen Wahlkreis gültig ist,
4. den Willen des Wählers nicht zweifelsfrei erkennen läßt,
5. einen Zusatz oder Vorbehalt enthält.

In den Fällen der Nummern 1 und 2 sind beide Stimmen ungültig; im Fall der Nummer 3 ist nur die Erststimme ungültig, wenn der Stimmzettel für einen anderen Wahlkreis in demselben Land gültig ist. Bei der Briefwahl sind außerdem beide Stimmen ungültig, wenn der Stimmzettel nicht in einem amtlichen Stimmzettelumschlag oder in einem Stimmzettelumschlag abgegeben worden ist, der offensichtlich in einer das Wahlgeheimnis gefährdenden Weise von den übrigen abweicht oder einen deutlich fühlbaren Gegenstand enthält, jedoch eine Zurückweisung gemäß Absatz 4 Nr. 7 oder 8 nicht erfolgt ist. Enthält der Stimmzettel nur eine Stimmabgabe, so ist die nicht abgegebene Stimme ungültig.

(2) Mehrere in einem Stimmzettelumschlag enthaltene Stimmzettel gelten als ein Stimmzettel, wenn sie gleich lauten oder nur einer von ihnen gekennzeichnet ist; sonst zählen sie als ein Stimmzettel mit zwei ungültigen Stimmen.

(3) Ist der Stimmzettelumschlag leer abgegeben worden, so gelten beide Stimmen als ungültig.

(4) Bei der Briefwahl sind Wahlbriefe zurückzuweisen, wenn

1. der Wahlbrief nicht rechtzeitig eingegangen ist,
2. dem Wahlbriefumschlag kein oder kein gültiger Wahlschein beiliegt,
3. dem Wahlbriefumschlag kein Stimmzettelumschlag beigefügt ist,
4. weder der Wahlbriefumschlag noch der Stimmzettelumschlag verschlossen ist,
5. der Wahlbriefumschlag mehrere Stimmzettelumschläge, aber nicht eine gleiche Anzahl gültiger und mit der vorgeschriebenen Versicherung an Eides Statt versehener Wahlscheine enthält,
6. der Wähler oder die Hilfsperson die vorgeschriebene Versicherung an Eides Statt zur Briefwahl auf dem Wahlschein nicht unterschrieben hat,
7. kein amtlicher Stimmzettelumschlag benutzt worden ist,

I

8. ein Stimmzettelumschlag benutzt worden ist, der offensichtlich in einer das Wahlgeheimnis gefährdenden Weise von den übrigen abweicht oder einen deutlich fühlbaren Gegenstand enthält.

Die Einsender zurückgewiesener Wahlbriefe werden nicht als Wähler gezählt; ihre Stimmen gelten als nicht abgegeben.

(5) Die Stimmen eines Wählers, der an der Briefwahl teilgenommen hat, werden nicht dadurch ungültig, daß er vor dem oder am Wahltage stirbt oder sein Wahlrecht nach § 13 verliert.

Übereinkommen über die Rechte von Menschen mit Behinderungen (UN-Behindertenrechtskonvention)*

Vom 13. Dezember 2006 (BGBl. II 2008 S. 1420)

– Auszug –

Präambel

Die Vertragsstaaten dieses Übereinkommens –

a) unter Hinweis auf die in der Charta der Vereinten Nationen verkündeten Grundsätze, denen zufolge die Anerkennung der Würde und des Wertes, die allen Mitgliedern der menschlichen Gesellschaft innewohnen, sowie ihrer gleichen und unveräußerlichen Rechte die Grundlage von Freiheit, Gerechtigkeit und Frieden in der Welt bildet,

b) in der Erkenntnis, dass die Vereinten Nationen in der Allgemeinen Erklärung der Menschenrechte und in den Internationalen Menschenrechtspakten verkündet haben und übereingekommen sind, dass jeder Mensch ohne Unterschied Anspruch auf alle darin aufgeführten Rechte und Freiheiten hat,

c) bekräftigend, dass alle Menschenrechte und Grundfreiheiten allgemein gültig und unteilbar sind, einander bedingen und miteinander verknüpft sind und dass Menschen mit Behinderungen der volle Genuss dieser Rechte und Freiheiten ohne Diskriminierung garantiert werden muss,

d) unter Hinweis auf den Internationalen Pakt über wirtschaftliche, soziale und kulturelle Rechte, den Internationalen Pakt über bürgerliche und politische Rechte, das Internationale Übereinkommen zur Beseitigung jeder Form von Rassendiskriminierung, das Übereinkommen zur Beseitigung jeder Form von Diskriminierung der Frau, das Übereinkommen gegen Folter und andere grausame, unmenschliche oder erniedrigende Behandlung oder Strafe, das Übereinkommen über die Rechte des Kindes und das Internationale Übereinkommen zum Schutz der Rechte aller Wanderarbeitnehmer und ihrer Familienangehörigen,

e) in der Erkenntnis, dass das Verständnis von Behinderung sich ständig weiterentwickelt und dass Behinderung aus der Wechselwirkung zwischen Menschen mit Beeinträchtigungen und einstellungs- und umweltbedingten Barrieren entsteht, die sie an der vollen, wirksamen und gleichberechtigten Teilhabe an der Gesellschaft hindern,

f) in der Erkenntnis, dass die in dem Weltaktionsprogramm für Behinderte und den Rahmenbestimmungen für die Herstellung der Chancengleichheit für Behinderte enthaltenen Grundsätze und Leitlinien einen wichtigen Einfluss auf die Förderung, Ausarbeitung und Bewertung von politischen Konzepten, Plänen, Programmen und Maßnahmen auf einzelstaatlicher, regionaler und internationaler Ebene zur Verbesserung der Chancengleichheit für Menschen mit Behinderungen haben,

g) nachdrücklich darauf hinweisend, wie wichtig es ist, die Behinderungsthematik zu einem festen Bestandteil der einschlägigen Strategien der nachhaltigen Entwicklung zu machen,

h) ebenso in der Erkenntnis, dass jede Diskriminierung aufgrund von Behinderung eine Verletzung der Würde und des Wertes darstellt, die jedem Menschen innewohnen,

i) ferner in der Erkenntnis der Vielfalt der Menschen mit Behinderungen,

j) in Anerkennung der Notwendigkeit, die Menschenrechte aller Menschen mit Behinderungen, einschließlich derjenigen, die intensivere Unterstützung benötigen, zu fördern und zu schützen,

k) besorgt darüber, dass sich Menschen mit Behinderungen trotz dieser verschiedenen Dokumente und Verpflichtungen in allen Teilen der Welt nach wie vor Hindernissen für ihre Teilhabe als gleichberechtigte Mitglieder der Gesellschaft sowie Verletzungen ihrer Menschenrechte gegenübersehen,

l) in Anerkennung der Bedeutung der internationalen Zusammenarbeit für die Verbesserung der Lebensbedingungen der Menschen mit Behinderungen in allen Ländern, insbesondere den Entwicklungsländern,

m) in Anerkennung des wertvollen Beitrags, den Menschen mit Behinderungen zum allgemeinen Wohl und zur Vielfalt ihrer Gemeinschaften leisten und leisten können, und in der Erkenntnis, dass die Förderung des vollen Genusses der Menschenrechte und Grundfreiheiten durch Menschen mit Behinderungen sowie ihrer uneingeschränkten Teilhabe ihr Zugehörigkeitsgefühl verstärken und zu erheblichen Fortschritten in der menschlichen, sozialen und wirtschaftlichen Entwicklung der Gesellschaft und bei der Beseitigung der Armut führen wird,

n) in der Erkenntnis, wie wichtig die individuelle Autonomie und Unabhängigkeit für Menschen mit Behinderungen ist, einschließlich der Freiheit, eigene Entscheidungen zu treffen,

o) in der Erwägung, dass Menschen mit Behinderungen die Möglichkeit haben sollen, aktiv an Entscheidungsprozessen über politische Konzepte und über Programme mitzuwirken, insbesondere wenn diese sie unmittelbar betreffen,

p) besorgt über die schwierigen Bedingungen, denen sich Menschen mit Behinderungen gegenübersehen, die mehrfachen oder verschärften Formen der Diskriminierung aufgrund der Rasse, der Hautfarbe, des Geschlechts, der Sprache, der Religion, der politischen oder sonstigen Anschauung, der nationalen, ethnischen, indigenen oder

* Die UN-Konvention wurde von Deutschland am 24. Februar 2009 ratifiziert und trat am 26. März 2009 in Kraft.

sozialen Herkunft, des Vermögens, der Geburt, des Alters oder des sonstigen Status ausgesetzt sind,

q) in der Erkenntnis, dass Frauen und Mädchen mit Behinderungen sowohl innerhalb als auch außerhalb ihres häuslichen Umfelds oft in stärkerem Maße durch Gewalt, Verletzung oder Missbrauch, Nichtbeachtung oder Vernachlässigung, Misshandlung oder Ausbeutung gefährdet sind,

r) in der Erkenntnis, dass Kinder mit Behinderungen gleichberechtigt mit anderen Kindern alle Menschenrechte und Grundfreiheiten in vollem Umfang genießen sollen, und unter Hinweis auf die zu diesem Zweck von den Vertragsstaaten des Übereinkommens über die Rechte des Kindes eingegangenen Verpflichtungen,

s) nachdrücklich darauf hinweisend, dass es notwendig ist, bei allen Anstrengungen zur Förderung des vollen Genusses der Menschenrechte und Grundfreiheiten durch Menschen mit Behinderungen die Geschlechterperspektive einzubeziehen,

t) unter besonderem Hinweis darauf, dass die Mehrzahl der Menschen mit Behinderungen in einem Zustand der Armut lebt, und diesbezüglich in der Erkenntnis, dass die nachteiligen Auswirkungen der Armut auf Menschen mit Behinderungen dringend angegangen werden müssen,

u) in dem Bewusstsein, dass Frieden und Sicherheit auf der Grundlage der uneingeschränkten Achtung der in der Charta der Vereinten Nationen enthaltenen Ziele und Grundsätze sowie der Einhaltung der anwendbaren Übereinkünfte auf dem Gebiet der Menschenrechte unabdingbar sind für den umfassenden Schutz von Menschen mit Behinderungen, insbesondere in bewaffneten Konflikten oder während ausländischer Besetzung,

v) in der Erkenntnis, wie wichtig es ist, dass Menschen mit Behinderungen vollen Zugang zur physischen, sozialen, wirtschaftlichen und kulturellen Umwelt, zu Gesundheit und Bildung sowie zu Information und Kommunikation haben, damit sie alle Menschenrechte und Grundfreiheiten voll genießen können,

w) im Hinblick darauf, dass der Einzelne gegenüber seinen Mitmenschen und der Gemeinschaft, der er angehört, Pflichten hat und gehalten ist, für die Förderung und Achtung der in der Internationalen Menschenrechtscharta anerkannten Rechte einzutreten,

x) in der Überzeugung, dass die Familie die natürliche Kernzelle der Gesellschaft ist und Anspruch auf Schutz durch Gesellschaft und Staat hat und dass Menschen mit Behinderungen und ihre Familienangehörigen den erforderlichen Schutz und die notwendige Unterstützung erhalten sollen, um es den Familien zu ermöglichen, zum vollen und gleichberechtigten Genuss der Rechte der Menschen mit Behinderungen beizutragen,

y) in der Überzeugung, dass ein umfassendes und in sich geschlossenes internationales Übereinkommen zur Förderung und zum Schutz der Rechte und der Würde von Menschen mit Behinderungen sowohl in den Entwicklungsländern als auch in den entwickelten Ländern einen maßgeblichen Beitrag zur Beseitigung der tiefgreifenden sozialen Benachteiligung von Menschen mit Behinderungen leisten und ihre Teilhabe am bürgerlichen, politischen, wirtschaftlichen, sozialen und kulturellen Leben auf der Grundlage der Chancengleichheit fördern wird –

haben Folgendes vereinbart:

Artikel 1 Zweck

Zweck dieses Übereinkommens ist es, den vollen und gleichberechtigten Genuss aller Menschenrechte und Grundfreiheiten durch alle Menschen mit Behinderungen zu fördern, zu schützen und zu gewährleisten und die Achtung der ihnen innewohnenden Würde zu fördern.

Zu den Menschen mit Behinderungen zählen Menschen, die langfristige körperliche, seelische, geistige oder Sinnesbeeinträchtigungen haben, welche sie in Wechselwirkung mit verschiedenen Barrieren an der vollen, wirksamen und gleichberechtigten Teilhabe an der Gesellschaft hindern können.

Artikel 2 Begriffsbestimmungen

Im Sinne dieses Übereinkommens

schließt „Kommunikation" Sprachen, Textdarstellung, Brailleschrift, taktile Kommunikation, Großdruck, leicht zugängliches Multimedia sowie schriftliche, auditive, in einfache Sprache übersetzte, durch Vorleser zugänglich gemachte sowie ergänzende und alternative Formen, Mittel und Formate der Kommunikation, einschließlich leicht zugänglicher Informations- und Kommunikationstechnologie, ein;

schließt „Sprache" gesprochene Sprachen sowie Gebärdensprachen und andere nicht gesprochene Sprachen ein;

bedeutet „Diskriminierung aufgrund von Behinderung" jede Unterscheidung, Ausschließung oder Beschränkung aufgrund von Behinderung, die zum Ziel oder zur Folge hat, dass das auf die Gleichberechtigung mit anderen gegründete Anerkennen, Genießen oder Ausüben aller Menschenrechte und Grundfreiheiten im politischen, wirtschaftlichen, sozialen, kulturellen, bürgerlichen oder jedem anderen Bereich beeinträchtigt oder vereitelt wird. Sie umfasst alle Formen der Diskriminierung, einschließlich der Versagung angemessener Vorkehrungen;

bedeutet „angemessene Vorkehrungen" notwendige und geeignete Änderungen und Anpassungen, die keine unverhältnismäßige oder unbillige Belastung darstellen und die, wenn sie in einem bestimmten Fall erforderlich sind, vorgenommen werden, um zu gewährleisten, dass Menschen mit Behinderungen gleichberechtigt mit anderen alle Menschenrechte und Grundfreiheiten genießen oder ausüben können;

bedeutet „universelles Design" ein Design von Produkten, Umfeldern, Programmen und Dienstleistungen in der Weise, dass sie von allen Menschen möglichst weitgehend ohne eine Anpassung oder ein spezielles Design genutzt werden können. „Universelles Design" schließt Hilfsmittel für bestimmte Gruppen von Menschen mit Behinderungen, soweit sie benötigt werden, nicht aus.

Artikel 3 Allgemeine Grundsätze

Die Grundsätze dieses Übereinkommens sind:

a) die Achtung der dem Menschen innewohnenden Würde, seiner individuellen Autonomie, einschließlich der Freiheit, eigene Entscheidungen zu treffen, sowie seiner Unabhängigkeit;

b) die Nichtdiskriminierung;

c) die volle und wirksame Teilhabe an der Gesellschaft und Einbeziehung in die Gesellschaft;

d) die Achtung vor der Unterschiedlichkeit von Menschen mit Behinderungen und die Akzeptanz dieser Menschen als Teil der menschlichen Vielfalt und der Menschheit;
e) die Chancengleichheit;
f) die Zugänglichkeit;
g) die Gleichberechtigung von Mann und Frau;
h) die Achtung vor den sich entwickelnden Fähigkeiten von Kindern mit Behinderungen und die Achtung ihres Rechts auf Wahrung ihrer Identität.

Artikel 4 Allgemeine Verpflichtungen

(1) Die Vertragsstaaten verpflichten sich, die volle Verwirklichung aller Menschenrechte und Grundfreiheiten für alle Menschen mit Behinderungen ohne jede Diskriminierung aufgrund von Behinderung zu gewährleisten und zu fördern. Zu diesem Zweck verpflichten sich die Vertragsstaaten,

a) alle geeigneten Gesetzgebungs-, Verwaltungs- und sonstigen Maßnahmen zur Umsetzung der in diesem Übereinkommen anerkannten Rechte zu treffen;
b) alle geeigneten Maßnahmen einschließlich gesetzgeberischer Maßnahmen zur Änderung oder Aufhebung bestehender Gesetze, Verordnungen, Gepflogenheiten und Praktiken zu treffen, die eine Diskriminierung von Menschen mit Behinderungen darstellen;
c) den Schutz und die Förderung der Menschenrechte von Menschen mit Behinderungen in allen politischen Konzepten und allen Programmen zu berücksichtigen;
d) Handlungen oder Praktiken, die mit diesem Übereinkommen unvereinbar sind, zu unterlassen und dafür zu sorgen, dass die staatlichen Behörden und öffentlichen Einrichtungen im Einklang mit diesem Übereinkommen handeln;
e) alle geeigneten Maßnahmen zur Beseitigung der Diskriminierung aufgrund von Behinderung durch Personen, Organisationen oder private Unternehmen zu ergreifen;
f) Forschung und Entwicklung für Güter, Dienstleistungen, Geräte und Einrichtungen in universellem Design, wie in Artikel 2 definiert, die den besonderen Bedürfnissen von Menschen mit Behinderungen mit möglichst geringem Anpassungs- und Kostenaufwand gerecht werden, zu betreiben oder zu fördern, ihre Verfügbarkeit und Nutzung zu fördern und sich bei der Entwicklung von Normen und Richtlinien für universelles Design einzusetzen;
g) Forschung und Entwicklung für neue Technologien, die für Menschen mit Behinderungen geeignet sind, einschließlich Informations- und Kommunikationstechnologien, Mobilitätshilfen, Geräten und unterstützenden Technologien, zu betreiben oder zu fördern sowie ihre Verfügbarkeit und Nutzung zu fördern und dabei Technologien zu erschwinglichen Kosten den Vorrang zu geben;
h) für Menschen mit Behinderungen zugängliche Informationen über Mobilitätshilfen, Geräte und unterstützende Technologien, einschließlich neuer Technologien, sowie andere Formen von Hilfe, Unterstützungsdiensten und Einrichtungen zur Verfügung zu stellen;
i) die Schulung von Fachkräften und anderem mit Menschen mit Behinderungen arbeitendem Personal auf dem Gebiet der in diesem Übereinkommen anerkannten Rechte zu fördern, damit die aufgrund dieser Rechte garantierten Hilfen und Dienste besser geleistet werden können.

(2) Hinsichtlich der wirtschaftlichen, sozialen und kulturellen Rechte verpflichtet sich jeder Vertragsstaat, unter Ausschöpfung seiner verfügbaren Mittel und erforderlichenfalls im Rahmen der internationalen Zusammenarbeit Maßnahmen zu treffen, um nach und nach die volle Verwirklichung dieser Rechte zu erreichen, unbeschadet derjenigen Verpflichtungen aus diesem Übereinkommen, die nach dem Völkerrecht sofort anwendbar sind.

(3) Bei der Ausarbeitung und Umsetzung von Rechtsvorschriften und politischen Konzepten zur Durchführung dieses Übereinkommens und bei anderen Entscheidungsprozessen in Fragen, die Menschen mit Behinderungen betreffen, führen die Vertragsstaaten mit den Menschen mit Behinderungen, einschließlich Kindern mit Behinderungen, über die sie vertretenden Organisationen enge Konsultationen und beziehen sie aktiv ein.

(4) Dieses Übereinkommen lässt zur Verwirklichung der Rechte von Menschen mit Behinderungen besser geeignete Bestimmungen, die im Recht eines Vertragsstaats oder in dem für diesen Staat geltenden Völkerrecht enthalten sind, unberührt. Die in einem Vertragsstaat durch Gesetze, Übereinkommen, Verordnungen oder durch Gewohnheitsrecht anerkannten oder bestehenden Menschenrechte und Grundfreiheiten dürfen nicht unter dem Vorwand beschränkt oder außer Kraft gesetzt werden, dass dieses Übereinkommen derartige Rechte oder Freiheiten nicht oder nur in einem geringeren Ausmaß anerkenne.

(5) Die Bestimmungen dieses Übereinkommens gelten ohne Einschränkung oder Ausnahme für alle Teile eines Bundesstaats.

Artikel 5 Gleichberechtigung und Nichtdiskriminierung

(1) Die Vertragsstaaten anerkennen, dass alle Menschen vor dem Gesetz gleich sind, vom Gesetz gleich zu behandeln sind und ohne Diskriminierung Anspruch auf gleichen Schutz durch das Gesetz und gleiche Vorteile durch das Gesetz haben.

(2) Die Vertragsstaaten verbieten jede Diskriminierung aufgrund von Behinderung und garantieren Menschen mit Behinderungen gleichen und wirksamen rechtlichen Schutz vor Diskriminierung, gleichviel aus welchen Gründen.

(3) Zur Förderung der Gleichberechtigung und zur Beseitigung von Diskriminierung unternehmen die Vertragsstaaten alle geeigneten Schritte, um die Bereitstellung angemessener Vorkehrungen zu gewährleisten.

(4) Besondere Maßnahmen, die zur Beschleunigung oder Herbeiführung der tatsächlichen Gleichberechtigung von Menschen mit Behinderungen erforderlich sind, gelten nicht als Diskriminierung im Sinne dieses Übereinkommens.

Artikel 6 Frauen mit Behinderungen

(1) Die Vertragsstaaten anerkennen, dass Frauen und Mädchen mit Behinderungen mehrfacher Diskriminie-

rung ausgesetzt sind, und ergreifen in dieser Hinsicht Maßnahmen, um zu gewährleisten, dass sie alle Menschenrechte und Grundfreiheiten voll und gleichberechtigt genießen können.

(2) Die Vertragsstaaten treffen alle geeigneten Maßnahmen zur Sicherung der vollen Entfaltung, der Förderung und der Stärkung der Autonomie der Frauen, um zu garantieren, dass sie die in diesem Übereinkommen genannten Menschenrechte und Grundfreiheiten ausüben und genießen können.

Artikel 7 Kinder mit Behinderungen

(1) Die Vertragsstaaten treffen alle erforderlichen Maßnahmen, um zu gewährleisten, dass Kinder mit Behinderungen gleichberechtigt mit anderen Kindern alle Menschenrechte und Grundfreiheiten genießen können.

(2) Bei allen Maßnahmen, die Kinder mit Behinderungen betreffen, ist das Wohl des Kindes ein Gesichtspunkt, der vorrangig zu berücksichtigen ist.

(3) Die Vertragsstaaten gewährleisten, dass Kinder mit Behinderungen das Recht haben, ihre Meinung in allen sie berührenden Angelegenheiten gleichberechtigt mit anderen Kindern frei zu äußern, wobei ihre Meinung angemessen und entsprechend ihrem Alter und ihrer Reife berücksichtigt wird, und behinderungsgerechte sowie altersgemäße Hilfe zu erhalten, damit sie dieses Recht verwirklichen können.

Artikel 8 Bewusstseinsbildung

(1) Die Vertragsstaaten verpflichten sich, sofortige, wirksame und geeignete Maßnahmen zu ergreifen, um

a) in der gesamten Gesellschaft, einschließlich auf der Ebene der Familien, das Bewusstsein für Menschen mit Behinderungen zu schärfen und die Achtung ihrer Rechte und ihrer Würde zu fördern;

b) Klischees, Vorurteile und schädliche Praktiken gegenüber Menschen mit Behinderungen, einschließlich aufgrund des Geschlechts oder des Alters, in allen Lebensbereichen zu bekämpfen;

c) das Bewusstsein für die Fähigkeiten und den Beitrag von Menschen mit Behinderungen zu fördern.

(2) Zu den diesbezüglichen Maßnahmen gehören

a) die Einleitung und dauerhafte Durchführung wirksamer Kampagnen zur Bewusstseinsbildung in der Öffentlichkeit mit dem Ziel,

   i) die Aufgeschlossenheit gegenüber den Rechten von Menschen mit Behinderungen zu erhöhen,

   ii) eine positive Wahrnehmung von Menschen mit Behinderungen und ein größeres gesellschaftliches Bewusstsein ihnen gegenüber zu fördern,

   iii) die Anerkennung der Fertigkeiten, Verdienste und Fähigkeiten von Menschen mit Behinderungen und ihres Beitrags zur Arbeitswelt und zum Arbeitsmarkt zu fördern;

b) die Förderung einer respektvollen Einstellung gegenüber den Rechten von Menschen mit Behinderungen auf allen Ebenen des Bildungssystems, auch bei allen Kindern von früher Kindheit an;

c) die Aufforderung an alle Medienorgane, Menschen mit Behinderungen in einer dem Zweck dieses Übereinkommens entsprechenden Weise darzustellen;

d) die Förderung von Schulungsprogrammen zur Schärfung des Bewusstseins für Menschen mit Behinderungen und für deren Rechte.

Artikel 9 Zugänglichkeit

(1) Um Menschen mit Behinderungen eine unabhängige Lebensführung und die volle Teilhabe in allen Lebensbereichen zu ermöglichen, treffen die Vertragsstaaten geeignete Maßnahmen mit dem Ziel, für Menschen mit Behinderungen den gleichberechtigten Zugang zur physischen Umwelt, zu Transportmitteln, Information und Kommunikation, einschließlich Informations- und Kommunikationstechnologien und -systemen, sowie zu anderen Einrichtungen und Diensten, die der Öffentlichkeit in städtischen und ländlichen Gebieten offenstehen oder für sie bereitgestellt werden, zu gewährleisten. Diese Maßnahmen, welche die Feststellung und Beseitigung von Zugangshindernissen und -barrieren einschließen, gelten unter anderem für

a) Gebäude, Straßen, Transportmittel sowie andere Einrichtungen in Gebäuden und im Freien, einschließlich Schulen, Wohnhäusern, medizinischer Einrichtungen und Arbeitsstätten;

b) Informations-, Kommunikations- und andere Dienste, einschließlich elektronischer Dienste und Notdienste.

(2) Die Vertragsstaaten treffen außerdem geeignete Maßnahmen,

a) um Mindeststandards und Leitlinien für die Zugänglichkeit von Einrichtungen und Diensten, die der Öffentlichkeit offenstehen oder für sie bereitgestellt werden, auszuarbeiten und zu erlassen und ihre Anwendung zu überwachen;

b) um sicherzustellen, dass private Rechtsträger, die Einrichtungen und Dienste, die der Öffentlichkeit offenstehen oder für sie bereitgestellt werden, anbieten, alle Aspekte der Zugänglichkeit für Menschen mit Behinderungen berücksichtigen;

c) um betroffenen Kreisen Schulungen zu Fragen der Zugänglichkeit für Menschen mit Behinderungen anzubieten;

d) um in Gebäuden und anderen Einrichtungen, die der Öffentlichkeit offenstehen, Beschilderungen in Brailleschrift und in leicht lesbarer und verständlicher Form anzubringen;

e) um menschliche und tierische Hilfe sowie Mittelspersonen, unter anderem Personen zum Führen und Vorlesen sowie professionelle Gebärdensprachdolmetscher und -dolmetscherinnen, zur Verfügung zu stellen mit dem Ziel, den Zugang zu Gebäuden und anderen Einrichtungen, die der Öffentlichkeit offenstehen, zu erleichtern;

f) um andere geeignete Formen der Hilfe und Unterstützung für Menschen mit Behinderungen zu fördern, damit ihr Zugang zu Informationen gewährleistet wird;

g) um den Zugang von Menschen mit Behinderungen zu den neuen Informations- und Kommunikationstechnologien und -systemen, einschließlich des Internets, zu fördern;

h) um die Gestaltung, die Entwicklung, die Herstellung und den Vertrieb zugänglicher Informations- und Kommunikationstechnologien und -systeme in einem frühen Stadium zu fördern, sodass deren Zugänglichkeit mit möglichst geringem Kostenaufwand erreicht wird.

Artikel 10 Recht auf Leben

Die Vertragsstaaten bekräftigen, dass jeder Mensch ein angeborenes Recht auf Leben hat, und treffen alle erforderlichen Maßnahmen, um den wirksamen und gleichberechtigten Genuss dieses Rechts durch Menschen mit Behinderungen zu gewährleisten.

Artikel 11 Gefahrensituationen und humanitäre Notlagen

Die Vertragsstaaten ergreifen im Einklang mit ihren Verpflichtungen nach dem Völkerrecht, einschließlich des humanitären Völkerrechts und der internationalen Menschenrechtsnormen, alle erforderlichen Maßnahmen, um in Gefahrensituationen, einschließlich bewaffneter Konflikte, humanitärer Notlagen und Naturkatastrophen, den Schutz und die Sicherheit von Menschen mit Behinderungen zu gewährleisten.

Artikel 12 Gleiche Anerkennung vor dem Recht

(1) Die Vertragsstaaten bekräftigen, dass Menschen mit Behinderungen das Recht haben, überall als Rechtssubjekt anerkannt zu werden.

(2) Die Vertragsstaaten anerkennen, dass Menschen mit Behinderungen in allen Lebensbereichen gleichberechtigt mit anderen Rechts- und Handlungsfähigkeit genießen.

(3) Die Vertragsstaaten treffen geeignete Maßnahmen, um Menschen mit Behinderungen Zugang zu der Unterstützung zu verschaffen, die sie bei der Ausübung ihrer Rechts- und Handlungsfähigkeit gegebenenfalls benötigen.

(4) Die Vertragsstaaten stellen sicher, dass zu allen die Ausübung der Rechts- und Handlungsfähigkeit betreffenden Maßnahmen im Einklang mit den internationalen Menschenrechtsnormen geeignete und wirksame Sicherungen vorgesehen werden, um Missbräuche zu verhindern. Diese Sicherungen müssen gewährleisten, dass bei den Maßnahmen betreffend die Ausübung der Rechts- und Handlungsfähigkeit die Rechte, der Wille und die Präferenzen der betreffenden Person geachtet werden, es nicht zu Interessenkonflikten und missbräuchlicher Einflussnahme kommt, dass die Maßnahmen verhältnismäßig und auf die Umstände der Person zugeschnitten sind, dass sie von möglichst kurzer Dauer sind und dass sie einer regelmäßigen Überprüfung durch eine zuständige, unabhängige und unparteiische Behörde oder gerichtliche Stelle unterliegen. Die Sicherungen müssen im Hinblick auf das Ausmaß, in dem diese Maßnahmen die Rechte und Interessen der Person berühren, verhältnismäßig sein.

(5) Vorbehaltlich dieses Artikels treffen die Vertragsstaaten alle geeigneten und wirksamen Maßnahmen, um zu gewährleisten, dass Menschen mit Behinderungen das gleiche Recht wie andere haben, Eigentum zu besitzen oder zu erben, ihre finanziellen Angelegenheiten selbst zu regeln und gleichen Zugang zu Bankdarlehen, Hypotheken und anderen Finanzkrediten zu haben, und gewährleisten, dass Menschen mit Behinderungen nicht willkürlich ihr Eigentum entzogen wird.

Artikel 13 Zugang zur Justiz

(1) Die Vertragsstaaten gewährleisten Menschen mit Behinderungen gleichberechtigt mit anderen wirksamen Zugang zur Justiz, unter anderem durch verfahrensbezogene und altersgemäße Vorkehrungen, um ihre wirksame unmittelbare und mittelbare Teilnahme, einschließlich als Zeugen und Zeuginnen, an allen Gerichtsverfahren, auch in der Ermittlungsphase und in anderen Vorverfahrensphasen, zu erleichtern.

(2) Um zur Gewährleistung des wirksamen Zugangs von Menschen mit Behinderungen zur Justiz beizutragen, fördern die Vertragsstaaten geeignete Schulungen für die im Justizwesen tätigen Personen, einschließlich des Personals von Polizei und Strafvollzug.

Artikel 14 Freiheit und Sicherheit der Person

(1) Die Vertragsstaaten gewährleisten,

a) dass Menschen mit Behinderungen gleichberechtigt mit anderen das Recht auf persönliche Freiheit und Sicherheit genießen;

b) dass Menschen mit Behinderungen gleichberechtigt mit anderen die Freiheit nicht rechtswidrig oder willkürlich entzogen wird, dass jede Freiheitsentziehung im Einklang mit dem Gesetz erfolgt und dass das Vorliegen einer Behinderung in keinem Fall eine Freiheitsentziehung rechtfertigt.

(2) Die Vertragsstaaten gewährleisten, dass Menschen mit Behinderungen, denen aufgrund eines Verfahrens ihre Freiheit entzogen wird, gleichberechtigten Anspruch auf die in den internationalen Menschenrechtsnormen vorgesehenen Garantien haben und im Einklang mit den Zielen und Grundsätzen dieses Übereinkommens behandelt werden, einschließlich durch die Bereitstellung angemessener Vorkehrungen.

Artikel 15 Freiheit von Folter oder grausamer, unmenschlicher oder erniedrigender Behandlung oder Strafe

(1) Niemand darf der Folter oder grausamer, unmenschlicher oder erniedrigender Behandlung oder Strafe unterworfen werden. Insbesondere darf niemand ohne seine freiwillige Zustimmung medizinischen oder wissenschaftlichen Versuchen unterworfen werden.

(2) Die Vertragsstaaten treffen alle wirksamen gesetzgeberischen, verwaltungsmäßigen, gerichtlichen oder sonstigen Maßnahmen, um auf der Grundlage der Gleichberechtigung zu verhindern, dass Menschen mit Behinderungen der Folter oder grausamer, unmenschlicher oder erniedrigender Behandlung oder Strafe unterworfen werden.

Artikel 16 Freiheit von Ausbeutung, Gewalt und Missbrauch

(1) Die Vertragsstaaten treffen alle geeigneten Gesetzgebungs-, Verwaltungs-, Sozial-, Bildungs- und sonstigen Maßnahmen, um Menschen mit Behinderungen sowohl innerhalb als auch außerhalb der Wohnung vor jeder Form von Ausbeutung, Gewalt und Missbrauch, einschließlich ihrer geschlechtsspezifischen Aspekte, zu schützen.

(2) Die Vertragsstaaten treffen außerdem alle geeigneten Maßnahmen, um jede Form von Ausbeutung, Gewalt

und Missbrauch zu verhindern, indem sie unter anderem geeignete Formen von das Geschlecht und das Alter berücksichtigender Hilfe und Unterstützung für Menschen mit Behinderungen und ihre Familien und Betreuungspersonen gewährleisten, einschließlich durch die Bereitstellung von Informationen und Aufklärung darüber, wie Fälle von Ausbeutung, Gewalt und Missbrauch verhindert, erkannt und angezeigt werden können. Die Vertragsstaaten sorgen dafür, dass Schutzdienste das Alter, das Geschlecht und die Behinderung der betroffenen Personen berücksichtigen.

(3) Zur Verhinderung jeder Form von Ausbeutung, Gewalt und Missbrauch stellen die Vertragsstaaten sicher, dass alle Einrichtungen und Programme, die für Menschen mit Behinderungen bestimmt sind, wirksam von unabhängigen Behörden überwacht werden.

(4) Die Vertragsstaaten treffen alle geeigneten Maßnahmen, um die körperliche, kognitive und psychische Genesung, die Rehabilitation und die soziale Wiedereingliederung von Menschen mit Behinderungen, die Opfer irgendeiner Form von Ausbeutung, Gewalt oder Missbrauch werden, zu fördern, auch durch die Bereitstellung von Schutzeinrichtungen. Genesung und Wiedereingliederung müssen in einer Umgebung stattfinden, die der Gesundheit, dem Wohlergehen, der Selbstachtung, der Würde und der Autonomie des Menschen förderlich ist und geschlechts- und altersspezifischen Bedürfnissen Rechnung trägt.

(5) Die Vertragsstaaten schaffen wirksame Rechtsvorschriften und politische Konzepte, einschließlich solcher, die auf Frauen und Kinder ausgerichtet sind, um sicherzustellen, dass Fälle von Ausbeutung, Gewalt und Missbrauch gegenüber Menschen mit Behinderungen erkannt, untersucht und gegebenenfalls strafrechtlich verfolgt werden.

Artikel 17 Schutz der Unversehrtheit der Person

Jeder Mensch mit Behinderungen hat gleichberechtigt mit anderen das Recht auf Achtung seiner körperlichen und seelischen Unversehrtheit.

Artikel 18 Freizügigkeit und Staatsangehörigkeit

(1) Die Vertragsstaaten anerkennen das gleiche Recht von Menschen mit Behinderungen auf Freizügigkeit, auf freie Wahl ihres Aufenthaltsorts und auf eine Staatsangehörigkeit, indem sie unter anderem gewährleisten, dass

a) Menschen mit Behinderungen das Recht haben, eine Staatsangehörigkeit zu erwerben und ihre Staatsangehörigkeit zu wechseln, und dass ihnen diese nicht willkürlich oder aufgrund von Behinderung entzogen wird;

b) Menschen mit Behinderungen nicht aufgrund von Behinderung die Möglichkeit versagt wird, Dokumente zum Nachweis ihrer Staatsangehörigkeit oder andere Identitätsdokumente zu erhalten, zu besitzen und zu verwenden oder einschlägige Verfahren wie Einwanderungsverfahren in Anspruch zu nehmen, die gegebenenfalls erforderlich sind, um die Ausübung des Rechts auf Freizügigkeit zu erleichtern;

c) Menschen mit Behinderungen die Freiheit haben, jedes Land einschließlich ihres eigenen zu verlassen;

d) Menschen mit Behinderungen nicht willkürlich oder aufgrund von Behinderung das Recht entzogen wird, in ihr eigenes Land einzureisen.

(2) Kinder mit Behinderungen sind unverzüglich nach ihrer Geburt in ein Register einzutragen und haben das Recht auf einen Namen von Geburt an, das Recht, eine Staatsangehörigkeit zu erwerben, und soweit möglich das Recht, ihre Eltern zu kennen und von ihnen betreut zu werden.

Artikel 19 Unabhängige Lebensführung und Einbeziehung in die Gemeinschaft

Die Vertragsstaaten dieses Übereinkommens anerkennen das gleiche Recht aller Menschen mit Behinderungen, mit gleichen Wahlmöglichkeiten wie andere Menschen in der Gemeinschaft zu leben, und treffen wirksame und geeignete Maßnahmen, um Menschen mit Behinderungen den vollen Genuss dieses Rechts und ihre volle Einbeziehung in die Gemeinschaft und Teilhabe an der Gemeinschaft zu erleichtern, indem sie unter anderem gewährleisten, dass

a) Menschen mit Behinderungen gleichberechtigt die Möglichkeit haben, ihren Aufenthaltsort zu wählen und zu entscheiden, wo und mit wem sie leben, und nicht verpflichtet sind, in besonderen Wohnformen zu leben;

b) Menschen mit Behinderungen Zugang zu einer Reihe von gemeindenahen Unterstützungsdiensten zu Hause und in Einrichtungen sowie zu sonstigen gemeindenahen Unterstützungsdiensten haben, einschließlich der persönlichen Assistenz, die zur Unterstützung des Lebens in der Gemeinschaft und der Einbeziehung in die Gemeinschaft sowie zur Verhinderung von Isolation und Absonderung von der Gemeinschaft notwendig ist;

c) gemeindenahe Dienstleistungen und Einrichtungen für die Allgemeinheit Menschen mit Behinderungen auf der Grundlage der Gleichberechtigung zur Verfügung stehen und ihren Bedürfnissen Rechnung tragen.

Artikel 20 Persönliche Mobilität

Die Vertragsstaaten treffen wirksame Maßnahmen, um für Menschen mit Behinderungen persönliche Mobilität mit größtmöglicher Unabhängigkeit sicherzustellen, indem sie unter anderem

a) die persönliche Mobilität von Menschen mit Behinderungen in der Art und Weise und zum Zeitpunkt ihrer Wahl und zu erschwinglichen Kosten erleichtern;

b) den Zugang von Menschen mit Behinderungen zu hochwertigen Mobilitätshilfen, Geräten, unterstützenden Technologien und menschlicher und tierischer Hilfe sowie Mittelspersonen erleichtern, auch durch deren Bereitstellung zu erschwinglichen Kosten;

c) Menschen mit Behinderungen und Fachkräften, die mit Menschen mit Behinderungen arbeiten, Schulungen in Mobilitätsfertigkeiten anbieten;

d) Hersteller von Mobilitätshilfen, Geräten und unterstützenden Technologien ermutigen, alle Aspekte der Mobilität für Menschen mit Behinderungen zu berücksichtigen.

Artikel 21 Recht der freien Meinungsäußerung, Meinungsfreiheit und Zugang zu Informationen

Die Vertragsstaaten treffen alle geeigneten Maßnahmen, um zu gewährleisten, dass Menschen mit Behinderungen das Recht auf freie Meinungsäußerung und Meinungsfreiheit, einschließlich der Freiheit, Informationen und Gedankengut sich zu beschaffen, zu empfangen und weiterzugeben, gleichberechtigt mit anderen und durch alle von ihnen gewählten Formen der Kommunikation im Sinne des Artikels 2 ausüben können, unter anderem indem sie

a) Menschen mit Behinderungen für die Allgemeinheit bestimmte Informationen rechtzeitig und ohne zusätzliche Kosten in zugänglichen Formaten und Technologien, die für unterschiedliche Arten der Behinderung geeignet sind, zur Verfügung stellen;

b) im Umgang mit Behörden die Verwendung von Gebärdensprachen, Brailleschrift, ergänzenden und alternativen Kommunikationsformen und allen sonstigen selbst gewählten zugänglichen Mitteln, Formen und Formaten der Kommunikation durch Menschen mit Behinderungen akzeptieren und erleichtern;

c) private Rechtsträger, die, einschließlich durch das Internet, Dienste für die Allgemeinheit anbieten, dringend dazu auffordern, Informationen und Dienstleistungen in Formaten zur Verfügung zu stellen, die für Menschen mit Behinderungen zugänglich und nutzbar sind;

d) die Massenmedien, einschließlich der Anbieter von Informationen über das Internet, dazu auffordern, ihre Dienstleistungen für Menschen mit Behinderungen zugänglich zu gestalten;

e) die Verwendung von Gebärdensprachen anerkennen und fördern.

Artikel 22 Achtung der Privatsphäre

(1) Menschen mit Behinderungen dürfen unabhängig von ihrem Aufenthaltsort oder der Wohnform, in der sie leben, keinen willkürlichen oder rechtswidrigen Eingriffen in ihr Privatleben, ihre Familie, ihre Wohnung oder ihren Schriftverkehr oder andere Arten der Kommunikation oder rechtswidrigen Beeinträchtigungen ihrer Ehre oder ihres Rufes ausgesetzt werden. Menschen mit Behinderungen haben Anspruch auf rechtlichen Schutz gegen solche Eingriffe oder Beeinträchtigungen.

(2) Die Vertragsstaaten schützen auf der Grundlage der Gleichberechtigung mit anderen die Vertraulichkeit von Informationen über die Person, die Gesundheit und die Rehabilitation von Menschen mit Behinderungen.

Artikel 23 Achtung der Wohnung und der Familie

(1) Die Vertragsstaaten treffen wirksame und geeignete Maßnahmen zur Beseitigung der Diskriminierung von Menschen mit Behinderungen auf der Grundlage der Gleichberechtigung mit anderen in allen Fragen, die Ehe, Familie, Elternschaft und Partnerschaften betreffen, um zu gewährleisten, dass

a) das Recht aller Menschen mit Behinderungen im heiratsfähigen Alter, auf der Grundlage des freien und vollen Einverständnisses der künftigen Ehegatten eine Ehe zu schließen und eine Familie zu gründen, anerkannt wird;

b) das Recht von Menschen mit Behinderungen auf freie und verantwortungsbewusste Entscheidung über die Anzahl ihrer Kinder und die Geburtenabstände sowie auf Zugang zu altersgemäßer Information sowie Aufklärung über Fortpflanzung und Familienplanung anerkannt wird und ihnen die notwendigen Mittel zur Ausübung dieser Rechte zur Verfügung gestellt werden;

c) Menschen mit Behinderungen, einschließlich Kindern, gleichberechtigt mit anderen ihre Fruchtbarkeit behalten.

(2) Die Vertragsstaaten gewährleisten die Rechte und Pflichten von Menschen mit Behinderungen in Fragen der Vormundschaft, Pflegschaft, Personen- und Vermögenssorge, Adoption von Kindern oder ähnlichen Rechtsinstituten, soweit das innerstaatliche Recht solche kennt; in allen Fällen ist das Wohl des Kindes ausschlaggebend. Die Vertragsstaaten unterstützen Menschen mit Behinderungen in angemessener Weise bei der Wahrnehmung ihrer elterlichen Verantwortung.

(3) Die Vertragsstaaten gewährleisten, dass Kinder mit Behinderungen gleiche Rechte in Bezug auf das Familienleben haben. Zur Verwirklichung dieser Rechte und mit dem Ziel, das Verbergen, das Aussetzen, die Vernachlässigung und die Absonderung von Kindern mit Behinderungen zu verhindern, verpflichten sich die Vertragsstaaten, Kindern mit Behinderungen und ihren Familien frühzeitig umfassende Informationen, Dienste und Unterstützung zur Verfügung zu stellen.

(4) Die Vertragsstaaten gewährleisten, dass ein Kind nicht gegen den Willen seiner Eltern von diesen getrennt wird, es sei denn, dass die zuständigen Behörden in einer gerichtlich nachprüfbaren Entscheidung nach den anzuwendenden Rechtsvorschriften und Verfahren bestimmen, dass diese Trennung zum Wohl des Kindes notwendig ist. In keinem Fall darf das Kind aufgrund einer Behinderung entweder des Kindes oder eines oder beider Elternteile von den Eltern getrennt werden.

(5) Die Vertragsstaaten verpflichten sich, in Fällen, in denen die nächsten Familienangehörigen nicht in der Lage sind, für ein Kind mit Behinderungen zu sorgen, alle Anstrengungen zu unternehmen, um andere Formen der Betreuung innerhalb der weiteren Familie und, falls dies nicht möglich ist, innerhalb der Gemeinschaft in einem familienähnlichen Umfeld zu gewährleisten.

Artikel 24 Bildung

(1) Die Vertragsstaaten anerkennen das Recht von Menschen mit Behinderungen auf Bildung. Um dieses Recht ohne Diskriminierung und auf der Grundlage der Chancengleichheit zu verwirklichen, gewährleisten die Vertragsstaaten ein integratives Bildungssystem auf allen Ebenen und lebenslanges Lernen mit dem Ziel,

a) die menschlichen Möglichkeiten sowie das Bewusstsein der Würde und das Selbstwertgefühl des Menschen voll zur Entfaltung zu bringen und die Achtung vor den Menschenrechten, den Grundfreiheiten und der menschlichen Vielfalt zu stärken;

b) Menschen mit Behinderungen ihre Persönlichkeit, ihre Begabungen und ihre Kreativität sowie ihre geistigen und körperlichen Fähigkeiten voll zur Entfaltung bringen zu lassen;

c) Menschen mit Behinderungen zur wirklichen Teilhabe an einer freien Gesellschaft zu befähigen.

(2) Bei der Verwirklichung dieses Rechts stellen die Vertragsstaaten sicher, dass

a) Menschen mit Behinderungen nicht aufgrund von Behinderung vom allgemeinen Bildungssystem ausgeschlossen werden und dass Kinder mit Behinderungen nicht aufgrund von Behinderung vom unentgeltlichen und obligatorischen Grundschulunterricht oder vom Besuch weiterführender Schulen ausgeschlossen werden;

b) Menschen mit Behinderungen gleichberechtigt mit anderen in der Gemeinschaft, in der sie leben, Zugang zu einem integrativen, hochwertigen und unentgeltlichen Unterricht an Grundschulen und weiterführenden Schulen haben;

c) angemessene Vorkehrungen für die Bedürfnisse des Einzelnen getroffen werden;

d) Menschen mit Behinderungen innerhalb des allgemeinen Bildungssystems die notwendige Unterstützung geleistet wird, um ihre erfolgreiche Bildung zu erleichtern;

e) in Übereinstimmung mit dem Ziel der vollständigen Integration wirksame individuell angepasste Unterstützungsmaßnahmen in einem Umfeld, das die bestmögliche schulische und soziale Entwicklung gestattet, angeboten werden.

(3) Die Vertragsstaaten ermöglichen Menschen mit Behinderungen, lebenspraktische Fertigkeiten und soziale Kompetenzen zu erwerben, um ihre volle und gleichberechtigte Teilhabe an der Bildung und als Mitglieder der Gemeinschaft zu erleichtern. Zu diesem Zweck ergreifen die Vertragsstaaten geeignete Maßnahmen; unter anderem

a) erleichtern sie das Erlernen von Brailleschrift, alternativer Schrift, ergänzenden und alternativen Formen, Mitteln und Formaten der Kommunikation, den Erwerb von Orientierungs- und Mobilitätsfertigkeiten sowie die Unterstützung durch andere Menschen mit Behinderungen und das Mentoring;

b) erleichtern sie das Erlernen der Gebärdensprache und die Förderung der sprachlichen Identität der Gehörlosen;

c) stellen sie sicher, dass blinden, gehörlosen oder taubblinden Menschen, insbesondere Kindern, Bildung in den Sprachen und Kommunikationsformen und mit den Kommunikationsmitteln, die für den Einzelnen am besten geeignet sind, sowie in einem Umfeld vermittelt wird, das die bestmögliche schulische und soziale Entwicklung gestattet.

(4) Um zur Verwirklichung dieses Rechts beizutragen, treffen die Vertragsstaaten geeignete Maßnahmen zur Einstellung von Lehrkräften, einschließlich solcher mit Behinderungen, die in Gebärdensprache oder Brailleschrift ausgebildet sind, und zur Schulung von Fachkräften sowie Mitarbeitern und Mitarbeiterinnen auf allen Ebenen des Bildungswesens. Diese Schulung schließt die Schärfung des Bewusstseins für Behinderungen und die Verwendung geeigneter ergänzender und alternativer Formen, Mittel und Formate der Kommunikation sowie pädagogische Verfahren und Materialien zur Unterstützung von Menschen mit Behinderungen ein.

(5) Die Vertragsstaaten stellen sicher, dass Menschen mit Behinderungen ohne Diskriminierung und gleichberechtigt mit anderen Zugang zu allgemeiner Hochschulbildung, Berufsausbildung, Erwachsenenbildung und lebenslangem Lernen haben. Zu diesem Zweck stellen die Vertragsstaaten sicher, dass für Menschen mit Behinderungen angemessene Vorkehrungen getroffen werden.

Artikel 25 Gesundheit

Die Vertragsstaaten anerkennen das Recht von Menschen mit Behinderungen auf das erreichbare Höchstmaß an Gesundheit ohne Diskriminierung aufgrund von Behinderung. Die Vertragsstaaten treffen alle geeigneten Maßnahmen, um zu gewährleisten, dass Menschen mit Behinderungen Zugang zu geschlechtsspezifischen Gesundheitsdiensten, einschließlich gesundheitlicher Rehabilitation, haben. Insbesondere

a) stellen die Vertragsparteien Menschen mit Behinderungen eine unentgeltliche oder erschwingliche Gesundheitsversorgung in derselben Bandbreite, von derselben Qualität und auf demselben Standard zur Verfügung wie anderen Menschen, einschließlich sexual- und fortpflanzungsmedizinischer Gesundheitsleistungen und der Gesamtbevölkerung zur Verfügung stehender Programme des öffentlichen Gesundheitswesens;

b) bieten die Vertragsstaaten die Gesundheitsleistungen an, die von Menschen mit Behinderungen speziell wegen ihrer Behinderungen benötigt werden, soweit angebracht, einschließlich Früherkennung und Frühintervention, sowie Leistungen, durch die, auch bei Kindern und älteren Menschen, weitere Behinderungen möglichst gering gehalten oder vermieden werden sollen;

c) bieten die Vertragsstaaten diese Gesundheitsleistungen so gemeindenah wie möglich an, auch in ländlichen Gebieten;

d) erlegen die Vertragsstaaten den Angehörigen der Gesundheitsberufe die Verpflichtung auf, Menschen mit Behinderungen eine Versorgung von gleicher Qualität wie anderen Menschen angedeihen zu lassen, namentlich auf der Grundlage der freien Einwilligung nach vorheriger Aufklärung, indem sie unter anderem durch Schulungen und den Erlass ethischer Normen für die staatliche und private Gesundheitsversorgung das Bewusstsein für die Menschenrechte, die Würde, die Autonomie und die Bedürfnisse von Menschen mit Behinderungen schärfen;

e) verbieten die Vertragsstaaten die Diskriminierung von Menschen mit Behinderungen in der Krankenversicherung und in der Lebensversicherung, soweit eine solche Versicherung nach innerstaatlichem Recht zulässig ist; solche Versicherungen sind zu fairen und angemessenen Bedingungen anzubieten;

f) verhindern die Vertragsstaaten die diskriminierende Vorenthaltung von Gesundheitsversorgung oder -leistungen oder von Nahrungsmitteln und Flüssigkeiten aufgrund von Behinderung.

Artikel 26 Habilitation und Rehabilitation

(1) Die Vertragsstaaten treffen wirksame und geeignete Maßnahmen, einschließlich durch die Unterstützung durch andere Menschen mit Behinderungen, um Menschen mit Behinderungen in die Lage zu versetzen, ein Höchstmaß an Unabhängigkeit, umfassende körperliche, geistige, soziale und berufliche Fähigkeiten sowie die volle Einbeziehung in alle Aspekte des Lebens und die volle Teilhabe an allen Aspekten des Lebens zu erreichen und zu bewahren. Zu diesem Zweck organisieren, stärken und erweitern die Vertragsstaaten umfassende Habilitations- und Rehabilitationsdienste und -programme, insbesondere auf dem Gebiet der Gesundheit, der Beschäftigung, der Bildung und der Sozialdienste, und zwar so, dass diese Leistungen und Programme

a) im frühestmöglichen Stadium einsetzen und auf einer multidisziplinären Bewertung der individuellen Bedürfnisse und Stärken beruhen;
b) die Einbeziehung in die Gemeinschaft und die Gesellschaft in allen ihren Aspekten sowie die Teilhabe daran unterstützen, freiwillig sind und Menschen mit Behinderungen so gemeindenah wie möglich zur Verfügung stehen, auch in ländlichen Gebieten.

(2) Die Vertragsstaaten fördern die Entwicklung der Aus- und Fortbildung für Fachkräfte und Mitarbeiter und Mitarbeiterinnen in Habilitations- und Rehabilitationsdiensten.

(3) Die Vertragsstaaten fördern die Verfügbarkeit, die Kenntnis und die Verwendung unterstützender Geräte und Technologien, die für Menschen mit Behinderungen bestimmt sind, für die Zwecke der Habilitation und Rehabilitation.

Artikel 27 Arbeit und Beschäftigung

(1) Die Vertragsstaaten anerkennen das gleiche Recht von Menschen mit Behinderungen auf Arbeit; dies beinhaltet das Recht auf die Möglichkeit, den Lebensunterhalt durch Arbeit zu verdienen, die in einem offenen, integrativen und für Menschen mit Behinderungen zugänglichen Arbeitsmarkt und Arbeitsumfeld frei gewählt oder angenommen wird. Die Vertragsstaaten sichern und fördern die Verwirklichung des Rechts auf Arbeit, einschließlich für Menschen, die während der Beschäftigung eine Behinderung erwerben, durch geeignete Schritte, einschließlich des Erlasses von Rechtsvorschriften, um unter anderem

a) Diskriminierung aufgrund von Behinderung in allen Angelegenheiten im Zusammenhang mit einer Beschäftigung gleich welcher Art, einschließlich der Auswahl-, Einstellungs- und Beschäftigungsbedingungen, der Weiterbeschäftigung, des beruflichen Aufstiegs sowie sicherer und gesunder Arbeitsbedingungen, zu verbieten;
b) das gleiche Recht von Menschen mit Behinderungen auf gerechte und günstige Arbeitsbedingungen, einschließlich Chancengleichheit und gleichen Entgelts für gleichwertige Arbeit, auf sichere und gesunde Arbeitsbedingungen, einschließlich Schutz vor Belästigungen, und auf Abhilfe bei Missständen zu schützen;
c) zu gewährleisten, dass Menschen mit Behinderungen ihre Arbeitnehmer- und Gewerkschaftsrechte gleichberechtigt mit anderen ausüben können;
d) Menschen mit Behinderungen wirksamen Zugang zu allgemeinen fachlichen und beruflichen Beratungsprogrammen, Stellenvermittlung sowie Berufsausbildung und Weiterbildung zu ermöglichen;
e) für Menschen mit Behinderungen Beschäftigungsmöglichkeiten und beruflichen Aufstieg auf dem Arbeitsmarkt sowie die Unterstützung bei der Arbeitssuche, beim Erhalt und der Beibehaltung eines Arbeitsplatzes und beim beruflichen Wiedereinstieg zu fördern;
f) Möglichkeiten für Selbständigkeit, Unternehmertum, die Bildung von Genossenschaften und die Gründung eines eigenen Geschäfts zu fördern;
g) Menschen mit Behinderungen im öffentlichen Sektor zu beschäftigen;
h) die Beschäftigung von Menschen mit Behinderungen im privaten Sektor durch geeignete Strategien und Maßnahmen zu fördern, wozu auch Programme für positive Maßnahmen, Anreize und andere Maßnahmen gehören können;
i) sicherzustellen, dass am Arbeitsplatz angemessene Vorkehrungen für Menschen mit Behinderungen getroffen werden;
j) das Sammeln von Arbeitserfahrung auf dem allgemeinen Arbeitsmarkt durch Menschen mit Behinderungen zu fördern;
k) Programme für die berufliche Rehabilitation, den Erhalt des Arbeitsplatzes und den beruflichen Wiedereinstieg von Menschen mit Behinderungen zu fördern.

(2) Die Vertragsstaaten stellen sicher, dass Menschen mit Behinderungen nicht in Sklaverei oder Leibeigenschaft gehalten werden und dass sie gleichberechtigt mit anderen vor Zwangs- oder Pflichtarbeit geschützt werden.

Artikel 28 Angemessener Lebensstandard und sozialer Schutz

(1) Die Vertragsstaaten anerkennen das Recht von Menschen mit Behinderungen auf einen angemessenen Lebensstandard für sich selbst und ihre Familien, einschließlich angemessener Ernährung, Bekleidung und Wohnung, sowie auf eine stetige Verbesserung der Lebensbedingungen und unternehmen geeignete Schritte zum Schutz und zur Förderung der Verwirklichung dieses Rechts ohne Diskriminierung aufgrund von Behinderung.

(2) Die Vertragsstaaten anerkennen das Recht von Menschen mit Behinderungen auf sozialen Schutz und den Genuss dieses Rechts ohne Diskriminierung aufgrund von Behinderung und unternehmen geeignete Schritte zum Schutz und zur Förderung der Verwirklichung dieses Rechts, einschließlich Maßnahmen, um

a) Menschen mit Behinderungen gleichberechtigten Zugang zur Versorgung mit sauberem Wasser und den Zugang zu geeigneten und erschwinglichen Dienstleistungen, Geräten und anderen Hilfen für Bedürfnisse im Zusammenhang mit ihrer Behinderung zu sichern;
b) Menschen mit Behinderungen, insbesondere Frauen und Mädchen sowie älteren Menschen mit Behinderungen, den Zugang zu Programmen für sozialen

Schutz und Programmen zur Armutsbekämpfung zu sichern;

c) in Armut lebenden Menschen mit Behinderungen und ihren Familien den Zugang zu staatlicher Hilfe bei behinderungsbedingten Aufwendungen, einschließlich ausreichender Schulung, Beratung, finanzieller Unterstützung sowie Kurzzeitbetreuung, zu sichern;

d) Menschen mit Behinderungen den Zugang zu Programmen des sozialen Wohnungsbaus zu sichern;

e) Menschen mit Behinderungen gleichberechtigten Zugang zu Leistungen und Programmen der Altersversorgung zu sichern.

Artikel 29 Teilhabe am politischen und öffentlichen Leben

Die Vertragsstaaten garantieren Menschen mit Behinderungen die politischen Rechte sowie die Möglichkeit, diese gleichberechtigt mit anderen zu genießen, und verpflichten sich,

a) sicherzustellen, dass Menschen mit Behinderungen gleichberechtigt mit anderen wirksam und umfassend am politischen und öffentlichen Leben teilhaben können, sei es unmittelbar oder durch frei gewählte Vertreter oder Vertreterinnen, was auch das Recht und die Möglichkeit einschließt, zu wählen und gewählt zu werden; unter anderem
   i) stellen sie sicher, dass die Wahlverfahren, -einrichtungen und -materialien geeignet, zugänglich und leicht zu verstehen und zu handhaben sind;
   ii) schützen sie das Recht von Menschen mit Behinderungen, bei Wahlen und Volksabstimmungen in geheimer Abstimmung ohne Einschüchterung ihre Stimme abzugeben, bei Wahlen zu kandidieren, ein Amt wirksam innezuhaben und alle öffentlichen Aufgaben auf allen Ebenen staatlicher Tätigkeit wahrzunehmen, indem sie gegebenenfalls die Nutzung unterstützender und neuer Technologien erleichtern;
   iii) garantieren sie die freie Willensäußerung von Menschen mit Behinderungen als Wähler und Wählerinnen und erlauben zu diesem Zweck im Bedarfsfall auf Wunsch, dass sie sich bei der Stimmabgabe durch eine Person ihrer Wahl unterstützen lassen;

b) aktiv ein Umfeld zu fördern, in dem Menschen mit Behinderungen ohne Diskriminierung und gleichberechtigt mit anderen wirksam und umfassend an der Gestaltung der öffentlichen Angelegenheiten mitwirken können, und ihre Mitwirkung an den öffentlichen Angelegenheiten zu begünstigen, unter anderem
   i) die Mitarbeit in nichtstaatlichen Organisationen und Vereinigungen, die sich mit dem öffentlichen und politischen Leben ihres Landes befassen, und an den Tätigkeiten und der Verwaltung politischer Parteien;
   ii) die Bildung von Organisationen von Menschen mit Behinderungen, die sie auf internationaler, nationaler, regionaler und lokaler Ebene vertreten, und den Beitritt zu solchen Organisationen.

Artikel 30 Teilhabe am kulturellen Leben sowie an Erholung, Freizeit und Sport

(1) Die Vertragsstaaten anerkennen das Recht von Menschen mit Behinderungen, gleichberechtigt mit anderen am kulturellen Leben teilzunehmen, und treffen alle geeigneten Maßnahmen, um sicherzustellen, dass Menschen mit Behinderungen

a) Zugang zu kulturellem Material in zugänglichen Formaten haben;

b) Zugang zu Fernsehprogrammen, Filmen, Theatervorstellungen und anderen kulturellen Aktivitäten in zugänglichen Formaten haben;

c) Zugang zu Orten kultureller Darbietungen oder Dienstleistungen, wie Theatern, Museen, Kinos, Bibliotheken und Tourismusdiensten, sowie, so weit wie möglich, zu Denkmälern und Stätten von nationaler kultureller Bedeutung haben.

(2) Die Vertragsstaaten treffen geeignete Maßnahmen, um Menschen mit Behinderungen die Möglichkeit zu geben, ihr kreatives, künstlerisches und intellektuelles Potenzial zu entfalten und zu nutzen, nicht nur für sich selbst, sondern auch zur Bereicherung der Gesellschaft.

(3) Die Vertragsstaaten unternehmen alle geeigneten Schritte im Einklang mit dem Völkerrecht, um sicherzustellen, dass Gesetze zum Schutz von Rechten des geistigen Eigentums keine ungerechtfertigte oder diskriminierende Barriere für den Zugang von Menschen mit Behinderungen zu kulturellem Material darstellen.

(4) Menschen mit Behinderungen haben gleichberechtigt mit anderen Anspruch auf Anerkennung und Unterstützung ihrer spezifischen kulturellen und sprachlichen Identität, einschließlich der Gebärdensprachen und der Gehörlosenkultur.

(5) Mit dem Ziel, Menschen mit Behinderungen die gleichberechtigte Teilnahme an Erholungs-, Freizeit- und Sportaktivitäten zu ermöglichen, treffen die Vertragsstaaten geeignete Maßnahmen,

a) um Menschen mit Behinderungen zu ermutigen, so umfassend wie möglich an breitensportlichen Aktivitäten auf allen Ebenen teilzunehmen, und ihre Teilnahme zu fördern;

b) um sicherzustellen, dass Menschen mit Behinderungen die Möglichkeit haben, behinderungsspezifische Sport- und Erholungsaktivitäten zu organisieren, zu entwickeln und an solchen teilzunehmen, und zu diesem Zweck die Bereitstellung eines geeigneten Angebots an Anleitung, Training und Ressourcen auf der Grundlage der Gleichberechtigung mit anderen zu fördern;

c) um sicherzustellen, dass Menschen mit Behinderungen Zugang zu Sport-, Erholungs- und Tourismusstätten haben;

d) um sicherzustellen, dass Kinder mit Behinderungen gleichberechtigt mit anderen Kindern an Spiel-, Erholungs-, Freizeit- und Sportaktivitäten teilnehmen können, einschließlich im schulischen Bereich;

e) um sicherzustellen, dass Menschen mit Behinderungen Zugang zu Dienstleistungen der Organisatoren von Erholungs-, Tourismus-, Freizeit- und Sportaktivitäten haben.

II Materielles Betreuungsrecht

II.1 Bürgerliches Gesetzbuch (BGB) (Auszug) 32

II.2 Einführungsgesetz zum Bürgerlichen Gesetzbuche (EGBGB) (Auszug) 167

II.3 Gesetz über die Vergütung von Vormündern und Betreuern (Vormünder- und Betreuervergütungsgesetz – VBVG) (Auszug) 169

II.3.1 Gesetz zur Regelung einer Inflationsausgleichs-Sonderzahlung für berufliche Betreuer, Betreuungsvereine und ehrenamtliche Betreuer (Betreuer-Inflationsausgleichs-Sonderzahlungsgesetz – BetrInASG) 175

II

Bürgerliches Gesetzbuch
(BGB)

in der Fassung der Bekanntmachung
vom 2. Januar 2002 (BGBl. I S. 42, S. 2909, 2003 S. 738)

Zuletzt geändert durch
Bekanntmachung zur Umsetzung der Richtlinie (EU) 2016/800 des Europäischen Parlaments und des Rates vom 11. Mai 2016 über Verfahrensgarantien in Strafverfahren für Kinder, die Verdächtige oder beschuldigte Personen in Strafverfahren sind
vom 27. Februar 2024 (BGBl. I Nr. 69)

– Auszug –

Inhaltsübersicht

Buch 1
Allgemeiner Teil

Abschnitt 1
Personen

Titel 1
Natürliche Personen, Verbraucher, Unternehmer

§ 1 Beginn der Rechtsfähigkeit
§ 2 Eintritt der Volljährigkeit
§ 7 Wohnsitz; Begründung und Aufhebung
§ 8 Wohnsitz nicht voll Geschäftsfähiger
§ 11 Wohnsitz des Kindes
§ 13 Verbraucher
§ 14 Unternehmer

Abschnitt 2
Sachen und Tiere

§ 92 Verbrauchbare Sachen

Abschnitt 3
Rechtsgeschäfte

Titel 1
Geschäftsfähigkeit

§ 104 Geschäftsunfähigkeit
§ 105 Nichtigkeit der Willenserklärung
§ 105a Geschäfte des täglichen Lebens
§ 106 Beschränkte Geschäftsfähigkeit Minderjähriger
§ 107 Einwilligung des gesetzlichen Vertreters
§ 108 Vertragsschluss ohne Einwilligung
§ 109 Widerrufsrecht des anderen Teils
§ 110 Bewirken der Leistung mit eigenen Mitteln
§ 111 Einseitige Rechtsgeschäfte
§ 112 Selbständiger Betrieb eines Erwerbsgeschäfts
§ 113 Dienst- oder Arbeitsverhältnis
§§ 114 und 115 (weggefallen)

Titel 2
Willenserklärung

§ 116 Geheimer Vorbehalt
§ 117 Scheingeschäft
§ 118 Mangel der Ernstlichkeit
§ 119 Anfechtbarkeit wegen Irrtums
§ 120 Anfechtbarkeit wegen falscher Übermittlung
§ 121 Anfechtungsfrist
§ 122 Schadensersatzpflicht des Anfechtenden
§ 123 Anfechtbarkeit wegen Täuschung oder Drohung
§ 124 Anfechtungsfrist
§ 125 Nichtigkeit wegen Formmangels
§ 126 Schriftform
§ 126a Elektronische Form
§ 126b Textform
§ 127 Vereinbarte Form
§ 127a Gerichtlicher Vergleich
§ 128 Notarielle Beurkundung
§ 129 Öffentliche Beglaubigung
§ 130 Wirksamwerden der Willenserklärung gegenüber Abwesenden
§ 131 Wirksamwerden gegenüber nicht voll Geschäftsfähigen
§ 132 Ersatz des Zugehens durch Zustellung
§ 133 Auslegung einer Willenserklärung
§ 134 Gesetzliches Verbot
§ 135 Gesetzliches Veräußerungsverbot
§ 136 Behördliches Veräußerungsverbot
§ 137 Rechtsgeschäftliches Verfügungsverbot
§ 138 Sittenwidriges Rechtsgeschäft; Wucher
§ 139 Teilnichtigkeit
§ 140 Umdeutung
§ 141 Bestätigung des nichtigen Rechtsgeschäfts
§ 142 Wirkung der Anfechtung
§ 143 Anfechtungserklärung
§ 144 Bestätigung des anfechtbaren Rechtsgeschäfts

Titel 3
Vertrag

§ 145 Bindung an den Antrag
§ 146 Erlöschen des Antrags
§ 147 Annahmefrist
§ 148 Bestimmung einer Annahmefrist
§ 149 Verspätet zugegangene Annahmeerklärung
§ 150 Verspätete und abändernde Annahme
§ 151 Annahme ohne Erklärung gegenüber dem Antragenden
§ 152 Annahme bei notarieller Beurkundung

§ 153 Tod oder Geschäftsunfähigkeit des Antragenden
§ 154 Offener Einigungsmangel; fehlende Beurkundung
§ 155 Versteckter Einigungsmangel
§ 156 Vertragsschluss bei Versteigerung
§ 157 Auslegung von Verträgen

Titel 4
Bedingung und Zeitbestimmung

§ 158 Aufschiebende und auflösende Bedingung
§ 159 Rückbeziehung
§ 160 Haftung während der Schwebezeit
§ 161 Unwirksamkeit von Verfügungen während der Schwebezeit
§ 162 Verhinderung oder Herbeiführung des Bedingungseintritts
§ 163 Zeitbestimmung

Titel 5
Vertretung und Vollmacht

§ 164 Wirkung der Erklärung des Vertreters
§ 165 Beschränkt geschäftsfähiger Vertreter
§ 166 Willensmängel; Wissenszurechnung
§ 167 Erteilung der Vollmacht
§ 168 Erlöschen der Vollmacht
§ 169 Vollmacht des Beauftragten und des geschäftsführenden Gesellschafters
§ 170 Wirkungsdauer der Vollmacht
§ 171 Wirkungsdauer bei Kundgebung
§ 172 Vollmachtsurkunde
§ 173 Wirkungsdauer bei Kenntnis und fahrlässiger Unkenntnis
§ 174 Einseitiges Rechtsgeschäft eines Bevollmächtigten
§ 175 Rückgabe der Vollmachtsurkunde
§ 176 Kraftloserklärung der Vollmachtsurkunde
§ 177 Vertragsschluss durch Vertreter ohne Vertretungsmacht
§ 178 Widerrufsrecht des anderen Teils
§ 179 Haftung des Vertreters ohne Vertretungsmacht
§ 180 Einseitiges Rechtsgeschäft
§ 181 Insichgeschäft

Titel 6
Einwilligung und Genehmigung

§ 182 Zustimmung
§ 183 Widerruflichkeit der Einwilligung
§ 184 Rückwirkung der Genehmigung
§ 185 Verfügung eines Nichtberechtigten

Abschnitt 4
Fristen, Termine

§ 186 Geltungsbereich
§ 187 Fristbeginn
§ 188 Fristende
§ 189 Berechnung einzelner Fristen
§ 190 Fristverlängerung
§ 191 Berechnung von Zeiträumen
§ 192 Anfang, Mitte, Ende des Monats
§ 193 Sonn- und Feiertag; Sonnabend

Abschnitt 5
Verjährung

Titel 1
Gegenstand und Dauer der Verjährung

§ 194 Gegenstand der Verjährung
§ 195 Regelmäßige Verjährungsfrist
§ 196 Verjährungsfrist bei Rechten an einem Grundstück
§ 197 Dreißigjährige Verjährungsfrist
§ 198 Verjährung bei Rechtsnachfolge
§ 199 Beginn der regelmäßigen Verjährungsfrist und Verjährungshöchstfristen
§ 200 Beginn anderer Verjährungsfristen
§ 201 Beginn der Verjährungsfrist von festgestellten Ansprüchen
§ 202 Unzulässigkeit von Vereinbarungen über die Verjährung

Titel 2
Hemmung, Ablaufhemmung und Neubeginn der Verjährung

§ 203 Hemmung der Verjährung bei Verhandlungen
§ 204 Hemmung der Verjährung durch Rechtsverfolgung
§ 204a Hemmung der Verjährung von Ansprüchen von Verbrauchern durch Klagen von qualifizierten Verbraucherverbänden oder qualifizierten Einrichtungen
§ 205 Hemmung der Verjährung bei Leistungsverweigerungsrecht
§ 206 Hemmung der Verjährung bei höherer Gewalt
§ 207 Hemmung der Verjährung aus familiären und ähnlichen Gründen
§ 208 Hemmung der Verjährung bei Ansprüchen wegen Verletzung der sexuellen Selbstbestimmung
§ 209 Wirkung der Hemmung
§ 210 Ablaufhemmung bei nicht voll Geschäftsfähigen
§ 211 Ablaufhemmung in Nachlassfällen
§ 212 Neubeginn der Verjährung
§ 213 Hemmung, Ablaufhemmung und erneuter Beginn der Verjährung bei anderen Ansprüchen

Titel 3
Rechtsfolgen der Verjährung

§ 214 Wirkung der Verjährung
§ 215 Aufrechnung und Zurückbehaltungsrecht nach Eintritt der Verjährung
§ 216 Wirkung der Verjährung bei gesicherten Ansprüchen
§ 217 Verjährung von Nebenleistungen
§ 218 Unwirksamkeit des Rücktritts

II

Buch 2
Recht der Schuldverhältnisse

Abschnitt 3
Schuldverhältnisse aus Verträgen

Titel 1
Begründung, Inhalt und Beendigung

Untertitel 1
Begründung

§ 311 Rechtsgeschäftliche und rechtsgeschäftsähnliche Schuldverhältnisse
§ 311a Leistungshindernis bei Vertragsschluss
§ 311b Verträge über Grundstücke, das Vermögen und den Nachlass
§ 311c Erstreckung auf Zubehör

Untertitel 2
Grundsätze bei Verbraucherverträgen und besondere Vertriebsformen

Kapitel 1
Anwendungsbereich und Grundsätze bei Verbraucherverträgen

§ 312 Anwendungsbereich
§ 312a Allgemeine Pflichten und Grundsätze bei Verbraucherverträgen; Grenzen der Vereinbarung von Entgelten

Kapitel 2
Außerhalb von Geschäftsräumen geschlossene Verträge und Fernabsatzverträge

§ 312b Außerhalb von Geschäftsräumen geschlossene Verträge
§ 312c Fernabsatzverträge
§ 312d Informationspflichten
§ 312e Verletzung von Informationspflichten über Kosten
§ 312f Abschriften und Bestätigungen
§ 312g Widerrufsrecht
§ 312h Kündigung und Vollmacht zur Kündigung

Kapitel 3
Verträge im elektronischen Geschäftsverkehr; Online-Marktplätze

§ 312i Allgemeine Pflichten im elektronischen Geschäftsverkehr
§ 312j Besondere Pflichten im elektronischen Geschäftsverkehr gegenüber Verbrauchern
§ 312k Kündigung von Verbraucherverträgen im elektronischen Geschäftsverkehr
§ 312l Allgemeine Informationspflichten für Betreiber von Online-Marktplätzen

Kapitel 4
Abweichende Vereinbarungen und Beweislast

§ 312m Abweichende Vereinbarungen und Beweislast

Untertitel 3
Anpassung und Beendigung von Verträgen

§ 313 Störung der Geschäftsgrundlage
§ 314 Kündigung von Dauerschuldverhältnissen aus wichtigem Grund

Untertitel 4
Einseitige Leistungsbestimmungsrechte

§ 315 Bestimmung der Leistung durch eine Partei
§ 316 Bestimmung der Gegenleistung
§ 317 Bestimmung der Leistung durch einen Dritten
§ 318 Anfechtung der Bestimmung
§ 319 Unwirksamkeit der Bestimmung; Ersetzung

Titel 2
Gegenseitiger Vertrag

§ 320 Einrede des nicht erfüllten Vertrags
§ 321 Unsicherheitseinrede
§ 322 Verurteilung zur Leistung Zug-um-Zug
§ 323 Rücktritt wegen nicht oder nicht vertragsgemäß erbrachter Leistung
§ 324 Rücktritt wegen Verletzung einer Pflicht nach § 241 Abs. 2
§ 325 Schadensersatz und Rücktritt
§ 326 Befreiung von der Gegenleistung und Rücktritt beim Ausschluss der Leistungspflicht

Titel 2a
Verträge über digitale Produkte

Untertitel 1
Verbraucherverträge über digitale Produkte

§ 327 Anwendungsbereich
§ 327a Anwendung auf Paketverträge und Verträge über Sachen mit digitalen Elementen
§ 327b Bereitstellung digitaler Produkte
§ 327c Rechte bei unterbliebener Bereitstellung
§ 327d Vertragsmäßigkeit digitaler Produkte
§ 327e Produktmangel
§ 327f Aktualisierungen
§ 327g Rechtsmangel
§ 327h Abweichende Vereinbarungen über Produktmerkmale
§ 327i Rechte des Verbrauchers bei Mängeln
§ 327j Verjährung
§ 327k Beweislastumkehr
§ 327l Nacherfüllung
§ 327m Vertragsbeendigung und Schadensersatz
§ 327n Minderung
§ 327o Erklärung und Rechtsfolgen der Vertragsbeendigung
§ 327p Weitere Nutzung nach Vertragsbeendigung
§ 327q Vertragsrechtliche Folgen datenschutzrechtlicher Erklärungen des Verbrauchers
§ 327r Änderungen an digitalen Produkten
§ 327s Abweichende Vereinbarungen

Untertitel 2
Besondere Bestimmungen für Verträge über digitale Produkte zwischen Unternehmern

§ 327t Anwendungsbereich
§ 327u Rückgriff des Unternehmers

Titel 3
Versprechen der Leistung an einen Dritten

§ 328 Vertrag zugunsten Dritter
§ 329 Auslegungsregel bei Erfüllungsübernahme
§ 330 Auslegungsregel bei Leibrentenvertrag
§ 331 Leistung nach Todesfall
§ 332 Änderung durch Verfügung von Todes wegen bei Vorbehalt
§ 333 Zurückweisung des Rechts durch den Dritten
§ 334 Einwendungen des Schuldners gegenüber dem Dritten
§ 335 Forderungsrecht des Versprechensempfängers

Titel 4
Draufgabe, Vertragsstrafe

§ 336 Auslegung der Draufgabe
§ 337 Anrechnung oder Rückgabe der Draufgabe
§ 338 Draufgabe bei zu vertretender Unmöglichkeit der Leistung
§ 339 Verwirkung der Vertragsstrafe
§ 340 Strafversprechen für Nichterfüllung
§ 341 Strafversprechen für nicht gehörige Erfüllung
§ 342 Andere als Geldstrafe
§ 343 Herabsetzung der Strafe
§ 344 Unwirksames Strafversprechen
§ 345 Beweislast

Titel 5
Rücktritt; Widerrufsrecht bei Verbraucherverträgen

Untertitel 1
Rücktritt

§ 346 Wirkungen des Rücktritts
§ 347 Nutzungen und Verwendungen nach Rücktritt
§ 348 Erfüllung Zug-um-Zug
§ 349 Erklärung des Rücktritts
§ 350 Erlöschen des Rücktrittsrechts nach Fristsetzung
§ 351 Unteilbarkeit des Rücktrittsrechts
§ 352 Aufrechnung nach Nichterfüllung
§ 353 Rücktritt gegen Reugeld
§ 354 Verwirkungsklausel

Untertitel 2
Widerrufsrecht bei Verbraucherverträgen

§ 355 Widerrufsrecht bei Verbraucherverträgen
§ 356 Widerrufsrecht bei außerhalb von Geschäftsräumen geschlossenen Verträgen und Fernabsatzverträgen
§ 356a Widerrufsrecht bei Teilzeit-Wohnrechteverträgen, Verträgen über ein langfristiges Urlaubsprodukt, bei Vermittlungsverträgen und Tauschsystemverträgen
§ 356b Widerrufsrecht bei Verbraucherdarlehensverträgen
§ 356c Widerrufsrecht bei Ratenlieferungsverträgen
§ 356d Widerrufsrecht des Verbrauchers bei unentgeltlichen Darlehensverträgen und unentgeltlichen Finanzierungshilfen
§ 356e Widerrufsrecht bei Verbraucherbauverträgen
§ 357 Rechtsfolgen des Widerrufs von außerhalb von Geschäftsräumen geschlossenen Verträgen und Fernabsatzverträgen mit Ausnahme von Verträgen über Finanzdienstleistungen
§ 357a Wertersatz als Rechtsfolge des Widerrufs von außerhalb von Geschäftsräumen geschlossenen Verträgen und Fernabsatzverträgen mit Ausnahme von Verträgen über Finanzdienstleistungen
§ 357b Rechtsfolgen des Widerrufs von Verträgen über Finanzdienstleistungen
§ 357c Rechtsfolgen des Widerrufs von Teilzeit-Wohnrechteverträgen, Verträgen über ein langfristiges Urlaubsprodukt, Vermittlungsverträgen und Tauschsystemverträgen
§ 357d Rechtsfolgen des Widerrufs von weder im Fernabsatz noch außerhalb von Geschäftsräumen geschlossenen Ratenlieferungsverträgen
§ 357e Rechtsfolgen des Widerrufs bei Verbraucherbauverträgen
§ 358 Mit dem widerrufenen Vertrag verbundener Vertrag
§ 359 Einwendungen bei verbundenen Verträgen
§ 360 Zusammenhängende Verträge
§ 361 Weitere Ansprüche, abweichende Vereinbarungen und Beweislast

Abschnitt 8
Einzelne Schuldverhältnisse

Titel 1
Kauf, Tausch

Untertitel 1
Allgemeine Vorschriften

§ 433 Vertragstypische Pflichten beim Kaufvertrag
§ 434 Sachmangel
§ 435 Rechtsmangel
§ 436 Öffentliche Lasten von Grundstücken
§ 437 Rechte des Käufers bei Mängeln
§ 438 Verjährung der Mängelansprüche
§ 439 Nacherfüllung
§ 440 Besondere Bestimmungen für Rücktritt und Schadensersatz
§ 441 Minderung
§ 442 Kenntnis des Käufers
§ 443 Garantie
§ 444 Haftungsausschluss

II

§ 445 Haftungsbegrenzung bei öffentlichen Versteigerungen
§ 445a Rückgriff des Verkäufers
§ 445b Verjährung von Rückgriffsansprüchen
§ 445c Rückgriff bei Verträgen über digitale Produkte
§ 446 Gefahr- und Lastenübergang
§ 447 Gefahrübergang beim Versendungskauf
§ 448 Kosten der Übergabe und vergleichbare Kosten
§ 449 Eigentumsvorbehalt
§ 450 Ausgeschlossene Käufer bei bestimmten Verkäufen
§ 451 Kauf durch ausgeschlossenen Käufer
§ 452 Schiffskauf
§ 453 Rechtskauf; Verbrauchervertrag über den Kauf digitaler Inhalte

Titel 3
Darlehensvertrag; Finanzierungshilfen und Ratenlieferungsverträge zwischen einem Unternehmer und einem Verbraucher

Untertitel 1
Darlehensvertrag

Kapitel 2
Besondere Vorschriften für Verbraucherdarlehensverträge

§ 491 Verbraucherdarlehensvertrag
§ 491a Vorvertragliche Informationspflichten bei Verbraucherdarlehensverträgen
§ 492 Schriftform, Vertragsinhalt
§ 492a Kopplungsgeschäfte bei Immobiliar-Verbraucherdarlehensverträgen
§ 492b Zulässige Kopplungsgeschäfte
§ 493 Informationen während des Vertragsverhältnisses
§ 494 Rechtsfolgen von Formmängeln
§ 495 Widerrufsrecht; Bedenkzeit
§ 496 Einwendungsverzicht, Wechsel- und Scheckverbot
§ 497 Verzug des Darlehensnehmers
§ 498 Gesamtfälligstellung bei Teilzahlungsdarlehen
§ 499 Kündigungsrecht des Darlehensgebers; Leistungsverweigerung
§ 500 Kündigungsrecht des Darlehensnehmers; vorzeitige Rückzahlung
§ 501 Kostenermäßigung bei vorzeitiger Rückzahlung und bei Kündigung
§ 502 Vorfälligkeitsentschädigung
§ 503 Umwandlung bei Immobiliar-Verbraucherdarlehen in Fremdwährung
§ 504 Eingeräumte Überziehungsmöglichkeit
§ 504a Beratungspflicht bei Inanspruchnahme der Überziehungsmöglichkeit
§ 505 Geduldete Überziehung
§ 505a Pflicht zur Kreditwürdigkeitsprüfung bei Verbraucherdarlehensverträgen
§ 505b Grundlage der Kreditwürdigkeitsprüfung bei Verbraucherdarlehensverträgen
§ 505c Weitere Pflichten bei grundpfandrechtlich oder durch Reallast besicherten Immobiliar-Verbraucherdarlehensverträgen
§ 505d Verstoß gegen die Pflicht zur Kreditwürdigkeitsprüfung
§ 505e Verordnungsermächtigung

Untertitel 2
Finanzierungshilfen zwischen einem Unternehmer und einem Verbraucher

§ 506 Zahlungsaufschub, sonstige Finanzierungshilfe
§ 507 Teilzahlungsgeschäfte
§ 508 Rücktritt bei Teilzahlungsgeschäften
§ 509 (weggefallen)

Titel 4
Schenkung

§ 516 Begriff der Schenkung
§ 516a Verbrauchervertrag über die Schenkung digitaler Produkte
§ 517 Unterlassen eines Vermögenserwerbs
§ 518 Form des Schenkungsversprechens
§ 519 Einrede des Notbedarfs
§ 520 Erlöschen eines Rentenversprechens
§ 521 Haftung des Schenkers
§ 522 Keine Verzugszinsen
§ 523 Haftung für Rechtsmängel
§ 524 Haftung für Sachmängel
§ 525 Schenkung unter Auflage
§ 526 Verweigerung der Vollziehung der Auflage
§ 527 Nichtvollziehung der Auflage
§ 528 Rückforderung wegen Verarmung des Schenkers
§ 529 Ausschluss des Rückforderungsanspruchs
§ 530 Widerruf der Schenkung
§ 531 Widerrufserklärung
§ 532 Ausschluss des Widerrufs
§ 533 Verzicht auf Widerrufsrecht
§ 534 Pflicht- und Anstandsschenkungen

Titel 5
Mietvertrag, Pachtvertrag

Untertitel 1
Allgemeine Vorschriften für Mietverhältnisse

§ 535 Inhalt und Hauptpflichten des Mietvertrags
§ 536 Mietminderung bei Sach- und Rechtsmängeln
§ 536a Schadens- und Aufwendungsersatzanspruch des Mieters wegen eines Mangels
§ 536b Kenntnis des Mieters vom Mangel bei Vertragsschluss oder Annahme
§ 536c Während der Mietzeit auftretende Mängel; Mängelanzeige durch den Mieter
§ 536d Vertraglicher Ausschluss von Rechten des Mieters wegen eines Mangels

§ 537 Entrichtung der Miete bei persönlicher Verhinderung des Mieters
§ 538 Abnutzung der Mietsache durch vertragsgemäßen Gebrauch
§ 539 Ersatz sonstiger Aufwendungen und Wegnahmerecht des Mieters
§ 540 Gebrauchsüberlassung an Dritte
§ 541 Unterlassungsklage bei vertragswidrigem Gebrauch
§ 542 Ende des Mietverhältnisses
§ 543 Außerordentliche fristlose Kündigung aus wichtigem Grund
§ 544 Vertrag über mehr als 30 Jahre
§ 545 Stillschweigende Verlängerung des Mietverhältnisses
§ 546 Rückgabepflicht des Mieters
§ 546a Entschädigung des Vermieters bei verspäteter Rückgabe
§ 547 Erstattung von im Voraus entrichteter Miete
§ 548 Verjährung der Ersatzansprüche und des Wegnahmerechts
§ 548a Miete digitaler Produkte

Untertitel 2
Mietverhältnisse über Wohnraum

Kapitel 1
Allgemeine Vorschriften

§ 549 Auf Wohnraummietverhältnisse anwendbare Vorschriften
§ 550 Form des Mietvertrags
§ 551 Begrenzung und Anlage von Mietsicherheiten
§ 552 Abwendung des Wegnahmerechts des Mieters
§ 553 Gestattung der Gebrauchsüberlassung an Dritte
§ 554 Barrierereduzierung, E-Mobilität und Einbruchsschutz
§ 555 Unwirksamkeit einer Vertragsstrafe

Kapitel 1a
Erhaltungs- und Modernisierungsmaßnahmen

§ 555a Erhaltungsmaßnahmen
§ 555b Modernisierungsmaßnahmen
§ 555c Ankündigung von Modernisierungsmaßnahmen
§ 555d Duldung von Modernisierungsmaßnahmen, Ausschlussfrist
§ 555e Sonderkündigungsrecht des Mieters bei Modernisierungsmaßnahmen
§ 555f Vereinbarungen über Erhaltungs- oder Modernisierungsmaßnahmen

Kapitel 2
Die Miete

Unterkapitel 1
Vereinbarungen über die Miete

§ 556 Vereinbarungen über Betriebskosten
§ 556a Abrechnungsmaßstab für Betriebskosten
§ 556b Fälligkeit der Miete, Aufrechnungs- und Zurückbehaltungsrecht
§ 556c Kosten der Wärmelieferung als Betriebskosten, Verordnungsermächtigung

Unterkapitel 1a
Vereinbarungen über die Miethöhe bei Mietbeginn in Gebieten mit angespannten Wohnungsmärkten

§ 556d Zulässige Miethöhe bei Mietbeginn; Verordnungsermächtigung
§ 556e Berücksichtigung der Vormiete oder einer durchgeführten Modernisierung
§ 556f Ausnahmen
§ 556g Rechtsfolgen; Auskunft über die Miete

Unterkapitel 2
Regelungen über die Miethöhe

§ 557 Mieterhöhungen nach Vereinbarung oder Gesetz
§ 557a Staffelmiete
§ 557b Indexmiete
§ 558 Mieterhöhung bis zur ortsüblichen Vergleichsmiete
§ 558a Form und Begründung der Mieterhöhung
§ 558b Zustimmung zur Mieterhöhung
§ 558c Mietspiegel; Verordnungsermächtigung
§ 558d Qualifizierter Mietspiegel
§ 558e Mietdatenbank
§ 559 Mieterhöhung nach Modernisierungsmaßnahmen
§ 559a Anrechnung von Drittmitteln
§ 559b Geltendmachung der Erhöhung, Wirkung der Erhöhungserklärung
§ 559c Vereinfachtes Verfahren
§ 559d Pflichtverletzungen bei Ankündigung oder Durchführung einer baulichen Veränderung
§ 559e Mieterhöhung nach Einbau oder Aufstellung einer Heizungsanlage
§ 560 Veränderungen von Betriebskosten
§ 561 Sonderkündigungsrecht des Mieters nach Mieterhöhung

Kapitel 3
Pfandrecht des Vermieters

§ 562 Umfang des Vermieterpfandrechts
§ 562a Erlöschen des Vermieterpfandrechts
§ 562b Selbsthilferecht, Herausgabeanspruch
§ 562c Abwendung des Pfandrechts durch Sicherheitsleistung
§ 562d Pfändung durch Dritte

Kapitel 4
Wechsel der Vertragsparteien

§ 563 Eintrittsrecht bei Tod des Mieters
§ 563a Fortsetzung mit überlebenden Mietern
§ 563b Haftung bei Eintritt oder Fortsetzung
§ 564 Fortsetzung des Mietverhältnisses mit dem Erben, außerordentliche Kündigung
§ 565 Gewerbliche Weitervermietung

II

§ 566 Kauf bricht nicht Miete
§ 566a Mietsicherheit
§ 566b Vorausverfügung über die Miete
§ 566c Vereinbarung zwischen Mieter und Vermieter über die Miete
§ 566d Aufrechnung durch den Mieter
§ 566e Mitteilung des Eigentumsübergangs durch den Vermieter
§ 567 Belastung des Wohnraums durch den Vermieter
§ 567a Veräußerung oder Belastung vor der Überlassung des Wohnraums
§ 567b Weiterveräußerung oder Belastung durch Erwerber

Kapitel 5
Beendigung des Mietverhältnisses

Unterkapitel 1
Allgemeine Vorschriften

§ 568 Form und Inhalt der Kündigung
§ 569 Außerordentliche fristlose Kündigung aus wichtigem Grund
§ 570 Ausschluss des Zurückbehaltungsrechts
§ 571 Weiterer Schadensersatz bei verspäteter Rückgabe von Wohnraum
§ 572 Vereinbartes Rücktrittsrecht; Mietverhältnis unter auflösender Bedingung

Unterkapitel 2
Mietverhältnisse auf unbestimmte Zeit

§ 573 Ordentliche Kündigung des Vermieters
§ 573a Erleichterte Kündigung des Vermieters
§ 573b Teilkündigung des Vermieters
§ 573c Fristen der ordentlichen Kündigung
§ 573d Außerordentliche Kündigung mit gesetzlicher Frist
§ 574 Widerspruch des Mieters gegen die Kündigung
§ 574a Fortsetzung des Mietverhältnisses nach Widerspruch
§ 574b Form und Frist des Widerspruchs
§ 574c Weitere Fortsetzung des Mietverhältnisses bei unvorhergesehenen Umständen

Unterkapitel 3
Mietverhältnisse auf bestimmte Zeit

§ 575 Zeitmietvertrag
§ 575a Außerordentliche Kündigung mit gesetzlicher Frist

Unterkapitel 4
Werkwohnungen

§ 576 Fristen der ordentlichen Kündigung bei Werkmietwohnungen
§ 576a Besonderheiten des Widerspruchsrechts bei Werkmietwohnungen
§ 576b Entsprechende Geltung des Mietrechts bei Werkdienstwohnungen

Kapitel 6
Besonderheiten bei der Bildung von Wohnungseigentum an vermieteten Wohnungen

§ 577 Vorkaufsrecht des Mieters
§ 577a Kündigungsbeschränkung bei Wohnungsumwandlung

Untertitel 3
Mietverhältnisse über andere Sachen und digitale Produkte

§ 578 Mietverhältnisse über Grundstücke und Räume
§ 578a Mietverhältnisse über eingetragene Schiffe
§ 578b Verträge über die Miete digitaler Produkte
§ 579 Fälligkeit der Miete
§ 580 Außerordentliche Kündigung bei Tod des Mieters
§ 580a Kündigungsfristen

Titel 8
Dienstvertrag und ähnliche Verträge

Untertitel 2
Behandlungsvertrag

§ 630a Vertragstypische Pflichten beim Behandlungsvertrag
§ 630b Anwendbare Vorschriften
§ 630c Mitwirkung der Vertragsparteien; Informationspflichten
§ 630d Einwilligung
§ 630e Aufklärungspflichten
§ 630f Dokumentation der Behandlung
§ 630g Einsichtnahme in die Patientenakte
§ 630h Beweislast bei Haftung für Behandlungs- und Aufklärungsfehler

Titel 12
Auftrag, Geschäftsbesorgungsvertrag und Zahlungsdienste

Untertitel 1
Auftrag

§ 662 Vertragstypische Pflichten beim Auftrag
§ 663 Anzeigepflicht bei Ablehnung
§ 664 Unübertragbarkeit; Haftung für Gehilfen
§ 665 Abweichung von Weisungen
§ 666 Auskunfts- und Rechenschaftspflicht
§ 667 Herausgabepflicht
§ 668 Verzinsung des verwendeten Geldes
§ 669 Vorschusspflicht
§ 670 Ersatz von Aufwendungen
§ 671 Widerruf; Kündigung
§ 672 Tod oder Geschäftsunfähigkeit des Auftraggebers
§ 673 Tod des Beauftragten
§ 674 Fiktion des Fortbestehens

Untertitel 2
Geschäftsbesorgungsvertrag

§ 675 Entgeltliche Geschäftsbesorgung

§ 675a Informationspflichten
§ 675b Aufträge zur Übertragung von Wertpapieren in Systemen

Untertitel 3
Zahlungsdienste

Kapitel 1
Allgemeine Vorschriften

§ 675c Zahlungsdienste und E-Geld
§ 675d Unterrichtung bei Zahlungsdiensten
§ 675e Abweichende Vereinbarungen

Kapitel 2
Zahlungsdienstevertrag

§ 675f Zahlungsdienstevertrag
§ 675g Änderung des Zahlungsdiensterahmenvertrags
§ 675h Ordentliche Kündigung eines Zahlungsdiensterahmenvertrags
§ 675i Ausnahmen für Kleinbetragsinstrumente und E-Geld

Kapitel 3
Erbringung und Nutzung von Zahlungsdiensten

Unterkapitel 1
Autorisierung von Zahlungsvorgängen; Zahlungsinstrumente; Verweigerung des Zugangs zum Zahlungskonto

§ 675j Zustimmung und Widerruf der Zustimmung
§ 675k Begrenzung der Nutzung eines Zahlungsinstruments; Verweigerung des Zugangs zum Zahlungskonto
§ 675l Pflichten des Zahlungsdienstnutzers in Bezug auf Zahlungsinstrumente
§ 675m Pflichten des Zahlungsdienstleisters in Bezug auf Zahlungsinstrumente; Risiko der Versendung

Unterkapitel 2
Ausführung von Zahlungsvorgängen

§ 675n Zugang von Zahlungsaufträgen
§ 675o Ablehnung von Zahlungsaufträgen
§ 675p Unwiderruflichkeit eines Zahlungsauftrags
§ 675q Entgelte bei Zahlungsvorgängen
§ 675r Ausführung eines Zahlungsvorgangs anhand von Kundenkennungen
§ 675s Ausführungsfrist für Zahlungsvorgänge
§ 675t Wertstellungsdatum und Verfügbarkeit von Geldbeträgen; Sperrung eines verfügbaren Geldbetrags

Unterkapitel 3
Haftung

§ 675u Haftung des Zahlungsdienstleisters für nicht autorisierte Zahlungsvorgänge
§ 675v Haftung des Zahlers bei missbräuchlicher Nutzung eines Zahlungsinstruments
§ 675w Nachweis der Authentifizierung
§ 675x Erstattungsanspruch bei einem vom oder über den Zahlungsempfänger ausgelösten autorisierten Zahlungsvorgang
§ 675y Haftung der Zahlungsdienstleister bei nicht erfolgter, fehlerhafter oder verspäteter Ausführung eines Zahlungsauftrags; Nachforschungspflicht
§ 675z Sonstige Ansprüche bei nicht erfolgter, fehlerhafter oder verspäteter Ausführung eines Zahlungsauftrags oder bei einem nicht autorisierten Zahlungsvorgang
§ 676 Nachweis der Ausführung von Zahlungsvorgängen
§ 676a Ausgleichsanspruch
§ 676b Anzeige nicht autorisierter oder fehlerhaft ausgeführter Zahlungsvorgänge
§ 676c Haftungsausschluss

Titel 13
Geschäftsführung ohne Auftrag

§ 677 Pflichten des Geschäftsführers
§ 678 Geschäftsführung gegen den Willen des Geschäftsherrn
§ 679 Unbeachtlichkeit des entgegenstehenden Willens des Geschäftsherrn
§ 680 Geschäftsführung zur Gefahrenabwehr
§ 681 Nebenpflichten des Geschäftsführers
§ 682 Fehlende Geschäftsfähigkeit des Geschäftsführers
§ 683 Ersatz von Aufwendungen
§ 684 Herausgabe der Bereicherung
§ 685 Schenkungsabsicht
§ 686 Irrtum über Person des Geschäftsherrn
§ 687 Unechte Geschäftsführung

Titel 27
Unerlaubte Handlungen

§ 823 Schadensersatzpflicht
§ 824 Kreditgefährdung
§ 825 Bestimmung zu sexuellen Handlungen
§ 826 Sittenwidrige vorsätzliche Schädigung
§ 827 Ausschluss und Minderung der Verantwortlichkeit
§ 828 Minderjährige
§ 829 Ersatzpflicht aus Billigkeitsgründen
§ 830 Mittäter und Beteiligte
§ 831 Haftung für den Verrichtungsgehilfen
§ 832 Haftung des Aufsichtspflichtigen
§ 839 Haftung bei Amtspflichtverletzung
§ 839a Haftung des gerichtlichen Sachverständigen

Buch 4
Familienrecht

Abschnitt 1
Bürgerliche Ehe

Titel 2
Eingehung der Ehe

Untertitel 1
Ehefähigkeit

§ 1303 Ehemündigkeit
§ 1304 Geschäftsunfähigkeit

Titel 3
Aufhebung der Ehe

§ 1313 Aufhebung durch richterliche Entscheidung
§ 1314 Aufhebungsgründe
§ 1315 Ausschluss der Aufhebung
§ 1316 Antragsberechtigung
§ 1317 Antragsfrist
§ 1318 Folgen der Aufhebung

Titel 5
Wirkungen der Ehe im Allgemeinen

§ 1353 Eheliche Lebensgemeinschaft
§ 1354 (weggefallen)
§ 1355 Ehename
§ 1356 Haushaltsführung, Erwerbstätigkeit
§ 1357 Geschäfte zur Deckung des Lebensbedarfs
§ 1358 Gegenseitige Vertretung von Ehegatten in Angelegenheiten der Gesundheitssorge
§ 1359 Umfang der Sorgfaltspflicht
§ 1360 Verpflichtung zum Familienunterhalt
§ 1360a Umfang der Unterhaltspflicht
§ 1360b Zuvielleistung
§ 1361 Unterhalt bei Getrenntleben
§ 1361a Verteilung der Haushaltsgegenstände bei Getrenntleben
§ 1361b Ehewohnung bei Getrenntleben
§ 1362 Eigentumsvermutung

Titel 6
Eheliches Güterrecht

Untertitel 1
Gesetzliches Güterrecht

§ 1363 Zugewinngemeinschaft
§ 1364 Vermögensverwaltung
§ 1365 Verfügung über Vermögen im Ganzen
§ 1366 Genehmigung von Verträgen
§ 1367 Einseitige Rechtsgeschäfte
§ 1368 Geltendmachung der Unwirksamkeit
§ 1369 Verfügungen über Haushaltsgegenstände
§ 1370 (weggefallen)
§ 1371 Zugewinnausgleich im Todesfall
§ 1372 Zugewinnausgleich in anderen Fällen
§ 1373 Zugewinn
§ 1374 Anfangsvermögen
§ 1375 Endvermögen
§ 1376 Wertermittlung des Anfangs- und Endvermögens
§ 1377 Verzeichnis des Anfangsvermögens
§ 1378 Ausgleichsforderung
§ 1379 Auskunftspflicht
§ 1380 Anrechnung von Vorausempfängen
§ 1381 Leistungsverweigerung wegen grober Unbilligkeit
§ 1382 Stundung
§ 1383 Übertragung von Vermögensgegenständen
§ 1384 Berechnungszeitpunkt des Zugewinns und Höhe der Ausgleichsforderung bei Scheidung
§ 1385 Vorzeitiger Zugewinnausgleich des ausgleichsberechtigten Ehegatten bei vorzeitiger Aufhebung der Zugewinngemeinschaft
§ 1386 Vorzeitige Aufhebung der Zugewinngemeinschaft
§ 1387 Berechnungszeitpunkt des Zugewinns und Höhe der Ausgleichsforderung bei vorzeitigem Ausgleich oder vorzeitiger Aufhebung
§ 1388 Eintritt der Gütertrennung
§ 1389 (weggefallen)
§ 1390 Ansprüche des Ausgleichsberechtigten gegen Dritte

Untertitel 2
Vertragliches Güterrecht

Kapitel 1
Allgemeine Vorschriften

§ 1408 Ehevertrag, Vertragsfreiheit
§ 1409 Beschränkung der Vertragsfreiheit
§ 1410 Form
§ 1411 Eheverträge Betreuter
§ 1412 Wirkungen gegenüber Dritten
§ 1413 Widerruf der Überlassung der Vermögensverwaltung

Abschnitt 2
Verwandtschaft

Titel 1
Allgemeine Vorschriften

§ 1589 Verwandtschaft
§ 1590 Schwägerschaft

Titel 2
Abstammung

§ 1591 Mutterschaft
§ 1592 Vaterschaft
§ 1593 Vaterschaft bei Auflösung der Ehe durch Tod
§ 1594 Anerkennung der Vaterschaft
§ 1595 Zustimmungsbedürftigkeit der Anerkennung
§ 1596 Anerkennung und Zustimmung bei fehlender oder beschränkter Geschäftsfähigkeit
§ 1597 Formerfordernisse; Widerruf
§ 1597a Verbot der missbräuchlichen Anerkennung der Vaterschaft

§ 1598 Unwirksamkeit von Anerkennung, Zustimmung und Widerruf
§ 1598a Anspruch auf Einwilligung in eine genetische Untersuchung zur Klärung der leiblichen Abstammung
§ 1599 Nichtbestehen der Vaterschaft
§ 1600 Anfechtungsberechtigte
§ 1600a Persönliche Anfechtung; Anfechtung bei fehlender oder beschränkter Geschäftsfähigkeit
§ 1600b Anfechtungsfristen
§ 1600c Vaterschaftsvermutung im Anfechtungsverfahren
§ 1600d Gerichtliche Feststellung der Vaterschaft

Titel 3
Unterhaltspflicht

Untertitel 1
Allgemeine Vorschriften

§ 1601 Unterhaltsverpflichtete
§ 1602 Bedürftigkeit
§ 1603 Leistungsfähigkeit
§ 1604 Einfluss des Güterstands
§ 1605 Auskunftspflicht
§ 1606 Rangverhältnisse mehrerer Pflichtiger
§ 1607 Ersatzhaftung und gesetzlicher Forderungsübergang
§ 1608 Haftung des Ehegatten oder Lebenspartners
§ 1609 Rangfolge mehrerer Unterhaltsberechtigter
§ 1610 Maß des Unterhalts
§ 1610a Deckungsvermutung bei schadensbedingten Mehraufwendungen
§ 1611 Beschränkung oder Wegfall der Verpflichtung
§ 1612 Art der Unterhaltsgewährung
§ 1613 Unterhalt für die Vergangenheit
§ 1614 Verzicht auf den Unterhaltsanspruch; Vorausleistung
§ 1615 Erlöschen des Unterhaltsanspruchs

Abschnitt 3
Vormundschaft, Pflegschaft für Minderjährige, rechtliche Betreuung, sonstige Pflegschaft

Titel 3
Rechtliche Betreuung

Untertitel 1
Betreuerbestellung

§ 1814 Voraussetzungen
§ 1815 Umfang der Betreuung
§ 1816 Eignung und Auswahl des Betreuers; Berücksichtigung der Wünsche des Volljährigen
§ 1817 Mehrere Betreuer; Verhinderungsbetreuer; Ergänzungsbetreuer
§ 1818 Betreuung durch Betreuungsverein oder Betreuungsbehörde
§ 1819 Übernahmepflicht; weitere Bestellungsvoraussetzungen
§ 1820 Vorsorgevollmacht und Kontrollbetreuung

Untertitel 2
Führung der Betreuung

Kapitel 1
Allgemeine Vorschriften

§ 1821 Pflichten des Betreuers; Wünsche des Betreuten
§ 1822 Auskunftspflicht gegenüber nahestehenden Angehörigen
§ 1823 Vertretungsmacht des Betreuers
§ 1824 Ausschluss der Vertretungsmacht
§ 1825 Einwilligungsvorbehalt
§ 1826 Haftung des Betreuers

Kapitel 2
Personenangelegenheiten

§ 1827 Patientenverfügung; Behandlungswünsche oder mutmaßlicher Wille des Betreuten
§ 1828 Gespräch zur Feststellung des Patientenwillens
§ 1829 Genehmigung des Betreuungsgerichts bei ärztlichen Maßnahmen
§ 1830 Sterilisation
§ 1831 Freiheitsentziehende Unterbringung und freiheitsentziehende Maßnahmen
§ 1832 Ärztliche Zwangsmaßnahmen
§ 1833 Aufgabe von Wohnraum des Betreuten
§ 1834 Bestimmung des Umgangs und des Aufenthalts des Betreuten

Kapitel 3
Vermögensangelegenheiten

Unterkapitel 1
Allgemeine Vorschriften

§ 1835 Vermögensverzeichnis
§ 1836 Trennungsgebot; Verwendung des Vermögens für den Betreuer
§ 1837 Vermögensverwaltung durch den Betreuer bei Erbschaft und Schenkung

Unterkapitel 2
Verwaltung von Geld, Wertpapieren und Wertgegenständen

§ 1838 Pflichten des Betreuers in Vermögensangelegenheiten
§ 1839 Bereithaltung von Verfügungsgeld
§ 1840 Bargeldloser Zahlungsverkehr
§ 1841 Anlagepflicht
§ 1842 Voraussetzungen für das Kreditinstitut
§ 1843 Depotverwahrung und Hinterlegung von Wertpapieren
§ 1844 Hinterlegung von Wertgegenständen auf Anordnung des Betreuungsgerichts
§ 1845 Sperrvereinbarung

Unterkapitel 3
Anzeigepflichten

§ 1846 Anzeigepflichten bei der Geld- und Vermögensverwaltung
§ 1847 Anzeigepflicht für Erwerbsgeschäfte

Unterkapitel 4
Genehmigungsbedürftige Rechtsgeschäfte

§ 1848 Genehmigung einer anderen Anlegung von Geld
§ 1849 Genehmigung bei Verfügung über Rechte und Wertpapiere
§ 1850 Genehmigung für Rechtsgeschäfte über Grundstücke und Schiffe
§ 1851 Genehmigung für erbrechtliche Rechtsgeschäfte
§ 1852 Genehmigung für handels- und gesellschaftsrechtliche Rechtsgeschäfte
§ 1853 Genehmigung bei Verträgen über wiederkehrende Leistungen
§ 1854 Genehmigung für sonstige Rechtsgeschäfte

Unterkapitel 5
Genehmigungserklärung

§ 1855 Erklärung der Genehmigung
§ 1856 Nachträgliche Genehmigung
§ 1857 Widerrufsrecht des Vertragspartners
§ 1858 Einseitiges Rechtsgeschäft

Unterkapitel 6
Befreiungen

§ 1859 Gesetzliche Befreiungen
§ 1860 Befreiungen auf Anordnung des Gerichts

Untertitel 3
Beratung und Aufsicht durch das Betreuungsgericht

§ 1861 Beratung; Verpflichtung des Betreuers
§ 1862 Aufsicht durch das Betreuungsgericht
§ 1863 Berichte über die persönlichen Verhältnisse des Betreuten
§ 1864 Auskunfts- und Mitteilungspflichten des Betreuers
§ 1865 Rechnungslegung
§ 1866 Prüfung der Rechnung durch das Betreuungsgericht
§ 1867 Einstweilige Maßnahmen des Betreuungsgerichts

Untertitel 4
Beendigung, Aufhebung oder Änderung von Betreuung und Einwilligungsvorbehalt

§ 1868 Entlassung des Betreuers
§ 1869 Bestellung eines neuen Betreuers
§ 1870 Ende der Betreuung
§ 1871 Aufhebung oder Änderung von Betreuung und Einwilligungsvorbehalt
§ 1872 Herausgabe von Vermögen und Unterlagen; Schlussrechnungslegung
§ 1873 Rechnungsprüfung
§ 1874 Besorgung der Angelegenheiten des Betreuten nach Beendigung der Betreuung

Untertitel 5
Vergütung und Aufwendungsersatz

§ 1875 Vergütung und Aufwendungsersatz
§ 1876 Vergütung
§ 1877 Aufwendungsersatz
§ 1878 Aufwandspauschale
§ 1879 Zahlung aus der Staatskasse
§ 1880 Mittellosigkeit des Betreuten
§ 1881 Gesetzlicher Forderungsübergang

Titel 4
Sonstige Pflegschaft

§ 1882 Pflegschaft für unbekannte Beteiligte
§ 1883 Pflegschaft für gesammeltes Vermögen
§ 1884 Abwesenheitspflegschaft
§ 1885 Bestellung des sonstigen Pflegers
§ 1886 Aufhebung der Pflegschaft
§ 1887 Ende der Pflegschaft kraft Gesetzes
§ 1888 Anwendung des Betreuungsrechts
§§ 1889 bis 1921 (weggefallen)

Buch 5
Erbrecht

Abschnitt 1
Erbfolge

§ 1922 Gesamtrechtsnachfolge
§ 1923 Erbfähigkeit
§ 1924 Gesetzliche Erben erster Ordnung
§ 1925 Gesetzliche Erben zweiter Ordnung
§ 1926 Gesetzliche Erben dritter Ordnung
§ 1927 Mehrere Erbteile bei mehrfacher Verwandtschaft
§ 1928 Gesetzliche Erben vierter Ordnung
§ 1929 Fernere Ordnungen
§ 1930 Rangfolge der Ordnungen
§ 1931 Gesetzliches Erbrecht des Ehegatten
§ 1932 Voraus des Ehegatten
§ 1933 Ausschluss des Ehegattenerbrechts
§ 1934 Erbrecht des verwandten Ehegatten
§ 1935 Folgen der Erbteilserhöhung
§ 1936 Gesetzliches Erbrecht des Staates
§ 1937 Erbeinsetzung durch letztwillige Verfügung
§ 1938 Enterbung ohne Erbeinsetzung
§ 1939 Vermächtnis
§ 1940 Auflage
§ 1941 Erbvertrag

Abschnitt 2
Rechtliche Stellung des Erben

Titel 1
Annahme und Ausschlagung der Erbschaft, Fürsorge des Nachlassgerichts

§ 1942 Anfall und Ausschlagung der Erbschaft
§ 1943 Annahme und Ausschlagung der Erbschaft
§ 1944 Ausschlagungsfrist
§ 1945 Form der Ausschlagung
§ 1946 Zeitpunkt für Annahme oder Ausschlagung

§ 1947 Bedingung und Zeitbestimmung
§ 1948 Mehrere Berufungsgründe
§ 1949 Irrtum über den Berufungsgrund
§ 1950 Teilannahme; Teilausschlagung
§ 1951 Mehrere Erbteile
§ 1952 Vererblichkeit des Ausschlagungsrechts
§ 1953 Wirkung der Ausschlagung
§ 1954 Anfechtungsfrist
§ 1955 Form der Anfechtung
§ 1956 Anfechtung der Fristversäumung
§ 1957 Wirkung der Anfechtung
§ 1958 Gerichtliche Geltendmachung von Ansprüchen gegen den Erben
§ 1959 Geschäftsführung vor der Ausschlagung
§ 1960 Sicherung des Nachlasses; Nachlasspfleger
§ 1961 Nachlasspflegschaft auf Antrag
§ 1962 Zuständigkeit des Nachlassgerichts
§ 1963 Unterhalt der werdenden Mutter eines Erben
§ 1964 Erbvermutung für den Fiskus durch Feststellung
§ 1965 Öffentliche Aufforderung zur Anmeldung der Erbrechte
§ 1966 Rechtsstellung des Fiskus vor Feststellung

Titel 2
Haftung des Erben für die Nachlassverbindlichkeiten

Untertitel 1
Nachlassverbindlichkeiten

§ 1967 Erbenhaftung, Nachlassverbindlichkeiten
§ 1968 Beerdigungskosten
§ 1969 Dreißigster

Abschnitt 3
Testament

Titel 1
Allgemeine Vorschriften

§ 2064 Persönliche Errichtung
§ 2077 Unwirksamkeit letztwilliger Verfügungen bei Auflösung der Ehe oder Verlobung
§ 2078 Anfechtung wegen Irrtums oder Drohung
§ 2079 Anfechtung wegen Übergehung eines Pflichtteilsberechtigten
§ 2080 Anfechtungsberechtigte
§ 2081 Anfechtungserklärung
§ 2082 Anfechtungsfrist

Titel 3
Einsetzung eines Nacherben

§ 2100 Nacherbe
§ 2101 Noch nicht gezeugter Nacherbe
§ 2102 Nacherbe und Ersatzerbe
§ 2103 Anordnung der Herausgabe der Erbschaft
§ 2104 Gesetzliche Erben als Nacherben
§ 2105 Gesetzliche Erben als Vorerben
§ 2106 Eintritt der Nacherbfolge
§ 2107 Kinderloser Vorerbe
§ 2108 Erbfähigkeit; Vererblichkeit des Nacherbrechts
§ 2109 Unwirksamwerden der Nacherbschaft
§ 2110 Umfang des Nacherbrechts
§ 2111 Unmittelbare Ersetzung
§ 2112 Verfügungsrecht des Vorerben
§ 2113 Verfügungen über Grundstücke, Schiffe und Schiffsbauwerke; Schenkungen
§ 2114 Verfügungen über Hypothekenforderungen, Grund- und Rentenschulden
§ 2115 Zwangsvollstreckungsverfügungen gegen Vorerben
§ 2116 Hinterlegung von Wertpapieren
§ 2117 Umschreibung; Umwandlung
§ 2118 Sperrvermerk im Schuldbuch
§ 2119 Anlegung von Geld
§ 2120 Einwilligungspflicht des Nacherben
§ 2121 Verzeichnis der Erbschaftsgegenstände
§ 2122 Feststellung des Zustands der Erbschaft
§ 2123 Wirtschaftsplan
§ 2124 Erhaltungskosten
§ 2125 Verwendungen; Wegnahmerecht
§ 2126 Außerordentliche Lasten
§ 2127 Auskunftsrecht des Nacherben
§ 2128 Sicherheitsleistung
§ 2129 Wirkung einer Entziehung der Verwaltung
§ 2130 Herausgabepflicht nach dem Eintritt der Nacherbfolge, Rechenschaftspflicht
§ 2131 Umfang der Sorgfaltspflicht
§ 2132 Keine Haftung für gewöhnliche Abnutzung
§ 2133 Ordnungswidrige oder übermäßige Fruchtziehung
§ 2134 Eigennützige Verwendung
§ 2135 Miet- und Pachtverhältnis bei der Nacherbfolge
§ 2136 Befreiung des Vorerben
§ 2137 Auslegungsregel für die Befreiung
§ 2138 Beschränkte Herausgabepflicht
§ 2139 Wirkung des Eintritts der Nacherbfolge
§ 2140 Verfügungen des Vorerben nach Eintritt der Nacherbfolge
§ 2141 Unterhalt der werdenden Mutter eines Nacherben
§ 2142 Ausschlagung der Nacherbschaft
§ 2143 Wiederaufleben erloschener Rechtsverhältnisse
§ 2144 Haftung des Nacherben für Nachlassverbindlichkeiten
§ 2145 Haftung des Vorerben für Nachlassverbindlichkeiten
§ 2146 Anzeigepflicht des Vorerben gegenüber Nachlassgläubigern

Titel 4
Vermächtnis

§ 2147 Beschwerter
§ 2148 Mehrere Beschwerte

§ 2149 Vermächtnis an die gesetzlichen Erben
§ 2150 Vorausvermächtnis
§ 2151 Bestimmungsrecht des Beschwerten oder eines Dritten bei mehreren Bedachten
§ 2152 Wahlweise Bedachte
§ 2153 Bestimmung der Anteile
§ 2154 Wahlvermächtnis
§ 2155 Gattungsvermächtnis
§ 2156 Zweckvermächtnis
§ 2157 Gemeinschaftliches Vermächtnis
§ 2158 Anwachsung
§ 2159 Selbständigkeit der Anwachsung
§ 2160 Vorversterben des Bedachten
§ 2161 Wegfall des Beschwerten
§ 2162 Dreißigjährige Frist für aufgeschobenes Vermächtnis
§ 2163 Ausnahmen von der dreißigjährigen Frist
§ 2164 Erstreckung auf Zubehör und Ersatzansprüche
§ 2165 Belastungen
§ 2166 Belastung mit einer Hypothek
§ 2167 Belastung mit einer Gesamthypothek
§ 2168 Belastung mit einer Gesamtgrundschuld
§ 2168a Anwendung auf Schiffe, Schiffsbauwerke und Schiffshypotheken
§ 2169 Vermächtnis fremder Gegenstände
§ 2170 Verschaffungsvermächtnis
§ 2171 Unmöglichkeit, gesetzliches Verbot
§ 2172 Verbindung, Vermischung, Vermengung der vermachten Sache
§ 2173 Forderungsvermächtnis
§ 2174 Vermächtnisanspruch
§ 2175 Wiederaufleben erloschener Rechtsverhältnisse
§ 2176 Anfall des Vermächtnisses
§ 2177 Anfall bei einer Bedingung oder Befristung
§ 2178 Anfall bei einem noch nicht gezeugten oder bestimmten Bedachten
§ 2179 Schwebezeit
§ 2180 Annahme und Ausschlagung
§ 2181 Fälligkeit bei Beliebigkeit
§ 2182 Haftung für Rechtsmängel
§ 2183 Haftung für Sachmängel
§ 2184 Früchte; Nutzungen
§ 2185 Ersatz von Verwendungen und Aufwendungen
§ 2186 Fälligkeit des Untervermächtnisses oder einer Auflage
§ 2187 Haftung des Hauptvermächtnisnehmers
§ 2188 Kürzung der Beschwerungen
§ 2189 Anordnung eines Vorrangs
§ 2190 Ersatzvermächtnisnehmer
§ 2191 Nachvermächtnisnehmer

Titel 7
Errichtung und Aufhebung eines Testaments

§ 2229 Testierfähigkeit Minderjähriger, Testierunfähigkeit

Abschnitt 4
Erbvertrag

§ 2274 Persönlicher Abschluss
§ 2275 Voraussetzungen
§ 2282 Vertretung, Form der Anfechtung
§ 2283 Anfechtungsfrist
§ 2284 Bestätigung
§ 2290 Aufhebung durch Vertrag
§ 2296 Vertretung, Form des Rücktritts

Abschnitt 5
Pflichtteil

§ 2303 Pflichtteilsberechtigte; Höhe des Pflichtteils
§ 2304 Auslegungsregel
§ 2305 Zusatzpflichtteil
§ 2306 Beschränkungen und Beschwerungen
§ 2307 Zuwendung eines Vermächtnisses
§ 2308 Anfechtung der Ausschlagung
§ 2309 Pflichtteilsrecht der Eltern und entfernteren Abkömmlinge
§ 2310 Feststellung des Erbteils für die Berechnung des Pflichtteils
§ 2311 Wert des Nachlasses
§ 2312 Wert eines Landguts
§ 2313 Ansatz bedingter, ungewisser oder unsicherer Rechte, Feststellungspflicht des Erben
§ 2314 Auskunftspflicht des Erben
§ 2315 Anrechnung von Zuwendungen auf den Pflichtteil
§ 2316 Ausgleichungspflicht
§ 2317 Entstehung und Übertragbarkeit des Pflichtteilsanspruchs
§ 2318 Pflichtteilslast bei Vermächtnissen und Auflagen
§ 2319 Pflichtteilsberechtigter Miterbe
§ 2320 Pflichtteilslast des an die Stelle des Pflichtteilsberechtigten getretenen Erben
§ 2321 Pflichtteilslast bei Vermächtnisausschlagung
§ 2322 Kürzung von Vermächtnissen und Auflagen
§ 2323 Nicht pflichtteilsbelasteter Erbe
§ 2324 Abweichende Anordnungen des Erblassers hinsichtlich der Pflichtteilslast
§ 2325 Pflichtteilsergänzungsanspruch bei Schenkungen
§ 2326 Ergänzung über die Hälfte des gesetzlichen Erbteils
§ 2327 Beschenkter Pflichtteilsberechtigter
§ 2328 Selbst pflichtteilsberechtigter Erbe
§ 2329 Anspruch gegen den Beschenkten
§ 2330 Anstandsschenkungen
§ 2331 Zuwendungen aus dem Gesamtgut

§ 2331a Stundung
§ 2332 Verjährung
§ 2333 Entziehung des Pflichtteils
§ 2334 (weggefallen)
§ 2335 (weggefallen)
§ 2336 Form, Beweislast, Unwirksamwerden
§ 2337 Verzeihung
§ 2338 Pflichtteilsbeschränkung

Abschnitt 6
Erbunwürdigkeit

§ 2339 Gründe für Erbunwürdigkeit

Abschnitt 7
Erbverzicht

§ 2346 Wirkung des Erbverzichts, Beschränkungsmöglichkeit
§ 2347 Persönliche Anforderungen, Vertretung
§ 2348 Form
§ 2349 Erstreckung auf Abkömmlinge
§ 2350 Verzicht zugunsten eines anderen
§ 2351 Aufhebung des Erbverzichts
§ 2352 Verzicht auf Zuwendungen

Abschnitt 8
Erbschein

§ 2353 Zuständigkeit des Nachlassgerichts, Antrag
§§ 2354 bis 2360 (weggefallen)
§ 2361 Einziehung oder Kraftloserklärung des unrichtigen Erbscheins
§ 2362 Herausgabe- und Auskunftsanspruch des wirklichen Erben
§ 2363 Herausgabeanspruch des Nacherben und des Testamentsvollstreckers
§ 2364 (weggefallen)
§ 2365 Vermutung der Richtigkeit des Erbscheins
§ 2366 Öffentlicher Glaube des Erbscheins
§ 2367 Leistung an Erbscheinserben
§ 2368 Testamentsvollstreckerzeugnis
§ 2369 (weggefallen)
§ 2370 Öffentlicher Glaube bei Todeserklärung

Buch 1
Allgemeiner Teil

Abschnitt 1
Personen

Titel 1
Natürliche Personen, Verbraucher, Unternehmer

§ 1 Beginn der Rechtsfähigkeit

Die Rechtsfähigkeit des Menschen beginnt mit der Vollendung der Geburt.

§ 2 Eintritt der Volljährigkeit

Die Volljährigkeit tritt mit der Vollendung des 18. Lebensjahres ein.

§ 7 Wohnsitz; Begründung und Aufhebung

(1) Wer sich an einem Orte ständig niederlässt, begründet an diesem Orte seinen Wohnsitz.

(2) Der Wohnsitz kann gleichzeitig an mehreren Orten bestehen.

(3) Der Wohnsitz wird aufgehoben, wenn die Niederlassung mit dem Willen aufgehoben wird, sie aufzugeben.

§ 8 Wohnsitz nicht voll Geschäftsfähiger

Wer geschäftsunfähig oder in der Geschäftsfähigkeit beschränkt ist, kann ohne den Willen seines gesetzlichen Vertreters einen Wohnsitz weder begründen noch aufheben.

§ 11 Wohnsitz des Kindes

Ein minderjähriges Kind teilt den Wohnsitz der Eltern; es teilt nicht den Wohnsitz eines Elternteils, dem das Recht fehlt, für die Person des Kindes zu sorgen. Steht keinem Elternteil das Recht zu, für die Person des Kindes zu sorgen, so teilt das Kind den Wohnsitz desjenigen, dem dieses Recht zusteht. Das Kind behält den Wohnsitz, bis es ihn rechtsgültig aufhebt.

§ 13 Verbraucher

Verbraucher ist jede natürliche Person, die ein Rechtsgeschäft zu Zwecken abschließt, die überwiegend weder ihrer gewerblichen noch ihrer selbständigen beruflichen Tätigkeit zugerechnet werden können.

§ 14 Unternehmer

(1) Unternehmer ist eine natürliche oder juristische Person oder eine rechtsfähige Personengesellschaft, die bei Abschluss eines Rechtsgeschäfts in Ausübung ihrer gewerblichen oder selbständigen beruflichen Tätigkeit handelt.

(2) Eine rechtsfähige Personengesellschaft ist eine Personengesellschaft, die mit der Fähigkeit ausgestattet ist, Rechte zu erwerben und Verbindlichkeiten einzugehen.

Abschnitt 2
Sachen und Tiere

§ 92 Verbrauchbare Sachen

(1) Verbrauchbare Sachen im Sinne des Gesetzes sind bewegliche Sachen, deren bestimmungsmäßiger Gebrauch in dem Verbrauch oder in der Veräußerung besteht.

(2) Als verbrauchbar gelten auch bewegliche Sachen, die zu einem Warenlager oder zu einem sonstigen Sachinbegriff gehören, dessen bestimmungsmäßiger Gebrauch in der Veräußerung der einzelnen Sachen besteht.

Abschnitt 3
Rechtsgeschäfte

Titel 1
Geschäftsfähigkeit

§ 104 Geschäftsunfähigkeit

Geschäftsunfähig ist:

1. wer nicht das siebente Lebensjahr vollendet hat,
2. wer sich in einem die freie Willensbestimmung ausschließenden Zustand krankhafter Störung der Geistestätigkeit befindet, sofern nicht der Zustand seiner Natur nach ein vorübergehender ist.

§ 105 Nichtigkeit der Willenserklärung

(1) Die Willenserklärung eines Geschäftsunfähigen ist nichtig.

(2) Nichtig ist auch eine Willenserklärung, die im Zustand der Bewusstlosigkeit oder vorübergehender Störung der Geistestätigkeit abgegeben wird.

§ 105a Geschäfte des täglichen Lebens

Tätigt ein volljähriger Geschäftsunfähiger ein Geschäft des täglichen Lebens, das mit geringwertigen Mitteln bewirkt werden kann, so gilt der von ihm geschlossene Vertrag in Ansehung von Leistung und, soweit vereinbart, Gegenleistung als wirksam, sobald Leistung und Gegenleistung bewirkt sind. Satz 1 gilt nicht bei einer erheblichen Gefahr für die Person oder das Vermögen des Geschäftsunfähigen.

§ 106 Beschränkte Geschäftsfähigkeit Minderjähriger

Ein Minderjähriger, der das siebente Lebensjahr vollendet hat, ist nach Maßgabe der §§ 107 bis 113 in der Geschäftsfähigkeit beschränkt.

§ 107 Einwilligung des gesetzlichen Vertreters

Der Minderjährige bedarf zu einer Willenserklärung, durch die er nicht lediglich einen rechtlichen Vorteil erlangt, der Einwilligung seines gesetzlichen Vertreters.

§ 108 Vertragsschluss ohne Einwilligung

(1) Schließt der Minderjährige einen Vertrag ohne die erforderliche Einwilligung des gesetzlichen Vertreters, so hängt die Wirksamkeit des Vertrags von der Genehmigung des Vertreters ab.

(2) Fordert der andere Teil den Vertreter zur Erklärung über die Genehmigung auf, so kann die Erklärung nur ihm gegenüber erfolgen; eine vor der Aufforderung dem Minderjährigen gegenüber erklärte Genehmigung oder Verweigerung der Genehmigung wird unwirksam. Die Genehmigung kann nur bis zum Ablauf von zwei Wochen nach dem Empfang der Aufforderung erklärt werden; wird sie nicht erklärt, so gilt sie als verweigert.

(3) Ist der Minderjährige unbeschränkt geschäftsfähig geworden, so tritt seine Genehmigung an die Stelle der Genehmigung des Vertreters.

§ 109 Widerrufsrecht des anderen Teils

(1) Bis zur Genehmigung des Vertrags ist der andere Teil zum Widerruf berechtigt. Der Widerruf kann auch dem Minderjährigen gegenüber erklärt werden.

(2) Hat der andere Teil die Minderjährigkeit gekannt, so kann er nur widerrufen, wenn der Minderjährige der Wahrheit zuwider die Einwilligung des Vertreters behauptet hat; er kann auch in diesem Falle nicht widerrufen, wenn ihm das Fehlen der Einwilligung bei dem Abschluss des Vertrags bekannt war.

§ 110 Bewirken der Leistung mit eigenen Mitteln

Ein von dem Minderjährigen ohne Zustimmung des gesetzlichen Vertreters geschlossener Vertrag gilt als von Anfang an wirksam, wenn der Minderjährige die vertragsmäßige Leistung mit Mitteln bewirkt, die ihm zu diesem Zweck oder zu freier Verfügung von dem Vertreter oder mit dessen Zustimmung von einem Dritten überlassen worden sind.

§ 111 Einseitige Rechtsgeschäfte

Ein einseitiges Rechtsgeschäft, das der Minderjährige ohne die erforderliche Einwilligung des gesetzlichen Vertreters vornimmt, ist unwirksam. Nimmt der Minderjährige mit dieser Einwilligung ein solches Rechtsgeschäft einem anderen gegenüber vor, so ist das Rechtsgeschäft unwirksam, wenn der Minderjährige die Einwilligung nicht in schriftlicher Form vorlegt und der andere das Rechtsgeschäft aus diesem Grunde unverzüglich zurückweist. Die Zurückweisung ist ausgeschlossen, wenn der Vertreter den anderen von der Einwilligung in Kenntnis gesetzt hatte.

§ 112 Selbständiger Betrieb eines Erwerbsgeschäfts

(1) Ermächtigt der gesetzliche Vertreter mit Genehmigung des Familiengerichts den Minderjährigen zum selbständigen Betrieb eines Erwerbsgeschäfts, so ist der Minderjährige für solche Rechtsgeschäfte unbeschränkt geschäftsfähig, welche der Geschäftsbetrieb mit sich bringt. Ausgenommen sind Rechtsgeschäfte, zu denen der Vertreter der Genehmigung des Familiengerichts bedarf.

(2) Die Ermächtigung kann von dem Vertreter nur mit Genehmigung des Familiengerichts zurückgenommen werden.

§ 113 Dienst- oder Arbeitsverhältnis

(1) Ermächtigt der gesetzliche Vertreter den Minderjährigen, in Dienst oder in Arbeit zu treten, so ist der Minderjährige für solche Rechtsgeschäfte unbeschränkt geschäftsfähig, welche die Eingehung oder Aufhebung eines Dienst- oder Arbeitsverhältnisses der gestatteten Art oder die Erfüllung der sich aus einem solchen Verhältnis ergebenden Verpflichtungen betreffen. Ausgenommen sind Verträge, zu denen der Vertreter der Genehmigung des Familiengerichts bedarf.

(2) Die Ermächtigung kann von dem Vertreter zurückgenommen oder eingeschränkt werden.

(3) Ist der gesetzliche Vertreter ein Vormund, so kann die Ermächtigung, wenn sie von ihm verweigert wird, auf Antrag des Minderjährigen durch das Familiengericht ersetzt werden. Das Familiengericht hat die Ermächtigung zu ersetzen, wenn sie im Interesse des Mündels liegt.

(4) Die für einen einzelnen Fall erteilte Ermächtigung gilt im Zweifel als allgemeine Ermächtigung zur Eingehung von Verhältnissen derselben Art.

§§ 114 und 115 (weggefallen)

Titel 2
Willenserklärung

§ 116 Geheimer Vorbehalt

Eine Willenserklärung ist nicht deshalb nichtig, weil sich der Erklärende insgeheim vorbehält, das Erklärte nicht zu wollen. Die Erklärung ist nichtig, wenn sie einem anderen gegenüber abzugeben ist und dieser den Vorbehalt kennt.

§ 117 Scheingeschäft

(1) Wird eine Willenserklärung, die einem anderen gegenüber abzugeben ist, mit dessen Einverständnisse nur zum Schein abgegeben, so ist sie nichtig.

(2) Wird durch ein Scheingeschäft ein anderes Rechtsgeschäft verdeckt, so finden die für das verdeckte Rechtsgeschäft geltenden Vorschriften Anwendung.

§ 118 Mangel der Ernstlichkeit

Eine nicht ernstlich gemeinte Willenserklärung, die in der Erwartung abgegeben wird, der Mangel der Ernstlichkeit werde nicht verkannt werden, ist nichtig.

§ 119 Anfechtbarkeit wegen Irrtums

(1) Wer bei der Abgabe einer Willenserklärung über deren Inhalt im Irrtum war oder eine Erklärung dieses Inhalts überhaupt nicht abgeben wollte, kann die Erklärung anfechten, wenn anzunehmen ist, dass er sie bei Kenntnis der Sachlage und bei verständiger Würdigung des Falles nicht abgegeben haben würde.

(2) Als Irrtum über den Inhalt der Erklärung gilt auch der Irrtum über solche Eigenschaften der Person oder der Sache, die im Verkehr als wesentlich angesehen werden.

§ 120 Anfechtbarkeit wegen falscher Übermittlung

Eine Willenserklärung, welche durch die zur Übermittlung verwendete Person oder Einrichtung unrichtig übermittelt worden ist, kann unter der gleichen Voraussetzung angefochten werden wie nach § 119 eine irrtümlich abgegebene Willenserklärung.

§ 121 Anfechtungsfrist

(1) Die Anfechtung muss in den Fällen der §§ 119, 120 ohne schuldhaftes Zögern (unverzüglich) erfolgen, nachdem der Anfechtungsberechtigte von dem Anfechtungsgrund Kenntnis erlangt hat. Die einem Abwesenden gegenüber erfolgte Anfechtung gilt als rechtzeitig erfolgt, wenn die Anfechtungserklärung unverzüglich abgesendet worden ist.

(2) Die Anfechtung ist ausgeschlossen, wenn seit der Abgabe der Willenserklärung zehn Jahre verstrichen sind.

§ 122 Schadensersatzpflicht des Anfechtenden

(1) Ist eine Willenserklärung nach § 118 nichtig oder auf Grund der §§ 119, 120 angefochten, so hat der Erklärende, wenn die Erklärung einem anderen gegenüber

abzugeben war, diesem, andernfalls jedem Dritten den Schaden zu ersetzen, den der andere oder der Dritte dadurch erleidet, dass er auf die Gültigkeit der Erklärung vertraut, jedoch nicht über den Betrag des Interesses hinaus, welches der andere oder der Dritte an der Gültigkeit der Erklärung hat.

(2) Die Schadensersatzpflicht tritt nicht ein, wenn der Beschädigte den Grund der Nichtigkeit oder der Anfechtbarkeit kannte oder infolge von Fahrlässigkeit nicht kannte (kennen musste).

§ 123 Anfechtbarkeit wegen Täuschung oder Drohung

(1) Wer zur Abgabe einer Willenserklärung durch arglistige Täuschung oder widerrechtlich durch Drohung bestimmt worden ist, kann die Erklärung anfechten.

(2) Hat ein Dritter die Täuschung verübt, so ist eine Erklärung, die einem anderen gegenüber abzugeben war, nur dann anfechtbar, wenn dieser die Täuschung kannte oder kennen musste. Soweit ein anderer als derjenige, welchem gegenüber die Erklärung abzugeben war, aus der Erklärung unmittelbar ein Recht erworben hat, ist die Erklärung ihm gegenüber anfechtbar, wenn er die Täuschung kannte oder kennen musste.

§ 124 Anfechtungsfrist

(1) Die Anfechtung einer nach § 123 anfechtbaren Willenserklärung kann nur binnen Jahresfrist erfolgen.

(2) Die Frist beginnt im Falle der arglistigen Täuschung mit dem Zeitpunkt, in welchem der Anfechtungsberechtigte die Täuschung entdeckt, im Falle der Drohung mit dem Zeitpunkt, in welchem die Zwangslage aufhört. Auf den Lauf der Frist finden die für die Verjährung geltenden Vorschriften der §§ 206, 210 und 211 entsprechende Anwendung.

(3) Die Anfechtung ist ausgeschlossen, wenn seit der Abgabe der Willenserklärung zehn Jahre verstrichen sind.

§ 125 Nichtigkeit wegen Formmangels

Ein Rechtsgeschäft, welches der durch Gesetz vorgeschriebenen Form ermangelt, ist nichtig. Der Mangel der durch Rechtsgeschäft bestimmten Form hat im Zweifel gleichfalls Nichtigkeit zur Folge.

§ 126 Schriftform

(1) Ist durch Gesetz schriftliche Form vorgeschrieben, so muss die Urkunde von dem Aussteller eigenhändig durch Namensunterschrift oder mittels notariell beglaubigten Handzeichens unterzeichnet werden.

(2) Bei einem Vertrag muss die Unterzeichnung der Parteien auf derselben Urkunde erfolgen. Werden über den Vertrag mehrere gleichlautende Urkunden aufgenommen, so genügt es, wenn jede Partei die für die andere Partei bestimmte Urkunde unterzeichnet.

(3) Die schriftliche Form kann durch die elektronische Form ersetzt werden, wenn sich nicht aus dem Gesetz ein anderes ergibt.

(4) Die schriftliche Form wird durch die notarielle Beurkundung ersetzt.

§ 126a Elektronische Form

(1) Soll die gesetzlich vorgeschriebene schriftliche Form durch die elektronische Form ersetzt werden, so muss der Aussteller der Erklärung dieser seinen Namen hinzufügen und das elektronische Dokument mit seiner qualifizierten elektronischen Signatur versehen.

(2) Bei einem Vertrag müssen die Parteien jeweils ein gleichlautendes Dokument in der in Absatz 1 bezeichneten Weise elektronisch signieren.

§ 126b Textform

Ist durch Gesetz Textform vorgeschrieben, so muss eine lesbare Erklärung, in der die Person des Erklärenden genannt ist, auf einem dauerhaften Datenträger abgegeben werden. Ein dauerhafter Datenträger ist jedes Medium, das

1. es dem Empfänger ermöglicht, eine auf dem Datenträger befindliche, an ihn persönlich gerichtete Erklärung so aufzubewahren oder zu speichern, dass sie ihm während eines für ihren Zweck angemessenen Zeitraums zugänglich ist, und
2. geeignet ist, die Erklärung unverändert wiederzugeben.

§ 127 Vereinbarte Form

(1) Die Vorschriften des § 126, des § 126a oder des § 126b gelten im Zweifel auch für die durch Rechtsgeschäft bestimmte Form.

(2) Zur Wahrung der durch Rechtsgeschäft bestimmten schriftlichen Form genügt, soweit nicht ein anderer Wille anzunehmen ist, die telekommunikative Übermittlung und bei einem Vertrag der Briefwechsel. Wird eine solche Form gewählt, so kann nachträglich eine dem § 126 entsprechende Beurkundung verlangt werden.

(3) Zur Wahrung der durch Rechtsgeschäft bestimmten elektronischen Form genügt, soweit nicht ein anderer Wille anzunehmen ist, auch eine andere als die in § 126a bestimmte elektronische Signatur und bei einem Vertrag der Austausch von Angebots- und Annahmeerklärung, die jeweils mit einer elektronischen Signatur versehen sind. Wird eine solche Form gewählt, so kann nachträglich eine dem § 126a entsprechende elektronische Signierung oder, wenn diese einer der Parteien nicht möglich ist, eine dem § 126 entsprechende Beurkundung verlangt werden.

§ 127a Gerichtlicher Vergleich

Die notarielle Beurkundung wird bei einem gerichtlichen Vergleich durch die Aufnahme der Erklärungen in ein nach den Vorschriften der Zivilprozessordnung errichtetes Protokoll ersetzt.

§ 128 Notarielle Beurkundung

Ist durch Gesetz notarielle Beurkundung eines Vertrags vorgeschrieben, so genügt es, wenn zunächst der Antrag und sodann die Annahme des Antrags von einem Notar beurkundet wird.

§ 129 Öffentliche Beglaubigung

(1) Ist für eine Erklärung durch Gesetz öffentliche Beglaubigung vorgeschrieben, so muss die Erklärung

1. in schriftlicher Form abgefasst und die Unterschrift des Erklärenden von einem Notar beglaubigt werden oder

2. in elektronischer Form abgefasst und die qualifizierte elektronische Signatur des Erklärenden von einem Notar beglaubigt werden.

In dem Gesetz kann vorgesehen werden, dass eine Erklärung nur nach Satz 1 Nummer 1 oder nach Satz 1 Nummer 2 öffentlich beglaubigt werden kann.

(2) Wurde eine Erklärung in schriftlicher Form von dem Erklärenden mittels notariell beglaubigten Handzeichens unterzeichnet, so erfüllt die Erklärung auch die Anforderungen nach Absatz 1 Satz 1 Nummer 1.

(3) Die öffentliche Beglaubigung wird durch die notarielle Beurkundung ersetzt.

§ 130 Wirksamwerden der Willenserklärung gegenüber Abwesenden

(1) Eine Willenserklärung, die einem anderen gegenüber abzugeben ist, wird, wenn sie in dessen Abwesenheit abgegeben wird, in dem Zeitpunkt wirksam, in welchem sie ihm zugeht. Sie wird nicht wirksam, wenn dem anderen vorher oder gleichzeitig ein Widerruf zugeht.

(2) Auf die Wirksamkeit der Willenserklärung ist es ohne Einfluss, wenn der Erklärende nach der Abgabe stirbt oder geschäftsunfähig wird.

(3) Diese Vorschriften finden auch dann Anwendung, wenn die Willenserklärung einer Behörde gegenüber abzugeben ist.

§ 131 Wirksamwerden gegenüber nicht voll Geschäftsfähigen

(1) Wird die Willenserklärung einem Geschäftsunfähigen gegenüber abgegeben, so wird sie nicht wirksam, bevor sie dem gesetzlichen Vertreter zugeht.

(2) Das Gleiche gilt, wenn die Willenserklärung einer in der Geschäftsfähigkeit beschränkten Person gegenüber abgegeben wird. Bringt die Erklärung jedoch der in der Geschäftsfähigkeit beschränkten Person lediglich einen rechtlichen Vorteil oder hat der gesetzliche Vertreter seine Einwilligung erteilt, so wird die Erklärung in dem Zeitpunkt wirksam, in welchem sie ihr zugeht.

§ 132 Ersatz des Zugehens durch Zustellung

(1) Eine Willenserklärung gilt auch dann als zugegangen, wenn sie durch Vermittlung eines Gerichtsvollziehers zugestellt worden ist. Die Zustellung erfolgt nach den Vorschriften der Zivilprozessordnung.

(2) Befindet sich der Erklärende über die Person desjenigen, welchem gegenüber die Erklärung abzugeben ist, in einer nicht auf Fahrlässigkeit beruhenden Unkenntnis oder ist der Aufenthalt dieser Person unbekannt, so kann die Zustellung nach den für die öffentliche Zustellung geltenden Vorschriften der Zivilprozessordnung erfolgen. Zuständig für die Bewilligung ist im ersteren Falle das Amtsgericht, in dessen Bezirk der Erklärende seinen Wohnsitz oder in Ermangelung eines inländischen Wohnsitzes seinen Aufenthalt hat, im letzteren Falle das Amtsgericht, in dessen Bezirk die Person, welcher zuzustellen ist, den letzten Wohnsitz oder in Ermangelung eines inländischen Wohnsitzes den letzten Aufenthalt hatte.

§ 133 Auslegung einer Willenserklärung

Bei der Auslegung einer Willenserklärung ist der wirkliche Wille zu erforschen und nicht an dem buchstäblichen Sinne des Ausdrucks zu haften.

§ 134 Gesetzliches Verbot

Ein Rechtsgeschäft, das gegen ein gesetzliches Verbot verstößt, ist nichtig, wenn sich nicht aus dem Gesetz ein anderes ergibt.

§ 135 Gesetzliches Veräußerungsverbot

(1) Verstößt die Verfügung über einen Gegenstand gegen ein gesetzliches Veräußerungsverbot, das nur den Schutz bestimmter Personen bezweckt, so ist sie nur diesen Personen gegenüber unwirksam. Der rechtsgeschäftlichen Verfügung steht eine Verfügung gleich, die im Wege der Zwangsvollstreckung oder der Arrestvollziehung erfolgt.

(2) Die Vorschriften zugunsten derjenigen, welche Rechte von einem Nichtberechtigten herleiten, finden entsprechende Anwendung.

§ 136 Behördliches Veräußerungsverbot

Ein Veräußerungsverbot, das von einem Gericht oder von einer anderen Behörde innerhalb ihrer Zuständigkeit erlassen wird, steht einem gesetzlichen Veräußerungsverbot der im § 135 bezeichneten Art gleich.

§ 137 Rechtsgeschäftliches Verfügungsverbot

Die Befugnis zur Verfügung über ein veräußerliches Recht kann nicht durch Rechtsgeschäft ausgeschlossen oder beschränkt werden. Die Wirksamkeit einer Verpflichtung, über ein solches Recht nicht zu verfügen, wird durch diese Vorschrift nicht berührt.

§ 138 Sittenwidriges Rechtsgeschäft; Wucher

(1) Ein Rechtsgeschäft, das gegen die guten Sitten verstößt, ist nichtig.

(2) Nichtig ist insbesondere ein Rechtsgeschäft, durch das jemand unter Ausbeutung der Zwangslage, der Unerfahrenheit, des Mangels an Urteilsvermögen oder der erheblichen Willensschwäche eines anderen sich oder einem Dritten für eine Leistung Vermögensvorteile versprechen oder gewähren lässt, die in einem auffälligen Missverhältnis zu der Leistung stehen.

§ 139 Teilnichtigkeit

Ist ein Teil eines Rechtsgeschäfts nichtig, so ist das ganze Rechtsgeschäft nichtig, wenn nicht anzunehmen ist, dass es auch ohne den nichtigen Teil vorgenommen sein würde.

§ 140 Umdeutung

Entspricht ein nichtiges Rechtsgeschäft den Erfordernissen eines anderen Rechtsgeschäfts, so gilt das letztere, wenn anzunehmen ist, dass dessen Geltung bei Kenntnis der Nichtigkeit gewollt sein würde.

§ 141 Bestätigung des nichtigen Rechtsgeschäfts

(1) Wird ein nichtiges Rechtsgeschäft von demjenigen, welcher es vorgenommen hat, bestätigt, so ist die Bestätigung als erneute Vornahme zu beurteilen.

(2) Wird ein nichtiger Vertrag von den Parteien bestätigt, so sind diese im Zweifel verpflichtet, einander zu gewähren, was sie haben würden, wenn der Vertrag von Anfang an gültig gewesen wäre.

§ 142 Wirkung der Anfechtung

(1) Wird ein anfechtbares Rechtsgeschäft angefochten, so ist es als von Anfang an nichtig anzusehen.

(2) Wer die Anfechtbarkeit kannte oder kennen musste, wird, wenn die Anfechtung erfolgt, so behandelt, wie wenn er die Nichtigkeit des Rechtsgeschäfts gekannt hätte oder hätte kennen müssen.

§ 143 Anfechtungserklärung

(1) Die Anfechtung erfolgt durch Erklärung gegenüber dem Anfechtungsgegner.

(2) Anfechtungsgegner ist bei einem Vertrag der andere Teil, im Falle des § 123 Abs. 2 Satz 2 derjenige, welcher aus dem Vertrag unmittelbar ein Recht erworben hat.

(3) Bei einem einseitigen Rechtsgeschäft, das einem anderen gegenüber vorzunehmen war, ist der andere der Anfechtungsgegner. Das Gleiche gilt bei einem Rechtsgeschäft, das einem anderen oder einer Behörde gegenüber vorzunehmen war, auch dann, wenn das Rechtsgeschäft der Behörde gegenüber vorgenommen worden ist.

(4) Bei einem einseitigen Rechtsgeschäft anderer Art ist Anfechtungsgegner jeder, der auf Grund des Rechtsgeschäfts unmittelbar einen rechtlichen Vorteil erlangt hat. Die Anfechtung kann jedoch, wenn die Willenserklärung einer Behörde gegenüber abzugeben war, durch Erklärung gegenüber der Behörde erfolgen; die Behörde soll die Anfechtung demjenigen mitteilen, welcher durch das Rechtsgeschäft unmittelbar betroffen worden ist.

§ 144 Bestätigung des anfechtbaren Rechtsgeschäfts

(1) Die Anfechtung ist ausgeschlossen, wenn das anfechtbare Rechtsgeschäft von dem Anfechtungsberechtigten bestätigt wird.

(2) Die Bestätigung bedarf nicht der für das Rechtsgeschäft bestimmten Form.

Titel 3
Vertrag

§ 145 Bindung an den Antrag

Wer einem anderen die Schließung eines Vertrags anträgt, ist an den Antrag gebunden, es sei denn, dass er die Gebundenheit ausgeschlossen hat.

§ 146 Erlöschen des Antrags

Der Antrag erlischt, wenn er dem Antragenden gegenüber abgelehnt oder wenn er nicht diesem gegenüber nach den §§ 147 bis 149 rechtzeitig angenommen wird.

§ 147 Annahmefrist

(1) Der einem Anwesenden gemachte Antrag kann nur sofort angenommen werden. Dies gilt auch von einem mittels Fernsprechers oder einer sonstigen technischen Einrichtung von Person zu Person gemachten Antrag.

(2) Der einem Abwesenden gemachte Antrag kann nur bis zu dem Zeitpunkt angenommen werden, in welchem der Antragende den Eingang der Antwort unter regelmäßigen Umständen erwarten darf.

§ 148 Bestimmung einer Annahmefrist

Hat der Antragende für die Annahme des Antrags eine Frist bestimmt, so kann die Annahme nur innerhalb der Frist erfolgen.

§ 149 Verspätet zugegangene Annahmeerklärung

Ist eine dem Antragenden verspätet zugegangene Annahmeerklärung dergestalt abgesendet worden, dass sie bei regelmäßiger Beförderung ihm rechtzeitig zugegangen sein würde, und musste der Antragende dies erkennen, so hat er die Verspätung dem Annehmenden unverzüglich nach dem Empfang der Erklärung anzuzeigen, sofern es nicht schon vorher geschehen ist. Verzögert er die Absendung der Anzeige, so gilt die Annahme als nicht verspätet.

§ 150 Verspätete und abändernde Annahme

(1) Die verspätete Annahme eines Antrags gilt als neuer Antrag.

(2) Eine Annahme unter Erweiterungen, Einschränkungen oder sonstigen Änderungen gilt als Ablehnung verbunden mit einem neuen Antrag.

§ 151 Annahme ohne Erklärung gegenüber dem Antragenden

Der Vertrag kommt durch die Annahme des Antrags zustande, ohne dass die Annahme dem Antragenden gegenüber erklärt zu werden braucht, wenn eine solche Erklärung nach der Verkehrssitte nicht zu erwarten ist oder der Antragende auf sie verzichtet hat. Der Zeitpunkt, in welchem der Antrag erlischt, bestimmt sich nach dem aus dem Antrag oder den Umständen zu entnehmenden Willen des Antragenden.

§ 152 Annahme bei notarieller Beurkundung

Wird ein Vertrag notariell beurkundet, ohne dass beide Teile gleichzeitig anwesend sind, so kommt der Vertrag mit der nach § 128 erfolgten Beurkundung der Annahme zustande, wenn nicht ein anderes bestimmt ist. Die Vorschrift des § 151 Satz 2 findet Anwendung.

§ 153 Tod oder Geschäftsunfähigkeit des Antragenden

Das Zustandekommen des Vertrags wird nicht dadurch gehindert, dass der Antragende vor der Annahme stirbt oder geschäftsunfähig wird, es sei denn, dass ein anderer Wille des Antragenden anzunehmen ist.

§ 154 Offener Einigungsmangel; fehlende Beurkundung

(1) Solange nicht die Parteien sich über alle Punkte eines Vertrags geeinigt haben, über die nach der Erklärung auch nur einer Partei eine Vereinbarung getroffen werden soll, ist im Zweifel der Vertrag nicht geschlossen. Die Verständigung über einzelne Punkte ist auch dann nicht bindend, wenn eine Aufzeichnung stattgefunden hat.

(2) Ist eine Beurkundung des beabsichtigten Vertrags verabredet worden, so ist im Zweifel der Vertrag nicht geschlossen, bis die Beurkundung erfolgt ist.

§ 155 Versteckter Einigungsmangel

Haben sich die Parteien bei einem Vertrag, den sie als geschlossen ansehen, über einen Punkt, über den eine Vereinbarung getroffen werden sollte, in Wirklichkeit nicht geeinigt, so gilt das Vereinbarte, sofern anzunehmen ist, dass der Vertrag auch ohne eine Bestimmung über diesen Punkt geschlossen sein würde.

§ 156 Vertragsschluss bei Versteigerung

Bei einer Versteigerung kommt der Vertrag erst durch den Zuschlag zustande. Ein Gebot erlischt, wenn ein

Übergebot abgegeben oder die Versteigerung ohne Erteilung des Zuschlags geschlossen wird.

§ 157 Auslegung von Verträgen

Verträge sind so auszulegen, wie Treu und Glauben mit Rücksicht auf die Verkehrssitte es erfordern.

Titel 4
Bedingung und Zeitbestimmung

§ 158 Aufschiebende und auflösende Bedingung

(1) Wird ein Rechtsgeschäft unter einer aufschiebenden Bedingung vorgenommen, so tritt die von der Bedingung abhängig gemachte Wirkung mit dem Eintritt der Bedingung ein.

(2) Wird ein Rechtsgeschäft unter einer auflösenden Bedingung vorgenommen, so endigt mit dem Eintritt der Bedingung die Wirkung des Rechtsgeschäfts; mit diesem Zeitpunkt tritt der frühere Rechtszustand wieder ein.

§ 159 Rückbeziehung

Sollen nach dem Inhalt des Rechtsgeschäfts die an den Eintritt der Bedingung geknüpften Folgen auf einen früheren Zeitpunkt zurückbezogen werden, so sind im Falle des Eintritts der Bedingung die Beteiligten verpflichtet, einander zu gewähren, was sie haben würden, wenn die Folgen in dem früheren Zeitpunkt eingetreten wären.

§ 160 Haftung während der Schwebezeit

(1) Wer unter einer aufschiebenden Bedingung berechtigt ist, kann im Falle des Eintritts der Bedingung Schadensersatz von dem anderen Teil verlangen, wenn dieser während der Schwebezeit das von der Bedingung abhängige Recht durch sein Verschulden vereitelt oder beeinträchtigt.

(2) Den gleichen Anspruch hat unter denselben Voraussetzungen bei einem unter einer auflösenden Bedingung vorgenommenen Rechtsgeschäft derjenige, zu dessen Gunsten der frühere Rechtszustand wieder eintritt.

§ 161 Unwirksamkeit von Verfügungen während der Schwebezeit

(1) Hat jemand unter einer aufschiebenden Bedingung über einen Gegenstand verfügt, so ist jede weitere Verfügung, die er während der Schwebezeit über den Gegenstand trifft, im Falle des Eintritts der Bedingung insoweit unwirksam, als sie die von der Bedingung abhängige Wirkung vereiteln oder beeinträchtigen würde. Einer solchen Verfügung steht eine Verfügung gleich, die während der Schwebezeit im Wege der Zwangsvollstreckung oder der Arrestvollziehung oder durch den Insolvenzverwalter erfolgt.

(2) Dasselbe gilt bei einer auflösenden Bedingung von den Verfügungen desjenigen, dessen Recht mit dem Eintritt der Bedingung endigt.

(3) Die Vorschriften zugunsten derjenigen, welche Rechte von einem Nichtberechtigten herleiten, finden entsprechende Anwendung.

§ 162 Verhinderung oder Herbeiführung des Bedingungseintritts

(1) Wird der Eintritt der Bedingung von der Partei, zu deren Nachteil er gereichen würde, wider Treu und Glauben verhindert, so gilt die Bedingung als eingetreten.

(2) Wird der Eintritt der Bedingung von der Partei, zu deren Vorteil er gereicht, wider Treu und Glauben herbeigeführt, so gilt der Eintritt als nicht erfolgt.

§ 163 Zeitbestimmung

Ist für die Wirkung eines Rechtsgeschäfts bei dessen Vornahme ein Anfangs- oder ein Endtermin bestimmt worden, so finden im ersteren Falle die für die aufschiebende, im letzteren Falle die für die auflösende Bedingung geltenden Vorschriften der §§ 158, 160, 161 entsprechende Anwendung.

Titel 5
Vertretung und Vollmacht

§ 164 Wirkung der Erklärung des Vertreters

(1) Eine Willenserklärung, die jemand innerhalb der ihm zustehenden Vertretungsmacht im Namen des Vertretenen abgibt, wirkt unmittelbar für und gegen den Vertretenen. Es macht keinen Unterschied, ob die Erklärung ausdrücklich im Namen des Vertretenen erfolgt oder ob die Umstände ergeben, dass sie in dessen Namen erfolgen soll.

(2) Tritt der Wille, in fremdem Namen zu handeln, nicht erkennbar hervor, so kommt der Mangel des Willens, im eigenen Namen zu handeln, nicht in Betracht.

(3) Die Vorschriften des Absatzes 1 finden entsprechende Anwendung, wenn eine gegenüber einem anderen abzugebende Willenserklärung dessen Vertreter gegenüber erfolgt.

§ 165 Beschränkt geschäftsfähiger Vertreter

Die Wirksamkeit einer von oder gegenüber einem Vertreter abgegebenen Willenserklärung wird nicht dadurch beeinträchtigt, dass der Vertreter in der Geschäftsfähigkeit beschränkt ist.

§ 166 Willensmängel; Wissenszurechnung

(1) Soweit die rechtlichen Folgen einer Willenserklärung durch Willensmängel oder durch die Kenntnis oder das Kennenmüssen gewisser Umstände beeinflusst werden, kommt nicht die Person des Vertretenen, sondern die des Vertreters in Betracht.

(2) Hat im Falle einer durch Rechtsgeschäft erteilten Vertretungsmacht (Vollmacht) der Vertreter nach bestimmten Weisungen des Vollmachtgebers gehandelt, so kann sich dieser in Ansehung solcher Umstände, die er selbst kannte, nicht auf die Unkenntnis des Vertreters berufen. Dasselbe gilt von Umständen, die der Vollmachtgeber kennen musste, sofern das Kennenmüssen der Kenntnis gleichsteht.

§ 167 Erteilung der Vollmacht

(1) Die Erteilung der Vollmacht erfolgt durch Erklärung gegenüber dem zu Bevollmächtigenden oder dem Dritten, dem gegenüber die Vertretung stattfinden soll.

(2) Die Erklärung bedarf nicht der Form, welche für das Rechtsgeschäft bestimmt ist, auf das sich die Vollmacht bezieht.

§ 168 Erlöschen der Vollmacht

Das Erlöschen der Vollmacht bestimmt sich nach dem ihrer Erteilung zugrunde liegenden Rechtsverhältnis. Die Vollmacht ist auch bei dem Fortbestehen des Rechtsverhältnisses widerruflich, sofern sich nicht aus diesem ein anderes ergibt. Auf die Erklärung des Widerrufs findet die Vorschrift des § 167 Abs. 1 entsprechende Anwendung.

II

§ 169 Vollmacht des Beauftragten und des geschäftsführenden Gesellschafters

Soweit nach den §§ 674, 729 die erloschene Vollmacht eines Beauftragten oder eines geschäftsführenden Gesellschafters als fortbestehend gilt, wirkt sie nicht zugunsten eines Dritten, der bei der Vornahme eines Rechtsgeschäfts das Erlöschen kennt oder kennen muss.

§ 170 Wirkungsdauer der Vollmacht

Wird die Vollmacht durch Erklärung gegenüber einem Dritten erteilt, so bleibt sie diesem gegenüber in Kraft, bis ihm das Erlöschen von dem Vollmachtgeber angezeigt wird.

§ 171 Wirkungsdauer bei Kundgebung

(1) Hat jemand durch besondere Mitteilung an einen Dritten oder durch öffentliche Bekanntmachung kundgegeben, dass er einen anderen bevollmächtigt habe, so ist dieser auf Grund der Kundgebung im ersteren Falle dem Dritten gegenüber, im letzteren Falle jedem Dritten gegenüber zur Vertretung befugt.

(2) Die Vertretungsmacht bleibt bestehen, bis die Kundgebung in derselben Weise, wie sie erfolgt ist, widerrufen wird.

§ 172 Vollmachtsurkunde

(1) Der besonderen Mitteilung einer Bevollmächtigung durch den Vollmachtgeber steht es gleich, wenn dieser dem Vertreter eine Vollmachtsurkunde ausgehändigt hat und der Vertreter sie dem Dritten vorlegt.

(2) Die Vertretungsmacht bleibt bestehen, bis die Vollmachtsurkunde dem Vollmachtgeber zurückgegeben oder für kraftlos erklärt wird.

§ 173 Wirkungsdauer bei Kenntnis und fahrlässiger Unkenntnis

Die Vorschriften des § 170, des § 171 Abs. 2 und des § 172 Abs. 2 finden keine Anwendung, wenn der Dritte das Erlöschen der Vertretungsmacht bei der Vornahme des Rechtsgeschäfts kennt oder kennen muss.

§ 174 Einseitiges Rechtsgeschäft eines Bevollmächtigten

Ein einseitiges Rechtsgeschäft, das ein Bevollmächtigter einem anderen gegenüber vornimmt, ist unwirksam, wenn der Bevollmächtigte eine Vollmachtsurkunde nicht vorlegt und der andere das Rechtsgeschäft aus diesem Grunde unverzüglich zurückweist. Die Zurückweisung ist ausgeschlossen, wenn der Vollmachtgeber den anderen von der Bevollmächtigung in Kenntnis gesetzt hatte.

§ 175 Rückgabe der Vollmachtsurkunde

Nach dem Erlöschen der Vollmacht hat der Bevollmächtigte die Vollmachtsurkunde dem Vollmachtgeber zurückzugeben; ein Zurückbehaltungsrecht steht ihm nicht zu.

§ 176 Kraftloserklärung der Vollmachtsurkunde

(1) Der Vollmachtgeber kann die Vollmachtsurkunde durch eine öffentliche Bekanntmachung für kraftlos erklären; die Kraftloserklärung muss nach den für die öffentliche Zustellung einer Ladung geltenden Vorschriften der Zivilprozessordnung veröffentlicht werden. Mit dem Ablauf eines Monats nach der letzten Einrückung in die öffentlichen Blätter wird die Kraftloserklärung wirksam.

(2) Zuständig für die Bewilligung der Veröffentlichung ist sowohl das Amtsgericht, in dessen Bezirk der Vollmachtgeber seinen allgemeinen Gerichtsstand hat, als das Amtsgericht, welches für die Klage auf Rückgabe der Urkunde, abgesehen von dem Wert des Streitgegenstands, zuständig sein würde.

(3) Die Kraftloserklärung ist unwirksam, wenn der Vollmachtgeber die Vollmacht nicht widerrufen kann.

§ 177 Vertragsschluss durch Vertreter ohne Vertretungsmacht

(1) Schließt jemand ohne Vertretungsmacht im Namen eines anderen einen Vertrag, so hängt die Wirksamkeit des Vertrags für und gegen den Vertretenen von dessen Genehmigung ab.

(2) Fordert der andere Teil den Vertretenen zur Erklärung über die Genehmigung auf, so kann die Erklärung nur ihm gegenüber erfolgen; eine vor der Aufforderung dem Vertreter gegenüber erklärte Genehmigung oder Verweigerung der Genehmigung wird unwirksam. Die Genehmigung kann nur bis zum Ablauf von zwei Wochen nach dem Empfang der Aufforderung erklärt werden; wird sie nicht erklärt, so gilt sie als verweigert.

§ 178 Widerrufsrecht des anderen Teils

Bis zur Genehmigung des Vertrags ist der andere Teil zum Widerruf berechtigt, es sei denn, dass er den Mangel der Vertretungsmacht bei dem Abschluss des Vertrags gekannt hat. Der Widerruf kann auch dem Vertreter gegenüber erklärt werden.

§ 179 Haftung des Vertreters ohne Vertretungsmacht

(1) Wer als Vertreter einen Vertrag geschlossen hat, ist, sofern er nicht seine Vertretungsmacht nachweist, dem anderen Teil nach dessen Wahl zur Erfüllung oder zum Schadensersatz verpflichtet, wenn der Vertretene die Genehmigung des Vertrags verweigert.

(2) Hat der Vertreter den Mangel der Vertretungsmacht nicht gekannt, so ist er nur zum Ersatz desjenigen Schadens verpflichtet, welchen der andere Teil dadurch erleidet, dass er auf die Vertretungsmacht vertraut, jedoch nicht über den Betrag des Interesses hinaus, welches der andere Teil an der Wirksamkeit des Vertrags hat.

(3) Der Vertreter haftet nicht, wenn der andere Teil den Mangel der Vertretungsmacht kannte oder kennen musste. Der Vertreter haftet auch dann nicht, wenn er in der Geschäftsfähigkeit beschränkt war, es sei denn, dass er mit Zustimmung seines gesetzlichen Vertreters gehandelt hat.

§ 180 Einseitiges Rechtsgeschäft

Bei einem einseitigen Rechtsgeschäft ist Vertretung ohne Vertretungsmacht unzulässig. Hat jedoch derjenige, welchem gegenüber ein solches Rechtsgeschäft vorzunehmen war, die von dem Vertreter behauptete Vertretungsmacht bei der Vornahme des Rechtsgeschäfts nicht beanstandet oder ist er damit einverstanden gewesen, dass der Vertreter ohne Vertretungsmacht handele, so finden die Vorschriften über Verträge entsprechende Anwendung. Das Gleiche gilt, wenn ein einseitiges Rechtsgeschäft gegenüber einem Vertreter ohne Vertretungsmacht mit dessen Einverständnis vorgenommen wird.

§ 181 Insichgeschäft

Ein Vertreter kann, soweit nicht ein anderes ihm gestattet ist, im Namen des Vertretenen mit sich im eigenen Namen oder als Vertreter eines Dritten ein Rechtsgeschäft nicht vornehmen, es sei denn, dass das Rechtsgeschäft ausschließlich in der Erfüllung einer Verbindlichkeit besteht.

Titel 6
Einwilligung und Genehmigung

§ 182 Zustimmung

(1) Hängt die Wirksamkeit eines Vertrags oder eines einseitigen Rechtsgeschäfts, das einem anderen gegenüber vorzunehmen ist, von der Zustimmung eines Dritten ab, so kann die Erteilung sowie die Verweigerung der Zustimmung sowohl dem einen als dem anderen Teil gegenüber erklärt werden.

(2) Die Zustimmung bedarf nicht der für das Rechtsgeschäft bestimmten Form.

(3) Wird ein einseitiges Rechtsgeschäft, dessen Wirksamkeit von der Zustimmung eines Dritten abhängt, mit Einwilligung des Dritten vorgenommen, so finden die Vorschriften des § 111 Satz 2, 3 entsprechende Anwendung.

§ 183 Widerruflichkeit der Einwilligung

Die vorherige Zustimmung (Einwilligung) ist bis zur Vornahme des Rechtsgeschäfts widerruflich, soweit nicht aus dem ihrer Erteilung zugrunde liegenden Rechtsverhältnis sich ein anderes ergibt. Der Widerruf kann sowohl dem einen als dem anderen Teil gegenüber erklärt werden.

§ 184 Rückwirkung der Genehmigung

(1) Die nachträgliche Zustimmung (Genehmigung) wirkt auf den Zeitpunkt der Vornahme des Rechtsgeschäfts zurück, soweit nicht ein anderes bestimmt ist.

(2) Durch die Rückwirkung werden Verfügungen nicht unwirksam, die vor der Genehmigung über den Gegenstand des Rechtsgeschäfts von dem Genehmigenden getroffen worden oder im Wege der Zwangsvollstreckung oder der Arrestvollziehung oder durch den Insolvenzverwalter erfolgt sind.

§ 185 Verfügung eines Nichtberechtigten

(1) Eine Verfügung, die ein Nichtberechtigter über einen Gegenstand trifft, ist wirksam, wenn sie mit Einwilligung des Berechtigten erfolgt.

(2) Die Verfügung wird wirksam, wenn der Berechtigte sie genehmigt oder wenn der Verfügende den Gegenstand erwirbt oder wenn er von dem Berechtigten beerbt wird und dieser für die Nachlassverbindlichkeiten unbeschränkt haftet. In den beiden letzteren Fällen wird, wenn über den Gegenstand mehrere miteinander nicht in Einklang stehende Verfügungen getroffen worden sind, nur die frühere Verfügung wirksam.

Abschnitt 4
Fristen, Termine

§ 186 Geltungsbereich

Für die in Gesetzen, gerichtlichen Verfügungen und Rechtsgeschäften enthaltenen Frist- und Terminbestimmungen gelten die Auslegungsvorschriften der §§ 187 bis 193.

§ 187 Fristbeginn

(1) Ist für den Anfang einer Frist ein Ereignis oder ein in den Lauf eines Tages fallender Zeitpunkt maßgebend, so wird bei der Berechnung der Frist der Tag nicht mitgerechnet, in welchen das Ereignis oder der Zeitpunkt fällt.

(2) Ist der Beginn eines Tages der für den Anfang einer Frist maßgebende Zeitpunkt, so wird dieser Tag bei der Berechnung der Frist mitgerechnet. Das Gleiche gilt von dem Tage der Geburt bei der Berechnung des Lebensalters.

§ 188 Fristende

(1) Eine nach Tagen bestimmte Frist endigt mit dem Ablauf des letzten Tages der Frist.

(2) Eine Frist, die nach Wochen, nach Monaten oder nach einem mehrere Monate umfassenden Zeitraum – Jahr, halbes Jahr, Vierteljahr – bestimmt ist, endigt im Falle des § 187 Abs. 1 mit dem Ablauf desjenigen Tages der letzten Woche oder des letzten Monats, welcher durch seine Benennung oder seine Zahl dem Tage entspricht, in den das Ereignis oder der Zeitpunkt fällt, im Falle des § 187 Abs. 2 mit dem Ablauf desjenigen Tages der letzten Woche oder des letzten Monats, welcher dem Tage vorhergeht, der durch seine Benennung oder seine Zahl dem Anfangstag der Frist entspricht.

(3) Fehlt bei einer nach Monaten bestimmten Frist in dem letzten Monat der für ihren Ablauf maßgebende Tag, so endigt die Frist mit dem Ablauf des letzten Tages dieses Monats.

§ 189 Berechnung einzelner Fristen

(1) Unter einem halben Jahr wird eine Frist von sechs Monaten, unter einem Vierteljahre eine Frist von drei Monaten, unter einem halben Monat eine Frist von 15 Tagen verstanden.

(2) Ist eine Frist auf einen oder mehrere ganze Monate und einen halben Monat gestellt, so sind die 15 Tage zuletzt zu zählen.

§ 190 Fristverlängerung

Im Falle der Verlängerung einer Frist wird die neue Frist von dem Ablauf der vorigen Frist an berechnet.

§ 191 Berechnung von Zeiträumen

Ist ein Zeitraum nach Monaten oder nach Jahren in dem Sinne bestimmt, dass er nicht zusammenhängend zu verlaufen braucht, so wird der Monat zu 30, das Jahr zu 365 Tagen gerechnet.

§ 192 Anfang, Mitte, Ende des Monats

Unter Anfang des Monats wird der erste, unter Mitte des Monats der 15., unter Ende des Monats der letzte Tag des Monats verstanden.

§ 193 Sonn- und Feiertag; Sonnabend

Ist an einem bestimmten Tage oder innerhalb einer Frist eine Willenserklärung abzugeben oder eine Leistung zu bewirken und fällt der bestimmte Tag oder der letzte Tag der Frist auf einen Sonntag, einen am Erklärungs- oder Leistungsort staatlich anerkannten allgemeinen Feiertag oder einen Sonnabend, so tritt an die Stelle eines solchen Tages der nächste Werktag.

Abschnitt 5 Verjährung

Titel 1 Gegenstand und Dauer der Verjährung

§ 194 Gegenstand der Verjährung

(1) Das Recht, von einem anderen ein Tun oder Unterlassen zu verlangen (Anspruch), unterliegt der Verjährung.

(2) Der Verjährung unterliegen nicht

1. Ansprüche, die aus einem nicht verjährbaren Verbrechen erwachsen sind,
2. Ansprüche aus einem familienrechtlichen Verhältnis, soweit sie auf die Herstellung des dem Verhältnis entsprechenden Zustands für die Zukunft oder auf die Einwilligung in die genetische Untersuchung zur Klärung der leiblichen Abstammung gerichtet sind.

§ 195 Regelmäßige Verjährungsfrist

Die regelmäßige Verjährungsfrist beträgt drei Jahre.

§ 196 Verjährungsfrist bei Rechten an einem Grundstück

Ansprüche auf Übertragung des Eigentums an einem Grundstück sowie auf Begründung, Übertragung oder Aufhebung eines Rechts an einem Grundstück oder auf Änderung des Inhalts eines solchen Rechts sowie die Ansprüche auf die Gegenleistung verjähren in zehn Jahren.

§ 197 Dreißigjährige Verjährungsfrist

(1) In 30 Jahren verjähren, soweit nicht ein anderes bestimmt ist,

1. Schadensersatzansprüche, die auf der vorsätzlichen Verletzung des Lebens, des Körpers, der Gesundheit, der Freiheit oder der sexuellen Selbstbestimmung beruhen,
2. Herausgabeansprüche aus Eigentum, anderen dinglichen Rechten, den §§ 2018, 2130 und 2362 sowie die Ansprüche, die der Geltendmachung der Herausgabeansprüche dienen,
3. rechtskräftig festgestellte Ansprüche,
4. Ansprüche aus vollstreckbaren Vergleichen oder vollstreckbaren Urkunden,
5. Ansprüche, die durch die im Insolvenzverfahren erfolgte Feststellung vollstreckbar geworden sind, und
6. Ansprüche auf Erstattung der Kosten der Zwangsvollstreckung.

(2) Soweit Ansprüche nach Absatz 1 Nr. 3 bis 5 künftig fällig werdende regelmäßig wiederkehrende Leistungen zum Inhalt haben, tritt an die Stelle der Verjährungsfrist von 30 Jahren die regelmäßige Verjährungsfrist.

§ 198 Verjährung bei Rechtsnachfolge

Gelangt eine Sache, hinsichtlich derer ein dinglicher Anspruch besteht, durch Rechtsnachfolge in den Besitz eines Dritten, so kommt die während des Besitzes des Rechtsvorgängers verstrichene Verjährungszeit dem Rechtsnachfolger zugute.

§ 199 Beginn der regelmäßigen Verjährungsfrist und Verjährungshöchstfristen

(1) Die regelmäßige Verjährungsfrist beginnt, soweit nicht ein anderer Verjährungsbeginn bestimmt ist, mit dem Schluss des Jahres, in dem

1. der Anspruch entstanden ist und
2. der Gläubiger von den den Anspruch begründenden Umständen und der Person des Schuldners Kenntnis erlangt oder ohne grobe Fahrlässigkeit erlangen müsste.

(2) Schadensersatzansprüche, die auf der Verletzung des Lebens, des Körpers, der Gesundheit oder der Freiheit beruhen, verjähren ohne Rücksicht auf ihre Entstehung und die Kenntnis oder grob fahrlässige Unkenntnis in 30 Jahren von der Begehung der Handlung, der Pflichtverletzung oder dem sonstigen, den Schaden auslösenden Ereignis an.

(3) Sonstige Schadensersatzansprüche verjähren

1. ohne Rücksicht auf die Kenntnis oder grob fahrlässige Unkenntnis in zehn Jahren von ihrer Entstehung an und
2. ohne Rücksicht auf ihre Entstehung und die Kenntnis oder grob fahrlässige Unkenntnis in 30 Jahren von der Begehung der Handlung, der Pflichtverletzung oder dem sonstigen, den Schaden auslösenden Ereignis an.

Maßgeblich ist die früher endende Frist.

(3a) Ansprüche, die auf einem Erbfall beruhen oder deren Geltendmachung die Kenntnis einer Verfügung von Todes wegen voraussetzt, verjähren ohne Rücksicht auf die Kenntnis oder grob fahrlässige Unkenntnis in 30 Jahren von der Entstehung des Anspruchs an.

(4) Andere Ansprüche als die nach den Absätzen 2 bis 3a verjähren ohne Rücksicht auf die Kenntnis oder grob fahrlässige Unkenntnis in zehn Jahren von ihrer Entstehung an.

(5) Geht der Anspruch auf ein Unterlassen, so tritt an die Stelle der Entstehung die Zuwiderhandlung.

§ 200 Beginn anderer Verjährungsfristen

Die Verjährungsfrist von Ansprüchen, die nicht der regelmäßigen Verjährungsfrist unterliegen, beginnt mit der Entstehung des Anspruchs, soweit nicht ein anderer Verjährungsbeginn bestimmt ist. § 199 Abs. 5 findet entsprechende Anwendung.

§ 201 Beginn der Verjährungsfrist von festgestellten Ansprüchen

Die Verjährung von Ansprüchen der in § 197 Abs. 1 Nr. 3 bis 6 bezeichneten Art beginnt mit der Rechtskraft der Entscheidung, der Errichtung des vollstreckbaren Titels oder der Feststellung im Insolvenzverfahren, nicht jedoch vor der Entstehung des Anspruchs. § 199 Abs. 5 findet entsprechende Anwendung.

§ 202 Unzulässigkeit von Vereinbarungen über die Verjährung

(1) Die Verjährung kann bei Haftung wegen Vorsatzes nicht im Voraus durch Rechtsgeschäft erleichtert werden.

(2) Die Verjährung kann durch Rechtsgeschäft nicht über eine Verjährungsfrist von 30 Jahren ab dem gesetzlichen Verjährungsbeginn hinaus erschwert werden.

Titel 2
Hemmung, Ablaufhemmung und Neubeginn der Verjährung

§ 203 Hemmung der Verjährung bei Verhandlungen

Schweben zwischen dem Schuldner und dem Gläubiger Verhandlungen über den Anspruch oder die den Anspruch begründenden Umstände, so ist die Verjährung gehemmt, bis der eine oder der andere Teil die Fortsetzung der Verhandlungen verweigert. Die Verjährung tritt frühestens drei Monate nach dem Ende der Hemmung ein.

§ 204 Hemmung der Verjährung durch Rechtsverfolgung

(1) Die Verjährung wird gehemmt durch

1. die Erhebung der Klage auf Leistung oder auf Feststellung des Anspruchs, auf Erteilung der Vollstreckungsklausel oder auf Erlass des Vollstreckungsurteils,
2. die Zustellung des Antrags im vereinfachten Verfahren über den Unterhalt Minderjähriger,
3. die Zustellung des Mahnbescheids im Mahnverfahren oder des Europäischen Zahlungsbefehls im Europäischen Mahnverfahren nach der Verordnung (EG) Nr. 1896/2006 des Europäischen Parlaments und des Rates vom 12. Dezember 2006 zur Einführung eines Europäischen Mahnverfahrens (ABl. EU Nr. L 399 S. 1),
4. die Veranlassung der Bekanntgabe eines Antrags, mit dem der Anspruch geltend gemacht wird, bei einer
   a) staatlichen oder staatlich anerkannten Streitbeilegungsstelle oder
   b) anderen Streitbeilegungsstelle, wenn das Verfahren im Einvernehmen mit dem Antragsgegner betrieben wird;

   die Verjährung wird schon durch den Eingang des Antrags bei der Streitbeilegungsstelle gehemmt, wenn der Antrag demnächst bekannt gegeben wird,
5. die Geltendmachung der Aufrechnung des Anspruchs im Prozess,
6. die Zustellung der Streitverkündung,

6a. die Zustellung der Anmeldung zu einem Musterverfahren für darin bezeichnete Ansprüche, soweit diesen der gleiche Lebenssachverhalt zugrunde liegt wie den Feststellungszielen des Musterverfahrens und wenn innerhalb von drei Monaten nach dem rechtskraftigen Ende des Musterverfahrens die Klage auf Leistungen oder Feststellung der in der Anmeldung bezeichneten Ansprüche erhoben wird,

7. die Zustellung des Antrags auf Durchführung eines selbständigen Beweisverfahrens,
8. den Beginn eines vereinbarten Begutachtungsverfahrens,
9. die Zustellung des Antrags auf Erlass eines Arrests, einer einstweiligen Verfügung oder einer einstweiligen Anordnung, oder, wenn der Antrag nicht zugestellt wird, dessen Einreichung, wenn der Arrestbefehl, die einstweilige Verfügung oder die einstweilige Anordnung innerhalb eines Monats seit Verkündung oder Zustellung an den Gläubiger dem Schuldner zugestellt wird,
10. die Anmeldung des Anspruchs im Insolvenzverfahren oder im Schifffahrtsrechtlichen Verteilungsverfahren,

10a. die Anordnung einer Vollstreckungssperre nach dem Unternehmensstabilisierungs- und -restrukturierungsgesetz, durch die der Gläubiger an der Einleitung der Zwangsvollstreckung wegen des Anspruchs gehindert ist,

11. den Beginn des schiedsrichterlichen Verfahrens,
12. die Einreichung des Antrags bei einer Behörde, wenn die Zulässigkeit der Klage von der Vorentscheidung dieser Behörde abhängt und innerhalb von drei Monaten nach Erledigung des Gesuchs die Klage erhoben wird; dies gilt entsprechend für bei einem Gericht oder bei einer in Nummer 4 bezeichneten Streitbeilegungsstelle zu stellende Anträge, deren Zulässigkeit von der Vorentscheidung einer Behörde abhängt,
13. die Einreichung des Antrags bei dem höheren Gericht, wenn dieses das zuständige Gericht zu bestimmen hat und innerhalb von drei Monaten nach Erledigung des Gesuchs die Klage erhoben oder der Antrag, für den die Gerichtsstandsbestimmung zu erfolgen hat, gestellt wird, und
14. die Veranlassung der Bekanntgabe des erstmaligen Antrags auf Gewährung von Prozesskostenhilfe oder Verfahrenskostenhilfe; wird die Bekanntgabe demnächst nach der Einreichung des Antrags veranlasst, so tritt die Hemmung der Verjährung bereits mit der Einreichung ein.

(2) Die Hemmung nach Absatz 1 endet sechs Monate nach der rechtskräftigen Entscheidung oder anderweitigen Beendigung des eingeleiteten Verfahrens. Gerät das Verfahren dadurch in Stillstand, dass die Parteien es nicht betreiben, so tritt an die Stelle der Beendigung des Verfahrens die letzte Verfahrenshandlung der Parteien, des Gerichts oder der sonst mit dem Verfahren befassten Stelle. Die Hemmung beginnt erneut, wenn eine der Parteien das Verfahren weiter betreibt.

(3) Auf die Frist nach Absatz 1 Nr. 6a, 9, 12 und 13 finden die §§ 206, 210 und 211 entsprechende Anwendung.

§ 204a Hemmung der Verjährung von Ansprüchen von Verbrauchern durch Klagen von qualifizierten Verbraucherverbänden oder qualifizierten Einrichtungen

(1) Die Verjährung von Ansprüchen von Verbrauchern gegen Unternehmer wird auch gehemmt durch:

1. die Zustellung des Antrags auf Erlass einer einstweiligen Verfügung in Bezug auf einen Unterlassungsanspruch gegen den Unternehmer nach den §§ 1, 2 oder 2a des Unterlassungsklagengesetzes oder nach

§ 8 Absatz 1 des Gesetzes gegen den unlauteren Wettbewerb an den Antragsgegner, wenn

a) der Antrag durch eine Stelle nach § 3 Absatz 1 Satz 1 des Unterlassungsklagengesetzes gestellt wurde und

b) die Ansprüche der Verbraucher gegen den Unternehmer aufgrund der Zuwiderhandlung entstanden sind, gegen die sich der Unterlassungsanspruch richtet,

2. die Erhebung einer Klage zur Durchsetzung von Unterlassungsansprüchen nach Nummer 1 gegen den Unternehmer, wenn

   a) die Klage durch eine Stelle nach § 3 Absatz 1 Satz 1 des Unterlassungsklagengesetzes erhoben wurde und

   b) die Ansprüche der Verbraucher gegen den Unternehmer aufgrund der Zuwiderhandlung entstanden sind, gegen die sich der Unterlassungsanspruch richtet,

3. die Erhebung einer Musterfeststellungsklage nach dem Verbraucherrechtedurchsetzungsgesetz für die Ansprüche von Verbrauchern, denen derselbe Lebenssachverhalt zugrunde liegt wie den Feststellungszielen der Musterfeststellungsklage, wenn die Verbraucher ihren Anspruch zum Verbandsklageregister anmelden,

4. die Erhebung einer Abhilfeklage nach dem Verbraucherrechtedurchsetzungsgesetz für Ansprüche, die Gegenstand der Abhilfeklage sind, wenn die Verbraucher ihren Anspruch zum Verbandsklageregister anmelden.

Wurde dem Antragsgegner der Antrag auf Erlass einer einstweiligen Verfügung nicht zugestellt, so tritt in Satz 1 Nummer 1 an die Stelle der Zustellung des Antrags die Einreichung des Antrags beim Gericht, sofern dem Antragsgegner die einstweilige Verfügung innerhalb eines Monats nach ihrer Verkündung oder nach ihrer Zustellung an den Antragsteller zugestellt wurde.

(2) Die Verjährung von Ansprüchen von Verbrauchern gegen Unternehmer wird auch gehemmt durch eine anhängige Verbandsklage im Sinne der Richtlinie (EU) 2020/1828 des Europäischen Parlaments und des Rates vom 25. November 2020 über Verbandsklagen zum Schutz der Kollektivinteressen der Verbraucher und zur Aufhebung der Richtlinie 2009/22/EG (ABl. L 409 vom 4. 12. 2020, S. 1) bei einem Gericht oder einer Behörde in einem anderen Mitgliedstaat der Europäischen Union, die

1. auf eine Unterlassungsentscheidung gerichtet ist, wenn

   a) die Klage von einer qualifizierten Einrichtung eingereicht wurde,

   b) Gegenstand der Klage eine Zuwiderhandlung des Unternehmers gegen solche Verbraucherschutzgesetze ist, die in den Anwendungsbereich der Richtlinie (EU) 2020/1828 fallen, und

   c) die Ansprüche der Verbraucher aufgrund derjenigen Zuwiderhandlung des Unternehmers entstanden sind, gegen die sich die Klage richtet,

2. auf eine Abhilfeentscheidung gerichtet ist, wenn

   a) die Klage von einer qualifizierten Einrichtung eingereicht wurde,

   b) die Ansprüche der Verbraucher Gegenstand der Klage sind und diese Ansprüche aufgrund einer Zuwiderhandlung des Unternehmers gegen solche Verbraucherschutzgesetze entstanden sind, die in den Anwendungsbereich der Richtlinie (EU) 2020/1828 fallen, und

   c) die Verbraucher an der Klage teilnehmen.

(3) § 204 Absatz 2 Satz 1 ist entsprechend anzuwenden. Die Hemmung der Verjährung eines Anspruchs eines Verbrauchers nach Absatz 1 Satz 1 Nummer 3 und 4 sowie nach Absatz 2 Nummer 2 endet auch sechs Monate nach dem Zeitpunkt, zu dem der Verbraucher nicht mehr an der Klage teilnimmt, insbesondere durch die Rücknahme der Anmeldung zum Verbandsklageregister.

(4) Absatz 1 Satz 1 Nummer 3 und 4 sowie Absatz 3 sind auch auf solche Unternehmer anzuwenden, die nach § 1 Absatz 2 des Verbraucherrechtedurchsetzungsgesetzes Verbrauchern gleichgestellt werden.

§ 205 Hemmung der Verjährung bei Leistungsverweigerungsrecht

Die Verjährung ist gehemmt, solange der Schuldner auf Grund einer Vereinbarung mit dem Gläubiger vorübergehend zur Verweigerung der Leistung berechtigt ist.

§ 206 Hemmung der Verjährung bei höherer Gewalt

Die Verjährung ist gehemmt, solange der Gläubiger innerhalb der letzten sechs Monate der Verjährungsfrist durch höhere Gewalt an der Rechtsverfolgung gehindert ist.

§ 207 Hemmung der Verjährung aus familiären und ähnlichen Gründen

(1) Die Verjährung von Ansprüchen zwischen Ehegatten ist gehemmt, solange die Ehe besteht. Das Gleiche gilt für Ansprüche zwischen

1. Lebenspartnern, solange die Lebenspartnerschaft besteht,
2. dem Kind und
   a) seinen Eltern oder
   b) dem Ehegatten oder Lebenspartner eines Elternteils

   bis zur Vollendung des 21. Lebensjahres des Kindes,
3. dem Vormund und dem Mündel während der Dauer des Vormundschaftsverhältnisses,
4. dem Betreuten und dem Betreuer während der Dauer des Betreuungsverhältnisses und
5. dem Pflegling und dem Pfleger während der Dauer der Pflegschaft.

Die Verjährung von Ansprüchen des Kindes gegen den Beistand ist während der Dauer der Beistandschaft gehemmt.

(2) § 208 bleibt unberührt.

§ 208 Hemmung der Verjährung bei Ansprüchen wegen Verletzung der sexuellen Selbstbestimmung

Die Verjährung von Ansprüchen wegen Verletzung der sexuellen Selbstbestimmung ist bis zur Vollendung des 21. Lebensjahrs des Gläubigers gehemmt. Lebt der Gläubiger von Ansprüchen wegen Verletzung der sexuellen Selbstbestimmung bei Beginn der Verjährung mit dem Schuldner in häuslicher Gemeinschaft, so ist die

Verjährung auch bis zur Beendigung der häuslichen Gemeinschaft gehemmt.

§ 209 Wirkung der Hemmung

Der Zeitraum, während dessen die Verjährung gehemmt ist, wird in die Verjährungsfrist nicht eingerechnet.

§ 210 Ablaufhemmung bei nicht voll Geschäftsfähigen

(1) Ist eine geschäftsunfähige oder in der Geschäftsfähigkeit beschränkte Person ohne gesetzlichen Vertreter, so tritt eine für oder gegen sie laufende Verjährung nicht vor dem Ablauf von sechs Monaten nach dem Zeitpunkt ein, in dem die Person unbeschränkt geschäftsfähig oder der Mangel der Vertretung behoben wird. Ist die Verjährungsfrist kürzer als sechs Monate, so tritt der für die Verjährung bestimmte Zeitraum an die Stelle der sechs Monate.

(2) Absatz 1 findet keine Anwendung, soweit eine in der Geschäftsfähigkeit beschränkte Person prozessfähig ist.

§ 211 Ablaufhemmung in Nachlassfällen

Die Verjährung eines Anspruchs, der zu einem Nachlass gehört oder sich gegen einen Nachlass richtet, tritt nicht vor dem Ablauf von sechs Monaten nach dem Zeitpunkt ein, in dem die Erbschaft von dem Erben angenommen oder das Insolvenzverfahren über den Nachlass eröffnet wird oder von dem an der Anspruch von einem oder gegen einen Vertreter geltend gemacht werden kann. Ist die Verjährungsfrist kürzer als sechs Monate, so tritt der für die Verjährung bestimmte Zeitraum an die Stelle der sechs Monate.

§ 212 Neubeginn der Verjährung

(1) Die Verjährung beginnt erneut, wenn

1. der Schuldner dem Gläubiger gegenüber den Anspruch durch Abschlagszahlung, Zinszahlung, Sicherheitsleistung oder in anderer Weise anerkennt oder
2. eine gerichtliche oder behördliche Vollstreckungshandlung vorgenommen oder beantragt wird.

(2) Der erneute Beginn der Verjährung infolge einer Vollstreckungshandlung gilt als nicht eingetreten, wenn die Vollstreckungshandlung auf Antrag des Gläubigers oder wegen Mangels der gesetzlichen Voraussetzungen aufgehoben wird.

(3) Der erneute Beginn der Verjährung durch den Antrag auf Vornahme einer Vollstreckungshandlung gilt als nicht eingetreten, wenn dem Antrag nicht stattgegeben oder der Antrag vor der Vollstreckungshandlung zurückgenommen oder die erwirkte Vollstreckungshandlung nach Absatz 2 aufgehoben wird.

§ 213 Hemmung, Ablaufhemmung und erneuter Beginn der Verjährung bei anderen Ansprüchen

Die Hemmung, die Ablaufhemmung und der erneute Beginn der Verjährung gelten auch für Ansprüche, die aus demselben Grunde wahlweise neben dem Anspruch oder an seiner Stelle gegeben sind.

Titel 3
Rechtsfolgen der Verjährung

§ 214 Wirkung der Verjährung

(1) Nach Eintritt der Verjährung ist der Schuldner berechtigt, die Leistung zu verweigern.

(2) Das zur Befriedigung eines verjährten Anspruchs Geleistete kann nicht zurückgefordert werden, auch wenn in Unkenntnis der Verjährung geleistet worden ist. Das Gleiche gilt von einem vertragsmäßigen Anerkenntnis sowie einer Sicherheitsleistung des Schuldners.

§ 215 Aufrechnung und Zurückbehaltungsrecht nach Eintritt der Verjährung

Die Verjährung schließt die Aufrechnung und die Geltendmachung eines Zurückbehaltungsrechts nicht aus, wenn der Anspruch in dem Zeitpunkt noch nicht verjährt war, in dem erstmals aufgerechnet oder die Leistung verweigert werden konnte.

§ 216 Wirkung der Verjährung bei gesicherten Ansprüchen

(1) Die Verjährung eines Anspruchs, für den eine Hypothek, eine Schiffshypothek oder ein Pfandrecht besteht, hindert den Gläubiger nicht, seine Befriedigung aus dem belasteten Gegenstand zu suchen.

(2) Ist zur Sicherung eines Anspruchs ein Recht verschafft worden, so kann die Rückübertragung nicht auf Grund der Verjährung des Anspruchs gefordert werden. Ist das Eigentum vorbehalten, so kann der Rücktritt vom Vertrag auch erfolgen, wenn der gesicherte Anspruch verjährt ist.

(3) Die Absätze 1 und 2 finden keine Anwendung auf die Verjährung von Ansprüchen auf Zinsen und andere wiederkehrende Leistungen.

§ 217 Verjährung von Nebenleistungen

Mit dem Hauptanspruch verjährt der Anspruch auf die von ihm abhängenden Nebenleistungen, auch wenn die für diesen Anspruch geltende besondere Verjährung noch nicht eingetreten ist.

§ 218 Unwirksamkeit des Rücktritts

(1) Der Rücktritt wegen nicht oder nicht vertragsgemäß erbrachter Leistung ist unwirksam, wenn der Anspruch auf die Leistung oder der Nacherfüllungsanspruch verjährt ist und der Schuldner sich hierauf beruft. Dies gilt auch, wenn der Schuldner nach § 275 Absatz 1 bis 3, § 439 Absatz 4 oder § 635 Absatz 3 nicht zu leisten braucht und der Anspruch auf die Leistung oder der Nacherfüllungsanspruch verjährt wäre. § 216 Abs. 2 Satz 2 bleibt unberührt.

(2) § 214 Abs. 2 findet entsprechende Anwendung.

Buch 2
Recht der Schuldverhältnisse

Abschnitt 3
Schuldverhältnisse aus Verträgen

Titel 1
Begründung, Inhalt und Beendigung

Untertitel 1
Begründung

§ 311 Rechtsgeschäftliche und rechtsgeschäftsähnliche Schuldverhältnisse

(1) Zur Begründung eines Schuldverhältnisses durch Rechtsgeschäft sowie zur Änderung des Inhalts eines Schuldverhältnisses ist ein Vertrag zwischen den Betei-

ligten erforderlich, soweit nicht das Gesetz ein anderes vorschreibt.

(2) Ein Schuldverhältnis mit Pflichten nach § 241 Abs. 2 entsteht auch durch

1. die Aufnahme von Vertragsverhandlungen,
2. die Anbahnung eines Vertrags, bei welcher der eine Teil im Hinblick auf eine etwaige rechtsgeschäftliche Beziehung dem anderen Teil die Möglichkeit zur Einwirkung auf seine Rechte, Rechtsgüter und Interessen gewährt oder ihm diese anvertraut, oder
3. ähnliche geschäftliche Kontakte.

(3) Ein Schuldverhältnis mit Pflichten nach § 241 Abs. 2 kann auch zu Personen entstehen, die nicht selbst Vertragspartei werden sollen. Ein solches Schuldverhältnis entsteht insbesondere, wenn der Dritte in besonderem Maße Vertrauen für sich in Anspruch nimmt und dadurch die Vertragsverhandlungen oder den Vertragsschluss erheblich beeinflusst.

§ 311a Leistungshindernis bei Vertragsschluss

(1) Der Wirksamkeit eines Vertrags steht es nicht entgegen, dass der Schuldner nach § 275 Abs. 1 bis 3 nicht zu leisten braucht und das Leistungshindernis schon bei Vertragsschluss vorliegt.

(2) Der Gläubiger kann nach seiner Wahl Schadensersatz statt der Leistung oder Ersatz seiner Aufwendungen in dem in § 284 bestimmten Umfang verlangen. Dies gilt nicht, wenn der Schuldner das Leistungshindernis bei Vertragsschluss nicht kannte und seine Unkenntnis auch nicht zu vertreten hat. § 281 Abs. 1 Satz 2 und 3 und Abs. 5 findet entsprechende Anwendung.

§ 311b Verträge über Grundstücke, das Vermögen und den Nachlass

(1) Ein Vertrag, durch den sich der eine Teil verpflichtet, das Eigentum an einem Grundstück zu übertragen oder zu erwerben, bedarf der notariellen Beurkundung. Ein ohne Beachtung dieser Form geschlossener Vertrag wird seinem ganzen Inhalt nach gültig, wenn die Auflassung und die Eintragung in das Grundbuch erfolgen.

(2) Ein Vertrag, durch den sich der eine Teil verpflichtet, sein künftiges Vermögen oder einen Bruchteil seines künftigen Vermögens zu übertragen oder mit einem Nießbrauch zu belasten, ist nichtig.

(3) Ein Vertrag, durch den sich der eine Teil verpflichtet, sein gegenwärtiges Vermögen oder einen Bruchteil seines gegenwärtigen Vermögens zu übertragen oder mit einem Nießbrauch zu belasten, bedarf der notariellen Beurkundung.

(4) Ein Vertrag über den Nachlass eines noch lebenden Dritten ist nichtig. Das Gleiche gilt von einem Vertrag über den Pflichtteil oder ein Vermächtnis aus dem Nachlass eines noch lebenden Dritten.

(5) Absatz 4 gilt nicht für einen Vertrag, der unter künftigen gesetzlichen Erben über den gesetzlichen Erbteil oder den Pflichtteil eines von ihnen geschlossen wird. Ein solcher Vertrag bedarf der notariellen Beurkundung.

§ 311c Erstreckung auf Zubehör

Verpflichtet sich jemand zur Veräußerung oder Belastung einer Sache, so erstreckt sich diese Verpflichtung im Zweifel auch auf das Zubehör der Sache.

Untertitel 2
Grundsätze bei Verbraucherverträgen und besondere Vertriebsformen

Kapitel 1
Anwendungsbereich und Grundsätze bei Verbraucherverträgen

§ 312 Anwendungsbereich

(1) Die Vorschriften der Kapitel 1 und 2 dieses Untertitels sind auf Verbraucherverträge anzuwenden, bei denen sich der Verbraucher zu der Zahlung eines Preises verpflichtet.

(1a) Die Vorschriften der Kapitel 1 und 2 dieses Untertitels sind auch auf Verbraucherverträge anzuwenden, bei denen der Verbraucher dem Unternehmer personenbezogene Daten bereitstellt oder sich hierzu verpflichtet. Dies gilt nicht, wenn der Unternehmer die vom Verbraucher bereitgestellten personenbezogenen Daten ausschließlich verarbeitet, um seine Leistungspflicht oder an ihn gestellte rechtliche Anforderungen zu erfüllen, und sie zu keinem anderen Zweck verarbeitet.

(2) Von den Vorschriften der Kapitel 1 und 2 dieses Untertitels ist nur § 312a Absatz 1, 3, 4 und 6 auf folgende Verträge anzuwenden:

1. notariell beurkundete Verträge
   a) über Finanzdienstleistungen, die außerhalb von Geschäftsräumen geschlossen werden,
   b) die keine Verträge über Finanzdienstleistungen sind; für Verträge, für die das Gesetz die notarielle Beurkundung des Vertrags oder einer Vertragserklärung nicht vorschreibt, gilt dies nur, wenn der Notar darüber belehrt, dass die Informationspflichten nach § 312d Absatz 1 und das Widerrufsrecht nach § 312g Absatz 1 entfallen,
2. Verträge über die Begründung, den Erwerb oder die Übertragung von Eigentum oder anderen Rechten an Grundstücken,
3. Verbraucherbauverträge nach § 650i Absatz 1,
4. (weggefallen),
5. (weggefallen),
6. Verträge über Teilzeit-Wohnrechte, langfristige Urlaubsprodukte, Vermittlungen und Tauschsysteme nach den §§ 481 bis 481b,
7. Behandlungsverträge nach § 630a,
8. Verträge über die Lieferung von Lebensmitteln, Getränken oder sonstigen Haushaltsgegenständen des täglichen Bedarfs, die am Wohnsitz, am Aufenthaltsort oder am Arbeitsplatz eines Verbrauchers von einem Unternehmer im Rahmen häufiger und regelmäßiger Fahrten geliefert werden,
9. Verträge, die unter Verwendung von Warenautomaten und automatisierten Geschäftsräumen geschlossen werden,
10. Verträge, die mit Betreibern von Telekommunikationsmitteln mit Hilfe öffentlicher Münz- und Kartentelefone zu deren Nutzung geschlossen werden,
11. Verträge zur Nutzung einer einzelnen von einem Verbraucher hergestellten Telefon-, Internet- oder Telefaxverbindung,

12. außerhalb von Geschäftsräumen geschlossene Verträge, bei denen die Leistung bei Abschluss der Verhandlungen sofort erbracht und bezahlt wird und das vom Verbraucher zu zahlende Entgelt 40 Euro nicht überschreitet, und
13. Verträge über den Verkauf beweglicher Sachen auf Grund von Zwangsvollstreckungsmaßnahmen oder anderen gerichtlichen Maßnahmen.

(3) Auf Verträge über soziale Dienstleistungen, wie Kinderbetreuung oder Unterstützung von dauerhaft oder vorübergehend hilfsbedürftigen Familien oder Personen, einschließlich Langzeitpflege, sind von den Vorschriften der Kapitel 1 und 2 dieses Untertitels nur folgende anzuwenden:

1. die Definitionen der außerhalb von Geschäftsräumen geschlossenen Verträge und der Fernabsatzverträge nach den §§ 312b und 312c,
2. § 312a Absatz 1 über die Pflicht zur Offenlegung bei Telefonanrufen,
3. § 312a Absatz 3 über die Wirksamkeit der Vereinbarung, die auf eine über das vereinbarte Entgelt für die Hauptleistung hinausgehende Zahlung gerichtet ist,
4. § 312a Absatz 4 über die Wirksamkeit der Vereinbarung eines Entgelts für die Nutzung von Zahlungsmitteln,
5. § 312a Absatz 6,
6. § 312d Absatz 1 in Verbindung mit Artikel 246a § 1 Absatz 2 und 3 des Einführungsgesetzes zum Bürgerlichen Gesetzbuche über die Pflicht zur Information über das Widerrufsrecht und
7. § 312g über das Widerrufsrecht.

(4) Auf Verträge über die Vermietung von Wohnraum sind von den Vorschriften der Kapitel 1 und 2 dieses Untertitels nur die in Absatz 3 Nummer 1 bis 7 genannten Bestimmungen anzuwenden. Die in Absatz 3 Nummer 1, 6 und 7 genannten Bestimmungen sind jedoch nicht auf die Begründung eines Mietverhältnisses über Wohnraum anzuwenden, wenn der Mieter die Wohnung zuvor besichtigt hat.

(5) Bei Vertragsverhältnissen über Bankdienstleistungen sowie Dienstleistungen im Zusammenhang mit einer Kreditgewährung, Versicherung, Altersversorgung von Einzelpersonen, Geldanlage oder Zahlung (Finanzdienstleistungen), die eine erstmalige Vereinbarung mit daran anschließenden aufeinanderfolgenden Vorgängen oder eine daran anschließende Reihe getrennter, in einem zeitlichen Zusammenhang stehender Vorgänge gleicher Art umfassen, sind die Vorschriften der Kapitel 1 und 2 dieses Untertitels nur auf die erste Vereinbarung anzuwenden. § 312a Absatz 1, 3, 4 und 6 ist daneben auf jeden Vorgang anzuwenden. Wenn die in Satz 1 genannten Vorgänge ohne eine solche Vereinbarung aufeinanderfolgen, gelten die Vorschriften über Informationspflichten des Unternehmers nur für den ersten Vorgang. Findet jedoch länger als ein Jahr kein Vorgang der gleichen Art mehr statt, so gilt der nächste Vorgang als der erste Vorgang einer neuen Reihe im Sinne von Satz 3.

(6) Von den Vorschriften der Kapitel 1 und 2 dieses Untertitels ist auf Verträge über Versicherungen sowie auf Verträge über deren Vermittlung nur § 312a Absatz 3, 4 und 6 anzuwenden.

(7) Auf Pauschalreiseverträge nach den §§ 651a und 651c sind von den Vorschriften dieses Untertitels nur § 312a Absatz 3 bis 6, die §§ 312i, 312j Absatz 2 bis 5 und § 312m anzuwenden; diese Vorschriften finden auch Anwendung, wenn der Reisende kein Verbraucher ist. Ist der Reisende ein Verbraucher, ist auf Pauschalreiseverträge nach § 651a, die außerhalb von Geschäftsräumen geschlossen worden sind, auch § 312g Absatz 1 anzuwenden, es sei denn, die mündlichen Verhandlungen, auf denen der Vertragsschluss beruht, sind auf vorhergehende Bestellung des Verbrauchers geführt worden.

(8) Auf Verträge über die Beförderung von Personen ist von den Vorschriften der Kapitel 1 und 2 dieses Untertitels nur § 312a Absatz 1 und 3 bis 6 anzuwenden.

§ 312a Allgemeine Pflichten und Grundsätze bei Verbraucherverträgen; Grenzen der Vereinbarung von Entgelten

(1) Ruft der Unternehmer oder eine Person, die in seinem Namen oder Auftrag handelt, den Verbraucher an, um mit diesem einen Vertrag zu schließen, hat der Anrufer zu Beginn des Gesprächs seine Identität und gegebenenfalls die Identität der Person, für die er anruft, sowie den geschäftlichen Zweck des Anrufs offenzulegen.

(2) Der Unternehmer ist verpflichtet, den Verbraucher nach Maßgabe des Artikels 246 des Einführungsgesetzes zum Bürgerlichen Gesetzbuche zu informieren. Der Unternehmer kann von dem Verbraucher Fracht-, Liefer- oder Versandkosten und sonstige Kosten nur verlangen, soweit er den Verbraucher über diese Kosten entsprechend den Anforderungen aus Artikel 246 Absatz 1 Nummer 3 des Einführungsgesetzes zum Bürgerlichen Gesetzbuche informiert hat. Die Sätze 1 und 2 sind weder auf außerhalb von Geschäftsräumen geschlossene Verträge noch auf Fernabsatzverträge noch auf Verträge über Finanzdienstleistungen anzuwenden.

(3) Eine Vereinbarung, die auf eine über das vereinbarte Entgelt für die Hauptleistung hinausgehende Zahlung des Verbrauchers gerichtet ist, kann ein Unternehmer mit einem Verbraucher nur ausdrücklich treffen. Schließen der Unternehmer und der Verbraucher einen Vertrag im elektronischen Geschäftsverkehr, wird eine solche Vereinbarung nur Vertragsbestandteil, wenn der Unternehmer die Vereinbarung nicht durch eine Voreinstellung herbeiführt.

(4) Eine Vereinbarung, durch die ein Verbraucher verpflichtet wird, ein Entgelt dafür zu zahlen, dass er für die Erfüllung seiner vertraglichen Pflichten ein bestimmtes Zahlungsmittel nutzt, ist unwirksam, wenn

1. für den Verbraucher keine gängige und zumutbare unentgeltliche Zahlungsmöglichkeit besteht oder
2. das vereinbarte Entgelt über die Kosten hinausgeht, die dem Unternehmer durch die Nutzung des Zahlungsmittels entstehen.

(5) Eine Vereinbarung, durch die ein Verbraucher verpflichtet wird, ein Entgelt dafür zu zahlen, dass der Verbraucher den Unternehmer wegen Fragen oder Erklärungen zu einem zwischen ihnen geschlossenen Vertrag über eine Rufnummer anruft, die der Unternehmer für solche Zwecke bereithält, ist unwirksam, wenn das vereinbarte Entgelt das Entgelt für die bloße Nutzung des Telekommunikationsdienstes übersteigt. Ist eine Verein-

barung nach Satz 1 unwirksam, ist der Verbraucher auch gegenüber dem Anbieter des Telekommunikationsdienstes nicht verpflichtet, ein Entgelt für den Anruf zu zahlen. Der Anbieter des Telekommunikationsdienstes ist berechtigt, das Entgelt für die bloße Nutzung des Telekommunikationsdienstes von dem Unternehmer zu verlangen, der die unwirksame Vereinbarung mit dem Verbraucher geschlossen hat.

(6) Ist eine Vereinbarung nach den Absätzen 3 bis 5 nicht Vertragsbestandteil geworden oder ist sie unwirksam, bleibt der Vertrag im Übrigen wirksam.

Kapitel 2
Außerhalb von Geschäftsräumen geschlossene Verträge und Fernabsatzverträge

§ 312b Außerhalb von Geschäftsräumen geschlossene Verträge

(1) Außerhalb von Geschäftsräumen geschlossene Verträge sind Verträge,

1. die bei gleichzeitiger körperlicher Anwesenheit des Verbrauchers und des Unternehmers an einem Ort geschlossen werden, der kein Geschäftsraum des Unternehmers ist,
2. für die der Verbraucher unter den in Nummer 1 genannten Umständen ein Angebot abgegeben hat,
3. die in den Geschäftsräumen des Unternehmers oder durch Fernkommunikationsmittel geschlossen werden, bei denen der Verbraucher jedoch unmittelbar zuvor außerhalb der Geschäftsräume des Unternehmers bei gleichzeitiger körperlicher Anwesenheit des Verbrauchers und des Unternehmers persönlich und individuell angesprochen wurde, oder
4. die auf einem Ausflug geschlossen werden, der von dem Unternehmer oder mit seiner Hilfe organisiert wurde, um beim Verbraucher für den Verkauf von Waren oder die Erbringung von Dienstleistungen zu werben und mit ihm entsprechende Verträge abzuschließen.

Dem Unternehmer stehen Personen gleich, die in seinem Namen oder Auftrag handeln.

(2) Geschäftsräume im Sinne des Absatzes 1 sind unbewegliche Gewerberäume, in denen der Unternehmer seine Tätigkeit dauerhaft ausübt, und bewegliche Gewerberäume, in denen der Unternehmer seine Tätigkeit für gewöhnlich ausübt. Gewerberäume, in denen die Person, die im Namen oder Auftrag des Unternehmers handelt, ihre Tätigkeit dauerhaft oder für gewöhnlich ausübt, stehen Räumen des Unternehmers gleich.

§ 312c Fernabsatzverträge

(1) Fernabsatzverträge sind Verträge, bei denen der Unternehmer oder eine in seinem Namen oder Auftrag handelnde Person und der Verbraucher für die Vertragsverhandlungen und den Vertragsschluss ausschließlich Fernkommunikationsmittel verwenden, es sei denn, dass der Vertragsschluss nicht im Rahmen eines für den Fernabsatz organisierten Vertriebs- oder Dienstleistungssystems erfolgt.

(2) Fernkommunikationsmittel im Sinne dieses Gesetzes sind alle Kommunikationsmittel, die zur Anbahnung oder zum Abschluss eines Vertrags eingesetzt werden können, ohne dass die Vertragsparteien gleichzeitig körperlich anwesend sind, wie Briefe, Kataloge, Telefonanrufe, Telekopien, E-Mails, über den Mobilfunkdienst versendete Nachrichten (SMS) sowie Rundfunk und Telemedien.

§ 312d Informationspflichten

(1) Bei außerhalb von Geschäftsräumen geschlossenen Verträgen und bei Fernabsatzverträgen ist der Unternehmer verpflichtet, den Verbraucher nach Maßgabe des Artikels 246a des Einführungsgesetzes zum Bürgerlichen Gesetzbuche zu informieren. Die in Erfüllung dieser Pflicht gemachten Angaben des Unternehmers werden Inhalt des Vertrags, es sei denn, die Vertragsparteien haben ausdrücklich etwas anderes vereinbart.

(2) Bei außerhalb von Geschäftsräumen geschlossenen Verträgen und bei Fernabsatzverträgen über Finanzdienstleistungen ist der Unternehmer abweichend von Absatz 1 verpflichtet, den Verbraucher nach Maßgabe des Artikels 246b des Einführungsgesetzes zum Bürgerlichen Gesetzbuche zu informieren.

§ 312e Verletzung von Informationspflichten über Kosten

Der Unternehmer kann von dem Verbraucher Fracht-, Liefer- oder Versandkosten und sonstige Kosten nur verlangen, soweit er den Verbraucher über diese Kosten entsprechend den Anforderungen aus § 312d Absatz 1 in Verbindung mit Artikel 246a § 1 Absatz 1 Satz 1 Nummer 7 des Einführungsgesetzes zum Bürgerlichen Gesetzbuche informiert hat.

§ 312f Abschriften und Bestätigungen

(1) Bei außerhalb von Geschäftsräumen geschlossenen Verträgen ist der Unternehmer verpflichtet, dem Verbraucher alsbald auf Papier zur Verfügung zu stellen

1. eine Abschrift eines Vertragsdokuments, das von den Vertragsschließenden so unterzeichnet wurde, dass ihre Identität erkennbar ist, oder
2. eine Bestätigung des Vertrags, in der der Vertragsinhalt wiedergegeben ist.

Wenn der Verbraucher zustimmt, kann für die Abschrift oder die Bestätigung des Vertrags auch ein anderer dauerhafter Datenträger verwendet werden. Die Bestätigung nach Satz 1 muss die in Artikel 246a des Einführungsgesetzes zum Bürgerlichen Gesetzbuche genannten Angaben nur enthalten, wenn der Unternehmer dem Verbraucher diese Informationen nicht bereits vor Vertragsschluss in Erfüllung seiner Informationspflichten nach § 312d Absatz 1 auf einem dauerhaften Datenträger zur Verfügung gestellt hat.

(2) Bei Fernabsatzverträgen ist der Unternehmer verpflichtet, dem Verbraucher eine Bestätigung des Vertrags, in der der Vertragsinhalt wiedergegeben ist, innerhalb einer angemessenen Frist nach Vertragsschluss, spätestens jedoch bei der Lieferung der Ware oder bevor mit der Ausführung der Dienstleistung begonnen wird, auf einem dauerhaften Datenträger zur Verfügung zu stellen. Die Bestätigung nach Satz 1 muss die in Artikel 246a des Einführungsgesetzes zum Bürgerlichen Gesetzbuche genannten Angaben enthalten, es sei denn, der Unternehmer hat dem Verbraucher diese Informati-

onen bereits vor Vertragsschluss in Erfüllung seiner Informationspflichten nach § 312d Absatz 1 auf einem dauerhaften Datenträger zur Verfügung gestellt.

(3) Bei Verträgen über digitale Inhalte (§ 327 Absatz 2 Satz 1), die nicht auf einem körperlichen Datenträger bereitgestellt werden, ist auf der Abschrift oder in der Bestätigung des Vertrags nach den Absätzen 1 und 2 gegebenenfalls auch festzuhalten, dass der Verbraucher vor Ausführung des Vertrags

1. ausdrücklich zugestimmt hat, dass der Unternehmer mit der Ausführung des Vertrags vor Ablauf der Widerrufsfrist beginnt, und
2. seine Kenntnis davon bestätigt hat, dass er durch seine Zustimmung mit Beginn der Ausführung des Vertrags sein Widerrufsrecht verliert.

(4) Diese Vorschrift ist nicht anwendbar auf Verträge über Finanzdienstleistungen.

§ 312g Widerrufsrecht

(1) Dem Verbraucher steht bei außerhalb von Geschäftsräumen geschlossenen Verträgen und bei Fernabsatzverträgen ein Widerrufsrecht gemäß § 355 zu.

(2) Das Widerrufsrecht besteht, soweit die Parteien nichts anderes vereinbart haben, nicht bei folgenden Verträgen:

1. Verträge zur Lieferung von Waren, die nicht vorgefertigt sind und für deren Herstellung eine individuelle Auswahl oder Bestimmung durch den Verbraucher maßgeblich ist oder die eindeutig auf die persönlichen Bedürfnisse des Verbrauchers zugeschnitten sind,
2. Verträge zur Lieferung von Waren, die schnell verderben können oder deren Verfallsdatum schnell überschritten würde,
3. Verträge zur Lieferung versiegelter Waren, die aus Gründen des Gesundheitsschutzes oder der Hygiene nicht zur Rückgabe geeignet sind, wenn ihre Versiegelung nach der Lieferung entfernt wurde,
4. Verträge zur Lieferung von Waren, wenn diese nach der Lieferung auf Grund ihrer Beschaffenheit untrennbar mit anderen Gütern vermischt wurden,
5. Verträge zur Lieferung alkoholischer Getränke, deren Preis bei Vertragsschluss vereinbart wurde, die aber frühestens 30 Tage nach Vertragsschluss geliefert werden können und deren aktueller Wert von Schwankungen auf dem Markt abhängt, auf die der Unternehmer keinen Einfluss hat,
6. Verträge zur Lieferung von Ton- oder Videoaufnahmen oder Computersoftware in einer versiegelten Packung, wenn die Versiegelung nach der Lieferung entfernt wurde,
7. Verträge zur Lieferung von Zeitungen, Zeitschriften oder Illustrierten mit Ausnahme von Abonnement-Verträgen,
8. Verträge zur Lieferung von Waren oder zur Erbringung von Dienstleistungen, einschließlich Finanzdienstleistungen, deren Preis von Schwankungen auf dem Finanzmarkt abhängt, auf die der Unternehmer keinen Einfluss hat und die innerhalb der Widerrufsfrist auftreten können, insbesondere Dienstleistungen im Zusammenhang mit Aktien, mit Anteilen an offenen Investmentvermögen im Sinne von § 1 Absatz 4 des Kapitalanlagegesetzbuchs und mit anderen handelbaren Wertpapieren, Devisen, Derivaten oder Geldmarktinstrumenten,
9. Verträge zur Erbringung von Dienstleistungen in den Bereichen Beherbergung zu anderen Zwecken als zu Wohnzwecken, Beförderung von Waren, Kraftfahrzeugvermietung, Lieferung von Speisen und Getränken sowie zur Erbringung weiterer Dienstleistungen im Zusammenhang mit Freizeitbetätigungen, wenn der Vertrag für die Erbringung einen spezifischen Termin oder Zeitraum vorsieht,
10. Verträge, die im Rahmen einer Vermarktungsform geschlossen werden, bei der der Unternehmer Verbrauchern, die persönlich anwesend sind oder denen diese Möglichkeit gewährt wird, Waren oder Dienstleistungen anbietet, und zwar in einem vom Versteigerer durchgeführten, auf konkurrierenden Geboten basierenden transparenten Verfahren, bei dem der Bieter, der den Zuschlag erhalten hat, zum Erwerb der Waren oder Dienstleistungen verpflichtet ist (öffentlich zugängliche Versteigerung),
11. Verträge, bei denen der Verbraucher den Unternehmer ausdrücklich aufgefordert hat, ihn aufzusuchen, um dringende Reparatur- oder Instandhaltungsarbeiten vorzunehmen; dies gilt nicht hinsichtlich weiterer bei dem Besuch erbrachter Dienstleistungen, die der Verbraucher nicht ausdrücklich verlangt hat, oder hinsichtlich solcher bei dem Besuch gelieferter Waren, die bei der Instandhaltung oder Reparatur nicht unbedingt als Ersatzteile benötigt werden,
12. Verträge zur Erbringung von Wett- und Lotteriedienstleistungen, es sei denn, dass der Verbraucher seine Vertragserklärung telefonisch abgegeben hat oder der Vertrag außerhalb von Geschäftsräumen geschlossen wurde, und
13. notariell beurkundete Verträge; dies gilt für Fernabsatzverträge über Finanzdienstleistungen nur, wenn der Notar bestätigt, dass die Rechte des Verbrauchers aus § 312d Absatz 2 gewahrt sind.

(3) Das Widerrufsrecht besteht ferner nicht bei Verträgen, bei denen dem Verbraucher bereits auf Grund der §§ 495, 506 bis 513 ein Widerrufsrecht nach § 355 zusteht, und nicht bei außerhalb von Geschäftsräumen geschlossenen Verträgen, bei denen dem Verbraucher bereits nach § 305 Absatz 1 bis 6 des Kapitalanlagegesetzbuchs ein Widerrufsrecht zusteht.

§ 312h Kündigung und Vollmacht zur Kündigung

Wird zwischen einem Unternehmer und einem Verbraucher nach diesem Untertitel ein Dauerschuldverhältnis begründet, das ein zwischen dem Verbraucher und einem anderen Unternehmer bestehendes Dauerschuldverhältnis ersetzen soll, und wird anlässlich der Begründung des Dauerschuldverhältnisses von dem Verbraucher

1. die Kündigung des bestehenden Dauerschuldverhältnisses erklärt und der Unternehmer oder ein von ihm beauftragter Dritter zur Übermittlung der Kündigung an den bisherigen Vertragspartner des Verbrauchers beauftragt oder

II

2. der Unternehmer oder ein von ihm beauftragter Dritter zur Erklärung der Kündigung gegenüber dem bisherigen Vertragspartner des Verbrauchers bevollmächtigt,

bedarf die Kündigung des Verbrauchers oder die Vollmacht zur Kündigung der Textform.

II

Kapitel 3
Verträge im elektronischen Geschäftsverkehr; Online-Marktplätze

§ 312i Allgemeine Pflichten im elektronischen Geschäftsverkehr

(1) Bedient sich ein Unternehmer zum Zwecke des Abschlusses eines Vertrags über die Lieferung von Waren oder über die Erbringung von Dienstleistungen der Telemedien (Vertrag im elektronischen Geschäftsverkehr), hat er dem Kunden

1. angemessene, wirksame und zugängliche technische Mittel zur Verfügung zu stellen, mit deren Hilfe der Kunde Eingabefehler vor Abgabe seiner Bestellung erkennen und berichtigen kann,
2. die in Artikel 246c des Einführungsgesetzes zum Bürgerlichen Gesetzbuche bestimmten Informationen rechtzeitig vor Abgabe von dessen Bestellung klar und verständlich mitzuteilen,
3. den Zugang von dessen Bestellung unverzüglich auf elektronischem Wege zu bestätigen und
4. die Möglichkeit zu verschaffen, die Vertragsbestimmungen einschließlich der Allgemeinen Geschäftsbedingungen bei Vertragsschluss abzurufen und in wiedergabefähiger Form zu speichern.

Bestellung und Empfangsbestätigung im Sinne von Satz 1 Nummer 3 gelten als zugegangen, wenn die Parteien, für die sie bestimmt sind, sie unter gewöhnlichen Umständen abrufen können.

(2) Absatz 1 Satz 1 Nummer 1 bis 3 ist nicht anzuwenden, wenn der Vertrag ausschließlich durch individuelle Kommunikation geschlossen wird. Absatz 1 Satz 1 Nummer 1 bis 3 und Satz 2 ist nicht anzuwenden, wenn zwischen Vertragsparteien, die nicht Verbraucher sind, etwas anderes vereinbart wird.

(3) Weitergehende Informationspflichten auf Grund anderer Vorschriften bleiben unberührt.

§ 312j Besondere Pflichten im elektronischen Geschäftsverkehr gegenüber Verbrauchern

(1) Auf Webseiten für den elektronischen Geschäftsverkehr mit Verbrauchern hat der Unternehmer zusätzlich zu den Angaben nach § 312i Absatz 1 spätestens bei Beginn des Bestellvorgangs klar und deutlich anzugeben, ob Lieferbeschränkungen bestehen und welche Zahlungsmittel akzeptiert werden.

(2) Bei einem Verbrauchervertrag im elektronischen Geschäftsverkehr, der den Verbraucher zur Zahlung verpflichtet, muss der Unternehmer dem Verbraucher die Informationen gemäß Artikel 246a § 1 Absatz 1 Satz 1 Nummer 1, 5 bis 7, 8, 14 und 15 des Einführungsgesetzes zum Bürgerlichen Gesetzbuche, unmittelbar bevor der Verbraucher seine Bestellung abgibt, klar und verständlich in hervorgehobener Weise zur Verfügung stellen.

(3) Der Unternehmer hat die Bestellsituation bei einem Vertrag nach Absatz 2 so zu gestalten, dass der Verbraucher mit seiner Bestellung ausdrücklich bestätigt, dass er sich zu einer Zahlung verpflichtet. Erfolgt die Bestellung über eine Schaltfläche, ist die Pflicht des Unternehmers aus Satz 1 nur erfüllt, wenn diese Schaltfläche gut lesbar mit nichts anderem als den Wörtern „zahlungspflichtig bestellen" oder mit einer entsprechenden eindeutigen Formulierung beschriftet ist.

(4) Ein Vertrag nach Absatz 2 kommt nur zustande, wenn der Unternehmer seine Pflicht aus Absatz 3 erfüllt.

(5) Die Absätze 2 bis 4 sind nicht anzuwenden, wenn der Vertrag ausschließlich durch individuelle Kommunikation geschlossen wird. Die Pflichten aus den Absätzen 1 und 2 gelten weder für Webseiten, die Finanzdienstleistungen betreffen, noch für Verträge über Finanzdienstleistungen.

§ 312k Kündigung von Verbraucherverträgen im elektronischen Geschäftsverkehr

(1) Wird Verbrauchern über eine Webseite ermöglicht, einen Vertrag im elektronischen Geschäftsverkehr zu schließen, der auf die Begründung eines Dauerschuldverhältnisses gerichtet ist, das einen Unternehmer zu einer entgeltlichen Leistung verpflichtet, so treffen den Unternehmer die Pflichten nach dieser Vorschrift. Dies gilt nicht

1. für Verträge, für deren Kündigung gesetzlich ausschließlich eine strengere Form als die Textform vorgesehen ist, und
2. in Bezug auf Webseiten, die Finanzdienstleistungen betreffen, oder für Verträge über Finanzdienstleistungen.

(2) Der Unternehmer hat sicherzustellen, dass der Verbraucher auf der Webseite eine Erklärung zur ordentlichen oder außerordentlichen Kündigung eines auf der Webseite abschließbaren Vertrags nach Absatz 1 Satz 1 über eine Kündigungsschaltfläche abgeben kann. Die Kündigungsschaltfläche muss gut lesbar mit nichts anderem als den Wörtern „Verträge hier kündigen" oder mit einer entsprechenden eindeutigen Formulierung beschriftet sein. Sie muss den Verbraucher unmittelbar zu einer Bestätigungsseite führen, die

1. den Verbraucher auffordert und ihm ermöglicht Angaben zu machen
   a) zur Art der Kündigung sowie im Falle der außerordentlichen Kündigung zum Kündigungsgrund,
   b) zu seiner eindeutigen Identifizierbarkeit,
   c) zur eindeutigen Bezeichnung des Vertrags,
   d) zum Zeitpunkt, zu dem die Kündigung das Vertragsverhältnis beenden soll,
   e) zur schnellen elektronischen Übermittlung der Kündigungsbestätigung an ihn und
2. eine Bestätigungsschaltfläche enthält, über deren Betätigung der Verbraucher die Kündigungserklärung abgeben kann und die gut lesbar mit nichts anderem als den Wörtern „jetzt kündigen" oder mit einer entsprechenden eindeutigen Formulierung beschriftet ist.

Die Schaltflächen und die Bestätigungsseite müssen ständig verfügbar sowie unmittelbar und leicht zugänglich sein.

(3) Der Verbraucher muss seine durch das Betätigen der Bestätigungsschaltfläche abgegebene Kündigungserklärung mit dem Datum und der Uhrzeit der Abgabe auf einem dauerhaften Datenträger so speichern können, dass erkennbar ist, dass die Kündigungserklärung durch das Betätigen der Bestätigungsschaltfläche abgegeben wurde.

(4) Der Unternehmer hat dem Verbraucher den Inhalt sowie Datum und Uhrzeit des Zugangs der Kündigungserklärung sowie den Zeitpunkt, zu dem das Vertragsverhältnis durch die Kündigung beendet werden soll, sofort auf elektronischem Wege in Textform zu bestätigen. Es wird vermutet, dass eine durch das Betätigen der Bestätigungsschaltfläche abgegebene Kündigungserklärung dem Unternehmer unmittelbar nach ihrer Abgabe zugegangen ist.

(5) Wenn der Verbraucher bei der Abgabe der Kündigungserklärung keinen Zeitpunkt angibt, zu dem die Kündigung das Vertragsverhältnis beenden soll, wirkt die Kündigung im Zweifel zum frühestmöglichen Zeitpunkt.

(6) Werden die Schaltflächen und die Bestätigungsseite nicht entsprechend den Absätzen 1 und 2 zur Verfügung gestellt, kann ein Verbraucher einen Vertrag, für dessen Kündigung die Schaltflächen und die Bestätigungsseite zur Verfügung zu stellen sind, jederzeit und ohne Einhaltung einer Kündigungsfrist kündigen. Die Möglichkeit des Verbrauchers zur außerordentlichen Kündigung bleibt hiervon unberührt.

§ 312l Allgemeine Informationspflichten für Betreiber von Online-Marktplätzen

(1) Der Betreiber eines Online-Marktplatzes ist verpflichtet, den Verbraucher nach Maßgabe des Artikels 246d des Einführungsgesetzes zum Bürgerlichen Gesetzbuche zu informieren.

(2) Absatz 1 gilt nicht, soweit auf dem Online-Marktplatz Verträge über Finanzdienstleistungen angeboten werden.

(3) Online-Marktplatz ist ein Dienst, der es Verbrauchern ermöglicht, durch die Verwendung von Software, die vom Unternehmer oder im Namen des Unternehmers betrieben wird, einschließlich einer Webseite, eines Teils einer Webseite oder einer Anwendung, Fernabsatzverträge mit anderen Unternehmern oder Verbrauchern abzuschließen.

(4) Betreiber eines Online-Marktplatzes ist der Unternehmer, der einen Online-Marktplatz für Verbraucher zur Verfügung stellt.

Kapitel 4
Abweichende Vereinbarungen und Beweislast

§ 312m Abweichende Vereinbarungen und Beweislast

(1) Von den Vorschriften dieses Untertitels darf, soweit nichts anderes bestimmt ist, nicht zum Nachteil des Verbrauchers oder Kunden abgewichen werden. Die Vorschriften dieses Untertitels finden, soweit nichts anderes bestimmt ist, auch Anwendung, wenn sie durch anderweitige Gestaltungen umgangen werden.

(2) Der Unternehmer trägt gegenüber dem Verbraucher die Beweislast für die Erfüllung der in diesem Untertitel geregelten Informationspflichten.

Untertitel 3
Anpassung und Beendigung von Verträgen

§ 313 Störung der Geschäftsgrundlage

(1) Haben sich Umstände, die zur Grundlage des Vertrags geworden sind, nach Vertragsschluss schwerwiegend verändert und hätten die Parteien den Vertrag nicht oder mit anderem Inhalt geschlossen, wenn sie diese Veränderung vorausgesehen hätten, so kann Anpassung des Vertrags verlangt werden, soweit einem Teil unter Berücksichtigung aller Umstände des Einzelfalls, insbesondere der vertraglichen oder gesetzlichen Risikoverteilung, das Festhalten am unveränderten Vertrag nicht zugemutet werden kann.

(2) Einer Veränderung der Umstände steht es gleich, wenn wesentliche Vorstellungen, die zur Grundlage des Vertrags geworden sind, sich als falsch herausstellen.

(3) Ist eine Anpassung des Vertrags nicht möglich oder einem Teil nicht zumutbar, so kann der benachteiligte Teil vom Vertrag zurücktreten. An die Stelle des Rücktrittsrechts tritt für Dauerschuldverhältnisse das Recht zur Kündigung.

§ 314 Kündigung von Dauerschuldverhältnissen aus wichtigem Grund

(1) Dauerschuldverhältnisse kann jeder Vertragsteil aus wichtigem Grund ohne Einhaltung einer Kündigungsfrist kündigen. Ein wichtiger Grund liegt vor, wenn dem kündigenden Teil unter Berücksichtigung aller Umstände des Einzelfalls und unter Abwägung der beiderseitigen Interessen die Fortsetzung des Vertragsverhältnisses bis zur vereinbarten Beendigung oder bis zum Ablauf einer Kündigungsfrist nicht zugemutet werden kann.

(2) Besteht der wichtige Grund in der Verletzung einer Pflicht aus dem Vertrag, ist die Kündigung erst nach erfolglosem Ablauf einer zur Abhilfe bestimmten Frist oder nach erfolgloser Abmahnung zulässig. Für die Entbehrlichkeit der Bestimmung einer Frist zur Abhilfe und für die Entbehrlichkeit einer Abmahnung findet § 323 Absatz 2 Nummer 1 und 2 entsprechende Anwendung. Die Bestimmung einer Frist zur Abhilfe und eine Abmahnung sind auch entbehrlich, wenn besondere Umstände vorliegen, die unter Abwägung der beiderseitigen Interessen die sofortige Kündigung rechtfertigen.

(3) Der Berechtigte kann nur innerhalb einer angemessenen Frist kündigen, nachdem er vom Kündigungsgrund Kenntnis erlangt hat.

(4) Die Berechtigung, Schadensersatz zu verlangen, wird durch die Kündigung nicht ausgeschlossen.

Untertitel 4
Einseitige Leistungsbestimmungsrechte

§ 315 Bestimmung der Leistung durch eine Partei

(1) Soll die Leistung durch einen der Vertragschließenden bestimmt werden, so ist im Zweifel anzunehmen, dass die Bestimmung nach billigem Ermessen zu treffen ist.

(2) Die Bestimmung erfolgt durch Erklärung gegenüber dem anderen Teil.

(3) Soll die Bestimmung nach billigem Ermessen erfolgen, so ist die getroffene Bestimmung für den anderen Teil nur verbindlich, wenn sie der Billigkeit entspricht. Entspricht sie nicht der Billigkeit, so wird die Bestimmung durch Urteil getroffen; das Gleiche gilt, wenn die Bestimmung verzögert wird.

§ 316 Bestimmung der Gegenleistung

Ist der Umfang der für eine Leistung versprochenen Gegenleistung nicht bestimmt, so steht die Bestimmung im Zweifel demjenigen Teil zu, welcher die Gegenleistung zu fordern hat.

§ 317 Bestimmung der Leistung durch einen Dritten

(1) Ist die Bestimmung der Leistung einem Dritten überlassen, so ist im Zweifel anzunehmen, dass sie nach billigem Ermessen zu treffen ist.

(2) Soll die Bestimmung durch mehrere Dritte erfolgen, so ist im Zweifel Übereinstimmung aller erforderlich; soll eine Summe bestimmt werden, so ist, wenn verschiedene Summen bestimmt werden, im Zweifel die Durchschnittssumme maßgebend.

§ 318 Anfechtung der Bestimmung

(1) Die einem Dritten überlassene Bestimmung der Leistung erfolgt durch Erklärung gegenüber einem der Vertragschließenden.

(2) Die Anfechtung der getroffenen Bestimmung wegen Irrtums, Drohung oder arglistiger Täuschung steht nur den Vertragschließenden zu; Anfechtungsgegner ist der andere Teil. Die Anfechtung muss unverzüglich erfolgen, nachdem der Anfechtungsberechtigte von dem Anfechtungsgrund Kenntnis erlangt hat. Sie ist ausgeschlossen, wenn 30 Jahre verstrichen sind, nachdem die Bestimmung getroffen worden ist.

§ 319 Unwirksamkeit der Bestimmung; Ersetzung

(1) Soll der Dritte die Leistung nach billigem Ermessen bestimmen, so ist die getroffene Bestimmung für die Vertragschließenden nicht verbindlich, wenn sie offenbar unbillig ist. Die Bestimmung erfolgt in diesem Falle durch Urteil; das Gleiche gilt, wenn der Dritte die Bestimmung nicht treffen kann oder will oder wenn er sie verzögert.

(2) Soll der Dritte die Bestimmung nach freiem Belieben treffen, so ist der Vertrag unwirksam, wenn der Dritte die Bestimmung nicht treffen kann oder will oder wenn er sie verzögert.

Titel 2
Gegenseitiger Vertrag

§ 320 Einrede des nicht erfüllten Vertrags

(1) Wer aus einem gegenseitigen Vertrag verpflichtet ist, kann die ihm obliegende Leistung bis zur Bewirkung der Gegenleistung verweigern, es sei denn, dass er vorzuleisten verpflichtet ist. Hat die Leistung an mehrere zu erfolgen, so kann dem Einzelnen der ihm gebührende Teil bis zur Bewirkung der ganzen Gegenleistung verweigert werden. Die Vorschrift des § 273 Abs. 3 findet keine Anwendung.

(2) Ist von der einen Seite teilweise geleistet worden, so kann die Gegenleistung insoweit nicht verweigert werden, als die Verweigerung nach den Umständen, insbesondere wegen verhältnismäßiger Geringfügigkeit des rückständigen Teils, gegen Treu und Glauben verstoßen würde.

§ 321 Unsicherheitseinrede

(1) Wer aus einem gegenseitigen Vertrag vorzuleisten verpflichtet ist, kann die ihm obliegende Leistung verweigern, wenn nach Abschluss des Vertrags erkennbar wird, dass sein Anspruch auf die Gegenleistung durch mangelnde Leistungsfähigkeit des anderen Teils gefährdet wird. Das Leistungsverweigerungsrecht entfällt, wenn die Gegenleistung bewirkt oder Sicherheit für sie geleistet wird.

(2) Der Vorleistungspflichtige kann eine angemessene Frist bestimmen, in welcher der andere Teil Zug um Zug gegen die Leistung nach seiner Wahl die Gegenleistung zu bewirken oder Sicherheit zu leisten hat. Nach erfolglosem Ablauf der Frist kann der Vorleistungspflichtige vom Vertrag zurücktreten. § 323 findet entsprechende Anwendung.

§ 322 Verurteilung zur Leistung Zug-um-Zug

(1) Erhebt aus einem gegenseitigen Vertrag der eine Teil Klage auf die ihm geschuldete Leistung, so hat die Geltendmachung des dem anderen Teil zustehenden Rechts, die Leistung bis zur Bewirkung der Gegenleistung zu verweigern, nur die Wirkung, dass der andere Teil zur Erfüllung Zug um Zug zu verurteilen ist.

(2) Hat der klagende Teil vorzuleisten, so kann er, wenn der andere Teil im Verzug der Annahme ist, auf Leistung nach Empfang der Gegenleistung klagen.

(3) Auf die Zwangsvollstreckung findet die Vorschrift des § 274 Abs. 2 Anwendung.

§ 323 Rücktritt wegen nicht oder nicht vertragsgemäß erbrachter Leistung

(1) Erbringt bei einem gegenseitigen Vertrag der Schuldner eine fällige Leistung nicht oder nicht vertragsgemäß, so kann der Gläubiger, wenn er dem Schuldner erfolglos eine angemessene Frist zur Leistung oder Nacherfüllung bestimmt hat, vom Vertrag zurücktreten.

(2) Die Fristsetzung ist entbehrlich, wenn

1. der Schuldner die Leistung ernsthaft und endgültig verweigert,
2. der Schuldner die Leistung bis zu einem im Vertrag bestimmten Termin oder innerhalb einer im Vertrag bestimmten Frist nicht bewirkt, obwohl die termin- oder fristgerechte Leistung nach einer Mitteilung des Gläubigers an den Schuldner vor Vertragsschluss oder auf Grund anderer den Vertragsabschluss begleitenden Umstände für den Gläubiger wesentlich ist, oder
3. im Falle einer nicht vertragsgemäß erbrachten Leistung besondere Umstände vorliegen, die unter Abwägung der beiderseitigen Interessen den sofortigen Rücktritt rechtfertigen.

(3) Kommt nach der Art der Pflichtverletzung eine Fristsetzung nicht in Betracht, so tritt an deren Stelle eine Abmahnung.

(4) Der Gläubiger kann bereits vor dem Eintritt der Fälligkeit der Leistung zurücktreten, wenn offensichtlich ist, dass die Voraussetzungen des Rücktritts eintreten werden.

(5) Hat der Schuldner eine Teilleistung bewirkt, so kann der Gläubiger vom ganzen Vertrag nur zurücktreten, wenn er an der Teilleistung kein Interesse hat. Hat der Schuldner die Leistung nicht vertragsgemäß bewirkt, so kann der Gläubiger vom Vertrag nicht zurücktreten, wenn die Pflichtverletzung unerheblich ist.

(6) Der Rücktritt ist ausgeschlossen, wenn der Gläubiger für den Umstand, der ihn zum Rücktritt berechtigen würde, allein oder weit überwiegend verantwortlich ist oder wenn der vom Schuldner nicht zu vertretende Umstand zu einer Zeit eintritt, zu welcher der Gläubiger im Verzug der Annahme ist.

§ 324 Rücktritt wegen Verletzung einer Pflicht nach § 241 Abs. 2

Verletzt der Schuldner bei einem gegenseitigen Vertrag eine Pflicht nach § 241 Abs. 2, so kann der Gläubiger zurücktreten, wenn ihm ein Festhalten am Vertrag nicht mehr zuzumuten ist.

§ 325 Schadensersatz und Rücktritt

Das Recht, bei einem gegenseitigen Vertrag Schadensersatz zu verlangen, wird durch den Rücktritt nicht ausgeschlossen.

§ 326 Befreiung von der Gegenleistung und Rücktritt beim Ausschluss der Leistungspflicht

(1) Braucht der Schuldner nach § 275 Abs. 1 bis 3 nicht zu leisten, entfällt der Anspruch auf die Gegenleistung; bei einer Teilleistung findet § 441 Abs. 3 entsprechende Anwendung. Satz 1 gilt nicht, wenn der Schuldner im Falle der nicht vertragsgemäßen Leistung die Nacherfüllung nach § 275 Abs. 1 bis 3 nicht zu erbringen braucht.

(2) Ist der Gläubiger für den Umstand, auf Grund dessen der Schuldner nach § 275 Abs. 1 bis 3 nicht zu leisten braucht, allein oder weit überwiegend verantwortlich oder tritt dieser vom Schuldner nicht zu vertretende Umstand zu einer Zeit ein, zu welcher der Gläubiger im Verzug der Annahme ist, so behält der Schuldner den Anspruch auf die Gegenleistung. Er muss sich jedoch dasjenige anrechnen lassen, was er infolge der Befreiung von der Leistung erspart oder durch anderweitige Verwendung seiner Arbeitskraft erwirbt oder zu erwerben böswillig unterlässt.

(3) Verlangt der Gläubiger nach § 285 Herausgabe des für den geschuldeten Gegenstand erlangten Ersatzes oder Abtretung des Ersatzanspruchs, so bleibt er zur Gegenleistung verpflichtet. Diese mindert sich jedoch nach Maßgabe des § 441 Abs. 3 insoweit, als der Wert des Ersatzes oder des Ersatzanspruchs hinter dem Wert der geschuldeten Leistung zurückbleibt.

(4) Soweit die nach dieser Vorschrift nicht geschuldete Gegenleistung bewirkt ist, kann das Geleistete nach den §§ 346 bis 348 zurückgefordert werden.

(5) Braucht der Schuldner nach § 275 Abs. 1 bis 3 nicht zu leisten, kann der Gläubiger zurücktreten; auf den Rücktritt findet § 323 mit der Maßgabe entsprechende Anwendung, dass die Fristsetzung entbehrlich ist.

Titel 2a
Verträge über digitale Produkte

Untertitel 1
Verbraucherverträge über digitale Produkte

§ 327 Anwendungsbereich

(1) Die Vorschriften dieses Untertitels sind auf Verbraucherverträge anzuwenden, welche die Bereitstellung digitaler Inhalte oder digitaler Dienstleistungen (digitale Produkte) durch den Unternehmer gegen Zahlung eines Preises zum Gegenstand haben. Preis im Sinne dieses Untertitels ist auch eine digitale Darstellung eines Werts.

(2) Digitale Inhalte sind Daten, die in digitaler Form erstellt und bereitgestellt werden. Digitale Dienstleistungen sind Dienstleistungen, die dem Verbraucher

1. die Erstellung, die Verarbeitung oder die Speicherung von Daten in digitaler Form oder den Zugang zu solchen Daten ermöglichen, oder
2. die gemeinsame Nutzung der vom Verbraucher oder von anderen Nutzern der entsprechenden Dienstleistung in digitaler Form hochgeladenen oder erstellten Daten oder sonstige Interaktionen mit diesen Daten ermöglichen.

(3) Die Vorschriften dieses Untertitels sind auch auf Verbraucherverträge über die Bereitstellung digitaler Produkte anzuwenden, bei denen der Verbraucher dem Unternehmer personenbezogene Daten bereitstellt oder sich zu deren Bereitstellung verpflichtet, es sei denn, die Voraussetzungen des § 312 Absatz 1a Satz 2 liegen vor.

(4) Die Vorschriften dieses Untertitels sind auch auf Verbraucherverträge anzuwenden, die digitale Produkte zum Gegenstand haben, welche nach den Spezifikationen des Verbrauchers entwickelt werden.

(5) Die Vorschriften dieses Untertitels sind mit Ausnahme der §§ 327b und 327c auch auf Verbraucherverträge anzuwenden, welche die Bereitstellung von körperlichen Datenträgern, die ausschließlich als Träger digitaler Inhalte dienen, zum Gegenstand haben.

(6) Die Vorschriften dieses Untertitels sind nicht anzuwenden auf:

1. Verträge über andere Dienstleistungen als digitale Dienstleistungen, unabhängig davon, ob der Unternehmer digitale Formen oder Mittel einsetzt, um das Ergebnis der Dienstleistung zu generieren oder es dem Verbraucher zu liefern oder zu übermitteln,
2. Verträge über Telekommunikationsdienste im Sinne des § 3 Nummer 61 des Telekommunikationsgesetzes vom 23. Juni 2021 (BGBl. I S. 1858) mit Ausnahme von nummernunabhängigen interpersonellen Telekommunikationsdiensten im Sinne des § 3 Nummer 40 des Telekommunikationsgesetzes,
3. Behandlungsverträge nach § 630a,
4. Verträge über Glücksspieldienstleistungen, die einen geldwerten Einsatz erfordern und unter Zuhilfenahme elektronischer oder anderer Kommunikationstechnologien auf individuellen Abruf eines Empfängers erbracht werden,
5. Verträge über Finanzdienstleistungen,
6. Verträge über die Bereitstellung von Software, für die der Verbraucher keinen Preis zahlt und die der Unter-

nehmer im Rahmen einer freien und quelloffenen Lizenz anbietet, sofern die vom Verbraucher bereitgestellten personenbezogenen Daten durch den Unternehmer ausschließlich zur Verbesserung der Sicherheit, der Kompatibilität oder der Interoperabilität der vom Unternehmer angebotenen Software verarbeitet werden,

7. Verträge über die Bereitstellung digitaler Inhalte, wenn die digitalen Inhalte der Öffentlichkeit auf eine andere Weise als durch Signalübermittlung als Teil einer Darbietung oder Veranstaltung zugänglich gemacht werden,
8. Verträge über die Bereitstellung von Informationen im Sinne des Informationsweiterverwendungsgesetzes vom 13. Dezember 2006 (BGBl. I S. 2913), das durch Artikel 1 des Gesetzes vom 8. Juli 2015 (BGBl. I S. 1162) geändert worden ist.

§ 327a Anwendung auf Paketverträge und Verträge über Sachen mit digitalen Elementen

(1) Die Vorschriften dieses Untertitels sind auch auf Verbraucherverträge anzuwenden, die in einem Vertrag zwischen denselben Vertragsparteien neben der Bereitstellung digitaler Produkte die Bereitstellung anderer Sachen oder die Bereitstellung anderer Dienstleistungen zum Gegenstand haben (Paketvertrag). Soweit nachfolgend nicht anders bestimmt, sind die Vorschriften dieses Untertitels jedoch nur auf diejenigen Bestandteile des Paketvertrags anzuwenden, welche die digitalen Produkte betreffen.

(2) Die Vorschriften dieses Untertitels sind auch auf Verbraucherverträge über Sachen anzuwenden, die digitale Produkte enthalten oder mit ihnen verbunden sind. Soweit nachfolgend nicht anders bestimmt, sind die Vorschriften dieses Untertitels jedoch nur auf diejenigen Bestandteile des Vertrags anzuwenden, welche die digitalen Produkte betreffen.

(3) Absatz 2 gilt nicht für Kaufverträge über Waren, die in einer Weise digitale Produkte enthalten oder mit ihnen verbunden sind, dass die Waren ihre Funktionen ohne diese digitalen Produkte nicht erfüllen können (Waren mit digitalen Elementen). Beim Kauf einer Ware mit digitalen Elementen ist im Zweifel anzunehmen, dass die Verpflichtung des Verkäufers die Bereitstellung der digitalen Inhalte oder digitalen Dienstleistungen umfasst.

§ 327b Bereitstellung digitaler Produkte

(1) Ist der Unternehmer durch einen Verbrauchervertrag gemäß § 327 oder § 327a dazu verpflichtet, dem Verbraucher ein digitales Produkt bereitzustellen, so gelten für die Bestimmung der Leistungszeit sowie für die Art und Weise der Bereitstellung durch den Unternehmer die nachfolgenden Vorschriften.

(2) Sofern die Vertragsparteien keine Zeit für die Bereitstellung des digitalen Produkts nach Absatz 1 vereinbart haben, kann der Verbraucher die Bereitstellung unverzüglich nach Vertragsschluss verlangen, der Unternehmer sie sofort bewirken.

(3) Ein digitaler Inhalt ist bereitgestellt, sobald der digitale Inhalt oder die geeigneten Mittel für den Zugang zu diesem oder das Herunterladen des digitalen Inhalts dem Verbraucher unmittelbar oder mittels einer von ihm hierzu bestimmten Einrichtung zur Verfügung gestellt oder zugänglich gemacht worden ist.

(4) Eine digitale Dienstleistung ist bereitgestellt, sobald die digitale Dienstleistung dem Verbraucher unmittelbar oder mittels einer von ihm hierzu bestimmten Einrichtung zugänglich gemacht worden ist.

(5) Wenn der Unternehmer durch den Vertrag zu einer Reihe einzelner Bereitstellungen verpflichtet ist, gelten die Absätze 2 bis 4 für jede einzelne Bereitstellung innerhalb der Reihe.

(6) Die Beweislast für die nach den Absätzen 1 bis 4 erfolgte Bereitstellung trifft abweichend von § 363 den Unternehmer.

§ 327c Rechte bei unterbliebener Bereitstellung

(1) Kommt der Unternehmer seiner fälligen Verpflichtung zur Bereitstellung des digitalen Produkts auf Aufforderung des Verbrauchers nicht unverzüglich nach, so kann der Verbraucher den Vertrag beenden. Nach einer Aufforderung gemäß Satz 1 kann eine andere Zeit für die Bereitstellung nur ausdrücklich vereinbart werden.

(2) Liegen die Voraussetzungen für eine Beendigung des Vertrags nach Absatz 1 Satz 1 vor, so kann der Verbraucher nach den §§ 280 und 281 Absatz 1 Satz 1 Schadensersatz oder nach § 284 Ersatz vergeblicher Aufwendungen verlangen, wenn die Voraussetzungen dieser Vorschriften vorliegen. § 281 Absatz 1 Satz 1 ist mit der Maßgabe anzuwenden, dass an die Stelle der Bestimmung einer angemessenen Frist die Aufforderung nach Absatz 1 Satz 1 tritt. Ansprüche des Verbrauchers auf Schadensersatz nach den §§ 283 und 311a Absatz 2 bleiben unberührt.

(3) Die Aufforderung nach Absatz 1 Satz 1 und Absatz 2 Satz 2 ist entbehrlich, wenn

1. der Unternehmer die Bereitstellung verweigert,
2. es nach den Umständen eindeutig zu erkennen ist, dass der Unternehmer das digitale Produkt nicht bereitstellen wird, oder
3. der Unternehmer die Bereitstellung bis zu einem bestimmten Termin oder innerhalb einer bestimmten Frist nicht bewirkt, obwohl vereinbart war oder es sich für den Unternehmer aus eindeutig erkennbaren, den Vertragsabschluss begleitenden Umständen ergeben konnte, dass die termin- oder fristgerechte Bereitstellung für den Verbraucher wesentlich ist.

In den Fällen des Satzes 1 ist die Mahnung gemäß § 286 stets entbehrlich.

(4) Für die Beendigung des Vertrags nach Absatz 1 Satz 1 und deren Rechtsfolgen sind die §§ 327o und 327p entsprechend anzuwenden. Das Gleiche gilt für den Fall, dass der Verbraucher in den Fällen des Absatzes 2 Schadensersatz statt der ganzen Leistung verlangt. § 325 gilt entsprechend.

(5) § 218 ist auf die Vertragsbeendigung nach Absatz 1 Satz 1 entsprechend anzuwenden.

(6) Sofern der Verbraucher den Vertrag nach Absatz 1 Satz 1 beenden kann, kann er sich im Hinblick auf alle Bestandteile des Paketvertrags vom Vertrag lösen, wenn er an dem anderen Teil des Paketvertrags ohne das nicht bereitgestellte digitale Produkt kein Interesse hat. Satz 1

ist nicht auf Paketverträge anzuwenden, bei denen der andere Bestandteil ein Telekommunikationsdienst im Sinne des § 3 Nummer 61 des Telekommunikationsgesetzes ist.

(7) Sofern der Verbraucher den Vertrag nach Absatz 1 Satz 1 beenden kann, kann er sich im Hinblick auf alle Bestandteile eines Vertrags nach § 327a Absatz 2 vom Vertrag lösen, wenn aufgrund des nicht bereitgestellten digitalen Produkts sich die Sache nicht zur gewöhnlichen Verwendung eignet.

§ 327d Vertragsmäßigkeit digitaler Produkte

Ist der Unternehmer durch einen Verbrauchervertrag gemäß § 327 oder § 327a zur Bereitstellung eines digitalen Produkts verpflichtet, so hat er das digitale Produkt frei von Produkt- und Rechtsmängeln im Sinne der §§ 327e bis 327g bereitzustellen.

§ 327e Produktmangel

(1) Das digitale Produkt ist frei von Produktmängeln, wenn es zur maßgeblichen Zeit nach den Vorschriften dieses Untertitels den subjektiven Anforderungen, den objektiven Anforderungen und den Anforderungen an die Integration entspricht. Soweit nachfolgend nicht anders bestimmt, ist die maßgebliche Zeit der Zeitpunkt der Bereitstellung nach § 327b. Wenn der Unternehmer durch den Vertrag zu einer fortlaufenden Bereitstellung über einen Zeitraum (dauerhafte Bereitstellung) verpflichtet ist, ist der maßgebliche Zeitraum der gesamte vereinbarte Zeitraum der Bereitstellung (Bereitstellungszeitraum).

(2) Das digitale Produkt entspricht den subjektiven Anforderungen, wenn

1. das digitale Produkt
   a) die vereinbarte Beschaffenheit hat, einschließlich der Anforderungen an seine Menge, seine Funktionalität, seine Kompatibilität und seine Interoperabilität,
   b) sich für die nach dem Vertrag vorausgesetzte Verwendung eignet,
2. es wie im Vertrag vereinbart mit Zubehör, Anleitungen und Kundendienst bereitgestellt wird und
3. die im Vertrag vereinbarten Aktualisierungen während des nach dem Vertrag maßgeblichen Zeitraums bereitgestellt werden.

Funktionalität ist die Fähigkeit eines digitalen Produkts, seine Funktionen seinem Zweck entsprechend zu erfüllen. Kompatibilität ist die Fähigkeit eines digitalen Produkts, mit Hardware oder Software zu funktionieren, mit der digitale Produkte derselben Art in der Regel genutzt werden, ohne dass sie konvertiert werden müssen. Interoperabilität ist die Fähigkeit eines digitalen Produkts, mit anderer Hardware oder Software als derjenigen, mit der digitale Produkte derselben Art in der Regel genutzt werden, zu funktionieren.

(3) Das digitale Produkt entspricht den objektiven Anforderungen, wenn

1. es sich für die gewöhnliche Verwendung eignet,
2. es eine Beschaffenheit, einschließlich der Menge, der Funktionalität, der Kompatibilität, der Zugänglichkeit, der Kontinuität und der Sicherheit aufweist, die bei digitalen Produkten derselben Art üblich ist und die der Verbraucher unter Berücksichtigung der Art des digitalen Produkts erwarten kann,
3. es der Beschaffenheit einer Testversion oder Voranzeige entspricht, die der Unternehmer dem Verbraucher vor Vertragsschluss zur Verfügung gestellt hat,
4. es mit dem Zubehör und den Anleitungen bereitgestellt wird, deren Erhalt der Verbraucher erwarten kann,
5. dem Verbraucher gemäß § 327f Aktualisierungen bereitgestellt werden und der Verbraucher über diese Aktualisierungen informiert wird und
6. sofern die Parteien nichts anderes vereinbart haben, es in der zum Zeitpunkt des Vertragsschlusses neuesten verfügbaren Version bereitgestellt wird.

Zu der üblichen Beschaffenheit nach Satz 1 Nummer 2 gehören auch Anforderungen, die der Verbraucher nach vom Unternehmer oder einer anderen Person in vorhergehenden Gliedern der Vertriebskette selbst oder in deren Auftrag vorgenommenen öffentlichen Äußerungen, die insbesondere in der Werbung oder auf dem Etikett abgegeben wurden, erwarten kann. Das gilt nicht, wenn der Unternehmer die Äußerung nicht kannte und auch nicht kennen konnte, wenn die Äußerung im Zeitpunkt des Vertragsschlusses in derselben oder in gleichwertiger Weise berichtigt war oder wenn die Äußerung die Entscheidung, das digitale Produkt zu erwerben, nicht beeinflussen konnte.

(4) Soweit eine Integration durchzuführen ist, entspricht das digitale Produkt den Anforderungen an die Integration, wenn die Integration

1. sachgemäß durchgeführt worden ist oder
2. zwar unsachgemäß durchgeführt worden ist, dies jedoch weder auf einer unsachgemäßen Integration durch den Unternehmer noch auf einem Mangel in der vom Unternehmer bereitgestellten Anleitung beruht.

Integration ist die Verbindung und die Einbindung eines digitalen Produkts mit den oder in die Komponenten der digitalen Umgebung des Verbrauchers, damit das digitale Produkt gemäß den Anforderungen nach den Vorschriften dieses Untertitels genutzt werden kann. Digitale Umgebung sind Hardware, Software oder Netzverbindungen aller Art, die vom Verbraucher für den Zugang zu einem digitalen Produkt oder die Nutzung eines digitalen Produkts verwendet werden.

(5) Einem Produktmangel steht es gleich, wenn der Unternehmer ein anderes digitales Produkt als das vertraglich geschuldete digitale Produkt bereitstellt.

§ 327f Aktualisierungen

(1) Der Unternehmer hat sicherzustellen, dass dem Verbraucher während des maßgeblichen Zeitraums Aktualisierungen, die für den Erhalt der Vertragsmäßigkeit des digitalen Produkts erforderlich sind, bereitgestellt werden und der Verbraucher über diese Aktualisierungen informiert wird. Zu den erforderlichen Aktualisierungen gehören auch Sicherheitsaktualisierungen. Der maßgebliche Zeitraum nach Satz 1 ist

1. bei einem Vertrag über die dauerhafte Bereitstellung eines digitalen Produkts der Bereitstellungszeitraum,

II

2. in allen anderen Fällen der Zeitraum, den der Verbraucher aufgrund der Art und des Zwecks des digitalen Produkts und unter Berücksichtigung der Umstände und der Art des Vertrags erwarten kann.

(2) Unterlässt es der Verbraucher, eine Aktualisierung, die ihm gemäß Absatz 1 bereitgestellt worden ist, innerhalb einer angemessenen Frist zu installieren, so haftet der Unternehmer nicht für einen Produktmangel, der allein auf das Fehlen dieser Aktualisierung zurückzuführen ist, sofern

1. der Unternehmer den Verbraucher über die Verfügbarkeit der Aktualisierung und die Folgen einer unterlassenen Installation informiert hat und
2. die Tatsache, dass der Verbraucher die Aktualisierung nicht oder unsachgemäß installiert hat, nicht auf eine dem Verbraucher bereitgestellte mangelhafte Installationsanleitung zurückzuführen ist.

§ 327g Rechtsmangel

Das digitale Produkt ist frei von Rechtsmängeln, wenn der Verbraucher es gemäß den subjektiven oder objektiven Anforderungen nach § 327e Absatz 2 und 3 nutzen kann, ohne Rechte Dritter zu verletzen.

§ 327h Abweichende Vereinbarungen über Produktmerkmale

Von den objektiven Anforderungen nach § 327e Absatz 3 Satz 1 Nummer 1 bis 5 und Satz 2, § 327f Absatz 1 und § 327g kann nur abgewichen werden, wenn der Verbraucher vor Abgabe seiner Vertragserklärung eigens davon in Kenntnis gesetzt wurde, dass ein bestimmtes Merkmal des digitalen Produkts von diesen objektiven Anforderungen abweicht, und diese Abweichung im Vertrag ausdrücklich und gesondert vereinbart wurde.

§ 327i Rechte des Verbrauchers bei Mängeln

Ist das digitale Produkt mangelhaft, kann der Verbraucher, wenn die Voraussetzungen der folgenden Vorschriften vorliegen,

1. nach § 327l Nacherfüllung verlangen,
2. nach § 327m Absatz 1, 2, 4 und 5 den Vertrag beenden oder nach § 327n den Preis mindern und
3. nach § 280 Absatz 1 oder § 327m Absatz 3 Schadensersatz oder nach § 284 Ersatz vergeblicher Aufwendungen verlangen.

§ 327j Verjährung

(1) Die in § 327i Nummer 1 und 3 bezeichneten Ansprüche verjähren in zwei Jahren. Die Verjährung beginnt mit der Bereitstellung.

(2) Im Fall der dauerhaften Bereitstellung verjähren die Ansprüche nicht vor Ablauf von zwölf Monaten nach dem Ende des Bereitstellungszeitraums.

(3) Ansprüche wegen einer Verletzung der Aktualisierungspflicht verjähren nicht vor Ablauf von zwölf Monaten nach dem Ende des für die Aktualisierungspflicht maßgeblichen Zeitraums.

(4) Hat sich ein Mangel innerhalb der Verjährungsfrist gezeigt, so tritt die Verjährung nicht vor dem Ablauf von vier Monaten nach dem Zeitpunkt ein, in dem sich der Mangel erstmals gezeigt hat.

(5) Für die in § 327i Nummer 2 bezeichneten Rechte gilt § 218 entsprechend.

§ 327k Beweislastumkehr

(1) Zeigt sich bei einem digitalen Produkt innerhalb eines Jahres seit seiner Bereitstellung ein von den Anforderungen nach § 327e oder § 327g abweichender Zustand, so wird vermutet, dass das digitale Produkt bereits bei Bereitstellung mangelhaft war.

(2) Zeigt sich bei einem dauerhaft bereitgestellten digitalen Produkt während der Dauer der Bereitstellung ein von den Anforderungen nach § 327e oder § 327g abweichender Zustand, so wird vermutet, dass das digitale Produkt während der bisherigen Dauer der Bereitstellung mangelhaft war.

(3) Die Vermutungen nach den Absätzen 1 und 2 gelten vorbehaltlich des Absatzes 4 nicht, wenn

1. die digitale Umgebung des Verbrauchers mit den technischen Anforderungen des digitalen Produkts zur maßgeblichen Zeit nicht kompatibel war oder
2. der Unternehmer nicht feststellen kann, ob die Voraussetzungen der Nummer 1 vorlagen, weil der Verbraucher eine hierfür notwendige und ihm mögliche Mitwirkungshandlung nicht vornimmt und der Unternehmer zur Feststellung ein technisches Mittel einsetzen wollte, das für den Verbraucher den geringsten Eingriff darstellt.

(4) Absatz 3 ist nur anzuwenden, wenn der Unternehmer den Verbraucher vor Vertragsschluss klar und verständlich informiert hat über

1. die technischen Anforderungen des digitalen Produkts an die digitale Umgebung im Fall des Absatzes 3 Nummer 1 oder
2. die Obliegenheit des Verbrauchers nach Absatz 3 Nummer 2.

§ 327l Nacherfüllung

(1) Verlangt der Verbraucher vom Unternehmer Nacherfüllung, so hat dieser den vertragsgemäßen Zustand herzustellen und die zum Zwecke der Nacherfüllung erforderlichen Aufwendungen zu tragen. Der Unternehmer hat die Nacherfüllung innerhalb einer angemessenen Frist ab dem Zeitpunkt, zu dem der Verbraucher ihn über den Mangel informiert hat, und ohne erhebliche Unannehmlichkeiten für den Verbraucher durchzuführen.

(2) Der Anspruch nach Absatz 1 ist ausgeschlossen, wenn die Nacherfüllung unmöglich oder für den Unternehmer nur mit unverhältnismäßigen Kosten möglich ist. Dabei sind insbesondere der Wert des digitalen Produkts in mangelfreiem Zustand sowie die Bedeutung des Mangels zu berücksichtigen. § 275 Absatz 2 und 3 findet keine Anwendung.

§ 327m Vertragsbeendigung und Schadensersatz

(1) Ist das digitale Produkt mangelhaft, so kann der Verbraucher den Vertrag gemäß § 327o beenden, wenn

1. der Nacherfüllungsanspruch gemäß § 327l Absatz 2 ausgeschlossen ist,
2. der Nacherfüllungsanspruch des Verbrauchers nicht gemäß § 327l Absatz 1 erfüllt wurde,
3. sich trotz der vom Unternehmer versuchten Nacherfüllung ein Mangel zeigt,

4. der Mangel derart schwerwiegend ist, dass die sofortige Vertragsbeendigung gerechtfertigt ist,
5. der Unternehmer die gemäß § 327l Absatz 1 Satz 2 ordnungsgemäße Nacherfüllung verweigert hat, oder
6. es nach den Umständen offensichtlich ist, dass der Unternehmer nicht gemäß § 327l Absatz 1 Satz 2 ordnungsgemäß nacherfüllen wird.

(2) Eine Beendigung des Vertrags nach Absatz 1 ist ausgeschlossen, wenn der Mangel unerheblich ist. Dies gilt nicht für Verbraucherverträge im Sinne des § 327 Absatz 3.

(3) In den Fällen des Absatzes 1 Nummer 1 bis 6 kann der Verbraucher unter den Voraussetzungen des § 280 Absatz 1 Schadensersatz statt der Leistung verlangen. § 281 Absatz 1 Satz 3 und Absatz 4 sind entsprechend anzuwenden. Verlangt der Verbraucher Schadensersatz statt der ganzen Leistung, so ist der Unternehmer zur Rückforderung des Geleisteten nach den §§ 327o und 327p berechtigt. § 325 gilt entsprechend.

(4) Sofern der Verbraucher den Vertrag nach Absatz 1 beenden kann, kann er sich im Hinblick auf alle Bestandteile des Paketvertrags vom Vertrag lösen, wenn er an dem anderen Teil des Paketvertrags ohne das mangelhafte digitale Produkt kein Interesse hat. Satz 1 ist nicht auf Paketverträge anzuwenden, bei denen der andere Bestandteil ein Telekommunikationsdienst im Sinne des § 3 Nummer 61 des Telekommunikationsgesetzes ist.

(5) Sofern der Verbraucher den Vertrag nach Absatz 1 beenden kann, kann er sich im Hinblick auf alle Bestandteile eines Vertrags nach § 327a Absatz 2 vom Vertrag lösen, wenn aufgrund des Mangels des digitalen Produkts sich die Sache nicht zur gewöhnlichen Verwendung eignet.

§ 327n Minderung

(1) Statt den Vertrag nach § 327m Absatz 1 zu beenden, kann der Verbraucher den Preis durch Erklärung gegenüber dem Unternehmer mindern. Der Ausschlussgrund des § 327m Absatz 2 Satz 1 findet keine Anwendung. § 327o Absatz 1 ist entsprechend anzuwenden.

(2) Bei der Minderung ist der Preis in dem Verhältnis herabzusetzen, in welchem zum Zeitpunkt der Bereitstellung der Wert des digitalen Produkts in mangelfreiem Zustand zu dem wirklichen Wert gestanden haben würde. Bei Verträgen über die dauerhafte Bereitstellung eines digitalen Produkts ist der Preis unter entsprechender Anwendung des Satzes 1 nur anteilig für die Dauer der Mangelhaftigkeit herabzusetzen.

(3) Die Minderung ist, soweit erforderlich, durch Schätzung zu ermitteln.

(4) Hat der Verbraucher mehr als den geminderten Preis gezahlt, so hat der Unternehmer den Mehrbetrag zu erstatten. Der Mehrbetrag ist unverzüglich, auf jeden Fall aber innerhalb von 14 Tagen zu erstatten. Die Frist beginnt mit dem Zugang der Minderungserklärung beim Unternehmer. Für die Erstattung muss der Unternehmer dasselbe Zahlungsmittel verwenden, das der Verbraucher bei der Zahlung verwendet hat, es sei denn, es wurde ausdrücklich etwas anderes vereinbart und dem Verbraucher entstehen durch die Verwendung eines anderen Zahlungsmittels keine Kosten. Der Unternehmer kann vom Verbraucher keinen Ersatz für die Kosten verlangen, die ihm für die Erstattung des Mehrbetrags entstehen.

§ 327o Erklärung und Rechtsfolgen der Vertragsbeendigung

(1) Die Beendigung des Vertrags erfolgt durch Erklärung gegenüber dem Unternehmer, in welcher der Entschluss des Verbrauchers zur Beendigung zum Ausdruck kommt. § 351 ist entsprechend anzuwenden.

(2) Im Fall der Vertragsbeendigung hat der Unternehmer dem Verbraucher die Zahlungen zu erstatten, die der Verbraucher zur Erfüllung des Vertrags geleistet hat. Für Leistungen, die der Unternehmer aufgrund der Vertragsbeendigung nicht mehr zu erbringen hat, erlischt sein Anspruch auf Zahlung des vereinbarten Preises.

(3) Abweichend von Absatz 2 Satz 2 erlischt bei Verträgen über die dauerhafte Bereitstellung eines digitalen Produkts der Anspruch des Unternehmers auch für bereits erbrachte Leistungen, jedoch nur für denjenigen Teil des Bereitstellungszeitraums, in dem das digitale Produkt mangelhaft war. Der gezahlte Preis für den Zeitraum, für den der Anspruch nach Satz 1 entfallen ist, ist dem Verbraucher zu erstatten.

(4) Für die Erstattungen nach den Absätzen 2 und 3 ist § 327n Absatz 4 Satz 2 bis 5 entsprechend anzuwenden.

(5) Der Verbraucher ist verpflichtet, einen vom Unternehmer bereitgestellten körperlichen Datenträger an diesen unverzüglich zurückzusenden, wenn der Unternehmer dies spätestens 14 Tage nach Vertragsbeendigung verlangt. Der Unternehmer trägt die Kosten der Rücksendung. § 348 ist entsprechend anzuwenden.

§ 327p Weitere Nutzung nach Vertragsbeendigung

(1) Der Verbraucher darf das digitale Produkt nach Vertragsbeendigung weder weiter nutzen noch Dritten zur Verfügung stellen. Der Unternehmer ist berechtigt, die weitere Nutzung durch den Verbraucher zu unterbinden. Absatz 3 bleibt hiervon unberührt.

(2) Der Unternehmer darf die Inhalte, die nicht personenbezogene Daten sind und die der Verbraucher bei der Nutzung des vom Unternehmer bereitgestellten digitalen Produkts bereitgestellt oder erstellt hat, nach der Vertragsbeendigung nicht weiter nutzen. Dies gilt nicht, wenn die Inhalte

1. außerhalb des Kontextes des vom Unternehmer bereitgestellten digitalen Produkts keinen Nutzen haben,
2. ausschließlich mit der Nutzung des vom Unternehmer bereitgestellten digitalen Produkts durch den Verbraucher zusammenhängen,
3. vom Unternehmer mit anderen Daten aggregiert wurden und nicht oder nur mit unverhältnismäßigem Aufwand disaggregiert werden können oder
4. vom Verbraucher gemeinsam mit anderen erzeugt wurden, sofern andere Verbraucher die Inhalte weiterhin nutzen können.

(3) Der Unternehmer hat dem Verbraucher auf dessen Verlangen die Inhalte gemäß Absatz 2 Satz 1 bereitzustellen. Dies gilt nicht für Inhalte nach Absatz 2 Satz 2

Nummer 1 bis 3. Die Inhalte müssen dem Verbraucher unentgeltlich, ohne Behinderung durch den Unternehmer, innerhalb einer angemessenen Frist und in einem gängigen und maschinenlesbaren Format bereitgestellt werden.

§ 327q Vertragsrechtliche Folgen datenschutzrechtlicher Erklärungen des Verbrauchers

(1) Die Ausübung von datenschutzrechtlichen Betroffenenrechten und die Abgabe datenschutzrechtlicher Erklärungen des Verbrauchers nach Vertragsschluss lassen die Wirksamkeit des Vertrags unberührt.

(2) Widerruft der Verbraucher eine von ihm erteilte datenschutzrechtliche Einwilligung oder widerspricht er einer weiteren Verarbeitung seiner personenbezogenen Daten, so kann der Unternehmer einen Vertrag, der ihn zu einer Reihe einzelner Bereitstellungen digitaler Produkte oder zur dauerhaften Bereitstellung eines digitalen Produkts verpflichtet, ohne Einhaltung einer Kündigungsfrist kündigen, wenn ihm unter Berücksichtigung des weiterhin zulässigen Umfangs der Datenverarbeitung und unter Abwägung der beiderseitigen Interessen die Fortsetzung des Vertragsverhältnisses bis zum vereinbarten Vertragsende oder bis zum Ablauf einer gesetzlichen oder vertraglichen Kündigungsfrist nicht zugemutet werden kann.

(3) Ersatzansprüche des Unternehmers gegen den Verbraucher wegen einer durch die Ausübung von Datenschutzrechten oder die Abgabe datenschutzrechtlicher Erklärungen bewirkten Einschränkung der zulässigen Datenverarbeitung sind ausgeschlossen.

§ 327r Änderungen an digitalen Produkten

(1) Bei einer dauerhaften Bereitstellung darf der Unternehmer Änderungen des digitalen Produkts, die über das zur Aufrechterhaltung der Vertragsmäßigkeit nach § 327e Absatz 2 und 3 und § 327f erforderliche Maß hinausgehen, nur vornehmen, wenn

1. der Vertrag diese Möglichkeit vorsieht und einen triftigen Grund dafür enthält,
2. dem Verbraucher durch die Änderung keine zusätzlichen Kosten entstehen und
3. der Verbraucher klar und verständlich über die Änderung informiert wird.

(2) Eine Änderung des digitalen Produkts, welche die Zugriffsmöglichkeit des Verbrauchers auf das digitale Produkt oder welche die Nutzbarkeit des digitalen Produkts für den Verbraucher beeinträchtigt, darf der Unternehmer nur vornehmen, wenn er den Verbraucher darüber hinaus innerhalb einer angemessenen Frist vor dem Zeitpunkt der Änderung mittels eines dauerhaften Datenträgers informiert. Die Information muss Angaben enthalten über:

1. Merkmale und Zeitpunkt der Änderung sowie
2. die Rechte des Verbrauchers nach den Absätzen 3 und 4.

Satz 1 gilt nicht, wenn die Beeinträchtigung der Zugriffsmöglichkeit oder der Nutzbarkeit nur unerheblich ist.

(3) Beeinträchtigt eine Änderung des digitalen Produkts die Zugriffsmöglichkeit oder die Nutzbarkeit im Sinne des Absatzes 2 Satz 1, so kann der Verbraucher den Vertrag innerhalb von 30 Tagen unentgeltlich beenden. Die Frist beginnt mit dem Zugang der Information nach Absatz 2 zu laufen. Erfolgt die Änderung nach dem Zugang der Information, so tritt an die Stelle des Zeitpunkts des Zugangs der Information der Zeitpunkt der Änderung.

(4) Die Beendigung des Vertrags nach Absatz 3 Satz 1 ist ausgeschlossen, wenn

1. die Beeinträchtigung der Zugriffsmöglichkeit oder der Nutzbarkeit nur unerheblich ist oder
2. dem Verbraucher die Zugriffsmöglichkeit auf das unveränderte digitale Produkt und die Nutzbarkeit des unveränderten digitalen Produkts ohne zusätzliche Kosten erhalten bleiben.

(5) Für die Beendigung des Vertrags nach Absatz 3 Satz 1 und deren Rechtsfolgen sind die §§ 327o und 327p entsprechend anzuwenden.

(6) Die Absätze 1 bis 5 sind auf Paketverträge, bei denen der andere Bestandteil des Paketvertrags die Bereitstellung eines Internetzugangsdienstes oder eines öffentlich zugänglichen nummerngebundenen interpersonellen Telekommunikationsdienstes im Rahmen eines Paketvertrags im Sinne des § 66 Absatz 1 des Telekommunikationsgesetzes zum Gegenstand hat, nicht anzuwenden.

§ 327s Abweichende Vereinbarungen

(1) Auf eine Vereinbarung mit dem Verbraucher, die zum Nachteil des Verbrauchers von den Vorschriften dieses Untertitels abweicht, kann der Unternehmer sich nicht berufen, es sei denn, die Vereinbarung wurde erst nach der Mitteilung des Verbrauchers gegenüber dem Unternehmer über die unterbliebene Bereitstellung oder über den Mangel des digitalen Produkts getroffen.

(2) Auf eine Vereinbarung mit dem Verbraucher über eine Änderung des digitalen Produkts, die zum Nachteil des Verbrauchers von den Vorschriften dieses Untertitels abweicht, kann der Unternehmer sich nicht berufen, es sei denn, sie wurde nach der Information des Verbrauchers über die Änderung des digitalen Produkts gemäß § 327r getroffen.

(3) Die Vorschriften dieses Untertitels sind auch anzuwenden, wenn sie durch anderweitige Gestaltungen umgangen werden.

(4) Die Absätze 1 und 2 gelten nicht für den Ausschluss oder die Beschränkung des Anspruchs auf Schadensersatz.

(5) § 327h bleibt unberührt.

Untertitel 2
Besondere Bestimmungen für Verträge über digitale Produkte zwischen Unternehmern

§ 327t Anwendungsbereich

Auf Verträge zwischen Unternehmern, die der Bereitstellung digitaler Produkte gemäß der nach den §§ 327 und 327a vom Anwendungsbereich des Untertitels 1 erfassten Verbraucherverträge dienen, sind ergänzend die Vorschriften dieses Untertitels anzuwenden.

§ 327u Rückgriff des Unternehmers

(1) Der Unternehmer kann von dem Unternehmer, der sich ihm gegenüber zur Bereitstellung eines digitalen Produkts verpflichtet hat (Vertriebspartner), Ersatz der Aufwendungen verlangen, die ihm im Verhältnis zu einem Verbraucher wegen einer durch den Vertriebspart-

ner verursachten unterbliebenen Bereitstellung des vom Vertriebspartner bereitzustellenden digitalen Produkts aufgrund der Ausübung des Rechts des Verbrauchers nach § 327c Absatz 1 Satz 1 entstanden sind. Das Gleiche gilt für die nach § 327l Absatz 1 vom Unternehmer zu tragenden Aufwendungen, wenn der vom Verbraucher gegenüber dem Unternehmer geltend gemachte Mangel bereits bei der Bereitstellung durch den Vertriebspartner vorhanden war oder in einer durch den Vertriebspartner verursachten Verletzung der Aktualisierungspflicht des Unternehmers nach § 327f Absatz 1 besteht.

(2) Die Aufwendungsersatzansprüche nach Absatz 1 verjähren in sechs Monaten. Die Verjährung beginnt

1. im Fall des Absatzes 1 Satz 1 mit dem Zeitpunkt, zu dem der Verbraucher sein Recht ausgeübt hat,
2. im Fall des Absatzes 1 Satz 2 mit dem Zeitpunkt, zu dem der Unternehmer die Ansprüche des Verbrauchers nach § 327l Absatz 1 erfüllt hat.

(3) § 327k Absatz 1 und 2 ist mit der Maßgabe entsprechend anzuwenden, dass die Frist mit der Bereitstellung an den Verbraucher beginnt.

(4) Der Vertriebspartner kann sich nicht auf eine Vereinbarung berufen, die er vor Geltendmachung der in Absatz 1 bezeichneten Aufwendungsersatzansprüche mit dem Unternehmer getroffen hat und die zum Nachteil des Unternehmers von den Absätzen 1 bis 3 abweicht. Satz 1 ist auch anzuwenden, wenn die Absätze 1 bis 3 durch anderweitige Gestaltungen umgangen werden.

(5) § 377 des Handelsgesetzbuchs bleibt unberührt.

(6) Die vorstehenden Absätze sind auf die Ansprüche des Vertriebspartners und der übrigen Vertragspartner in der Vertriebskette gegen die jeweiligen zur Bereitstellung verpflichteten Vertragspartner entsprechend anzuwenden, wenn die Schuldner Unternehmer sind.

Titel 3
Versprechen der Leistung an einen Dritten

§ 328 Vertrag zugunsten Dritter

(1) Durch Vertrag kann eine Leistung an einen Dritten mit der Wirkung bedungen werden, dass der Dritte unmittelbar das Recht erwirbt, die Leistung zu fordern.

(2) In Ermangelung einer besonderen Bestimmung ist aus den Umständen, insbesondere aus dem Zwecke des Vertrags, zu entnehmen, ob der Dritte das Recht erwerben, ob das Recht des Dritten sofort oder nur unter gewissen Voraussetzungen entstehen und ob den Vertragschließenden die Befugnis vorbehalten sein soll, das Recht des Dritten ohne dessen Zustimmung aufzuheben oder zu ändern.

§ 329 Auslegungsregel bei Erfüllungsübernahme

Verpflichtet sich in einem Vertrag der eine Teil zur Befriedigung eines Gläubigers des anderen Teils, ohne die Schuld zu übernehmen, so ist im Zweifel nicht anzunehmen, dass der Gläubiger unmittelbar das Recht erwerben soll, die Befriedigung von ihm zu fordern.

§ 330 Auslegungsregel bei Leibrentenvertrag

Wird in einem Leibrentenvertrag die Zahlung der Leibrente an einen Dritten vereinbart, ist im Zweifel anzunehmen, dass der Dritte unmittelbar das Recht erwerben soll, die Leistung zu fordern. Das Gleiche gilt, wenn bei einer unentgeltlichen Zuwendung dem Bedachten eine Leistung an einen Dritten auferlegt oder bei einer Vermögens- oder Gutsübernahme von dem Übernehmer eine Leistung an einen Dritten zum Zwecke der Abfindung versprochen wird.

§ 331 Leistung nach Todesfall

(1) Soll die Leistung an den Dritten nach dem Tode desjenigen erfolgen, welchem sie versprochen wird, so erwirbt der Dritte das Recht auf die Leistung im Zweifel mit dem Tode des Versprechensempfängers.

(2) Stirbt der Versprechensempfänger vor der Geburt des Dritten, so kann das Versprechen, an den Dritten zu leisten, nur dann noch aufgehoben oder geändert werden, wenn die Befugnis dazu vorbehalten worden ist.

§ 332 Änderung durch Verfügung von Todes wegen bei Vorbehalt

Hat sich der Versprechensempfänger die Befugnis vorbehalten, ohne Zustimmung des Versprechenden an die Stelle des in dem Vertrag bezeichneten Dritten einen anderen zu setzen, so kann dies im Zweifel auch in einer Verfügung von Todes wegen geschehen.

§ 333 Zurückweisung des Rechts durch den Dritten

Weist der Dritte das aus dem Vertrag erworbene Recht dem Versprechenden gegenüber zurück, so gilt das Recht als nicht erworben.

§ 334 Einwendungen des Schuldners gegenüber dem Dritten

Einwendungen aus dem Vertrag stehen dem Versprechenden auch gegenüber dem Dritten zu.

§ 335 Forderungsrecht des Versprechensempfängers

Der Versprechensempfänger kann, sofern nicht ein anderer Wille der Vertragschließenden anzunehmen ist, die Leistung an den Dritten auch dann fordern, wenn diesem das Recht auf die Leistung zusteht.

Titel 4
Draufgabe, Vertragsstrafe

§ 336 Auslegung der Draufgabe

(1) Wird bei der Eingehung eines Vertrags etwas als Draufgabe gegeben, so gilt dies als Zeichen des Abschlusses des Vertrags.

(2) Die Draufgabe gilt im Zweifel nicht als Reugeld.

§ 337 Anrechnung oder Rückgabe der Draufgabe

(1) Die Draufgabe ist im Zweifel auf die von dem Geber geschuldete Leistung anzurechnen oder, wenn dies nicht geschehen kann, bei der Erfüllung des Vertrags zurückzugeben.

(2) Wird der Vertrag wieder aufgehoben, so ist die Draufgabe zurückzugeben.

§ 338 Draufgabe bei zu vertretender Unmöglichkeit der Leistung

Wird die von dem Geber geschuldete Leistung infolge eines Umstands, den er zu vertreten hat, unmöglich oder verschuldet der Geber die Wiederaufhebung des Vertrags, so ist der Empfänger berechtigt, die Draufgabe zu behalten. Verlangt der Empfänger Schadensersatz wegen Nichterfüllung, so ist die Draufgabe im Zweifel anzurechnen oder, wenn dies nicht geschehen kann, bei der Leistung des Schadensersatzes zurückzugeben.

§ 339 Verwirkung der Vertragsstrafe

Verspricht der Schuldner dem Gläubiger für den Fall, dass er seine Verbindlichkeit nicht oder nicht in gehöriger Weise erfüllt, die Zahlung einer Geldsumme als Strafe, so ist die Strafe verwirkt, wenn er in Verzug kommt. Besteht die geschuldete Leistung in einem Unterlassen, so tritt die Verwirkung mit der Zuwiderhandlung ein.

§ 340 Strafversprechen für Nichterfüllung

(1) Hat der Schuldner die Strafe für den Fall versprochen, dass er seine Verbindlichkeit nicht erfüllt, so kann der Gläubiger die verwirkte Strafe statt der Erfüllung verlangen. Erklärt der Gläubiger dem Schuldner, dass er die Strafe verlange, so ist der Anspruch auf Erfüllung ausgeschlossen.

(2) Steht dem Gläubiger ein Anspruch auf Schadensersatz wegen Nichterfüllung zu, so kann er die verwirkte Strafe als Mindestbetrag des Schadens verlangen. Die Geltendmachung eines weiteren Schadens ist nicht ausgeschlossen.

§ 341 Strafversprechen für nicht gehörige Erfüllung

(1) Hat der Schuldner die Strafe für den Fall versprochen, dass er seine Verbindlichkeit nicht in gehöriger Weise, insbesondere nicht zu der bestimmten Zeit, erfüllt, so kann der Gläubiger die verwirkte Strafe neben der Erfüllung verlangen.

(2) Steht dem Gläubiger ein Anspruch auf Schadensersatz wegen der nicht gehörigen Erfüllung zu, so findet die Vorschrift des § 340 Abs. 2 Anwendung.

(3) Nimmt der Gläubiger die Erfüllung an, so kann er die Strafe nur verlangen, wenn er sich das Recht dazu bei der Annahme vorbehält.

§ 342 Andere als Geldstrafe

Wird als Strafe eine andere Leistung als die Zahlung einer Geldsumme versprochen, so finden die Vorschriften der §§ 339 bis 341 Anwendung; der Anspruch auf Schadensersatz ist ausgeschlossen, wenn der Gläubiger die Strafe verlangt.

§ 343 Herabsetzung der Strafe

(1) Ist eine verwirkte Strafe unverhältnismäßig hoch, so kann sie auf Antrag des Schuldners durch Urteil auf den angemessenen Betrag herabgesetzt werden. Bei der Beurteilung der Angemessenheit ist jedes berechtigte Interesse des Gläubigers, nicht bloß das Vermögensinteresse, in Betracht zu ziehen. Nach der Entrichtung der Strafe ist die Herabsetzung ausgeschlossen.

(2) Das Gleiche gilt auch außer in den Fällen der §§ 339, 342, wenn jemand eine Strafe für den Fall verspricht, dass er eine Handlung vornimmt oder unterlässt.

§ 344 Unwirksames Strafversprechen

Erklärt das Gesetz das Versprechen einer Leistung für unwirksam, so ist auch die für den Fall der Nichterfüllung des Versprechens getroffene Vereinbarung einer Strafe unwirksam, selbst wenn die Parteien die Unwirksamkeit des Versprechens gekannt haben.

§ 345 Beweislast

Bestreitet der Schuldner die Verwirkung der Strafe, weil er seine Verbindlichkeit erfüllt habe, so hat er die Erfüllung zu beweisen, sofern nicht die geschuldete Leistung in einem Unterlassen besteht.

Titel 5
Rücktritt; Widerrufsrecht bei Verbraucherverträgen

Untertitel 1
Rücktritt

§ 346 Wirkungen des Rücktritts

(1) Hat sich eine Vertragspartei vertraglich den Rücktritt vorbehalten oder steht ihr ein gesetzliches Rücktrittsrecht zu, so sind im Falle des Rücktritts die empfangenen Leistungen zurückzugewähren und die gezogenen Nutzungen herauszugeben.

(2) Statt der Rückgewähr oder Herausgabe hat der Schuldner Wertersatz zu leisten, soweit

1. die Rückgewähr oder die Herausgabe nach der Natur des Erlangten ausgeschlossen ist,
2. er den empfangenen Gegenstand verbraucht, veräußert, belastet, verarbeitet oder umgestaltet hat,
3. der empfangene Gegenstand sich verschlechtert hat oder untergegangen ist; jedoch bleibt die durch die bestimmungsgemäße Ingebrauchnahme entstandene Verschlechterung außer Betracht.

Ist im Vertrag eine Gegenleistung bestimmt, ist sie bei der Berechnung des Wertersatzes zugrunde zu legen; ist Wertersatz für den Gebrauchsvorteil eines Darlehens zu leisten, kann nachgewiesen werden, dass der Wert des Gebrauchsvorteils niedriger war.

(3) Die Pflicht zum Wertersatz entfällt,

1. wenn sich der zum Rücktritt berechtigende Mangel erst während der Verarbeitung oder Umgestaltung des Gegenstandes gezeigt hat,
2. soweit der Gläubiger die Verschlechterung oder den Untergang zu vertreten hat oder der Schaden bei ihm gleichfalls eingetreten wäre,
3. wenn im Falle eines gesetzlichen Rücktrittsrechts die Verschlechterung oder der Untergang beim Berechtigten eingetreten ist, obwohl dieser diejenige Sorgfalt beobachtet hat, die er in eigenen Angelegenheiten anzuwenden pflegt.

Eine verbleibende Bereicherung ist herauszugeben.

(4) Der Gläubiger kann wegen Verletzung einer Pflicht aus Absatz 1 nach Maßgabe der §§ 280 bis 283 Schadensersatz verlangen.

§ 347 Nutzungen und Verwendungen nach Rücktritt

(1) Zieht der Schuldner Nutzungen entgegen den Regeln einer ordnungsmäßigen Wirtschaft nicht, obwohl ihm das möglich gewesen wäre, so ist er dem Gläubiger zum Wertersatz verpflichtet. Im Falle eines gesetzlichen

Rücktrittsrechts hat der Berechtigte hinsichtlich der Nutzungen nur für diejenige Sorgfalt einzustehen, die er in eigenen Angelegenheiten anzuwenden pflegt.

(2) Gibt der Schuldner den Gegenstand zurück, leistet er Wertersatz oder ist seine Wertersatzpflicht gemäß § 346 Abs. 3 Nr. 1 oder 2 ausgeschlossen, so sind ihm notwendige Verwendungen zu ersetzen. Andere Aufwendungen sind zu ersetzen, soweit der Gläubiger durch diese bereichert wird.

§ 348 Erfüllung Zug-um-Zug

Die sich aus dem Rücktritt ergebenden Verpflichtungen der Parteien sind Zug um Zug zu erfüllen. Die Vorschriften der §§ 320, 322 finden entsprechende Anwendung.

§ 349 Erklärung des Rücktritts

Der Rücktritt erfolgt durch Erklärung gegenüber dem anderen Teil.

§ 350 Erlöschen des Rücktrittsrechts nach Fristsetzung

Ist für die Ausübung des vertraglichen Rücktrittsrechts eine Frist nicht vereinbart, so kann dem Berechtigten von dem anderen Teil für die Ausübung eine angemessene Frist bestimmt werden. Das Rücktrittsrecht erlischt, wenn nicht der Rücktritt vor dem Ablauf der Frist erklärt wird.

§ 351 Unteilbarkeit des Rücktrittsrechts

Sind bei einem Vertrag auf der einen oder der anderen Seite mehrere beteiligt, so kann das Rücktrittsrecht nur von allen und gegen alle ausgeübt werden. Erlischt das Rücktrittsrecht für einen der Berechtigten, so erlischt es auch für die übrigen.

§ 352 Aufrechnung nach Nichterfüllung

Der Rücktritt wegen Nichterfüllung einer Verbindlichkeit wird unwirksam, wenn der Schuldner sich von der Verbindlichkeit durch Aufrechnung befreien konnte und unverzüglich nach dem Rücktritt die Aufrechnung erklärt.

§ 353 Rücktritt gegen Reugeld

Ist der Rücktritt gegen Zahlung eines Reugelds vorbehalten, so ist der Rücktritt unwirksam, wenn das Reugeld nicht vor oder bei der Erklärung entrichtet wird und der andere Teil aus diesem Grunde die Erklärung unverzüglich zurückweist. Die Erklärung ist jedoch wirksam, wenn das Reugeld unverzüglich nach der Zurückweisung entrichtet wird.

§ 354 Verwirkungsklausel

Ist ein Vertrag mit dem Vorbehalt geschlossen, dass der Schuldner seiner Rechte aus dem Vertrag verlustig sein soll, wenn er seine Verbindlichkeit nicht erfüllt, so ist der Gläubiger bei dem Eintritt dieses Falles zum Rücktritt von dem Vertrag berechtigt.

Untertitel 2
Widerrufsrecht bei Verbraucherverträgen

§ 355 Widerrufsrecht bei Verbraucherverträgen

(1) Wird einem Verbraucher durch Gesetz ein Widerrufsrecht nach dieser Vorschrift eingeräumt, so sind der Verbraucher und der Unternehmer an ihre auf den Abschluss des Vertrags gerichteten Willenserklärungen nicht mehr gebunden, wenn der Verbraucher seine Willenserklärung fristgerecht widerrufen hat. Der Widerruf erfolgt durch Erklärung gegenüber dem Unternehmer. Aus der Erklärung muss der Entschluss des Verbrauchers zum Widerruf des Vertrags eindeutig hervorgehen. Der Widerruf muss keine Begründung enthalten. Zur Fristwahrung genügt die rechtzeitige Absendung des Widerrufs.

(2) Die Widerrufsfrist beträgt 14 Tage. Sie beginnt mit Vertragsschluss, soweit nichts anderes bestimmt ist.

(3) Im Falle des Widerrufs sind die empfangenen Leistungen unverzüglich zurückzugewähren. Bestimmt das Gesetz eine Höchstfrist für die Rückgewähr, so beginnt diese für den Unternehmer mit dem Zugang und für den Verbraucher mit der Abgabe der Widerrufserklärung. Ein Verbraucher wahrt diese Frist durch die rechtzeitige Absendung der Waren. Der Unternehmer trägt bei Widerruf die Gefahr der Rücksendung der Waren.

§ 356 Widerrufsrecht bei außerhalb von Geschäftsräumen geschlossenen Verträgen und Fernabsatzverträgen

(1) Der Unternehmer kann dem Verbraucher die Möglichkeit einräumen, das Muster-Widerrufsformular nach Anlage 2 zu Artikel 246a § 1 Absatz 2 Satz 1 Nummer 1 des Einführungsgesetzes zum Bürgerlichen Gesetzbuche oder eine andere eindeutige Widerrufserklärung auf der Webseite des Unternehmers auszufüllen und zu übermitteln. Macht der Verbraucher von dieser Möglichkeit Gebrauch, muss der Unternehmer dem Verbraucher den Zugang des Widerrufs unverzüglich auf einem dauerhaften Datenträger bestätigen.

(2) Die Widerrufsfrist beginnt

1. bei einem Verbrauchsgüterkauf,
   a) der nicht unter die Buchstaben b bis d fällt, sobald der Verbraucher oder ein von ihm benannter Dritter, der nicht Frachtführer ist, die Waren erhalten hat,
   b) bei dem der Verbraucher mehrere Waren im Rahmen einer einheitlichen Bestellung bestellt hat und die Waren getrennt geliefert werden, sobald der Verbraucher oder ein von ihm benannter Dritter, der nicht Frachtführer ist, die letzte Ware erhalten hat,
   c) bei dem die Ware in mehreren Teilsendungen oder Stücken geliefert wird, sobald der Verbraucher oder ein vom Verbraucher benannter Dritter, der nicht Frachtführer ist, die letzte Teilsendung oder das letzte Stück erhalten hat,
   d) der auf die regelmäßige Lieferung von Waren über einen festgelegten Zeitraum gerichtet ist, sobald der Verbraucher oder ein von ihm benannter Dritter, der nicht Frachtführer ist, die erste Ware erhalten hat,
2. bei einem Vertrag, der die nicht in einem begrenzten Volumen oder in einer bestimmten Menge angebotene Lieferung von Wasser, Gas oder Strom, die Lieferung von Fernwärme oder die Lieferung von nicht auf einem körperlichen Datenträger befindlichen digitalen Inhalten zum Gegenstand hat, mit Vertragsschluss.

(3) Die Widerrufsfrist beginnt nicht, bevor der Unternehmer den Verbraucher entsprechend den Anforderungen des Artikels 246a § 1 Absatz 2 Satz 1 Nummer 1 oder des Artikels 246b § 2 Absatz 1 des Einführungsgesetzes zum Bürgerlichen Gesetzbuche unterrichtet hat. Das Widerrufsrecht erlischt spätestens zwölf Monate und 14 Tage nach dem in Absatz 2 oder § 355 Absatz 2 Satz 2 genannten Zeitpunkt. Satz 2 ist auf Verträge über Finanzdienstleistungen nicht anwendbar.

(4) Das Widerrufsrecht erlischt bei Verträgen über die Erbringung von Dienstleistungen auch unter folgenden Voraussetzungen:

1. bei einem Vertrag, der den Verbraucher nicht zur Zahlung eines Preises verpflichtet, wenn der Unternehmer die Dienstleistung vollständig erbracht hat,
2. bei einem Vertrag, der den Verbraucher zur Zahlung eines Preises verpflichtet, mit der vollständigen Erbringung der Dienstleistung, wenn der Verbraucher vor Beginn der Erbringung
   a) ausdrücklich zugestimmt hat, dass der Unternehmer mit der Erbringung der Dienstleistung vor Ablauf der Widerrufsfrist beginnt,
   b) bei einem außerhalb von Geschäftsräumen geschlossenen Vertrag die Zustimmung nach Buchstabe a auf einem dauerhaften Datenträger übermittelt hat und
   c) seine Kenntnis davon bestätigt hat, dass sein Widerrufsrecht mit vollständiger Vertragserfüllung durch den Unternehmer erlischt,
3. bei einem Vertrag, bei dem der Verbraucher den Unternehmer ausdrücklich aufgefordert hat, ihn aufzusuchen, um Reparaturarbeiten auszuführen, mit der vollständigen Erbringung der Dienstleistung, wenn der Verbraucher die in Nummer 2 Buchstabe a und b genannten Voraussetzungen erfüllt hat,
4. bei einem Vertrag über die Erbringung von Finanzdienstleistungen, wenn der Vertrag von beiden Seiten auf ausdrücklichen Wunsch des Verbrauchers vollständig erfüllt ist, bevor der Verbraucher sein Widerrufsrecht ausübt.

(5) Das Widerrufsrecht erlischt bei Verträgen über die Bereitstellung von nicht auf einem körperlichen Datenträger befindlichen digitalen Inhalten auch unter folgenden Voraussetzungen:

1. bei einem Vertrag, der den Verbraucher nicht zur Zahlung eines Preises verpflichtet, wenn der Unternehmer mit der Vertragserfüllung begonnen hat,
2. bei einem Vertrag, der den Verbraucher zur Zahlung eines Preises verpflichtet, wenn
   a) der Unternehmer mit der Vertragserfüllung begonnen hat,
   b) der Verbraucher ausdrücklich zugestimmt hat, dass der Unternehmer mit der Vertragserfüllung vor Ablauf der Widerrufsfrist beginnt,
   c) der Verbraucher seine Kenntnis davon bestätigt hat, dass durch seine Zustimmung nach Buchstabe b mit Beginn der Vertragserfüllung sein Widerrufsrecht erlischt, und
   d) der Unternehmer dem Verbraucher eine Bestätigung gemäß § 312f zur Verfügung gestellt hat.

§ 356a Widerrufsrecht bei Teilzeit-Wohnrechteverträgen, Verträgen über ein langfristiges Urlaubsprodukt, bei Vermittlungsverträgen und Tauschsystemverträgen

(1) Der Widerruf ist in Textform zu erklären.

(2) Die Widerrufsfrist beginnt mit dem Zeitpunkt des Vertragsschlusses oder des Abschlusses eines Vorvertrags. Erhält der Verbraucher die Vertragsurkunde oder die Abschrift des Vertrags erst nach Vertragsschluss, beginnt die Widerrufsfrist mit dem Zeitpunkt des Erhalts.

(3) Sind dem Verbraucher die in § 482 Absatz 1 bezeichneten vorvertraglichen Informationen oder das in Artikel 242 § 1 Absatz 2 des Einführungsgesetzes zum Bürgerlichen Gesetzbuche bezeichnete Formblatt vor Vertragsschluss nicht, nicht vollständig oder nicht in der in § 483 Absatz 1 vorgeschriebenen Sprache überlassen worden, so beginnt die Widerrufsfrist abweichend von Absatz 2 erst mit dem vollständigen Erhalt der vorvertraglichen Informationen und des Formblatts in der vorgeschriebenen Sprache. Das Widerrufsrecht erlischt spätestens drei Monate und 14 Tage nach dem in Absatz 2 genannten Zeitpunkt.

(4) Ist dem Verbraucher die in § 482a bezeichnete Widerrufsbelehrung vor Vertragsschluss nicht, nicht vollständig oder nicht in der in § 483 Absatz 1 vorgeschriebenen Sprache überlassen worden, so beginnt die Widerrufsfrist abweichend von Absatz 2 erst mit dem vollständigen Erhalt der Widerrufsbelehrung in der vorgeschriebenen Sprache. Das Widerrufsrecht erlischt gegebenenfalls abweichend von Absatz 3 Satz 2 spätestens zwölf Monate und 14 Tage nach dem in Absatz 2 genannten Zeitpunkt.

(5) Hat der Verbraucher einen Teilzeit-Wohnrechtevertrag und einen Tauschsystemvertrag abgeschlossen und sind ihm diese Verträge zum gleichen Zeitpunkt angeboten worden, so beginnt die Widerrufsfrist für beide Verträge mit dem nach Absatz 2 für den Teilzeit-Wohnrechtevertrag geltenden Zeitpunkt. Die Absätze 3 und 4 gelten entsprechend.

§ 356b Widerrufsrecht bei Verbraucherdarlehensverträgen

(1) Die Widerrufsfrist beginnt auch nicht, bevor der Darlehensgeber dem Darlehensnehmer eine für diesen bestimmte Vertragsurkunde, den schriftlichen Antrag des Darlehensnehmers oder eine Abschrift der Vertragsurkunde oder seines Antrags zur Verfügung gestellt hat.

(2) Enthält bei einem Allgemein-Verbraucherdarlehensvertrag die dem Darlehensnehmer nach Absatz 1 zur Verfügung gestellte Urkunde die Pflichtangaben nach § 492 Absatz 2 nicht, beginnt die Frist erst mit Nachholung dieser Angaben gemäß § 492 Absatz 6. Enthält bei einem Immobiliar-Verbraucherdarlehensvertrag die dem Darlehensnehmer nach Absatz 1 zur Verfügung gestellte Urkunde die Pflichtangaben zum Widerrufsrecht nach § 492 Absatz 2 in Verbindung mit Artikel 247 § 6 Absatz 2 des Einführungsgesetzes zum Bürgerlichen Gesetzbuche nicht, beginnt die Frist erst mit Nachholung dieser Angaben gemäß § 492 Absatz 6. In den Fällen der Sätze 1 und 2 beträgt die Widerrufsfrist einen Monat. Das Widerrufsrecht bei einem Immobiliar-Verbraucher-

darlehensvertrag erlischt spätestens zwölf Monate und 14 Tage nach dem Vertragsschluss oder nach dem in Absatz 1 genannten Zeitpunkt, wenn dieser nach dem Vertragsschluss liegt.

(3) Die Widerrufsfrist beginnt im Falle des § 494 Absatz 7 bei einem Allgemein-Verbraucherdarlehensvertrag erst, wenn der Darlehensnehmer die dort bezeichnete Abschrift des Vertrags erhalten hat.

§ 356c Widerrufsrecht bei Ratenlieferungsverträgen

(1) Bei einem Ratenlieferungsvertrag, der weder im Fernabsatz noch außerhalb von Geschäftsräumen geschlossen wird, beginnt die Widerrufsfrist nicht, bevor der Unternehmer den Verbraucher gemäß Artikel 246 Absatz 3 des Einführungsgesetzes zum Bürgerlichen Gesetzbuche über sein Widerrufsrecht unterrichtet hat.

(2) § 356 Absatz 1 gilt entsprechend. Das Widerrufsrecht erlischt spätestens zwölf Monate und 14 Tage nach dem in § 355 Absatz 2 Satz 2 genannten Zeitpunkt.

§ 356d Widerrufsrecht des Verbrauchers bei unentgeltlichen Darlehensverträgen und unentgeltlichen Finanzierungshilfen

Bei einem Vertrag, durch den ein Unternehmer einem Verbraucher ein unentgeltliches Darlehen oder eine unentgeltliche Finanzierungshilfe gewährt, beginnt die Widerrufsfrist abweichend von § 355 Absatz 2 Satz 2 nicht, bevor der Unternehmer den Verbraucher entsprechend den Anforderungen des § 514 Absatz 2 Satz 3 über dessen Widerrufsrecht unterrichtet hat. Das Widerrufsrecht erlischt spätestens zwölf Monate und 14 Tage nach dem Vertragsschluss oder nach dem in Satz 1 genannten Zeitpunkt, wenn dieser nach dem Vertragsschluss liegt.

§ 356e Widerrufsrecht bei Verbraucherbauverträgen

Bei einem Verbraucherbauvertrag (§ 650i Absatz 1) beginnt die Widerrufsfrist nicht, bevor der Unternehmer den Verbraucher gemäß Artikel 249 § 3 des Einführungsgesetzes zum Bürgerlichen Gesetzbuche über sein Widerrufsrecht belehrt hat. Das Widerrufsrecht erlischt spätestens zwölf Monate und 14 Tage nach dem in § 355 Absatz 2 Satz 2 genannten Zeitpunkt.

§ 357 Rechtsfolgen des Widerrufs von außerhalb von Geschäftsräumen geschlossenen Verträgen und Fernabsatzverträgen mit Ausnahme von Verträgen über Finanzdienstleistungen

(1) Die empfangenen Leistungen sind spätestens nach 14 Tagen zurückzugewähren.

(2) Der Unternehmer muss auch etwaige Zahlungen des Verbrauchers für die Lieferung zurückgewähren. Dies gilt nicht, soweit dem Verbraucher zusätzliche Kosten entstanden sind, weil er sich für eine andere Art der Lieferung als die vom Unternehmer angebotene günstigste Standardlieferung entschieden hat.

(3) Für die Rückzahlung muss der Unternehmer dasselbe Zahlungsmittel verwenden, das der Verbraucher bei der Zahlung verwendet hat. Satz 1 gilt nicht, wenn ausdrücklich etwas anderes vereinbart worden ist und dem Verbraucher dadurch keine Kosten entstehen.

(4) Bei einem Verbrauchsgüterkauf kann der Unternehmer die Rückzahlung verweigern, bis er die Waren zurückerhalten hat oder der Verbraucher den Nachweis erbracht hat, dass er die Waren abgesandt hat. Dies gilt nicht, wenn der Unternehmer angeboten hat, die Waren abzuholen.

(5) Der Verbraucher trägt die unmittelbaren Kosten der Rücksendung der Waren, wenn der Unternehmer den Verbraucher nach Artikel 246a § 1 Absatz 2 Satz 1 Nummer 2 des Einführungsgesetzes zum Bürgerlichen Gesetzbuche von dieser Pflicht unterrichtet hat. Satz 1 gilt nicht, wenn der Unternehmer sich bereit erklärt hat, diese Kosten zu tragen.

(6) Der Verbraucher ist nicht verpflichtet, die Waren zurückzusenden, wenn der Unternehmer angeboten hat, die Waren abzuholen.

(7) Bei außerhalb von Geschäftsräumen geschlossenen Verträgen, bei denen die Waren zum Zeitpunkt des Vertragsschlusses zur Wohnung des Verbrauchers gebracht worden sind, ist der Unternehmer verpflichtet, die Waren auf eigene Kosten abzuholen, wenn die Waren so beschaffen sind, dass sie nicht per Post zurückgesandt werden können.

(8) Für die Rechtsfolgen des Widerrufs von Verträgen über die Bereitstellung digitaler Produkte gilt ferner § 327p entsprechend.

§ 357a Wertersatz als Rechtsfolge des Widerrufs von außerhalb von Geschäftsräumen geschlossenen Verträgen und Fernabsatzverträgen mit Ausnahme von Verträgen über Finanzdienstleistungen

(1) Der Verbraucher hat Wertersatz für einen Wertverlust der Ware zu leisten, wenn

1. der Wertverlust auf einen Umgang mit den Waren zurückzuführen ist, der zur Prüfung der Beschaffenheit, der Eigenschaften und der Funktionsweise der Waren nicht notwendig war, und
2. der Unternehmer den Verbraucher nach Artikel 246a § 1 Absatz 2 Satz 1 Nummer 1 des Einführungsgesetzes zum Bürgerlichen Gesetzbuche über dessen Widerrufsrecht unterrichtet hat.

(2) Der Verbraucher hat Wertersatz für die bis zum Widerruf erbrachten Dienstleistungen, für die der Vertrag die Zahlung eines Preises vorsieht, oder die bis zum Widerruf erfolgte Lieferung von Wasser, Gas oder Strom in nicht bestimmten Mengen oder nicht begrenztem Volumen oder von Fernwärme zu leisten, wenn

1. der Verbraucher von dem Unternehmer ausdrücklich verlangt hat, dass mit der Leistung vor Ablauf der Widerrufsfrist begonnen werden soll,
2. bei einem außerhalb von Geschäftsräumen geschlossenen Vertrag der Verbraucher das Verlangen nach Nummer 1 auf einem dauerhaften Datenträger übermittelt hat und
3. der Unternehmer den Verbraucher nach Artikel 246a § 1 Absatz 2 Satz 1 Nummer 1 und 3 des Einführungsgesetzes zum Bürgerlichen Gesetzbuche ordnungsgemäß informiert hat.

Bei der Berechnung des Wertersatzes ist der vereinbarte Gesamtpreis zu Grunde zu legen. Ist der vereinbarte

Gesamtpreis unverhältnismäßig hoch, so ist der Wertersatz auf der Grundlage des Marktwerts der erbrachten Leistung zu berechnen.

(3) Widerruft der Verbraucher einen Vertrag über die Bereitstellung von nicht auf einem körperlichen Datenträger befindlichen digitalen Inhalten, so hat er keinen Wertersatz zu leisten.

§ 357b Rechtsfolgen des Widerrufs von Verträgen über Finanzdienstleistungen

(1) Die empfangenen Leistungen sind spätestens nach 30 Tagen zurückzugewähren.

(2) Im Falle des Widerrufs von außerhalb von Geschäftsräumen geschlossenen Verträgen oder Fernabsatzverträgen über Finanzdienstleistungen ist der Verbraucher zur Zahlung von Wertersatz für die vom Unternehmer bis zum Widerruf erbrachte Dienstleistung verpflichtet, wenn er

1. vor Abgabe seiner Vertragserklärung auf diese Rechtsfolge hingewiesen worden ist und
2. ausdrücklich zugestimmt hat, dass der Unternehmer vor Ende der Widerrufsfrist mit der Ausführung der Dienstleistung beginnt.

Im Falle des Widerrufs von Verträgen über eine entgeltliche Finanzierungshilfe, die von der Ausnahme des § 506 Absatz 4 erfasst sind, gelten auch § 357 Absatz 5 bis 7 und § 357a Absatz 1 und 2 entsprechend. Ist Gegenstand des Vertrags über die entgeltliche Finanzierungshilfe die Lieferung von nicht auf einem körperlichen Datenträger befindlichen digitalen Inhalten, hat der Verbraucher Wertersatz für die bis zum Widerruf gelieferten digitalen Inhalte zu leisten, wenn er

1. vor Abgabe seiner Vertragserklärung auf diese Rechtsfolge hingewiesen worden ist und
2. ausdrücklich zugestimmt hat, dass der Unternehmer vor Ende der Widerrufsfrist mit der Lieferung der digitalen Inhalte beginnt.

Ist im Vertrag eine Gegenleistung bestimmt, ist sie bei der Berechnung des Wertersatzes zu Grunde zu legen. Ist der vereinbarte Gesamtpreis unverhältnismäßig hoch, ist der Wertersatz auf der Grundlage des Marktwerts der erbrachten Leistung zu berechnen.

(3) Im Falle des Widerrufs von Verbraucherdarlehensverträgen hat der Darlehensnehmer für den Zeitraum zwischen der Auszahlung und der Rückzahlung des Darlehens den vereinbarten Sollzins zu entrichten. Bei einem Immobiliar-Verbraucherdarlehen kann nachgewiesen werden, dass der Wert des Gebrauchsvorteils niedriger war als der vereinbarte Sollzins. In diesem Fall ist nur der niedrigere Betrag geschuldet. Im Falle des Widerrufs von Verträgen über eine entgeltliche Finanzierungshilfe, die nicht von der Ausnahme des § 506 Absatz 4 erfasst sind, gilt auch Absatz 2 entsprechend mit der Maßgabe, dass an die Stelle der Unterrichtung über das Widerrufsrecht die Pflichtangaben nach Artikel 247 § 12 Absatz 1 in Verbindung mit § 6 Absatz 2 des Einführungsgesetzes zum Bürgerlichen Gesetzbuche, die das Widerrufsrecht betreffen, treten. Darüber hinaus hat der Darlehensnehmer dem Darlehensgeber nur die Aufwendungen zu ersetzen, die der Darlehensgeber gegenüber öffentlichen Stellen erbracht hat und nicht zurückverlangen kann.

§ 357c Rechtsfolgen des Widerrufs von Teilzeit-Wohnrechteverträgen, Verträgen über ein langfristiges Urlaubsprodukt, Vermittlungsverträgen und Tauschsystemverträgen

(1) Der Verbraucher hat im Falle des Widerrufs keine Kosten zu tragen. Die Kosten des Vertrags, seiner Durchführung und seiner Rückabwicklung hat der Unternehmer dem Verbraucher zu erstatten. Eine Vergütung für geleistete Dienste sowie für die Überlassung von Wohngebäuden zur Nutzung ist ausgeschlossen.

(2) Der Verbraucher hat für einen Wertverlust der Unterkunft im Sinne des § 481 nur Wertersatz zu leisten, soweit der Wertverlust auf einer nicht bestimmungsgemäßen Nutzung der Unterkunft beruht.

§ 357d Rechtsfolgen des Widerrufs von weder im Fernabsatz noch außerhalb von Geschäftsräumen geschlossenen Ratenlieferungsverträgen

Für die Rückgewähr der empfangenen Leistungen gilt § 357 Absatz 1 bis 4 und 6 entsprechend. Der Verbraucher trägt die unmittelbaren Kosten der Rücksendung der empfangenen Sachen, es sei denn, der Unternehmer hat sich bereit erklärt, diese Kosten zu tragen. § 357a Absatz 1 ist mit der Maßgabe entsprechend anzuwenden, dass an die Stelle der Unterrichtung nach Artikel 246a § 1 Absatz 2 Satz 1 Nummer 1 des Einführungsgesetzes zum Bürgerlichen Gesetzbuche die Unterrichtung nach Artikel 246 Absatz 3 des Einführungsgesetzes zum Bürgerlichen Gesetzbuche tritt.

§ 357e Rechtsfolgen des Widerrufs bei Verbraucherbauverträgen

Ist die Rückgewähr der bis zum Widerruf erbrachten Leistung ihrer Natur nach ausgeschlossen, schuldet der Verbraucher dem Unternehmer Wertersatz. Bei der Berechnung des Wertersatzes ist die vereinbarte Vergütung zugrunde zu legen. Ist die vereinbarte Vergütung unverhältnismäßig hoch, ist der Wertersatz auf der Grundlage des Marktwertes der erbrachten Leistung zu berechnen.

§ 358 Mit dem widerrufenen Vertrag verbundener Vertrag

(1) Hat der Verbraucher seine auf den Abschluss eines Vertrags über die Lieferung einer Ware oder die Erbringung einer anderen Leistung durch einen Unternehmer gerichtete Willenserklärung wirksam widerrufen, so ist er auch an seine auf den Abschluss eines mit diesem Vertrag verbundenen Darlehensvertrags gerichtete Willenserklärung nicht mehr gebunden.

(2) Hat der Verbraucher seine auf den Abschluss eines Darlehensvertrags gerichtete Willenserklärung auf Grund des § 495 Absatz 1 oder des § 514 Absatz 2 Satz 1 wirksam widerrufen, so ist er auch nicht mehr an diejenige Willenserklärung gebunden, die auf den Abschluss eines mit diesem Darlehensvertrag verbundenen Vertrags über die Lieferung einer Ware oder die Erbringung einer anderen Leistung gerichtet ist.

(3) Ein Vertrag über die Lieferung einer Ware oder über die Erbringung einer anderen Leistung und ein Darlehensvertrag nach den Absätzen 1 oder 2 sind verbunden, wenn das Darlehen ganz oder teilweise der Finanzierung des anderen Vertrags dient und beide Verträge eine wirtschaftliche Einheit bilden. Eine wirtschaftliche Einheit ist insbesondere anzunehmen, wenn der Unternehmer selbst die Gegenleistung des Verbrauchers finanziert, oder im Falle der Finanzierung durch einen Dritten, wenn sich der Darlehensgeber bei der Vorbereitung oder dem Abschluss des Darlehensvertrags der Mitwirkung des Unternehmers bedient. Bei einem finanzierten Erwerb eines Grundstücks oder eines grundstücksgleichen Rechts ist eine wirtschaftliche Einheit nur anzunehmen, wenn der Darlehensgeber selbst dem Verbraucher das Grundstück oder das grundstücksgleiche Recht verschafft oder wenn er über die Zurverfügungstellung von Darlehen hinaus den Erwerb des Grundstücks oder grundstücksgleichen Rechts durch Zusammenwirken mit dem Unternehmer fördert, indem er sich dessen Veräußerungsinteressen ganz oder teilweise zu Eigen macht, bei der Planung, Werbung oder Durchführung des Projekts Funktionen des Veräußerers übernimmt oder den Veräußerer einseitig begünstigt.

(4) Auf die Rückabwicklung des verbundenen Vertrags sind unabhängig von der Vertriebsform § 355 Absatz 3 und, je nach Art des verbundenen Vertrags, die §§ 357 bis 357c entsprechend anzuwenden. Ist der verbundene Vertrag ein Vertrag über die Lieferung von nicht auf einem körperlichen Datenträger befindlichen digitalen Inhalten, hat der Verbraucher abweichend von § 357a Absatz 3 unter den Voraussetzungen des § 356 Absatz 5 Nummer 2 Wertersatz für die bis zum Widerruf gelieferten digitalen Inhalte zu leisten. Ist der verbundene Vertrag ein im Fernabsatz oder außerhalb von Geschäftsräumen geschlossener Ratenlieferungsvertrag, sind neben § 355 Absatz 3 auch die §§ 357 und 357a entsprechend anzuwenden; im Übrigen gelten für verbundene Ratenlieferungsverträge § 355 Absatz 3 und § 357d entsprechend. Im Falle des Absatzes 1 sind jedoch Ansprüche auf Zahlung von Zinsen und Kosten aus der Rückabwicklung des Darlehensvertrags gegen den Verbraucher ausgeschlossen. Der Darlehensgeber tritt im Verhältnis zum Verbraucher hinsichtlich der Rechtsfolgen des Widerrufs in die Rechte und Pflichten des Unternehmers aus dem verbundenen Vertrag ein, wenn das Darlehen dem Unternehmer bei Wirksamwerden des Widerrufs bereits zugeflossen ist.

(5) Die Absätze 2 und 4 sind nicht anzuwenden auf Darlehensverträge, die der Finanzierung des Erwerbs von Finanzinstrumenten dienen.

§ 359 Einwendungen bei verbundenen Verträgen

(1) Der Verbraucher kann die Rückzahlung des Darlehens verweigern, soweit Einwendungen aus dem verbundenen Vertrag ihn gegenüber dem Unternehmer, mit dem er den verbundenen Vertrag geschlossen hat, zur Verweigerung seiner Leistung berechtigen würden. Dies gilt nicht bei Einwendungen, die auf einer Vertragsänderung beruhen, welche zwischen diesem Unternehmer und dem Verbraucher nach Abschluss des Darlehensvertrags vereinbart wurde. Kann der Verbraucher Nacherfüllung verlangen, so kann er die Rückzahlung des Darlehens erst verweigern, wenn die Nacherfüllung fehlgeschlagen ist.

(2) Absatz 1 ist nicht anzuwenden auf Darlehensverträge, die der Finanzierung des Erwerbs von Finanzinstrumenten dienen, oder wenn das finanzierte Entgelt weniger als 200 Euro beträgt.

II

§ 360 Zusammenhängende Verträge

(1) Hat der Verbraucher seine auf den Abschluss eines Vertrags gerichtete Willenserklärung wirksam widerrufen und liegen die Voraussetzungen für einen verbundenen Vertrag nicht vor, so ist er auch an seine auf den Abschluss eines damit zusammenhängenden Vertrags gerichtete Willenserklärung nicht mehr gebunden. Auf die Rückabwicklung des zusammenhängenden Vertrags ist § 358 Absatz 4 Satz 1 bis 3 entsprechend anzuwenden. Widerruft der Verbraucher einen Teilzeit-Wohnrechtevertrag oder einen Vertrag über ein langfristiges Urlaubsprodukt, hat er auch für den zusammenhängenden Vertrag keine Kosten zu tragen; § 357c Absatz 1 Satz 2 und 3 gilt entsprechend.

(2) Ein zusammenhängender Vertrag liegt vor, wenn er einen Bezug zu dem widerrufenen Vertrag aufweist und eine Leistung betrifft, die von dem Unternehmer des widerrufenen Vertrags oder einem Dritten auf der Grundlage einer Vereinbarung zwischen dem Dritten und dem Unternehmer des widerrufenen Vertrags erbracht wird. Ein Darlehensvertrag ist auch dann ein zusammenhängender Vertrag, wenn das Darlehen, das ein Unternehmer einem Verbraucher gewährt, ausschließlich der Finanzierung des widerrufenen Vertrags dient und die Leistung des Unternehmers aus dem widerrufenen Vertrag in dem Darlehensvertrag genau angegeben ist.

§ 361 Weitere Ansprüche, abweichende Vereinbarungen und Beweislast

(1) Über die Vorschriften dieses Untertitels hinaus bestehen keine weiteren Ansprüche gegen den Verbraucher infolge des Widerrufs.

(2) Von den Vorschriften dieses Untertitels darf, soweit nicht ein anderes bestimmt ist, nicht zum Nachteil des Verbrauchers abgewichen werden. Die Vorschriften dieses Untertitels finden, soweit nichts anderes bestimmt ist, auch Anwendung, wenn sie durch anderweitige Gestaltungen umgangen werden.

(3) Ist der Beginn der Widerrufsfrist streitig, so trifft die Beweislast den Unternehmer.

Abschnitt 8
Einzelne Schuldverhältnisse

Titel 1
Kauf, Tausch

Untertitel 1
Allgemeine Vorschriften

§ 433 Vertragstypische Pflichten beim Kaufvertrag

(1) Durch den Kaufvertrag wird der Verkäufer einer Sache verpflichtet, dem Käufer die Sache zu übergeben und das

Eigentum an der Sache zu verschaffen. Der Verkäufer hat dem Käufer die Sache frei von Sach- und Rechtsmängeln zu verschaffen.

(2) Der Käufer ist verpflichtet, dem Verkäufer den vereinbarten Kaufpreis zu zahlen und die gekaufte Sache abzunehmen.

§ 434 Sachmangel

(1) Die Sache ist frei von Sachmängeln, wenn sie bei Gefahrübergang den subjektiven Anforderungen, den objektiven Anforderungen und den Montageanforderungen dieser Vorschrift entspricht.

(2) Die Sache entspricht den subjektiven Anforderungen, wenn sie

1. die vereinbarte Beschaffenheit hat,
2. sich für die nach dem Vertrag vorausgesetzte Verwendung eignet und
3. mit dem vereinbarten Zubehör und den vereinbarten Anleitungen, einschließlich Montage- und Installationsanleitungen, übergeben wird.

Zu der Beschaffenheit nach Satz 1 Nummer 1 gehören Art, Menge, Qualität, Funktionalität, Kompatibilität, Interoperabilität und sonstige Merkmale der Sache, für die die Parteien Anforderungen vereinbart haben.

(3) Soweit nicht wirksam etwas anderes vereinbart wurde, entspricht die Sache den objektiven Anforderungen, wenn sie

1. sich für die gewöhnliche Verwendung eignet,
2. eine Beschaffenheit aufweist, die bei Sachen derselben Art üblich ist und die der Käufer erwarten kann unter Berücksichtigung
   a) der Art der Sache und
   b) der öffentlichen Äußerungen, die von dem Verkäufer oder einem anderen Glied der Vertragskette oder in deren Auftrag, insbesondere in der Werbung oder auf dem Etikett, abgegeben wurden,
3. der Beschaffenheit einer Probe oder eines Musters entspricht, die oder das der Verkäufer dem Käufer vor Vertragsschluss zur Verfügung gestellt hat, und
4. mit dem Zubehör einschließlich der Verpackung, der Montage- oder Installationsanleitung sowie anderen Anleitungen übergeben wird, deren Erhalt der Käufer erwarten kann.

Zu der üblichen Beschaffenheit nach Satz 1 Nummer 2 gehören Menge, Qualität und sonstige Merkmale der Sache, einschließlich ihrer Haltbarkeit, Funktionalität, Kompatibilität und Sicherheit. Der Verkäufer ist durch die in Satz 1 Nummer 2 Buchstabe b genannten öffentlichen Äußerungen nicht gebunden, wenn er sie nicht kannte und auch nicht kennen konnte, wenn die Äußerung im Zeitpunkt des Vertragsschlusses in derselben oder in gleichwertiger Weise berichtigt war oder wenn die Äußerung die Kaufentscheidung nicht beeinflussen konnte.

(4) Soweit eine Montage durchzuführen ist, entspricht die Sache den Montageanforderungen, wenn die Montage

1. sachgemäß durchgeführt worden ist oder
2. zwar unsachgemäß durchgeführt worden ist, dies jedoch weder auf einer unsachgemäßen Montage durch den Verkäufer noch auf einem Mangel in der vom Verkäufer übergebenen Anleitung beruht.

(5) Einem Sachmangel steht es gleich, wenn der Verkäufer eine andere Sache als die vertraglich geschuldete Sache liefert.

§ 435 Rechtsmangel

Die Sache ist frei von Rechtsmängeln, wenn Dritte in Bezug auf die Sache keine oder nur die im Kaufvertrag übernommenen Rechte gegen den Käufer geltend machen können. Einem Rechtsmangel steht es gleich, wenn im Grundbuch ein Recht eingetragen ist, das nicht besteht.

§ 436 Öffentliche Lasten von Grundstücken

(1) Soweit nicht anders vereinbart, ist der Verkäufer eines Grundstücks verpflichtet, Erschließungsbeiträge und sonstige Anliegerbeiträge für die Maßnahmen zu tragen, die bis zum Tage des Vertragsschlusses bautechnisch begonnen sind, unabhängig vom Zeitpunkt des Entstehens der Beitragsschuld.

(2) Der Verkäufer eines Grundstücks haftet nicht für die Freiheit des Grundstücks von anderen öffentlichen Abgaben und von anderen öffentlichen Lasten, die zur Eintragung in das Grundbuch nicht geeignet sind.

§ 437 Rechte des Käufers bei Mängeln

Ist die Sache mangelhaft, kann der Käufer, wenn die Voraussetzungen der folgenden Vorschriften vorliegen und soweit nicht ein anderes bestimmt ist,

1. nach § 439 Nacherfüllung verlangen,
2. nach den §§ 440, 323 und 326 Abs. 5 von dem Vertrag zurücktreten oder nach § 441 den Kaufpreis mindern und
3. nach den §§ 440, 280, 281, 283 und 311a Schadensersatz oder nach § 284 Ersatz vergeblicher Aufwendungen verlangen.

§ 438 Verjährung der Mängelansprüche

(1) Die in § 437 Nr. 1 und 3 bezeichneten Ansprüche verjähren

1. in 30 Jahren, wenn der Mangel
   a) in einem dinglichen Recht eines Dritten, auf Grund dessen Herausgabe der Kaufsache verlangt werden kann, oder
   b) in einem sonstigen Recht, das im Grundbuch eingetragen ist,

   besteht,
2. in fünf Jahren
   a) bei einem Bauwerk und
   b) bei einer Sache, die entsprechend ihrer üblichen Verwendungsweise für ein Bauwerk verwendet worden ist und dessen Mangelhaftigkeit verursacht hat, und
3. im Übrigen in zwei Jahren.

(2) Die Verjährung beginnt bei Grundstücken mit der Übergabe, im Übrigen mit der Ablieferung der Sache.

(3) Abweichend von Absatz 1 Nr. 2 und 3 und Absatz 2 verjähren die Ansprüche in der regelmäßigen Verjährungsfrist, wenn der Verkäufer den Mangel arglistig verschwiegen hat. Im Falle des Absatzes 1 Nr. 2 tritt die Verjährung jedoch nicht vor Ablauf der dort bestimmten Frist ein.

(4) Für das in § 437 bezeichnete Rücktrittsrecht gilt § 218. Der Käufer kann trotz einer Unwirksamkeit des Rücktritts nach § 218 Abs. 1 die Zahlung des Kaufpreises insoweit verweigern, als er auf Grund des Rücktritts dazu berechtigt sein würde. Macht er von diesem Recht Gebrauch, kann der Verkäufer vom Vertrag zurücktreten.

(5) Auf das in § 437 bezeichnete Minderungsrecht finden § 218 und Absatz 4 Satz 2 entsprechende Anwendung.

§ 439 Nacherfüllung

(1) Der Käufer kann als Nacherfüllung nach seiner Wahl die Beseitigung des Mangels oder die Lieferung einer mangelfreien Sache verlangen.

(2) Der Verkäufer hat die zum Zwecke der Nacherfüllung erforderlichen Aufwendungen, insbesondere Transport-, Wege-, Arbeits- und Materialkosten zu tragen.

(3) Hat der Käufer die mangelhafte Sache gemäß ihrer Art und ihrem Verwendungszweck in eine andere Sache eingebaut oder an eine andere Sache angebracht, bevor der Mangel offenbar wurde, ist der Verkäufer im Rahmen der Nacherfüllung verpflichtet, dem Käufer die erforderlichen Aufwendungen für das Entfernen der mangelhaften und den Einbau oder das Anbringen der nachgebesserten oder gelieferten mangelfreien Sache zu ersetzen.

(4) Der Verkäufer kann die vom Käufer gewählte Art der Nacherfüllung unbeschadet des § 275 Abs. 2 und 3 verweigern, wenn sie nur mit unverhältnismäßigen Kosten möglich ist. Dabei sind insbesondere der Wert der Sache in mangelfreiem Zustand, die Bedeutung des Mangels und die Frage zu berücksichtigen, ob auf die andere Art der Nacherfüllung ohne erhebliche Nachteile für den Käufer zurückgegriffen werden könnte. Der Anspruch des Käufers beschränkt sich in diesem Fall auf die andere Art der Nacherfüllung; das Recht des Verkäufers, auch diese unter den Voraussetzungen des Satzes 1 zu verweigern, bleibt unberührt.

(5) Der Käufer hat dem Verkäufer die Sache zum Zweck der Nacherfüllung zur Verfügung zu stellen.

(6) Liefert der Verkäufer zum Zwecke der Nacherfüllung eine mangelfreie Sache, so kann er vom Käufer Rückgewähr der mangelhaften Sache nach Maßgabe der §§ 346 bis 348 verlangen. Der Verkäufer hat die ersetzte Sache auf seine Kosten zurückzunehmen.

§ 440 Besondere Bestimmungen für Rücktritt und Schadensersatz

Außer in den Fällen des § 281 Absatz 2 und des § 323 Absatz 2 bedarf es der Fristsetzung auch dann nicht, wenn der Verkäufer beide Arten der Nacherfüllung gemäß § 439 Absatz 4 verweigert oder wenn die dem Käufer zustehende Art der Nacherfüllung fehlgeschlagen oder ihm unzumutbar ist. Eine Nachbesserung gilt nach dem erfolglosen zweiten Versuch als fehlgeschlagen, wenn sich nicht insbesondere aus der Art der Sache oder des Mangels oder den sonstigen Umständen etwas anderes ergibt.

§ 441 Minderung

(1) Statt zurückzutreten, kann der Käufer den Kaufpreis durch Erklärung gegenüber dem Verkäufer mindern. Der Ausschlussgrund des § 323 Abs. 5 Satz 2 findet keine Anwendung.

(2) Sind auf der Seite des Käufers oder auf der Seite des Verkäufers mehrere beteiligt, so kann die Minderung nur von allen oder gegen alle erklärt werden.

(3) Bei der Minderung ist der Kaufpreis in dem Verhältnis herabzusetzen, in welchem zur Zeit des Vertragsschlusses der Wert der Sache in mangelfreiem Zustand zu dem wirklichen Wert gestanden haben würde. Die Minderung ist, soweit erforderlich, durch Schätzung zu ermitteln.

(4) Hat der Käufer mehr als den geminderten Kaufpreis gezahlt, so ist der Mehrbetrag vom Verkäufer zu erstatten. § 346 Abs. 1 und § 347 Abs. 1 finden entsprechende Anwendung.

§ 442 Kenntnis des Käufers

(1) Die Rechte des Käufers wegen eines Mangels sind ausgeschlossen, wenn er bei Vertragsschluss den Mangel kennt. Ist dem Käufer ein Mangel infolge grober Fahrlässigkeit unbekannt geblieben, kann der Käufer Rechte wegen dieses Mangels nur geltend machen, wenn der Verkäufer den Mangel arglistig verschwiegen oder eine Garantie für die Beschaffenheit der Sache übernommen hat.

(2) Ein im Grundbuch eingetragenes Recht hat der Verkäufer zu beseitigen, auch wenn es der Käufer kennt.

§ 443 Garantie

(1) Geht der Verkäufer, der Hersteller oder ein sonstiger Dritter in einer Erklärung oder einschlägigen Werbung, die vor oder bei Abschluss des Kaufvertrags verfügbar war, zusätzlich zu der gesetzlichen Mängelhaftung insbesondere die Verpflichtung ein, den Kaufpreis zu erstatten, die Sache auszutauschen, nachzubessern oder in ihrem Zusammenhang Dienstleistungen zu erbringen, falls die Sache nicht diejenige Beschaffenheit aufweist oder andere als die Mängelfreiheit betreffende Anforderungen nicht erfüllt, die in der Erklärung oder einschlägigen Werbung beschrieben sind (Garantie), stehen dem Käufer im Garantiefall unbeschadet der gesetzlichen Ansprüche die Rechte aus der Garantie gegenüber demjenigen zu, der die Garantie gegeben hat (Garantiegeber).

(2) Soweit der Garantiegeber eine Garantie dafür übernommen hat, dass die Sache für eine bestimmte Dauer eine bestimmte Beschaffenheit behält (Haltbarkeitsgarantie), wird vermutet, dass ein während ihrer Geltungsdauer auftretender Sachmangel die Rechte aus der Garantie begründet.

§ 444 Haftungsausschluss

Auf eine Vereinbarung, durch welche die Rechte des Käufers wegen eines Mangels ausgeschlossen oder beschränkt werden, kann sich der Verkäufer nicht berufen, soweit er den Mangel arglistig verschwiegen oder eine Garantie für die Beschaffenheit der Sache übernommen hat.

§ 445 Haftungsbegrenzung bei öffentlichen Versteigerungen

Wird eine Sache auf Grund eines Pfandrechts in einer öffentlichen Versteigerung unter der Bezeichnung als Pfand verkauft, so stehen dem Käufer Rechte wegen eines Mangels nur zu, wenn der Verkäufer den Mangel arglistig verschwiegen oder eine Garantie für die Beschaffenheit der Sache übernommen hat.

§ 445a Rückgriff des Verkäufers

(1) Der Verkäufer kann beim Verkauf einer neu hergestellten Sache von dem Verkäufer, der ihm die Sache verkauft hatte (Lieferant), Ersatz der Aufwendungen verlangen, die er im Verhältnis zum Käufer nach § 439 Absatz 2, 3 und 6 Satz 2 sowie nach § 475 Absatz 4 zu tragen hatte, wenn der vom Käufer geltend gemachte Mangel bereits beim Übergang der Gefahr auf den Verkäufer vorhanden war oder auf einer Verletzung der Aktualisierungspflicht gemäß § 475b Absatz 4 beruht.

(2) Für die in § 437 bezeichneten Rechte des Verkäufers gegen seinen Lieferanten bedarf es wegen des vom Käufer geltend gemachten Mangels der sonst erforderlichen Fristsetzung nicht, wenn der Verkäufer die verkaufte neu hergestellte Sache als Folge ihrer Mangelhaftigkeit zurücknehmen musste oder der Käufer den Kaufpreis gemindert hat.

(3) Die Absätze 1 und 2 finden auf die Ansprüche des Lieferanten und der übrigen Käufer in der Lieferkette gegen die jeweiligen Verkäufer entsprechende Anwendung, wenn die Schuldner Unternehmer sind.

(4) § 377 des Handelsgesetzbuchs bleibt unberührt.

§ 445b Verjährung von Rückgriffsansprüchen

(1) Die in § 445a Absatz 1 bestimmten Aufwendungsersatzansprüche verjähren in zwei Jahren ab Ablieferung der Sache.

(2) Die Verjährung der in den §§ 437 und 445a Absatz 1 bestimmten Ansprüche des Verkäufers gegen seinen Lieferanten wegen des Mangels einer verkauften neu hergestellten Sache tritt frühestens zwei Monate nach dem Zeitpunkt ein, in dem der Verkäufer die Ansprüche des Käufers erfüllt hat.

(3) Die Absätze 1 und 2 finden auf die Ansprüche des Lieferanten und der übrigen Käufer in der Lieferkette gegen die jeweiligen Verkäufer entsprechende Anwendung, wenn die Schuldner Unternehmer sind.

§ 445c Rückgriff bei Verträgen über digitale Produkte

Ist der letzte Vertrag in der Lieferkette ein Verbrauchervertrag über die Bereitstellung digitaler Produkte nach den §§ 327 und 327a, so sind die §§ 445a, 445b und 478 nicht anzuwenden. An die Stelle der nach Satz 1 nicht anzuwendenden Vorschriften treten die Vorschriften des Abschnitts 3 Titel 2a Untertitel 2.

§ 446 Gefahr- und Lastenübergang

Mit der Übergabe der verkauften Sache geht die Gefahr des zufälligen Untergangs und der zufälligen Verschlechterung auf den Käufer über. Von der Übergabe an gebühren dem Käufer die Nutzungen und trägt er die Lasten der Sache. Der Übergabe steht es gleich, wenn der Käufer im Verzug der Annahme ist.

§ 447 Gefahrübergang beim Versendungskauf

(1) Versendet der Verkäufer auf Verlangen des Käufers die verkaufte Sache nach einem anderen Ort als dem Erfüllungsort, so geht die Gefahr auf den Käufer über, sobald der Verkäufer die Sache dem Spediteur, dem Frachtführer oder der sonst zur Ausführung der Versendung bestimmten Person oder Anstalt ausgeliefert hat.

(2) Hat der Käufer eine besondere Anweisung über die Art der Versendung erteilt und weicht der Verkäufer ohne dringenden Grund von der Anweisung ab, so ist der Verkäufer dem Käufer für den daraus entstehenden Schaden verantwortlich.

§ 448 Kosten der Übergabe und vergleichbare Kosten

(1) Der Verkäufer trägt die Kosten der Übergabe der Sache, der Käufer die Kosten der Abnahme und der Versendung der Sache nach einem anderen Ort als dem Erfüllungsort.

(2) Der Käufer eines Grundstücks trägt die Kosten der Beurkundung des Kaufvertrags und der Auflassung, der Eintragung ins Grundbuch und der zu der Eintragung erforderlichen Erklärungen.

§ 449 Eigentumsvorbehalt

(1) Hat sich der Verkäufer einer beweglichen Sache das Eigentum bis zur Zahlung des Kaufpreises vorbehalten, so ist im Zweifel anzunehmen, dass das Eigentum unter der aufschiebenden Bedingung vollständiger Zahlung des Kaufpreises übertragen wird (Eigentumsvorbehalt).

(2) Auf Grund des Eigentumsvorbehalts kann der Verkäufer die Sache nur herausverlangen, wenn er vom Vertrag zurückgetreten ist.

(3) Die Vereinbarung eines Eigentumsvorbehalts ist nichtig, soweit der Eigentumsübergang davon abhängig gemacht wird, dass der Käufer Forderungen eines Dritten, insbesondere eines mit dem Verkäufer verbundenen Unternehmens, erfüllt.

§ 450 Ausgeschlossene Käufer bei bestimmten Verkäufen

(1) Bei einem Verkauf im Wege der Zwangsvollstreckung dürfen der mit der Vornahme oder Leitung des Verkaufs Beauftragte und die von ihm zugezogenen Gehilfen einschließlich des Protokollführers den zu verkaufenden Gegenstand weder für sich persönlich oder durch einen anderen noch als Vertreter eines anderen kaufen.

(2) Absatz 1 gilt auch bei einem Verkauf außerhalb der Zwangsvollstreckung, wenn der Auftrag zu dem Verkauf auf Grund einer gesetzlichen Vorschrift erteilt worden ist, die den Auftraggeber ermächtigt, den Gegenstand für Rechnung eines anderen verkaufen zu lassen, insbesondere in den Fällen des Pfandverkaufs und des in den §§ 383 und 385 zugelassenen Verkaufs, sowie bei einem Verkauf aus einer Insolvenzmasse.

§ 451 Kauf durch ausgeschlossenen Käufer

(1) Die Wirksamkeit eines dem § 450 zuwider erfolgten Kaufs und der Übertragung des gekauften Gegenstandes hängt von der Zustimmung der bei dem Verkauf als Schuldner, Eigentümer oder Gläubiger Beteiligten ab. Fordert der Käufer einen Beteiligten zur Erklärung über die Genehmigung auf, so findet § 177 Abs. 2 entsprechende Anwendung.

(2) Wird infolge der Verweigerung der Genehmigung ein neuer Verkauf vorgenommen, so hat der frühere Käufer für die Kosten des neuen Verkaufs sowie für einen Mindererlös aufzukommen.

§ 452 Schiffskauf

Die Vorschriften dieses Untertitels über den Kauf von Grundstücken finden auf den Kauf von eingetragenen Schiffen und Schiffsbauwerken entsprechende Anwendung.

§ 453 Rechtskauf; Verbrauchervertrag über den Kauf digitaler Inhalte

(1) Die Vorschriften über den Kauf von Sachen finden auf den Kauf von Rechten und sonstigen Gegenständen entsprechende Anwendung. Auf einen Verbrauchervertrag über den Verkauf digitaler Inhalte durch einen Unternehmer sind die folgenden Vorschriften nicht anzuwenden:

1. § 433 Absatz 1 Satz 1 und § 475 Absatz 1 über die Übergabe der Kaufsache und die Leistungszeit sowie
2. § 433 Absatz 1 Satz 2, die §§ 434 bis 442, 475 Absatz 3 Satz 1, Absatz 4 bis 6 und die §§ 476 und 477 über die Rechte bei Mängeln.

An die Stelle der nach Satz 2 nicht anzuwendenden Vorschriften treten die Vorschriften des Abschnitts 3 Titel 2a Untertitel 1.

(2) Der Verkäufer trägt die Kosten der Begründung und Übertragung des Rechts.

(3) Ist ein Recht verkauft, das zum Besitz einer Sache berechtigt, so ist der Verkäufer verpflichtet, dem Käufer die Sache frei von Sach- und Rechtsmängeln zu übergeben.

Titel 3
Darlehensvertrag; Finanzierungshilfen und Ratenlieferungsverträge zwischen einem Unternehmer und einem Verbraucher

Untertitel 1
Darlehensvertrag

Kapitel 2
Besondere Vorschriften für Verbraucherdarlehensverträge

§ 491 Verbraucherdarlehensvertrag

(1) Die Vorschriften dieses Kapitels gelten für Verbraucherdarlehensverträge, soweit nichts anderes bestimmt ist. Verbraucherdarlehensverträge sind Allgemein-Verbraucherdarlehensverträge und Immobiliar-Verbraucherdarlehensverträge.

(2) Allgemein-Verbraucherdarlehensverträge sind entgeltliche Darlehensverträge zwischen einem Unternehmer als Darlehensgeber und einem Verbraucher als Darlehensnehmer. Keine Allgemein-Verbraucherdarlehensverträge sind Verträge,

1. bei denen der Nettodarlehensbetrag (Artikel 247 § 3 Abs. 2 des Einführungsgesetzes zum Bürgerlichen Gesetzbuche) weniger als 200 Euro beträgt,
2. bei denen sich die Haftung des Darlehensnehmers auf eine dem Darlehensgeber zum Pfand übergebene Sache beschränkt,
3. bei denen der Darlehensnehmer das Darlehen binnen drei Monaten zurückzuzahlen hat und nur geringe Kosten vereinbart sind,
4. die von Arbeitgebern mit ihren Arbeitnehmern als Nebenleistung zum Arbeitsvertrag zu einem niedrigeren als dem marktüblichen effektiven Jahreszins (§ 16 der Preisangabenverordnung) abgeschlossen werden und anderen Personen nicht angeboten werden,
5. die nur mit einem begrenzten Personenkreis auf Grund von Rechtsvorschriften in öffentlichem Interesse abgeschlossen werden, wenn im Vertrag für den Darlehensnehmer günstigere als marktübliche Bedingungen und höchstens der marktübliche Sollzinssatz vereinbart sind,
6. bei denen es sich um Immobiliar-Verbraucherdarlehensverträge oder Immobilienverzehrkreditverträge gemäß Absatz 3 handelt.

(3) Immobiliar-Verbraucherdarlehensverträge sind entgeltliche Darlehensverträge zwischen einem Unternehmer als Darlehensgeber und einem Verbraucher als Darlehensnehmer, die

1. durch ein Grundpfandrecht oder eine Reallast besichert sind oder
2. für den Erwerb oder die Erhaltung des Eigentumsrechts an Grundstücken, an bestehenden oder zu errichtenden Gebäuden oder für den Erwerb oder die Erhaltung von grundstücksgleichen Rechten bestimmt sind.

Keine Immobiliar-Verbraucherdarlehensverträge sind Verträge gemäß Absatz 2 Satz 2 Nummer 4. Auf Immobiliar-Verbraucherdarlehensverträge gemäß Absatz 2 Satz 2 Nummer 5 ist nur § 491a Absatz 4 anwendbar. Keine Immobiliar-Verbraucherdarlehensverträge sind Immobilienverzehrkreditverträge, bei denen der Kreditgeber

1. pauschale oder regelmäßige Zahlungen leistet oder andere Formen der Kreditauszahlung vornimmt und im Gegenzug nur einen Betrag aus dem künftigen Erlös des Verkaufs einer Wohnimmobilie erhält oder ein Recht an einer Wohnimmobilie erwirbt und
2. erst nach dem Tod des Verbrauchers eine Rückzahlung fordert, außer der Verbraucher verstößt gegen die Vertragsbestimmungen, was dem Kreditgeber erlaubt, den Vertrag zu kündigen.

(4) § 358 Abs. 2 und 4 sowie die §§ 491a bis 495 und 505a bis 505e sind nicht auf Darlehensverträge anzuwenden, die in ein nach den Vorschriften der Zivilprozessordnung errichtetes gerichtliches Protokoll aufgenommen oder durch einen gerichtlichen Beschluss über das Zustandekommen und den Inhalt eines zwischen den Parteien geschlossenen Vergleichs festgestellt sind, wenn in das Protokoll oder den Beschluss der Sollzinssatz, die bei Abschluss des Vertrags in Rechnung gestellten Kosten des Darlehens sowie die Voraussetzungen aufgenommen worden sind, unter denen der Sollzinssatz oder die Kosten angepasst werden können.

§ 491a Vorvertragliche Informationspflichten bei Verbraucherdarlehensverträgen

(1) Der Darlehensgeber ist verpflichtet, den Darlehensnehmer nach Maßgabe des Artikels 247 des Einführungsgesetzes zum Bürgerlichen Gesetzbuche zu informieren.

(2) Der Darlehensnehmer kann vom Darlehensgeber einen Entwurf des Verbraucherdarlehensvertrags verlangen. Dies gilt nicht, solange der Darlehensgeber zum Vertragsabschluss nicht bereit ist. Unterbreitet der Darlehensgeber bei einem Immobiliar-Verbraucherdarlehensvertrag dem Darlehensnehmer ein Angebot oder einen bindenden Vorschlag für bestimmte Vertragsbestimmungen, so muss er dem Darlehensnehmer anbieten, einen Vertragsentwurf auszuhändigen oder zu übermitteln; besteht kein Widerrufsrecht nach § 495, ist der Darlehensgeber dazu verpflichtet, dem Darlehensnehmer einen Vertragsentwurf auszuhändigen oder zu übermitteln.

(3) Der Darlehensgeber ist verpflichtet, dem Darlehensnehmer vor Abschluss eines Verbraucherdarlehensvertrags angemessene Erläuterungen zu geben, damit der Darlehensnehmer in die Lage versetzt wird, zu beurteilen, ob der Vertrag dem von ihm verfolgten Zweck und seinen Vermögensverhältnissen gerecht wird. Hierzu sind gegebenenfalls die vorvertraglichen Informationen gemäß Absatz 1, die Hauptmerkmale der vom Darlehensgeber angebotenen Verträge sowie ihre vertragstypischen Auswirkungen auf den Darlehensnehmer, einschließlich der Folgen bei Zahlungsverzug, zu erläutern. Werden mit einem Immobiliar-Verbraucherdarlehensvertrag Finanzprodukte oder -dienstleistungen im Paket angeboten, so muss dem Darlehensnehmer erläutert werden, ob sie gesondert gekündigt werden können und welche Folgen die Kündigung hat.

(4) Bei einem Immobiliar-Verbraucherdarlehensvertrag entsprechend § 491 Absatz 2 Satz 2 Nummer 5 ist der Darlehensgeber verpflichtet, den Darlehensnehmer rechtzeitig vor Abgabe von dessen Vertragserklärung auf einem dauerhaften Datenträger über die Merkmale gemäß den Abschnitten 3, 4 und 13 des in Artikel 247 § 1 Absatz 2 Satz 2 des Einführungsgesetzes zum Bürgerlichen Gesetzbuche genannten Musters zu informieren. Artikel 247 § 1 Absatz 2 Satz 6 des Einführungsgesetzes zum Bürgerlichen Gesetzbuche findet Anwendung.

§ 492 Schriftform, Vertragsinhalt

(1) Verbraucherdarlehensverträge sind, soweit nicht eine strengere Form vorgeschrieben ist, schriftlich abzuschließen. Der Schriftform ist genügt, wenn Antrag und Annahme durch die Vertragsparteien jeweils getrennt schriftlich erklärt werden. Die Erklärung des Darlehensgebers bedarf keiner Unterzeichnung, wenn sie mit Hilfe einer automatischen Einrichtung erstellt wird.

(2) Der Vertrag muss die für den Verbraucherdarlehensvertrag vorgeschriebenen Angaben nach Artikel 247 §§ 6 bis 13 des Einführungsgesetzes zum Bürgerlichen Gesetzbuche enthalten.

(3) Nach Vertragsschluss stellt der Darlehensgeber dem Darlehensnehmer eine Abschrift des Vertrags zur Verfügung. Ist ein Zeitpunkt für die Rückzahlung des Darlehens bestimmt, kann der Darlehensnehmer vom Darlehensgeber jederzeit einen Tilgungsplan nach Artikel 247 § 14 des Einführungsgesetzes zum Bürgerlichen Gesetzbuche verlangen.

(4) Die Absätze 1 und 2 gelten auch für die Vollmacht, die ein Darlehensnehmer zum Abschluss eines Verbraucherdarlehensvertrags erteilt. Satz 1 gilt nicht für die Prozessvollmacht und eine Vollmacht, die notariell beurkundet ist.

(5) Erklärungen des Darlehensgebers, die dem Darlehensnehmer gegenüber nach Vertragsabschluss abzugeben sind, müssen auf einem dauerhaften Datenträger erfolgen.

(6) Enthält der Vertrag die Angaben nach Absatz 2 nicht oder nicht vollständig, können sie nach wirksamem Vertragsschluss oder in den Fällen des § 494 Absatz 2 Satz 1 nach Gültigwerden des Vertrags auf einem dauerhaften Datenträger nachgeholt werden. Hat das Fehlen von Angaben nach Absatz 2 zu Änderungen der Vertragsbedingungen gemäß § 494 Absatz 2 Satz 2 bis Absatz 6 geführt, kann die Nachholung der Angaben nur dadurch erfolgen, dass der Darlehensnehmer die nach § 494 Absatz 7 erforderliche Abschrift des Vertrags erhält. In den sonstigen Fällen muss der Darlehensnehmer spätestens im Zeitpunkt der Nachholung der Angaben eine der in § 356b Absatz 1 genannten Unterlagen erhalten. Mit der Nachholung der Angaben nach Absatz 2 ist der Darlehensnehmer auf einem dauerhaften Datenträger darauf hinzuweisen, dass die Widerrufsfrist von einem Monat nach Erhalt der nachgeholten Angaben beginnt.

(7) Die Vereinbarung eines veränderlichen Sollzinssatzes, der sich nach einem Index oder Referenzzinssatz richtet, ist nur wirksam, wenn der Index oder Referenzzinssatz objektiv, eindeutig bestimmt und für Darlehensgeber und Darlehensnehmer verfügbar und überprüfbar ist.

§ 492a Kopplungsgeschäfte bei Immobiliar-Verbraucherdarlehensverträgen

(1) Der Darlehensgeber darf den Abschluss eines Immobiliar-Verbraucherdarlehenvertrags unbeschadet des § 492b nicht davon abhängig machen, dass der Darlehensnehmer oder ein Dritter weitere Finanzprodukte oder -dienstleistungen erwirbt (Kopplungsgeschäft). Ist der Darlehensgeber zum Abschluss des Immobiliar-Verbraucherdarlehensvertrags bereit, ohne dass der Verbraucher weitere Finanzprodukte oder -dienstleistungen erwirbt, liegt ein Kopplungsgeschäft auch dann nicht vor, wenn die Bedingungen für den Immobiliar-Verbraucherdarlehensvertrag von denen abweichen, zu denen er zusammen mit den weiteren Finanzprodukten oder -dienstleistungen angeboten wird.

(2) Soweit ein Kopplungsgeschäft unzulässig ist, sind die mit dem Immobiliar-Verbraucherdarlehensvertrag gekoppelten Geschäfte nichtig; die Wirksamkeit des Immobiliar-Verbraucherdarlehensvertrags bleibt davon unberührt.

§ 492b Zulässige Kopplungsgeschäfte

(1) Ein Kopplungsgeschäft ist zulässig, wenn der Darlehensgeber den Abschluss eines Immobiliar-Verbraucherdarlehensvertrags davon abhängig macht, dass der Darlehensnehmer, ein Familienangehöriger des Darlehensnehmers oder beide zusammen

1. ein Zahlungs- oder ein Sparkonto eröffnen, dessen einziger Zweck die Ansammlung von Kapital ist, um
   a) das Immobiliar-Verbraucherdarlehen zurückzuzahlen oder zu bedienen,
   b) die erforderlichen Mittel für die Gewährung des Darlehens bereitzustellen oder

c) als zusätzliche Sicherheit für den Darlehensgeber für den Fall eines Zahlungsausfalls zu dienen;

2. ein Anlageprodukt oder ein privates Rentenprodukt erwerben oder behalten, das
   a) in erster Linie als Ruhestandseinkommen dient und
   b) bei Zahlungsausfall als zusätzliche Sicherheit für den Darlehensgeber dient oder das der Ansammlung von Kapital dient, um damit das Immobiliar-Verbraucherdarlehen zurückzuzahlen oder zu bedienen oder um damit die erforderlichen Mittel für die Gewährung des Darlehens bereitzustellen;
3. einen weiteren Darlehensvertrag abschließen, bei dem das zurückzuzahlende Kapital auf einem vertraglich festgelegten Prozentsatz des Werts der Immobilie beruht, die diese zum Zeitpunkt der Rückzahlung oder Rückzahlungen des Kapitals (Darlehensvertrag mit Wertbeteiligung) hat.

(2) Ein Kopplungsgeschäft ist zulässig, wenn der Darlehensgeber den Abschluss eines Immobiliar-Verbraucherdarlehensvertrags davon abhängig macht, dass der Darlehensnehmer im Zusammenhang mit dem Immobiliar-Verbraucherdarlehensvertrag eine einschlägige Versicherung abschließt und dem Darlehensnehmer gestattet ist, diese Versicherung auch bei einem anderen als bei dem vom Darlehensgeber bevorzugten Anbieter abzuschließen.

(3) Ein Kopplungsgeschäft ist zulässig, wenn die für den Darlehensgeber zuständige Aufsichtsbehörde die weiteren Finanzprodukte oder -dienstleistungen sowie deren Kopplung mit dem Immobiliar-Verbraucherdarlehensvertrag nach § 18a Absatz 8a des Kreditwesengesetzes genehmigt hat.

§ 493 Informationen während des Vertragsverhältnisses

(1) Ist in einem Verbraucherdarlehensvertrag der Sollzinssatz gebunden und endet die Sollzinsbindung vor der für die Rückzahlung bestimmten Zeit, unterrichtet der Darlehensgeber den Darlehensnehmer spätestens drei Monate vor Ende der Sollzinsbindung darüber, ob er zu einer neuen Sollzinsbindungsabrede bereit ist. Erklärt sich der Darlehensgeber hierzu bereit, muss die Unterrichtung den zum Zeitpunkt der Unterrichtung vom Darlehensgeber angebotenen Sollzinssatz enthalten.

(2) Der Darlehensgeber unterrichtet den Darlehensnehmer spätestens drei Monate vor Beendigung eines Verbraucherdarlehensvertrags darüber, ob er zur Fortführung des Darlehensverhältnisses bereit ist. Erklärt sich der Darlehensgeber zur Fortführung bereit, muss die Unterrichtung die zum Zeitpunkt der Unterrichtung gültigen Pflichtangaben gemäß § 491a Abs. 1 enthalten.

(3) Die Anpassung des Sollzinssatzes eines Verbraucherdarlehensvertrags mit veränderlichem Sollzinssatz wird erst wirksam, nachdem der Darlehensgeber den Darlehensnehmer über die Einzelheiten unterrichtet hat, die sich aus Artikel 247 § 15 des Einführungsgesetzes zum Bürgerlichen Gesetzbuche ergeben. Abweichende Vereinbarungen über die Wirksamkeit sind im Rahmen des Artikels 247 § 15 Absatz 2 und 3 des Einführungsgesetzes zum Bürgerlichen Gesetzbuche zulässig.

(4) Bei einem Vertrag über ein Immobiliar-Verbraucherdarlehen in Fremdwährung gemäß § 503 Absatz 1 Satz 1, auch in Verbindung mit Satz 3, hat der Darlehensgeber den Darlehensnehmer unverzüglich zu informieren, wenn der Wert des noch zu zahlenden Restbetrags oder der Wert der regelmäßigen Raten in der Landeswährung des Darlehensnehmers um mehr als 20 Prozent gegenüber dem Wert steigt, der bei Zugrundelegung des Wechselkurses bei Vertragsabschluss gegeben wäre. Die Information

1. ist auf einem dauerhaften Datenträger zu übermitteln,
2. hat die Angabe über die Veränderung des Restbetrags in der Landeswährung des Darlehensnehmers zu enthalten,
3. hat den Hinweis auf die Möglichkeit einer Währungsumstellung aufgrund des § 503 und die hierfür geltenden Bedingungen und gegebenenfalls die Erläuterung weiterer Möglichkeiten zur Begrenzung des Wechselkursrisikos zu enthalten und
4. ist so lange in regelmäßigen Abständen zu erteilen, bis die Differenz von 20 Prozent wieder unterschritten wird.

Die Sätze 1 und 2 sind entsprechend anzuwenden, wenn ein Immobiliar-Verbraucherdarlehensvertrag in der Währung des Mitgliedstaats der Europäischen Union, in dem der Darlehensnehmer bei Vertragsschluss seinen Wohnsitz hat, geschlossen wurde und der Darlehensnehmer zum Zeitpunkt der maßgeblichen Kreditwürdigkeitsprüfung in einer anderen Währung überwiegend sein Einkommen bezieht oder Vermögenswerte hält, aus denen das Darlehen zurückgezahlt werden soll.

(5) Wenn der Darlehensnehmer eines Immobiliar-Verbraucherdarlehensvertrags dem Darlehensgeber mitteilt, dass er eine vorzeitige Rückzahlung des Darlehens beabsichtigt, ist der Darlehensgeber verpflichtet, ihm unverzüglich die für die Prüfung dieser Möglichkeit erforderlichen Informationen auf einem dauerhaften Datenträger zu übermitteln. Diese Informationen müssen insbesondere folgende Angaben enthalten:

1. Auskunft über die Zulässigkeit der vorzeitigen Rückzahlung,
2. im Fall der Zulässigkeit die Höhe des zurückzuzahlenden Betrags und
3. gegebenenfalls die Höhe einer Vorfälligkeitsentschädigung.

Soweit sich die Informationen auf Annahmen stützen, müssen diese nachvollziehbar und sachlich gerechtfertigt sein und als solche dem Darlehensnehmer gegenüber offengelegt werden.

(6) Wurden Forderungen aus dem Darlehensvertrag abgetreten, treffen die Pflichten aus den Absätzen 1 bis 5 auch den neuen Gläubiger, wenn nicht der bisherige Darlehensgeber mit dem neuen Gläubiger vereinbart hat, dass im Verhältnis zum Darlehensnehmer weiterhin allein der bisherige Darlehensgeber auftritt.

(7) Der Darlehensgeber übermittelt dem Darlehensnehmer vor der Änderung der Bestimmungen des Verbraucherdarlehensvertrags die folgenden Informationen:

1. eine klare Beschreibung
   a) der vorgeschlagenen Änderungen,

b) soweit zutreffend, der Notwendigkeit der Zustimmung des Darlehensnehmers zu den Änderungen nach Buchstabe a und

c) soweit zutreffend, der gesetzlich eingeführten Änderungen, die den Änderungen nach Buchstabe a zugrunde liegen,

2. den zeitlichen Rahmen, der für die Umsetzung der Änderungen nach Nummer 1 Buchstabe a vorgesehen ist, und
3. die Möglichkeiten, die dem Darlehensnehmer zur Verfügung stehen, um gegen die Änderungen nach Nummer 1 Buchstabe a Beschwerde einzulegen, die Frist für die Einlegung der Beschwerde sowie die Bezeichnung und Anschrift der zuständigen Behörde, bei der die Beschwerde eingereicht werden kann.

§ 492 Absatz 5 ist nicht anzuwenden.

§ 494 Rechtsfolgen von Formmängeln

(1) Der Verbraucherdarlehensvertrag und die auf Abschluss eines solchen Vertrags vom Verbraucher erteilte Vollmacht sind nichtig, wenn die Schriftform insgesamt nicht eingehalten ist oder wenn eine der in Artikel 247 §§ 6 und 10 bis 13 des Einführungsgesetzes zum Bürgerlichen Gesetzbuch für den Verbraucherdarlehensvertrag vorgeschriebenen Angaben fehlt.

(2) Ungeachtet eines Mangels nach Absatz 1 wird der Verbraucherdarlehensvertrag gültig, soweit der Darlehensnehmer das Darlehen empfängt oder in Anspruch nimmt. Jedoch ermäßigt sich der dem Verbraucherdarlehensvertrag zugrunde gelegte Sollzinssatz auf den gesetzlichen Zinssatz, wenn die Angabe des Sollzinssatzes, des effektiven Jahreszinses oder des Gesamtbetrags fehlt.

(3) Ist der effektive Jahreszins zu niedrig angegeben, so vermindert sich der dem Verbraucherdarlehensvertrag zugrunde gelegte Sollzinssatz um den Prozentsatz, um den der effektive Jahreszins zu niedrig angegeben ist.

(4) Nicht angegebene Kosten werden vom Darlehensnehmer nicht geschuldet. Ist im Vertrag nicht angegeben, unter welchen Voraussetzungen Kosten oder Zinsen angepasst werden können, so entfällt die Möglichkeit, diese zum Nachteil des Darlehensnehmers anzupassen.

(5) Wurden Teilzahlungen vereinbart, ist deren Höhe vom Darlehensgeber unter Berücksichtigung der verminderten Zinsen oder Kosten neu zu berechnen.

(6) Fehlen im Vertrag Angaben zur Laufzeit oder zum Kündigungsrecht, ist der Darlehensnehmer jederzeit zur Kündigung berechtigt. Fehlen Angaben zu Sicherheiten, so können Sicherheiten nicht gefordert werden; dies gilt nicht bei Allgemein-Verbraucherdarlehensverträgen, wenn der Nettodarlehensbetrag 75 000 Euro übersteigt. Fehlen Angaben zum Umwandlungsrecht bei Immobiliar-Verbraucherdarlehen in Fremdwährung, so kann das Umwandlungsrecht jederzeit ausgeübt werden.

(7) Der Darlehensgeber stellt dem Darlehensnehmer eine Abschrift des Vertrags zur Verfügung, in der die Vertragsänderungen berücksichtigt sind, die sich aus den Absätzen 2 bis 6 ergeben.

§ 495 Widerrufsrecht; Bedenkzeit

(1) Dem Darlehensnehmer steht bei einem Verbraucherdarlehensvertrag ein Widerrufsrecht nach § 355 zu.

(2) Ein Widerrufsrecht besteht nicht bei Darlehensverträgen,

1. die einen Darlehensvertrag, zu dessen Kündigung der Darlehensgeber wegen Zahlungsverzugs des Darlehensnehmers berechtigt ist, durch Rückzahlungsvereinbarungen ergänzen oder ersetzen, wenn dadurch ein gerichtliches Verfahren vermieden wird und wenn der Gesamtbetrag (Artikel 247 § 3 des Einführungsgesetzes zum Bürgerlichen Gesetzbuche) geringer ist als die Restschuld des ursprünglichen Vertrags,
2. die notariell zu beurkunden sind, wenn der Notar bestätigt, dass die Rechte des Darlehensnehmers aus den §§ 491a und 492 gewahrt sind, oder
3. die § 504 Abs. 2 oder § 505 entsprechen.

(3) Bei Immobiliar-Verbraucherdarlehensverträgen ist dem Darlehensnehmer in den Fällen des Absatzes 2 vor Vertragsschluss eine Bedenkzeit von zumindest sieben Tagen einzuräumen. Während des Laufs der Frist ist der Darlehensgeber an sein Angebot gebunden. Die Bedenkzeit beginnt mit der Aushändigung des Vertragsangebots an den Darlehensnehmer.

§ 496 Einwendungsverzicht, Wechsel- und Scheckverbot

(1) Eine Vereinbarung, durch die der Darlehensnehmer auf das Recht verzichtet, Einwendungen, die ihm gegenüber dem Darlehensgeber zustehen, gemäß § 404 einem Abtretungsgläubiger entgegenzusetzen oder eine ihm gegen den Darlehensgeber zustehende Forderung gemäß § 406 auch dem Abtretungsgläubiger gegenüber aufzurechnen, ist unwirksam.

(2) Wird eine Forderung des Darlehensgebers aus einem Verbraucherdarlehensvertrag an einen Dritten abgetreten oder findet in der Person des Darlehensgebers ein Wechsel statt, ist der Darlehensnehmer unverzüglich darüber sowie über die Kontaktdaten des neuen Gläubigers nach Artikel 246b § 1 Absatz 1 Nummer 1, 3 und 4 des Einführungsgesetzes zum Bürgerlichen Gesetzbuche zu unterrichten. Die Unterrichtung ist bei Abtretungen entbehrlich, wenn der bisherige Darlehensgeber mit dem neuen Gläubiger vereinbart hat, dass im Verhältnis zum Darlehensnehmer weiterhin allein der bisherige Darlehensgeber auftritt. Fallen die Voraussetzungen des Satzes 2 fort, ist die Unterrichtung unverzüglich nachzuholen.

(3) Der Darlehensnehmer darf nicht verpflichtet werden, für die Ansprüche des Darlehensgebers aus dem Verbraucherdarlehensvertrag eine Wechselverbindlichkeit einzugehen. Der Darlehensgeber darf vom Darlehensnehmer zur Sicherung seiner Ansprüche aus dem Verbraucherdarlehensvertrag einen Scheck nicht entgegennehmen. Der Darlehensnehmer kann vom Darlehensgeber jederzeit die Herausgabe eines Wechsels oder Schecks, der entgegen Satz 1 oder 2 begeben worden ist, verlangen. Der Darlehensgeber haftet für jeden Schaden, der dem Darlehensnehmer aus einer solchen Wechsel- oder Scheckbegebung entsteht.

§ 497 Verzug des Darlehensnehmers

(1) Soweit der Darlehensnehmer mit Zahlungen, die er auf Grund des Verbraucherdarlehensvertrags schuldet, in Verzug kommt, hat er den geschuldeten Betrag nach § 288 Abs. 1 zu verzinsen. Im Einzelfall kann der Darle-

hensgeber einen höheren oder der Darlehensnehmer einen niedrigeren Schaden nachweisen.

(2) Die nach Eintritt des Verzugs anfallenden Zinsen sind auf einem gesonderten Konto zu verbuchen und dürfen nicht in ein Kontokorrent mit dem geschuldeten Betrag oder anderen Forderungen des Darlehensgebers eingestellt werden. Hinsichtlich dieser Zinsen gilt § 289 Satz 2 mit der Maßgabe, dass der Darlehensgeber Schadensersatz nur bis zur Höhe des gesetzlichen Zinssatzes (§ 246) verlangen kann.

(3) Zahlungen des Darlehensnehmers, die zur Tilgung der gesamten fälligen Schuld nicht ausreichen, werden abweichend von § 367 Abs. 1 zunächst auf die Kosten der Rechtsverfolgung, dann auf den übrigen geschuldeten Betrag (Absatz 1) und zuletzt auf die Zinsen (Absatz 2) angerechnet. Der Darlehensgeber darf Teilzahlungen nicht zurückweisen. Die Verjährung der Ansprüche auf Darlehensrückzahlung und Zinsen ist vom Eintritt des Verzugs nach Absatz 1 an bis zu ihrer Feststellung in einer in § 197 Abs. 1 Nr. 3 bis 5 bezeichneten Art gehemmt, jedoch nicht länger als zehn Jahre von ihrer Entstehung an. Auf die Ansprüche auf Zinsen findet § 197 Abs. 2 keine Anwendung. Die Sätze 1 bis 4 finden keine Anwendung, soweit Zahlungen auf Vollstreckungstitel geleistet werden, deren Hauptforderung auf Zinsen lautet.

(4) Bei Immobiliar-Verbraucherdarlehensverträgen beträgt der Verzugszinssatz abweichend von Absatz 1 für das Jahr 2,5 Prozentpunkte über dem Basiszinssatz. Die Absätze 2 und 3 Satz 1, 2, 4 und 5 sind auf Immobiliar-Verbraucherdarlehensverträge nicht anzuwenden.

§ 498 Gesamtfälligstellung bei Teilzahlungsdarlehen

(1) Der Darlehensgeber kann den Verbraucherdarlehensvertrag bei einem Darlehen, das in Teilzahlungen zu tilgen ist, wegen Zahlungsverzugs des Darlehensnehmers nur dann kündigen, wenn

1. der Darlehensnehmer
   a) mit mindestens zwei aufeinander folgenden Teilzahlungen ganz oder teilweise in Verzug ist,
   b) bei einer Vertragslaufzeit bis zu drei Jahren mit mindestens 10 Prozent oder bei einer Vertragslaufzeit von mehr als drei Jahren mit mindestens 5 Prozent des Nennbetrags des Darlehens in Verzug ist und
2. der Darlehensgeber dem Darlehensnehmer erfolglos eine zweiwöchige Frist zur Zahlung des rückständigen Betrags mit der Erklärung gesetzt hat, dass er bei Nichtzahlung innerhalb der Frist die gesamte Restschuld verlange.

Der Darlehensgeber soll dem Darlehensnehmer spätestens mit der Fristsetzung ein Gespräch über die Möglichkeiten einer einverständlichen Regelung anbieten.

(2) Bei einem Immobiliar-Verbraucherdarlehensvertrag muss der Darlehensnehmer abweichend von Absatz 1 Satz 1 Nummer 1 Buchstabe b mit mindestens 2,5 Prozent des Nennbetrags des Darlehens in Verzug sein.

§ 499 Kündigungsrecht des Darlehensgebers; Leistungsverweigerung

(1) In einem Allgemein-Verbraucherdarlehensvertrag ist eine Vereinbarung über ein Kündigungsrecht des Darlehensgebers unwirksam, wenn eine bestimmte Vertragslaufzeit vereinbart wurde oder die Kündigungsfrist zwei Monate unterschreitet.

(2) Der Darlehensgeber ist bei entsprechender Vereinbarung berechtigt, die Auszahlung eines Allgemein-Verbraucherdarlehens, bei dem eine Zeit für die Rückzahlung nicht bestimmt ist, aus einem sachlichen Grund zu verweigern. Beabsichtigt der Darlehensgeber dieses Recht auszuüben, hat er dies dem Darlehensnehmer unverzüglich mitzuteilen und ihn über die Gründe möglichst vor, spätestens jedoch unverzüglich nach der Rechtsausübung zu unterrichten. Die Unterrichtung über die Gründe unterbleibt, soweit hierdurch die öffentliche Sicherheit oder Ordnung gefährdet würde.

(3) Der Darlehensgeber kann einen Verbraucherdarlehensvertrag nicht allein deshalb kündigen, auf andere Weise beenden oder seine Änderung verlangen, weil die vom Darlehensnehmer vor Vertragsschluss gemachten Angaben unvollständig waren oder weil die Kreditwürdigkeitsprüfung des Darlehensnehmers nicht ordnungsgemäß durchgeführt wurde. Satz 1 findet keine Anwendung, soweit der Mangel der Kreditwürdigkeitsprüfung darauf beruht, dass der Darlehensnehmer dem Darlehensgeber für die Kreditwürdigkeitsprüfung relevante Informationen wissentlich vorenthalten oder diese gefälscht hat.

§ 500 Kündigungsrecht des Darlehensnehmers; vorzeitige Rückzahlung

(1) Der Darlehensnehmer kann einen Allgemein-Verbraucherdarlehensvertrag, bei dem eine Zeit für die Rückzahlung nicht bestimmt ist, ganz oder teilweise kündigen, ohne eine Frist einzuhalten. Eine Vereinbarung über eine Kündigungsfrist von mehr als einem Monat ist unwirksam.

(2) Der Darlehensnehmer kann seine Verbindlichkeiten aus einem Verbraucherdarlehensvertrag jederzeit ganz oder teilweise vorzeitig erfüllen. Abweichend von Satz 1 kann der Darlehensnehmer eines Immobiliar-Verbraucherdarlehensvertrags, für den ein gebundener Sollzinssatz vereinbart wurde, seine Verbindlichkeiten im Zeitraum der Sollzinsbindung nur dann ganz oder teilweise vorzeitig erfüllen, wenn hierfür ein berechtigtes Interesse des Darlehensnehmers besteht.

§ 501 Kostenermäßigung bei vorzeitiger Rückzahlung und bei Kündigung

(1) Soweit der Darlehensnehmer seine Verbindlichkeiten aus einem Verbraucherdarlehensvertrag nach § 500 Absatz 2 vorzeitig erfüllt, ermäßigen sich die Gesamtkosten des Kredits um die Zinsen und die Kosten entsprechend der verbleibenden Laufzeit des Vertrags.

(2) Soweit die Restschuld eines Verbraucherdarlehens vor der vereinbarten Zeit durch Kündigung fällig wird, ermäßigen sich die Gesamtkosten des Kredits um die Zinsen und die sonstigen laufzeitabhängigen Kosten, die bei gestaffelter Berechnung auf die Zeit nach der Fälligkeit entfallen.

§ 502 Vorfälligkeitsentschädigung

(1) Der Darlehensgeber kann im Fall der vorzeitigen Rückzahlung eine angemessene Vorfälligkeitsentschädigung für den unmittelbar mit der vorzeitigen Rückzah-

lung zusammenhängenden Schaden verlangen, wenn der Darlehensnehmer zum Zeitpunkt der Rückzahlung Zinsen zu einem gebundenen Sollzinssatz schuldet. Bei Allgemein-Verbraucherdarlehensverträgen gilt Satz 1 nur, wenn der gebundene Sollzinssatz bei Vertragsabschluss vereinbart wurde.

(2) Der Anspruch auf Vorfälligkeitsentschädigung ist ausgeschlossen, wenn

1. die Rückzahlung aus den Mitteln einer Versicherung bewirkt wird, die auf Grund einer entsprechenden Verpflichtung im Darlehensvertrag abgeschlossen wurde, um die Rückzahlung zu sichern, oder
2. im Vertrag die Angaben über die Laufzeit des Vertrags, das Kündigungsrecht des Darlehensnehmers oder die Berechnung der Vorfälligkeitsentschädigung unzureichend sind.

(3) Bei Allgemein-Verbraucherdarlehensverträgen darf die Vorfälligkeitsentschädigung folgende Beträge jeweils nicht überschreiten:

1. 1 Prozent des vorzeitig zurückgezahlten Betrags oder, wenn der Zeitraum zwischen der vorzeitigen und der vereinbarten Rückzahlung ein Jahr nicht überschreitet, 0,5 Prozent des vorzeitig zurückgezahlten Betrags,
2. den Betrag der Sollzinsen, den der Darlehensnehmer in dem Zeitraum zwischen der vorzeitigen und der vereinbarten Rückzahlung entrichtet hätte.

§ 503 Umwandlung bei Immobiliar-Verbraucherdarlehen in Fremdwährung

(1) Bei einem nicht auf die Währung des Mitgliedstaats der Europäischen Union, in dem der Darlehensnehmer bei Vertragsschluss seinen Wohnsitz hat (Landeswährung des Darlehensnehmers), geschlossenen Immobiliar-Verbraucherdarlehensvertrag (Immobiliar-Verbraucherdarlehensvertrag in Fremdwährung) kann der Darlehensnehmer die Umwandlung des Darlehens in die Landeswährung des Darlehensnehmers verlangen. Das Recht auf Umwandlung besteht dann, wenn der Wert des ausstehenden Restbetrags oder der Wert der regelmäßigen Raten in der Landeswährung des Darlehensnehmers auf Grund der Änderung des Wechselkurses um mehr als 20 Prozent über dem Wert liegt, der bei Zugrundelegung des Wechselkurses bei Vertragsabschluss gegeben wäre. Im Darlehensvertrag kann abweichend von Satz 1 vereinbart werden, dass die Landeswährung des Darlehensnehmers ausschließlich oder ergänzend die Währung ist, in der er zum Zeitpunkt der maßgeblichen Kreditwürdigkeitsprüfung überwiegend sein Einkommen bezieht oder Vermögenswerte hält, aus denen das Darlehen zurückgezahlt werden soll.

(2) Die Umstellung des Darlehens hat zu dem Wechselkurs zu erfolgen, der dem am Tag des Antrags auf Umstellung geltenden Marktwechselkurs entspricht. Satz 1 gilt nur, wenn im Darlehensvertrag nicht etwas anderes vereinbart wurde.

§ 504 Eingeräumte Überziehungsmöglichkeit

(1) Ist ein Verbraucherdarlehen in der Weise gewährt, dass der Darlehensgeber in einem Vertragsverhältnis über ein laufendes Konto dem Darlehensnehmer das Recht einräumt, sein Konto in bestimmter Höhe zu überziehen (Überziehungsmöglichkeit), hat der Darlehensgeber den Darlehensnehmer in regelmäßigen Zeitabständen über die Angaben zu unterrichten, die sich aus Artikel 247 § 16 des Einführungsgesetzes zum Bürgerlichen Gesetzbuche ergeben. Ein Anspruch auf Vorfälligkeitsentschädigung aus § 502 ist ausgeschlossen. § 493 Abs. 3 ist nur bei einer Erhöhung des Sollzinssatzes anzuwenden und gilt entsprechend bei einer Erhöhung der vereinbarten sonstigen Kosten. § 499 Abs. 1 ist nicht anzuwenden.

(2) Ist in einer Überziehungsmöglichkeit in Form des Allgemein-Verbraucherdarlehensvertrags vereinbart, dass nach der Auszahlung die Laufzeit höchstens drei Monate beträgt oder der Darlehensgeber kündigen kann, ohne eine Frist einzuhalten, sind § 491a Abs. 3, § 493 Absatz 7, die §§ 495, 499 Abs. 2 und § 500 Abs. 1 Satz 2 nicht anzuwenden. § 492 Abs. 1 ist nicht anzuwenden, wenn außer den Sollzinsen keine weiteren laufenden Kosten vereinbart sind, die Sollzinsen nicht in kürzeren Zeiträumen als drei Monaten fällig werden und der Darlehensgeber dem Darlehensnehmer den Vertragsinhalt spätestens unverzüglich nach Vertragsabschluss auf einem dauerhaften Datenträger mitteilt.

§ 504a Beratungspflicht bei Inanspruchnahme der Überziehungsmöglichkeit

(1) Der Darlehensgeber hat dem Darlehensnehmer eine Beratung gemäß Absatz 2 anzubieten, wenn der Darlehensnehmer eine ihm eingeräumte Überziehungsmöglichkeit ununterbrochen über einen Zeitraum von sechs Monaten und durchschnittlich in Höhe eines Betrags in Anspruch genommen hat, der 75 Prozent des vereinbarten Höchstbetrags übersteigt. Wenn der Rechnungsabschluss für das laufende Konto vierteljährlich erfolgt, ist der maßgebliche Zeitpunkt für das Vorliegen der Voraussetzungen nach Satz 1 der jeweilige Rechnungsabschluss. Das Beratungsangebot ist dem Darlehensnehmer in Textform auf dem Kommunikationsweg zu unterbreiten, der für den Kontakt mit dem Darlehensnehmer üblicherweise genutzt wird. Das Beratungsangebot ist zu dokumentieren.

(2) Nimmt der Darlehensnehmer das Angebot an, ist eine Beratung zu möglichen kostengünstigen Alternativen zur Inanspruchnahme der Überziehungsmöglichkeit und zu möglichen Konsequenzen einer weiteren Überziehung des laufenden Kontos durchzuführen sowie gegebenenfalls auf geeignete Beratungseinrichtungen hinzuweisen. Die Beratung hat in Form eines persönlichen Gesprächs zu erfolgen. Für dieses können auch Fernkommunikationsmittel genutzt werden. Der Ort und die Zeit des Beratungsgesprächs sind zu dokumentieren.

(3) Nimmt der Darlehensnehmer das Beratungsangebot nicht an oder wird ein Vertrag über ein geeignetes kostengünstigeres Finanzprodukt nicht geschlossen, hat der Darlehensgeber das Beratungsangebot bei erneutem Vorliegen der Voraussetzungen nach Absatz 1 zu wiederholen. Dies gilt nicht, wenn der Darlehensnehmer ausdrücklich erklärt, keine weiteren entsprechenden Beratungsangebote erhalten zu wollen.

§ 505 Geduldete Überziehung

(1) Vereinbart ein Unternehmer in einem Vertrag mit einem Verbraucher über ein laufendes Konto ohne ein-

geräumte Überziehungsmöglichkeit ein Entgelt für den Fall, dass er eine Überziehung des Kontos duldet, müssen in diesem Vertrag die Angaben nach Artikel 247 § 17 Abs. 1 des Einführungsgesetzes zum Bürgerlichen Gesetzbuche auf einem dauerhaften Datenträger enthalten sein und dem Verbraucher in regelmäßigen Zeitabständen auf einem dauerhaften Datenträger mitgeteilt werden. Satz 1 gilt entsprechend, wenn ein Darlehensgeber mit einem Darlehensnehmer in einem Vertrag über ein laufendes Konto mit eingeräumter Überziehungsmöglichkeit ein Entgelt für den Fall vereinbart, dass er eine Überziehung des Kontos über die vertraglich bestimmte Höhe hinaus duldet.

(2) Kommt es im Fall des Absatzes 1 zu einer erheblichen Überziehung von mehr als einem Monat, unterrichtet der Darlehensgeber den Darlehensnehmer unverzüglich auf einem dauerhaften Datenträger über die sich aus Artikel 247 § 17 Abs. 2 des Einführungsgesetzes zum Bürgerlichen Gesetzbuche ergebenden Einzelheiten. Wenn es im Fall des Absatzes 1 zu einer ununterbrochenen Überziehung von mehr als drei Monaten gekommen ist und der durchschnittliche Überziehungsbetrag die Hälfte des durchschnittlichen monatlichen Geldeingangs innerhalb der letzten drei Monate auf diesem Konto übersteigt, so gilt § 504a entsprechend. Wenn der Rechnungsabschluss für das laufende Konto vierteljährlich erfolgt, ist der maßgebliche Zeitpunkt für das Vorliegen der Voraussetzungen nach Satz 1 der jeweilige Rechnungsabschluss.

(3) Verstößt der Unternehmer gegen Absatz 1 oder Absatz 2, kann der Darlehensgeber über die Rückzahlung des Darlehens hinaus Kosten und Zinsen nicht verlangen.

(4) Die §§ 491a bis 496 und 499 bis 502 sind auf Allgemein-Verbraucherdarlehensverträge, die unter den in Absatz 1 genannten Voraussetzungen zustande kommen, nicht anzuwenden.

§ 505a Pflicht zur Kreditwürdigkeitsprüfung bei Verbraucherdarlehensverträgen

(1) Der Darlehensgeber hat vor dem Abschluss eines Verbraucherdarlehensvertrags die Kreditwürdigkeit des Darlehensnehmers zu prüfen. Der Darlehensgeber darf den Verbraucherdarlehensvertrag nur abschließen, wenn aus der Kreditwürdigkeitsprüfung hervorgeht, dass bei einem Allgemein-Verbraucherdarlehensvertrag keine erheblichen Zweifel daran bestehen und dass es bei einem Immobiliar-Verbraucherdarlehensvertrag wahrscheinlich ist, dass der Darlehensnehmer seinen Verpflichtungen, die im Zusammenhang mit dem Darlehensvertrag stehen, vertragsgemäß nachkommen wird.

(2) Wird der Nettodarlehensbetrag nach Abschluss des Darlehensvertrags deutlich erhöht, so ist die Kreditwürdigkeit auf aktualisierter Grundlage neu zu prüfen, es sei denn, der Erhöhungsbetrag des Nettodarlehens wurde bereits in die ursprüngliche Kreditwürdigkeitsprüfung einbezogen.

(3) Bei Immobiliar-Verbraucherdarlehensverträgen, die

1. im Anschluss an einen zwischen den Vertragsparteien abgeschlossenen Darlehensvertrag ein neues Kapitalnutzungsrecht zur Erreichung des von dem Darlehensnehmer mit dem vorangegangenen Darlehensvertrag verfolgten Zweckes einräumen oder
2. einen anderen Darlehensvertrag zwischen den Vertragsparteien zur Vermeidung von Kündigungen wegen Zahlungsverzugs des Darlehensnehmers oder zur Vermeidung von Zwangsvollstreckungsmaßnahmen gegen den Darlehensnehmer ersetzen oder ergänzen,

bedarf es einer erneuten Kreditwürdigkeitsprüfung nur unter den Voraussetzungen des Absatzes 2. Ist danach keine Kreditwürdigkeitsprüfung erforderlich, darf der Darlehensgeber den neuen Immobiliar-Verbraucherdarlehensvertrag nicht abschließen, wenn ihm bereits bekannt ist, dass der Darlehensnehmer seinen Verpflichtungen, die im Zusammenhang mit diesem Darlehensvertrag stehen, dauerhaft nicht nachkommen kann. Bei Verstößen gilt § 505d entsprechend.

§ 505b Grundlage der Kreditwürdigkeitsprüfung bei Verbraucherdarlehensverträgen

(1) Bei Allgemein-Verbraucherdarlehensverträgen können Grundlage für die Kreditwürdigkeitsprüfung Auskünfte des Darlehensnehmers und erforderlichenfalls Auskünfte von Stellen sein, die geschäftsmäßig personenbezogene Daten, die zur Bewertung der Kreditwürdigkeit von Verbrauchern genutzt werden dürfen, zum Zweck der Übermittlung erheben, speichern, verändern oder nutzen.

(2) Bei Immobiliar-Verbraucherdarlehensverträgen hat der Darlehensgeber die Kreditwürdigkeit des Darlehensnehmers auf der Grundlage notwendiger, ausreichender und angemessener Informationen zu Einkommen, Ausgaben sowie anderen finanziellen und wirtschaftlichen Umständen des Darlehensnehmers eingehend zu prüfen. Dabei hat der Darlehensgeber die Faktoren angemessen zu berücksichtigen, die für die Einschätzung relevant sind, ob der Darlehensnehmer seinen Verpflichtungen aus dem Darlehensvertrag voraussichtlich nachkommen kann. Die Kreditwürdigkeitsprüfung darf sich nicht hauptsächlich darauf stützen, dass der Wert der Wohnimmobilie den Darlehensbetrag übersteigt, oder auf die Annahme, dass der Wert der Wohnimmobilie zunimmt, es sei denn, der Darlehensvertrag dient zum Bau oder zur Renovierung der Wohnimmobilie.

(3) Der Darlehensgeber ermittelt die gemäß Absatz 2 erforderlichen Informationen aus einschlägigen internen oder externen Quellen, wozu auch Auskünfte des Darlehensnehmers gehören. Der Darlehensgeber berücksichtigt auch die Auskünfte, die einem Darlehensvermittler erteilt wurden. Der Darlehensgeber ist verpflichtet, die Informationen in angemessener Weise zu überprüfen, soweit erforderlich auch durch Einsichtnahme in unabhängig nachprüfbare Unterlagen.

(4) Bei Immobiliar-Verbraucherdarlehensverträgen ist der Darlehensgeber verpflichtet, die Verfahren und Angaben, auf die sich die Kreditwürdigkeitsprüfung stützt, festzulegen, zu dokumentieren und die Dokumentation aufzubewahren.

(5) Die Bestimmungen zum Schutz personenbezogener Daten bleiben unberührt.

§ 505c Weitere Pflichten bei grundpfandrechtlich oder durch Reallast besicherten Immobiliar-Verbraucherdarlehensverträgen

Darlehensgeber, die grundpfandrechtlich oder durch Reallast besicherte Immobiliar-Verbraucherdarlehen vergeben, haben

1. bei der Bewertung von Wohnimmobilien zuverlässige Standards anzuwenden und
2. sicherzustellen, dass interne und externe Gutachter, die Immobilienbewertungen für sie vornehmen, fachlich kompetent und so unabhängig vom Darlehensvergabeprozess sind, dass sie eine objektive Bewertung vornehmen können, und
3. Bewertungen für Immobilien, die als Sicherheit für Immobiliar-Verbraucherdarlehen dienen, auf einem dauerhaften Datenträger zu dokumentieren und aufzubewahren.

§ 505d Verstoß gegen die Pflicht zur Kreditwürdigkeitsprüfung

(1) Hat der Darlehensgeber gegen die Pflicht zur Kreditwürdigkeitsprüfung verstoßen, so ermäßigt sich

1. ein im Darlehensvertrag vereinbarter gebundener Sollzins auf den marktüblichen Zinssatz am Kapitalmarkt für Anlagen in Hypothekenpfandbriefe und öffentliche Pfandbriefe, deren Laufzeit derjenigen der Sollzinsbindung entspricht und
2. ein im Darlehensvertrag vereinbarter veränderlicher Sollzins auf den marktüblichen Zinssatz, zu dem europäische Banken einander Anleihen in Euro mit einer Laufzeit von drei Monaten gewähren.

Maßgeblicher Zeitpunkt für die Bestimmung des marktüblichen Zinssatzes gemäß Satz 1 ist der Zeitpunkt des Vertragsschlusses sowie gegebenenfalls jeweils der Zeitpunkt vertraglich vereinbarter Zinsanpassungen. Der Darlehensnehmer kann den Darlehensvertrag jederzeit fristlos kündigen; ein Anspruch auf eine Vorfälligkeitsentschädigung besteht nicht. Der Darlehensgeber stellt dem Darlehensnehmer eine Abschrift des Vertrags zur Verfügung, in der die Vertragsänderungen berücksichtigt sind, die sich aus den Sätzen 1 bis 3 ergeben. Die Sätze 1 bis 4 finden keine Anwendung, wenn bei einer ordnungsgemäßen Kreditwürdigkeitsprüfung der Darlehensvertrag hätte geschlossen werden dürfen.

(2) Kann der Darlehensnehmer Pflichten, die im Zusammenhang mit dem Darlehensvertrag stehen, nicht vertragsgemäß erfüllen, so kann der Darlehensgeber keine Ansprüche wegen Pflichtverletzung geltend machen, wenn die Pflichtverletzung auf einem Umstand beruht, der bei ordnungsgemäßer Kreditwürdigkeitsprüfung dazu geführt hätte, dass der Darlehensvertrag nicht hätte geschlossen werden dürfen.

(3) Die Absätze 1 und 2 finden keine Anwendung, soweit der Mangel der Kreditwürdigkeitsprüfung darauf beruht, dass der Darlehensnehmer dem Darlehensgeber vorsätzlich oder grob fahrlässig Informationen im Sinne des § 505b Absatz 1 bis 3 unrichtig erteilt oder vorenthalten hat.

§ 505e Verordnungsermächtigung

Das Bundesministerium der Finanzen und das Bundesministerium der Justiz und für Verbraucherschutz werden ermächtigt, durch gemeinsame Rechtsverordnung ohne Zustimmung des Bundesrates Leitlinien zu den Kriterien und Methoden der Kreditwürdigkeitsprüfung bei Immobiliar-Verbraucherdarlehensverträgen nach den §§ 505a und 505b Absatz 2 bis 4 festzulegen. Durch die Rechtsverordnung können insbesondere Leitlinien festgelegt werden

1. zu den Faktoren, die für die Einschätzung relevant sind, ob der Darlehensnehmer seinen Verpflichtungen aus dem Darlehensvertrag voraussichtlich nachkommen kann,
2. zu den anzuwendenden Verfahren und der Erhebung und Prüfung von Informationen.

Untertitel 2
Finanzierungshilfen zwischen einem Unternehmer und einem Verbraucher

§ 506 Zahlungsaufschub, sonstige Finanzierungshilfe

(1) Die für Allgemein-Verbraucherdarlehensverträge geltenden Vorschriften der §§ 358 bis 360 und 491a bis 502 sowie 505a bis 505e sind mit Ausnahme des § 492 Abs. 4 und vorbehaltlich der Absätze 3 und 4 auf Verträge entsprechend anzuwenden, durch die ein Unternehmer einem Verbraucher einen entgeltlichen Zahlungsaufschub oder eine sonstige entgeltliche Finanzierungshilfe gewährt. Bezieht sich der entgeltliche Zahlungsaufschub oder die sonstige entgeltliche Finanzierungshilfe auf den Erwerb oder die Erhaltung des Eigentumsrechts an Grundstücken, an bestehenden oder zu errichtenden Gebäuden oder auf den Erwerb oder die Erhaltung von grundstücksgleichen Rechten oder ist der Anspruch des Unternehmers durch ein Grundpfandrecht oder eine Reallast besichert, so sind die für Immobiliar-Verbraucherdarlehensverträge geltenden, in Satz 1 genannten Vorschriften sowie § 503 entsprechend anwendbar. Ein unentgeltlicher Zahlungsaufschub gilt als entgeltlicher Zahlungsaufschub gemäß Satz 2, wenn er davon abhängig gemacht wird, dass die Forderung durch ein Grundpfandrecht oder eine Reallast besichert wird.

(2) Verträge zwischen einem Unternehmer und einem Verbraucher über die entgeltliche Nutzung eines Gegenstandes gelten als entgeltliche Finanzierungshilfe, wenn vereinbart ist, dass

1. der Verbraucher zum Erwerb des Gegenstandes verpflichtet ist,
2. der Unternehmer vom Verbraucher den Erwerb des Gegenstandes verlangen kann oder
3. der Verbraucher bei Beendigung des Vertrags für einen bestimmten Wert des Gegenstandes einzustehen hat.

Auf Verträge gemäß Satz 1 Nummer 3 sind § 500 Absatz 2, § 501 Absatz 1 und § 502 nicht anzuwenden.

(3) Für Verträge, die die Lieferung einer bestimmten Sache oder die Erbringung einer bestimmten anderen Leistung gegen Teilzahlungen zum Gegenstand haben (Teilzahlungsgeschäfte), gelten vorbehaltlich des Absatzes 4 zusätzlich die in den §§ 507 und 508 geregelten Besonderheiten.

(4) Die Vorschriften dieses Untertitels sind in dem in § 491 Absatz 2 Satz 2 Nummer 1 bis 5, Absatz 3 Satz 2 und Absatz 4 bestimmten Umfang nicht anzuwenden. Soweit nach der Vertragsart ein Nettodarlehensbetrag (§ 491 Absatz 2 Satz 2 Nummer 1) nicht vorhanden ist, tritt an seine Stelle der Barzahlungspreis oder, wenn der

Unternehmer den Gegenstand für den Verbraucher erworben hat, der Anschaffungspreis.

§ 507 Teilzahlungsgeschäfte

(1) § 494 Abs. 1 bis 3 und 6 Satz 2 zweiter Halbsatz ist auf Teilzahlungsgeschäfte nicht anzuwenden. Gibt der Verbraucher sein Angebot zum Vertragsabschluss im Fernabsatz auf Grund eines Verkaufsprospekts oder eines vergleichbaren elektronischen Mediums ab, aus dem der Barzahlungspreis, der Sollzinssatz, der effektive Jahreszins, ein Tilgungsplan anhand beispielhafter Gesamtbeträge sowie die zu stellenden Sicherheiten und Versicherungen ersichtlich sind, ist auch § 492 Abs. 1 nicht anzuwenden, wenn der Unternehmer dem Verbraucher den Vertragsinhalt spätestens unverzüglich nach Vertragsabschluss auf einem dauerhaften Datenträger mitteilt.

(2) Das Teilzahlungsgeschäft ist nichtig, wenn die vorgeschriebene Schriftform des § 492 Abs. 1 nicht eingehalten ist oder im Vertrag eine der in Artikel 247 §§ 6, 12 und 13 des Einführungsgesetzes zum Bürgerlichen Gesetzbuche vorgeschriebenen Angaben fehlt. Ungeachtet eines Mangels nach Satz 1 wird das Teilzahlungsgeschäft gültig, wenn dem Verbraucher die Sache übergeben oder die Leistung erbracht wird. Jedoch ist der Barzahlungspreis höchstens mit dem gesetzlichen Zinssatz zu verzinsen, wenn die Angabe des Gesamtbetrags oder des effektiven Jahreszinses fehlt. Ist ein Barzahlungspreis nicht genannt, so gilt im Zweifel der Marktpreis als Barzahlungspreis. Ist der effektive Jahreszins zu niedrig angegeben, so vermindert sich der Gesamtbetrag um den Prozentsatz, um den der effektive Jahreszins zu niedrig angegeben ist.

(3) Abweichend von den §§ 491a und 492 Abs. 2 dieses Gesetzes und von Artikel 247 §§ 3, 6 und 12 des Einführungsgesetzes zum Bürgerlichen Gesetzbuche müssen in der vorvertraglichen Information und im Vertrag der Barzahlungspreis und der effektive Jahreszins nicht angegeben werden, wenn der Unternehmer nur gegen Teilzahlungen Sachen liefert oder Leistungen erbringt. Im Fall des § 501 ist der Berechnung der Kostenermäßigung der gesetzliche Zinssatz (§ 246) zugrunde zu legen. Ein Anspruch auf Vorfälligkeitsentschädigung ist ausgeschlossen.

§ 508 Rücktritt bei Teilzahlungsgeschäften

Der Unternehmer kann von einem Teilzahlungsgeschäft wegen Zahlungsverzugs des Verbrauchers nur unter den in § 498 Absatz 1 Satz 1 bezeichneten Voraussetzungen zurücktreten. Dem Nennbetrag entspricht der Gesamtbetrag. Der Verbraucher hat dem Unternehmer auch die infolge des Vertrags gemachten Aufwendungen zu ersetzen. Bei der Bemessung der Vergütung von Nutzungen einer zurückzugewährenden Sache ist auf die inzwischen eingetretene Wertminderung Rücksicht zu nehmen. Nimmt der Unternehmer die auf Grund des Teilzahlungsgeschäfts gelieferte Sache wieder an sich, gilt dies als Ausübung des Rücktrittsrechts, es sei denn, der Unternehmer einigt sich mit dem Verbraucher, diesem den gewöhnlichen Verkaufswert der Sache im Zeitpunkt der Wegnahme zu vergüten. Satz 5 gilt entsprechend, wenn ein Vertrag über die Lieferung einer Sache mit einem Verbraucherdarlehensvertrag verbunden ist (§ 358 Abs. 3) und wenn der Darlehensgeber die Sache an sich nimmt; im Fall des Rücktritts bestimmt sich das Rechtsverhältnis zwischen dem Darlehensgeber und dem Verbraucher nach den Sätzen 3 und 4.

§ 509 (weggefallen)

Titel 4
Schenkung

§ 516 Begriff der Schenkung

(1) Eine Zuwendung, durch die jemand aus seinem Vermögen einen anderen bereichert, ist Schenkung, wenn beide Teile darüber einig sind, dass die Zuwendung unentgeltlich erfolgt.

(2) Ist die Zuwendung ohne den Willen des anderen erfolgt, so kann ihn der Zuwendende unter Bestimmung einer angemessenen Frist zur Erklärung über die Annahme auffordern. Nach dem Ablaufe der Frist gilt die Schenkung als angenommen, wenn nicht der andere sie vorher abgelehnt hat. Im Falle der Ablehnung kann die Herausgabe des Zugewendeten nach den Vorschriften über die Herausgabe einer ungerechtfertigten Bereicherung gefordert werden.

§ 516a Verbrauchervertrag über die Schenkung digitaler Produkte

(1) Auf einen Verbrauchervertrag, bei dem der Unternehmer dem Verbraucher

1. digitale Produkte oder
2. einen körperlichen Datenträger, der ausschließlich als Träger digitaler Inhalte dient,

schenkt, und der Verbraucher dem Unternehmer personenbezogene Daten nach Maßgabe des § 327 Absatz 3 bereitstellt oder sich hierzu verpflichtet, sind die §§ 523 und 524 über die Haftung des Schenkers für Rechts- oder Sachmängel nicht anzuwenden. An die Stelle der nach Satz 1 nicht anzuwendenden Vorschriften treten die Vorschriften des Abschnitts 3 Titel 2a.

(2) Für einen Verbrauchervertrag, bei dem der Unternehmer dem Verbraucher eine Sache schenkt, die digitale Produkte enthält oder mit digitalen Produkten verbunden ist, gilt der Anwendungsausschluss nach Absatz 1 entsprechend für diejenigen Bestandteile des Vertrags, welche die digitalen Produkte betreffen.

§ 517 Unterlassen eines Vermögenserwerbs

Eine Schenkung liegt nicht vor, wenn jemand zum Vorteil eines anderen einen Vermögenserwerb unterlässt oder auf ein angefallenes, noch nicht endgültig erworbenes Recht verzichtet oder eine Erbschaft oder ein Vermächtnis ausschlägt.

§ 518 Form des Schenkungsversprechens

(1) Zur Gültigkeit eines Vertrags, durch den eine Leistung schenkweise versprochen wird, ist die notarielle Beurkundung des Versprechens erforderlich. Das Gleiche gilt, wenn ein Schuldversprechen oder ein Schuldanerkenntnis der in den §§ 780, 781 bezeichneten Art schenkweise erteilt wird, von dem Versprechen oder der Anerkennungserklärung.

(2) Der Mangel der Form wird durch die Bewirkung der versprochenen Leistung geheilt.

II

§ 519 Einrede des Notbedarfs

(1) Der Schenker ist berechtigt, die Erfüllung eines schenkweise erteilten Versprechens zu verweigern, soweit er bei Berücksichtigung seiner sonstigen Verpflichtungen außerstande ist, das Versprechen zu erfüllen, ohne dass sein angemessener Unterhalt oder die Erfüllung der ihm kraft Gesetzes obliegenden Unterhaltspflichten gefährdet wird.

(2) Treffen die Ansprüche mehrerer Beschenkten zusammen, so geht der früher entstandene Anspruch vor.

§ 520 Erlöschen eines Rentenversprechens

Verspricht der Schenker eine in wiederkehrenden Leistungen bestehende Unterstützung, so erlischt die Verbindlichkeit mit seinem Tode, sofern nicht aus dem Versprechen sich ein anderes ergibt.

§ 521 Haftung des Schenkers

Der Schenker hat nur Vorsatz und grobe Fahrlässigkeit zu vertreten.

§ 522 Keine Verzugszinsen

Zur Entrichtung von Verzugszinsen ist der Schenker nicht verpflichtet.

§ 523 Haftung für Rechtsmängel

(1) Verschweigt der Schenker arglistig einen Mangel im Rechte, so ist er verpflichtet, dem Beschenkten den daraus entstehenden Schaden zu ersetzen.

(2) Hatte der Schenker die Leistung eines Gegenstandes versprochen, den er erst erwerben sollte, so kann der Beschenkte wegen eines Mangels im Recht Schadensersatz wegen Nichterfüllung verlangen, wenn der Mangel dem Schenker bei dem Erwerb der Sache bekannt gewesen oder infolge grober Fahrlässigkeit unbekannt geblieben ist. Die für die Haftung des Verkäufers für Rechtsmängel geltenden Vorschriften des § 433 Abs. 1 und der §§ 435, 436, 444, 452, 453 finden entsprechende Anwendung.

§ 524 Haftung für Sachmängel

(1) Verschweigt der Schenker arglistig einen Fehler der verschenkten Sache, so ist er verpflichtet, dem Beschenkten den daraus entstehenden Schaden zu ersetzen.

(2) Hatte der Schenker die Leistung einer nur der Gattung nach bestimmten Sache versprochen, die er erst erwerben sollte, so kann der Beschenkte, wenn die geleistete Sache fehlerhaft und der Mangel dem Schenker bei dem Erwerb der Sache bekannt gewesen oder infolge grober Fahrlässigkeit unbekannt geblieben ist, verlangen, dass ihm anstelle der fehlerhaften Sache eine fehlerfreie geliefert wird. Hat der Schenker den Fehler arglistig verschwiegen, so kann der Beschenkte statt der Lieferung einer fehlerfreien Sache Schadensersatz wegen Nichterfüllung verlangen. Auf diese Ansprüche finden die für die Gewährleistung wegen Fehler einer verkauften Sache geltenden Vorschriften entsprechende Anwendung.

§ 525 Schenkung unter Auflage

(1) Wer eine Schenkung unter einer Auflage macht, kann die Vollziehung der Auflage verlangen, wenn er seinerseits geleistet hat.

(2) Liegt die Vollziehung der Auflage im öffentlichen Interesse, so kann nach dem Tod des Schenkers auch die zuständige Behörde die Vollziehung verlangen.

§ 526 Verweigerung der Vollziehung der Auflage

Soweit infolge eines Mangels im Recht oder eines Mangels der verschenkten Sache der Wert der Zuwendung die Höhe der zur Vollziehung der Auflage erforderlichen Aufwendungen nicht erreicht, ist der Beschenkte berechtigt, die Vollziehung der Auflage zu verweigern, bis der durch den Mangel entstandene Fehlbetrag ausgeglichen wird. Vollzieht der Beschenkte die Auflage ohne Kenntnis des Mangels, so kann er von dem Schenker Ersatz der durch die Vollziehung verursachten Aufwendungen insoweit verlangen, als sie infolge des Mangels den Wert der Zuwendung übersteigen.

§ 527 Nichtvollziehung der Auflage

(1) Unterbleibt die Vollziehung der Auflage, so kann der Schenker die Herausgabe des Geschenkes unter den für das Rücktrittsrecht bei gegenseitigen Verträgen bestimmten Voraussetzungen nach den Vorschriften über die Herausgabe einer ungerechtfertigten Bereicherung insoweit fordern, als das Geschenk zur Vollziehung der Auflage hätte verwendet werden müssen.

(2) Der Anspruch ist ausgeschlossen, wenn ein Dritter berechtigt ist, die Vollziehung der Auflage zu verlangen.

§ 528 Rückforderung wegen Verarmung des Schenkers

(1) Soweit der Schenker nach der Vollziehung der Schenkung außerstande ist, seinen angemessenen Unterhalt zu bestreiten und die ihm seinen Verwandten, seinem Ehegatten, seinem Lebenspartner oder seinem früheren Ehegatten oder Lebenspartner gegenüber gesetzlich obliegende Unterhaltspflicht zu erfüllen, kann er von dem Beschenkten die Herausgabe des Geschenkes nach den Vorschriften über die Herausgabe einer ungerechtfertigten Bereicherung fordern. Der Beschenkte kann die Herausgabe durch Zahlung des für den Unterhalt erforderlichen Betrags abwenden. Auf die Verpflichtung des Beschenkten findet die Vorschrift des § 760 sowie die für die Unterhaltspflicht der Verwandten geltende Vorschrift des § 1613 und im Falle des Todes des Schenkers auch die Vorschrift des § 1615 entsprechende Anwendung.

(2) Unter mehreren Beschenkten haftet der früher Beschenkte nur insoweit, als der später Beschenkte nicht verpflichtet ist.

§ 529 Ausschluss des Rückforderungsanspruchs

(1) Der Anspruch auf Herausgabe des Geschenkes ist ausgeschlossen, wenn der Schenker seine Bedürftigkeit vorsätzlich oder durch grobe Fahrlässigkeit herbeigeführt hat oder wenn zurzeit des Eintritts seiner Bedürftigkeit seit der Leistung des geschenkten Gegenstandes zehn Jahre verstrichen sind.

(2) Das Gleiche gilt, soweit der Beschenkte bei Berücksichtigung seiner sonstigen Verpflichtungen außerstande ist, das Geschenk herauszugeben, ohne dass sein standesmäßiger Unterhalt oder die Erfüllung der ihm kraft Gesetzes obliegenden Unterhaltspflichten gefährdet wird.

§ 530 Widerruf der Schenkung

(1) Eine Schenkung kann widerrufen werden, wenn sich der Beschenkte durch eine schwere Verfehlung gegen den Schenker oder einen nahen Angehörigen des Schenkers groben Undanks schuldig macht.

(2) Dem Erben des Schenkers steht das Recht des Widerrufs nur zu, wenn der Beschenkte vorsätzlich und widerrechtlich den Schenker getötet oder am Widerruf gehindert hat.

§ 531 Widerrufserklärung

(1) Der Widerruf erfolgt durch Erklärung gegenüber dem Beschenkten.

(2) Ist die Schenkung widerrufen, so kann die Herausgabe des Geschenks nach den Vorschriften über die Herausgabe einer ungerechtfertigten Bereicherung gefordert werden.

§ 532 Ausschluss des Widerrufs

Der Widerruf ist ausgeschlossen, wenn der Schenker dem Beschenkten verziehen hat oder wenn seit dem Zeitpunkt, in welchem der Widerrufsberechtigte von dem Eintritt der Voraussetzungen seines Rechts Kenntnis erlangt hat, ein Jahr verstrichen ist. Nach dem Tode des Beschenkten ist der Widerruf nicht mehr zulässig.

§ 533 Verzicht auf Widerrufsrecht

Auf das Widerrufsrecht kann erst verzichtet werden, wenn der Undank dem Widerrufsberechtigten bekannt geworden ist.

§ 534 Pflicht- und Anstandsschenkungen

Schenkungen, durch die einer sittlichen Pflicht oder einer auf den Anstand zu nehmenden Rücksicht entsprochen wird, unterliegen nicht der Rückforderung und dem Widerruf.

Titel 5
Mietvertrag, Pachtvertrag

Untertitel 1
Allgemeine Vorschriften für Mietverhältnisse

§ 535 Inhalt und Hauptpflichten des Mietvertrags

(1) Durch den Mietvertrag wird der Vermieter verpflichtet, dem Mieter den Gebrauch der Mietsache während der Mietzeit zu gewähren. Der Vermieter hat die Mietsache dem Mieter in einem zum vertragsgemäßen Gebrauch geeigneten Zustand zu überlassen und sie während der Mietzeit in diesem Zustand zu erhalten. Er hat die auf der Mietsache ruhenden Lasten zu tragen.

(2) Der Mieter ist verpflichtet, dem Vermieter die vereinbarte Miete zu entrichten.

§ 536 Mietminderung bei Sach- und Rechtsmängeln

(1) Hat die Mietsache zur Zeit der Überlassung an den Mieter einen Mangel, der ihre Tauglichkeit zum vertragsgemäßen Gebrauch aufhebt, oder entsteht während der Mietzeit ein solcher Mangel, so ist der Mieter für die Zeit, in der die Tauglichkeit aufgehoben ist, von der Entrichtung der Miete befreit. Für die Zeit, während der die Tauglichkeit gemindert ist, hat er nur eine angemessen herabgesetzte Miete zu entrichten. Eine unerhebliche Minderung der Tauglichkeit bleibt außer Betracht.

(1a) Für die Dauer von drei Monaten bleibt eine Minderung der Tauglichkeit außer Betracht, soweit diese auf Grund einer Maßnahme eintritt, die einer energetischen Modernisierung nach § 555b Nummer 1 dient.

(2) Absatz 1 Satz 1 und 2 gilt auch, wenn eine zugesicherte Eigenschaft fehlt oder später wegfällt.

(3) Wird dem Mieter der vertragsgemäße Gebrauch der Mietsache durch das Recht eines Dritten ganz oder zum Teil entzogen, so gelten die Absätze 1 und 2 entsprechend.

(4) Bei einem Mietverhältnis über Wohnraum ist eine zum Nachteil des Mieters abweichende Vereinbarung unwirksam.

§ 536a Schadens- und Aufwendungsersatzanspruch des Mieters wegen eines Mangels

(1) Ist ein Mangel im Sinne des § 536 bei Vertragsschluss vorhanden oder entsteht ein solcher Mangel später wegen eines Umstands, den der Vermieter zu vertreten hat, oder kommt der Vermieter mit der Beseitigung eines Mangels in Verzug, so kann der Mieter unbeschadet der Rechte aus § 536 Schadensersatz verlangen.

(2) Der Mieter kann den Mangel selbst beseitigen und Ersatz der erforderlichen Aufwendungen verlangen, wenn

1. der Vermieter mit der Beseitigung des Mangels in Verzug ist oder
2. die umgehende Beseitigung des Mangels zur Erhaltung oder Wiederherstellung des Bestands der Mietsache notwendig ist.

§ 536b Kenntnis des Mieters vom Mangel bei Vertragsschluss oder Annahme

Kennt der Mieter bei Vertragsschluss den Mangel der Mietsache, so stehen ihm die Rechte aus den §§ 536 und 536a nicht zu. Ist ihm der Mangel infolge grober Fahrlässigkeit unbekannt geblieben, so stehen ihm diese Rechte nur zu, wenn der Vermieter den Mangel arglistig verschwiegen hat. Nimmt der Mieter eine mangelhafte Sache an, obwohl er den Mangel kennt, so kann er die Rechte aus den §§ 536 und 536a nur geltend machen, wenn er sich seine Rechte bei der Annahme vorbehält.

§ 536c Während der Mietzeit auftretende Mängel; Mängelanzeige durch den Mieter

(1) Zeigt sich im Laufe der Mietzeit ein Mangel der Mietsache oder wird eine Maßnahme zum Schutz der Mietsache gegen eine nicht vorhergesehene Gefahr erforderlich, so hat der Mieter dies dem Vermieter unverzüglich anzuzeigen. Das Gleiche gilt, wenn ein Dritter sich ein Recht an der Sache anmaßt.

(2) Unterlässt der Mieter die Anzeige, so ist er dem Vermieter zum Ersatz des daraus entstehenden Schadens verpflichtet. Soweit der Vermieter infolge der Unterlassung der Anzeige nicht Abhilfe schaffen konnte, ist der Mieter nicht berechtigt,

1. die in § 536 bestimmten Rechte geltend zu machen,
2. nach § 536a Abs. 1 Schadensersatz zu verlangen oder

II

3. ohne Bestimmung einer angemessenen Frist zur Abhilfe nach § 543 Abs. 3 Satz 1 zu kündigen.

§ 536d Vertraglicher Ausschluss von Rechten des Mieters wegen eines Mangels

Auf eine Vereinbarung, durch die die Rechte des Mieters wegen eines Mangels der Mietsache ausgeschlossen oder beschränkt werden, kann sich der Vermieter nicht berufen, wenn er den Mangel arglistig verschwiegen hat.

§ 537 Entrichtung der Miete bei persönlicher Verhinderung des Mieters

(1) Der Mieter wird von der Entrichtung der Miete nicht dadurch befreit, dass er durch einen in seiner Person liegenden Grund an der Ausübung seines Gebrauchsrechts gehindert wird. Der Vermieter muss sich jedoch den Wert der ersparten Aufwendungen sowie derjenigen Vorteile anrechnen lassen, die er aus einer anderweitigen Verwertung des Gebrauchs erlangt.

(2) Solange der Vermieter infolge der Überlassung des Gebrauchs an einen Dritten außerstande ist, dem Mieter den Gebrauch zu gewähren, ist der Mieter zur Entrichtung der Miete nicht verpflichtet.

§ 538 Abnutzung der Mietsache durch vertragsgemäßen Gebrauch

Veränderungen oder Verschlechterungen der Mietsache, die durch den vertragsgemäßen Gebrauch herbeigeführt werden, hat der Mieter nicht zu vertreten.

§ 539 Ersatz sonstiger Aufwendungen und Wegnahmerecht des Mieters

(1) Der Mieter kann vom Vermieter Aufwendungen auf die Mietsache, die der Vermieter ihm nicht nach § 536a Abs. 2 zu ersetzen hat, nach den Vorschriften über die Geschäftsführung ohne Auftrag ersetzt verlangen.

(2) Der Mieter ist berechtigt, eine Einrichtung wegzunehmen, mit der er die Mietsache versehen hat.

§ 540 Gebrauchsüberlassung an Dritte

(1) Der Mieter ist ohne die Erlaubnis des Vermieters nicht berechtigt, den Gebrauch der Mietsache einem Dritten zu überlassen, insbesondere sie weiter zu vermieten. Verweigert der Vermieter die Erlaubnis, so kann der Mieter das Mietverhältnis außerordentlich mit der gesetzlichen Frist kündigen, sofern nicht in der Person des Dritten ein wichtiger Grund vorliegt.

(2) Überlässt der Mieter den Gebrauch einem Dritten, so hat er ein dem Dritten bei dem Gebrauch zur Last fallendes Verschulden zu vertreten, auch wenn der Vermieter die Erlaubnis zur Überlassung erteilt hat.

§ 541 Unterlassungsklage bei vertragswidrigem Gebrauch

Setzt der Mieter einen vertragswidrigen Gebrauch der Mietsache trotz einer Abmahnung des Vermieters fort, so kann dieser auf Unterlassung klagen.

§ 542 Ende des Mietverhältnisses

(1) Ist die Mietzeit nicht bestimmt, so kann jede Vertragspartei das Mietverhältnis nach den gesetzlichen Vorschriften kündigen.

(2) Ein Mietverhältnis, das auf bestimmte Zeit eingegangen ist, endet mit dem Ablauf dieser Zeit, sofern es nicht

1. in den gesetzlich zugelassenen Fällen außerordentlich gekündigt oder
2. verlängert wird.

§ 543 Außerordentliche fristlose Kündigung aus wichtigem Grund

(1) Jede Vertragspartei kann das Mietverhältnis aus wichtigem Grund außerordentlich fristlos kündigen. Ein wichtiger Grund liegt vor, wenn dem Kündigenden unter Berücksichtigung aller Umstände des Einzelfalls, insbesondere eines Verschuldens der Vertragsparteien, und unter Abwägung der beiderseitigen Interessen die Fortsetzung des Mietverhältnisses bis zum Ablauf der Kündigungsfrist oder bis zur sonstigen Beendigung des Mietverhältnisses nicht zugemutet werden kann.

(2) Ein wichtiger Grund liegt insbesondere vor, wenn

1. dem Mieter der vertragsgemäße Gebrauch der Mietsache ganz oder zum Teil nicht rechtzeitig gewährt oder wieder entzogen wird,
2. der Mieter die Rechte des Vermieters dadurch in erheblichem Maße verletzt, dass er die Mietsache durch Vernachlässigung der ihm obliegenden Sorgfalt erheblich gefährdet oder sie unbefugt einem Dritten überlässt oder
3. der Mieter
   a) für zwei aufeinander folgende Termine mit der Entrichtung der Miete oder eines nicht unerheblichen Teils der Miete in Verzug ist oder
   b) in einem Zeitraum, der sich über mehr als zwei Termine erstreckt, mit der Entrichtung der Miete in Höhe eines Betrages in Verzug ist, der die Miete für zwei Monate erreicht.

Im Falle des Satzes 1 Nr. 3 ist die Kündigung ausgeschlossen, wenn der Vermieter vorher befriedigt wird. Sie wird unwirksam, wenn sich der Mieter von seiner Schuld durch Aufrechnung befreien konnte und unverzüglich nach der Kündigung die Aufrechnung erklärt.

(3) Besteht der wichtige Grund in der Verletzung einer Pflicht aus dem Mietvertrag, so ist die Kündigung erst nach erfolglosem Ablauf einer zur Abhilfe bestimmten angemessenen Frist oder nach erfolgloser Abmahnung zulässig. Dies gilt nicht, wenn

1. eine Frist oder Abmahnung offensichtlich keinen Erfolg verspricht,
2. die sofortige Kündigung aus besonderen Gründen unter Abwägung der beiderseitigen Interessen gerechtfertigt ist oder
3. der Mieter mit der Entrichtung der Miete im Sinne des Absatzes 2 Nr. 3 in Verzug ist.

(4) Auf das dem Mieter nach Absatz 2 Nr. 1 zustehende Kündigungsrecht sind die §§ 536b und 536d entsprechend anzuwenden. Ist streitig, ob der Vermieter den Gebrauch der Mietsache rechtzeitig gewährt oder die Abhilfe vor Ablauf der hierzu bestimmten Frist bewirkt hat, so trifft ihn die Beweislast.

§ 544 Vertrag über mehr als 30 Jahre

Wird ein Mietvertrag für eine längere Zeit als 30 Jahre geschlossen, so kann jede Vertragspartei nach Ablauf von 30 Jahren nach Überlassung der Mietsache das Mietverhältnis außerordentlich mit der gesetzlichen Frist kündigen. Die Kündigung ist unzulässig, wenn der Vertrag für die Lebenszeit des Vermieters oder des Mieters geschlossen worden ist.

§ 545 Stillschweigende Verlängerung des Mietverhältnisses

Setzt der Mieter nach Ablauf der Mietzeit den Gebrauch der Mietsache fort, so verlängert sich das Mietverhältnis auf unbestimmte Zeit, sofern nicht eine Vertragspartei ihren entgegenstehenden Willen innerhalb von zwei Wochen dem anderen Teil erklärt. Die Frist beginnt

1. für den Mieter mit der Fortsetzung des Gebrauchs,
2. für den Vermieter mit dem Zeitpunkt, in dem er von der Fortsetzung Kenntnis erhält.

§ 546 Rückgabepflicht des Mieters

(1) Der Mieter ist verpflichtet, die Mietsache nach Beendigung des Mietverhältnisses zurückzugeben.

(2) Hat der Mieter den Gebrauch der Mietsache einem Dritten überlassen, so kann der Vermieter die Sache nach Beendigung des Mietverhältnisses auch von dem Dritten zurückfordern.

§ 546a Entschädigung des Vermieters bei verspäteter Rückgabe

(1) Gibt der Mieter die Mietsache nach Beendigung des Mietverhältnisses nicht zurück, so kann der Vermieter für die Dauer der Vorenthaltung als Entschädigung die vereinbarte Miete oder die Miete verlangen, die für vergleichbare Sachen ortsüblich ist.

(2) Die Geltendmachung eines weiteren Schadens ist nicht ausgeschlossen.

§ 547 Erstattung von im Voraus entrichteter Miete

(1) Ist die Miete für die Zeit nach Beendigung des Mietverhältnisses im Voraus entrichtet worden, so hat der Vermieter sie zurückzuerstatten und ab Empfang zu verzinsen. Hat der Vermieter die Beendigung des Mietverhältnisses nicht zu vertreten, so hat er das Erlangte nach den Vorschriften über die Herausgabe einer ungerechtfertigten Bereicherung zurückzuerstatten.

(2) Bei einem Mietverhältnis über Wohnraum ist eine zum Nachteil des Mieters abweichende Vereinbarung unwirksam.

§ 548 Verjährung der Ersatzansprüche und des Wegnahmerechts

(1) Die Ersatzansprüche des Vermieters wegen Veränderungen oder Verschlechterungen der Mietsache verjähren in sechs Monaten. Die Verjährung beginnt mit dem Zeitpunkt, in dem er die Mietsache zurückerhält. Mit der Verjährung des Anspruchs des Vermieters auf Rückgabe der Mietsache verjähren auch seine Ersatzansprüche.

(2) Ansprüche des Mieters auf Ersatz von Aufwendungen oder auf Gestattung der Wegnahme einer Einrichtung verjähren in sechs Monaten nach der Beendigung des Mietverhältnisses.

§ 548a Miete digitaler Produkte

Die Vorschriften über die Miete von Sachen sind auf die Miete digitaler Produkte entsprechend anzuwenden.

Untertitel 2
Mietverhältnisse über Wohnraum

Kapitel 1
Allgemeine Vorschriften

§ 549 Auf Wohnraummietverhältnisse anwendbare Vorschriften

(1) Für Mietverhältnisse über Wohnraum gelten die §§ 535 bis 548, soweit sich nicht aus den §§ 549 bis 577a etwas anderes ergibt.

(2) Die Vorschriften über die Miethöhe bei Mietbeginn in Gebieten mit angespannten Wohnungsmärkten (§§ 556d bis 556g), über die Mieterhöhung (§§ 557 bis 561) und über den Mieterschutz bei Beendigung des Mietverhältnisses sowie bei der Begründung von Wohnungseigentum (§ 568 Abs. 2, §§ 573, 573a, 573d Abs. 1, §§ 574 bis 575, 575a Abs. 1 und §§ 577, 577a) gelten nicht für Mietverhältnisse über

1. Wohnraum, der nur zum vorübergehenden Gebrauch vermietet ist,
2. Wohnraum, der Teil der vom Vermieter selbst bewohnten Wohnung ist und den der Vermieter überwiegend mit Einrichtungsgegenständen auszustatten hat, sofern der Wohnraum dem Mieter nicht zum dauernden Gebrauch mit seiner Familie oder mit Personen überlassen ist, mit denen er einen auf Dauer angelegten gemeinsamen Haushalt führt,
3. Wohnraum, den eine juristische Person des öffentlichen Rechts oder ein anerkannter privater Träger der Wohlfahrtspflege angemietet hat, um ihn Personen mit dringendem Wohnungsbedarf zu überlassen, wenn sie den Mieter bei Vertragsschluss auf die Zweckbestimmung des Wohnraums und die Ausnahme von den genannten Vorschriften hingewiesen hat.

(3) Für Wohnraum in einem Studenten- oder Jugendwohnheim gelten die §§ 556d bis 561 sowie die §§ 573, 573a, 573d Abs. 1 und §§ 575, 575a Abs. 1, §§ 577, 577a nicht.

§ 550 Form des Mietvertrags

Wird der Mietvertrag für längere Zeit als ein Jahr nicht in schriftlicher Form geschlossen, so gilt er für unbestimmte Zeit. Die Kündigung ist jedoch frühestens zum Ablauf eines Jahres nach Überlassung des Wohnraums zulässig.

§ 551 Begrenzung und Anlage von Mietsicherheiten

(1) Hat der Mieter dem Vermieter für die Erfüllung seiner Pflichten Sicherheit zu leisten, so darf diese vorbehaltlich des Absatzes 3 Satz 4 höchstens das Dreifache der auf einen Monat entfallenden Miete ohne die als Pauschale oder als Vorauszahlung ausgewiesenen Betriebskosten betragen.

(2) Ist als Sicherheit eine Geldsumme bereitzustellen, so ist der Mieter zu drei gleichen monatlichen Teilzahlungen berechtigt. Die erste Teilzahlung ist zu Beginn des Mietverhältnisses fällig. Die weiteren Teilzahlungen werden zusammen mit den unmittelbar folgenden Mietzahlungen fällig.

(3) Der Vermieter hat eine ihm als Sicherheit überlassene Geldsumme bei einem Kreditinstitut zu dem für Spareinlagen mit dreimonatiger Kündigungsfrist üblichen

Zinssatz anzulegen. Die Vertragsparteien können eine andere Anlageform vereinbaren. In beiden Fällen muss die Anlage vom Vermögen des Vermieters getrennt erfolgen und stehen die Erträge dem Mieter zu. Sie erhöhen die Sicherheit. Bei Wohnraum in einem Studenten- oder Jugendwohnheim besteht für den Vermieter keine Pflicht, die Sicherheitsleistung zu verzinsen.

(4) Eine zum Nachteil des Mieters abweichende Vereinbarung ist unwirksam.

§ 552 Abwendung des Wegnahmerechts des Mieters

(1) Der Vermieter kann die Ausübung des Wegnahmerechts (§ 539 Abs. 2) durch Zahlung einer angemessenen Entschädigung abwenden, wenn nicht der Mieter ein berechtigtes Interesse an der Wegnahme hat.

(2) Eine Vereinbarung, durch die das Wegnahmerecht ausgeschlossen wird, ist nur wirksam, wenn ein angemessener Ausgleich vorgesehen ist.

§ 553 Gestattung der Gebrauchsüberlassung an Dritte

(1) Entsteht für den Mieter nach Abschluss des Mietvertrags ein berechtigtes Interesse, einen Teil des Wohnraums einem Dritten zum Gebrauch zu überlassen, so kann er von dem Vermieter die Erlaubnis hierzu verlangen. Dies gilt nicht, wenn in der Person des Dritten ein wichtiger Grund vorliegt, der Wohnraum übermäßig belegt würde oder dem Vermieter die Überlassung aus sonstigen Gründen nicht zugemutet werden kann.

(2) Ist dem Vermieter die Überlassung nur bei einer angemessenen Erhöhung der Miete zuzumuten, so kann er die Erlaubnis davon abhängig machen, dass der Mieter sich mit einer solchen Erhöhung einverstanden erklärt.

(3) Eine zum Nachteil des Mieters abweichende Vereinbarung ist unwirksam.

§ 554 Barrierereduzierung, E-Mobilität und Einbruchsschutz

(1) Der Mieter kann verlangen, dass ihm der Vermieter bauliche Veränderungen der Mietsache erlaubt, die dem Gebrauch durch Menschen mit Behinderungen, dem Laden elektrisch betriebener Fahrzeuge oder dem Einbruchsschutz dienen. Der Anspruch besteht nicht, wenn die bauliche Veränderung dem Vermieter auch unter Würdigung der Interessen des Mieters nicht zugemutet werden kann. Der Mieter kann sich im Zusammenhang mit der baulichen Veränderung zur Leistung einer besonderen Sicherheit verpflichten; § 551 Absatz 3 gilt entsprechend.

(2) Eine zum Nachteil des Mieters abweichende Vereinbarung ist unwirksam.

§ 555 Unwirksamkeit einer Vertragsstrafe

Eine Vereinbarung, durch die sich der Vermieter eine Vertragsstrafe vom Mieter versprechen lässt, ist unwirksam.

Kapitel 1a
Erhaltungs- und Modernisierungsmaßnahmen

§ 555a Erhaltungsmaßnahmen

(1) Der Mieter hat Maßnahmen zu dulden, die zur Instandhaltung oder Instandsetzung der Mietsache erforderlich sind (Erhaltungsmaßnahmen).

(2) Erhaltungsmaßnahmen sind dem Mieter rechtzeitig anzukündigen, es sei denn, sie sind nur mit einer unerheblichen Einwirkung auf die Mietsache verbunden oder ihre sofortige Durchführung ist zwingend erforderlich.

(3) Aufwendungen, die der Mieter infolge einer Erhaltungsmaßnahme machen muss, hat der Vermieter in angemessenem Umfang zu ersetzen. Auf Verlangen hat er Vorschuss zu leisten.

(4) Eine zum Nachteil des Mieters von Absatz 2 oder 3 abweichende Vereinbarung ist unwirksam.

§ 555b Modernisierungsmaßnahmen

Modernisierungsmaßnahmen sind bauliche Veränderungen,

1. durch die in Bezug auf die Mietsache Endenergie nachhaltig eingespart wird (energetische Modernisierung),

1a. durch die mittels Einbaus oder Aufstellung einer Heizungsanlage zum Zwecke der Inbetriebnahme in einem Gebäude die Anforderungen des § 71 des Gebäudeenergiegesetzes erfüllt werden,

2. durch die nicht erneuerbare Primärenergie nachhaltig eingespart oder das Klima nachhaltig geschützt wird, sofern nicht bereits eine energetische Modernisierung nach Nummer 1 vorliegt,
3. durch die der Wasserverbrauch nachhaltig reduziert wird,
4. durch die der Gebrauchswert der Mietsache nachhaltig erhöht wird,

4a. durch die die Mietsache erstmalig mittels Glasfaser an ein öffentliches Netz mit sehr hoher Kapazität im Sinne des § 3 Nummer 33 des Telekommunikationsgesetzes angeschlossen wird,

5. durch die die allgemeinen Wohnverhältnisse auf Dauer verbessert werden,
6. die auf Grund von Umständen durchgeführt werden, die der Vermieter nicht zu vertreten hat, und die keine Erhaltungsmaßnahmen nach § 555a sind, oder
7. durch die neuer Wohnraum geschaffen wird.

§ 555c Ankündigung von Modernisierungsmaßnahmen

(1) Der Vermieter hat dem Mieter eine Modernisierungsmaßnahme spätestens drei Monate vor ihrem Beginn in Textform anzukündigen (Modernisierungsankündigung). Die Modernisierungsankündigung muss Angaben enthalten über:

1. die Art und den voraussichtlichen Umfang der Modernisierungsmaßnahme in wesentlichen Zügen,
2. den voraussichtlichen Beginn und die voraussichtliche Dauer der Modernisierungsmaßnahme,
3. den Betrag der zu erwartenden Mieterhöhung, sofern eine Erhöhung nach § 559 oder § 559c verlangt werden soll, sowie die voraussichtlichen künftigen Betriebskosten.

(2) Der Vermieter soll den Mieter in der Modernisierungsankündigung auf die Form und die Frist des Härteeinwands nach § 555d Absatz 3 Satz 1 hinweisen.

(3) In der Modernisierungsankündigung für eine Modernisierungsmaßnahme nach § 555b Nummer 1 und 2 kann der Vermieter insbesondere hinsichtlich der ener-

getischen Qualität von Bauteilen auf allgemein anerkannte Pauschalwerte Bezug nehmen.

(4) Die Absätze 1 bis 3 gelten nicht für Modernisierungsmaßnahmen, die nur mit einer unerheblichen Einwirkung auf die Mietsache verbunden sind und nur zu einer unerheblichen Mieterhöhung führen.

(5) Eine zum Nachteil des Mieters abweichende Vereinbarung ist unwirksam.

§ 555d Duldung von Modernisierungsmaßnahmen, Ausschlussfrist

(1) Der Mieter hat eine Modernisierungsmaßnahme zu dulden.

(2) Eine Duldungspflicht nach Absatz 1 besteht nicht, wenn die Modernisierungsmaßnahme für den Mieter, seine Familie oder einen Angehörigen seines Haushalts eine Härte bedeuten würde, die auch unter Würdigung der berechtigten Interessen sowohl des Vermieters als auch anderer Mieter in dem Gebäude sowie von Belangen der Energieeinsparung und des Klimaschutzes nicht zu rechtfertigen ist. Die zu erwartende Mieterhöhung sowie die voraussichtlichen künftigen Betriebskosten bleiben bei der Abwägung im Rahmen der Duldungspflicht außer Betracht; sie sind nur nach § 559 Absatz 4 und 5 bei einer Mieterhöhung zu berücksichtigen.

(3) Der Mieter hat dem Vermieter Umstände, die eine Härte im Hinblick auf die Duldung oder die Mieterhöhung begründen, bis zum Ablauf des Monats, der auf den Zugang der Modernisierungsankündigung folgt, in Textform mitzuteilen. Der Lauf der Frist beginnt nur, wenn die Modernisierungsankündigung den Vorschriften des § 555c entspricht.

(4) Nach Ablauf der Frist sind Umstände, die eine Härte im Hinblick auf die Duldung oder die Mieterhöhung begründen, noch zu berücksichtigen, wenn der Mieter ohne Verschulden an der Einhaltung der Frist gehindert war und er dem Vermieter die Umstände sowie die Gründe der Verzögerung unverzüglich in Textform mitteilt. Umstände, die eine Härte im Hinblick auf die Mieterhöhung begründen, sind nur zu berücksichtigen, wenn sie spätestens bis zum Beginn der Modernisierungsmaßnahme mitgeteilt werden.

(5) Hat der Vermieter in der Modernisierungsankündigung nicht auf die Form und die Frist des Härteeinwands hingewiesen (§ 555c Absatz 2), so bedarf die Mitteilung des Mieters nach Absatz 3 Satz 1 nicht der dort bestimmten Form und Frist. Absatz 4 Satz 2 gilt entsprechend.

(6) § 555a Absatz 3 gilt entsprechend.

(7) Eine zum Nachteil des Mieters abweichende Vereinbarung ist unwirksam.

§ 555e Sonderkündigungsrecht des Mieters bei Modernisierungsmaßnahmen

(1) Nach Zugang der Modernisierungsankündigung kann der Mieter das Mietverhältnis außerordentlich zum Ablauf des übernächsten Monats kündigen. Die Kündigung muss bis zum Ablauf des Monats erfolgen, der auf den Zugang der Modernisierungsankündigung folgt.

(2) § 555c Absatz 4 gilt entsprechend.

(3) Eine zum Nachteil des Mieters abweichende Vereinbarung ist unwirksam.

§ 555f Vereinbarungen über Erhaltungs- oder Modernisierungsmaßnahmen

Die Vertragsparteien können nach Abschluss des Mietvertrags aus Anlass von Erhaltungs- oder Modernisierungsmaßnahmen Vereinbarungen treffen, insbesondere über die

1. zeitliche und technische Durchführung der Maßnahmen,
2. Gewährleistungsrechte und Aufwendungsersatzansprüche des Mieters,
3. künftige Höhe der Miete.

Kapitel 2
Die Miete

Unterkapitel 1
Vereinbarungen über die Miete

§ 556 Vereinbarungen über Betriebskosten

(1) Die Vertragsparteien können vereinbaren, dass der Mieter Betriebskosten trägt. Betriebskosten sind die Kosten, die dem Eigentümer oder Erbbauberechtigten durch das Eigentum oder das Erbbaurecht am Grundstück oder durch den bestimmungsmäßigen Gebrauch des Gebäudes, der Nebengebäude, Anlagen, Einrichtungen und des Grundstücks laufend entstehen. Für die Aufstellung der Betriebskosten gilt die Betriebskostenverordnung vom 25. November 2003 (BGBl. I S. 2346, 2347) fort. Die Bundesregierung wird ermächtigt, durch Rechtsverordnung ohne Zustimmung des Bundesrates Vorschriften über die Aufstellung der Betriebskosten zu erlassen.

(2) Die Vertragsparteien können vorbehaltlich anderweitiger Vorschriften vereinbaren, dass Betriebskosten als Pauschale oder als Vorauszahlung ausgewiesen werden. Vorauszahlungen für Betriebskosten dürfen nur in angemessener Höhe vereinbart werden.

(3) Über die Vorauszahlungen für Betriebskosten ist jährlich abzurechnen; dabei ist der Grundsatz der Wirtschaftlichkeit zu beachten. Die Abrechnung ist dem Mieter spätestens bis zum Ablauf des zwölften Monats nach Ende des Abrechnungszeitraums mitzuteilen. Nach Ablauf dieser Frist ist die Geltendmachung einer Nachforderung durch den Vermieter ausgeschlossen, es sei denn, der Vermieter hat die verspätete Geltendmachung nicht zu vertreten. Der Vermieter ist zu Teilabrechnungen nicht verpflichtet. Einwendungen gegen die Abrechnung hat der Mieter dem Vermieter spätestens bis zum Ablauf des zwölften Monats nach Zugang der Abrechnung mitzuteilen. Nach Ablauf dieser Frist kann der Mieter Einwendungen nicht mehr geltend machen, es sei denn, der Mieter hat die verspätete Geltendmachung nicht zu vertreten.

(3a) Ein Glasfaserbereitstellungsentgelt nach § 72 Absatz 1 des Telekommunikationsgesetzes hat der Mieter nur bei wirtschaftlicher Umsetzung der Maßnahme zu tragen. Handelt es sich um eine aufwändige Maßnahme im Sinne von § 72 Absatz 2 Satz 4 des Telekommunikationsgesetzes, hat der Mieter die Kosten nur dann zu tragen, wenn der Vermieter vor Vereinbarung der Glasfaserbereitstellung soweit möglich drei Angebote eingeholt und das wirtschaftlichste ausgewählt hat.

(4) Eine zum Nachteil des Mieters von Absatz 1, Absatz 2 Satz 2, Absatz 3 oder Absatz 3a abweichende Vereinbarung ist unwirksam.

II

§ 556a Abrechnungsmaßstab für Betriebskosten

(1) Haben die Vertragsparteien nichts anderes vereinbart, sind die Betriebskosten vorbehaltlich anderweitiger Vorschriften nach dem Anteil der Wohnfläche umzulegen. Betriebskosten, die von einem erfassten Verbrauch oder einer erfassten Verursachung durch die Mieter abhängen, sind nach einem Maßstab umzulegen, der dem unterschiedlichen Verbrauch oder der unterschiedlichen Verursachung Rechnung trägt.

(2) Haben die Vertragsparteien etwas anderes vereinbart, kann der Vermieter durch Erklärung in Textform bestimmen, dass die Betriebskosten zukünftig abweichend von der getroffenen Vereinbarung ganz oder teilweise nach einem Maßstab umgelegt werden dürfen, der dem erfassten unterschiedlichen Verbrauch oder der erfassten unterschiedlichen Verursachung Rechnung trägt. Die Erklärung ist nur vor Beginn eines Abrechnungszeitraums zulässig. Sind die Kosten bislang in der Miete enthalten, so ist diese entsprechend herabzusetzen.

(3) Ist Wohnungseigentum vermietet und haben die Vertragsparteien nichts anderes vereinbart, sind die Betriebskosten abweichend von Absatz 1 nach dem für die Verteilung zwischen den Wohnungseigentümern jeweils geltenden Maßstab umzulegen. Widerspricht der Maßstab billigem Ermessen, ist nach Absatz 1 umzulegen.

(4) Eine zum Nachteil des Mieters von Absatz 2 abweichende Vereinbarung ist unwirksam.

§ 556b Fälligkeit der Miete, Aufrechnungs- und Zurückbehaltungsrecht

(1) Die Miete ist zu Beginn, spätestens bis zum dritten Werktag der einzelnen Zeitabschnitte zu entrichten, nach denen sie bemessen ist.

(2) Der Mieter kann entgegen einer vertraglichen Bestimmung gegen eine Mietforderung mit einer Forderung auf Grund der §§ 536a, 539 oder aus ungerechtfertigter Bereicherung wegen zu viel gezahlter Miete aufrechnen oder wegen einer solchen Forderung ein Zurückbehaltungsrecht ausüben, wenn er seine Absicht dem Vermieter mindestens einen Monat vor der Fälligkeit der Miete in Textform angezeigt hat. Eine zum Nachteil des Mieters abweichende Vereinbarung ist unwirksam.

§ 556c Kosten der Wärmelieferung als Betriebskosten, Verordnungsermächtigung

(1) Hat der Mieter die Betriebskosten für Wärme oder Warmwasser zu tragen und stellt der Vermieter die Versorgung von der Eigenversorgung auf die eigenständig gewerbliche Lieferung durch einen Wärmelieferanten (Wärmelieferung) um, so hat der Mieter die Kosten der Wärmelieferung als Betriebskosten zu tragen, wenn

1. die Wärme mit verbesserter Effizienz entweder aus einer vom Wärmelieferanten errichteten neuen Anlage oder aus einem Wärmenetz geliefert wird und
2. die Kosten der Wärmelieferung die Betriebskosten für die bisherige Eigenversorgung mit Wärme oder Warmwasser nicht übersteigen.

Beträgt der Jahresnutzungsgrad der bestehenden Anlage vor der Umstellung mindestens 80 Prozent, kann sich der Wärmelieferant anstelle der Maßnahmen nach Nummer 1 auf die Verbesserung der Betriebsführung der Anlage beschränken.

(2) Der Vermieter hat die Umstellung spätestens drei Monate zuvor in Textform anzukündigen (Umstellungsankündigung).

(3) Die Bundesregierung wird ermächtigt, durch Rechtsverordnung ohne Zustimmung des Bundesrates Vorschriften für Wärmelieferverträge, die bei einer Umstellung nach Absatz 1 geschlossen werden, sowie für die Anforderungen nach den Absätzen 1 und 2 zu erlassen. Hierbei sind die Belange von Vermietern, Mietern und Wärmelieferanten angemessen zu berücksichtigen.

(4) Eine zum Nachteil des Mieters abweichende Vereinbarung ist unwirksam.

Unterkapitel 1a
Vereinbarungen über die Miethöhe bei Mietbeginn in Gebieten mit angespannten Wohnungsmärkten

§ 556d Zulässige Miethöhe bei Mietbeginn; Verordnungsermächtigung

(1) Wird ein Mietvertrag über Wohnraum abgeschlossen, der in einem durch Rechtsverordnung nach Absatz 2 bestimmten Gebiet mit einem angespannten Wohnungsmarkt liegt, so darf die Miete zu Beginn des Mietverhältnisses die ortsübliche Vergleichsmiete (§ 558 Absatz 2) höchstens um 10 Prozent übersteigen.

(2) Die Landesregierungen werden ermächtigt, Gebiete mit angespannten Wohnungsmärkten durch Rechtsverordnung für die Dauer von jeweils höchstens fünf Jahren zu bestimmen. Gebiete mit angespannten Wohnungsmärkten liegen vor, wenn die ausreichende Versorgung der Bevölkerung mit Mietwohnungen in einer Gemeinde oder einem Teil der Gemeinde zu angemessenen Bedingungen besonders gefährdet ist. Dies kann insbesondere dann der Fall sein, wenn

1. die Mieten deutlich stärker steigen als im bundesweiten Durchschnitt,
2. die durchschnittliche Mietbelastung der Haushalte den bundesweiten Durchschnitt deutlich übersteigt,
3. die Wohnbevölkerung wächst, ohne dass durch Neubautätigkeit insoweit erforderlicher Wohnraum geschaffen wird, oder
4. geringer Leerstand bei großer Nachfrage besteht.

Eine Rechtsverordnung nach Satz 1 muss spätestens mit Ablauf des 31. Dezember 2025 außer Kraft treten. Sie muss begründet werden. Aus der Begründung muss sich ergeben, auf Grund welcher Tatsachen ein Gebiet mit einem angespannten Wohnungsmarkt im Einzelfall vorliegt. Ferner muss sich aus der Begründung ergeben, welche Maßnahmen die Landesregierung in dem nach Satz 1 durch die Rechtsverordnung jeweils bestimmten Gebiet und Zeitraum ergreifen wird, um Abhilfe zu schaffen.

§ 556e Berücksichtigung der Vormiete oder einer durchgeführten Modernisierung

(1) Ist die Miete, die der vorherige Mieter zuletzt schuldete (Vormiete), höher als die nach § 556d Absatz 1 zulässige Miete, so darf eine Miete bis zur Höhe der Vormiete vereinbart werden. Bei der Ermittlung der Vormiete unberücksichtigt bleiben Mietminderungen sowie solche Mieterhöhungen, die mit dem vorherigen Mieter innerhalb des letzten Jahres vor Beendigung des Mietverhältnisses vereinbart worden sind.

(2) Hat der Vermieter in den letzten drei Jahren vor Beginn des Mietverhältnisses Modernisierungsmaßnahmen im Sinne des § 555b durchgeführt, so darf die nach § 556d Absatz 1 zulässige Miete um den Betrag überschritten werden, der sich bei einer Mieterhöhung nach § 559 Absatz 1 bis 3a und § 559a Absatz 1 bis 4 ergäbe. Bei der Berechnung nach Satz 1 ist von der ortsüblichen Vergleichsmiete (§ 558 Absatz 2) auszugehen, die bei Beginn des Mietverhältnisses ohne Berücksichtigung der Modernisierung anzusetzen wäre.

§ 556f Ausnahmen

§ 556d ist nicht anzuwenden auf eine Wohnung, die nach dem 1. Oktober 2014 erstmals genutzt und vermietet wird. Die §§ 556d und 556e sind nicht anzuwenden auf die erste Vermietung nach umfassender Modernisierung.

§ 556g Rechtsfolgen; Auskunft über die Miete

(1) Eine zum Nachteil des Mieters von den Vorschriften dieses Unterkapitels abweichende Vereinbarung ist unwirksam. Für Vereinbarungen über die Miethöhe bei Mietbeginn gilt dies nur, soweit die zulässige Miete überschritten wird. Der Vermieter hat dem Mieter zu viel gezahlte Miete nach den Vorschriften über die Herausgabe einer ungerechtfertigten Bereicherung herauszugeben. Die §§ 814 und 817 Satz 2 sind nicht anzuwenden.

(1a) Soweit die Zulässigkeit der Miete auf § 556e oder § 556f beruht, ist der Vermieter verpflichtet, dem Mieter vor dessen Abgabe der Vertragserklärung über Folgendes unaufgefordert Auskunft zu erteilen:

1. im Fall des § 556e Absatz 1 darüber, wie hoch die Vormiete war,
2. im Fall des § 556e Absatz 2 darüber, dass in den letzten drei Jahren vor Beginn des Mietverhältnisses Modernisierungsmaßnahmen durchgeführt wurden,
3. im Fall des § 556f Satz 1 darüber, dass die Wohnung nach dem 1. Oktober 2014 erstmals genutzt und vermietet wurde,
4. im Fall des § 556f Satz 2 darüber, dass es sich um die erste Vermietung nach umfassender Modernisierung handelt.

Soweit der Vermieter die Auskunft nicht erteilt hat, kann er sich nicht auf eine nach § 556e oder § 556f zulässige Miete berufen. Hat der Vermieter die Auskunft nicht erteilt und hat er diese in der vorgeschriebenen Form nachgeholt, kann er sich erst zwei Jahre nach Nachholung der Auskunft auf eine nach § 556e oder § 556f zulässige Miete berufen. Hat der Vermieter die Auskunft nicht in der vorgeschriebenen Form erteilt, so kann er sich auf eine nach § 556e oder § 556f zulässige Miete erst dann berufen, wenn er die Auskunft in der vorgeschriebenen Form nachgeholt hat.

(2) Der Mieter kann von dem Vermieter eine nach den §§ 556d und 556e nicht geschuldete Miete nur zurückverlangen, wenn er einen Verstoß gegen die Vorschriften dieses Unterkapitels gerügt hat. Hat der Vermieter eine Auskunft nach Absatz 1a Satz 1 erteilt, so muss die Rüge sich auf diese Auskunft beziehen. Rügt der Mieter den Verstoß mehr als 30 Monate nach Beginn des Mietverhältnisses oder war das Mietverhältnis bei Zugang der Rüge bereits beendet, kann er nur die nach Zugang der Rüge fällig gewordene Miete zurückverlangen.

(3) Der Vermieter ist auf Verlangen des Mieters verpflichtet, Auskunft über diejenigen Tatsachen zu erteilen, die für die Zulässigkeit der vereinbarten Miete nach den Vorschriften dieses Unterkapitels maßgeblich sind, soweit diese Tatsachen nicht allgemein zugänglich sind und der Vermieter hierüber unschwer Auskunft geben kann. Für die Auskunft über Modernisierungsmaßnahmen (§ 556e Absatz 2) gilt § 559b Absatz 1 Satz 2 und 3 entsprechend.

(4) Sämtliche Erklärungen nach den Absätzen 1a bis 3 bedürfen der Textform.

Unterkapitel 2
Regelungen über die Miethöhe

§ 557 Mieterhöhungen nach Vereinbarung oder Gesetz

(1) Während des Mietverhältnisses können die Parteien eine Erhöhung der Miete vereinbaren.

(2) Künftige Änderungen der Miethöhe können die Vertragsparteien als Staffelmiete nach § 557a oder als Indexmiete nach § 557b vereinbaren.

(3) Im Übrigen kann der Vermieter Mieterhöhungen nur nach Maßgabe der §§ 558 bis 560 verlangen, soweit nicht eine Erhöhung durch Vereinbarung ausgeschlossen ist oder sich der Ausschluss aus den Umständen ergibt.

(4) Eine zum Nachteil des Mieters abweichende Vereinbarung ist unwirksam.

§ 557a Staffelmiete

(1) Die Miete kann für bestimmte Zeiträume in unterschiedlicher Höhe schriftlich vereinbart werden; in der Vereinbarung ist die jeweilige Miete oder die jeweilige Erhöhung in einem Geldbetrag auszuweisen (Staffelmiete).

(2) Die Miete muss jeweils mindestens ein Jahr unverändert bleiben. Während der Laufzeit einer Staffelmiete ist eine Erhöhung nach den §§ 558 bis 559b ausgeschlossen.

(3) Das Kündigungsrecht des Mieters kann für höchstens vier Jahre seit Abschluss der Staffelmietvereinbarung ausgeschlossen werden. Die Kündigung ist frühestens zum Ablauf dieses Zeitraums zulässig.

(4) Die §§ 556d bis 556g sind auf jede Mietstaffel anzuwenden. Maßgeblich für die Berechnung der nach § 556d Absatz 1 zulässigen Höhe der zweiten und aller weiteren Mietstaffeln ist statt des Beginns des Mietverhältnisses der Zeitpunkt, zu dem die erste Miete der jeweiligen Mietstaffel fällig wird. Die in einer vorange-

gangenen Mietstaffel wirksam begründete Miethöhe bleibt erhalten.

(5) Eine zum Nachteil des Mieters abweichende Vereinbarung ist unwirksam.

II

§ 557b Indexmiete

(1) Die Vertragsparteien können schriftlich vereinbaren, dass die Miete durch den vom Statistischen Bundesamt ermittelten Preisindex für die Lebenshaltung aller privaten Haushalte in Deutschland bestimmt wird (Indexmiete).

(2) Während der Geltung einer Indexmiete muss die Miete, von Erhöhungen nach den §§ 559 bis 560 abgesehen, jeweils mindestens ein Jahr unverändert bleiben. Eine Erhöhung nach § 559 oder § 559e kann nur verlangt werden, soweit der Vermieter bauliche Maßnahmen auf Grund von Umständen durchgeführt hat, die er nicht zu vertreten hat, es sei denn, es wurde eine Modernisierungsmaßnahme nach § 555b Nummer 1 a durchgeführt. Eine Erhöhung nach § 558 ist ausgeschlossen.

(3) Eine Änderung der Miete nach Absatz 1 muss durch Erklärung in Textform geltend gemacht werden. Dabei sind die eingetretene Änderung des Preisindexes sowie die jeweilige Miete oder die Erhöhung in einem Geldbetrag anzugeben. Die geänderte Miete ist mit Beginn des übernächsten Monats nach dem Zugang der Erklärung zu entrichten.

(4) Die §§ 556d bis 556g sind nur auf die Ausgangsmiete einer Indexmietvereinbarung anzuwenden.

(5) Eine zum Nachteil des Mieters abweichende Vereinbarung ist unwirksam.

§ 558 Mieterhöhung bis zur ortsüblichen Vergleichsmiete

(1) Der Vermieter kann die Zustimmung zu einer Erhöhung der Miete bis zur ortsüblichen Vergleichsmiete verlangen, wenn die Miete in dem Zeitpunkt, zu dem die Erhöhung eintreten soll, seit 15 Monaten unverändert ist. Das Mieterhöhungsverlangen kann frühestens ein Jahr nach der letzten Mieterhöhung geltend gemacht werden. Erhöhungen nach den §§ 559 bis 560 werden nicht berücksichtigt.

(2) Die ortsübliche Vergleichsmiete wird gebildet aus den üblichen Entgelten, die in der Gemeinde oder einer vergleichbaren Gemeinde für Wohnraum vergleichbarer Art, Größe, Ausstattung, Beschaffenheit und Lage einschließlich der energetischen Ausstattung und Beschaffenheit in den letzten sechs Jahren vereinbart oder, von Erhöhungen nach § 560 abgesehen, geändert worden sind. Ausgenommen ist Wohnraum, bei dem die Miethöhe durch Gesetz oder im Zusammenhang mit einer Förderzusage festgelegt worden ist.

(3) Bei Erhöhungen nach Absatz 1 darf sich die Miete innerhalb von drei Jahren, von Erhöhungen nach den §§ 559 bis 560 abgesehen, nicht um mehr als 20 vom Hundert erhöhen (Kappungsgrenze). Der Prozentsatz nach Satz 1 beträgt 15 vom Hundert, wenn die ausreichende Versorgung der Bevölkerung mit Mietwohnungen zu angemessenen Bedingungen in einer Gemeinde oder einem Teil einer Gemeinde besonders gefährdet ist und diese Gebiete nach Satz 3 bestimmt sind. Die Landesregierungen werden ermächtigt, diese Gebiete durch Rechtsverordnung für die Dauer von jeweils höchstens fünf Jahren zu bestimmen.

(4) Die Kappungsgrenze gilt nicht,

1. wenn eine Verpflichtung des Mieters zur Ausgleichszahlung nach den Vorschriften über den Abbau der Fehlsubventionierung im Wohnungswesen wegen des Wegfalls der öffentlichen Bindung erloschen ist und
2. soweit die Erhöhung den Betrag der zuletzt zu entrichtenden Ausgleichszahlung nicht übersteigt.

Der Vermieter kann vom Mieter frühestens vier Monate vor dem Wegfall der öffentlichen Bindung verlangen, ihm innerhalb eines Monats über die Verpflichtung zur Ausgleichszahlung und über deren Höhe Auskunft zu erteilen. Satz 1 gilt entsprechend, wenn die Verpflichtung des Mieters zur Leistung einer Ausgleichszahlung nach den §§ 34 bis 37 des Wohnraumförderungsgesetzes und den hierzu ergangenen landesrechtlichen Vorschriften wegen Wegfalls der Mietbindung erloschen ist.

(5) Von dem Jahresbetrag, der sich bei einer Erhöhung auf die ortsübliche Vergleichsmiete ergäbe, sind Drittmittel im Sinne des § 559a abzuziehen, im Falle des § 559a Absatz 1 mit 8 Prozent des Zuschusses.

(6) Eine zum Nachteil des Mieters abweichende Vereinbarung ist unwirksam.

§ 558a Form und Begründung der Mieterhöhung

(1) Das Mieterhöhungsverlangen nach § 558 ist dem Mieter in Textform zu erklären und zu begründen.

(2) Zur Begründung kann insbesondere Bezug genommen werden auf

1. einen Mietspiegel (§§ 558c, 558d),
2. eine Auskunft aus einer Mietdatenbank (§ 558e),
3. ein mit Gründen versehenes Gutachten eines öffentlich bestellten und vereidigten Sachverständigen,
4. entsprechende Entgelte für einzelne vergleichbare Wohnungen; hierbei genügt die Benennung von drei Wohnungen.

(3) Enthält ein qualifizierter Mietspiegel (§ 558d Abs. 1), bei dem die Vorschrift des § 558d Abs. 2 eingehalten ist, Angaben für die Wohnung, so hat der Vermieter in seinem Mieterhöhungsverlangen diese Angaben auch dann mitzuteilen, wenn er die Mieterhöhung auf ein anderes Begründungsmittel nach Absatz 2 stützt.

(4) Bei der Bezugnahme auf einen Mietspiegel, der Spannen enthält, reicht es aus, wenn die verlangte Miete innerhalb der Spanne liegt. Ist in dem Zeitpunkt, in dem der Vermieter seine Erklärung abgibt, kein Mietspiegel vorhanden, bei dem § 558c Abs. 3 oder § 558d Abs. 2 eingehalten ist, so kann auch ein anderer, insbesondere ein veralteter Mietspiegel oder ein Mietspiegel einer vergleichbaren Gemeinde verwendet werden.

(5) Eine zum Nachteil des Mieters abweichende Vereinbarung ist unwirksam.

§ 558b Zustimmung zur Mieterhöhung

(1) Soweit der Mieter der Mieterhöhung zustimmt, schuldet er die erhöhte Miete mit Beginn des dritten Kalendermonats nach dem Zugang des Erhöhungsverlangens.

(2) Soweit der Mieter der Mieterhöhung nicht bis zum Ablauf des zweiten Kalendermonats nach dem Zugang des Verlangens zustimmt, kann der Vermieter auf Erteilung der Zustimmung klagen. Die Klage muss innerhalb von drei weiteren Monaten erhoben werden.

(3) Ist der Klage ein Erhöhungsverlangen vorausgegangen, das den Anforderungen des § 558a nicht entspricht, so kann es der Vermieter im Rechtsstreit nachholen oder die Mängel des Erhöhungsverlangens beheben. Dem Mieter steht auch in diesem Fall die Zustimmungsfrist nach Absatz 2 Satz 1 zu.

(4) Eine zum Nachteil des Mieters abweichende Vereinbarung ist unwirksam.

§ 558c Mietspiegel; Verordnungsermächtigung

(1) Ein Mietspiegel ist eine Übersicht über die ortsübliche Vergleichsmiete, soweit die Übersicht von der nach Landesrecht zuständigen Behörde oder von Interessenvertretern der Vermieter und der Mieter gemeinsam erstellt oder anerkannt worden ist.

(2) Mietspiegel können für das Gebiet einer Gemeinde oder mehrerer Gemeinden oder für Teile von Gemeinden erstellt werden.

(3) Mietspiegel sollen im Abstand von zwei Jahren der Marktentwicklung angepasst werden.

(4) Die nach Landesrecht zuständigen Behörden sollen Mietspiegel erstellen, wenn hierfür ein Bedürfnis besteht und dies mit einem vertretbaren Aufwand möglich ist. Für Gemeinden mit mehr als 50 000 Einwohnern sind Mietspiegel zu erstellen. Die Mietspiegel und ihre Änderungen sind zu veröffentlichen.

(5) Die Bundesregierung wird ermächtigt, durch Rechtsverordnung mit Zustimmung des Bundesrates Vorschriften zu erlassen über den näheren Inhalt von Mitspiegeln und das Verfahren zu deren Erstellung und Anpassung einschließlich Dokumentation und Veröffentlichung.

§ 558d Qualifizierter Mietspiegel

(1) Ein qualifizierter Mietspiegel ist ein Mietspiegel, der nach anerkannten wissenschaftlichen Grundsätzen erstellt und von der nach Landesrecht zuständigen Behörde oder von Interessenvertretern der Vermieter und der Mieter anerkannt worden ist. Entspricht ein Mietspiegel den Anforderungen, die eine nach § 558c Absatz 5 erlassene Rechtsverordnung an qualifizierte Mietspiegel richtet, wird vermutet, dass er nach anerkannten wissenschaftlichen Grundsätzen erstellt wurde. Haben die nach Landesrecht zuständige Behörde und Interessenvertreter der Vermieter und der Mieter den Mietspiegel als qualifizierten Mietspiegel anerkannt, so wird vermutet, dass der Mietspiegel anerkannten wissenschaftlichen Grundsätzen entspricht.

(2) Der qualifizierte Mietspiegel ist im Abstand von zwei Jahren der Marktentwicklung anzupassen. Dabei kann eine Stichprobe oder die Entwicklung des vom Statistischen Bundesamt ermittelten Preisindexes für die Lebenshaltung aller privaten Haushalte in Deutschland zugrunde gelegt werden. Nach vier Jahren ist der qualifizierte Mietspiegel neu zu erstellen. Maßgeblicher Zeitpunkt für die Anpassung nach Satz 1 und für die Neuerstellung nach Satz 3 ist der Stichtag, zu dem die Daten für den Mietspiegel erhoben wurden. Satz 4 gilt entsprechend für die Veröffentlichung des Mietspiegels.

(3) Ist die Vorschrift des Absatzes 2 eingehalten, so wird vermutet, dass die im qualifizierten Mietspiegel bezeichneten Entgelte die ortsübliche Vergleichsmiete wiedergeben.

§ 558e Mietdatenbank

Eine Mietdatenbank ist eine zur Ermittlung der ortsüblichen Vergleichsmiete fortlaufend geführte Sammlung von Mieten, die von der Gemeinde oder von Interessenvertretern der Vermieter und der Mieter gemeinsam geführt oder anerkannt wird und aus der Auskünfte gegeben werden, die für einzelne Wohnungen einen Schluss auf die ortsübliche Vergleichsmiete zulassen.

§ 559 Mieterhöhung nach Modernisierungsmaßnahmen

(1) Hat der Vermieter Modernisierungsmaßnahmen im Sinne des § 555b Nummer 1, 3, 4, 5 oder 6 durchgeführt, so kann er die jährliche Miete um 8 Prozent der für die Wohnung aufgewendeten Kosten erhöhen. Im Fall des § 555b Nummer 4a ist die Erhöhung nur zulässig, wenn der Mieter seinen Anbieter von öffentlich zugänglichen Telekommunikationsdiensten über den errichteten Anschluss frei wählen kann und der Vermieter kein Bereitstellungsentgelt gemäß § 72 des Telekommunikationsgesetzes als Betriebskosten umlegt oder umgelegt hat.

(2) Kosten, die für Erhaltungsmaßnahmen erforderlich gewesen wären, gehören nicht zu den aufgewendeten Kosten nach Absatz 1; sie sind, soweit erforderlich, durch Schätzung zu ermitteln. Dabei ist der Abnutzungsgrad der Bauteile und Einrichtungen, die von einer modernisierenden Erneuerung erfasst werden, angemessen zu berücksichtigen.

(3) Werden Modernisierungsmaßnahmen für mehrere Wohnungen durchgeführt, so sind die Kosten angemessen auf die einzelnen Wohnungen aufzuteilen.

(3a) Bei Erhöhungen der jährlichen Miete nach Absatz 1 darf sich die monatliche Miete innerhalb von sechs Jahren, von Erhöhungen nach § 558 oder § 560 abgesehen, nicht um mehr als 3 Euro je Quadratmeter Wohnfläche erhöhen. Beträgt die monatliche Miete vor der Mieterhöhung weniger als 7 Euro pro Quadratmeter Wohnfläche, so darf sie sich abweichend von Satz 1 nicht um mehr als 2 Euro je Quadratmeter Wohnfläche erhöhen. Sind bei einer Modernisierungsmaßnahme, die mittels Einbaus oder Aufstellung einer Heizungsanlage zum Zwecke der Inbetriebnahme in einem Gebäude durchgeführt wird und die zu einer Erhöhung der jährlichen Miete nach Absatz 1 berechtigt, zugleich die Voraussetzungen des § 555b Nummer 1 oder Nummer 1a erfüllt, so darf sich die monatliche Miete insoweit um nicht mehr als 0,50 Euro je Quadratmeter Wohnfläche innerhalb von sechs Jahren erhöhen; die Sätze 1 und 2 bleiben unberührt.

(4) Die Mieterhöhung ist ausgeschlossen, soweit sie auch unter Berücksichtigung der voraussichtlichen künftigen Betriebskosten für den Mieter eine Härte bedeuten würde, die auch unter Würdigung der berechtigten Interessen des Vermieters nicht zu rechtfertigen ist. Eine Abwägung nach Satz 1 findet nicht statt, wenn

1. die Mietsache lediglich in einen Zustand versetzt wurde, der allgemein üblich ist, oder
2. die Modernisierungsmaßnahme auf Grund von Umständen durchgeführt wurde, die der Vermieter nicht zu vertreten hatte, es sei denn, die Modernisierungsmaßnahme erfüllt auch die Voraussetzungen des § 555b Nummer 1 oder Nummer 1a und wurde mittels Einbaus oder Aufstellung einer Heizungsanlage zum Zwecke der Inbetriebnahme in einem Gebäude durchgeführt.

(5) Umstände, die eine Härte nach Absatz 4 Satz 1 begründen, sind nur zu berücksichtigen, wenn sie nach § 555d Absatz 3 bis 5 rechtzeitig mitgeteilt worden sind. Die Bestimmungen über die Ausschlussfrist nach Satz 1 sind nicht anzuwenden, wenn die tatsächliche Mieterhöhung die angekündigte um mehr als 10 Prozent übersteigt.

(6) Eine zum Nachteil des Mieters abweichende Vereinbarung ist unwirksam.

§ 559a Anrechnung von Drittmitteln

(1) Kosten, die vom Mieter oder für diesen von einem Dritten übernommen oder die mit Zuschüssen aus öffentlichen Haushalten gedeckt werden, gehören nicht zu den aufgewendeten Kosten im Sinne des § 559.

(2) Werden die Kosten für die Modernisierungsmaßnahmen ganz oder teilweise durch zinsverbilligte oder zinslose Darlehen aus öffentlichen Haushalten gedeckt, so verringert sich der Erhöhungsbetrag nach § 559 um den Jahresbetrag der Zinsermäßigung. Dieser wird errechnet aus dem Unterschied zwischen dem ermäßigten Zinssatz und dem marktüblichen Zinssatz für den Ursprungsbetrag des Darlehens. Maßgebend ist der marktübliche Zinssatz für erstrangige Hypotheken zum Zeitpunkt der Beendigung der Modernisierungsmaßnahmen. Werden Zuschüsse oder Darlehen zur Deckung von laufenden Aufwendungen gewährt, so verringert sich der Erhöhungsbetrag um den Jahresbetrag des Zuschusses oder Darlehens.

(3) Ein Mieterdarlehen, eine Mietvorauszahlung oder eine von einem Dritten für den Mieter erbrachte Leistung für die Modernisierungsmaßnahmen stehen einem Darlehen aus öffentlichen Haushalten gleich. Mittel der Finanzierungsinstitute des Bundes oder eines Landes gelten als Mittel aus öffentlichen Haushalten.

(4) Kann nicht festgestellt werden, in welcher Höhe Zuschüsse oder Darlehen für die einzelnen Wohnungen gewährt worden sind, so sind sie nach dem Verhältnis der für die einzelnen Wohnungen aufgewendeten Kosten aufzuteilen.

(5) Eine zum Nachteil des Mieters abweichende Vereinbarung ist unwirksam.

§ 559b Geltendmachung der Erhöhung, Wirkung der Erhöhungserklärung

(1) Die Mieterhöhung nach § 559 ist dem Mieter in Textform zu erklären. Die Erklärung ist nur wirksam, wenn in ihr die Erhöhung auf Grund der entstandenen Kosten berechnet und entsprechend den Voraussetzungen der §§ 559 und 559a erläutert wird. § 555c Absatz 3 gilt entsprechend.

(2) Der Mieter schuldet die erhöhte Miete mit Beginn des dritten Monats nach dem Zugang der Erklärung. Die Frist verlängert sich um sechs Monate, wenn

1. der Vermieter dem Mieter die Modernisierungsmaßnahme nicht nach den Vorschriften des § 555c Absatz 1 und 3 bis 5 angekündigt hat oder
2. die tatsächliche Mieterhöhung die angekündigte um mehr als 10 Prozent übersteigt.

(3) Eine zum Nachteil des Mieters abweichende Vereinbarung ist unwirksam.

§ 559c Vereinfachtes Verfahren

(1) Übersteigen die für die Modernisierungsmaßnahme geltend gemachten Kosten für die Wohnung vor Abzug der Pauschale nach Satz 2 10 000 Euro nicht, so kann der Vermieter die Mieterhöhung nach einem vereinfachten Verfahren berechnen. Als Kosten, die für Erhaltungsmaßnahmen erforderlich gewesen wären (§ 559 Absatz 2), werden pauschal 30 Prozent der nach Satz 1 geltend gemachten Kosten abgezogen. § 559 Absatz 4 und § 559a Absatz 2 Satz 1 bis 3 finden keine Anwendung; dies gilt im Hinblick auf § 559 Absatz 4 nicht, wenn die Modernisierungsmaßnahme auch die Voraussetzungen des § 555b Nummer 1 oder Nummer 1a erfüllt und mittels Einbaus oder Aufstellung einer Heizungsanlage zum Zwecke der Inbetriebnahme in einem Gebäude durchgeführt wurde.

(2) Hat der Vermieter die Miete in den letzten fünf Jahren bereits nach Absatz 1 oder nach § 559 oder § 559e erhöht, so mindern sich die Kosten, die nach Absatz 1 Satz 1 für die weitere Modernisierungsmaßnahme geltend gemacht werden können, um die Kosten, die in diesen früheren Verfahren für Modernisierungsmaßnahmen geltend gemacht wurden.

(3) § 559b gilt für das vereinfachte Verfahren entsprechend. Der Vermieter muss in der Mieterhöhungserklärung angeben, dass er die Mieterhöhung nach dem vereinfachten Verfahren berechnet hat.

(4) Hat der Vermieter eine Mieterhöhung im vereinfachten Verfahren geltend gemacht, so kann er innerhalb von fünf Jahren nach Zugang der Mieterhöhungserklärung beim Mieter keine Mieterhöhungen nach § 559 oder § 559e geltend machen. Dies gilt nicht,

1. soweit der Vermieter in diesem Zeitraum Modernisierungsmaßnahmen auf Grund einer gesetzlichen Verpflichtung durchzuführen hat und er diese Verpflichtung bei Geltendmachung der Mieterhöhung im vereinfachten Verfahren nicht kannte oder kennen musste,
2. sofern eine Modernisierungsmaßnahme auf Grund eines Beschlusses von Wohnungseigentümern durchgeführt wird, der frühestens zwei Jahre nach Zugang der Mieterhöhungserklärung beim Mieter gefasst wurde.

(5) Für die Modernisierungsankündigung, die zu einer Mieterhöhung nach dem vereinfachten Verfahren führen soll, gilt § 555c mit den Maßgaben, dass

1. der Vermieter in der Modernisierungsankündigung angeben muss, dass er von dem vereinfachten Verfahren Gebrauch macht,

2. es der Angabe der voraussichtlichen künftigen Betriebskosten nach § 555c Absatz 1 Satz 2 Nummer 3 nicht bedarf.

§ 559d Pflichtverletzungen bei Ankündigung oder Durchführung einer baulichen Veränderung

Es wird vermutet, dass der Vermieter seine Pflichten aus dem Schuldverhältnis verletzt hat, wenn

1. mit der baulichen Veränderung nicht innerhalb von zwölf Monaten nach deren angekündigtem Beginn oder, wenn Angaben hierzu nicht erfolgt sind, nach Zugang der Ankündigung der baulichen Veränderung begonnen wird,
2. in der Ankündigung nach § 555c Absatz 1 ein Betrag für die zu erwartende Mieterhöhung angegeben wird, durch den die monatliche Miete mindestens verdoppelt würde,
3. die bauliche Veränderung in einer Weise durchgeführt wird, die geeignet ist, zu erheblichen, objektiv nicht notwendigen Belastungen des Mieters zu führen, oder
4. die Arbeiten nach Beginn der baulichen Veränderung mehr als zwölf Monate ruhen.

Diese Vermutung gilt nicht, wenn der Vermieter darlegt, dass für das Verhalten im Einzelfall ein nachvollziehbarer objektiver Grund vorliegt.

§ 559e Mieterhöhung nach Einbau oder Aufstellung einer Heizungsanlage

(1) Hat der Vermieter Modernisierungsmaßnahmen nach § 555b Nummer 1a durchgeführt, welche die Voraussetzungen für Zuschüsse aus öffentlichen Haushalten dem Grunde nach erfüllen, und dabei Drittmittel nach § 559a in Anspruch genommen, so kann er die jährliche Miete um 10 Prozent der für die Wohnung aufgewendeten Kosten abzüglich der in Anspruch genommenen Drittmittel erhöhen. Wenn eine Förderung nicht erfolgt, obwohl die Voraussetzungen für eine Förderung dem Grunde nach erfüllt sind, kann der Vermieter die jährliche Miete nach Maßgabe des § 559 erhöhen.

(2) § 559 Absatz 2 Satz 1 ist mit der Maßgabe anwendbar, dass Kosten, die für Erhaltungsmaßnahmen erforderlich gewesen wären, pauschal in Höhe von 15 Prozent nicht zu den aufgewendeten Kosten gehören.

(3) § 559 Absatz 3a Satz 1 ist mit der Maßgabe anwendbar, dass sich im Hinblick auf eine Modernisierungsmaßnahme nach § 555b Nummer 1a die monatliche Miete um nicht mehr als 0,50 Euro je Quadratmeter Wohnfläche innerhalb von sechs Jahren erhöhen darf. Ist der Vermieter daneben zu Mieterhöhungen nach § 559 Absatz 1 berechtigt, so dürfen die in § 559 Absatz 3a Satz 1 und 2 genannten Grenzen nicht überschritten werden.

(4) § 559 Absatz 3, 4 und 5 sowie die §§ 559b bis 559d gelten entsprechend.

(5) Eine zum Nachteil des Mieters abweichende Vereinbarung ist unwirksam.

§ 560 Veränderungen von Betriebskosten

(1) Bei einer Betriebskostenpauschale ist der Vermieter berechtigt, Erhöhungen der Betriebskosten durch Erklärung in Textform anteilig auf den Mieter umzulegen, soweit dies im Mietvertrag vereinbart ist. Die Erklärung ist nur wirksam, wenn in ihr der Grund für die Umlage bezeichnet und erläutert wird.

(2) Der Mieter schuldet den auf ihn entfallenden Teil der Umlage mit Beginn des auf die Erklärung folgenden übernächsten Monats. Soweit die Erklärung darauf beruht, dass sich die Betriebskosten rückwirkend erhöht haben, wirkt sie auf den Zeitpunkt der Erhöhung der Betriebskosten, höchstens jedoch auf den Beginn des der Erklärung vorausgehenden Kalenderjahres zurück, sofern der Vermieter die Erklärung innerhalb von drei Monaten nach Kenntnis von der Erhöhung abgibt.

(3) Ermäßigen sich die Betriebskosten, so ist eine Betriebskostenpauschale vom Zeitpunkt der Ermäßigung an entsprechend herabzusetzen. Die Ermäßigung ist dem Mieter unverzüglich mitzuteilen.

(4) Sind Betriebskostenvorauszahlungen vereinbart worden, so kann jede Vertragspartei nach einer Abrechnung durch Erklärung in Textform eine Anpassung auf eine angemessene Höhe vornehmen.

(5) Bei Veränderungen von Betriebskosten ist der Grundsatz der Wirtschaftlichkeit zu beachten.

(6) Eine zum Nachteil des Mieters abweichende Vereinbarung ist unwirksam.

§ 561 Sonderkündigungsrecht des Mieters nach Mieterhöhung

(1) Macht der Vermieter eine Mieterhöhung nach § 558 oder § 559 geltend, so kann der Mieter bis zum Ablauf des zweiten Monats nach dem Zugang der Erklärung des Vermieters das Mietverhältnis außerordentlich zum Ablauf des übernächsten Monats kündigen. Kündigt der Mieter, so tritt die Mieterhöhung nicht ein.

(2) Eine zum Nachteil des Mieters abweichende Vereinbarung ist unwirksam.

Kapitel 3
Pfandrecht des Vermieters

§ 562 Umfang des Vermieterpfandrechts

(1) Der Vermieter hat für seine Forderungen aus dem Mietverhältnis ein Pfandrecht an den eingebrachten Sachen des Mieters. Es erstreckt sich nicht auf die Sachen, die der Pfändung nicht unterliegen.

(2) Für künftige Entschädigungsforderungen und für die Miete für eine spätere Zeit als das laufende und das folgende Mietjahr kann das Pfandrecht nicht geltend gemacht werden.

§ 562a Erlöschen des Vermieterpfandrechts

Das Pfandrecht des Vermieters erlischt mit der Entfernung der Sachen von dem Grundstück, außer wenn diese ohne Wissen oder unter Widerspruch des Vermieters erfolgt. Der Vermieter kann nicht widersprechen, wenn sie den gewöhnlichen Lebensverhältnissen entspricht oder wenn die zurückbleibenden Sachen zur Sicherung des Vermieters offenbar ausreichen.

§ 562b Selbsthilferecht, Herausgabeanspruch

(1) Der Vermieter darf die Entfernung der Sachen, die seinem Pfandrecht unterliegen, auch ohne Anrufen des Gerichts verhindern, soweit er berechtigt ist, der Entfer-

nung zu widersprechen. Wenn der Mieter auszieht, darf der Vermieter diese Sachen in seinen Besitz nehmen.

(2) Sind die Sachen ohne Wissen oder unter Widerspruch des Vermieters entfernt worden, so kann er die Herausgabe zum Zwecke der Zurückschaffung auf das Grundstück und, wenn der Mieter ausgezogen ist, die Überlassung des Besitzes verlangen. Das Pfandrecht erlischt mit dem Ablauf eines Monats, nachdem der Vermieter von der Entfernung der Sachen Kenntnis erlangt hat, wenn er diesen Anspruch nicht vorher gerichtlich geltend gemacht hat.

§ 562c Abwendung des Pfandrechts durch Sicherheitsleistung

Der Mieter kann die Geltendmachung des Pfandrechts des Vermieters durch Sicherheitsleistung abwenden. Er kann jede einzelne Sache dadurch von dem Pfandrecht befreien, dass er in Höhe ihres Wertes Sicherheit leistet.

§ 562d Pfändung durch Dritte

Wird eine Sache, die dem Pfandrecht des Vermieters unterliegt, für einen anderen Gläubiger gepfändet, so kann diesem gegenüber das Pfandrecht nicht wegen der Miete für eine frühere Zeit als das letzte Jahr vor der Pfändung geltend gemacht werden.

Kapitel 4
Wechsel der Vertragsparteien

§ 563 Eintrittsrecht bei Tod des Mieters

(1) Der Ehegatte oder Lebenspartner, der mit dem Mieter einen gemeinsamen Haushalt führt, tritt mit dem Tod des Mieters in das Mietverhältnis ein.

(2) Leben in dem gemeinsamen Haushalt Kinder des Mieters, treten diese mit dem Tod des Mieters in das Mietverhältnis ein, wenn nicht der Ehegatte oder Lebenspartner eintritt. Andere Familienangehörige, die mit dem Mieter einen gemeinsamen Haushalt führen, treten mit dem Tod des Mieters in das Mietverhältnis ein, wenn nicht der Ehegatte oder der Lebenspartner eintritt. Dasselbe gilt für Personen, die mit dem Mieter einen auf Dauer angelegten gemeinsamen Haushalt führen.

(3) Erklären eingetretene Personen im Sinne des Absatzes 1 oder 2 innerhalb eines Monats, nachdem sie vom Tod des Mieters Kenntnis erlangt haben, dem Vermieter, dass sie das Mietverhältnis nicht fortsetzen wollen, gilt der Eintritt als nicht erfolgt. Für geschäftsunfähige oder in der Geschäftsfähigkeit beschränkte Personen gilt § 210 entsprechend. Sind mehrere Personen in das Mietverhältnis eingetreten, so kann jeder die Erklärung für sich abgeben.

(4) Der Vermieter kann das Mietverhältnis innerhalb eines Monats, nachdem er von dem endgültigen Eintritt in das Mietverhältnis Kenntnis erlangt hat, außerordentlich mit der gesetzlichen Frist kündigen, wenn in der Person des Eingetretenen ein wichtiger Grund vorliegt.

(5) Eine abweichende Vereinbarung zum Nachteil des Mieters oder solcher Personen, die nach Absatz 1 oder 2 eintrittsberechtigt sind, ist unwirksam.

§ 563a Fortsetzung mit überlebenden Mietern

(1) Sind mehrere Personen im Sinne des § 563 gemeinsam Mieter, so wird das Mietverhältnis beim Tod eines Mieters mit den überlebenden Mietern fortgesetzt.

(2) Die überlebenden Mieter können das Mietverhältnis innerhalb eines Monats, nachdem sie vom Tod des Mieters Kenntnis erlangt haben, außerordentlich mit der gesetzlichen Frist kündigen.

(3) Eine abweichende Vereinbarung zum Nachteil der Mieter ist unwirksam.

§ 563b Haftung bei Eintritt oder Fortsetzung

(1) Die Personen, die nach § 563 in das Mietverhältnis eingetreten sind oder mit denen es nach § 563a fortgesetzt wird, haften neben dem Erben für die bis zum Tod des Mieters entstandenen Verbindlichkeiten als Gesamtschuldner. Im Verhältnis zu diesen Personen haftet der Erbe allein, soweit nichts anderes bestimmt ist.

(2) Hat der Mieter die Miete für einen nach seinem Tod liegenden Zeitraum im Voraus entrichtet, sind die Personen, die nach § 563 in das Mietverhältnis eingetreten sind oder mit denen es nach § 563a fortgesetzt wird, verpflichtet, dem Erben dasjenige herauszugeben, was sie infolge der Vorausentrichtung der Miete ersparen oder erlangen.

(3) Der Vermieter kann, falls der verstorbene Mieter keine Sicherheit geleistet hat, von den Personen, die nach § 563 in das Mietverhältnis eingetreten sind oder mit denen es nach § 563a fortgesetzt wird, nach Maßgabe des § 551 eine Sicherheitsleistung verlangen.

§ 564 Fortsetzung des Mietverhältnisses mit dem Erben, außerordentliche Kündigung

Treten beim Tod des Mieters keine Personen im Sinne des § 563 in das Mietverhältnis ein oder wird es nicht mit ihnen nach § 563a fortgesetzt, so wird es mit dem Erben fortgesetzt. In diesem Fall ist sowohl der Erbe als auch der Vermieter berechtigt, das Mietverhältnis innerhalb eines Monats außerordentlich mit der gesetzlichen Frist zu kündigen, nachdem sie vom Tod des Mieters und davon Kenntnis erlangt haben, dass ein Eintritt in das Mietverhältnis oder dessen Fortsetzung nicht erfolgt ist.

§ 565 Gewerbliche Weitervermietung

(1) Soll der Mieter nach dem Mietvertrag den gemieteten Wohnraum gewerblich einem Dritten zu Wohnzwecken weitervermieten, so tritt der Vermieter bei der Beendigung des Mietverhältnisses in die Rechte und Pflichten aus dem Mietverhältnis zwischen dem Mieter und dem Dritten ein. Schließt der Vermieter erneut einen Mietvertrag zur gewerblichen Weitervermietung ab, so tritt der Mieter anstelle der bisherigen Vertragspartei in die Rechte und Pflichten aus dem Mietverhältnis mit dem Dritten ein.

(2) Die §§ 566a bis 566e gelten entsprechend.

(3) Eine zum Nachteil des Dritten abweichende Vereinbarung ist unwirksam.

§ 566 Kauf bricht nicht Miete

(1) Wird der vermietete Wohnraum nach der Überlassung an den Mieter von dem Vermieter an einen Dritten veräußert, so tritt der Erwerber anstelle des Vermieters in die sich während der Dauer seines Eigentums aus dem Mietverhältnis ergebenden Rechte und Pflichten ein.

(2) Erfüllt der Erwerber die Pflichten nicht, so haftet der Vermieter für den von dem Erwerber zu ersetzenden Schaden wie ein Bürge, der auf die Einrede der Voraus-

klage verzichtet hat. Erlangt der Mieter von dem Übergang des Eigentums durch Mitteilung des Vermieters Kenntnis, so wird der Vermieter von der Haftung befreit, wenn nicht der Mieter das Mietverhältnis zum ersten Termin kündigt, zu dem die Kündigung zulässig ist.

§ 566a Mietsicherheit

Hat der Mieter des veräußerten Wohnraums dem Vermieter für die Erfüllung seiner Pflichten Sicherheit geleistet, so tritt der Erwerber in die dadurch begründeten Rechte und Pflichten ein. Kann bei Beendigung des Mietverhältnisses der Mieter die Sicherheit von dem Erwerber nicht erlangen, so ist der Vermieter weiterhin zur Rückgewähr verpflichtet.

§ 566b Vorausverfügung über die Miete

(1) Hat der Vermieter vor dem Übergang des Eigentums über die Miete verfügt, die auf die Zeit der Berechtigung des Erwerbers entfällt, so ist die Verfügung wirksam, soweit sie sich auf die Miete für den zur Zeit des Eigentumsübergangs laufenden Kalendermonat bezieht. Geht das Eigentum nach dem 15. Tag des Monats über, so ist die Verfügung auch wirksam, soweit sie sich auf die Miete für den folgenden Kalendermonat bezieht.

(2) Eine Verfügung über die Miete für eine spätere Zeit muss der Erwerber gegen sich gelten lassen, wenn er sie zur Zeit des Übergangs des Eigentums kennt.

§ 566c Vereinbarung zwischen Mieter und Vermieter über die Miete

Ein Rechtsgeschäft, das zwischen dem Mieter und dem Vermieter über die Mietforderung vorgenommen wird, insbesondere die Entrichtung der Miete, ist dem Erwerber gegenüber wirksam, soweit es sich nicht auf die Miete für eine spätere Zeit als den Kalendermonat bezieht, in welchem der Mieter von dem Übergang des Eigentums Kenntnis erlangt. Erlangt der Mieter die Kenntnis nach dem 15. Tag des Monats, so ist das Rechtsgeschäft auch wirksam, soweit es sich auf die Miete für den folgenden Kalendermonat bezieht. Ein Rechtsgeschäft, das nach dem Übergang des Eigentums vorgenommen wird, ist jedoch unwirksam, wenn der Mieter bei der Vornahme des Rechtsgeschäfts von dem Übergang des Eigentums Kenntnis hat.

§ 566d Aufrechnung durch den Mieter

Soweit die Entrichtung der Miete an den Vermieter nach § 566c dem Erwerber gegenüber wirksam ist, kann der Mieter gegen die Mietforderung des Erwerbers eine ihm gegen den Vermieter zustehende Forderung aufrechnen. Die Aufrechnung ist ausgeschlossen, wenn der Mieter die Gegenforderung erworben hat, nachdem er von dem Übergang des Eigentums Kenntnis erlangt hat, oder wenn die Gegenforderung erst nach der Erlangung der Kenntnis und später als die Miete fällig geworden ist.

§ 566e Mitteilung des Eigentumsübergangs durch den Vermieter

(1) Teilt der Vermieter dem Mieter mit, dass er das Eigentum an dem vermieteten Wohnraum auf einen Dritten übertragen hat, so muss er in Ansehung der Mietforderung dem Mieter gegenüber die mitgeteilte Übertragung gegen sich gelten lassen, auch wenn sie nicht erfolgt oder nicht wirksam ist.

(2) Die Mitteilung kann nur mit Zustimmung desjenigen zurückgenommen werden, der als der neue Eigentümer bezeichnet worden ist.

§ 567 Belastung des Wohnraums durch den Vermieter

Wird der vermietete Wohnraum nach der Überlassung an den Mieter von dem Vermieter mit dem Recht eines Dritten belastet, so sind die §§ 566 bis 566e entsprechend anzuwenden, wenn durch die Ausübung des Rechts dem Mieter der vertragsgemäße Gebrauch entzogen wird. Wird der Mieter durch die Ausübung des Rechts in dem vertragsgemäßen Gebrauch beschränkt, so ist der Dritte dem Mieter gegenüber verpflichtet, die Ausübung zu unterlassen, soweit sie den vertragsgemäßen Gebrauch beeinträchtigen würde.

§ 567a Veräußerung oder Belastung vor der Überlassung des Wohnraums

Hat vor der Überlassung des vermieteten Wohnraums an den Mieter der Vermieter den Wohnraum an einen Dritten veräußert oder mit einem Recht belastet, durch dessen Ausübung der vertragsgemäße Gebrauch dem Mieter entzogen oder beschränkt wird, so gilt das Gleiche wie in den Fällen des § 566 Abs. 1 und des § 567, wenn der Erwerber dem Vermieter gegenüber die Erfüllung der sich aus dem Mietverhältnis ergebenden Pflichten übernommen hat.

§ 567b Weiterveräußerung oder Belastung durch Erwerber

Wird der vermietete Wohnraum von dem Erwerber weiterveräußert oder belastet, so sind § 566 Abs. 1 und die §§ 566a bis 567a entsprechend anzuwenden. Erfüllt der neue Erwerber die sich aus dem Mietverhältnis ergebenden Pflichten nicht, so haftet der Vermieter dem Mieter nach § 566 Abs. 2.

Kapitel 5
Beendigung des Mietverhältnisses

Unterkapitel 1
Allgemeine Vorschriften

§ 568 Form und Inhalt der Kündigung

(1) Die Kündigung des Mietverhältnisses bedarf der schriftlichen Form.

(2) Der Vermieter soll den Mieter auf die Möglichkeit, die Form und die Frist des Widerspruchs nach den §§ 574 bis 574b rechtzeitig hinweisen.

§ 569 Außerordentliche fristlose Kündigung aus wichtigem Grund

(1) Ein wichtiger Grund im Sinne des § 543 Abs. 1 liegt für den Mieter auch vor, wenn der gemietete Wohnraum so beschaffen ist, dass seine Benutzung mit einer erheblichen Gefährdung der Gesundheit verbunden ist. Dies gilt auch, wenn der Mieter die Gefahr bringende Beschaffenheit bei Vertragsschluss gekannt oder darauf verzichtet hat, die ihm wegen dieser Beschaffenheit zustehenden Rechte geltend zu machen.

(2) Ein wichtiger Grund im Sinne des § 543 Abs. 1 liegt ferner vor, wenn eine Vertragspartei den Hausfrieden

nachhaltig stört, so dass dem Kündigenden unter Berücksichtigung aller Umstände des Einzelfalls, insbesondere eines Verschuldens der Vertragsparteien, und unter Abwägung der beiderseitigen Interessen die Fortsetzung des Mietverhältnisses bis zum Ablauf der Kündigungsfrist oder bis zur sonstigen Beendigung des Mietverhältnisses nicht zugemutet werden kann.

(2a) Ein wichtiger Grund im Sinne des § 543 Absatz 1 liegt ferner vor, wenn der Mieter mit einer Sicherheitsleistung nach § 551 in Höhe eines Betrages im Verzug ist, der der zweifachen Monatsmiete entspricht. Die als Pauschale oder als Vorauszahlung ausgewiesenen Betriebskosten sind bei der Berechnung der Monatsmiete nach Satz 1 nicht zu berücksichtigen. Einer Abhilfefrist oder einer Abmahnung nach § 543 Absatz 3 Satz 1 bedarf es nicht. Absatz 3 Nummer 2 Satz 1 sowie § 543 Absatz 2 Satz 2 sind entsprechend anzuwenden.

(3) Ergänzend zu § 543 Abs. 2 Satz 1 Nr. 3 gilt:

1. Im Falle des § 543 Abs. 2 Satz 1 Nr. 3 Buchstabe a ist der rückständige Teil der Miete nur dann als nicht unerheblich anzusehen, wenn er die Miete für einen Monat übersteigt. Dies gilt nicht, wenn der Wohnraum nur zum vorübergehenden Gebrauch vermietet ist.
2. Die Kündigung wird auch dann unwirksam, wenn der Vermieter spätestens bis zum Ablauf von zwei Monaten nach Eintritt der Rechtshängigkeit des Räumungsanspruchs hinsichtlich der fälligen Miete und der fälligen Entschädigung nach § 546a Abs. 1 befriedigt wird oder sich eine öffentliche Stelle zur Befriedigung verpflichtet. Dies gilt nicht, wenn der Kündigung vor nicht länger als zwei Jahren bereits eine nach Satz 1 unwirksam gewordene Kündigung vorausgegangen ist.
3. Ist der Mieter rechtskräftig zur Zahlung einer erhöhten Miete nach den §§ 558 bis 560 verurteilt worden, so kann der Vermieter das Mietverhältnis wegen Zahlungsverzugs des Mieters nicht vor Ablauf von zwei Monaten nach rechtskräftiger Verurteilung kündigen, wenn nicht die Voraussetzungen der außerordentlichen fristlosen Kündigung schon wegen der bisher geschuldeten Miete erfüllt sind.

(4) Der zur Kündigung führende wichtige Grund ist in dem Kündigungsschreiben anzugeben.

(5) Eine Vereinbarung, die zum Nachteil des Mieters von den Absätzen 1 bis 3 dieser Vorschrift oder von § 543 abweicht, ist unwirksam. Ferner ist eine Vereinbarung unwirksam, nach der der Vermieter berechtigt sein soll, aus anderen als den im Gesetz zugelassenen Gründen außerordentlich fristlos zu kündigen.

§ 570 Ausschluss des Zurückbehaltungsrechts

Dem Mieter steht kein Zurückbehaltungsrecht gegen den Rückgabeanspruch des Vermieters zu.

§ 571 Weiterer Schadensersatz bei verspäteter Rückgabe von Wohnraum

(1) Gibt der Mieter den gemieteten Wohnraum nach Beendigung des Mietverhältnisses nicht zurück, so kann der Vermieter einen weiteren Schaden im Sinne des § 546a Abs. 2 nur geltend machen, wenn die Rückgabe infolge von Umständen unterblieben ist, die der Mieter zu vertreten hat. Der Schaden ist nur insoweit zu ersetzen, als die Billigkeit eine Schadloshaltung erfordert. Dies gilt nicht, wenn der Mieter gekündigt hat.

(2) Wird dem Mieter nach § 721 oder § 794a der Zivilprozessordnung eine Räumungsfrist gewährt, so ist er für die Zeit von der Beendigung des Mietverhältnisses bis zum Ablauf der Räumungsfrist zum Ersatz eines weiteren Schadens nicht verpflichtet.

(3) Eine zum Nachteil des Mieters abweichende Vereinbarung ist unwirksam.

§ 572 Vereinbartes Rücktrittsrecht; Mietverhältnis unter auflösender Bedingung

(1) Auf eine Vereinbarung, nach der der Vermieter berechtigt sein soll, nach Überlassung des Wohnraums an den Mieter vom Vertrag zurückzutreten, kann der Vermieter sich nicht berufen.

(2) Ferner kann der Vermieter sich nicht auf eine Vereinbarung berufen, nach der das Mietverhältnis zum Nachteil des Mieters auflösend bedingt ist.

Unterkapitel 2
Mietverhältnisse auf unbestimmte Zeit

§ 573 Ordentliche Kündigung des Vermieters

(1) Der Vermieter kann nur kündigen, wenn er ein berechtigtes Interesse an der Beendigung des Mietverhältnisses hat. Die Kündigung zum Zwecke der Mieterhöhung ist ausgeschlossen.

(2) Ein berechtigtes Interesse des Vermieters an der Beendigung des Mietverhältnisses liegt insbesondere vor, wenn

1. der Mieter seine vertraglichen Pflichten schuldhaft nicht unerheblich verletzt hat,
2. der Vermieter die Räume als Wohnung für sich, seine Familienangehörigen oder Angehörige seines Haushalts benötigt oder
3. der Vermieter durch die Fortsetzung des Mietverhältnisses an einer angemessenen wirtschaftlichen Verwertung des Grundstücks gehindert und dadurch erhebliche Nachteile erleiden würde; die Möglichkeit, durch eine anderweitige Vermietung als Wohnraum eine höhere Miete zu erzielen, bleibt außer Betracht; der Vermieter kann sich auch nicht darauf berufen, dass er die Mieträume im Zusammenhang mit einer beabsichtigten oder nach Überlassung an den Mieter erfolgten Begründung von Wohnungseigentum veräußern will.

(3) Die Gründe für ein berechtigtes Interesse des Vermieters sind in dem Kündigungsschreiben anzugeben. Andere Gründe werden nur berücksichtigt, soweit sie nachträglich entstanden sind.

(4) Eine zum Nachteil des Mieters abweichende Vereinbarung ist unwirksam.

§ 573a Erleichterte Kündigung des Vermieters

(1) Ein Mietverhältnis über eine Wohnung in einem vom Vermieter selbst bewohnten Gebäude mit nicht mehr als zwei Wohnungen kann der Vermieter auch kündigen, ohne dass es eines berechtigten Interesses im Sinne des § 573 bedarf. Die Kündigungsfrist verlängert sich in diesem Fall um drei Monate.

(2) Absatz 1 gilt entsprechend für Wohnraum innerhalb der vom Vermieter selbst bewohnten Wohnung, sofern der Wohnraum nicht nach § 549 Abs. 2 Nr. 2 vom Mieterschutz ausgenommen ist.

(3) In dem Kündigungsschreiben ist anzugeben, dass die Kündigung auf die Voraussetzungen des Absatzes 1 oder 2 gestützt wird.

(4) Eine zum Nachteil des Mieters abweichende Vereinbarung ist unwirksam.

§ 573b Teilkündigung des Vermieters

(1) Der Vermieter kann nicht zum Wohnen bestimmte Nebenräume oder Teile eines Grundstücks ohne ein berechtigtes Interesse im Sinne des § 573 kündigen, wenn er die Kündigung auf diese Räume oder Grundstücksteile beschränkt und sie dazu verwenden will,

1. Wohnraum zum Zwecke der Vermietung zu schaffen oder
2. den neu zu schaffenden und den vorhandenen Wohnraum mit Nebenräumen oder Grundstücksteilen auszustatten.

(2) Die Kündigung ist spätestens am dritten Werktag eines Kalendermonats zum Ablauf des übernächsten Monats zulässig.

(3) Verzögert sich der Beginn der Bauarbeiten, so kann der Mieter eine Verlängerung des Mietverhältnisses um einen entsprechenden Zeitraum verlangen.

(4) Der Mieter kann eine angemessene Senkung der Miete verlangen.

(5) Eine zum Nachteil des Mieters abweichende Vereinbarung ist unwirksam.

§ 573c Fristen der ordentlichen Kündigung

(1) Die Kündigung ist spätestens am dritten Werktag eines Kalendermonats zum Ablauf des übernächsten Monats zulässig. Die Kündigungsfrist für den Vermieter verlängert sich nach fünf und acht Jahren seit der Überlassung des Wohnraums um jeweils drei Monate.

(2) Bei Wohnraum, der nur zum vorübergehenden Gebrauch vermietet worden ist, kann eine kürzere Kündigungsfrist vereinbart werden.

(3) Bei Wohnraum nach § 549 Abs. 2 Nr. 2 ist die Kündigung spätestens am 15. eines Monats zum Ablauf dieses Monats zulässig.

(4) Eine zum Nachteil des Mieters von Absatz 1 oder 3 abweichende Vereinbarung ist unwirksam.

§ 573d Außerordentliche Kündigung mit gesetzlicher Frist

(1) Kann ein Mietverhältnis außerordentlich mit der gesetzlichen Frist gekündigt werden, so gelten mit Ausnahme der Kündigung gegenüber Erben des Mieters nach § 564 die §§ 573 und 573a entsprechend.

(2) Die Kündigung ist spätestens am dritten Werktag eines Kalendermonats zum Ablauf des übernächsten Monats zulässig, bei Wohnraum nach § 549 Abs. 2 Nr. 2 spätestens am 15. eines Monats zum Ablauf dieses Monats (gesetzliche Frist). § 573a Abs. 1 Satz 2 findet keine Anwendung.

(3) Eine zum Nachteil des Mieters abweichende Vereinbarung ist unwirksam.

§ 574 Widerspruch des Mieters gegen die Kündigung

(1) Der Mieter kann der Kündigung des Vermieters widersprechen und von ihm die Fortsetzung des Mietverhältnisses verlangen, wenn die Beendigung des Mietverhältnisses für den Mieter, seine Familie oder einen anderen Angehörigen seines Haushalts eine Härte bedeuten würde, die auch unter Würdigung der berechtigten Interessen des Vermieters nicht zu rechtfertigen ist. Dies gilt nicht, wenn ein Grund vorliegt, der den Vermieter zur außerordentlichen fristlosen Kündigung berechtigt.

(2) Eine Härte liegt auch vor, wenn angemessener Ersatzwohnraum zu zumutbaren Bedingungen nicht beschafft werden kann.

(3) Bei der Würdigung der berechtigten Interessen des Vermieters werden nur die in dem Kündigungsschreiben nach § 573 Abs. 3 angegebenen Gründe berücksichtigt, außer wenn die Gründe nachträglich entstanden sind.

(4) Eine zum Nachteil des Mieters abweichende Vereinbarung ist unwirksam.

§ 574a Fortsetzung des Mietverhältnisses nach Widerspruch

(1) Im Falle des § 574 kann der Mieter verlangen, dass das Mietverhältnis so lange fortgesetzt wird, wie dies unter Berücksichtigung aller Umstände angemessen ist. Ist dem Vermieter nicht zuzumuten, das Mietverhältnis zu den bisherigen Vertragsbedingungen fortzusetzen, so kann der Mieter nur verlangen, dass es unter einer angemessenen Änderung der Bedingungen fortgesetzt wird.

(2) Kommt keine Einigung zustande, so werden die Fortsetzung des Mietverhältnisses, dessen Dauer sowie die Bedingungen, zu denen es fortgesetzt wird, durch Urteil bestimmt. Ist ungewiss, wann voraussichtlich die Umstände wegfallen, auf Grund derer die Beendigung des Mietverhältnisses eine Härte bedeutet, so kann bestimmt werden, dass das Mietverhältnis auf unbestimmte Zeit fortgesetzt wird.

(3) Eine zum Nachteil des Mieters abweichende Vereinbarung ist unwirksam.

§ 574b Form und Frist des Widerspruchs

(1) Der Widerspruch des Mieters gegen die Kündigung ist schriftlich zu erklären. Auf Verlangen des Vermieters soll der Mieter über die Gründe des Widerspruchs unverzüglich Auskunft erteilen.

(2) Der Vermieter kann die Fortsetzung des Mietverhältnisses ablehnen, wenn der Mieter ihm den Widerspruch nicht spätestens zwei Monate vor der Beendigung des Mietverhältnisses erklärt hat. Hat der Vermieter nicht rechtzeitig vor Ablauf der Widerspruchsfrist auf die Möglichkeit des Widerspruchs sowie auf dessen Form und Frist hingewiesen, so kann der Mieter den Widerspruch noch im ersten Termin des Räumungsrechtsstreits erklären.

(3) Eine zum Nachteil des Mieters abweichende Vereinbarung ist unwirksam.

§ 574c Weitere Fortsetzung des Mietverhältnisses bei unvorhergesehenen Umständen

(1) Ist auf Grund der §§ 574 bis 574b durch Einigung oder Urteil bestimmt worden, dass das Mietverhältnis auf

bestimmte Zeit fortgesetzt wird, so kann der Mieter dessen weitere Fortsetzung nur verlangen, wenn dies durch eine wesentliche Änderung der Umstände gerechtfertigt ist oder wenn Umstände nicht eingetreten sind, deren vorgesehener Eintritt für die Zeitdauer der Fortsetzung bestimmend gewesen war.

(2) Kündigt der Vermieter ein Mietverhältnis, dessen Fortsetzung auf unbestimmte Zeit durch Urteil bestimmt worden ist, so kann der Mieter der Kündigung widersprechen und vom Vermieter verlangen, das Mietverhältnis auf unbestimmte Zeit fortzusetzen. Haben sich die Umstände verändert, die für die Fortsetzung bestimmend gewesen waren, so kann der Mieter eine Fortsetzung des Mietverhältnisses nur nach § 574 verlangen; unerhebliche Veränderungen bleiben außer Betracht.

(3) Eine zum Nachteil des Mieters abweichende Vereinbarung ist unwirksam.

Unterkapitel 3
Mietverhältnisse auf bestimmte Zeit

§ 575 Zeitmietvertrag

(1) Ein Mietverhältnis kann auf bestimmte Zeit eingegangen werden, wenn der Vermieter nach Ablauf der Mietzeit

1. die Räume als Wohnung für sich, seine Familienangehörigen oder Angehörige seines Haushalts nutzen will,
2. in zulässiger Weise die Räume beseitigen oder so wesentlich verändern oder instand setzen will, dass die Maßnahmen durch eine Fortsetzung des Mietverhältnisses erheblich erschwert würden, oder
3. die Räume an einen zur Dienstleistung Verpflichteten vermieten will

und er dem Mieter den Grund der Befristung bei Vertragsschluss schriftlich mitteilt. Anderenfalls gilt das Mietverhältnis als auf unbestimmte Zeit abgeschlossen.

(2) Der Mieter kann vom Vermieter frühestens vier Monate vor Ablauf der Befristung verlangen, dass dieser ihm binnen eines Monats mitteilt, ob der Befristungsgrund noch besteht. Erfolgt die Mitteilung später, so kann der Mieter eine Verlängerung des Mietverhältnisses um den Zeitraum der Verspätung verlangen.

(3) Tritt der Grund der Befristung erst später ein, so kann der Mieter eine Verlängerung des Mietverhältnisses um einen entsprechenden Zeitraum verlangen. Entfällt der Grund, so kann der Mieter eine Verlängerung auf unbestimmte Zeit verlangen. Die Beweislast für den Eintritt des Befristungsgrundes und die Dauer der Verzögerung trifft den Vermieter.

(4) Eine zum Nachteil des Mieters abweichende Vereinbarung ist unwirksam.

§ 575a Außerordentliche Kündigung mit gesetzlicher Frist

(1) Kann ein Mietverhältnis, das auf bestimmte Zeit eingegangen ist, außerordentlich mit der gesetzlichen Frist gekündigt werden, so gelten mit Ausnahme der Kündigung gegenüber Erben des Mieters nach § 564 die §§ 573 und 573a entsprechend.

(2) Die §§ 574 bis 574c gelten entsprechend mit der Maßgabe, dass die Fortsetzung des Mietverhältnisses höchstens bis zum vertraglich bestimmten Zeitpunkt der Beendigung verlangt werden kann.

(3) Die Kündigung ist spätestens am dritten Werktag eines Kalendermonats zum Ablauf des übernächsten Monats zulässig, bei Wohnraum nach § 549 Abs. 2 Nr. 2 spätestens am 15. eines Monats zum Ablauf dieses Monats (gesetzliche Frist). § 573a Abs. 1 Satz 2 findet keine Anwendung.

(4) Eine zum Nachteil des Mieters abweichende Vereinbarung ist unwirksam.

Unterkapitel 4
Werkwohnungen

§ 576 Fristen der ordentlichen Kündigung bei Werkmietwohnungen

(1) Ist Wohnraum mit Rücksicht auf das Bestehen eines Dienstverhältnisses vermietet, so kann der Vermieter nach Beendigung des Dienstverhältnisses abweichend von § 573c Abs. 1 Satz 2 mit folgenden Fristen kündigen:

1. bei Wohnraum, der dem Mieter weniger als zehn Jahre überlassen war, spätestens am dritten Werktag eines Kalendermonats zum Ablauf des übernächsten Monats, wenn der Wohnraum für einen anderen zur Dienstleistung Verpflichteten benötigt wird;
2. spätestens am dritten Werktag eines Kalendermonats zum Ablauf dieses Monats, wenn das Dienstverhältnis seiner Art nach die Überlassung von Wohnraum erfordert hat, der in unmittelbarer Beziehung oder Nähe zur Arbeitsstätte steht, und der Wohnraum aus dem gleichen Grund für einen anderen zur Dienstleistung Verpflichteten benötigt wird.

(2) Eine zum Nachteil des Mieters abweichende Vereinbarung ist unwirksam.

§ 576a Besonderheiten des Widerspruchsrechts bei Werkmietwohnungen

(1) Bei der Anwendung der §§ 574 bis 574c auf Werkmietwohnungen sind auch die Belange des Dienstberechtigten zu berücksichtigen.

(2) Die §§ 574 bis 574c gelten nicht, wenn

1. der Vermieter nach § 576 Abs. 1 Nr. 2 gekündigt hat;
2. der Mieter das Dienstverhältnis gelöst hat, ohne dass ihm von dem Dienstberechtigten gesetzlich begründeter Anlass dazu gegeben war, oder der Mieter durch sein Verhalten dem Dienstberechtigten gesetzlich begründeten Anlass zur Auflösung des Dienstverhältnisses gegeben hat.

(3) Eine zum Nachteil des Mieters abweichende Vereinbarung ist unwirksam.

§ 576b Entsprechende Geltung des Mietrechts bei Werkdienstwohnungen

(1) Ist Wohnraum im Rahmen eines Dienstverhältnisses überlassen, so gelten für die Beendigung des Rechtsverhältnisses hinsichtlich des Wohnraums die Vorschriften über Mietverhältnisse entsprechend, wenn der zur Dienstleistung Verpflichtete den Wohnraum überwiegend mit Einrichtungsgegenständen ausgestattet hat oder in dem Wohnraum mit seiner Familie oder Personen

lebt, mit denen er einen auf Dauer angelegten gemeinsamen Haushalt führt.

(2) Eine zum Nachteil des Mieters abweichende Vereinbarung ist unwirksam.

Kapitel 6
Besonderheiten bei der Bildung von Wohnungseigentum an vermieteten Wohnungen

§ 577 Vorkaufsrecht des Mieters

(1) Werden vermietete Wohnräume, an denen nach der Überlassung an den Mieter Wohnungseigentum begründet worden ist oder begründet werden soll, an einen Dritten verkauft, so ist der Mieter zum Vorkauf berechtigt. Dies gilt nicht, wenn der Vermieter die Wohnräume an einen Familienangehörigen oder an einen Angehörigen seines Haushalts verkauft. Soweit sich nicht aus den nachfolgenden Absätzen etwas anderes ergibt, finden auf das Vorkaufsrecht die Vorschriften über den Vorkauf Anwendung.

(2) Die Mitteilung des Verkäufers oder des Dritten über den Inhalt des Kaufvertrags ist mit einer Unterrichtung des Mieters über sein Vorkaufsrecht zu verbinden.

(3) Die Ausübung des Vorkaufsrechts erfolgt durch schriftliche Erklärung des Mieters gegenüber dem Verkäufer.

(4) Stirbt der Mieter, so geht das Vorkaufsrecht auf diejenigen über, die in das Mietverhältnis nach § 563 Abs. 1 oder 2 eintreten.

(5) Eine zum Nachteil des Mieters abweichende Vereinbarung ist unwirksam.

§ 577a Kündigungsbeschränkung bei Wohnungsumwandlung

(1) Ist an vermieteten Wohnräumen nach der Überlassung an den Mieter Wohnungseigentum begründet und das Wohnungseigentum veräußert worden, so kann sich ein Erwerber auf berechtigte Interessen im Sinne des § 573 Abs. 2 Nr. 2 oder 3 erst nach Ablauf von drei Jahren seit der Veräußerung berufen.

(1a) Die Kündigungsbeschränkung nach Absatz 1 gilt entsprechend, wenn vermieteter Wohnraum nach der Überlassung an den Mieter

1. an eine Personengesellschaft oder an mehrere Erwerber veräußert worden ist oder
2. zu Gunsten einer Personengesellschaft oder mehrerer Erwerber mit einem Recht belastet worden ist, durch dessen Ausübung dem Mieter der vertragsgemäße Gebrauch entzogen wird.

Satz 1 ist nicht anzuwenden, wenn die Gesellschafter oder Erwerber derselben Familie oder demselben Haushalt angehören oder vor Überlassung des Wohnraums an den Mieter Wohnungseigentum begründet worden ist.

(2) Die Frist nach Absatz 1 oder nach Absatz 1a beträgt bis zu zehn Jahre, wenn die ausreichende Versorgung der Bevölkerung mit Mietwohnungen zu angemessenen Bedingungen in einer Gemeinde oder einem Teil einer Gemeinde besonders gefährdet ist und diese Gebiete nach Satz 2 bestimmt sind. Die Landesregierungen werden ermächtigt, diese Gebiete und die Frist nach Satz 1 durch Rechtsverordnung für die Dauer von jeweils höchstens zehn Jahren zu bestimmen.

(2a) Wird nach einer Veräußerung oder Belastung im Sinne des Absatzes 1a Wohnungseigentum begründet, so beginnt die Frist, innerhalb der eine Kündigung nach § 573 Absatz 2 Nummer 2 oder 3 ausgeschlossen ist, bereits mit der Veräußerung oder Belastung nach Absatz 1a.

(3) Eine zum Nachteil des Mieters abweichende Vereinbarung ist unwirksam.

Untertitel 3
Mietverhältnisse über andere Sachen und digitale Produkte

§ 578 Mietverhältnisse über Grundstücke und Räume

(1) Auf Mietverhältnisse über Grundstücke sind die Vorschriften der §§ 550, 554, 562 bis 562d, 566 bis 567b sowie 570 entsprechend anzuwenden.

(2) Auf Mietverhältnisse über Räume, die keine Wohnräume sind, sind die in Absatz 1 genannten Vorschriften sowie § 552 Abs. 1, § 555a Absatz 1 bis 3, §§ 555b, 555c Absatz 1 bis 4, § 555d Absatz 1 bis 6, § 555e Absatz 1 und 2, § 555f und § 569 Abs. 2 entsprechend anzuwenden. § 556c Absatz 1 und 2 sowie die auf Grund des § 556c Absatz 3 erlassene Rechtsverordnung sind entsprechend anzuwenden, abweichende Vereinbarungen sind zulässig. Sind die Räume zum Aufenthalt von Menschen bestimmt, so gilt außerdem § 569 Abs. 1 entsprechend.

(3) Auf Verträge über die Anmietung von Räumen durch eine juristische Person des öffentlichen Rechts oder einen anerkannten privaten Träger der Wohlfahrtspflege, die geschlossen werden, um die Räume Personen mit dringendem Wohnungsbedarf zum Wohnen zu überlassen, sind die in den Absätzen 1 und 2 genannten Vorschriften sowie die §§ 557, 557a Absatz 1 bis 3 und 5, § 557b Absatz 1 bis 3 und 5, die §§ 558 bis 559d, 561, 568 Absatz 1, § 569 Absatz 3 bis 5, die §§ 573 bis 573d, 575, 575a Absatz 1, 3 und 4, die §§ 577 und 577a entsprechend anzuwenden. Solche Verträge können zusätzlich zu den in § 575 Absatz 1 Satz 1 genannten Gründen auch dann auf bestimmte Zeit geschlossen werden, wenn der Vermieter die Räume nach Ablauf der Mietzeit für ihm obliegende oder ihm übertragene öffentliche Aufgaben nutzen will.

§ 578a Mietverhältnisse über eingetragene Schiffe

(1) Die Vorschriften der §§ 566, 566a, 566e bis 567b gelten im Falle der Veräußerung oder Belastung eines im Schiffsregister eingetragenen Schiffs entsprechend.

(2) Eine Verfügung, die der Vermieter vor dem Übergang des Eigentums über die Miete getroffen hat, die auf die Zeit der Berechtigung des Erwerbers entfällt, ist dem Erwerber gegenüber wirksam. Das Gleiche gilt für ein Rechtsgeschäft, das zwischen dem Mieter und dem Vermieter über die Mietforderung vorgenommen wird, insbesondere die Entrichtung der Miete; ein Rechtsgeschäft, das nach dem Übergang des Eigentums vorgenommen wird, ist jedoch unwirksam, wenn der Mieter

bei der Vornahme des Rechtsgeschäfts von dem Übergang des Eigentums Kenntnis hat. § 566d gilt entsprechend.

§ 578b Verträge über die Miete digitaler Produkte

(1) Auf einen Verbrauchervertrag, bei dem der Unternehmer sich verpflichtet, dem Verbraucher digitale Produkte zu vermieten, sind die folgenden Vorschriften nicht anzuwenden:

1. § 535 Absatz 1 Satz 2 und die §§ 536 bis 536d über die Rechte bei Mängeln und
2. § 543 Absatz 2 Satz 1 Nummer 1 und Absatz 4 über die Rechte bei unterbliebener Bereitstellung.

An die Stelle der nach Satz 1 nicht anzuwendenden Vorschriften treten die Vorschriften des Abschnitts 3 Titel 2a. Der Anwendungsausschluss nach Satz 1 Nummer 2 gilt nicht, wenn der Vertrag die Bereitstellung eines körperlichen Datenträgers zum Gegenstand hat, der ausschließlich als Träger digitaler Inhalte dient.

(2) Wenn der Verbraucher einen Verbrauchervertrag nach Absatz 1 wegen unterbliebener Bereitstellung (§ 327c), Mangelhaftigkeit (§ 327m) oder Änderung (§ 327r Absatz 3 und 4) des digitalen Produkts beendet, sind die §§ 546 bis 548 nicht anzuwenden. An die Stelle der nach Satz 1 nicht anzuwendenden Vorschriften treten die Vorschriften des Abschnitts 3 Titel 2a.

(3) Für einen Verbrauchervertrag, bei dem der Unternehmer sich verpflichtet, dem Verbraucher eine Sache zu vermieten, die ein digitales Produkt enthält oder mit ihm verbunden ist, gelten die Anwendungsausschlüsse nach den Absätzen 1 und 2 entsprechend für diejenigen Bestandteile des Vertrags, die das digitale Produkt betreffen.

(4) Auf einen Vertrag zwischen Unternehmern, der der Bereitstellung digitaler Produkte gemäß eines Verbrauchervertrags nach Absatz 1 oder Absatz 3 dient, ist § 536a Absatz 2 über den Anspruch des Unternehmers gegen den Vertriebspartner auf Ersatz von denjenigen Aufwendungen nicht anzuwenden, die er im Verhältnis zum Verbraucher nach § 327l zu tragen hatte. An die Stelle des nach Satz 1 nicht anzuwendenden § 536a Absatz 2 treten die Vorschriften des Abschnitts 3 Titel 2a Untertitel 2.

§ 579 Fälligkeit der Miete

(1) Die Miete für ein Grundstück und für bewegliche Sachen ist am Ende der Mietzeit zu entrichten. Ist die Miete nach Zeitabschnitten bemessen, so ist sie nach Ablauf der einzelnen Zeitabschnitte zu entrichten. Die Miete für ein Grundstück ist, sofern sie nicht nach kürzeren Zeitabschnitten bemessen ist, jeweils nach Ablauf eines Kalendervierteljahrs am ersten Werktag des folgenden Monats zu entrichten.

(2) Für Mietverhältnisse über Räume gilt § 556b Abs. 1 entsprechend.

§ 580 Außerordentliche Kündigung bei Tod des Mieters

Stirbt der Mieter, so ist sowohl der Erbe als auch der Vermieter berechtigt, das Mietverhältnis innerhalb eines Monats, nachdem sie vom Tod des Mieters Kenntnis erlangt haben, außerordentlich mit der gesetzlichen Frist zu kündigen.

§ 580a Kündigungsfristen

(1) Bei einem Mietverhältnis über Grundstücke, über Räume, die keine Geschäftsräume sind, ist die ordentliche Kündigung zulässig,

1. wenn die Miete nach Tagen bemessen ist, an jedem Tag zum Ablauf des folgenden Tages;
2. wenn die Miete nach Wochen bemessen ist, spätestens am ersten Werktag einer Woche zum Ablauf des folgenden Sonnabends;
3. wenn die Miete nach Monaten oder längeren Zeitabschnitten bemessen ist, spätestens am dritten Werktag eines Kalendermonats zum Ablauf des übernächsten Monats, bei einem Mietverhältnis über gewerblich genutzte unbebaute Grundstücke jedoch nur zum Ablauf eines Kalendervierteljahrs.

(2) Bei einem Mietverhältnis über Geschäftsräume ist die ordentliche Kündigung spätestens am dritten Werktag eines Kalendervierteljahres zum Ablauf des nächsten Kalendervierteljahrs zulässig.

(3) Bei einem Mietverhältnis über bewegliche Sachen oder digitale Produkte ist die ordentliche Kündigung zulässig,

1. wenn die Miete nach Tagen bemessen ist, an jedem Tag zum Ablauf des folgenden Tages;
2. wenn die Miete nach längeren Zeitabschnitten bemessen ist, spätestens am dritten Tag vor dem Tag, mit dessen Ablauf das Mietverhältnis enden soll.

Die Vorschriften über die Beendigung von Verbraucherverträgen über digitale Produkte bleiben unberührt.

(4) Absatz 1 Nr. 3, Absatz 2 und 3 Nr. 2 sind auch anzuwenden, wenn ein Mietverhältnis außerordentlich mit der gesetzlichen Frist gekündigt werden kann.

Titel 8
Dienstvertrag und ähnliche Verträge

Untertitel 2
Behandlungsvertrag

§ 630a Vertragstypische Pflichten beim Behandlungsvertrag

(1) Durch den Behandlungsvertrag wird derjenige, welcher die medizinische Behandlung eines Patienten zusagt (Behandelnder), zur Leistung der versprochenen Behandlung, der andere Teil (Patient) zur Gewährung der vereinbarten Vergütung verpflichtet, soweit nicht ein Dritter zur Zahlung verpflichtet ist.

(2) Die Behandlung hat nach den zum Zeitpunkt der Behandlung bestehenden, allgemein anerkannten fachlichen Standards zu erfolgen, soweit nicht etwas anderes vereinbart ist.

§ 630b Anwendbare Vorschriften

Auf das Behandlungsverhältnis sind die Vorschriften über das Dienstverhältnis, das kein Arbeitsverhältnis im Sinne des § 622 ist, anzuwenden, soweit nicht in diesem Untertitel etwas anderes bestimmt ist.

§ 630c Mitwirkung der Vertragsparteien; Informationspflichten

(1) Behandelnder und Patient sollen zur Durchführung der Behandlung zusammenwirken.

(2) Der Behandelnde ist verpflichtet, dem Patienten in verständlicher Weise zu Beginn der Behandlung und, soweit erforderlich, in deren Verlauf sämtliche für die Behandlung wesentlichen Umstände zu erläutern, insbesondere die Diagnose, die voraussichtliche gesundheitliche Entwicklung, die Therapie und die zu und nach der Therapie zu ergreifenden Maßnahmen. Sind für den Behandelnden Umstände erkennbar, die die Annahme eines Behandlungsfehlers begründen, hat er den Patienten über diese auf Nachfrage oder zur Abwendung gesundheitlicher Gefahren zu informieren. Ist dem Behandelnden oder einem seiner in § 52 Absatz 1 der Strafprozessordnung bezeichneten Angehörigen ein Behandlungsfehler unterlaufen, darf die Information nach Satz 2 zu Beweiszwecken in einem gegen den Behandelnden oder gegen seinen Angehörigen geführten Straf- oder Bußgeldverfahren nur mit Zustimmung des Behandelnden verwendet werden.

(3) Weiß der Behandelnde, dass eine vollständige Übernahme der Behandlungskosten durch einen Dritten nicht gesichert ist oder ergeben sich nach den Umständen hierfür hinreichende Anhaltspunkte, muss er den Patienten vor Beginn der Behandlung über die voraussichtlichen Kosten der Behandlung in Textform informieren. Weitergehende Formanforderungen aus anderen Vorschriften bleiben unberührt.

(4) Der Information des Patienten bedarf es nicht, soweit diese ausnahmsweise aufgrund besonderer Umstände entbehrlich ist, insbesondere wenn die Behandlung unaufschiebbar ist oder der Patient auf die Information ausdrücklich verzichtet hat.

§ 630d Einwilligung

(1) Vor Durchführung einer medizinischen Maßnahme, insbesondere eines Eingriffs in den Körper oder die Gesundheit, ist der Behandelnde verpflichtet, die Einwilligung des Patienten einzuholen. Ist der Patient einwilligungsunfähig, ist die Einwilligung eines hierzu Berechtigten einzuholen, soweit nicht eine Patientenverfügung nach § 1827 Absatz 1 Satz 1 die Maßnahme gestattet oder untersagt. Weitergehende Anforderungen an die Einwilligung aus anderen Vorschriften bleiben unberührt. Kann eine Einwilligung für eine unaufschiebbare Maßnahme nicht rechtzeitig eingeholt werden, darf sie ohne Einwilligung durchgeführt werden, wenn sie dem mutmaßlichen Willen des Patienten entspricht.

(2) Die Wirksamkeit der Einwilligung setzt voraus, dass der Patient oder im Fall des Absatzes 1 Satz 2 der zur Einwilligung Berechtigte vor der Einwilligung nach Maßgabe von § 630e Absatz 1 bis 4 aufgeklärt worden ist.

(3) Die Einwilligung kann jederzeit und ohne Angabe von Gründen formlos widerrufen werden.

§ 630e Aufklärungspflichten

(1) Der Behandelnde ist verpflichtet, den Patienten über sämtliche für die Einwilligung wesentlichen Umstände aufzuklären. Dazu gehören insbesondere Art, Umfang, Durchführung, zu erwartende Folgen und Risiken der Maßnahme sowie ihre Notwendigkeit, Dringlichkeit, Eignung und Erfolgsaussichten im Hinblick auf die Diagnose oder die Therapie. Bei der Aufklärung ist auch auf Alternativen zur Maßnahme hinzuweisen, wenn mehrere medizinisch gleichermaßen indizierte und übliche Methoden zu wesentlich unterschiedlichen Belastungen, Risiken oder Heilungschancen führen können.

(2) Die Aufklärung muss

1. mündlich durch den Behandelnden oder durch eine Person erfolgen, die über die zur Durchführung der Maßnahme notwendige Ausbildung verfügt; ergänzend kann auch auf Unterlagen Bezug genommen werden, die der Patient in Textform erhält,
2. so rechtzeitig erfolgen, dass der Patient seine Entscheidung über die Einwilligung wohlüberlegt treffen kann,
3. für den Patienten verständlich sein.

Dem Patienten sind Abschriften von Unterlagen, die er im Zusammenhang mit der Aufklärung oder Einwilligung unterzeichnet hat, auszuhändigen.

(3) Der Aufklärung des Patienten bedarf es nicht, soweit diese ausnahmsweise aufgrund besonderer Umstände entbehrlich ist, insbesondere wenn die Maßnahme unaufschiebbar ist oder der Patient auf die Aufklärung ausdrücklich verzichtet hat.

(4) Ist nach § 630d Absatz 1 Satz 2 die Einwilligung eines hierzu Berechtigten einzuholen, ist dieser nach Maßgabe der Absätze 1 bis 3 aufzuklären.

(5) Im Fall des § 630d Absatz 1 Satz 2 sind die wesentlichen Umstände nach Absatz 1 auch dem Patienten entsprechend seinem Verständnis zu erläutern, soweit dieser aufgrund seines Entwicklungsstandes und seiner Verständnismöglichkeiten in der Lage ist, die Erläuterung aufzunehmen, und soweit dies seinem Wohl nicht zuwiderläuft. Absatz 3 gilt entsprechend.

§ 630f Dokumentation der Behandlung

(1) Der Behandelnde ist verpflichtet, zum Zweck der Dokumentation in unmittelbarem zeitlichen Zusammenhang mit der Behandlung eine Patientenakte in Papierform oder elektronisch zu führen. Berichtigungen und Änderungen von Eintragungen in der Patientenakte sind nur zulässig, wenn neben dem ursprünglichen Inhalt erkennbar bleibt, wann sie vorgenommen worden sind. Dies ist auch für elektronisch geführte Patientenakten sicherzustellen.

(2) Der Behandelnde ist verpflichtet, in der Patientenakte sämtliche aus fachlicher Sicht für die derzeitige und künftige Behandlung wesentlichen Maßnahmen und deren Ergebnisse aufzuzeichnen, insbesondere die Anamnese, Diagnosen, Untersuchungen, Untersuchungsergebnisse, Befunde, Therapien und ihre Wirkungen, Eingriffe und ihre Wirkungen, Einwilligungen und Aufklärungen. Arztbriefe sind in die Patientenakte aufzunehmen.

(3) Der Behandelnde hat die Patientenakte für die Dauer von zehn Jahren nach Abschluss der Behandlung aufzubewahren, soweit nicht nach anderen Vorschriften andere Aufbewahrungsfristen bestehen.

§ 630g Einsichtnahme in die Patientenakte

(1) Dem Patienten ist auf Verlangen unverzüglich Einsicht in die vollständige, ihn betreffende Patientenakte zu gewähren, soweit der Einsichtnahme nicht erhebliche therapeutische Gründe oder sonstige erhebliche Rechte Dritter entgegenstehen. Die Ablehnung der Einsichtnahme ist zu begründen. § 811 ist entsprechend anzuwenden.

(2) Der Patient kann auch elektronische Abschriften von der Patientenakte verlangen. Er hat dem Behandelnden die entstandenen Kosten zu erstatten.

(3) Im Fall des Todes des Patienten stehen die Rechte aus den Absätzen 1 und 2 zur Wahrnehmung der vermögensrechtlichen Interessen seinen Erben zu. Gleiches gilt für die nächsten Angehörigen des Patienten, soweit sie immaterielle Interessen geltend machen. Die Rechte sind ausgeschlossen, soweit der Einsichtnahme der ausdrückliche oder mutmaßliche Wille des Patienten entgegensteht.

§ 630h Beweislast bei Haftung für Behandlungs- und Aufklärungsfehler

(1) Ein Fehler des Behandelnden wird vermutet, wenn sich ein allgemeines Behandlungsrisiko verwirklicht hat, das für den Behandelnden voll beherrschbar war und das zur Verletzung des Lebens, des Körpers oder der Gesundheit des Patienten geführt hat.

(2) Der Behandelnde hat zu beweisen, dass er eine Einwilligung gemäß § 630d eingeholt und entsprechend den Anforderungen des § 630e aufgeklärt hat. Genügt die Aufklärung nicht den Anforderungen des § 630e, kann der Behandelnde sich darauf berufen, dass der Patient auch im Fall einer ordnungsgemäßen Aufklärung in die Maßnahme eingewilligt hätte.

(3) Hat der Behandelnde eine medizinisch gebotene wesentliche Maßnahme und ihr Ergebnis entgegen § 630f Absatz 1 oder Absatz 2 nicht in der Patientenakte aufgezeichnet oder hat er die Patientenakte entgegen § 630f Absatz 3 nicht aufbewahrt, wird vermutet, dass er diese Maßnahme nicht getroffen hat.

(4) War ein Behandelnder für die von ihm vorgenommene Behandlung nicht befähigt, wird vermutet, dass die mangelnde Befähigung für den Eintritt der Verletzung des Lebens, des Körpers oder der Gesundheit ursächlich war.

(5) Liegt ein grober Behandlungsfehler vor und ist dieser grundsätzlich geeignet, eine Verletzung des Lebens, des Körpers oder der Gesundheit der tatsächlich eingetretenen Art herbeizuführen, wird vermutet, dass der Behandlungsfehler für diese Verletzung ursächlich war. Dies gilt auch dann, wenn es der Behandelnde unterlassen hat, einen medizinisch gebotenen Befund rechtzeitig zu erheben oder zu sichern, soweit der Befund mit hinreichender Wahrscheinlichkeit ein Ergebnis erbracht hätte, das Anlass zu weiteren Maßnahmen gegeben hätte, und wenn das Unterlassen solcher Maßnahmen grob fehlerhaft gewesen wäre.

Titel 12
Auftrag, Geschäftsbesorgungsvertrag und Zahlungsdienste

Untertitel 1
Auftrag

§ 662 Vertragstypische Pflichten beim Auftrag

Durch die Annahme eines Auftrags verpflichtet sich der Beauftragte, ein ihm von dem Auftraggeber übertragenes Geschäft für diesen unentgeltlich zu besorgen.

§ 663 Anzeigepflicht bei Ablehnung

Wer zur Besorgung gewisser Geschäfte öffentlich bestellt ist oder sich öffentlich erboten hat, ist, wenn er einen auf solche Geschäfte gerichteten Auftrag nicht annimmt, verpflichtet, die Ablehnung dem Auftraggeber unverzüglich anzuzeigen. Das Gleiche gilt, wenn sich jemand dem Auftraggeber gegenüber zur Besorgung gewisser Geschäfte erboten hat.

§ 664 Unübertragbarkeit; Haftung für Gehilfen

(1) Der Beauftragte darf im Zweifel die Ausführung des Auftrags nicht einem Dritten übertragen. Ist die Übertragung gestattet, so hat er nur ein ihm bei der Übertragung zur Last fallendes Verschulden zu vertreten. Für das Verschulden eines Gehilfen ist er nach § 278 verantwortlich.

(2) Der Anspruch auf Ausführung des Auftrags ist im Zweifel nicht übertragbar.

§ 665 Abweichung von Weisungen

Der Beauftragte ist berechtigt, von den Weisungen des Auftraggebers abzuweichen, wenn er den Umständen nach annehmen darf, dass der Auftraggeber bei Kenntnis der Sachlage die Abweichung billigen würde. Der Beauftragte hat vor der Abweichung dem Auftraggeber Anzeige zu machen und dessen Entschließung abzuwarten, wenn nicht mit dem Aufschub Gefahr verbunden ist.

§ 666 Auskunfts- und Rechenschaftspflicht

Der Beauftragte ist verpflichtet, dem Auftraggeber die erforderlichen Nachrichten zu geben, auf Verlangen über den Stand des Geschäfts Auskunft zu erteilen und nach der Ausführung des Auftrags Rechenschaft abzulegen.

§ 667 Herausgabepflicht

Der Beauftragte ist verpflichtet, dem Auftraggeber alles, was er zur Ausführung des Auftrags erhält und was er aus der Geschäftsbesorgung erlangt, herauszugeben.

§ 668 Verzinsung des verwendeten Geldes

Verwendet der Beauftragte Geld für sich, das er dem Auftraggeber herauszugeben oder für ihn zu verwenden hat, so ist er verpflichtet, es von der Zeit der Verwendung an zu verzinsen.

§ 669 Vorschusspflicht

Für die zur Ausführung des Auftrags erforderlichen Aufwendungen hat der Auftraggeber dem Beauftragten auf Verlangen Vorschuss zu leisten.

§ 670 Ersatz von Aufwendungen

Macht der Beauftragte zum Zwecke der Ausführung des Auftrags Aufwendungen, die er den Umständen nach für erforderlich halten darf, so ist der Auftraggeber zum Ersatz verpflichtet.

§ 671 Widerruf; Kündigung

(1) Der Auftrag kann von dem Auftraggeber jederzeit widerrufen, von dem Beauftragten jederzeit gekündigt werden.

(2) Der Beauftragte darf nur in der Art kündigen, dass der Auftraggeber für die Besorgung des Geschäfts anderweit Fürsorge treffen kann, es sei denn, dass ein wichtiger Grund für die unzeitige Kündigung vorliegt. Kündigt er ohne solchen Grund zur Unzeit, so hat er dem Auftraggeber den daraus entstehenden Schaden zu ersetzen.

(3) Liegt ein wichtiger Grund vor, so ist der Beauftragte zur Kündigung auch dann berechtigt, wenn er auf das Kündigungsrecht verzichtet hat.

§ 672 Tod oder Geschäftsunfähigkeit des Auftraggebers

Der Auftrag erlischt im Zweifel nicht durch den Tod oder den Eintritt der Geschäftsunfähigkeit des Auftraggebers. Erlischt der Auftrag, so hat der Beauftragte, wenn mit dem Aufschub Gefahr verbunden ist, die Besorgung des übertragenen Geschäfts fortzusetzen, bis der Erbe oder der gesetzliche Vertreter des Auftraggebers anderweit Fürsorge treffen kann; der Auftrag gilt insoweit als fortbestehend.

§ 673 Tod des Beauftragten

Der Auftrag erlischt im Zweifel durch den Tod des Beauftragten. Erlischt der Auftrag, so hat der Erbe des Beauftragten den Tod dem Auftraggeber unverzüglich anzuzeigen und, wenn mit dem Aufschube Gefahr verbunden ist, die Besorgung des übertragenden Geschäfts fortzusetzen, bis der Auftraggeber anderweit Fürsorge treffen kann; der Auftrag gilt insoweit als fortbestehend.

§ 674 Fiktion des Fortbestehens

Erlischt der Auftrag in anderer Weise als durch Widerruf, so gilt er zugunsten des Beauftragten gleichwohl als fortbestehend, bis der Beauftragte von dem Erlöschen Kenntnis erlangt oder das Erlöschen kennen muss.

Untertitel 2
Geschäftsbesorgungsvertrag

§ 675 Entgeltliche Geschäftsbesorgung

(1) Auf einen Dienstvertrag oder einen Werkvertrag, der eine Geschäftsbesorgung zum Gegenstand hat, finden, soweit in diesem Untertitel nichts Abweichendes bestimmt wird, die Vorschriften der §§ 663, 665 bis 670, 672 bis 674 und, wenn dem Verpflichteten das Recht zusteht, ohne Einhaltung einer Kündigungsfrist zu kündigen, auch die Vorschrift des § 671 Abs. 2 entsprechende Anwendung.

(2) Wer einem anderen einen Rat oder eine Empfehlung erteilt, ist, unbeschadet der sich aus einem Vertragsverhältnis, einer unerlaubten Handlung oder einer sonstigen gesetzlichen Bestimmung ergebenden Verantwortlichkeit, zum Ersatz des aus der Befolgung des Rates oder der Empfehlung entstehenden Schadens nicht verpflichtet.

(3) Ein Vertrag, durch den sich der eine Teil verpflichtet, die Anmeldung oder Registrierung des anderen Teils zur Teilnahme an Gewinnspielen zu bewirken, die von einem Dritten durchgeführt werden, bedarf der Textform.

§ 675a Informationspflichten

Wer zur Besorgung von Geschäften öffentlich bestellt ist oder sich dazu öffentlich erboten hat, stellt für regelmäßig anfallende standardisierte Geschäftsvorgänge (Standardgeschäfte) unentgeltlich Informationen über Entgelte und Auslagen der Geschäftsbesorgung in Textform zur Verfügung, soweit nicht eine Preisfestsetzung nach § 315 erfolgt oder die Entgelte und Auslagen gesetzlich verbindlich geregelt sind.

§ 675b Aufträge zur Übertragung von Wertpapieren in Systemen

Der Teilnehmer an Wertpapierlieferungs- und Abrechnungssystemen kann einen Auftrag, der die Übertragung von Wertpapieren oder Ansprüchen auf Herausgabe von Wertpapieren im Wege der Verbuchung oder auf sonstige Weise zum Gegenstand hat, von dem in den Regeln des Systems bestimmten Zeitpunkt an nicht mehr widerrufen.

Untertitel 3
Zahlungsdienste

Kapitel 1
Allgemeine Vorschriften

§ 675c Zahlungsdienste und E-Geld

(1) Auf einen Geschäftsbesorgungsvertrag, der die Erbringung von Zahlungsdiensten zum Gegenstand hat, sind die §§ 663, 665 bis 670 und 672 bis 674 entsprechend anzuwenden, soweit in diesem Untertitel nichts Abweichendes bestimmt ist.

(2) Die Vorschriften dieses Untertitels sind auch auf einen Vertrag über die Ausgabe und Nutzung von E-Geld anzuwenden.

(3) Die Begriffsbestimmungen des Kreditwesengesetzes und des Zahlungsdiensteaufsichtsgesetzes sind anzuwenden.

(4) Die Vorschriften dieses Untertitels sind mit Ausnahme von § 675d Absatz 2 Satz 2 sowie Absatz 3 nicht auf einen Vertrag über die Erbringung von Kontoinformationsdiensten anzuwenden.

§ 675d Unterrichtung bei Zahlungsdiensten

(1) Zahlungsdienstleister haben Zahlungsdienstnutzer bei der Erbringung von Zahlungsdiensten über die in Artikel 248 §§ 1 bis 12, 13 Absatz 1, 3 bis 5 und §§ 14 bis 16 des Einführungsgesetzes zum Bürgerlichen Gesetzbuche bestimmten Umstände in der dort vorgesehenen Form zu unterrichten.

(2) Zahlungsauslösedienstleister haben Zahler ausschließlich über die in Artikel 248 § 13 Absatz 1 bis 3 und § 13a des Einführungsgesetzes zum Bürgerlichen Gesetzbuche bestimmten Umstände in der Form zu unterrichten, die in Artikel 248 §§ 2 und 12 des Einführungsgesetzes zum Bürgerlichen Gesetzbuche vorgesehen ist. Kontoinformationsdienstleister haben Zahlungsdienstnutzer entsprechend den Anforderungen des Arti-

kels 248 §§ 4 und 13 Absatz 1 und 3 des Einführungsgesetzes zum Bürgerlichen Gesetzbuche zu unterrichten; sie können die Form und den Zeitpunkt der Unterrichtung mit dem Zahlungsdienstnutzer vereinbaren.

(3) Ist die ordnungsgemäße Unterrichtung streitig, so trifft die Beweislast den Zahlungsdienstleister.

(4) Für die Unterrichtung darf der Zahlungsdienstleister mit dem Zahlungsdienstnutzer nur dann ein Entgelt vereinbaren, wenn die Information auf Verlangen des Zahlungsdienstnutzers erbracht wird und der Zahlungsdienstleister

1. diese Information häufiger erbringt, als in Artikel 248 §§ 1 bis 16 des Einführungsgesetzes zum Bürgerlichen Gesetzbuche vorgesehen,
2. eine Information erbringt, die über die in Artikel 248 §§ 1 bis 16 des Einführungsgesetzes zum Bürgerlichen Gesetzbuche vorgeschriebenen hinausgeht, oder
3. diese Information mithilfe anderer als der im Zahlungsdiensterahmenvertrag vereinbarten Kommunikationsmittel erbringt.

Das Entgelt muss angemessen und an den tatsächlichen Kosten des Zahlungsdienstleisters ausgerichtet sein.

(5) Zahlungsempfänger, Dienstleister, die Bargeldabhebungsdienste erbringen, und Dritte unterrichten über die in Artikel 248 §§ 17 bis 18 des Einführungsgesetzes zum Bürgerlichen Gesetzbuche bestimmten Umstände. Der Zahler ist nur dann verpflichtet, die Entgelte gemäß Artikel 248 § 17 Absatz 2 und § 18 des Einführungsgesetzes zum Bürgerlichen Gesetzbuche zu entrichten, wenn deren volle Höhe vor der Auslösung des Zahlungsvorgangs bekannt gemacht wurde.

(6) Die Absätze 1 bis 5 sind nicht anzuwenden auf

1. die Bestandteile eines Zahlungsvorgangs, die außerhalb des Europäischen Wirtschaftsraums getätigt werden, wenn
   a) der Zahlungsvorgang in der Währung eines Staates außerhalb des Europäischen Wirtschaftsraums erfolgt und sowohl der Zahlungsdienstleister des Zahlers als auch der Zahlungsdienstleister des Zahlungsempfängers innerhalb des Europäischen Wirtschaftsraums belegen ist oder
   b) bei Beteiligung mehrerer Zahlungsdienstleister an dem Zahlungsvorgang von diesen Zahlungsdienstleistern mindestens einer innerhalb und mindestens einer außerhalb des Europäischen Wirtschaftsraums belegen ist;
2. Zahlungsvorgänge, bei denen keiner der beteiligten Zahlungsdienstleister innerhalb des Europäischen Wirtschaftsraums belegen ist.

In den Fällen des Satzes 1 Nummer 1 sind die Informationspflichten nach Artikel 248 § 4 Absatz 1 Nummer 2 Buchstabe e, § 6 Nummer 1 sowie § 13 Absatz 1 Satz 1 Nummer 2 des Einführungsgesetzes zum Bürgerlichen Gesetzbuche auch auf die innerhalb des Europäischen Wirtschaftsraums getätigten Bestandteile des Zahlungsvorgangs nicht anzuwenden. Gleiches gilt im Fall des Satzes 1 Nummer 1 Buchstabe b für die Informationspflicht nach Artikel 248 § 4 Absatz 1 Nummer 5 Buchstabe g des Einführungsgesetzes zum Bürgerlichen Gesetzbuche.

§ 675e Abweichende Vereinbarungen

(1) Soweit nichts anderes bestimmt ist, darf von den Vorschriften dieses Untertitels nicht zum Nachteil des Zahlungsdienstnutzers abgewichen werden.

(2) In den Fällen des § 675d Absatz 6 Satz 1 Nummer 1 und 2

1. sind § 675s Absatz 1, § 675t Absatz 2, § 675x Absatz 1, § 675y Absatz 1 bis 4 sowie § 675z Satz 3 nicht anzuwenden;
2. darf im Übrigen zum Nachteil des Zahlungsdienstnutzers von den Vorschriften dieses Untertitels abgewichen werden.

(3) Für Zahlungsvorgänge, die nicht in Euro erfolgen, können der Zahlungsdienstnutzer und sein Zahlungsdienstleister vereinbaren, dass § 675t Abs. 1 Satz 3 und Abs. 2 ganz oder teilweise nicht anzuwenden ist.

(4) Handelt es sich bei dem Zahlungsdienstnutzer nicht um einen Verbraucher, so können die Parteien vereinbaren, dass § 675d Absatz 1 bis 5, § 675f Absatz 5 Satz 2, die §§ 675g, 675h, 675j Absatz 2, die §§ 675p sowie 675v bis 676 ganz oder teilweise nicht anzuwenden sind; sie können auch andere als die in § 676b Absatz 2 und 4 vorgesehenen Fristen vereinbaren.

Kapitel 2
Zahlungsdienstevertrag

§ 675f Zahlungsdienstevertrag

(1) Durch einen Einzelzahlungsvertrag wird der Zahlungsdienstleister verpflichtet, für die Person, die einen Zahlungsdienst als Zahler, Zahlungsempfänger oder in beiden Eigenschaften in Anspruch nimmt (Zahlungsdienstnutzer), einen Zahlungsvorgang auszuführen.

(2) Durch einen Zahlungsdiensterahmenvertrag wird der Zahlungsdienstleister verpflichtet, für den Zahlungsdienstnutzer einzelne und aufeinander folgende Zahlungsvorgänge auszuführen sowie gegebenenfalls für den Zahlungsdienstnutzer ein auf dessen Namen oder die Namen mehrerer Zahlungsdienstnutzer lautendes Zahlungskonto zu führen. Ein Zahlungsdiensterahmenvertrag kann auch Bestandteil eines sonstigen Vertrags sein oder mit einem anderen Vertrag zusammenhängen.

(3) Der Zahlungsdienstnutzer ist berechtigt, einen Zahlungsauslösedienst oder einen Kontoinformationsdienst zu nutzen, es sei denn, das Zahlungskonto des Zahlungsdienstnutzers ist für diesen nicht online zugänglich. Der kontoführende Zahlungsdienstleister darf die Nutzung dieser Dienste durch den Zahlungsdienstnutzer nicht davon abhängig machen, dass der Zahlungsauslösedienstleister oder der Kontoinformationsdienstleister zu diesem Zweck einen Vertrag mit dem kontoführenden Zahlungsdienstleister abschließt.

(4) Zahlungsvorgang ist jede Bereitstellung, Übermittlung oder Abhebung eines Geldbetrags, unabhängig von der zugrunde liegenden Rechtsbeziehung zwischen Zahler und Zahlungsempfänger. Zahlungsauftrag ist jeder Auftrag, den ein Zahler seinem Zahlungsdienstleister zur Ausführung eines Zahlungsvorgangs entweder unmit-

telbar oder mittelbar über einen Zahlungsauslösedienstleister oder den Zahlungsempfänger erteilt.

(5) Der Zahlungsdienstnutzer ist verpflichtet, dem Zahlungsdienstleister das für die Erbringung eines Zahlungsdienstes vereinbarte Entgelt zu entrichten. Für die Erfüllung von Nebenpflichten nach diesem Untertitel hat der Zahlungsdienstleister nur dann einen Anspruch auf ein Entgelt, sofern dies zugelassen und zwischen dem Zahlungsdienstnutzer und dem Zahlungsdienstleister vereinbart worden ist; dieses Entgelt muss angemessen und an den tatsächlichen Kosten des Zahlungsdienstleisters ausgerichtet sein.

(6) In einem Zahlungsdiensterahmenvertrag zwischen dem Zahlungsempfänger und seinem Zahlungsdienstleister darf das Recht des Zahlungsempfängers, dem Zahler für die Nutzung eines bestimmten Zahlungsinstruments eine Ermäßigung oder einen anderweitigen Anreiz anzubieten, nicht ausgeschlossen werden.

§ 675g Änderung des Zahlungsdiensterahmenvertrags

(1) Eine Änderung des Zahlungsdiensterahmenvertrags auf Veranlassung des Zahlungsdienstleisters setzt voraus, dass dieser die beabsichtigte Änderung spätestens zwei Monate vor dem vorgeschlagenen Zeitpunkt ihres Wirksamwerdens dem Zahlungsdienstnutzer in der in Artikel 248 §§ 2 und 3 des Einführungsgesetzes zum Bürgerlichen Gesetzbuche vorgesehenen Form anbietet.

(2) Der Zahlungsdienstleister und der Zahlungsdienstnutzer können vereinbaren, dass die Zustimmung des Zahlungsdienstnutzers zu einer Änderung nach Absatz 1 als erteilt gilt, wenn dieser dem Zahlungsdienstleister seine Ablehnung nicht vor dem vorgeschlagenen Zeitpunkt des Wirksamwerdens der Änderung angezeigt hat. Im Fall einer solchen Vereinbarung ist der Zahlungsdienstnutzer auch berechtigt, den Zahlungsdiensterahmenvertrag vor dem vorgeschlagenen Zeitpunkt des Wirksamwerdens der Änderung fristlos zu kündigen. Der Zahlungsdienstleister ist verpflichtet, den Zahlungsdienstnutzer mit dem Angebot zur Vertragsänderung auf die Folgen seines Schweigens sowie auf das Recht zur kostenfreien und fristlosen Kündigung hinzuweisen.

(3) Änderungen von Zinssätzen oder Wechselkursen werden unmittelbar und ohne vorherige Benachrichtigung wirksam, soweit dies im Zahlungsdiensterahmenvertrag vereinbart wurde und die Änderungen auf den dort vereinbarten Referenzzinssätzen oder Referenzwechselkursen beruhen. Referenzzinssatz ist der Zinssatz, der bei der Zinsberechnung zugrunde gelegt wird und aus einer öffentlich zugänglichen und für beide Parteien eines Zahlungsdienstevertrags überprüfbaren Quelle stammt. Referenzwechselkurs ist der Wechselkurs, der bei jedem Währungsumtausch zugrunde gelegt und vom Zahlungsdienstleister zugänglich gemacht wird oder aus einer öffentlich zugänglichen Quelle stammt.

(4) Der Zahlungsdienstnutzer darf durch Vereinbarungen zur Berechnung nach Absatz 3 nicht benachteiligt werden.

§ 675h Ordentliche Kündigung eines Zahlungsdiensterahmenvertrags

(1) Der Zahlungsdienstnutzer kann den Zahlungsdiensterahmenvertrag, auch wenn dieser für einen bestimmten Zeitraum geschlossen ist, jederzeit ohne Einhaltung einer Kündigungsfrist kündigen, sofern nicht eine Kündigungsfrist vereinbart wurde. Die Vereinbarung einer Kündigungsfrist von mehr als einem Monat ist unwirksam.

(2) Der Zahlungsdienstleister kann den Zahlungsdiensterahmenvertrag nur kündigen, wenn der Vertrag auf unbestimmte Zeit geschlossen wurde und das Kündigungsrecht vereinbart wurde. Die Kündigungsfrist darf zwei Monate nicht unterschreiten. Die Kündigung ist in der in Artikel 248 §§ 2 und 3 des Einführungsgesetzes zum Bürgerlichen Gesetzbuche vorgesehenen Form zu erklären.

(3) Im Fall der Kündigung sind regelmäßig erhobene Entgelte nur anteilig bis zum Zeitpunkt der Beendigung des Vertrags zu entrichten. Im Voraus gezahlte Entgelte, die auf die Zeit nach Beendigung des Vertrags fallen, sind anteilig zu erstatten.

(4) Der Zahlungsdienstleister darf mit dem Zahlungsdienstnutzer für die Kündigung des Zahlungsdiensterahmenvertrags kein Entgelt vereinbaren.

§ 675i Ausnahmen für Kleinbetragsinstrumente und E-Geld

(1) Ein Zahlungsdienstevertrag kann die Überlassung eines Kleinbetragsinstruments an den Zahlungsdienstnutzer vorsehen. Ein Kleinbetragsinstrument ist ein Mittel,

1. mit dem nur einzelne Zahlungsvorgänge bis höchstens 30 Euro ausgelöst werden können,
2. das eine Ausgabenobergrenze von 150 Euro hat oder
3. das Geldbeträge speichert, die zu keiner Zeit 150 Euro übersteigen.

In den Fällen der Nummern 2 und 3 erhöht sich die Betragsgrenze auf 200 Euro, wenn das Kleinbetragsinstrument nur für inländische Zahlungsvorgänge genutzt werden kann.

(2) Im Fall des Absatzes 1 können die Parteien vereinbaren, dass

1. der Zahlungsdienstleister Änderungen der Vertragsbedingungen nicht in der in § 675g Abs. 1 vorgesehenen Form anbieten muss,
2. § 675l Absatz 1 Satz 2, § 675m Absatz 1 Satz 1 Nummer 3 und 5 sowie Satz 2 und § 675v Absatz 5 nicht anzuwenden sind, wenn das Kleinbetragsinstrument nicht gesperrt oder eine weitere Nutzung nicht verhindert werden kann,
3. die §§ 675u, 675v Absatz 1 bis 3 und 5, die §§ 675w und 676 nicht anzuwenden sind, wenn die Nutzung des Kleinbetragsinstruments keinem Zahlungsdienstnutzer zugeordnet werden kann oder der Zahlungsdienstleister aus anderen Gründen, die in dem Kleinbetragsinstrument selbst angelegt sind, nicht nachweisen kann, dass ein Zahlungsvorgang autorisiert war,
4. der Zahlungsdienstleister abweichend von § 675o Abs. 1 nicht verpflichtet ist, den Zahlungsdienstnutzer von einer Ablehnung des Zahlungsauftrags zu unterrichten, wenn die Nichtausführung aus dem Zusammenhang hervorgeht,
5. der Zahler abweichend von § 675p den Zahlungsauftrag nach dessen Übermittlung oder nachdem er dem

Zahlungsempfänger seine Zustimmung zum Zahlungsauftrag erteilt hat, nicht widerrufen kann, oder
6. andere als die in § 675s bestimmten Ausführungsfristen gelten.

(3) Die §§ 675u und 675v sind für E-Geld nicht anzuwenden, wenn der Zahlungsdienstleister des Zahlers nicht die Möglichkeit hat, das Zahlungskonto, auf dem das E-Geld gespeichert ist, oder das Kleinbetragsinstrument zu sperren. Satz 1 gilt nur für Zahlungskonten, auf denen das E-Geld gespeichert ist, oder Kleinbetragsinstrumente mit einem Wert von höchstens 200 Euro.

Kapitel 3
Erbringung und Nutzung von Zahlungsdiensten

Unterkapitel 1
Autorisierung von Zahlungsvorgängen; Zahlungsinstrumente; Verweigerung des Zugangs zum Zahlungskonto

§ 675j Zustimmung und Widerruf der Zustimmung

(1) Ein Zahlungsvorgang ist gegenüber dem Zahler nur wirksam, wenn er diesem zugestimmt hat (Autorisierung). Die Zustimmung kann entweder als Einwilligung oder, sofern zwischen dem Zahler und seinem Zahlungsdienstleister zuvor vereinbart, als Genehmigung erteilt werden. Art und Weise der Zustimmung sind zwischen dem Zahler und seinem Zahlungsdienstleister zu vereinbaren. Insbesondere kann vereinbart werden, dass die Zustimmung mittels eines bestimmten Zahlungsinstruments erteilt werden kann.

(2) Die Zustimmung kann vom Zahler durch Erklärung gegenüber dem Zahlungsdienstleister so lange widerrufen werden, wie der Zahlungsauftrag widerruflich ist (§ 675p). Auch die Zustimmung zur Ausführung mehrerer Zahlungsvorgänge kann mit der Folge widerrufen werden, dass jeder nachfolgende Zahlungsvorgang nicht mehr autorisiert ist.

§ 675k Begrenzung der Nutzung eines Zahlungsinstruments; Verweigerung des Zugangs zum Zahlungskonto

(1) In Fällen, in denen die Zustimmung mittels eines Zahlungsinstruments erteilt wird, können der Zahler und der Zahlungsdienstleister Betragsobergrenzen für die Nutzung dieses Zahlungsinstruments vereinbaren.

(2) Zahler und Zahlungsdienstleister können vereinbaren, dass der Zahlungsdienstleister das Recht hat, ein Zahlungsinstrument zu sperren, wenn

1. sachliche Gründe im Zusammenhang mit der Sicherheit des Zahlungsinstruments dies rechtfertigen,
2. der Verdacht einer nicht autorisierten oder einer betrügerischen Verwendung des Zahlungsinstruments besteht oder
3. bei einem Zahlungsinstrument mit Kreditgewährung ein wesentlich erhöhtes Risiko besteht, dass der Zahler seiner Zahlungspflicht nicht nachkommen kann.

In diesem Fall ist der Zahlungsdienstleister verpflichtet, den Zahler über die Sperrung des Zahlungsinstruments möglichst vor, spätestens jedoch unverzüglich nach der Sperrung zu unterrichten. In der Unterrichtung sind die Gründe für die Sperrung anzugeben. Die Angabe von Gründen darf unterbleiben, soweit der Zahlungsdienstleister hierdurch gegen gesetzliche Verpflichtungen verstoßen würde. Der Zahlungsdienstleister ist verpflichtet, das Zahlungsinstrument zu entsperren oder dieses durch ein neues Zahlungsinstrument zu ersetzen, wenn die Gründe für die Sperrung nicht mehr gegeben sind. Der Zahlungsdienstnutzer ist über eine Entsperrung unverzüglich zu unterrichten.

(3) Hat der kontoführende Zahlungsdienstleister einem Zahlungsauslöse- oder Kontoinformationsdienstleister den Zugang zum Zahlungskonto des Zahlungsdienstnutzers verweigert, ist er verpflichtet, den Zahlungsdienstnutzer in einer im Zahlungsdiensterahmenvertrag zu vereinbarenden Form über die Gründe zu unterrichten. Die Unterrichtung muss möglichst vor, spätestens jedoch unverzüglich nach der Verweigerung des Zugangs erfolgen. Die Angabe von Gründen darf unterbleiben, soweit der kontoführende Zahlungsdienstleister hierdurch gegen gesetzliche Verpflichtungen verstoßen würde.

§ 675l Pflichten des Zahlungsdienstnutzers in Bezug auf Zahlungsinstrumente

(1) Der Zahlungsdienstnutzer ist verpflichtet, unmittelbar nach Erhalt eines Zahlungsinstruments alle zumutbaren Vorkehrungen zu treffen, um die personalisierten Sicherheitsmerkmale vor unbefugtem Zugriff zu schützen. Er hat dem Zahlungsdienstleister oder einer von diesem benannten Stelle den Verlust, den Diebstahl, die missbräuchliche Verwendung oder die sonstige nicht autorisierte Nutzung eines Zahlungsinstruments unverzüglich anzuzeigen, nachdem er hiervon Kenntnis erlangt hat. Für den Ersatz eines verlorenen, gestohlenen, missbräuchlich verwendeten oder sonst nicht autorisiert genutzten Zahlungsinstruments darf der Zahlungsdienstleister mit dem Zahlungsdienstnutzer ein Entgelt vereinbaren, das allenfalls die ausschließlich und unmittelbar mit dem Ersatz verbundenen Kosten abdeckt.

(2) Eine Vereinbarung, durch die sich der Zahlungsdienstnutzer gegenüber dem Zahlungsdienstleister verpflichtet, Bedingungen für die Ausgabe und Nutzung eines Zahlungsinstruments einzuhalten, ist nur insoweit wirksam, als diese Bedingungen sachlich, verhältnismäßig und nicht benachteiligend sind.

§ 675m Pflichten des Zahlungsdienstleisters in Bezug auf Zahlungsinstrumente; Risiko der Versendung

(1) Der Zahlungsdienstleister, der ein Zahlungsinstrument ausgibt, ist verpflichtet,

1. unbeschadet der Pflichten des Zahlungsdienstnutzers gemäß § 675l Absatz 1 sicherzustellen, dass die personalisierten Sicherheitsmerkmale des Zahlungsinstruments nur der zur Nutzung berechtigten Person zugänglich sind,
2. die unaufgeforderte Zusendung von Zahlungsinstrumenten an den Zahlungsdienstnutzer zu unterlassen, es sei denn, ein bereits an den Zahlungsdienstnutzer ausgegebenes Zahlungsinstrument muss ersetzt werden,

3. sicherzustellen, dass der Zahlungsdienstnutzer durch geeignete Mittel jederzeit die Möglichkeit hat, eine Anzeige gemäß § 675l Absatz 1 Satz 2 vorzunehmen oder die Aufhebung der Sperrung gemäß § 675k Absatz 2 Satz 5 zu verlangen,
4. dem Zahlungsdienstnutzer eine Anzeige gemäß § 675l Absatz 1 Satz 2 kostenfrei zu ermöglichen und
5. jede Nutzung des Zahlungsinstruments zu verhindern, sobald eine Anzeige gemäß § 675l Absatz 1 Satz 2 erfolgt ist.

Hat der Zahlungsdienstnutzer den Verlust, den Diebstahl, die missbräuchliche Verwendung oder die sonstige nicht autorisierte Nutzung eines Zahlungsinstruments angezeigt, stellt sein Zahlungsdienstleister ihm auf Anfrage bis mindestens 18 Monate nach dieser Anzeige die Mittel zur Verfügung, mit denen der Zahlungsdienstnutzer beweisen kann, dass eine Anzeige erfolgt ist.

(2) Die Gefahr der Versendung eines Zahlungsinstruments und der Versendung personalisierter Sicherheitsmerkmale des Zahlungsinstruments an den Zahlungsdienstnutzer trägt der Zahlungsdienstleister.

(3) Hat ein Zahlungsdienstleister, der kartengebundene Zahlungsinstrumente ausgibt, den kontoführenden Zahlungsdienstleister des Zahlers um Bestätigung ersucht, dass ein für die Ausführung eines kartengebundenen Zahlungsvorgangs erforderlicher Betrag auf dem Zahlungskonto verfügbar ist, so kann der Zahler von seinem kontoführenden Zahlungsdienstleister verlangen, ihm die Identifizierungsdaten dieses Zahlungsdienstleisters und die erteilte Antwort mitzuteilen.

Unterkapitel 2
Ausführung von Zahlungsvorgängen

§ 675n Zugang von Zahlungsaufträgen

(1) Ein Zahlungsauftrag wird wirksam, wenn er dem Zahlungsdienstleister des Zahlers zugeht. Fällt der Zeitpunkt des Zugangs nicht auf einen Geschäftstag des Zahlungsdienstleisters des Zahlers, gilt der Zahlungsauftrag als am darauf folgenden Geschäftstag zugegangen. Der Zahlungsdienstleister kann festlegen, dass Zahlungsaufträge, die nach einem bestimmten Zeitpunkt nahe am Ende eines Geschäftstags zugehen, für die Zwecke des § 675s Abs. 1 als am darauf folgenden Geschäftstag zugegangen gelten. Geschäftstag ist jeder Tag, an dem der an der Ausführung eines Zahlungsvorgangs beteiligte Zahlungsdienstleister den für die Ausführung von Zahlungsvorgängen erforderlichen Geschäftsbetrieb unterhält.

(2) Vereinbaren der Zahlungsdienstnutzer, der einen Zahlungsvorgang auslöst oder über den ein Zahlungsvorgang ausgelöst wird, und sein Zahlungsdienstleister, dass die Ausführung des Zahlungsauftrags an einem bestimmten Tag oder am Ende eines bestimmten Zeitraums oder an dem Tag, an dem der Zahler dem Zahlungsdienstleister den zur Ausführung erforderlichen Geldbetrag zur Verfügung gestellt hat, beginnen soll, so gilt der vereinbarte Termin für die Zwecke des § 675s Abs. 1 als Zeitpunkt des Zugangs. Fällt der vereinbarte Termin nicht auf einen Geschäftstag des Zahlungsdienstleisters des Zahlers, so gilt für die Zwecke des § 675s Abs. 1 der darauf folgende Geschäftstag als Zeitpunkt des Zugangs.

§ 675o Ablehnung von Zahlungsaufträgen

(1) Lehnt der Zahlungsdienstleister die Ausführung oder Auslösung eines Zahlungsauftrags ab, ist er verpflichtet, den Zahlungsdienstnutzer hierüber unverzüglich, auf jeden Fall aber innerhalb der Fristen gemäß § 675s Abs. 1 zu unterrichten. In der Unterrichtung sind, soweit möglich, die Gründe für die Ablehnung sowie die Möglichkeiten anzugeben, wie Fehler, die zur Ablehnung geführt haben, berichtigt werden können. Die Angabe von Gründen darf unterbleiben, soweit sie gegen sonstige Rechtsvorschriften verstoßen würde. Der Zahlungsdienstleister darf mit dem Zahlungsdienstnutzer im Zahlungsdiensterahmenvertrag ein Entgelt für den Fall vereinbaren, dass er die Ausführung eines Zahlungsauftrags berechtigterweise ablehnt.

(2) Der Zahlungsdienstleister des Zahlers ist nicht berechtigt, die Ausführung eines autorisierten Zahlungsauftrags abzulehnen, wenn die im Zahlungsdiensterahmenvertrag festgelegten Ausführungsbedingungen erfüllt sind und die Ausführung nicht gegen sonstige Rechtsvorschriften verstößt.

(3) Für die Zwecke der §§ 675s, 675y und 675z gilt ein Zahlungsauftrag, dessen Ausführung berechtigterweise abgelehnt wurde, als nicht zugegangen.

§ 675p Unwiderruflichkeit eines Zahlungsauftrags

(1) Der Zahlungsdienstnutzer kann einen Zahlungsauftrag vorbehaltlich der Absätze 2 bis 4 nach dessen Zugang beim Zahlungsdienstleister des Zahlers nicht mehr widerrufen.

(2) Wurde der Zahlungsvorgang über einen Zahlungsauslösedienstleister, vom Zahlungsempfänger oder über diesen ausgelöst, so kann der Zahler den Zahlungsauftrag nicht mehr widerrufen, nachdem er dem Zahlungsauslösedienstleister die Zustimmung zur Auslösung des Zahlungsvorgangs oder dem Zahlungsempfänger die Zustimmung zur Ausführung des Zahlungsvorgangs erteilt hat. Im Fall einer Lastschrift kann der Zahler den Zahlungsauftrag jedoch unbeschadet seiner Rechte gemäß § 675x bis zum Ende des Geschäftstags vor dem vereinbarten Fälligkeitstag widerrufen.

(3) Ist zwischen dem Zahlungsdienstnutzer und seinem Zahlungsdienstleister ein bestimmter Termin für die Ausführung eines Zahlungsauftrags (§ 675n Abs. 2) vereinbart worden, kann der Zahlungsdienstnutzer den Zahlungsauftrag bis zum Ende des Geschäftstags vor dem vereinbarten Tag widerrufen.

(4) Nach den in den Absätzen 1 bis 3 genannten Zeitpunkten kann der Zahlungsauftrag nur widerrufen werden, wenn der Zahlungsdienstnutzer und der jeweilige Zahlungsdienstleister dies vereinbart haben. In den Fällen des Absatzes 2 ist zudem die Zustimmung des Zahlungsempfängers zum Widerruf erforderlich. Der Zahlungsdienstleister darf mit dem Zahlungsdienstnutzer im Zahlungsdiensterahmenvertrag für die Bearbeitung eines solchen Widerrufs ein Entgelt vereinbaren.

(5) Der Teilnehmer an Zahlungsverkehrssystemen kann einen Auftrag zugunsten eines anderen Teilnehmers von

II

dem in den Regeln des Systems bestimmten Zeitpunkt an nicht mehr widerrufen.

§ 675q Entgelte bei Zahlungsvorgängen

(1) Der Zahlungsdienstleister des Zahlers sowie sämtliche an dem Zahlungsvorgang beteiligte zwischengeschaltete Stellen sind verpflichtet, den Betrag, der Gegenstand des Zahlungsvorgangs ist (Zahlungsbetrag), ungekürzt an den Zahlungsdienstleister des Zahlungsempfängers zu übermitteln.

(2) Der Zahlungsdienstleister des Zahlungsempfängers darf ihm zustehende Entgelte vor Erteilung der Gutschrift nur dann von dem übermittelten Betrag abziehen, wenn dies mit dem Zahlungsempfänger vereinbart wurde. In diesem Fall sind der vollständige Betrag des Zahlungsvorgangs und die Entgelte in den Informationen gemäß Artikel 248 §§ 8 und 15 des Einführungsgesetzes zum Bürgerlichen Gesetzbuche für den Zahlungsempfänger getrennt auszuweisen.

(3) Zahlungsempfänger und Zahler tragen jeweils die von ihrem Zahlungsdienstleister erhobenen Entgelte, wenn sowohl der Zahlungsdienstleister des Zahlers als auch der Zahlungsdienstleister des Zahlungsempfängers innerhalb des Europäischen Wirtschaftsraums belegen ist.

(4) Wenn einer der Fälle des § 675d Absatz 6 Satz 1 Nummer 1 vorliegt,

1. ist § 675q Absatz 1 auf die innerhalb des Europäischen Wirtschaftsraums getätigten Bestandteile des Zahlungsvorgangs nicht anzuwenden und
2. kann von § 675q Absatz 2 für die innerhalb des Europäischen Wirtschaftsraums getätigten Bestandteile des Zahlungsvorgangs abgewichen werden.

§ 675r Ausführung eines Zahlungsvorgangs anhand von Kundenkennungen

(1) Die beteiligten Zahlungsdienstleister sind berechtigt, einen Zahlungsvorgang ausschließlich anhand der von dem Zahlungsdienstnutzer angegebenen Kundenkennung auszuführen. Wird ein Zahlungsauftrag in Übereinstimmung mit dieser Kundenkennung ausgeführt, so gilt er im Hinblick auf den durch die Kundenkennung bezeichneten Zahlungsempfänger als ordnungsgemäß ausgeführt.

(2) Eine Kundenkennung ist eine Abfolge aus Buchstaben, Zahlen oder Symbolen, die dem Zahlungsdienstnutzer vom Zahlungsdienstleister mitgeteilt wird und die der Zahlungsdienstnutzer angeben muss, damit ein anderer am Zahlungsvorgang beteiligter Zahlungsdienstnutzer oder dessen Zahlungskonto für einen Zahlungsvorgang zweifelsfrei ermittelt werden kann.

(3) Ist eine vom Zahler angegebene Kundenkennung für den Zahlungsdienstleister des Zahlers erkennbar keinem Zahlungsempfänger oder keinem Zahlungskonto zuzuordnen, ist dieser verpflichtet, den Zahler unverzüglich hierüber zu unterrichten und ihm gegebenenfalls den Zahlungsbetrag wieder herauszugeben.

§ 675s Ausführungsfrist für Zahlungsvorgänge

(1) Der Zahlungsdienstleister des Zahlers ist verpflichtet sicherzustellen, dass der Zahlungsbetrag spätestens am Ende des auf den Zugangszeitpunkt des Zahlungsauftrags folgenden Geschäftstags beim Zahlungsdienstleister des Zahlungsempfängers eingeht. Für Zahlungsvorgänge innerhalb des Europäischen Wirtschaftsraums, die nicht in Euro erfolgen, können ein Zahler und sein Zahlungsdienstleister eine Frist von maximal vier Geschäftstagen vereinbaren. Für in Papierform ausgelöste Zahlungsvorgänge können die Fristen nach Satz 1 um einen weiteren Geschäftstag verlängert werden.

(2) Bei einem vom oder über den Zahlungsempfänger ausgelösten Zahlungsvorgang ist der Zahlungsdienstleister des Zahlungsempfängers verpflichtet, den Zahlungsauftrag dem Zahlungsdienstleister des Zahlers innerhalb der zwischen dem Zahlungsempfänger und seinem Zahlungsdienstleister vereinbarten Fristen zu übermitteln. Im Fall einer Lastschrift ist der Zahlungsauftrag so rechtzeitig zu übermitteln, dass die Verrechnung an dem vom Zahlungsempfänger mitgeteilten Fälligkeitstag ermöglicht wird.

(3) Wenn einer der Fälle des § 675d Absatz 6 Satz 1 Nummer 1 vorliegt, ist § 675s Absatz 1 Satz 1 und 3 auf die innerhalb des Europäischen Wirtschaftsraums getätigten Bestandteile des Zahlungsvorgangs nicht anzuwenden. Wenn ein Fall des § 675d Absatz 6 Satz 1 Nummer 1 Buchstabe a vorliegt,

1. ist auch § 675s Absatz 1 Satz 2 auf die innerhalb des Europäischen Wirtschaftsraums getätigten Bestandteile des Zahlungsvorgangs nicht anzuwenden und
2. kann von § 675s Absatz 2 für die innerhalb des Europäischen Wirtschaftsraums getätigten Bestandteile des Zahlungsvorgangs abgewichen werden.

§ 675t Wertstellungsdatum und Verfügbarkeit von Geldbeträgen; Sperrung eines verfügbaren Geldbetrags

(1) Der Zahlungsdienstleister des Zahlungsempfängers ist verpflichtet, dem Zahlungsempfänger den Zahlungsbetrag unverzüglich verfügbar zu machen, nachdem der Betrag auf dem Konto des Zahlungsdienstleisters eingegangen ist, wenn dieser

1. keine Währungsumrechnung vornehmen muss oder
2. nur eine Währungsumrechnung zwischen dem Euro und einer Währung eines Vertragsstaates des Abkommens über den Europäischen Wirtschaftsraum oder zwischen den Währungen zweier Vertragsstaaten des Abkommens über den Europäischen Wirtschaftsraum vornehmen muss.

Sofern der Zahlungsbetrag auf einem Zahlungskonto des Zahlungsempfängers gutgeschrieben werden soll, ist die Gutschrift, auch wenn sie nachträglich erfolgt, so vorzunehmen, dass der Zeitpunkt, den der Zahlungsdienstleister für die Berechnung der Zinsen bei Gutschrift oder Belastung eines Betrags auf einem Zahlungskonto zugrunde legt (Wertstellungsdatum), spätestens der Geschäftstag ist, an dem der Zahlungsbetrag auf dem Konto des Zahlungsdienstleisters des Zahlungsempfängers eingegangen ist. Satz 1 gilt auch dann, wenn der Zahlungsempfänger kein Zahlungskonto unterhält.

(2) Zahlt ein Verbraucher Bargeld auf ein Zahlungskonto bei einem Zahlungsdienstleister in der Währung des betreffenden Zahlungskontos ein, so stellt dieser Zahlungsdienstleister sicher, dass der Betrag dem Zahlungsempfänger unverzüglich nach dem Zeitpunkt der Entge-

gennahme verfügbar gemacht und wertgestellt wird. Ist der Zahlungsdienstnutzer kein Verbraucher, so muss dem Zahlungsempfänger der Geldbetrag spätestens an dem auf die Entgegennahme folgenden Geschäftstag verfügbar gemacht und wertgestellt werden.

(3) Eine Belastung auf dem Zahlungskonto des Zahlers ist so vorzunehmen, dass das Wertstellungsdatum frühestens der Zeitpunkt ist, an dem dieses Zahlungskonto mit dem Zahlungsbetrag belastet wird. Das Zahlungskonto des Zahlers darf nicht belastet werden, bevor der Zahlungsauftrag seinem Zahlungsdienstleister zugegangen ist.

(4) Unbeschadet sonstiger gesetzlicher oder vertraglicher Rechte ist der Zahlungsdienstleister des Zahlers im Fall eines kartengebundenen Zahlungsvorgangs berechtigt, einen verfügbaren Geldbetrag auf dem Zahlungskonto des Zahlers zu sperren, wenn

1. der Zahlungsvorgang vom oder über den Zahlungsempfänger ausgelöst worden ist und
2. der Zahler auch der genauen Höhe des zu sperrenden Geldbetrags zugestimmt hat.

Den gesperrten Geldbetrag gibt der Zahlungsdienstleister des Zahlers unbeschadet sonstiger gesetzlicher oder vertraglicher Rechte unverzüglich frei, nachdem ihm entweder der genaue Zahlungsbetrag mitgeteilt worden oder der Zahlungsauftrag zugegangen ist.

(5) Wenn ein Fall des § 675d Absatz 6 Satz 1 Nummer 1 Buchstabe a vorliegt,

1. kann von § 675t Absatz 1 Satz 3 für die innerhalb des Europäischen Wirtschaftsraums getätigten Bestandteile des Zahlungsvorgangs abgewichen werden und
2. ist § 675t Absatz 2 auf die innerhalb des Europäischen Wirtschaftsraums getätigten Bestandteile des Zahlungsvorgangs nicht anzuwenden.

Unterkapitel 3 Haftung

§ 675u Haftung des Zahlungsdienstleisters für nicht autorisierte Zahlungsvorgänge

Im Fall eines nicht autorisierten Zahlungsvorgangs hat der Zahlungsdienstleister des Zahlers gegen diesen keinen Anspruch auf Erstattung seiner Aufwendungen. Er ist verpflichtet, dem Zahler den Zahlungsbetrag unverzüglich zu erstatten und, sofern der Betrag einem Zahlungskonto belastet worden ist, dieses Zahlungskonto wieder auf den Stand zu bringen, auf dem es sich ohne die Belastung durch den nicht autorisierten Zahlungsvorgang befunden hätte. Diese Verpflichtung ist unverzüglich, spätestens jedoch bis zum Ende des Geschäftstags zu erfüllen, der auf den Tag folgt, an welchem dem Zahlungsdienstleister angezeigt wurde, dass der Zahlungsvorgang nicht autorisiert ist, oder er auf andere Weise davon Kenntnis erhalten hat. Hat der Zahlungsdienstleister einer zuständigen Behörde berechtigte Gründe für den Verdacht, dass ein betrügerisches Verhalten des Zahlers vorliegt, schriftlich mitgeteilt, hat der Zahlungsdienstleister seine Verpflichtung aus Satz 2 unverzüglich zu prüfen und zu erfüllen, wenn sich der Betrugsverdacht nicht bestätigt. Wurde der Zahlungsvorgang über einen Zahlungsauslösedienstleister ausgelöst, so treffen die Pflichten aus den Sätzen 2 bis 4 den kontoführenden Zahlungsdienstleister.

§ 675v Haftung des Zahlers bei missbräuchlicher Nutzung eines Zahlungsinstruments

(1) Beruhen nicht autorisierte Zahlungsvorgänge auf der Nutzung eines verloren gegangenen, gestohlenen oder sonst abhandengekommenen Zahlungsinstruments oder auf der sonstigen missbräuchlichen Verwendung eines Zahlungsinstruments, so kann der Zahlungsdienstleister des Zahlers von diesem den Ersatz des hierdurch entstandenen Schadens bis zu einem Betrag von 50 Euro verlangen.

(2) Der Zahler haftet nicht nach Absatz 1, wenn

1. es ihm nicht möglich gewesen ist, den Verlust, den Diebstahl, das Abhandenkommen oder eine sonstige missbräuchliche Verwendung des Zahlungsinstruments vor dem nicht autorisierten Zahlungsvorgang zu bemerken, oder
2. der Verlust des Zahlungsinstruments durch einen Angestellten, einen Agenten, eine Zweigniederlassung eines Zahlungsdienstleisters oder eine sonstige Stelle, an die Tätigkeiten des Zahlungsdienstleisters ausgelagert wurden, verursacht worden ist.

(3) Abweichend von den Absätzen 1 und 2 ist der Zahler seinem Zahlungsdienstleister zum Ersatz des gesamten Schadens verpflichtet, der infolge eines nicht autorisierten Zahlungsvorgangs entstanden ist, wenn der Zahler

1. in betrügerischer Absicht gehandelt hat oder
2. den Schaden herbeigeführt hat durch vorsätzliche oder grob fahrlässige Verletzung
   a) einer oder mehrerer Pflichten gemäß § 675l Absatz 1 oder
   b) einer oder mehrerer vereinbarter Bedingungen für die Ausgabe und Nutzung des Zahlungsinstruments.

(4) Abweichend von den Absätzen 1 und 3 ist der Zahler seinem Zahlungsdienstleister nicht zum Schadensersatz verpflichtet, wenn

1. der Zahlungsdienstleister des Zahlers eine starke Kundenauthentifizierung im Sinne des § 1 Absatz 24 des Zahlungsdiensteaufsichtsgesetzes nicht verlangt oder
2. der Zahlungsempfänger oder sein Zahlungsdienstleister eine starke Kundenauthentifizierung im Sinne des § 1 Absatz 24 des Zahlungsdiensteaufsichtsgesetzes nicht akzeptiert.

Satz 1 gilt nicht, wenn der Zahler in betrügerischer Absicht gehandelt hat. Im Fall von Satz 1 Nummer 2 ist derjenige, der eine starke Kundenauthentifizierung nicht akzeptiert, verpflichtet, dem Zahlungsdienstleister des Zahlers den daraus entstehenden Schaden zu ersetzen.

(5) Abweichend von den Absätzen 1 und 3 ist der Zahler nicht zum Ersatz von Schäden verpflichtet, die aus der Nutzung eines nach der Anzeige gemäß § 675l Absatz 1 Satz 2 verwendeten Zahlungsinstruments entstanden sind. Der Zahler ist auch nicht zum Ersatz von Schäden im Sinne des Absatzes 1 verpflichtet, wenn der Zahlungsdienstleister seiner Pflicht gemäß § 675m Abs. 1 Nr. 3 nicht nachgekommen ist. Die Sätze 1 und 2 sind nicht

anzuwenden, wenn der Zahler in betrügerischer Absicht gehandelt hat.

§ 675w Nachweis der Authentifizierung

Ist die Autorisierung eines ausgeführten Zahlungsvorgangs streitig, hat der Zahlungsdienstleister nachzuweisen, dass eine Authentifizierung erfolgt ist und der Zahlungsvorgang ordnungsgemäß aufgezeichnet, verbucht sowie nicht durch eine Störung beeinträchtigt wurde. Eine Authentifizierung ist erfolgt, wenn der Zahlungsdienstleister die Nutzung eines bestimmten Zahlungsinstruments, einschließlich seiner personalisierten Sicherheitsmerkmale, mit Hilfe eines Verfahrens überprüft hat. Wurde der Zahlungsvorgang mittels eines Zahlungsinstruments ausgelöst, reicht die Aufzeichnung der Nutzung des Zahlungsinstruments einschließlich der Authentifizierung durch den Zahlungsdienstleister und gegebenenfalls einen Zahlungsauslösedienstleister allein nicht notwendigerweise aus, um nachzuweisen, dass der Zahler

1. den Zahlungsvorgang autorisiert,
2. in betrügerischer Absicht gehandelt,
3. eine oder mehrere Pflichten gemäß § 675l Absatz 1 verletzt oder
4. vorsätzlich oder grob fahrlässig gegen eine oder mehrere Bedingungen für die Ausgabe und Nutzung des Zahlungsinstruments verstoßen

hat. Der Zahlungsdienstleister muss unterstützende Beweismittel vorlegen, um Betrug, Vorsatz oder grobe Fahrlässigkeit des Zahlungsdienstnutzers nachzuweisen.

§ 675x Erstattungsanspruch bei einem vom oder über den Zahlungsempfänger ausgelösten autorisierten Zahlungsvorgang

(1) Der Zahler hat gegen seinen Zahlungsdienstleister einen Anspruch auf Erstattung eines belasteten Zahlungsbetrags, der auf einem autorisierten, vom oder über den Zahlungsempfänger ausgelösten Zahlungsvorgang beruht, wenn

1. bei der Autorisierung der genaue Betrag nicht angegeben wurde und
2. der Zahlungsbetrag den Betrag übersteigt, den der Zahler entsprechend seinem bisherigen Ausgabeverhalten, den Bedingungen des Zahlungsdiensterahmenvertrags und den jeweiligen Umständen des Einzelfalls hätte erwarten können; mit einem etwaigen Währungsumtausch zusammenhängende Gründe bleiben außer Betracht, wenn der zwischen den Parteien vereinbarte Referenzwechselkurs zugrunde gelegt wurde.

Ist der Zahlungsbetrag einem Zahlungskonto belastet worden, so ist die Gutschrift des Zahlungsbetrags auf diesem Zahlungskonto so vorzunehmen, dass das Wertstellungsdatum spätestens der Geschäftstag der Belastung ist. Auf Verlangen seines Zahlungsdienstleisters hat der Zahler nachzuweisen, dass die Voraussetzungen des Satzes 1 Nummer 1 und 2 erfüllt sind.

(2) Unbeschadet des Absatzes 3 hat der Zahler bei SEPA-Basislastschriften und SEPA-Firmenlastschriften ohne Angabe von Gründen auch dann einen Anspruch auf Erstattung gegen seinen Zahlungsdienstleister, wenn die Voraussetzungen für eine Erstattung nach Absatz 1 nicht erfüllt sind.

(3) Der Zahler kann mit seinem Zahlungsdienstleister vereinbaren, dass er keinen Anspruch auf Erstattung hat, wenn er seine Zustimmung zur Ausführung des Zahlungsvorgangs direkt seinem Zahlungsdienstleister erteilt hat und er, sofern vereinbart, über den anstehenden Zahlungsvorgang mindestens vier Wochen vor dem Fälligkeitstermin vom Zahlungsdienstleister oder vom Zahlungsempfänger unterrichtet wurde.

(4) Ein Anspruch des Zahlers auf Erstattung ist ausgeschlossen, wenn er ihn nicht innerhalb von acht Wochen ab dem Zeitpunkt der Belastung des betreffenden Zahlungsbetrags gegenüber seinem Zahlungsdienstleister geltend macht.

(5) Der Zahlungsdienstleister ist verpflichtet, innerhalb von zehn Geschäftstagen nach Zugang eines Erstattungsverlangens entweder den vollständigen Betrag des Zahlungsvorgangs zu erstatten oder dem Zahler die Gründe für die Ablehnung der Erstattung mitzuteilen. Im Fall der Ablehnung hat der Zahlungsdienstleister auf die Beschwerdemöglichkeiten gemäß den §§ 60 bis 62 des Zahlungsdiensteaufsichtsgesetzes und auf die Möglichkeit, eine Schlichtungsstelle gemäß § 14 des Unterlassungsklagengesetzes anzurufen, hinzuweisen. Das Recht des Zahlungsdienstleisters, eine innerhalb der Frist nach Absatz 4 geltend gemachte Erstattung abzulehnen, erstreckt sich nicht auf den Fall nach Absatz 2.

(6) Wenn ein Fall des § 675d Absatz 6 Satz 1 Nummer 1 Buchstabe b vorliegt,

1. ist § 675x Absatz 1 auf die innerhalb des Europäischen Wirtschaftsraums getätigten Bestandteile des Zahlungsvorgangs nicht anzuwenden und
2. kann von § 675x Absatz 2 bis 5 für die innerhalb des Europäischen Wirtschaftsraums getätigten Bestandteile des Zahlungsvorgangs abgewichen werden.

§ 675y Haftung der Zahlungsdienstleister bei nicht erfolgter, fehlerhafter oder verspäteter Ausführung eines Zahlungsauftrags; Nachforschungspflicht

(1) Wird ein Zahlungsvorgang vom Zahler ausgelöst, kann dieser von seinem Zahlungsdienstleister im Fall einer nicht erfolgten oder fehlerhaften Ausführung des Zahlungsauftrags die unverzügliche und ungekürzte Erstattung des Zahlungsbetrags verlangen. Wurde der Betrag einem Zahlungskonto des Zahlers belastet, ist dieses Zahlungskonto wieder auf den Stand zu bringen, auf dem es sich ohne den fehlerhaft ausgeführten Zahlungsvorgang befunden hätte. Wird ein Zahlungsvorgang vom Zahler über einen Zahlungsauslösedienstleister ausgelöst, so treffen die Pflichten aus den Sätzen 1 und 2 den kontoführenden Zahlungsdienstleister. Soweit vom Zahlungsbetrag entgegen § 675q Abs. 1 Entgelte abgezogen wurden, hat der Zahlungsdienstleister des Zahlers den abgezogenen Betrag dem Zahlungsempfänger unverzüglich zu übermitteln. Weist der Zahlungsdienstleister des Zahlers nach, dass der Zahlungsbetrag ungekürzt beim Zahlungsdienstleister des Zahlungsempfängers eingegangen ist, entfällt die Haftung nach diesem Absatz.

(2) Wird ein Zahlungsvorgang vom oder über den Zahlungsempfänger ausgelöst, kann dieser im Fall einer nicht erfolgten oder fehlerhaften Ausführung des Zahlungsauftrags verlangen, dass sein Zahlungsdienstleister diesen Zahlungsauftrag unverzüglich, gegebenenfalls erneut, an den Zahlungsdienstleister des Zahlers übermittelt. Weist der Zahlungsdienstleister des Zahlungsempfängers nach, dass er die ihm bei der Ausführung des Zahlungsvorgangs obliegenden Pflichten erfüllt hat, hat der Zahlungsdienstleister des Zahlers dem Zahler gegebenenfalls unverzüglich den ungekürzten Zahlungsbetrag entsprechend Absatz 1 Satz 1 und 2 zu erstatten. Soweit vom Zahlungsbetrag entgegen § 675q Abs. 1 und 2 Entgelte abgezogen wurden, hat der Zahlungsdienstleister des Zahlungsempfängers den abgezogenen Betrag dem Zahlungsempfänger unverzüglich verfügbar zu machen.

(3) Wird ein Zahlungsvorgang vom Zahler ausgelöst, kann dieser im Fall einer verspäteten Ausführung des Zahlungsauftrags verlangen, dass sein Zahlungsdienstleister gegen den Zahlungsdienstleister des Zahlungsempfängers den Anspruch nach Satz 2 geltend macht. Der Zahlungsdienstleister des Zahlers kann vom Zahlungsdienstleister des Zahlungsempfängers verlangen, die Gutschrift des Zahlungsbetrags auf dem Zahlungskonto des Zahlungsempfängers so vorzunehmen, als sei der Zahlungsvorgang ordnungsgemäß ausgeführt worden. Wird ein Zahlungsvorgang vom Zahler über einen Zahlungsauslösedienstleister ausgelöst, so trifft die Pflicht aus Satz 1 den kontoführenden Zahlungsdienstleister. Weist der Zahlungsdienstleister des Zahlers nach, dass der Zahlungsbetrag rechtzeitig beim Zahlungsdienstleister des Zahlungsempfängers eingegangen ist, entfällt die Haftung nach diesem Absatz.

(4) Wird ein Zahlungsvorgang vom oder über den Zahlungsempfänger ausgelöst, kann dieser im Fall einer verspäteten Übermittlung des Zahlungsauftrags verlangen, dass sein Zahlungsdienstleister die Gutschrift des Zahlungsbetrags auf dem Zahlungskonto des Zahlungsempfängers so vornimmt, als sei der Zahlungsvorgang ordnungsgemäß ausgeführt worden. Weist der Zahlungsdienstleister des Zahlungsempfängers nach, dass er den Zahlungsauftrag rechtzeitig an den Zahlungsdienstleister des Zahlers übermittelt hat, ist der Zahlungsdienstleister des Zahlers verpflichtet, dem Zahler gegebenenfalls unverzüglich den ungekürzten Zahlungsbetrag nach Absatz 1 Satz 1 und 2 zu erstatten. Dies gilt nicht, wenn der Zahlungsdienstleister des Zahlers nachweist, dass der Zahlungsbetrag lediglich verspätet beim Zahlungsdienstleister des Zahlungsempfängers eingegangen ist. In diesem Fall ist der Zahlungsdienstleister des Zahlungsempfängers verpflichtet, den Zahlungsbetrag entsprechend Satz 1 auf dem Zahlungskonto des Zahlungsempfängers gutzuschreiben.

(5) Ansprüche des Zahlungsdienstnutzers gegen seinen Zahlungsdienstleister nach Absatz 1 Satz 1 und 2 sowie Absatz 2 Satz 2 bestehen nicht, soweit der Zahlungsauftrag in Übereinstimmung mit der vom Zahlungsdienstnutzer angegebenen fehlerhaften Kundenkennung ausgeführt wurde. In diesem Fall kann der Zahler von seinem Zahlungsdienstleister jedoch verlangen, dass dieser sich im Rahmen seiner Möglichkeiten darum bemüht, den Zahlungsbetrag wiederzuerlangen. Der Zahlungsdienstleister des Zahlungsempfängers ist verpflichtet, dem Zahlungsdienstleister des Zahlers alle für die Wiedererlangung des Zahlungsbetrags erforderlichen Informationen mitzuteilen. Ist die Wiedererlangung des Zahlungsbetrags nach den Sätzen 2 und 3 nicht möglich, so ist der Zahlungsdienstleister des Zahlers verpflichtet, dem Zahler auf schriftlichen Antrag alle verfügbaren Informationen mitzuteilen, damit der Zahler einen Anspruch auf Erstattung des Zahlungsbetrags geltend machen kann. Der Zahlungsdienstleister kann mit dem Zahlungsdienstnutzer im Zahlungsdiensterahmenvertrag ein Entgelt für Tätigkeiten nach den Sätzen 2 bis 4 vereinbaren.

(6) Ein Zahlungsdienstnutzer kann von seinem Zahlungsdienstleister über die Ansprüche nach den Absätzen 1 und 2 hinaus die Erstattung der Entgelte und Zinsen verlangen, die der Zahlungsdienstleister ihm im Zusammenhang mit der nicht erfolgten oder fehlerhaften Ausführung des Zahlungsvorgangs in Rechnung gestellt oder mit denen er dessen Zahlungskonto belastet hat.

(7) Wurde ein Zahlungsauftrag nicht oder fehlerhaft ausgeführt, hat der Zahlungsdienstleister desjenigen Zahlungsdienstnutzers, der einen Zahlungsvorgang ausgelöst hat oder über den ein Zahlungsvorgang ausgelöst wurde, auf Verlangen seines Zahlungsdienstnutzers den Zahlungsvorgang nachzuvollziehen und seinen Zahlungsdienstnutzer über das Ergebnis zu unterrichten.

(8) Wenn ein Fall des § 675d Absatz 6 Satz 1 Nummer 1 Buchstabe b vorliegt, ist § 675y Absatz 1 bis 4 auf die innerhalb des Europäischen Wirtschaftsraums getätigten Bestandteile des Zahlungsvorgangs nicht anzuwenden.

§ 675z Sonstige Ansprüche bei nicht erfolgter, fehlerhafter oder verspäteter Ausführung eines Zahlungsauftrags oder bei einem nicht autorisierten Zahlungsvorgang

Die §§ 675u und 675y sind hinsichtlich der dort geregelten Ansprüche eines Zahlungsdienstnutzers abschließend. Die Haftung eines Zahlungsdienstleisters gegenüber seinem Zahlungsdienstnutzer für einen wegen nicht erfolgter, fehlerhafter oder verspäteter Ausführung eines Zahlungsauftrags entstandenen Schaden, der nicht bereits von § 675y erfasst ist, kann auf 12 500 Euro begrenzt werden; dies gilt nicht für Vorsatz und grobe Fahrlässigkeit, den Zinsschaden und für Gefahren, die der Zahlungsdienstleister besonders übernommen hat. Zahlungsdienstleister haben hierbei ein Verschulden, das einer zwischengeschalteten Stelle zur Last fällt, wie eigenes Verschulden zu vertreten, es sei denn, dass die wesentliche Ursache bei einer zwischengeschalteten Stelle liegt, die der Zahlungsdienstnutzer vorgegeben hat. In den Fällen von Satz 3 zweiter Halbsatz haftet die von dem Zahlungsdienstnutzer vorgegebene zwischengeschaltete Stelle anstelle des Zahlungsdienstleisters des Zahlungsdienstnutzers. § 675y Absatz 5 Satz 1 ist auf die Haftung eines Zahlungsdienstleisters nach den Sätzen 2 bis 4 entsprechend anzuwenden. Wenn ein Fall des § 675d Absatz 6 Satz 1 Nummer 1 Buchstabe b vorliegt, ist § 675z Satz 3 auf die innerhalb des Europäischen Wirtschaftsraums getätigten Bestandteile des Zahlungsvorgangs nicht anzuwenden.

§ 676 Nachweis der Ausführung von Zahlungsvorgängen

Ist zwischen dem Zahlungsdienstnutzer und seinem Zahlungsdienstleister streitig, ob der Zahlungsvorgang ordnungsgemäß ausgeführt wurde, muss der Zahlungsdienstleister nachweisen, dass der Zahlungsvorgang ordnungsgemäß aufgezeichnet und verbucht sowie nicht durch eine Störung beeinträchtigt wurde.

§ 676a Ausgleichsanspruch

(1) Liegt die Ursache für die Haftung eines Zahlungsdienstleisters gemäß den §§ 675u, 675y und 675z im Verantwortungsbereich eines anderen Zahlungsdienstleisters, eines Zahlungsauslösedienstleisters oder einer zwischengeschalteten Stelle, so kann der Zahlungsdienstleister von dem anderen Zahlungsdienstleister, dem Zahlungsauslösedienstleister oder der zwischengeschalteten Stelle den Ersatz des Schadens verlangen, der ihm aus der Erfüllung der Ansprüche eines Zahlungsdienstnutzers gemäß den §§ 675u, 675y und 675z entsteht.

(2) Ist zwischen dem kontoführenden Zahlungsdienstleister des Zahlers und einem Zahlungsauslösedienstleister streitig, ob ein ausgeführter Zahlungsvorgang autorisiert wurde, muss der Zahlungsauslösedienstleister nachweisen, dass in seinem Verantwortungsbereich eine Authentifizierung erfolgt ist und der Zahlungsvorgang ordnungsgemäß aufgezeichnet sowie nicht durch eine Störung beeinträchtigt wurde.

(3) Ist zwischen dem kontoführenden Zahlungsdienstleister des Zahlers und einem Zahlungsauslösedienstleister streitig, ob ein Zahlungsvorgang ordnungsgemäß ausgeführt wurde, muss der Zahlungsauslösedienstleister nachweisen, dass

1. der Zahlungsauftrag dem kontoführenden Zahlungsdienstleister gemäß § 675n zugegangen ist und
2. der Zahlungsvorgang im Verantwortungsbereich des Zahlungsauslösedienstleisters ordnungsgemäß aufgezeichnet sowie nicht durch eine Störung beeinträchtigt wurde.

§ 676b Anzeige nicht autorisierter oder fehlerhaft ausgeführter Zahlungsvorgänge

(1) Der Zahlungsdienstnutzer hat seinen Zahlungsdienstleister unverzüglich nach Feststellung eines nicht autorisierten oder fehlerhaft ausgeführten Zahlungsvorgangs zu unterrichten.

(2) Ansprüche und Einwendungen des Zahlungsdienstnutzers gegen den Zahlungsdienstleister nach diesem Unterkapitel sind ausgeschlossen, wenn dieser seinen Zahlungsdienstleister nicht spätestens 13 Monate nach dem Tag der Belastung mit einem nicht autorisierten oder fehlerhaft ausgeführten Zahlungsvorgang hiervon unterrichtet hat. Der Lauf der Frist beginnt nur, wenn der Zahlungsdienstleister den Zahlungsdienstnutzer über die den Zahlungsvorgang betreffenden Angaben gemäß Artikel 248 §§ 7, 10 oder § 14 des Einführungsgesetzes zum Bürgerlichen Gesetzbuche unterrichtet hat; anderenfalls ist für den Fristbeginn der Tag der Unterrichtung maßgeblich.

(3) Für andere als die in § 675z Satz 1 genannten Ansprüche des Zahlungsdienstnutzers gegen seinen Zahlungsdienstleister wegen eines nicht autorisierten oder fehlerhaft ausgeführten Zahlungsvorgangs gilt Absatz 2 mit der Maßgabe, dass der Zahlungsdienstnutzer diese Ansprüche auch nach Ablauf der Frist geltend machen kann, wenn er ohne Verschulden an der Einhaltung der Frist verhindert war.

(4) Wurde der Zahlungsvorgang über einen Zahlungsauslösedienstleister ausgelöst, sind Ansprüche und Einwendungen des Zahlungsdienstnutzers gegen seinen kontoführenden Zahlungsdienstleister ausgeschlossen, wenn der Zahlungsdienstnutzer den kontoführenden Zahlungsdienstleister nicht spätestens 13 Monate nach dem Tag der Belastung mit einem nicht autorisierten oder fehlerhaften Zahlungsvorgang hiervon unterrichtet hat. Der Lauf der Frist beginnt nur, wenn der kontoführende Zahlungsdienstleister den Zahlungsdienstnutzer über die den Zahlungsvorgang betreffenden Angaben gemäß Artikel 248 §§ 7, 10 oder § 14 des Einführungsgesetzes zum Bürgerlichen Gesetzbuche unterrichtet hat; anderenfalls ist für den Fristbeginn der Tag der Unterrichtung durch den kontoführenden Zahlungsdienstleister maßgeblich.

(5) Für andere als die in § 675z Satz 1 genannten Ansprüche des Zahlungsdienstnutzers gegen seinen kontoführenden Zahlungsdienstleister oder gegen den Zahlungsauslösedienstleister wegen eines nicht autorisierten oder fehlerhaft ausgeführten Zahlungsvorgangs gilt Absatz 4 mit der Maßgabe, dass

1. die Anzeige an den kontoführenden Zahlungsdienstleister auch zur Erhaltung von Ansprüchen und Einwendungen des Zahlungsdienstnutzers gegen den Zahlungsauslösedienstleister genügt und
2. der Zahlungsdienstnutzer seine Ansprüche gegen den kontoführenden Zahlungsdienstleister oder gegen den Zahlungsauslösedienstleister auch nach Ablauf der Frist geltend machen kann, wenn er ohne Verschulden an der Einhaltung der Frist verhindert war.

§ 676c Haftungsausschluss

Ansprüche nach diesem Kapitel sind ausgeschlossen, wenn die einen Anspruch begründenden Umstände

1. auf einem ungewöhnlichen und unvorhersehbaren Ereignis beruhen, auf das diejenige Partei, die sich auf dieses Ereignis beruft, keinen Einfluss hat, und dessen Folgen trotz Anwendung der gebotenen Sorgfalt nicht hätten vermieden werden können, oder
2. vom Zahlungsdienstleister auf Grund einer gesetzlichen Verpflichtung herbeigeführt wurden.

Titel 13
Geschäftsführung ohne Auftrag

§ 677 Pflichten des Geschäftsführers

Wer ein Geschäft für einen anderen besorgt, ohne von ihm beauftragt oder ihm gegenüber sonst dazu berechtigt zu sein, hat das Geschäft so zu führen, wie das Interesse des Geschäftsherrn mit Rücksicht auf dessen wirklichen oder mutmaßlichen Willen es erfordert.

§ 678 Geschäftsführung gegen den Willen des Geschäftsherrn

Steht die Übernahme der Geschäftsführung mit dem wirklichen oder dem mutmaßlichen Willen des Geschäftsherrn in Widerspruch und musste der Geschäftsführer dies erkennen, so ist er dem Geschäftsherrn zum Ersatz des aus der Geschäftsführung entstehenden Schadens auch dann verpflichtet, wenn ihm ein sonstiges Verschulden nicht zur Last fällt.

§ 679 Unbeachtlichkeit des entgegenstehenden Willens des Geschäftsherrn

Ein der Geschäftsführung entgegenstehender Wille des Geschäftsherrn kommt nicht in Betracht, wenn ohne die Geschäftsführung eine Pflicht des Geschäftsherrn, deren Erfüllung im öffentlichen Interesse liegt, oder eine gesetzliche Unterhaltspflicht des Geschäftsherrn nicht rechtzeitig erfüllt werden würde.

§ 680 Geschäftsführung zur Gefahrenabwehr

Bezweckt die Geschäftsführung die Abwendung einer dem Geschäftsherrn drohenden dringenden Gefahr, so hat der Geschäftsführer nur Vorsatz und grobe Fahrlässigkeit zu vertreten.

§ 681 Nebenpflichten des Geschäftsführers

Der Geschäftsführer hat die Übernahme der Geschäftsführung, sobald es tunlich ist, dem Geschäftsherrn anzuzeigen und, wenn nicht mit dem Aufschub Gefahr verbunden ist, dessen Entschließung abzuwarten. Im Übrigen finden auf die Verpflichtungen des Geschäftsführers die für einen Beauftragten geltenden Vorschriften der §§ 666 bis 668 entsprechende Anwendung.

§ 682 Fehlende Geschäftsfähigkeit des Geschäftsführers

Ist der Geschäftsführer geschäftsunfähig oder in der Geschäftsfähigkeit beschränkt, so ist er nur nach den Vorschriften über den Schadensersatz wegen unerlaubter Handlungen und über die Herausgabe einer ungerechtfertigten Bereicherung verantwortlich.

§ 683 Ersatz von Aufwendungen

Entspricht die Übernahme der Geschäftsführung dem Interesse und dem wirklichen oder dem mutmaßlichen Willen des Geschäftsherrn, so kann der Geschäftsführer wie ein Beauftragter Ersatz seiner Aufwendungen verlangen. In den Fällen des § 679 steht dieser Anspruch dem Geschäftsführer zu, auch wenn die Übernahme der Geschäftsführung mit dem Willen des Geschäftsherrn in Widerspruch steht.

§ 684 Herausgabe der Bereicherung

Liegen die Voraussetzungen des § 683 nicht vor, so ist der Geschäftsherr verpflichtet, dem Geschäftsführer alles, was er durch die Geschäftsführung erlangt, nach den Vorschriften über die Herausgabe einer ungerechtfertigten Bereicherung herauszugeben. Genehmigt der Geschäftsherr die Geschäftsführung, so steht dem Geschäftsführer der in § 683 bestimmte Anspruch zu.

§ 685 Schenkungsabsicht

(1) Dem Geschäftsführer steht ein Anspruch nicht zu, wenn er nicht die Absicht hatte, von dem Geschäftsherrn Ersatz zu verlangen.

(2) Gewähren Eltern oder Voreltern ihren Abkömmlingen oder diese jenen Unterhalt, so ist im Zweifel anzunehmen, dass die Absicht fehlt, von dem Empfänger Ersatz zu verlangen.

§ 686 Irrtum über Person des Geschäftsherrn

Ist der Geschäftsführer über die Person des Geschäftsherrn im Irrtum, so wird der wirkliche Geschäftsherr aus der Geschäftsführung berechtigt und verpflichtet.

§ 687 Unechte Geschäftsführung

(1) Die Vorschriften der §§ 677 bis 686 finden keine Anwendung, wenn jemand ein fremdes Geschäft in der Meinung besorgt, dass es sein eigenes sei.

(2) Behandelt jemand ein fremdes Geschäft als sein eigenes, obwohl er weiß, dass er nicht dazu berechtigt ist, so kann der Geschäftsherr die sich aus den §§ 677, 678, 681, 682 ergebenden Ansprüche geltend machen. Macht er sie geltend, so ist er dem Geschäftsführer nach § 684 Satz 1 verpflichtet.

Titel 27
Unerlaubte Handlungen

§ 823 Schadensersatzpflicht

(1) Wer vorsätzlich oder fahrlässig das Leben, den Körper, die Gesundheit, die Freiheit, das Eigentum oder ein sonstiges Recht eines anderen widerrechtlich verletzt, ist dem anderen zum Ersatz des daraus entstehenden Schadens verpflichtet.

(2) Die gleiche Verpflichtung trifft denjenigen, welcher gegen ein den Schutz eines anderen bezweckendes Gesetz verstößt. Ist nach dem Inhalt des Gesetzes ein Verstoß gegen dieses auch ohne Verschulden möglich, so tritt die Ersatzpflicht nur im Falle des Verschuldens ein.

§ 824 Kreditgefährdung

(1) Wer der Wahrheit zuwider eine Tatsache behauptet oder verbreitet, die geeignet ist, den Kredit eines anderen zu gefährden oder sonstige Nachteile für dessen Erwerb oder Fortkommen herbeizuführen, hat dem anderen den daraus entstehenden Schaden auch dann zu ersetzen, wenn er die Unwahrheit zwar nicht kennt, aber kennen muss.

(2) Durch eine Mitteilung, deren Unwahrheit dem Mitteilenden unbekannt ist, wird dieser nicht zum Schadensersatz verpflichtet, wenn er oder der Empfänger der Mitteilung an ihr ein berechtigtes Interesse hat.

§ 825 Bestimmung zu sexuellen Handlungen

Wer einen anderen durch Hinterlist, Drohung oder Missbrauch eines Abhängigkeitverhältnisses zur Vornahme oder Duldung sexueller Handlungen bestimmt, ist ihm zum Ersatz des daraus entstehenden Schadens verpflichtet.

§ 826 Sittenwidrige vorsätzliche Schädigung

Wer in einer gegen die guten Sitten verstoßenden Weise einem anderen vorsätzlich Schaden zufügt, ist dem anderen zum Ersatz des Schadens verpflichtet.

§ 827 Ausschluss und Minderung der Verantwortlichkeit

Wer im Zustande der Bewusstlosigkeit oder in einem die freie Willensbestimmung ausschließenden Zustande krankhafter Störung der Geistestätigkeit einem anderen Schaden zufügt, ist für den Schaden nicht verantwortlich. Hat er sich durch geistige Getränke oder ähnliche Mittel in einen vorübergehenden Zustand dieser Art versetzt, so ist er für einen Schaden, den er in diesem Zustand widerrechtlich verursacht, in gleicher Weise verantwortlich, wie wenn ihm Fahrlässigkeit zur Last fiele; die Verantwortlichkeit tritt nicht ein, wenn er ohne Verschulden in den Zustand geraten ist.

§ 828 Minderjährige

(1) Wer nicht das siebente Lebensjahr vollendet hat, ist für einen Schaden, den er einem anderen zufügt, nicht verantwortlich.

(2) Wer das siebente, aber nicht das zehnte Lebensjahr vollendet hat, ist für den Schaden, den er bei einem Unfall mit einem Kraftfahrzeug, einer Schienenbahn oder einer Schwebebahn einem anderen zufügt, nicht verantwortlich. Dies gilt nicht, wenn er die Verletzung vorsätzlich herbeigeführt hat.

(3) Wer das 18. Lebensjahr noch nicht vollendet hat, ist, sofern seine Verantwortlichkeit nicht nach Absatz 1 oder 2 ausgeschlossen ist, für den Schaden, den er einem anderen zufügt, nicht verantwortlich, wenn er bei der Begehung der schädigenden Handlung nicht die zur Erkenntnis der Verantwortlichkeit erforderliche Einsicht hat.

§ 829 Ersatzpflicht aus Billigkeitsgründen

Wer in einem der in den §§ 823 bis 826 bezeichneten Fälle für einen von ihm verursachten Schaden auf Grund der §§ 827, 828 nicht verantwortlich ist, hat gleichwohl, sofern der Ersatz des Schadens nicht von einem aufsichtspflichtigen Dritten erlangt werden kann, den Schaden insoweit zu ersetzen, als die Billigkeit nach den Umständen, insbesondere nach den Verhältnissen der Beteiligten, eine Schadloshaltung erfordert und ihm nicht die Mittel entzogen werden, deren er zum angemessenen Unterhalte sowie zur Erfüllung seiner gesetzlichen Unterhaltspflichten bedarf.

§ 830 Mittäter und Beteiligte

(1) Haben mehrere durch eine gemeinschaftlich begangene unerlaubte Handlung einen Schaden verursacht, so ist jeder für den Schaden verantwortlich. Das Gleiche gilt, wenn sich nicht ermitteln lässt, wer von mehreren Beteiligten den Schaden durch seine Handlung verursacht hat.

(2) Anstifter und Gehilfen stehen Mittätern gleich.

§ 831 Haftung für den Verrichtungsgehilfen

(1) Wer einen anderen zu einer Verrichtung bestellt, ist zum Ersatz des Schadens verpflichtet, den der andere in Ausführung der Verrichtung einem Dritten widerrechtlich zufügt. Die Ersatzpflicht tritt nicht ein, wenn der Geschäftsherr bei der Auswahl der bestellten Person und, sofern er Vorrichtungen oder Gerätschaften zu beschaffen oder die Ausführung der Verrichtung zu leiten hat, bei der Beschaffung oder der Leitung die im Verkehr erforderliche Sorgfalt beobachtet oder wenn der Schaden auch bei Anwendung dieser Sorgfalt entstanden sein würde.

(2) Die gleiche Verantwortlichkeit trifft denjenigen, welcher für den Geschäftsherrn die Besorgung eines der im Absatz 1 Satz 2 bezeichneten Geschäfte durch Vertrag übernimmt.

§ 832 Haftung des Aufsichtspflichtigen

(1) Wer kraft Gesetzes zur Führung der Aufsicht über eine Person verpflichtet ist, die wegen Minderjährigkeit oder wegen ihres geistigen oder körperlichen Zustands der Beaufsichtigung bedarf, ist zum Ersatz des Schadens verpflichtet, den diese Person einem Dritten widerrechtlich zufügt. Die Ersatzpflicht tritt nicht ein, wenn er seiner Aufsichtspflicht genügt oder wenn der Schaden auch bei gehöriger Aufsichtsführung entstanden sein würde.

(2) Die gleiche Verantwortlichkeit trifft denjenigen, welcher die Führung der Aufsicht durch Vertrag übernimmt.

§ 839 Haftung bei Amtspflichtverletzung

(1) Verletzt ein Beamter vorsätzlich oder fahrlässig die ihm einem Dritten gegenüber obliegende Amtspflicht, so hat er dem Dritten den daraus entstehenden Schaden zu ersetzen. Fällt dem Beamten nur Fahrlässigkeit zur Last, so kann er nur dann in Anspruch genommen werden, wenn der Verletzte nicht auf andere Weise Ersatz zu erlangen vermag.

(2) Verletzt ein Beamter bei dem Urteil in einer Rechtssache seine Amtspflicht, so ist er für den daraus entstehenden Schaden nur dann verantwortlich, wenn die Pflichtverletzung in einer Straftat besteht. Auf eine pflichtwidrige Verweigerung oder Verzögerung der Ausübung des Amtes findet diese Vorschrift keine Anwendung.

(3) Die Ersatzpflicht tritt nicht ein, wenn der Verletzte vorsätzlich oder fahrlässig unterlassen hat, den Schaden durch Gebrauch eines Rechtsmittels abzuwenden.

§ 839a Haftung des gerichtlichen Sachverständigen

(1) Erstattet ein vom Gericht ernannter Sachverständiger vorsätzlich oder grob fahrlässig ein unrichtiges Gutachten, so ist er zum Ersatz des Schadens verpflichtet, der einem Verfahrensbeteiligten durch eine gerichtliche Entscheidung entsteht, die auf diesem Gutachten beruht.

(2) § 839 Abs. 3 ist entsprechend anzuwenden.

Buch 4
Familienrecht

Abschnitt 1
Bürgerliche Ehe

Titel 2
Eingehung der Ehe

Untertitel 1
Ehefähigkeit

§ 1303 Ehemündigkeit

Eine Ehe darf nicht vor Eintritt der Volljährigkeit eingegangen werden. Mit einer Person, die das 16. Lebensjahr nicht vollendet hat, kann eine Ehe nicht wirksam eingegangen werden.

§ 1304 Geschäftsunfähigkeit

Wer geschäftsunfähig ist, kann eine Ehe nicht eingehen.

Titel 3
Aufhebung der Ehe

§ 1313 Aufhebung durch richterliche Entscheidung

Eine Ehe kann nur durch richterliche Entscheidung auf Antrag aufgehoben werden. Die Ehe ist mit der Rechtskraft der Entscheidung aufgelöst. Die Voraussetzungen, unter denen die Aufhebung begehrt werden kann, ergeben sich aus den folgenden Vorschriften.

§ 1314 Aufhebungsgründe

(1) Eine Ehe kann aufgehoben werden, wenn sie

1. entgegen § 1303 Satz 1 mit einem Minderjährigen geschlossen worden ist, der im Zeitpunkt der Eheschließung das 16. Lebensjahr vollendet hatte, oder
2. entgegen den §§ 1304, 1306, 1307, 1311 geschlossen worden ist.

(2) Eine Ehe kann ferner aufgehoben werden, wenn

1. ein Ehegatte sich bei der Eheschließung im Zustand der Bewusstlosigkeit oder vorübergehender Störung der Geistestätigkeit befand;
2. ein Ehegatte bei der Eheschließung nicht gewusst hat, dass es sich um eine Eheschließung handelt;
3. ein Ehegatte zur Eingehung der Ehe durch arglistige Täuschung über solche Umstände bestimmt worden ist, die ihn bei Kenntnis der Sachlage und bei richtiger Würdigung des Wesens der Ehe von der Eingehung der Ehe abgehalten hätten; dies gilt nicht, wenn die Täuschung Vermögensverhältnisse betrifft oder von einem Dritten ohne Wissen des anderen Ehegatten verübt worden ist;
4. ein Ehegatte zur Eingehung der Ehe widerrechtlich durch Drohung bestimmt worden ist;
5. beide Ehegatten sich bei der Eheschließung darüber einig waren, dass sie keine Verpflichtung gemäß § 1353 Abs. 1 begründen wollen.

§ 1315 Ausschluss der Aufhebung

(1) Eine Aufhebung der Ehe ist ausgeschlossen

1. bei Verstoß gegen § 1303 Satz 1, wenn
   a) der minderjährige Ehegatte, nachdem er volljährig geworden ist, zu erkennen gegeben hat, dass er die Ehe fortsetzen will (Bestätigung), oder
   b) auf Grund außergewöhnlicher Umstände die Aufhebung der Ehe eine so schwere Härte für den minderjährigen Ehegatten darstellen würde, dass die Aufrechterhaltung der Ehe ausnahmsweise geboten erscheint;
2. bei Verstoß gegen § 1304, wenn der Ehegatte nach Wegfall der Geschäftsunfähigkeit zu erkennen gegeben hat, dass er die Ehe fortsetzen will (Bestätigung);
3. im Falle des § 1314 Abs. 2 Nr. 1, wenn der Ehegatte nach Wegfall der Bewusstlosigkeit oder der Störung der Geistestätigkeit zu erkennen gegeben hat, dass er die Ehe fortsetzen will (Bestätigung);
4. in den Fällen des § 1314 Abs. 2 Nr. 2 bis 4, wenn der Ehegatte nach Entdeckung des Irrtums oder der Täuschung oder nach Aufhören der Zwangslage zu erkennen gegeben hat, dass er die Ehe fortsetzen will (Bestätigung);
5. in den Fällen des § 1314 Abs. 2 Nr. 5, wenn die Ehegatten nach der Eheschließung als Ehegatten miteinander gelebt haben.

Die Bestätigung eines Geschäftsunfähigen ist unwirksam.

(2) Eine Aufhebung der Ehe ist ferner ausgeschlossen

1. bei Verstoß gegen § 1306, wenn vor der Schließung der neuen Ehe die Scheidung oder Aufhebung der früheren Ehe oder die Aufhebung der Lebenspartnerschaft ausgesprochen ist und dieser Ausspruch nach der Schließung der neuen Ehe rechtskräftig wird;
2. bei Verstoß gegen § 1311, wenn die Ehegatten nach der Eheschließung fünf Jahre oder, falls einer von ihnen vorher verstorben ist, bis zu dessen Tode, jedoch mindestens drei Jahre als Ehegatten miteinander gelebt haben, es sei denn, dass bei Ablauf der fünf Jahre oder zur Zeit des Todes die Aufhebung beantragt ist.

§ 1316 Antragsberechtigung

(1) Antragsberechtigt

1. sind bei Verstoß gegen § 1303 Satz 1, die §§ 1304, 1306, 1307, 1311 sowie in den Fällen des § 1314 Abs. 2 Nr. 1 und 5 jeder Ehegatte, die zuständige Verwaltungsbehörde und in den Fällen des § 1306 auch die dritte Person. Die zuständige Verwaltungsbehörde wird durch Rechtsverordnung der Landesregierungen bestimmt. Die Landesregierungen können die Ermächtigung nach Satz 2 durch Rechtsverordnung auf die zuständigen obersten Landesbehörden übertragen;
2. ist in den Fällen des § 1314 Abs. 2 Nr. 2 bis 4 der dort genannte Ehegatte.

(2) Der Antrag kann für einen geschäftsunfähigen Ehegatten nur von seinem gesetzlichen Vertreter gestellt werden. Bei einem Verstoß gegen § 1303 Satz 1 kann ein minderjähriger Ehegatte den Antrag nur selbst stellen; er bedarf dazu nicht der Zustimmung seines gesetzlichen Vertreters.

(3) Bei Verstoß gegen die §§ 1304, 1306, 1307 sowie in den Fällen des § 1314 Abs. 2 Nr. 1 und 5 soll die zuständige Verwaltungsbehörde den Antrag stellen, wenn nicht die Aufhebung der Ehe für einen Ehegatten oder für die aus der Ehe hervorgegangenen Kinder eine so schwere Härte darstellen würde, dass die Aufrechterhaltung der Ehe ausnahmsweise geboten erscheint. Bei einem Verstoß gegen § 1303 Satz 1 muss die zuständige Behörde den Antrag stellen, es sei denn, der minderjährige Ehegatte ist zwischenzeitlich volljährig geworden und hat zu erkennen gegeben, dass er die Ehe fortsetzen will.

§ 1317 Antragsfrist

(1) Der Antrag kann in den Fällen des § 1314 Absatz 2 Nummer 2 und 3 nur binnen eines Jahres, im Falle des § 1314 Absatz 2 Nummer 4 nur binnen drei Jahren gestellt werden. Die Frist beginnt mit der Entdeckung des Irrtums oder der Täuschung oder mit dem Aufhören der Zwangslage; für den gesetzlichen Vertreter eines geschäftsunfähigen Ehegatten beginnt die Frist jedoch nicht vor dem Zeitpunkt, in welchem ihm die den Fristbeginn begründenden Umstände bekannt werden. Auf

den Lauf der Frist sind die §§ 206, 210 Abs. 1 Satz 1 entsprechend anzuwenden.

(2) Hat der gesetzliche Vertreter eines geschäftsunfähigen Ehegatten den Antrag nicht rechtzeitig gestellt, so kann der Ehegatte selbst innerhalb von sechs Monaten nach dem Wegfall der Geschäftsunfähigkeit den Antrag stellen.

(3) Ist die Ehe bereits aufgelöst, so kann der Antrag nicht mehr gestellt werden.

§ 1318 Folgen der Aufhebung

(1) Die Folgen der Aufhebung einer Ehe bestimmen sich nur in den nachfolgend genannten Fällen nach den Vorschriften über die Scheidung.

(2) Die §§ 1569 bis 1586b finden entsprechende Anwendung

1. zugunsten eines Ehegatten, der bei Verstoß gegen die §§ 1303, 1304, 1306, 1307 oder § 1311 oder in den Fällen des § 1314 Abs. 2 Nr. 1 oder 2 die Aufhebbarkeit der Ehe bei der Eheschließung nicht gekannt hat oder der in den Fällen des § 1314 Abs. 2 Nr. 3 oder 4 von dem anderen Ehegatten oder mit dessen Wissen getäuscht oder bedroht worden ist;
2. zugunsten beider Ehegatten bei Verstoß gegen die §§ 1306, 1307 oder § 1311, wenn beide Ehegatten die Aufhebbarkeit kannten; dies gilt nicht bei Verstoß gegen § 1306, soweit der Anspruch eines Ehegatten auf Unterhalt einen entsprechenden Anspruch der dritten Person beeinträchtigen würde.

Die Vorschriften über den Unterhalt wegen der Pflege oder Erziehung eines gemeinschaftlichen Kindes finden auch insoweit entsprechende Anwendung, als eine Versagung des Unterhalts im Hinblick auf die Belange des Kindes grob unbillig wäre.

(3) Die §§ 1363 bis 1390 und 1587 finden entsprechende Anwendung, soweit dies nicht im Hinblick auf die Umstände bei der Eheschließung oder bei Verstoß gegen § 1306 im Hinblick auf die Belange der dritten Person grob unbillig wäre.

(4) Die §§ 1568a und 1568b finden entsprechende Anwendung; dabei sind die Umstände bei der Eheschließung und bei Verstoß gegen § 1306 die Belange der dritten Person besonders zu berücksichtigen.

(5) § 1931 findet zugunsten eines Ehegatten, der bei Verstoß gegen die §§ 1304, 1306, 1307 oder § 1311 oder im Falle des § 1314 Abs. 2 Nr. 1 die Aufhebbarkeit der Ehe bei der Eheschließung gekannt hat, keine Anwendung.

Titel 5
Wirkungen der Ehe im Allgemeinen

§ 1353 Eheliche Lebensgemeinschaft

(1) Die Ehe wird von zwei Personen verschiedenen oder gleichen Geschlechts auf Lebenszeit geschlossen. Die Ehegatten sind einander zur ehelichen Lebensgemeinschaft verpflichtet; sie tragen füreinander Verantwortung.

(2) Ein Ehegatte ist nicht verpflichtet, dem Verlangen des anderen Ehegatten nach Herstellung der Gemeinschaft Folge zu leisten, wenn sich das Verlangen als Missbrauch seines Rechts darstellt oder wenn die Ehe gescheitert ist.

§ 1354 (weggefallen)

§ 1355 Ehename

(1) Die Ehegatten sollen einen gemeinsamen Familiennamen (Ehenamen) bestimmen. Die Ehegatten führen den von ihnen bestimmten Ehenamen. Bestimmen die Ehegatten keinen Ehenamen, so führen sie ihren zur Zeit der Eheschließung geführten Namen auch nach der Eheschließung.

(2) Zum Ehenamen können die Ehegatten durch Erklärung gegenüber dem Standesamt den Geburtsnamen oder den zur Zeit der Erklärung über die Bestimmung des Ehenamens geführten Namen eines Ehegatten bestimmen.

(3) Die Erklärung über die Bestimmung des Ehenamens soll bei der Eheschließung erfolgen. Wird die Erklärung später abgegeben, so muss sie öffentlich beglaubigt werden.

(4) Ein Ehegatte, dessen Name nicht Ehename wird, kann durch Erklärung gegenüber dem Standesamt dem Ehenamen seinen Geburtsnamen oder den zur Zeit der Erklärung über die Bestimmung des Ehenamens geführten Namen voranstellen oder anfügen. Dies gilt nicht, wenn der Ehename aus mehreren Namen besteht. Besteht der Name eines Ehegatten aus mehreren Namen, so kann nur einer dieser Namen hinzugefügt werden. Die Erklärung kann gegenüber dem Standesamt widerrufen werden; in diesem Falle ist eine erneute Erklärung nach Satz 1 nicht zulässig. Die Erklärung, wenn sie nicht bei der Eheschließung gegenüber einem deutschen Standesamt abgegeben wird, und der Widerruf müssen öffentlich beglaubigt werden.

(5) Der verwitwete oder geschiedene Ehegatte behält den Ehenamen. Er kann durch Erklärung gegenüber dem Standesamt seinen Geburtsnamen oder den Namen wieder annehmen, den er bis zur Bestimmung des Ehenamens geführt hat, oder dem Ehenamen seinen Geburtsnamen oder den zur Zeit der Bestimmung des Ehenamens geführten Namen voranstellen oder anfügen. Absatz 4 gilt entsprechend.

(6) Geburtsname ist der Name, der in die Geburtsurkunde eines Ehegatten zum Zeitpunkt der Erklärung gegenüber dem Standesamt einzutragen ist.

§ 1356 Haushaltsführung, Erwerbstätigkeit

(1) Die Ehegatten regeln die Haushaltsführung im gegenseitigen Einvernehmen. Ist die Haushaltsführung einem der Ehegatten überlassen, so leitet dieser den Haushalt in eigener Verantwortung.

(2) Beide Ehegatten sind berechtigt, erwerbstätig zu sein. Bei der Wahl und Ausübung einer Erwerbstätigkeit haben sie auf die Belange des anderen Ehegatten und der Familie die gebotene Rücksicht zu nehmen.

§ 1357 Geschäfte zur Deckung des Lebensbedarfs

(1) Jeder Ehegatte ist berechtigt, Geschäfte zur angemessenen Deckung des Lebensbedarfs der Familie mit Wirkung auch für den anderen Ehegatten zu besorgen. Durch solche Geschäfte werden beide Ehegatten berechtigt und verpflichtet, es sei denn, dass sich aus den Umständen etwas anderes ergibt.

(2) Ein Ehegatte kann die Berechtigung des anderen Ehegatten, Geschäfte mit Wirkung für ihn zu besorgen, beschränken oder ausschließen; besteht für die Beschränkung oder Ausschließung kein ausreichender Grund, so hat das Familiengericht sie auf Antrag aufzuheben. Dritten gegenüber wirkt die Beschränkung oder Ausschließung nur nach Maßgabe des § 1412.

(3) Absatz 1 gilt nicht, wenn die Ehegatten getrennt leben.

§ 1358 Gegenseitige Vertretung von Ehegatten in Angelegenheiten der Gesundheitssorge

(1) Kann ein Ehegatte aufgrund von Bewusstlosigkeit oder Krankheit seine Angelegenheiten der Gesundheitssorge rechtlich nicht besorgen (vertretener Ehegatte), ist der andere Ehegatte (vertretender Ehegatte) berechtigt, für den vertretenen Ehegatten

1. in Untersuchungen des Gesundheitszustandes, Heilbehandlungen oder ärztliche Eingriffe einzuwilligen oder sie zu untersagen sowie ärztliche Aufklärungen entgegenzunehmen,
2. Behandlungsverträge, Krankenhausverträge oder Verträge über eilige Maßnahmen der Rehabilitation und der Pflege abzuschließen und durchzusetzen,
3. über Maßnahmen nach § 1831 Absatz 4 zu entscheiden, sofern die Dauer der Maßnahme im Einzelfall sechs Wochen nicht überschreitet, und
4. Ansprüche, die dem vertretenen Ehegatten aus Anlass der Erkrankung gegenüber Dritten zustehen, geltend zu machen und an die Leistungserbringer aus den Verträgen nach Nummer 2 abzutreten oder Zahlung an diese zu verlangen.

(2) Unter den Voraussetzungen des Absatzes 1 und hinsichtlich der in Absatz 1 Nummer 1 bis 4 genannten Angelegenheiten sind behandelnde Ärzte gegenüber dem vertretenden Ehegatten von ihrer Schweigepflicht entbunden. Dieser darf die diese Angelegenheiten betreffenden Krankenunterlagen einsehen und ihre Weitergabe an Dritte bewilligen.

(3) Die Berechtigungen nach den Absätzen 1 und 2 bestehen nicht, wenn

1. die Ehegatten getrennt leben,
2. dem vertretenden Ehegatten oder dem behandelnden Arzt bekannt ist, dass der vertretene Ehegatte
   a) eine Vertretung durch ihn in den in Absatz 1 Nummer 1 bis 4 genannten Angelegenheiten ablehnt oder
   b) jemanden zur Wahrnehmung seiner Angelegenheiten bevollmächtigt hat, soweit diese Vollmacht die in Absatz 1 Nummer 1 bis 4 bezeichneten Angelegenheiten umfasst,
3. für den vertretenen Ehegatten ein Betreuer bestellt ist, soweit dessen Aufgabenkreis die in Absatz 1 Nummer 1 bis 4 bezeichneten Angelegenheiten umfasst, oder
4. die Voraussetzungen des Absatzes 1 nicht mehr vorliegen oder mehr als sechs Monate seit dem durch den Arzt nach Absatz 4 Satz 1 Nummer 1 festgestellten Zeitpunkt vergangen sind.

(4) Der Arzt, gegenüber dem das Vertretungsrecht ausgeübt wird, hat

1. das Vorliegen der Voraussetzungen des Absatzes 1 und den Zeitpunkt, zu dem diese spätestens eingetreten sind, schriftlich zu bestätigen,
2. dem vertretenden Ehegatten die Bestätigung nach Nummer 1 mit einer schriftlichen Erklärung über das Vorliegen der Voraussetzungen des Absatzes 1 und das Nichtvorliegen der Ausschlussgründe des Absatzes 3 vorzulegen und
3. sich von dem vertretenden Ehegatten schriftlich versichern zu lassen, dass
   a) das Vertretungsrecht wegen der Bewusstlosigkeit oder Krankheit, aufgrund derer der Ehegatte seine Angelegenheiten der Gesundheitssorge rechtlich nicht besorgen kann, bisher nicht ausgeübt wurde und
   b) kein Ausschlussgrund des Absatzes 3 vorliegt.

Das Dokument mit der Bestätigung nach Satz 1 Nummer 1 und der Versicherung nach Satz 1 Nummer 3 ist dem vertretenden Ehegatten für die weitere Ausübung des Vertretungsrechts auszuhändigen.

(5) Das Vertretungsrecht darf ab der Bestellung eines Betreuers, dessen Aufgabenkreis die in Absatz 1 Nummer 1 bis 4 bezeichneten Angelegenheiten umfasst, nicht mehr ausgeübt werden.

(6) § 1821 Absatz 2 bis 4, § 1827 Absatz 1 bis 3, § 1828 Absatz 1 und 2, § 1829 Absatz 1 bis 4 sowie § 1831 Absatz 4 in Verbindung mit Absatz 2 gelten entsprechend.

§ 1359 Umfang der Sorgfaltspflicht

Die Ehegatten haben bei der Erfüllung der sich aus dem ehelichen Verhältnis ergebenden Verpflichtungen einander nur für diejenige Sorgfalt einzustehen, welche sie in eigenen Angelegenheiten anzuwenden pflegen.

§ 1360 Verpflichtung zum Familienunterhalt

Die Ehegatten sind einander verpflichtet, durch ihre Arbeit und mit ihrem Vermögen die Familie angemessen zu unterhalten. Ist einem Ehegatten die Haushaltsführung überlassen, so erfüllt er seine Verpflichtung, durch Arbeit zum Unterhalt der Familie beizutragen, in der Regel durch die Führung des Haushalts.

§ 1360a Umfang der Unterhaltspflicht

(1) Der angemessene Unterhalt der Familie umfasst alles, was nach den Verhältnissen der Ehegatten erforderlich ist, um die Kosten des Haushalts zu bestreiten und die persönlichen Bedürfnisse der Ehegatten und den Lebensbedarf der gemeinsamen unterhaltsberechtigten Kinder zu befriedigen.

(2) Der Unterhalt ist in der Weise zu leisten, die durch die eheliche Lebensgemeinschaft geboten ist. Die Ehegatten sind einander verpflichtet, die zum gemeinsamen Unterhalt der Familie erforderlichen Mittel für einen angemessenen Zeitraum im Voraus zur Verfügung zu stellen.

(3) Die für die Unterhaltspflicht der Verwandten geltenden Vorschriften der §§ 1613 bis 1615 sind entsprechend anzuwenden.

(4) Ist ein Ehegatte nicht in der Lage, die Kosten eines Rechtsstreits zu tragen, der eine persönliche Angelegenheit betrifft, so ist der andere Ehegatte verpflichtet, ihm diese Kosten vorzuschießen, soweit dies der Billigkeit

entspricht. Das Gleiche gilt für die Kosten der Verteidigung in einem Strafverfahren, das gegen einen Ehegatten gerichtet ist.

§ 1360b Zuvielleistung

Leistet ein Ehegatte zum Unterhalt der Familie einen höheren Beitrag als ihm obliegt, so ist im Zweifel anzunehmen, dass er nicht beabsichtigt, von dem anderen Ehegatten Ersatz zu verlangen.

§ 1361 Unterhalt bei Getrenntleben

(1) Leben die Ehegatten getrennt, so kann ein Ehegatte von dem anderen den nach den Lebensverhältnissen und den Erwerbs- und Vermögensverhältnissen der Ehegatten angemessenen Unterhalt verlangen; für Aufwendungen infolge eines Körper- oder Gesundheitsschadens gilt § 1610a. Ist zwischen den getrennt lebenden Ehegatten ein Scheidungsverfahren rechtshängig, so gehören zum Unterhalt vom Eintritt der Rechtshängigkeit an auch die Kosten einer angemessenen Versicherung für den Fall des Alters sowie der verminderten Erwerbsfähigkeit.

(2) Der nicht erwerbstätige Ehegatte kann nur dann darauf verwiesen werden, seinen Unterhalt durch eine Erwerbstätigkeit selbst zu verdienen, wenn dies von ihm nach seinen persönlichen Verhältnissen, insbesondere wegen einer früheren Erwerbstätigkeit unter Berücksichtigung der Dauer der Ehe, und nach den wirtschaftlichen Verhältnissen beider Ehegatten erwartet werden kann.

(3) Die Vorschrift des § 1579 Nr. 2 bis 8 über die Beschränkung oder Versagung des Unterhalts wegen grober Unbilligkeit ist entsprechend anzuwenden.

(4) Der laufende Unterhalt ist durch Zahlung einer Geldrente zu gewähren. Die Rente ist monatlich im Voraus zu zahlen. Der Verpflichtete schuldet den vollen Monatsbetrag auch dann, wenn der Berechtigte im Laufe des Monats stirbt. § 1360a Abs. 3, 4 und die §§ 1360b, 1605 sind entsprechend anzuwenden.

§ 1361a Verteilung der Haushaltsgegenstände bei Getrenntleben

(1) Leben die Ehegatten getrennt, so kann jeder von ihnen die ihm gehörenden Haushaltsgegenstände von dem anderen Ehegatten herausverlangen. Er ist jedoch verpflichtet, sie dem anderen Ehegatten zum Gebrauch zu überlassen, soweit dieser sie zur Führung eines abgesonderten Haushalts benötigt und die Überlassung nach den Umständen des Falles der Billigkeit entspricht.

(2) Haushaltsgegenstände, die den Ehegatten gemeinsam gehören, werden zwischen ihnen nach den Grundsätzen der Billigkeit verteilt.

(3) Können sich die Ehegatten nicht einigen, so entscheidet das zuständige Gericht. Dieses kann eine angemessene Vergütung für die Benutzung der Haushaltsgegenstände festsetzen.

(4) Die Eigentumsverhältnisse bleiben unberührt, sofern die Ehegatten nichts anderes vereinbaren.

§ 1361b Ehewohnung bei Getrenntleben

(1) Leben die Ehegatten voneinander getrennt oder will einer von ihnen getrennt leben, so kann ein Ehegatte verlangen, dass ihm der andere die Ehewohnung oder einen Teil zur alleinigen Benutzung überlässt, soweit dies auch unter Berücksichtigung der Belange des anderen Ehegatten notwendig ist, um eine unbillige Härte zu vermeiden. Eine unbillige Härte kann auch dann gegeben sein, wenn das Wohl von im Haushalt lebenden Kindern beeinträchtigt ist. Steht einem Ehegatten allein oder gemeinsam mit einem Dritten das Eigentum, das Erbbaurecht oder der Nießbrauch an dem Grundstück zu, auf dem sich die Ehewohnung befindet, so ist dies besonders zu berücksichtigen; Entsprechendes gilt für das Wohnungseigentum, das Dauerwohnrecht und das dingliche Wohnrecht.

(2) Hat der Ehegatte, gegen den sich der Antrag richtet, den anderen Ehegatten widerrechtlich und vorsätzlich am Körper, an der Gesundheit, der Freiheit oder der sexuellen Selbstbestimmung verletzt oder mit einer solchen Verletzung oder der Verletzung des Lebens widerrechtlich gedroht, ist in der Regel die gesamte Wohnung zur alleinigen Benutzung zu überlassen. Der Anspruch auf Wohnungsüberlassung ist nur dann ausgeschlossen, wenn keine weiteren Verletzungen und widerrechtlichen Drohungen zu besorgen sind, es sei denn, dass dem verletzten Ehegatten das weitere Zusammenleben mit dem anderen wegen der Schwere der Tat nicht zuzumuten ist.

(3) Wurde einem Ehegatten die Ehewohnung ganz oder zum Teil überlassen, so hat der andere alles zu unterlassen, was geeignet ist, die Ausübung dieses Nutzungsrechts zu erschweren oder zu vereiteln. Er kann von dem nutzungsberechtigten Ehegatten eine Vergütung für die Nutzung verlangen, soweit dies der Billigkeit entspricht.

(4) Ist nach der Trennung der Ehegatten im Sinne des § 1567 Abs. 1 ein Ehegatte aus der Ehewohnung ausgezogen und hat er binnen sechs Monaten nach seinem Auszug eine ernstliche Rückkehrabsicht dem anderen Ehegatten gegenüber nicht bekundet, so wird unwiderleglich vermutet, dass er dem in der Ehewohnung verbliebenen Ehegatten das alleinige Nutzungsrecht überlassen hat.

§ 1362 Eigentumsvermutung

(1) Zugunsten der Gläubiger eines der Ehegatten wird vermutet, dass die im Besitz eines oder beider Ehegatten befindlichen beweglichen Sachen dem Schuldner gehören. Diese Vermutung gilt nicht, wenn die Ehegatten getrennt leben und sich die Sachen im Besitz des Ehegatten befinden, der nicht Schuldner ist. Inhaberpapiere und Orderpapiere, die mit Blankoindossament versehen sind, stehen den beweglichen Sachen gleich.

(2) Für die ausschließlich zum persönlichen Gebrauch eines Ehegatten bestimmten Sachen wird im Verhältnis der Ehegatten zueinander und zu den Gläubigern vermutet, dass sie dem Ehegatten gehören, für dessen Gebrauch sie bestimmt sind.

Titel 6
Eheliches Güterrecht

Untertitel 1
Gesetzliches Güterrecht

§ 1363 Zugewinngemeinschaft

(1) Die Eheleute leben im Güterstand der Zugewinngemeinschaft, wenn sie nicht durch Ehevertrag etwas anderes vereinbaren.

(2) Das jeweilige Vermögen der Ehegatten wird nicht deren gemeinschaftliches Vermögen; dies gilt auch für Vermögen, das ein Ehegatte nach der Eheschließung erwirbt. Der Zugewinn, den die Ehegatten in der Ehe erzielen, wird jedoch ausgeglichen, wenn die Zugewinngemeinschaft endet.

§ 1364 Vermögensverwaltung

Jeder Ehegatte verwaltet sein Vermögen selbständig; er ist jedoch in der Verwaltung seines Vermögens nach Maßgabe der folgenden Vorschriften beschränkt.

§ 1365 Verfügung über Vermögen im Ganzen

(1) Ein Ehegatte kann sich nur mit Einwilligung des anderen Ehegatten verpflichten, über sein Vermögen im Ganzen zu verfügen. Hat er sich ohne Zustimmung des anderen Ehegatten verpflichtet, so kann er die Verpflichtung nur erfüllen, wenn der andere Ehegatte einwilligt.

(2) Entspricht das Rechtsgeschäft den Grundsätzen einer ordnungsmäßigen Verwaltung, so kann das Familiengericht auf Antrag des Ehegatten die Zustimmung des anderen Ehegatten ersetzen, wenn dieser sie ohne ausreichenden Grund verweigert oder durch Krankheit oder Abwesenheit an der Abgabe einer Erklärung verhindert und mit dem Aufschub Gefahr verbunden ist.

§ 1366 Genehmigung von Verträgen

(1) Ein Vertrag, den ein Ehegatte ohne die erforderliche Einwilligung des anderen Ehegatten schließt, ist wirksam, wenn dieser ihn genehmigt.

(2) Bis zur Genehmigung kann der Dritte den Vertrag widerrufen. Hat er gewusst, dass der vertragsschließende Ehegatte verheiratet ist, so kann er nur widerrufen, wenn der Ehegatte wahrheitswidrig behauptet hat, der andere Ehegatte habe eingewilligt; er kann auch in diesem Fall nicht widerrufen, wenn ihm beim Abschluss des Vertrags bekannt war, dass der andere Ehegatte nicht eingewilligt hatte.

(3) Fordert der Dritte den Ehegatten auf, die erforderliche Genehmigung des anderen Ehegatten zu beschaffen, so kann dieser sich nur dem Dritten gegenüber über die Genehmigung erklären; hat er sich bereits vor der Aufforderung seinem Ehegatten gegenüber erklärt, so wird die Erklärung unwirksam. Die Genehmigung kann nur innerhalb von zwei Wochen seit dem Empfang der Aufforderung erklärt werden; wird sie nicht erklärt, so gilt sie als verweigert. Ersetzt das Familiengericht die Genehmigung, so ist sein Beschluss nur wirksam, wenn der Ehegatte ihn dem Dritten innerhalb der zweiwöchigen Frist mitteilt; andernfalls gilt die Genehmigung als verweigert.

(4) Wird die Genehmigung verweigert, so ist der Vertrag unwirksam.

§ 1367 Einseitige Rechtsgeschäfte

Ein einseitiges Rechtsgeschäft, das ohne die erforderliche Einwilligung vorgenommen wird, ist unwirksam.

§ 1368 Geltendmachung der Unwirksamkeit

Verfügt ein Ehegatte ohne die erforderliche Zustimmung des anderen Ehegatten über sein Vermögen, so ist auch der andere Ehegatte berechtigt, die sich aus der Unwirksamkeit der Verfügung ergebenden Rechte gegen den Dritten gerichtlich geltend zu machen.

§ 1369 Verfügungen über Haushaltsgegenstände

(1) Ein Ehegatte kann über ihm gehörende Gegenstände des ehelichen Haushalts nur verfügen und sich zu einer solchen Verfügung auch nur verpflichten, wenn der andere Ehegatte einwilligt.

(2) Das Familiengericht kann auf Antrag des Ehegatten die Zustimmung des anderen Ehegatten ersetzen, wenn dieser sie ohne ausreichenden Grund verweigert oder durch Krankheit oder Abwesenheit verhindert ist, eine Erklärung abzugeben.

(3) Die Vorschriften der §§ 1366 bis 1368 gelten entsprechend.

§ 1370 (weggefallen)

§ 1371 Zugewinnausgleich im Todesfall

(1) Wird der Güterstand durch den Tod eines Ehegatten beendet, so wird der Ausgleich des Zugewinns dadurch verwirklicht, dass sich der gesetzliche Erbteil des überlebenden Ehegatten um ein Viertel der Erbschaft erhöht; hierbei ist unerheblich, ob die Ehegatten im einzelnen Falle einen Zugewinn erzielt haben.

(2) Wird der überlebende Ehegatte nicht Erbe und steht ihm auch kein Vermächtnis zu, so kann er Ausgleich des Zugewinns nach den Vorschriften der §§ 1373 bis 1383, 1390 verlangen; der Pflichtteil des überlebenden Ehegatten oder eines anderen Pflichtteilsberechtigten bestimmt sich in diesem Falle nach dem nicht erhöhten gesetzlichen Erbteil des Ehegatten.

(3) Schlägt der überlebende Ehegatte die Erbschaft aus, so kann er neben dem Ausgleich des Zugewinns den Pflichtteil auch dann verlangen, wenn dieser ihm nach den erbrechtlichen Bestimmungen nicht zustünde; dies gilt nicht, wenn er durch Vertrag mit seinem Ehegatten auf sein gesetzliches Erbrecht oder sein Pflichtteilsrecht verzichtet hat.

(4) Sind erbberechtigte Abkömmlinge des verstorbenen Ehegatten, welche nicht aus der durch den Tod dieses Ehegatten aufgelösten Ehe stammen, vorhanden, so ist der überlebende Ehegatte verpflichtet, diesen Abkömmlingen, wenn und soweit sie dessen bedürfen, die Mittel zu einer angemessenen Ausbildung aus dem nach Absatz 1 zusätzlich gewährten Viertel zu gewähren.

§ 1372 Zugewinnausgleich in anderen Fällen

Wird der Güterstand auf andere Weise als durch den Tod eines Ehegatten beendet, so wird der Zugewinn nach den Vorschriften der §§ 1373 bis 1390 ausgeglichen.

§ 1373 Zugewinn

Zugewinn ist der Betrag, um den das Endvermögen eines Ehegatten das Anfangsvermögen übersteigt.

§ 1374 Anfangsvermögen

(1) Anfangsvermögen ist das Vermögen, das einem Ehegatten nach Abzug der Verbindlichkeiten beim Eintritt des Güterstands gehört.

(2) Vermögen, das ein Ehegatte nach Eintritt des Güterstands von Todes wegen oder mit Rücksicht auf ein künftiges Erbrecht, durch Schenkung oder als Ausstattung erwirbt, wird nach Abzug der Verbindlichkeiten dem

Anfangsvermögen hinzugerechnet, soweit es nicht den Umständen nach zu den Einkünften zu rechnen ist.

(3) Verbindlichkeiten sind über die Höhe des Vermögens hinaus abzuziehen.

§ 1375 Endvermögen

(1) Endvermögen ist das Vermögen, das einem Ehegatten nach Abzug der Verbindlichkeiten bei der Beendigung des Güterstands gehört. Verbindlichkeiten sind über die Höhe des Vermögens hinaus abzuziehen.

(2) Dem Endvermögen eines Ehegatten wird der Betrag hinzugerechnet, um den dieses Vermögen dadurch vermindert ist, dass ein Ehegatte nach Eintritt des Güterstands

1. unentgeltliche Zuwendungen gemacht hat, durch die er nicht einer sittlichen Pflicht oder einer auf den Anstand zu nehmenden Rücksicht entsprochen hat,
2. Vermögen verschwendet hat oder
3. Handlungen in der Absicht vorgenommen hat, den anderen Ehegatten zu benachteiligen.

Ist das Endvermögen eines Ehegatten geringer als das Vermögen, das er in der Auskunft zum Trennungszeitpunkt angegeben hat, so hat dieser Ehegatte darzulegen und zu beweisen, dass die Vermögensminderung nicht auf Handlungen im Sinne des Satzes 1 Nummer 1 bis 3 zurückzuführen ist.

(3) Der Betrag der Vermögensminderung wird dem Endvermögen nicht hinzugerechnet, wenn sie mindestens zehn Jahre vor Beendigung des Güterstands eingetreten ist oder wenn der andere Ehegatte mit der unentgeltlichen Zuwendung oder der Verschwendung einverstanden gewesen ist.

§ 1376 Wertermittlung des Anfangs- und Endvermögens

(1) Der Berechnung des Anfangsvermögens wird der Wert zugrunde gelegt, den das beim Eintritt des Güterstands vorhandene Vermögen in diesem Zeitpunkt, das dem Anfangsvermögen hinzuzurechnende Vermögen im Zeitpunkt des Erwerbs hatte.

(2) Der Berechnung des Endvermögens wird der Wert zugrunde gelegt, den das bei Beendigung des Güterstands vorhandene Vermögen in diesem Zeitpunkt, eine dem Endvermögen hinzuzurechnende Vermögensminderung in dem Zeitpunkt hatte, in dem sie eingetreten ist.

(3) Die vorstehenden Vorschriften gelten entsprechend für die Bewertung von Verbindlichkeiten.

(4) Ein land- oder forstwirtschaftlicher Betrieb, der bei der Berechnung des Anfangsvermögens und des Endvermögens zu berücksichtigen ist, ist mit dem Ertragswert anzusetzen, wenn der Eigentümer nach § 1378 Abs. 1 in Anspruch genommen wird und eine Weiterführung oder Wiederaufnahme des Betriebs durch den Eigentümer oder einen Abkömmling erwartet werden kann; die Vorschrift des § 2049 Abs. 2 ist anzuwenden.

§ 1377 Verzeichnis des Anfangsvermögens

(1) Haben die Ehegatten den Bestand und den Wert des einem Ehegatten gehörenden Anfangsvermögens und der diesem Vermögen hinzuzurechnenden Gegenstände gemeinsam in einem Verzeichnis festgestellt, so wird im Verhältnis der Ehegatten zueinander vermutet, dass das Verzeichnis richtig ist.

(2) Jeder Ehegatte kann verlangen, dass der andere Ehegatte bei der Aufnahme des Verzeichnisses mitwirkt. Auf die Aufnahme des Verzeichnisses sind die für den Nießbrauch geltenden Vorschriften des § 1035 anzuwenden. Jeder Ehegatte kann den Wert der Vermögensgegenstände und der Verbindlichkeiten auf seine Kosten durch Sachverständige feststellen lassen.

(3) Soweit kein Verzeichnis aufgenommen ist, wird vermutet, dass das Endvermögen eines Ehegatten seinen Zugewinn darstellt.

§ 1378 Ausgleichsforderung

(1) Übersteigt der Zugewinn des einen Ehegatten den Zugewinn des anderen, so steht die Hälfte des Überschusses dem anderen Ehegatten als Ausgleichsforderung zu.

(2) Die Höhe der Ausgleichsforderung wird durch den Wert des Vermögens begrenzt, das nach Abzug der Verbindlichkeiten bei Beendigung des Güterstands vorhanden ist. Die sich nach Satz 1 ergebende Begrenzung der Ausgleichsforderung erhöht sich in den Fällen des § 1375 Absatz 2 Satz 1 um den dem Endvermögen hinzuzurechnenden Betrag.

(3) Die Ausgleichsforderung entsteht mit der Beendigung des Güterstands und ist von diesem Zeitpunkt an vererblich und übertragbar. Eine Vereinbarung, die die Ehegatten während eines Verfahrens, das auf die Auflösung der Ehe gerichtet ist, für den Fall der Auflösung der Ehe über den Ausgleich des Zugewinns treffen, bedarf der notariellen Beurkundung; § 127a findet auch auf eine Vereinbarung Anwendung, die in einem Verfahren in Ehesachen vor dem Prozessgericht protokolliert wird. Im Übrigen kann sich kein Ehegatte vor der Beendigung des Güterstands verpflichten, über die Ausgleichsforderung zu verfügen.

§ 1379 Auskunftspflicht

(1) Ist der Güterstand beendet oder hat ein Ehegatte die Scheidung, die Aufhebung der Ehe, den vorzeitigen Ausgleich des Zugewinns bei vorzeitiger Aufhebung der Zugewinngemeinschaft oder die vorzeitige Aufhebung der Zugewinngemeinschaft beantragt, kann jeder Ehegatte von dem anderen Ehegatten

1. Auskunft über das Vermögen zum Zeitpunkt der Trennung verlangen;
2. Auskunft über das Vermögen verlangen, soweit es für die Berechnung des Anfangs- und Endvermögens maßgeblich ist.

Auf Anforderung sind Belege vorzulegen. Jeder Ehegatte kann verlangen, dass er bei der Aufnahme des ihm nach § 260 vorzulegenden Verzeichnisses zugezogen und dass der Wert der Vermögensgegenstände und der Verbindlichkeiten ermittelt wird. Er kann auch verlangen, dass das Verzeichnis auf seine Kosten durch die zuständige Behörde oder durch einen zuständigen Beamten oder Notar aufgenommen wird.

(2) Leben die Ehegatten getrennt, kann jeder Ehegatte von dem anderen Ehegatten Auskunft über das Vermögen zum Zeitpunkt der Trennung verlangen. Absatz 1 Satz 2 bis 4 gilt entsprechend.

§ 1380 Anrechnung von Vorausempfängen

(1) Auf die Ausgleichsforderung eines Ehegatten wird angerechnet, was ihm von dem anderen Ehegatten durch Rechtsgeschäft unter Lebenden mit der Bestimmung zugewendet ist, dass es auf die Ausgleichsforderung angerechnet werden soll. Im Zweifel ist anzunehmen, dass Zuwendungen angerechnet werden sollen, wenn ihr Wert den Wert von Gelegenheitsgeschenken übersteigt, die nach den Lebensverhältnissen der Ehegatten üblich sind.

(2) Der Wert der Zuwendung wird bei der Berechnung der Ausgleichsforderung dem Zugewinn des Ehegatten hinzugerechnet, der die Zuwendung gemacht hat. Der Wert bestimmt sich nach dem Zeitpunkt der Zuwendung.

§ 1381 Leistungsverweigerung wegen grober Unbilligkeit

(1) Der Schuldner kann die Erfüllung der Ausgleichsforderung verweigern, soweit der Ausgleich des Zugewinns nach den Umständen des Falles grob unbillig wäre.

(2) Grobe Unbilligkeit kann insbesondere dann vorliegen, wenn der Ehegatte, der den geringeren Zugewinn erzielt hat, längere Zeit hindurch die wirtschaftlichen Verpflichtungen, die sich aus dem ehelichen Verhältnis ergeben, schuldhaft nicht erfüllt hat.

§ 1382 Stundung

(1) Das Familiengericht stundet auf Antrag eine Ausgleichsforderung, soweit sie vom Schuldner nicht bestritten wird, wenn die sofortige Zahlung auch unter Berücksichtigung der Interessen des Gläubigers zur Unzeit erfolgen würde. Die sofortige Zahlung würde auch dann zur Unzeit erfolgen, wenn sie die Wohnverhältnisse oder sonstigen Lebensverhältnisse gemeinschaftlicher Kinder nachhaltig verschlechtern würde.

(2) Eine gestundete Forderung hat der Schuldner zu verzinsen.

(3) Das Familiengericht kann auf Antrag anordnen, dass der Schuldner für eine gestundete Forderung Sicherheit zu leisten hat.

(4) Über Höhe und Fälligkeit der Zinsen und über Art und Umfang der Sicherheitsleistung entscheidet das Familiengericht nach billigem Ermessen.

(5) Soweit über die Ausgleichsforderung ein Rechtsstreit anhängig wird, kann der Schuldner einen Antrag auf Stundung nur in diesem Verfahren stellen.

(6) Das Familiengericht kann eine rechtskräftige Entscheidung auf Antrag aufheben oder ändern, wenn sich die Verhältnisse nach der Entscheidung wesentlich geändert haben.

§ 1383 Übertragung von Vermögensgegenständen

(1) Das Familiengericht kann auf Antrag des Gläubigers anordnen, dass der Schuldner bestimmte Gegenstände seines Vermögens dem Gläubiger unter Anrechnung auf die Ausgleichsforderung zu übertragen hat, wenn dies erforderlich ist, um eine grobe Unbilligkeit für den Gläubiger zu vermeiden, und wenn dies dem Schuldner zugemutet werden kann; in der Entscheidung ist der Betrag festzusetzen, der auf die Ausgleichsforderung angerechnet wird.

(2) Der Gläubiger muss die Gegenstände, deren Übertragung er begehrt, in dem Antrag bezeichnen.

(3) § 1382 Abs. 5 gilt entsprechend.

§ 1384 Berechnungszeitpunkt des Zugewinns und Höhe der Ausgleichsforderung bei Scheidung

Wird die Ehe geschieden, so tritt für die Berechnung des Zugewinns und für die Höhe der Ausgleichsforderung an die Stelle der Beendigung des Güterstandes der Zeitpunkt der Rechtshängigkeit des Scheidungsantrags.

§ 1385 Vorzeitiger Zugewinnausgleich des ausgleichsberechtigten Ehegatten bei vorzeitiger Aufhebung der Zugewinngemeinschaft

Der ausgleichsberechtigte Ehegatte kann vorzeitigen Ausgleich des Zugewinns bei vorzeitiger Aufhebung der Zugewinngemeinschaft verlangen, wenn

1. die Ehegatten seit mindestens drei Jahren getrennt leben,
2. Handlungen der in § 1365 oder § 1375 Absatz 2 bezeichneten Art zu befürchten sind und dadurch eine erhebliche Gefährdung der Erfüllung der Ausgleichsforderung zu besorgen ist,
3. der andere Ehegatte längere Zeit hindurch die wirtschaftlichen Verpflichtungen, die sich aus dem ehelichen Verhältnis ergeben, schuldhaft nicht erfüllt hat und anzunehmen ist, dass er sie auch in Zukunft nicht erfüllen wird, oder
4. der andere Ehegatte sich ohne ausreichenden Grund beharrlich weigert oder sich ohne ausreichenden Grund bis zur Stellung des Antrags auf Auskunft beharrlich geweigert hat, ihn über den Bestand seines Vermögens zu unterrichten.

§ 1386 Vorzeitige Aufhebung der Zugewinngemeinschaft

Jeder Ehegatte kann unter entsprechender Anwendung des § 1385 die vorzeitige Aufhebung der Zugewinngemeinschaft verlangen.

§ 1387 Berechnungszeitpunkt des Zugewinns und Höhe der Ausgleichsforderung bei vorzeitigem Ausgleich oder vorzeitiger Aufhebung

In den Fällen der §§ 1385 und 1386 tritt für die Berechnung des Zugewinns und für die Höhe der Ausgleichsforderung an die Stelle der Beendigung des Güterstands der Zeitpunkt, in dem die entsprechenden Anträge gestellt sind.

§ 1388 Eintritt der Gütertrennung

Mit der Rechtskraft der Entscheidung, die die Zugewinngemeinschaft vorzeitig aufhebt, tritt Gütertrennung ein.

§ 1389 (weggefallen)

§ 1390 Ansprüche des Ausgleichsberechtigten gegen Dritte

(1) Der ausgleichsberechtigte Ehegatte kann von einem Dritten Ersatz des Wertes einer unentgeltlichen Zuwen-

dung des ausgleichspflichtigen Ehegatten an den Dritten verlangen, wenn

1. der ausgleichspflichtige Ehegatte die unentgeltliche Zuwendung an den Dritten in der Absicht gemacht hat, den ausgleichsberechtigten Ehegatten zu benachteiligen und
2. die Höhe der Ausgleichsforderung den Wert des nach Abzug der Verbindlichkeiten bei Beendigung des Güterstands vorhandenen Vermögens des ausgleichspflichtigen Ehegatten übersteigt.

Der Ersatz des Wertes des Erlangten erfolgt nach den Vorschriften über die Herausgabe einer ungerechtfertigten Bereicherung. Der Dritte kann die Zahlung durch Herausgabe des Erlangten abwenden. Der ausgleichspflichtige Ehegatte und der Dritte haften als Gesamtschuldner.

(2) Das Gleiche gilt für andere Rechtshandlungen, wenn die Absicht, den Ehegatten zu benachteiligen, dem Dritten bekannt war.

(3) Die Verjährungsfrist des Anspruchs beginnt mit der Beendigung des Güterstands. Endet der Güterstand durch den Tod eines Ehegatten, so wird die Verjährung nicht dadurch gehemmt, dass der Anspruch erst geltend gemacht werden kann, wenn der Ehegatte die Erbschaft oder ein Vermächtnis ausgeschlagen hat.

Untertitel 2
Vertragliches Güterrecht

Kapitel 1
Allgemeine Vorschriften

§ 1408 Ehevertrag, Vertragsfreiheit

(1) Die Ehegatten können ihre güterrechtlichen Verhältnisse durch Vertrag (Ehevertrag) regeln, insbesondere auch nach der Eingehung der Ehe den Güterstand aufheben oder ändern.

(2) Schließen die Ehegatten in einem Ehevertrag Vereinbarungen über den Versorgungsausgleich, so sind insoweit die §§ 6 und 8 des Versorgungsausgleichsgesetzes anzuwenden.

§ 1409 Beschränkung der Vertragsfreiheit

Der Güterstand kann nicht durch Verweisung auf nicht mehr geltendes oder ausländisches Recht bestimmt werden.

§ 1410 Form

Der Ehevertrag muss bei gleichzeitiger Anwesenheit beider Teile zur Niederschrift eines Notars geschlossen werden.

§ 1411 Eheverträge Betreuter

(1) Ein Betreuter kann einen Ehevertrag nur mit Zustimmung seines Betreuers schließen, soweit für diese Angelegenheit ein Einwilligungsvorbehalt angeordnet ist. Die Zustimmung des Betreuers bedarf der Genehmigung des Betreuungsgerichts, wenn der Ausgleich des Zugewinns ausgeschlossen oder eingeschränkt oder wenn Gütergemeinschaft vereinbart oder aufgehoben wird. Für einen geschäftsfähigen Betreuten kann der Betreuer keinen Ehevertrag schließen.

(2) Für einen geschäftsunfähigen Ehegatten schließt der Betreuer den Ehevertrag; Gütergemeinschaft kann er nicht vereinbaren oder aufheben. Der Betreuer kann den Ehevertrag nur mit Genehmigung des Betreuungsgerichts schließen.

§ 1412 Wirkungen gegenüber Dritten

Haben die Ehegatten den gesetzlichen Güterstand ausgeschlossen oder geändert oder haben sie eine Vereinbarung über den Güterstand aufgehoben oder geändert, so können sie hieraus einem Dritten gegenüber Einwendungen

1. gegen ein Rechtsgeschäft, das zwischen einem der Ehegatten und dem Dritten vorgenommen worden ist, nur herleiten, wenn das Vorhandensein eines Ehevertrages dem Dritten bei Vornahme des Rechtsgeschäfts bekannt gewesen oder infolge grober Fahrlässigkeit unbekannt geblieben ist, oder
2. gegen ein rechtskräftiges Urteil, das zwischen einem der Ehegatten und dem Dritten ergangen ist, nur herleiten, wenn das Vorhandensein eines Ehevertrages dem Dritten bei dem Eintritt der Rechtshängigkeit des Rechtsstreits bekannt gewesen oder infolge grober Fahrlässigkeit unbekannt geblieben ist.

§ 1413 Widerruf der Überlassung der Vermögensverwaltung

Überlässt ein Ehegatte sein Vermögen der Verwaltung des anderen Ehegatten, so kann das Recht, die Überlassung jederzeit zu widerrufen, nur durch Ehevertrag ausgeschlossen oder eingeschränkt werden; ein Widerruf aus wichtigem Grunde bleibt gleichwohl zulässig.

Abschnitt 2
Verwandtschaft

Titel 1
Allgemeine Vorschriften

§ 1589 Verwandtschaft

Personen, deren eine von der anderen abstammt, sind in gerader Linie verwandt. Personen, die nicht in gerader Linie verwandt sind, aber von derselben dritten Person abstammen, sind in der Seitenlinie verwandt. Der Grad der Verwandtschaft bestimmt sich nach der Zahl der sie vermittelnden Geburten.

§ 1590 Schwägerschaft

(1) Die Verwandten eines Ehegatten sind mit dem anderen Ehegatten verschwägert. Die Linie und der Grad der Schwägerschaft bestimmen sich nach der Linie und dem Grade der sie vermittelnden Verwandtschaft.

(2) Die Schwägerschaft dauert fort, auch wenn die Ehe, durch die sie begründet wurde, aufgelöst ist.

Titel 2
Abstammung

§ 1591 Mutterschaft

Mutter eines Kindes ist die Frau, die es geboren hat.

§ 1592 Vaterschaft

Vater eines Kindes ist der Mann,

1. der zum Zeitpunkt der Geburt mit der Mutter des Kindes verheiratet ist,
2. der die Vaterschaft anerkannt hat oder
3. dessen Vaterschaft nach § 1600d oder § 182 Abs. 1 des Gesetzes über das Verfahren in Familiensachen und in den Angelegenheiten der freiwilligen Gerichtsbarkeit gerichtlich festgestellt ist.

§ 1593 Vaterschaft bei Auflösung der Ehe durch Tod

§ 1592 Nr. 1 gilt entsprechend, wenn die Ehe durch Tod aufgelöst wurde und innerhalb von 300 Tagen nach der Auflösung ein Kind geboren wird. Steht fest, dass das Kind mehr als 300 Tage vor seiner Geburt empfangen wurde, so ist dieser Zeitraum maßgebend. Wird von einer Frau, die eine weitere Ehe geschlossen hat, ein Kind geboren, das sowohl nach den Sätzen 1 und 2 Kind des früheren Ehemanns als auch nach § 1592 Nr. 1 Kind des neuen Ehemanns wäre, so ist es nur als Kind des neuen Ehemanns anzusehen. Wird die Vaterschaft angefochten und wird rechtskräftig festgestellt, dass der neue Ehemann nicht Vater des Kindes ist, so ist es Kind des früheren Ehemanns.

§ 1594 Anerkennung der Vaterschaft

(1) Die Rechtswirkungen der Anerkennung können, soweit sich nicht aus dem Gesetz anderes ergibt, erst von dem Zeitpunkt an geltend gemacht werden, zu dem die Anerkennung wirksam wird.

(2) Eine Anerkennung der Vaterschaft ist nicht wirksam, solange die Vaterschaft eines anderen Mannes besteht.

(3) Eine Anerkennung unter einer Bedingung oder Zeitbestimmung ist unwirksam.

(4) Die Anerkennung ist schon vor der Geburt des Kindes zulässig.

§ 1595 Zustimmungsbedürftigkeit der Anerkennung

(1) Die Anerkennung bedarf der Zustimmung der Mutter.

(2) Die Anerkennung bedarf auch der Zustimmung des Kindes, wenn der Mutter insoweit die elterliche Sorge nicht zusteht.

(3) Für die Zustimmung gilt § 1594 Abs. 3 und 4 entsprechend.

§ 1596 Anerkennung und Zustimmung bei fehlender oder beschränkter Geschäftsfähigkeit

(1) Wer in der Geschäftsfähigkeit beschränkt ist, kann nur selbst anerkennen. Die Zustimmung des gesetzlichen Vertreters ist erforderlich. Für einen Geschäftsunfähigen kann der gesetzliche Vertreter mit Genehmigung des Familiengerichts anerkennen; ist der gesetzliche Vertreter ein Betreuer, ist die Genehmigung des Betreuungsgerichts erforderlich. Für die Zustimmung der Mutter gelten die Sätze 1 bis 3 entsprechend.

(2) Für ein Kind, das geschäftsunfähig oder noch nicht 14 Jahre alt ist, kann nur der gesetzliche Vertreter der Anerkennung zustimmen. Im Übrigen kann ein Kind, das in der Geschäftsfähigkeit beschränkt ist, nur selbst zustimmen; es bedarf hierzu der Zustimmung des gesetzlichen Vertreters.

(3) Ein geschäftsfähiger Betreuter kann nur selbst anerkennen oder zustimmen; § 1825 bleibt unberührt.

(4) Anerkennung und Zustimmung können nicht durch einen Bevollmächtigten erklärt werden.

II

§ 1597 Formerfordernisse; Widerruf

(1) Anerkennung und Zustimmung müssen öffentlich beurkundet werden.

(2) Beglaubigte Abschriften der Anerkennung und aller Erklärungen, die für die Wirksamkeit der Anerkennung bedeutsam sind, sind dem Vater, der Mutter und dem Kind sowie dem Standesamt zu übersenden.

(3) Der Mann kann die Anerkennung widerrufen, wenn sie ein Jahr nach der Beurkundung noch nicht wirksam geworden ist. Für den Widerruf gelten die Absätze 1 und 2 sowie § 1594 Abs. 3 und § 1596 Abs. 1, 3 und 4 entsprechend.

§ 1597a Verbot der missbräuchlichen Anerkennung der Vaterschaft

(1) Die Vaterschaft darf nicht gezielt gerade zu dem Zweck anerkannt werden, die rechtlichen Voraussetzungen für die erlaubte Einreise oder den erlaubten Aufenthalt des Kindes, des Anerkennenden oder der Mutter zu schaffen, auch nicht, um die rechtlichen Voraussetzungen für die erlaubte Einreise oder den erlaubten Aufenthalt des Kindes durch den Erwerb der deutschen Staatsangehörigkeit des Kindes nach § 4 Absatz 1 oder Absatz 3 Satz 1 des Staatsangehörigkeitsgesetzes zu schaffen (missbräuchliche Anerkennung der Vaterschaft).

(2) Bestehen konkrete Anhaltspunkte für eine missbräuchliche Anerkennung der Vaterschaft, hat die beurkundende Behörde oder die Urkundsperson dies der nach § 85a des Aufenthaltsgesetzes zuständigen Behörde nach Anhörung des Anerkennenden und der Mutter mitzuteilen und die Beurkundung auszusetzen. Ein Anzeichen für das Vorliegen konkreter Anhaltspunkte ist insbesondere:

1. das Bestehen einer vollziehbaren Ausreisepflicht des Anerkennenden oder der Mutter oder des Kindes,
2. wenn der Anerkennende oder die Mutter oder das Kind einen Asylantrag gestellt hat und die Staatsangehörigkeit eines sicheren Herkunftsstaates nach § 29a des Asylgesetzes besitzt,
3. das Fehlen von persönlichen Beziehungen zwischen dem Anerkennenden und der Mutter oder dem Kind,
4. der Verdacht, dass der Anerkennende bereits mehrfach die Vaterschaft von Kindern verschiedener ausländischer Mütter anerkannt hat und jeweils die rechtlichen Voraussetzungen für die erlaubte Einreise oder den erlaubten Aufenthalt des Kindes oder der Mutter durch die Anerkennung geschaffen hat, auch wenn das Kind durch die Anerkennung die deutsche Staatsangehörigkeit erworben hat, oder
5. der Verdacht, dass dem Anerkennenden oder der Mutter ein Vermögensvorteil für die Anerkennung der Vaterschaft oder die Zustimmung hierzu gewährt oder versprochen worden ist.

Die beurkundende Behörde oder die Urkundsperson hat die Aussetzung dem Anerkennenden, der Mutter und dem Standesamt mitzuteilen. Hat die nach § 85a des Aufenthaltsgesetzes zuständige Behörde gemäß § 85a

Absatz 1 des Aufenthaltsgesetzes das Vorliegen einer missbräuchlichen Anerkennung der Vaterschaft festgestellt und ist diese Entscheidung unanfechtbar, so ist die Beurkundung abzulehnen.

(3) Solange die Beurkundung gemäß Absatz 2 Satz 1 ausgesetzt ist, kann die Anerkennung auch nicht wirksam von einer anderen beurkundenden Behörde oder Urkundsperson beurkundet werden. Das Gleiche gilt, wenn die Voraussetzungen des Absatzes 2 Satz 4 vorliegen.

(4) Für die Zustimmung der Mutter nach § 1595 Absatz 1 gelten die Absätze 1 bis 3 entsprechend.

(5) Eine Anerkennung der Vaterschaft kann nicht missbräuchlich sein, wenn der Anerkennende der leibliche Vater des anzuerkennenden Kindes ist.

§ 1598 Unwirksamkeit von Anerkennung, Zustimmung und Widerruf

(1) Anerkennung, Zustimmung und Widerruf sind nur unwirksam, wenn sie den Erfordernissen nach § 1594 Absatz 2 bis 4 und der §§ 1595 bis 1597 nicht genügen. Anerkennung und Zustimmung sind auch im Fall des § 1597a Absatz 3 und im Fall des § 1597a Absatz 4 in Verbindung mit Absatz 3 unwirksam.

(2) Sind seit der Eintragung in ein deutsches Personenstandsregister fünf Jahre verstrichen, so ist die Anerkennung wirksam, auch wenn sie den Erfordernissen der vorstehenden Vorschriften nicht genügt.

§ 1598a Anspruch auf Einwilligung in eine genetische Untersuchung zur Klärung der leiblichen Abstammung

(1) Zur Klärung der leiblichen Abstammung des Kindes können

1. der Vater jeweils von Mutter und Kind,
2. die Mutter jeweils von Vater und Kind und
3. das Kind jeweils von beiden Elternteilen

verlangen, dass diese in eine genetische Abstammungsuntersuchung einwilligen und die Entnahme einer für die Untersuchung geeigneten genetischen Probe dulden. Die Probe muss nach den anerkannten Grundsätzen der Wissenschaft entnommen werden.

(2) Auf Antrag eines Klärungsberechtigten hat das Familiengericht eine nicht erteilte Einwilligung zu ersetzen und die Duldung einer Probeentnahme anzuordnen.

(3) Das Gericht setzt das Verfahren aus, wenn und solange die Klärung der leiblichen Abstammung eine erhebliche Beeinträchtigung des Wohls des minderjährigen Kindes begründen würde, die auch unter Berücksichtigung der Belange des Klärungsberechtigten für das Kind unzumutbar wäre.

(4) Wer in eine genetische Abstammungsuntersuchung eingewilligt und eine genetische Probe abgegeben hat, kann von dem Klärungsberechtigten, der eine Abstammungsuntersuchung hat durchführen lassen, Einsicht in das Abstammungsgutachten oder Aushändigung einer Abschrift verlangen. Über Streitigkeiten aus dem Anspruch nach Satz 1 entscheidet das Familiengericht.

§ 1599 Nichtbestehen der Vaterschaft

(1) § 1592 Nr. 1 und 2 und § 1593 gelten nicht, wenn auf Grund einer Anfechtung rechtskräftig festgestellt ist, dass der Mann nicht der Vater des Kindes ist.

(2) § 1592 Nr. 1 und § 1593 gelten auch nicht, wenn das Kind nach Anhängigkeit eines Scheidungsantrags geboren wird und ein Dritter spätestens bis zum Ablauf eines Jahres nach Rechtskraft des dem Scheidungsantrag stattgebenden Beschlusses die Vaterschaft anerkennt; § 1594 Abs. 2 ist nicht anzuwenden. Neben den nach den §§ 1595 und 1596 notwendigen Erklärungen bedarf die Anerkennung der Zustimmung des Mannes, der im Zeitpunkt der Geburt mit der Mutter des Kindes verheiratet ist; für diese Zustimmung gelten § 1594 Abs. 3 und 4, § 1596 Abs. 1 Satz 1 bis 3, Abs. 3 und 4, § 1597 Abs. 1 und 2 und § 1598 Abs. 1 entsprechend. Die Anerkennung wird frühestens mit Rechtskraft des dem Scheidungsantrag stattgebenden Beschlusses wirksam.

§ 1600 Anfechtungsberechtigte

(1) Berechtigt, die Vaterschaft anzufechten, sind:

1. der Mann, dessen Vaterschaft nach § 1592 Nr. 1 und 2, § 1593 besteht,
2. der Mann, der an Eides statt versichert, der Mutter des Kindes während der Empfängniszeit beigewohnt zu haben,
3. die Mutter und
4. das Kind.

(2) Die Anfechtung nach Absatz 1 Nr. 2 setzt voraus, dass zwischen dem Kind und seinem Vater im Sinne von Absatz 1 Nr. 1 keine sozial-familiäre Beziehung besteht oder im Zeitpunkt seines Todes bestanden hat und dass der Anfechtende leiblicher Vater des Kindes ist.

(3) Eine sozial-familiäre Beziehung nach Absatz 2 besteht, wenn der Vater im Sinne von Absatz 1 Nr. 1 zum maßgeblichen Zeitpunkt für das Kind tatsächliche Verantwortung trägt oder getragen hat. Eine Übernahme tatsächlicher Verantwortung liegt in der Regel vor, wenn der Vater im Sinne von Absatz 1 Nr. 1 mit der Mutter des Kindes verheiratet ist oder mit dem Kind längere Zeit in häuslicher Gemeinschaft zusammengelebt hat.

(4) Ist das Kind mit Einwilligung des Mannes und der Mutter durch künstliche Befruchtung mittels Samenspende eines Dritten gezeugt worden, so ist die Anfechtung der Vaterschaft durch den Mann oder die Mutter ausgeschlossen.

§ 1600a Persönliche Anfechtung; Anfechtung bei fehlender oder beschränkter Geschäftsfähigkeit

(1) Die Anfechtung kann nicht durch einen Bevollmächtigten erfolgen.

(2) Die Anfechtungsberechtigten im Sinne von § 1600 Abs. 1 Nr. 1 bis 3 können die Vaterschaft nur selbst anfechten. Dies gilt auch, wenn sie in der Geschäftsfähigkeit beschränkt sind; sie bedürfen hierzu nicht der Zustimmung ihres gesetzlichen Vertreters. Sind sie geschäftsunfähig, so kann nur ihr gesetzlicher Vertreter anfechten.

(3) Für ein geschäftsunfähiges oder in der Geschäftsfähigkeit beschränktes Kind kann nur der gesetzliche Vertreter anfechten.

(4) Die Anfechtung durch den gesetzlichen Vertreter ist nur zulässig, wenn sie dem Wohl des Vertretenen dient.

(5) Ein geschäftsfähiger Betreuter kann die Vaterschaft nur selbst anfechten.

§ 1600b Anfechtungsfristen

(1) Die Vaterschaft kann binnen zwei Jahren gerichtlich angefochten werden. Die Frist beginnt mit dem Zeitpunkt, in dem der Berechtigte von den Umständen erfährt, die gegen die Vaterschaft sprechen; das Vorliegen einer sozial-familiären Beziehung im Sinne des § 1600 Abs. 2 erste Alternative hindert den Lauf der Frist nicht.

(2) Die Frist beginnt nicht vor der Geburt des Kindes und nicht, bevor die Anerkennung wirksam geworden ist. In den Fällen des § 1593 Satz 4 beginnt die Frist nicht vor der Rechtskraft der Entscheidung, durch die festgestellt wird, dass der neue Ehemann der Mutter nicht der Vater des Kindes ist.

(3) Hat der gesetzliche Vertreter eines minderjährigen Kindes die Vaterschaft nicht rechtzeitig angefochten, so kann das Kind nach dem Eintritt der Volljährigkeit selbst anfechten. In diesem Falle beginnt die Frist nicht vor Eintritt der Volljährigkeit und nicht vor dem Zeitpunkt, in dem das Kind von den Umständen erfährt, die gegen die Vaterschaft sprechen.

(4) Hat der gesetzliche Vertreter eines Geschäftsunfähigen die Vaterschaft nicht rechtzeitig angefochten, so kann der Anfechtungsberechtigte nach dem Wegfall der Geschäftsunfähigkeit selbst anfechten. Absatz 3 Satz 2 gilt entsprechend.

(5) Die Frist wird durch die Einleitung eines Verfahrens nach § 1598a Abs. 2 gehemmt; § 204 Abs. 2 gilt entsprechend. Die Frist ist auch gehemmt, solange der Anfechtungsberechtigte widerrechtlich durch Drohung an der Anfechtung gehindert wird. Im Übrigen sind § 204 Absatz 1 Nummer 4, 8, 13, 14 und Absatz 2 sowie die §§ 206 und 210 entsprechend anzuwenden.

(6) Erlangt das Kind Kenntnis von Umständen, auf Grund derer die Folgen der Vaterschaft für es unzumutbar werden, so beginnt für das Kind mit diesem Zeitpunkt die Frist des Absatzes 1 Satz 1 erneut.

§ 1600c Vaterschaftsvermutung im Anfechtungsverfahren

(1) In dem Verfahren auf Anfechtung der Vaterschaft wird vermutet, dass das Kind von dem Mann abstammt, dessen Vaterschaft nach § 1592 Nr. 1 und 2, § 1593 besteht.

(2) Die Vermutung nach Absatz 1 gilt nicht, wenn der Mann, der die Vaterschaft anerkannt hat, die Vaterschaft anficht und seine Anerkennung unter einem Willensmangel nach § 119 Abs. 1, § 123 leidet; in diesem Falle ist § 1600d Abs. 2 und 3 entsprechend anzuwenden.

§ 1600d Gerichtliche Feststellung der Vaterschaft

(1) Besteht keine Vaterschaft nach § 1592 Nr. 1 und 2, § 1593, so ist die Vaterschaft gerichtlich festzustellen.

(2) Im Verfahren auf gerichtliche Feststellung der Vaterschaft wird als Vater vermutet, wer der Mutter während der Empfängniszeit beigewohnt hat. Die Vermutung gilt nicht, wenn schwerwiegende Zweifel an der Vaterschaft bestehen.

(3) Als Empfängniszeit gilt die Zeit von dem 300. bis zu dem 181. Tage vor der Geburt des Kindes, mit Einschluss sowohl des 300. als auch des 181. Tages. Steht fest, dass das Kind außerhalb des Zeitraums des Satzes 1 empfangen worden ist, so gilt dieser abweichende Zeitraum als Empfängniszeit.

(4) Ist das Kind durch eine ärztlich unterstützte künstliche Befruchtung in einer Einrichtung der medizinischen Versorgung im Sinne von § 1a Nummer 9 des Transplantationsgesetzes unter heterologer Verwendung von Samen gezeugt worden, der vom Spender einer Entnahmeeinrichtung im Sinne von § 2 Absatz 1 Satz 1 des Samenspenderregistergesetzes zur Verfügung gestellt wurde, so kann der Samenspender nicht als Vater dieses Kindes festgestellt werden.

(5) Die Rechtswirkungen der Vaterschaft können, soweit sich nicht aus dem Gesetz anderes ergibt, erst vom Zeitpunkt ihrer Feststellung an geltend gemacht werden.

Titel 3
Unterhaltspflicht

Untertitel 1
Allgemeine Vorschriften

§ 1601 Unterhaltsverpflichtete

Verwandte in gerader Linie sind verpflichtet, einander Unterhalt zu gewähren.

§ 1602 Bedürftigkeit

(1) Unterhaltsberechtigt ist nur, wer außerstande ist, sich selbst zu unterhalten.

(2) Ein minderjähriges Kind kann von seinen Eltern, auch wenn es Vermögen hat, die Gewährung des Unterhalts insoweit verlangen, als die Einkünfte seines Vermögens und der Ertrag seiner Arbeit zum Unterhalt nicht ausreichen.

§ 1603 Leistungsfähigkeit

(1) Unterhaltspflichtig ist nicht, wer bei Berücksichtigung seiner sonstigen Verpflichtungen außerstande ist, ohne Gefährdung seines angemessenen Unterhalts den Unterhalt zu gewähren.

(2) Befinden sich Eltern in dieser Lage, so sind sie ihren minderjährigen Kindern gegenüber verpflichtet, alle verfügbaren Mittel zu ihrem und der Kinder Unterhalte gleichmäßig zu verwenden. Den minderjährigen Kindern stehen volljährige unverheiratete Kinder bis zur Vollendung des 21. Lebensjahrs gleich, solange sie im Haushalt der Eltern oder eines Elternteils leben und sich in der allgemeinen Schulausbildung befinden. Diese Verpflichtung tritt nicht ein, wenn ein anderer unterhaltspflichtiger Verwandter vorhanden ist; sie tritt auch nicht ein gegenüber einem Kind, dessen Unterhalt aus dem Stamme seines Vermögens bestritten werden kann.

§ 1604 Einfluss des Güterstands

Lebt der Unterhaltspflichtige in Gütergemeinschaft, bestimmt sich seine Unterhaltspflicht Verwandten gegenüber so, als ob das Gesamtgut ihm gehörte. Haben beide in Gütergemeinschaft lebende Personen bedürftige Verwandte, ist der Unterhalt aus dem Gesamtgut so zu gewähren, als ob die Bedürftigen zu beiden Unterhaltspflichtigen in dem Verwandtschaftsverhältnis stünden, auf dem die Unterhaltspflicht des Verpflichteten beruht.

§ 1605 Auskunftspflicht

(1) Verwandte in gerader Linie sind einander verpflichtet, auf Verlangen über ihre Einkünfte und ihr Vermögen Auskunft zu erteilen, soweit dies zur Feststellung eines Unterhaltsanspruchs oder einer Unterhaltsverpflichtung erforderlich ist. Über die Höhe der Einkünfte sind auf Verlangen Belege, insbesondere Bescheinigungen des Arbeitgebers, vorzulegen. Die §§ 260, 261 sind entsprechend anzuwenden.

(2) Vor Ablauf von zwei Jahren kann Auskunft erneut nur verlangt werden, wenn glaubhaft gemacht wird, dass der zur Auskunft Verpflichtete später wesentlich höhere Einkünfte oder weiteres Vermögen erworben hat.

§ 1606 Rangverhältnisse mehrerer Pflichtiger

(1) Die Abkömmlinge sind vor den Verwandten der aufsteigenden Linie unterhaltspflichtig.

(2) Unter den Abkömmlingen und unter den Verwandten der aufsteigenden Linie haften die näheren vor den entfernteren.

(3) Mehrere gleich nahe Verwandte haften anteilig nach ihren Erwerbs- und Vermögensverhältnissen. Der Elternteil, der ein minderjähriges Kind betreut, erfüllt seine Verpflichtung, zum Unterhalt des Kindes beizutragen, in der Regel durch die Pflege und die Erziehung des Kindes.

§ 1607 Ersatzhaftung und gesetzlicher Forderungsübergang

(1) Soweit ein Verwandter auf Grund des § 1603 nicht unterhaltspflichtig ist, hat der nach ihm haftende Verwandte den Unterhalt zu gewähren.

(2) Das Gleiche gilt, wenn die Rechtsverfolgung gegen einen Verwandten im Inland ausgeschlossen oder erheblich erschwert ist. Der Anspruch gegen einen solchen Verwandten geht, soweit ein anderer nach Absatz 1 verpflichteter Verwandter den Unterhalt gewährt, auf diesen über.

(3) Der Unterhaltsanspruch eines Kindes gegen einen Elternteil geht, soweit unter den Voraussetzungen des Absatzes 2 Satz 1 anstelle des Elternteils ein anderer, nicht unterhaltspflichtiger Verwandter oder der Ehegatte des anderen Elternteils Unterhalt leistet, auf diesen über. Satz 1 gilt entsprechend, wenn dem Kind ein Dritter als Vater Unterhalt gewährt.

(4) Der Übergang des Unterhaltsanspruchs kann nicht zum Nachteil des Unterhaltsberechtigten geltend gemacht werden.

§ 1608 Haftung des Ehegatten oder Lebenspartners

Der Ehegatte des Bedürftigen haftet vor dessen Verwandten. Soweit jedoch der Ehegatte bei Berücksichtigung seiner sonstigen Verpflichtungen außerstande ist, ohne Gefährdung seines angemessenen Unterhalts den Unterhalt zu gewähren, haften die Verwandten vor dem Ehegatten. § 1607 Abs. 2 und 4 gilt entsprechend. Der Lebenspartner des Bedürftigen haftet in gleicher Weise wie ein Ehegatte.

§ 1609 Rangfolge mehrerer Unterhaltsberechtigter

Sind mehrere Unterhaltsberechtigte vorhanden und ist der Unterhaltspflichtige außerstande, allen Unterhalt zu gewähren, gilt folgende Rangfolge:

1. minderjährige Kinder und Kinder im Sinne des § 1603 Abs. 2 Satz 2,
2. Elternteile, die wegen der Betreuung eines Kindes unterhaltsberechtigt sind oder im Fall einer Scheidung wären, sowie Ehegatten und geschiedene Ehegatten bei einer Ehe von langer Dauer; bei der Feststellung einer Ehe von langer Dauer sind auch Nachteile im Sinne des § 1578b Abs. 1 Satz 2 und 3 zu berücksichtigen,
3. Ehegatten und geschiedene Ehegatten, die nicht unter Nummer 2 fallen,
4. Kinder, die nicht unter Nummer 1 fallen,
5. Enkelkinder und weitere Abkömmlinge,
6. Eltern,
7. weitere Verwandte der aufsteigenden Linie; unter ihnen gehen die Näheren den Entfernteren vor.

§ 1610 Maß des Unterhalts

(1) Das Maß des zu gewährenden Unterhalts bestimmt sich nach der Lebensstellung des Bedürftigen (angemessener Unterhalt).

(2) Der Unterhalt umfasst den gesamten Lebensbedarf einschließlich der Kosten einer angemessenen Vorbildung zu einem Beruf, bei einer der Erziehung bedürftigen Person auch die Kosten der Erziehung.

§ 1610a Deckungsvermutung bei schadensbedingten Mehraufwendungen

Werden für Aufwendungen infolge eines Körper- oder Gesundheitsschadens Sozialleistungen in Anspruch genommen, wird bei der Feststellung eines Unterhaltsanspruchs vermutet, dass die Kosten der Aufwendungen nicht geringer sind als die Höhe dieser Sozialleistungen.

§ 1611 Beschränkung oder Wegfall der Verpflichtung

(1) Ist der Unterhaltsberechtigte durch sein sittliches Verschulden bedürftig geworden, hat er seine eigene Unterhaltspflicht gegenüber dem Unterhaltspflichtigen gröblich vernachlässigt oder sich vorsätzlich einer schweren Verfehlung gegen den Unterhaltspflichtigen oder einen nahen Angehörigen des Unterhaltspflichtigen schuldig gemacht, so braucht der Verpflichtete nur einen Beitrag zum Unterhalt in der Höhe zu leisten, die der Billigkeit entspricht. Die Verpflichtung fällt ganz weg, wenn die Inanspruchnahme des Verpflichteten grob unbillig wäre.

(2) Die Vorschriften des Absatzes 1 sind auf die Unterhaltspflicht von Eltern gegenüber ihren minderjährigen Kindern nicht anzuwenden.

(3) Der Bedürftige kann wegen einer nach diesen Vorschriften eintretenden Beschränkung seines Anspruchs nicht andere Unterhaltspflichtige in Anspruch nehmen.

§ 1612 Art der Unterhaltsgewährung

(1) Der Unterhalt ist durch Entrichtung einer Geldrente zu gewähren. Der Verpflichtete kann verlangen, dass ihm die Gewährung des Unterhalts in anderer Art gestattet wird, wenn besondere Gründe es rechtfertigen.

(2) Haben Eltern einem unverheirateten Kind Unterhalt zu gewähren, können sie bestimmen, in welcher Art und für welche Zeit im Voraus der Unterhalt gewährt werden

soll, sofern auf die Belange des Kindes die gebotene Rücksicht genommen wird. Ist das Kind minderjährig, kann ein Elternteil, dem die Sorge für die Person des Kindes nicht zusteht, eine Bestimmung nur für die Zeit treffen, in der das Kind in seinen Haushalt aufgenommen ist.

(3) Eine Geldrente ist monatlich im Voraus zu zahlen. Der Verpflichtete schuldet den vollen Monatsbetrag auch dann, wenn der Berechtigte im Laufe des Monats stirbt.

§ 1613 Unterhalt für die Vergangenheit

(1) Für die Vergangenheit kann der Berechtigte Erfüllung oder Schadensersatz wegen Nichterfüllung nur von dem Zeitpunkt an fordern, zu welchem der Verpflichtete zum Zwecke der Geltendmachung des Unterhaltsanspruchs aufgefordert worden ist, über seine Einkünfte und sein Vermögen Auskunft zu erteilen, zu welchem der Verpflichtete in Verzug gekommen oder der Unterhaltsanspruch rechtshängig geworden ist. Der Unterhalt wird ab dem Ersten des Monats, in den die bezeichneten Ereignisse fallen, geschuldet, wenn der Unterhaltsanspruch dem Grunde nach zu diesem Zeitpunkt bestanden hat.

(2) Der Berechtigte kann für die Vergangenheit ohne die Einschränkung des Absatzes 1 Erfüllung verlangen

1. wegen eines unregelmäßigen außergewöhnlich hohen Bedarfs (Sonderbedarf); nach Ablauf eines Jahres seit seiner Entstehung kann dieser Anspruch nur geltend gemacht werden, wenn vorher der Verpflichtete in Verzug gekommen oder der Anspruch rechtshängig geworden ist;
2. für den Zeitraum, in dem er
   a) aus rechtlichen Gründen oder
   b) aus tatsächlichen Gründen, die in den Verantwortungsbereich des Unterhaltspflichtigen fallen,

   an der Geltendmachung des Unterhaltsanspruchs gehindert war.

(3) In den Fällen des Absatzes 2 Nr. 2 kann Erfüllung nicht, nur in Teilbeträgen oder erst zu einem späteren Zeitpunkt verlangt werden, soweit die volle oder die sofortige Erfüllung für den Verpflichteten eine unbillige Härte bedeuten würde. Dies gilt auch, soweit ein Dritter vom Verpflichteten Ersatz verlangt, weil er anstelle des Verpflichteten Unterhalt gewährt hat.

§ 1614 Verzicht auf den Unterhaltsanspruch; Vorausleistung

(1) Für die Zukunft kann auf den Unterhalt nicht verzichtet werden.

(2) Durch eine Vorausleistung wird der Verpflichtete bei erneuter Bedürftigkeit des Berechtigten nur für den im § 760 Abs. 2 bestimmten Zeitabschnitt oder, wenn er selbst den Zeitabschnitt zu bestimmen hatte, für einen den Umständen nach angemessenen Zeitabschnitt befreit.

§ 1615 Erlöschen des Unterhaltsanspruchs

(1) Der Unterhaltsanspruch erlischt mit dem Tode des Berechtigten oder des Verpflichteten, soweit er nicht auf Erfüllung oder Schadensersatz wegen Nichterfüllung für die Vergangenheit oder auf solche im Voraus zu bewirkende Leistungen gerichtet ist, die zur Zeit des Todes des Berechtigten oder des Verpflichteten fällig sind.

(2) Im Falle des Todes des Berechtigten hat der Verpflichtete die Kosten der Beerdigung zu tragen, soweit ihre Bezahlung nicht von den Erben zu erlangen ist.

Abschnitt 3
Vormundschaft, Pflegschaft für Minderjährige, rechtliche Betreuung, sonstige Pflegschaft

Titel 3
Rechtliche Betreuung

Untertitel 1
Betreuerbestellung

§ 1814 Voraussetzungen

(1) Kann ein Volljähriger seine Angelegenheiten ganz oder teilweise rechtlich nicht besorgen und beruht dies auf einer Krankheit oder Behinderung, so bestellt das Betreuungsgericht für ihn einen rechtlichen Betreuer (Betreuer).

(2) Gegen den freien Willen des Volljährigen darf ein Betreuer nicht bestellt werden.

(3) Ein Betreuer darf nur bestellt werden, wenn dies erforderlich ist. Die Bestellung eines Betreuers ist insbesondere nicht erforderlich, soweit die Angelegenheiten des Volljährigen

1. durch einen Bevollmächtigten, der nicht zu den in § 1816 Absatz 6 bezeichneten Personen gehört, gleichermaßen besorgt werden können oder
2. durch andere Hilfen, bei denen kein gesetzlicher Vertreter bestellt wird, erledigt werden können, insbesondere durch solche Unterstützung, die auf sozialen Rechten oder anderen Vorschriften beruht.

(4) Die Bestellung eines Betreuers erfolgt auf Antrag des Volljährigen oder von Amts wegen. Soweit der Volljährige seine Angelegenheiten lediglich aufgrund einer körperlichen Krankheit oder Behinderung nicht besorgen kann, darf ein Betreuer nur auf Antrag des Volljährigen bestellt werden, es sei denn, dass dieser seinen Willen nicht kundtun kann.

(5) Ein Betreuer kann auch für einen Minderjährigen, der das 17. Lebensjahr vollendet hat, bestellt werden, wenn anzunehmen ist, dass die Bestellung eines Betreuers bei Eintritt der Volljährigkeit erforderlich sein wird. Die Bestellung des Betreuers wird erst mit dem Eintritt der Volljährigkeit wirksam.

§ 1815 Umfang der Betreuung

(1) Der Aufgabenkreis eines Betreuers besteht aus einem oder mehreren Aufgabenbereichen. Diese sind vom Betreuungsgericht im Einzelnen anzuordnen. Ein Aufgabenbereich darf nur angeordnet werden, wenn und soweit dessen rechtliche Wahrnehmung durch einen Betreuer erforderlich ist.

(2) Folgende Entscheidungen darf der Betreuer nur treffen, wenn sie als Aufgabenbereich vom Betreuungsgericht ausdrücklich angeordnet worden sind:

1. eine mit Freiheitsentziehung verbundene Unterbringung des Betreuten nach § 1831 Absatz 1,

2. eine freiheitsentziehende Maßnahme im Sinne des § 1831 Absatz 4, unabhängig davon, wo der Betreute sich aufhält,
3. die Bestimmung des gewöhnlichen Aufenthalts des Betreuten im Ausland,
4. die Bestimmung des Umgangs des Betreuten,
5. die Entscheidung über die Telekommunikation des Betreuten einschließlich seiner elektronischen Kommunikation,
6. die Entscheidung über die Entgegennahme, das Öffnen und das Anhalten der Post des Betreuten.

(3) Einem Betreuer können unter den Voraussetzungen des § 1820 Absatz 3 auch die Aufgabenbereiche der Geltendmachung von Rechten des Betreuten gegenüber seinem Bevollmächtigten sowie zusätzlich der Geltendmachung von Auskunfts- und Rechenschaftsansprüchen des Betreuten gegenüber Dritten übertragen werden (Kontrollbetreuer).

§ 1816 Eignung und Auswahl des Betreuers; Berücksichtigung der Wünsche des Volljährigen

(1) Das Betreuungsgericht bestellt einen Betreuer, der geeignet ist, in dem gerichtlich angeordneten Aufgabenkreis die Angelegenheiten des Betreuten nach Maßgabe des § 1821 rechtlich zu besorgen und insbesondere in dem hierfür erforderlichen Umfang persönlichen Kontakt mit dem Betreuten zu halten.

(2) Wünscht der Volljährige eine Person als Betreuer, so ist diesem Wunsch zu entsprechen, es sei denn, die gewünschte Person ist zur Führung der Betreuung nach Absatz 1 nicht geeignet. Lehnt der Volljährige eine bestimmte Person als Betreuer ab, so ist diesem Wunsch zu entsprechen, es sei denn, die Ablehnung bezieht sich nicht auf die Person des Betreuers, sondern auf die Bestellung eines Betreuers als solche. Die Sätze 1 und 2 gelten auch für Wünsche, die der Volljährige vor Einleitung des Betreuungsverfahrens geäußert hat, es sei denn, dass er an diesen erkennbar nicht festhalten will. Wer von der Einleitung eines Verfahrens über die Bestellung eines Betreuers für einen Volljährigen Kenntnis erlangt und ein Dokument besitzt, in dem der Volljährige für den Fall, dass für ihn ein Betreuer bestellt werden muss, Wünsche zur Auswahl des Betreuers oder zur Wahrnehmung der Betreuung geäußert hat (Betreuungsverfügung), hat die Betreuungsverfügung dem Betreuungsgericht zu übermitteln.

(3) Schlägt der Volljährige niemanden vor, der zum Betreuer bestellt werden kann oder ist die gewünschte Person nicht geeignet, so sind bei der Auswahl des Betreuers die familiären Beziehungen des Volljährigen, insbesondere zum Ehegatten, zu Eltern und zu Kindern, seine persönlichen Bindungen sowie die Gefahr von Interessenkonflikten zu berücksichtigen.

(4) Eine Person, die keine familiäre Beziehung oder persönliche Bindung zu dem Volljährigen hat, soll nur dann zum ehrenamtlichen Betreuer bestellt werden, wenn sie mit einem nach § 14 des Betreuungsorganisationsgesetzes anerkannten Betreuungsverein oder mit der zuständigen Behörde eine Vereinbarung über eine Begleitung und Unterstützung gemäß § 15 Absatz 1 Satz 1 Nummer 4 oder § 5 Absatz 2 Satz 3 des Betreuungsorganisationsgesetzes geschlossen hat.

(5) Ein beruflicher Betreuer nach § 19 Absatz 2 des Betreuungsorganisationsgesetzes soll nur dann zum Betreuer bestellt werden, wenn keine geeignete Person für die ehrenamtliche Führung der Betreuung zur Verfügung steht. Bei der Entscheidung, ob ein bestimmter beruflicher Betreuer bestellt wird, sind die Anzahl und der Umfang der bereits von diesem zu führenden Betreuungen zu berücksichtigen.

(6) Eine Person, die zu einem Träger von Einrichtungen oder Diensten, der in der Versorgung des Volljährigen tätig ist, in einem Abhängigkeitsverhältnis oder in einer anderen engen Beziehung steht, darf nicht zum Betreuer bestellt werden. Dies gilt nicht, wenn im Einzelfall die konkrete Gefahr einer Interessenkollision nicht besteht.

§ 1817 Mehrere Betreuer; Verhinderungsbetreuer; Ergänzungsbetreuer

(1) Das Betreuungsgericht kann mehrere Betreuer bestellen, wenn die Angelegenheiten des Betreuten hierdurch besser besorgt werden können. In diesem Falle bestimmt es, welcher Betreuer mit welchem Aufgabenbereich betraut wird. Mehrere berufliche Betreuer werden außer in den in den Absätzen 2, 4 und 5 geregelten Fällen nicht bestellt.

(2) Für die Entscheidung über die Einwilligung in eine Sterilisation des Betreuten ist stets ein besonderer Betreuer zu bestellen (Sterilisationsbetreuer).

(3) Sofern mehrere Betreuer mit demselben Aufgabenbereich betraut werden, können sie diese Angelegenheiten des Betreuten nur gemeinsam besorgen, es sei denn, dass das Betreuungsgericht etwas anderes bestimmt hat oder mit dem Aufschub Gefahr verbunden ist.

(4) Das Betreuungsgericht kann auch vorsorglich einen Verhinderungsbetreuer bestellen, der die Angelegenheiten des Betreuten zu besorgen hat, soweit der Betreuer aus tatsächlichen Gründen verhindert ist. Für diesen Fall kann auch ein anerkannter Betreuungsverein zum Verhinderungsbetreuer bestellt werden, ohne dass die Voraussetzungen des § 1818 Absatz 1 Satz 1 vorliegen.

(5) Soweit ein Betreuer aus rechtlichen Gründen gehindert ist, einzelne Angelegenheiten des Betreuten zu besorgen, hat das Betreuungsgericht hierfür einen Ergänzungsbetreuer zu bestellen.

§ 1818 Betreuung durch Betreuungsverein oder Betreuungsbehörde

(1) Das Betreuungsgericht bestellt einen anerkannten Betreuungsverein zum Betreuer, wenn der Volljährige dies wünscht, oder wenn er durch eine oder mehrere natürliche Personen nicht hinreichend betreut werden kann. Die Bestellung bedarf der Einwilligung des Betreuungsvereins.

(2) Der Betreuungsverein überträgt die Wahrnehmung der Betreuung einzelnen Personen. Vorschlägen des Volljährigen hat er hierbei zu entsprechen, wenn nicht wichtige Gründe entgegenstehen. Der Betreuungsverein teilt dem Betreuungsgericht alsbald, spätestens binnen zwei Wochen nach seiner Bestellung, mit, wem er die Wahrnehmung der Betreuung übertragen hat. Die Sätze 2 und 3 gelten bei einem Wechsel der Person, die die

Betreuung für den Betreuungsverein wahrnimmt, entsprechend.

(3) Werden dem Betreuungsverein Umstände bekannt, aus denen sich ergibt, dass der Volljährige durch eine oder mehrere natürliche Personen hinreichend betreut werden kann, so hat er dies dem Betreuungsgericht mitzuteilen.

(4) Kann der Volljährige weder durch eine oder mehrere natürliche Personen noch durch einen Betreuungsverein hinreichend betreut werden, so bestellt das Betreuungsgericht die zuständige Betreuungsbehörde zum Betreuer. Die Absätze 2 und 3 gelten entsprechend.

(5) Die Entscheidung über die Einwilligung in eine Sterilisation darf weder einem Betreuungsverein noch einer Betreuungsbehörde übertragen werden.

§ 1819 Übernahmepflicht; weitere Bestellungsvoraussetzungen

(1) Die vom Betreuungsgericht ausgewählte Person ist verpflichtet, die Betreuung zu übernehmen, wenn ihr die Übernahme unter Berücksichtigung ihrer familiären, beruflichen und sonstigen Verhältnisse zugemutet werden kann.

(2) Die ausgewählte Person darf erst dann zum Betreuer bestellt werden, wenn sie sich zur Übernahme der Betreuung bereit erklärt hat.

(3) Ein Mitarbeiter eines anerkannten Betreuungsvereins, der dort ausschließlich oder teilweise als Betreuer tätig ist (Vereinsbetreuer), darf nur mit Einwilligung des Betreuungsvereins bestellt werden. Entsprechendes gilt für den Mitarbeiter einer Betreuungsbehörde, der als Betreuer bestellt wird (Behördenbetreuer).

§ 1820 Vorsorgevollmacht und Kontrollbetreuung

(1) Wer von der Einleitung eines Verfahrens über die Bestellung eines Betreuers für einen Volljährigen Kenntnis erlangt und ein Dokument besitzt, in dem der Volljährige eine andere Person mit der Wahrnehmung seiner Angelegenheiten bevollmächtigt hat, hat das Betreuungsgericht hierüber unverzüglich zu unterrichten. Das Betreuungsgericht kann die Vorlage einer Abschrift verlangen.

(2) Folgende Maßnahmen eines Bevollmächtigten setzen voraus, dass die Vollmacht schriftlich erteilt ist und diese Maßnahmen ausdrücklich umfasst:

1. die Einwilligung sowie ihr Widerruf oder die Nichteinwilligung in Maßnahmen nach § 1829 Absatz 1 Satz 1 und Absatz 2,
2. die Unterbringung nach § 1831 und die Einwilligung in Maßnahmen nach § 1831 Absatz 4,
3. die Einwilligung in eine ärztliche Zwangsmaßnahme nach § 1832 und die Verbringung nach § 1832 Absatz 4.

(3) Das Betreuungsgericht bestellt einen Kontrollbetreuer, wenn die Bestellung erforderlich ist, weil

1. der Vollmachtgeber aufgrund einer Krankheit oder Behinderung nicht mehr in der Lage ist, seine Rechte gegenüber dem Bevollmächtigten auszuüben, und
2. aufgrund konkreter Anhaltspunkte davon auszugehen ist, dass der Bevollmächtigte die Angelegenheiten des Vollmachtgebers nicht entsprechend der Vereinbarung oder dem erklärten oder mutmaßlichen Willen des Vollmachtgebers besorgt.

(4) Das Betreuungsgericht kann anordnen, dass der Bevollmächtigte die ihm erteilte Vollmacht nicht ausüben darf und die Vollmachtsurkunde an den Betreuer herauszugeben hat, wenn

1. die dringende Gefahr besteht, dass der Bevollmächtigte nicht den Wünschen des Vollmachtgebers entsprechend handelt und dadurch die Person des Vollmachtgebers oder dessen Vermögen erheblich gefährdet oder
2. der Bevollmächtigte den Betreuer bei der Wahrnehmung seiner Aufgaben behindert.

Liegen die Voraussetzungen des Satzes 1 nicht mehr vor, hat das Betreuungsgericht die Anordnung aufzuheben und den Betreuer zu verpflichten, dem Bevollmächtigten die Vollmachtsurkunde herauszugeben, wenn die Vollmacht nicht erloschen ist.

(5) Der Betreuer darf eine Vollmacht oder einen Teil einer Vollmacht, die den Bevollmächtigten zu Maßnahmen der Personensorge oder zu Maßnahmen in wesentlichen Bereichen der Vermögenssorge ermächtigt, nur widerrufen, wenn das Festhalten an der Vollmacht eine künftige Verletzung der Person oder des Vermögens des Betreuten mit hinreichender Wahrscheinlichkeit und in erheblicher Schwere befürchten lässt und mildere Maßnahmen nicht zur Abwehr eines Schadens für den Betreuten geeignet erscheinen. Der Widerruf bedarf der Genehmigung des Betreuungsgerichts. Mit der Genehmigung des Widerrufs einer Vollmacht kann das Betreuungsgericht die Herausgabe der Vollmachtsurkunde an den Betreuer anordnen.

Untertitel 2
Führung der Betreuung

Kapitel 1
Allgemeine Vorschriften

§ 1821 Pflichten des Betreuers; Wünsche des Betreuten

(1) Der Betreuer nimmt alle Tätigkeiten vor, die erforderlich sind, um die Angelegenheiten des Betreuten rechtlich zu besorgen. Er unterstützt den Betreuten dabei, seine Angelegenheiten rechtlich selbst zu besorgen, und macht von seiner Vertretungsmacht nach § 1823 nur Gebrauch, soweit dies erforderlich ist.

(2) Der Betreuer hat die Angelegenheiten des Betreuten so zu besorgen, dass dieser im Rahmen seiner Möglichkeiten sein Leben nach seinen Wünschen gestalten kann. Hierzu hat der Betreuer die Wünsche des Betreuten festzustellen. Diesen hat der Betreuer vorbehaltlich des Absatzes 3 zu entsprechen und den Betreuten bei deren Umsetzung rechtlich zu unterstützen. Dies gilt auch für die Wünsche, die der Betreute vor der Bestellung des Betreuers geäußert hat, es sei denn, dass er an diesen Wünschen erkennbar nicht festhalten will.

(3) Den Wünschen des Betreuten hat der Betreuer nicht zu entsprechen, soweit

1. die Person des Betreuten oder dessen Vermögen hierdurch erheblich gefährdet würde und der Betreute diese Gefahr aufgrund seiner Krankheit oder Behinderung nicht erkennen oder nicht nach dieser Einsicht handeln kann oder
2. dies dem Betreuer nicht zuzumuten ist.

(4) Kann der Betreuer die Wünsche des Betreuten nicht feststellen oder darf er ihnen nach Absatz 3 Nummer 1 nicht entsprechen, hat er den mutmaßlichen Willen des Betreuten aufgrund konkreter Anhaltspunkte zu ermitteln und ihm Geltung zu verschaffen. Zu berücksichtigen sind insbesondere frühere Äußerungen, ethische oder religiöse Überzeugungen und sonstige persönliche Wertvorstellungen des Betreuten. Bei der Feststellung des mutmaßlichen Willens soll nahen Angehörigen und sonstigen Vertrauenspersonen des Betreuten Gelegenheit zur Äußerung gegeben werden.

(5) Der Betreuer hat den erforderlichen persönlichen Kontakt mit dem Betreuten zu halten, sich regelmäßig einen persönlichen Eindruck von ihm zu verschaffen und dessen Angelegenheiten mit ihm zu besprechen.

(6) Der Betreuer hat innerhalb seines Aufgabenkreises dazu beizutragen, dass Möglichkeiten genutzt werden, die Fähigkeit des Betreuten, seine eigenen Angelegenheiten zu besorgen, wiederherzustellen oder zu verbessern.

§ 1822 Auskunftspflicht gegenüber nahestehenden Angehörigen

Der Betreuer hat nahestehenden Angehörigen und sonstigen Vertrauenspersonen des Betreuten auf Verlangen Auskunft über dessen persönliche Lebensumstände zu erteilen, soweit dies einem nach § 1821 Absatz 2 bis 4 zu beachtenden Wunsch oder dem mutmaßlichen Willen des Betreuten entspricht und dem Betreuer zuzumuten ist.

§ 1823 Vertretungsmacht des Betreuers

In seinem Aufgabenkreis kann der Betreuer den Betreuten gerichtlich und außergerichtlich vertreten.

§ 1824 Ausschluss der Vertretungsmacht

(1) Der Betreuer kann den Betreuten nicht vertreten:

1. bei einem Rechtsgeschäft zwischen seinem Ehegatten oder einem seiner Verwandten in gerader Linie einerseits und dem Betreuten andererseits, es sei denn, dass das Rechtsgeschäft ausschließlich in der Erfüllung einer Verbindlichkeit besteht,
2. bei einem Rechtsgeschäft, das die Übertragung oder Belastung einer durch Pfandrecht, Hypothek, Schiffshypothek oder Bürgschaft gesicherten Forderung des Betreuten gegen den Betreuer oder die Aufhebung oder Minderung dieser Sicherheit zum Gegenstand hat oder die Verpflichtung des Betreuten zu einer solchen Übertragung, Belastung, Aufhebung oder Minderung begründet,
3. bei einem Rechtsstreit zwischen den in Nummer 1 bezeichneten Personen sowie bei einem Rechtsstreit über eine Angelegenheit der in Nummer 2 bezeichneten Art.

(2) § 181 bleibt unberührt.

§ 1825 Einwilligungsvorbehalt

(1) Soweit dies zur Abwendung einer erheblichen Gefahr für die Person oder das Vermögen des Betreuten erforderlich ist, ordnet das Betreuungsgericht an, dass der Betreute zu einer Willenserklärung, die einen Aufgabenbereich des Betreuers betrifft, dessen Einwilligung bedarf (Einwilligungsvorbehalt). Gegen den freien Willen des Volljährigen darf ein Einwilligungsvorbehalt nicht angeordnet werden. Die §§ 108 bis 113, 131 Absatz 2 und § 210 gelten entsprechend.

(2) Ein Einwilligungsvorbehalt kann sich nicht erstrecken

1. auf Willenserklärungen, die auf Eingehung einer Ehe gerichtet sind,
2. auf Verfügungen von Todes wegen,
3. auf die Anfechtung eines Erbvertrags,
4. auf die Aufhebung eines Erbvertrags durch Vertrag und
5. auf Willenserklärungen, zu denen ein beschränkt Geschäftsfähiger nach den Vorschriften dieses Buches und des Buches 5 nicht der Zustimmung seines gesetzlichen Vertreters bedarf.

(3) Ist ein Einwilligungsvorbehalt angeordnet, so bedarf der Betreute dennoch nicht der Einwilligung seines Betreuers, wenn die Willenserklärung dem Betreuten lediglich einen rechtlichen Vorteil bringt. Soweit das Gericht nichts anderes anordnet, gilt dies auch, wenn die Willenserklärung eine geringfügige Angelegenheit des täglichen Lebens betrifft.

(4) Auch für einen Minderjährigen, der das 17. Lebensjahr vollendet hat, kann das Betreuungsgericht einen Einwilligungsvorbehalt anordnen, wenn anzunehmen ist, dass ein solcher bei Eintritt der Volljährigkeit erforderlich wird.

§ 1826 Haftung des Betreuers

(1) Der Betreuer ist dem Betreuten für den aus einer Pflichtverletzung entstehenden Schaden verantwortlich. Dies gilt nicht, wenn der Betreuer die Pflichtverletzung nicht zu vertreten hat.

(2) Sind für den Schaden mehrere Betreuer nebeneinander verantwortlich, so haften sie als Gesamtschuldner.

(3) Ist ein Betreuungsverein als Betreuer bestellt, so ist er dem Betreuten für ein Verschulden des Mitglieds oder des Mitarbeiters in gleicher Weise verantwortlich wie für ein Verschulden eines verfassungsmäßig berufenen Vertreters.

Kapitel 2
Personenangelegenheiten

§ 1827 Patientenverfügung; Behandlungswünsche oder mutmaßlicher Wille des Betreuten

(1) Hat ein einwilligungsfähiger Volljähriger für den Fall seiner Einwilligungsunfähigkeit schriftlich festgelegt, ob er in bestimmte, zum Zeitpunkt der Festlegung noch nicht unmittelbar bevorstehende Untersuchungen seines Gesundheitszustands, Heilbehandlungen oder ärztliche Eingriffe einwilligt oder sie untersagt (Patientenverfügung), prüft der Betreuer, ob diese Festlegungen auf die aktuelle Lebens- und Behandlungssituation des Betreu-

ten zutreffen. Ist dies der Fall, hat der Betreuer dem Willen des Betreuten Ausdruck und Geltung zu verschaffen. Eine Patientenverfügung kann jederzeit formlos widerrufen werden.

(2) Liegt keine Patientenverfügung vor oder treffen die Festlegungen einer Patientenverfügung nicht auf die aktuelle Lebens- und Behandlungssituation des Betreuten zu, hat der Betreuer die Behandlungswünsche oder den mutmaßlichen Willen des Betreuten festzustellen und auf dieser Grundlage zu entscheiden, ob er in eine ärztliche Maßnahme nach Absatz 1 einwilligt oder sie untersagt. Der mutmaßliche Wille ist aufgrund konkreter Anhaltspunkte zu ermitteln. Zu berücksichtigen sind insbesondere frühere Äußerungen, ethische oder religiöse Überzeugungen und sonstige persönliche Wertvorstellungen des Betreuten.

(3) Die Absätze 1 und 2 gelten unabhängig von Art und Stadium einer Erkrankung des Betreuten.

(4) Der Betreuer soll den Betreuten in geeigneten Fällen auf die Möglichkeit einer Patientenverfügung hinweisen und ihn auf dessen Wunsch bei der Errichtung einer Patientenverfügung unterstützen.

(5) Niemand kann zur Errichtung einer Patientenverfügung verpflichtet werden. Die Errichtung oder Vorlage einer Patientenverfügung darf nicht zur Bedingung eines Vertragsschlusses gemacht werden.

(6) Die Absätze 1 bis 3 gelten für Bevollmächtigte entsprechend.

§ 1828 Gespräch zur Feststellung des Patientenwillens

(1) Der behandelnde Arzt prüft, welche ärztliche Maßnahme im Hinblick auf den Gesamtzustand und die Prognose des Patienten indiziert ist. Er und der Betreuer erörtern diese Maßnahme unter Berücksichtigung des Patientenwillens als Grundlage für die nach § 1827 zu treffende Entscheidung.

(2) Bei der Feststellung des Patientenwillens nach § 1827 Absatz 1 oder der Behandlungswünsche oder des mutmaßlichen Willens nach § 1827 Absatz 2 soll nahen Angehörigen und sonstigen Vertrauenspersonen des Betreuten Gelegenheit zur Äußerung gegeben werden, sofern dies ohne erhebliche Verzögerung möglich ist.

(3) Die Absätze 1 und 2 gelten für Bevollmächtigte entsprechend.

§ 1829 Genehmigung des Betreuungsgerichts bei ärztlichen Maßnahmen

(1) Die Einwilligung des Betreuers in eine Untersuchung des Gesundheitszustands, eine Heilbehandlung oder einen ärztlichen Eingriff bedarf der Genehmigung des Betreuungsgerichts, wenn die begründete Gefahr besteht, dass der Betreute aufgrund der Maßnahme stirbt oder einen schweren und länger dauernden gesundheitlichen Schaden erleidet. Ohne die Genehmigung darf die Maßnahme nur durchgeführt werden, wenn mit dem Aufschub Gefahr verbunden ist.

(2) Die Nichteinwilligung oder der Widerruf der Einwilligung des Betreuers in eine Untersuchung des Gesundheitszustands, eine Heilbehandlung oder einen ärztlichen Eingriff bedarf der Genehmigung des Betreuungsgerichts, wenn die Maßnahme medizinisch angezeigt ist und die begründete Gefahr besteht, dass der Betreute aufgrund des Unterbleibens oder des Abbruchs der Maßnahme stirbt oder einen schweren und länger dauernden gesundheitlichen Schaden erleidet.

(3) Die Genehmigung nach den Absätzen 1 und 2 ist zu erteilen, wenn die Einwilligung, die Nichteinwilligung oder der Widerruf der Einwilligung dem Willen des Betreuten entspricht.

(4) Eine Genehmigung nach den Absätzen 1 und 2 ist nicht erforderlich, wenn zwischen Betreuer und behandelndem Arzt Einvernehmen darüber besteht, dass die Erteilung, die Nichterteilung oder der Widerruf der Einwilligung dem nach § 1827 festgestellten Willen des Betreuten entspricht.

(5) Die Absätze 1 bis 4 gelten nach Maßgabe des § 1820 Absatz 2 Nummer 1 für einen Bevollmächtigten entsprechend.

§ 1830 Sterilisation

(1) Die Einwilligung eines Sterilisationsbetreuers in eine Sterilisation des Betreuten, in die dieser nicht selbst einwilligen kann, ist nur zulässig, wenn

1. die Sterilisation dem natürlichen Willen des Betreuten entspricht,
2. der Betreute auf Dauer einwilligungsunfähig bleiben wird,
3. anzunehmen ist, dass es ohne die Sterilisation zu einer Schwangerschaft kommen würde,
4. infolge dieser Schwangerschaft eine Gefahr für das Leben oder die Gefahr einer schwerwiegenden Beeinträchtigung des körperlichen oder seelischen Gesundheitszustands der Schwangeren zu erwarten wäre, die nicht auf zumutbare Weise abgewendet werden könnte, und
5. die Schwangerschaft nicht durch andere zumutbare Mittel verhindert werden kann.

(2) Die Einwilligung bedarf der Genehmigung des Betreuungsgerichts. Die Sterilisation darf erst zwei Wochen nach Wirksamkeit der Genehmigung durchgeführt werden. Bei der Sterilisation ist stets der Methode der Vorzug zu geben, die eine Refertilisierung zulässt.

§ 1831 Freiheitsentziehende Unterbringung und freiheitsentziehende Maßnahmen

(1) Eine Unterbringung des Betreuten durch den Betreuer, die mit Freiheitsentziehung verbunden ist, ist nur zulässig, solange sie erforderlich ist, weil

1. aufgrund einer psychischen Krankheit oder geistigen oder seelischen Behinderung des Betreuten die Gefahr besteht, dass er sich selbst tötet oder erheblichen gesundheitlichen Schaden zufügt, oder
2. zur Abwendung eines drohenden erheblichen gesundheitlichen Schadens eine Untersuchung des Gesundheitszustands, eine Heilbehandlung oder ein ärztlicher Eingriff notwendig ist, die Maßnahme ohne die Unterbringung des Betreuten nicht durchgeführt werden kann und der Betreute aufgrund einer psychischen Krankheit oder geistigen oder seelischen Behinderung die Notwendigkeit der Unterbringung nicht erkennen oder nicht nach dieser Einsicht handeln kann.

(2) Die Unterbringung ist nur mit Genehmigung des Betreuungsgerichts zulässig. Ohne die Genehmigung ist die Unterbringung nur zulässig, wenn mit dem Aufschub Gefahr verbunden ist; die Genehmigung ist unverzüglich nachzuholen.

(3) Der Betreuer hat die Unterbringung zu beenden, wenn ihre Voraussetzungen weggefallen sind. Er hat die Beendigung der Unterbringung dem Betreuungsgericht unverzüglich anzuzeigen.

(4) Die Absätze 1 bis 3 gelten entsprechend, wenn dem Betreuten, der sich in einem Krankenhaus, einem Heim oder einer sonstigen Einrichtung aufhält, durch mechanische Vorrichtungen, Medikamente oder auf andere Weise über einen längeren Zeitraum oder regelmäßig die Freiheit entzogen werden soll.

(5) Die Absätze 1 bis 4 gelten nach Maßgabe des § 1820 Absatz 2 Nummer 2 für einen Bevollmächtigten entsprechend.

§ 1832 Ärztliche Zwangsmaßnahmen

(1) Widerspricht eine Untersuchung des Gesundheitszustands, eine Heilbehandlung oder ein ärztlicher Eingriff dem natürlichen Willen des Betreuten (ärztliche Zwangsmaßnahme), so kann der Betreuer in die ärztliche Zwangsmaßnahme nur einwilligen, wenn

1. die ärztliche Zwangsmaßnahme notwendig ist, um einen drohenden erheblichen gesundheitlichen Schaden vom Betreuten abzuwenden,
2. der Betreute aufgrund einer psychischen Krankheit oder einer geistigen oder seelischen Behinderung die Notwendigkeit der ärztlichen Maßnahme nicht erkennen oder nicht nach dieser Einsicht handeln kann,
3. die ärztliche Zwangsmaßnahme dem nach § 1827 zu beachtenden Willen des Betreuten entspricht,
4. zuvor ernsthaft, mit dem nötigen Zeitaufwand und ohne Ausübung unzulässigen Drucks versucht wurde, den Betreuten von der Notwendigkeit der ärztlichen Maßnahme zu überzeugen,
5. der drohende erhebliche gesundheitliche Schaden durch keine andere den Betreuten weniger belastende Maßnahme abgewendet werden kann,
6. der zu erwartende Nutzen der ärztlichen Zwangsmaßnahme die zu erwartenden Beeinträchtigungen deutlich überwiegt und
7. die ärztliche Zwangsmaßnahme im Rahmen eines stationären Aufenthalts in einem Krankenhaus, in dem die gebotene medizinische Versorgung des Betreuten einschließlich einer erforderlichen Nachbehandlung sichergestellt ist, durchgeführt wird.

§ 1867 ist nur anwendbar, wenn der Betreuer an der Erfüllung seiner Pflichten verhindert ist.

(2) Die Einwilligung in die ärztliche Zwangsmaßnahme bedarf der Genehmigung des Betreuungsgerichts.

(3) Der Betreuer hat die Einwilligung in die ärztliche Zwangsmaßnahme zu widerrufen, wenn ihre Voraussetzungen weggefallen sind. Er hat den Widerruf dem Betreuungsgericht unverzüglich anzuzeigen.

(4) Kommt eine ärztliche Zwangsmaßnahme in Betracht, so gilt für die Verbringung des Betreuten gegen seinen natürlichen Willen zu einem stationären Aufenthalt in ein Krankenhaus § 1831 Absatz 1 Nummer 2, Absatz 2 und 3 Satz 1 entsprechend.

(5) Die Absätze 1 bis 4 gelten nach Maßgabe des § 1820 Absatz 2 Nummer 3 für einen Bevollmächtigten entsprechend.

§ 1833 Aufgabe von Wohnraum des Betreuten

(1) Eine Aufgabe von Wohnraum, der vom Betreuten selbst genutzt wird, durch den Betreuer ist nur nach Maßgabe des § 1821 Absatz 2 bis 4 zulässig. Eine Gefährdung im Sinne des § 1821 Absatz 3 Nummer 1 liegt insbesondere dann vor, wenn eine Finanzierung des Wohnraums trotz Ausschöpfung aller dem Betreuten zur Verfügung stehenden Ressourcen nicht möglich ist oder eine häusliche Versorgung trotz umfassender Zuhilfenahme aller ambulanten Dienste zu einer erheblichen gesundheitlichen Gefährdung des Betreuten führen würde.

(2) Beabsichtigt der Betreuer, vom Betreuten selbst genutzten Wohnraum aufzugeben, so hat er dies unter Angabe der Gründe und der Sichtweise des Betreuten dem Betreuungsgericht unverzüglich anzuzeigen. Ist mit einer Aufgabe des Wohnraums aus anderen Gründen zu rechnen, so hat der Betreuer auch dies sowie die von ihm beabsichtigten Maßnahmen dem Betreuungsgericht unverzüglich anzuzeigen, wenn sein Aufgabenkreis die entsprechende Angelegenheit umfasst.

(3) Der Betreuer bedarf bei vom Betreuten selbst genutzten Wohnraum der Genehmigung des Betreuungsgerichts

1. zur Kündigung des Mietverhältnisses,
2. zu einer Willenserklärung, die auf die Aufhebung des Mietverhältnisses gerichtet ist,
3. zur Vermietung solchen Wohnraums und
4. zur Verfügung über ein Grundstück oder über ein Recht an einem Grundstück, sofern dies mit der Aufgabe des Wohnraums verbunden ist.

Die §§ 1855 bis 1858 gelten entsprechend.

§ 1834 Bestimmung des Umgangs und des Aufenthalts des Betreuten

(1) Den Umgang des Betreuten mit anderen Personen darf der Betreuer mit Wirkung für und gegen Dritte nur bestimmen, wenn der Betreute dies wünscht oder ihm eine konkrete Gefährdung im Sinne des § 1821 Absatz 3 Nummer 1 droht.

(2) Die Bestimmung des Aufenthalts umfasst das Recht, den Aufenthalt des Betreuten auch mit Wirkung für und gegen Dritte zu bestimmen und, falls erforderlich, die Herausgabe des Betreuten zu verlangen.

(3) Über Streitigkeiten, die eine Angelegenheit nach Absatz 1 oder 2 betreffen, entscheidet das Betreuungsgericht auf Antrag.

Kapitel 3
Vermögensangelegenheiten

Unterkapitel 1
Allgemeine Vorschriften

§ 1835 Vermögensverzeichnis

(1) Soweit die Verwaltung des Vermögens des Betreuten zum Aufgabenkreis des Betreuers gehört, hat er zum

Zeitpunkt seiner Bestellung ein Verzeichnis über das Vermögen des Betreuten zu erstellen und dieses dem Betreuungsgericht mit der Versicherung der Richtigkeit und Vollständigkeit einzureichen. Das Vermögensverzeichnis soll auch Angaben zu den regelmäßigen Einnahmen und Ausgaben des Betreuten enthalten. Der Betreuer hat das Vermögensverzeichnis um dasjenige Vermögen zu ergänzen, das der Betreute später hinzuerwirbt. Mehrere Betreuer haben das Vermögensverzeichnis gemeinsam zu erstellen, soweit sie das Vermögen gemeinsam verwalten.

(2) Der Betreuer hat seine Angaben im Vermögensverzeichnis in geeigneter Weise zu belegen.

(3) Soweit es für die ordnungsgemäße Erstellung des Vermögensverzeichnisses erforderlich und mit Rücksicht auf das Vermögen des Betreuten angemessen ist, kann der Betreuer die zuständige Betreuungsbehörde, einen zuständigen Beamten, einen Notar oder einen Sachverständigen zur Erstellung des Verzeichnisses hinzuziehen.

(4) Bestehen nach den Umständen des Einzelfalls konkrete Anhaltspunkte dafür, dass die Kontrolle der Richtigkeit und Vollständigkeit des Vermögensverzeichnisses durch eine dritte Person zum Schutz des Vermögens des Betreuten oder zur Vermeidung von Rechtsstreitigkeiten erforderlich ist, kann das Betreuungsgericht eine dritte Person als Zeuge bei der Erstellung des Vermögensverzeichnisses, insbesondere bei einer Inaugenscheinnahme von Vermögensgegenständen, hinzuziehen. Für die Erstattung der Aufwendungen der dritten Person sind die Vorschriften über die Entschädigung von Zeugen nach dem Justizvergütungs- und -entschädigungsgesetz anzuwenden. Der Betreuer hat der dritten Person die Wahrnehmung ihrer Aufgaben zu ermöglichen. Die dritte Person hat dem Betreuungsgericht über die Erstellung des Vermögensverzeichnisses und insbesondere das Ergebnis der Inaugenscheinnahme zu berichten.

(5) Ist das eingereichte Vermögensverzeichnis ungenügend, so kann das Betreuungsgericht anordnen, dass das Vermögensverzeichnis durch die zuständige Betreuungsbehörde oder einen Notar aufgenommen wird.

(6) Das Betreuungsgericht hat das Vermögensverzeichnis dem Betreuten zur Kenntnis zu geben, es sei denn, dadurch sind erhebliche Nachteile für dessen Gesundheit zu besorgen oder er ist offensichtlich nicht in der Lage, das Vermögensverzeichnis zur Kenntnis zu nehmen.

§ 1836 Trennungsgebot; Verwendung des Vermögens für den Betreuer

(1) Der Betreuer hat das Vermögen des Betreuten getrennt von seinem eigenen Vermögen zu halten. Dies gilt nicht für das bei Bestellung des Betreuers bestehende und das während der Betreuung hinzukommende gemeinschaftliche Vermögen des Betreuers und des Betreuten, wenn das Betreuungsgericht nichts anderes anordnet.

(2) Der Betreuer darf das Vermögen des Betreuten nicht für sich verwenden. Dies gilt nicht, wenn die Betreuung ehrenamtlich geführt wird und zwischen dem Betreuten und dem Betreuer eine Vereinbarung über die Verwendung getroffen wurde. Verwendungen nach Satz 2 sind unter Darlegung der Vereinbarung dem Betreuungsgericht anzuzeigen.

(3) Absatz 2 Satz 1 gilt nicht für Haushaltsgegenstände und das Verfügungsgeld im Sinne des § 1839, wenn der Betreuer mit dem Betreuten einen gemeinsamen Haushalt führt oder geführt hat und die Verwendung dem Wunsch oder mutmaßlichen Willen des Betreuten entspricht.

§ 1837 Vermögensverwaltung durch den Betreuer bei Erbschaft und Schenkung

(1) Der Betreuer hat das Vermögen des Betreuten, das dieser von Todes wegen erwirbt, das ihm unentgeltlich durch Zuwendung auf den Todesfall oder unter Lebenden von einem Dritten zugewendet wird, nach den Anordnungen des Erblassers oder des Zuwendenden, soweit diese sich an den Betreuer richten, zu verwalten, wenn die Anordnungen von dem Erblasser durch letztwillige Verfügung oder von dem Dritten bei der Zuwendung getroffen worden sind.

(2) Das Betreuungsgericht kann die Anordnungen des Erblassers oder des Zuwendenden aufheben, wenn ihre Befolgung das Vermögen des Betreuten erheblich gefährden würde. Solange der Zuwendende lebt, ist zu einer Abweichung von den Anordnungen seine Zustimmung erforderlich und genügend. Ist er zur Abgabe einer Erklärung dauerhaft außerstande oder ist sein Aufenthalt dauerhaft unbekannt, so kann das Betreuungsgericht unter Beachtung der Voraussetzungen von Satz 1 die Zustimmung ersetzen.

Unterkapitel 2
Verwaltung von Geld, Wertpapieren und Wertgegenständen

§ 1838 Pflichten des Betreuers in Vermögensangelegenheiten

(1) Der Betreuer hat die Vermögensangelegenheiten des Betreuten nach Maßgabe des § 1821 wahrzunehmen. Es wird vermutet, dass eine Wahrnehmung der Vermögensangelegenheiten nach den §§ 1839 bis 1843 dem mutmaßlichen Willen des Betreuten nach § 1821 Absatz 4 entspricht, wenn keine hinreichenden konkreten Anhaltspunkte für einen hiervon abweichenden mutmaßlichen Willen bestehen.

(2) Soweit die nach Absatz 1 Satz 1 gebotene Wahrnehmung der Vermögensangelegenheiten von den in den §§ 1839 bis 1843 festgelegten Grundsätzen abweicht, hat der Betreuer dies dem Betreuungsgericht unverzüglich unter Darlegung der Wünsche des Betreuten anzuzeigen. Das Betreuungsgericht kann die Anwendung der §§ 1839 bis 1843 oder einzelner Vorschriften ausdrücklich anordnen, wenn andernfalls eine Gefährdung im Sinne des § 1821 Absatz 3 Nummer 1 zu besorgen wäre.

§ 1839 Bereithaltung von Verfügungsgeld

(1) Geld des Betreuten, das der Betreuer für dessen Ausgaben benötigt (Verfügungsgeld), hat er auf einem Girokonto des Betreuten bei einem Kreditinstitut bereitzuhalten. Ausgenommen ist Bargeld im Sinne von § 1840 Absatz 2.

(2) Absatz 1 steht einer Bereithaltung von Verfügungsgeld auf einem gesonderten zur verzinslichen Anlage geeigneten Konto des Betreuten im Sinne von § 1841 Absatz 2 nicht entgegen.

§ 1840 Bargeldloser Zahlungsverkehr

(1) Der Betreuer hat den Zahlungsverkehr für den Betreuten bargeldlos unter Verwendung des gemäß § 1839 Absatz 1 Satz 1 zu unterhaltenden Girokontos durchzuführen.

(2) Von Absatz 1 sind ausgenommen

1. im Geschäftsverkehr übliche Barzahlungen und
2. Auszahlungen an den Betreuten.

§ 1841 Anlagepflicht

(1) Geld des Betreuten, das nicht für Ausgaben nach § 1839 benötigt wird, hat der Betreuer anzulegen (Anlagegeld).

(2) Der Betreuer soll das Anlagegeld auf einem zur verzinslichen Anlage geeigneten Konto des Betreuten bei einem Kreditinstitut (Anlagekonto) anlegen.

§ 1842 Voraussetzungen für das Kreditinstitut

Das Kreditinstitut muss bei Anlagen nach den §§ 1839 und 1841 Absatz 2 einer für die jeweilige Anlage ausreichenden Sicherungseinrichtung angehören.

§ 1843 Depotverwahrung und Hinterlegung von Wertpapieren

(1) Der Betreuer hat Wertpapiere des Betreuten im Sinne des § 1 Absatz 1 und 2 des Depotgesetzes bei einem Kreditinstitut in Einzel- oder Sammelverwahrung verwahren zu lassen.

(2) Sonstige Wertpapiere des Betreuten hat der Betreuer in einem Schließfach eines Kreditinstituts zu hinterlegen.

(3) Die Pflicht zur Depotverwahrung oder zur Hinterlegung besteht nicht, wenn diese nach den Umständen des Einzelfalls unter Berücksichtigung der Art der Wertpapiere zur Sicherung des Vermögens des Betreuten nicht geboten ist.

§ 1844 Hinterlegung von Wertgegenständen auf Anordnung des Betreuungsgerichts

Das Betreuungsgericht kann anordnen, dass der Betreuer Wertgegenstände des Betreuten bei einer Hinterlegungsstelle oder einer anderen geeigneten Stelle hinterlegt, wenn dies zur Sicherung des Vermögens des Betreuten geboten ist.

§ 1845 Sperrvereinbarung

(1) Für Geldanlagen des Betreuten im Sinne von § 1841 Absatz 2 hat der Betreuer mit dem Kreditinstitut zu vereinbaren, dass er über die Anlage nur mit Genehmigung des Betreuungsgerichts verfügen kann. Anlagen von Verfügungsgeld gemäß § 1839 Absatz 2 bleiben unberührt.

(2) Für Wertpapiere im Sinne von § 1843 Absatz 1 hat der Betreuer mit dem Verwahrer zu vereinbaren, dass er über die Wertpapiere und die Rechte aus dem Depotvertrag mit Ausnahme von Zinsen und Ausschüttungen nur mit Genehmigung des Betreuungsgerichts verfügen kann. Der Betreuer hat mit dem Kreditinstitut zu vereinbaren, dass er die Öffnung des Schließfachs für Wertpapiere im Sinne des § 1843 Absatz 2 und die Herausgabe von nach § 1844 hinterlegten Wertgegenständen nur mit Genehmigung des Betreuungsgerichts verlangen kann.

(3) Die Absätze 1 und 2 sind entsprechend anzuwenden, wenn ein Anlagekonto, ein Depot oder eine Hinterlegung des Betreuten bei der Bestellung des Betreuers unversperrt ist. Der Betreuer hat dem Betreuungsgericht die Sperrvereinbarung anzuzeigen.

Unterkapitel 3
Anzeigepflichten

§ 1846 Anzeigepflichten bei der Geld- und Vermögensverwaltung

(1) Der Betreuer hat dem Betreuungsgericht unverzüglich anzuzeigen, wenn er

1. ein Girokonto für den Betreuten eröffnet,
2. ein Anlagekonto für den Betreuten eröffnet,
3. ein Depot eröffnet oder Wertpapiere des Betreuten hinterlegt,
4. Wertpapiere des Betreuten gemäß § 1843 Absatz 3 nicht in einem Depot verwahrt oder hinterlegt.

(2) Die Anzeige hat insbesondere Angaben zu enthalten

1. zur Höhe des Guthabens auf dem Girokonto nach Absatz 1 Nummer 1,
2. zu Höhe und Verzinsung der Anlage gemäß Absatz 1 Nummer 2 sowie ihrer Bestimmung als Anlage- oder Verfügungsgeld,
3. zu Art, Umfang und Wert der depotverwahrten oder hinterlegten Wertpapiere gemäß Absatz 1 Nummer 3 sowie zu den sich aus ihnen ergebenden Aufwendungen und Nutzungen,
4. zu den Gründen, aus denen der Betreuer die Depotverwahrung oder Hinterlegung gemäß Absatz 1 Nummer 4 für nicht geboten erachtet, und wie die Wertpapiere verwahrt werden sollen,
5. zur Sperrvereinbarung.

§ 1847 Anzeigepflicht für Erwerbsgeschäfte

Der Betreuer hat Beginn, Art und Umfang eines neuen Erwerbsgeschäfts im Namen des Betreuten und die Aufgabe eines bestehenden Erwerbsgeschäfts des Betreuten beim Betreuungsgericht anzuzeigen.

Unterkapitel 4
Genehmigungsbedürftige Rechtsgeschäfte

§ 1848 Genehmigung einer anderen Anlegung von Geld

Der Betreuer bedarf der Genehmigung des Betreuungsgerichts, wenn er Anlagegeld anders als auf einem Anlagekonto gemäß § 1841 Absatz 2 anlegt.

§ 1849 Genehmigung bei Verfügung über Rechte und Wertpapiere

(1) Der Betreuer bedarf der Genehmigung des Betreuungsgerichts zu einer Verfügung über

1. ein Recht, kraft dessen der Betreute eine Geldleistung oder die Leistung eines Wertpapiers verlangen kann,
2. ein Wertpapier des Betreuten,
3. einen hinterlegten Wertgegenstand des Betreuten.

Das gleiche gilt für die Eingehung der Verpflichtung zu einer solchen Verfügung.

(2) Einer Genehmigung bedarf es nicht,

1. im Fall einer Geldleistung nach Absatz 1 Satz 1 Nummer 1, wenn der aus dem Recht folgende Zahlungsanspruch
   a) nicht mehr als 3000 Euro beträgt,
   b) das Guthaben auf einem Girokonto des Betreuten betrifft,
   c) das Guthaben auf einem vom Betreuer für Verfügungsgeld ohne Sperrvereinbarung eröffneten Anlagekonto betrifft,
   d) zu den Nutzungen des Vermögens des Betreuten gehört oder
   e) auf Nebenleistungen gerichtet ist,
2. im Fall von Absatz 1 Satz 1 Nummer 2, wenn die Verfügung über das Wertpapier
   a) eine Nutzung des Vermögens des Betreuten darstellt,
   b) eine Umschreibung des Wertpapiers auf den Namen des Betreuten darstellt,
3. im Fall einer Verfügung nach Absatz 1 Satz 1, wenn die Eingehung der Verpflichtung zu einer solchen Verfügung bereits durch das Betreuungsgericht genehmigt worden ist.

Satz 1 Nummer 2 gilt entsprechend für die Eingehung einer Verpflichtung zu einer solchen Verfügung.

(3) Absatz 2 Nummer 1 Buchstabe a ist nicht anzuwenden auf eine Verfügung über einen sich aus einer Geldanlage ergebenden Zahlungsanspruch, soweit er einer Sperrvereinbarung unterliegt, sowie über den sich aus der Einlösung eines Wertpapiers ergebenden Zahlungsanspruch. Absatz 2 Nummer 1 Buchstabe d ist nicht anzuwenden auf eine Verfügung über einen Zahlungsanspruch, der einer Sperrvereinbarung unterliegt und eine Kapitalnutzung betrifft.

(4) Die vorstehenden Absätze gelten entsprechend für die Annahme der Leistung.

§ 1850 Genehmigung für Rechtsgeschäfte über Grundstücke und Schiffe

Der Betreuer bedarf der Genehmigung des Betreuungsgerichts

1. zur Verfügung über ein Grundstück oder über ein Recht an einem Grundstück, sofern die Genehmigung nicht bereits nach § 1833 Absatz 3 Satz 1 Nummer 4 erforderlich ist,
2. zur Verfügung über eine Forderung, die auf Übertragung des Eigentums an einem Grundstück, auf Begründung oder Übertragung eines Rechts an einem Grundstück oder auf Befreiung eines Grundstücks von einem solchen Recht gerichtet ist,
3. zur Verfügung über ein eingetragenes Schiff oder Schiffsbauwerk oder über eine Forderung, die auf Übertragung des Eigentums an einem eingetragenen Schiff oder Schiffsbauwerk gerichtet ist,
4. zu einem Rechtsgeschäft, durch das der Betreute unentgeltlich Wohnungs- oder Teileigentum erwirbt,
5. zur Eingehung einer Verpflichtung zu einer der in den Nummern 1 bis 3 bezeichneten Verfügungen oder des in Nummer 4 bezeichneten Erwerbs sowie
6. zu einem Rechtsgeschäft, durch das der Betreute zum entgeltlichen Erwerb eines Grundstücks, eines eingetragenen Schiffes oder Schiffsbauwerks oder eines Rechts an einem Grundstück verpflichtet wird, sowie zur Verpflichtung zum entgeltlichen Erwerb einer Forderung auf Übertragung des Eigentums an einem Grundstück, an einem eingetragenen Schiff oder Schiffsbauwerk oder auf Übertragung eines Rechts an einem Grundstück.

§ 1851 Genehmigung für erbrechtliche Rechtsgeschäfte

Der Betreuer bedarf der Genehmigung des Betreuungsgerichts

1. zur Ausschlagung einer Erbschaft oder eines Vermächtnisses, zum Verzicht auf die Geltendmachung eines Vermächtnisses oder Pflichtteilsanspruchs sowie zu einem Auseinandersetzungsvertrag,
2. zu einem Rechtsgeschäft, durch das der Betreute zu einer Verfügung über eine ihm angefallene Erbschaft, über seinen künftigen gesetzlichen Erbteil oder seinen künftigen Pflichtteil verpflichtet wird,
3. zu einer Verfügung über den Anteil des Betreuten an einer Erbschaft oder zu einer Vereinbarung, mit der der Betreute aus der Erbengemeinschaft ausscheidet,
4. zu einer Anfechtung eines Erbvertrags für den geschäftsunfähigen Betreuten als Erblasser gemäß § 2282 Absatz 2,
5. zum Abschluss eines Vertrags mit dem Erblasser über die Aufhebung eines Erbvertrags oder einer einzelnen vertragsmäßigen Verfügung gemäß § 2290,
6. zu einer Zustimmung zur testamentarischen Aufhebung einer in einem Erbvertrag mit dem Erblasser geregelten vertragsmäßigen Anordnung eines Vermächtnisses, einer Auflage sowie einer Rechtswahl gemäß § 2291,
7. zur Aufhebung eines zwischen Ehegatten oder Lebenspartnern geschlossenen Erbvertrags durch gemeinschaftliches Testament der Ehegatten oder Lebenspartner gemäß § 2292,
8. zu einer Rücknahme eines mit dem Erblasser geschlossenen Erbvertrags, der nur Verfügungen von Todes wegen enthält, aus der amtlichen oder notariellen Verwahrung gemäß § 2300 Absatz 2,
9. zum Abschluss oder zur Aufhebung eines Erb- oder Pflichtteilsverzichtsvertrags gemäß den §§ 2346, 2351 sowie zum Abschluss eines Zuwendungsverzichtsvertrags gemäß § 2352.

§ 1852 Genehmigung für handels- und gesellschaftsrechtliche Rechtsgeschäfte

Der Betreuer bedarf der Genehmigung des Betreuungsgerichts

1. zu einer Verfügung und zur Eingehung der Verpflichtung zu einer solchen Verfügung, durch die der Betreute
   a) ein Erwerbsgeschäft oder
   b) einen Anteil an einer Personen- oder Kapitalgesellschaft, die ein Erwerbsgeschäft betreibt,

   erwirbt oder veräußert,
2. zu einem Gesellschaftsvertrag, der zum Betrieb eines Erwerbsgeschäfts eingegangen wird, und
3. zur Erteilung einer Prokura.

II

§ 1853 Genehmigung bei Verträgen über wiederkehrende Leistungen

Der Betreuer bedarf der Genehmigung des Betreuungsgerichts

1. zum Abschluss eines Miet- oder Pachtvertrags oder zu einem anderen Vertrag, durch den der Betreute zu wiederkehrenden Leistungen verpflichtet wird, wenn das Vertragsverhältnis länger als vier Jahre dauern soll, und
2. zu einem Pachtvertrag über einen gewerblichen oder land- oder forstwirtschaftlichen Betrieb.

Satz 1 Nummer 1 gilt nicht, wenn der Betreute das Vertragsverhältnis ohne eigene Nachteile vorzeitig kündigen kann.

§ 1854 Genehmigung für sonstige Rechtsgeschäfte

Der Betreuer bedarf der Genehmigung des Betreuungsgerichts

1. zu einem Rechtsgeschäft, durch das der Betreute zu einer Verfügung über sein Vermögen im Ganzen verpflichtet wird,
2. zur Aufnahme von Geld auf den Kredit des Betreuten mit Ausnahme einer eingeräumten Überziehungsmöglichkeit für das auf einem Girokonto des Betreuten bei einem Kreditinstitut bereitzuhaltende Verfügungsgeld (§ 1839 Absatz 1),
3. zur Ausstellung einer Schuldverschreibung auf den Inhaber oder zur Eingehung einer Verbindlichkeit aus einem Wechsel oder einem anderen Papier, das durch Indossament übertragen werden kann,
4. zu einem Rechtsgeschäft, das auf Übernahme einer fremden Verbindlichkeit gerichtet ist,
5. zur Eingehung einer Bürgschaft,
6. zu einem Vergleich oder einer auf ein Schiedsverfahren gerichteten Vereinbarung, es sei denn, dass der Gegenstand des Streites oder der Ungewissheit in Geld schätzbar ist und den Wert von 6000 Euro nicht übersteigt oder der Vergleich einem schriftlichen oder protokollierten gerichtlichen Vergleichsvorschlag entspricht,
7. zu einem Rechtsgeschäft, durch das die für eine Forderung des Betreuten bestehende Sicherheit aufgehoben oder gemindert oder die Verpflichtung dazu begründet wird, und
8. zu einer Schenkung oder unentgeltlichen Zuwendung, es sei denn, diese ist nach den Lebensverhältnissen des Betreuten angemessen oder als Gelegenheitsgeschenk üblich.

Unterkapitel 5
Genehmigungserklärung

§ 1855 Erklärung der Genehmigung

Das Betreuungsgericht kann die Genehmigung zu einem Rechtsgeschäft nur dem Betreuer gegenüber erklären.

§ 1856 Nachträgliche Genehmigung

(1) Schließt der Betreuer einen Vertrag ohne die erforderliche Genehmigung des Betreuungsgerichts, so hängt die Wirksamkeit des Vertrags von der nachträglichen Genehmigung des Betreuungsgerichts ab. Die Genehmigung sowie deren Verweigerung wird dem anderen Teil gegenüber erst wirksam, wenn ihm die wirksam gewordene Genehmigung oder Verweigerung durch den Betreuer mitgeteilt wird.

(2) Fordert der andere Teil den Betreuer zur Mitteilung darüber auf, ob die Genehmigung erteilt sei, so kann die Mitteilung der Genehmigung nur bis zum Ablauf des zweiten Monats nach dem Empfang der Aufforderung erfolgen; wird die Genehmigung nicht mitgeteilt, so gilt sie als verweigert.

(3) Soweit die Betreuung aufgehoben oder beendet ist, tritt die Genehmigung des Betreuten an die Stelle der Genehmigung des Betreuungsgerichts.

§ 1857 Widerrufsrecht des Vertragspartners

Hat der Betreuer dem anderen Teil gegenüber wahrheitswidrig die Genehmigung des Betreuungsgerichts behauptet, so ist der andere Teil bis zur Mitteilung der nachträglichen Genehmigung des Betreuungsgerichts zum Widerruf berechtigt, es sei denn, dass ihm das Fehlen der Genehmigung bei dem Abschluss des Vertrags bekannt war.

§ 1858 Einseitiges Rechtsgeschäft

(1) Ein einseitiges Rechtsgeschäft, das der Betreuer ohne die erforderliche Genehmigung des Betreuungsgerichts vornimmt, ist unwirksam.

(2) Nimmt der Betreuer mit Genehmigung des Betreuungsgerichts ein einseitiges Rechtsgeschäft einem anderen gegenüber vor, so ist das Rechtsgeschäft unwirksam, wenn der Betreuer die Genehmigung nicht vorlegt und der andere das Rechtsgeschäft aus diesem Grunde unverzüglich zurückweist.

(3) Nimmt der Betreuer ein einseitiges Rechtsgeschäft gegenüber einem Gericht oder einer Behörde ohne die erforderliche Genehmigung des Betreuungsgerichts vor, so hängt die Wirksamkeit des Rechtsgeschäfts von der nachträglichen Genehmigung des Betreuungsgerichts ab. Das Rechtsgeschäft wird mit Rechtskraft der Genehmigung wirksam. Der Ablauf einer gesetzlichen Frist wird während der Dauer des Genehmigungsverfahrens gehemmt. Die Hemmung endet mit Rechtskraft des Beschlusses über die Erteilung der Genehmigung. Das Betreuungsgericht teilt dem Gericht oder der Behörde nach Rechtskraft des Beschlusses die Erteilung oder Versagung der Genehmigung mit.

Unterkapitel 6
Befreiungen

§ 1859 Gesetzliche Befreiungen

(1) Befreite Betreuer sind entbunden

1. von der Pflicht zur Sperrvereinbarung nach § 1845,
2. von den Beschränkungen nach § 1849 Absatz 1 Satz 1 Nummer 1 und 2, Satz 2 und
3. von der Pflicht zur Rechnungslegung nach § 1865.

Sie haben dem Betreuungsgericht jährlich eine Übersicht über den Bestand des ihrer Verwaltung unterliegenden Vermögens des Betreuten (Vermögensübersicht) einzureichen. Das Betreuungsgericht kann anordnen, dass die

Vermögensübersicht in längeren, höchstens fünfjährigen Zeiträumen einzureichen ist.

(2) Befreite Betreuer sind

1. Verwandte in gerader Linie,
2. Geschwister,
3. Ehegatten,
4. der Betreuungsverein oder ein Vereinsbetreuer,
5. die Betreuungsbehörde oder ein Behördenbetreuer.

Das Betreuungsgericht kann andere als die in Satz 1 genannten Betreuer von den in Absatz 1 Satz 1 genannten Pflichten befreien, wenn der Betreute dies vor der Bestellung des Betreuers schriftlich verfügt hat. Dies gilt nicht, wenn der Betreute erkennbar an diesem Wunsch nicht festhalten will.

(3) Das Betreuungsgericht hat die Befreiungen aufzuheben, wenn bei ihrer Fortgeltung eine Gefährdung im Sinne des § 1821 Absatz 3 Nummer 1 zu besorgen wäre.

§ 1860 Befreiungen auf Anordnung des Gerichts

(1) Das Betreuungsgericht kann den Betreuer auf dessen Antrag von den Beschränkungen nach den §§ 1841, 1845, 1848 und 1849 Absatz 1 Satz 1 Nummer 1 und 2 sowie Satz 2 ganz oder teilweise befreien, wenn der Wert des Vermögens des Betreuten ohne Berücksichtigung von Immobilien und Verbindlichkeiten 6000 Euro nicht übersteigt.

(2) Das Betreuungsgericht kann den Betreuer auf dessen Antrag von den Beschränkungen nach den §§ 1848, 1849 Absatz 1 Satz 1 Nummer 1 und 2 sowie Satz 2 und nach § 1854 Nummer 2 bis 5 befreien, soweit mit der Vermögensverwaltung der Betrieb eines Erwerbsgeschäfts verbunden ist oder besondere Gründe der Vermögensverwaltung dies erfordern.

(3) Das Betreuungsgericht kann den Betreuer auf dessen Antrag von den Beschränkungen nach § 1845 Absatz 2, den §§ 1848 und 1849 Absatz 1 Satz 1 Nummer 1 und 2 sowie Satz 2 befreien, wenn ein Wertpapierdepot des Betreuten häufige Wertpapiergeschäfte erfordert und der Betreuer über hinreichende Kapitalmarktkenntnis und Erfahrung verfügt.

(4) Eine Befreiung gemäß den Absätzen 1 bis 3 kann das Betreuungsgericht nur anordnen, wenn eine Gefährdung im Sinne des § 1821 Absatz 3 Nummer 1 nicht zu besorgen ist.

(5) Das Betreuungsgericht hat eine Befreiung aufzuheben, wenn ihre Voraussetzungen nicht mehr vorliegen.

Untertitel 3 Beratung und Aufsicht durch das Betreuungsgericht

§ 1861 Beratung; Verpflichtung des Betreuers

(1) Das Betreuungsgericht berät den Betreuer über dessen Rechte und Pflichten bei der Wahrnehmung seiner Aufgaben.

(2) Der ehrenamtliche Betreuer wird alsbald nach seiner Bestellung mündlich verpflichtet, über seine Aufgaben unterrichtet und auf Beratungs- und Unterstützungsangebote hingewiesen. Das gilt nicht für solche ehrenamtlichen Betreuer, die mehr als eine Betreuung führen oder in den letzten zwei Jahren geführt haben.

§ 1862 Aufsicht durch das Betreuungsgericht

(1) Das Betreuungsgericht führt über die gesamte Tätigkeit des Betreuers die Aufsicht. Es hat dabei auf die Einhaltung der Pflichten des Betreuers zu achten und insbesondere bei Anordnungen nach Absatz 3, der Erteilung von Genehmigungen und einstweiligen Maßnahmen nach § 1867 den in § 1821 Absatz 2 bis 4 festgelegten Maßstab zu beachten.

(2) Das Betreuungsgericht hat den Betreuten persönlich anzuhören, wenn Anhaltspunkte dafür bestehen, dass der Betreuer pflichtwidrig den Wünschen des Betreuten nicht oder nicht in geeigneter Weise entspricht oder seinen Pflichten gegenüber dem Betreuten in anderer Weise nicht nachkommt, es sei denn, die persönliche Anhörung ist nicht geeignet oder nicht erforderlich, um die Pflichtwidrigkeit aufzuklären.

(3) Das Betreuungsgericht hat gegen Pflichtwidrigkeiten des Betreuers durch geeignete Gebote und Verbote einzuschreiten. Zur Befolgung seiner Anordnungen kann es den Betreuer durch die Festsetzung von Zwangsgeld anhalten. Gegen die Betreuungsbehörde, einen Behördenbetreuer oder einen Betreuungsverein wird kein Zwangsgeld festgesetzt.

(4) Durch Landesrecht kann bestimmt werden, dass Vorschriften, welche die Aufsicht des Betreuungsgerichts in vermögensrechtlicher Hinsicht sowie beim Abschluss von Ausbildungs-, Dienst- oder Arbeitsverträgen betreffen, gegenüber der Betreuungsbehörde außer Anwendung bleiben.

§ 1863 Berichte über die persönlichen Verhältnisse des Betreuten

(1) Mit Übernahme der Betreuung hat der Betreuer einen Bericht über die persönlichen Verhältnisse (Anfangsbericht) zu erstellen. Der Anfangsbericht hat insbesondere Angaben zu folgenden Sachverhalten zu enthalten:

1. persönliche Situation des Betreuten,
2. Ziele der Betreuung, bereits durchgeführte und beabsichtigte Maßnahmen, insbesondere im Hinblick auf § 1821 Absatz 6, und
3. Wünsche des Betreuten hinsichtlich der Betreuung.

Sofern ein Vermögensverzeichnis gemäß § 1835 zu erstellen ist, ist dieses dem Anfangsbericht beizufügen. Der Anfangsbericht soll dem Betreuungsgericht innerhalb von drei Monaten nach Bestellung des Betreuers übersandt werden. Das Betreuungsgericht kann den Anfangsbericht mit dem Betreuten und dem Betreuer in einem persönlichen Gespräch erörtern.

(2) Absatz 1 gilt nicht, wenn die Betreuung ehrenamtlich von einer Person mit einer familiären Beziehung oder persönlichen Bindung zum Betreuten geführt wird. In diesem Fall führt das Betreuungsgericht mit dem Betreuten auf dessen Wunsch oder in anderen geeigneten Fällen ein Anfangsgespräch zur Ermittlung der Sachverhalte nach Absatz 1 Satz 2. Der ehrenamtliche Betreuer soll an dem Gespräch teilnehmen. Die Pflicht zur Erstellung eines Vermögensverzeichnisses gemäß § 1835 bleibt unberührt.

(3) Der Betreuer hat dem Betreuungsgericht über die persönlichen Verhältnisse des Betreuten mindestens einmal jährlich zu berichten (Jahresbericht). Er hat den

Jahresbericht mit dem Betreuten zu besprechen, es sei denn, davon sind erhebliche Nachteile für die Gesundheit des Betreuten zu besorgen oder dieser ist offensichtlich nicht in der Lage, den Inhalt des Jahresberichts zur Kenntnis zu nehmen. Der Jahresbericht hat insbesondere Angaben zu folgenden Sachverhalten zu enthalten:

1. Art, Umfang und Anlass der persönlichen Kontakte zum Betreuten und der persönliche Eindruck vom Betreuten,
2. Umsetzung der bisherigen Betreuungsziele und Darstellung der bereits durchgeführten und beabsichtigten Maßnahmen, insbesondere solcher gegen den Willen des Betreuten,
3. Gründe für die weitere Erforderlichkeit der Betreuung und des Einwilligungsvorbehalts, insbesondere auch hinsichtlich des Umfangs,
4. bei einer beruflich geführten Betreuung die Mitteilung, ob die Betreuung zukünftig ehrenamtlich geführt werden kann, und
5. die Sichtweise des Betreuten zu den Sachverhalten nach den Nummern 1 bis 4.

(4) Nach Beendigung der Betreuung hat der Betreuer einen abschließenden Bericht (Schlussbericht) zu erstellen, in dem die seit dem letzten Jahresbericht eingetretenen Änderungen der persönlichen Verhältnisse mitzuteilen sind. Der Schlussbericht ist dem Betreuungsgericht zu übersenden. Er hat Angaben zur Herausgabe des der Verwaltung des Betreuers unterliegenden Vermögens des Betreuten und aller im Rahmen der Betreuung erlangten Unterlagen zu enthalten.

§ 1864 Auskunfts- und Mitteilungspflichten des Betreuers

(1) Der Betreuer hat dem Betreuungsgericht auf dessen Verlangen jederzeit über die Führung der Betreuung und über die persönlichen und wirtschaftlichen Verhältnisse des Betreuten Auskunft zu erteilen.

(2) Der Betreuer hat dem Betreuungsgericht wesentliche Änderungen der persönlichen und wirtschaftlichen Verhältnisse des Betreuten unverzüglich mitzuteilen. Dies gilt auch für solche Umstände,

1. die eine Aufhebung der Betreuung oder des Einwilligungsvorbehalts ermöglichen,
2. die eine Einschränkung des Aufgabenkreises des Betreuers ermöglichen,
3. die die Erweiterung des Aufgabenkreises des Betreuers erfordern,
4. die die Bestellung eines weiteren Betreuers erfordern,
5. die die Anordnung eines Einwilligungsvorbehalts erfordern und
6. aus denen sich bei einer beruflich geführten Betreuung ergibt, dass die Betreuung zukünftig ehrenamtlich geführt werden kann.

§ 1865 Rechnungslegung

(1) Der Betreuer hat dem Betreuungsgericht über die Vermögensverwaltung Rechnung zu legen, soweit sein Aufgabenkreis die Vermögensverwaltung umfasst.

(2) Die Rechnung ist jährlich zu legen. Das Rechnungsjahr wird vom Betreuungsgericht bestimmt.

(3) Die Rechnung soll eine geordnete Zusammenstellung der Einnahmen und Ausgaben enthalten und über den Ab- und Zugang des vom Betreuer verwalteten Vermögens Auskunft geben. Das Betreuungsgericht kann Einzelheiten zur Erstellung der geordneten Zusammenstellung nach Satz 1 bestimmen. Es kann in geeigneten Fällen auf die Vorlage von Belegen verzichten. Verwaltet der Betreute im Rahmen des dem Betreuer übertragenen Aufgabenkreises einen Teil seines Vermögens selbst, so hat der Betreuer dies dem Betreuungsgericht mitzuteilen. Der Betreuer hat die Richtigkeit dieser Mitteilung durch eine Erklärung des Betreuten nachzuweisen oder, falls eine solche nicht beigebracht werden kann, die Richtigkeit an Eides statt zu versichern.

(4) Wird vom Betreuten ein Erwerbsgeschäft mit kaufmännischer Buchführung betrieben, so genügt als Rechnung ein aus den Büchern gezogener Jahresabschluss. Das Betreuungsgericht kann Vorlage der Bücher und sonstigen Belege verlangen.

§ 1866 Prüfung der Rechnung durch das Betreuungsgericht

(1) Das Betreuungsgericht hat die Rechnung sachlich und rechnerisch zu prüfen und, soweit erforderlich, ihre Berichtigung und Ergänzung durch den Betreuer herbeizuführen.

(2) Die Möglichkeit der Geltendmachung streitig gebliebener Ansprüche zwischen Betreuer und Betreutem im Rechtsweg bleibt unberührt. Die Ansprüche können schon vor der Beendigung der Betreuung geltend gemacht werden.

§ 1867 Einstweilige Maßnahmen des Betreuungsgerichts

Bestehen dringende Gründe für die Annahme, dass die Voraussetzungen für die Bestellung eines Betreuers gegeben sind, und konnte ein Betreuer noch nicht bestellt werden oder ist der Betreuer an der Erfüllung seiner Pflichten gehindert, so hat das Betreuungsgericht die dringend erforderlichen Maßnahmen zu treffen.

Untertitel 4
Beendigung, Aufhebung oder Änderung von Betreuung und Einwilligungsvorbehalt

§ 1868 Entlassung des Betreuers

(1) Das Betreuungsgericht hat den Betreuer zu entlassen, wenn dessen Eignung, die Angelegenheiten des Betreuten zu besorgen, nicht oder nicht mehr gewährleistet ist oder ein anderer wichtiger Grund für die Entlassung vorliegt. Ein wichtiger Grund liegt auch vor, wenn der Betreuer eine erforderliche Abrechnung vorsätzlich falsch erteilt oder den erforderlichen persönlichen Kontakt zum Betreuten nicht gehalten hat.

(2) Das Betreuungsgericht hat den beruflichen Betreuer zu entlassen, wenn dessen Registrierung nach § 27 Absatz 1 und 2 des Betreuungsorganisationsgesetzes widerrufen oder zurückgenommen wurde.

(3) Das Betreuungsgericht soll den beruflichen Betreuer, den Betreuungsverein, den Behördenbetreuer oder die Betreuungsbehörde entlassen, wenn der Betreute zukünftig ehrenamtlich betreut werden kann.

(4) Das Betreuungsgericht entlässt den Betreuer auf dessen Verlangen, wenn nach dessen Bestellung Umstände eingetreten sind, aufgrund derer ihm die Führung der Betreuung nicht mehr zugemutet werden kann.

(5) Das Betreuungsgericht kann den Betreuer entlassen, wenn der Betreute eine mindestens gleich geeignete Person, die zur Übernahme der Betreuung bereit ist, als neuen Betreuer vorschlägt.

(6) Der Vereinsbetreuer ist auch dann zu entlassen, wenn der Betreuungsverein dies beantragt. Wünscht der Betreute die Fortführung der Betreuung durch den bisherigen Vereinsbetreuer, so kann das Betreuungsgericht statt der Entlassung des Vereinsbetreuers mit dessen Einverständnis feststellen, dass dieser die Betreuung künftig als Privatperson weiterführt. Die Sätze 1 und 2 gelten für den Behördenbetreuer entsprechend.

(7) Der Betreuungsverein oder die Betreuungsbehörde ist als Betreuer zu entlassen, sobald der Betreute durch eine oder mehrere natürliche Personen hinreichend betreut werden kann. Dies gilt für den Betreuungsverein nicht, wenn der Wunsch des Betreuten dem entgegensteht.

§ 1869 Bestellung eines neuen Betreuers

Mit der Entlassung des Betreuers oder nach dessen Tod ist ein neuer Betreuer zu bestellen.

§ 1870 Ende der Betreuung

Die Betreuung endet mit der Aufhebung der Betreuung durch das Betreuungsgericht oder mit dem Tod des Betreuten.

§ 1871 Aufhebung oder Änderung von Betreuung und Einwilligungsvorbehalt

(1) Die Betreuung ist aufzuheben, wenn ihre Voraussetzungen wegfallen. Fallen die Voraussetzungen nur für einen Teil der Aufgabenbereiche des Betreuers weg, so ist dessen Aufgabenkreis einzuschränken.

(2) Ist der Betreuer auf Antrag des Betreuten bestellt, so ist die Betreuung auf dessen Antrag wieder aufzuheben, es sei denn, die Aufrechterhaltung der Betreuung ist auch unter Berücksichtigung von § 1814 Absatz 2 erforderlich. Dies gilt für die Einschränkung des Aufgabenkreises des Betreuers entsprechend.

(3) Der Aufgabenkreis des Betreuers ist zu erweitern, wenn dies erforderlich wird. Die Vorschriften über die Bestellung des Betreuers gelten hierfür entsprechend.

(4) Für den Einwilligungsvorbehalt gelten die Absätze 1 und 3 entsprechend.

§ 1872 Herausgabe von Vermögen und Unterlagen; Schlussrechnungslegung

(1) Endet die Betreuung, hat der Betreuer das seiner Verwaltung unterliegende Vermögen und alle im Rahmen der Betreuung erlangten Unterlagen an den Betreuten, dessen Erben oder sonstigen Berechtigten herauszugeben.

(2) Eine Schlussrechnung über die Vermögensverwaltung hat der Betreuer nur zu erstellen, wenn der Berechtigte nach Absatz 1 dies verlangt. Auf dieses Recht ist der Berechtigte durch den Betreuer vor Herausgabe der Unterlagen hinzuweisen. Die Frist zur Geltendmachung des Anspruchs beträgt sechs Wochen nach Zugang des Hinweises. Der Berechtigte hat dem Betreuungsgericht sein Verlangen gegenüber dem Betreuer mitzuteilen.

(3) Ist der Betreute sechs Monate nach Ende der Betreuung unbekannten Aufenthalts oder sind dessen Erben nach Ablauf dieser Frist unbekannt oder unbekannten Aufenthalts und ist auch kein sonstiger Berechtigter vorhanden, hat der Betreuer abweichend von Absatz 2 eine Schlussrechnung zu erstellen.

(4) Bei einem Wechsel des Betreuers hat der bisherige Betreuer das seiner Verwaltung unterliegende Vermögen und alle im Rahmen der Betreuung erlangten Unterlagen an den neuen Betreuer herauszugeben. Über die Verwaltung seit der letzten beim Betreuungsgericht eingereichten Rechnungslegung hat er Rechenschaft durch eine Schlussrechnung abzulegen.

(5) War der Betreuer bei Beendigung seines Amtes gemäß § 1859 befreit, genügt zur Erfüllung der Verpflichtungen aus den Absätzen 2 und 4 Satz 2 die Erstellung einer Vermögensübersicht mit einer Übersicht über die Einnahmen und Ausgaben seit der letzten Vermögensübersicht. Die Richtigkeit und Vollständigkeit der Vermögensübersicht ist an Eides statt zu versichern.

§ 1873 Rechnungsprüfung

(1) Der Betreuer hat eine nach § 1872 von ihm zu erstellende Schlussrechnung oder Vermögensübersicht beim Betreuungsgericht einzureichen. Das Betreuungsgericht übersendet diese an den Berechtigten, soweit dieser bekannt ist oder rechtlich vertreten wird und kein Fall des § 1872 Absatz 3 vorliegt.

(2) Das Betreuungsgericht hat die Schlussrechnung oder die Vermögensübersicht sachlich und rechnerisch zu prüfen und, soweit erforderlich, ihre Ergänzung herbeizuführen. Das Betreuungsgericht übersendet das Ergebnis seiner Prüfung nach Satz 1 an den Berechtigten.

(3) Endet die Betreuung und liegt kein Fall des § 1872 Absatz 3 vor, so gilt Absatz 2 nur dann, wenn der Berechtigte binnen sechs Wochen nach Zugang der Schlussrechnung oder der Vermögensübersicht deren Prüfung verlangt. Über dieses Recht ist der Berechtigte bei der Übersendung nach Absatz 1 Satz 2 zu belehren. Nach Ablauf der Frist kann eine Prüfung durch das Betreuungsgericht nicht mehr verlangt werden.

§ 1874 Besorgung der Angelegenheiten des Betreuten nach Beendigung der Betreuung

(1) Der Betreuer darf die Besorgung der Angelegenheiten des Betreuten fortführen, bis er von der Beendigung der Betreuung Kenntnis erlangt oder diese kennen muss. Ein Dritter kann sich auf diese Befugnis nicht berufen, wenn er bei der Vornahme des Rechtsgeschäfts die Beendigung kennt oder kennen muss.

(2) Endet die Betreuung durch den Tod des Betreuten, so hat der Betreuer im Rahmen des ihm übertragenen Aufgabenkreises die Angelegenheiten, die keinen Aufschub dulden, zu besorgen, bis der Erbe diese besorgen kann.

Untertitel 5
Vergütung und Aufwendungsersatz

§ 1875 Vergütung und Aufwendungsersatz

(1) Vergütung und Aufwendungsersatz des ehrenamtlichen Betreuers bestimmen sich nach den Vorschriften dieses Untertitels.

(2) Vergütung und Aufwendungsersatz des beruflichen Betreuers, des Betreuungsvereins, des Behördenbetreuers und der Betreuungsbehörde bestimmen sich nach dem Vormünder- und Betreuervergütungsgesetz.

§ 1876 Vergütung

Dem ehrenamtlichen Betreuer steht grundsätzlich kein Anspruch auf Vergütung zu. Das Betreuungsgericht kann ihm abweichend von Satz 1 eine angemessene Vergütung bewilligen, wenn

1. der Umfang oder die Schwierigkeit der Wahrnehmung der Angelegenheiten des Betreuten dies rechtfertigen und
2. der Betreute nicht mittellos ist.

§ 1877 Aufwendungsersatz

(1) Macht der Betreuer zur Führung der Betreuung Aufwendungen, so kann er nach den für den Auftrag geltenden Vorschriften der §§ 669 und 670 vom Betreuten Vorschuss oder Ersatz verlangen. Für den Ersatz von Fahrtkosten des Betreuers gilt die in § 5 des Justizvergütungs- und -entschädigungsgesetzes für Sachverständige getroffene Regelung entsprechend.

(2) Zu den Aufwendungen gehören auch die Kosten einer angemessenen Versicherung gegen Schäden, die

1. dem Betreuten durch den Betreuer zugefügt werden können oder
2. dem Betreuer dadurch entstehen können, dass er einem Dritten zum Ersatz eines durch die Führung der Betreuung verursachten Schadens verpflichtet ist.

Kosten für die Haftpflichtversicherung des Halters eines Kraftfahrzeugs gehören nicht zu diesen Aufwendungen.

(3) Als Aufwendungen gelten auch solche Dienste des Betreuers, die zu seinem Gewerbe oder Beruf gehören.

(4) Der Anspruch auf Aufwendungsersatz erlischt, wenn er nicht binnen 15 Monaten nach seiner Entstehung gerichtlich geltend gemacht wird. Die Geltendmachung beim Betreuungsgericht gilt als Geltendmachung gegen den Betreuten. Die Geltendmachung gegen den Betreuten gilt auch als Geltendmachung gegen die Staatskasse.

(5) Das Betreuungsgericht kann eine von Absatz 4 Satz 1 abweichende kürzere oder längere Frist für das Erlöschen des Anspruchs bestimmen sowie diese gesetzte Frist auf Antrag verlängern. Mit der Fristbestimmung ist über das Erlöschen des Ersatzanspruchs bei Versäumung der Frist zu belehren. Der Anspruch ist innerhalb der Frist zu beziffern.

§ 1878 Aufwandspauschale

(1) Zur Abgeltung seines Anspruchs auf Aufwendungsersatz kann der Betreuer für die Führung jeder Betreuung, für die er keine Vergütung erhält, vom Betreuten einen pauschalen Geldbetrag verlangen (Aufwandspauschale). Dieser entspricht für ein Jahr dem 17fachen dessen, was einem Zeugen als Höchstbetrag der Entschädigung für eine Stunde versäumter Arbeitszeit (§ 22 des Justizvergütungs- und -entschädigungsgesetzes) gewährt werden kann. Hat der Betreuer für solche Aufwendungen bereits Vorschuss oder Ersatz erhalten, so verringert sich die Aufwandspauschale entsprechend.

(2) Sind mehrere Betreuer bestellt, kann jeder Betreuer den Anspruch auf Aufwandspauschale geltend machen. In den Fällen der Bestellung eines Verhinderungsbetreuers nach § 1817 Absatz 4 kann jeder Betreuer den Anspruch auf Aufwandspauschale nur für den Zeitraum geltend machen, in dem er tatsächlich tätig geworden ist.

(3) Die Aufwandspauschale ist jährlich zu zahlen, erstmals ein Jahr nach Bestellung des Betreuers. Endet das Amt des Betreuers, ist die Aufwandspauschale anteilig nach den Monaten des bis zur Beendigung des Amtes laufenden Betreuungsjahres zu zahlen; ein angefangener Monat gilt als voller Monat.

(4) Der Anspruch erlischt, wenn er nicht binnen sechs Monaten nach Ablauf des Jahres, in dem der Anspruch entstanden ist, gerichtlich geltend gemacht wird. § 1877 Absatz 4 Satz 2 und 3 gilt entsprechend. Ist der Anspruch einmalig ausdrücklich gerichtlich geltend gemacht worden, so gilt in den Folgejahren die Einreichung des Jahresberichts jeweils als Antrag, es sei denn, der Betreuer verzichtet ausdrücklich auf eine weitere Geltendmachung.

§ 1879 Zahlung aus der Staatskasse

Gilt der Betreute als mittellos im Sinne von § 1880, so kann der Betreuer den Vorschuss, den Aufwendungsersatz nach § 1877 oder die Aufwandspauschale nach § 1878 aus der Staatskasse verlangen.

§ 1880 Mittellosigkeit des Betreuten

(1) Der Betreute gilt als mittellos, wenn er den Vorschuss, den Aufwendungsersatz oder die Aufwandspauschale aus seinem einzusetzenden Vermögen nicht, nur zum Teil oder nur in Raten aufbringen kann.

(2) Der Betreute hat sein Vermögen nach Maßgabe des § 90 des Zwölften Buches Sozialgesetzbuch einzusetzen.

§ 1881 Gesetzlicher Forderungsübergang

Soweit die Staatskasse den Betreuer befriedigt, gehen Ansprüche des Betreuers gegen den Betreuten auf die Staatskasse über. Nach dem Tode des Betreuten haftet sein Erbe nur mit dem Wert des im Zeitpunkt des Erbfalls vorhandenen Nachlasses; § 102 Absatz 3 und 4 des Zwölften Buches Sozialgesetzbuch gilt entsprechend, § 1880 Absatz 2 ist auf den Erben nicht anzuwenden.

Titel 4
Sonstige Pflegschaft

§ 1882 Pflegschaft für unbekannte Beteiligte

Ist unbekannt oder ungewiss, wer bei einer Angelegenheit der Beteiligte ist, so kann dem Beteiligten für diese Angelegenheit, soweit eine Fürsorge erforderlich ist, ein Pfleger bestellt werden. Insbesondere kann für einen Nacherben, der noch nicht gezeugt ist oder dessen Persönlichkeit erst durch ein künftiges Ereignis bestimmt wird, für die Zeit bis zum Eintritt der Nacherbfolge ein Pfleger bestellt werden.

§ 1883 Pflegschaft für gesammeltes Vermögen

Ist durch öffentliche Sammlung Vermögen für einen vorübergehenden Zweck zusammengebracht worden, so kann zum Zwecke der Verwaltung und Verwendung des Vermögens ein Pfleger bestellt werden, wenn die zu der Verwaltung und Verwendung berufenen Personen weggefallen sind.

§ 1884 Abwesenheitspflegschaft

(1) Ein abwesender Volljähriger, dessen Aufenthalt unbekannt ist, erhält für seine Vermögensangelegenheiten,

soweit sie der Fürsorge bedürfen, einen Abwesenheitspfleger. Ein solcher Abwesenheitspfleger ist ihm insbesondere auch dann zu bestellen, wenn er durch Erteilung eines Auftrags oder einer Vollmacht Fürsorge getroffen hat, aber Umstände eingetreten sind, die zum Widerruf des Auftrags oder der Vollmacht Anlass geben.

(2) Das Gleiche gilt für einen Abwesenden, dessen Aufenthalt bekannt, der aber an der Rückkehr und der Besorgung seiner Vermögensangelegenheiten verhindert ist.

§ 1885 Bestellung des sonstigen Pflegers

Das Betreuungsgericht oder im Falle der Nachlasspflegschaft das Nachlassgericht ordnet die Pflegschaft an, wählt einen geeigneten Pfleger aus und bestellt ihn, nachdem er sich zur Übernahme des Amtes bereit erklärt hat.

§ 1886 Aufhebung der Pflegschaft

(1) Die Pflegschaft für einen Abwesenden ist aufzuheben,

1. wenn der Abwesende an der Besorgung seiner Vermögensangelegenheiten nicht mehr verhindert ist,
2. wenn der Abwesende stirbt.

(2) Im Übrigen ist eine Pflegschaft aufzuheben, wenn der Grund für ihre Anordnung weggefallen ist.

§ 1887 Ende der Pflegschaft kraft Gesetzes

(1) Wird der Abwesende für tot erklärt oder wird seine Todeszeit nach den Vorschriften des Verschollenheitsgesetzes festgestellt, so endet die Pflegschaft mit der Rechtskraft des Beschlusses über die Todeserklärung oder die Feststellung der Todeszeit.

(2) Im Übrigen endet die Pflegschaft zur Besorgung einer einzelnen Angelegenheit mit deren Erledigung.

§ 1888 Anwendung des Betreuungsrechts

(1) Die Vorschriften des Betreuungsrechts sind auf sonstige Pflegschaften entsprechend anwendbar, soweit sich nicht aus dem Gesetz ein anderes ergibt.

(2) Die Ansprüche des berufsmäßig tätigen Pflegers auf Vergütung und Aufwendungsersatz richten sich nach den §§ 1 bis 6 des Vormünder- und Betreuervergütungsgesetzes. Sofern der Pflegling nicht mittellos ist, bestimmt sich die Höhe des Stundensatzes des Pflegers jedoch nach den für die Führung der Pflegschaftsgeschäfte nutzbaren Fachkenntnissen des Pflegers sowie nach dem Umfang und der Schwierigkeit der Pflegschaftsgeschäfte.

§§ 1889 bis 1921 (weggefallen)

Buch 5 Erbrecht

Abschnitt 1 Erbfolge

§ 1922 Gesamtrechtsnachfolge

(1) Mit dem Tode einer Person (Erbfall) geht deren Vermögen (Erbschaft) als Ganzes auf eine oder mehrere andere Personen (Erben) über.

(2) Auf den Anteil eines Miterben (Erbteil) finden die sich auf die Erbschaft beziehenden Vorschriften Anwendung.

§ 1923 Erbfähigkeit

(1) Erbe kann nur werden, wer zur Zeit des Erbfalls lebt.

(2) Wer zur Zeit des Erbfalls noch nicht lebte, aber bereits gezeugt war, gilt als vor dem Erbfall geboren.

§ 1924 Gesetzliche Erben erster Ordnung

(1) Gesetzliche Erben der ersten Ordnung sind die Abkömmlinge des Erblassers.

(2) Ein zur Zeit des Erbfalls lebender Abkömmling schließt die durch ihn mit dem Erblasser verwandten Abkömmlinge von der Erbfolge aus.

(3) An die Stelle eines zur Zeit des Erbfalls nicht mehr lebenden Abkömmlings treten die durch ihn mit dem Erblasser verwandten Abkömmlinge (Erbfolge nach Stämmen).

(4) Kinder erben zu gleichen Teilen.

§ 1925 Gesetzliche Erben zweiter Ordnung

(1) Gesetzliche Erben der zweiten Ordnung sind die Eltern des Erblassers und deren Abkömmlinge.

(2) Leben zur Zeit des Erbfalls die Eltern, so erben sie allein und zu gleichen Teilen.

(3) Lebt zur Zeit des Erbfalls der Vater oder die Mutter nicht mehr, so treten an die Stelle des Verstorbenen dessen Abkömmlinge nach den für die Beerbung in der ersten Ordnung geltenden Vorschriften. Sind Abkömmlinge nicht vorhanden, so erbt der überlebende Teil allein.

(4) In den Fällen des § 1756 sind das angenommene Kind und die Abkömmlinge der leiblichen Eltern oder des anderen Elternteils des Kindes im Verhältnis zueinander nicht Erben der zweiten Ordnung.

§ 1926 Gesetzliche Erben dritter Ordnung

(1) Gesetzliche Erben der dritten Ordnung sind die Großeltern des Erblassers und deren Abkömmlinge.

(2) Leben zur Zeit des Erbfalls die Großeltern, so erben sie allein und zu gleichen Teilen.

(3) Lebt zur Zeit des Erbfalls von einem Großelternpaar der Großvater oder die Großmutter nicht mehr, so treten an die Stelle des Verstorbenen dessen Abkömmlinge. Sind Abkömmlinge nicht vorhanden, so fällt der Anteil des Verstorbenen dem anderen Teil des Großelternpaars und, wenn dieser nicht mehr lebt, dessen Abkömmlingen zu.

(4) Lebt zur Zeit des Erbfalls ein Großelternpaar nicht mehr und sind Abkömmlinge der Verstorbenen nicht vorhanden, so erben die anderen Großeltern oder ihre Abkömmlinge allein.

(5) Soweit Abkömmlinge an die Stelle ihrer Eltern oder ihrer Voreltern treten, finden die für die Beerbung in der ersten Ordnung geltenden Vorschriften Anwendung.

§ 1927 Mehrere Erbteile bei mehrfacher Verwandtschaft

Wer in der ersten, der zweiten oder der dritten Ordnung verschiedenen Stämmen angehört, erhält den in jedem dieser Stämme ihm zufallenden Anteil. Jeder Anteil gilt als besonderer Erbteil.

§ 1928 Gesetzliche Erben vierter Ordnung

(1) Gesetzliche Erben der vierten Ordnung sind die Urgroßeltern des Erblassers und deren Abkömmlinge.

(2) Leben zur Zeit des Erbfalls Urgroßeltern, so erben sie allein; mehrere erben zu gleichen Teilen, ohne Unterschied, ob sie derselben Linie oder verschiedenen Linien angehören.

(3) Leben zur Zeit des Erbfalls Urgroßeltern nicht mehr, so erbt von ihren Abkömmlingen derjenige, welcher mit dem Erblasser dem Grade nach am nächsten verwandt ist; mehrere gleich nahe Verwandte erben zu gleichen Teilen.

§ 1929 Fernere Ordnungen

(1) Gesetzliche Erben der fünften Ordnung und der ferneren Ordnungen sind die entfernteren Voreltern des Erblassers und deren Abkömmlinge.

(2) Die Vorschriften des § 1928 Abs. 2, 3 finden entsprechende Anwendung.

§ 1930 Rangfolge der Ordnungen

Ein Verwandter ist nicht zur Erbfolge berufen, solange ein Verwandter einer vorhergehenden Ordnung vorhanden ist.

§ 1931 Gesetzliches Erbrecht des Ehegatten

(1) Der überlebende Ehegatte des Erblassers ist neben Verwandten der ersten Ordnung zu einem Viertel, neben Verwandten der zweiten Ordnung oder neben Großeltern zur Hälfte der Erbschaft als gesetzlicher Erbe berufen. Treffen mit Großeltern Abkömmlinge von Großeltern zusammen, so erhält der Ehegatte auch von der anderen Hälfte den Anteil, der nach § 1926 den Abkömmlingen zufallen würde.

(2) Sind weder Verwandte der ersten oder der zweiten Ordnung noch Großeltern vorhanden, so erhält der überlebende Ehegatte die ganze Erbschaft.

(3) Die Vorschrift des § 1371 bleibt unberührt.

(4) Bestand beim Erbfall Gütertrennung und sind als gesetzliche Erben neben dem überlebenden Ehegatten ein oder zwei Kinder des Erblassers berufen, so erben der überlebende Ehegatte und jedes Kind zu gleichen Teilen; § 1924 Abs. 3 gilt auch in diesem Falle.

§ 1932 Voraus des Ehegatten

(1) Ist der überlebende Ehegatte neben Verwandten der zweiten Ordnung oder neben Großeltern gesetzlicher Erbe, so gebühren ihm außer dem Erbteil die zum ehelichen Haushalt gehörenden Gegenstände, soweit sie nicht Zubehör eines Grundstücks sind, und die Hochzeitsgeschenke als Voraus. Ist der überlebende Ehegatte neben Verwandten der ersten Ordnung gesetzlicher Erbe, so gebühren ihm diese Gegenstände, soweit er sie zur Führung eines angemessenen Haushalts benötigt.

(2) Auf den Voraus sind die für Vermächtnisse geltenden Vorschriften anzuwenden.

§ 1933 Ausschluss des Ehegattenerbrechts

Das Erbrecht des überlebenden Ehegatten sowie das Recht auf den Voraus ist ausgeschlossen, wenn zur Zeit des Todes des Erblassers die Voraussetzungen für die Scheidung der Ehe gegeben waren und der Erblasser die Scheidung beantragt oder ihr zugestimmt hatte. Das Gleiche gilt, wenn der Erblasser berechtigt war, die Aufhebung der Ehe zu beantragen, und den Antrag gestellt hatte. In diesen Fällen ist der Ehegatte nach Maßgabe der §§ 1569 bis 1586b unterhaltsberechtigt.

§ 1934 Erbrecht des verwandten Ehegatten

Gehört der überlebende Ehegatte zu den erbberechtigten Verwandten, so erbt er zugleich als Verwandter. Der Erbteil, der ihm auf Grund der Verwandtschaft zufällt, gilt als besonderer Erbteil.

§ 1935 Folgen der Erbteilserhöhung

Fällt ein gesetzlicher Erbe vor oder nach dem Erbfall weg und erhöht sich infolgedessen der Erbteil eines anderen gesetzlichen Erben, so gilt der Teil, um welchen sich der Erbteil erhöht, in Ansehung der Vermächtnisse und Auflagen, mit denen dieser Erbe oder der wegfallende Erbe beschwert ist, sowie in Ansehung der Ausgleichungspflicht als besonderer Erbteil.

§ 1936 Gesetzliches Erbrecht des Staates

Ist zur Zeit des Erbfalls kein Verwandter, Ehegatte oder Lebenspartner des Erblassers vorhanden, erbt das Land, in dem der Erblasser zur Zeit des Erbfalls seinen letzten Wohnsitz oder, wenn ein solcher nicht feststellbar ist, seinen gewöhnlichen Aufenthalt hatte. Im Übrigen erbt der Bund.

§ 1937 Erbeinsetzung durch letztwillige Verfügung

Der Erblasser kann durch einseitige Verfügung von Todes wegen (Testament, letztwillige Verfügung) den Erben bestimmen.

§ 1938 Enterbung ohne Erbeinsetzung

Der Erblasser kann durch Testament einen Verwandten, den Ehegatten oder den Lebenspartner von der gesetzlichen Erbfolge ausschließen, ohne einen Erben einzusetzen.

§ 1939 Vermächtnis

Der Erblasser kann durch Testament einem anderen, ohne ihn als Erben einzusetzen, einen Vermögensvorteil zuwenden (Vermächtnis).

§ 1940 Auflage

Der Erblasser kann durch Testament den Erben oder einen Vermächtnisnehmer zu einer Leistung verpflichten, ohne einem anderen ein Recht auf die Leistung zuzuwenden (Auflage).

§ 1941 Erbvertrag

(1) Der Erblasser kann durch Vertrag einen Erben einsetzen, Vermächtnisse und Auflagen anordnen sowie das anzuwendende Erbrecht wählen (Erbvertrag).

(2) Als Erbe (Vertragserbe) oder als Vermächtnisnehmer kann sowohl der andere Vertragschließende als ein Dritter bedacht werden.

Abschnitt 2
Rechtliche Stellung des Erben

Titel 1
Annahme und Ausschlagung der Erbschaft, Fürsorge des Nachlassgerichts

§ 1942 Anfall und Ausschlagung der Erbschaft

(1) Die Erbschaft geht auf den berufenen Erben unbeschadet des Rechts über, sie auszuschlagen (Anfall der Erbschaft).

(2) Der Fiskus kann die ihm als gesetzlichem Erben angefallene Erbschaft nicht ausschlagen.

§ 1943 Annahme und Ausschlagung der Erbschaft

Der Erbe kann die Erbschaft nicht mehr ausschlagen, wenn er sie angenommen hat oder wenn die für die Ausschlagung vorgeschriebene Frist verstrichen ist; mit dem Ablauf der Frist gilt die Erbschaft als angenommen.

§ 1944 Ausschlagungsfrist

(1) Die Ausschlagung kann nur binnen sechs Wochen erfolgen.

(2) Die Frist beginnt mit dem Zeitpunkt, in welchem der Erbe von dem Anfall und dem Grunde der Berufung Kenntnis erlangt. Ist der Erbe durch Verfügung von Todes wegen berufen, beginnt die Frist nicht vor Bekanntgabe der Verfügung von Todes wegen durch das Nachlassgericht. Auf den Lauf der Frist finden die für die Verjährung geltenden Vorschriften der §§ 206, 210 entsprechende Anwendung.

(3) Die Frist beträgt sechs Monate, wenn der Erblasser seinen letzten Wohnsitz nur im Ausland gehabt hat oder wenn sich der Erbe bei dem Beginn der Frist im Ausland aufhält.

§ 1945 Form der Ausschlagung

(1) Die Ausschlagung erfolgt durch Erklärung gegenüber dem Nachlassgericht; die Erklärung ist zur Niederschrift des Nachlassgerichts oder in öffentlich beglaubigter Form abzugeben.

(2) Die Niederschrift des Nachlassgerichts wird nach den Vorschriften des Beurkundungsgesetzes errichtet.

(3) Ein Bevollmächtigter bedarf einer öffentlich beglaubigten Vollmacht. Die Vollmacht muss der Erklärung beigefügt oder innerhalb der Ausschlagungsfrist nachgebracht werden.

§ 1946 Zeitpunkt für Annahme oder Ausschlagung

Der Erbe kann die Erbschaft annehmen oder ausschlagen, sobald der Erbfall eingetreten ist.

§ 1947 Bedingung und Zeitbestimmung

Die Annahme und die Ausschlagung können nicht unter einer Bedingung oder einer Zeitbestimmung erfolgen.

§ 1948 Mehrere Berufungsgründe

(1) Wer durch Verfügung von Todes wegen als Erbe berufen ist, kann, wenn er ohne die Verfügung als gesetzlicher Erbe berufen sein würde, die Erbschaft als eingesetzter Erbe ausschlagen und als gesetzlicher Erbe annehmen.

(2) Wer durch Testament und durch Erbvertrag als Erbe berufen ist, kann die Erbschaft aus dem einen Berufungsgrund annehmen und aus dem anderen ausschlagen.

§ 1949 Irrtum über den Berufungsgrund

(1) Die Annahme gilt als nicht erfolgt, wenn der Erbe über den Berufungsgrund im Irrtum war.

(2) Die Ausschlagung erstreckt sich im Zweifel auf alle Berufungsgründe, die dem Erben zur Zeit der Erklärung bekannt sind.

§ 1950 Teilannahme; Teilausschlagung

Die Annahme und die Ausschlagung können nicht auf einen Teil der Erbschaft beschränkt werden. Die Annahme oder Ausschlagung eines Teils ist unwirksam.

§ 1951 Mehrere Erbteile

(1) Wer zu mehreren Erbteilen berufen ist, kann, wenn die Berufung auf verschiedenen Gründen beruht, den einen Erbteil annehmen und den anderen ausschlagen.

(2) Beruht die Berufung auf demselben Grund, so gilt die Annahme oder Ausschlagung des einen Erbteils auch für den anderen, selbst wenn der andere erst später anfällt. Die Berufung beruht auf demselben Grund auch dann, wenn sie in verschiedenen Testamenten oder vertragsmäßig in verschiedenen zwischen denselben Personen geschlossenen Erbverträgen angeordnet ist.

(3) Setzt der Erblasser einen Erben auf mehrere Erbteile ein, so kann er ihm durch Verfügung von Todes wegen gestatten, den einen Erbteil anzunehmen und den anderen auszuschlagen.

§ 1952 Vererblichkeit des Ausschlagungsrechts

(1) Das Recht des Erben, die Erbschaft auszuschlagen, ist vererblich.

(2) Stirbt der Erbe vor dem Ablauf der Ausschlagungsfrist, so endigt die Frist nicht vor dem Ablauf der für die Erbschaft des Erben vorgeschriebenen Ausschlagungsfrist.

(3) Von mehreren Erben des Erben kann jeder den seinem Erbteil entsprechenden Teil der Erbschaft ausschlagen.

§ 1953 Wirkung der Ausschlagung

(1) Wird die Erbschaft ausgeschlagen, so gilt der Anfall an den Ausschlagenden als nicht erfolgt.

(2) Die Erbschaft fällt demjenigen an, welcher berufen sein würde, wenn der Ausschlagende zur Zeit des Erbfalls nicht gelebt hätte; der Anfall gilt als mit dem Erbfall erfolgt.

(3) Das Nachlassgericht soll die Ausschlagung demjenigen mitteilen, welchem die Erbschaft infolge der Ausschlagung angefallen ist. Es hat die Einsicht der Erklärung jedem zu gestatten, der ein rechtliches Interesse glaubhaft macht.

§ 1954 Anfechtungsfrist

(1) Ist die Annahme oder die Ausschlagung anfechtbar, so kann die Anfechtung nur binnen sechs Wochen erfolgen.

(2) Die Frist beginnt im Falle der Anfechtbarkeit wegen Drohung mit dem Zeitpunkt, in welchem die Zwangslage aufhört, in den übrigen Fällen mit dem Zeitpunkt, in welchem der Anfechtungsberechtigte von dem Anfechtungsgrund Kenntnis erlangt. Auf den Lauf der Frist finden die für die Verjährung geltenden Vorschriften der §§ 206, 210, 211 entsprechende Anwendung.

(3) Die Frist beträgt sechs Monate, wenn der Erblasser seinen letzten Wohnsitz nur im Ausland gehabt hat oder wenn sich der Erbe bei dem Beginn der Frist im Ausland aufhält.

(4) Die Anfechtung ist ausgeschlossen, wenn seit der Annahme oder der Ausschlagung 30 Jahre verstrichen sind.

§ 1955 Form der Anfechtung

Die Anfechtung der Annahme oder der Ausschlagung erfolgt durch Erklärung gegenüber dem Nachlassgericht. Für die Erklärung gelten die Vorschriften des § 1945.

§ 1956 Anfechtung der Fristversäumung

Die Versäumung der Ausschlagungsfrist kann in gleicher Weise wie die Annahme angefochten werden.

§ 1957 Wirkung der Anfechtung

(1) Die Anfechtung der Annahme gilt als Ausschlagung, die Anfechtung der Ausschlagung gilt als Annahme.

(2) Das Nachlassgericht soll die Anfechtung der Ausschlagung demjenigen mitteilen, welchem die Erbschaft infolge der Ausschlagung angefallen war. Die Vorschrift des § 1953 Abs. 3 Satz 2 findet Anwendung.

§ 1958 Gerichtliche Geltendmachung von Ansprüchen gegen den Erben

Vor der Annahme der Erbschaft kann ein Anspruch, der sich gegen den Nachlass richtet, nicht gegen den Erben gerichtlich geltend gemacht werden.

§ 1959 Geschäftsführung vor der Ausschlagung

(1) Besorgt der Erbe vor der Ausschlagung erbschaftliche Geschäfte, so ist er demjenigen gegenüber, welcher Erbe wird, wie ein Geschäftsführer ohne Auftrag berechtigt und verpflichtet.

(2) Verfügt der Erbe vor der Ausschlagung über einen Nachlassgegenstand, so wird die Wirksamkeit der Verfügung durch die Ausschlagung nicht berührt, wenn die Verfügung nicht ohne Nachteil für den Nachlass verschoben werden konnte.

(3) Ein Rechtsgeschäft, das gegenüber dem Erben als solchem vorgenommen werden muss, bleibt, wenn es vor der Ausschlagung dem Ausschlagenden gegenüber vorgenommen wird, auch nach der Ausschlagung wirksam.

§ 1960 Sicherung des Nachlasses; Nachlasspfleger

(1) Bis zur Annahme der Erbschaft hat das Nachlassgericht für die Sicherung des Nachlasses zu sorgen, soweit ein Bedürfnis besteht. Das Gleiche gilt, wenn der Erbe unbekannt oder wenn ungewiss ist, ob er die Erbschaft angenommen hat.

(2) Das Nachlassgericht kann insbesondere die Anlegung von Siegeln, die Hinterlegung von Geld, Wertpapieren und Kostbarkeiten sowie die Aufnahme eines Nachlassverzeichnisses anordnen und für denjenigen, welcher Erbe wird, einen Pfleger (Nachlasspfleger) bestellen.

(3) Die Vorschrift des § 1958 findet auf den Nachlasspfleger keine Anwendung.

§ 1961 Nachlasspflegschaft auf Antrag

Das Nachlassgericht hat in den Fällen des § 1960 Abs. 1 einen Nachlasspfleger zu bestellen, wenn die Bestellung zum Zwecke der gerichtlichen Geltendmachung eines Anspruchs, der sich gegen den Nachlass richtet, von dem Berechtigten beantragt wird.

§ 1962 Zuständigkeit des Nachlassgerichts

Für die Nachlasspflegschaft tritt an die Stelle des Familiengerichts oder Betreuungsgerichts das Nachlassgericht.

§ 1963 Unterhalt der werdenden Mutter eines Erben

Ist zur Zeit des Erbfalls die Geburt eines Erben zu erwarten, so kann die Mutter, falls sie außerstande ist, sich selbst zu unterhalten, bis zur Entbindung angemessenen Unterhalt aus dem Nachlass oder, wenn noch andere Personen als Erben berufen sind, aus dem Erbteil des Kindes verlangen. Bei der Bemessung des Erbteils ist anzunehmen, dass nur ein Kind geboren wird.

§ 1964 Erbvermutung für den Fiskus durch Feststellung

(1) Wird der Erbe nicht innerhalb einer den Umständen entsprechenden Frist ermittelt, so hat das Nachlassgericht festzustellen, dass ein anderer Erbe als der Fiskus nicht vorhanden ist.

(2) Die Feststellung begründet die Vermutung, dass der Fiskus gesetzlicher Erbe sei.

§ 1965 Öffentliche Aufforderung zur Anmeldung der Erbrechte

(1) Der Feststellung hat eine öffentliche Aufforderung zur Anmeldung der Erbrechte unter Bestimmung einer Anmeldungsfrist vorauszugehen; die Art der Bekanntmachung und die Dauer der Anmeldungsfrist bestimmen sich nach den für das Aufgebotsverfahren geltenden Vorschriften. Die Aufforderung darf unterbleiben, wenn die Kosten dem Bestand des Nachlasses gegenüber unverhältnismäßig groß sind.

(2) Ein Erbrecht bleibt unberücksichtigt, wenn nicht dem Nachlassgericht binnen drei Monaten nach dem Ablauf der Anmeldungsfrist nachgewiesen wird, dass das Erbrecht besteht oder dass es gegen den Fiskus im Wege der Klage geltend gemacht ist. Ist eine öffentliche Aufforderung nicht ergangen, so beginnt die dreimonatige Frist mit der gerichtlichen Aufforderung, das Erbrecht oder die Erhebung der Klage nachzuweisen.

§ 1966 Rechtsstellung des Fiskus vor Feststellung

Von dem Fiskus als gesetzlichem Erben und gegen den Fiskus als gesetzlichen Erben kann ein Recht erst geltend gemacht werden, nachdem von dem Nachlassgericht festgestellt worden ist, dass ein anderer Erbe nicht vorhanden ist.

Titel 2
Haftung des Erben für die Nachlassverbindlichkeiten

Untertitel 1
Nachlassverbindlichkeiten

§ 1967 Erbenhaftung, Nachlassverbindlichkeiten

(1) Der Erbe haftet für die Nachlassverbindlichkeiten.

(2) Zu den Nachlassverbindlichkeiten gehören außer den vom Erblasser herrührenden Schulden die den Erben als solchen treffenden Verbindlichkeiten, insbesondere die Verbindlichkeiten aus Pflichtteilsrechten, Vermächtnissen und Auflagen.

§ 1968 Beerdigungskosten

Der Erbe trägt die Kosten der Beerdigung des Erblassers.

§ 1969 Dreißigster

(1) Der Erbe ist verpflichtet, Familienangehörigen des Erblassers, die zur Zeit des Todes des Erblassers zu dessen Hausstand gehören und von ihm Unterhalt bezogen haben, in den ersten 30 Tagen nach dem Eintritt des Erbfalls in demselben Umfang, wie der Erblasser es getan hat, Unterhalt zu gewähren und die Benutzung der Wohnung und der Haushaltsgegenstände zu gestatten. Der Erblasser kann durch letztwillige Verfügung eine abweichende Anordnung treffen.

(2) Die Vorschriften über Vermächtnisse finden entsprechende Anwendung.

Abschnitt 3 Testament

Titel 1 Allgemeine Vorschriften

§ 2064 Persönliche Errichtung

Der Erblasser kann ein Testament nur persönlich errichten.

§ 2077 Unwirksamkeit letztwilliger Verfügungen bei Auflösung der Ehe oder Verlobung

(1) Eine letztwillige Verfügung, durch die der Erblasser seinen Ehegatten bedacht hat, ist unwirksam, wenn die Ehe vor dem Tode des Erblassers aufgelöst worden ist. Der Auflösung der Ehe steht es gleich, wenn zur Zeit des Todes des Erblassers die Voraussetzungen für die Scheidung der Ehe gegeben waren und der Erblasser die Scheidung beantragt oder ihr zugestimmt hatte. Das Gleiche gilt, wenn der Erblasser zur Zeit seines Todes berechtigt war, die Aufhebung der Ehe zu beantragen, und den Antrag gestellt hatte.

(2) Eine letztwillige Verfügung, durch die der Erblasser seinen Verlobten bedacht hat, ist unwirksam, wenn das Verlöbnis vor dem Tode des Erblassers aufgelöst worden ist.

(3) Die Verfügung ist nicht unwirksam, wenn anzunehmen ist, dass der Erblasser sie auch für einen solchen Fall getroffen haben würde.

§ 2078 Anfechtung wegen Irrtums oder Drohung

(1) Eine letztwillige Verfügung kann angefochten werden, soweit der Erblasser über den Inhalt seiner Erklärung im Irrtum war oder eine Erklärung dieses Inhalts überhaupt nicht abgeben wollte und anzunehmen ist, dass er die Erklärung bei Kenntnis der Sachlage nicht abgegeben haben würde.

(2) Das Gleiche gilt, soweit der Erblasser zu der Verfügung durch die irrige Annahme oder Erwartung des Eintritts oder Nichteintritts eines Umstands oder widerrechtlich durch Drohung bestimmt worden ist.

(3) Die Vorschrift des § 122 findet keine Anwendung.

§ 2079 Anfechtung wegen Übergehung eines Pflichtteilsberechtigten

Eine letztwillige Verfügung kann angefochten werden, wenn der Erblasser einen zur Zeit des Erbfalls vorhandenen Pflichtteilsberechtigten übergangen hat, dessen Vorhandensein ihm bei der Errichtung der Verfügung nicht bekannt war oder der erst nach der Errichtung geboren oder pflichtteilsberechtigt geworden ist. Die Anfechtung ist ausgeschlossen, soweit anzunehmen ist, dass der Erblasser auch bei Kenntnis der Sachlage die Verfügung getroffen haben würde.

§ 2080 Anfechtungsberechtigte

(1) Zur Anfechtung ist derjenige berechtigt, welchem die Aufhebung der letztwilligen Verfügung unmittelbar zustatten kommen würde.

(2) Bezieht sich in den Fällen des § 2078 der Irrtum nur auf eine bestimmte Person und ist diese anfechtungsberechtigt oder würde sie anfechtungsberechtigt sein, wenn sie zur Zeit des Erbfalls gelebt hätte, so ist ein anderer zur Anfechtung nicht berechtigt.

(3) Im Falle des § 2079 steht das Anfechtungsrecht nur dem Pflichtteilsberechtigten zu.

§ 2081 Anfechtungserklärung

(1) Die Anfechtung einer letztwilligen Verfügung, durch die ein Erbe eingesetzt, ein gesetzlicher Erbe von der Erbfolge ausgeschlossen, ein Testamentsvollstrecker ernannt oder eine Verfügung solcher Art aufgehoben wird, erfolgt durch Erklärung gegenüber dem Nachlassgericht.

(2) Das Nachlassgericht soll die Anfechtungserklärung demjenigen mitteilen, welchem die angefochtene Verfügung unmittelbar zustatten kommt. Es hat die Einsicht der Erklärung jedem zu gestatten, der ein rechtliches Interesse glaubhaft macht.

(3) Die Vorschrift des Absatzes 1 gilt auch für die Anfechtung einer letztwilligen Verfügung, durch die ein Recht für einen anderen nicht begründet wird, insbesondere für die Anfechtung einer Auflage.

§ 2082 Anfechtungsfrist

(1) Die Anfechtung kann nur binnen Jahresfrist erfolgen.

(2) Die Frist beginnt mit dem Zeitpunkt, in welchem der Anfechtungsberechtigte von dem Anfechtungsgrund Kenntnis erlangt. Auf den Lauf der Frist finden die für die Verjährung geltenden Vorschriften der §§ 206, 210, 211 entsprechende Anwendung.

(3) Die Anfechtung ist ausgeschlossen, wenn seit dem Erbfall 30 Jahre verstrichen sind.

Titel 3 Einsetzung eines Nacherben

§ 2100 Nacherbe

Der Erblasser kann einen Erben in der Weise einsetzen, dass dieser erst Erbe wird, nachdem zunächst ein anderer Erbe geworden ist (Nacherbe).

§ 2101 Noch nicht gezeugter Nacherbe

(1) Ist eine zur Zeit des Erbfalls noch nicht gezeugte Person als Erbe eingesetzt, so ist im Zweifel anzunehmen, dass sie als Nacherbe eingesetzt ist. Entspricht es nicht dem Willen des Erblassers, dass der Eingesetzte Nacherbe werden soll, so ist die Einsetzung unwirksam.

(2) Das Gleiche gilt von der Einsetzung einer juristischen Person, die erst nach dem Erbfall zur Entstehung gelangt; die Vorschrift des § 80 Absatz 2 Satz 2 bleibt unberührt.

§ 2102 Nacherbe und Ersatzerbe

(1) Die Einsetzung als Nacherbe enthält im Zweifel auch die Einsetzung als Ersatzerbe.

(2) Ist zweifelhaft, ob jemand als Ersatzerbe oder als Nacherbe eingesetzt ist, so gilt er als Ersatzerbe.

§ 2103 Anordnung der Herausgabe der Erbschaft

Hat der Erblasser angeordnet, dass der Erbe mit dem Eintritt eines bestimmten Zeitpunkts oder Ereignisses die Erbschaft einem anderen herausgeben soll, so ist anzunehmen, dass der andere als Nacherbe eingesetzt ist.

§ 2104 Gesetzliche Erben als Nacherben

Hat der Erblasser angeordnet, dass der Erbe nur bis zu dem Eintritt eines bestimmten Zeitpunkts oder Ereignisses Erbe sein soll, ohne zu bestimmen, wer alsdann die Erbschaft erhalten soll, so ist anzunehmen, dass als Nacherben diejenigen eingesetzt sind, welche die gesetzlichen Erben des Erblassers sein würden, wenn er zur Zeit des Eintritts des Zeitpunkts oder des Ereignisses gestorben wäre. Der Fiskus gehört nicht zu den gesetzlichen Erben im Sinne dieser Vorschrift.

§ 2105 Gesetzliche Erben als Vorerben

(1) Hat der Erblasser angeordnet, dass der eingesetzte Erbe die Erbschaft erst mit dem Eintritt eines bestimmten Zeitpunkts oder Ereignisses erhalten soll, ohne zu bestimmen, wer bis dahin Erbe sein soll, so sind die gesetzlichen Erben des Erblassers die Vorerben.

(2) Das Gleiche gilt, wenn die Persönlichkeit des Erben durch ein erst nach dem Erbfall eintretendes Ereignis bestimmt werden soll oder wenn die Einsetzung einer zur Zeit des Erbfalls noch nicht gezeugten Person oder einer zu dieser Zeit noch nicht entstandenen juristischen Person als Erbe nach § 2101 als Nacherbeinsetzung anzusehen ist.

§ 2106 Eintritt der Nacherbfolge

(1) Hat der Erblasser einen Nacherben eingesetzt, ohne den Zeitpunkt oder das Ereignis zu bestimmen, mit dem die Nacherbfolge eintreten soll, so fällt die Erbschaft dem Nacherben mit dem Tode des Vorerben an.

(2) Ist die Einsetzung einer noch nicht gezeugten Person als Erbe nach § 2101 Abs. 1 als Nacherbeinsetzung anzusehen, so fällt die Erbschaft dem Nacherben mit dessen Geburt an. Im Falle des § 2101 Abs. 2 tritt der Anfall mit der Entstehung der juristischen Person ein.

§ 2107 Kinderloser Vorerbe

Hat der Erblasser einem Abkömmling, der zur Zeit der Errichtung der letztwilligen Verfügung keinen Abkömmling hat oder von dem der Erblasser zu dieser Zeit nicht weiß, dass er einen Abkömmling hat, für die Zeit nach dessen Tode einen Nacherben bestimmt, so ist anzunehmen, dass der Nacherbe nur für den Fall eingesetzt ist, dass der Abkömmling ohne Nachkommenschaft stirbt.

§ 2108 Erbfähigkeit; Vererblichkeit des Nacherbrechts

(1) Die Vorschrift des § 1923 findet auf die Nacherbfolge entsprechende Anwendung.

(2) Stirbt der eingesetzte Nacherbe vor dem Eintritt des Falles der Nacherbfolge, aber nach dem Eintritt des Erbfalls, so geht sein Recht auf seine Erben über, sofern nicht ein anderer Wille des Erblassers anzunehmen ist. Ist der Nacherbe unter einer aufschiebenden Bedingung eingesetzt, so bewendet es bei der Vorschrift des § 2074.

§ 2109 Unwirksamwerden der Nacherbschaft

(1) Die Einsetzung eines Nacherben wird mit dem Ablauf von 30 Jahren nach dem Erbfall unwirksam, wenn nicht vorher der Fall der Nacherbfolge eingetreten ist. Sie bleibt auch nach dieser Zeit wirksam,

1. wenn die Nacherbfolge für den Fall angeordnet ist, dass in der Person des Vorerben oder des Nacherben ein bestimmtes Ereignis eintritt, und derjenige, in dessen Person das Ereignis eintreten soll, zur Zeit des Erbfalls lebt,
2. wenn dem Vorerben oder einem Nacherben für den Fall, dass ihm ein Bruder oder eine Schwester geboren wird, der Bruder oder die Schwester als Nacherbe bestimmt ist.

(2) Ist der Vorerbe oder der Nacherbe, in dessen Person das Ereignis eintreten soll, eine juristische Person, so bewendet es bei der dreißigjährigen Frist.

§ 2110 Umfang des Nacherbrechts

(1) Das Recht des Nacherben erstreckt sich im Zweifel auf einen Erbteil, der dem Vorerben infolge des Wegfalls eines Miterben anfällt.

(2) Das Recht des Nacherben erstreckt sich im Zweifel nicht auf ein dem Vorerben zugewendetes Vorausvermächtnis.

§ 2111 Unmittelbare Ersetzung

(1) Zur Erbschaft gehört, was der Vorerbe auf Grund eines zur Erbschaft gehörenden Rechts oder als Ersatz für die Zerstörung, Beschädigung oder Entziehung eines Erbschaftsgegenstands oder durch Rechtsgeschäft mit Mitteln der Erbschaft erwirbt, sofern nicht der Erwerb ihm als Nutzung gebührt. Die Zugehörigkeit einer durch Rechtsgeschäft erworbenen Forderung zur Erbschaft hat der Schuldner erst dann gegen sich gelten zu lassen, wenn er von der Zugehörigkeit Kenntnis erlangt; die Vorschriften der §§ 406 bis 408 finden entsprechende Anwendung.

(2) Zur Erbschaft gehört auch, was der Vorerbe dem Inventar eines erbschaftlichen Grundstücks einverleibt.

§ 2112 Verfügungsrecht des Vorerben

Der Vorerbe kann über die zur Erbschaft gehörenden Gegenstände verfügen, soweit sich nicht aus den Vorschriften der §§ 2113 bis 2115 ein anderes ergibt.

§ 2113 Verfügungen über Grundstücke, Schiffe und Schiffsbauwerke; Schenkungen

(1) Die Verfügung des Vorerben über ein zur Erbschaft gehörendes Grundstück oder Recht an einem Grundstück oder über ein zur Erbschaft gehörendes eingetragenes Schiff oder Schiffsbauwerk ist im Falle des Eintritts der Nacherbfolge insoweit unwirksam, als sie das Recht des Nacherben vereiteln oder beeinträchtigen würde.

(2) Das Gleiche gilt von der Verfügung über einen Erbschaftsgegenstand, die unentgeltlich oder zum Zwecke der Erfüllung eines von dem Vorerben erteilten Schenkungsversprechens erfolgt. Ausgenommen sind Schenkungen, durch die einer sittlichen Pflicht oder einer auf den Anstand zu nehmenden Rücksicht entsprochen wird.

(3) Die Vorschriften zugunsten derjenigen, welche Rechte von einem Nichtberechtigten herleiten, finden entsprechende Anwendung.

§ 2114 Verfügungen über Hypothekenforderungen, Grund- und Rentenschulden

Gehört zur Erbschaft eine Hypothekenforderung, eine Grundschuld, eine Rentenschuld oder eine Schiffshypothekenforderung, so steht die Kündigung und die Einziehung dem Vorerben zu. Der Vorerbe kann jedoch nur verlangen, dass das Kapital an ihn nach Beibringung der Einwilligung des Nacherben gezahlt oder dass es für ihn und den Nacherben hinterlegt wird. Auf andere Verfügungen über die Hypothekenforderung, die Grundschuld, die Rentenschuld oder die Schiffshypothekenforderung findet die Vorschrift des § 2113 Anwendung.

§ 2115 Zwangsvollstreckungsverfügungen gegen Vorerben

Eine Verfügung über einen Erbschaftsgegenstand, die im Wege der Zwangsvollstreckung oder der Arrestvollziehung oder durch den Insolvenzverwalter erfolgt, ist im Falle des Eintritts der Nacherbfolge insoweit unwirksam, als sie das Recht des Nacherben vereiteln oder beeinträchtigen würde. Die Verfügung ist unbeschränkt wirksam, wenn der Anspruch eines Nachlassgläubigers oder ein an einem Erbschaftsgegenstand bestehendes Recht geltend gemacht wird, das im Falle des Eintritts der Nacherbfolge dem Nacherben gegenüber wirksam ist.

§ 2116 Hinterlegung von Wertpapieren

(1) Der Vorerbe hat auf Verlangen des Nacherben die zur Erbschaft gehörenden Inhaberpapiere nebst den Erneuerungsscheinen bei einer Hinterlegungsstelle mit der Bestimmung zu hinterlegen, dass die Herausgabe nur mit Zustimmung des Nacherben verlangt werden kann. Die Hinterlegung von Inhaberpapieren, die nach § 92 zu den verbrauchbaren Sachen gehören, sowie von Zins-, Renten- oder Gewinnanteilscheinen kann nicht verlangt werden. Den Inhaberpapieren stehen Orderpapiere gleich, die mit Blankoindossament versehen sind.

(2) Über die hinterlegten Papiere kann der Vorerbe nur mit Zustimmung des Nacherben verfügen.

§ 2117 Umschreibung; Umwandlung

Der Vorerbe kann die Inhaberpapiere, statt sie nach § 2116 zu hinterlegen, auf seinen Namen mit der Bestimmung umschreiben lassen, dass er über sie nur mit Zustimmung des Nacherben verfügen kann. Sind die Papiere vom Bund oder von einem Land ausgestellt, so kann er sie mit der gleichen Bestimmung in Buchforderungen gegen den Bund oder das Land umwandeln lassen.

§ 2118 Sperrvermerk im Schuldbuch

Gehören zur Erbschaft Buchforderungen gegen den Bund oder ein Land, so ist der Vorerbe auf Verlangen des Nacherben verpflichtet, in das Schuldbuch den Vermerk eintragen zu lassen, dass er über die Forderungen nur mit Zustimmung des Nacherben verfügen kann.

§ 2119 Anlegung von Geld

Geld, das nach den Regeln einer ordnungsmäßigen Wirtschaft dauernd anzulegen ist, darf der Vorerbe nur der Rechtsverordnung nach § 240a entsprechend anlegen.

§ 2120 Einwilligungspflicht des Nacherben

Ist zur ordnungsmäßigen Verwaltung, insbesondere zur Berichtigung von Nachlassverbindlichkeiten, eine Verfügung erforderlich, die der Vorerbe nicht mit Wirkung gegen den Nacherben vornehmen kann, so ist der Nacherbe dem Vorerben gegenüber verpflichtet, seine Einwilligung zu der Verfügung zu erteilen. Die Einwilligung ist auf Verlangen in öffentlich beglaubigter Form zu erklären. Die Kosten der Beglaubigung fallen dem Vorerben zur Last.

§ 2121 Verzeichnis der Erbschaftsgegenstände

(1) Der Vorerbe hat dem Nacherben auf Verlangen ein Verzeichnis der zur Erbschaft gehörenden Gegenstände mitzuteilen. Das Verzeichnis ist mit der Angabe des Tages der Aufnahme zu versehen und von dem Vorerben zu unterzeichnen; der Vorerbe hat auf Verlangen die Unterzeichnung öffentlich beglaubigen zu lassen.

(2) Der Nacherbe kann verlangen, dass er bei der Aufnahme des Verzeichnisses zugezogen wird.

(3) Der Vorerbe ist berechtigt und auf Verlangen des Nacherben verpflichtet, das Verzeichnis durch die zuständige Behörde oder durch einen zuständigen Beamten oder Notar aufnehmen zu lassen.

(4) Die Kosten der Aufnahme und der Beglaubigung fallen der Erbschaft zur Last.

§ 2122 Feststellung des Zustands der Erbschaft

Der Vorerbe kann den Zustand der zur Erbschaft gehörenden Sachen auf seine Kosten durch Sachverständige feststellen lassen. Das gleiche Recht steht dem Nacherben zu.

§ 2123 Wirtschaftsplan

(1) Gehört ein Wald zur Erbschaft, so kann sowohl der Vorerbe als der Nacherbe verlangen, dass das Maß der Nutzung und die Art der wirtschaftlichen Behandlung durch einen Wirtschaftsplan festgestellt werden. Tritt eine erhebliche Änderung der Umstände ein, so kann jeder Teil eine entsprechende Änderung des Wirtschaftsplans verlangen. Die Kosten fallen der Erbschaft zur Last.

(2) Das Gleiche gilt, wenn ein Bergwerk oder eine andere auf Gewinnung von Bodenbestandteilen gerichtete Anlage zur Erbschaft gehört.

§ 2124 Erhaltungskosten

(1) Der Vorerbe trägt dem Nacherben gegenüber die gewöhnlichen Erhaltungskosten.

(2) Andere Aufwendungen, die der Vorerbe zum Zwecke der Erhaltung von Erbschaftsgegenständen den Umständen nach für erforderlich halten darf, kann er aus der Erbschaft bestreiten. Bestreitet er sie aus seinem Vermögen, so ist der Nacherbe im Falle des Eintritts der Nacherbfolge zum Ersatz verpflichtet.

§ 2125 Verwendungen; Wegnahmerecht

(1) Macht der Vorerbe Verwendungen auf die Erbschaft, die nicht unter die Vorschrift des § 2124 fallen, so ist der Nacherbe im Falle des Eintritts der Nacherbfolge nach

den Vorschriften über die Geschäftsführung ohne Auftrag zum Ersatz verpflichtet.

(2) Der Vorerbe ist berechtigt, eine Einrichtung, mit der er eine zur Erbschaft gehörende Sache versehen hat, wegzunehmen.

§ 2126 Außerordentliche Lasten

Der Vorerbe hat im Verhältnis zu dem Nacherben nicht die außerordentlichen Lasten zu tragen, die als auf den Stammwert der Erbschaftsgegenstände gelegt anzusehen sind. Auf diese Lasten findet die Vorschrift des § 2124 Abs. 2 Anwendung.

§ 2127 Auskunftsrecht des Nacherben

Der Nacherbe ist berechtigt, von dem Vorerben Auskunft über den Bestand der Erbschaft zu verlangen, wenn Grund zu der Annahme besteht, dass der Vorerbe durch seine Verwaltung die Rechte des Nacherben erheblich verletzt.

§ 2128 Sicherheitsleistung

(1) Wird durch das Verhalten des Vorerben oder durch seine ungünstige Vermögenslage die Besorgnis einer erheblichen Verletzung der Rechte des Nacherben begründet, so kann der Nacherbe Sicherheitsleistung verlangen.

(2) Die für die Verpflichtung des Nießbrauchers zur Sicherheitsleistung geltende Vorschrift des § 1052 findet entsprechende Anwendung.

§ 2129 Wirkung einer Entziehung der Verwaltung

(1) Wird dem Vorerben die Verwaltung nach den Vorschriften des § 1052 entzogen, so verliert er das Recht, über Erbschaftsgegenstände zu verfügen.

(2) Die Vorschriften zugunsten derjenigen, welche Rechte von einem Nichtberechtigten herleiten, finden entsprechende Anwendung. Für die zur Erbschaft gehörenden Forderungen ist die Entziehung der Verwaltung dem Schuldner gegenüber erst wirksam, wenn er von der getroffenen Anordnung Kenntnis erlangt oder wenn ihm eine Mitteilung von der Anordnung zugestellt wird. Das Gleiche gilt von der Aufhebung der Entziehung.

§ 2130 Herausgabepflicht nach dem Eintritt der Nacherbfolge, Rechenschaftspflicht

(1) Der Vorerbe ist nach dem Eintritt der Nacherbfolge verpflichtet, dem Nacherben die Erbschaft in dem Zustand herauszugeben, der sich bei einer bis zur Herausgabe fortgesetzten ordnungsmäßigen Verwaltung ergibt. Auf die Herausgabe eines landwirtschaftlichen Grundstücks findet die Vorschrift des § 596a, auf die Herausgabe eines Landguts finden die Vorschriften der §§ 596a, 596b entsprechende Anwendung.

(2) Der Vorerbe hat auf Verlangen Rechenschaft abzulegen.

§ 2131 Umfang der Sorgfaltspflicht

Der Vorerbe hat dem Nacherben gegenüber in Ansehung der Verwaltung nur für diejenige Sorgfalt einzustehen, welche er in eigenen Angelegenheiten anzuwenden pflegt.

§ 2132 Keine Haftung für gewöhnliche Abnutzung

Veränderungen oder Verschlechterungen von Erbschaftssachen, die durch ordnungsmäßige Benutzung herbeigeführt werden, hat der Vorerbe nicht zu vertreten.

§ 2133 Ordnungswidrige oder übermäßige Fruchtziehung

Zieht der Vorerbe Früchte den Regeln einer ordnungsmäßigen Wirtschaft zuwider oder zieht er Früchte deshalb im Übermaß, weil dies infolge eines besonderen Ereignisses notwendig geworden ist, so gebührt ihm der Wert der Früchte nur insoweit, als durch den ordnungswidrigen oder den übermäßigen Fruchtbezug die ihm gebührenden Nutzungen beeinträchtigt werden und nicht der Wert der Früchte nach den Regeln einer ordnungsmäßigen Wirtschaft zur Wiederherstellung der Sache zu verwenden ist.

§ 2134 Eigennützige Verwendung

Hat der Vorerbe einen Erbschaftsgegenstand für sich verwendet, so ist er nach dem Eintritt der Nacherbfolge dem Nacherben gegenüber zum Ersatz des Wertes verpflichtet. Eine weitergehende Haftung wegen Verschuldens bleibt unberührt.

§ 2135 Miet- und Pachtverhältnis bei der Nacherbfolge

Hat der Vorerbe ein zur Erbschaft gehörendes Grundstück oder eingetragenes Schiff vermietet oder verpachtet, so findet, wenn das Miet- oder Pachtverhältnis bei dem Eintritt der Nacherbfolge noch besteht, die Vorschrift des § 1056 entsprechende Anwendung.

§ 2136 Befreiung des Vorerben

Der Erblasser kann den Vorerben von den Beschränkungen und Verpflichtungen des § 2113 Abs. 1 und der §§ 2114, 2116 bis 2119, 2123, 2127 bis 2131, 2133, 2134 befreien.

§ 2137 Auslegungsregel für die Befreiung

(1) Hat der Erblasser den Nacherben auf dasjenige eingesetzt, was von der Erbschaft bei dem Eintritt der Nacherbfolge übrig sein wird, so gilt die Befreiung von allen im § 2136 bezeichneten Beschränkungen und Verpflichtungen als angeordnet.

(2) Das Gleiche ist im Zweifel anzunehmen, wenn der Erblasser bestimmt hat, dass der Vorerbe zur freien Verfügung über die Erbschaft berechtigt sein soll.

§ 2138 Beschränkte Herausgabepflicht

(1) Die Herausgabepflicht des Vorerben beschränkt sich in den Fällen des § 2137 auf die bei ihm noch vorhandenen Erbschaftsgegenstände. Für Verwendungen auf Gegenstände, die er infolge dieser Beschränkung nicht herauszugeben hat, kann er nicht Ersatz verlangen.

(2) Hat der Vorerbe der Vorschrift des § 2113 Abs. 2 zuwider über einen Erbschaftsgegenstand verfügt oder hat er die Erbschaft in der Absicht, den Nacherben zu benachteiligen, vermindert, so ist er dem Nacherben zum Schadensersatz verpflichtet.

§ 2139 Wirkung des Eintritts der Nacherbfolge

Mit dem Eintritt des Falles der Nacherbfolge hört der Vorerbe auf, Erbe zu sein, und fällt die Erbschaft dem Nacherben an.

§ 2140 Verfügungen des Vorerben nach Eintritt der Nacherbfolge

Der Vorerbe ist auch nach dem Eintritt des Falles der Nacherbfolge zur Verfügung über Nachlassgegenstände in dem gleichen Umfang wie vorher berechtigt, bis er von dem Eintritt Kenntnis erlangt oder ihn kennen muss. Ein Dritter kann sich auf diese Berechtigung nicht berufen, wenn er bei der Vornahme eines Rechtsgeschäfts den Eintritt kennt oder kennen muss.

§ 2141 Unterhalt der werdenden Mutter eines Nacherben

Ist bei dem Eintritt der Nacherbfolge die Geburt eines Nacherben zu erwarten, so findet auf den Unterhaltsanspruch der Mutter die Vorschrift des § 1963 entsprechende Anwendung.

§ 2142 Ausschlagung der Nacherbschaft

(1) Der Nacherbe kann die Erbschaft ausschlagen, sobald der Erbfall eingetreten ist.

(2) Schlägt der Nacherbe die Erbschaft aus, so verbleibt sie dem Vorerben, soweit nicht der Erblasser ein anderes bestimmt hat.

§ 2143 Wiederaufleben erloschener Rechtsverhältnisse

Tritt die Nacherbfolge ein, so gelten die infolge des Erbfalls durch Vereinigung von Recht und Verbindlichkeit oder von Recht und Belastung erloschenen Rechtsverhältnisse als nicht erloschen.

§ 2144 Haftung des Nacherben für Nachlassverbindlichkeiten

(1) Die Vorschriften über die Beschränkung der Haftung des Erben für die Nachlassverbindlichkeiten gelten auch für den Nacherben; an die Stelle des Nachlasses tritt dasjenige, was der Nacherbe aus der Erbschaft erlangt, mit Einschluss der ihm gegen den Vorerben als solchen zustehenden Ansprüche.

(2) Das von dem Vorerben errichtete Inventar kommt auch dem Nacherben zustatten.

(3) Der Nacherbe kann sich dem Vorerben gegenüber auf die Beschränkung seiner Haftung auch dann berufen, wenn er den übrigen Nachlassgläubigern gegenüber unbeschränkt haftet.

§ 2145 Haftung des Vorerben für Nachlassverbindlichkeiten

(1) Der Vorerbe haftet nach dem Eintritt der Nacherbfolge für die Nachlassverbindlichkeiten noch insoweit, als der Nacherbe nicht haftet. Die Haftung bleibt auch für diejenigen Nachlassverbindlichkeiten bestehen, welche im Verhältnis zwischen dem Vorerben und dem Nacherben dem Vorerben zur Last fallen.

(2) Der Vorerbe kann nach dem Eintritt der Nacherbfolge die Berichtigung der Nachlassverbindlichkeiten, sofern nicht seine Haftung unbeschränkt ist, insoweit verweigern, als dasjenige nicht ausreicht, was ihm von der Erbschaft gebührt. Die Vorschriften der §§ 1990, 1991 finden entsprechende Anwendung.

§ 2146 Anzeigepflicht des Vorerben gegenüber Nachlassgläubigern

(1) Der Vorerbe ist den Nachlassgläubigern gegenüber verpflichtet, den Eintritt der Nacherbfolge unverzüglich dem Nachlassgericht anzuzeigen. Die Anzeige des Vorerben wird durch die Anzeige des Nacherben ersetzt.

(2) Das Nachlassgericht hat die Einsicht der Anzeige jedem zu gestatten, der ein rechtliches Interesse glaubhaft macht.

Titel 4
Vermächtnis

§ 2147 Beschwerter

Mit einem Vermächtnis kann der Erbe oder ein Vermächtnisnehmer beschwert werden. Soweit nicht der Erblasser ein anderes bestimmt hat, ist der Erbe beschwert.

§ 2148 Mehrere Beschwerte

Sind mehrere Erben oder mehrere Vermächtnisnehmer mit demselben Vermächtnis beschwert, so sind im Zweifel die Erben nach dem Verhältnisse der Erbteile, die Vermächtnisnehmer nach dem Verhältnis des Wertes der Vermächtnisse beschwert.

§ 2149 Vermächtnis an die gesetzlichen Erben

Hat der Erblasser bestimmt, dass dem eingesetzten Erben ein Erbschaftsgegenstand nicht zufallen soll, so gilt der Gegenstand als den gesetzlichen Erben vermacht. Der Fiskus gehört nicht zu den gesetzlichen Erben im Sinne dieser Vorschrift.

§ 2150 Vorausvermächtnis

Das einem Erben zugewendete Vermächtnis (Vorausvermächtnis) gilt als Vermächtnis auch insoweit, als der Erbe selbst beschwert ist.

§ 2151 Bestimmungsrecht des Beschwerten oder eines Dritten bei mehreren Bedachten

(1) Der Erblasser kann mehrere mit einem Vermächtnis in der Weise bedenken, dass der Beschwerte oder ein Dritter zu bestimmen hat, wer von den mehreren das Vermächtnis erhalten soll.

(2) Die Bestimmung des Beschwerten erfolgt durch Erklärung gegenüber demjenigen, welcher das Vermächtnis erhalten soll; die Bestimmung des Dritten erfolgt durch Erklärung gegenüber dem Beschwerten.

(3) Kann der Beschwerte oder der Dritte die Bestimmung nicht treffen, so sind die Bedachten Gesamtgläubiger. Das Gleiche gilt, wenn das Nachlassgericht dem Beschwerten oder dem Dritten auf Antrag eines der Beteiligten eine Frist zur Abgabe der Erklärung bestimmt hat und die Frist verstrichen ist, sofern nicht vorher die Erklärung erfolgt. Der Bedachte, der das Vermächtnis erhält, ist im Zweifel nicht zur Teilung verpflichtet.

§ 2152 Wahlweise Bedachte

Hat der Erblasser mehrere mit einem Vermächtnis in der Weise bedacht, dass nur der eine oder der andere das Vermächtnis erhalten soll, so ist anzunehmen, dass der Beschwerte bestimmen soll, wer von ihnen das Vermächtnis erhält.

§ 2153 Bestimmung der Anteile

(1) Der Erblasser kann mehrere mit einem Vermächtnis in der Weise bedenken, dass der Beschwerte oder ein Dritter zu bestimmen hat, was jeder von dem vermachten Gegenstand erhalten soll. Die Bestimmung erfolgt nach § 2151 Abs. 2.

II

(2) Kann der Beschwerte oder der Dritte die Bestimmung nicht treffen, so sind die Bedachten zu gleichen Teilen berechtigt. Die Vorschrift des § 2151 Abs. 3 Satz 2 findet entsprechende Anwendung.

§ 2154 Wahlvermächtnis

(1) Der Erblasser kann ein Vermächtnis in der Art anordnen, dass der Bedachte von mehreren Gegenständen nur den einen oder den anderen erhalten soll. Ist in einem solchen Falle die Wahl einem Dritten übertragen, so erfolgt sie durch Erklärung gegenüber dem Beschwerten.

(2) Kann der Dritte die Wahl nicht treffen, so geht das Wahlrecht auf den Beschwerten über. Die Vorschrift des § 2151 Abs. 3 Satz 2 findet entsprechende Anwendung.

§ 2155 Gattungsvermächtnis

(1) Hat der Erblasser die vermachte Sache nur der Gattung nach bestimmt, so ist eine den Verhältnissen des Bedachten entsprechende Sache zu leisten.

(2) Ist die Bestimmung der Sache dem Bedachten oder einem Dritten übertragen, so finden die nach § 2154 für die Wahl des Dritten geltenden Vorschriften Anwendung.

(3) Entspricht die von dem Bedachten oder dem Dritten getroffene Bestimmung den Verhältnissen des Bedachten offenbar nicht, so hat der Beschwerte so zu leisten, wie wenn der Erblasser über die Bestimmung der Sache keine Anordnung getroffen hätte.

§ 2156 Zweckvermächtnis

Der Erblasser kann bei der Anordnung eines Vermächtnisses, dessen Zweck er bestimmt hat, die Bestimmung der Leistung dem billigen Ermessen des Beschwerten oder eines Dritten überlassen. Auf ein solches Vermächtnis finden die Vorschriften der §§ 315 bis 319 entsprechende Anwendung.

§ 2157 Gemeinschaftliches Vermächtnis

Ist mehreren derselbe Gegenstand vermacht, so finden die Vorschriften der §§ 2089 bis 2093 entsprechende Anwendung.

§ 2158 Anwachsung

(1) Ist mehreren derselbe Gegenstand vermacht, so wächst, wenn einer von ihnen vor oder nach dem Erbfall wegfällt, dessen Anteil den übrigen Bedachten nach dem Verhältnis ihrer Anteile an. Dies gilt auch dann, wenn der Erblasser die Anteile der Bedachten bestimmt hat. Sind einige der Bedachten zu demselben Anteil berufen, so tritt die Anwachsung zunächst unter ihnen ein.

(2) Der Erblasser kann die Anwachsung ausschließen.

§ 2159 Selbständigkeit der Anwachsung

Der durch Anwachsung einem Vermächtnisnehmer anfallende Anteil gilt in Ansehung der Vermächtnisse und Auflagen, mit denen dieser oder der wegfallende Vermächtnisnehmer beschwert ist, als besonderes Vermächtnis.

§ 2160 Vorversterben des Bedachten

Ein Vermächtnis ist unwirksam, wenn der Bedachte zur Zeit des Erbfalls nicht mehr lebt.

§ 2161 Wegfall des Beschwerten

Ein Vermächtnis bleibt, sofern nicht ein anderer Wille des Erblassers anzunehmen ist, wirksam, wenn der Beschwerte nicht Erbe oder Vermächtnisnehmer wird. Beschwert ist in diesem Falle derjenige, welchem der Wegfall des zunächst Beschwerten unmittelbar zustatten kommt.

§ 2162 Dreißigjährige Frist für aufgeschobenes Vermächtnis

(1) Ein Vermächtnis, das unter einer aufschiebenden Bedingung oder unter Bestimmung eines Anfangstermins angeordnet ist, wird mit dem Ablauf von 30 Jahren nach dem Erbfall unwirksam, wenn nicht vorher die Bedingung oder der Termin eingetreten ist.

(2) Ist der Bedachte zur Zeit des Erbfalls noch nicht gezeugt oder wird seine Persönlichkeit durch ein erst nach dem Erbfall eintretendes Ereignis bestimmt, so wird das Vermächtnis mit dem Ablauf von 30 Jahren nach dem Erbfall unwirksam, wenn nicht vorher der Bedachte gezeugt oder das Ereignis eingetreten ist, durch das seine Persönlichkeit bestimmt wird.

§ 2163 Ausnahmen von der dreißigjährigen Frist

(1) Das Vermächtnis bleibt in den Fällen des § 2162 auch nach dem Ablauf von 30 Jahren wirksam:

1. wenn es für den Fall angeordnet ist, dass in der Person des Beschwerten oder des Bedachten ein bestimmtes Ereignis eintritt, und derjenige, in dessen Person das Ereignis eintreten soll, zur Zeit des Erbfalls lebt,
2. wenn ein Erbe, ein Nacherbe oder ein Vermächtnisnehmer für den Fall, dass ihm ein Bruder oder eine Schwester geboren wird, mit einem Vermächtnis zugunsten des Bruders oder der Schwester beschwert ist.

(2) Ist der Beschwerte oder der Bedachte, in dessen Person das Ereignis eintreten soll, eine juristische Person, so bewendet es bei der dreißigjährigen Frist.

§ 2164 Erstreckung auf Zubehör und Ersatzansprüche

(1) Das Vermächtnis einer Sache erstreckt sich im Zweifel auf das zur Zeit des Erbfalls vorhandene Zubehör.

(2) Hat der Erblasser wegen einer nach der Anordnung des Vermächtnisses erfolgten Beschädigung der Sache einen Anspruch auf Ersatz der Minderung des Wertes, so erstreckt sich im Zweifel das Vermächtnis auf diesen Anspruch.

§ 2165 Belastungen

(1) Ist ein zur Erbschaft gehörender Gegenstand vermacht, so kann der Vermächtnisnehmer im Zweifel nicht die Beseitigung der Rechte verlangen, mit denen der Gegenstand belastet ist. Steht dem Erblasser ein Anspruch auf die Beseitigung zu, so erstreckt sich im Zweifel das Vermächtnis auf diesen Anspruch.

(2) Ruht auf einem vermachten Grundstück eine Hypothek, Grundschuld oder Rentenschuld, die dem Erblasser selbst zusteht, so ist aus den Umständen zu entnehmen, ob die Hypothek, Grundschuld oder Rentenschuld als mitvermacht zu gelten hat.

§ 2166 Belastung mit einer Hypothek

(1) Ist ein vermachtes Grundstück, das zur Erbschaft gehört, mit einer Hypothek für eine Schuld des Erblassers

oder für eine Schuld belastet, zu deren Berichtigung der Erblasser dem Schuldner gegenüber verpflichtet ist, so ist der Vermächtnisnehmer im Zweifel dem Erben gegenüber zur rechtzeitigen Befriedigung des Gläubigers insoweit verpflichtet, als die Schuld durch den Wert des Grundstücks gedeckt wird. Der Wert bestimmt sich nach der Zeit, zu welcher das Eigentum auf den Vermächtnisnehmer übergeht; er wird unter Abzug der Belastungen berechnet, die der Hypothek im Range vorgehen.

(2) Ist dem Erblasser gegenüber ein Dritter zur Berichtigung der Schuld verpflichtet, so besteht die Verpflichtung des Vermächtnisnehmers im Zweifel nur insoweit, als der Erbe die Berichtigung nicht von dem Dritten erlangen kann.

(3) Auf eine Hypothek der in § 1190 bezeichneten Art finden diese Vorschriften keine Anwendung.

§ 2167 Belastung mit einer Gesamthypothek

Sind neben dem vermachten Grundstück andere zur Erbschaft gehörende Grundstücke mit der Hypothek belastet, so beschränkt sich die in § 2166 bestimmte Verpflichtung des Vermächtnisnehmers im Zweifel auf den Teil der Schuld, der dem Verhältnis des Wertes des vermachten Grundstücks zu dem Werte der sämtlichen Grundstücke entspricht. Der Wert wird nach § 2166 Abs. 1 Satz 2 berechnet.

§ 2168 Belastung mit einer Gesamtgrundschuld

(1) Besteht an mehreren zur Erbschaft gehörenden Grundstücken eine Gesamtgrundschuld oder eine Gesamtrentenschuld und ist eines dieser Grundstücke vermacht, so ist der Vermächtnisnehmer im Zweifel dem Erben gegenüber zur Befriedigung des Gläubigers in Höhe des Teils der Grundschuld oder der Rentenschuld verpflichtet, der dem Verhältnis des Wertes des vermachten Grundstücks zu dem Wert der sämtlichen Grundstücke entspricht. Der Wert wird nach § 2166 Abs. 1 Satz 2 berechnet.

(2) Ist neben dem vermachten Grundstück ein nicht zur Erbschaft gehörendes Grundstück mit einer Gesamtgrundschuld oder einer Gesamtrentenschuld belastet, so finden, wenn der Erblasser zur Zeit des Erbfalls gegenüber dem Eigentümer des anderen Grundstücks oder einem Rechtsvorgänger des Eigentümers zur Befriedigung des Gläubigers verpflichtet ist, die Vorschriften des § 2166 Abs. 1 und des § 2167 entsprechende Anwendung.

§ 2168a Anwendung auf Schiffe, Schiffsbauwerke und Schiffshypotheken

§ 2165 Abs. 2, §§ 2166, 2167 gelten sinngemäß für eingetragene Schiffe und Schiffsbauwerke und für Schiffshypotheken.

§ 2169 Vermächtnis fremder Gegenstände

(1) Das Vermächtnis eines bestimmten Gegenstands ist unwirksam, soweit der Gegenstand zur Zeit des Erbfalls nicht zur Erbschaft gehört, es sei denn, dass der Gegenstand dem Bedachten auch für den Fall zugewendet sein soll, dass er nicht zur Erbschaft gehört.

(2) Hat der Erblasser nur den Besitz der vermachten Sache, so gilt im Zweifel der Besitz als vermacht, es sei denn, dass er dem Bedachten keinen rechtlichen Vorteil gewährt.

(3) Steht dem Erblasser ein Anspruch auf Leistung des vermachten Gegenstands oder, falls der Gegenstand nach der Anordnung des Vermächtnisses untergegangen oder dem Erblasser entzogen worden ist, ein Anspruch auf Ersatz des Wertes zu, so gilt im Zweifel der Anspruch als vermacht.

(4) Zur Erbschaft gehört im Sinne des Absatzes 1 ein Gegenstand nicht, wenn der Erblasser zu dessen Veräußerung verpflichtet ist.

§ 2170 Verschaffungsvermächtnis

(1) Ist das Vermächtnis eines Gegenstands, der zur Zeit des Erbfalls nicht zur Erbschaft gehört, nach § 2169 Abs. 1 wirksam, so hat der Beschwerte den Gegenstand dem Bedachten zu verschaffen.

(2) Ist der Beschwerte zur Verschaffung außerstande, so hat er den Wert zu entrichten. Ist die Verschaffung nur mit unverhältnismäßigen Aufwendungen möglich, so kann sich der Beschwerte durch Entrichtung des Wertes befreien.

§ 2171 Unmöglichkeit, gesetzliches Verbot

(1) Ein Vermächtnis, das auf eine zur Zeit des Erbfalls für jedermann unmögliche Leistung gerichtet ist oder gegen ein zu dieser Zeit bestehendes gesetzliches Verbot verstößt, ist unwirksam.

(2) Die Unmöglichkeit der Leistung steht der Gültigkeit des Vermächtnisses nicht entgegen, wenn die Unmöglichkeit behoben werden kann und das Vermächtnis für den Fall zugewendet ist, dass die Leistung möglich wird.

(3) Wird ein Vermächtnis, das auf eine unmögliche Leistung gerichtet ist, unter einer anderen aufschiebenden Bedingung oder unter Bestimmung eines Anfangstermins zugewendet, so ist das Vermächtnis gültig, wenn die Unmöglichkeit vor dem Eintritt der Bedingung oder des Termins behoben wird.

§ 2172 Verbindung, Vermischung, Vermengung der vermachten Sache

(1) Die Leistung einer vermachten Sache gilt auch dann als unmöglich, wenn die Sache mit einer anderen Sache in solcher Weise verbunden, vermischt oder vermengt worden ist, dass nach den §§ 946 bis 948 das Eigentum an der anderen Sache sich auf sie erstreckt oder Miteigentum eingetreten ist, oder wenn sie in solcher Weise verarbeitet oder umgebildet worden ist, dass nach § 950 derjenige, welcher die neue Sache hergestellt hat, Eigentümer geworden ist.

(2) Ist die Verbindung, Vermischung oder Vermengung durch einen anderen als den Erblasser erfolgt und hat der Erblasser dadurch Miteigentum erworben, so gilt im Zweifel das Miteigentum als vermacht; steht dem Erblasser ein Recht zur Wegnahme der verbundenen Sache zu, so gilt im Zweifel dieses Recht als vermacht. Im Falle der Verarbeitung oder Umbildung durch einen anderen als den Erblasser bewendet es bei der Vorschrift des § 2169 Abs. 3.

§ 2173 Forderungsvermächtnis

Hat der Erblasser eine ihm zustehende Forderung vermacht, so ist, wenn vor dem Erbfall die Leistung erfolgt und der geleistete Gegenstand noch in der Erbschaft vorhanden ist, im Zweifel anzunehmen, dass dem Bedachten dieser Gegenstand zugewendet sein soll. War die Forderung auf die Zahlung einer Geldsumme gerichtet, so gilt im Zweifel die entsprechende Geldsumme als vermacht, auch wenn sich eine solche in der Erbschaft nicht vorfindet.

II

§ 2174 Vermächtnisanspruch

Durch das Vermächtnis wird für den Bedachten das Recht begründet, von dem Beschwerten die Leistung des vermachten Gegenstands zu fordern.

§ 2175 Wiederaufleben erloschener Rechtsverhältnisse

Hat der Erblasser eine ihm gegen den Erben zustehende Forderung oder hat er ein Recht vermacht, mit dem eine Sache oder ein Recht des Erben belastet ist, so gelten die infolge des Erbfalls durch Vereinigung von Recht und Verbindlichkeit oder von Recht und Belastung erloschenen Rechtsverhältnisse in Ansehung des Vermächtnisses als nicht erloschen.

§ 2176 Anfall des Vermächtnisses

Die Forderung des Vermächtnisnehmers kommt, unbeschadet des Rechts, das Vermächtnis auszuschlagen, zur Entstehung (Anfall des Vermächtnisses) mit dem Erbfall.

§ 2177 Anfall bei einer Bedingung oder Befristung

Ist das Vermächtnis unter einer aufschiebenden Bedingung oder unter Bestimmung eines Anfangstermins angeordnet und tritt die Bedingung oder der Termin erst nach dem Erbfall ein, so erfolgt der Anfall des Vermächtnisses mit dem Eintritt der Bedingung oder des Termins.

§ 2178 Anfall bei einem noch nicht gezeugten oder bestimmten Bedachten

Ist der Bedachte zur Zeit des Erbfalls noch nicht gezeugt oder wird seine Persönlichkeit durch ein erst nach dem Erbfall eintretendes Ereignis bestimmt, so erfolgt der Anfall des Vermächtnisses im ersteren Falle mit der Geburt, im letzteren Falle mit dem Eintritt des Ereignisses.

§ 2179 Schwebezeit

Für die Zeit zwischen dem Erbfall und dem Anfall des Vermächtnisses finden in den Fällen der §§ 2177, 2178 die Vorschriften Anwendung, die für den Fall gelten, dass eine Leistung unter einer aufschiebenden Bedingung geschuldet wird.

§ 2180 Annahme und Ausschlagung

(1) Der Vermächtnisnehmer kann das Vermächtnis nicht mehr ausschlagen, wenn er es angenommen hat.

(2) Die Annahme sowie die Ausschlagung des Vermächtnisses erfolgt durch Erklärung gegenüber dem Beschwerten. Die Erklärung kann erst nach dem Eintritt des Erbfalls abgegeben werden; sie ist unwirksam, wenn sie unter einer Bedingung oder einer Zeitbestimmung abgegeben wird.

(3) Die für die Annahme und die Ausschlagung einer Erbschaft geltenden Vorschriften des § 1950, des § 1952 Abs. 1, 3 und des § 1953 Abs. 1, 2 finden entsprechende Anwendung.

§ 2181 Fälligkeit bei Beliebigkeit

Ist die Zeit der Erfüllung eines Vermächtnisses dem freien Belieben des Beschwerten überlassen, so wird die Leistung im Zweifel mit dem Tode des Beschwerten fällig.

§ 2182 Haftung für Rechtsmängel

(1) Ist ein nur der Gattung nach bestimmter Gegenstand vermacht, so hat der Beschwerte die gleichen Verpflichtungen wie ein Verkäufer nach den Vorschriften des § 433 Abs. 1 Satz 1, der §§ 436, 452 und 453. Er hat den Gegenstand dem Vermächtnisnehmer frei von Rechtsmängeln im Sinne des § 435 zu verschaffen. § 444 findet entsprechende Anwendung.

(2) Dasselbe gilt im Zweifel, wenn ein bestimmter nicht zur Erbschaft gehörender Gegenstand vermacht ist, unbeschadet der sich aus dem § 2170 ergebenden Beschränkung der Haftung.

(3) Ist ein Grundstück Gegenstand des Vermächtnisses, so haftet der Beschwerte im Zweifel nicht für die Freiheit des Grundstücks von Grunddienstbarkeiten, beschränkten persönlichen Dienstbarkeiten und Reallasten.

§ 2183 Haftung für Sachmängel

Ist eine nur der Gattung nach bestimmte Sache vermacht, so kann der Vermächtnisnehmer, wenn die geleistete Sache mangelhaft ist, verlangen, dass ihm anstelle der mangelhaften Sache eine mangelfreie geliefert wird. Hat der Beschwerte einen Sachmangel arglistig verschwiegen, so kann der Vermächtnisnehmer anstelle der Lieferung einer mangelfreien Sache Schadensersatz statt der Leistung verlangen, ohne dass er eine Frist zur Nacherfüllung setzen muss. Auf diese Ansprüche finden die für die Sachmängelhaftung beim Kauf einer Sache geltenden Vorschriften entsprechende Anwendung.

§ 2184 Früchte; Nutzungen

Ist ein bestimmter, zur Erbschaft gehörender Gegenstand vermacht, so hat der Beschwerte dem Vermächtnisnehmer auch die seit dem Anfall des Vermächtnisses gezogenen Früchte sowie das sonst auf Grund des vermachten Rechts Erlangte herauszugeben. Für Nutzungen, die nicht zu den Früchten gehören, hat der Beschwerte nicht Ersatz zu leisten.

§ 2185 Ersatz von Verwendungen und Aufwendungen

Ist eine bestimmte, zur Erbschaft gehörende Sache vermacht, so kann der Beschwerte für die nach dem Erbfall auf die Sache gemachten Verwendungen sowie für Aufwendungen, die er nach dem Erbfall zur Bestreitung von Lasten der Sache gemacht hat, Ersatz nach den Vorschriften verlangen, die für das Verhältnis zwischen dem Besitzer und dem Eigentümer gelten.

§ 2186 Fälligkeit des Untervermächtnisses oder einer Auflage

Ist ein Vermächtnisnehmer mit einem Vermächtnis oder einer Auflage beschwert, so ist er zur Erfüllung erst dann verpflichtet, wenn er die Erfüllung des ihm zugewendeten Vermächtnisses zu verlangen berechtigt ist.

§ 2187 Haftung des Hauptvermächtnisnehmers

(1) Ein Vermächtnisnehmer, der mit einem Vermächtnis oder einer Auflage beschwert ist, kann die Erfüllung auch

nach der Annahme des ihm zugewendeten Vermächtnisses insoweit verweigern, als dasjenige, was er aus dem Vermächtnis erhält, zur Erfüllung nicht ausreicht.

(2) Tritt nach § 2161 ein anderer an die Stelle des beschwerten Vermächtnisnehmers, so haftet er nicht weiter, als der Vermächtnisnehmer haften würde.

(3) Die für die Haftung des Erben geltende Vorschrift des § 1992 findet entsprechende Anwendung.

§ 2188 Kürzung der Beschwerungen

Wird die einem Vermächtnisnehmer gebührende Leistung auf Grund der Beschränkung der Haftung des Erben, wegen eines Pflichtteilsanspruchs oder in Gemäßheit des § 2187 gekürzt, so kann der Vermächtnisnehmer, sofern nicht ein anderer Wille des Erblassers anzunehmen ist, die ihm auferlegten Beschwerungen verhältnismäßig kürzen.

§ 2189 Anordnung eines Vorrangs

Der Erblasser kann für den Fall, dass die dem Erben oder einem Vermächtnisnehmer auferlegten Vermächtnisse und Auflagen auf Grund der Beschränkung der Haftung des Erben, wegen eines Pflichtteilsanspruchs oder in Gemäßheit der §§ 2187, 2188 gekürzt werden, durch Verfügung von Todes wegen anordnen, dass ein Vermächtnis oder eine Auflage den Vorrang vor den übrigen Beschwerungen haben soll.

§ 2190 Ersatzvermächtnisnehmer

Hat der Erblasser für den Fall, dass der zunächst Bedachte das Vermächtnis nicht erwirbt, den Gegenstand des Vermächtnisses einem anderen zugewendet, so finden die für die Einsetzung eines Ersatzerben geltenden Vorschriften der §§ 2097 bis 2099 entsprechende Anwendung.

§ 2191 Nachvermächtnisnehmer

(1) Hat der Erblasser den vermachten Gegenstand von einem nach dem Anfall des Vermächtnisses eintretenden bestimmten Zeitpunkt oder Ereignis an einem Dritten zugewendet, so gilt der erste Vermächtnisnehmer als beschwert.

(2) Auf das Vermächtnis finden die für die Einsetzung eines Nacherben geltenden Vorschriften des § 2102, des § 2106 Abs. 1, des § 2107 und des § 2110 Abs. 1 entsprechende Anwendung.

Titel 7
Errichtung und Aufhebung eines Testaments

§ 2229 Testierfähigkeit Minderjähriger, Testierunfähigkeit

(1) Ein Minderjähriger kann ein Testament erst errichten, wenn er das 16. Lebensjahr vollendet hat.

(2) Der Minderjährige bedarf zur Errichtung eines Testaments nicht der Zustimmung seines gesetzlichen Vertreters.

(3) (weggefallen)

(4) Wer wegen krankhafter Störung der Geistestätigkeit, wegen Geistesschwäche oder wegen Bewusstseinsstörung nicht in der Lage ist, die Bedeutung einer von ihm abgegebenen Willenserklärung einzusehen und nach dieser Einsicht zu handeln, kann ein Testament nicht errichten.

Abschnitt 4
Erbvertrag

§ 2274 Persönlicher Abschluss

Der Erblasser kann einen Erbvertrag nur persönlich schließen.

§ 2275 Voraussetzungen

Einen Erbvertrag kann als Erblasser nur schließen, wer unbeschränkt geschäftsfähig ist.

§ 2282 Vertretung, Form der Anfechtung

(1) Die Anfechtung kann nicht durch einen Vertreter des Erblassers erfolgen.

(2) Für einen geschäftsunfähigen Erblasser kann sein Betreuer den Erbvertrag anfechten.

(3) Die Anfechtungserklärung bedarf der notariellen Beurkundung.

§ 2283 Anfechtungsfrist

(1) Die Anfechtung durch den Erblasser kann nur binnen Jahresfrist erfolgen.

(2) Die Frist beginnt im Falle der Anfechtbarkeit wegen Drohung mit dem Zeitpunkt, in welchem die Zwangslage aufhört, in den übrigen Fällen mit dem Zeitpunkt, in welchem der Erblasser von dem Anfechtungsgrund Kenntnis erlangt. Auf den Lauf der Frist finden die für die Verjährung geltenden Vorschriften der §§ 206, 210 entsprechende Anwendung.

(3) Hat im Falle des § 2282 Abs. 2 der gesetzliche Vertreter den Erbvertrag nicht rechtzeitig angefochten, so kann nach dem Wegfall der Geschäftsunfähigkeit der Erblasser selbst den Erbvertrag in gleicher Weise anfechten, wie wenn er ohne gesetzlichen Vertreter gewesen wäre.

§ 2284 Bestätigung

Die Bestätigung eines anfechtbaren Erbvertrags kann nur durch den Erblasser persönlich erfolgen.

§ 2290 Aufhebung durch Vertrag

(1) Ein Erbvertrag sowie eine einzelne vertragsmäßige Verfügung kann durch Vertrag von den Personen aufgehoben werden, die den Erbvertrag geschlossen haben. Nach dem Tode einer dieser Personen kann die Aufhebung nicht mehr erfolgen.

(2) Der Erblasser kann den Vertrag nur persönlich schließen.

(3) Der Vertrag bedarf der in § 2276 für den Erbvertrag vorgeschriebenen Form.

§ 2296 Vertretung, Form des Rücktritts

(1) Der Rücktritt kann nicht durch einen Vertreter erfolgen.

(2) Der Rücktritt erfolgt durch Erklärung gegenüber dem anderen Vertragschließenden. Die Erklärung bedarf der notariellen Beurkundung.

Abschnitt 5
Pflichtteil

§ 2303 Pflichtteilsberechtigte; Höhe des Pflichtteils

(1) Ist ein Abkömmling des Erblassers durch Verfügung von Todes wegen von der Erbfolge ausgeschlossen, so

kann er von dem Erben den Pflichtteil verlangen. Der Pflichtteil besteht in der Hälfte des Wertes des gesetzlichen Erbteils.

(2) Das gleiche Recht steht den Eltern und dem Ehegatten des Erblassers zu, wenn sie durch Verfügung von Todes wegen von der Erbfolge ausgeschlossen sind. Die Vorschrift des § 1371 bleibt unberührt.

§ 2304 Auslegungsregel

Die Zuwendung des Pflichtteils ist im Zweifel nicht als Erbeinsetzung anzusehen.

§ 2305 Zusatzpflichtteil

Ist einem Pflichtteilsberechtigten ein Erbteil hinterlassen, der geringer ist als die Hälfte des gesetzlichen Erbteils, so kann der Pflichtteilsberechtigte von den Miterben als Pflichtteil den Wert des an der Hälfte fehlenden Teils verlangen. Bei der Berechnung des Wertes bleiben Beschränkungen und Beschwerungen der in § 2306 bezeichneten Art außer Betracht.

§ 2306 Beschränkungen und Beschwerungen

(1) Ist ein als Erbe berufener Pflichtteilsberechtigter durch die Einsetzung eines Nacherben, die Ernennung eines Testamentsvollstreckers oder eine Teilungsanordnung beschränkt, oder ist er mit einem Vermächtnis oder einer Auflage beschwert, so kann er den Pflichtteil verlangen, wenn er den Erbteil ausschlägt; die Ausschlagungsfrist beginnt erst, wenn der Pflichtteilsberechtigte von der Beschränkung oder der Beschwerung Kenntnis erlangt.

(2) Einer Beschränkung der Erbeinsetzung steht es gleich, wenn der Pflichtteilsberechtigte als Nacherbe eingesetzt ist.

§ 2307 Zuwendung eines Vermächtnisses

(1) Ist ein Pflichtteilsberechtigter mit einem Vermächtnis bedacht, so kann er den Pflichtteil verlangen, wenn er das Vermächtnis ausschlägt. Schlägt er nicht aus, so steht ihm ein Recht auf den Pflichtteil nicht zu, soweit der Wert des Vermächtnisses reicht; bei der Berechnung des Wertes bleiben Beschränkungen und Beschwerungen der in § 2306 bezeichneten Art außer Betracht.

(2) Der mit dem Vermächtnis beschwerte Erbe kann den Pflichtteilsberechtigten unter Bestimmung einer angemessenen Frist zur Erklärung über die Annahme des Vermächtnisses auffordern. Mit dem Ablauf der Frist gilt das Vermächtnis als ausgeschlagen, wenn nicht vorher die Annahme erklärt wird.

§ 2308 Anfechtung der Ausschlagung

(1) Hat ein Pflichtteilsberechtigter, der als Erbe oder als Vermächtnisnehmer in der in § 2306 bezeichneten Art beschränkt oder beschwert ist, die Erbschaft oder das Vermächtnis ausgeschlagen, so kann er die Ausschlagung anfechten, wenn die Beschränkung oder die Beschwerung zur Zeit der Ausschlagung weggefallen und der Wegfall ihm nicht bekannt war.

(2) Auf die Anfechtung der Ausschlagung eines Vermächtnisses finden die für die Anfechtung der Ausschlagung einer Erbschaft geltenden Vorschriften entsprechende Anwendung. Die Anfechtung erfolgt durch Erklärung gegenüber dem Beschwerten.

§ 2309 Pflichtteilsrecht der Eltern und entfernteren Abkömmlinge

Entferntere Abkömmlinge und die Eltern des Erblassers sind insoweit nicht pflichtteilsberechtigt, als ein Abkömmling, der sie im Falle der gesetzlichen Erbfolge ausschließen würde, den Pflichtteil verlangen kann oder das ihm Hinterlassene annimmt.

§ 2310 Feststellung des Erbteils für die Berechnung des Pflichtteils

Bei der Feststellung des für die Berechnung des Pflichtteils maßgebenden Erbteils werden diejenigen mitgezählt, welche durch letztwillige Verfügung von der Erbfolge ausgeschlossen sind oder die Erbschaft ausgeschlagen haben oder für erbunwürdig erklärt sind. Wer durch Erbverzicht von der gesetzlichen Erbfolge ausgeschlossen ist, wird nicht mitgezählt.

§ 2311 Wert des Nachlasses

(1) Der Berechnung des Pflichtteils wird der Bestand und der Wert des Nachlasses zur Zeit des Erbfalls zugrunde gelegt. Bei der Berechnung des Pflichtteils eines Abkömmlings und der Eltern des Erblassers bleibt der dem überlebenden Ehegatten gebührende Voraus außer Ansatz.

(2) Der Wert ist, soweit erforderlich, durch Schätzung zu ermitteln. Eine vom Erblasser getroffene Wertbestimmung ist nicht maßgebend.

§ 2312 Wert eines Landguts

(1) Hat der Erblasser angeordnet oder ist nach § 2049 anzunehmen, dass einer von mehreren Erben das Recht haben soll, ein zum Nachlass gehörendes Landgut zu dem Ertragswert zu übernehmen, so ist, wenn von dem Recht Gebrauch gemacht wird, der Ertragswert auch für die Berechnung des Pflichtteils maßgebend. Hat der Erblasser einen anderen Übernahmepreis bestimmt, so ist dieser maßgebend, wenn er den Ertragswert erreicht und den Schätzungswert nicht übersteigt.

(2) Hinterlässt der Erblasser nur einen Erben, so kann er anordnen, dass der Berechnung des Pflichtteils der Ertragswert oder ein nach Absatz 1 Satz 2 bestimmter Wert zugrunde gelegt werden soll.

(3) Diese Vorschriften finden nur Anwendung, wenn der Erbe, der das Landgut erwirbt, zu den in § 2303 bezeichneten pflichtteilsberechtigten Personen gehört.

§ 2313 Ansatz bedingter, ungewisser oder unsicherer Rechte, Feststellungspflicht des Erben

(1) Bei der Feststellung des Wertes des Nachlasses bleiben Rechte und Verbindlichkeiten, die von einer aufschiebenden Bedingung abhängig sind, außer Ansatz. Rechte und Verbindlichkeiten, die von einer auflösenden Bedingung abhängig sind, kommen als unbedingte in Ansatz. Tritt die Bedingung ein, so hat die der veränderten Rechtslage entsprechende Ausgleichung zu erfolgen.

(2) Für ungewisse oder unsichere Rechte sowie für zweifelhafte Verbindlichkeiten gilt das Gleiche wie für Rechte und Verbindlichkeiten, die von einer aufschiebenden Bedingung abhängig sind. Der Erbe ist dem Pflichtteilsberechtigten gegenüber verpflichtet, für die Feststellung eines ungewissen und für die Verfolgung eines unsicheren Rechts zu sorgen, soweit es einer ordnungsgemäßen Verwaltung entspricht.

§ 2314 Auskunftspflicht des Erben

(1) Ist der Pflichtteilsberechtigte nicht Erbe, so hat ihm der Erbe auf Verlangen über den Bestand des Nachlasses Auskunft zu erteilen. Der Pflichtteilsberechtigte kann verlangen, dass er bei der Aufnahme des ihm nach § 260 vorzulegenden Verzeichnisses der Nachlassgegenstände zugezogen und dass der Wert der Nachlassgegenstände ermittelt wird. Er kann auch verlangen, dass das Verzeichnis durch die zuständige Behörde oder durch einen zuständigen Beamten oder Notar aufgenommen wird.

(2) Die Kosten fallen dem Nachlass zur Last.

§ 2315 Anrechnung von Zuwendungen auf den Pflichtteil

(1) Der Pflichtteilsberechtigte hat sich auf den Pflichtteil anrechnen zu lassen, was ihm von dem Erblasser durch Rechtsgeschäft unter Lebenden mit der Bestimmung zugewendet worden ist, dass es auf den Pflichtteil angerechnet werden soll.

(2) Der Wert der Zuwendung wird bei der Bestimmung des Pflichtteils dem Nachlass hinzugerechnet. Der Wert bestimmt sich nach der Zeit, zu welcher die Zuwendung erfolgt ist.

(3) Ist der Pflichtteilsberechtigte ein Abkömmling des Erblassers, so findet die Vorschrift des § 2051 Abs. 1 entsprechende Anwendung.

§ 2316 Ausgleichungspflicht

(1) Der Pflichtteil eines Abkömmlings bestimmt sich, wenn mehrere Abkömmlinge vorhanden sind und unter ihnen im Falle der gesetzlichen Erbfolge eine Zuwendung des Erblassers oder Leistungen der in § 2057a bezeichneten Art zur Ausgleichung zu bringen sein würden, nach demjenigen, was auf den gesetzlichen Erbteil unter Berücksichtigung der Ausgleichungspflichten bei der Teilung entfallen würde. Ein Abkömmling, der durch Erbverzicht von der gesetzlichen Erbfolge ausgeschlossen ist, bleibt bei der Berechnung außer Betracht.

(2) Ist der Pflichtteilsberechtigte Erbe und beträgt der Pflichtteil nach Absatz 1 mehr als der Wert des hinterlassenen Erbteils, so kann der Pflichtteilsberechtigte von den Miterben den Mehrbetrag als Pflichtteil verlangen, auch wenn der hinterlassene Erbteil die Hälfte des gesetzlichen Erbteils erreicht oder übersteigt.

(3) Eine Zuwendung der in § 2050 Abs. 1 bezeichneten Art kann der Erblasser nicht zum Nachteil eines Pflichtteilsberechtigten von der Berücksichtigung ausschließen.

(4) Ist eine nach Absatz 1 zu berücksichtigende Zuwendung zugleich nach § 2315 auf den Pflichtteil anzurechnen, so kommt sie auf diesen nur mit der Hälfte des Wertes zur Anrechnung.

§ 2317 Entstehung und Übertragbarkeit des Pflichtteilsanspruchs

(1) Der Anspruch auf den Pflichtteil entsteht mit dem Erbfall.

(2) Der Anspruch ist vererblich und übertragbar.

§ 2318 Pflichtteilslast bei Vermächtnissen und Auflagen

(1) Der Erbe kann die Erfüllung eines ihm auferlegten Vermächtnisses soweit verweigern, dass die Pflichtteilslast von ihm und dem Vermächtnisnehmer verhältnismäßig getragen wird. Das Gleiche gilt von einer Auflage.

(2) Einem pflichtteilsberechtigten Vermächtnisnehmer gegenüber ist die Kürzung nur soweit zulässig, dass ihm der Pflichtteil verbleibt.

(3) Ist der Erbe selbst pflichtteilsberechtigt, so kann er wegen der Pflichtteilslast das Vermächtnis und die Auflage soweit kürzen, dass ihm sein eigener Pflichtteil verbleibt.

§ 2319 Pflichtteilsberechtigter Miterbe

Ist einer von mehreren Erben selbst pflichtteilsberechtigt, so kann er nach der Teilung die Befriedigung eines anderen Pflichtteilsberechtigten soweit verweigern, dass ihm sein eigener Pflichtteil verbleibt. Für den Ausfall haften die übrigen Erben.

§ 2320 Pflichtteilslast des an die Stelle des Pflichtteilsberechtigten getretenen Erben

(1) Wer anstelle des Pflichtteilsberechtigten gesetzlicher Erbe wird, hat im Verhältnis zu Miterben die Pflichtteilslast und, wenn der Pflichtteilsberechtigte ein ihm zugewendetes Vermächtnis annimmt, das Vermächtnis in Höhe des erlangten Vorteils zu tragen.

(2) Das Gleiche gilt im Zweifel von demjenigen, welchem der Erblasser den Erbteil des Pflichtteilsberechtigten durch Verfügung von Todes wegen zugewendet hat.

§ 2321 Pflichtteilslast bei Vermächtnisausschlagung

Schlägt der Pflichtteilsberechtigte ein ihm zugewendetes Vermächtnis aus, so hat im Verhältnis der Erben und der Vermächtnisnehmer zueinander derjenige, welchem die Ausschlagung zustatten kommt, die Pflichtteilslast in Höhe des erlangten Vorteils zu tragen.

§ 2322 Kürzung von Vermächtnissen und Auflagen

Ist eine von dem Pflichtteilsberechtigten ausgeschlagene Erbschaft oder ein von ihm ausgeschlagenes Vermächtnis mit einem Vermächtnis oder einer Auflage beschwert, so kann derjenige, welchem die Ausschlagung zustatten kommt, das Vermächtnis oder die Auflage soweit kürzen, dass ihm der zur Deckung der Pflichtteilslast erforderliche Betrag verbleibt.

§ 2323 Nicht pflichtteilsbelasteter Erbe

Der Erbe kann die Erfüllung eines Vermächtnisses oder einer Auflage auf Grund des § 2318 Abs. 1 insoweit nicht verweigern, als er die Pflichtteilslast nach den §§ 2320 bis 2322 nicht zu tragen hat.

§ 2324 Abweichende Anordnungen des Erblassers hinsichtlich der Pflichtteilslast

Der Erblasser kann durch Verfügung von Todes wegen die Pflichtteilslast im Verhältnis der Erben zueinander einzelnen Erben auferlegen und von den Vorschriften des § 2318 Abs. 1 und der §§ 2320 bis 2323 abweichende Anordnungen treffen.

§ 2325 Pflichtteilsergänzungsanspruch bei Schenkungen

(1) Hat der Erblasser einem Dritten eine Schenkung gemacht, so kann der Pflichtteilsberechtigte als Ergänzung

des Pflichtteils den Betrag verlangen, um den sich der Pflichtteil erhöht, wenn der verschenkte Gegenstand dem Nachlass hinzugerechnet wird.

(2) Eine verbrauchbare Sache kommt mit dem Werte in Ansatz, den sie zur Zeit der Schenkung hatte. Ein anderer Gegenstand kommt mit dem Werte in Ansatz, den er zur Zeit des Erbfalls hat; hatte er zur Zeit der Schenkung einen geringeren Wert, so wird nur dieser in Ansatz gebracht.

(3) Die Schenkung wird innerhalb des ersten Jahres vor dem Erbfall in vollem Umfang, innerhalb jedes weiteren Jahres vor dem Erbfall um jeweils ein Zehntel weniger berücksichtigt. Sind zehn Jahre seit der Leistung des verschenkten Gegenstandes verstrichen, bleibt die Schenkung unberücksichtigt. Ist die Schenkung an den Ehegatten erfolgt, so beginnt die Frist nicht vor der Auflösung der Ehe.

§ 2326 Ergänzung über die Hälfte des gesetzlichen Erbteils

Der Pflichtteilsberechtigte kann die Ergänzung des Pflichtteils auch dann verlangen, wenn ihm die Hälfte des gesetzlichen Erbteils hinterlassen ist. Ist dem Pflichtteilsberechtigten mehr als die Hälfte hinterlassen, so ist der Anspruch ausgeschlossen, soweit der Wert des mehr Hinterlassenen reicht.

§ 2327 Beschenkter Pflichtteilsberechtigter

(1) Hat der Pflichtteilsberechtigte selbst ein Geschenk von dem Erblasser erhalten, so ist das Geschenk in gleicher Weise wie das dem Dritten gemachte Geschenk dem Nachlass hinzuzurechnen und zugleich dem Pflichtteilsberechtigten auf die Ergänzung anzurechnen. Ein nach § 2315 anzurechnendes Geschenk ist auf den Gesamtbetrag des Pflichtteils und der Ergänzung anzurechnen.

(2) Ist der Pflichtteilsberechtigte ein Abkömmling des Erblassers, so findet die Vorschrift des § 2051 Abs. 1 entsprechende Anwendung.

§ 2328 Selbst pflichtteilsberechtigter Erbe

Ist der Erbe selbst pflichtteilsberechtigt, so kann er die Ergänzung des Pflichtteils soweit verweigern, dass ihm sein eigener Pflichtteil mit Einschluss dessen verbleibt, was ihm zur Ergänzung des Pflichtteils gebühren würde.

§ 2329 Anspruch gegen den Beschenkten

(1) Soweit der Erbe zur Ergänzung des Pflichtteils nicht verpflichtet ist, kann der Pflichtteilsberechtigte von dem Beschenkten die Herausgabe des Geschenks zum Zwecke der Befriedigung wegen des fehlenden Betrags nach den Vorschriften über die Herausgabe einer ungerechtfertigten Bereicherung fordern. Ist der Pflichtteilsberechtigte der alleinige Erbe, so steht ihm das gleiche Recht zu.

(2) Der Beschenkte kann die Herausgabe durch Zahlung des fehlenden Betrags abwenden.

(3) Unter mehreren Beschenkten haftet der frühere Beschenkte nur insoweit, als der später Beschenkte nicht verpflichtet ist.

§ 2330 Anstandsschenkungen

Die Vorschriften der §§ 2325 bis 2329 finden keine Anwendung auf Schenkungen, durch die einer sittlichen Pflicht oder einer auf den Anstand zu nehmenden Rücksicht entsprochen wird.

§ 2331 Zuwendungen aus dem Gesamtgut

(1) Eine Zuwendung, die aus dem Gesamtgut der Gütergemeinschaft erfolgt, gilt als von jedem der Ehegatten zur Hälfte gemacht. Die Zuwendung gilt jedoch, wenn sie an einen Abkömmling, der nur von einem der Ehegatten abstammt, oder an eine Person, von der nur einer der Ehegatten abstammt, erfolgt, oder wenn einer der Ehegatten wegen der Zuwendung zu dem Gesamtgut Ersatz zu leisten hat, als von diesem Ehegatten gemacht.

(2) Diese Vorschriften sind auf eine Zuwendung aus dem Gesamtgut der fortgesetzten Gütergemeinschaft entsprechend anzuwenden.

§ 2331a Stundung

(1) Der Erbe kann Stundung des Pflichtteils verlangen, wenn die sofortige Erfüllung des gesamten Anspruchs für den Erben wegen der Art der Nachlassgegenstände eine unbillige Härte wäre, insbesondere wenn sie ihn zur Aufgabe des Familienheims oder zur Veräußerung eines Wirtschaftsguts zwingen würde, das für den Erben und seine Familie die wirtschaftliche Lebensgrundlage bildet. Die Interessen des Pflichtteilsberechtigten sind angemessen zu berücksichtigen.

(2) Für die Entscheidung über eine Stundung ist, wenn der Anspruch nicht bestritten wird, das Nachlassgericht zuständig. § 1382 Abs. 2 bis 6 gilt entsprechend; an die Stelle des Familiengerichts tritt das Nachlassgericht.

§ 2332 Verjährung

(1) Die Verjährungsfrist des dem Pflichtteilsberechtigten nach § 2329 gegen den Beschenkten zustehenden Anspruchs beginnt mit dem Erbfall.

(2) Die Verjährung des Pflichtteilsanspruchs und des Anspruchs nach § 2329 wird nicht dadurch gehemmt, dass die Ansprüche erst nach der Ausschlagung der Erbschaft oder eines Vermächtnisses geltend gemacht werden können.

§ 2333 Entziehung des Pflichtteils

(1) Der Erblasser kann einem Abkömmling den Pflichtteil entziehen, wenn der Abkömmling

1. dem Erblasser, dem Ehegatten des Erblassers, einem anderen Abkömmling oder einer dem Erblasser ähnlich nahe stehenden Person nach dem Leben trachtet,
2. sich eines Verbrechens oder eines schweren vorsätzlichen Vergehens gegen eine der in Nummer 1 bezeichneten Personen schuldig macht,
3. die ihm dem Erblasser gegenüber gesetzlich obliegende Unterhaltspflicht böswillig verletzt oder
4. wegen einer vorsätzlichen Straftat zu einer Freiheitsstrafe von mindestens einem Jahr ohne Bewährung rechtskräftig verurteilt wird und die Teilhabe des Abkömmlings am Nachlass deshalb für den Erblasser unzumutbar ist. Gleiches gilt, wenn die Unterbringung des Abkömmlings in einem psychiatrischen Krankenhaus oder in einer Entziehungsanstalt wegen einer ähnlich schwerwiegenden vorsätzlichen Tat rechtskräftig angeordnet wird.

(2) Absatz 1 gilt entsprechend für die Entziehung des Eltern- oder Ehegattenpflichtteils.

§ 2334 (weggefallen)

§ 2335 (weggefallen)

§ 2336 Form, Beweislast, Unwirksamwerden

(1) Die Entziehung des Pflichtteils erfolgt durch letztwillige Verfügung.

(2) Der Grund der Entziehung muss zur Zeit der Errichtung bestehen und in der Verfügung angegeben werden. Für eine Entziehung nach § 2333 Absatz 1 Nummer 4 muss zur Zeit der Errichtung die Tat begangen sein und der Grund für die Unzumutbarkeit vorliegen; beides muss in der Verfügung angegeben werden.

(3) Der Beweis des Grundes liegt demjenigen ob, welcher die Entziehung geltend macht.

§ 2337 Verzeihung

Das Recht zur Entziehung des Pflichtteils erlischt durch Verzeihung. Eine Verfügung, durch die der Erblasser die Entziehung angeordnet hat, wird durch die Verzeihung unwirksam.

§ 2338 Pflichtteilsbeschränkung

(1) Hat sich ein Abkömmling in solchem Maße der Verschwendung ergeben oder ist er in solchem Maße überschuldet, dass sein späterer Erwerb erheblich gefährdet wird, so kann der Erblasser das Pflichtteilsrecht des Abkömmlings durch die Anordnung beschränken, dass nach dem Tode des Abkömmlings dessen gesetzliche Erben das ihm Hinterlassene oder den ihm gebührenden Pflichtteil als Nacherben oder als Nachvermächtnisnehmer nach dem Verhältnis ihrer gesetzlichen Erbteile erhalten sollen. Der Erblasser kann auch für die Lebenszeit des Abkömmlings die Verwaltung einem Testamentsvollstrecker übertragen; der Abkömmling hat in einem solchen Falle Anspruch auf den jährlichen Reinertrag.

(2) Auf Anordnungen dieser Art findet die Vorschrift des § 2336 Abs. 1 bis 3 entsprechende Anwendung. Die Anordnungen sind unwirksam, wenn zur Zeit des Erbfalls der Abkömmling sich dauernd von dem verschwenderischen Leben abgewendet hat oder die den Grund der Anordnung bildende Überschuldung nicht mehr besteht.

Abschnitt 6
Erbunwürdigkeit

§ 2339 Gründe für Erbunwürdigkeit

(1) Erbunwürdig ist:

1. wer den Erblasser vorsätzlich und widerrechtlich getötet oder zu töten versucht oder in einen Zustand versetzt hat, infolge dessen der Erblasser bis zu seinem Tode unfähig war, eine Verfügung von Todes wegen zu errichten oder aufzuheben,
2. wer den Erblasser vorsätzlich und widerrechtlich verhindert hat, eine Verfügung von Todes wegen zu errichten oder aufzuheben,
3. wer den Erblasser durch arglistige Täuschung oder widerrechtlich durch Drohung bestimmt hat, eine Verfügung von Todes wegen zu errichten oder aufzuheben,
4. wer sich in Ansehung einer Verfügung des Erblassers von Todes wegen einer Straftat nach den §§ 267, 271 bis 274 des Strafgesetzbuchs schuldig gemacht hat.

(2) Die Erbunwürdigkeit tritt in den Fällen des Absatzes 1 Nr. 3, 4 nicht ein, wenn vor dem Eintritt des Erbfalls die Verfügung, zu deren Errichtung der Erblasser bestimmt oder in Ansehung deren die Straftat begangen worden ist, unwirksam geworden ist, oder die Verfügung, zu deren Aufhebung er bestimmt worden ist, unwirksam geworden sein würde.

Abschnitt 7
Erbverzicht

§ 2346 Wirkung des Erbverzichts, Beschränkungsmöglichkeit

(1) Verwandte sowie der Ehegatte des Erblassers können durch Vertrag mit dem Erblasser auf ihr gesetzliches Erbrecht verzichten. Der Verzichtende ist von der gesetzlichen Erbfolge ausgeschlossen, wie wenn er zur Zeit des Erbfalls nicht mehr lebte; er hat kein Pflichtteilsrecht.

(2) Der Verzicht kann auf das Pflichtteilsrecht beschränkt werden.

§ 2347 Persönliche Anforderungen, Vertretung

Der Erblasser kann den Vertrag nach § 2346 nur persönlich schließen; ist er in der Geschäftsfähigkeit beschränkt, so bedarf er nicht der Zustimmung seines gesetzlichen Vertreters. Ist der Erblasser geschäftsunfähig, so kann der Vertrag durch den gesetzlichen Vertreter geschlossen werden.

§ 2348 Form

Der Vertrag nach § 2346 bedarf der notariellen Beurkundung.

§ 2349 Erstreckung auf Abkömmlinge

Verzichtet ein Abkömmling oder ein Seitenverwandter des Erblassers auf das gesetzliche Erbrecht, so erstreckt sich die Wirkung des Verzichts auf seine Abkömmlinge, sofern nicht ein anderes bestimmt wird.

§ 2350 Verzicht zugunsten eines anderen

(1) Verzichtet jemand zugunsten eines anderen auf das gesetzliche Erbrecht, so ist im Zweifel anzunehmen, dass der Verzicht nur für den Fall gelten soll, dass der andere Erbe wird.

(2) Verzichtet ein Abkömmling des Erblassers auf das gesetzliche Erbrecht, so ist im Zweifel anzunehmen, dass der Verzicht nur zugunsten der anderen Abkömmlinge und des Ehegatten oder Lebenspartners des Erblassers gelten soll.

§ 2351 Aufhebung des Erbverzichts

Auf einen Vertrag, durch den ein Erbverzicht aufgehoben wird, findet die Vorschrift des § 2348 und in Ansehung des Erblassers auch die Vorschrift des § 2347 Satz 1 erster Halbsatz, Satz 2 Anwendung.

§ 2352 Verzicht auf Zuwendungen

Wer durch Testament als Erbe eingesetzt oder mit einem Vermächtnis bedacht ist, kann durch Vertrag mit dem Erblasser auf die Zuwendung verzichten. Das Gleiche gilt für eine Zuwendung, die in einem Erbvertrag einem Dritten gemacht ist. Die Vorschriften der §§ 2347 bis 2349 finden Anwendung.

II

Abschnitt 8
Erbschein

§ 2353 Zuständigkeit des Nachlassgerichts, Antrag

Das Nachlassgericht hat dem Erben auf Antrag ein Zeugnis über sein Erbrecht und, wenn er nur zu einem Teil der Erbschaft berufen ist, über die Größe des Erbteils zu erteilen (Erbschein).

§§ 2354 bis 2360 (weggefallen)

§ 2361 Einziehung oder Kraftloserklärung des unrichtigen Erbscheins

Ergibt sich, dass der erteilte Erbschein unrichtig ist, so hat ihn das Nachlassgericht einzuziehen. Mit der Einziehung wird der Erbschein kraftlos.

§ 2362 Herausgabe- und Auskunftsanspruch des wirklichen Erben

(1) Der wirkliche Erbe kann von dem Besitzer eines unrichtigen Erbscheins die Herausgabe an das Nachlassgericht verlangen.

(2) Derjenige, welchem ein unrichtiger Erbschein erteilt worden ist, hat dem wirklichen Erben über den Bestand der Erbschaft und über den Verbleib der Erbschaftsgegenstände Auskunft zu erteilen.

§ 2363 Herausgabeanspruch des Nacherben und des Testamentsvollstreckers

Dem Nacherben sowie dem Testamentsvollstrecker steht das in § 2362 Absatz 1 bestimmte Recht zu.

§ 2364 (weggefallen)

§ 2365 Vermutung der Richtigkeit des Erbscheins

Es wird vermutet, dass demjenigen, welcher in dem Erbschein als Erbe bezeichnet ist, das in dem Erbschein angegebene Erbrecht zustehe und dass er nicht durch andere als die angegebenen Anordnungen beschränkt sei.

§ 2366 Öffentlicher Glaube des Erbscheins

Erwirbt jemand von demjenigen, welcher in einem Erbschein als Erbe bezeichnet ist, durch Rechtsgeschäft einen Erbschaftsgegenstand, ein Recht an einem solchen Gegenstand oder die Befreiung von einem zur Erbschaft gehörenden Recht, so gilt zu seinen Gunsten der Inhalt des Erbscheins, soweit die Vermutung des § 2365 reicht, als richtig, es sei denn, dass er die Unrichtigkeit kennt oder weiß, dass das Nachlassgericht die Rückgabe des Erbscheins wegen Unrichtigkeit verlangt hat.

§ 2367 Leistung an Erbscheinserben

Die Vorschrift des § 2366 findet entsprechende Anwendung, wenn an denjenigen, welcher in einem Erbschein als Erbe bezeichnet ist, auf Grund eines zur Erbschaft gehörenden Rechts eine Leistung bewirkt oder wenn zwischen ihm und einem anderen in Ansehung eines solchen Rechts ein nicht unter die Vorschrift des § 2366 fallendes Rechtsgeschäft vorgenommen wird, das eine Verfügung über das Recht enthält.

§ 2368 Testamentsvollstreckerzeugnis

Einem Testamentsvollstrecker hat das Nachlassgericht auf Antrag ein Zeugnis über die Ernennung zu erteilen. Die Vorschriften über den Erbschein finden auf das Zeugnis entsprechende Anwendung; mit der Beendigung des Amts des Testamentsvollstreckers wird das Zeugnis kraftlos.

§ 2369 (weggefallen)

§ 2370 Öffentlicher Glaube bei Todeserklärung

(1) Hat eine Person, die für tot erklärt oder deren Todeszeit nach den Vorschriften des Verschollenheitsgesetzes festgestellt ist, den Zeitpunkt überlebt, der als Zeitpunkt ihres Todes gilt, oder ist sie vor diesem Zeitpunkt gestorben, so gilt derjenige, welcher auf Grund der Todeserklärung oder der Feststellung der Todeszeit Erbe sein würde, in Ansehung der in den §§ 2366, 2367 bezeichneten Rechtsgeschäfte zugunsten des Dritten auch ohne Erteilung eines Erbscheins als Erbe, es sei denn, dass der Dritte die Unrichtigkeit der Todeserklärung oder der Feststellung der Todeszeit kennt oder weiß, dass sie aufgehoben worden sind.

(2) Ist ein Erbschein erteilt worden, so stehen demjenigen, der für tot erklärt oder dessen Todeszeit nach den Vorschriften des Verschollenheitsgesetzes festgestellt ist, wenn er noch lebt, die im § 2362 bestimmten Rechte zu. Die gleichen Rechte hat eine Person, deren Tod ohne Todeserklärung oder Feststellung der Todeszeit mit Unrecht angenommen worden ist.

Einführungsgesetz zum Bürgerlichen Gesetzbuche (EGBGB)

in der Fassung der Bekanntmachung vom 21. September 1994 (BGBl. I S. 2494, 1997 S. 1061)

– Auszug –

Zuletzt geändert durch
Zukunftsfinanzierungsgesetz
vom 11. Dezember 2023 (BGBl. I Nr. 354)

Erster Abschnitt Allgemeine Vorschriften

Artikel 3 Anwendungsbereich; Verhältnis zu Regelungen der Europäischen Union und zu völkerrechtlichen Vereinbarungen

Soweit nicht

1. unmittelbar anwendbare Regelungen der Europäischen Union in ihrer jeweils geltenden Fassung, insbesondere
   a) die Verordnung (EG) Nr. 864/2007 des Europäischen Parlaments und des Rates vom 11. Juli 2007 über das auf außervertragliche Schuldverhältnisse anzuwendende Recht (Rom II),
   b) die Verordnung (EG) Nr. 593/2008 des Europäischen Parlaments und des Rates vom 17. Juni 2008 über das auf vertragliche Schuldverhältnisse anzuwendende Recht (Rom I),
   c) Artikel 15 der Verordnung (EG) Nr. 4/2009 des Rates vom 18. Dezember 2008 über die Zuständigkeit, das anwendbare Recht, die Anerkennung und Vollstreckung von Entscheidungen und die Zusammenarbeit in Unterhaltssachen in Verbindung mit dem Haager Protokoll vom 23. November 2007 über das auf Unterhaltspflichten anzuwendende Recht,
   d) die Verordnung (EU) Nr. 1259/2010 des Rates vom 20. Dezember 2010 zur Durchführung einer Verstärkten Zusammenarbeit im Bereich des auf die Ehescheidung und Trennung ohne Auflösung des Ehebandes anzuwendenden Rechts,
   e) die Verordnung (EU) Nr. 650/2012 des Europäischen Parlaments und des Rates vom 4. Juli 2012 über die Zuständigkeit, das anzuwendende Recht, die Anerkennung und Vollstreckung von Entscheidungen und die Annahme und Vollstreckung öffentlicher Urkunden in Erbsachen sowie zur Einführung eines Europäischen Nachlasszeugnisses,
   f) die Verordnung (EU) 2016/1103 des Rates vom 24. Juni 2016 zur Durchführung einer Verstärkten Zusammenarbeit im Bereich der Zuständigkeit, des anzuwendenden Rechts und der Anerkennung und Vollstreckung von Entscheidungen in Fragen des ehelichen Güterstands sowie
   g) die Verordnung (EU) 2016/1104 des Rates vom 24. Juni 2016 zur Durchführung der Verstärkten Zusammenarbeit im Bereich der Zuständigkeit, des anzuwendenden Rechts und der Anerkennung und Vollstreckung von Entscheidungen in Fragen güterrechtlicher Wirkungen eingetragener Partnerschaften oder
2. Regelungen in völkerrechtlichen Vereinbarungen, soweit sie unmittelbar anwendbares innerstaatliches Recht geworden sind,

maßgeblich sind, bestimmt sich das anzuwendende Recht bei Sachverhalten mit einer Verbindung zu einem ausländischen Staat nach den Vorschriften dieses Kapitels (Internationales Privatrecht).

Zweiter Abschnitt Recht der natürlichen Personen und der Rechtsgeschäfte

Artikel 7 Rechts- und Geschäftsfähigkeit

(1) Die Rechtsfähigkeit einer Person unterliegt dem Recht des Staates, dem die Person angehört. Die einmal erlangte Rechtsfähigkeit wird durch Erwerb oder Verlust einer Staatsangehörigkeit nicht beeinträchtigt.

(2) Die Geschäftsfähigkeit einer Person unterliegt dem Recht des Staates, in dem die Person ihren gewöhnlichen Aufenthalt hat. Dies gilt auch, soweit die Geschäftsfähigkeit durch Eheschließung erweitert wird. Die einmal erlangte Geschäftsfähigkeit wird durch einen Wechsel des gewöhnlichen Aufenthalts nicht beeinträchtigt.

Dritter Abschnitt Familienrecht

Artikel 15 Gegenseitige Vertretung von Ehegatten

In Angelegenheiten der Gesundheitssorge, die im Inland wahrgenommen werden, ist § 1358 des Bürgerlichen Gesetzbuchs auch dann anzuwenden, wenn nach anderen Vorschriften insoweit ausländisches Recht anwendbar wäre.

Artikel 24 Vormundschaft, Betreuung und Pflegschaft

(1) Die Entstehung, die Ausübung, die Änderung und das Ende eines Fürsorgeverhältnisses (Vormundschaft, Betreuung, Pflegschaft), das kraft Gesetzes oder durch Rechtsgeschäft begründet wird, unterliegen dem Recht des Staates, in dem der Fürsorgebedürftige seinen gewöhnlichen Aufenthalt hat.

(2) Maßnahmen, die im Inland in Bezug auf ein Fürsorgeverhältnis angeordnet werden, und die Ausübung dieses Fürsorgeverhältnisses unterliegen deutschem Recht. Besteht mit dem Recht eines anderen Staates eine

wesentlich engere Verbindung als mit dem deutschen Recht, so kann jenes Recht angewendet werden.

(3) Die Ausübung eines Fürsorgeverhältnisses aufgrund einer anzuerkennenden ausländischen Entscheidung richtet sich im Inland nach deutschem Recht.

Vierter Abschnitt Erbrecht

Artikel 25 Rechtsnachfolge von Todes wegen

Soweit die Rechtsnachfolge von Todes wegen nicht in den Anwendungsbereich der Verordnung (EU) Nr. 650/2012 fällt, gelten die Vorschriften des Kapitels III dieser Verordnung entsprechend.

Artikel 26 Form von Verfügungen von Todes wegen

(1) In Ausführung des Artikels 3 des Haager Übereinkommens vom 5. Oktober 1961 über das auf die Form letztwilliger Verfügungen anzuwendende Recht (BGBl. 1965 II S. 1144, 1145) ist eine letztwillige Verfügung, auch wenn sie von mehreren Personen in derselben Urkunde errichtet wird oder durch sie eine frühere letztwillige Verfügung widerrufen wird, hinsichtlich ihrer Form gültig, wenn sie den Formerfordernissen des Rechts entspricht, das auf die Rechtsnachfolge von Todes wegen anzuwenden ist oder im Zeitpunkt der Verfügung anzuwenden wäre. Die weiteren Vorschriften des Haager Übereinkommens bleiben unberührt.

(2) Für die Form anderer Verfügungen von Todes wegen ist Artikel 27 der Verordnung (EU) Nr. 650/2012 maßgeblich.

Dritter Teil Verhältnis des Bürgerlichen Gesetzbuches zu den Landesgesetzen

Artikel 144 (Verein für Beistandschaften)

Die Landesgesetze können bestimmen, daß das Jugendamt die Beistandschaft mit Zustimmung des Elternteils auf einen nach § 54 des Achten Buches Sozialgesetzbuch anerkannten Vormundschaftsverein übertragen kann.

Artikel 147 (Betreuungsgericht und Nachlassgericht)

Unberührt bleiben die landesgesetzlichen Vorschriften, nach denen für die Aufgaben des Betreuungsgerichts oder des Nachlassgerichts andere Stellen als Gerichte zuständig sind.

Fünfter Teil Übergangsvorschriften aus Anlaß jüngerer Änderungen des Bürgerlichen Gesetzbuchs und dieses Einführungsgesetzes

Artikel 229 Weitere Überleitungsvorschriften

§ 54 Übergangsvorschrift zum Gesetz zur Reform des Vormundschafts- und Betreuungsrechts

(1) Eine bei Ablauf des 31. Dezember 2022 bestehende Geschäftsfähigkeit besteht fort.

(2) Mit Inkrafttreten dieses Gesetzes am 1. Januar 2023 wird die Bestellung eines Gegenvormunds und eines Gegenbetreuers wirkungslos.

(3) Ist am 1. Januar 2023 ein Betreuer zur Besorgung aller Angelegenheiten bestellt, ist der Aufgabenkreis bis zum 1. Januar 2024 nach Maßgabe des § 1815 Absatz 1 des Bürgerlichen Gesetzbuchs zu ändern.

(4) Auf Betreuungen, die am 1. Januar 2023 bestehen, findet § 1815 Absatz 2 Nummer 1 bis 4 des Bürgerlichen Gesetzbuchs bis zum 1. Januar 2028 keine Anwendung. Bei der nächsten Entscheidung über die Aufhebung oder Verlängerung der Betreuung oder im Rahmen eines gerichtlichen Genehmigungsverfahrens nach § 1831 Absatz 2 des Bürgerlichen Gesetzbuchs hat das Betreuungsgericht über den Aufgabenkreis nach Maßgabe des § 1815 Absatz 2 des Bürgerlichen Gesetzbuchs zu entscheiden.

(5) Betreuer, die erstmals durch § 1859 Absatz 2 des Bürgerlichen Gesetzbuchs befreit sind, haben bis zum Ablauf des am 1. Januar 2023 noch laufenden Betreuungsjahres Rechnung zu legen.

(6) Auf vor dem 1. Januar 2023 abgeschlossene Vorgänge bleibt das bisherige Internationale Privatrecht anwendbar.

Gesetz über die Vergütung von Vormündern und Betreuern (Vormünder- und Betreuervergütungsgesetz – VBVG)

Vom 4. Mai 2021 (BGBl. I S. 882, 2022 S. 959)

Zuletzt geändert durch
Gesetz zur Durchführung der EU-Verordnungen über grenzüberschreitende Zustellungen und grenzüberschreitende Beweisaufnahmen in Zivil- oder Handelssachen, zur Änderung der Zivilrechtshilfe, des Vormundschafts- und Betreuungsrechts, zur Anpassung von Rechtsvorschriften zum Verbraucherschutz und zur Verbraucherrechtsdurchsetzung sowie zur Änderung sonstiger Vorschriften
vom 24. Juni 2022 (BGBl. I S. 959)[1])

– Auszug –

Inhaltsübersicht

Abschnitt 2
Vergütung und Aufwendungsersatz des Betreuers

§ 7 Vergütung und Aufwendungsersatz des beruflichen Betreuers
§ 8 Höhe der Vergütung; Verordnungsermächtigung
§ 9 Fallpauschalen
§ 10 Gesonderte Pauschalen
§ 11 Aufwendungsersatz
§ 12 Sonderfälle der Betreuung
§ 13 Vergütung und Aufwendungsersatz für Betreuungsvereine
§ 14 Vergütung und Aufwendungsersatz für Behördenbetreuer und Betreuungsbehörde
§ 15 Abrechnungszeitraum für die Betreuungsvergütung
§ 16 Zahlung aus der Staatskasse, Erlöschen und Geltendmachung der Ansprüche

Abschnitt 3
Schlussvorschriften

§ 17 Umschulung und Fortbildung von Berufsvormündern und beruflichen Betreuern

Abschnitt 4
Übergangsregelungen

§ 18 Übergangsregelung
§ 19 Ansprüche von Betreuern, die vor Inkrafttreten des Betreuungsorganisationsgesetzes bereits berufsmäßig Betreuungen geführt haben

Anlage
(zu § 8 Absatz 1)

[1]) Berücksichtigt ist das Gesetz zur Reform des Vormundschafts- und Betreuungsrechts vom 4. Mai 2021 (BGBl. I S. 882), geändert durch das Gesetz zur Durchführung der EU-Verordnungen über grenzüberschreitende Zustellungen und grenzüberschreitende Beweisaufnahmen in Zivil- oder Handelssachen, zur Änderung der Zivilrechtshilfe, des Vormundschafts- und Betreuungsrechts, zur Anpassung von Rechtsvorschriften zum Verbraucherschutz und zur Verbraucherrechtsdurchsetzung sowie zur Änderung sonstiger Vorschriften vom 24. Juni 2022 (BGBl. I S. 959).

Abschnitt 2
Vergütung und Aufwendungsersatz des Betreuers

§ 7 Vergütung und Aufwendungsersatz des beruflichen Betreuers

(1) Ein beruflicher Betreuer nach § 19 Absatz 2 des Betreuungsorganisationsgesetzes, der selbständig rechtliche Betreuungen führt, kann vom Betreuten Vergütung und Aufwendungsersatz nach Maßgabe der §§ 8 bis 12, 15 und 16 verlangen.

(2) Ist ein beruflicher Betreuer nach § 19 Absatz 2 des Betreuungsorganisationsgesetzes, der als Mitarbeiter eines anerkannten Betreuungsvereins rechtliche Betreuungen führt, als Vereinsbetreuer bestellt, kann der Betreuungsverein vom Betreuten Vergütung und Aufwendungsersatz nach Maßgabe der §§ 8 bis 12, 15 und 16 verlangen. Der Vereinsbetreuer selbst kann keine Vergütung und keinen Aufwendungsersatz geltend machen.

(3) Die Bewilligung der Zahlung erfolgt durch das Betreuungsgericht nach § 292 des Gesetzes über das Verfahren in Familiensachen und in den Angelegenheiten der freiwilligen Gerichtsbarkeit.

§ 8 Höhe der Vergütung; Verordnungsermächtigung

(1) Die dem beruflichen Betreuer nach § 7 zu bewilligende Vergütung bestimmt sich nach monatlichen Fallpauschalen, die in den Vergütungstabellen A bis C der Anlage festgelegt sind.

(2) Die Vergütung des beruflichen Betreuers richtet sich nach

1. Vergütungstabelle A, sofern der Betreuer weder über eine abgeschlossene Lehre noch über eine abgeschlossene Ausbildung an einer Hochschule oder eine vergleichbare Ausbildung verfügt;
2. Vergütungstabelle B, wenn der Betreuer über eine abgeschlossene Lehre oder eine vergleichbare abgeschlossene Ausbildung verfügt;
3. Vergütungstabelle C, wenn der Betreuer über eine abgeschlossene Ausbildung an einer Hochschule oder eine vergleichbare abgeschlossene Ausbildung verfügt.

(3) Der Vorstand des am Sitz oder hilfsweise am Wohnsitz des beruflichen Betreuers zuständigen Amtsgerichts stellt auf Antrag des Betreuers nach dessen Registrierung fest, nach welcher Vergütungstabelle sich die von diesem zu beanspruchenden Vergütungen richten. Die Feststellung nach Satz 1 gilt für das gerichtliche Verfahren zur Festsetzung der Vergütung bundesweit. Sie kann auf Antrag des beruflichen Betreuers geändert werden, wenn dieser eine Änderung der Voraussetzungen nach Absatz 2 nachweist. Die Feststellung oder Änderung wirkt auf den Zeitpunkt der Antragstellung zurück.

(4) Die Landesregierungen werden ermächtigt, zur sachdienlichen Erledigung der Verfahren nach Absatz 3 durch Rechtsverordnung die Zuständigkeit anderer Gerichte abweichend von Absatz 3 Satz 1 festzulegen. Die Landesregierungen können die Ermächtigung nach Satz 1 auf die Landesjustizverwaltungen übertragen.

§ 9 Fallpauschalen

(1) Die Höhe der Fallpauschalen nach § 8 Absatz 1 richtet sich nach

1. der Dauer der Betreuung,
2. dem gewöhnlichen Aufenthaltsort des Betreuten und
3. dem Vermögensstatus des Betreuten.

(2) Hinsichtlich der Dauer der Betreuung wird bei der Berechnung der Fallpauschalen zwischen den Zeiträumen in den ersten drei Monaten der Betreuung, im vierten bis sechsten Monat, im siebten bis zwölften Monat, im 13. bis 24. Monat und ab dem 25. Monat unterschieden. Für die Berechnung der Monate gelten § 187 Absatz 1 und § 188 Absatz 2 des Bürgerlichen Gesetzbuchs entsprechend.

(3) Hinsichtlich des gewöhnlichen Aufenthaltsortes des Betreuten ist zwischen stationären Einrichtungen und diesen nach Satz 3 gleichgestellten ambulant betreuten Wohnformen einerseits und anderen Wohnformen andererseits zu unterscheiden. Im Sinne dieses Gesetzes sind

1. stationäre Einrichtungen:

   Einrichtungen, die dem Zweck dienen, Volljährige aufzunehmen, ihnen Wohnraum zu überlassen, sowie tatsächliche Betreuung oder Pflege zur Verfügung zu stellen oder vorzuhalten, und die in ihrem Bestand von Wechsel und Zahl der Bewohner unabhängig sind und entgeltlich betrieben werden;
2. ambulant betreute Wohnformen:

   entgeltliche Angebote, die dem Zweck dienen, Volljährigen das Leben in einem gemeinsamen Haushalt oder einer Wohnung bei gleichzeitiger Inanspruchnahme extern angebotener entgeltlicher Leistungen tatsächlicher Betreuung oder Pflege zu ermöglichen.

Ambulant betreute Wohnformen sind stationären Einrichtungen gleichgestellt, wenn die in der ambulant betreuten Wohnform extern angebotenen Leistungen tatsächlicher Betreuung oder Pflege als Rund-um-die-Uhr-Versorgung durch professionelle Betreuungs- oder Pflegekräfte zur Verfügung gestellt oder vorgehalten werden und der Anbieter der extern angebotenen Betreuungs- und Pflegeleistungen nicht frei wählbar ist.

(4) Hinsichtlich der Bestimmung des Vermögensstatus des Betreuten ist entscheidend, ob am Ende des Abrechnungsmonats Mittellosigkeit nach § 1880 des Bürgerlichen Gesetzbuchs vorliegt. Hinsichtlich der Bestimmung des gewöhnlichen Aufenthaltes nach Absatz 3 ist entscheidend, wo der gewöhnliche Aufenthalt am Ende des Abrechnungsmonats liegt. Bei sonstigen Änderungen von Umständen, die sich auf die Vergütung auswirken und die vor Ablauf eines vollen Monats eintreten, ist die Vergütung zeitanteilig nach Tagen zu berechnen; § 187 Absatz 1, § 188 Absatz 1 und § 191 des Bürgerlichen Gesetzbuchs gelten entsprechend.

§ 10 Gesonderte Pauschalen

(1) Ist der Betreute nicht mittellos, wird der Betreuer mit einer zusätzlichen monatlichen Pauschale in Höhe von 30 Euro vergütet, wenn dieser die Verwaltung

1. von Geldvermögen in Höhe von mindestens 150 000 Euro,

2. von Wohnraum, der nicht vom Betreuten oder seinem Ehegatten genutzt wird, oder
3. eines Erwerbsgeschäfts des Betreuten

zu besorgen hat. Die Pauschale kann geltend gemacht werden, wenn einer der Fälle des Satzes 1 an mindestens einem Tag im Abrechnungsmonat vorliegt.

(2) Findet ein Wechsel von einem ehrenamtlichen zu einem beruflichen Betreuer statt, ist der berufliche Betreuer mit einer einmaligen Pauschale in Höhe von 200 Euro zu vergüten.

(3) Findet ein Wechsel von einem beruflichen zu einem ehrenamtlichen Betreuer statt, ist der berufliche Betreuer mit einer einmaligen Pauschale in Höhe des 1,5-fachen der zum Zeitpunkt des Betreuerwechsels zu vergütenden Fallpauschale zu vergüten. Dies gilt auch dann, wenn zunächst neben dem beruflichen Betreuer ein ehrenamtlicher Betreuer bestellt war und dieser die Betreuung allein fortführt.

(4) Die Pauschalen nach den Absätzen 1 bis 3 können nur gemeinsam mit einem Vergütungsantrag nach den §§ 8 und 9 geltend gemacht werden.

§ 11 Aufwendungsersatz

Die Fallpauschalen nach § 9 gelten auch Ansprüche auf Ersatz anlässlich der Betreuung entstandener Aufwendungen ab. Die gesonderte Geltendmachung von Aufwendungen im Sinne des § 1877 Absatz 3 des Bürgerlichen Gesetzbuchs durch Betreuer nach § 7 Absatz 1 bleibt unberührt.

§ 12 Sonderfälle der Betreuung

(1) Dem Sterilisationsbetreuer nach § 1817 Absatz 2 des Bürgerlichen Gesetzbuchs und dem Ergänzungsbetreuer nach § 1817 Absatz 5 des Bürgerlichen Gesetzbuchs ist eine Vergütung nach § 3 zu bewilligen. Vorschuss oder Ersatz der Aufwendungen kann er in entsprechender Anwendung von § 1877 Absatz 1 des Bürgerlichen Gesetzbuchs verlangen; § 4 Absatz 2 gilt entsprechend. Allgemeine Verwaltungskosten werden nicht ersetzt.

(2) Dem Verhinderungsbetreuer nach § 1817 Absatz 4 des Bürgerlichen Gesetzbuchs sind die Vergütung nach § 8 in Verbindung mit § 9 sowie die Pauschale nach § 10 Absatz 1 zu bewilligen und im Fall des § 9 nach Tagen zu teilen; § 187 Absatz 1 und § 188 Absatz 1 des Bürgerlichen Gesetzbuchs gelten entsprechend.

§ 13 Vergütung und Aufwendungsersatz für Betreuungsvereine

(1) Ist der Betreuungsverein nach § 1818 Absatz 1 des Bürgerlichen Gesetzbuchs als Betreuer bestellt, ist ihm eine Vergütung nach den §§ 8 bis 10 zu bewilligen, wenn der Mitarbeiter, dem die Führung der Betreuung gemäß § 1818 Absatz 2 Satz 1 des Bürgerlichen Gesetzbuchs übertragen worden ist, als beruflicher Betreuer registriert ist. Die Höhe der Vergütung richtet sich nach der aufgrund der Feststellung nach § 8 Absatz 3 für den Mitarbeiter anzuwendenden Vergütungstabelle. Eine Vergütung ist auch dann zu bewilligen, wenn der Mitarbeiter spätestens sechs Monate nach Beginn seiner Tätigkeit für den Betreuungsverein registriert ist.

(2) In den Fällen des § 1817 Absatz 4 und 5 des Bürgerlichen Gesetzbuchs sind dem Betreuungsverein nach Maßgabe des Absatzes 1 Vergütung und Aufwendungsersatz nach § 12 zu bewilligen. Aufwendungen im Sinne von § 1877 Absatz 3 des Bürgerlichen Gesetzbuchs kann der Verein nicht geltend machen. Allgemeine Verwaltungskosten werden nicht ersetzt.

§ 14 Vergütung und Aufwendungsersatz für Behördenbetreuer und Betreuungsbehörde

(1) Ist ein Behördenbetreuer bestellt, so kann der zuständigen Behörde nur unter den in § 1876 Satz 2 des Bürgerlichen Gesetzbuchs bestimmten Voraussetzungen eine Vergütung bewilligt werden. Für ihre Aufwendungen kann die Betreuungsbehörde keinen Vorschuss und in entsprechender Anwendung von § 1877 Absatz 1 des Bürgerlichen Gesetzbuchs Ersatz nur insoweit verlangen, als der Betreute nicht mittellos im Sinne des § 1880 des Bürgerlichen Gesetzbuchs ist. Allgemeine Verwaltungskosten werden nicht ersetzt.

(2) Der Behördenbetreuer selbst kann keine Vergütung, keinen Vorschuss und keinen Aufwendungsersatz geltend machen.

(3) Ist die Betreuungsbehörde nach § 1818 Absatz 4 des Bürgerlichen Gesetzbuchs als Betreuer bestellt, steht ihr keine Vergütung zu. Für die Aufwendungen der Betreuungsbehörde gilt Absatz 1 Satz 2 und 3 entsprechend.

(4) § 1877 Absatz 4 des Bürgerlichen Gesetzbuchs ist auf Ansprüche der Betreuungsbehörde nicht anzuwenden.

§ 15 Abrechnungszeitraum für die Betreuungsvergütung

(1) Die Vergütung kann nach Ablauf von jeweils drei Monaten für diesen Zeitraum geltend gemacht werden. Dies gilt nicht für die Geltendmachung von Vergütung und Aufwendungsersatz in den Fällen der §§ 12 und 13 Absatz 2.

(2) Der Betreuer kann, wenn eine Veränderung der für die Höhe der Vergütung maßgeblichen Kriterien des § 9 Absatz 1 Nummer 2 und 3 nicht zu erwarten ist, die Festsetzung der Vergütung auch für zukünftige Zeiträume nach § 292 Absatz 2 Satz 1 des Gesetzes über das Verfahren in Familiensachen und in den Angelegenheiten der freiwilligen Gerichtsbarkeit beantragen. Für die Dauer der Festsetzung nach § 292 Absatz 2 des Gesetzes über das Verfahren in Familiensachen und in den Angelegenheiten der freiwilligen Gerichtsbarkeit gelten die Vergütungsansprüche als geltend gemacht nach § 16 Absatz 3. Eine Änderung der Kriterien des § 9 Absatz 1 hat der Betreuer unverzüglich mitzuteilen.

§ 16 Zahlung aus der Staatskasse, Erlöschen und Geltendmachung der Ansprüche

(1) Ist der Betreute mittellos im Sinne des § 1880 des Bürgerlichen Gesetzbuchs, so kann der Betreuer die Vergütung sowie Vorschuss oder Ersatz der Aufwendungen aus der Staatskasse verlangen.

(2) Soweit die Staatskasse den Betreuer befriedigt, gehen die Ansprüche des Betreuers nach Maßgabe des § 1881 des Bürgerlichen Gesetzbuchs auf die Staatskasse über.

(3) Die Ansprüche auf Vergütung und Aufwendungsersatz erlöschen, wenn sie nicht binnen 15 Monaten nach ihrer Entstehung gerichtlich geltend gemacht werden.

§ 1877 Absatz 4 Satz 2 und 3 sowie Absatz 5 des Bürgerlichen Gesetzbuchs gilt entsprechend.

Abschnitt 3 Schlussvorschriften

§ 17 Umschulung und Fortbildung von Berufsvormündern und beruflichen Betreuern

(1) Durch Landesrecht kann bestimmt werden, dass es einer abgeschlossenen Lehre im Sinne des § 3 Absatz 1 Satz 2 Nummer 1 und § 4 Absatz 3 Nummer 1 des Vormünder- und Betreuervergütungsgesetzes vom 21. April 2005 (BGBl. I S. 1073, 1076), das zuletzt durch Artikel 1 des Gesetzes vom 22. Juni 2019 (BGBl. I S. 866) geändert worden ist, in der bis einschließlich 31. Dezember 2022 geltenden Fassung gleichsteht, wenn der Vormund oder Betreuer besondere Kenntnisse im Sinne dieser Vorschrift durch eine dem Abschluss einer Lehre vergleichbare Prüfung vor einer staatlichen oder staatlich anerkannten Stelle nachgewiesen hat. Zu einer solchen Prüfung darf nur zugelassen werden, wer

1. mindestens drei Jahre lang Vormundschaften oder Betreuungen berufsmäßig geführt und
2. an einer Umschulung oder Fortbildung teilgenommen hat, die besondere Kenntnisse im Sinne des § 3 Absatz 1 Satz 2 und § 4 Absatz 3 des Vormünder- und Betreuervergütungsgesetzes vom 21. April 2005 (BGBl. I S. 1073, 1076), das zuletzt durch Artikel 1 des Gesetzes vom 22. Juni 2019 (BGBl. I S. 866) geändert worden ist, in der bis zum 31. Dezember 2022 geltenden Fassung vermittelt, welche nach Art und Umfang den durch eine abgeschlossene Lehre vermittelten vergleichbar sind.

(2) Durch Landesrecht kann bestimmt werden, dass es einer abgeschlossenen Ausbildung an einer Hochschule im Sinne des § 3 Absatz 1 Satz 2 Nummer 2 und § 4 Absatz 3 Nummer 2 des Vormünder- und Betreuervergütungsgesetzes vom 21. April 2005 (BGBl. I S. 1073, 1076), das zuletzt durch Artikel 1 des Gesetzes vom 22. Juni 2019 (BGBl. I S. 866) geändert worden ist, in der bis einschließlich 31. Dezember 2022 geltenden Fassung gleichsteht, wenn der Vormund oder Betreuer Kenntnisse im Sinne dieser Vorschrift durch eine Prüfung vor einer staatlichen oder staatlich anerkannten Stelle nachgewiesen hat. Zu einer solchen Prüfung darf nur zugelassen werden, wer

1. mindestens fünf Jahre lang Vormundschaften oder Betreuungen berufsmäßig geführt und
2. an einer Umschulung oder Fortbildung teilgenommen hat, die besondere Kenntnisse im Sinne des § 3 Absatz 1 Satz 2 und § 4 Absatz 3 des Vormünder- und Betreuervergütungsgesetzes vom 21. April 2005 (BGBl. I S. 1073, 1076), das zuletzt durch Artikel 1 des Gesetzes vom 22. Juni 2019 (BGBl. I S. 866) geändert worden ist, in der bis einschließlich 31. Dezember 2022 geltenden Fassung vermittelt, welche nach Art und Umfang den durch eine abgeschlossene Ausbildung an einer Hochschule vermittelten vergleichbar sind.

(3) Das Landesrecht kann weitergehende Zulassungsvoraussetzungen aufstellen. Es regelt das Nähere über die an eine Umschulung oder Fortbildung im Sinne des Absatzes 1 Satz 2 Nummer 2 und des Absatzes 2 Satz 2 Nummer 2 zu stellenden Anforderungen, über Art und Umfang der zu erbringenden Prüfungsleistungen, über das Prüfungsverfahren und über die Zuständigkeiten. Das Landesrecht kann auch bestimmen, dass eine in einem anderen Land abgelegte Prüfung im Sinne dieser Vorschrift anerkannt wird.

Abschnitt 4 Übergangsregelungen

§ 18 Übergangsregelung

Auf Vergütungsansprüche von Betreuern, Vormündern, Pflegern und Verfahrenspflegern für Leistungen, die vor dem 1. Januar 2023 erbracht wurden, ist das Vormünder- und Betreuervergütungsgesetz vom 21. April 2005 (BGBl. I S. 1073, 1076), das zuletzt durch Artikel 1 des Gesetzes vom 22. Juni 2019 (BGBl. I S. 866) geändert worden ist, bis zum Ende des angefangenen Abrechnungsmonats in seiner bis dahin geltenden Fassung anzuwenden.

§ 19 Ansprüche von Betreuern, die vor Inkrafttreten des Betreuungsorganisationsgesetzes bereits berufsmäßig Betreuungen geführt haben

(1) Für berufliche Betreuer, die bis einschließlich 1. Januar 2023 seit weniger als drei Jahren berufliche Betreuungen führen, gilt § 4 Absatz 2 bis 4 des Vormünder- und Betreuervergütungsgesetzes vom 21. April 2005 (BGBl. I S. 1073, 1076), das zuletzt durch Artikel 1 des Gesetzes vom 22. Juni 2019 (BGBl. I S. 866) geändert worden ist, in der bis einschließlich 31. Dezember 2022 geltenden Fassung, bis sie ihre Sachkunde nach § 32 Absatz 2 Satz 2 des Betreuungsorganisationsgesetzes gegenüber der Stammbehörde nachgewiesen haben.

(2) Soweit durch Landesrecht auf der Grundlage von § 11 des Vormünder- und Betreuervergütungsgesetzes vom 21. April 2005 (BGBl. I S. 1073, 1076), das zuletzt durch Artikel 1 des Gesetzes vom 22. Juni 2019 (BGBl. I S. 866) geändert worden ist, in der bis einschließlich 1. Januar 2023 geltenden Fassung oder von § 2 des Berufsvormündervergütungsgesetzes vom 25. Juni 1998 (BGBl. I S. 1580, 1586), das zuletzt durch Artikel 29 des Gesetzes vom 13. Dezember 2001 (BGBl. I S. 3574) geändert worden ist, in der bis einschließlich 30. Juni 2005 geltenden Fassung, Prüfungsleistungen mit Abschlüssen gleichgestellt sind, sind die Prüfungsleistungen bei der Feststellung, nach welcher Vergütungstabelle sich die Vergütung richtet, im Verfahren nach § 8 Absatz 2 und 3 entsprechend zu Grunde zu legen.

Anlage
(zu § 8 Absatz 1)

Vergütungstabelle A

Nr.	Dauer der Betreuung	Nr.	Gewöhnlicher Aufenthaltsort	Nr.	Vermögensstatus	monatliche Pauschale
A1	In den ersten drei Monaten	A1.1	stationäre Einrichtung oder gleichgestellte ambulant betreute Wohnform	A1.1.1	mittellos	194,00 €
				A1.1.2	nicht mittellos	200,00 €
		A1.2	andere Wohnform	A1.2.1	mittellos	208,00 €
				A1.2.2	nicht mittellos	298,00 €
A2	Im vierten bis sechsten Monat	A2.1	stationäre Einrichtung oder gleichgestellte ambulant betreute Wohnform	A2.1.1	mittellos	129,00 €
				A2.1.2	nicht mittellos	158,00 €
		A2.2	andere Wohnform	A2.2.1	mittellos	170,00 €
				A2.2.2	nicht mittellos	208,00 €
A3	Im siebten bis zwölften Monat	A3.1	stationäre Einrichtung oder gleichgestellte ambulant betreute Wohnform	A3.1.1	mittellos	124,00 €
				A3.1.2	nicht mittellos	140,00 €
		A3.2	andere Wohnform	A3.2.1	mittellos	151,00 €
				A3.2.2	nicht mittellos	192,00 €
A4	Im 13. bis 24. Monat	A4.1	stationäre Einrichtung oder gleichgestellte ambulant betreute Wohnform	A4.1.1	mittellos	87,00 €
				A4.1.2	nicht mittellos	91,00 €
		A4.2	andere Wohnform	A4.2.1	mittellos	122,00 €
				A4.2.2	nicht mittellos	158,00 €
A5	Ab dem 25. Monat	A5.1	stationäre Einrichtung oder gleichgestellte ambulant betreute Wohnform	A5.1.1	mittellos	62,00 €
				A5.1.2	nicht mittellos	78,00 €
		A5.2	andere Wohnform	A5.2.1	mittellos	105,00 €
				A5.2.2	nicht mittellos	130,00 €

Vergütungstabelle B

Nr.	Dauer der Betreuung	Nr.	Gewöhnlicher Aufenthaltsort	Nr.	Vermögensstatus	monatliche Pauschale
B1	In den ersten drei Monaten	B1.1	stationäre Einrichtung oder gleichgestellte ambulant betreute Wohnform	B1.1.1	mittellos	241,00 €
				B1.1.2	nicht mittellos	249,00 €
		B1.2	andere Wohnform	B1.2.1	mittellos	258,00 €
				B1.2.2	nicht mittellos	370,00 €
B2	Im vierten bis sechsten Monat	B2.1	stationäre Einrichtung oder gleichgestellte ambulant betreute Wohnform	B2.1.1	mittellos	158,00 €
				B2.1.2	nicht mittellos	196,00 €
		B2.2	andere Wohnform	B2.2.1	mittellos	211,00 €
				B2.2.2	nicht mittellos	258,00 €
B3	Im siebten bis zwölften Monat	B3.1	stationäre Einrichtung oder gleichgestellte ambulant betreute Wohnform	B3.1.1	mittellos	154,00 €
				B3.1.2	nicht mittellos	174,00 €
		B3.2	andere Wohnform	B3.2.1	mittellos	188,00 €
				B3.2.2	nicht mittellos	238,00 €
B4	Im 13. bis 24. Monat	B4.1	stationäre Einrichtung oder gleichgestellte ambulant betreute Wohnform	B4.1.1	mittellos	107,00 €
				B4.1.2	nicht mittellos	113,00 €
		B4.2	andere Wohnform	B4.2.1	mittellos	151,00 €
				B4.2.2	nicht mittellos	196,00 €

Nr.	Dauer der Betreuung	Nr.	Gewöhnlicher Aufenthaltsort	Nr.	Vermögensstatus	monatliche Pauschale
B5	Ab dem 25. Monat	B5.1	stationäre Einrichtung oder gleichgestellte ambulant betreute Wohnform	B5.1.1	mittellos	78,00 €
				B5.1.2	nicht mittellos	96,00 €
		B5.2	andere Wohnform	B5.2.1	mittellos	130,00 €
				B5.2.2	nicht mittellos	161,00 €

Vergütungstabelle C

Nr.	Dauer der Betreuung	Nr.	Gewöhnlicher Aufenthaltsort	Nr.	Vermögensstatus	monatliche Pauschale
C1	In den ersten drei Monaten	C1.1	stationäre Einrichtung oder gleichgestellte ambulant betreute Wohnform	C1.1.1	mittellos	317,00 €
				C1.1.2	nicht mittellos	327,00 €
		C1.2	andere Wohnform	C1.2.1	mittellos	339,00 €
				C1.2.2	nicht mittellos	486,00 €
C2	Im vierten bis sechsten Monat	C2.1	stationäre Einrichtung oder gleichgestellte ambulant betreute Wohnform	C2.1.1	mittellos	208,00 €
				C2.1.2	nicht mittellos	257,00 €
		C2.2	andere Wohnform	C2.2.1	mittellos	277,00 €
				C2.2.2	nicht mittellos	339,00 €
C3	Im siebten bis zwölften Monat	C3.1	stationäre Einrichtung oder gleichgestellte ambulant betreute Wohnform	C3.1.1	mittellos	202,00 €
				C3.1.2	nicht mittellos	229,00 €
		C3.2	andere Wohnform	C3.2.1	mittellos	246,00 €
				C3.2.2	nicht mittellos	312,00 €
C4	Im 13. bis 24. Monat	C4.1	stationäre Einrichtung oder gleichgestellte ambulant betreute Wohnform	C4.1.1	mittellos	141,00 €
				C4.1.2	nicht mittellos	149,00 €
		C4.2	andere Wohnform	C4.2.1	mittellos	198,00 €
				C4.2.2	nicht mittellos	257,00 €
C5	Ab dem 25. Monat	C5.1	stationäre Einrichtung oder gleichgestellte ambulant betreute Wohnform	C5.1.1	mittellos	102,00 €
				C5.1.2	nicht mittellos	127,00 €
		C5.2	andere Wohnform	C5.2.1	mittellos	171,00 €
				C5.2.2	nicht mittellos	211,00 €

Gesetz zur Regelung einer Inflationsausgleichs-Sonderzahlung für berufliche Betreuer, Betreuungsvereine und ehrenamtliche Betreuer (Betreuer-Inflationsausgleichs-Sonderzahlungsgesetz – BetrInASG)

Vom 20. Dezember 2023 (BGBl. I Nr. 391)

Inhaltsübersicht

§ 1 Ansprüche der beruflichen Betreuer und Betreuungsvereine
§ 2 Höhe und Anspruchszeitraum der Inflationsausgleichs-Sonderzahlung
§ 3 Verfahren zur Geltendmachung von Ansprüchen nach § 1
§ 4 Anspruch der ehrenamtlichen Betreuer
§ 5 Verfahren zur Geltendmachung von Ansprüchen nach § 4

§ 1 Ansprüche der beruflichen Betreuer und Betreuungsvereine

(1) Ein beruflicher Betreuer nach § 19 Absatz 2 des Betreuungsorganisationsgesetzes, der selbständig rechtliche Betreuungen führt, kann vom Betreuten eine Inflationsausgleichs-Sonderzahlung verlangen.

(2) Ist ein beruflicher Betreuer nach § 19 Absatz 2 des Betreuungsorganisationsgesetzes, der als Mitarbeiter eines anerkannten Betreuungsvereins rechtliche Betreuungen führt, als Vereinsbetreuer bestellt, kann der Betreuungsverein die Inflationsausgleichs-Sonderzahlung vom Betreuten verlangen.

(3) Ist der Betreuungsverein nach § 1818 Absatz 1 des Bürgerlichen Gesetzbuchs als Betreuer bestellt, kann er eine Inflationsausgleichs-Sonderzahlung vom Betreuten verlangen, wenn der Mitarbeiter, dem die Führung der Betreuung gemäß § 1818 Absatz 2 Satz 1 des Bürgerlichen Gesetzbuchs übertragen worden ist, als beruflicher Betreuer registriert ist.

(4) Ist der Betreute mittellos im Sinne des § 1880 des Bürgerlichen Gesetzbuchs, so kann der berufliche Betreuer oder der Betreuungsverein die Inflationsausgleichs-Sonderzahlung aus der Staatskasse verlangen. Soweit die Staatskasse den Betreuer oder den Betreuungsverein befriedigt, gehen die Ansprüche des Betreuers oder des Betreuungsvereins nach Maßgabe des § 1881 des Bürgerlichen Gesetzbuchs auf die Staatskasse über.

(5) Die Absätze 1 bis 4 gelten nicht für die Sonderfälle der Betreuung nach § 12 des Vormünder- und Betreuervergütungsgesetzes.

§ 2 Höhe und Anspruchszeitraum der Inflationsausgleichs-Sonderzahlung

(1) Die Inflationsausgleichs-Sonderzahlung nach § 1 beträgt 7,50 Euro je geführter Betreuung und je angefangenem Monat.

(2) Der Anspruch auf die Inflationsausgleichs-Sonderzahlung nach § 1 besteht für jeden in den Zeitraum vom 1. Januar 2024 bis zum 31. Dezember 2025 fallenden Monat, in dem die Betreuung an mindestens einem Tag geführt wird.

§ 3 Verfahren zur Geltendmachung von Ansprüchen nach § 1

(1) Die Inflationsausgleichs-Sonderzahlung nach § 1 kann nur gemeinsam mit einem Vergütungsantrag nach den §§ 8 und 9 des Vormünder- und Betreuervergütungsgesetzes geltend gemacht werden.

(2) Bei Antragstellungen im Sinne des § 15 Absatz 2 Satz 1 des Vormünder- und Betreuervergütungsgesetzes gilt auch die Inflationsausgleichs-Sonderzahlung als geltend gemacht; § 15 Absatz 2 Satz 2 des Vormünder- und Betreuervergütungsgesetzes gilt entsprechend.

(3) Das Betreuungsgericht bewilligt die Zahlung entsprechend den §§ 292 und 292a des Gesetzes über das Verfahren in Familiensachen und in den Angelegenheiten der freiwilligen Gerichtsbarkeit.

(4) § 9 Absatz 4 Satz 1 des Vormünder- und Betreuervergütungsgesetzes und § 1877 Absatz 4 des Bürgerlichen Gesetzbuchs gelten entsprechend. Ein angefangener Monat gilt als voller Monat.

(5) Die Landesregierungen werden ermächtigt, abweichende Regelungen zum Verfahren zu treffen.

§ 4 Anspruch der ehrenamtlichen Betreuer

(1) Ein ehrenamtlicher Betreuer im Sinne des § 19 Absatz 1 Satz 1 des Betreuungsorganisationsgesetzes, der zur Abgeltung seines Anspruchs auf Aufwendungsersatz die Aufwandspauschale nach § 1878 des Bürgerlichen Gesetzbuchs geltend macht, kann vom Betreuten zusätzlich die Zahlung einer Inflationsausgleichs-Sonderzahlung in Höhe von 24 Euro jährlich verlangen.

(2) Die Inflationsausgleichs-Sonderzahlung ist jährlich zu leisten, erstmals ein Jahr nach Bestellung des Betreuers. Endet das Amt des Betreuers, ist die Inflationsausgleichs-Sonderzahlung anteilig nach den Monaten des bis zur Beendigung des Amtes laufenden Betreuungsjahres zu leisten; ein angefangener Monat gilt als voller Monat.

(3) Der Anspruch nach Absatz 1 erlischt, wenn er nicht binnen sechs Monaten nach Ablauf des Jahres, in dem der Anspruch entstanden ist, gerichtlich geltend gemacht wird. § 1877 Absatz 4 Satz 2 und 3 des Bürgerlichen Gesetzbuchs gilt entsprechend.

(4) Ist der Betreute mittellos im Sinne des § 1880 des Bürgerlichen Gesetzbuchs, so kann der ehrenamtliche Betreuer die Inflationsausgleichs-Sonderzahlung aus der Staatskasse verlangen. Soweit die Staatskasse den Betreuer befriedigt, gehen die Ansprüche des Betreuers nach Maßgabe des § 1881 des Bürgerlichen Gesetzbuchs auf die Staatskasse über.

(5) Der Anspruch auf die Inflationsausgleichs-Sonderzahlung nach Absatz 1 besteht für die Zeit vom 1. Januar 2024 bis zum 31. Dezember 2025.

§ 5 Verfahren zur Geltendmachung von Ansprüchen nach § 4

(1) Der Anspruch auf die Inflationsausgleichs-Sonderzahlung kann nur gemeinsam mit der Aufwandspauschale nach § 1878 Absatz 1 Satz 1 des Bürgerlichen Gesetzbuchs geltend gemacht werden.

(2) Gilt ein Antrag nach § 1878 Absatz 4 Satz 3 des Bürgerlichen Gesetzbuchs als gestellt, umfasst dies auch die Beantragung der Inflationsausgleichs-Sonderzahlung.

III Verfahren, Kosten

III.1 Gerichtsverfassungsgesetz (GVG) (Auszug) 178

III.2 Rechtspflegergesetz (RPflG) (Auszug) 181

III.3 Gesetz über das Verfahren in Familiensachen und in den Angelegenheiten der freiwilligen Gerichtsbarkeit (FamFG) (Auszug) 186

III.4 Zivilprozessordnung (ZPO) (Auszug) 222

III.5 Gesetz über die Vergütung von Sachverständigen, Dolmetscherinnen, Dolmetschern, Übersetzerinnen und Übersetzern sowie die Entschädigung von ehrenamtlichen Richterinnen, ehrenamtlichen Richtern, Zeuginnen, Zeugen und Dritten (Justizvergütungs- und -entschädigungsgesetz – JVEG) (Auszug) 236

III.6 Gesetz über Kosten der freiwilligen Gerichtsbarkeit für Gerichte und Notare (Gerichts- und Notarkostengesetz – GNotKG) (Auszug) 241

III.7 Justizbeitreibungsgesetz (JBeitrG) 250

III.8 Gesetz zur Ausführung des Haager Übereinkommens vom 13. Januar 2000 über den internationalen Schutz von Erwachsenen (Erwachsenenschutzübereinkommens-Ausführungsgesetz – ErwSÜAG) 253

III.9 Übereinkommen über den internationalen Schutz von Erwachsenen (Haager Erwachsenenschutzübereinkommen) 256

III

Gerichtsverfassungsgesetz (GVG)

in der Fassung der Bekanntmachung vom 9. Mai 1975 (BGBl. I S. 1077)

Zuletzt geändert durch
Cannabisgesetz
vom 27. März 2024 (BGBl. I Nr. 109)

– Auszug –

Dritter Titel
Amtsgerichte

§ 23a (Zuständigkeit in Familiensachen und Angelegenheiten der freiwilligen Gerichtsbarkeit)

(1) Die Amtsgerichte sind ferner zuständig für

1. Familiensachen;
2. Angelegenheiten der freiwilligen Gerichtsbarkeit, soweit nicht durch gesetzliche Vorschriften eine anderweitige Zuständigkeit begründet ist.

Die Zuständigkeit nach Satz 1 Nummer 1 ist eine ausschließliche.

(2) Angelegenheiten der freiwilligen Gerichtsbarkeit sind

1. Betreuungssachen, Unterbringungssachen sowie betreuungsgerichtliche Zuweisungssachen,
2. Nachlass- und Teilungssachen,
3. Registersachen,
4. unternehmensrechtliche Verfahren nach § 375 des Gesetzes über das Verfahren in Familiensachen und in den Angelegenheiten der freiwilligen Gerichtsbarkeit,
5. die weiteren Angelegenheiten der freiwilligen Gerichtsbarkeit nach § 410 des Gesetzes über das Verfahren in Familiensachen und in den Angelegenheiten der freiwilligen Gerichtsbarkeit,
6. Verfahren in Freiheitsentziehungssachen nach § 415 des Gesetzes über das Verfahren in Familiensachen und in den Angelegenheiten der freiwilligen Gerichtsbarkeit,
7. Aufgebotsverfahren,
8. Grundbuchsachen,
9. Verfahren nach § 1 Nr. 1 und 2 bis 6 des Gesetzes über das gerichtliche Verfahren in Landwirtschaftssachen,
10. Schiffsregistersachen sowie
11. sonstige Angelegenheiten der freiwilligen Gerichtsbarkeit, soweit sie durch Bundesgesetz den Gerichten zugewiesen sind.

(3) Abweichend von Absatz 1 Satz 1 Nummer 2 sind für die den Amtsgerichten obliegenden Verrichtungen in Teilungssachen im Sinne von § 342 Absatz 2 Nummer 1 des Gesetzes über das Verfahren in Familiensachen und in den Angelegenheiten der freiwilligen Gerichtsbarkeit anstelle der Amtsgerichte die Notare zuständig.

§ 23c (Betreuungsgerichte)

(1) Bei den Amtsgerichten werden Abteilungen für Betreuungssachen, Unterbringungssachen und betreuungsgerichtliche Zuweisungssachen (Betreuungsgerichte) gebildet.

(2) Die Betreuungsgerichte werden mit Betreuungsrichtern besetzt. Ein Richter auf Probe darf im ersten Jahr nach seiner Ernennung Geschäfte des Betreuungsrichters nicht wahrnehmen.

Fünfter Titel
Landgerichte

§ 72 (Zivilsachen, zweite Instanz)

(1) Die Zivilkammern, einschließlich der Kammern für Handelssachen und der in § 72a genannten Kammern, sind die Berufungs- und Beschwerdegerichte in den vor den Amtsgerichten verhandelten bürgerlichen Rechtsstreitigkeiten, soweit nicht die Zuständigkeit der Oberlandesgerichte begründet ist. Die Landgerichte sind ferner die Beschwerdegerichte in Freiheitsentziehungssachen und in den von den Betreuungsgerichten entschiedenen Sachen.

(2) In Streitigkeiten nach § 43 Absatz 2 des Wohnungseigentumsgesetzes ist das für den Sitz des Oberlandesgerichts zuständige Landgericht gemeinsames Berufungs- und Beschwerdegericht für den Bezirk des Oberlandesgerichts, in dem das Amtsgericht seinen Sitz hat. Die Landesregierungen werden ermächtigt, durch Rechtsverordnung anstelle dieses Gerichts ein anderes Landgericht im Bezirk des Oberlandesgerichts zu bestimmen. Sie können die Ermächtigung auf die Landesjustizverwaltungen übertragen.

Achter Titel
Oberlandesgerichte

§ 119 (Zuständigkeit in Zivilsachen)

(1) Die Oberlandesgerichte sind in Zivilsachen zuständig für die Verhandlung und Entscheidung über die Rechtsmittel:

1. der Beschwerde gegen Entscheidungen der Amtsgerichte
   a) in den von den Familiengerichten entschiedenen Sachen;
   b) in den Angelegenheiten der freiwilligen Gerichtsbarkeit mit Ausnahme der Freiheitsentziehungssachen und der von den Betreuungsgerichten entschiedenen Sachen;
2. der Berufung und der Beschwerde gegen Entscheidungen der Landgerichte.

(2) § 23b Absatz 1, 2 und 3 Satz 3 und 4 gilt entsprechend.

Neunter Titel
Bundesgerichtshof

§ 133 (Zuständigkeit in Zivilsachen)

In Zivilsachen ist der Bundesgerichtshof zuständig für die Verhandlung und Entscheidung über die Rechtsmittel der Revision, der Sprungrevision, der Rechtsbeschwerde und der Sprungrechtsbeschwerde.

Vierzehnter Titel
Öffentlichkeit und Sitzungspolizei

§ 170 (Nichtöffentlichkeit)

(1) Verhandlungen, Erörterungen und Anhörungen in Familiensachen sowie in Angelegenheiten der freiwilligen Gerichtsbarkeit sind nicht öffentlich. Das Gericht kann die Öffentlichkeit zulassen, jedoch nicht gegen den Willen eines Beteiligten. In Betreuungs- und Unterbringungssachen ist auf Verlangen des Betroffenen einer Person seines Vertrauens die Anwesenheit zu gestatten.

(2) Das Rechtsbeschwerdegericht kann die Öffentlichkeit zulassen, soweit nicht das Interesse eines Beteiligten an der nicht öffentlichen Erörterung überwiegt.

Siebzehnter Titel
Rechtsschutz bei überlangen Gerichtsverfahren und strafrechtlichen Ermittlungsverfahren

§ 198 (Entschädigung)

(1) Wer infolge unangemessener Dauer eines Gerichtsverfahrens als Verfahrensbeteiligter einen Nachteil erleidet, wird angemessen entschädigt. Die Angemessenheit der Verfahrensdauer richtet sich nach den Umständen des Einzelfalles, insbesondere nach der Schwierigkeit und Bedeutung des Verfahrens und nach dem Verhalten der Verfahrensbeteiligten und Dritter.

(2) Ein Nachteil, der nicht Vermögensnachteil ist, wird vermutet, wenn ein Gerichtsverfahren unangemessen lange gedauert hat. Hierfür kann Entschädigung nur beansprucht werden, soweit nicht nach den Umständen des Einzelfalles Wiedergutmachung auf andere Weise gemäß Absatz 4 ausreichend ist. Die Entschädigung gemäß Satz 2 beträgt 1200 Euro für jedes Jahr der Verzögerung. Ist der Betrag gemäß Satz 3 nach den Umständen des Einzelfalles unbillig, kann das Gericht einen höheren oder niedrigeren Betrag festsetzen.

(3) Entschädigung erhält ein Verfahrensbeteiligter nur, wenn er bei dem mit der Sache befassten Gericht die Dauer des Verfahrens gerügt hat (Verzögerungsrüge). Die Verzögerungsrüge kann erst erhoben werden, wenn Anlass zur Besorgnis besteht, dass das Verfahren nicht in einer angemessenen Zeit abgeschlossen wird; eine Wiederholung der Verzögerungsrüge ist frühestens nach sechs Monaten möglich, außer wenn ausnahmsweise eine kürzere Frist geboten ist. Kommt es für die Verfahrensförderung auf Umstände an, die noch nicht in das Verfahren eingeführt worden sind, muss die Rüge hierauf hinweisen. Anderenfalls werden sie von dem Gericht, das über die Entschädigung zu entscheiden hat (Entschädigungsgericht), bei der Bestimmung der angemessenen Verfahrensdauer nicht berücksichtigt. Verzögert sich das Verfahren bei einem anderen Gericht weiter, bedarf es einer erneuten Verzögerungsrüge.

(4) Wiedergutmachung auf andere Weise ist insbesondere möglich durch die Feststellung des Entschädigungsgerichts, dass die Verfahrensdauer unangemessen war. Die Feststellung setzt keinen Antrag voraus. Sie kann in schwerwiegenden Fällen neben der Entschädigung ausgesprochen werden; ebenso kann sie ausgesprochen werden, wenn eine oder mehrere Voraussetzungen des Absatzes 3 nicht erfüllt sind.

(5) Eine Klage zur Durchsetzung eines Anspruchs nach Absatz 1 kann frühestens sechs Monate nach Erhebung der Verzögerungsrüge erhoben werden. Die Klage muss spätestens sechs Monate nach Eintritt der Rechtskraft der Entscheidung, die das Verfahren beendet, oder einer anderen Erledigung des Verfahrens erhoben werden. Bis zur rechtskräftigen Entscheidung über die Klage ist der Anspruch nicht übertragbar.

(6) Im Sinne dieser Vorschrift ist

1. ein Gerichtsverfahren jedes Verfahren von der Einleitung bis zum rechtskräftigen Abschluss einschließlich eines Verfahrens auf Gewährung vorläufigen Rechtsschutzes und zur Bewilligung von Prozess- oder Verfahrenskostenhilfe; ausgenommen ist das Insolvenzverfahren nach dessen Eröffnung; im eröffneten Insolvenzverfahren gilt die Herbeiführung einer Entscheidung als Gerichtsverfahren;
2. ein Verfahrensbeteiligter jede Partei und jeder Beteiligte eines Gerichtsverfahrens mit Ausnahme der Verfassungsorgane, der Träger öffentlicher Verwaltung und sonstiger öffentlicher Stellen, soweit diese nicht in Wahrnehmung eines Selbstverwaltungsrechts an einem Verfahren beteiligt sind.

§ 199 (Überlange Strafverfahren)

(1) Für das Strafverfahren einschließlich des Verfahrens auf Vorbereitung der öffentlichen Klage ist § 198 nach Maßgabe der Absätze 2 bis 4 anzuwenden.

(2) Während des Verfahrens auf Vorbereitung der öffentlichen Klage tritt die Staatsanwaltschaft und in Fällen des § 386 Absatz 2 der Abgabenordnung die Finanzbehörde an die Stelle des Gerichts; für das Verfahren nach Erhebung der öffentlichen Klage gilt § 198 Absatz 3 Satz 5 entsprechend.

(3) Hat ein Strafgericht oder die Staatsanwaltschaft die unangemessene Dauer des Verfahrens zugunsten des Beschuldigten berücksichtigt, ist dies eine ausreichende Wiedergutmachung auf andere Weise gemäß § 198 Absatz 2 Satz 2; insoweit findet § 198 Absatz 4 keine Anwendung. Begehrt der Beschuldigte eines Strafverfahrens Entschädigung wegen überlanger Verfahrensdauer, ist das Entschädigungsgericht hinsichtlich der Beurteilung der Angemessenheit der Verfahrensdauer an eine Entscheidung des Strafgerichts gebunden.

(4) Ein Privatkläger ist nicht Verfahrensbeteiligter im Sinne von § 198 Absatz 6 Nummer 2.

§ 200 (Haftung)

Für Nachteile, die auf Grund von Verzögerungen bei Gerichten eines Landes eingetreten sind, haftet das Land. Für Nachteile, die auf Grund von Verzögerungen bei Gerichten des Bundes eingetreten sind, haftet der

Bund. Für Staatsanwaltschaften und Finanzbehörden in Fällen des § 386 Absatz 2 der Abgabenordnung gelten die Sätze 1 und 2 entsprechend.

§ 201 (Zuständigkeit)

(1) Zuständig für die Klage auf Entschädigung gegen ein Land ist das Oberlandesgericht, in dessen Bezirk das streitgegenständliche Verfahren durchgeführt wurde. Zuständig für die Klage auf Entschädigung gegen den Bund ist der Bundesgerichtshof. Diese Zuständigkeiten sind ausschließliche.

(2) Die Vorschriften der Zivilprozessordnung über das Verfahren vor den Landgerichten im ersten Rechtszug sind entsprechend anzuwenden. Eine Entscheidung durch den Einzelrichter ist ausgeschlossen. Gegen die Entscheidung des Oberlandesgerichts findet die Revision nach Maßgabe des § 543 der Zivilprozessordnung statt; § 544 der Zivilprozessordnung ist entsprechend anzuwenden.

(3) Das Entschädigungsgericht kann das Verfahren aussetzen, wenn das Gerichtsverfahren, von dessen Dauer ein Anspruch nach § 198 abhängt, noch andauert. In Strafverfahren, einschließlich des Verfahrens auf Vorbereitung der öffentlichen Klage, hat das Entschädigungsgericht das Verfahren auszusetzen, solange das Strafverfahren noch nicht abgeschlossen ist.

(4) Besteht ein Entschädigungsanspruch nicht oder nicht in der geltend gemachten Höhe, wird aber eine unangemessene Verfahrensdauer festgestellt, entscheidet das Gericht über die Kosten nach billigem Ermessen.

Rechtspflegergesetz (RPflG)

in der Fassung der Bekanntmachung vom 14. April 2013 (BGBl. I S. 778, 2014 S. 46)

Zuletzt geändert durch
Gesetz zur Umsetzung der Umwandlungsrichtlinie und zur Änderung weiterer Gesetze
vom 22. Februar 2023 (BGBl. I Nr. 51)

– Auszug –

Inhaltsübersicht

Erster Abschnitt
Aufgaben und Stellung des Rechtspflegers

§ 1 Allgemeine Stellung des Rechtspflegers
§ 2 Voraussetzungen für die Tätigkeit als Rechtspfleger
§ 3 Übertragene Geschäfte
§ 4 Umfang der Übertragung
§ 5 Vorlage an den Richter
§ 6 Bearbeitung übertragener Sachen durch den Richter
§ 7 Bestimmung des zuständigen Organs der Rechtspflege
§ 8 Gültigkeit von Geschäften
§ 9 Weisungsfreiheit des Rechtspflegers
§ 10 Ausschließung und Ablehnung des Rechtspflegers
§ 11 Rechtsbehelfe
§ 12 Bezeichnung des Rechtspflegers
§ 13 Ausschluß des Anwaltszwangs

Zweiter Abschnitt
Dem Richter vorbehaltene Geschäfte in Familiensachen und auf dem Gebiet der freiwilligen Gerichtsbarkeit sowie in Insolvenzverfahren und schifffahrtsrechtlichen Verteilungsverfahren

§ 15 Betreuungssachen und betreuungsgerichtliche Zuweisungssachen
§ 19 Aufhebung von Richtervorbehalten

Sechster Abschnitt
Schlussvorschriften

§ 33 Regelung für die Übergangszeit; Befähigung zum Amt des Bezirksnotars

Erster Abschnitt
Aufgaben und Stellung des Rechtspflegers

§ 1 Allgemeine Stellung des Rechtspflegers

Der Rechtspfleger nimmt die ihm durch dieses Gesetz übertragenen Aufgaben der Rechtspflege wahr.

§ 2 Voraussetzungen für die Tätigkeit als Rechtspfleger

(1) Mit den Aufgaben eines Rechtspflegers kann ein Beamter des Justizdienstes betraut werden, der einen Vorbereitungsdienst von drei Jahren abgeleistet und die Rechtspflegerprüfung bestanden hat. Der Vorbereitungsdienst vermittelt in einem Studiengang einer Fachhochschule oder in einem gleichstehenden Studiengang dem Beamten die wissenschaftlichen Erkenntnisse und Methoden sowie die berufspraktischen Fähigkeiten und Kenntnisse, die zur Erfüllung der Aufgaben eines Rechtspflegers erforderlich sind. Der Vorbereitungsdienst besteht aus Fachstudien von mindestens achtzehnmonatiger Dauer und berufspraktischen Studienzeiten. Die berufspraktischen Studienzeiten umfassen die Ausbildung in den Schwerpunktbereichen der Aufgaben eines Rechtspflegers; die praktische Ausbildung darf die Dauer von einem Jahr nicht unterschreiten.

(2) Zum Vorbereitungsdienst kann zugelassen werden, wer eine zu einem Hochschulstudium berechtigende Schulbildung besitzt oder einen als gleichwertig anerkannten Bildungsstand nachweist. Beamte des mittleren Justizdienstes können zur Rechtspflegerausbildung zugelassen werden, wenn sie nach der Laufbahnprüfung mindestens drei Jahre im mittleren Justizdienst tätig waren und nach ihrer Persönlichkeit sowie ihren bisherigen Leistungen für den Dienst als Rechtspfleger geeignet erscheinen. Die Länder können bestimmen, dass die Zeit der Tätigkeit im mittleren Justizdienst bis zu einer Dauer von sechs Monaten auf die berufspraktischen Studienzeiten angerechnet werden kann.

(3) Mit den Aufgaben eines Rechtspflegers kann auf seinen Antrag auch betraut werden, wer die Befähigung zum Richteramt besitzt.

(4) Auf den Vorbereitungsdienst können ein erfolgreich abgeschlossenes Studium der Rechtswissenschaften bis zur Dauer von zwölf Monaten und ein Vorbereitungsdienst nach § 5b des Deutschen Richtergesetzes bis zur Dauer von sechs Monaten angerechnet werden. Auf Teilnehmer einer Ausbildung nach § 5b des Deutschen Richtergesetzes in der Fassung des Gesetzes vom 10. September 1971 (BGBl. I S. 1557) ist Satz 1 entsprechend anzuwenden.

(5) Referendare können mit der zeitweiligen Wahrnehmung der Geschäfte eines Rechtspflegers beauftragt werden.

(6) Die Länder erlassen die näheren Vorschriften.

(7) Das Berufsqualifikationsfeststellungsgesetz ist nicht anzuwenden.

§ 3 Übertragene Geschäfte

Dem Rechtspfleger werden folgende Geschäfte übertragen:

1. in vollem Umfange die nach den gesetzlichen Vorschriften vom Richter wahrzunehmenden Geschäfte des Amtsgerichts in
   a) Vereinssachen nach den §§ 29, 37, 55 bis 79 des Bürgerlichen Gesetzbuchs sowie nach Buch 5 des Gesetzes über das Verfahren in Familiensachen und in den Angelegenheiten der freiwilligen Gerichtsbarkeit,
   b) den weiteren Angelegenheiten der freiwilligen Gerichtsbarkeit nach § 410 des Gesetzes über das Verfahren in Familiensachen und in den Angelegenheiten der freiwilligen Gerichtsbarkeit sowie den Verfahren nach § 84 Absatz 2, § 189 des Versicherungsvertragsgesetzes,
   c) Aufgebotsverfahren nach Buch 8 des Gesetzes über das Verfahren in Familiensachen und in den Angelegenheiten der freiwilligen Gerichtsbarkeit,
   d) Pachtkreditsachen im Sinne des Pachtkreditgesetzes,
   e) (weggefallen)
   f) Urkundssachen einschließlich der Entgegennahme der Erklärung,
   g) Verschollenheitssachen,
   h) Grundbuchsachen, Schiffsregister- und Schiffsbauregistersachen sowie Sachen des Registers für Pfandrechte an Luftfahrzeugen,
   i) Verfahren nach dem Gesetz über die Zwangsversteigerung und die Zwangsverwaltung,
   k) Verteilungsverfahren, die außerhalb der Zwangsvollstreckung nach den Vorschriften der Zivilprozessordnung über das Verteilungsverfahren durchzuführen sind,
   l) Verteilungsverfahren, die außerhalb der Zwangsversteigerung nach den für die Verteilung des Erlöses im Falle der Zwangsversteigerung geltenden Vorschriften durchzuführen sind,
   m) Verteilungsverfahren nach § 75 Absatz 2 des Flurbereinigungsgesetzes, § 54 Absatz 3 des Landbeschaffungsgesetzes, § 119 Absatz 3 des Baugesetzbuchs und § 94 Absatz 4 des Bundesberggesetzes,
   n) Gesellschafts-, Genossenschafts- und Partnerschaftsregistersachen nach § 74 des Gesetzes über das Verfahren in Familiensachen und in den Angelegenheiten der freiwilligen Gerichtsbarkeit;
2. vorbehaltlich der in den §§ 14 bis 19b dieses Gesetzes aufgeführten Ausnahmen die nach den gesetzlichen Vorschriften vom Richter wahrzunehmenden Geschäfte des Amtsgerichts in
   a) Kindschaftssachen und Adoptionssachen sowie entsprechenden Lebenspartnerschaftssachen nach den §§ 151, 186 und 269 des Gesetzes über das Verfahren in Familiensachen und in den Angelegenheiten der freiwilligen Gerichtsbarkeit,
   b) Betreuungssachen sowie betreuungsgerichtlichen Zuweisungssachen nach den §§ 271 und 340 des Gesetzes über das Verfahren in Familiensachen und in den Angelegenheiten der freiwilligen Gerichtsbarkeit,
   c) Nachlass- und Teilungssachen nach § 342 Absatz 1 und 2 Nummer 2 des Gesetzes über das Verfahren in Familiensachen und in den Angelegenheiten der freiwilligen Gerichtsbarkeit,

d) Handelsregistersachen sowie unternehmensrechtlichen Verfahren nach den §§ 374 und 375 des Gesetzes über das Verfahren in Familiensachen und in den Angelegenheiten der freiwilligen Gerichtsbarkeit,
e) Verfahren nach der Insolvenzordnung,
f) (weggefallen)
g) Verfahren nach der Verordnung (EG) Nr. 1346/2000 des Rates vom 29. Mai 2000 über Insolvenzverfahren (ABl. L 160 vom 30. 6. 2000, S. 1; L 350 vom 6. 12. 2014, S. 15), die zuletzt durch die Durchführungsverordnung (EU) 2016/1792 (ABl. L 274 vom 11. 10. 2016, S. 35) geändert worden ist, Verfahren nach der Verordnung (EU) 2015/848 des Europäischen Parlaments und des Rates vom 20. Mai 2015 über Insolvenzverfahren (ABl. L 141 vom 5. 6. 2015, S. 19; L 349 vom 21. 12. 2016, S. 6), die zuletzt durch die Verordnung (EU) 2017/353 (ABl. L 57 vom 3. 3. 2017, S. 19) geändert worden ist, Verfahren nach den Artikeln 102 und 102c des Einführungsgesetzes zur Insolvenzordnung sowie Verfahren nach dem Ausführungsgesetz zum deutsch-österreichischen Konkursvertrag vom 8. März 1985 (BGBl. I S. 535),
h) Verfahren nach der Schiffahrtsrechtlichen Verteilungsordnung,
i) Verfahren nach § 33 des Internationalen Erbrechtsverfahrensgesetzes vom 29. Juni 2015 (BGBl. I S. 1042) über die Ausstellung, Berichtigung, Änderung oder den Widerruf eines Europäischen Nachlasszeugnisses, über die Erteilung einer beglaubigten Abschrift eines Europäischen Nachlasszeugnisses oder die Verlängerung der Gültigkeitsfrist einer beglaubigten Abschrift sowie über die Aussetzung der Wirkungen eines Europäischen Nachlasszeugnisses;

3. die in den §§ 20 bis 24a, 25 und 25a dieses Gesetzes einzeln aufgeführten Geschäfte
   a) in Verfahren nach der Zivilprozessordnung,
   b) in Festsetzungsverfahren,
   c) des Gerichts in Straf- und Bußgeldverfahren,
   d) in Verfahren vor dem Bundespatentgericht,
   e) auf dem Gebiet der Aufnahme von Erklärungen,
   f) auf dem Gebiet der Beratungshilfe,
   g) auf dem Gebiet der Familiensachen,
   h) in Verfahren über die Verfahrenskostenhilfe nach dem Gesetz über das Verfahren in Familiensachen und in den Angelegenheiten der freiwilligen Gerichtsbarkeit;
4. die in den §§ 29 und 31 dieses Gesetzes einzeln aufgeführten Geschäfte
   a) im internationalen Rechtsverkehr,
   b) (weggefallen)
   c) der Staatsanwaltschaft im Strafverfahren und der Vollstreckung in Straf- und Bußgeldsachen sowie von Ordnungs- und Zwangsmitteln.

§ 4 Umfang der Übertragung

(1) Der Rechtspfleger trifft alle Maßnahmen, die zur Erledigung der ihm übertragenen Geschäfte erforderlich sind.

(2) Der Rechtspfleger ist nicht befugt,
1. eine Beeidigung anzuordnen oder einen Eid abzunehmen,
2. Freiheitsentziehungen anzudrohen oder anzuordnen, sofern es sich nicht um Maßnahmen zur Vollstreckung
   a) einer Freiheitsstrafe nach § 457 der Strafprozessordnung oder einer Ordnungshaft nach § 890 der Zivilprozessordnung,
   b) einer Maßregel der Besserung und Sicherung nach § 463 der Strafprozessordnung oder
   c) der Erzwingungshaft nach § 97 des Gesetzes über Ordnungswidrigkeiten

   handelt.

(3) Hält der Rechtspfleger Maßnahmen für geboten, zu denen er nach Absatz 2 Nummer 1 und 2 nicht befugt ist, so legt er deswegen die Sache dem Richter zur Entscheidung vor.

§ 5 Vorlage an den Richter

(1) Der Rechtspfleger hat ihm übertragene Geschäfte dem Richter vorzulegen, wenn
1. sich bei der Bearbeitung der Sache ergibt, dass eine Entscheidung des Bundesverfassungsgerichts oder eines für Verfassungsstreitigkeiten zuständigen Gerichts eines Landes nach Artikel 100 des Grundgesetzes einzuholen ist;
2. zwischen dem übertragenen Geschäft und einem vom Richter wahrzunehmenden Geschäft ein so enger Zusammenhang besteht, dass eine getrennte Behandlung nicht sachdienlich ist.

(2) Der Rechtspfleger kann ihm übertragene Geschäfte dem Richter vorlegen, wenn die Anwendung ausländischen Rechts in Betracht kommt.

(3) Die vorgelegten Sachen bearbeitet der Richter, solange er es für erforderlich hält. Er kann die Sachen dem Rechtspfleger zurückgeben. Gibt der Richter eine Sache an den Rechtspfleger zurück, so ist dieser an eine von dem Richter mitgeteilte Rechtsauffassung gebunden.

§ 6 Bearbeitung übertragener Sachen durch den Richter

Steht ein übertragenes Geschäft mit einem vom Richter wahrzunehmenden Geschäft in einem so engen Zusammenhang, daß eine getrennte Bearbeitung nicht sachdienlich wäre, so soll der Richter die gesamte Angelegenheit bearbeiten.

§ 7 Bestimmung des zuständigen Organs der Rechtspflege

Bei Streit oder Ungewissheit darüber, ob ein Geschäft von dem Richter oder dem Rechtspfleger zu bearbeiten ist, entscheidet der Richter über die Zuständigkeit durch Beschluss. Der Beschluss ist unanfechtbar.

§ 8 Gültigkeit von Geschäften

(1) Hat der Richter ein Geschäft wahrgenommen, das dem Rechtspfleger übertragen ist, so wird die Wirksamkeit des Geschäfts hierdurch nicht berührt.

(2) Hat der Rechtspfleger ein Geschäft wahrgenommen, das ihm der Richter nach diesem Gesetz übertragen kann, so ist das Geschäft nicht deshalb unwirksam, weil die Übertragung unterblieben ist oder die Voraussetzun-

gen für die Übertragung im Einzelfalle nicht gegeben waren.

(3) Ein Geschäft ist nicht deshalb unwirksam, weil es der Rechtspfleger entgegen § 5 Absatz 1 dem Richter nicht vorgelegt hat.

(4) Hat der Rechtspfleger ein Geschäft des Richters wahrgenommen, das ihm nach diesem Gesetz weder übertragen ist noch übertragen werden kann, so ist das Geschäft unwirksam. Das gilt nicht, wenn das Geschäft dem Rechtspfleger durch eine Entscheidung nach § 7 zugewiesen worden war.

(5) Hat der Rechtspfleger ein Geschäft des Urkundsbeamten der Geschäftsstelle wahrgenommen, so wird die Wirksamkeit des Geschäfts hierdurch nicht berührt.

§ 9 Weisungsfreiheit des Rechtspflegers

Der Rechtspfleger ist sachlich unabhängig und nur an Recht und Gesetz gebunden.

§ 10 Ausschließung und Ablehnung des Rechtspflegers

Für die Ausschließung und Ablehnung des Rechtspflegers sind die für den Richter geltenden Vorschriften entsprechend anzuwenden. Über die Ablehnung des Rechtspflegers entscheidet der Richter.

§ 11 Rechtsbehelfe

(1) Gegen die Entscheidungen des Rechtspflegers ist das Rechtsmittel gegeben, das nach den allgemeinen verfahrensrechtlichen Vorschriften zulässig ist.

(2) Kann gegen die Entscheidung nach den allgemeinen verfahrensrechtlichen Vorschriften ein Rechtsmittel nicht eingelegt werden, so findet die Erinnerung statt, die innerhalb einer Frist von zwei Wochen einzulegen ist. Hat der Erinnerungsführer die Frist ohne sein Verschulden nicht eingehalten, ist ihm auf Antrag Wiedereinsetzung in den vorigen Stand zu gewähren, wenn er die Erinnerung binnen zwei Wochen nach der Beseitigung des Hindernisses einlegt und die Tatsachen, welche die Wiedereinsetzung begründen, glaubhaft macht. Ein Fehlen des Verschuldens wird vermutet, wenn eine Rechtsbehelfsbelehrung unterblieben oder fehlerhaft ist. Die Wiedereinsetzung kann nach Ablauf eines Jahres, von dem Ende der versäumten Frist an gerechnet, nicht mehr beantragt werden. Der Rechtspfleger kann der Erinnerung abhelfen. Erinnerungen, denen er nicht abhilft, legt er dem Richter zur Entscheidung vor. Auf die Erinnerung sind im Übrigen die Vorschriften der Zivilprozessordnung über die sofortige Beschwerde sinngemäß anzuwenden.

(3) Gerichtliche Verfügungen, Beschlüsse oder Zeugnisse, die nach den Vorschriften der Grundbuchordnung, der Schiffsregisterordnung oder des Gesetzes über das Verfahren in Familiensachen und in den Angelegenheiten der freiwilligen Gerichtsbarkeit wirksam geworden sind und nicht mehr geändert werden können, sind mit der Erinnerung nicht anfechtbar. Die Erinnerung ist ferner in den Fällen der §§ 694, 700 der Zivilprozessordnung und gegen die Entscheidungen über die Gewährung eines Stimmrechts (§ 77 der Insolvenzordnung) ausgeschlossen.

(4) Das Erinnerungsverfahren ist gerichtsgebührenfrei.

§ 12 Bezeichnung des Rechtspflegers

Im Schriftverkehr und bei der Aufnahme von Urkunden in übertragenen Angelegenheiten hat der Rechtspfleger seiner Unterschrift das Wort „Rechtspfleger" beizufügen.

§ 13 Ausschluß des Anwaltszwangs

§ 78 Absatz 1 der Zivilprozessordnung und § 114 Absatz 1 des Gesetzes über das Verfahren in Familiensachen und in den Angelegenheiten der freiwilligen Gerichtsbarkeit sind auf Verfahren vor dem Rechtspfleger nicht anzuwenden.

Zweiter Abschnitt
Dem Richter vorbehaltene Geschäfte in Familiensachen und auf dem Gebiet der freiwilligen Gerichtsbarkeit sowie in Insolvenzverfahren und schifffahrtsrechtlichen Verteilungsverfahren

§ 15 Betreuungssachen und betreuungsgerichtliche Zuweisungssachen

(1) Von den Angelegenheiten, die dem Betreuungsgericht übertragen sind, bleiben dem Richter vorbehalten:

1. Verrichtungen aufgrund der §§ 1814 bis 1816, 1817 Absatz 1 bis 4, der §§ 1818, 1819, 1820 Absatz 3 bis 5 und des § 1868 Absatz 1 bis 4 und 7 des Bürgerlichen Gesetzbuchs sowie die anschließende Bestellung eines neuen Betreuers;
2. die Bestellung eines neuen Betreuers im Fall des Todes des Betreuers nach § 1869 des Bürgerlichen Gesetzbuchs;
3. Verrichtungen auf Grund des § 1871 des Bürgerlichen Gesetzbuchs, des § 291 des Gesetzes über das Verfahren in Familiensachen und in den Angelegenheiten der freiwilligen Gerichtsbarkeit;
4. Verrichtungen auf Grund der §§ 1825, 1829 und 1830 des Bürgerlichen Gesetzbuchs;
5. (weggefallen)
6. die Anordnung einer Betreuung oder Pflegschaft auf Grund dienstrechtlicher Vorschriften;
7. die Entscheidung nach § 1834 des Bürgerlichen Gesetzbuchs;
8. die Genehmigung nach § 6 des Gesetzes über die freiwillige Kastration und andere Behandlungsmethoden;
9. die Genehmigung nach § 3 Absatz 1 Satz 2 sowie nach § 6 Absatz 2 Satz 1, § 7 Absatz 3 Satz 2 und § 9 Absatz 3 Satz 1, jeweils in Verbindung mit § 3 Absatz 1 Satz 2 des Gesetzes über die Änderung der Vornamen und die Feststellung der Geschlechtszugehörigkeit in besonderen Fällen;
10. die Genehmigung für den Antrag auf Scheidung oder Aufhebung der Ehe oder auf Aufhebung der Lebenspartnerschaft durch den gesetzlichen Vertreter eines geschäftsunfähigen Ehegatten oder Lebenspartners nach § 125 Absatz 2 Satz 2, § 270 Absatz 1 Satz 1 des Gesetzes über das Verfahren in Familiensachen und in den Angelegenheiten der freiwilligen Gerichtsbarkeit.

(2) Die Maßnahmen und Anordnungen nach den §§ 6 bis 12 des Erwachsenenschutzübereinkommens-Ausführungsgesetzes vom 17. März 2007 (BGBl. I S. 314) bleiben dem Richter vorbehalten.

§ 19 Aufhebung von Richtervorbehalten

(1) Die Landesregierungen werden ermächtigt, durch Rechtsverordnung die in den vorstehenden Vorschriften bestimmten Richtervorbehalte ganz oder teilweise aufzuheben, soweit sie folgende Angelegenheiten betreffen:

1. die Geschäfte nach § 14 Absatz 1 Nummer 9 sowie § 15 Absatz 1 Nummer 1 bis 6, soweit sie nicht die Entscheidung über die Anordnung einer Betreuung und die Festlegung des Aufgabenkreises des Betreuers aufgrund der §§ 1814, 1815 und 1820 Absatz 3 des Bürgerlichen Gesetzbuchs sowie die Verrichtungen aufgrund des § 1820 Absatz 4 und 5, der §§ 1825, 1829 und 1830 und 1871 des Bürgerlichen Gesetzbuchs und von § 278 Absatz 5 und § 283 des Gesetzes über das Verfahren in Familiensachen und in den Angelegenheiten der freiwilligen Gerichtsbarkeit betreffen;
2. die Geschäfte nach § 16 Absatz 1 Nummer 1, soweit sie den nach § 14 Absatz 1 Nummer 9 dieses Gesetzes ausgeschlossenen Geschäften in Kindschaftssachen entsprechen;
3. die Geschäfte nach § 16 Absatz 1 Nummer 2;
4. die Geschäfte nach § 16 Absatz 1 Nummer 5, soweit der Erblasser den Testamentsvollstrecker nicht selbst ernannt oder einen Dritten zu dessen Ernennung bestimmt hat;
5. die Geschäfte nach § 16 Absatz 1 Nummer 6 und 7 sowie Absatz 2;
6. die Geschäfte nach § 17 Nummer 1, soweit sie nicht die Prüfung und Entscheidung nach § 316 Absatz 3, gegebenenfalls in Verbindung mit § 329 Satz 1, und § 343 Absatz 3 des Umwandlungsgesetzes betreffen.

Die Landesregierungen können die Ermächtigung auf die Landesjustizverwaltungen übertragen.

(2) In der Verordnung nach Absatz 1 ist vorzusehen, dass der Rechtspfleger das Verfahren dem Richter zur weiteren Bearbeitung vorzulegen hat, soweit bei den Geschäften nach Absatz 1 Satz 1 Nummer 2 bis 5 gegen den Erlass der beantragten Entscheidung Einwände erhoben werden.

(3) Soweit von der Ermächtigung nach Absatz 1 Nummer 1 hinsichtlich der Auswahl und Bestellung eines Betreuers Gebrauch gemacht wird, sind die Vorschriften des Gesetzes über das Verfahren in Familiensachen und in den Angelegenheiten der freiwilligen Gerichtsbarkeit über die Bestellung eines Betreuers auch für die Anordnung einer Betreuung und Festlegung des Aufgabenkreises des Betreuers nach den §§ 1814 und 1815 des Bürgerlichen Gesetzbuchs anzuwenden.

Sechster Abschnitt
Schlussvorschriften

§ 33 Regelung für die Übergangszeit; Befähigung zum Amt des Bezirksnotars

(1) Justizbeamte, die die Voraussetzungen des § 2 nicht erfüllen, können mit den Aufgaben eines Rechtspflegers betraut werden, wenn sie vor dem 1. September 1976 nach den jeweils geltenden Vorschriften die Prüfung für den gehobenen Justizdienst bestanden haben oder, soweit sie eine Prüfung nicht abgelegt haben, vor dem 1. Juli 1970 nicht nur zeitweilig als Rechtspfleger tätig waren.

(2) Mit den Aufgaben eines Rechtspflegers kann auch ein Beamter des Justizdienstes betraut werden, der im Lande Baden-Württemberg die Befähigung zum Amt des Bezirksnotars erworben hat.

(3) Nimmt ein Beamter des Justizdienstes nach Absatz 2 Aufgaben nach § 3 Nummer 2 Buchstabe b, c oder i wahr, gelten weder § 15 Absatz 1 Nummer 1 bis 3 noch § 16. Dem Richter bleiben vorbehalten:

1. die Anordnung einer Vorführung nach § 278 Absatz 5 des Gesetzes über das Verfahren in Familiensachen und in den Angelegenheiten der freiwilligen Gerichtsbarkeit,
2. die Anordnung, Erweiterung oder Aufhebung eines Einwilligungsvorbehalts und
3. der Erlass einer Maßregel in Bezug auf eine Untersuchung des Gesundheitszustandes, auf eine Heilbehandlung oder einen ärztlichen Eingriff nach § 1867 auch in Verbindung mit § 1888 Absatz 1 des Bürgerlichen Gesetzbuchs.

Gesetz über das Verfahren in Familiensachen und in den Angelegenheiten der freiwilligen Gerichtsbarkeit (FamFG)

Vom 17. Dezember 2008 (BGBl. I S. 2586, 2009 S. 1102, 2009 S. 2449)

Zuletzt geändert durch
Rückführungsverbesserungsgesetz
vom 21. Februar 2024 (BGBl. I Nr. 54)

– Auszug –

Inhaltsübersicht

Buch 1
Allgemeiner Teil

Abschnitt 1
Allgemeine Vorschriften

§ 1 Anwendungsbereich
§ 2 Örtliche Zuständigkeit
§ 3 Verweisung bei Unzuständigkeit
§ 4 Abgabe an ein anderes Gericht
§ 5 Gerichtliche Bestimmung der Zuständigkeit
§ 6 Ausschließung und Ablehnung der Gerichtspersonen
§ 7 Beteiligte
§ 8 Beteiligtenfähigkeit
§ 9 Verfahrensfähigkeit
§ 10 Bevollmächtigte
§ 11 Verfahrensvollmacht
§ 12 Beistand
§ 13 Akteneinsicht
§ 14 Elektronische Akte; elektronisches Dokument; Verordnungsermächtigung
§ 14a Formulare; Verordnungsermächtigung
§ 14b Nutzungspflicht für Rechtsanwälte, Notare und Behörden
§ 15 Bekanntgabe; formlose Mitteilung
§ 16 Fristen
§ 17 Wiedereinsetzung in den vorigen Stand
§ 18 Antrag auf Wiedereinsetzung
§ 19 Entscheidung über die Wiedereinsetzung
§ 20 Verfahrensverbindung und -trennung
§ 21 Aussetzung des Verfahrens
§ 22 Antragsrücknahme; Beendigungserklärung
§ 22a Mitteilungen an die Familien- und Betreuungsgerichte

Abschnitt 2
Verfahren im ersten Rechtszug

§ 23 Verfahrenseinleitender Antrag
§ 24 Anregung des Verfahrens
§ 25 Anträge und Erklärungen zur Niederschrift der Geschäftsstelle
§ 26 Ermittlung von Amts wegen
§ 27 Mitwirkung der Beteiligten
§ 28 Verfahrensleitung
§ 29 Beweiserhebung
§ 30 Förmliche Beweisaufnahme
§ 31 Glaubhaftmachung
§ 32 Termin
§ 33 Persönliches Erscheinen der Beteiligten
§ 34 Persönliche Anhörung
§ 35 Zwangsmittel
§ 36 Vergleich
§ 36a Mediation, außergerichtliche Konfliktbeilegung
§ 37 Grundlage der Entscheidung

Abschnitt 3
Beschluss

§ 38 Entscheidung durch Beschluss
§ 39 Rechtsbehelfsbelehrung
§ 40 Wirksamwerden
§ 41 Bekanntgabe des Beschlusses
§ 42 Berichtigung des Beschlusses
§ 43 Ergänzung des Beschlusses
§ 44 Abhilfe bei Verletzung des Anspruchs auf rechtliches Gehör
§ 45 Formelle Rechtskraft
§ 46 Rechtskraftzeugnis
§ 47 Wirksam bleibende Rechtsgeschäfte
§ 48 Abänderung und Wiederaufnahme

Abschnitt 4
Einstweilige Anordnung

§ 49 Einstweilige Anordnung
§ 50 Zuständigkeit
§ 51 Verfahren
§ 52 Einleitung des Hauptsacheverfahrens
§ 53 Vollstreckung
§ 54 Aufhebung oder Änderung der Entscheidung
§ 55 Aussetzung der Vollstreckung
§ 56 Außerkrafttreten
§ 57 Rechtsmittel

Abschnitt 5
Rechtsmittel

Unterabschnitt 1
Beschwerde

§ 58 Statthaftigkeit der Beschwerde
§ 59 Beschwerdeberechtigte
§ 60 Beschwerderecht Minderjähriger
§ 61 Beschwerdewert; Zulassungsbeschwerde
§ 62 Statthaftigkeit der Beschwerde nach Erledigung der Hauptsache

§ 63 Beschwerdefrist
§ 64 Einlegung der Beschwerde
§ 65 Beschwerdebegründung
§ 66 Anschlussbeschwerde
§ 67 Verzicht auf die Beschwerde; Rücknahme der Beschwerde
§ 68 Gang des Beschwerdeverfahrens
§ 69 Beschwerdeentscheidung

Unterabschnitt 2
Rechtsbeschwerde

§ 70 Statthaftigkeit der Rechtsbeschwerde
§ 71 Frist und Form der Rechtsbeschwerde
§ 72 Gründe der Rechtsbeschwerde
§ 73 Anschlussrechtsbeschwerde
§ 74 Entscheidung über die Rechtsbeschwerde
§ 74a Zurückweisungsbeschluss
§ 75 Sprungrechtsbeschwerde

Abschnitt 6
Verfahrenskostenhilfe

§ 76 Voraussetzungen
§ 77 Bewilligung
§ 78 Beiordnung eines Rechtsanwalts
§ 79 (weggefallen)

Abschnitt 7
Kosten

§ 80 Umfang der Kostenpflicht
§ 81 Grundsatz der Kostenpflicht
§ 82 Zeitpunkt der Kostenentscheidung
§ 83 Kostenpflicht bei Vergleich, Erledigung und Rücknahme
§ 84 Rechtsmittelkosten
§ 85 Kostenfestsetzung

Abschnitt 8
Vollstreckung

Unterabschnitt 1
Allgemeine Vorschriften

§ 86 Vollstreckungstitel
§ 87 Verfahren; Beschwerde

Unterabschnitt 2
Vollstreckung von Entscheidungen über die Herausgabe von Personen und die Regelung des Umgangs

§ 88 Grundsätze
§ 89 Ordnungsmittel
§ 90 Anwendung unmittelbaren Zwanges
§ 91 Richterlicher Durchsuchungsbeschluss
§ 92 Vollstreckungsverfahren
§ 93 Einstellung der Vollstreckung
§ 94 Eidesstattliche Versicherung

Unterabschnitt 3
Vollstreckung nach der Zivilprozessordnung

§ 95 Anwendung der Zivilprozessordnung

Abschnitt 9
Verfahren mit Auslandsbezug

Unterabschnitt 1
Verhältnis zu völkerrechtlichen Vereinbarungen und Rechtsakten der Europäischen Union

§ 97 Vorrang und Unberührtheit

Unterabschnitt 2
Internationale Zuständigkeit

§ 98 Ehesachen; Verbund von Scheidungs- und Folgesachen
§ 99 Kindschaftssachen
§ 100 Abstammungssachen
§ 101 Adoptionssachen
§ 102 Versorgungsausgleichssachen
§ 103 Lebenspartnerschaftssachen
§ 104 Betreuungs- und Unterbringungssachen; Pflegschaft für Erwachsene
§ 105 Andere Verfahren
§ 106 Keine ausschließliche Zuständigkeit

Unterabschnitt 3
Anerkennung und Vollstreckbarkeit ausländischer Entscheidungen

§ 107 Anerkennung ausländischer Entscheidungen in Ehesachen
§ 108 Anerkennung anderer ausländischer Entscheidungen
§ 109 Anerkennungshindernisse
§ 110 Vollstreckbarkeit ausländischer Entscheidungen

Buch 3
Verfahren in Betreuungs- und Unterbringungssachen

Abschnitt 1
Verfahren in Betreuungssachen

§ 271 Betreuungssachen
§ 272 Örtliche Zuständigkeit
§ 273 Abgabe bei Änderung des gewöhnlichen Aufenthalts
§ 274 Beteiligte
§ 275 Stellung des Betroffenen im Verfahren
§ 276 Verfahrenspfleger
§ 277 Vergütung und Aufwendungsersatz des Verfahrenspflegers
§ 278 Persönliche Anhörung des Betroffenen
§ 279 Anhörung der sonstigen Beteiligten, der Betreuungsbehörde und des gesetzlichen Vertreters
§ 280 Einholung eines Gutachtens
§ 281 Ärztliches Zeugnis; Entbehrlichkeit eines Gutachtens
§ 282 Vorhandene Gutachten zur Feststellung der Pflegebedürftigkeit
§ 283 Vorführung zur Untersuchung
§ 284 Unterbringung zur Begutachtung
§ 285 Ermittlung und Herausgabe einer Betreuungsverfügung oder einer Vorsorgevollmacht

III

III

§ 286 Inhalt der Beschlussformel
§ 287 Wirksamwerden von Beschlüssen
§ 288 Bekanntgabe
§ 289 (weggefallen)
§ 290 Bestellungsurkunde
§ 291 Überprüfung der Betreuerauswahl
§ 292 Zahlungen an den Betreuer; Verordnungsermächtigung
§ 292a Zahlungen an die Staatskasse
§ 293 Erweiterung der Betreuung oder des Einwilligungsvorbehalts
§ 294 Aufhebung und Einschränkung der Betreuung oder des Einwilligungsvorbehalts
§ 295 Verlängerung der Betreuung oder des Einwilligungsvorbehalts
§ 296 Entlassung des Betreuers und Bestellung eines neuen Betreuers
§ 297 Sterilisation
§ 298 Verfahren in Fällen des § 1829 des Bürgerlichen Gesetzbuchs
§ 299 Persönliche Anhörung in anderen Genehmigungsverfahren
§ 300 Einstweilige Anordnung
§ 301 Einstweilige Anordnung bei gesteigerter Dringlichkeit
§ 302 Dauer der einstweiligen Anordnung
§ 303 Ergänzende Vorschriften über die Beschwerde
§ 304 Beschwerde der Staatskasse
§ 305 Beschwerde des Untergebrachten
§ 306 Aufhebung des Einwilligungsvorbehalts
§ 307 Kosten in Betreuungssachen
§ 308 Mitteilung von Entscheidungen
§ 309 Mitteilungen an die Meldebehörde
§ 309a Mitteilungen an die Betreuungsbehörde
§ 310 Mitteilungen während einer freiheitsentziehenden Unterbringung oder freiheitsentziehenden Maßnahme
§ 311 Mitteilungen zur Strafverfolgung

Abschnitt 2
Verfahren in Unterbringungssachen

§ 312 Unterbringungssachen
§ 313 Örtliche Zuständigkeit
§ 314 Abgabe der Unterbringungssache
§ 315 Beteiligte
§ 316 Verfahrensfähigkeit
§ 317 Verfahrenspfleger
§ 318 Vergütung und Aufwendungsersatz des Verfahrenspflegers
§ 319 Persönliche Anhörung des Betroffenen
§ 320 Anhörung der sonstigen Beteiligten und der zuständigen Behörde
§ 321 Einholung eines Gutachtens
§ 322 Vorführung zur Untersuchung; Unterbringung zur Begutachtung
§ 323 Inhalt der Beschlussformel
§ 324 Wirksamwerden von Beschlüssen
§ 325 Bekanntgabe
§ 326 Zuführung zur Unterbringung; Verbringung zu einem stationären Aufenthalt
§ 327 Vollzugsangelegenheiten
§ 328 Aussetzung des Vollzugs
§ 329 Dauer und Verlängerung der Unterbringungsmaßnahme
§ 330 Aufhebung der Unterbringungsmaßnahme
§ 331 Einstweilige Anordnung
§ 332 Einstweilige Anordnung bei gesteigerter Dringlichkeit
§ 333 Dauer der einstweiligen Anordnung
§ 334 Einstweilige Maßregeln
§ 335 Ergänzende Vorschriften über die Beschwerde
§ 336 Einlegung der Beschwerde durch den Betroffenen
§ 337 Kosten in Unterbringungssachen
§ 338 Mitteilung von Entscheidungen
§ 339 Benachrichtigung von Angehörigen

Abschnitt 3
Verfahren in betreuungsgerichtlichen Zuweisungssachen

§ 340 Betreuungsgerichtliche Zuweisungssachen
§ 341 Örtliche Zuständigkeit

Buch 4
Verfahren in Nachlass- und Teilungssachen

Abschnitt 1
Begriffsbestimmung; örtliche Zuständigkeit

§ 342 Begriffsbestimmung
§ 343 Örtliche Zuständigkeit
§ 344 Besondere örtliche Zuständigkeit

Abschnitt 2
Verfahren in Nachlasssachen

Unterabschnitt 1
Allgemeine Bestimmungen

§ 345 Beteiligte

Unterabschnitt 2
Verwahrung von Verfügungen von Todes wegen

§ 346 Verfahren bei besonderer amtlicher Verwahrung
§ 347 Mitteilung über die Verwahrung

Unterabschnitt 3
Eröffnung von Verfügungen von Todes wegen

§ 348 Eröffnung von Verfügungen von Todes wegen durch das Nachlassgericht
§ 349 Besonderheiten bei der Eröffnung von gemeinschaftlichen Testamenten und Erbverträgen
§ 350 Eröffnung der Verfügung von Todes wegen durch ein anderes Gericht
§ 351 Eröffnungsfrist für Verfügungen von Todes wegen

Unterabschnitt 4
Erbscheinsverfahren; Testamentsvollstreckung

§ 352 Angaben im Antrag auf Erteilung eines Erbscheins; Nachweis der Richtigkeit
§ 352a Gemeinschaftlicher Erbschein
§ 352b Inhalt des Erbscheins für den Vorerben; Angabe des Testamentsvollstreckers
§ 352c Gegenständlich beschränkter Erbschein
§ 352d Öffentliche Aufforderung
§ 352e Entscheidung über Erbscheinsanträge
§ 353 Einziehung oder Kraftloserklärung von Erbscheinen
§ 354 Sonstige Zeugnisse
§ 355 Testamentsvollstreckung

III

III

Buch 1 Allgemeiner Teil

Abschnitt 1 Allgemeine Vorschriften

§ 1 Anwendungsbereich

Dieses Gesetz gilt für das Verfahren in Familiensachen sowie in den Angelegenheiten der freiwilligen Gerichtsbarkeit, soweit sie durch Bundesgesetz den Gerichten zugewiesen sind.

§ 2 Örtliche Zuständigkeit

(1) Unter mehreren örtlich zuständigen Gerichten ist das Gericht zuständig, das zuerst mit der Angelegenheit befasst ist.

(2) Die örtliche Zuständigkeit eines Gerichts bleibt bei Veränderung der sie begründenden Umstände erhalten.

(3) Gerichtliche Handlungen sind nicht deswegen unwirksam, weil sie von einem örtlich unzuständigen Gericht vorgenommen worden sind.

§ 3 Verweisung bei Unzuständigkeit

(1) Ist das angerufene Gericht örtlich oder sachlich unzuständig, hat es sich, sofern das zuständige Gericht bestimmt werden kann, durch Beschluss für unzuständig zu erklären und die Sache an das zuständige Gericht zu verweisen. Vor der Verweisung sind die Beteiligten anzuhören.

(2) Sind mehrere Gerichte zuständig, ist die Sache an das vom Antragsteller gewählte Gericht zu verweisen. Unterbleibt die Wahl oder ist das Verfahren von Amts wegen eingeleitet worden, ist die Sache an das vom angerufenen Gericht bestimmte Gericht zu verweisen.

(3) Der Beschluss ist nicht anfechtbar. Er ist für das als zuständig bezeichnete Gericht bindend.

(4) Die im Verfahren vor dem angerufenen Gericht entstehenden Kosten werden als Teil der Kosten behandelt, die bei dem im Beschluss bezeichneten Gericht anfallen.

§ 4 Abgabe an ein anderes Gericht

Das Gericht kann die Sache aus wichtigem Grund an ein anderes Gericht abgeben, wenn sich dieses zur Übernahme der Sache bereit erklärt hat. Vor der Abgabe sollen die Beteiligten angehört werden.

§ 5 Gerichtliche Bestimmung der Zuständigkeit

(1) Das zuständige Gericht wird durch das nächsthöhere gemeinsame Gericht bestimmt:

1. wenn das an sich zuständige Gericht in einem einzelnen Fall an der Ausübung der Gerichtsbarkeit rechtlich oder tatsächlich verhindert ist;
2. wenn es mit Rücksicht auf die Grenzen verschiedener Gerichtsbezirke oder aus sonstigen tatsächlichen Gründen ungewiss ist, welches Gericht für das Verfahren zuständig ist;
3. wenn verschiedene Gerichte sich rechtskräftig für zuständig erklärt haben;
4. wenn verschiedene Gerichte, von denen eines für das Verfahren zuständig ist, sich rechtskräftig für unzuständig erklärt haben;
5. wenn eine Abgabe aus wichtigem Grund (§ 4) erfolgen soll, die Gerichte sich jedoch nicht einigen können.

(2) Ist das nächsthöhere gemeinsame Gericht der Bundesgerichtshof, wird das zuständige Gericht durch das Oberlandesgericht bestimmt, zu dessen Bezirk das zuerst mit der Sache befasste Gericht gehört.

(3) Der Beschluss, der das zuständige Gericht bestimmt, ist nicht anfechtbar.

§ 6 Ausschließung und Ablehnung der Gerichtspersonen

(1) Für die Ausschließung und Ablehnung der Gerichtspersonen gelten die §§ 41 bis 49 der Zivilprozessordnung entsprechend. Ausgeschlossen ist auch, wer bei einem vorausgegangenen Verwaltungsverfahren mitgewirkt hat.

(2) Der Beschluss, durch den das Ablehnungsgesuch für unbegründet erklärt wird, ist mit der sofortigen Beschwerde in entsprechender Anwendung der §§ 567 bis 572 der Zivilprozessordnung anfechtbar.

§ 7 Beteiligte

(1) In Antragsverfahren ist der Antragsteller Beteiligter.

(2) Als Beteiligte sind hinzuzuziehen:

1. diejenigen, deren Recht durch das Verfahren unmittelbar betroffen wird,
2. diejenigen, die auf Grund dieses oder eines anderen Gesetzes von Amts wegen oder auf Antrag zu beteiligen sind.

(3) Das Gericht kann von Amts wegen oder auf Antrag weitere Personen als Beteiligte hinzuziehen, soweit dies in diesem oder einem anderen Gesetz vorgesehen ist.

(4) Diejenigen, die auf ihren Antrag als Beteiligte zu dem Verfahren hinzuzuziehen sind oder hinzugezogen werden können, sind von der Einleitung des Verfahrens zu benachrichtigen, soweit sie dem Gericht bekannt sind. Sie sind über ihr Antragsrecht zu belehren.

(5) Das Gericht entscheidet durch Beschluss, wenn es einem Antrag auf Hinzuziehung gemäß Absatz 2 oder Absatz 3 nicht entspricht. Der Beschluss ist mit der sofortigen Beschwerde in entsprechender Anwendung der §§ 567 bis 572 der Zivilprozessordnung anfechtbar.

(6) Wer anzuhören ist oder eine Auskunft zu erteilen hat, ohne dass die Voraussetzungen des Absatzes 2 oder Absatzes 3 vorliegen, wird dadurch nicht Beteiligter.

§ 8 Beteiligtenfähigkeit

Beteiligtenfähig sind

1. natürliche und juristische Personen,
2. Vereinigungen, Personengruppen und Einrichtungen, soweit ihnen ein Recht zustehen kann,
3. Behörden.

§ 9 Verfahrensfähigkeit

(1) Verfahrensfähig sind

1. die nach bürgerlichem Recht Geschäftsfähigen,
2. die nach bürgerlichem Recht beschränkt Geschäftsfähigen, soweit sie für den Gegenstand des Verfahrens nach bürgerlichem Recht als geschäftsfähig anerkannt sind,

3. die nach bürgerlichem Recht beschränkt Geschäftsfähigen, soweit sie das 14. Lebensjahr vollendet haben und sie in einem Verfahren, das ihre Person betrifft, ein ihnen nach bürgerlichem Recht zustehendes Recht geltend machen,
4. diejenigen, die auf Grund dieses oder eines anderen Gesetzes dazu bestimmt werden.

(2) Soweit ein Geschäftsunfähiger oder in der Geschäftsfähigkeit Beschränkter nicht verfahrensfähig ist, handeln für ihn die nach bürgerlichem Recht dazu befugten Personen.

(3) Für Vereinigungen sowie für Behörden handeln ihre gesetzlichen Vertreter und Vorstände.

(4) Das Verschulden eines gesetzlichen Vertreters steht dem Verschulden eines Beteiligten gleich.

(5) Die §§ 53 bis 58 der Zivilprozessordnung gelten entsprechend.

§ 10 Bevollmächtigte

(1) Soweit eine Vertretung durch Rechtsanwälte nicht geboten ist, können die Beteiligten das Verfahren selbst betreiben.

(2) Die Beteiligten können sich durch einen Rechtsanwalt als Bevollmächtigten vertreten lassen. Darüber hinaus sind als Bevollmächtigte, soweit eine Vertretung durch Rechtsanwälte nicht geboten ist, vertretungsbefugt nur

1. Beschäftigte des Beteiligten oder eines mit ihm verbundenen Unternehmens (§ 15 des Aktiengesetzes); Behörden und juristische Personen des öffentlichen Rechts einschließlich der von ihnen zur Erfüllung ihrer öffentlichen Aufgaben gebildeten Zusammenschlüsse können sich auch durch Beschäftigte anderer Behörden oder juristischer Personen des öffentlichen Rechts einschließlich der von ihnen zur Erfüllung ihrer öffentlichen Aufgaben gebildeten Zusammenschlüsse vertreten lassen;
2. volljährige Familienangehörige (§ 15 der Abgabenordnung, § 11 des Lebenspartnerschaftsgesetzes), Personen mit Befähigung zum Richteramt und die Beteiligten, wenn die Vertretung nicht im Zusammenhang mit einer entgeltlichen Tätigkeit steht;
3. Notare.

(3) Das Gericht weist Bevollmächtigte, die nicht nach Maßgabe des Absatzes 2 vertretungsbefugt sind, durch unanfechtbaren Beschluss zurück. Verfahrenshandlungen, die ein nicht vertretungsbefugter Bevollmächtigter bis zu seiner Zurückweisung vorgenommen hat, und Zustellungen oder Mitteilungen an diesen Bevollmächtigten sind wirksam. Das Gericht kann den in Absatz 2 Satz 2 Nr. 1 und 2 bezeichneten Bevollmächtigten durch unanfechtbaren Beschluss die weitere Vertretung untersagen, wenn sie nicht in der Lage sind, das Sach- und Streitverhältnis sachgerecht darzustellen.

(4) Vor dem Bundesgerichtshof müssen sich die Beteiligten, außer im Verfahren über die Ausschließung und Ablehnung von Gerichtspersonen und im Verfahren über die Verfahrenskostenhilfe, durch einen beim Bundesgerichtshof zugelassenen Rechtsanwalt vertreten lassen. Behörden und juristische Personen des öffentlichen Rechts einschließlich der von ihnen zur Erfüllung ihrer öffentlichen Aufgaben gebildeten Zusammenschlüsse können sich durch eigene Beschäftigte mit Befähigung zum Richteramt oder durch Beschäftigte mit Befähigung zum Richteramt anderer Behörden oder juristischer Personen des öffentlichen Rechts einschließlich der von ihnen zur Erfüllung ihrer öffentlichen Aufgaben gebildeten Zusammenschlüsse vertreten lassen. Für die Beiordnung eines Notanwaltes gelten die §§ 78b und 78c der Zivilprozessordnung entsprechend.

(5) Richter dürfen nicht als Bevollmächtigte vor dem Gericht auftreten, dem sie angehören.

III

§ 11 Verfahrensvollmacht

Die Vollmacht ist schriftlich zu den Gerichtsakten einzureichen. Sie kann nachgereicht werden; hierfür kann das Gericht eine Frist bestimmen. Der Mangel der Vollmacht kann in jeder Lage des Verfahrens geltend gemacht werden. Das Gericht hat den Mangel der Vollmacht von Amts wegen zu berücksichtigen, wenn nicht als Bevollmächtigter ein Rechtsanwalt oder Notar auftritt. Im Übrigen gelten die §§ 81 bis 87 und 89 der Zivilprozessordnung entsprechend.

§ 12 Beistand

Im Termin können die Beteiligten mit Beiständen erscheinen. Beistand kann sein, wer in Verfahren, in denen die Beteiligten das Verfahren selbst betreiben können, als Bevollmächtigter zur Vertretung befugt ist. Das Gericht kann andere Personen als Beistand zulassen, wenn dies sachdienlich ist und hierfür nach den Umständen des Einzelfalls ein Bedürfnis besteht. § 10 Abs. 3 Satz 1 und 3 und Abs. 5 gilt entsprechend. Das von dem Beistand Vorgetragene gilt als von dem Beteiligten vorgebracht, soweit es nicht von diesem sofort widerrufen oder berichtigt wird.

§ 13 Akteneinsicht

(1) Die Beteiligten können die Gerichtsakten auf der Geschäftsstelle einsehen, soweit nicht schwerwiegende Interessen eines Beteiligten oder eines Dritten entgegenstehen.

(2) Personen, die an dem Verfahren nicht beteiligt sind, kann Einsicht nur gestattet werden, soweit sie ein berechtigtes Interesse glaubhaft machen und schutzwürdige Interessen eines Beteiligten oder eines Dritten nicht entgegenstehen. Die Einsicht ist zu versagen, wenn ein Fall des § 1758 des Bürgerlichen Gesetzbuchs vorliegt.

(3) Soweit Akteneinsicht gewährt wird, können die Berechtigten sich auf ihre Kosten durch die Geschäftsstelle Ausfertigungen, Auszüge und Abschriften erteilen lassen. Die Abschrift ist auf Verlangen zu beglaubigen.

(4) Einem Rechtsanwalt, einem Notar oder einer beteiligten Behörde kann das Gericht die Akten in die Amts- oder Geschäftsräume überlassen. Ein Recht auf Überlassung von Beweisstücken in die Amts- oder Geschäftsräume besteht nicht. Die Entscheidung nach Satz 1 ist nicht anfechtbar.

(5) Werden die Gerichtsakten elektronisch geführt, gilt § 299 Abs. 3 der Zivilprozessordnung entsprechend.

(6) Die Entwürfe zu Beschlüssen und Verfügungen, die zu ihrer Vorbereitung gelieferten Arbeiten sowie die Dokumente, die Abstimmungen betreffen, werden weder vorgelegt noch abschriftlich mitgeteilt.

(7) Über die Akteneinsicht entscheidet das Gericht, bei Kollegialgerichten der Vorsitzende.

§ 14 Elektronische Akte; elektronisches Dokument; Verordnungsermächtigung

(1) Die Gerichtsakten können elektronisch geführt werden. § 298a Absatz 2 der Zivilprozessordnung gilt entsprechend.

(2) Anträge und Erklärungen der Beteiligten sowie schriftlich einzureichende Auskünfte, Aussagen, Gutachten, Übersetzungen und Erklärungen Dritter können als elektronisches Dokument übermittelt werden. Für das elektronische Dokument gelten § 130a der Zivilprozessordnung, auf dieser Grundlage erlassene Rechtsverordnungen sowie § 298 der Zivilprozessordnung entsprechend.

(3) Für das gerichtliche elektronische Dokument gelten die §§ 130b und 298 der Zivilprozessordnung entsprechend.

(4) Die Bundesregierung und die Landesregierungen bestimmen für ihren Bereich durch Rechtsverordnung den Zeitpunkt, von dem an elektronische Akten geführt werden können. Die Bundesregierung und die Landesregierungen bestimmen für ihren Bereich durch Rechtsverordnung die geltenden organisatorisch-technischen Rahmenbedingungen für die Bildung, Führung und Aufbewahrung der elektronischen Akten. Die Landesregierungen können die Ermächtigung durch Rechtsverordnung auf die jeweils zuständige oberste Landesbehörde übertragen. Die Zulassung der elektronischen Akte kann auf einzelne Gerichte oder Verfahren beschränkt werden; wird von dieser Möglichkeit Gebrauch gemacht, kann in der Rechtsverordnung bestimmt werden, dass durch Verwaltungsvorschrift, die öffentlich bekanntzumachen ist, geregelt wird, in welchen Verfahren die Akten elektronisch zu führen sind. Akten in Verfahren gemäß § 151 Nummer 4 und § 271, die in Papierform angelegt wurden, können ab einem in der Rechtsverordnung bestimmten Zeitpunkt in elektronischer Form weitergeführt werden.

(4a) Die Gerichtsakten werden ab dem 1. Januar 2026 elektronisch geführt. Die Bundesregierung und die Landesregierungen bestimmen jeweils für ihren Bereich durch Rechtsverordnung die organisatorischen und dem Stand der Technik entsprechenden technischen Rahmenbedingungen für die Bildung, Führung und Aufbewahrung der elektronischen Akten einschließlich der einzuhaltenden Anforderungen der Barrierefreiheit. Die Bundesregierung und die Landesregierungen können jeweils für ihren Bereich durch Rechtsverordnung bestimmen, dass Akten, die in Papierform angelegt wurden, in Papierform oder in Verfahren gemäß § 151 Nummer 4 und § 271 ab einem bestimmten Stichtag in elektronischer Form weitergeführt werden. Die Landesregierungen können die Ermächtigungen nach den Sätzen 2 und 3 durch Rechtsverordnung auf die für die Zivilgerichtsbarkeit zuständigen obersten Landesbehörden übertragen. Die Rechtsverordnungen der Bundesregierung bedürfen nicht der Zustimmung des Bundesrates.

(5) Sind die Gerichtsakten nach ordnungsgemäßen Grundsätzen zur Ersetzung der Urschrift auf einen Bild- oder anderen Datenträger übertragen worden und liegt der schriftliche Nachweis darüber vor, dass die Wiedergabe mit der Urschrift übereinstimmt, so können Ausfertigungen, Auszüge und Abschriften von dem Bild- oder dem Datenträger erteilt werden. Auf der Urschrift anzubringende Vermerke werden in diesem Fall bei dem Nachweis angebracht.

§ 14a Formulare; Verordnungsermächtigung

Das Bundesministerium der Justiz kann durch Rechtsverordnung mit Zustimmung des Bundesrates elektronische Formulare einführen. Die Rechtsverordnung kann bestimmen, dass die in den Formularen enthaltenen Angaben ganz oder teilweise in strukturierter maschinenlesbarer Form zu übermitteln sind. Die Formulare sind auf einer in der Rechtsverordnung zu bestimmenden Kommunikationsplattform im Internet zur Nutzung bereitzustellen. Die Rechtsverordnung kann bestimmen, dass eine Identifikation des Formularverwenders abweichend von § 130a Absatz 3 der Zivilprozessordnung auch durch Nutzung des elektronischen Identitätsnachweises nach § 18 des Personalausweisgesetzes, § 12 des eID-Karte-Gesetzes oder § 78 Absatz 5 des Aufenthaltsgesetzes erfolgen kann.

§ 14b Nutzungspflicht für Rechtsanwälte, Notare und Behörden

(1) Bei Gericht schriftlich einzureichende Anträge und Erklärungen sind durch einen Rechtsanwalt, durch einen Notar, durch eine Behörde oder durch eine juristische Person des öffentlichen Rechts einschließlich der von ihr zur Erfüllung ihrer öffentlichen Aufgaben gebildeten Zusammenschlüsse als elektronisches Dokument zu übermitteln. Ist dies aus technischen Gründen vorübergehend nicht möglich, so bleibt die Übermittlung nach den allgemeinen Vorschriften zulässig. Die vorübergehende Unmöglichkeit ist mit der Ersatzeinreichung oder unverzüglich danach glaubhaft zu machen; auf Anforderung ist ein elektronisches Dokument nachzureichen.

(2) Andere Anträge und Erklärungen, die durch einen Rechtsanwalt, durch einen Notar, durch eine Behörde oder durch eine juristische Person des öffentlichen Rechts einschließlich der von ihr zur Erfüllung ihrer öffentlichen Aufgaben gebildeten Zusammenschlüsse eingereicht werden, sollen als elektronisches Dokument übermittelt werden. Werden sie nach den allgemeinen Vorschriften übermittelt, so ist auf Anforderung ein elektronisches Dokument nachzureichen.

§ 15 Bekanntgabe; formlose Mitteilung

(1) Dokumente, deren Inhalt eine Termins- oder Fristbestimmung enthält oder den Lauf einer Frist auslöst, sind den Beteiligten bekannt zu geben.

(2) Die Bekanntgabe kann durch Zustellung nach den §§ 166 bis 195 der Zivilprozessordnung oder dadurch bewirkt werden, dass das Schriftstück unter der Anschrift des Adressaten zur Post gegeben wird. Soll die Bekanntgabe im Inland bewirkt werden, gilt das Schriftstück drei Tage nach Aufgabe zur Post als bekannt gegeben, wenn nicht der Beteiligte glaubhaft macht, dass ihm das Schriftstück nicht oder erst zu einem späteren Zeitpunkt zugegangen ist.

(3) Ist eine Bekanntgabe nicht geboten, können Dokumente den Beteiligten formlos mitgeteilt werden.

§ 16 Fristen

(1) Der Lauf einer Frist beginnt, soweit nichts anderes bestimmt ist, mit der Bekanntgabe.

(2) Für die Fristen gelten die §§ 222 und 224 Abs. 2 und 3 sowie § 225 der Zivilprozessordnung entsprechend.

§ 17 Wiedereinsetzung in den vorigen Stand

(1) War jemand ohne sein Verschulden verhindert, eine gesetzliche Frist einzuhalten, ist ihm auf Antrag Wiedereinsetzung in den vorigen Stand zu gewähren.

(2) Ein Fehlen des Verschuldens wird vermutet, wenn eine Rechtsbehelfsbelehrung unterblieben oder fehlerhaft ist.

§ 18 Antrag auf Wiedereinsetzung

(1) Der Antrag auf Wiedereinsetzung ist binnen zwei Wochen nach Wegfall des Hindernisses zu stellen. Ist der Beteiligte verhindert, die Frist zur Begründung der Rechtsbeschwerde einzuhalten, beträgt die Frist einen Monat.

(2) Die Form des Antrags auf Wiedereinsetzung richtet sich nach den Vorschriften, die für die versäumte Verfahrenshandlung gelten.

(3) Die Tatsachen zur Begründung des Antrags sind bei der Antragstellung oder im Verfahren über den Antrag glaubhaft zu machen. Innerhalb der Antragsfrist ist die versäumte Rechtshandlung nachzuholen. Ist dies geschehen, kann die Wiedereinsetzung auch ohne Antrag gewährt werden.

(4) Nach Ablauf eines Jahres, von dem Ende der versäumten Frist an gerechnet, kann Wiedereinsetzung nicht mehr beantragt oder ohne Antrag bewilligt werden.

§ 19 Entscheidung über die Wiedereinsetzung

(1) Über die Wiedereinsetzung entscheidet das Gericht, das über die versäumte Rechtshandlung zu befinden hat.

(2) Die Wiedereinsetzung ist nicht anfechtbar.

(3) Die Versagung der Wiedereinsetzung ist nach den Vorschriften anfechtbar, die für die versäumte Rechtshandlung gelten.

§ 20 Verfahrensverbindung und -trennung

Das Gericht kann Verfahren verbinden oder trennen, soweit es dies für sachdienlich hält.

§ 21 Aussetzung des Verfahrens

(1) Das Gericht kann das Verfahren aus wichtigem Grund aussetzen, insbesondere wenn die Entscheidung ganz oder zum Teil von dem Bestehen oder Nichtbestehen eines Rechtsverhältnisses abhängt, das den Gegenstand eines anderen anhängigen Verfahrens bildet oder von einer Verwaltungsbehörde festzustellen ist. § 249 der Zivilprozessordnung ist entsprechend anzuwenden.

(2) Der Beschluss ist mit der sofortigen Beschwerde in entsprechender Anwendung der §§ 567 bis 572 der Zivilprozessordnung anfechtbar.

§ 22 Antragsrücknahme; Beendigungserklärung

(1) Ein Antrag kann bis zur Rechtskraft der Endentscheidung zurückgenommen werden. Die Rücknahme bedarf nach Erlass der Endentscheidung der Zustimmung der übrigen Beteiligten.

(2) Eine bereits ergangene, noch nicht rechtskräftige Endentscheidung wird durch die Antragsrücknahme wirkungslos, ohne dass es einer ausdrücklichen Aufhebung bedarf. Das Gericht stellt auf Antrag die nach Satz 1 eintretende Wirkung durch Beschluss fest. Der Beschluss ist nicht anfechtbar.

(3) Eine Entscheidung über einen Antrag ergeht nicht, soweit sämtliche Beteiligte erklären, dass sie das Verfahren beenden wollen.

(4) Die Absätze 2 und 3 gelten nicht in Verfahren, die von Amts wegen eingeleitet werden können.

§ 22a Mitteilungen an die Familien- und Betreuungsgerichte

(1) Wird infolge eines gerichtlichen Verfahrens eine Tätigkeit des Familien- oder Betreuungsgerichts erforderlich, hat das Gericht dem Familien- oder Betreuungsgericht Mitteilung zu machen.

(2) Im Übrigen dürfen Gerichte und Behörden dem Familien- oder Betreuungsgericht personenbezogene Daten übermitteln, wenn deren Kenntnis aus ihrer Sicht für familien- oder betreuungsgerichtliche Maßnahmen erforderlich ist, soweit nicht für die übermittelnde Stelle erkennbar ist, dass schutzwürdige Interessen des Betroffenen an dem Ausschluss der Übermittlung das Schutzbedürfnis eines Minderjährigen oder Betreuten oder das öffentliche Interesse an der Übermittlung überwiegen. Die Übermittlung unterbleibt, wenn ihr eine besondere bundes- oder entsprechende landesgesetzliche Verwendungsregelung entgegensteht.

Abschnitt 2
Verfahren im ersten Rechtszug

§ 23 Verfahrenseinleitender Antrag

(1) Ein verfahrenseinleitender Antrag soll begründet werden. In dem Antrag sollen die zur Begründung dienenden Tatsachen und Beweismittel angegeben sowie die Personen benannt werden, die als Beteiligte in Betracht kommen. Der Antrag soll in geeigneten Fällen die Angabe enthalten, ob der Antragstellung der Versuch einer Mediation oder eines anderen Verfahrens der außergerichtlichen Konfliktbeilegung vorausgegangen ist, sowie eine Äußerung dazu, ob einem solchen Verfahren Gründe entgegenstehen. Urkunden, auf die Bezug genommen wird, sollen in Urschrift oder Abschrift beigefügt werden. Der Antrag soll von dem Antragsteller oder seinem Bevollmächtigten unterschrieben werden.

(2) Das Gericht soll den Antrag an die übrigen Beteiligten übermitteln.

§ 24 Anregung des Verfahrens

(1) Soweit Verfahren von Amts wegen eingeleitet werden können, kann die Einleitung eines Verfahrens angeregt werden.

(2) Folgt das Gericht der Anregung nach Absatz 1 nicht, hat es denjenigen, der die Einleitung angeregt hat, darüber zu unterrichten, soweit ein berechtigtes Interesse an der Unterrichtung ersichtlich ist.

§ 25 Anträge und Erklärungen zur Niederschrift der Geschäftsstelle

(1) Die Beteiligten können Anträge und Erklärungen gegenüber dem zuständigen Gericht schriftlich oder zur Niederschrift der Geschäftsstelle abgeben, soweit eine

Vertretung durch einen Rechtsanwalt nicht notwendig ist.

(2) Anträge und Erklärungen, deren Abgabe vor dem Urkundsbeamten der Geschäftsstelle zulässig ist, können vor der Geschäftsstelle eines jeden Amtsgerichts zur Niederschrift abgegeben werden.

(3) Die Geschäftsstelle hat die Niederschrift unverzüglich an das Gericht zu übermitteln, an das der Antrag oder die Erklärung gerichtet ist. Die Wirkung einer Verfahrenshandlung tritt nicht ein, bevor die Niederschrift dort eingeht.

§ 26 Ermittlung von Amts wegen

Das Gericht hat von Amts wegen die zur Feststellung der entscheidungserheblichen Tatsachen erforderlichen Ermittlungen durchzuführen.

§ 27 Mitwirkung der Beteiligten

(1) Die Beteiligten sollen bei der Ermittlung des Sachverhalts mitwirken.

(2) Die Beteiligten haben ihre Erklärungen über tatsächliche Umstände vollständig und der Wahrheit gemäß abzugeben.

§ 28 Verfahrensleitung

(1) Das Gericht hat darauf hinzuwirken, dass die Beteiligten sich rechtzeitig über alle erheblichen Tatsachen erklären und ungenügende tatsächliche Angaben ergänzen. Es hat die Beteiligten auf einen rechtlichen Gesichtspunkt hinzuweisen, wenn es ihn anders beurteilt als die Beteiligten und seine Entscheidung darauf stützen will.

(2) In Antragsverfahren hat das Gericht auch darauf hinzuwirken, dass Formfehler beseitigt und sachdienliche Anträge gestellt werden.

(3) Hinweise nach dieser Vorschrift hat das Gericht so früh wie möglich zu erteilen und aktenkundig zu machen.

(4) Über Termine und persönliche Anhörungen hat das Gericht einen Vermerk zu fertigen; für die Niederschrift des Vermerks kann ein Urkundsbeamter der Geschäftsstelle hinzugezogen werden, wenn dies auf Grund des zu erwartenden Umfangs des Vermerks, in Anbetracht der Schwierigkeit der Sache oder aus einem sonstigen wichtigen Grund erforderlich ist. In den Vermerk sind die wesentlichen Vorgänge des Termins und der persönlichen Anhörung aufzunehmen. Über den Versuch einer gütlichen Einigung vor einem Güterichter nach § 36 Absatz 5 wird ein Vermerk nur angefertigt, wenn alle Beteiligten sich einverstanden erklären. Die Herstellung durch Aufzeichnung auf Datenträger in der Form des § 14 Abs. 3 ist möglich.

§ 29 Beweiserhebung

(1) Das Gericht erhebt die erforderlichen Beweise in geeigneter Form. Es ist hierbei an das Vorbringen der Beteiligten nicht gebunden.

(2) Die Vorschriften der Zivilprozessordnung über die Vernehmung bei Amtsverschwiegenheit und das Recht zur Zeugnisverweigerung gelten für die Befragung von Auskunftspersonen entsprechend.

(3) Das Gericht hat die Ergebnisse der Beweiserhebung aktenkundig zu machen.

§ 30 Förmliche Beweisaufnahme

(1) Das Gericht entscheidet nach pflichtgemäßem Ermessen, ob es die entscheidungserheblichen Tatsachen durch eine förmliche Beweisaufnahme entsprechend der Zivilprozessordnung feststellt.

(2) Eine förmliche Beweisaufnahme hat stattzufinden, wenn es in diesem Gesetz vorgesehen ist.

(3) Eine förmliche Beweisaufnahme über die Richtigkeit einer Tatsachenbehauptung soll stattfinden, wenn das Gericht seine Entscheidung maßgeblich auf die Feststellung dieser Tatsache stützen will und die Richtigkeit von einem Beteiligten ausdrücklich bestritten wird.

(4) Den Beteiligten ist Gelegenheit zu geben, zum Ergebnis einer förmlichen Beweisaufnahme Stellung zu nehmen, soweit dies zur Aufklärung des Sachverhalts oder zur Gewährung rechtlichen Gehörs erforderlich ist.

§ 31 Glaubhaftmachung

(1) Wer eine tatsächliche Behauptung glaubhaft zu machen hat, kann sich aller Beweismittel bedienen, auch zur Versicherung an Eides statt zugelassen werden.

(2) Eine Beweisaufnahme, die nicht sofort erfolgen kann, ist unstatthaft.

§ 32 Termin

(1) Das Gericht kann die Sache mit den Beteiligten in einem Termin erörtern. Die §§ 219, 227 Abs. 1, 2 und 4 der Zivilprozessordnung gelten entsprechend.

(2) Zwischen der Ladung und dem Termin soll eine angemessene Frist liegen.

(3) In geeigneten Fällen soll das Gericht die Sache mit den Beteiligten im Wege der Bild- und Tonübertragung in entsprechender Anwendung des § 128a der Zivilprozessordnung erörtern.

§ 33 Persönliches Erscheinen der Beteiligten

(1) Das Gericht kann das persönliche Erscheinen eines Beteiligten zu einem Termin anordnen und ihn anhören, wenn dies zur Aufklärung des Sachverhalts sachdienlich erscheint. Sind in einem Verfahren mehrere Beteiligte persönlich anzuhören, hat die Anhörung eines Beteiligten in Abwesenheit der anderen Beteiligten stattzufinden, falls dies zum Schutz des anzuhörenden Beteiligten oder aus anderen Gründen erforderlich ist.

(2) Der verfahrensfähige Beteiligte ist selbst zu laden, auch wenn er einen Bevollmächtigten hat; dieser ist von der Ladung zu benachrichtigen. Das Gericht soll die Zustellung der Ladung anordnen, wenn das Erscheinen eines Beteiligten ungewiss ist.

(3) Bleibt der ordnungsgemäß geladene Beteiligte unentschuldigt im Termin aus, kann gegen ihn durch Beschluss ein Ordnungsgeld verhängt werden. Die Festsetzung des Ordnungsgeldes kann wiederholt werden. Im Fall des wiederholten, unentschuldigten Ausbleibens kann die Vorführung des Beteiligten angeordnet werden. Erfolgt eine genügende Entschuldigung nachträglich und macht der Beteiligte glaubhaft, dass ihn an der Verspätung der Entschuldigung kein Verschulden trifft, werden die nach den Sätzen 1 bis 3 getroffenen Anordnungen aufgehoben. Der Beschluss, durch den ein Ordnungsmittel verhängt wird, ist mit der sofortigen Beschwerde

in entsprechender Anwendung der §§ 567 bis 572 der Zivilprozessordnung anfechtbar.

(4) Der Beteiligte ist auf die Folgen seines Ausbleibens in der Ladung hinzuweisen.

§ 34 Persönliche Anhörung

(1) Das Gericht hat einen Beteiligten persönlich anzuhören,

1. wenn dies zur Gewährleistung des rechtlichen Gehörs des Beteiligten erforderlich ist oder
2. wenn dies in diesem oder in einem anderen Gesetz vorgeschrieben ist.

(2) Die persönliche Anhörung eines Beteiligten kann unterbleiben, wenn hiervon erhebliche Nachteile für seine Gesundheit zu besorgen sind oder der Beteiligte offensichtlich nicht in der Lage ist, seinen Willen kundzutun.

(3) Bleibt der Beteiligte im anberaumten Anhörungstermin unentschuldigt aus, kann das Verfahren ohne seine persönliche Anhörung beendet werden. Der Beteiligte ist auf die Folgen seines Ausbleibens hinzuweisen.

§ 35 Zwangsmittel

(1) Ist auf Grund einer gerichtlichen Anordnung die Verpflichtung zur Vornahme oder Unterlassung einer Handlung durchzusetzen, kann das Gericht, sofern ein Gesetz nicht etwas anderes bestimmt, gegen den Verpflichteten durch Beschluss Zwangsgeld festsetzen. Das Gericht kann für den Fall, dass dieses nicht beigetrieben werden kann, Zwangshaft anordnen. Verspricht die Anordnung eines Zwangsgeldes keinen Erfolg, soll das Gericht Zwangshaft anordnen.

(2) Die gerichtliche Entscheidung, die die Verpflichtung zur Vornahme oder Unterlassung einer Handlung anordnet, hat auf die Folgen einer Zuwiderhandlung gegen die Entscheidung hinzuweisen.

(3) Das einzelne Zwangsgeld darf den Betrag von 25 000 Euro nicht übersteigen. Mit der Festsetzung des Zwangsmittels sind dem Verpflichteten zugleich die Kosten dieses Verfahrens aufzuerlegen. Für den Vollzug der Haft gelten § 802g Abs. 1 Satz 2 und Abs. 2, die §§ 802h und 802j Abs. 1 der Zivilprozessordnung entsprechend.

(4) Ist die Verpflichtung zur Herausgabe oder Vorlage einer Sache oder zur Vornahme einer vertretbaren Handlung zu vollstrecken, so kann das Gericht, soweit ein Gesetz nicht etwas anderes bestimmt, durch Beschluss neben oder anstelle einer Maßnahme nach den Absätzen 1, 2 die in §§ 883, 886, 887 der Zivilprozessordnung vorgesehenen Maßnahmen anordnen. Die §§ 891 und 892 der Zivilprozessordnung gelten entsprechend.

(5) Der Beschluss, durch den Zwangsmaßnahmen angeordnet werden, ist mit der sofortigen Beschwerde in entsprechender Anwendung der §§ 567 bis 572 der Zivilprozessordnung anfechtbar.

§ 36 Vergleich

(1) Die Beteiligten können einen Vergleich schließen, soweit sie über den Gegenstand des Verfahrens verfügen können. Das Gericht soll außer in Gewaltschutzsachen auf eine gütliche Einigung der Beteiligten hinwirken.

(2) Kommt eine Einigung im Termin zustande, ist hierüber eine Niederschrift anzufertigen. Die Vorschriften der Zivilprozessordnung über die Niederschrift des Vergleichs sind entsprechend anzuwenden.

(3) Ein nach Absatz 1 Satz 1 zulässiger Vergleich kann auch schriftlich entsprechend § 278 Abs. 6 der Zivilprozessordnung geschlossen werden.

(4) Unrichtigkeiten in der Niederschrift oder in dem Beschluss über den Vergleich können entsprechend § 164 der Zivilprozessordnung berichtigt werden.

(5) Das Gericht kann die Beteiligten für den Versuch einer gütlichen Einigung vor einen hierfür bestimmten und nicht entscheidungsbefugten Richter (Güterichter) verweisen. Der Güterichter kann alle Methoden der Konfliktbeilegung einschließlich der Mediation einsetzen. Für das Verfahren vor dem Güterichter gelten die Absätze 1 bis 4 entsprechend.

§ 36a Mediation, außergerichtliche Konfliktbeilegung

(1) Das Gericht kann einzelnen oder allen Beteiligten eine Mediation oder ein anderes Verfahren der außergerichtlichen Konfliktbeilegung vorschlagen. In Gewaltschutzsachen sind die schutzwürdigen Belange der von Gewalt betroffenen Person zu wahren.

(2) Entscheiden sich die Beteiligten zur Durchführung einer Mediation oder eines anderen Verfahrens der außergerichtlichen Konfliktbeilegung, setzt das Gericht das Verfahren aus.

(3) Gerichtliche Anordnungs- und Genehmigungsvorbehalte bleiben von der Durchführung einer Mediation oder eines anderen Verfahrens der außergerichtlichen Konfliktbeilegung unberührt.

§ 37 Grundlage der Entscheidung

(1) Das Gericht entscheidet nach seiner freien, aus dem gesamten Inhalt des Verfahrens gewonnenen Überzeugung.

(2) Das Gericht darf eine Entscheidung, die die Rechte eines Beteiligten beeinträchtigt, nur auf Tatsachen und Beweisergebnisse stützen, zu denen dieser Beteiligte sich äußern konnte.

Abschnitt 3
Beschluss

§ 38 Entscheidung durch Beschluss

(1) Das Gericht entscheidet durch Beschluss, soweit durch die Entscheidung der Verfahrensgegenstand ganz oder teilweise erledigt wird (Endentscheidung). Für Registersachen kann durch Gesetz Abweichendes bestimmt werden.

(2) Der Beschluss enthält

1. die Bezeichnung der Beteiligten, ihrer gesetzlichen Vertreter und der Bevollmächtigten;
2. die Bezeichnung des Gerichts und die Namen der Gerichtspersonen, die bei der Entscheidung mitgewirkt haben;
3. die Beschlussformel.

(3) Der Beschluss ist zu begründen. Er ist zu unterschreiben. Das Datum der Übergabe des Beschlusses an

die Geschäftsstelle oder der Bekanntgabe durch Verlesen der Beschlussformel (Erlass) ist auf dem Beschluss zu vermerken.

(4) Einer Begründung bedarf es nicht, soweit

1. die Entscheidung auf Grund eines Anerkenntnisses oder Verzichts oder als Versäumnisentscheidung ergeht und entsprechend bezeichnet ist,
2. gleichgerichteten Anträgen der Beteiligten stattgegeben wird oder der Beschluss nicht dem erklärten Willen eines Beteiligten widerspricht oder
3. der Beschluss in Gegenwart aller Beteiligten mündlich bekannt gegeben wurde und alle Beteiligten auf Rechtsmittel verzichtet haben.

(5) Absatz 4 ist nicht anzuwenden:

1. in Ehesachen, mit Ausnahme der eine Scheidung aussprechenden Entscheidung;
2. in Abstammungssachen;
3. in Betreuungssachen;
4. wenn zu erwarten ist, dass der Beschluss im Ausland geltend gemacht werden wird.

(6) Soll ein ohne Begründung hergestellter Beschluss im Ausland geltend gemacht werden, gelten die Vorschriften über die Vervollständigung von Versäumnis- und Anerkenntnisentscheidungen entsprechend.

§ 39 Rechtsbehelfsbelehrung

Jeder Beschluss hat eine Belehrung über das statthafte Rechtsmittel, den Einspruch, den Widerspruch oder die Erinnerung sowie das Gericht, bei dem diese Rechtsbehelfe einzulegen sind, dessen Sitz und die einzuhaltende Form und Frist zu enthalten. Über die Sprungrechtsbeschwerde muss nicht belehrt werden.

§ 40 Wirksamwerden

(1) Der Beschluss wird wirksam mit Bekanntgabe an den Beteiligten, für den er seinem wesentlichen Inhalt nach bestimmt ist.

(2) Ein Beschluss, der die Genehmigung eines Rechtsgeschäfts zum Gegenstand hat, wird erst mit Rechtskraft wirksam. Dies ist mit der Entscheidung auszusprechen.

(3) Ein Beschluss, durch den auf Antrag die Ermächtigung oder die Zustimmung eines anderen zu einem Rechtsgeschäft ersetzt oder die Beschränkung oder Ausschließung der Berechtigung des Ehegatten oder Lebenspartners, Geschäfte mit Wirkung für den anderen Ehegatten oder Lebenspartner zu besorgen (§ 1357 Abs. 2 Satz 1 des Bürgerlichen Gesetzbuchs, auch in Verbindung mit § 8 Abs. 2 des Lebenspartnerschaftsgesetzes), aufgehoben wird, wird erst mit Rechtskraft wirksam. Bei Gefahr im Verzug kann das Gericht die sofortige Wirksamkeit des Beschlusses anordnen. Der Beschluss wird mit Bekanntgabe an den Antragsteller wirksam.

§ 41 Bekanntgabe des Beschlusses

(1) Der Beschluss ist den Beteiligten bekannt zu geben. Ein anfechtbarer Beschluss ist demjenigen zuzustellen, dessen erklärtem Willen er nicht entspricht.

(2) Anwesenden kann der Beschluss auch durch Verlesen der Beschlussformel bekannt gegeben werden. Dies ist in den Akten zu vermerken. In diesem Fall ist die Begründung des Beschlusses unverzüglich nachzuholen. Der Beschluss ist im Fall des Satzes 1 auch schriftlich bekannt zu geben.

(3) Ein Beschluss, der die Genehmigung eines Rechtsgeschäfts zum Gegenstand hat, ist auch demjenigen, für den das Rechtsgeschäft genehmigt wird, bekannt zu geben.

§ 42 Berichtigung des Beschlusses

(1) Schreibfehler, Rechenfehler und ähnliche offenbare Unrichtigkeiten im Beschluss sind jederzeit vom Gericht auch von Amts wegen zu berichtigen.

(2) Der Beschluss, der die Berichtigung ausspricht, wird auf dem berichtigten Beschluss und auf den Ausfertigungen vermerkt. Erfolgt der Berichtigungsbeschluss in der Form des § 14 Abs. 3, ist er in einem gesonderten elektronischen Dokument festzuhalten. Das Dokument ist mit dem Beschluss untrennbar zu verbinden.

(3) Der Beschluss, durch den der Antrag auf Berichtigung zurückgewiesen wird, ist nicht anfechtbar. Der Beschluss, der eine Berichtigung ausspricht, ist mit der sofortigen Beschwerde in entsprechender Anwendung der §§ 567 bis 572 der Zivilprozessordnung anfechtbar.

§ 43 Ergänzung des Beschlusses

(1) Wenn ein Antrag, der nach den Verfahrensakten von einem Beteiligten gestellt wurde, ganz oder teilweise übergangen oder die Kostenentscheidung unterblieben ist, ist auf Antrag der Beschluss nachträglich zu ergänzen.

(2) Die nachträgliche Entscheidung muss binnen einer zweiwöchigen Frist, die mit der schriftlichen Bekanntgabe des Beschlusses beginnt, beantragt werden.

§ 44 Abhilfe bei Verletzung des Anspruchs auf rechtliches Gehör

(1) Auf die Rüge eines durch eine Entscheidung beschwerten Beteiligten ist das Verfahren fortzuführen, wenn

1. ein Rechtsmittel oder ein Rechtsbehelf gegen die Entscheidung oder eine andere Abänderungsmöglichkeit nicht gegeben ist und
2. das Gericht den Anspruch dieses Beteiligten auf rechtliches Gehör in entscheidungserheblicher Weise verletzt hat.

Gegen eine der Endentscheidung vorausgehende Entscheidung findet die Rüge nicht statt.

(2) Die Rüge ist innerhalb von zwei Wochen nach Kenntnis von der Verletzung des rechtlichen Gehörs zu erheben; der Zeitpunkt der Kenntniserlangung ist glaubhaft zu machen. Nach Ablauf eines Jahres seit der Bekanntgabe der angegriffenen Entscheidung an diesen Beteiligten kann die Rüge nicht mehr erhoben werden. Die Rüge ist schriftlich oder zur Niederschrift bei dem Gericht zu erheben, dessen Entscheidung angegriffen wird. Die Rüge muss die angegriffene Entscheidung bezeichnen und das Vorliegen der in Absatz 1 Satz 1 Nr. 2 genannten Voraussetzungen darlegen.

(3) Den übrigen Beteiligten ist, soweit erforderlich, Gelegenheit zur Stellungnahme zu geben.

(4) Ist die Rüge nicht in der gesetzlichen Form oder Frist erhoben, ist sie als unzulässig zu verwerfen. Ist die Rüge unbegründet, weist das Gericht sie zurück. Die Ent-

scheidung ergeht durch nicht anfechtbaren Beschluss. Der Beschluss soll kurz begründet werden.

(5) Ist die Rüge begründet, hilft ihr das Gericht ab, indem es das Verfahren fortführt, soweit dies auf Grund der Rüge geboten ist.

§ 45 Formelle Rechtskraft

Die Rechtskraft eines Beschlusses tritt nicht ein, bevor die Frist für die Einlegung des zulässigen Rechtsmittels oder des zulässigen Einspruchs, des Widerspruchs oder der Erinnerung abgelaufen ist. Der Eintritt der Rechtskraft wird dadurch gehemmt, dass das Rechtsmittel, der Einspruch, der Widerspruch oder die Erinnerung rechtzeitig eingelegt wird.

§ 46 Rechtskraftzeugnis

Das Zeugnis über die Rechtskraft eines Beschlusses ist auf Grund der Verfahrensakten von der Geschäftsstelle des Gerichts des ersten Rechtszugs zu erteilen. Solange das Verfahren in einem höheren Rechtszug anhängig ist, erteilt die Geschäftsstelle des Gerichts dieses Rechtszugs das Zeugnis. In Ehe- und Abstammungssachen wird den Beteiligten von Amts wegen ein Rechtskraftzeugnis auf einer Ausfertigung ohne Begründung erteilt. Die Entscheidung der Geschäftsstelle ist mit der Erinnerung in entsprechender Anwendung des § 573 der Zivilprozessordnung anfechtbar.

§ 47 Wirksam bleibende Rechtsgeschäfte

Ist ein Beschluss ungerechtfertigt, durch den jemand die Fähigkeit oder die Befugnis erlangt, ein Rechtsgeschäft vorzunehmen oder eine Willenserklärung entgegenzunehmen, hat die Aufhebung des Beschlusses auf die Wirksamkeit der inzwischen von ihm oder ihm gegenüber vorgenommenen Rechtsgeschäfte keinen Einfluss, soweit der Beschluss nicht von Anfang an unwirksam ist.

§ 48 Abänderung und Wiederaufnahme

(1) Das Gericht des ersten Rechtszugs kann eine rechtskräftige Endentscheidung mit Dauerwirkung aufheben oder ändern, wenn sich die zugrunde liegende Sach- oder Rechtslage nachträglich wesentlich geändert hat. In Verfahren, die nur auf Antrag eingeleitet werden, erfolgt die Aufhebung oder Abänderung nur auf Antrag.

(2) Ein rechtskräftig beendetes Verfahren kann in entsprechender Anwendung der Vorschriften des Buches 4 der Zivilprozessordnung wiederaufgenommen werden.

(3) Gegen einen Beschluss, durch den die Genehmigung für ein Rechtsgeschäft erteilt oder verweigert wird, findet eine Wiedereinsetzung in den vorigen Stand, eine Rüge nach § 44, eine Abänderung oder eine Wiederaufnahme nicht statt, wenn die Genehmigung oder deren Verweigerung einem Dritten gegenüber wirksam geworden ist.

Abschnitt 4
Einstweilige Anordnung

§ 49 Einstweilige Anordnung

(1) Das Gericht kann durch einstweilige Anordnung eine vorläufige Maßnahme treffen, soweit dies nach den für das Rechtsverhältnis maßgebenden Vorschriften gerechtfertigt ist und ein dringendes Bedürfnis für ein sofortiges Tätigwerden besteht.

(2) Die Maßnahme kann einen bestehenden Zustand sichern oder vorläufig regeln. Einem Beteiligten kann eine Handlung geboten oder verboten, insbesondere die Verfügung über einen Gegenstand untersagt werden. Das Gericht kann mit der einstweiligen Anordnung auch die zu ihrer Durchführung erforderlichen Anordnungen treffen.

§ 50 Zuständigkeit

(1) Zuständig ist das Gericht, das für die Hauptsache im ersten Rechtszug zuständig wäre. Ist eine Hauptsache anhängig, ist das Gericht des ersten Rechtszugs, während der Anhängigkeit beim Beschwerdegericht das Beschwerdegericht zuständig.

(2) In besonders dringenden Fällen kann auch das Amtsgericht entscheiden, in dessen Bezirk das Bedürfnis für ein gerichtliches Tätigwerden bekannt wird oder sich die Person oder die Sache befindet, auf die sich die einstweilige Anordnung bezieht. Es hat das Verfahren unverzüglich von Amts wegen an das nach Absatz 1 zuständige Gericht abzugeben.

§ 51 Verfahren

(1) Die einstweilige Anordnung wird nur auf Antrag erlassen, wenn ein entsprechendes Hauptsacheverfahren nur auf Antrag eingeleitet werden kann. Der Antragsteller hat den Antrag zu begründen und die Voraussetzungen für die Anordnung glaubhaft zu machen.

(2) Das Verfahren richtet sich nach den Vorschriften, die für eine entsprechende Hauptsache gelten, soweit sich nicht aus den Besonderheiten des einstweiligen Rechtsschutzes etwas anderes ergibt. Das Gericht kann ohne mündliche Verhandlung entscheiden. Eine Versäumnisentscheidung ist ausgeschlossen.

(3) Das Verfahren der einstweiligen Anordnung ist ein selbständiges Verfahren, auch wenn eine Hauptsache anhängig ist. Das Gericht kann von einzelnen Verfahrenshandlungen im Hauptsacheverfahren absehen, wenn diese bereits im Verfahren der einstweiligen Anordnung vorgenommen wurden und von einer erneuten Vornahme keine zusätzlichen Erkenntnisse zu erwarten sind.

(4) Für die Kosten des Verfahrens der einstweiligen Anordnung gelten die allgemeinen Vorschriften.

§ 52 Einleitung des Hauptsacheverfahrens

(1) Ist eine einstweilige Anordnung erlassen, hat das Gericht auf Antrag eines Beteiligten das Hauptsacheverfahren einzuleiten. Das Gericht kann mit Erlass der einstweiligen Anordnung eine Frist bestimmen, vor deren Ablauf der Antrag unzulässig ist. Die Frist darf drei Monate nicht überschreiten.

(2) In Verfahren, die nur auf Antrag eingeleitet werden, hat das Gericht auf Antrag anzuordnen, dass der Beteiligte, der die einstweilige Anordnung erwirkt hat, binnen einer zu bestimmenden Frist Antrag auf Einleitung des Hauptsacheverfahrens oder Antrag auf Bewilligung von Verfahrenskostenhilfe für das Hauptsacheverfahren stellt. Die Frist darf drei Monate nicht überschreiten. Wird dieser Anordnung nicht Folge geleistet, ist die einstweilige Anordnung aufzuheben.

III

§ 53 Vollstreckung

(1) Eine einstweilige Anordnung bedarf der Vollstreckungsklausel nur, wenn die Vollstreckung für oder gegen einen anderen als den in dem Beschluss bezeichneten Beteiligten erfolgen soll.

(2) Das Gericht kann in Gewaltschutzsachen sowie in sonstigen Fällen, in denen hierfür ein besonderes Bedürfnis besteht, anordnen, dass die Vollstreckung der einstweiligen Anordnung vor Zustellung an den Verpflichteten zulässig ist. In diesem Fall wird die einstweilige Anordnung mit Erlass wirksam.

§ 54 Aufhebung oder Änderung der Entscheidung

(1) Das Gericht kann die Entscheidung in der einstweiligen Anordnungssache aufheben oder ändern. Die Aufhebung oder Änderung erfolgt nur auf Antrag, wenn ein entsprechendes Hauptsacheverfahren nur auf Antrag eingeleitet werden kann. Dies gilt nicht, wenn die Entscheidung ohne vorherige Durchführung einer nach dem Gesetz notwendigen Anhörung erlassen wurde.

(2) Ist die Entscheidung in einer Familiensache ohne mündliche Verhandlung ergangen, ist auf Antrag auf Grund mündlicher Verhandlung erneut zu entscheiden.

(3) Zuständig ist das Gericht, das die einstweilige Anordnung erlassen hat. Hat es die Sache an ein anderes Gericht abgegeben oder verwiesen, ist dieses zuständig.

(4) Während eine einstweilige Anordnungssache beim Beschwerdegericht anhängig ist, ist die Aufhebung oder Änderung der angefochtenen Entscheidung durch das erstinstanzliche Gericht unzulässig.

§ 55 Aussetzung der Vollstreckung

(1) In den Fällen des § 54 kann das Gericht, im Fall des § 57 das Rechtsmittelgericht, die Vollstreckung einer einstweiligen Anordnung aussetzen oder beschränken. Der Beschluss ist nicht anfechtbar.

(2) Wenn ein hierauf gerichteter Antrag gestellt wird, ist über diesen vorab zu entscheiden.

§ 56 Außerkrafttreten

(1) Die einstweilige Anordnung tritt, sofern nicht das Gericht einen früheren Zeitpunkt bestimmt hat, bei Wirksamwerden einer anderweitigen Regelung außer Kraft. Ist dies eine Endentscheidung in einer Familienstreitsache, ist deren Rechtskraft maßgebend, soweit nicht die Wirksamkeit zu einem späteren Zeitpunkt eintritt.

(2) Die einstweilige Anordnung tritt in Verfahren, die nur auf Antrag eingeleitet werden, auch dann außer Kraft, wenn

1. der Antrag in der Hauptsache zurückgenommen wird,
2. der Antrag in der Hauptsache rechtskräftig abgewiesen ist,
3. die Hauptsache übereinstimmend für erledigt erklärt wird oder
4. die Erledigung der Hauptsache anderweitig eingetreten ist.

(3) Auf Antrag hat das Gericht, das in der einstweiligen Anordnungssache im ersten Rechtszug zuletzt entschieden hat, die in den Absätzen 1 und 2 genannte Wirkung durch Beschluss auszusprechen. Gegen den Beschluss findet die Beschwerde statt.

§ 57 Rechtsmittel

Entscheidungen in Verfahren der einstweiligen Anordnung in Familiensachen sind nicht anfechtbar. Dies gilt nicht in Verfahren nach § 151 Nummer 6 und 7 und auch nicht, wenn das Gericht des ersten Rechtszugs auf Grund mündlicher Erörterung

1. über die elterliche Sorge für ein Kind,
2. über die Herausgabe des Kindes an den anderen Elternteil,
3. über einen Antrag auf Verbleiben eines Kindes bei einer Pflege- oder Bezugsperson,
4. über einen Antrag nach den §§ 1 und 2 des Gewaltschutzgesetzes oder
5. in einer Ehewohnungssache über einen Antrag auf Zuweisung der Wohnung

entschieden hat.

Abschnitt 5
Rechtsmittel

Unterabschnitt 1
Beschwerde

§ 58 Statthaftigkeit der Beschwerde

(1) Die Beschwerde findet gegen die im ersten Rechtszug ergangenen Endentscheidungen der Amtsgerichte und Landgerichte in Angelegenheiten nach diesem Gesetz statt, sofern durch Gesetz nichts anderes bestimmt ist.

(2) Der Beurteilung des Beschwerdegerichts unterliegen auch die nicht selbständig anfechtbaren Entscheidungen, die der Endentscheidung vorausgegangen sind.

§ 59 Beschwerdeberechtigte

(1) Die Beschwerde steht demjenigen zu, der durch den Beschluss in seinen Rechten beeinträchtigt ist.

(2) Wenn ein Beschluss nur auf Antrag erlassen werden kann und der Antrag zurückgewiesen worden ist, steht die Beschwerde nur dem Antragsteller zu.

(3) Die Beschwerdeberechtigung von Behörden bestimmt sich nach den besonderen Vorschriften dieses oder eines anderen Gesetzes.

§ 60 Beschwerderecht Minderjähriger

Ein Kind, für das die elterliche Sorge besteht, oder ein unter Vormundschaft stehender Mündel kann in allen seine Person betreffenden Angelegenheiten ohne Mitwirkung seines gesetzlichen Vertreters das Beschwerderecht ausüben. Das Gleiche gilt in sonstigen Angelegenheiten, in denen das Kind oder der Mündel vor einer Entscheidung des Gerichts gehört werden soll. Dies gilt nicht für Personen, die geschäftsunfähig sind oder bei Erlass der Entscheidung das 14. Lebensjahr nicht vollendet haben.

§ 61 Beschwerdewert; Zulassungsbeschwerde

(1) In vermögensrechtlichen Angelegenheiten ist die Beschwerde nur zulässig, wenn der Wert des Beschwerdegegenstandes 600 Euro übersteigt.

(2) Übersteigt der Beschwerdegegenstand nicht den in Absatz 1 genannten Betrag, ist die Beschwerde zulässig, wenn das Gericht des ersten Rechtszugs die Beschwerde zugelassen hat.

(3) Das Gericht des ersten Rechtszugs lässt die Beschwerde zu, wenn

1. die Rechtssache grundsätzliche Bedeutung hat oder die Fortbildung des Rechts oder die Sicherung einer einheitlichen Rechtsprechung eine Entscheidung des Beschwerdegerichts erfordert und
2. der Beteiligte durch den Beschluss mit nicht mehr als 600 Euro beschwert ist.

Das Beschwerdegericht ist an die Zulassung gebunden.

§ 62 Statthaftigkeit der Beschwerde nach Erledigung der Hauptsache

(1) Hat sich die angefochtene Entscheidung in der Hauptsache erledigt, spricht das Beschwerdegericht auf Antrag aus, dass die Entscheidung des Gerichts des ersten Rechtszugs den Beschwerdeführer in seinen Rechten verletzt hat, wenn der Beschwerdeführer ein berechtigtes Interesse an der Feststellung hat.

(2) Ein berechtigtes Interesse liegt in der Regel vor, wenn

1. schwerwiegende Grundrechtseingriffe vorliegen oder
2. eine Wiederholung konkret zu erwarten ist.

(3) In Verfahren der Abschiebungs-, Zurückschiebungs- und Zurückweisungshaft liegt ein berechtigtes Interesse auch bei Vorliegen der Voraussetzungen des § 70 Absatz 2 Satz 1 vor.

(4) Hat der Verfahrensbeistand oder der Verfahrenspfleger die Beschwerde eingelegt, gelten die Absätze 1 und 2 entsprechend.

§ 63 Beschwerdefrist

(1) Die Beschwerde ist, soweit gesetzlich keine andere Frist bestimmt ist, binnen einer Frist von einem Monat einzulegen.

(2) Die Beschwerde ist binnen einer Frist von zwei Wochen einzulegen, wenn sie sich gegen folgende Entscheidungen richtet:

1. Endentscheidungen im Verfahren der einstweiligen Anordnung oder
2. Entscheidungen über Anträge auf Genehmigung eines Rechtsgeschäfts.

(3) Die Frist beginnt jeweils mit der schriftlichen Bekanntgabe des Beschlusses an die Beteiligten. Kann die schriftliche Bekanntgabe an einen Beteiligten nicht bewirkt werden, beginnt die Frist spätestens mit Ablauf von fünf Monaten nach Erlass des Beschlusses.

§ 64 Einlegung der Beschwerde

(1) Die Beschwerde ist bei dem Gericht einzulegen, dessen Beschluss angefochten wird. Anträge auf Bewilligung von Verfahrenskostenhilfe für eine beabsichtigte Beschwerde sind bei dem Gericht einzulegen, dessen Beschluss angefochten werden soll.

(2) Die Beschwerde wird durch Einreichung einer Beschwerdeschrift oder zur Niederschrift der Geschäftsstelle eingelegt. Die Einlegung der Beschwerde zur Niederschrift der Geschäftsstelle ist in Ehesachen und in Familienstreitsachen ausgeschlossen. Die Beschwerde muss die Bezeichnung des angefochtenen Beschlusses sowie die Erklärung enthalten, dass Beschwerde gegen diesen Beschluss eingelegt wird. Sie ist von dem Beschwerdeführer oder seinem Bevollmächtigten zu unterzeichnen.

(3) Das Beschwerdegericht kann vor der Entscheidung eine einstweilige Anordnung erlassen; es kann insbesondere anordnen, dass die Vollziehung des angefochtenen Beschlusses auszusetzen ist.

§ 65 Beschwerdebegründung

(1) Die Beschwerde soll begründet werden.

(2) Das Beschwerdegericht oder der Vorsitzende kann dem Beschwerdeführer eine Frist zur Begründung der Beschwerde einräumen.

(3) Die Beschwerde kann auf neue Tatsachen und Beweismittel gestützt werden.

(4) Die Beschwerde kann nicht darauf gestützt werden, dass das Gericht des ersten Rechtszugs seine Zuständigkeit zu Unrecht angenommen hat.

§ 66 Anschlussbeschwerde

Ein Beteiligter kann sich der Beschwerde anschließen, selbst wenn er auf die Beschwerde verzichtet hat oder die Beschwerdefrist verstrichen ist; die Anschließung erfolgt durch Einreichung der Beschwerdeanschlussschrift bei dem Beschwerdegericht. Die Anschließung verliert ihre Wirkung, wenn die Beschwerde zurückgenommen oder als unzulässig verworfen wird.

§ 67 Verzicht auf die Beschwerde; Rücknahme der Beschwerde

(1) Die Beschwerde ist unzulässig, wenn der Beschwerdeführer hierauf nach Bekanntgabe des Beschlusses durch Erklärung gegenüber dem Gericht verzichtet hat.

(2) Die Anschlussbeschwerde ist unzulässig, wenn der Anschlussbeschwerdeführer hierauf nach Einlegung des Hauptrechtsmittels durch Erklärung gegenüber dem Gericht verzichtet hat.

(3) Der gegenüber einem anderen Beteiligten erklärte Verzicht hat die Unzulässigkeit der Beschwerde nur dann zur Folge, wenn dieser sich darauf beruft.

(4) Der Beschwerdeführer kann die Beschwerde bis zum Erlass der Beschwerdeentscheidung durch Erklärung gegenüber dem Gericht zurücknehmen.

§ 68 Gang des Beschwerdeverfahrens

(1) Hält das Gericht, dessen Beschluss angefochten wird, die Beschwerde für begründet, hat es ihr abzuhelfen; anderenfalls ist die Beschwerde unverzüglich dem Beschwerdegericht vorzulegen. Das Gericht ist zur Abhilfe nicht befugt, wenn die Beschwerde sich gegen eine Endentscheidung in einer Familiensache richtet.

(2) Das Beschwerdegericht hat zu prüfen, ob die Beschwerde an sich statthaft und ob sie in der gesetzlichen Form und Frist eingelegt ist. Mangelt es an einem dieser Erfordernisse, ist die Beschwerde als unzulässig zu verwerfen.

(3) Das Beschwerdeverfahren bestimmt sich im Übrigen nach den Vorschriften über das Verfahren im ersten Rechtszug. Das Beschwerdegericht kann von der Durchführung eines Termins, einer mündlichen Verhandlung oder einzelner Verfahrenshandlungen absehen, wenn diese bereits im ersten Rechtszug vorgenommen wurden und von einer erneuten Vornahme keine zusätzlichen Erkenntnisse zu erwarten sind.

(4) Das Beschwerdegericht kann die Beschwerde durch Beschluss einem seiner Mitglieder zur Entscheidung als Einzelrichter übertragen; § 526 der Zivilprozessordnung gilt mit der Maßgabe entsprechend, dass eine Übertragung auf einen Richter auf Probe ausgeschlossen ist. Zudem kann das Beschwerdegericht die persönliche Anhörung des Kindes durch Beschluss einem seiner Mitglieder als beauftragtem Richter übertragen, wenn es dies aus Gründen des Kindeswohls für sachgerecht hält oder das Kind offensichtlich nicht in der Lage ist, seine Neigungen und seinen Willen kundzutun. Gleiches gilt für die Verschaffung eines persönlichen Eindrucks von dem Kind.

(5) Absatz 3 Satz 2 und Absatz 4 Satz 1 finden keine Anwendung, wenn die Beschwerde ein Hauptsacheverfahren betrifft, in dem eine der folgenden Entscheidungen in Betracht kommt:

1. die teilweise oder vollständige Entziehung der Personensorge nach den §§ 1666 und 1666a des Bürgerlichen Gesetzbuchs,
2. der Ausschluss des Umgangsrechts nach § 1684 des Bürgerlichen Gesetzbuchs oder
3. eine Verbleibensanordnung nach § 1632 Absatz 4 oder § 1682 des Bürgerlichen Gesetzbuchs.

§ 69 Beschwerdeentscheidung

(1) Das Beschwerdegericht hat in der Sache selbst zu entscheiden. Es darf die Sache unter Aufhebung des angefochtenen Beschlusses und des Verfahrens nur dann an das Gericht des ersten Rechtszugs zurückverweisen, wenn dieses in der Sache noch nicht entschieden hat. Das Gleiche gilt, soweit das Verfahren an einem wesentlichen Mangel leidet und zur Entscheidung eine umfangreiche oder aufwändige Beweiserhebung notwendig wäre und ein Beteiligter die Zurückverweisung beantragt. Das Gericht des ersten Rechtszugs hat die rechtliche Beurteilung, die das Beschwerdegericht der Aufhebung zugrunde gelegt hat, auch seiner Entscheidung zugrunde zu legen.

(2) Der Beschluss des Beschwerdegerichts ist zu begründen.

(3) Für die Beschwerdeentscheidung gelten im Übrigen die Vorschriften über den Beschluss im ersten Rechtszug entsprechend.

Unterabschnitt 2 Rechtsbeschwerde

§ 70 Statthaftigkeit der Rechtsbeschwerde

(1) Die Rechtsbeschwerde eines Beteiligten ist statthaft, wenn sie das Beschwerdegericht oder das Oberlandesgericht im ersten Rechtszug in dem Beschluss zugelassen hat.

(2) Die Rechtsbeschwerde ist zuzulassen, wenn

1. die Rechtssache grundsätzliche Bedeutung hat oder
2. die Fortbildung des Rechts oder die Sicherung einer einheitlichen Rechtsprechung eine Entscheidung des Rechtsbeschwerdegerichts erfordert.

Das Rechtsbeschwerdegericht ist an die Zulassung gebunden.

(3) Die Rechtsbeschwerde gegen einen Beschluss des Beschwerdegerichts ist ohne Zulassung statthaft in

1. Betreuungssachen zur Bestellung eines Betreuers, zur Aufhebung einer Betreuung, zur Anordnung oder Aufhebung eines Einwilligungsvorbehalts,
2. Unterbringungssachen und Verfahren nach § 151 Nr. 6 und 7 sowie
3. Freiheitsentziehungssachen.

In den Fällen des Satzes 1 Nr. 2 und 3 gilt dies nur, wenn sich die Rechtsbeschwerde gegen den Beschluss richtet, der die Unterbringungsmaßnahme oder die Freiheitsentziehung anordnet. In den Fällen des Satzes 1 Nummer 3 ist die Rechtsbeschwerde abweichend von Satz 2 auch dann ohne Zulassung statthaft, wenn sie sich gegen den eine freiheitsentziehende Maßnahme ablehnenden oder zurückweisenden Beschluss in den in § 417 Absatz 2 Satz 2 Nummer 5 genannten Verfahren richtet.

(4) Gegen einen Beschluss im Verfahren über die Anordnung, Abänderung oder Aufhebung einer einstweiligen Anordnung oder eines Arrests findet die Rechtsbeschwerde nicht statt.

§ 71 Frist und Form der Rechtsbeschwerde

(1) Die Rechtsbeschwerde ist binnen einer Frist von einem Monat nach der schriftlichen Bekanntgabe des Beschlusses durch Einreichen einer Beschwerdeschrift bei dem Rechtsbeschwerdegericht einzulegen. Die Rechtsbeschwerdeschrift muss enthalten:

1. die Bezeichnung des Beschlusses, gegen den die Rechtsbeschwerde gerichtet wird, und
2. die Erklärung, dass gegen diesen Beschluss Rechtsbeschwerde eingelegt werde.

Die Rechtsbeschwerdeschrift ist zu unterschreiben. Mit der Rechtsbeschwerdeschrift soll eine Ausfertigung oder beglaubigte Abschrift des angefochtenen Beschlusses vorgelegt werden.

(2) Die Rechtsbeschwerde ist, sofern die Beschwerdeschrift keine Begründung enthält, binnen einer Frist von einem Monat zu begründen. Die Frist beginnt mit der schriftlichen Bekanntgabe des angefochtenen Beschlusses. § 551 Abs. 2 Satz 5 und 6 der Zivilprozessordnung gilt entsprechend.

(3) Die Begründung der Rechtsbeschwerde muss enthalten:

1. die Erklärung, inwieweit der Beschluss angefochten und dessen Aufhebung beantragt werde (Rechtsbeschwerdeanträge);
2. die Angabe der Rechtsbeschwerdegründe, und zwar
   a) die bestimmte Bezeichnung der Umstände, aus denen sich die Rechtsverletzung ergibt;
   b) soweit die Rechtsbeschwerde darauf gestützt wird, dass das Gesetz in Bezug auf das Verfahren verletzt sei, die Bezeichnung der Tatsachen, die den Mangel ergeben.

(4) Die Rechtsbeschwerde- und die Begründungsschrift sind den anderen Beteiligten bekannt zu geben.

§ 72 Gründe der Rechtsbeschwerde

(1) Die Rechtsbeschwerde kann nur darauf gestützt werden, dass die angefochtene Entscheidung auf einer Verletzung des Rechts beruht. Das Recht ist verletzt,

wenn eine Rechtsnorm nicht oder nicht richtig angewendet worden ist.

(2) Die Rechtsbeschwerde kann nicht darauf gestützt werden, dass das Gericht des ersten Rechtszugs seine Zuständigkeit zu Unrecht angenommen hat.

(3) Die §§ 547, 556 und 560 der Zivilprozessordnung gelten entsprechend.

§ 73 Anschlussrechtsbeschwerde

Ein Beteiligter kann sich bis zum Ablauf einer Frist von einem Monat nach der Bekanntgabe der Begründungsschrift der Rechtsbeschwerde durch Einreichen einer Anschlussschrift beim Rechtsbeschwerdegericht anschließen, auch wenn er auf die Rechtsbeschwerde verzichtet hat, die Rechtsbeschwerdefrist verstrichen oder die Rechtsbeschwerde nicht zugelassen worden ist. Die Anschlussrechtsbeschwerde ist in der Anschlussschrift zu begründen und zu unterschreiben. Die Anschließung verliert ihre Wirkung, wenn die Rechtsbeschwerde zurückgenommen, als unzulässig verworfen oder nach § 74a Abs. 1 zurückgewiesen wird.

§ 74 Entscheidung über die Rechtsbeschwerde

(1) Das Rechtsbeschwerdegericht hat zu prüfen, ob die Rechtsbeschwerde an sich statthaft ist und ob sie in der gesetzlichen Form und Frist eingelegt und begründet ist. Mangelt es an einem dieser Erfordernisse, ist die Rechtsbeschwerde als unzulässig zu verwerfen.

(2) Ergibt die Begründung des angefochtenen Beschlusses zwar eine Rechtsverletzung, stellt sich die Entscheidung aber aus anderen Gründen als richtig dar, ist die Rechtsbeschwerde zurückzuweisen.

(3) Der Prüfung des Rechtsbeschwerdegerichts unterliegen nur die von den Beteiligten gestellten Anträge. Das Rechtsbeschwerdegericht ist an die geltend gemachten Rechtsbeschwerdegründe nicht gebunden. Auf Verfahrensmängel, die nicht von Amts wegen zu berücksichtigen sind, darf die angefochtene Entscheidung nur geprüft werden, wenn die Mängel nach § 71 Abs. 3 und § 73 Satz 2 gerügt worden sind. Die §§ 559, 564 der Zivilprozessordnung gelten entsprechend.

(4) Auf das weitere Verfahren sind, soweit sich nicht Abweichungen aus den Vorschriften dieses Unterabschnitts ergeben, die im ersten Rechtszug geltenden Vorschriften entsprechend anzuwenden.

(5) Soweit die Rechtsbeschwerde begründet ist, ist der angefochtene Beschluss aufzuheben.

(6) Das Rechtsbeschwerdegericht entscheidet in der Sache selbst, wenn diese zur Endentscheidung reif ist. Andernfalls verweist es die Sache unter Aufhebung des angefochtenen Beschlusses und des Verfahrens zur anderweitigen Behandlung und Entscheidung an das Beschwerdegericht oder, wenn dies aus besonderen Gründen geboten erscheint, an das Gericht des ersten Rechtszugs zurück. Die Zurückverweisung kann an einen anderen Spruchkörper des Gerichts erfolgen, das die angefochtene Entscheidung erlassen hat. Das Gericht, an das die Sache zurückverwiesen ist, hat die rechtliche Beurteilung, die der Aufhebung zugrunde liegt, auch seiner Entscheidung zugrunde zu legen.

(7) Von einer Begründung der Entscheidung kann abgesehen werden, wenn sie nicht geeignet wäre, zur Klärung von Rechtsfragen grundsätzlicher Bedeutung, zur Fortbildung des Rechts oder zur Sicherung einer einheitlichen Rechtsprechung beizutragen.

§ 74a Zurückweisungsbeschluss

(1) Das Rechtsbeschwerdegericht weist die vom Beschwerdegericht zugelassene Rechtsbeschwerde durch einstimmigen Beschluss ohne mündliche Verhandlung oder Erörterung im Termin zurück, wenn es davon überzeugt ist, dass die Voraussetzungen für die Zulassung der Rechtsbeschwerde nicht vorliegen und die Rechtsbeschwerde keine Aussicht auf Erfolg hat.

(2) Das Rechtsbeschwerdegericht oder der Vorsitzende hat zuvor die Beteiligten auf die beabsichtigte Zurückweisung der Rechtsbeschwerde und die Gründe hierfür hinzuweisen und dem Rechtsbeschwerdeführer binnen einer zu bestimmenden Frist Gelegenheit zur Stellungnahme zu geben.

(3) Der Beschluss nach Absatz 1 ist zu begründen, soweit die Gründe für die Zurückweisung nicht bereits in dem Hinweis nach Absatz 2 enthalten sind.

§ 75 Sprungrechtsbeschwerde

(1) Gegen die im ersten Rechtszug erlassenen Beschlüsse, die ohne Zulassung der Beschwerde unterliegen, findet auf Antrag unter Übergehung der Beschwerdeinstanz unmittelbar die Rechtsbeschwerde (Sprungrechtsbeschwerde) statt, wenn

1. die Beteiligten in die Übergehung der Beschwerdeinstanz einwilligen und
2. das Rechtsbeschwerdegericht die Sprungrechtsbeschwerde zulässt.

Der Antrag auf Zulassung der Sprungrechtsbeschwerde und die Erklärung der Einwilligung gelten als Verzicht auf das Rechtsmittel der Beschwerde.

(2) Die Sprungrechtsbeschwerde ist in der in § 63 bestimmten Frist einzulegen. Für das weitere Verfahren gilt § 566 Abs. 2 bis 8 der Zivilprozessordnung entsprechend.

Abschnitt 6
Verfahrenskostenhilfe

§ 76 Voraussetzungen

(1) Auf die Bewilligung von Verfahrenskostenhilfe finden die Vorschriften der Zivilprozessordnung über die Prozesskostenhilfe entsprechende Anwendung, soweit nachfolgend nichts Abweichendes bestimmt ist.

(2) Ein Beschluss, der im Verfahrenskostenhilfeverfahren ergeht, ist mit der sofortigen Beschwerde in entsprechender Anwendung der §§ 567 bis 572, 127 Abs. 2 bis 4 der Zivilprozessordnung anfechtbar.

§ 77 Bewilligung

(1) Vor der Bewilligung der Verfahrenskostenhilfe kann das Gericht den übrigen Beteiligten Gelegenheit zur Stellungnahme geben. In Antragsverfahren ist dem Antragsgegner Gelegenheit zur Stellungnahme zu geben, ob er die Voraussetzungen für die Bewilligung von Verfahrenskostenhilfe für gegeben hält, soweit dies aus besonderen Gründen nicht unzweckmäßig erscheint.

(2) Die Bewilligung von Verfahrenskostenhilfe für die Vollstreckung in das bewegliche Vermögen umfasst alle

Vollstreckungshandlungen im Bezirk des Vollstreckungsgerichts einschließlich des Verfahrens auf Abgabe der Vermögensauskunft und der Versicherung an Eides statt.

§ 78 Beiordnung eines Rechtsanwalts

(1) Ist eine Vertretung durch einen Rechtsanwalt vorgeschrieben, wird dem Beteiligten ein zur Vertretung bereiter Rechtsanwalt seiner Wahl beigeordnet.

(2) Ist eine Vertretung durch einen Rechtsanwalt nicht vorgeschrieben, wird dem Beteiligten auf seinen Antrag ein zur Vertretung bereiter Rechtsanwalt seiner Wahl beigeordnet, wenn wegen der Schwierigkeit der Sach- und Rechtslage die Vertretung durch einen Rechtsanwalt erforderlich erscheint.

(3) Ein nicht in dem Bezirk des Verfahrensgerichts niedergelassener Rechtsanwalt kann nur beigeordnet werden, wenn hierdurch besondere Kosten nicht entstehen.

(4) Wenn besondere Umstände dies erfordern, kann dem Beteiligten auf seinen Antrag ein zur Vertretung bereiter Rechtsanwalt seiner Wahl zur Wahrnehmung eines Termins zur Beweisaufnahme vor dem ersuchten Richter oder zur Vermittlung des Verkehrs mit dem Verfahrensbevollmächtigten beigeordnet werden.

(5) Findet der Beteiligte keinen zur Vertretung bereiten Anwalt, ordnet der Vorsitzende ihm auf Antrag einen Rechtsanwalt bei.

§ 79 (weggefallen)

Abschnitt 7
Kosten

§ 80 Umfang der Kostenpflicht

Kosten sind die Gerichtskosten (Gebühren und Auslagen) und die zur Durchführung des Verfahrens notwendigen Aufwendungen der Beteiligten. § 91 Abs. 1 Satz 2 der Zivilprozessordnung gilt entsprechend.

§ 81 Grundsatz der Kostenpflicht

(1) Das Gericht kann die Kosten des Verfahrens nach billigem Ermessen den Beteiligten ganz oder zum Teil auferlegen. Es kann auch anordnen, dass von der Erhebung der Kosten abzusehen ist. In Familiensachen ist stets über die Kosten zu entscheiden.

(2) Das Gericht soll die Kosten des Verfahrens ganz oder teilweise einem Beteiligten auferlegen, wenn

1. der Beteiligte durch grobes Verschulden Anlass für das Verfahren gegeben hat;
2. der Antrag des Beteiligten von vornherein keine Aussicht auf Erfolg hatte und der Beteiligte dies erkennen musste;
3. der Beteiligte zu einer wesentlichen Tatsache schuldhaft unwahre Angaben gemacht hat;
4. der Beteiligte durch schuldhaftes Verletzen seiner Mitwirkungspflichten das Verfahren erheblich verzögert hat;
5. der Beteiligte einer richterlichen Anordnung zur Teilnahme an einem kostenfreien Informationsgespräch über Mediation oder über eine sonstige Möglichkeit der außergerichtlichen Konfliktbeilegung nach § 156 Absatz 1 Satz 3 oder einer richterlichen Anordnung zur Teilnahme an einer Beratung nach § 156 Absatz 1 Satz 4 nicht nachgekommen ist, sofern der Beteiligte dies nicht genügend entschuldigt hat.

(3) Einem minderjährigen Beteiligten können Kosten in Kindschaftssachen, die seine Person betreffen, nicht auferlegt werden.

(4) Einem Dritten können Kosten des Verfahrens nur auferlegt werden, soweit die Tätigkeit des Gerichts durch ihn veranlasst wurde und ihn ein grobes Verschulden trifft.

(5) Bundesrechtliche Vorschriften, die die Kostenpflicht abweichend regeln, bleiben unberührt.

§ 82 Zeitpunkt der Kostenentscheidung

Ergeht eine Entscheidung über die Kosten, hat das Gericht hierüber in der Endentscheidung zu entscheiden.

§ 83 Kostenpflicht bei Vergleich, Erledigung und Rücknahme

(1) Wird das Verfahren durch Vergleich erledigt und haben die Beteiligten keine Bestimmung über die Kosten getroffen, fallen die Gerichtskosten jedem Teil zu gleichen Teilen zur Last. Die außergerichtlichen Kosten trägt jeder Beteiligte selbst.

(2) Ist das Verfahren auf sonstige Weise erledigt oder wird der Antrag zurückgenommen, gilt § 81 entsprechend.

§ 84 Rechtsmittelkosten

Das Gericht soll die Kosten eines ohne Erfolg eingelegten Rechtsmittels dem Beteiligten auferlegen, der es eingelegt hat.

§ 85 Kostenfestsetzung

Die §§ 103 bis 107 der Zivilprozessordnung über die Festsetzung des zu erstattenden Betrags sind entsprechend anzuwenden.

Abschnitt 8
Vollstreckung

Unterabschnitt 1
Allgemeine Vorschriften

§ 86 Vollstreckungstitel

(1) Die Vollstreckung findet statt aus

1. gerichtlichen Beschlüssen;
2. gerichtlich gebilligten Vergleichen (§ 156 Abs. 2);
3. weiteren Vollstreckungstiteln im Sinne des § 794 der Zivilprozessordnung, soweit die Beteiligten über den Gegenstand des Verfahrens verfügen können.

(2) Beschlüsse sind mit Wirksamwerden vollstreckbar.

(3) Vollstreckungstitel bedürfen der Vollstreckungsklausel nur, wenn die Vollstreckung nicht durch das Gericht erfolgt, das den Titel erlassen hat.

§ 87 Verfahren; Beschwerde

(1) Das Gericht wird in Verfahren, die von Amts wegen eingeleitet werden können, von Amts wegen tätig und bestimmt die im Fall der Zuwiderhandlung vorzunehmenden Vollstreckungsmaßnahmen. Der Berechtigte kann die Vornahme von Vollstreckungshandlungen beantragen; entspricht das Gericht dem Antrag nicht, entscheidet es durch Beschluss.

(2) Die Vollstreckung darf nur beginnen, wenn der Beschluss bereits zugestellt ist oder gleichzeitig zugestellt wird.

(3) Der Gerichtsvollzieher ist befugt, ein Auskunfts- und Unterstützungsersuchen nach § 757a der Zivilprozessordnung zu stellen. § 758 Abs. 1 und 2 sowie die §§ 759 bis 763 der Zivilprozessordnung gelten entsprechend.

(4) Ein Beschluss, der im Vollstreckungsverfahren ergeht, ist mit der sofortigen Beschwerde in entsprechender Anwendung der §§ 567 bis 572 der Zivilprozessordnung anfechtbar.

(5) Für die Kostenentscheidung gelten die §§ 80 bis 82 und 84 entsprechend.

Unterabschnitt 2
Vollstreckung von Entscheidungen über die Herausgabe von Personen und die Regelung des Umgangs

§ 88 Grundsätze

(1) Die Vollstreckung erfolgt durch das Gericht, in dessen Bezirk die Person zum Zeitpunkt der Einleitung der Vollstreckung ihren gewöhnlichen Aufenthalt hat.

(2) Das Jugendamt leistet dem Gericht in geeigneten Fällen Unterstützung.

(3) Die Verfahren sind vorrangig und beschleunigt durchzuführen. Die §§ 155b und 155c gelten entsprechend.

§ 89 Ordnungsmittel

(1) Bei der Zuwiderhandlung gegen einen Vollstreckungstitel zur Herausgabe von Personen und zur Regelung des Umgangs kann das Gericht gegenüber dem Verpflichteten Ordnungsgeld und für den Fall, dass dieses nicht beigetrieben werden kann, Ordnungshaft anordnen. Verspricht die Anordnung eines Ordnungsgelds keinen Erfolg, kann das Gericht Ordnungshaft anordnen. Die Anordnungen ergehen durch Beschluss.

(2) Der Beschluss, der die Herausgabe der Person oder die Regelung des Umgangs anordnet, hat auf die Folgen einer Zuwiderhandlung gegen den Vollstreckungstitel hinzuweisen.

(3) Das einzelne Ordnungsgeld darf den Betrag von 25 000 Euro nicht übersteigen. Für den Vollzug der Haft gelten § 802g Abs. 1 Satz 2 und Abs. 2, die §§ 802h und 802j Abs. 1 der Zivilprozessordnung entsprechend.

(4) Die Festsetzung eines Ordnungsmittels unterbleibt, wenn der Verpflichtete Gründe vorträgt, aus denen sich ergibt, dass er die Zuwiderhandlung nicht zu vertreten hat. Werden Gründe, aus denen sich das fehlende Vertretenmüssen ergibt, nachträglich vorgetragen, wird die Festsetzung aufgehoben.

§ 90 Anwendung unmittelbaren Zwanges

(1) Das Gericht kann durch ausdrücklichen Beschluss zur Vollstreckung unmittelbaren Zwang anordnen, wenn

1. die Festsetzung von Ordnungsmitteln erfolglos geblieben ist;
2. die Festsetzung von Ordnungsmitteln keinen Erfolg verspricht;
3. eine alsbaldige Vollstreckung der Entscheidung unbedingt geboten ist.

(2) Anwendung unmittelbaren Zwanges gegen ein Kind darf nicht zugelassen werden, wenn das Kind herausgegeben werden soll, um das Umgangsrecht auszuüben. Im Übrigen darf unmittelbarer Zwang gegen ein Kind nur zugelassen werden, wenn dies unter Berücksichtigung des Kindeswohls gerechtfertigt ist und eine Durchsetzung der Verpflichtung mit milderen Mitteln nicht möglich ist.

III

§ 91 Richterlicher Durchsuchungsbeschluss

(1) Die Wohnung des Verpflichteten darf ohne dessen Einwilligung nur auf Grund eines richterlichen Beschlusses durchsucht werden. Dies gilt nicht, wenn der Erlass des Beschlusses den Erfolg der Durchsuchung gefährden würde.

(2) Auf die Vollstreckung eines Haftbefehls nach § 94 in Verbindung mit § 802g der Zivilprozessordnung ist Absatz 1 nicht anzuwenden.

(3) Willigt der Verpflichtete in die Durchsuchung ein oder ist ein Beschluss gegen ihn nach Absatz 1 Satz 1 ergangen oder nach Absatz 1 Satz 2 entbehrlich, haben Personen, die Mitgewahrsam an der Wohnung des Verpflichteten haben, die Durchsuchung zu dulden. Unbillige Härten gegenüber Mitgewahrsamsinhabern sind zu vermeiden.

(4) Der Beschluss nach Absatz 1 ist bei der Vollstreckung vorzulegen.

§ 92 Vollstreckungsverfahren

(1) Vor der Festsetzung von Ordnungsmitteln ist der Verpflichtete zu hören. Dies gilt auch für die Anordnung von unmittelbarem Zwang, es sei denn, dass hierdurch die Vollstreckung vereitelt oder wesentlich erschwert würde.

(2) Dem Verpflichteten sind mit der Festsetzung von Ordnungsmitteln oder der Anordnung von unmittelbarem Zwang die Kosten des Verfahrens aufzuerlegen.

(3) Die vorherige Durchführung eines Verfahrens nach § 165 ist nicht Voraussetzung für die Festsetzung von Ordnungsmitteln oder die Anordnung von unmittelbarem Zwang. Die Durchführung eines solchen Verfahrens steht der Festsetzung von Ordnungsmitteln oder der Anordnung von unmittelbarem Zwang nicht entgegen.

§ 93 Einstellung der Vollstreckung

(1) Das Gericht kann durch Beschluss die Vollstreckung einstweilen einstellen oder beschränken und Vollstreckungsmaßregeln aufheben, wenn

1. Wiedereinsetzung in den vorigen Stand beantragt wird;
2. Wiederaufnahme des Verfahrens beantragt wird;
3. gegen eine Entscheidung Beschwerde eingelegt wird;
4. die Abänderung einer Entscheidung beantragt wird;
5. die Durchführung eines Vermittlungsverfahrens (§ 165) beantragt wird.

In der Beschwerdeinstanz ist über die einstweilige Einstellung der Vollstreckung vorab zu entscheiden. Der Beschluss ist nicht anfechtbar.

(2) Für die Einstellung oder Beschränkung der Vollstreckung und die Aufhebung von Vollstreckungsmaßregeln gelten § 775 Nr. 1 und 2 und § 776 der Zivilprozessordnung entsprechend.

§ 94 Eidesstattliche Versicherung

Wird eine herauszugebende Person nicht vorgefunden, kann das Gericht anordnen, dass der Verpflichtete eine eidesstattliche Versicherung über ihren Verbleib abzugeben hat. § 883 Abs. 2 und 3 der Zivilprozessordnung gilt entsprechend.

III

Unterabschnitt 3
Vollstreckung nach der Zivilprozessordnung

§ 95 Anwendung der Zivilprozessordnung

(1) Soweit in den vorstehenden Unterabschnitten nichts Abweichendes bestimmt ist, sind auf die Vollstreckung

1. wegen einer Geldforderung,
2. zur Herausgabe einer beweglichen oder unbeweglichen Sache,
3. zur Vornahme einer vertretbaren oder nicht vertretbaren Handlung,
4. zur Erzwingung von Duldungen und Unterlassungen oder
5. zur Abgabe einer Willenserklärung

die Vorschriften der Zivilprozessordnung über die Zwangsvollstreckung entsprechend anzuwenden.

(2) An die Stelle des Urteils tritt der Beschluss nach den Vorschriften dieses Gesetzes.

(3) Macht der aus einem Titel wegen einer Geldforderung Verpflichtete glaubhaft, dass die Vollstreckung ihm einen nicht zu ersetzenden Nachteil bringen würde, hat das Gericht auf seinen Antrag die Vollstreckung vor Eintritt der Rechtskraft in der Entscheidung auszuschließen. In den Fällen des § 707 Abs. 1 und des § 719 Abs. 1 der Zivilprozessordnung kann die Vollstreckung nur unter derselben Voraussetzung eingestellt werden.

(4) Ist die Verpflichtung zur Herausgabe oder Vorlage einer Sache oder zur Vornahme einer vertretbaren Handlung zu vollstrecken, so kann das Gericht durch Beschluss neben oder anstelle einer Maßnahme nach den §§ 883, 885 bis 887 der Zivilprozessordnung die in § 888 der Zivilprozessordnung vorgesehenen Maßnahmen anordnen, soweit ein Gesetz nicht etwas anderes bestimmt.

Abschnitt 9
Verfahren mit Auslandsbezug

Unterabschnitt 1
Verhältnis zu völkerrechtlichen Vereinbarungen und Rechtsakten der Europäischen Union

§ 97 Vorrang und Unberührtheit

(1) Regelungen in völkerrechtlichen Vereinbarungen gehen, soweit sie unmittelbar anwendbares innerstaatliches Recht geworden sind, den Vorschriften dieses Gesetzes vor. Regelungen in Rechtsakten der Europäischen Union bleiben unberührt.

(2) Die zur Umsetzung und Ausführung von Vereinbarungen und Rechtsakten im Sinne des Absatzes 1 erlassenen Bestimmungen bleiben unberührt.

Unterabschnitt 2
Internationale Zuständigkeit

§ 98 Ehesachen; Verbund von Scheidungs- und Folgesachen

(1) Die deutschen Gerichte sind für Ehesachen zuständig, wenn

1. ein Ehegatte Deutscher ist oder bei der Eheschließung war;
2. beide Ehegatten ihren gewöhnlichen Aufenthalt im Inland haben;
3. ein Ehegatte Staatenloser mit gewöhnlichem Aufenthalt im Inland ist;
4. ein Ehegatte seinen gewöhnlichen Aufenthalt im Inland hat, es sei denn, dass die zu fällende Entscheidung offensichtlich nach dem Recht keines der Staaten anerkannt würde, denen einer der Ehegatten angehört.

(2) Für Verfahren auf Aufhebung der Ehe nach Artikel 13 Absatz 3 Nummer 2 des Einführungsgesetzes zum Bürgerlichen Gesetzbuche sind die deutschen Gerichte auch zuständig, wenn der Ehegatte, der im Zeitpunkt der Eheschließung das 16., aber nicht das 18. Lebensjahr vollendet hatte, seinen Aufenthalt im Inland hat.

(3) Die Zuständigkeit der deutschen Gerichte nach Absatz 1 erstreckt sich im Fall des Verbunds von Scheidungs- und Folgesachen auf die Folgesachen.

§ 99 Kindschaftssachen

(1) Die deutschen Gerichte sind außer in Verfahren nach § 151 Nr. 7 zuständig, wenn das Kind

1. Deutscher ist oder
2. seinen gewöhnlichen Aufenthalt im Inland hat.

Die deutschen Gerichte sind ferner zuständig, soweit das Kind der Fürsorge durch ein deutsches Gericht bedarf.

(2) Sind für die Anordnung einer Vormundschaft sowohl die deutschen Gerichte als auch die Gerichte eines anderen Staates zuständig und ist die Vormundschaft in dem anderen Staat anhängig, kann die Anordnung der Vormundschaft im Inland unterbleiben, wenn dies im Interesse des Mündels liegt.

(3) Sind für die Anordnung einer Vormundschaft sowohl die deutschen Gerichte als auch die Gerichte eines anderen Staates zuständig und besteht die Vormundschaft im Inland, kann das Gericht, bei dem die Vormundschaft anhängig ist, sie an den Staat, dessen Gerichte für die Anordnung der Vormundschaft zuständig sind, abgeben, wenn dies im Interesse des Mündels liegt, der Vormund seine Zustimmung erteilt und dieser Staat sich zur Übernahme bereit erklärt. Verweigert der Vormund oder, wenn mehrere Vormünder die Vormundschaft gemeinschaftlich führen, einer von ihnen seine Zustimmung, so entscheidet anstelle des Gerichts, bei dem die Vormundschaft anhängig ist, das im Rechtszug übergeordnete Gericht. Der Beschluss ist nicht anfechtbar.

(4) Die Absätze 2 und 3 gelten entsprechend für Verfahren nach § 151 Nr. 5 und 6.

§ 100 Abstammungssachen

Die deutschen Gerichte sind zuständig, wenn das Kind, die Mutter, der Vater oder der Mann, der an Eides statt versichert, der Mutter während der Empfängniszeit beigewohnt zu haben,

1. Deutscher ist oder
2. seinen gewöhnlichen Aufenthalt im Inland hat.

§ 101 Adoptionssachen

Die deutschen Gerichte sind zuständig, wenn der Annehmende, einer der annehmenden Ehegatten oder das Kind

1. Deutscher ist oder
2. seinen gewöhnlichen Aufenthalt im Inland hat.

§ 102 Versorgungsausgleichssachen

Die deutschen Gerichte sind zuständig, wenn

1. der Antragsteller oder der Antragsgegner seinen gewöhnlichen Aufenthalt im Inland hat,
2. über inländische Anrechte zu entscheiden ist oder
3. ein deutsches Gericht die Ehe zwischen Antragsteller und Antragsgegner geschieden hat.

§ 103 Lebenspartnerschaftssachen

(1) Die deutschen Gerichte sind in Lebenspartnerschaftssachen, die die Aufhebung der Lebenspartnerschaft auf Grund des Lebenspartnerschaftsgesetzes oder die Feststellung des Bestehens oder Nichtbestehens einer Lebenspartnerschaft zum Gegenstand haben, zuständig, wenn

1. ein Lebenspartner Deutscher ist oder bei Begründung der Lebenspartnerschaft war,
2. einer der Lebenspartner seinen gewöhnlichen Aufenthalt im Inland hat oder
3. die Lebenspartnerschaft vor einer zuständigen deutschen Stelle begründet worden ist.

(2) Die Zuständigkeit der deutschen Gerichte nach Absatz 1 erstreckt sich im Fall des Verbunds von Aufhebungs- und Folgesachen auf die Folgesachen.

(3) Die §§ 99, 101, 102 und 105 gelten entsprechend.

§ 104 Betreuungs- und Unterbringungssachen; Pflegschaft für Erwachsene

(1) Die deutschen Gerichte sind zuständig, wenn der Betroffene oder der volljährige Pflegling

1. Deutscher ist oder
2. seinen gewöhnlichen Aufenthalt im Inland hat.

Die deutschen Gerichte sind ferner zuständig, soweit das Kind der Fürsorge durch ein deutsches Gericht bedarf.

(2) § 99 Abs. 2 und 3 gilt entsprechend.

(3) Die Absätze 1 und 2 sind in Verfahren nach § 312 Nummer 4 nicht anzuwenden.

§ 105 Andere Verfahren

In anderen Verfahren nach diesem Gesetz sind die deutschen Gerichte zuständig, wenn ein deutsches Gericht örtlich zuständig ist.

§ 106 Keine ausschließliche Zuständigkeit

Die Zuständigkeiten in diesem Unterabschnitt sind nicht ausschließlich.

Unterabschnitt 3
Anerkennung und Vollstreckbarkeit ausländischer Entscheidungen

§ 107 Anerkennung ausländischer Entscheidungen in Ehesachen

(1) Entscheidungen, durch die im Ausland eine Ehe für nichtig erklärt, aufgehoben, dem Ehebande nach oder unter Aufrechterhaltung des Ehebandes geschieden oder durch die das Bestehen oder Nichtbestehen einer Ehe zwischen den Beteiligten festgestellt worden ist, werden nur anerkannt, wenn die Landesjustizverwaltung festgestellt hat, dass die Voraussetzungen für die Anerkennung vorliegen. Hat ein Gericht oder eine Behörde des Staates entschieden, dem beide Ehegatten zur Zeit der Entscheidung angehört haben, hängt die Anerkennung nicht von einer Feststellung der Landesjustizverwaltung ab.

(2) Zuständig ist die Justizverwaltung des Landes, in dem ein Ehegatte seinen gewöhnlichen Aufenthalt hat. Hat keiner der Ehegatten seinen gewöhnlichen Aufenthalt im Inland, ist die Justizverwaltung des Landes zuständig, in dem eine neue Ehe geschlossen oder eine Lebenspartnerschaft begründet werden soll; die Landesjustizverwaltung kann den Nachweis verlangen, dass die Eheschließung oder die Begründung der Lebenspartnerschaft angemeldet ist. Wenn eine andere Zuständigkeit nicht gegeben ist, ist die Justizverwaltung des Landes Berlin zuständig.

(3) Die Landesregierungen können die den Landesjustizverwaltungen nach dieser Vorschrift zustehenden Befugnisse durch Rechtsverordnung auf einen oder mehrere Präsidenten der Oberlandesgerichte übertragen. Die Landesregierungen können die Ermächtigung nach Satz 1 durch Rechtsverordnung auf die Landesjustizverwaltungen übertragen.

(4) Die Entscheidung ergeht auf Antrag. Den Antrag kann stellen, wer ein rechtliches Interesse an der Anerkennung glaubhaft macht.

(5) Lehnt die Landesjustizverwaltung den Antrag ab, kann der Antragsteller beim Oberlandesgericht die Entscheidung beantragen.

(6) Stellt die Landesjustizverwaltung fest, dass die Voraussetzungen für die Anerkennung vorliegen, kann ein Ehegatte, der den Antrag nicht gestellt hat, beim Oberlandesgericht die Entscheidung beantragen. Die Entscheidung der Landesjustizverwaltung wird mit der Bekanntgabe an den Antragsteller wirksam. Die Landesjustizverwaltung kann jedoch in ihrer Entscheidung bestimmen, dass die Entscheidung erst nach Ablauf einer von ihr bestimmten Frist wirksam wird.

(7) Zuständig ist ein Zivilsenat des Oberlandesgerichts, in dessen Bezirk die Landesjustizverwaltung ihren Sitz hat. Der Antrag auf gerichtliche Entscheidung hat keine aufschiebende Wirkung. Für das Verfahren gelten die Abschnitte 4 und 5 sowie § 14 Abs. 1 und 2 und § 48 Abs. 2 entsprechend.

(8) Die vorstehenden Vorschriften sind entsprechend anzuwenden, wenn die Feststellung begehrt wird, dass die Voraussetzungen für die Anerkennung einer Entscheidung nicht vorliegen.

(9) Die Feststellung, dass die Voraussetzungen für die Anerkennung vorliegen oder nicht vorliegen, ist für Gerichte und Verwaltungsbehörden bindend.

(10) War am 1. November 1941 in einem deutschen Familienbuch (Heiratsregister) auf Grund einer ausländischen Entscheidung die Nichtigerklärung, Aufhebung, Scheidung oder Trennung oder das Bestehen oder Nichtbestehen einer Ehe vermerkt, steht der Vermerk einer Anerkennung nach dieser Vorschrift gleich.

§ 108 Anerkennung anderer ausländischer Entscheidungen

(1) Abgesehen von Entscheidungen in Ehesachen sowie von Entscheidungen nach § 1 Absatz 2 des Adoptionswirkungsgesetzes werden ausländische Entscheidungen anerkannt, ohne dass es hierfür eines besonderen Verfahrens bedarf.

(2) Beteiligte, die ein rechtliches Interesse haben, können eine Entscheidung über die Anerkennung oder Nichtanerkennung einer ausländischen Entscheidung nicht vermögensrechtlichen Inhalts beantragen. § 107 Abs. 9 gilt entsprechend. Für die Anerkennung oder Nichtanerkennung einer Annahme als Kind gelten jedoch die Bestimmungen des Adoptionswirkungsgesetzes, wenn der Angenommene zur Zeit der Annahme das 18. Lebensjahr nicht vollendet hatte.

(3) Für die Entscheidung über den Antrag nach Absatz 2 Satz 1 ist das Gericht örtlich zuständig, in dessen Bezirk zum Zeitpunkt der Antragstellung

1. der Antragsgegner oder die Person, auf die sich die Entscheidung bezieht, sich gewöhnlich aufhält oder
2. bei Fehlen einer Zuständigkeit nach Nummer 1 das Interesse an der Feststellung bekannt wird oder das Bedürfnis der Fürsorge besteht.

Diese Zuständigkeiten sind ausschließlich.

§ 109 Anerkennungshindernisse

(1) Die Anerkennung einer ausländischen Entscheidung ist ausgeschlossen,

1. wenn die Gerichte des anderen Staates nach deutschem Recht nicht zuständig sind;
2. wenn einem Beteiligten, der sich zur Hauptsache nicht geäußert hat und sich hierauf beruft, das verfahrenseinleitende Dokument nicht ordnungsgemäß oder nicht so rechtzeitig mitgeteilt worden ist, dass er seine Rechte wahrnehmen konnte;
3. wenn die Entscheidung mit einer hier erlassenen oder anzuerkennenden früheren ausländischen Entscheidung oder wenn das ihr zugrunde liegende Verfahren mit einem früher hier rechtshängig gewordenen Verfahren unvereinbar ist;
4. wenn die Anerkennung der Entscheidung zu einem Ergebnis führt, das mit wesentlichen Grundsätzen des deutschen Rechts offensichtlich unvereinbar ist, insbesondere wenn die Anerkennung mit den Grundrechten unvereinbar ist.

(2) Der Anerkennung einer ausländischen Entscheidung in einer Ehesache steht § 98 Abs. 1 Nr. 4 nicht entgegen, wenn ein Ehegatte seinen gewöhnlichen Aufenthalt in dem Staat hatte, dessen Gerichte entschieden haben. Wird eine ausländische Entscheidung in einer Ehesache von den Staaten anerkannt, denen die Ehegatten angehören, steht § 98 der Anerkennung der Entscheidung nicht entgegen.

(3) § 103 steht der Anerkennung einer ausländischen Entscheidung in einer Lebenspartnerschaftssache nicht entgegen, wenn der Register führende Staat die Entscheidung anerkennt.

(4) Die Anerkennung einer ausländischen Entscheidung, die

1. Familienstreitsachen,
2. die Verpflichtung zur Fürsorge und Unterstützung in der partnerschaftlichen Lebensgemeinschaft,
3. die Regelung der Rechtsverhältnisse an der gemeinsamen Wohnung und an den Haushaltsgegenständen der Lebenspartner,
4. Entscheidungen nach § 6 Satz 2 des Lebenspartnerschaftsgesetzes in Verbindung mit den §§ 1382 und 1383 des Bürgerlichen Gesetzbuchs oder
5. Entscheidungen nach § 7 Satz 2 des Lebenspartnerschaftsgesetzes in Verbindung mit den §§ 1426, 1430 und 1452 des Bürgerlichen Gesetzbuchs

betrifft, ist auch dann ausgeschlossen, wenn die Gegenseitigkeit nicht verbürgt ist.

(5) Eine Überprüfung der Gesetzmäßigkeit der ausländischen Entscheidung findet nicht statt.

§ 110 Vollstreckbarkeit ausländischer Entscheidungen

(1) Eine ausländische Entscheidung ist nicht vollstreckbar, wenn sie nicht anzuerkennen ist.

(2) Soweit die ausländische Entscheidung eine in § 95 Abs. 1 genannte Verpflichtung zum Inhalt hat, ist die Vollstreckbarkeit durch Beschluss auszusprechen. Der Beschluss ist zu begründen.

(3) Zuständig für den Beschluss nach Absatz 2 ist das Amtsgericht, bei dem der Schuldner seinen allgemeinen Gerichtsstand hat, und sonst das Amtsgericht, bei dem nach § 23 der Zivilprozessordnung gegen den Schuldner Klage erhoben werden kann. Der Beschluss ist erst zu erlassen, wenn die Entscheidung des ausländischen Gerichts nach dem für dieses Gericht geltenden Recht die Rechtskraft erlangt hat.

Buch 3
Verfahren in Betreuungs- und Unterbringungssachen

Abschnitt 1
Verfahren in Betreuungssachen

§ 271 Betreuungssachen

Betreuungssachen sind

1. Verfahren zur Bestellung eines Betreuers und zur Aufhebung der Betreuung,
2. Verfahren zur Anordnung eines Einwilligungsvorbehalts sowie
3. sonstige Verfahren, die die rechtliche Betreuung eines Volljährigen (§§ 1814 bis 1881 des Bürgerlichen Gesetzbuchs) betreffen, soweit es sich nicht um eine Unterbringungssache handelt.

§ 272 Örtliche Zuständigkeit

(1) Ausschließlich zuständig ist in dieser Rangfolge:

1. das Gericht, bei dem die Betreuung anhängig ist, wenn bereits ein Betreuer bestellt ist;
2. das Gericht, in dessen Bezirk der Betroffene seinen gewöhnlichen Aufenthalt hat;
3. das Gericht, in dessen Bezirk das Bedürfnis der Fürsorge hervortritt;
4. das Amtsgericht Schöneberg in Berlin, wenn der Betroffene Deutscher ist.

(2) Für einstweilige Anordnungen nach § 300 oder vorläufige Maßregeln ist auch das Gericht zuständig, in dessen Bezirk das Bedürfnis der Fürsorge bekannt wird. Es soll die angeordneten Maßregeln dem nach Absatz 1 Nr. 1, 2 oder Nr. 4 zuständigen Gericht mitteilen.

§ 273 Abgabe bei Änderung des gewöhnlichen Aufenthalts

Als wichtiger Grund für eine Abgabe im Sinne des § 4 Satz 1 ist es in der Regel anzusehen, wenn sich der gewöhnliche Aufenthalt des Betroffenen geändert hat und die Aufgaben des Betreuers im Wesentlichen am neuen Aufenthaltsort des Betroffenen zu erfüllen sind. Der Änderung des gewöhnlichen Aufenthalts steht ein tatsächlicher Aufenthalt von mehr als einem Jahr an einem anderen Ort gleich.

§ 274 Beteiligte

(1) Zu beteiligen sind

1. der Betroffene,
2. der Betreuer, sofern sein Aufgabenkreis betroffen ist,
3. der Bevollmächtigte im Sinne des § 1814 Absatz 3 Satz 2 Nummer 1 des Bürgerlichen Gesetzbuchs, sofern sein Aufgabenkreis betroffen ist.

(2) Der Verfahrenspfleger wird durch seine Bestellung als Beteiligter zum Verfahren hinzugezogen.

(3) Die zuständige Behörde ist auf ihren Antrag als Beteiligte in Verfahren über

1. die Bestellung eines Betreuers oder die Anordnung eines Einwilligungsvorbehalts,
2. Umfang, Inhalt oder Bestand von Entscheidungen der in Nummer 1 genannten Art

hinzuzuziehen.

(4) Beteiligt werden können

1. in den in Absatz 3 genannten Verfahren im Interesse des Betroffenen dessen Ehegatte oder Lebenspartner, wenn die Ehegatten oder Lebenspartner nicht dauernd getrennt leben, sowie dessen Eltern, Pflegeeltern, Großeltern, Abkömmlinge, Geschwister und eine Person seines Vertrauens,
2. der Vertreter der Staatskasse, soweit das Interesse der Staatskasse durch den Ausgang des Verfahrens betroffen sein kann.

§ 275 Stellung des Betroffenen im Verfahren

(1) In Betreuungssachen ist der Betroffene ohne Rücksicht auf seine Geschäftsfähigkeit verfahrensfähig.

(2) Das Gericht unterrichtet den Betroffenen bei Einleitung des Verfahrens in möglichst adressatengerechter Weise über die Aufgaben eines Betreuers, den möglichen Verlauf des Verfahrens sowie die Kosten, die allgemein aus der Bestellung eines Betreuers folgen können.

§ 276 Verfahrenspfleger

(1) Das Gericht hat dem Betroffenen einen geeigneten Verfahrenspfleger zu bestellen, wenn dies zur Wahrnehmung der Interessen des Betroffenen erforderlich ist. Die Bestellung ist in der Regel erforderlich, wenn

1. von der persönlichen Anhörung des Betroffenen nach § 278 Abs. 4 in Verbindung mit § 34 Abs. 2 abgesehen werden soll oder
2. die Bestellung eines Betreuers oder die Anordnung eines Einwilligungsvorbehalts gegen den erklärten Willen des Betroffenen erfolgen soll.

(2) Von der Bestellung kann in den Fällen des Absatzes 1 Satz 2 abgesehen werden, wenn ein Interesse des Betroffenen an der Bestellung des Verfahrenspflegers offensichtlich nicht besteht. Die Nichtbestellung ist zu begründen.

(3) Der Verfahrenspfleger hat die Wünsche, hilfsweise den mutmaßlichen Willen des Betroffenen festzustellen und im gerichtlichen Verfahren zur Geltung zu bringen. Er hat den Betroffenen über Gegenstand, Ablauf und möglichen Ausgang des Verfahrens in geeigneter Weise zu informieren und ihn bei Bedarf bei der Ausübung seiner Rechte im Verfahren zu unterstützen. Er ist nicht gesetzlicher Vertreter des Betroffenen.

(4) Als Verfahrenspfleger ist eine natürliche Person zu bestellen. Wer Verfahrenspflegschaften im Rahmen seiner Berufsausübung führt, soll nur dann zum Verfahrenspfleger bestellt werden, wenn keine andere geeignete Person zur Verfügung steht, die zur ehrenamtlichen Führung der Verfahrenspflegschaft bereit ist.

(5) Die Bestellung eines Verfahrenspflegers soll unterbleiben oder aufgehoben werden, wenn die Interessen des Betroffenen von einem Rechtsanwalt oder einem anderen geeigneten Verfahrensbevollmächtigten vertreten werden.

(6) Die Bestellung endet, sofern sie nicht vorher aufgehoben wird, mit der Rechtskraft der Endentscheidung oder mit dem sonstigen Abschluss des Verfahrens.

(7) Die Bestellung eines Verfahrenspflegers oder deren Aufhebung sowie die Ablehnung einer derartigen Maßnahme sind nicht selbständig anfechtbar.

(8) Dem Verfahrenspfleger sind keine Kosten aufzuerlegen.

§ 277 Vergütung und Aufwendungsersatz des Verfahrenspflegers

(1) Die Verfahrenspflegschaft wird unentgeltlich geführt. Der Verfahrenspfleger erhält Ersatz seiner Aufwendungen nach § 1877 Absatz 1 bis 2 und 4 Satz 1 des Bürgerlichen Gesetzbuchs. Vorschuss kann nicht verlangt werden.

(2) Wird die Verfahrenspflegschaft ausnahmsweise berufsmäßig geführt, ist dies in der Bestellung festzustellen. Die Ansprüche des berufsmäßig tätigen Verfahrenspflegers auf Vergütung und Aufwendungsersatz richten sich nach § 2 Absatz 2 Satz 1 und den §§ 3 bis 5 des Vormünder- und Betreuervergütungsgesetzes.

(3) Anstelle des Aufwendungsersatzes und der Vergütung nach Absatz 2 kann das Gericht dem Verfahrenspfleger eine Pauschale zubilligen, wenn die für die Führung der Pflegschaftsgeschäfte erforderliche Zeit vorher-

III

sehbar und ihre Ausschöpfung durch den Verfahrenspfleger gewährleistet ist. Bei der Bemessung des Geldbetrags ist die voraussichtlich erforderliche Zeit mit den in § 3 Absatz 1 des Vormünder- und Betreuervergütungsgesetzes bestimmten Stundensätzen zuzüglich einer Aufwandspauschale von 4 Euro je veranschlagter Stunde zu vergüten. In diesem Fall braucht der Verfahrenspfleger die von ihm aufgewandte Zeit und eingesetzten Mittel nicht nachzuweisen; weitergehende Aufwendungsersatz- und Vergütungsansprüche stehen ihm nicht zu.

(4) Der Aufwendungsersatz und die Vergütung des Verfahrenspflegers sind stets aus der Staatskasse zu zahlen. § 292 Absatz 1 und 5 ist entsprechend anzuwenden.

§ 278 Persönliche Anhörung des Betroffenen

(1) Das Gericht hat den Betroffenen vor der Bestellung eines Betreuers oder der Anordnung eines Einwilligungsvorbehalts persönlich anzuhören und dessen Wünsche zu erfragen. Es hat sich einen persönlichen Eindruck von dem Betroffenen zu verschaffen. Diesen persönlichen Eindruck soll sich das Gericht in dessen üblicher Umgebung verschaffen, wenn es der Betroffene verlangt oder wenn es der Sachaufklärung dient und der Betroffene nicht widerspricht.

(2) In der Anhörung erörtert das Gericht mit dem Betroffenen das Verfahren, das Ergebnis des übermittelten Gutachtens, die Person oder Stelle, die als Betreuer in Betracht kommt, den Umfang des Aufgabenkreises und den Zeitpunkt, bis zu dem das Gericht über eine Aufhebung oder Verlängerung der Betreuung oder der Anordnung eines Einwilligungsvorbehalts zu entscheiden hat. In geeigneten Fällen hat es den Betroffenen auf die Möglichkeit der Vorsorgevollmacht, deren Inhalt sowie auf die Möglichkeit ihrer Registrierung bei dem zentralen Vorsorgeregister nach § 78a Absatz 2 der Bundesnotarordnung hinzuweisen. Hat das Gericht dem Betroffenen nach § 276 einen Verfahrenspfleger bestellt, soll die persönliche Anhörung in dessen Anwesenheit stattfinden.

(3) Verfahrenshandlungen nach Absatz 1 dürfen nur dann im Wege der Rechtshilfe erfolgen, wenn anzunehmen ist, dass die Entscheidung ohne eigenen Eindruck von dem Betroffenen getroffen werden kann.

(4) Soll eine persönliche Anhörung nach § 34 Abs. 2 unterbleiben, weil hiervon erhebliche Nachteile für die Gesundheit des Betroffenen zu besorgen sind, darf diese Entscheidung nur auf Grundlage eines ärztlichen Gutachtens getroffen werden. Unterbleibt aus diesem Grund die persönliche Anhörung, bedarf es auch keiner Verschaffung eines persönlichen Eindrucks.

(5) Das Gericht kann den Betroffenen durch die zuständige Behörde vorführen lassen, wenn er sich weigert, an Verfahrenshandlungen nach Absatz 1 mitzuwirken.

(6) Gewalt darf die Behörde nur anwenden, wenn das Gericht dies ausdrücklich angeordnet hat. Die zuständige Behörde ist befugt, erforderlichenfalls um Unterstützung der polizeilichen Vollzugsorgane nachzusuchen.

(7) Die Wohnung des Betroffenen darf ohne dessen Einwilligung nur gewaltsam geöffnet, betreten und durchsucht werden, wenn das Gericht dies zu dessen Vorführung zur Anhörung ausdrücklich angeordnet hat. Bei Gefahr im Verzug kann die Anordnung nach Satz 1 durch die zuständige Behörde erfolgen. Durch diese Regelung wird das Grundrecht auf Unverletzlichkeit der Wohnung aus Artikel 13 Absatz 1 des Grundgesetzes eingeschränkt.

§ 279 Anhörung der sonstigen Beteiligten, der Betreuungsbehörde und des gesetzlichen Vertreters

(1) Das Gericht hat die sonstigen Beteiligten vor der Bestellung eines Betreuers oder der Anordnung eines Einwilligungsvorbehalts anzuhören.

(2) Das Gericht hat die zuständige Behörde vor der Bestellung eines Betreuers oder der Anordnung eines Einwilligungsvorbehalts anzuhören. Die Anhörung soll vor der Einholung eines Gutachtens nach § 280 erfolgen und sich insbesondere auf folgende Kriterien beziehen:

1. persönliche, gesundheitliche und soziale Situation des Betroffenen,
2. Erforderlichkeit der Betreuung einschließlich geeigneter anderer Hilfen (§ 1814 Absatz 3 des Bürgerlichen Gesetzbuchs),
3. Betreuerauswahl unter Berücksichtigung des Vorrangs der Ehrenamtlichkeit (§ 1816 des Bürgerlichen Gesetzbuchs) und
4. diesbezügliche Sichtweise des Betroffenen.

(3) Auf Verlangen des Betroffenen hat das Gericht eine ihm nahestehende Person anzuhören, wenn dies ohne erhebliche Verzögerung möglich ist.

(4) Das Gericht hat im Fall einer Betreuerbestellung oder der Anordnung eines Einwilligungsvorbehalts für einen Minderjährigen (§ 1814 Absatz 5 und § 1825 Absatz 4 des Bürgerlichen Gesetzbuchs) den gesetzlichen Vertreter des Betroffenen anzuhören.

§ 280 Einholung eines Gutachtens

(1) Vor der Bestellung eines Betreuers oder der Anordnung eines Einwilligungsvorbehalts hat eine förmliche Beweisaufnahme durch Einholung eines Gutachtens über die Notwendigkeit der Maßnahme stattzufinden. Der Sachverständige soll Arzt für Psychiatrie oder Arzt mit Erfahrung auf dem Gebiet der Psychiatrie sein.

(2) Der Sachverständige hat den Betroffenen vor der Erstattung des Gutachtens persönlich zu untersuchen oder zu befragen. Das Ergebnis einer Anhörung nach § 279 Absatz 2 Satz 2 hat der Sachverständige zu berücksichtigen, wenn es ihm bei Erstellung seines Gutachtens vorliegt.

(3) Das Gutachten hat sich auf folgende Bereiche zu erstrecken:

1. das Krankheits- oder Behinderungsbild einschließlich dessen Entwicklung,
2. die durchgeführten Untersuchungen und die diesen zugrunde gelegten Forschungserkenntnisse,
3. den körperlichen und psychischen Zustand des Betroffenen,
4. den aus medizinischer Sicht aufgrund der Krankheit oder Behinderung erforderlichen Unterstützungsbedarf und
5. die voraussichtliche Dauer der Maßnahme.

§ 281 Ärztliches Zeugnis; Entbehrlichkeit eines Gutachtens

(1) Anstelle eines Sachverständigengutachtens nach § 280 genügt ein ärztliches Zeugnis, wenn der Betroffene die Bestellung eines Betreuers beantragt und auf die Begutachtung verzichtet hat und die Einholung des Gutachtens insbesondere im Hinblick auf den Umfang des Aufgabenkreises des Betreuers unverhältnismäßig wäre.

(2) § 280 Abs. 2 gilt entsprechend.

§ 282 Vorhandene Gutachten zur Feststellung der Pflegebedürftigkeit

(1) Das Gericht kann im Verfahren zur Bestellung eines Betreuers von der Einholung eines Gutachtens (§ 280 Absatz 1) absehen, soweit es durch die Verwendung eines bestehenden ärztlichen Gutachtens zur Feststellung der Pflegebedürftigkeit nach § 18b des Elften Buches Sozialgesetzbuch feststellen kann, inwieweit bei dem Betroffenen infolge einer Krankheit oder einer Behinderung die Voraussetzungen für die Bestellung eines Betreuers vorliegen.

(2) Das Gericht darf dieses Gutachten einschließlich dazu vorhandener Befunde zur Vermeidung weiterer Gutachten bei der Pflegekasse anfordern. Das Gericht hat in seiner Anforderung anzugeben, für welchen Zweck das Gutachten und die Befunde verwandt werden sollen. Das Gericht hat übermittelte Daten unverzüglich zu löschen, wenn es feststellt, dass diese für den Verwendungszweck nicht geeignet sind.

(3) Kommt das Gericht zu der Überzeugung, dass das eingeholte Gutachten und die Befunde im Verfahren zur Bestellung eines Betreuers geeignet sind, eine weitere Begutachtung ganz oder teilweise zu ersetzen, hat es vor einer weiteren Verwendung die Einwilligung des Betroffenen oder des Pflegers für das Verfahren einzuholen. Wird die Einwilligung nicht erteilt, hat das Gericht die übermittelten Daten unverzüglich zu löschen.

(4) Das Gericht kann unter den Voraussetzungen der Absätze 1 bis 3 von der Einholung eines Gutachtens nach § 280 insgesamt absehen, wenn die sonstigen Voraussetzungen für die Bestellung eines Betreuers zur Überzeugung des Gerichts feststehen.

§ 283 Vorführung zur Untersuchung

(1) Das Gericht kann anordnen, dass der Betroffene zur Vorbereitung eines Gutachtens untersucht und durch die zuständige Behörde zu einer Untersuchung vorgeführt wird. Der Betroffene soll vorher persönlich angehört werden.

(2) Gewalt darf die Behörde nur anwenden, wenn das Gericht dies ausdrücklich angeordnet hat. Die zuständige Behörde ist befugt, erforderlichenfalls die Unterstützung der polizeilichen Vollzugsorgane nachzusuchen.

(3) Die Wohnung des Betroffenen darf ohne dessen Einwilligung nur gewaltsam geöffnet, betreten und durchsucht werden, wenn das Gericht dies zu dessen Vorführung zur Untersuchung ausdrücklich angeordnet hat. Vor der Anordnung ist der Betroffene persönlich anzuhören. Bei Gefahr im Verzug kann die Anordnung durch die zuständige Behörde ohne vorherige Anhörung des Betroffenen erfolgen. Durch diese Regelung wird das Grundrecht auf Unverletzlichkeit der Wohnung aus Artikel 13 Absatz 1 des Grundgesetzes eingeschränkt.

§ 284 Unterbringung zur Begutachtung

(1) Das Gericht kann nach Anhörung eines Sachverständigen beschließen, dass der Betroffene auf bestimmte Dauer untergebracht und beobachtet wird, soweit dies zur Vorbereitung des Gutachtens erforderlich ist. Der Betroffene ist vorher persönlich anzuhören.

(2) Die Unterbringung darf die Dauer von sechs Wochen nicht überschreiten. Reicht dieser Zeitraum nicht aus, um die erforderlichen Erkenntnisse für das Gutachten zu erlangen, kann die Unterbringung durch gerichtlichen Beschluss bis zu einer Gesamtdauer von drei Monaten verlängert werden.

(3) § 283 Abs. 2 und 3 gilt entsprechend. Gegen Beschlüsse nach den Absätzen 1 und 2 findet die sofortige Beschwerde nach den §§ 567 bis 572 der Zivilprozessordnung statt.

§ 285 Ermittlung und Herausgabe einer Betreuungsverfügung oder einer Vorsorgevollmacht

(1) Vor der Bestellung eines Betreuers soll das Gericht die Auskunft einholen, ob eine Vorsorgevollmacht oder eine Betreuungsverfügung des Betroffenen im Zentralen Vorsorgeregister registriert ist. Hat das Gericht von der Einholung einer Auskunft nur wegen Gefahr in Verzug abgesehen, ist die Auskunft unverzüglich nachträglich einzuholen.

(2) In den Fällen des § 1820 Absatz 1 Satz 2, Absatz 4 Satz 1 und 2, Absatz 5 Satz 3 des Bürgerlichen Gesetzbuchs erfolgt die Anordnung der Vorlage einer Abschrift des dort genannten Dokuments oder die Anordnung der Herausgabe der Vollmachtsurkunde durch Beschluss. Gleiches gilt für eine Anordnung der nach § 1816 Absatz 2 Satz 4 des Bürgerlichen Gesetzbuchs vorgeschriebenen Übermittlung einer Betreuungsverfügung.

§ 286 Inhalt der Beschlussformel

(1) Die Beschlussformel enthält im Fall der Bestellung eines Betreuers auch

1. die Bezeichnung des Aufgabenkreises des Betreuers unter Benennung der einzelnen Aufgabenbereiche;
2. bei Bestellung eines Vereinsbetreuers die Bezeichnung als Vereinsbetreuer und die des Vereins;
3. bei Bestellung eines Behördenbetreuers die Bezeichnung als Behördenbetreuer und die der Behörde;
4. bei Bestellung eines beruflichen Betreuers die Bezeichnung als beruflicher Betreuer.

(2) Die Beschlussformel enthält im Fall der Anordnung eines Einwilligungsvorbehalts die Bezeichnung des Kreises der einwilligungsbedürftigen Willenserklärungen.

(3) Der Zeitpunkt, bis zu dem das Gericht über die Aufhebung oder Verlängerung einer Maßnahme nach Absatz 1 oder Absatz 2 zu entscheiden hat, ist in der Beschlussformel zu bezeichnen.

§ 287 Wirksamwerden von Beschlüssen

(1) Beschlüsse über Umfang, Inhalt oder Bestand der Bestellung eines Betreuers, über die Anordnung eines Einwilligungsvorbehalts oder über den Erlass einer einstweiligen Anordnung nach § 300 werden mit der Bekanntgabe an den Betreuer wirksam.

(2) Ist die Bekanntgabe an den Betreuer nicht möglich oder ist Gefahr im Verzug, kann das Gericht die sofortige

Wirksamkeit des Beschlusses anordnen. In diesem Fall wird er wirksam, wenn der Beschluss und die Anordnung seiner sofortigen Wirksamkeit

1. dem Betroffenen oder dem Verfahrenspfleger bekannt gegeben werden oder
2. der Geschäftsstelle zum Zweck der Bekanntgabe nach Nummer 1 übergeben werden.

Der Zeitpunkt der sofortigen Wirksamkeit ist auf dem Beschluss zu vermerken.

(3) Ein Beschluss, der die Genehmigung nach § 1829 Absatz 2 des Bürgerlichen Gesetzbuchs zum Gegenstand hat, wird erst zwei Wochen nach Bekanntgabe an den Betreuer oder Bevollmächtigten sowie an den Verfahrenspfleger wirksam.

§ 288 Bekanntgabe

(1) Von der Bekanntgabe der Gründe eines Beschlusses an den Betroffenen kann abgesehen werden, wenn dies nach ärztlichem Zeugnis erforderlich ist, um erhebliche Nachteile für seine Gesundheit zu vermeiden.

(2) Das Gericht hat der zuständigen Behörde den Beschluss über die Bestellung eines Betreuers oder die Anordnung eines Einwilligungsvorbehalts oder Beschlüsse über Umfang, Inhalt oder Bestand einer solchen Maßnahme stets bekannt zu geben. Andere Beschlüsse sind der zuständigen Behörde bekannt zu geben, wenn sie vor deren Erlass angehört wurde.

§ 289 (weggefallen)

§ 290 Bestellungsurkunde

(1) Der Betreuer erhält eine Urkunde über seine Bestellung. Die Urkunde soll enthalten:

1. die Bezeichnung des Betroffenen und des Betreuers;
2. bei Bestellung eines Vereinsbetreuers oder Behördenbetreuers diese Bezeichnung und die Bezeichnung des Vereins oder der Behörde;
3. den Aufgabenkreis des Betreuers unter Benennung der einzelnen Aufgabenbereiche;
4. bei Anordnung eines Einwilligungsvorbehalts die Bezeichnung des Kreises der einwilligungsbedürftigen Willenserklärungen;
5. bei der Bestellung eines vorläufigen Betreuers durch einstweilige Anordnung das Ende der einstweiligen Maßnahme;
6. Angaben über eine Befreiung gemäß den §§ 1859 und 1860 des Bürgerlichen Gesetzbuchs.

(2) Soweit dies zur Beachtung berechtigter Interessen des Betroffenen erforderlich ist und der Schutz des Rechtsverkehrs dem nicht entgegensteht, erstellt das Gericht auf Antrag des Betreuers eine weitere Urkunde, in welcher die Angaben zu den Aufgabenbereichen des Betreuers oder die Anordnung eines Einwilligungsvorbehalts nur eingeschränkt ausgewiesen werden.

(3) Der Betreuer hat dem Gericht nach Beendigung seines Amtes die Bestellungsurkunde und weitere Urkunden nach Absatz 2 zurückzugeben.

§ 291 Überprüfung der Betreuerauswahl

Der Betroffene kann verlangen, dass die Auswahl der Person, der ein Verein oder eine Behörde die Wahrnehmung der Betreuung übertragen hat, durch gerichtliche Entscheidung überprüft wird. Das Gericht kann dem Verein oder der Behörde aufgeben, eine andere Person auszuwählen, wenn einem Vorschlag des Betroffenen, dem keine wichtigen Gründe entgegenstehen, nicht entsprochen wurde oder die ausgewählte Person zur Wahrnehmung dieser Betreuung nicht geeignet erscheint. § 35 ist nicht anzuwenden.

§ 292 Zahlungen an den Betreuer; Verordnungsermächtigung

(1) Das Gericht setzt auf Antrag des Betreuers oder des Betroffenen oder nach eigenem Ermessen durch Beschluss fest:

1. einen dem Betreuer zu zahlenden Vorschuss, den ihm zu leistenden Ersatz von Aufwendungen oder die Aufwandspauschale, soweit der Betreuer die Zahlungen aus der Staatskasse verlangen kann (§ 1879 des Bürgerlichen Gesetzbuchs) oder ihm die Vermögenssorge nicht übertragen wurde,
2. eine dem ehrenamtlichen Betreuer zu bewilligende Vergütung oder Abschlagszahlung (§ 1876 des Bürgerlichen Gesetzbuchs) oder
3. eine dem beruflichen Betreuer oder dem Betreuungsverein zu bewilligende Vergütung nach dem Vormünder- und Betreuervergütungsgesetz.

(2) Das Gericht kann eine nach Absatz 1 Nummer 3 zu bewilligende Vergütung auf Antrag des Betreuers oder des Betreuungsvereins auch für zukünftige Zeiträume durch Beschluss festsetzen, wenn die Voraussetzungen des § 15 Absatz 2 Satz 1 des Vormünder- und Betreuervergütungsgesetzes vorliegen. Die Auszahlung der Vergütung erfolgt für die jeweils nach § 15 Absatz 1 Satz 1 des Vormünder- und Betreuervergütungsgesetzes maßgeblichen Zeiträume. Die Festsetzung ist in regelmäßigen, im Voraus festzulegenden Abständen, die zwei Jahre nicht überschreiten dürfen, zu überprüfen.

(3) Im Antrag sollen die persönlichen und wirtschaftlichen Verhältnisse des Betroffenen dargestellt werden. § 118 Absatz 2 Satz 1 und 2 der Zivilprozessordnung ist entsprechend anzuwenden. Steht nach der freien Überzeugung des Gerichts der Aufwand für die Ermittlung der persönlichen und wirtschaftlichen Verhältnisse des Betroffenen außer Verhältnis zur Höhe des aus der Staatskasse zu begleichenden Anspruchs oder zur Höhe der vom Betroffenen voraussichtlich zu leistenden Zahlungen, so kann das Gericht ohne weitere Prüfung den zu leistenden Betrag festsetzen oder von einer Festsetzung der vom Betroffenen zu leistenden Zahlungen absehen.

(4) Der Betroffene ist vor der Festsetzung einer von ihm zu leistenden Zahlung anzuhören.

(5) Ist eine Festsetzung nicht beantragt, so gelten für die Zahlungen, die aus der Staatskasse verlangt werden können, die Vorschriften über das Verfahren bei der Entschädigung von Zeugen hinsichtlich ihrer baren Auslagen sinngemäß.

(6) Die Landesregierungen werden ermächtigt, durch Rechtsverordnung für Anträge nach den Absätzen 1 und 2 Formulare einzuführen. Soweit Formulare eingeführt sind, muss der berufliche Betreuer oder der Betreuungsverein diese verwenden und sie, sofern sie hierzu bestimmt sind, als elektronisches Dokument einreichen. Andernfalls liegt keine ordnungsgemäße Gel-

tendmachung im Sinne des § 1875 Absatz 2 des Bürgerlichen Gesetzbuchs in Verbindung mit dem Vormünder- und Betreuervergütungsgesetz vor. Die Landesregierungen können die Ermächtigung nach Satz 1 durch Rechtsverordnung auf die Landesjustizverwaltungen übertragen.

§ 292a Zahlungen an die Staatskasse

(1) Mit der Festsetzung nach § 292 Absatz 1 legt das Gericht zugleich Höhe und Zeitpunkt der Zahlungen fest, die der Betroffene nach § 1880 Absatz 2 und § 1881 Satz 1 des Bürgerlichen Gesetzbuchs an die Staatskasse zu leisten hat. Das Gericht kann Höhe und Zeitpunkt der zu leistenden Zahlungen gesondert festsetzen, wenn dies zweckmäßig ist. § 120 Absatz 2 und 3 und § 120a Absatz 1 Satz 1 bis 3 der Zivilprozessordnung sind entsprechend anzuwenden.

(2) Ist der Betroffene verstorben, so legt das Gericht Höhe und Zeitpunkt der Zahlungen fest, die der Erbe nach § 1881 Satz 2 des Bürgerlichen Gesetzbuchs an die Staatskasse zu leisten hat. Der Erbe ist verpflichtet, dem Gericht die hierfür notwendigen Auskünfte zu erteilen, insbesondere dem Gericht auf dessen Verlangen ein Verzeichnis der zur Erbschaft gehörenden Gegenstände vorzulegen und an Eides statt zu versichern, dass er den Bestand nach bestem Wissen und Gewissen so vollständig angegeben habe, wie er dazu imstande ist.

(3) Vor einer Entscheidung ist der Betroffene oder der Erbe anzuhören.

§ 293 Erweiterung der Betreuung oder des Einwilligungsvorbehalts

(1) Für die Erweiterung des Aufgabenkreises des Betreuers und die Erweiterung des Kreises der einwilligungsbedürftigen Willenserklärungen gelten die Vorschriften über die Anordnung dieser Maßnahmen entsprechend. Das Gericht hat die zuständige Behörde nur anzuhören, wenn es der Betroffene verlangt oder es zur Sachaufklärung erforderlich ist.

(2) Einer persönlichen Anhörung nach § 278 Abs. 1 sowie der Einholung eines Gutachtens oder ärztlichen Zeugnisses (§§ 280 und 281) bedarf es nicht,

1. wenn diese Verfahrenshandlungen nicht länger als sechs Monate zurückliegen oder
2. die beabsichtigte Erweiterung nach Absatz 1 nicht wesentlich ist.

Eine wesentliche Erweiterung des Aufgabenkreises des Betreuers liegt insbesondere vor, wenn erstmals ganz oder teilweise die Personensorge oder eine der in § 1815 Absatz 2 oder in den §§ 1829 bis 1832 des Bürgerlichen Gesetzbuchs genannten Aufgaben einbezogen wird.

(3) Unbeschadet des Absatzes 2 kann das Gericht von der Einholung eines Gutachtens oder eines ärztlichen Zeugnisses absehen, wenn der Aufgabenkreis des Betreuers nicht aufgrund einer Änderung des Krankheits- oder Behinderungsbildes des Betroffenen, sondern aufgrund der Änderung seiner Lebensumstände oder einer unzureichenden Wirkung anderer Hilfen erweitert werden soll.

(4) Ist mit der Bestellung eines weiteren Betreuers nach § 1817 des Bürgerlichen Gesetzbuchs eine Erweiterung des Aufgabenkreises verbunden, gelten die Absätze 1 bis 3 entsprechend.

§ 294 Aufhebung und Einschränkung der Betreuung oder des Einwilligungsvorbehalts

(1) Für die Aufhebung der Betreuung oder der Anordnung eines Einwilligungsvorbehalts und für die Einschränkung des Aufgabenkreises des Betreuers oder des Kreises der einwilligungsbedürftigen Willenserklärungen gilt § 279 Absatz 1, 3 und 4 sowie § 288 Absatz 2 Satz 1 entsprechend. Das Gericht hat die zuständige Behörde nur anzuhören, wenn es der Betroffene verlangt oder es zur Sachaufklärung erforderlich ist.

(2) Hat das Gericht nach § 281 Absatz 1 von der Einholung eines Gutachtens abgesehen, ist dies nachzuholen, wenn ein Antrag des Betroffenen auf Aufhebung der Betreuung oder Einschränkung des Aufgabenkreises erstmals abgelehnt werden soll.

(3) Über die Aufhebung der Betreuung oder des Einwilligungsvorbehalts hat das Gericht spätestens sieben Jahre nach der Anordnung dieser Maßnahmen zu entscheiden. Ist die Maßnahme gegen den erklärten Willen des Betroffenen angeordnet worden, hat die erstmalige Entscheidung über ihre Aufhebung spätestens zwei Jahre nach der Anordnung zu erfolgen.

§ 295 Verlängerung der Betreuung oder des Einwilligungsvorbehalts

(1) Für die Verlängerung der Bestellung eines Betreuers oder der Anordnung eines Einwilligungsvorbehalts gelten die Vorschriften über die erstmalige Anordnung dieser Maßnahmen entsprechend. Von der erneuten Einholung eines Gutachtens kann abgesehen werden, wenn sich aus der persönlichen Anhörung des Betroffenen und einem ärztlichen Zeugnis ergibt, dass sich der Umfang der Betreuungsbedürftigkeit offensichtlich nicht verringert hat und eine Verlängerung dem erklärten Willen des Betroffenen nicht widerspricht. Das Gericht hat die zuständige Behörde nur anzuhören, wenn es der Betroffene verlangt oder es zur Sachaufklärung erforderlich ist.

(2) Über die Verlängerung der Betreuung oder des Einwilligungsvorbehalts hat das Gericht spätestens sieben Jahre nach der Anordnung dieser Maßnahmen zu entscheiden. Ist die Maßnahme gegen den erklärten Willen des Betroffenen angeordnet worden, ist über eine erstmalige Verlängerung spätestens nach zwei Jahren zu entscheiden.

§ 296 Entlassung des Betreuers und Bestellung eines neuen Betreuers

(1) Das Gericht hat den Betroffenen und den Betreuer persönlich anzuhören, wenn der Betroffene einer Entlassung des Betreuers (§ 1868 des Bürgerlichen Gesetzbuchs) widerspricht.

(2) Vor der Bestellung eines neuen Betreuers (§ 1869 des Bürgerlichen Gesetzbuchs) hat das Gericht den Betroffenen persönlich anzuhören. Das gilt nicht, wenn der Betroffene sein Einverständnis mit dem Betreuerwechsel erklärt hat. § 279 Absatz 1, 3 und 4 gilt entsprechend. Das Gericht hat die zuständige Behörde nur anzuhören, wenn es der Betroffene verlangt oder es zur Sachaufklärung erforderlich ist.

III

§ 297 Sterilisation

(1) Das Gericht hat den Betroffenen vor der Genehmigung einer Einwilligung des Betreuers in eine Sterilisation (§ 1830 Absatz 2 des Bürgerlichen Gesetzbuchs) persönlich anzuhören und sich einen persönlichen Eindruck von ihm zu verschaffen. Es hat den Betroffenen über den möglichen Verlauf des Verfahrens zu unterrichten.

(2) Das Gericht hat die zuständige Behörde anzuhören, wenn es der Betroffene verlangt oder es der Sachaufklärung dient.

(3) Das Gericht hat die sonstigen Beteiligten anzuhören. Auf Verlangen des Betroffenen hat das Gericht eine ihm nahestehende Person anzuhören, wenn dies ohne erhebliche Verzögerung möglich ist.

(4) Verfahrenshandlungen nach den Absätzen 1 bis 3 können nicht durch den ersuchten Richter vorgenommen werden.

(5) Die Bestellung eines Verfahrenspflegers ist stets erforderlich, sofern sich der Betroffene nicht von einem Rechtsanwalt oder einem anderen geeigneten Verfahrensbevollmächtigten vertreten lässt.

(6) Die Genehmigung darf erst erteilt werden, nachdem durch förmliche Beweisaufnahme Gutachten von Sachverständigen eingeholt sind, die sich auf die medizinischen, psychologischen, sozialen, sonderpädagogischen und sexualpädagogischen Gesichtspunkte erstrecken. Die Sachverständigen haben den Betroffenen vor Erstattung des Gutachtens persönlich zu untersuchen oder zu befragen. Sachverständiger und ausführender Arzt dürfen nicht personengleich sein.

(7) Die Genehmigung wird wirksam mit der Bekanntgabe an den für die Entscheidung über die Einwilligung in die Sterilisation bestellten Betreuer und

1. an den Verfahrenspfleger oder
2. den Verfahrensbevollmächtigten, wenn ein Verfahrenspfleger nicht bestellt wurde.

(8) Die Entscheidung über die Genehmigung ist dem Betroffenen stets selbst bekannt zu machen. Von der Bekanntgabe der Gründe an den Betroffenen kann nicht abgesehen werden. Der zuständigen Behörde ist die Entscheidung stets bekannt zu geben.

§ 298 Verfahren in Fällen des § 1829 des Bürgerlichen Gesetzbuchs

(1) Das Gericht darf die Einwilligung, die Nichteinwilligung oder den Widerruf einer Einwilligung eines Betreuers oder eines Bevollmächtigten (§ 1829 Absatz 1, 2 und 5 des Bürgerlichen Gesetzbuchs) nur genehmigen, wenn es den Betroffenen zuvor persönlich angehört hat. Das Gericht soll die sonstigen Beteiligten anhören. Auf Verlangen des Betroffenen hat das Gericht eine ihm nahestehende Person anzuhören, wenn dies ohne erhebliche Verzögerung möglich ist.

(2) Die Bestellung eines Verfahrenspflegers ist stets erforderlich, wenn Gegenstand des Verfahrens eine Genehmigung nach § 1829 Absatz 2 des Bürgerlichen Gesetzbuchs ist.

(3) Vor der Genehmigung ist ein Sachverständigengutachten einzuholen. Der Sachverständige soll nicht auch der behandelnde Arzt sein.

§ 299 Persönliche Anhörung in anderen Genehmigungsverfahren

Das Gericht hat den Betroffenen vor einer Entscheidung nach § 1833 Absatz 3 oder § 1820 Absatz 5 Satz 2 des Bürgerlichen Gesetzbuchs persönlich anzuhören. Das Gericht soll den Betroffenen vor einer Entscheidung nach den §§ 1850 bis 1854 persönlich anhören.

§ 300 Einstweilige Anordnung

(1) Das Gericht kann durch einstweilige Anordnung einen vorläufigen Betreuer bestellen oder einen vorläufigen Einwilligungsvorbehalt anordnen, wenn

1. dringende Gründe für die Annahme bestehen, dass die Voraussetzungen für die Bestellung eines Betreuers oder die Anordnung eines Einwilligungsvorbehalts gegeben sind und ein dringendes Bedürfnis für ein sofortiges Tätigwerden besteht,
2. ein ärztliches Zeugnis über den Zustand des Betroffenen vorliegt,
3. im Fall des § 276 ein Verfahrenspfleger bestellt und angehört worden ist und
4. der Betroffene persönlich angehört worden ist.

Eine Anhörung des Betroffenen im Wege der Rechtshilfe ist abweichend von § 278 Abs. 3 zulässig.

(2) Das Gericht kann durch einstweilige Anordnung einen Betreuer entlassen, wenn dringende Gründe für die Annahme bestehen, dass die Voraussetzungen für die Entlassung vorliegen und ein dringendes Bedürfnis für ein sofortiges Tätigwerden besteht.

§ 301 Einstweilige Anordnung bei gesteigerter Dringlichkeit

(1) Bei Gefahr im Verzug kann das Gericht eine einstweilige Anordnung nach § 300 bereits vor der persönlichen Anhörung des Betroffenen sowie vor Anhörung und Bestellung des Verfahrenspflegers erlassen. Diese Verfahrenshandlungen sind unverzüglich nachzuholen.

(2) Das Gericht ist bei Gefahr im Verzug bei der Auswahl des Betreuers nicht an § 1816 Absatz 2 und 3 des Bürgerlichen Gesetzbuchs gebunden.

§ 302 Dauer der einstweiligen Anordnung

Eine einstweilige Anordnung tritt, sofern das Gericht keinen früheren Zeitpunkt bestimmt, nach sechs Monaten außer Kraft. Sie kann jeweils nach Anhörung eines Sachverständigen durch weitere einstweilige Anordnungen bis zu einer Gesamtdauer von einem Jahr verlängert werden.

§ 303 Ergänzende Vorschriften über die Beschwerde

(1) Das Recht der Beschwerde steht der zuständigen Behörde gegen Entscheidungen über

1. die Bestellung eines Betreuers oder die Anordnung eines Einwilligungsvorbehalts,
2. Umfang, Inhalt oder Bestand einer in Nummer 1 genannten Maßnahme

zu.

(2) Das Recht der Beschwerde gegen eine von Amts wegen ergangene Entscheidung steht im Interesse des Betroffenen

1. dessen Ehegatten oder Lebenspartner, wenn die Ehegatten oder Lebenspartner nicht dauernd getrennt leben, sowie den Eltern, Großeltern, Pflegeeltern, Abkömmlingen und Geschwistern des Betroffenen sowie
2. einer Person seines Vertrauens

zu, wenn sie im ersten Rechtszug beteiligt worden sind.

(3) Das Recht der Beschwerde steht dem Verfahrenspfleger zu.

(4) Der Betreuer oder der Vorsorgebevollmächtigte kann gegen eine Entscheidung, die seinen Aufgabenkreis betrifft, auch im Namen des Betroffenen Beschwerde einlegen. Führen mehrere Betreuer oder Vorsorgebevollmächtigte ihr Amt gemeinschaftlich, kann jeder von ihnen für den Betroffenen selbständig Beschwerde einlegen.

§ 304 Beschwerde der Staatskasse

(1) Das Recht der Beschwerde steht dem Vertreter der Staatskasse zu, soweit die Interessen der Staatskasse durch den Beschluss betroffen sind. Hat der Vertreter der Staatskasse geltend gemacht, der Betreuer habe eine Abrechnung falsch erteilt oder der Betreute könne anstelle eines nach § 1816 Absatz 5 des Bürgerlichen Gesetzbuchs bestellten Betreuers durch eine oder mehrere andere geeignete Personen außerhalb einer Berufsausübung betreut werden, steht ihm gegen einen die Entlassung des Betreuers ablehnenden Beschluss die Beschwerde zu.

(2) Die Frist zur Einlegung der Beschwerde durch den Vertreter der Staatskasse beträgt drei Monate und beginnt mit der formlosen Mitteilung (§ 15 Abs. 3) an ihn.

§ 305 Beschwerde des Untergebrachten

Ist der Betroffene untergebracht, kann er Beschwerde auch bei dem Amtsgericht einlegen, in dessen Bezirk er untergebracht ist.

§ 306 Aufhebung des Einwilligungsvorbehalts

Wird ein Beschluss, durch den ein Einwilligungsvorbehalt angeordnet worden ist, als ungerechtfertigt aufgehoben, bleibt die Wirksamkeit der von oder gegenüber dem Betroffenen vorgenommenen Rechtsgeschäfte unberührt.

§ 307 Kosten in Betreuungssachen

In Betreuungssachen kann das Gericht die Auslagen des Betroffenen, soweit sie zur zweckentsprechenden Rechtsverfolgung notwendig waren, ganz oder teilweise der Staatskasse auferlegen, wenn eine Betreuungsmaßnahme nach den §§ 1814 bis 1881 des Bürgerlichen Gesetzbuchs abgelehnt, als ungerechtfertigt aufgehoben, eingeschränkt oder das Verfahren ohne Entscheidung über eine solche Maßnahme beendet wird.

§ 308 Mitteilung von Entscheidungen

(1) Entscheidungen teilt das Gericht anderen Gerichten, Behörden oder sonstigen öffentlichen Stellen mit, soweit dies unter Beachtung berechtigter Interessen des Betroffenen erforderlich ist, um eine erhebliche Gefahr für das Wohl des Betroffenen, für Dritte oder für die öffentliche Sicherheit abzuwenden.

(2) Ergeben sich im Verlauf eines gerichtlichen Verfahrens Erkenntnisse, die eine Mitteilung nach Absatz 1 vor Abschluss des Verfahrens erfordern, hat diese Mitteilung über die bereits gewonnenen Erkenntnisse unverzüglich zu erfolgen.

(3) Das Gericht unterrichtet zugleich mit der Mitteilung den Betroffenen, seinen Verfahrenspfleger und seinen Betreuer über Inhalt und Empfänger der Mitteilung. Die Unterrichtung des Betroffenen unterbleibt, wenn

1. der Zweck des Verfahrens oder der Zweck der Mitteilung durch die Unterrichtung gefährdet würde,
2. nach ärztlichem Zeugnis hiervon erhebliche Nachteile für die Gesundheit des Betroffenen zu besorgen sind oder
3. der Betroffene nach dem unmittelbaren Eindruck des Gerichts offensichtlich nicht in der Lage ist, den Inhalt der Unterrichtung zu verstehen.

Sobald die Gründe nach Satz 2 entfallen, ist die Unterrichtung nachzuholen.

(4) Der Inhalt der Mitteilung, die Art und Weise ihrer Übermittlung, ihr Empfänger, die Unterrichtung des Betroffenen oder im Fall ihres Unterbleibens deren Gründe sowie die Unterrichtung des Verfahrenspflegers und des Betreuers sind aktenkundig zu machen.

§ 309 Mitteilungen an die Meldebehörde

Wird ein Einwilligungsvorbehalt angeordnet, der sich auf die Aufenthaltsbestimmung des Betroffenen erstreckt, so hat das Gericht dies der Meldebehörde unter Angabe des Betreuers mitzuteilen. Eine Mitteilung hat auch zu erfolgen, wenn der Einwilligungsvorbehalt nach Satz 1 aufgehoben wird oder ein Wechsel in der Person des Betreuers eintritt.

§ 309a Mitteilungen an die Betreuungsbehörde

(1) Endet die Betreuung durch Tod des Betroffenen, so hat das Gericht dies der Betreuungsbehörde mitzuteilen.

(2) Das Gericht kann der Betreuungsbehörde Umstände mitteilen, die die Eignung oder Zuverlässigkeit des Betreuers betreffen. Das Gericht unterrichtet zugleich den Betreuer über die Mitteilung und deren Inhalt. Die Unterrichtung des Betreuers unterbleibt, solange der Zweck der Mitteilung hierdurch gefährdet würde. Sie ist nachzuholen, sobald die Gründe nach Satz 3 entfallen sind.

§ 310 Mitteilungen während einer freiheitsentziehenden Unterbringung oder freiheitsentziehenden Maßnahme

Während der Dauer einer freiheitsentziehenden Unterbringung oder freiheitsentziehenden Maßnahme hat das Gericht dem Leiter der Einrichtung, in der die Unterbringungsmaßnahme durchgeführt wird, die Bestellung eines Betreuers, die sich auf die Aufenthaltsbestimmung oder die Entscheidung über eine der genannten Unterbringungsmaßnahmen erstreckt, die Aufhebung einer solchen Betreuung und jeden Wechsel in der Person des Betreuers mitzuteilen.

§ 311 Mitteilungen zur Strafverfolgung

Außer in den sonst in diesem Gesetz, in § 16 des Einführungsgesetzes zum Gerichtsverfassungsgesetz sowie in § 70 Absatz 1 Satz 2 und 3 des Jugendgerichtsgesetzes genannten Fällen, darf das Gericht Entscheidungen oder Erkenntnisse aus dem Verfahren, aus denen die Person des Betroffenen erkennbar ist, von Amts wegen nur zur Verfolgung von Straftaten oder Ordnungswidrigkeiten anderen Gerichten oder Behörden mitteilen, soweit nicht schutzwürdige Interessen des Betroffenen an dem Ausschluss der Übermittlung überwiegen. § 308 Abs. 3 und 4 gilt entsprechend.

Abschnitt 2
Verfahren in Unterbringungssachen

§ 312 Unterbringungssachen

Unterbringungssachen sind Verfahren, die die Genehmigung oder Anordnung einer

1. freiheitsentziehenden Unterbringung nach § 1831 Absatz 1 und 2 auch in Verbindung mit Absatz 5 des Bürgerlichen Gesetzbuchs,
2. freiheitsentziehenden Maßnahme nach § 1831 Absatz 4 auch in Verbindung mit Absatz 5 des Bürgerlichen Gesetzbuchs,
3. ärztlichen Zwangsmaßnahme, auch einschließlich einer Verbringung zu einem stationären Aufenthalt, nach § 1832 Absatz 1, 2 und 4 auch in Verbindung mit Absatz 5 des Bürgerlichen Gesetzbuchs oder
4. freiheitsentziehenden Unterbringung, freiheitsentziehenden Maßnahme oder ärztlichen Zwangsmaßnahme bei Volljährigen nach den Landesgesetzen über die Unterbringung psychisch Kranker

betreffen (Unterbringungsmaßnahme).

§ 313 Örtliche Zuständigkeit

(1) Ausschließlich zuständig für Unterbringungssachen nach § 312 Nummer 1 bis 3 ist in dieser Rangfolge:

1. das Gericht, bei dem ein Verfahren zur Bestellung eines Betreuers eingeleitet oder das Betreuungsverfahren anhängig ist;
2. das Gericht, in dessen Bezirk der Betroffene seinen gewöhnlichen Aufenthalt hat;
3. das Gericht, in dessen Bezirk das Bedürfnis für die Unterbringungsmaßnahme hervortritt;
4. das Amtsgericht Schöneberg in Berlin, wenn der Betroffene Deutscher ist.

(2) Für einstweilige Anordnungen oder einstweilige Maßregeln ist auch das Gericht zuständig, in dessen Bezirk das Bedürfnis für die Unterbringungsmaßnahme bekannt wird. In den Fällen einer einstweiligen Anordnung oder einstweiligen Maßregel soll es dem nach Absatz 1 Nr. 1 oder Nr. 2 zuständigen Gericht davon Mitteilung machen.

(3) Ausschließlich zuständig für Unterbringungsmaßnahmen nach § 312 Nummer 4 ist das Gericht, in dessen Bezirk das Bedürfnis für die Unterbringungsmaßnahme hervortritt. Befindet sich der Betroffene bereits in einer Einrichtung zur freiheitsentziehenden Unterbringung, ist das Gericht ausschließlich zuständig, in dessen Bezirk die Einrichtung liegt.

(4) Ist für die Unterbringungssache ein anderes Gericht zuständig als dasjenige, bei dem ein die Unterbringung erfassendes Verfahren zur Bestellung eines Betreuers eingeleitet ist, teilt dieses Gericht dem für die Unterbringungssache zuständigen Gericht die Aufhebung der Betreuung, den Wegfall des Aufgabenbereiches Unterbringung und einen Wechsel in der Person des Betreuers mit. Das für die Unterbringungssache zuständige Gericht teilt dem anderen Gericht die Unterbringungsmaßnahme, ihre Änderung, Verlängerung und Aufhebung mit.

§ 314 Abgabe der Unterbringungssache

Das Gericht kann die Unterbringungssache abgeben, wenn der Betroffene sich im Bezirk des anderen Gerichts aufhält und die Unterbringungsmaßnahme dort vollzogen werden soll, sofern sich dieses zur Übernahme des Verfahrens bereit erklärt hat.

§ 315 Beteiligte

(1) Zu beteiligen sind

1. der Betroffene,
2. der Betreuer,
3. der Bevollmächtigte im Sinne des § 1814 Absatz 3 Satz 2 Nummer 1 des Bürgerlichen Gesetzbuchs.

(2) Der Verfahrenspfleger wird durch seine Bestellung als Beteiligter zum Verfahren hinzugezogen.

(3) Die zuständige Behörde ist auf ihren Antrag als Beteiligte hinzuzuziehen.

(4) Beteiligt werden können im Interesse des Betroffenen

1. dessen Ehegatte oder Lebenspartner, wenn die Ehegatten oder Lebenspartner nicht dauernd getrennt leben, sowie dessen Eltern und Kinder, wenn der Betroffene bei diesen lebt oder bei Einleitung des Verfahrens gelebt hat, sowie die Pflegeeltern,
2. eine von ihm benannte Person seines Vertrauens,
3. der Leiter der Einrichtung, in der der Betroffene lebt.

Das Landesrecht kann vorsehen, dass weitere Personen und Stellen beteiligt werden können.

§ 316 Verfahrensfähigkeit

In Unterbringungssachen ist der Betroffene ohne Rücksicht auf seine Geschäftsfähigkeit verfahrensfähig.

§ 317 Verfahrenspfleger

(1) Das Gericht hat dem Betroffenen einen geeigneten Verfahrenspfleger zu bestellen, wenn dies zur Wahrnehmung der Interessen des Betroffenen erforderlich ist. Die Bestellung ist insbesondere erforderlich, wenn von einer Anhörung des Betroffenen abgesehen werden soll. Bei der Genehmigung einer Einwilligung in eine ärztliche Zwangsmaßnahme oder deren Anordnung ist die Bestellung eines Verfahrenspflegers stets erforderlich.

(2) Bestellt das Gericht dem Betroffenen keinen Verfahrenspfleger, ist dies in der Entscheidung, durch die eine Unterbringungsmaßnahme genehmigt oder angeordnet wird, zu begründen.

(3) Der Verfahrenspfleger hat die Wünsche, hilfsweise den mutmaßlichen Willen des Betroffenen festzustellen und im gerichtlichen Verfahren zur Geltung zu bringen. Er hat den Betroffenen über Gegenstand, Ablauf und möglichen Ausgang des Verfahrens in geeigneter Weise zu informieren und ihn bei Bedarf bei der Ausübung seiner Rechte im Verfahren zu unterstützen. Er ist nicht gesetzlicher Vertreter des Betroffenen.

(4) Als Verfahrenspfleger ist eine natürliche Person zu bestellen. Wer Verfahrenspflegschaften im Rahmen seiner Berufsausübung führt, soll nur dann zum Verfahrenspfleger bestellt werden, wenn keine andere geeignete Person zur Verfügung steht, die zur ehrenamtlichen Führung der Verfahrenspflegschaft bereit ist.

(5) Die Bestellung eines Verfahrenspflegers soll unterbleiben oder aufgehoben werden, wenn die Interessen

des Betroffenen von einem Rechtsanwalt oder einem anderen geeigneten Verfahrensbevollmächtigten vertreten werden.

(6) Die Bestellung endet, sofern sie nicht vorher aufgehoben wird, mit der Rechtskraft der Endentscheidung oder mit dem sonstigen Abschluss des Verfahrens.

(7) Die Bestellung eines Verfahrenspflegers oder deren Aufhebung sowie die Ablehnung einer derartigen Maßnahme sind nicht selbständig anfechtbar.

(8) Dem Verfahrenspfleger sind keine Kosten aufzuerlegen.

§ 318 Vergütung und Aufwendungsersatz des Verfahrenspflegers

Für die Vergütung und den Aufwendungsersatz des Verfahrenspflegers gilt § 277 entsprechend.

§ 319 Persönliche Anhörung des Betroffenen

(1) Das Gericht hat den Betroffenen vor einer Unterbringungsmaßnahme persönlich anzuhören und sich einen persönlichen Eindruck von ihm zu verschaffen. Den persönlichen Eindruck verschafft sich das Gericht, soweit dies erforderlich ist, in der üblichen Umgebung des Betroffenen.

(2) In der Anhörung erörtert das Gericht mit dem Betroffenen das Verfahren, das Ergebnis des übermittelten Gutachtens und die mögliche Dauer einer Unterbringung. Hat das Gericht dem Betroffenen nach § 317 einen Verfahrenspfleger bestellt, soll die persönliche Anhörung in dessen Anwesenheit stattfinden.

(3) Soll eine persönliche Anhörung nach § 34 Abs. 2 unterbleiben, weil hiervon erhebliche Nachteile für die Gesundheit des Betroffenen zu besorgen sind, darf diese Entscheidung nur auf Grundlage eines ärztlichen Gutachtens getroffen werden. Unterbleibt aus diesem Grund die persönliche Anhörung, so bedarf es auch keiner Verschaffung eines persönlichen Eindrucks.

(4) Verfahrenshandlungen nach Absatz 1 sollen nicht im Wege der Rechtshilfe erfolgen.

(5) Das Gericht kann den Betroffenen durch die zuständige Behörde vorführen lassen, wenn er sich weigert, an Verfahrenshandlungen nach Absatz 1 mitzuwirken.

(6) Gewalt darf die Behörde nur anwenden, wenn das Gericht dies ausdrücklich angeordnet hat. Die zuständige Behörde ist befugt, erforderlichenfalls um Unterstützung der polizeilichen Vollzugsorgane nachzusuchen.

(7) Die Wohnung des Betroffenen darf ohne dessen Einwilligung nur gewaltsam geöffnet, betreten und durchsucht werden, wenn das Gericht dies zu dessen Vorführung zur Anhörung ausdrücklich angeordnet hat. Bei Gefahr im Verzug kann die Anordnung nach Satz 1 durch die zuständige Behörde erfolgen. Durch diese Regelung wird das Grundrecht auf Unverletzlichkeit der Wohnung aus Artikel 13 Absatz 1 des Grundgesetzes eingeschränkt.

§ 320 Anhörung der sonstigen Beteiligten und der zuständigen Behörde

Das Gericht hat die sonstigen Beteiligten anzuhören. Es soll die zuständige Behörde anhören.

§ 321 Einholung eines Gutachtens

(1) Vor einer Unterbringungsmaßnahme hat eine förmliche Beweisaufnahme durch Einholung eines Gutachtens über die Notwendigkeit der Maßnahme stattzufinden. Der Sachverständige hat den Betroffenen vor der Erstattung des Gutachtens persönlich zu untersuchen oder zu befragen. Das Gutachten soll sich auch auf die voraussichtliche Dauer der Unterbringungsmaßnahme erstrecken. Der Sachverständige soll Arzt für Psychiatrie sein; er muss Arzt mit Erfahrung auf dem Gebiet der Psychiatrie sein. Bei der Genehmigung einer Einwilligung in eine ärztliche Zwangsmaßnahme oder bei deren Anordnung soll der Sachverständige nicht der zwangsbehandelnde Arzt sein.

(2) Für eine freiheitsentziehende Maßnahme nach § 312 Nummer 2 oder 4 genügt ein ärztliches Zeugnis.

§ 322 Vorführung zur Untersuchung; Unterbringung zur Begutachtung

Für die Vorführung zur Untersuchung und die Unterbringung zur Begutachtung gelten die §§ 283 und 284 entsprechend.

§ 323 Inhalt der Beschlussformel

(1) Die Beschlussformel enthält im Fall der Genehmigung oder Anordnung einer Unterbringungsmaßnahme auch

1. die nähere Bezeichnung der Unterbringungsmaßnahme sowie
2. den Zeitpunkt, zu dem die Unterbringungsmaßnahme endet.

(2) Die Beschlussformel enthält bei der Genehmigung einer Einwilligung in eine ärztliche Zwangsmaßnahme oder bei deren Anordnung auch Angaben zur Durchführung und Dokumentation dieser Maßnahme in der Verantwortung eines Arztes.

§ 324 Wirksamwerden von Beschlüssen

(1) Beschlüsse über die Genehmigung oder die Anordnung einer Unterbringungsmaßnahme werden mit Rechtskraft wirksam.

(2) Das Gericht kann die sofortige Wirksamkeit des Beschlusses anordnen. In diesem Fall wird er wirksam, wenn der Beschluss und die Anordnung seiner sofortigen Wirksamkeit

1. dem Betroffenen, dem Verfahrenspfleger, dem Betreuer oder dem Bevollmächtigten im Sinne des § 1814 Absatz 3 Satz 2 Nummer 1 des Bürgerlichen Gesetzbuchs bekannt gegeben werden,
2. einem Dritten zum Zweck des Vollzugs des Beschlusses mitgeteilt werden oder
3. der Geschäftsstelle des Gerichts zum Zweck der Bekanntgabe übergeben werden.

Der Zeitpunkt der sofortigen Wirksamkeit ist auf dem Beschluss zu vermerken.

§ 325 Bekanntgabe

(1) Von der Bekanntgabe der Gründe eines Beschlusses an den Betroffenen kann abgesehen werden, wenn dies nach ärztlichem Zeugnis erforderlich ist, um erhebliche Nachteile für seine Gesundheit zu vermeiden.

(2) Der Beschluss, durch den eine Unterbringungsmaßnahme genehmigt oder angeordnet wird, ist auch dem Leiter der Einrichtung, in der der Betroffene untergebracht werden soll, bekannt zu geben. Das Gericht hat der zuständigen Behörde die Entscheidung, durch die

eine Unterbringungsmaßnahme genehmigt, angeordnet oder aufgehoben wird, bekannt zu geben.

§ 326 Zuführung zur Unterbringung; Verbringung zu einem stationären Aufenthalt

(1) Die zuständige Behörde hat den Betreuer oder den Bevollmächtigten im Sinne des § 1814 Absatz 3 Satz 2 Nummer 1 des Bürgerlichen Gesetzbuchs auf deren Wunsch bei der Zuführung zur Unterbringung nach § 312 Nr. 1 oder bei der Verbringung nach § 312 Nummer 3 zu unterstützen.

(2) Gewalt darf die Behörde nur anwenden, wenn das Gericht dies ausdrücklich angeordnet hat. Die zuständige Behörde ist befugt, erforderlichenfalls die Unterstützung der polizeilichen Vollzugsorgane nachzusuchen.

(3) Die Wohnung des Betroffenen darf ohne dessen Einwilligung nur gewaltsam geöffnet, betreten und durchsucht werden, wenn das Gericht dies zu dessen Zuführung zur Unterbringung oder zu dessen Verbringung nach § 312 Nummer 3 ausdrücklich angeordnet hat. Vor der Anordnung ist der Betroffene persönlich anzuhören. Bei Gefahr im Verzug kann die Anordnung durch die zuständige Behörde ohne vorherige Anhörung des Betroffenen erfolgen. Durch diese Regelung wird das Grundrecht auf Unverletzlichkeit der Wohnung aus Artikel 13 Absatz 1 des Grundgesetzes eingeschränkt.

§ 327 Vollzugsangelegenheiten

(1) Gegen eine Maßnahme zur Regelung einzelner Angelegenheiten im Vollzug einer Unterbringungsmaßnahme nach § 312 Nummer 4 kann der Betroffene eine Entscheidung des Gerichts beantragen. Mit dem Antrag kann auch die Verpflichtung zum Erlass einer abgelehnten oder unterlassenen Maßnahme begehrt werden.

(2) Der Antrag ist nur zulässig, wenn der Betroffene geltend macht, durch die Maßnahme, ihre Ablehnung oder Unterlassung in seinen Rechten verletzt zu sein.

(3) Der Antrag hat keine aufschiebende Wirkung. Das Gericht kann die aufschiebende Wirkung anordnen.

(4) Der Beschluss ist nicht anfechtbar.

§ 328 Aussetzung des Vollzugs

(1) Das Gericht kann die Vollziehung einer Unterbringung nach § 312 Nummer 4 aussetzen. Die Aussetzung kann mit Auflagen versehen werden. Die Aussetzung soll sechs Monate nicht überschreiten; sie kann bis zu einem Jahr verlängert werden.

(2) Das Gericht kann die Aussetzung widerrufen, wenn der Betroffene eine Auflage nicht erfüllt oder sein Zustand dies erfordert.

§ 329 Dauer und Verlängerung der Unterbringungsmaßnahme

(1) Die Unterbringungsmaßnahme endet spätestens mit Ablauf eines Jahres, bei offensichtlich langer Unterbringungsbedürftigkeit spätestens mit Ablauf von zwei Jahren, wenn sie nicht vorher verlängert wird. Die Genehmigung einer Einwilligung in eine ärztliche Zwangsmaßnahme oder deren Anordnung darf die Dauer von sechs Wochen nicht überschreiten, wenn sie nicht vorher verlängert wird.

(2) Für die Verlängerung der Genehmigung oder Anordnung einer Unterbringungsmaßnahme gelten die Vorschriften für die erstmalige Anordnung oder Genehmigung entsprechend. Bei Unterbringungen mit einer Gesamtdauer von mehr als vier Jahren soll das Gericht keinen Sachverständigen bestellen, der den Betroffenen bisher behandelt oder begutachtet hat oder in der Einrichtung tätig ist, in der der Betroffene untergebracht ist.

(3) Bei der Genehmigung einer Einwilligung in eine ärztliche Zwangsmaßnahme oder deren Anordnung mit einer Gesamtdauer von mehr als zwölf Wochen soll das Gericht keinen Sachverständigen bestellen, der den Betroffenen bisher behandelt oder begutachtet hat oder in der Einrichtung tätig ist, in der der Betroffene untergebracht ist.

§ 330 Aufhebung der Unterbringungsmaßnahme

Die Genehmigung oder Anordnung der Unterbringungsmaßnahme ist aufzuheben, wenn ihre Voraussetzungen wegfallen. Vor der Aufhebung einer Unterbringungsmaßnahme nach § 312 Nummer 4 soll das Gericht die zuständige Behörde anhören, es sei denn, dass dies zu einer nicht nur geringen Verzögerung des Verfahrens führen würde.

§ 331 Einstweilige Anordnung

Das Gericht kann durch einstweilige Anordnung eine vorläufige Unterbringungsmaßnahme anordnen oder genehmigen, wenn

1. dringende Gründe für die Annahme bestehen, dass die Voraussetzungen für die Genehmigung oder Anordnung einer Unterbringungsmaßnahme gegeben sind und ein dringendes Bedürfnis für ein sofortiges Tätigwerden besteht,
2. ein ärztliches Zeugnis über den Zustand des Betroffenen und über die Notwendigkeit der Maßnahme vorliegt; der Arzt, der das ärztliche Zeugnis ausstellt, soll Arzt für Psychiatrie sein; er muss Erfahrung auf dem Gebiet der Psychiatrie haben; dies gilt nicht für freiheitsentziehende Maßnahmen nach § 312 Nummer 2 und 4,
3. im Fall des § 317 ein Verfahrenspfleger bestellt und angehört worden ist und
4. der Betroffene persönlich angehört worden ist.

Eine Anhörung des Betroffenen im Wege der Rechtshilfe ist abweichend von § 319 Abs. 4 zulässig.

§ 332 Einstweilige Anordnung bei gesteigerter Dringlichkeit

Bei Gefahr im Verzug kann das Gericht eine einstweilige Anordnung nach § 331 bereits vor der persönlichen Anhörung des Betroffenen sowie vor Anhörung und Bestellung des Verfahrenspflegers erlassen. Diese Verfahrenshandlungen sind unverzüglich nachzuholen.

§ 333 Dauer der einstweiligen Anordnung

(1) Die einstweilige Anordnung darf die Dauer von sechs Wochen nicht überschreiten. Reicht dieser Zeitraum nicht aus, kann sie nach Anhörung eines Sachverständigen durch eine weitere einstweilige Anordnung verlängert werden. Die mehrfache Verlängerung ist unter den Voraussetzungen der Sätze 1 und 2 zulässig. Sie darf die Gesamtdauer von drei Monaten nicht überschreiten. Eine Unterbringung zur Vorbereitung eines Gutachtens (§ 322) ist in diese Gesamtdauer einzubeziehen.

(2) Die einstweilige Anordnung darf bei der Genehmigung einer Einwilligung in eine ärztliche Zwangsmaßnahme oder deren Anordnung die Dauer von zwei Wochen nicht überschreiten. Bei mehrfacher Verlängerung darf die Gesamtdauer sechs Wochen nicht überschreiten.

§ 334 Einstweilige Maßregeln

Die §§ 331, 332 und 333 gelten entsprechend, wenn nach § 1867 des Bürgerlichen Gesetzbuchs eine Unterbringungsmaßnahme getroffen werden soll.

§ 335 Ergänzende Vorschriften über die Beschwerde

(1) Das Recht der Beschwerde steht im Interesse des Betroffenen

1. dessen Ehegatten oder Lebenspartner, wenn die Ehegatten oder Lebenspartner nicht dauernd getrennt leben, sowie dessen Eltern und Kindern, wenn der Betroffene bei diesen lebt oder bei Einleitung des Verfahrens gelebt hat, den Pflegeeltern,
2. einer von dem Betroffenen benannten Person seines Vertrauens sowie
3. dem Leiter der Einrichtung, in der der Betroffene lebt,

zu, wenn sie im ersten Rechtszug beteiligt worden sind.

(2) Das Recht der Beschwerde steht dem Verfahrenspfleger zu.

(3) Der Betreuer oder der Vorsorgebevollmächtigte kann gegen eine Entscheidung, die seinen Aufgabenkreis betrifft, auch im Namen des Betroffenen Beschwerde einlegen.

(4) Das Recht der Beschwerde steht der zuständigen Behörde zu.

§ 336 Einlegung der Beschwerde durch den Betroffenen

Der Betroffene kann die Beschwerde auch bei dem Amtsgericht einlegen, in dessen Bezirk er untergebracht ist.

§ 337 Kosten in Unterbringungssachen

(1) In Unterbringungssachen kann das Gericht die Auslagen des Betroffenen, soweit sie zur zweckentsprechenden Rechtsverfolgung notwendig waren, ganz oder teilweise der Staatskasse auferlegen, wenn eine Unterbringungsmaßnahme nach § 312 Nummer 1 bis 3 abgelehnt, als ungerechtfertigt aufgehoben, eingeschränkt oder das Verfahren ohne Entscheidung über eine Maßnahme beendet wird.

(2) Wird ein Antrag auf eine Unterbringungsmaßnahme nach den Landesgesetzen über die Unterbringung psychisch Kranker nach § 312 Nummer 4 abgelehnt oder zurückgenommen und hat das Verfahren ergeben, dass für die zuständige Verwaltungsbehörde ein begründeter Anlass, den Antrag zu stellen, nicht vorgelegen hat, hat das Gericht die Auslagen des Betroffenen der Körperschaft aufzuerlegen, der die Verwaltungsbehörde angehört.

§ 338 Mitteilung von Entscheidungen

Für Mitteilungen gelten die §§ 308 und 311 entsprechend. Die Aufhebung einer Unterbringungsmaßnahme nach § 330 Satz 1 und die Aussetzung der Unterbringung nach § 328 Abs. 1 Satz 1 sind dem Leiter der Einrichtung, in der der Betroffene lebt, mitzuteilen.

§ 339 Benachrichtigung von Angehörigen

Von der Anordnung oder Genehmigung einer Unterbringungsmaßnahme und deren Verlängerung hat das Gericht einen Angehörigen des Betroffenen oder eine Person seines Vertrauens unverzüglich zu benachrichtigen.

Abschnitt 3
Verfahren in betreuungsgerichtlichen Zuweisungssachen

§ 340 Betreuungsgerichtliche Zuweisungssachen

Betreuungsgerichtliche Zuweisungssachen sind

1. Verfahren, die die Pflegschaft mit Ausnahme der Pflegschaft für Minderjährige oder für ein bereits gezeugtes Kind betreffen,
2. Verfahren, die die gerichtliche Bestellung eines sonstigen Vertreters für einen Volljährigen betreffen, sowie
3. sonstige dem Betreuungsgericht zugewiesene Verfahren,

soweit es sich nicht um Betreuungssachen oder Unterbringungssachen handelt.

§ 341 Örtliche Zuständigkeit

Die Zuständigkeit des Gerichts bestimmt sich in betreuungsgerichtlichen Zuweisungssachen nach § 272.

Buch 4
Verfahren in Nachlass- und Teilungssachen

Abschnitt 1
Begriffsbestimmung; örtliche Zuständigkeit

§ 342 Begriffsbestimmung

(1) Nachlasssachen sind Verfahren, die

1. die besondere amtliche Verwahrung von Verfügungen von Todes wegen,
2. die Sicherung des Nachlasses einschließlich Nachlasspflegschaften,
3. die Eröffnung von Verfügungen von Todes wegen,
4. die Ermittlung der Erben,
5. die Entgegennahme von Erklärungen, die nach gesetzlicher Vorschrift dem Nachlassgericht gegenüber abzugeben sind,
6. Erbscheine, Testamentsvollstreckerzeugnisse und sonstige vom Nachlassgericht zu erteilende Zeugnisse,
7. die Testamentsvollstreckung,
8. die Nachlassverwaltung sowie
9. sonstige den Nachlassgerichten durch Gesetz zugewiesene Aufgaben

betreffen.

(2) Teilungssachen sind

1. die Aufgaben, die Gerichte nach diesem Buch bei der Auseinandersetzung eines Nachlasses und des Gesamtguts zu erledigen haben, nachdem eine eheliche,

lebenspartnerschaftliche oder fortgesetzte Gütergemeinschaft beendet wurde, und

2. Verfahren betreffend Zeugnisse über die Auseinandersetzung des Gesamtguts einer ehelichen, lebenspartnerschaftlichen oder fortgesetzten Gütergemeinschaft nach den §§ 36 und 37 der Grundbuchordnung sowie nach den §§ 42 und 74 der Schiffsregisterordnung.

§ 343 Örtliche Zuständigkeit

(1) Örtlich zuständig ist das Gericht, in dessen Bezirk der Erblasser im Zeitpunkt seines Todes seinen gewöhnlichen Aufenthalt hatte.

(2) Hatte der Erblasser im Zeitpunkt seines Todes keinen gewöhnlichen Aufenthalt im Inland, ist das Gericht zuständig, in dessen Bezirk der Erblasser seinen letzten gewöhnlichen Aufenthalt im Inland hatte.

(3) Ist eine Zuständigkeit nach den Absätzen 1 und 2 nicht gegeben, ist das Amtsgericht Schöneberg in Berlin zuständig, wenn der Erblasser Deutscher ist oder sich Nachlassgegenstände im Inland befinden. Das Amtsgericht Schöneberg in Berlin kann die Sache aus wichtigem Grund an ein anderes Nachlassgericht verweisen.

§ 344 Besondere örtliche Zuständigkeit

(1) Für die besondere amtliche Verwahrung von Testamenten ist zuständig,

1. wenn das Testament vor einem Notar errichtet ist, das Gericht, in dessen Bezirk der Notar seinen Amtssitz hat;
2. wenn das Testament vor dem Bürgermeister einer Gemeinde errichtet ist, das Gericht, zu dessen Bezirk die Gemeinde gehört;
3. wenn das Testament nach § 2247 des Bürgerlichen Gesetzbuchs errichtet ist, jedes Gericht.

Der Erblasser kann jederzeit die Verwahrung bei einem nach Satz 1 örtlich nicht zuständigen Gericht verlangen.

(2) Die erneute besondere amtliche Verwahrung eines gemeinschaftlichen Testaments nach § 349 Abs. 2 Satz 2 erfolgt bei dem für den Nachlass des Erstverstorbenen zuständigen Gericht, es sei denn, dass der überlebende Ehegatte oder Lebenspartner die Verwahrung bei einem anderen Amtsgericht verlangt.

(3) Die Absätze 1 und 2 gelten entsprechend für die besondere amtliche Verwahrung von Erbverträgen.

(4) Für die Sicherung des Nachlasses ist jedes Gericht zuständig, in dessen Bezirk das Bedürfnis für die Sicherung besteht.

(4a) Für die Auseinandersetzung eines Nachlasses ist jeder Notar zuständig, der seinen Amtssitz im Bezirk des Amtsgerichts hat, in dem der Erblasser seinen letzten gewöhnlichen Aufenthalt hatte. Hatte der Erblasser keinen gewöhnlichen Aufenthalt im Inland, ist jeder Notar zuständig, der seinen Amtssitz im Bezirk eines Amtsgerichts hat, in dem sich Nachlassgegenstände befinden. Von mehreren örtlich zuständigen Notaren ist derjenige zur Vermittlung berufen, bei dem zuerst ein auf Auseinandersetzung gerichteter Antrag eingeht. Vereinbarungen der an der Auseinandersetzung Beteiligten bleiben unberührt.

(5) Für die Auseinandersetzung des Gesamtguts einer Gütergemeinschaft ist, falls ein Anteil an dem Gesamtgut zu einem Nachlass gehört, der Notar zuständig, der für die Auseinandersetzung über den Nachlass zuständig ist. Im Übrigen ist jeder Notar zuständig, der seinen Amtssitz im Bezirk des nach § 122 Nummer 1 bis 5 zuständigen Gerichts hat. Ist danach keine Zuständigkeit gegeben, ist jeder Notar zuständig, der seinen Amtssitz im Bezirk eines Amtsgerichts hat, in dem sich Gegenstände befinden, die zum Gesamtgut gehören. Absatz 4a Satz 3 und 4 gilt entsprechend.

(6) Hat ein anderes Gericht als das nach § 343 zuständige Gericht eine Verfügung von Todes wegen in amtlicher Verwahrung, ist dieses Gericht für die Eröffnung der Verfügung zuständig.

(7) Für die Entgegennahme einer Erklärung, mit der eine Erbschaft ausgeschlagen oder mit der die Versäumung der Ausschlagungsfrist, die Annahme oder Ausschlagung einer Erbschaft oder eine Anfechtungserklärung ihrerseits angefochten wird, ist auch das Nachlassgericht zuständig, in dessen Bezirk die erklärende Person ihren gewöhnlichen Aufenthalt hat. Die Urschrift der Niederschrift oder die Urschrift der Erklärung in öffentlich beglaubigter Form ist von diesem Gericht an das zuständige Nachlassgericht zu übersenden.

Abschnitt 2
Verfahren in Nachlasssachen

Unterabschnitt 1
Allgemeine Bestimmungen

§ 345 Beteiligte

(1) In Verfahren auf Erteilung eines Erbscheins ist Beteiligter der Antragsteller. Ferner können als Beteiligte hinzugezogen werden:

1. die gesetzlichen Erben,
2. diejenigen, die nach dem Inhalt einer vorliegenden Verfügung von Todes wegen als Erben in Betracht kommen,
3. die Gegner des Antragstellers, wenn ein Rechtsstreit über das Erbrecht anhängig ist,
4. diejenigen, die im Fall der Unwirksamkeit der Verfügung von Todes wegen Erbe sein würden, sowie
5. alle Übrigen, deren Recht am Nachlass durch das Verfahren unmittelbar betroffen wird.

Auf ihren Antrag sind sie hinzuzuziehen.

(2) Absatz 1 gilt entsprechend für die Erteilung eines Zeugnisses nach § 1507 des Bürgerlichen Gesetzbuchs oder nach den §§ 36 und 37 der Grundbuchordnung sowie den §§ 42 und 74 der Schiffsregisterordnung.

(3) Im Verfahren zur Ernennung eines Testamentsvollstreckers und zur Erteilung eines Testamentsvollstreckerzeugnisses ist Beteiligter der Testamentsvollstrecker. Das Gericht kann als Beteiligte hinzuziehen:

1. die Erben,
2. den Mitvollstrecker.

Auf ihren Antrag sind sie hinzuzuziehen.

(4) In den sonstigen auf Antrag durchzuführenden Nachlassverfahren sind als Beteiligte hinzuzuziehen in Verfahren betreffend

1. eine Nachlasspflegschaft oder eine Nachlassverwaltung der Nachlasspfleger oder Nachlassverwalter;
2. die Entlassung eines Testamentsvollstreckers der Testamentsvollstrecker;
3. die Bestimmung erbrechtlicher Fristen derjenige, dem die Frist bestimmt wird;
4. die Bestimmung oder Verlängerung einer Inventarfrist der Erbe, dem die Frist bestimmt wird, sowie im Fall des § 2008 des Bürgerlichen Gesetzbuchs dessen Ehegatte oder Lebenspartner;
5. die Abnahme einer eidesstattlichen Versicherung derjenige, der die eidesstattliche Versicherung abzugeben hat, sowie im Fall des § 2008 des Bürgerlichen Gesetzbuchs dessen Ehegatte oder Lebenspartner.

Das Gericht kann alle Übrigen, deren Recht durch das Verfahren unmittelbar betroffen wird, als Beteiligte hinzuziehen. Auf ihren Antrag sind sie hinzuzuziehen.

Unterabschnitt 2
Verwahrung von Verfügungen von Todes wegen

§ 346 Verfahren bei besonderer amtlicher Verwahrung

(1) Die Annahme einer Verfügung von Todes wegen in besondere amtliche Verwahrung sowie deren Herausgabe ist von dem Richter anzuordnen und von ihm und dem Urkundsbeamten der Geschäftsstelle gemeinschaftlich zu bewirken.

(2) Die Verwahrung erfolgt unter gemeinschaftlichem Verschluss des Richters und des Urkundsbeamten der Geschäftsstelle.

(3) Dem Erblasser soll über die in Verwahrung genommene Verfügung von Todes wegen ein Hinterlegungsschein erteilt werden; bei einem gemeinschaftlichen Testament erhält jeder Erblasser einen eigenen Hinterlegungsschein, bei einem Erbvertrag jeder Vertragschließende.

§ 347 Mitteilung über die Verwahrung

(1) Nimmt das Gericht ein eigenhändiges Testament oder ein Nottestament in die besondere amtliche Verwahrung, übermittelt es unverzüglich die Verwahrangaben im Sinne von § 78d Absatz 2 Satz 2 der Bundesnotarordnung elektronisch an die das Zentrale Testamentsregister führende Registerbehörde. Satz 1 gilt entsprechend für eigenhändige gemeinschaftliche Testamente und Erbverträge, die nicht in besondere amtliche Verwahrung genommen worden sind, wenn sie nach dem Tod des Erstverstorbenen eröffnet wurden und nicht ausschließlich Anordnungen enthalten, die sich auf den mit dem Tod des Erstverstorbenen eingetretenen Erbfall beziehen.

(2) Wird ein gemeinschaftliches Testament oder ein Erbvertrag nach § 349 Absatz 2 Satz 2 und Absatz 4 erneut in die besondere amtliche Verwahrung genommen, so übermittelt das nach § 344 Absatz 2 oder Absatz 3 zuständige Gericht die Verwahrangaben an die das Zentrale Testamentsregister führende Registerbehörde, soweit vorhanden unter Bezugnahme auf die bisherige Registrierung.

(3) Wird eine in die besondere amtliche Verwahrung genommene Verfügung von Todes wegen aus der besonderen amtlichen Verwahrung zurückgegeben, teilt das verwahrende Gericht dies der Registerbehörde mit.

Unterabschnitt 3
Eröffnung von Verfügungen von Todes wegen

§ 348 Eröffnung von Verfügungen von Todes wegen durch das Nachlassgericht

(1) Sobald das Gericht vom Tod des Erblassers Kenntnis erlangt hat, hat es eine in seiner Verwahrung befindliche Verfügung von Todes wegen zu eröffnen. Über die Eröffnung ist eine Niederschrift aufzunehmen. War die Verfügung von Todes wegen verschlossen, ist in der Niederschrift festzustellen, ob der Verschluss unversehrt war.

(2) Das Gericht kann zur Eröffnung der Verfügung von Todes wegen einen Termin bestimmen und die gesetzlichen Erben sowie die sonstigen Beteiligten zum Termin laden. Den Erschienenen ist der Inhalt der Verfügung von Todes wegen mündlich bekannt zu geben. Sie kann den Erschienenen auch vorgelegt werden; auf Verlangen ist sie ihnen vorzulegen.

(3) Das Gericht hat den Beteiligten den sie betreffenden Inhalt der Verfügung von Todes wegen schriftlich bekannt zu geben. Dies gilt nicht für Beteiligte, die in einem Termin nach Absatz 2 anwesend waren.

§ 349 Besonderheiten bei der Eröffnung von gemeinschaftlichen Testamenten und Erbverträgen

(1) Bei der Eröffnung eines gemeinschaftlichen Testaments sind die Verfügungen des überlebenden Ehegatten oder Lebenspartners, soweit sie sich trennen lassen, den Beteiligten nicht bekannt zu geben.

(2) Hat sich ein gemeinschaftliches Testament in besonderer amtlicher Verwahrung befunden, ist von den Verfügungen des verstorbenen Ehegatten oder Lebenspartners eine beglaubigte Abschrift anzufertigen. Das Testament ist wieder zu verschließen und bei dem nach § 344 Abs. 2 zuständigen Gericht erneut in besondere amtliche Verwahrung zurückzubringen.

(3) Absatz 2 gilt nicht, wenn das Testament nur Anordnungen enthält, die sich auf den Erbfall des erstversterbenden Ehegatten oder Lebenspartners beziehen, insbesondere wenn das Testament sich auf die Erklärung beschränkt, dass die Ehegatten oder Lebenspartner sich gegenseitig zu Erben einsetzen.

(4) Die Absätze 1 bis 3 sind auf Erbverträge entsprechend anzuwenden.

§ 350 Eröffnung der Verfügung von Todes wegen durch ein anderes Gericht

Hat ein nach § 344 Abs. 6 zuständiges Gericht die Verfügung von Todes wegen eröffnet, hat es diese und eine beglaubigte Abschrift der Eröffnungsniederschrift dem Nachlassgericht zu übersenden; eine beglaubigte Abschrift der Verfügung von Todes wegen ist zurückzubehalten.

§ 351 Eröffnungsfrist für Verfügungen von Todes wegen

Befindet sich ein Testament, ein gemeinschaftliches Testament oder ein Erbvertrag seit mehr als 30 Jahren in amtlicher Verwahrung, soll die verwahrende Stelle von Amts wegen ermitteln, ob der Erblasser noch lebt. Kann die verwahrende Stelle nicht ermitteln, dass der Erblasser noch lebt, ist die Verfügung von Todes wegen zu eröffnen. Die §§ 348 bis 350 gelten entsprechend.

Unterabschnitt 4
Erbscheinsverfahren; Testamentsvollstreckung

§ 352 Angaben im Antrag auf Erteilung eines Erbscheins; Nachweis der Richtigkeit

III

(1) Wer die Erteilung eines Erbscheins als gesetzlicher Erbe beantragt, hat anzugeben

1. den Zeitpunkt des Todes des Erblassers,
2. den letzten gewöhnlichen Aufenthalt und die Staatsangehörigkeit des Erblassers,
3. das Verhältnis, auf dem sein Erbrecht beruht,
4. ob und welche Personen vorhanden sind oder vorhanden waren, durch die er von der Erbfolge ausgeschlossen oder sein Erbteil gemindert werden würde,
5. ob und welche Verfügungen des Erblassers von Todes wegen vorhanden sind,
6. ob ein Rechtsstreit über sein Erbrecht anhängig ist,
7. dass er die Erbschaft angenommen hat,
8. die Größe seines Erbteils.

Ist eine Person weggefallen, durch die der Antragsteller von der Erbfolge ausgeschlossen oder sein Erbteil gemindert werden würde, so hat der Antragsteller anzugeben, in welcher Weise die Person weggefallen ist.

(2) Wer die Erteilung des Erbscheins auf Grund einer Verfügung von Todes wegen beantragt, hat

1. die Verfügung zu bezeichnen, auf der sein Erbrecht beruht,
2. anzugeben, ob und welche sonstigen Verfügungen des Erblassers von Todes wegen vorhanden sind, und
3. die in Absatz 1 Satz 1 Nummer 1, 2 und 6 bis 8 sowie Satz 2 vorgeschriebenen Angaben zu machen.

(3) Der Antragsteller hat die Richtigkeit der Angaben nach Absatz 1 Satz 1 Nummer 1 und 3 sowie Satz 2 durch öffentliche Urkunden nachzuweisen und im Fall des Absatzes 2 die Urkunde vorzulegen, auf der sein Erbrecht beruht. Sind die Urkunden nicht oder nur mit unverhältnismäßigen Schwierigkeiten zu beschaffen, so genügt die Angabe anderer Beweismittel. Zum Nachweis, dass der Erblasser zur Zeit seines Todes im Güterstand der Zugewinngemeinschaft gelebt hat, und zum Nachweis der übrigen nach den Absätzen 1 und 2 erforderlichen Angaben hat der Antragsteller vor Gericht oder vor einem Notar an Eides statt zu versichern, dass ihm nichts bekannt sei, was der Richtigkeit seiner Angaben entgegensteht. Das Nachlassgericht kann dem Antragsteller die Versicherung erlassen, wenn es sie für nicht erforderlich hält.

§ 352a Gemeinschaftlicher Erbschein

(1) Sind mehrere Erben vorhanden, so ist auf Antrag ein gemeinschaftlicher Erbschein zu erteilen. Der Antrag kann von jedem der Erben gestellt werden.

(2) In dem Antrag sind die Erben und ihre Erbteile anzugeben. Die Angabe der Erbteile ist nicht erforderlich, wenn alle Antragsteller in dem Antrag auf die Aufnahme der Erbteile in den Erbschein verzichten.

(3) Wird der Antrag nicht von allen Erben gestellt, so hat er die Angabe zu enthalten, dass die übrigen Erben die Erbschaft angenommen haben. § 352 Absatz 3 gilt auch für die sich auf die übrigen Erben beziehenden Angaben des Antragstellers.

(4) Die Versicherung an Eides statt gemäß § 352 Absatz 3 Satz 3 ist von allen Erben abzugeben, sofern nicht das Nachlassgericht die Versicherung eines oder mehrerer Erben für ausreichend hält.

§ 352b Inhalt des Erbscheins für den Vorerben; Angabe des Testamentsvollstreckers

(1) In dem Erbschein, der einem Vorerben erteilt wird, ist anzugeben, dass eine Nacherbfolge angeordnet ist, unter welchen Voraussetzungen sie eintritt und wer der Nacherbe ist. Hat der Erblasser den Nacherben auf dasjenige eingesetzt, was von der Erbschaft bei dem Eintritt der Nacherbfolge übrig sein wird, oder hat er bestimmt, dass der Vorerbe zur freien Verfügung über die Erbschaft berechtigt sein soll, so ist auch dies anzugeben.

(2) Hat der Erblasser einen Testamentsvollstrecker ernannt, so ist die Ernennung in dem Erbschein anzugeben.

§ 352c Gegenständlich beschränkter Erbschein

(1) Gehören zu einer Erbschaft auch Gegenstände, die sich im Ausland befinden, kann der Antrag auf Erteilung eines Erbscheins auf die im Inland befindlichen Gegenstände beschränkt werden.

(2) Ein Gegenstand, für den von einer deutschen Behörde ein zur Eintragung des Berechtigten bestimmtes Buch oder Register geführt wird, gilt als im Inland befindlich. Ein Anspruch gilt als im Inland befindlich, wenn für die Klage ein deutsches Gericht zuständig ist.

§ 352d Öffentliche Aufforderung

Das Nachlassgericht kann eine öffentliche Aufforderung zur Anmeldung der anderen Personen zustehenden Erbrechte erlassen; die Art der Bekanntmachung und die Dauer der Anmeldungsfrist bestimmen sich nach den für das Aufgebotsverfahren geltenden Vorschriften.

§ 352e Entscheidung über Erbscheinsanträge

(1) Der Erbschein ist nur zu erteilen, wenn das Nachlassgericht die zur Begründung des Antrags erforderlichen Tatsachen für festgestellt erachtet. Die Entscheidung ergeht durch Beschluss. Der Beschluss wird mit Erlass wirksam. Einer Bekanntgabe des Beschlusses bedarf es nicht.

(2) Widerspricht der Beschluss dem erklärten Willen eines Beteiligten, ist der Beschluss den Beteiligten bekannt zu geben. Das Gericht hat in diesem Fall die sofortige Wirksamkeit des Beschlusses auszusetzen und die Erteilung des Erbscheins bis zur Rechtskraft des Beschlusses zurückzustellen.

(3) Ist der Erbschein bereits erteilt, ist die Beschwerde gegen den Beschluss nur noch insoweit zulässig, als die Einziehung des Erbscheins beantragt wird.

§ 353 Einziehung oder Kraftloserklärung von Erbscheinen

(1) Kann der Erbschein im Verfahren über die Einziehung nicht sofort erlangt werden, so hat ihn das Nachlassgericht durch Beschluss für kraftlos zu erklären. Der Be-

schluss ist entsprechend § 435 öffentlich bekannt zu machen. Mit Ablauf eines Monats nach Veröffentlichung im Bundesanzeiger wird die Kraftloserklärung wirksam. Nach Veröffentlichung des Beschlusses kann dieser nicht mehr angefochten werden.

(2) In Verfahren über die Einziehung oder Kraftloserklärung eines Erbscheins hat das Gericht über die Kosten des Verfahrens zu entscheiden. Die Kostenentscheidung soll zugleich mit der Endentscheidung ergehen.

(3) Ist der Erbschein bereits eingezogen, ist die Beschwerde gegen den Einziehungsbeschluss nur insoweit zulässig, als die Erteilung eines neuen gleichlautenden Erbscheins beantragt wird. Die Beschwerde gilt im Zweifel als Antrag auf Erteilung eines neuen gleichlautenden Erbscheins.

§ 354 Sonstige Zeugnisse

(1) Die §§ 352 bis 353 gelten entsprechend für die Erteilung von Zeugnissen nach den §§ 1507 und 2368 des Bürgerlichen Gesetzbuchs, den §§ 36 und 37 der Grundbuchordnung sowie den §§ 42 und 74 der Schiffsregisterordnung.

(2) Ist der Testamentsvollstrecker in der Verwaltung des Nachlasses beschränkt oder hat der Erblasser angeordnet, dass der Testamentsvollstrecker in der Eingehung von Verbindlichkeiten für den Nachlass nicht beschränkt sein soll, so ist dies in dem Zeugnis nach § 2368 des Bürgerlichen Gesetzbuchs anzugeben.

§ 355 Testamentsvollstreckung

(1) Ein Beschluss, durch den das Nachlassgericht einem Dritten eine Frist zur Erklärung nach § 2198 Abs. 2 des Bürgerlichen Gesetzbuchs oder einer zum Testamentsvollstrecker ernannten Person eine Frist zur Annahme des Amtes bestimmt, ist mit der sofortigen Beschwerde in entsprechender Anwendung der §§ 567 bis 572 der Zivilprozessordnung anfechtbar.

(2) Auf einen Beschluss, durch den das Gericht bei einer Meinungsverschiedenheit zwischen mehreren Testamentsvollstreckern über die Vornahme eines Rechtsgeschäfts entscheidet, ist § 40 Abs. 3 entsprechend anzuwenden; die Beschwerde ist binnen einer Frist von zwei Wochen einzulegen.

(3) Führen mehrere Testamentsvollstrecker das Amt gemeinschaftlich, steht die Beschwerde gegen einen Beschluss, durch den das Gericht Anordnungen des Erblassers für die Verwaltung des Nachlasses außer Kraft setzt, sowie gegen einen Beschluss, durch den das Gericht über Meinungsverschiedenheiten zwischen den Testamentsvollstreckern entscheidet, jedem Testamentsvollstrecker selbständig zu.

III

Zivilprozessordnung (ZPO)

in der Fassung der Bekanntmachung vom 5. Dezember 2005 (BGBl. I S. 3202, 2006 S. 431, 2007 S. 1781)

Zuletzt geändert durch
Kreditzweitmarktförderungsgesetz
vom 22. Dezember 2023 (BGBl. I Nr. 411)

– Auszug –

Inhaltsübersicht

Buch 1
Allgemeine Vorschriften

Abschnitt 1
Gerichte

Titel 4
Ausschließung und Ablehnung der Gerichtspersonen

§ 41 Ausschluss von der Ausübung des Richteramtes
§ 42 Ablehnung eines Richters
§ 43 Verlust des Ablehnungsrechts
§ 44 Ablehnungsgesuch
§ 45 Entscheidung über das Ablehnungsgesuch
§ 46 Entscheidung und Rechtsmittel
§ 47 Unaufschiebbare Amtshandlungen
§ 48 Selbstablehnung; Ablehnung von Amts wegen
§ 49 Urkundsbeamte

Abschnitt 2
Parteien

Titel 1
Parteifähigkeit, Prozessfähigkeit

§ 50 Parteifähigkeit
§ 51 Prozessfähigkeit; gesetzliche Vertretung; Prozessführung
§ 52 Umfang der Prozessfähigkeit
§ 53 Prozessfähigkeit bei rechtlicher Betreuung
§ 54 Besondere Ermächtigung zu Prozesshandlungen
§ 55 Prozessfähigkeit von Ausländern
§ 56 Prüfung von Amts wegen
§ 57 Prozesspfleger
§ 58 Prozesspfleger bei herrenlosem Grundstück oder Schiff

Titel 7
Prozesskostenhilfe und Prozesskostenvorschuss

§ 114 Voraussetzungen
§ 115 Einsatz von Einkommen und Vermögen
§ 116 Partei kraft Amtes; juristische Person; parteifähige Vereinigung
§ 117 Antrag
§ 118 Bewilligungsverfahren

Abschnitt 3
Verfahren

Titel 2
Verfahren bei Zustellungen

Untertitel 1
Zustellungen von Amts wegen

§ 170 Zustellung an Vertreter
§ 171 Zustellung an Bevollmächtigte

Titel 3
Ladungen, Termine und Fristen

§ 222 Fristberechnung
§ 224 Fristkürzung; Fristverlängerung
§ 225 Verfahren bei Friständerung

Titel 5
Unterbrechung und Aussetzung des Verfahrens

§ 241 Unterbrechung durch Prozessunfähigkeit
§ 246 Aussetzung bei Vertretung durch Prozessbevollmächtigten

Buch 3
Rechtsmittel

Abschnitt 2
Revision

§ 548 Revisionsfrist

Abschnitt 3
Beschwerde

Titel 1
Sofortige Beschwerde

§ 567 Sofortige Beschwerde; Anschlussbeschwerde
§ 568 Originärer Einzelrichter
§ 569 Frist und Form
§ 570 Aufschiebende Wirkung; einstweilige Anordnungen
§ 571 Begründung, Präklusion, Ausnahmen vom Anwaltszwang
§ 572 Gang des Beschwerdeverfahrens

Buch 4
Wiederaufnahme des Verfahrens

§ 578 Arten der Wiederaufnahme
§ 579 Nichtigkeitsklage
§ 580 Restitutionsklage
§ 581 Besondere Voraussetzungen der Restitutionsklage
§ 582 Hilfsnatur der Restitutionsklage

§ 583 Vorentscheidungen
§ 584 Ausschließliche Zuständigkeit für Nichtigkeits- und Restitutionsklagen
§ 585 Allgemeine Verfahrensgrundsätze
§ 586 Klagefrist
§ 587 Klageschrift
§ 588 Inhalt der Klageschrift
§ 589 Zulässigkeitsprüfung
§ 590 Neue Verhandlung
§ 591 Rechtsmittel

Buch 8
Zwangsvollstreckung

Abschnitt 2
Zwangsvollstreckung wegen Geldforderungen

Titel 2
Zwangsvollstreckung in das bewegliche Vermögen

Untertitel 3
Zwangsvollstreckung in Forderungen und andere Vermögensrechte

§ 850a Unpfändbare Bezüge
§ 850b Bedingt pfändbare Bezüge
§ 850c Pfändungsgrenzen für Arbeitseinkommen
§ 850d Pfändbarkeit bei Unterhaltsansprüchen
§ 850e Berechnung des pfändbaren Arbeitseinkommens
§ 850f Änderung des unpfändbaren Betrages
§ 850g Änderung der Unpfändbarkeitsvoraussetzungen
§ 850h Verschleiertes Arbeitseinkommen
§ 850i Pfändungsschutz für sonstige Einkünfte
§ 850k Einrichtung und Beendigung des Pfändungsschutzkontos
§ 850l Pfändung des Gemeinschaftskontos
§ 851 Nicht übertragbare Forderungen
§ 851a Pfändungsschutz für Landwirte
§ 851b Pfändungsschutz bei Miet- und Pachtzinsen
§ 851c Pfändungsschutz bei Altersrenten
§ 851d Pfändungsschutz bei steuerlich gefördertem Altersvorsorgevermögen

Buch 1
Allgemeine Vorschriften

Abschnitt 1
Gerichte

Titel 4
Ausschließung und Ablehnung der Gerichtspersonen

§ 41 Ausschluss von der Ausübung des Richteramtes

Ein Richter ist von der Ausübung des Richteramtes kraft Gesetzes ausgeschlossen:

1. in Sachen, in denen er selbst Partei ist oder bei denen er zu einer Partei in dem Verhältnis eines Mitberechtigten, Mitverpflichteten oder Regresspflichtigen steht;
2. in Sachen seines Ehegatten, auch wenn die Ehe nicht mehr besteht;

2a. in Sachen seines Lebenspartners, auch wenn die Lebenspartnerschaft nicht mehr besteht;

3. in Sachen einer Person, mit der er in gerader Linie verwandt oder verschwägert, in der Seitenlinie bis zum dritten Grad verwandt oder bis zum zweiten Grad verschwägert ist oder war;
4. in Sachen, in denen er als Prozessbevollmächtigter oder Beistand einer Partei bestellt oder als gesetzlicher Vertreter einer Partei aufzutreten berechtigt ist oder gewesen ist;
5. in Sachen, in denen er als Zeuge oder Sachverständiger vernommen ist;
6. in Sachen, in denen er in einem früheren Rechtszug oder im schiedsrichterlichen Verfahren bei dem Erlass der angefochtenen Entscheidung mitgewirkt hat, sofern es sich nicht um die Tätigkeit eines beauftragten oder ersuchten Richters handelt;
7. in Sachen wegen überlanger Gerichtsverfahren, wenn er in dem beanstandeten Verfahren in einem Rechtszug mitgewirkt hat, auf dessen Dauer der Entschädigungsanspruch gestützt wird;
8. in Sachen, in denen er an einem Mediationsverfahren oder einem anderen Verfahren der außergerichtlichen Konfliktbeilegung mitgewirkt hat.

§ 42 Ablehnung eines Richters

(1) Ein Richter kann sowohl in den Fällen, in denen er von der Ausübung des Richteramts kraft Gesetzes ausgeschlossen ist, als auch wegen Besorgnis der Befangenheit abgelehnt werden.

(2) Wegen Besorgnis der Befangenheit findet die Ablehnung statt, wenn ein Grund vorliegt, der geeignet ist, Misstrauen gegen die Unparteilichkeit eines Richters zu rechtfertigen.

(3) Das Ablehnungsrecht steht in jedem Fall beiden Parteien zu.

§ 43 Verlust des Ablehnungsrechts

Eine Partei kann einen Richter wegen Besorgnis der Befangenheit nicht mehr ablehnen, wenn sie sich bei ihm, ohne den ihr bekannten Ablehnungsgrund geltend zu machen, in eine Verhandlung eingelassen oder Anträge gestellt hat.

§ 44 Ablehnungsgesuch

(1) Das Ablehnungsgesuch ist bei dem Gericht, dem der Richter angehört, anzubringen; es kann vor der Geschäftsstelle zu Protokoll erklärt werden.

(2) Der Ablehnungsgrund ist glaubhaft zu machen; zur Versicherung an Eides statt darf die Partei nicht zugelassen werden. Zur Glaubhaftmachung kann auf das Zeugnis des abgelehnten Richters Bezug genommen werden.

(3) Der abgelehnte Richter hat sich über den Ablehnungsgrund dienstlich zu äußern.

(4) Wird ein Richter, bei dem die Partei sich in eine Verhandlung eingelassen oder Anträge gestellt hat, wegen Besorgnis der Befangenheit abgelehnt, so ist glaubhaft zu machen, dass der Ablehnungsgrund erst später entstanden oder der Partei bekannt geworden ist. Das Ablehnungsgesuch ist unverzüglich anzubringen.

§ 45 Entscheidung über das Ablehnungsgesuch

(1) Über das Ablehnungsgesuch entscheidet das Gericht, dem der Abgelehnte angehört, ohne dessen Mitwirkung.

(2) Wird ein Richter beim Amtsgericht abgelehnt, so entscheidet ein anderer Richter des Amtsgerichts über das Gesuch. Einer Entscheidung bedarf es nicht, wenn der abgelehnte Richter das Ablehnungsgesuch für begründet hält.

(3) Wird das zur Entscheidung berufene Gericht durch Ausscheiden des abgelehnten Mitglieds beschlussunfähig, so entscheidet das im Rechtszug zunächst höhere Gericht.

§ 46 Entscheidung und Rechtsmittel

(1) Die Entscheidung über das Ablehnungsgesuch ergeht durch Beschluss.

(2) Gegen den Beschluss, durch den das Gesuch für begründet erklärt wird, findet kein Rechtsmittel, gegen den Beschluss, durch den das Gesuch für unbegründet erklärt wird, findet sofortige Beschwerde statt.

§ 47 Unaufschiebbare Amtshandlungen

(1) Ein abgelehnter Richter hat vor Erledigung des Ablehnungsgesuchs nur solche Handlungen vorzunehmen, die keinen Aufschub gestatten.

(2) Wird ein Richter während der Verhandlung abgelehnt und würde die Entscheidung über die Ablehnung eine Vertagung der Verhandlung erfordern, so kann der Termin unter Mitwirkung des abgelehnten Richters fortgesetzt werden. Wird die Ablehnung für begründet erklärt, so ist der nach Anbringung des Ablehnungsgesuchs liegende Teil der Verhandlung zu wiederholen.

§ 48 Selbstablehnung; Ablehnung von Amts wegen

Das für die Erledigung eines Ablehnungsgesuchs zuständige Gericht hat auch dann zu entscheiden, wenn ein solches Gesuch nicht angebracht ist, ein Richter aber von einem Verhältnis Anzeige macht, das seine Ablehnung rechtfertigen könnte, oder wenn aus anderer Veranlassung Zweifel darüber entstehen, ob ein Richter kraft Gesetzes ausgeschlossen sei.

§ 49 Urkundsbeamte

Die Vorschriften dieses Titels sind auf den Urkundsbeamten der Geschäftsstelle entsprechend anzuwenden; die Entscheidung ergeht durch das Gericht, bei dem er angestellt ist.

Abschnitt 2
Parteien

Titel 1
Parteifähigkeit, Prozessfähigkeit

§ 50 Parteifähigkeit

Parteifähig ist, wer rechtsfähig ist.

§ 51 Prozessfähigkeit; gesetzliche Vertretung; Prozessführung

(1) Die Fähigkeit einer Partei, vor Gericht zu stehen, die Vertretung nicht prozessfähiger Parteien durch andere Personen (gesetzliche Vertreter) und die Notwendigkeit einer besonderen Ermächtigung zur Prozessführung bestimmt sich nach den Vorschriften des bürgerlichen Rechts, soweit nicht die nachfolgenden Paragraphen abweichende Vorschriften enthalten.

(2) Das Verschulden eines gesetzlichen Vertreters steht dem Verschulden der Partei gleich.

(3) Hat eine nicht prozessfähige Partei, die eine volljährige natürliche Person ist, wirksam eine andere natürliche Person schriftlich mit ihrer gerichtlichen Vertretung bevollmächtigt, so steht diese Person einem gesetzlichen Vertreter gleich, wenn die Bevollmächtigung geeignet ist, gemäß § 1814 Absatz 3 Satz 2 Nummer 1 des Bürgerlichen Gesetzbuchs die Erforderlichkeit einer Betreuung entfallen zu lassen.

§ 52 Umfang der Prozessfähigkeit

Eine Person ist insoweit prozessfähig, als sie sich durch Verträge verpflichten kann.

§ 53 Prozessfähigkeit bei rechtlicher Betreuung

(1) Bei Personen, für die ein Betreuer bestellt ist, richtet sich die Prozessfähigkeit nach den allgemeinen Vorschriften.

(2) Wird ein Betreuter in einem Rechtsstreit durch einen Betreuer vertreten, kann der Betreuer in jeder Lage des Verfahrens gegenüber dem Prozessgericht schriftlich oder zu Protokoll der Geschäftsstelle erklären, dass der Rechtsstreit fortan ausschließlich durch ihn geführt wird (Ausschließlichkeitserklärung). Mit Eingang der Ausschließlichkeitserklärung steht der Betreute für den weiteren Rechtsstreit einer nicht prozessfähigen Person gleich. Der Betreuer kann die Ausschließlichkeitserklärung jederzeit mit Wirkung für die Zukunft zurücknehmen.

§ 54 Besondere Ermächtigung zu Prozesshandlungen

Einzelne Prozesshandlungen, zu denen nach den Vorschriften des bürgerlichen Rechts eine besondere Ermächtigung erforderlich ist, sind ohne sie gültig, wenn die Ermächtigung zur Prozessführung im Allgemeinen erteilt oder die Prozessführung auch ohne eine solche Ermächtigung im Allgemeinen statthaft ist.

§ 55 Prozessfähigkeit von Ausländern

Ein Ausländer, dem nach dem Recht seines Landes die Prozessfähigkeit mangelt, gilt als prozessfähig, wenn ihm nach dem Recht des Prozessgerichts die Prozessfähigkeit zusteht.

§ 56 Prüfung von Amts wegen

(1) Das Gericht hat den Mangel der Parteifähigkeit, der Prozessfähigkeit, der Legitimation eines gesetzlichen Vertreters und der erforderlichen Ermächtigung zur Prozessführung von Amts wegen zu berücksichtigen.

(2) Die Partei oder deren gesetzlicher Vertreter kann zur Prozessführung mit Vorbehalt der Beseitigung des Mangels zugelassen werden, wenn mit dem Verzug Gefahr für die Partei verbunden ist. Das Endurteil darf erst erlassen werden, nachdem die für die Beseitigung des Mangels zu bestimmende Frist abgelaufen ist.

§ 57 Prozesspfleger

(1) Soll eine nicht prozessfähige Partei verklagt werden, die ohne gesetzlichen Vertreter ist, so hat ihr der Vorsitzende des Prozessgerichts, falls mit dem Verzug Gefahr verbunden ist, auf Antrag bis zu dem Eintritt des gesetzlichen Vertreters einen besonderen Vertreter zu bestellen.

(2) Der Vorsitzende kann einen solchen Vertreter auch bestellen, wenn in den Fällen des § 20 eine nicht prozessfähige Person bei dem Gericht ihres Aufenthaltsortes verklagt werden soll.

§ 58 Prozesspfleger bei herrenlosem Grundstück oder Schiff

(1) Soll ein Recht an einem Grundstück, das von dem bisherigen Eigentümer nach § 928 des Bürgerlichen Gesetzbuchs aufgegeben und von dem Aneignungsberechtigten noch nicht erworben worden ist, im Wege der Klage geltend gemacht werden, so hat der Vorsitzende des Prozessgerichts auf Antrag einen Vertreter zu bestellen, dem bis zur Eintragung eines neuen Eigentümers die Wahrnehmung der sich aus dem Eigentum ergebenden Rechte und Verpflichtungen im Rechtsstreit obliegt.

(2) Absatz 1 gilt entsprechend, wenn im Wege der Klage ein Recht an einem eingetragenen Schiff oder Schiffsbauwerk geltend gemacht werden soll, das von dem bisherigen Eigentümer nach § 7 des Gesetzes über Rechte an eingetragenen Schiffen und Schiffsbauwerken vom 15. November 1940 (RGBl. I S. 1499) aufgegeben und von dem Aneignungsberechtigten noch nicht erworben worden ist.

Titel 7
Prozesskostenhilfe und Prozesskostenvorschuss

§ 114 Voraussetzungen

(1) Eine Partei, die nach ihren persönlichen und wirtschaftlichen Verhältnissen die Kosten der Prozessführung nicht, nur zum Teil oder nur in Raten aufbringen kann, erhält auf Antrag Prozesskostenhilfe, wenn die beabsichtigte Rechtsverfolgung oder Rechtsverteidigung hinreichende Aussicht auf Erfolg bietet und nicht mutwillig erscheint. Für die grenzüberschreitende Prozesskostenhilfe innerhalb der Europäischen Union gelten ergänzend die §§ 1076 bis 1078.

(2) Mutwillig ist die Rechtsverfolgung oder Rechtsverteidigung, wenn eine Partei, die keine Prozesskostenhilfe beansprucht, bei verständiger Würdigung aller Umstände von der Rechtsverfolgung oder Rechtsverteidigung absehen würde, obwohl eine hinreichende Aussicht auf Erfolg besteht.

§ 115 Einsatz von Einkommen und Vermögen

(1) Die Partei hat ihr Einkommen einzusetzen. Zum Einkommen gehören alle Einkünfte in Geld oder Geldeswert. Von ihm sind abzusetzen:

1. a) die in § 82 Abs. 2 des Zwölften Buches Sozialgesetzbuch bezeichneten Beträge;
   b) bei Parteien, die ein Einkommen aus Erwerbstätigkeit erzielen, ein Betrag in Höhe von 50 vom Hundert des Regelsatzes, der für den alleinstehenden oder alleinerziehenden Leistungsberechtigten vom Bund gemäß der Regelbedarfsstufe 1 nach der Anlage zu § 28 des Zwölften Buches Sozialgesetzbuch festgesetzt oder fortgeschrieben worden ist;
2. a) für die Partei und ihren Ehegatten oder ihren Lebenspartner jeweils ein Betrag in Höhe des um 10 vom Hundert erhöhten Regelsatzes, der für den alleinstehenden oder alleinerziehenden Leistungsberechtigten vom Bund gemäß der Regelbedarfsstufe 1 nach der Anlage zu § 28 des Zwölften Buches Sozialgesetzbuch festgesetzt oder fortgeschrieben worden ist;
   b) bei weiteren Unterhaltsleistungen auf Grund gesetzlicher Unterhaltspflicht für jede unterhaltsberechtigte Person jeweils ein Betrag in Höhe des um 10 vom Hundert erhöhten Regelsatzes, der für eine Person ihres Alters vom Bund gemäß den Regelbedarfsstufen 3 bis 6 nach der Anlage zu § 28 des Zwölften Buches Sozialgesetzbuch festgesetzt oder fortgeschrieben worden ist;
3. die Kosten der Unterkunft und Heizung, soweit sie nicht in einem auffälligen Missverhältnis zu den Lebensverhältnissen der Partei stehen;
4. Mehrbedarfe nach § 21 des Zweiten Buches Sozialgesetzbuch und nach § 30 des Zwölften Buches Sozialgesetzbuch;
5. weitere Beträge, soweit dies mit Rücksicht auf besondere Belastungen angemessen ist; § 1610a des Bürgerlichen Gesetzbuchs gilt entsprechend.

Maßgeblich sind die Beträge, die zum Zeitpunkt der Bewilligung der Prozesskostenhilfe gelten. Soweit am Wohnsitz der Partei aufgrund einer Neufestsetzung oder Fortschreibung nach § 29 Absatz 2 bis 4 des Zwölften Buches Sozialgesetzbuch höhere Regelsätze gelten, sind diese heranzuziehen. Das Bundesministerium der Justiz und für Verbraucherschutz gibt bei jeder Neufestsetzung oder jeder Fortschreibung die maßgebenden Beträge nach Satz 3 Nummer 1 Buchstabe b und Nummer 2 und nach Satz 5 im Bundesgesetzblatt bekannt. Diese Beträge sind, soweit sie nicht volle Euro ergeben, bis zu 0,49 Euro abzurunden und von 0,50 Euro an aufzurunden. Die Unterhaltsfreibeträge nach Satz 3 Nr. 2 vermindern sich um eigenes Einkommen der unterhaltsberechtigten Person. Wird eine Geldrente gezahlt, so ist sie anstelle des Freibetrages abzusetzen, soweit dies angemessen ist.

(2) Von dem nach den Abzügen verbleibenden Teil des monatlichen Einkommens (einzusetzendes Einkommen) sind Monatsraten in Höhe der Hälfte des einzusetzenden Einkommens festzusetzen; die Monatsraten sind auf volle Euro abzurunden. Beträgt die Höhe einer Monatsrate weniger als 10 Euro, ist von der Festsetzung von Monatsraten abzusehen. Bei einem einzusetzenden Einkommen von mehr als 600 Euro beträgt die Monatsrate 300 Euro zuzüglich des Teils des einzusetzenden Einkommens, der 600 Euro übersteigt. Unabhängig von der Zahl der Rechtszüge sind höchstens 48 Monatsraten aufzubringen.

(3) Die Partei hat ihr Vermögen einzusetzen, soweit dies zumutbar ist. § 90 des Zwölften Buches Sozialgesetzbuch gilt entsprechend.

(4) Prozesskostenhilfe wird nicht bewilligt, wenn die Kosten der Prozessführung der Partei vier Monatsraten und die aus dem Vermögen aufzubringenden Teilbeträge voraussichtlich nicht übersteigen.

Bekanntmachung zu § 115 der Zivilprozessordnung (Prozesskostenhilfebekanntmachung 2024 – PKHB 2024)
Vom 22. Dezember 2023

Auf Grund des § 115 Absatz 1 Satz 6 der Zivilprozessordnung, der zuletzt durch Artikel 10 Nummer 3 des Gesetzes vom 21. Dezember 2020 (BGBl. I S. 3229) geändert worden ist, in Verbindung mit § 1 Absatz 2 des Zuständigkeitsanpassungsgesetzes vom 16. August 2002 (BGBl. I S. 3165) und dem Organisationserlass vom 8. Dezember 2021 (BGBl. I S. 5176) werden die ab dem 1. Januar 2024 maßgebenden Beträge, die nach § 115 Absatz 1 Satz 3 Nummer 1 Buchstabe b und Nummer 2 sowie Satz 5 der Zivilprozessordnung vom Einkommen der Partei abzusetzen sind, bekannt gemacht:

	Freibetrag Bund	Freibetrag im Landkreis Fürstenfeldbruck	Freibetrag in der Landhauptstadt München	Freibetrag im Landkreis München	Freibetrag im Landkreis Starnberg
Parteien, die ein Einkommen aus Erwerbstätigkeit erzielen (§ 115 Absatz 1 Satz 3 Nummer 1 Buchstabe b der Zivilprozessordnung)	282 Euro	295 Euro	296 Euro	290 Euro	297 Euro
Partei, Ehegatte oder Lebenspartner (§ 115 Absatz 1 Satz 3 Nummer 2 Buchstabe a der Zivilprozessordnung)	619 Euro	649 Euro	650 Euro	637 Euro	652 Euro
Freibetrag für unterhaltsberechtigte Erwachsene (§ 115 Absatz 1 Satz 3 Nummer 2 Buchstabe b der Zivilprozessordnung – Regelbedarfsstufe 3)	496 Euro	520 Euro	519 Euro	510 Euro	523 Euro
Freibetrag für unterhaltsberechtigte Jugendliche vom Beginn des 15. bis zur Vollendung des 18. Lebensjahres (§ 115 Absatz 1 Satz 3 Nummer 2 Buchstabe b der Zivilprozessordnung – Regelbedarfsstufe 4)	518 Euro	540 Euro	541 Euro	534 Euro	543 Euro
Freibetrag für unterhaltsberechtigte Kinder vom Beginn des siebten bis zur Vollendung des 14. Lebensjahres (§ 115 Absatz 1 Satz 3 Nummer 2 Buchstabe b der Zivilprozessordnung – Regelbedarfsstufe 5)	429 Euro	443 Euro	446 Euro	441 Euro	446 Euro
Freibetrag für unterhaltsberechtigte Kinder bis zur Vollendung des sechsten Lebensjahres (§ 115 Absatz 1 Satz 3 Nummer 2 Buchstabe b der Zivilprozessordnung – Regelbedarfsstufe 6)	393 Euro	408 Euro	407 Euro	404 Euro	409 Euro

§ 116 Partei kraft Amtes; juristische Person; parteifähige Vereinigung

Prozesskostenhilfe erhalten auf Antrag

1. eine Partei kraft Amtes, wenn die Kosten aus der verwalteten Vermögensmasse nicht aufgebracht werden können und den am Gegenstand des Rechtsstreits wirtschaftlich Beteiligten nicht zuzumuten ist, die Kosten aufzubringen;
2. eine juristische Person oder parteifähige Vereinigung, die im Inland, in einem anderen Mitgliedstaat der Europäischen Union oder einem anderen Vertragsstaat des Abkommens über den Europäischen Wirtschaftsraum gegründet und dort ansässig ist, wenn die Kosten weder von ihr noch von den am Gegenstand des Rechtsstreits wirtschaftlich Beteiligten aufgebracht werden können und wenn die Unterlassung der Rechtsverfolgung oder Rechtsverteidigung allgemeinen Interessen zuwiderlaufen würde.

§ 114 Absatz 1 Absatz 1 Satz 1 letzter Halbsatz und Absatz 2 ist anzuwenden. Können die Kosten nur zum Teil oder nur in Teilbeträgen aufgebracht werden, so sind die entsprechenden Beträge zu zahlen.

§ 117 Antrag

(1) Der Antrag auf Bewilligung der Prozesskostenhilfe ist bei dem Prozessgericht zu stellen; er kann vor der Geschäftsstelle zu Protokoll erklärt werden. In dem Antrag ist das Streitverhältnis unter Angabe der Beweismittel darzustellen. Der Antrag auf Bewilligung von Prozesskostenhilfe für die Zwangsvollstreckung ist bei dem für die Zwangsvollstreckung zuständigen Gericht zu stellen.

(2) Dem Antrag sind eine Erklärung der Partei über ihre persönlichen und wirtschaftlichen Verhältnisse (Familienverhältnisse, Beruf, Vermögen, Einkommen und Lasten) sowie entsprechende Belege beizufügen. Die Erklärung und die Belege dürfen dem Gegner nur mit Zustimmung der Partei zugänglich gemacht werden; es sei denn, der Gegner hat gegen den Antragsteller nach den Vorschriften des bürgerlichen Rechts einen Anspruch auf Auskunft über Einkünfte und Vermögen des Antragstellers. Dem Antragsteller ist vor der Übermittlung seiner Erklärung an den Gegner Gelegenheit zur Stellungnahme zu geben. Er ist über die Übermittlung seiner Erklärung zu unterrichten.

(3) Der Bundesminister der Justiz und für Verbraucherschutz wird ermächtigt, zur Vereinfachung und Vereinheitlichung des Verfahrens durch Rechtsverordnung mit Zustimmung des Bundesrates Formulare für die Erklärung einzuführen. Die Formulare enthalten die nach § 120a Absatz 2 Satz 4 erforderliche Belehrung.

(4) Soweit Formulare für die Erklärung eingeführt sind, muss sich die Partei ihrer bedienen.

§ 118 Bewilligungsverfahren

(1) Dem Gegner ist Gelegenheit zur Stellungnahme zu geben, ob er die Voraussetzungen für die Bewilligung von Prozesskostenhilfe für gegeben hält, soweit dies aus besonderen Gründen nicht unzweckmäßig erscheint. Die Stellungnahme kann vor der Geschäftsstelle zu Protokoll erklärt werden. Das Gericht kann die Parteien zur mündlichen Erörterung laden, wenn eine Einigung zu erwarten ist; ein Vergleich ist zu gerichtlichem Protokoll zu nehmen. Dem Gegner entstandene Kosten werden nicht erstattet. Die durch die Vernehmung von Zeugen und Sachverständigen nach Absatz 2 Satz 3 entstandenen Auslagen sind als Gerichtskosten von der Partei zu tragen, der die Kosten des Rechtsstreits auferlegt sind.

(2) Das Gericht kann verlangen, dass der Antragsteller seine tatsächlichen Angaben glaubhaft macht, es kann insbesondere auch die Abgabe einer Versicherung an

Eides statt fordern. Es kann Erhebungen anstellen, insbesondere die Vorlegung von Urkunden anordnen und Auskünfte einholen. Zeugen und Sachverständige werden nicht vernommen, es sei denn, dass auf andere Weise nicht geklärt werden kann, ob die Rechtsverfolgung oder Rechtsverteidigung hinreichende Aussicht auf Erfolg bietet und nicht mutwillig erscheint; eine Beeidigung findet nicht statt. Hat der Antragsteller innerhalb einer von dem Gericht gesetzten Frist Angaben über seine persönlichen und wirtschaftlichen Verhältnisse nicht glaubhaft gemacht oder bestimmte Fragen nicht oder ungenügend beantwortet, so lehnt das Gericht die Bewilligung von Prozesskostenhilfe insoweit ab.

(3) Die in Absatz 1, 2 bezeichneten Maßnahmen werden von dem Vorsitzenden oder einem von ihm beauftragten Mitglied des Gerichts durchgeführt.

Abschnitt 3
Verfahren

Titel 2
Verfahren bei Zustellungen

Untertitel 1
Zustellungen von Amts wegen

§ 170 Zustellung an Vertreter

(1) Bei nicht prozessfähigen Personen ist an ihren gesetzlichen Vertreter zuzustellen. Die Zustellung an die nicht prozessfähige Person ist unwirksam.

(2) Ist der Zustellungsadressat keine natürliche Person, genügt die Zustellung an den Leiter.

(3) Bei mehreren gesetzlichen Vertretern oder Leitern genügt die Zustellung an einen von ihnen.

§ 171 Zustellung an Bevollmächtigte

An den rechtsgeschäftlich bestellten Vertreter kann mit gleicher Wirkung wie an den Vertretenden zugestellt werden. Der Vertreter hat eine schriftliche Vollmacht vorzulegen.

Titel 3
Ladungen, Termine und Fristen

§ 222 Fristberechnung

(1) Für die Berechnung der Fristen gelten die Vorschriften des Bürgerlichen Gesetzbuchs.

(2) Fällt das Ende einer Frist auf einen Sonntag, einen allgemeinen Feiertag oder einen Sonnabend, so endet die Frist mit Ablauf des nächsten Werktages.

(3) Bei der Berechnung einer Frist, die nach Stunden bestimmt ist, werden Sonntage, allgemeine Feiertage und Sonnabende nicht mitgerechnet.

§ 224 Fristkürzung; Fristverlängerung

(1) Durch Vereinbarung der Parteien können Fristen, mit Ausnahme der Notfristen, abgekürzt werden. Notfristen sind nur diejenigen Fristen, die in diesem Gesetz als solche bezeichnet sind.

(2) Auf Antrag können richterliche und gesetzliche Fristen abgekürzt oder verlängert werden, wenn erhebliche Gründe glaubhaft gemacht sind, gesetzliche Fristen jedoch nur in den besonders bestimmten Fällen.

(3) Im Falle der Verlängerung wird die neue Frist von dem Ablauf der vorigen Frist an berechnet, wenn nicht im einzelnen Fall ein anderes bestimmt ist.

§ 225 Verfahren bei Friständerung

(1) Über das Gesuch um Abkürzung oder Verlängerung einer Frist kann ohne mündliche Verhandlung entschieden werden.

(2) Die Abkürzung oder wiederholte Verlängerung darf nur nach Anhörung des Gegners bewilligt werden.

(3) Eine Anfechtung des Beschlusses, durch den das Gesuch um Verlängerung einer Frist zurückgewiesen ist, findet nicht statt.

Titel 5
Unterbrechung und Aussetzung des Verfahrens

§ 241 Unterbrechung durch Prozessunfähigkeit

(1) Verliert eine Partei die Prozessfähigkeit oder stirbt der gesetzliche Vertreter einer Partei oder hört seine Vertretungsbefugnis auf, ohne dass die Partei prozessfähig geworden ist, so wird das Verfahren unterbrochen, bis der gesetzliche Vertreter oder der neue gesetzliche Vertreter von seiner Bestellung dem Gericht Anzeige macht oder der Gegner seine Absicht, das Verfahren fortzusetzen, dem Gericht angezeigt und das Gericht diese Anzeige von Amts wegen zugestellt hat.

(2) Die Anzeige des gesetzlichen Vertreters ist dem Gegner der durch ihn vertretenen Partei, die Anzeige des Gegners ist dem Vertreter zuzustellen.

(3) Diese Vorschriften sind entsprechend anzuwenden, wenn eine Nachlassverwaltung angeordnet wird.

§ 246 Aussetzung bei Vertretung durch Prozessbevollmächtigten

(1) Fand in den Fällen des Todes, des Verlustes der Prozessfähigkeit, des Wegfalls des gesetzlichen Vertreters, der Anordnung einer Nachlassverwaltung oder des Eintritts der Nacherbfolge (§§ 239, 241, 242) eine Vertretung durch einen Prozessbevollmächtigten statt, so tritt eine Unterbrechung des Verfahrens nicht ein; das Prozessgericht hat jedoch auf Antrag des Bevollmächtigten, in den Fällen des Todes und der Nacherbfolge auch auf Antrag des Gegners die Aussetzung des Verfahrens anzuordnen.

(2) Die Dauer der Aussetzung und die Aufnahme des Verfahrens richten sich nach den Vorschriften der §§ 239, 241 bis 243; in den Fällen des Todes und der Nacherbfolge ist die Ladung mit dem Schriftsatz, in dem sie beantragt ist, auch dem Bevollmächtigten zuzustellen.

Buch 3
Rechtsmittel

Abschnitt 2
Revision

§ 548 Revisionsfrist

Die Frist für die Einlegung der Revision (Revisionsfrist) beträgt einen Monat; sie ist eine Notfrist und beginnt mit der Zustellung des in vollständiger Form abgefassten Berufungsurteils, spätestens aber mit dem Ablauf von fünf Monaten nach der Verkündung.

Abschnitt 3 Beschwerde

Titel 1 Sofortige Beschwerde

§ 567 Sofortige Beschwerde; Anschlussbeschwerde

(1) Die sofortige Beschwerde findet statt gegen die im ersten Rechtszug ergangenen Entscheidungen der Amtsgerichte und Landgerichte, wenn

1. dies im Gesetz ausdrücklich bestimmt ist oder
2. es sich um solche eine mündliche Verhandlung nicht erfordernde Entscheidungen handelt, durch die ein das Verfahren betreffendes Gesuch zurückgewiesen worden ist.

(2) Gegen Entscheidungen über Kosten ist die Beschwerde nur zulässig, wenn der Wert des Beschwerdegegenstands 200 Euro übersteigt.

(3) Der Beschwerdegegner kann sich der Beschwerde anschließen, selbst wenn er auf die Beschwerde verzichtet hat oder die Beschwerdefrist verstrichen ist. Die Anschließung verliert ihre Wirkung, wenn die Beschwerde zurückgenommen oder als unzulässig verworfen wird.

§ 568 Originärer Einzelrichter

Das Beschwerdegericht entscheidet durch eines seiner Mitglieder als Einzelrichter, wenn die angefochtene Entscheidung von einem Einzelrichter oder einem Rechtspfleger erlassen wurde. Der Einzelrichter überträgt das Verfahren dem Beschwerdegericht zur Entscheidung in der im Gerichtsverfassungsgesetz vorgeschriebenen Besetzung, wenn

1. die Sache besondere Schwierigkeiten tatsächlicher oder rechtlicher Art aufweist oder
2. die Rechtssache grundsätzliche Bedeutung hat.

Auf eine erfolgte oder unterlassene Übertragung kann ein Rechtsmittel nicht gestützt werden.

§ 569 Frist und Form

(1) Die sofortige Beschwerde ist, soweit keine andere Frist bestimmt ist, binnen einer Notfrist von zwei Wochen bei dem Gericht, dessen Entscheidung angefochten wird, oder bei dem Beschwerdegericht einzulegen. Die Notfrist beginnt, soweit nichts anderes bestimmt ist, mit der Zustellung der Entscheidung, spätestens mit dem Ablauf von fünf Monaten nach der Verkündung des Beschlusses. Liegen die Erfordernisse der Nichtigkeits- oder der Restitutionsklage vor, so kann die Beschwerde auch nach Ablauf der Notfrist innerhalb der für diese Klagen geltenden Notfristen erhoben werden.

(2) Die Beschwerde wird durch Einreichung einer Beschwerdeschrift eingelegt. Die Beschwerdeschrift muss die Bezeichnung der angefochtenen Entscheidung sowie die Erklärung enthalten, dass Beschwerde gegen diese Entscheidung eingelegt werde.

(3) Die Beschwerde kann auch durch Erklärung zu Protokoll der Geschäftsstelle eingelegt werden, wenn

1. der Rechtsstreit im ersten Rechtszug nicht als Anwaltsprozess zu führen ist oder war,
2. die Beschwerde die Prozesskostenhilfe betrifft oder
3. sie von einem Zeugen, Sachverständigen oder Dritten im Sinne der §§ 142, 144 erhoben wird.

§ 570 Aufschiebende Wirkung; einstweilige Anordnungen

(1) Die Beschwerde hat nur dann aufschiebende Wirkung, wenn sie die Festsetzung eines Ordnungs- oder Zwangsmittels zum Gegenstand hat.

(2) Das Gericht oder der Vorsitzende, dessen Entscheidung angefochten wird, kann die Vollziehung der Entscheidung aussetzen.

(3) Das Beschwerdegericht kann vor der Entscheidung eine einstweilige Anordnung erlassen; es kann insbesondere die Vollziehung der angefochtenen Entscheidung aussetzen.

§ 571 Begründung, Präklusion, Ausnahmen vom Anwaltszwang

(1) Die Beschwerde soll begründet werden.

(2) Die Beschwerde kann auf neue Angriffs- und Verteidigungsmittel gestützt werden. Sie kann nicht darauf gestützt werden, dass das Gericht des ersten Rechtszuges seine Zuständigkeit zu Unrecht angenommen hat.

(3) Der Vorsitzende oder das Beschwerdegericht kann für das Vorbringen von Angriffs- und Verteidigungsmitteln eine Frist setzen. Werden Angriffs- und Verteidigungsmittel nicht innerhalb der Frist vorgebracht, so sind sie nur zuzulassen, wenn nach der freien Überzeugung des Gerichts ihre Zulassung die Erledigung des Verfahrens nicht verzögern würde oder wenn die Partei die Verspätung genügend entschuldigt. Der Entschuldigungsgrund ist auf Verlangen des Gerichts glaubhaft zu machen.

(4) Ordnet das Gericht eine schriftliche Erklärung an, so kann diese zu Protokoll der Geschäftsstelle abgegeben werden, wenn die Beschwerde zu Protokoll der Geschäftsstelle eingelegt werden darf (§ 569 Abs. 3).

§ 572 Gang des Beschwerdeverfahrens

(1) Erachtet das Gericht oder der Vorsitzende, dessen Entscheidung angefochten wird, die Beschwerde für begründet, so haben sie ihr abzuhelfen; andernfalls ist die Beschwerde unverzüglich dem Beschwerdegericht vorzulegen. § 318 bleibt unberührt.

(2) Das Beschwerdegericht hat von Amts wegen zu prüfen, ob die Beschwerde an sich statthaft und ob sie in der gesetzlichen Form und Frist eingelegt ist. Mangelt es an einem dieser Erfordernisse, so ist die Beschwerde als unzulässig zu verwerfen.

(3) Erachtet das Beschwerdegericht die Beschwerde für begründet, so kann es dem Gericht oder Vorsitzenden, von dem die beschwerende Entscheidung erlassen war, die erforderliche Anordnung übertragen.

(4) Die Entscheidung über die Beschwerde ergeht durch Beschluss.

III

Buch 4
Wiederaufnahme des Verfahrens

§ 578 Arten der Wiederaufnahme

(1) Die Wiederaufnahme eines durch rechtskräftiges Endurteil geschlossenen Verfahrens kann durch Nichtigkeitsklage und durch Restitutionsklage erfolgen.

(2) Werden beide Klagen von derselben Partei oder von verschiedenen Parteien erhoben, so ist die Verhandlung und Entscheidung über die Restitutionsklage bis zur rechtskräftigen Entscheidung über die Nichtigkeitsklage auszusetzen.

§ 579 Nichtigkeitsklage

(1) Die Nichtigkeitsklage findet statt:

1. wenn das erkennende Gericht nicht vorschriftsmäßig besetzt war;
2. wenn ein Richter bei der Entscheidung mitgewirkt hat, der von der Ausübung des Richteramts kraft Gesetzes ausgeschlossen war, sofern nicht dieses Hindernis mittels eines Ablehnungsgesuchs oder eines Rechtsmittels ohne Erfolg geltend gemacht ist;
3. wenn bei der Entscheidung ein Richter mitgewirkt hat, obgleich er wegen Besorgnis der Befangenheit abgelehnt und das Ablehnungsgesuch für begründet erklärt war;
4. wenn eine Partei in dem Verfahren nicht nach Vorschrift der Gesetze vertreten war, sofern sie nicht die Prozessführung ausdrücklich oder stillschweigend genehmigt hat.

(2) In den Fällen der Nummern 1, 3 findet die Klage nicht statt, wenn die Nichtigkeit mittels eines Rechtsmittels geltend gemacht werden konnte.

§ 580 Restitutionsklage

Die Restitutionsklage findet statt:

1. wenn der Gegner durch Beeidigung einer Aussage, auf die das Urteil gegründet ist, sich einer vorsätzlichen oder fahrlässigen Verletzung der Eidespflicht schuldig gemacht hat;
2. wenn eine Urkunde, auf die das Urteil gegründet ist, fälschlich angefertigt oder verfälscht war;
3. wenn bei einem Zeugnis oder Gutachten, auf welches das Urteil gegründet ist, der Zeuge oder Sachverständige sich einer strafbaren Verletzung der Wahrheitspflicht schuldig gemacht hat;
4. wenn das Urteil von dem Vertreter der Partei oder von dem Gegner oder dessen Vertreter durch eine in Beziehung auf den Rechtsstreit verübte Straftat erwirkt ist;
5. wenn ein Richter bei dem Urteil mitgewirkt hat, der sich in Beziehung auf den Rechtsstreit einer strafbaren Verletzung seiner Amtspflichten gegen die Partei schuldig gemacht hat;
6. wenn das Urteil eines ordentlichen Gerichts, eines früheren Sondergerichts oder eines Verwaltungsgerichts, auf welches das Urteil gegründet ist, durch ein anderes rechtskräftiges Urteil aufgehoben ist;
7. wenn die Partei
   a) ein in derselben Sache erlassenes, früher rechtskräftig gewordenes Urteil oder
   b) eine andere Urkunde auffindet oder zu benutzen in den Stand gesetzt wird, die eine ihr günstigere Entscheidung herbeigeführt haben würde;
8. wenn der Europäische Gerichtshof für Menschenrechte eine Verletzung der Europäischen Konvention zum Schutz der Menschenrechte und Grundfreiheiten oder ihrer Protokolle festgestellt hat und das Urteil auf dieser Verletzung beruht.

§ 581 Besondere Voraussetzungen der Restitutionsklage

(1) In den Fällen des vorhergehenden Paragraphen Nummern 1 bis 5 findet die Restitutionsklage nur statt, wenn wegen der Straftat eine rechtskräftige Verurteilung ergangen ist oder wenn die Einleitung oder Durchführung eines Strafverfahrens aus anderen Gründen als wegen Mangels an Beweis nicht erfolgen kann.

(2) Der Beweis der Tatsachen, welche die Restitutionsklage begründen, kann durch den Antrag auf Parteivernehmung nicht geführt werden.

§ 582 Hilfsnatur der Restitutionsklage

Die Restitutionsklage ist nur zulässig, wenn die Partei ohne ihr Verschulden außerstande war, den Restitutionsgrund in dem früheren Verfahren, insbesondere durch Einspruch oder Berufung oder mittels Anschließung an eine Berufung, geltend zu machen.

§ 583 Vorentscheidungen

Mit den Klagen können Anfechtungsgründe, durch die eine dem angefochtenen Urteil vorausgegangene Entscheidung derselben oder einer unteren Instanz betroffen wird, geltend gemacht werden, sofern das angefochtene Urteil auf dieser Entscheidung beruht.

§ 584 Ausschließliche Zuständigkeit für Nichtigkeits- und Restitutionsklagen

(1) Für die Klagen ist ausschließlich zuständig: das Gericht, das im ersten Rechtszug erkannt hat; wenn das angefochtene Urteil oder auch nur eines von mehreren angefochtenen Urteilen von dem Berufungsgericht erlassen wurde oder wenn ein in der Revisionsinstanz erlassenes Urteil auf Grund des § 580 Nr. 1 bis 3, 6, 7 angefochten wird, das Berufungsgericht; wenn ein in der Revisionsinstanz erlassenes Urteil auf Grund der §§ 579, 580 Nr. 4, 5 angefochten wird, das Revisionsgericht.

(2) Sind die Klagen gegen einen Vollstreckungsbescheid gerichtet, so gehören sie ausschließlich vor das Gericht, das für eine Entscheidung im Streitverfahren zuständig gewesen wäre.

§ 585 Allgemeine Verfahrensgrundsätze

Für die Erhebung der Klagen und das weitere Verfahren gelten die allgemeinen Vorschriften entsprechend, sofern nicht aus den Vorschriften dieses Gesetzes sich eine Abweichung ergibt.

§ 586 Klagefrist

(1) Die Klagen sind vor Ablauf der Notfrist eines Monats zu erheben.

(2) Die Frist beginnt mit dem Tag, an dem die Partei von dem Anfechtungsgrund Kenntnis erhalten hat, jedoch nicht vor eingetretener Rechtskraft des Urteils. Nach

Ablauf von fünf Jahren, von dem Tag der Rechtskraft des Urteils an gerechnet, sind die Klagen unstatthaft.

(3) Die Vorschriften des vorstehenden Absatzes sind auf die Nichtigkeitsklage wegen mangelnder Vertretung nicht anzuwenden; die Frist für die Erhebung der Klage läuft von dem Tag, an dem der Partei und bei mangelnder Prozessfähigkeit ihrem gesetzlichen Vertreter das Urteil zugestellt ist.

(4) Die Vorschrift des Absatzes 2 Satz 2 ist auf die Restitutionsklage nach § 580 Nummer 8 nicht anzuwenden.

§ 587 Klageschrift

In der Klage muss die Bezeichnung des Urteils, gegen das die Nichtigkeits- oder Restitutionsklage gerichtet wird, und die Erklärung, welche dieser Klagen erhoben wird, enthalten sein.

§ 588 Inhalt der Klageschrift

(1) Als vorbereitender Schriftsatz soll die Klage enthalten:

1. die Bezeichnung des Anfechtungsgrundes;
2. die Angabe der Beweismittel für die Tatsachen, die den Grund und die Einhaltung der Notfrist ergeben;
3. die Erklärung, inwieweit die Beseitigung des angefochtenen Urteils und welche andere Entscheidung in der Hauptsache beantragt werde.

(2) Dem Schriftsatz, durch den eine Restitutionsklage erhoben wird, sind die Urkunden, auf die sie gestützt wird, in Urschrift oder in Abschrift beizufügen. Befinden sich die Urkunden nicht in den Händen des Klägers, so hat er zu erklären, welchen Antrag er wegen ihrer Herbeischaffung zu stellen beabsichtigt.

§ 589 Zulässigkeitsprüfung

(1) Das Gericht hat von Amts wegen zu prüfen, ob die Klage an sich statthaft und ob sie in der gesetzlichen Form und Frist erhoben sei. Mangelt es an einem dieser Erfordernisse, so ist die Klage als unzulässig zu verwerfen.

(2) Die Tatsachen, die ergeben, dass die Klage vor Ablauf der Notfrist erhoben ist, sind glaubhaft zu machen.

§ 590 Neue Verhandlung

(1) Die Hauptsache wird, insoweit sie von dem Anfechtungsgrunde betroffen ist, von neuem verhandelt.

(2) Das Gericht kann anordnen, dass die Verhandlung und Entscheidung über Grund und Zulässigkeit der Wiederaufnahme des Verfahrens vor der Verhandlung über die Hauptsache erfolge. In diesem Fall ist die Verhandlung über die Hauptsache als Fortsetzung der Verhandlung über Grund und Zulässigkeit der Wiederaufnahme des Verfahrens anzusehen.

(3) Das für die Klagen zuständige Revisionsgericht hat die Verhandlung über Grund und Zulässigkeit der Wiederaufnahme des Verfahrens zu erledigen, auch wenn diese Erledigung von der Feststellung und Würdigung bestrittener Tatsachen abhängig ist.

§ 591 Rechtsmittel

Rechtsmittel sind insoweit zulässig, als sie gegen die Entscheidungen der mit den Klagen befassten Gerichte überhaupt stattfinden.

Buch 8
Zwangsvollstreckung

Abschnitt 2
Zwangsvollstreckung wegen Geldforderungen

Titel 2
Zwangsvollstreckung in das bewegliche Vermögen

Untertitel 3
Zwangsvollstreckung in Forderungen und andere Vermögensrechte

§ 850a Unpfändbare Bezüge

Unpfändbar sind

1. zur Hälfte die für die Leistung von Mehrarbeitsstunden gezahlten Teile des Arbeitseinkommens;
2. die für die Dauer eines Urlaubs über das Arbeitseinkommen hinaus gewährten Bezüge, Zuwendungen aus Anlass eines besonderen Betriebsereignisses und Treugelder, soweit sie den Rahmen des Üblichen nicht übersteigen;
3. Aufwandsentschädigungen, Auslösungsgelder und sonstige soziale Zulagen für auswärtige Beschäftigungen, das Entgelt für selbstgestelltes Arbeitsmaterial, Gefahrenzulagen sowie Schmutz- und Erschwerniszulagen, soweit diese Bezüge den Rahmen des Üblichen nicht übersteigen;
4. Weihnachtsvergütungen bis zu der Hälfte des Betrages, dessen Höhe sich nach Aufrundung des monatlichen Freibetrages nach § 850c Absatz 1 in Verbindung mit Absatz 4 auf den nächsten vollen 10-Euro-Betrag ergibt;
5. Geburtsbeihilfen sowie Beihilfen aus Anlass der Eingehung einer Ehe oder Begründung einer Lebenspartnerschaft, sofern die Vollstreckung wegen anderer als der aus Anlass der Geburt, der Eingehung einer Ehe oder der Begründung einer Lebenspartnerschaft entstandenen Ansprüche betrieben wird;
6. Erziehungsgelder, Studienbeihilfen und ähnliche Bezüge;
7. Sterbe- und Gnadenbezüge aus Arbeits- oder Dienstverhältnissen;
8. Blindenzulagen.

§ 850b Bedingt pfändbare Bezüge

(1) Unpfändbar sind ferner

1. Renten, die wegen einer Verletzung des Körpers oder der Gesundheit zu entrichten sind;
2. Unterhaltsrenten, die auf gesetzlicher Vorschrift beruhen, sowie die wegen Entziehung einer solchen Forderung zu entrichtenden Renten;
3. fortlaufende Einkünfte, die ein Schuldner aus Stiftungen oder sonst auf Grund der Fürsorge und Freigebigkeit eines Dritten oder auf Grund eines Altenteils oder Auszugsvertrags bezieht;
4. Bezüge aus Witwen-, Waisen-, Hilfs- und Krankenkassen, die ausschließlich oder zu einem wesentlichen Teil zu Unterstützungszwecken gewährt werden, ferner Ansprüche aus Lebensversicherungen, die nur

III

auf den Todesfall des Versicherungsnehmers abgeschlossen sind, wenn die Versicherungssumme 5400 Euro nicht übersteigt.

(2) Diese Bezüge können nach den für Arbeitseinkommen geltenden Vorschriften gepfändet werden, wenn die Vollstreckung in das sonstige bewegliche Vermögen des Schuldners zu einer vollständigen Befriedigung des Gläubigers nicht geführt hat oder voraussichtlich nicht führen wird und wenn nach den Umständen des Falles, insbesondere nach der Art des beizutreibenden Anspruchs und der Höhe der Bezüge, die Pfändung der Billigkeit entspricht.

(3) Das Vollstreckungsgericht soll vor seiner Entscheidung die Beteiligten hören.

§ 850c Pfändungsgrenzen für Arbeitseinkommen

(1) Arbeitseinkommen ist unpfändbar, wenn es, je nach dem Zeitraum, für den es gezahlt wird, nicht mehr als

1. 1178,59 Euro [1]) monatlich,
2. 271,24 Euro [2]) wöchentlich oder
3. 54,25 Euro [3]) täglich

beträgt.

(2) Gewährt der Schuldner auf Grund einer gesetzlichen Verpflichtung seinem Ehegatten, einem früheren Ehegatten, seinem Lebenspartner, einem früheren Lebenspartner, einem Verwandten oder nach den §§ 1615l und 1615n des Bürgerlichen Gesetzbuchs einem Elternteil Unterhalt, so erhöht sich der Betrag nach Absatz 1 für die erste Person, der Unterhalt gewährt wird, und zwar um

1. 443,57 Euro [4]) monatlich,
2. 102,08 Euro [5]) wöchentlich oder
3. 20,42 Euro [6]) täglich.

Für die zweite bis fünfte Person, der Unterhalt gewährt wird, erhöht sich der Betrag nach Absatz 1 um je

1. 247,12 Euro [7]) monatlich,
2. 56,87 Euro [8]) wöchentlich oder
3. 11,37 Euro [9]) täglich.

(3) Übersteigt das Arbeitseinkommen den Betrag nach Absatz 1, so ist es hinsichtlich des überschießenden Teils in Höhe von drei Zehnteln unpfändbar. Gewährt der Schuldner nach Absatz 2 Unterhalt, so sind für die erste Person weitere zwei Zehntel und für die zweite bis fünfte Person jeweils ein weiteres Zehntel unpfändbar. Der Teil des Arbeitseinkommens, der

1. 3613,08 Euro [10]) monatlich,
2. 831,50 Euro [11]) wöchentlich oder
3. 166,30 Euro [12]) täglich

übersteigt, bleibt bei der Berechnung des unpfändbaren Betrages unberücksichtigt.

(4) Das Bundesministerium der Justiz und für Verbraucherschutz macht im Bundesgesetzblatt Folgendes bekannt (Pfändungsfreigrenzenbekanntmachung):

1. die Höhe des unpfändbaren Arbeitseinkommens nach Absatz 1,
2. die Höhe der Erhöhungsbeträge nach Absatz 2,
3. die Höhe der in Absatz 3 Satz 3 genannten Höchstbeträge.

Die Beträge werden jeweils zum 1. Juli eines Jahres entsprechend der im Vergleich zum jeweiligen Vorjahreszeitraum sich ergebenden prozentualen Entwicklung des Grundfreibetrages nach § 32a Absatz 1 Satz 2 Nummer 1 des Einkommensteuergesetzes angepasst; der Berechnung ist die am 1. Januar des jeweiligen Jahres geltende Fassung des § 32a Absatz 1 Satz 2 Nummer 1 des Einkommensteuergesetzes zugrunde zu legen.

(5) Um den nach Absatz 3 pfändbaren Teil des Arbeitseinkommens zu berechnen, ist das Arbeitseinkommen, gegebenenfalls nach Abzug des nach Absatz 3 Satz 3 pfändbaren Betrages, auf eine Zahl abzurunden, die bei einer Auszahlung für

1. Monate bei einer Teilung durch 10 eine natürliche Zahl ergibt,
2. Wochen bei einer Teilung durch 2,5 eine natürliche Zahl ergibt,
3. Tage bei einer Teilung durch 0,5 eine natürliche Zahl ergibt.

Die sich aus der Berechnung nach Satz 1 ergebenden Beträge sind in der Pfändungsfreigrenzenbekanntmachung als Tabelle enthalten. Im Pfändungsbeschluss genügt die Bezugnahme auf die Tabelle.

(6) Hat eine Person, welcher der Schuldner auf Grund gesetzlicher Verpflichtung Unterhalt gewährt, eigene Einkünfte, so kann das Vollstreckungsgericht auf Antrag des Gläubigers nach billigem Ermessen bestimmen, dass diese Person bei der Berechnung des unpfändbaren Teils des Arbeitseinkommens ganz oder teilweise unberücksichtigt bleibt; soll die Person nur teilweise berücksichtigt werden, so ist Absatz 5 Satz 2 nicht anzuwenden.

Die unpfändbaren Beträge nach Absatz 1 bis 3 sind durch die Pfändungsfreigrenzenbekanntmachung 2023 vom 15. März 2023 (BGBl. I Nr. 79) zum 1. Juli 2023 erhöht worden auf: [1]) 1402,28 Euro; [2]) 322,72 Euro; [3]) 64,54 Euro; [4]) 527,76 Euro; [5]) 121,46 Euro; [6]) 24,29 Euro; [7]) 294,02 Euro; [8]) 67,67 Euro; [9]) 13,54 Euro; [10]) 4298,81 Euro; [11]) 989,31 Euro; [12]) 197,87 Euro. Die ab 1. Juli 2023 geltenden Pfändungsfreibeträge ergeben sich aus dem Anhang der Pfändungsfreigrenzenbekanntmachung 2023.

§ 850d Pfändbarkeit bei Unterhaltsansprüchen

(1) Wegen der Unterhaltsansprüche, die kraft Gesetzes einem Verwandten, dem Ehegatten, einem früheren Ehegatten, dem Lebenspartner, einem früheren Lebenspartner oder nach §§ 1615l, 1615n des Bürgerlichen Gesetzbuchs einem Elternteil zustehen, sind das Arbeitseinkommen und die in § 850a Nr. 1, 2 und 4 genannten Bezüge ohne die in § 850c bezeichneten Beschränkungen pfändbar. Dem Schuldner ist jedoch so viel zu belassen, als er für seinen notwendigen Unterhalt und zur Erfüllung seiner laufenden gesetzlichen Unterhaltspflichten gegenüber den dem Gläubiger vorgehenden Berechtigten oder zur gleichmäßigen Befriedigung der dem Gläubiger gleichstehenden Berechtigten bedarf; von den in § 850a Nr. 1, 2 und 4 genannten Bezügen hat ihm mindestens die Hälfte des nach § 850a unpfändbaren Betrages zu verbleiben. Der dem Schuldner hiernach verbleibende Teil seines Arbeitseinkommens darf den Betrag nicht übersteigen, der ihm nach den Vorschriften des § 850c gegenüber nicht bevorrechtigten Gläubigern zu verbleiben hätte. Für die Pfändung wegen der Rückstände, die länger als ein Jahr vor dem Antrag auf Erlass

des Pfändungsbeschlusses fällig geworden sind, gelten die Vorschriften dieses Absatzes insoweit nicht, als nach Lage der Verhältnisse nicht anzunehmen ist, dass der Schuldner sich seiner Zahlungspflicht absichtlich entzogen hat.

(2) Mehrere nach Absatz 1 Berechtigte sind mit ihren Ansprüchen in der Reihenfolge nach § 1609 des Bürgerlichen Gesetzbuchs und § 16 des Lebenspartnerschaftsgesetzes zu berücksichtigen, wobei mehrere gleich nahe Berechtigte untereinander den gleichen Rang haben.

(3) Bei der Vollstreckung wegen der in Absatz 1 bezeichneten Ansprüche sowie wegen der aus Anlass einer Verletzung des Körpers oder der Gesundheit zu zahlenden Renten kann zugleich mit der Pfändung wegen fälliger Ansprüche auch künftig fällig werdendes Arbeitseinkommen wegen der dann jeweils fällig werdenden Ansprüche gepfändet und überwiesen werden.

§ 850e Berechnung des pfändbaren Arbeitseinkommens

Für die Berechnung des pfändbaren Arbeitseinkommens gilt Folgendes:

1. Nicht mitzurechnen sind die nach § 850a der Pfändung entzogenen Bezüge, ferner Beträge, die unmittelbar auf Grund steuerrechtlicher oder sozialrechtlicher Vorschriften zur Erfüllung gesetzlicher Verpflichtungen des Schuldners abzuführen sind. Diesen Beträgen stehen gleich die auf den Auszahlungszeitraum entfallenden Beträge, die der Schuldner
   a) nach den Vorschriften der Sozialversicherungsgesetze zur Weiterversicherung entrichtet oder
   b) an eine Ersatzkasse oder an ein Unternehmen der privaten Krankenversicherung leistet, soweit sie den Rahmen des Üblichen nicht übersteigen.
2. Mehrere Arbeitseinkommen sind auf Antrag vom Vollstreckungsgericht bei der Pfändung zusammenzurechnen. Der unpfändbare Grundbetrag ist in erster Linie dem Arbeitseinkommen zu entnehmen, das die wesentliche Grundlage der Lebenshaltung des Schuldners bildet.

2a. Mit Arbeitseinkommen sind auf Antrag auch Ansprüche auf laufende Geldleistungen nach dem Sozialgesetzbuch zusammenzurechnen, soweit diese der Pfändung unterworfen sind. Der unpfändbare Grundbetrag ist, soweit die Pfändung nicht wegen gesetzlicher Unterhaltsansprüche erfolgt, in erster Linie den laufenden Geldleistungen nach dem Sozialgesetzbuch zu entnehmen. Ansprüche auf Geldleistungen für Kinder dürfen mit Arbeitseinkommen nur zusammengerechnet werden, soweit sie nach § 76 des Einkommensteuergesetzes oder nach § 54 Abs. 5 des Ersten Buches Sozialgesetzbuch gepfändet werden können.

3. Erhält der Schuldner neben seinem in Geld zahlbaren Einkommen auch Naturalleistungen, so sind Geld- und Naturalleistungen zusammenzurechnen. In diesem Fall ist der in Geld zahlbare Betrag insoweit pfändbar, als der nach § 850c unpfändbare Teil des Gesamteinkommens durch den Wert der dem Schuldner verbleibenden Naturalleistungen gedeckt ist.
4. Trifft eine Pfändung, eine Abtretung oder eine sonstige Verfügung wegen eines der in § 850d bezeichneten Ansprüche mit einer Pfändung wegen eines sonstigen Anspruchs zusammen, so sind auf die Unterhaltsansprüche zunächst die gemäß § 850d der Pfändung in erweitertem Umfang unterliegenden Teile des Arbeitseinkommens zu verrechnen. Die Verrechnung nimmt auf Antrag eines Beteiligten das Vollstreckungsgericht vor. Der Drittschuldner kann, solange ihm eine Entscheidung des Vollstreckungsgerichts nicht zugestellt ist, nach dem Inhalt der ihm bekannten Pfändungsbeschlüsse, Abtretungen und sonstigen Verfügungen mit befreiender Wirkung leisten.

§ 850f Änderung des unpfändbaren Betrages

(1) Das Vollstreckungsgericht kann dem Schuldner auf Antrag von dem nach den Bestimmungen der §§ 850c, 850d und 850i pfändbaren Teil seines Arbeitseinkommens einen Teil belassen, wenn

1. der Schuldner nachweist, dass bei Anwendung der Pfändungsfreigrenzen entsprechend § 850c der notwendige Lebensunterhalt im Sinne des Dritten und Vierten Kapitels des Zwölften Buches Sozialgesetzbuch oder nach Kapitel 3 Abschnitt 2 des Zweiten Buches Sozialgesetzbuch für sich und für die Personen, denen er gesetzlich zum Unterhalt verpflichtet ist, nicht gedeckt ist,
2. besondere Bedürfnisse des Schuldners aus persönlichen oder beruflichen Gründen oder
3. der besondere Umfang der gesetzlichen Unterhaltspflichten des Schuldners, insbesondere die Zahl der Unterhaltsberechtigten, dies erfordern

und überwiegende Belange des Gläubigers nicht entgegenstehen.

(2) Wird die Zwangsvollstreckung wegen einer Forderung aus einer vorsätzlich begangenen unerlaubten Handlung betrieben, so kann das Vollstreckungsgericht auf Antrag des Gläubigers den pfändbaren Teil des Arbeitseinkommens ohne Rücksicht auf die in § 850c vorgesehenen Beschränkungen bestimmen; dem Schuldner ist jedoch so viel zu belassen, wie er für seinen notwendigen Unterhalt und zur Erfüllung seiner laufenden gesetzlichen Unterhaltspflichten bedarf.

§ 850g Änderung der Unpfändbarkeitsvoraussetzungen

Ändern sich die Voraussetzungen für die Bemessung des unpfändbaren Teils des Arbeitseinkommens, so hat das Vollstreckungsgericht auf Antrag des Schuldners oder des Gläubigers den Pfändungsbeschluss entsprechend zu ändern. Antragsberechtigt ist auch ein Dritter, dem der Schuldner kraft Gesetzes Unterhalt zu gewähren hat. Der Drittschuldner kann nach dem Inhalt des früheren Pfändungsbeschlusses mit befreiender Wirkung leisten, bis ihm der Änderungsbeschluss zugestellt wird.

§ 850h Verschleiertes Arbeitseinkommen

(1) Hat sich der Empfänger der vom Schuldner geleisteten Arbeiten oder Dienste verpflichtet, Leistungen an einen Dritten zu bewirken, die nach Lage der Verhältnisse ganz oder teilweise eine Vergütung für die Leistung des Schuldners darstellen, so kann der Anspruch des Drittberechtigten insoweit auf Grund des Schuldtitels

gegen den Schuldner gepfändet werden, wie wenn der Anspruch dem Schuldner zustände. Die Pfändung des Vergütungsanspruchs des Schuldners umfasst ohne weiteres den Anspruch des Drittberechtigten. Der Pfändungsbeschluss ist dem Drittberechtigten ebenso wie dem Schuldner zuzustellen.

(2) Leistet der Schuldner einem Dritten in einem ständigen Verhältnis Arbeiten oder Dienste, die nach Art und Umfang üblicherweise vergütet werden, unentgeltlich oder gegen eine unverhältnismäßig geringe Vergütung, so gilt im Verhältnis des Gläubigers zu dem Empfänger der Arbeits- und Dienstleistungen eine angemessene Vergütung als geschuldet. Bei der Prüfung, ob diese Voraussetzungen vorliegen, sowie bei der Bemessung der Vergütung ist auf alle Umstände des Einzelfalles, insbesondere die Art der Arbeits- und Dienstleistung, die verwandtschaftlichen oder sonstigen Beziehungen zwischen dem Dienstberechtigten und dem Dienstverpflichteten und die wirtschaftliche Leistungsfähigkeit des Dienstberechtigten Rücksicht zu nehmen.

§ 850i Pfändungsschutz für sonstige Einkünfte

(1) Werden nicht wiederkehrend zahlbare Vergütungen für persönlich geleistete Arbeiten oder Dienste oder sonstige Einkünfte, die kein Arbeitseinkommen sind, gepfändet, so hat das Gericht dem Schuldner auf Antrag während eines angemessenen Zeitraums so viel zu belassen, als ihm nach freier Schätzung des Gerichts verbleiben würde, wenn sein Einkommen aus laufendem Arbeits- oder Dienstlohn bestünde. Bei der Entscheidung sind die wirtschaftlichen Verhältnisse des Schuldners, insbesondere seine sonstigen Verdienstmöglichkeiten, frei zu würdigen. Der Antrag des Schuldners ist insoweit abzulehnen, als überwiegende Belange des Gläubigers entgegenstehen.

(2) Die Vorschriften des § 27 des Heimarbeitsgesetzes vom 14. März 1951 (BGBl. I S. 191) bleiben unberührt.

(3) Die Bestimmungen der Versicherungs-, Versorgungs- und sonstigen gesetzlichen Vorschriften über die Pfändung von Ansprüchen bestimmter Art bleiben unberührt.

§ 850k Einrichtung und Beendigung des Pfändungsschutzkontos

(1) Eine natürliche Person kann jederzeit von dem Kreditinstitut verlangen, dass ein von ihr dort geführtes Zahlungskonto als Pfändungsschutzkonto geführt wird. Satz 1 gilt auch, wenn das Zahlungskonto zum Zeitpunkt des Verlangens einen negativen Saldo aufweist. Ein Pfändungsschutzkonto darf jedoch ausschließlich auf Guthabenbasis geführt werden.

(2) Ist Guthaben auf dem Zahlungskonto bereits gepfändet worden, kann der Schuldner die Führung dieses Kontos als Pfändungsschutzkonto zum Beginn des vierten auf sein Verlangen folgenden Geschäftstages fordern. Das Vertragsverhältnis zwischen dem Kontoinhaber und dem Kreditinstitut bleibt im Übrigen unberührt.

(3) Jede Person darf nur ein Pfändungsschutzkonto unterhalten. Bei dem Verlangen nach Absatz 1 hat der Kunde gegenüber dem Kreditinstitut zu versichern, dass er kein weiteres Pfändungsschutzkonto unterhält.

(4) Unterhält ein Schuldner entgegen Absatz 3 Satz 1 mehrere Zahlungskonten als Pfändungsschutzkonten, ordnet das Vollstreckungsgericht auf Antrag des Gläubigers an, dass nur das von dem Gläubiger in seinem Antrag bezeichnete Zahlungskonto dem Schuldner als Pfändungsschutzkonto verbleibt. Der Gläubiger hat den Umstand, dass ein Schuldner entgegen Satz 1 mehrere Zahlungskonten als Pfändungsschutzkonten unterhält, durch Vorlage entsprechender Erklärungen der Drittschuldner glaubhaft zu machen. Eine Anhörung des Schuldners durch das Vollstreckungsgericht unterbleibt. Die Anordnung nach Satz 1 ist allen Drittschuldnern zuzustellen. Mit der Zustellung der Anordnung an diejenigen Kreditinstitute, deren Zahlungskonten nicht zum Pfändungsschutzkonto bestimmt sind, entfallen die Wirkungen dieser Pfändungsschutzkonten.

(5) Der Kontoinhaber kann mit einer Frist von mindestens vier Geschäftstagen zum Monatsende von dem Kreditinstitut verlangen, dass das dort geführte Pfändungsschutzkonto als Zahlungskonto ohne Pfändungsschutz geführt wird. Absatz 2 Satz 2 gilt entsprechend.

§ 850l Pfändung des Gemeinschaftskontos

(1) Unterhält der Schuldner, der eine natürliche Person ist, mit einer anderen natürlichen oder mit einer juristischen Person oder mit einer Mehrheit von Personen ein Gemeinschaftskonto und wird Guthaben auf diesem Konto gepfändet, so darf das Kreditinstitut erst nach Ablauf von einem Monat nach Zustellung des Überweisungsbeschlusses aus dem Guthaben an den Gläubiger leisten oder den Betrag hinterlegen. Satz 1 gilt auch für künftiges Guthaben.

(2) Ist der Schuldner eine natürliche Person, kann er innerhalb des Zeitraums nach Absatz 1 Satz 1 von dem Kreditinstitut verlangen, bestehendes oder künftiges Guthaben von dem Gemeinschaftskonto auf ein bei dem Kreditinstitut allein auf seinen Namen lautendes Zahlungskonto zu übertragen. Wird Guthaben nach Satz 1 übertragen und verlangt der Schuldner innerhalb des Zeitraums nach Absatz 1 Satz 1, dass das Zahlungskonto als Pfändungsschutzkonto geführt wird, so gelten für die Einrichtung des Pfändungsschutzkontos § 850k und für das übertragene Guthaben die Regelungen des Buches 8 Abschnitt 4. Für die Übertragung nach Satz 1 ist eine Mitwirkung anderer Kontoinhaber oder des Gläubigers nicht erforderlich. Der Übertragungsbetrag beläuft sich auf den Kopfteil des Schuldners an dem Guthaben. Sämtliche Kontoinhaber und der Gläubiger können sich auf eine von Satz 4 abweichende Aufteilung des Übertragungsbetrages einigen; die Vereinbarung ist dem Kreditinstitut in Textform mitzuteilen.

(3) Absatz 2 Satz 1 und 3 bis 5 ist auf natürliche Personen, mit denen der Schuldner das Gemeinschaftskonto unterhält, entsprechend anzuwenden.

(4) Die Wirkungen von Pfändung und Überweisung von Guthaben auf dem Gemeinschaftskonto setzen sich an dem nach Absatz 2 Satz 1 auf ein Einzelkonto des Schuldners übertragenen Guthaben fort; sie setzen sich nicht an dem Guthaben fort, das nach Absatz 3 übertragen wird.

§ 851 Nicht übertragbare Forderungen

(1) Eine Forderung ist in Ermangelung besonderer Vorschriften der Pfändung nur insoweit unterworfen, als sie übertragbar ist.

(2) Eine nach § 399 des Bürgerlichen Gesetzbuchs nicht übertragbare Forderung kann insoweit gepfändet und zur Einziehung überwiesen werden, als der geschuldete Gegenstand der Pfändung unterworfen ist.

§ 851a Pfändungsschutz für Landwirte

(1) Die Pfändung von Forderungen, die einem die Landwirtschaft betreibenden Schuldner aus dem Verkauf von landwirtschaftlichen Erzeugnissen zustehen, ist auf seinen Antrag vom Vollstreckungsgericht insoweit aufzuheben, als die Einkünfte zum Unterhalt des Schuldners, seiner Familie und seiner Arbeitnehmer oder zur Aufrechterhaltung einer geordneten Wirtschaftsführung unentbehrlich sind.

(2) Die Pfändung soll unterbleiben, wenn offenkundig ist, dass die Voraussetzungen für die Aufhebung der Zwangsvollstreckung nach Absatz 1 vorliegen.

§ 851b Pfändungsschutz bei Miet- und Pachtzinsen

(1) Die Pfändung von Miete und Pacht ist auf Antrag des Schuldners vom Vollstreckungsgericht insoweit aufzuheben, als diese Einkünfte für den Schuldner zur laufenden Unterhaltung des Grundstücks, zur Vornahme notwendiger Instandsetzungsarbeiten und zur Befriedigung von Ansprüchen unentbehrlich sind, die bei einer Zwangsvollstreckung in das Grundstück dem Anspruch des Gläubigers nach § 10 des Gesetzes über die Zwangsversteigerung und die Zwangsverwaltung vorgehen würden. Das Gleiche gilt von der Pfändung von Barmitteln und Guthaben, die aus Miet- oder Pachtzahlungen herrühren und zu den in Satz 1 bezeichneten Zwecken unentbehrlich sind.

(2) Wird der Antrag nicht binnen einer Frist von zwei Wochen gestellt, so ist er ohne sachliche Prüfung zurückzuweisen, wenn das Vollstreckungsgericht der Überzeugung ist, dass der Schuldner den Antrag in der Absicht der Verschleppung oder aus grober Nachlässigkeit nicht früher gestellt hat. Die Frist beginnt mit der Pfändung.

(3) Anordnungen nach Absatz 1 können mehrmals ergehen und, soweit es nach Lage der Verhältnisse geboten ist, auf Antrag aufgehoben oder abgeändert werden.

(4) Vor den in den Absätzen 1 und 3 bezeichneten Entscheidungen ist, soweit dies ohne erhebliche Verzögerung möglich ist, der Gläubiger zu hören. Die für die Entscheidung wesentlichen tatsächlichen Verhältnisse sind glaubhaft zu machen. Die Pfändung soll unterbleiben, wenn offenkundig ist, dass die Voraussetzungen für die Aufhebung der Zwangsvollstreckung nach Absatz 1 vorliegen.

§ 851c Pfändungsschutz bei Altersrenten

(1) Ansprüche auf Leistungen, die auf Grund von Verträgen gewährt werden, dürfen nur wie Arbeitseinkommen gepfändet werden, wenn

1. die Leistung in regelmäßigen Zeitabständen lebenslang und nicht vor Vollendung des 60. Lebensjahres oder nur bei Eintritt der Berufsunfähigkeit gewährt wird,
2. über die Ansprüche aus dem Vertrag nicht verfügt werden darf,
3. die Bestimmung von Dritten mit Ausnahme von Hinterbliebenen als Berechtigte ausgeschlossen ist und
4. die Zahlung einer Kapitalleistung, ausgenommen eine Zahlung für den Todesfall, nicht vereinbart wurde.

(2) Beträge, die der Schuldner anspart, um in Erfüllung eines Vertrages nach Absatz 1 eine angemessene Alterssicherung aufzubauen, unterliegen nicht der Pfändung, soweit sie

1. jährlich nicht mehr betragen als
   a) 6000 Euro bei einem Schuldner vom 18. bis zum vollendeten 27. Lebensjahr und
   b) 7000 Euro bei einem Schuldner vom 28. bis zum vollendeten 67. Lebensjahr und
2. einen Gesamtbetrag von 340 000 Euro nicht übersteigen.

Die in Satz 1 genannten Beträge werden jeweils zum 1. Juli eines jeden fünften Jahres entsprechend der Entwicklung auf dem Kapitalmarkt, des Sterblichkeitsrisikos und der Höhe der Pfändungsfreigrenze angepasst und die angepassten Beträge vom Bundesministerium der Justiz und für Verbraucherschutz in der Pfändungsfreigrenzenbekanntmachung im Sinne des § 850c Absatz 4 Satz 1 bekannt gemacht. Übersteigt der Rückkaufwert der Alterssicherung den unpfändbaren Betrag, sind drei Zehntel des überschießenden Betrags unpfändbar. Satz 3 gilt nicht für den Teil des Rückkaufwerts, der den dreifachen Wert des in Satz 1 Nummer 2 genannten Betrags übersteigt.

(3) § 850e Nr. 2 und 2a gilt entsprechend.

§ 851d Pfändungsschutz bei steuerlich gefördertem Altersvorsorgevermögen

Monatliche Leistungen in Form einer lebenslangen Rente oder monatlicher Ratenzahlungen im Rahmen eines Auszahlungsplans nach § 1 Abs. 1 Satz 1 Nr. 4 des Altersvorsorgeverträge-Zertifizierungsgesetzes aus steuerlich gefördertem Altersvorsorgevermögen sind wie Arbeitseinkommen pfändbar.

Gesetz über die Vergütung von Sachverständigen, Dolmetscherinnen, Dolmetschern, Übersetzerinnen und Übersetzern sowie die Entschädigung von ehrenamtlichen Richterinnen, ehrenamtlichen Richtern, Zeuginnen, Zeugen und Dritten (Justizvergütungs- und -entschädigungsgesetz – JVEG)

Vom 5. Mai 2004 (BGBl. I S. 718)

Zuletzt geändert durch
Gesetz zur Modernisierung des notariellen Berufsrechts und zur Änderung weiterer Vorschriften vom 25. Juni 2021 (BGBl. I S. 2154)[1])

– Auszug –

Inhaltsübersicht

Abschnitt 1
Allgemeine Vorschriften

§ 1 Geltungsbereich und Anspruchsberechtigte

§ 2 Geltendmachung und Erlöschen des Anspruchs, Verjährung

Abschnitt 2
Gemeinsame Vorschriften

§ 5 Fahrtkostenersatz

§ 6 Entschädigung für Aufwand

§ 7 Ersatz für sonstige Aufwendungen

Abschnitt 3
Vergütung von Sachverständigen, Dolmetschern und Übersetzern

§ 8 Grundsatz der Vergütung

§ 8a Wegfall oder Beschränkung des Vergütungsanspruchs

§ 9 Honorare für Sachverständige und für Dolmetscher

§ 12 Ersatz für besondere Aufwendungen

§ 14 Vereinbarung der Vergütung

Abschnitt 5
Entschädigung von Zeugen und Dritten

§ 22 Entschädigung für Verdienstausfall

[1]) Berücksichtigt ist das Gesetz zur Reform des Vormundschafts- und Betreuungsrechts vom 4. Mai 2021 (BGBl. I S. 882).

Abschnitt 1
Allgemeine Vorschriften

§ 1 Geltungsbereich und Anspruchsberechtigte

(1) Dieses Gesetz regelt

1. die Vergütung der Sachverständigen, Dolmetscherinnen, Dolmetscher, Übersetzerinnen und Übersetzer, die von dem Gericht, der Staatsanwaltschaft, der Finanzbehörde in den Fällen, in denen diese das Ermittlungsverfahren selbstständig durchführt, der Verwaltungsbehörde im Verfahren nach dem Gesetz über Ordnungswidrigkeiten oder dem Gerichtsvollzieher herangezogen werden;
2. die Entschädigung der ehrenamtlichen Richterinnen und Richter bei den ordentlichen Gerichten und den Gerichten für Arbeitssachen sowie bei den Gerichten der Verwaltungs-, der Finanz- und der Sozialgerichtsbarkeit mit Ausnahme der ehrenamtlichen Richterinnen und Richter in Handelssachen, in berufsgerichtlichen Verfahren oder bei Dienstgerichten sowie
3. die Entschädigung der Zeuginnen, Zeugen und Dritten (§ 23), die von den in Nummer 1 genannten Stellen herangezogen werden.

Eine Vergütung oder Entschädigung wird nur nach diesem Gesetz gewährt. Der Anspruch auf Vergütung nach Satz 1 Nr. 1 steht demjenigen zu, der beauftragt worden ist; dies gilt auch, wenn der Mitarbeiter einer Unternehmung die Leistung erbringt, der Auftrag jedoch der Unternehmung erteilt worden ist.

(2) Dieses Gesetz gilt auch, wenn Behörden oder sonstige öffentliche Stellen von den in Absatz 1 Satz 1 Nr. 1 genannten Stellen zu Sachverständigenleistungen herangezogen werden. Für Angehörige einer Behörde oder einer sonstigen öffentlichen Stelle, die weder Ehrenbeamte noch ehrenamtlich tätig sind, gilt dieses Gesetz nicht, wenn sie ein Gutachten in Erfüllung ihrer Dienstaufgaben erstatten, vertreten oder erläutern.

(3) Einer Heranziehung durch die Staatsanwaltschaft oder durch die Finanzbehörde in den Fällen des Absatzes 1 Satz 1 Nr. 1 steht eine Heranziehung durch die Polizei oder eine andere Strafverfolgungsbehörde im Auftrag oder mit vorheriger Billigung der Staatsanwaltschaft oder der Finanzbehörde gleich. Satz 1 gilt im Verfahren der Verwaltungsbehörde nach dem Gesetz über Ordnungswidrigkeiten entsprechend.

(4) Die Vertrauenspersonen in den Ausschüssen zur Wahl der Schöffen und die Vertrauensleute in den Ausschüssen zur Wahl der ehrenamtlichen Richter bei den Gerichten der Verwaltungs- und der Finanzgerichtsbarkeit werden wie ehrenamtliche Richter entschädigt.

(5) Die Vorschriften dieses Gesetzes über die gerichtliche Festsetzung und die Beschwerde gehen den Regelungen der für das zugrunde liegende Verfahren geltenden Verfahrensvorschriften vor.

§ 2 Geltendmachung und Erlöschen des Anspruchs, Verjährung

(1) Der Anspruch auf Vergütung oder Entschädigung erlischt, wenn er nicht binnen drei Monaten bei der Stelle, die den Berechtigten herangezogen oder beauftragt hat, geltend gemacht wird; hierüber und über den Beginn der Frist ist der Berechtigte zu belehren. Die Frist beginnt

1. im Fall der schriftlichen Begutachtung oder der Anfertigung einer Übersetzung mit Eingang des Gutachtens oder der Übersetzung bei der Stelle, die den Berechtigten beauftragt hat,
2. im Fall der Vernehmung als Sachverständiger oder Zeuge oder der Zuziehung als Dolmetscher mit Beendigung der Vernehmung oder Zuziehung,
3. bei vorzeitiger Beendigung der Heranziehung oder des Auftrags in den Fällen der Nummern 1 und 2 mit der Bekanntgabe der Erledigung an den Berechtigten,
4. in den Fällen des § 23 mit Beendigung der Maßnahme und
5. im Fall der Dienstleistung als ehrenamtlicher Richter oder Mitglied eines Ausschusses im Sinne des § 1 Abs. 4 mit Beendigung der Amtsperiode, jedoch nicht vor dem Ende der Amtstätigkeit.

Wird der Berechtigte in den Fällen des Satzes 2 Nummer 1 und 2 in demselben Verfahren, im gerichtlichen Verfahren in demselben Rechtszug, mehrfach herangezogen, ist für den Beginn aller Fristen die letzte Heranziehung maßgebend. Die Frist kann auf begründeten Antrag von der in Satz 1 genannten Stelle verlängert werden; lehnt sie eine Verlängerung ab, hat sie den Antrag unverzüglich dem nach § 4 Abs. 1 für die Festsetzung der Vergütung oder Entschädigung zuständigen Gericht vorzulegen, das durch unanfechtbaren Beschluss entscheidet. Weist das Gericht den Antrag zurück, erlischt der Anspruch, wenn die Frist nach Satz 1 abgelaufen und der Anspruch nicht binnen zwei Wochen ab Bekanntgabe der Entscheidung bei der in Satz 1 genannten Stelle geltend gemacht worden ist. Wurde dem Berechtigten ein Vorschuss nach § 3 bewilligt, so erlischt der Anspruch auf Vergütung oder Entschädigung nur insoweit, als er über den bewilligten Vorschuss hinausgeht.

(2) War der Berechtigte ohne sein Verschulden an der Einhaltung einer Frist nach Absatz 1 gehindert, gewährt ihm das Gericht auf Antrag Wiedereinsetzung in den vorigen Stand, wenn er innerhalb von zwei Wochen nach Beseitigung des Hindernisses den Anspruch beziffert und die Tatsachen glaubhaft macht, welche die Wiedereinsetzung begründen. Ein Fehlen des Verschuldens wird vermutet, wenn eine Belehrung nach Absatz 1 Satz 1 unterblieben oder fehlerhaft ist. Nach Ablauf eines Jahres, von dem Ende der versäumten Frist an gerechnet, kann die Wiedereinsetzung nicht mehr beantragt werden. Gegen die Ablehnung der Wiedereinsetzung findet die Beschwerde statt. Sie ist nur zulässig, wenn sie innerhalb von zwei Wochen eingelegt wird. Die Frist beginnt mit der Zustellung der Entscheidung. § 4 Abs. 4 Satz 1 bis 3 und Abs. 6 bis 8 ist entsprechend anzuwenden.

(3) Der Anspruch auf Vergütung oder Entschädigung verjährt in drei Jahren nach Ablauf des Kalenderjahres, in dem der nach Absatz 1 Satz 2 maßgebliche Zeitpunkt eingetreten ist. Auf die Verjährung sind die Vorschriften des Bürgerlichen Gesetzbuchs anzuwenden. Durch den Antrag auf gerichtliche Festsetzung (§ 4) wird die Verjährung wie durch Klageerhebung gehemmt. Die Verjährung wird nicht von Amts wegen berücksichtigt.

(4) Der Anspruch auf Erstattung zu viel gezahlter Vergütung oder Entschädigung verjährt in drei Jahren nach Ablauf des Kalenderjahrs, in dem die Zahlung erfolgt ist. § 5 Abs. 3 des Gerichtskostengesetzes gilt entsprechend.

Abschnitt 2
Gemeinsame Vorschriften

III

§ 5 Fahrtkostenersatz

(1) Bei Benutzung von öffentlichen, regelmäßig verkehrenden Beförderungsmitteln werden die tatsächlich entstandenen Auslagen bis zur Höhe der entsprechenden Kosten für die Benutzung der ersten Wagenklasse der Bahn einschließlich der Auslagen für Platzreservierung und Beförderung des notwendigen Gepäcks ersetzt.

(2) Bei Benutzung eines eigenen oder unentgeltlich zur Nutzung überlassenen Kraftfahrzeugs werden

1. dem Zeugen oder dem Dritten (§ 23) zur Abgeltung der Betriebskosten sowie zur Abgeltung der Abnutzung des Kraftfahrzeugs 0,35 Euro,
2. den in § 1 Abs. 1 Satz 1 Nr. 1 und 2 genannten Anspruchsberechtigten zur Abgeltung der Anschaffungs-, Unterhaltungs- und Betriebskosten sowie zur Abgeltung der Abnutzung des Kraftfahrzeugs 0,42 Euro

für jeden gefahrenen Kilometer ersetzt zuzüglich der durch die Benutzung des Kraftfahrzeugs aus Anlass der Reise regelmäßig anfallenden baren Auslagen, insbesondere der Parkentgelte. Bei der Benutzung durch mehrere Personen kann die Pauschale nur einmal geltend gemacht werden. Bei der Benutzung eines Kraftfahrzeugs, das nicht zu den Fahrzeugen nach Absatz 1 oder Satz 1 zählt, werden die tatsächlich entstandenen Auslagen bis zur Höhe der in Satz 1 genannten Fahrtkosten ersetzt; zusätzlich werden die durch die Benutzung des Kraftfahrzeugs aus Anlass der Reise angefallenen regelmäßigen baren Auslagen, insbesondere die Parkentgelte, ersetzt, soweit sie der Berechtigte zu tragen hat.

(3) Höhere als die in Absatz 1 oder Absatz 2 bezeichneten Fahrtkosten werden ersetzt, soweit dadurch Mehrbeträge an Vergütung oder Entschädigung erspart werden oder höhere Fahrtkosten wegen besonderer Umstände notwendig sind.

(4) Für Reisen während der Terminsdauer werden die Fahrtkosten nur insoweit ersetzt, als dadurch Mehrbeträge an Vergütung oder Entschädigung erspart werden, die beim Verbleiben an der Terminsstelle gewährt werden müssten.

(5) Wird die Reise zum Ort des Termins von einem anderen als dem in der Ladung oder Terminsmitteilung bezeichneten oder der zuständigen Stelle unverzüglich angezeigten Ort angetreten oder wird zu einem anderen als zu diesem Ort zurückgefahren, werden Mehrkosten nach billigem Ermessen nur dann ersetzt, wenn der Berechtigte zu diesen Fahrten durch besondere Umstände genötigt war.

§ 6 Entschädigung für Aufwand

(1) Wer innerhalb der Gemeinde, in der der Termin stattfindet, weder wohnt noch berufstätig ist, erhält für die Zeit, während der er aus Anlass der Wahrnehmung des Termins von seiner Wohnung und seinem Tätigkeitsmittelpunkt abwesend sein muss, ein Tagegeld, dessen Höhe sich nach der Verpflegungspauschale zur Abgeltung tatsächlich entstandener, beruflich veranlasster Mehraufwendungen im Inland nach dem Einkommensteuergesetz bemisst.

(2) Ist eine auswärtige Übernachtung notwendig, wird ein Übernachtungsgeld nach den Bestimmungen des Bundesreisekostengesetzes gewährt.

§ 7 Ersatz für sonstige Aufwendungen

(1) Auch die in den §§ 5, 6 und 12 nicht besonders genannten baren Auslagen werden ersetzt, soweit sie notwendig sind. Dies gilt insbesondere für die Kosten notwendiger Vertretungen und notwendiger Begleitpersonen.

(2) Für die Anfertigung von Kopien und Ausdrucken werden ersetzt

1. bis zu einer Größe von DIN A3 0,50 Euro je Seite für die ersten 50 Seiten und 0,15 Euro für jede weitere Seite,
2. in einer Größe von mehr als DIN A3 3 Euro je Seite und
3. für Farbkopien und -ausdrucke bis zu einer Größe von DIN A3 1 Euro je Seite für die ersten 50 Seiten und 0,30 Euro für jede weitere Seite, in einer Größe von mehr als DIN A3 6 Euro je Seite.

Der erhöhte Aufwendungsersatz wird jeweils für die ersten 50 Seiten nach Satz 1 Nummer 1 und 3 gewährt. Die Höhe der Pauschalen ist in derselben Angelegenheit einheitlich zu berechnen. Die Pauschale wird nur für Kopien und Ausdrucke aus Behörden- und Gerichtsakten gewährt, soweit deren Herstellung zur sachgemäßen Vorbereitung oder Bearbeitung der Angelegenheit geboten war, sowie für Kopien und zusätzliche Ausdrucke, die nach Aufforderung durch die heranziehende Stelle angefertigt worden sind. Werden Kopien oder Ausdrucke in einer Größe von mehr als DIN A3 gegen Entgelt von einem Dritten angefertigt, kann der Berechtigte anstelle der Pauschale die baren Auslagen ersetzt verlangen.

(3) Für die Überlassung von elektronisch gespeicherten Dateien anstelle der in Absatz 2 genannten Kopien und Ausdrucke werden 1,50 Euro je Datei ersetzt. Für die in einem Arbeitsgang überlassenen oder in einem Arbeitsgang auf denselben Datenträger übertragenen Dokumente werden höchstens 5 Euro ersetzt.

Abschnitt 3
Vergütung von Sachverständigen, Dolmetschern und Übersetzern

§ 8 Grundsatz der Vergütung

(1) Sachverständige, Dolmetscher und Übersetzer erhalten als Vergütung

1. ein Honorar für ihre Leistungen (§§ 9 bis 11),
2. Fahrtkostenersatz (§ 5),
3. Entschädigung für Aufwand (§ 6) sowie
4. Ersatz für sonstige und für besondere Aufwendungen (§§ 7 und 12).

(2) Soweit das Honorar nach Stundensätzen zu bemessen ist, wird es für jede Stunde der erforderlichen Zeit einschließlich notwendiger Reise- und Wartezeiten gewährt. Die letzte bereits begonnene Stunde wird voll gerechnet, wenn sie zu mehr als 30 Minuten für die Erbringung der Leistung erforderlich war; anderenfalls beträgt das Honorar die Hälfte des sich für eine volle Stunde ergebenden Betrags.

(3) Soweit vergütungspflichtige Leistungen oder Aufwendungen auf die gleichzeitige Erledigung mehrerer Angelegenheiten entfallen, ist die Vergütung nach der Anzahl der Angelegenheiten aufzuteilen.

(4) Den Sachverständigen, Dolmetschern und Übersetzern, die ihren gewöhnlichen Aufenthalt im Ausland haben, kann unter Berücksichtigung ihrer persönlichen Verhältnisse, insbesondere ihres regelmäßigen Erwerbseinkommens, nach billigem Ermessen eine höhere als die in Absatz 1 bestimmte Vergütung gewährt werden.

§ 8a Wegfall oder Beschränkung des Vergütungsanspruchs

(1) Der Anspruch auf Vergütung entfällt, wenn der Berechtigte es unterlässt, der heranziehenden Stelle unverzüglich solche Umstände anzuzeigen, die zu seiner Ablehnung durch einen Beteiligten berechtigen, es sei denn, er hat die Unterlassung nicht zu vertreten.

(2) Der Berechtigte erhält eine Vergütung nur insoweit, als seine Leistung bestimmungsgemäß verwertbar ist, wenn er

1. gegen die Verpflichtung aus § 407a Absatz 1 bis 4 Satz 1 der Zivilprozessordnung verstoßen hat, es sei denn, er hat den Verstoß nicht zu vertreten;
2. eine mangelhafte Leistung erbracht hat und er die Mängel nicht in einer von der heranziehenden Stelle gesetzten angemessenen Frist beseitigt; die Einräumung einer Frist zur Mängelbeseitigung ist entbehrlich, wenn die Leistung grundlegende Mängel aufweist oder wenn offensichtlich ist, dass eine Mängelbeseitigung nicht erfolgen kann;
3. im Rahmen der Leistungserbringung grob fahrlässig oder vorsätzlich Gründe geschaffen hat, die einen Beteiligten zur Ablehnung wegen der Besorgnis der Befangenheit berechtigen; oder
4. trotz Festsetzung eines weiteren Ordnungsgeldes seine Leistung nicht vollständig erbracht hat.

Soweit das Gericht die Leistung berücksichtigt, gilt sie als verwertbar. Für die Mängelbeseitigung nach Satz 1 Nummer 2 wird eine Vergütung nicht gewährt.

(3) Steht die geltend gemachte Vergütung erheblich außer Verhältnis zum Wert des Streitgegenstands und hat der Berechtigte nicht rechtzeitig nach § 407a Absatz 4 Satz 2 der Zivilprozessordnung auf diesen Umstand hingewiesen, bestimmt das Gericht nach Anhörung der Beteiligten nach billigem Ermessen eine Vergütung, die in einem angemessenen Verhältnis zum Wert des Streitgegenstands steht.

(4) Übersteigt die Vergütung den angeforderten Auslagenvorschuss erheblich und hat der Berechtigte nicht rechtzeitig nach § 407a Absatz 4 Satz 2 der Zivilprozessordnung auf diesen Umstand hingewiesen, erhält er die Vergütung nur in Höhe des Auslagenvorschusses.

(5) Die Absätze 3 und 4 sind nicht anzuwenden, wenn der Berechtigte die Verletzung der ihm obliegenden Hinweispflicht nicht zu vertreten hat.

§ 9 Honorare für Sachverständige und für Dolmetscher

(1) Das Honorar des Sachverständigen bemisst sich nach der Anlage 1. Die Zuordnung der Leistung zu einem Sachgebiet bestimmt sich nach der Entscheidung über die Heranziehung des Sachverständigen.

(2) Ist die Leistung auf einem Sachgebiet zu erbringen, das nicht in der Anlage 1 aufgeführt ist, so ist sie unter Berücksichtigung der allgemein für Leistungen dieser Art außergerichtlich und außerbehördlich vereinbarten Stundensätze nach billigem Ermessen mit einem Stundensatz zu vergüten, der den höchsten Stundensatz nach der Anlage 1 jedoch nicht übersteigen darf. Ist die Leistung auf mehreren Sachgebieten zu erbringen oder betrifft ein medizinisches oder psychologisches Gutachten mehrere Gegenstände und sind diesen Sachgebieten oder Gegenständen verschiedene Stundensätze zugeordnet, so bemisst sich das Honorar für die gesamte erforderliche Zeit einheitlich nach dem höchsten dieser Stundensätze. Würde die Bemessung des Honorars nach Satz 2 mit Rücksicht auf den Schwerpunkt der Leistung zu einem unbilligen Ergebnis führen, so ist der Stundensatz nach billigem Ermessen zu bestimmen.

(3) Für die Festsetzung des Stundensatzes nach Absatz 2 gilt § 4 entsprechend mit der Maßgabe, dass die Beschwerde gegen die Festsetzung auch dann zulässig ist, wenn der Wert des Beschwerdegegenstands 200 Euro nicht übersteigt. Die Beschwerde ist nur zulässig, solange der Anspruch auf Vergütung noch nicht geltend gemacht worden ist.

(4) Das Honorar des Sachverständigen für die Prüfung, ob ein Grund für die Eröffnung eines Insolvenzverfahrens vorliegt und welche Aussichten für eine Fortführung des Unternehmens des Schuldners bestehen, beträgt 120 Euro je Stunde. Ist der Sachverständige zugleich der vorläufige Insolvenzverwalter oder der vorläufige Sachwalter, so beträgt sein Honorar 95 Euro je Stunde.

(5) Das Honorar des Dolmetschers beträgt für jede Stunde 85 Euro. Der Dolmetscher erhält im Fall der Aufhebung eines Termins, zu dem er geladen war, eine Ausfallentschädigung, wenn

1. die Aufhebung nicht durch einen in seiner Person liegenden Grund veranlasst war,
2. ihm die Aufhebung erst am Terminstag oder an einem der beiden vorhergehenden Tage mitgeteilt worden ist und
3. er versichert, in welcher Höhe er durch die Terminsaufhebung einen Einkommensverlust erlitten hat.

Die Ausfallentschädigung wird bis zu einem Betrag gewährt, der dem Honorar für zwei Stunden entspricht.

(6) Erbringt der Sachverständige oder der Dolmetscher seine Leistung zwischen 23 und 6 Uhr oder an Sonn- oder Feiertagen, so erhöht sich das Honorar um 20 Prozent, wenn die heranziehende Stelle feststellt, dass es notwendig ist, die Leistung zu dieser Zeit zu erbringen. § 8 Absatz 2 Satz 2 gilt sinngemäß.

III

§ 12 Ersatz für besondere Aufwendungen

(1) Soweit in diesem Gesetz nichts anderes bestimmt ist, sind mit der Vergütung nach den §§ 9 bis 11 auch die üblichen Gemeinkosten sowie der mit der Erstattung des Gutachtens oder der Übersetzung üblicherweise verbundene Aufwand abgegolten. Es werden jedoch gesondert ersetzt

1. die für die Vorbereitung und Erstattung des Gutachtens oder der Übersetzung aufgewendeten notwendigen besonderen Kosten, einschließlich der insoweit notwendigen Aufwendungen für Hilfskräfte, sowie die für eine Untersuchung verbrauchten Stoffe und Werkzeuge;
2. für jedes zur Vorbereitung und Erstattung des Gutachtens erforderliche Foto 2 Euro und, wenn die Fotos nicht Teil des schriftlichen Gutachtens sind (§ 7 Absatz 2), 0,50 Euro für den zweiten und jeden weiteren Abzug oder Ausdruck eines Fotos;
3. für die Erstellung des schriftlichen Gutachtens je angefangene 1000 Anschläge 0,90 Euro, in Angelegenheiten, in denen der Sachverständige ein Honorar nach der Anlage 1 Teil 2 oder der Anlage 2 erhält, 1,50 Euro; ist die Zahl der Anschläge nicht bekannt, ist diese zu schätzen;
4. die auf die Vergütung entfallende Umsatzsteuer, sofern diese nicht nach § 19 Abs. 1 des Umsatzsteuergesetzes unerhoben bleibt;
5. die Aufwendungen für Post- und Telekommunikationsdienstleistungen; Sachverständige und Übersetzer können anstelle der tatsächlichen Aufwendungen eine Pauschale in Höhe von 20 Prozent des Honorars fordern, höchstens jedoch 15 Euro.

(2) Ein auf die Hilfskräfte (Absatz 1 Satz 2 Nr. 1) entfallender Teil der Gemeinkosten wird durch einen Zuschlag von 15 Prozent auf den Betrag abgegolten, der als notwendige Aufwendung für die Hilfskräfte zu ersetzen ist, es sei denn, die Hinzuziehung der Hilfskräfte hat keine oder nur unwesentlich erhöhte Gemeinkosten veranlasst.

§ 14 Vereinbarung der Vergütung

Mit Sachverständigen, Dolmetschern und Übersetzern, die häufiger herangezogen werden, kann die oberste Landesbehörde, für die Gerichte und Behörden des Bundes die oberste Bundesbehörde, oder eine von diesen bestimmte Stelle eine Vereinbarung über die zu gewährende Vergütung treffen, deren Höhe die nach diesem Gesetz vorgesehene Vergütung nicht überschreiten darf.

Abschnitt 5
Entschädigung von Zeugen und Dritten

§ 22 Entschädigung für Verdienstausfall

Zeugen, denen ein Verdienstausfall entsteht, erhalten eine Entschädigung, die sich nach dem regelmäßigen Bruttoverdienst einschließlich der vom Arbeitgeber zu tragenden Sozialversicherungsbeiträge richtet und für jede Stunde höchstens 25 Euro beträgt. Gefangene, die keinen Verdienstausfall aus einem privatrechtlichen Arbeitsverhältnis haben, erhalten Ersatz in Höhe der entgangenen Zuwendung der Vollzugsbehörde.

Gesetz über Kosten der freiwilligen Gerichtsbarkeit für Gerichte und Notare (Gerichts- und Notarkostengesetz – GNotKG)

Vom 23. Juli 2013 (BGBl. I S. 2586)

Zuletzt geändert durch
Gesetz zur Regelung einer Inflationsausgleichs-Sonderzahlung für berufliche Betreuer, Betreuungsvereine und ehrenamtliche Betreuer und zur Änderung weiterer Gesetze
vom 20. Dezember 2023 (BGBl. I Nr. 391)

– Auszug –

Inhaltsübersicht

Kapitel 1
Vorschriften für Gerichte und Notare

Abschnitt 1
Allgemeine Vorschriften

§ 1 Geltungsbereich
§ 3 Höhe der Kosten
§ 6 Verjährung, Verzinsung
§ 7 Elektronische Akte, elektronisches Dokument
§ 7a Rechtsbehelfsbelehrung

Abschnitt 2
Fälligkeit

§ 8 Fälligkeit der Kosten in Verfahren mit Jahresgebühren
§ 9 Fälligkeit der Gerichtsgebühren in sonstigen Fällen, Fälligkeit der gerichtlichen Auslagen

Abschnitt 4
Kostenerhebung

§ 20 Nachforderung von Gerichtskosten
§ 21 Nichterhebung von Kosten

Abschnitt 5
Kostenhaftung

Unterabschnitt 1
Gerichtskosten

§ 23 Kostenschuldner in bestimmten gerichtlichen Verfahren
§ 28 Erlöschen der Zahlungspflicht

Abschnitt 6
Gebührenvorschriften

§ 34 Wertgebühren

Abschnitt 7
Wertvorschriften

Unterabschnitt 1
Allgemeine Wertvorschriften

§ 35 Grundsatz
§ 36 Allgemeiner Geschäftswert

Kapitel 2
Gerichtskosten

Abschnitt 2
Wertvorschriften

Unterabschnitt 2
Besondere Geschäftswertvorschriften

§ 63 Betreuungssachen und betreuungsgerichtliche Zuweisungssachen

Kapitel 3
Notarkosten

Abschnitt 4
Wertvorschriften

Unterabschnitt 3
Vollzugs- und Betreuungstätigkeiten

§ 112 Vollzug des Geschäfts
§ 113 Betreuungstätigkeiten

Kapitel 4
Schluss- und Übergangsvorschriften

§ 135 Sonderregelung für Baden-Württemberg

Anlage 1
(zu § 3 Absatz 2)

III

Kapitel 1
Vorschriften für Gerichte und Notare

Abschnitt 1
Allgemeine Vorschriften

§ 1 Geltungsbereich

(1) Soweit bundesrechtlich nichts anderes bestimmt ist, werden Kosten (Gebühren und Auslagen) durch die Gerichte in den Angelegenheiten der freiwilligen Gerichtsbarkeit und durch die Notare für ihre Amtstätigkeit nur nach diesem Gesetz erhoben.

(2) Angelegenheiten im Sinne des Absatzes 1 sind auch

1. Verfahren nach den §§ 98, 99, 132, 142, 145, 258, 260, 293c und 315 des Aktiengesetzes,
2. Verfahren nach § 51b des Gesetzes betreffend die Gesellschaften mit beschränkter Haftung,
3. Verfahren nach § 26 des SE-Ausführungsgesetzes,
4. Verfahren nach § 10 des Umwandlungsgesetzes,
5. Verfahren nach dem Spruchverfahrensgesetz,
6. Verfahren nach den §§ 39a und 39b des Wertpapiererwerbs- und Übernahmegesetzes über den Ausschluss von Aktionären,
7. Verfahren nach § 8 Absatz 3 Satz 4 des Gesetzes über die Mitbestimmung der Arbeitnehmer in den Aufsichtsräten und Vorständen der Unternehmen des Bergbaus und der Eisen und Stahl erzeugenden Industrie,
8. Angelegenheiten des Registers für Pfandrechte an Luftfahrzeugen,
9. Verfahren nach der Verfahrensordnung für Höfesachen,
10. Pachtkreditsachen nach dem Pachtkreditgesetz,
11. Verfahren nach dem Verschollenheitsgesetz,
12. Verfahren nach dem Transsexuellengesetz,
13. Verfahren nach § 84 Absatz 2 und § 189 des Versicherungsvertragsgesetzes,
14. Verfahren nach dem Personenstandsgesetz,
15. Verfahren nach § 7 Absatz 3 des Erbbaurechtsgesetzes,
16. Verteilungsverfahren, soweit sich die Kosten nicht nach dem Gerichtskostengesetz bestimmen,
17. Verfahren über die Bewilligung der öffentlichen Zustellung einer Willenserklärung und die Bewilligung der Kraftloserklärung von Vollmachten (§ 132 Absatz 2 und § 176 Absatz 2 des Bürgerlichen Gesetzbuchs),
18. Verfahren über Anordnungen über die Zulässigkeit der Verwendung von Verkehrsdaten,
19. Verfahren nach den §§ 23 bis 29 des Einführungsgesetzes zum Gerichtsverfassungsgesetz,
20. Verfahren nach § 138 Absatz 2 des Urheberrechtsgesetzes und
21. gerichtliche Verfahren nach § 335a 335a des Handelsgesetzbuchs.

(3) Dieses Gesetz gilt nicht in Verfahren, in denen Kosten nach dem Gesetz über Gerichtskosten in Familiensachen zu erheben sind. In Verfahren nach der Verordnung (EU) Nr. 655/2014 des Europäischen Parlaments und des Rates vom 15. Mai 2014 zur Einführung eines Verfahrens für einen Europäischen Beschluss zur vorläufigen Kontenpfändung im Hinblick auf die Erleichterung der grenzüberschreitenden Eintreibung von Forderungen in Zivil- und Handelssachen werden Kosten nach dem Gerichtskostengesetz erhoben.

(4) Kosten nach diesem Gesetz werden auch erhoben für Verfahren über eine Beschwerde, die mit einem der in den Absätzen 1 und 2 genannten Verfahren im Zusammenhang steht.

(5) Soweit nichts anderes bestimmt ist, bleiben die landesrechtlichen Kostenvorschriften unberührt für

1. in Landesgesetzen geregelte Verfahren und Geschäfte der freiwilligen Gerichtsbarkeit sowie
2. solche Geschäfte der freiwilligen Gerichtsbarkeit, in denen nach Landesgesetz andere als gerichtliche Behörden oder Notare zuständig sind.

(6) Die Vorschriften dieses Gesetzes über die Erinnerung und die Beschwerde gehen den Regelungen der für das zugrunde liegende Verfahren geltenden Verfahrensvorschriften vor.

§ 3 Höhe der Kosten

(1) Die Gebühren richten sich nach dem Wert, den der Gegenstand des Verfahrens oder des Geschäfts hat (Geschäftswert), soweit nichts anderes bestimmt ist.

(2) Kosten werden nach dem Kostenverzeichnis der Anlage 1 zu diesem Gesetz erhoben.

§ 6 Verjährung, Verzinsung

(1) Ansprüche auf Zahlung von Gerichtskosten verjähren in vier Jahren nach Ablauf des Kalenderjahres, in dem das Verfahren durch rechtskräftige Entscheidung über die Kosten, durch Vergleich oder in sonstiger Weise beendet ist. Bei Betreuungen und Pflegschaften, die nicht auf einzelne Rechtshandlungen beschränkt sind (Dauerbetreuungen, Dauerpflegschaften), sowie bei Nachlasspflegschaften, Nachlass- oder Gesamtgutsverwaltungen beginnt die Verjährung hinsichtlich der Jahresgebühren am Tag vor deren Fälligkeit, hinsichtlich der Auslagen mit deren Fälligkeit. Ansprüche auf Zahlung von Notarkosten verjähren in vier Jahren nach Ablauf des Kalenderjahres, in dem die Kosten fällig geworden sind.

(2) Ansprüche auf Rückzahlung von Kosten verjähren in vier Jahren nach Ablauf des Kalenderjahres, in dem die Zahlung erfolgt ist. Die Verjährung beginnt jedoch nicht vor dem jeweiligen in Absatz 1 bezeichneten Zeitpunkt. Durch die Einlegung eines Rechtsbehelfs mit dem Ziel der Rückzahlung wird die Verjährung wie durch Klageerhebung gehemmt.

(3) Auf die Verjährung sind die Vorschriften des Bürgerlichen Gesetzbuchs anzuwenden; die Verjährung wird nicht von Amts wegen berücksichtigt. Die Verjährung der Ansprüche auf Zahlung von Kosten beginnt auch durch die Aufforderung zur Zahlung oder durch eine dem Schuldner mitgeteilte Stundung erneut; ist der Aufenthalt des Kostenschuldners unbekannt, so genügt die Zustellung durch Aufgabe zur Post unter seiner letzten bekannten Anschrift. Bei Kostenbeträgen unter 25 Euro beginnt die Verjährung weder erneut noch wird sie oder ihr Ablauf gehemmt.

(4) Ansprüche auf Zahlung und Rückzahlung von Gerichtskosten werden nicht verzinst.

§ 7 Elektronische Akte, elektronisches Dokument

In Verfahren nach diesem Gesetz sind die verfahrensrechtlichen Vorschriften über die elektronische Akte und über das elektronische Dokument anzuwenden, die für das dem kostenrechtlichen Verfahren zugrunde liegende Verfahren gelten.

§ 7a Rechtsbehelfsbelehrung

Jede Kostenrechnung, jede anfechtbare Entscheidung und jede Kostenberechnung eines Notars hat eine Belehrung über den statthaften Rechtsbehelf sowie über die Stelle, bei der dieser Rechtsbehelf einzulegen ist, über deren Sitz und über die einzuhaltende Form und Frist zu enthalten.

Abschnitt 2
Fälligkeit

§ 8 Fälligkeit der Kosten in Verfahren mit Jahresgebühren

In Betreuungssachen und betreuungsgerichtlichen Zuweisungssachen werden die Jahresgebühren 11101, 11102 und 11104 des Kostenverzeichnisses, in Nachlasssachen die Jahresgebühr 12311 des Kostenverzeichnisses erstmals bei Anordnung und später jeweils zu Beginn eines Kalenderjahres fällig. In diesen Fällen werden Auslagen sofort nach ihrer Entstehung fällig.

§ 9 Fälligkeit der Gerichtsgebühren in sonstigen Fällen, Fälligkeit der gerichtlichen Auslagen

(1) Im Übrigen werden die gerichtlichen Gebühren und Auslagen fällig, wenn

1. eine unbedingte Entscheidung über die Kosten ergangen ist,
2. das Verfahren oder der Rechtszug durch Vergleich oder Zurücknahme beendet ist,
3. das Verfahren sechs Monate ruht oder sechs Monate nicht betrieben worden ist,
4. das Verfahren sechs Monate unterbrochen oder sechs Monate ausgesetzt war oder
5. das Verfahren durch anderweitige Erledigung beendet ist.

(2) Die Dokumentenpauschale sowie die Auslagen für die Versendung von Akten werden sofort nach ihrer Entstehung fällig.

Abschnitt 4
Kostenerhebung

§ 20 Nachforderung von Gerichtskosten

(1) Wegen eines unrichtigen Ansatzes dürfen Gerichtskosten nur nachgefordert werden, wenn der berichtigte Ansatz dem Zahlungspflichtigen vor Ablauf des nächsten Kalenderjahres nach Absendung der den Rechtszug abschließenden Kostenrechnung (Schlusskostenrechnung), bei Verfahren, in denen Jahresgebühren erhoben werden, nach Absendung der Jahresrechnung, mitgeteilt worden ist. Dies gilt nicht, wenn die Nachforderung auf vorsätzlich oder grob fahrlässig falschen Angaben des Kostenschuldners beruht oder wenn der ursprüngliche Kostenansatz unter einem bestimmten Vorbehalt erfolgt ist.

(2) Ist innerhalb der Frist des Absatzes 1 ein Rechtsbehelf wegen des Hauptgegenstands oder wegen der Kosten eingelegt oder dem Zahlungspflichtigen mitgeteilt worden, dass ein Wertermittlungsverfahren eingeleitet ist, ist die Nachforderung bis zum Ablauf des nächsten Kalenderjahres nach Beendigung dieser Verfahren möglich.

(3) Ist der Wert gerichtlich festgesetzt worden, genügt es, wenn der berichtigte Ansatz dem Zahlungspflichtigen drei Monate nach der letzten Wertfestsetzung mitgeteilt worden ist.

III

§ 21 Nichterhebung von Kosten

(1) Kosten, die bei richtiger Behandlung der Sache nicht entstanden wären, werden nicht erhoben. Das Gleiche gilt für Auslagen, die durch eine von Amts wegen veranlasste Verlegung eines Termins oder Vertagung einer Verhandlung entstanden sind. Für abweisende Entscheidungen sowie bei Zurücknahme eines Antrags kann von der Erhebung von Kosten abgesehen werden, wenn der Antrag auf unverschuldeter Unkenntnis der tatsächlichen oder rechtlichen Verhältnisse beruht.

(2) Werden die Kosten von einem Gericht erhoben, trifft dieses die Entscheidung. Solange das Gericht nicht entschieden hat, können Anordnungen nach Absatz 1 im Verwaltungsweg erlassen werden. Eine im Verwaltungsweg getroffene Anordnung kann nur im Verwaltungsweg geändert werden.

Abschnitt 5
Kostenhaftung

Unterabschnitt 1
Gerichtskosten

§ 23 Kostenschuldner in bestimmten gerichtlichen Verfahren

Kostenschuldner

1. in Betreuungssachen und betreuungsgerichtlichen Zuweisungssachen ist der Betroffene, wenn ein Betreuer oder vorläufiger Betreuer bestellt oder eine Pflegschaft angeordnet worden ist;
2. bei einer Pflegschaft für gesammeltes Vermögen ist der Pfleger, jedoch nur mit dem gesammelten Vermögen;
3. für die Gebühr für die Entgegennahme von Forderungsanmeldungen im Fall des § 2061 des Bürgerlichen Gesetzbuchs ist derjenige Miterbe, der die Aufforderung erlassen hat;
4. für die Gebühr für die Entgegennahme
   a) einer Erklärung über die Anfechtung eines Testaments oder Erbvertrags,
   b) einer Anzeige des Vorerben oder des Nacherben über den Eintritt der Nacherbfolge,
   c) einer Anzeige des Verkäufers oder Käufers einer Erbschaft über den Verkauf, auch in den Fällen des § 2385 des Bürgerlichen Gesetzbuchs,
   d) eines Nachlassinventars oder einer Erklärung nach § 2004 des Bürgerlichen Gesetzbuchs oder

e) der Erklärung eines Hoferben über die Wahl des Hofes gemäß § 9 Absatz 2 Satz 1 der Höfeordnung

ist derjenige, der die Erklärung, die Anzeige oder das Nachlassinventar abgegeben hat;

5. (weggefallen)
6. (weggefallen)
7. in Handels-, Genossenschafts-, Partnerschafts- und Vereinsregistersachen bei Verfahren, die von Amts wegen durchgeführt werden, und bei Eintragungen, die von Amts wegen erfolgen, ist die Gesellschaft oder der Kaufmann, die Genossenschaft, die Partnerschaft oder der Verein;
8. für die Gebühr für die Entgegennahme, Prüfung und Aufbewahrung der zum Handels- oder Genossenschaftsregister einzureichenden Unterlagen ist das Unternehmen, für das die Unterlagen eingereicht werden;
9. im Verfahren zum Zweck der Verhandlung über die Dispache, soweit das Verfahren mit der Bestätigung der Dispache endet, sind die an dem Verfahren Beteiligten;
10. im Verfahren über die gerichtliche Entscheidung über die Zusammensetzung des Aufsichtsrats, das sich nach den §§ 98 und 99 des Aktiengesetzes richtet, ist die Gesellschaft, soweit die Kosten nicht dem Antragsteller auferlegt sind;
11. im Verfahren über die Eintragung als Eigentümer im Wege der Grundbuchberichtigung von Amts wegen aufgrund des § 82a der Grundbuchordnung ist der Eigentümer;
12. für die Eintragung des Erstehers als Eigentümer ist nur dieser;
13. für die Eintragung der Sicherungshypothek für Forderungen gegen den Ersteher sind der Gläubiger und der Ersteher;
14. im Verfahren nach dem Spruchverfahrensgesetz ist nur der Antragsgegner, soweit das Gericht die Kosten den Antragstellern auferlegt hat, auch diese und
15. in Freiheitsentziehungssachen sind nur der Betroffene sowie im Rahmen ihrer gesetzlichen Unterhaltspflicht die zu seinem Unterhalt Verpflichteten, wenn die Kosten nicht der Verwaltungsbehörde auferlegt sind.

§ 28 Erlöschen der Zahlungspflicht

Die durch gerichtliche Entscheidung begründete Verpflichtung zur Zahlung von Kosten erlischt, soweit die Entscheidung durch eine andere gerichtliche Entscheidung aufgehoben oder abgeändert wird. Soweit die Verpflichtung zur Zahlung von Kosten nur auf der aufgehobenen oder abgeänderten Entscheidung beruht hat, werden bereits gezahlte Kosten zurückerstattet.

Abschnitt 6
Gebührenvorschriften

§ 34 Wertgebühren

(1) Wenn sich die Gebühren nach dem Geschäftswert richten, bestimmt sich die Höhe der Gebühr nach Tabelle A oder Tabelle B.

(2) Die Gebühr beträgt bei einem Geschäftswert bis 500 Euro nach Tabelle A 38 Euro, nach Tabelle B 15 Euro. Die Gebühr erhöht sich bei einem

Geschäftswert bis … Euro	für jeden angefangenen Betrag von weiteren … Euro	in **Tabelle A** um … Euro	in **Tabelle B** um … Euro
2 000	500	20	4
10 000	1 000	21	6
25 000	3 000	29	8
50 000	5 000	38	10
200 000	15 000	132	27
500 000	30 000	198	50
über 500 000	50 000	198	
5 000 000	50 000		80
10 000 000	200 000		130
20 000 000	250 000		150
30 000 000	500 000		280
über 30 000 000	1 000 000		120

(3) Gebührentabellen für Geschäftswerte bis 3 Millionen Euro sind diesem Gesetz als Anlage 2 beigefügt.

(4) Gebühren werden auf den nächstliegenden Cent auf- oder abgerundet; 0,5 Cent werden aufgerundet.

(5) Der Mindestbetrag einer Gebühr ist 15 Euro.

Abschnitt 7
Wertvorschriften

Unterabschnitt 1
Allgemeine Wertvorschriften

§ 35 Grundsatz

(1) In demselben Verfahren und in demselben Rechtszug werden die Werte mehrerer Verfahrensgegenstände zusammengerechnet, soweit nichts anderes bestimmt ist.

(2) Der Geschäftswert beträgt, wenn die Tabelle A anzuwenden ist, höchstens 30 Millionen Euro, wenn die Tabelle B anzuwenden ist, höchstens 60 Millionen Euro, wenn kein niedrigerer Höchstwert bestimmt ist.

§ 36 Allgemeiner Geschäftswert

(1) Soweit sich in einer vermögensrechtlichen Angelegenheit der Geschäftswert aus den Vorschriften dieses Gesetzes nicht ergibt und er auch sonst nicht feststeht, ist er nach billigem Ermessen zu bestimmen.

(2) Soweit sich in einer nichtvermögensrechtlichen Angelegenheit der Geschäftswert aus den Vorschriften dieses Gesetzes nicht ergibt, ist er unter Berücksichtigung aller Umstände des Einzelfalls, insbesondere des Umfangs und der Bedeutung der Sache und der Vermögens- und Einkommensverhältnisse der Beteiligten, nach billigem Ermessen zu bestimmen, jedoch nicht über 1 Million Euro.

(3) Bestehen in den Fällen der Absätze 1 und 2 keine genügenden Anhaltspunkte für eine Bestimmung des Werts, ist von einem Geschäftswert von 5 000 Euro auszugehen.

(4) Wenn sich die Gerichtsgebühren nach den für Notare geltenden Vorschriften bestimmen, sind die für Notare geltenden Wertvorschriften entsprechend anzuwenden. Wenn sich die Notargebühren nach den für Gerichte geltenden Vorschriften bestimmen, sind die für Gerichte geltenden Wertvorschriften entsprechend anzuwenden.

Kapitel 2 Gerichtskosten

Abschnitt 2 Wertvorschriften

Unterabschnitt 2 Besondere Geschäftswertvorschriften

§ 63 Betreuungssachen und betreuungsgerichtliche Zuweisungssachen

Bei Betreuungen oder Pflegschaften, die einzelne Rechtshandlungen betreffen, ist Geschäftswert der Wert des Gegenstands, auf den sich die Rechtshandlung bezieht. Bezieht sich die Betreuung oder Pflegschaft auf eine gegenwärtige oder künftige Mitberechtigung, ermäßigt sich der Wert auf den Bruchteil, der dem Anteil der Mitberechtigung entspricht. Bei Gesamthandsverhältnissen ist der Anteil entsprechend der Beteiligung an dem Gesamthandvermögen zu bemessen.

Kapitel 3 Notarkosten

Abschnitt 4 Wertvorschriften

Unterabschnitt 3 Vollzugs- und Betreuungstätigkeiten

§ 112 Vollzug des Geschäfts

Der Geschäftswert für den Vollzug ist der Geschäftswert des zugrunde liegenden Beurkundungsverfahrens. Liegt der zu vollziehenden Urkunde kein Beurkundungsverfahren zugrunde, ist der Geschäftswert derjenige Wert, der maßgeblich wäre, wenn diese Urkunde Gegenstand eines Beurkundungsverfahrens wäre.

§ 113 Betreuungstätigkeiten

(1) Der Geschäftswert für die Betreuungsgebühr ist wie bei der Beurkundung zu bestimmen.

(2) Der Geschäftswert für die Treuhandgebühr ist der Wert des Sicherungsinteresses.

Kapitel 4 Schluss- und Übergangsvorschriften

§ 135 Sonderregelung für Baden-Württemberg

(1) Solange und soweit im Land Baden-Württemberg die Gebühren für die Tätigkeit des Notars der Staatskasse zufließen, ist § 2 anstelle von § 91 anzuwenden.

(2) Solange im Land Baden-Württemberg anderen als gerichtlichen Behörden die Aufgaben des Grundbuchamts, des Betreuungs- oder des Nachlassgerichts übertragen sind, sind die Kosten gleichwohl nach diesem Gesetz zu erheben. Der Geschäftswert ist nur auf Antrag festzusetzen. Über die Festsetzung des Geschäftswerts und über die Erinnerung gegen den Kostenansatz entscheidet das Amtsgericht, in dessen Bezirk die Behörde ihren Sitz hat.

(3) Ein Notariatsabwickler steht einem Notariatsverwalter gleich.

Anlage 1
(zu § 3 Absatz 2)

Kostenverzeichnis

Teil 1 Gerichtsgebühren

Nr.	Gebührentatbestand	Gebühr oder Satz der Gebühr nach § 34 GNotKG – Tabelle A

Vorbemerkung 1:
(1) Im Verfahren der einstweiligen Anordnung bestimmen sich die Gebühren nach Hauptabschnitt 6.
(2) Für eine Niederschrift, die nach den Vorschriften des Beurkundungsgesetzes errichtet wird, und für die Abnahme der eidesstattlichen Versicherung nach § 352 Abs. 3 FamFG oder § 36 Abs. 2 Satz 1 IntErbRVG erhebt das Gericht Gebühren nach Teil 2.
(3) In einem Verfahren, für das sich die Kosten nach diesem Gesetz bestimmen, ist die Bestellung eines Pflegers für das Verfahren und deren Aufhebung Teil des Verfahrens, für das der Pfleger bestellt worden ist. Bestellung und Aufhebung sind gebührenfrei.

Hauptabschnitt 1 Betreuungssachen und betreuungsgerichtliche Zuweisungssachen

Vorbemerkung 1.1:
(1) In Betreuungssachen werden von dem Betroffenen Gebühren nach diesem Hauptabschnitt nur erhoben, wenn zum Zeitpunkt der Fälligkeit der jeweiligen Gebühr sein Vermögen nach Abzug der Verbindlichkeiten mehr als 25 000 € beträgt; der in § 90 Abs. 2 Nr. 8 des Zwölften Buches Sozialgesetzbuch genannte Vermögenswert wird nicht mitgerechnet.
(2) Im Verfahren vor dem Registergericht über die Bestellung eines Vertreters des Schiffseigentümers nach § 42 Abs. 2 des Gesetzes über Rechte an eingetragenen Schiffen und Schiffsbauwerken werden die gleichen Gebühren wie für eine betreuungsgerichtliche Zuweisungssache nach § 340 Nr. 2 FamFG erhoben.

Abschnitt 1 Verfahren vor dem Betreuungsgericht

Vorbemerkung 1.1.1:
Dieser Abschnitt ist auch anzuwenden, wenn ein vorläufiger Betreuer bestellt worden ist.

Nr.	Gebührentatbestand	Gebühr oder Satz der Gebühr nach § 34 GNotKG – Tabelle A
11100	Verfahren im Allgemeinen Die Gebühr entsteht nicht für Verfahren, 1. die in den Rahmen einer bestehenden Betreuung oder Pflegschaft fallen, 2. für die die Gebühr 11103 oder 11105 entsteht oder 3. die mit der Bestellung eines Betreuers oder der Anordnung einer Pflegschaft enden.	0,5
11101	Jahresgebühr für jedes angefangene Kalenderjahr bei einer Dauerbetreuung, wenn nicht Nummer 11102 anzuwenden ist (1) Für die Gebühr wird das Vermögen des von der Maßnahme Betroffenen nur berücksichtigt, soweit es nach Abzug der Verbindlichkeiten mehr als 25 000 € beträgt; der in § 90 Abs. 2 Nr. 8 des Zwölften Buches Sozialgesetzbuch genannte Vermögenswert wird nicht mitgerechnet. Ist Gegenstand der Betreuung ein Teil des Vermögens, ist höchstens dieser Teil des Vermögens zu berücksichtigen. (2) Für das bei der ersten Bestellung eines Betreuers laufende und das folgende Kalenderjahr wird nur eine Jahresgebühr erhoben. Geht eine vorläufige Betreuung in eine endgültige über, handelt es sich um ein einheitliches Verfahren. (3) Dauert die Betreuung nicht länger als drei Monate, beträgt die Gebühr abweichend von dem in der Gebührenspalte bestimmten Mindestbetrag 100,00 €.	11,50 € je angefangene 5 000,00 € des zu berücksichtigenden Vermögens – mindestens 230,00 €
11102	Jahresgebühr für jedes angefangene Kalenderjahr bei einer Dauerbetreuung, die nicht unmittelbar das Vermögen oder Teile des Vermögens zum Gegenstand hat (1) Für das bei der ersten Bestellung eines Betreuers laufende und das folgende Kalenderjahr wird nur eine Jahresgebühr erhoben. Geht eine vorläufige Betreuung in eine endgültige über, handelt es sich um ein einheitliches Verfahren. (2) Dauert die Betreuung nicht länger als drei Monate, beträgt die Gebühr abweichend von dem in der Gebührenspalte bestimmten Mindestbetrag 100,00 €.	300,00 € – höchstens eine Gebühr 11101
11103	Verfahren im Allgemeinen bei einer Betreuung für einzelne Rechtshandlungen (1) Die Gebühr wird nicht neben einer Gebühr 11101 oder 11102 erhoben. (2) Absatz 3 der Anmerkung zu Nummer 11101 ist nicht anzuwenden.	0,5 – höchstens eine Gebühr 11101

Nr.	Gebührentatbestand	Gebühr oder Satz der Gebühr nach § 34 GNotKG – Tabelle A
11104	Jahresgebühr für jedes angefangene Kalenderjahr bei einer Dauerpflegschaft (1) Ist Gegenstand der Pflegschaft ein Teil des Vermögens, ist höchstens dieser Teil des Vermögens zu berücksichtigen. (2) Für das bei der ersten Bestellung eines Pflegers laufende und das folgende Kalenderjahr wird nur eine Jahresgebühr erhoben. (3) Erstreckt sich die Pflegschaft auf mehrere Betroffene, wird die Gebühr für jeden Betroffenen gesondert erhoben. (4) Dauert die Pflegschaft nicht länger als drei Monate, beträgt die Gebühr abweichend von dem in der Gebührenspalte bestimmten Mindestbetrag 100,00 €.	11,50 € je angefangene 5 000,00 € des reinen Vermögens – mindestens 230,00 €
11105	Verfahren im Allgemeinen bei einer Pflegschaft für einzelne Rechtshandlungen (1) Die Gebühr wird nicht neben einer Gebühr 11104 erhoben. (2) Erstreckt sich die Pflegschaft auf mehrere Betroffene, ist Höchstgebühr die Summe der Gebühren 11104. (3) Absatz 4 der Anmerkung zu Nummer 11104 ist nicht anzuwenden.	0,5 – höchstens eine Gebühr 11104

Teil 3 Auslagen

Nr.	Auslagentatbestand	Höhe
	Vorbemerkung 3: Sind Auslagen durch verschiedene Rechtssachen veranlasst, werden sie auf die Rechtssachen angemessen verteilt. Dies gilt auch, wenn die Auslagen durch Notar- und Rechtsanwaltsgeschäfte veranlasst sind.	
	Hauptabschnitt 1 Auslagen der Gerichte	
	Vorbemerkung 3.1: (1) Auslagen, die durch eine für begründet befundene Beschwerde entstanden sind, werden nicht erhoben, soweit das Beschwerdeverfahren gebührenfrei ist; dies gilt jedoch nicht, soweit das Beschwerdegericht die Kosten dem Gegner des Beschwerdeführers auferlegt hat. (2) In Betreuungssachen werden von dem Betroffenen Auslagen nur unter den in Vorbemerkung 1.1 Abs. 1 genannten Voraussetzungen erhoben. Satz 1 gilt nicht für die Auslagen 31015.	
31000	Pauschale für die Herstellung und Überlassung von Dokumenten:	
	1. Ausfertigungen, Kopien und Ausdrucke bis zur Größe von DIN A3, die a) auf Antrag angefertigt oder auf Antrag per Telefax übermittelt worden sind oder b) angefertigt worden sind, weil zu den Akten gegebene Urkunden, von denen eine Kopie zurückbehalten werden muss, zurückgefordert werden; in diesem Fall wird die bei den Akten zurückbehaltene Kopie gebührenfrei beglaubigt:	
	für die ersten 50 Seiten je Seite	0,50 €
	für jede weitere Seite	0,15 €
	für die ersten 50 Seiten in Farbe je Seite	1,00 €
	für jede weitere Seite in Farbe	0,30 €
	2. Entgelte für die Herstellung und Überlassung der in Nummer 1 genannten Kopien oder Ausdrucke in einer Größe von mehr als DIN A3	in voller Höhe
	oder pauschal je Seite	3,00 €
	oder pauschal je Seite in Farbe	6,00 €
	3. Überlassung von elektronisch gespeicherten Dateien oder deren Bereitstellung zum Abruf anstelle der in den Nummern 1 und 2 genannten Ausfertigungen, Kopien und Ausdrucke: je Datei	1,50 €
	für die in einem Arbeitsgang überlassenen, bereitgestellten oder in einem Arbeitsgang auf denselben Datenträger übertragenen Dokumente insgesamt höchstens	5,00 €
	(1) Die Höhe der Dokumentenpauschale nach Nummer 1 ist in gerichtlichen Verfahren in jedem Rechtszug, bei Dauerbetreuungen und -pflegschaften in jedem Kalenderjahr und für jeden Kostenschuldner nach § 26 Abs. 1 GNotKG gesondert zu berechnen. Gesamtschuldner gelten als ein Schuldner. (2) Werden zum Zweck der Überlassung von elektronisch gespeicherten Dateien Dokumente zuvor auf Antrag von der Papierform in die elektronische Form über-	

Nr.	Auslagentatbestand	Höhe
	tragen, beträgt die Dokumentenpauschale nach Nummer 3 nicht weniger, als die Dokumentenpauschale im Fall der Nummer 1 für eine Schwarz-Weiß-Kopie ohne Rücksicht auf die Größe betragen würde. (3) Frei von der Dokumentenpauschale sind für jeden Beteiligten und seinen bevollmächtigten Vertreter jeweils 1. bei Beurkundungen von Verträgen zwei Ausfertigungen, Kopien oder Ausdrucke, bei sonstigen Beurkundungen eine Ausfertigung, eine Kopie oder ein Ausdruck, 2. eine vollständige Ausfertigung oder Kopie oder ein vollständiger Ausdruck jeder gerichtlichen Entscheidung und jedes vor Gericht abgeschlossenen Vergleichs, 3. eine Ausfertigung ohne Begründung und 4. eine Kopie oder ein Ausdruck jeder Niederschrift über eine Sitzung. (4) § 191a Abs. 1 Satz 5 GVG bleibt unberührt. (5) Bei der Gewährung der Einsicht in Akten wird eine Dokumentenpauschale nur erhoben, wenn auf besonderen Antrag ein Ausdruck einer elektronischen Akte oder ein Datenträger mit dem Inhalt einer elektronischen Akte übermittelt wird.	
31001	Auslagen für Telegramme	in voller Höhe
31002	Pauschale für Zustellungen mit Zustellungsurkunde, Einschreiben gegen Rückschein oder durch Justizbedienstete nach § 168 Abs. 1 ZPO je Zustellung Neben Gebühren, die sich nach dem Geschäftswert richten, wird die Zustellungspauschale nur erhoben, soweit in einem Rechtszug mehr als 10 Zustellungen anfallen.	3,50 €
31003	Pauschale für die bei der Versendung von Akten auf Antrag anfallenden Auslagen an Transport- und Verpackungskosten je Sendung Die Hin- und Rücksendung der Akten durch Gerichte gelten zusammen als eine Sendung.	12,00 €
31004	Auslagen für öffentliche Bekanntmachungen Auslagen werden nicht erhoben für die Bekanntmachung in einem elektronischen Informations- und Kommunikationssystem, wenn das Entgelt nicht für den Einzelfall oder nicht für ein einzelnes Verfahren berechnet wird.	in voller Höhe
31005	Nach dem JVEG zu zahlende Beträge (1) Die Beträge werden auch erhoben, wenn aus Gründen der Gegenseitigkeit, der Verwaltungsvereinfachung oder aus vergleichbaren Gründen keine Zahlungen zu leisten sind. Ist aufgrund des § 1 Abs. 2 Satz 2 JVEG keine Vergütung zu zahlen, ist der Betrag zu erheben, der ohne diese Vorschrift zu zahlen wäre. (2) Nicht erhoben werden Beträge, die an ehrenamtliche Richter (§ 1 Abs. 1 Satz 1 Nr. 2 JVEG), an Übersetzer, die zur Erfüllung der Rechte blinder oder sehbehinderter Personen herangezogen werden (§ 191a Abs. 1 GVG), und an Kommunikationshilfen zur Verständigung mit einer hör- oder sprachbehinderten Person (§ 186 GVG) gezahlt werden.	in voller Höhe
31006	Bei Geschäften außerhalb der Gerichtsstelle	
	1. die den Gerichtspersonen aufgrund gesetzlicher Vorschriften gewährte Vergütung (Reisekosten, Auslagenersatz) und die Auslagen für die Bereitstellung von Räumen	in voller Höhe
	2. für den Einsatz von Dienstkraftfahrzeugen für jeden gefahrenen Kilometer	0,42 €
31007	An Rechtsanwälte zu zahlende Beträge mit Ausnahme der nach § 59 RVG auf die Staatskasse übergegangenen Ansprüche	in voller Höhe
31008	Auslagen für	
	1. die Beförderung von Personen	in voller Höhe
	2. Zahlungen an mittellose Personen für die Reise zum Ort einer Verhandlung oder Anhörung sowie für die Rückreise	bis zur Höhe der nach dem JVEG an Zeugen zu zahlenden Beträge
31009	An Dritte zu zahlende Beträge für	
	1. die Beförderung von Tieren und Sachen mit Ausnahme der für Postdienstleistungen zu zahlenden Entgelte, die Verwahrung von Tieren und Sachen sowie die Fütterung von Tieren	in voller Höhe
	2. die Durchsuchung oder Untersuchung von Räumen und Sachen einschließlich der die Durchsuchung oder Untersuchung vorbereitenden Maßnahmen	in voller Höhe

Nr.	Auslagentatbestand	Höhe
31010	Kosten einer Zwangshaft Maßgebend ist die Höhe des Haftkostenbeitrags, der nach Landesrecht von einem Gefangenen zu erheben ist.	in Höhe des Haftkostenbeitrags
31011	Kosten einer Ordnungshaft Maßgebend ist die Höhe des Haftkostenbeitrags, der nach Landesrecht von einem Gefangenen zu erheben ist. Diese Kosten werden nur angesetzt, wenn der Haftkostenbeitrag auch von einem Gefangenen im Strafvollzug zu erheben wäre.	in Höhe des Haftkostenbeitrags
31012	Nach § 12 BGebG, dem 5. Abschnitt des Konsulargesetzes und der Besonderen Gebührenverordnung des Auswärtigen Amts nach § 22 Abs. 4 BGebG zu zahlende Beträge	in voller Höhe
31013	An deutsche Behörden für die Erfüllung von deren eigenen Aufgaben zu zahlende Gebühren sowie diejenigen Beträge, die diesen Behörden, öffentlichen Einrichtungen oder deren Bediensteten als Ersatz für Auslagen der in den Nummern 31000 bis 31012 bezeichneten Art zustehen Die als Ersatz für Auslagen angefallenen Beträge werden auch erhoben, wenn aus Gründen der Gegenseitigkeit, der Verwaltungsvereinfachung oder aus vergleichbaren Gründen keine Zahlungen zu leisten sind.	in voller Höhe, die Auslagen begrenzt durch die Höchstsätze für die Auslagen 31000 bis 31012
31014	Beträge, die ausländischen Behörden, Einrichtungen oder Personen im Ausland zustehen, sowie Kosten des Rechtshilfeverkehrs mit dem Ausland Die Beträge werden auch erhoben, wenn aus Gründen der Gegenseitigkeit, der Verwaltungsvereinfachung oder aus vergleichbaren Gründen keine Zahlungen zu leisten sind.	in voller Höhe
31015	An den Verfahrenspfleger zu zahlende Beträge Die Beträge werden von dem Betroffenen nur nach Maßgabe des § 1880 Abs. 2 BGB erhoben.	in voller Höhe
31016	Pauschale für die Inanspruchnahme von Videokonferenzverbindungen: je Verfahren für jede angefangene halbe Stunde	15,00 €
31017	Umsatzsteuer auf die Kosten Dies gilt nicht, wenn die Umsatzsteuer nach § 19 Abs. 1 UStG unerhoben bleibt.	in voller Höhe

Justizbeitreibungsgesetz (JBeitrG)

Vom 27. Juni 2017 (BGBl. I S. 1926)

Zuletzt geändert durch
Gesetz zur Reform des Vormundschafts- und Betreuungsrechts
vom 4. Mai 2021 (BGBl. I S. 882)

§ 1 (Ansprüche)

(1) Nach diesem Gesetz werden folgende Ansprüche beigetrieben, soweit sie von Justizbehörden des Bundes einzuziehen sind:

1. Geldstrafen und andere Ansprüche, deren Beitreibung sich nach den Vorschriften über die Vollstreckung von Geldstrafen richtet;
2. gerichtlich erkannte Geldbußen und Nebenfolgen einer Ordnungswidrigkeit, die zu einer Geldzahlung verpflichten;

2a. Ansprüche aus gerichtlichen Anordnungen über die Einziehung oder die Unbrauchbarmachung einer Sache;

2b. Ansprüche aus gerichtlichen Anordnungen über die Herausgabe von Akten und sonstigen Unterlagen nach § 407a Absatz 5 Satz 2 der Zivilprozessordnung;

3. Ordnungs- und Zwangsgelder;
4. Gerichtskosten;

4a. Ansprüche auf Zahlung der vom Gericht im Verfahren der Prozesskostenhilfe oder nach § 4b der Insolvenzordnung bestimmten Beträge;

4b. nach den §§ 168d, 292 und 292a des Gesetzes über das Verfahren in Familiensachen und in den Angelegenheiten der freiwilligen Gerichtsbarkeit festgesetzte Ansprüche;

5. Zulassungs- und Prüfungsgebühren;
6. alle sonstigen Justizverwaltungsabgaben;
7. Kosten der Gerichtsvollzieher und Vollziehungsbeamten, soweit sie selbständig oder gleichzeitig mit einem Anspruch, der nach diesem Gesetz vollstreckt wird, bei dem Auftraggeber oder Ersatzpflichtigen beigetrieben werden;
8. Ansprüche gegen Beamte, nichtbeamtete Beisitzer und Vertrauenspersonen, gegen Rechtsanwälte, Vormünder, Betreuer, Pfleger und Verfahrenspfleger, gegen Zeugen und Sachverständige sowie gegen mittellose Personen auf Erstattung von Beträgen, die ihnen in einem gerichtlichen Verfahren zu viel gezahlt sind;
9. Ansprüche gegen Beschuldigte und Nebenbeteiligte auf Erstattung von Beträgen, die ihnen in den Fällen der §§ 465, 467, 467a, 470, 472b, 473 der Strafprozessordnung zu viel gezahlt sind;
10. alle sonstigen Ansprüche, die nach Bundes- oder Landesrecht im Verwaltungszwangsverfahren beigetrieben werden können, soweit nicht ein Bundesgesetz vorschreibt, dass sich die Vollstreckung nach dem Verwaltungsvollstreckungsgesetz oder der Abgabenordnung richtet.

(2) Dieses Gesetz findet auch auf die Einziehung von Ansprüchen im Sinne des Absatzes 1 durch Justizbehörden der Länder Anwendung, soweit die Ansprüche auf bundesrechtlicher Regelung beruhen.

(3) Die Vorschriften dieses Gesetzes über das gerichtliche Verfahren finden auch dann Anwendung, wenn sonstige Ansprüche durch die Justizbehörden der Länder im Verwaltungszwangsverfahren eingezogen werden.

(4) Werden zusammen mit einem Anspruch nach Absatz 1 Nummer 1 bis 3 die Kosten des Verfahrens beigetrieben, so gelten auch für die Kosten die Vorschriften über die Vollstreckung dieses Anspruchs.

(5) Nach diesem Gesetz werden auch die Gebühren und Auslagen des Deutschen Patentamts und die sonstigen dem Absatz 1 entsprechenden Ansprüche, die beim Deutschen Patentamt entstehen, beigetrieben. Dies gilt auch für Ansprüche gegen Patentanwälte und Erlaubnisscheininhaber.

(6) Die Landesregierungen werden ermächtigt, durch Rechtsverordnung abweichend von diesem Gesetz zu bestimmen, dass Gerichtskosten in den Fällen des § 109 Absatz 2 des Gesetzes über Ordnungswidrigkeiten und des § 27 des Gerichtskostengesetzes nach Vorschriften des Landesrechts beigetrieben werden. Die Landesregierungen können die Ermächtigung durch Rechtsverordnung auf die Landesjustizverwaltung übertragen.

§ 2 (Vollstreckungsbehörden)

(1) Die Beitreibung obliegt in den Fällen des § 1 Absatz 1 Nummer 1 bis 3 den nach den Verfahrensgesetzen für die Vollstreckung dieser Ansprüche zuständigen Stellen, soweit nicht die in Absatz 2 bezeichnete Vollstreckungsbehörde zuständig ist, im Übrigen den Gerichtskassen als Vollstreckungsbehörden. Die Landesregierungen werden ermächtigt, an Stelle der Gerichtskassen andere Behörden als Vollstreckungsbehörden zu bestimmen. Die Landesregierungen können die Ermächtigung auf die Landesjustizverwaltung übertragen.

(2) Vollstreckungsbehörde für Ansprüche, die beim Bundesverfassungsgericht, Bundesministerium der Justiz und für Verbraucherschutz, Bundesgerichtshof, Bundesverwaltungsgericht, Bundesfinanzhof, Generalbundesanwalt beim Bundesgerichtshof, Bundespatentgericht, Deutschen Patent- und Markenamt, Bundesamt für Justiz oder dem mit der Führung des Unternehmensregisters im Sinn des § 8b des Handelsgesetzbuchs Beliehenen entstehen, ist das Bundesamt für Justiz.

(3) Von den in Absatz 1 bezeichneten Vollstreckungsbehörden ist diejenige zuständig, die den beizutreibenden Anspruch einzuziehen hat. Dem Vollziehungsbeamten obliegende Vollstreckungshandlungen kann die Vollstreckungsbehörde außerhalb ihres Amtsbezirks durch einen

Vollziehungsbeamten vornehmen lassen, der für den Ort der Vollstreckung zuständig ist. Die Unzuständigkeit einer Vollstreckungsbehörde berührt die Wirksamkeit ihrer Vollstreckungsmaßnahmen nicht.

(4) Die Vollstreckungsbehörden haben einander Amtshilfe zu leisten.

§ 3 (Zustellung)

Zustellungen sind nur erforderlich, soweit dies besonders bestimmt ist. Sie werden sinngemäß nach den Vorschriften der Zivilprozessordnung über Zustellungen von Amts wegen bewirkt. Die dem Gericht vorbehaltenen Anordnungen trifft die Vollstreckungsbehörde.

§ 4 (Vollstreckungsgegner)

Die Vollstreckung kann gegen jeden durchgeführt werden, der nach den für den beizutreibenden Anspruch geltenden besonderen Vorschriften oder kraft Gesetzes nach den Vorschriften des bürgerlichen Rechts zur Leistung oder zur Duldung der Vollstreckung verpflichtet ist. Aus einer Zwangshypothek, die für einen der im § 1 bezeichneten Ansprüche eingetragen ist, kann auch gegen den Rechtsnachfolger des Schuldners in das belastete Grundstück vollstreckt werden.

§ 5 (Vollstreckungsbeginn)

(1) Die Vollstreckung darf erst beginnen, wenn der beizutreibende Anspruch fällig ist. In den Fällen des § 1 Absatz 1 Nummer 8 und 9 darf die Vollstreckung erst beginnen, wenn der Zahlungspflichtige von den ihm zustehenden Rechtsbehelfen binnen zwei Wochen nach der Zahlungsaufforderung oder nach der Mitteilung einer Entscheidung über seine Einwendungen gegen die Zahlungsaufforderung keinen Gebrauch gemacht hat. Vorschriften, wonach aus vollstreckbaren Entscheidungen oder Verpflichtungserklärungen erst nach deren Zustellung vollstreckt werden darf, bleiben unberührt.

(2) In der Regel soll der Vollstreckungsschuldner (§ 4) vor Beginn der Vollstreckung zur Leistung innerhalb von zwei Wochen schriftlich aufgefordert und nach vergeblichem Ablauf der Frist besonders gemahnt werden.

§ 6 (Verweisung)

(1) Für die Vollstreckung gelten nach Maßgabe der Absätze 2 bis 4 folgende Vorschriften sinngemäß:

1. §§ 735 bis 737, 739 bis 741, 743, 745 bis 748, 753 Absatz 4 und 5, §§ 755, 757a, 758, 758a, 759, 761, 762, 764, 765a, 766, 771 bis 776, 778, 779, 781 bis 784, 786, 788, 789, 792, 793, 802a bis 802i, 802j Absatz 1 und 3, §§ 802k bis 827, 828 Absatz 2 und 3, §§ 829 bis 837a, 840 Absatz 1, Absatz 2 Satz 2, §§ 841 bis 886, 899 bis 910 der Zivilprozessordnung,
2. sonstige Vorschriften des Bundesrechts, die die Zwangsvollstreckung aus Urteilen in bürgerlichen Rechtsstreitigkeiten beschränken, sowie
3. die landesrechtlichen Vorschriften über die Zwangsvollstreckung gegen Gemeindeverbände oder Gemeinden.

(2) An die Stelle des Gläubigers tritt die Vollstreckungsbehörde. Bei der Zwangsvollstreckung in Forderungen und andere Vermögensrechte wird der Pfändungs- und der Überweisungsbeschluss von der Vollstreckungsbehörde erlassen. Die Aufforderung zur Abgabe der in § 840 Absatz 1 der Zivilprozessordnung genannten Erklärungen ist in den Pfändungsbeschluss aufzunehmen.

(3) An die Stelle des Gerichtsvollziehers tritt der Vollziehungsbeamte. Der Vollziehungsbeamte wird zur Annahme der Leistung, zur Ausstellung von Empfangsbekenntnissen und zu Vollstreckungshandlungen durch einen schriftlichen Auftrag der Vollstreckungsbehörde ermächtigt. Aufträge, die mit Hilfe automatischer Einrichtungen erstellt werden, werden mit dem Dienstsiegel versehen; einer Unterschrift bedarf es nicht. Der Vollziehungsbeamte hat im Auftrag der Vollstreckungsbehörde auch die in § 840 Absatz 1 der Zivilprozessordnung bezeichneten Erklärungen entgegenzunehmen. Die in § 845 der Zivilprozessordnung bezeichnete Benachrichtigung hat der Vollziehungsbeamte nach den Vorschriften der Zivilprozessordnung über die Zustellung auf Betreiben der Parteien zuzustellen.

(4) Gepfändete Forderungen sind nicht an Zahlungs statt zu überweisen.

(5) Die Vollstreckungsbehörden dürfen das Bundeszentralamt für Steuern ersuchen, bei den Kreditinstituten die in § 93b Absatz 1 und 1a der Abgabenordnung bezeichneten Daten, ausgenommen die Identifikationsnummer nach § 139b der Abgabenordnung, abzurufen, wenn

1. die Ladung zu dem Termin zur Abgabe der Vermögensauskunft an den Vollstreckungsschuldner nicht zustellbar ist und
   a) die Anschrift, unter der die Zustellung ausgeführt werden sollte, mit der Anschrift übereinstimmt, die von einer der in § 755 Absatz 1 und 2 der Zivilprozessordnung genannten Stellen innerhalb von drei Monaten vor oder nach dem Zustellungsversuch mitgeteilt wurde, oder
   b) die Meldebehörde nach dem Zustellungsversuch die Auskunft erteilt, dass ihr keine derzeitige Anschrift des Vollstreckungsschuldners bekannt ist, oder
   c) die Meldebehörde innerhalb von drei Monaten vor Erteilung des Vollstreckungsauftrags die Auskunft erteilt hat, dass ihr keine derzeitige Anschrift des Vollstreckungsschuldners bekannt ist;
2. der Vollstreckungsschuldner seiner Pflicht zur Abgabe der Vermögensauskunft in dem dem Ersuchen zugrundeliegenden Vollstreckungsverfahren nicht nachkommt oder
3. bei einer Vollstreckung in die in der Vermögensauskunft aufgeführten Vermögensgegenstände eine vollständige Befriedigung der Forderung nicht zu erwarten ist.

§ 7 (Vermögensauskunft)

Die Abnahme der Vermögensauskunft beantragt die Vollstreckungsbehörde bei dem zuständigen Gerichtsvollzieher; die Vollstreckung in unbewegliches Vermögen beantragt sie bei dem zuständigen Amtsgericht. Der Antrag ersetzt den vollstreckbaren Schuldtitel. Eine Zustellung des Antrags an den Schuldner ist nicht erforderlich. Die Vollstreckungsbehörde kann die bei dem zentralen Vollstreckungsgericht nach § 802k Absatz 1 der Zivilprozessordnung verwalteten Vermögensverzeichnisse zu Vollstreckungszwecken abrufen.

§ 8 (Einwendungen)

(1) Einwendungen, die den beizutreibenden Anspruch selbst, die Haftung für den Anspruch oder die Verpflichtung zur Duldung der Vollstreckung betreffen, sind vom Schuldner gerichtlich geltend zu machen

bei Ansprüchen nach § 1 Absatz 1 Nummer 4, 6, 7

nach den Vorschriften über Erinnerungen gegen den Kostenansatz,

bei Ansprüchen gegen nichtbeamtete Beisitzer, Vertrauenspersonen, Rechtsanwälte, Zeugen, Sachverständige und mittellose Personen (§ 1 Absatz 1 Nummer 8)

nach den Vorschriften über die Feststellung eines Anspruchs dieser Personen,

bei Ansprüchen nach § 1 Absatz 1 Nummer 9

nach den Vorschriften über Erinnerungen gegen den Festsetzungsbeschluss. Die Einwendung, dass mit einer Gegenforderung aufgerechnet worden sei, ist in diesen Verfahren nur zulässig, wenn die Gegenforderung anerkannt oder gerichtlich festgestellt ist. Das Gericht kann anordnen, dass die Beitreibung bis zum Erlass der Entscheidung gegen oder ohne Sicherheitsleistung eingestellt werde und dass die Vollstreckungsmaßregeln gegen Sicherheitsleistung aufzuheben seien.

(2) Für Einwendungen, die auf Grund der §§ 781 bis 784, 786 der Zivilprozessordnung erhoben werden, gelten die Vorschriften der §§ 767, 769, 770 der Zivilprozessordnung sinngemäß. Für die Klage ist das Gericht zuständig, in dessen Bezirk die Vollstreckung stattgefunden hat.

§ 9 (Einstweilige Entscheidung)

(1) Werden Einwendungen gegen die Vollstreckung erhoben, so kann die Vollstreckungsbehörde die Vollstreckungmaßnahmen einstweilen einstellen, aufheben oder von weiteren Vollstreckungsmaßnahmen Abstand nehmen, bis über die Einwendung endgültig entschieden ist.

(2) Der Vollziehungsbeamte hat von der Pfändung abzusehen, wenn ihm die Zahlung oder Stundung der Schuld nachgewiesen wird.

§ 10 (Kosten)

(1) Bei der Pfändung von Forderungen oder anderen Vermögensrechten gelten die Vorschriften des Gerichtskostengesetzes sinngemäß.

(2) Für die Tätigkeit des Vollziehungsbeamten gelten die Vorschriften des Gerichtsvollzieherkostengesetzes sinngemäß.

§ 11 (Inkrafttreten)

Gesetz zur Ausführung des Haager Übereinkommens vom 13. Januar 2000 über den internationalen Schutz von Erwachsenen (Erwachsenenschutzübereinkommens-Ausführungsgesetz – ErwSÜAG)

Vom 17. März 2007 (BGBl. I S. 314, 2009 S. 39)

Zuletzt geändert durch
Gesetz zur Reform des Vormundschafts- und Betreuungsrechts
vom 4. Mai 2021 (BGBl. I S. 882)

Abschnitt 1
Zentrale Behörde

§ 1 Bestimmung der Zentralen Behörde

Zentrale Behörde nach Artikel 28 des Haager Übereinkommens vom 13. Januar 2000 über den internationalen Schutz von Erwachsenen (BGBl. 2007 II S. 323 – Übereinkommen) ist das Bundesamt für Justiz.

§ 2 Übersetzungen bei eingehenden Ersuchen

(1) Die Zentrale Behörde kann es ablehnen tätig zu werden, wenn eine Mitteilung aus einem anderen Vertragsstaat nicht in deutscher Sprache abgefasst oder von einer Übersetzung in die deutsche Sprache oder, falls eine solche Übersetzung nur schwer erhältlich ist, nicht von einer Übersetzung in die englische Sprache begleitet ist.

(2) Die Zentrale Behörde kann erforderliche Übersetzungen selbst in Auftrag geben.

§ 3 Übersetzungen bei ausgehenden Ersuchen

Beschafft ein Antragsteller erforderliche Übersetzungen für Anträge, die in einem anderen Vertragsstaat zu erledigen sind, nicht selbst, veranlasst die Zentrale Behörde die Übersetzungen.

§ 4 Maßnahmen der Zentralen Behörde

(1) Die Zentrale Behörde verkehrt unmittelbar mit allen zuständigen Stellen im In- und Ausland.

(2) Die Zentrale Behörde leitet Mitteilungen, die an die Zentrale Behörde oder eine andere Behörde in einem anderen Vertragsstaat gerichtet sind, dorthin weiter. Mitteilungen aus einem anderen Vertragsstaat leitet sie unverzüglich an die zuständige deutsche Stelle weiter und unterrichtet sie über bereits veranlasste Maßnahmen.

(3) Die Zentrale Behörde trifft alle erforderlichen Maßnahmen einschließlich der Einschaltung von Polizeivollzugsbehörden, um den Aufenthaltsort des schutzbedürftigen Erwachsenen zu ermitteln, wenn dieser unbekannt ist und Anhaltspunkte dafür vorliegen, dass sich der Erwachsene im Inland befindet. Soweit zur Ermittlung des Aufenthaltsorts des Erwachsenen erforderlich, darf die Zentrale Behörde beim Kraftfahrt- Bundesamt Halterdaten nach § 33 Abs. 1 Satz 1 Nr. 2 des Straßenverkehrsgesetzes erheben. Unter den Voraussetzungen des Satzes 1 kann die Zentrale Behörde die Ausschreibung zur Aufenthaltsermittlung durch das Bundeskriminalamt und die Speicherung eines Suchvermerks im Zentralregister veranlassen. Soweit die Zentrale Behörde andere Stellen zur Aufenthaltsermittlung einschaltet, übermittelt sie ihnen die zur Durchführung der Maßnahmen erforderlichen personenbezogenen Daten; diese dürfen nur für den Zweck verwendet werden, für den sie übermittelt worden sind.

§ 5 Justizverwaltungsverfahren; Vergütung für Übersetzungen

Die Tätigkeit der Zentralen Behörde gilt als Justizverwaltungsverfahren. Die Höhe der Vergütung für die von der Zentralen Behörde veranlassten Übersetzungen richtet sich nach dem Justizvergütungs- und -entschädigungsgesetz.

Abschnitt 2
Gerichtliche Zuständigkeit und Zuständigkeitskonzentration

§ 6 Sachliche und örtliche Zuständigkeit; Zuständigkeitskonzentration

(1) Das Betreuungsgericht, in dessen Bezirk ein Oberlandesgericht seinen Sitz hat, ist für den Bezirk dieses Oberlandesgerichts zuständig für

1. die Feststellung der Anerkennung oder Nichtanerkennung einer in einem anderen Vertragsstaat getroffenen Maßnahme nach Artikel 23 des Übereinkommens,
2. die Vollstreckbarerklärung einer in einem anderen Vertragsstaat getroffenen Maßnahme nach Artikel 25 des Übereinkommens sowie
3. das Konsultationsverfahren nach Artikel 33 des Übereinkommens.

Für den Bezirk des Kammergerichts ist das Amtsgericht Schöneberg in Berlin zuständig.

(2) Die Landesregierungen werden ermächtigt, die Zuständigkeit nach Absatz 1 durch Rechtsverordnung einem anderen Betreuungsgericht des Oberlandesgerichtsbezirks oder, wenn in einem Land mehrere Oberlandesgerichte errichtet sind, einem Betreuungsgericht für die Bezirke aller oder mehrerer Oberlandesgerichte zuzuweisen. Sie können die Ermächtigung auf die Landesjustizverwaltungen übertragen.

(3) Örtlich zuständig für die Verfahren nach Absatz 1 Satz 1 Nr. 1 und 2 ist das Betreuungsgericht, in dessen Zuständigkeitsbereich der Betroffene bei Antragstellung seinen gewöhnlichen Aufenthalt hat. Hat der Betroffene im Inland keinen gewöhnlichen Aufenthalt oder ist ein solcher nicht feststellbar, ist das Betreuungsgericht zuständig, in dessen Zuständigkeitsbereich das Bedürfnis der Fürsorge hervortritt. Ergibt sich keine Zuständigkeit nach den Sätzen 1 und 2, ist das zuständige Betreuungsgericht im Bezirk des Kammergerichts örtlich zuständig. Im Fall des Absatzes 1 Satz 1 Nr. 3 ist das Be-

treuungsgericht örtlich zuständig, in dessen Zuständigkeitsbereich der Betroffene nach dem Vorschlag der ersuchenden Behörde untergebracht werden soll.

(4) Artikel 147 des Einführungsgesetzes zum Bürgerlichen Gesetzbuche gilt entsprechend.

§ 7 Zuständigkeitskonzentration für andere Betreuungssachen

(1) Das Betreuungsgericht, bei dem ein in § 6 Abs. 1 Satz 1 genanntes Verfahren anhängig ist, ist von diesem Zeitpunkt an für alle denselben Betroffenen betreffenden Betreuungssachen einschließlich der Verfügungen nach § 35 des Gesetzes über das Verfahren in Familiensachen und in den Angelegenheiten der freiwilligen Gerichtsbarkeit sowie Abschnitt 9 des Buches 1 des Gesetzes über das Verfahren in Familiensachen und in den Angelegenheiten der freiwilligen Gerichtsbarkeit zuständig. Die Wirkung des Satzes 1 tritt nicht ein, wenn der Antrag auf Anerkennungsfeststellung oder Vollstreckbarerklärung offensichtlich unzulässig ist. Sie entfällt, sobald das angegangene Gericht infolge einer unanfechtbaren Entscheidung unzuständig ist; Verfahren, für die dieses Gericht hiernach seine Zuständigkeit verliert, sind von Amts wegen an das zuständige Gericht abzugeben. Die Abgabeentscheidung ist unanfechtbar und für das für zuständig erklärte Gericht bindend.

(2) Ein anderes Betreuungsgericht, bei dem eine denselben Betroffenen betreffende Betreuungssache im ersten Rechtszug anhängig ist oder anhängig wird, hat dieses Verfahren von Amts wegen an das nach Absatz 1 Satz 1 zuständige Betreuungsgericht abzugeben. Die Abgabeentscheidung ist unanfechtbar.

(3) Das Betreuungsgericht, das für eine Sache nach Absatz 1 oder Absatz 2 zuständig ist, kann diese aus wichtigen Gründen an das nach den allgemeinen Vorschriften zuständige Betreuungsgericht abgeben oder zurückgeben, soweit dies nicht zu einer unverhältnismäßigen Verzögerung des Verfahrens führt. Als wichtiger Grund ist es in der Regel anzusehen, wenn die besondere Sachkunde des erstgenannten Gerichts für das Verfahren nicht oder nicht mehr benötigt wird. Die Entscheidung über die Abgabe ist unanfechtbar und für das für zuständig erklärte Gericht bindend.

(4) § 273 des Gesetzes über das Verfahren in Familiensachen und in den Angelegenheiten der freiwilligen Gerichtsbarkeit bleibt unberührt.

(5) Artikel 147 des Einführungsgesetzes zum Bürgerlichen Gesetzbuche gilt entsprechend.

Abschnitt 3
Anerkennungsfeststellung, Vollstreckbarerklärung, Konsultationsverfahren und Bescheinigungen

§ 8 Allgemeine Verfahrensvorschriften für die Anerkennungsfeststellung und Vollstreckbarerklärung

(1) Das Verfahren nach den Artikeln 23 und 25 des Übereinkommens richtet sich nach Buch 1 des Gesetzes über das Verfahren in Familiensachen und in den Angelegenheiten der freiwilligen Gerichtsbarkeit. Die §§ 275, 276, 297 Abs. 5, §§ 308, 309 und 311 des Gesetzes über das Verfahren in Familiensachen und in den Angelegenheiten der freiwilligen Gerichtsbarkeit sind entsprechend anzuwenden.

(2) Das Gericht hat den Betroffenen persönlich anzuhören, wenn die anzuerkennende oder für vollstreckbar zu erklärende Maßnahme eine im Inland vorzunehmende Maßnahme im Sinn des § 312 des Gesetzes über das Verfahren in Familiensachen und in den Angelegenheiten der freiwilligen Gerichtsbarkeit, eine Untersuchung des Gesundheitszustands, eine Heilbehandlung oder einen ärztlichen Eingriff im Sinn des § 1829 des Bürgerlichen Gesetzbuchs oder eine im Inland vorzunehmende Sterilisation beinhaltet. Im Übrigen soll das Gericht den Betroffenen persönlich anhören. § 278 Abs. 3 bis 5 des Gesetzes über das Verfahren in Familiensachen und in den Angelegenheiten der freiwilligen Gerichtsbarkeit gilt entsprechend.

(3) Das Gericht kann die im Inland zuständige Betreuungsbehörde anhören, wenn es der Betroffene verlangt oder wenn es der Sachaufklärung dient. Die Anhörung anderer Personen liegt im Ermessen des Gerichts.

(4) Der Beschluss des Gerichts ist zu begründen.

(5) Der Beschluss ist dem Betroffenen und, falls ein solcher bestellt ist, dem Betreuer oder einer Person mit vergleichbaren Aufgaben bekannt zu machen. Handelt es sich bei der anerkannten oder für vollstreckbar erklärten Maßnahme um eine Unterbringung im Inland, ist der Beschluss auch dem Leiter der Einrichtung bekannt zu machen, in welcher der Betroffene untergebracht werden soll. Die §§ 288 und 326 des Gesetzes über das Verfahren in Familiensachen und in den Angelegenheiten der freiwilligen Gerichtsbarkeit gelten entsprechend.

(6) Der Beschluss unterliegt der Beschwerde. Die §§ 303 und 305 des Gesetzes über das Verfahren in Familiensachen und in den Angelegenheiten der freiwilligen Gerichtsbarkeit gelten entsprechend.

(7) Der Beschluss wird erst mit seiner Rechtskraft wirksam. Bei Gefahr im Verzug kann das Gericht die sofortige Wirksamkeit des Beschlusses anordnen.

§ 9 Bindungswirkung der Anerkennungsfeststellung

Die Feststellung nach Artikel 23 des Übereinkommens, dass die Voraussetzungen für die Anerkennung vorliegen oder nicht vorliegen, ist für Gerichte und Verwaltungsbehörden bindend.

§ 10 Vollstreckungsklausel

(1) Ein Titel aus einem anderen Vertragsstaat, der dort vollstreckbar ist und im Inland Vollstreckungshandlungen erfordert, wird dadurch nach Artikel 25 des Übereinkommens für vollstreckbar erklärt, dass er auf Antrag mit einer Vollstreckungsklausel versehen wird.

(2) § 20 Abs. 1 Satz 1 und 2 sowie § 23 des Internationalen Familienrechtsverfahrensgesetzes gelten entsprechend.

§ 11 Aufhebung oder Änderung von Entscheidungen über die Anerkennungsfeststellung oder Vollstreckbarerklärung

(1) Wird eine in einem anderen Vertragsstaat getroffene Maßnahme in diesem Staat aufgehoben oder abgeän-

dert und kann die betroffene Person diese Tatsache nicht mehr in dem Verfahren nach § 6 Abs. 1 Nr. 1 oder Nr. 2 geltend machen, kann sie die Aufhebung oder Änderung der Entscheidung über die Anerkennungsfeststellung oder Vollstreckbarerklärung in einem besonderen Verfahren beantragen. Die §§ 8 und 9 gelten entsprechend.

(2) Für die Entscheidung über den Antrag ist das Betreuungsgericht ausschließlich zuständig, das im ersten Rechtszug über die Anerkennungsfeststellung oder Vollstreckbarerklärung entschieden hat.

§ 12 Widerspruch im Konsultationsverfahren

(1) Das Gericht soll insbesondere dann nach Artikel 33 Abs. 2 des Übereinkommens einer Unterbringung im Inland widersprechen, wenn

1. die Durchführung der beabsichtigten Unterbringung dem Wohl des Betroffenen widerspricht, insbesondere weil er keine besondere Bindung zum Inland hat,
2. die ausländische Behörde kein Gutachten eines Sachverständigen vorlegt, aus dem sich die Notwendigkeit der beabsichtigten Unterbringung ergibt,
3. ein Grund für eine Versagung der Anerkennung nach Artikel 22 Abs. 2 des Übereinkommens erkennbar ist,
4. dem Betroffenen im ausländischen Verfahren kein rechtliches Gehör gewährt wurde,
5. einer erforderlichen Genehmigung der Ausländerbehörde Gründe entgegenstehen oder
6. die Übernahme der Kosten für die Unterbringung nicht geregelt ist.

(2) Im Fall einer Unterbringung, die mit Freiheitsentzug verbunden ist, oder einer Maßnahme im Sinn des § 1831 Absatz 4 oder § 1832 Absatz 1 oder Absatz 4 des Bürgerlichen Gesetzbuchs spricht sich das Gericht unbeschadet des Absatzes 1 nach Artikel 33 Abs. 2 des Übereinkommens gegen das Ersuchen aus, wenn

1. im ersuchenden Staat über die ersuchte Maßnahme kein Gericht entscheidet oder
2. bei Zugrundelegung des mitgeteilten Sachverhalts nach innerstaatlichem Recht die Anordnung der ersuchten Maßnahme nicht zulässig wäre.

(3) Das Gericht kann den Betroffenen persönlich anhören.

(4) Das Gericht kann einen Meinungsaustausch mit der ersuchenden Behörde aufnehmen und diese um ergänzende Informationen bitten.

(5) Der Widerspruch nach Artikel 33 Abs. 2 des Übereinkommens ist der ersuchenden Behörde unverzüglich bekannt zu machen. Die Entscheidung, von einem Widerspruch abzusehen, ist dem Betroffenen selbst und, falls ein solcher bestellt ist, dem Betreuer oder einer Person mit vergleichbaren Aufgaben sowie dem Leiter der Einrichtung bekannt zu machen, in welcher der Betroffene untergebracht werden soll. Der Beschluss ist unanfechtbar.

(6) Im Übrigen sind auf das Verfahren die §§ 316, 317 Absatz 1 Satz 1, Absatz 5, 6, die §§ 318, 325 Absatz 1 und § 338 des Gesetzes über das Verfahren in Familiensachen und in den Angelegenheiten der freiwilligen Gerichtsbarkeit sowie § 8 Abs. 1 Satz 1, Abs. 3 und 4 entsprechend anzuwenden.

§ 13 Bescheinigungen über inländische Schutzmaßnahmen

(1) Die Bescheinigung über eine inländische Schutzmaßnahme nach Artikel 38 des Übereinkommens wird von dem Urkundsbeamten der Geschäftsstelle des Gerichts des ersten Rechtszugs und, wenn das Verfahren bei einem höheren Gericht anhängig ist, von dem Urkundsbeamten der Geschäftsstelle dieses Gerichts ausgestellt.

(2) § 319 der Zivilprozessordnung gilt entsprechend.

Übereinkommen über den internationalen Schutz von Erwachsenen (Haager Erwachsenenschutzübereinkommen)

Vom 13. Januar 2000 (BGBl. II 2007 S. 324; 2009 BGBl. II S. 39)

III

Die Unterzeichnerstaaten dieses Übereinkommens –

in der Erwägung, dass es erforderlich ist, bei internationalen Sachverhalten den Schutz von Erwachsenen sicherzustellen, die aufgrund einer Beeinträchtigung oder der Unzulänglichkeit ihrer persönlichen Fähigkeiten nicht in der Lage sind, ihre Interessen zu schützen;

in dem Wunsch, Konflikte zwischen ihren Rechtssystemen in Bezug auf die Zuständigkeit, das anzuwendende Recht, die Anerkennung und Vollstreckung von Maßnahmen zum Schutz von Erwachsenen zu vermeiden;

eingedenk der Bedeutung der internationalen Zusammenarbeit für den Schutz von Erwachsenen;

bekräftigend, dass das Wohl des Erwachsenen und die Achtung seiner Würde und Selbstbestimmung vorrangig zu berücksichtigen sind –

haben die folgenden Bestimmungen vereinbart:

Kapitel I
Anwendungsbereich des Übereinkommens

Artikel 1

(1) Dieses Übereinkommen ist bei internationalen Sachverhalten auf den Schutz von Erwachsenen anzuwenden, die aufgrund einer Beeinträchtigung oder der Unzulänglichkeit ihrer persönlichen Fähigkeiten nicht in der Lage sind, ihre Interessen zu schützen.

(2) Sein Ziel ist es,

a) den Staat zu bestimmen, dessen Behörden zuständig sind, Maßnahmen zum Schutz der Person oder des Vermögens des Erwachsenen zu treffen;

b) das von diesen Behörden bei der Ausübung ihrer Zuständigkeit anzuwendende Recht zu bestimmen;

c) das auf die Vertretung des Erwachsenen anzuwendende Recht zu bestimmen;

d) die Anerkennung und Vollstreckung der Schutzmaßnahmen in allen Vertragsstaaten sicherzustellen;

e) die zur Verwirklichung der Ziele dieses Übereinkommens notwendige Zusammenarbeit zwischen den Behörden der Vertragsstaaten einzurichten.

Artikel 2

(1) Im Sinn dieses Übereinkommens ist ein Erwachsener eine Person, die das 18. Lebensjahr vollendet hat.

(2) Dieses Übereinkommen ist auch auf Maßnahmen anzuwenden, die hinsichtlich eines Erwachsenen zu einem Zeitpunkt getroffen worden sind, in dem er das 18. Lebensjahr noch nicht vollendet hatte.

Artikel 3

Die Maßnahmen, auf die in Artikel 1 Bezug genommen wird, können insbesondere Folgendes umfassen:

a) die Entscheidung über die Handlungsunfähigkeit und die Einrichtung einer Schutzordnung;

b) die Unterstellung des Erwachsenen unter den Schutz eines Gerichts oder einer Verwaltungsbehörde;

c) die Vormundschaft, die Pflegschaft und entsprechende Einrichtungen;

d) die Bestimmung und den Aufgabenbereich jeder Person oder Stelle, die für die Person oder das Vermögen des Erwachsenen verantwortlich ist, den Erwachsenen vertritt oder ihm beisteht;

e) die Unterbringung des Erwachsenen in einer Einrichtung oder an einem anderen Ort, an dem Schutz gewährt werden kann;

f) die Verwaltung und Erhaltung des Vermögens des Erwachsenen oder die Verfügung darüber;

g) die Erlaubnis eines bestimmten Einschreitens zum Schutz der Person oder des Vermögens des Erwachsenen.

Artikel 4

(1) Dieses Übereinkommen ist nicht anzuwenden

a) auf Unterhaltspflichten;

b) auf das Eingehen, die Ungültigerklärung und die Auflösung einer Ehe oder einer ähnlichen Beziehung sowie die Trennung;

c) auf den Güterstand einer Ehe oder vergleichbare Regelungen für ähnliche Beziehungen;

d) auf Trusts und Erbschaften;

e) auf die soziale Sicherheit;

f) auf öffentliche Maßnahmen allgemeiner Art in Angelegenheiten der Gesundheit;

g) auf Maßnahmen, die hinsichtlich einer Person infolge ihrer Straftaten ergriffen wurden;

h) auf Entscheidungen über Asylrecht und Einwanderung;

i) auf Maßnahmen, die allein auf die Wahrung der öffentlichen Sicherheit gerichtet sind.

(2) Absatz 1 berührt in den dort erwähnten Bereichen nicht die Berechtigung einer Person, als Vertreter des Erwachsenen zu handeln.

Kapitel II
Zuständigkeit

Artikel 5

(1) Die Behörden, seien es Gerichte oder Verwaltungsbehörden, des Vertragsstaats, in dem der Erwachsene seinen gewöhnlichen Aufenthalt hat, sind zuständig, Maßnahmen zum Schutz der Person oder des Vermögens des Erwachsenen zu treffen.

(2) Bei einem Wechsel des gewöhnlichen Aufenthalts des Erwachsenen in einen anderen Vertragsstaat sind die Behörden des Staates des neuen gewöhnlichen Aufenthalts zuständig.

Artikel 6

(1) Über Erwachsene, die Flüchtlinge sind oder die infolge von Unruhen in ihrem Land in ein anderes Land gelangt sind, üben die Behörden des Vertragsstaats, in

dessen Hoheitsgebiet sich die Erwachsenen demzufolge befinden, die in Artikel 5 Absatz 1 vorgesehene Zuständigkeit aus.

(2) Absatz 1 ist auch auf Erwachsene anzuwenden, deren gewöhnlicher Aufenthalt nicht festgestellt werden kann.

Artikel 7

(1) Die Behörden eines Vertragsstaats, dem der Erwachsene angehört, sind zuständig, Maßnahmen zum Schutz der Person oder des Vermögens des Erwachsenen zu treffen, wenn sie der Auffassung sind, dass sie besser in der Lage sind, das Wohl des Erwachsenen zu beurteilen, und nachdem sie die nach Artikel 5 oder Artikel 6 Absatz 2 zuständigen Behörden verständigt haben; dies gilt nicht für Erwachsene, die Flüchtlinge sind oder die infolge von Unruhen in dem Staat, dem sie angehören, in einen anderen Staat gelangt sind.

(2) Diese Zuständigkeit darf nicht ausgeübt werden, wenn die nach Artikel 5, Artikel 6 Absatz 2 oder Artikel 8 zuständigen Behörden die Behörden des Staates, dem der Erwachsene angehört, unterrichtet haben, dass sie die durch die Umstände gebotenen Maßnahmen getroffen oder entschieden haben, dass keine Maßnahmen zu treffen sind, oder ein Verfahren bei ihnen anhängig ist.

(3) Die Maßnahmen nach Absatz 1 treten außer Kraft, sobald die nach Artikel 5, Artikel 6 Absatz 2 oder Artikel 8 zuständigen Behörden die durch die Umstände gebotenen Maßnahmen getroffen oder entschieden haben, dass keine Maßnahmen zu treffen sind. Diese Behörden haben die Behörden, die in Übereinstimmung mit Absatz 1 Maßnahmen getroffen haben, entsprechend zu unterrichten.

Artikel 8

(1) Die nach Artikel 5 oder 6 zuständigen Behörden eines Vertragsstaats können, wenn sie der Auffassung sind, dass es dem Wohl des Erwachsenen dient, von Amts wegen oder auf Antrag der Behörden eines anderen Vertragsstaats die Behörden eines der in Absatz 2 genannten Staaten ersuchen, Maßnahmen zum Schutz der Person oder des Vermögens des Erwachsenen zu treffen. Das Ersuchen kann sich auf den gesamten Schutz oder einen Teilbereich davon beziehen.

(2) Die Vertragsstaaten, deren Behörden nach Absatz 1 ersucht werden können, sind

a) ein Staat, dem der Erwachsene angehört;

b) der Staat, in dem der Erwachsene seinen vorherigen gewöhnlichen Aufenthalt hatte;

c) ein Staat, in dem sich Vermögen des Erwachsenen befindet;

d) der Staat, dessen Behörden schriftlich vom Erwachsenen gewählt worden sind, um Maßnahmen zu seinem Schutz zu treffen;

e) der Staat, in dem eine Person, die dem Erwachsenen nahe steht und bereit ist, seinen Schutz zu übernehmen, ihren gewöhnlichen Aufenthalt hat;

f) hinsichtlich des Schutzes der Person des Erwachsenen der Staat, in dessen Hoheitsgebiet sich der Erwachsene befindet.

(3) Nimmt die nach den Absätzen 1 und 2 bezeichnete Behörde die Zuständigkeit nicht an, so behalten die Behörden des nach Artikel 5 oder 6 zuständigen Vertragsstaats die Zuständigkeit.

Artikel 9

Die Behörden eines Vertragsstaats, in dem sich Vermögen des Erwachsenen befindet, sind zuständig, Maßnahmen zum Schutz dieses Vermögens zu treffen, soweit sie mit den Maßnahmen vereinbar sind, die von den nach den Artikeln 5 bis 8 zuständigen Behörden getroffen wurden.

Artikel 10

(1) In allen dringenden Fällen sind die Behörden jedes Vertragsstaats, in dessen Hoheitsgebiet sich der Erwachsene oder ihm gehörendes Vermögen befindet, zuständig, die erforderlichen Schutzmaßnahmen zu treffen.

(2) Maßnahmen nach Absatz 1, die in Bezug auf einen Erwachsenen mit gewöhnlichem Aufenthalt in einem Vertragsstaat getroffen wurden, treten außer Kraft, sobald die nach den Artikeln 5 bis 9 zuständigen Behörden die durch die Umstände gebotenen Maßnahmen getroffen haben.

(3) Maßnahmen nach Absatz 1, die in Bezug auf einen Erwachsenen mit gewöhnlichem Aufenthalt in einem Nichtvertragsstaat getroffen wurden, treten in jedem Vertragsstaat außer Kraft, sobald dort die durch die Umstände gebotenen und von den Behörden eines anderen Staates getroffenen Maßnahmen anerkannt werden.

(4) Die Behörden, die nach Absatz 1 Maßnahmen getroffen haben, haben nach Möglichkeit die Behörden des Vertragsstaats des gewöhnlichen Aufenthalts des Erwachsenen von den getroffenen Maßnahmen zu unterrichten.

Artikel 11

(1) Ausnahmsweise sind die Behörden des Vertragsstaats, in dessen Hoheitsgebiet sich der Erwachsene befindet, nach Verständigung der nach Artikel 5 zuständigen Behörden zuständig, zum Schutz der Person des Erwachsenen auf das Hoheitsgebiet dieses Staates beschränkte Maßnahmen vorübergehender Art zu treffen, soweit sie mit den Maßnahmen vereinbar sind, die von den nach den Artikeln 5 bis 8 zuständigen Behörden bereits getroffen wurden.

(2) Maßnahmen nach Absatz 1, die in Bezug auf einen Erwachsenen mit gewöhnlichem Aufenthalt in einem Vertragsstaat getroffen wurden, treten außer Kraft, sobald die nach den Artikeln 5 bis 8 zuständigen Behörden eine Entscheidung über die Schutzmaßnahmen getroffen haben, die durch die Umstände geboten sein könnten.

Artikel 12

Selbst wenn durch eine Änderung der Umstände die Grundlage der Zuständigkeit wegfällt, bleiben vorbehaltlich des Artikels 7 Absatz 3 die nach den Artikeln 5 bis 9 getroffenen Maßnahmen innerhalb ihrer Reichweite so lange in Kraft, bis die nach diesem Übereinkommen zuständigen Behörden sie ändern, ersetzen oder aufheben.

III

Kapitel III
Anzuwendendes Recht

Artikel 13

(1) Bei der Ausübung ihrer Zuständigkeit nach Kapitel II wenden die Behörden der Vertragsstaaten ihr eigenes Recht an.

(2) Soweit es der Schutz der Person oder des Vermögens des Erwachsenen erfordert, können sie jedoch ausnahmsweise das Recht eines anderen Staates anwenden oder berücksichtigen, zu dem der Sachverhalt eine enge Verbindung hat.

Artikel 14

Wird eine in einem Vertragsstaat getroffene Maßnahme in einem anderen Vertragsstaat durchgeführt, so bestimmt das Recht dieses anderen Staates die Bedingungen, unter denen sie durchgeführt wird.

Artikel 15

(1) Das Bestehen, der Umfang, die Änderung und die Beendigung der von einem Erwachsenen entweder durch eine Vereinbarung oder ein einseitiges Rechtsgeschäft eingeräumten Vertretungsmacht, die ausgeübt werden soll, wenn dieser Erwachsene nicht in der Lage ist, seine Interessen zu schützen, werden vom Recht des Staates bestimmt, in dem der Erwachsene im Zeitpunkt der Vereinbarung oder des Rechtsgeschäfts seinen gewöhnlichen Aufenthalt hatte, es sei denn, eines der in Absatz 2 genannten Rechte wurde ausdrücklich schriftlich gewählt.

(2) Die Staaten, deren Recht gewählt werden kann, sind

a) ein Staat, dem der Erwachsene angehört;

b) der Staat eines früheren gewöhnlichen Aufenthalts des Erwachsenen;

c) ein Staat, in dem sich Vermögen des Erwachsenen befindet, hinsichtlich dieses Vermögens.

(3) Die Art und Weise der Ausübung einer solchen Vertretungsmacht wird vom Recht des Staates bestimmt, in dem sie ausgeübt wird.

Artikel 16

Wird eine Vertretungsmacht nach Artikel 15 nicht in einer Weise ausgeübt, die den Schutz der Person oder des Vermögens des Erwachsenen ausreichend sicherstellt, so kann sie durch Maßnahmen einer nach diesem Übereinkommen zuständigen Behörde aufgehoben oder geändert werden. Bei der Aufhebung oder Änderung dieser Vertretungsmacht ist das nach Artikel 15 maßgebliche Recht so weit wie möglich zu berücksichtigen.

Artikel 17

(1) Die Gültigkeit eines Rechtsgeschäfts zwischen einem Dritten und einer anderen Person, die nach dem Recht des Staates, in dem das Rechtsgeschäft abgeschlossen wurde, als Vertreter des Erwachsenen zu handeln befugt wäre, kann nicht allein deswegen bestritten und der Dritte nicht nur deswegen verantwortlich gemacht werden, weil die andere Person nach dem in diesem Kapitel bestimmten Recht nicht als Vertreter des Erwachsenen zu handeln befugt war, es sei denn, der Dritte wusste oder hätte wissen müssen, dass sich diese Vertretungsmacht nach diesem Recht bestimmte.

(2) Absatz 1 ist nur anzuwenden, wenn das Rechtsgeschäft unter Anwesenden im Hoheitsgebiet desselben Staates geschlossen wurde.

Artikel 18

Dieses Kapitel ist anzuwenden, selbst wenn das darin bestimmte Recht das eines Nichtvertragsstaats ist.

Artikel 19

Der Begriff „Recht" im Sinn dieses Kapitels bedeutet das in einem Staat geltende Recht mit Ausnahme des Kollisionsrechts.

Artikel 20

Dieses Kapitel steht den Bestimmungen des Rechts des Staates, in dem der Erwachsene zu schützen ist, nicht entgegen, deren Anwendung unabhängig vom sonst maßgebenden Recht zwingend ist.

Artikel 21

Die Anwendung des in diesem Kapitel bestimmten Rechts darf nur versagt werden, wenn sie der öffentlichen Ordnung (ordre public) offensichtlich widerspricht.

Kapitel IV
Anerkennung und Vollstreckung

Artikel 22

(1) Die von den Behörden eines Vertragsstaats getroffenen Maßnahmen werden kraft Gesetzes in den anderen Vertragsstaaten anerkannt.

(2) Die Anerkennung kann jedoch versagt werden,

a) wenn die Maßnahme von einer Behörde getroffen wurde, die nicht aufgrund oder in Übereinstimmung mit Kapitel II zuständig war;

b) wenn die Maßnahme, außer in dringenden Fällen, im Rahmen eines Gerichts- oder Verwaltungsverfahrens getroffen wurde, ohne dass dem Erwachsenen die Möglichkeit eingeräumt worden war, gehört zu werden, und dadurch gegen wesentliche Verfahrensgrundsätze des ersuchten Staates verstoßen wurde;

c) wenn die Anerkennung der öffentlichen Ordnung (ordre public) des ersuchten Staates offensichtlich widerspricht, oder ihr eine Bestimmung des Rechts dieses Staates entgegensteht, die unabhängig vom sonst maßgebenden Recht zwingend ist;

d) wenn die Maßnahme mit einer später in einem Nichtvertragsstaat, der nach den Artikeln 5 bis 9 zuständig gewesen wäre, getroffenen Maßnahme unvereinbar ist, sofern die spätere Maßnahme die für ihre Anerkennung im ersuchten Staat erforderlichen Voraussetzungen erfüllt;

e) wenn das Verfahren nach Artikel 33 nicht eingehalten wurde.

Artikel 23

Unbeschadet des Artikels 22 Absatz 1 kann jede betroffene Person bei den zuständigen Behörden eines Vertragsstaats beantragen, dass über die Anerkennung oder Nichtanerkennung einer in einem anderen Vertragsstaat getroffenen Maßnahme entschieden wird. Das Verfahren bestimmt sich nach dem Recht des ersuchten Staates.

Artikel 24

Die Behörde des ersuchten Staates ist an die Tatsachenfeststellungen gebunden, auf welche die Behörde des Staates, in dem die Maßnahme getroffen wurde, ihre Zuständigkeit gestützt hat.

Artikel 25

(1) Erfordern die in einem Vertragsstaat getroffenen und dort vollstreckbaren Maßnahmen in einem anderen Vertragsstaat Vollstreckungshandlungen, so werden sie in diesem anderen Staat auf Antrag jeder betroffenen Partei nach dem im Recht dieses Staates vorgesehenen Verfahren für vollstreckbar erklärt oder zur Vollstreckung registriert.

(2) Jeder Vertragsstaat wendet auf die Vollstreckbarerklärung oder die Registrierung ein einfaches und schnelles Verfahren an.

(3) Die Vollstreckbarerklärung oder die Registrierung darf nur aus einem der in Artikel 22 Absatz 2 vorgesehenen Gründe versagt werden.

Artikel 26

Vorbehaltlich der für die Anwendung der vorstehenden Artikel erforderlichen Überprüfung darf die getroffene Maßnahme in der Sache selbst nicht nachgeprüft werden.

Artikel 27

Die in einem Vertragsstaat getroffenen und in einem anderen Vertragsstaat für vollstreckbar erklärten oder zur Vollstreckung registrierten Maßnahmen werden dort vollstreckt, als seien sie von den Behörden dieses anderen Staates getroffen worden. Die Vollstreckung richtet sich nach dem Recht des ersuchten Staates unter Beachtung der darin vorgesehenen Grenzen.

Kapitel V
Zusammenarbeit

Artikel 28

(1) Jeder Vertragsstaat bestimmt eine Zentrale Behörde, welche die ihr durch dieses Übereinkommen übertragenen Aufgaben wahrnimmt.

(2) Einem Bundesstaat, einem Staat mit mehreren Rechtssystemen oder einem Staat, der aus autonomen Gebietseinheiten besteht, steht es frei, mehrere Zentrale Behörden zu bestimmen und deren räumliche und persönliche Zuständigkeit festzulegen. Macht ein Staat von dieser Möglichkeit Gebrauch, so bestimmt er die Zentrale Behörde, an welche Mitteilungen zur Übermittlung an die zuständige Zentrale Behörde in diesem Staat gerichtet werden können.

Artikel 29

(1) Die Zentralen Behörden arbeiten zusammen und fördern die Zusammenarbeit der zuständigen Behörden ihrer Staaten, um die Ziele dieses Übereinkommens zu verwirklichen.

(2) Im Zusammenhang mit der Anwendung dieses Übereinkommens treffen sie die geeigneten Maßnahmen, um Auskünfte über das Recht ihrer Staaten sowie die in ihren Staaten für den Schutz von Erwachsenen verfügbaren Dienste zu erteilen.

Artikel 30

Die Zentrale Behörde eines Vertragsstaats trifft unmittelbar oder mithilfe staatlicher Behörden oder sonstiger Stellen alle geeigneten Vorkehrungen, um

a) auf jedem Weg die Mitteilungen zwischen den zuständigen Behörden bei Sachverhalten, auf die dieses Übereinkommen anzuwenden ist, zu erleichtern;

b) auf Ersuchen der zuständigen Behörde eines anderen Vertragsstaats bei der Ermittlung des Aufenthaltsorts des Erwachsenen Unterstützung zu leisten, wenn der Anschein besteht, dass sich der Erwachsene im Hoheitsgebiet des ersuchten Staates befindet und Schutz benötigt.

Artikel 31

Die zuständigen Behörden eines Vertragsstaats können unmittelbar oder durch andere Stellen die Anwendung eines Vermittlungs- oder Schlichtungsverfahrens oder den Einsatz ähnlicher Mittel zur Erzielung gütlicher Einigungen zum Schutz der Person oder des Vermögens des Erwachsenen bei Sachverhalten anregen, auf die dieses Übereinkommen anzuwenden ist.

Artikel 32

(1) Wird eine Schutzmaßnahme erwogen, so können die nach diesem Übereinkommen zuständigen Behörden, sofern die Lage des Erwachsenen dies erfordert, jede Behörde eines anderen Vertragsstaats, die über sachdienliche Informationen für den Schutz des Erwachsenen verfügt, ersuchen, sie ihnen mitzuteilen.

(2) Jeder Vertragsstaat kann erklären, dass Ersuchen nach Absatz 1 seinen Behörden nur über seine Zentrale Behörde zu übermitteln sind.

(3) Die zuständigen Behörden eines Vertragsstaats können die Behörden eines anderen Vertragsstaats ersuchen, ihnen bei der Durchführung der nach diesem Übereinkommen getroffenen Schutzmaßnahmen Hilfe zu leisten.

Artikel 33

(1) Erwägt die nach den Artikeln 5 bis 8 zuständige Behörde die Unterbringung des Erwachsenen in einer Einrichtung oder an einem anderen Ort, an dem Schutz gewährt werden kann, und soll er in einem anderen Vertragsstaat untergebracht werden, so zieht sie vorher die Zentrale Behörde oder eine andere zuständige Behörde dieses Staates zurate. Zu diesem Zweck übermittelt sie ihr einen Bericht über den Erwachsenen und die Gründe ihres Vorschlags zur Unterbringung.

(2) Die Entscheidung über die Unterbringung kann im ersuchenden Staat nicht getroffen werden, wenn sich die Zentrale Behörde oder eine andere zuständige Behörde des ersuchten Staates innerhalb einer angemessenen Frist dagegen ausspricht.

Artikel 34

Ist der Erwachsene einer schweren Gefahr ausgesetzt, so benachrichtigen die zuständigen Behörden des Vertragsstaats, in dem Maßnahmen zum Schutz dieses Erwachsenen getroffen wurden oder in Betracht gezogen werden, sofern sie über den Wechsel des Aufenthaltsorts in einen anderen Staat oder die dortige Anwesenheit des Erwachsenen unterrichtet sind, die Behörden dieses Staates von der Gefahr und den getroffenen oder in Betracht gezogenen Maßnahmen.

Artikel 35

Eine Behörde darf nach diesem Kapitel weder um Informationen ersuchen noch solche erteilen, wenn dadurch nach ihrer Auffassung die Person oder das Vermögen des Erwachsenen in Gefahr geraten könnte oder die Freiheit oder das Leben eines Familienangehörigen des Erwachsenen ernsthaft bedroht würde.

Artikel 36

(1) Unbeschadet der Möglichkeit, für die erbrachten Dienstleistungen angemessene Kosten zu verlangen, tragen die Zentralen Behörden und die anderen staatlichen Behörden der Vertragsstaaten die Kosten, die ihnen durch die Anwendung dieses Kapitels entstehen.

(2) Jeder Vertragsstaat kann mit einem oder mehreren anderen Vertragsstaaten Vereinbarungen über die Kostenaufteilung treffen.

Artikel 37

Jeder Vertragsstaat kann mit einem oder mehreren anderen Vertragsstaaten Vereinbarungen treffen, um die Anwendung dieses Kapitels in ihren gegenseitigen Beziehungen zu erleichtern. Die Staaten, die solche Vereinbarungen getroffen haben, übermitteln dem Verwahrer dieses Übereinkommens eine Abschrift.

Kapitel VI
Allgemeine Bestimmungen

Artikel 38

(1) Die Behörden des Vertragsstaats, in dem eine Schutzmaßnahme getroffen oder eine Vertretungsmacht bestätigt wurde, können jedem, dem der Schutz der Person oder des Vermögens des Erwachsenen anvertraut wurde, auf dessen Antrag eine Bescheinigung über seine Berechtigung zum Handeln und die ihm übertragenen Befugnisse ausstellen.

(2) Bis zum Beweis des Gegenteils wird vermutet, dass die bescheinigte Berechtigung zum Handeln und die bescheinigten Befugnisse vom Ausstellungsdatum der Bescheinigung an bestehen.

(3) Jeder Vertragsstaat bestimmt die für die Ausstellung der Bescheinigung zuständigen Behörden.

Artikel 39

Die nach diesem Übereinkommen gesammelten oder übermittelten personenbezogenen Daten dürfen nur für die Zwecke verwendet werden, zu denen sie gesammelt oder übermittelt wurden.

Artikel 40

Behörden, denen Informationen übermittelt werden, stellen nach dem Recht ihres Staates deren vertrauliche Behandlung sicher.

Artikel 41

Die nach diesem Übereinkommen übermittelten oder ausgestellten Schriftstücke sind von jeder Legalisation oder entsprechenden Förmlichkeit befreit.

Artikel 42

Jeder Vertragsstaat kann die Behörden bestimmen, an die Ersuchen nach den Artikeln 8 und 33 zu richten sind.

Artikel 43

(1) Die nach den Artikeln 28 und 42 bestimmten Behörden werden dem Ständigen Büro der Haager Konferenz für Internationales Privatrecht spätestens bei der Hinterlegung der Ratifikations-, Annahme-, Genehmigungs- oder Beitrittsurkunde mitgeteilt. Jede Änderung wird dem Ständigen Büro ebenfalls mitgeteilt.

(2) Die Erklärung nach Artikel 32 Absatz 2 wird gegenüber dem Verwahrer dieses Übereinkommens abgegeben.

Artikel 44

Ein Vertragsstaat, in dem verschiedene Rechtssysteme oder Gesamtheiten von Regeln für den Schutz der Person und des Vermögens des Erwachsenen gelten, muss die Regeln dieses Übereinkommens nicht auf Kollisionen anwenden, die allein zwischen den verschiedenen Rechtssystemen oder Gesamtheiten von Regeln bestehen.

Artikel 45

Gelten in einem Staat in Bezug auf die in diesem Übereinkommen geregelten Angelegenheiten zwei oder mehr Rechtssysteme oder Gesamtheiten von Regeln in verschiedenen Gebietseinheiten, so ist jede Verweisung

a) auf den gewöhnlichen Aufenthalt in diesem Staat als Verweisung auf den gewöhnlichen Aufenthalt in einer Gebietseinheit zu verstehen;

b) auf die Anwesenheit des Erwachsenen in diesem Staat als Verweisung auf die Anwesenheit des Erwachsenen in einer Gebietseinheit zu verstehen;

c) auf die Belegenheit des Vermögens des Erwachsenen in diesem Staat als Verweisung auf die Belegenheit des Vermögens des Erwachsenen in einer Gebietseinheit zu verstehen;

d) auf den Staat, dem der Erwachsene angehört, als Verweisung auf die von dem Recht dieses Staates bestimmte Gebietseinheit oder, wenn solche Regeln fehlen, als Verweisung auf die Gebietseinheit zu verstehen, mit welcher der Erwachsene die engste Verbindung hat;

e) auf den Staat, dessen Behörden vom Erwachsenen gewählt worden sind, als Verweisung
   - auf die Gebietseinheit zu verstehen, wenn der Erwachsene die Behörden dieser Gebietseinheit gewählt hat;
   - auf die Gebietseinheit, mit welcher der Erwachsene die engste Verbindung hat, zu verstehen, wenn der Erwachsene die Behörden des Staates gewählt hat, ohne eine bestimmte Gebietseinheit innerhalb des Staates anzugeben;

f) auf das Recht eines Staates, mit dem der Sachverhalt eine enge Verbindung hat, als Verweisung auf das Recht der Gebietseinheit zu verstehen, mit welcher der Sachverhalt eine enge Verbindung hat;

g) auf das Recht, das Verfahren oder die Behörde des Staates, in dem eine Maßnahme getroffen wurde, als Verweisung auf das Recht, das Verfahren oder die

Behörde der Gebietseinheit zu verstehen, in der diese Maßnahme getroffen wurde;

h) auf das Recht, das Verfahren oder die Behörde des ersuchten Staates als Verweisung auf das Recht, das Verfahren oder die Behörde der Gebietseinheit zu verstehen, in der die Anerkennung oder Vollstreckung geltend gemacht wird;

i) auf den Staat, in dem eine Schutzmaßnahme durchzuführen ist, als Verweisung auf die Gebietseinheit zu verstehen, in der die Maßnahme durchzuführen ist;

j) auf Stellen oder Behörden dieses Staates, die nicht Zentrale Behörden sind, als Verweisung auf die Stellen oder Behörden zu verstehen, die in der betreffenden Gebietseinheit handlungsbefugt sind.

Artikel 46

Hat ein Staat zwei oder mehr Gebietseinheiten mit eigenen Rechtssystemen oder Gesamtheiten von Regeln für die in diesem Übereinkommen geregelten Angelegenheiten, so gilt zur Bestimmung des nach Kapitel III anzuwendenden Rechts Folgendes:

a) Sind in diesem Staat Regeln in Kraft, die das Recht einer bestimmten Gebietseinheit für anwendbar erklären, so ist das Recht dieser Einheit anzuwenden;

b) fehlen solche Regeln, so ist das Recht der in Artikel 45 bestimmten Gebietseinheit anzuwenden.

Artikel 47

Hat ein Staat zwei oder mehr Rechtssysteme oder Gesamtheiten von Regeln, die auf verschiedene Personengruppen hinsichtlich der in diesem Übereinkommen geregelten Angelegenheiten anzuwenden sind, so gilt zur Bestimmung des nach Kapitel III anzuwendenden Rechts Folgendes:

a) Sind in diesem Staat Regeln in Kraft, die bestimmen, welches dieser Rechte anzuwenden ist, so ist dieses anzuwenden;

b) fehlen solche Regeln, so ist das Rechtssystem oder die Gesamtheit von Regeln anzuwenden, mit denen der Erwachsene die engste Verbindung hat.

Artikel 48

Im Verhältnis zwischen den Vertragsstaaten ersetzt dieses Übereinkommen das am 17. Juli 1905 in Den Haag unterzeichnete Abkommen über die Entmündigung und gleichartige Fürsorgemaßregeln.

Artikel 49

(1) Dieses Übereinkommen lässt andere internationale Übereinkünfte unberührt, denen Vertragsstaaten als Vertragsparteien angehören und die Bestimmungen über die in diesem Übereinkommen geregelten Angelegenheiten enthalten, sofern die durch eine solche Übereinkunft gebundenen Staaten keine gegenteilige Erklärung abgeben.

(2) Dieses Übereinkommen lässt die Möglichkeit unberührt, dass ein oder mehrere Vertragsstaaten Vereinbarungen treffen, die in Bezug auf Erwachsene mit gewöhnlichem Aufenthalt in einem der Staaten, die Vertragsparteien solcher Vereinbarungen sind, Bestimmungen über in diesem Übereinkommen geregelte Angelegenheiten enthalten.

(3) Künftige Vereinbarungen eines oder mehrerer Vertragsstaaten über Angelegenheiten im Anwendungsbereich dieses Übereinkommens lassen im Verhältnis zwischen solchen Staaten und anderen Vertragsstaaten die Anwendung der Bestimmungen dieses Übereinkommens unberührt.

(4) Die Absätze 1 bis 3 gelten auch für Einheitsrecht, das auf besonderen Verbindungen insbesondere regionaler Art zwischen den betroffenen Staaten beruht.

Artikel 50

(1) Dieses Übereinkommen ist nur auf Maßnahmen anzuwenden, die in einem Staat getroffen werden, nachdem das Übereinkommen für diesen Staat in Kraft getreten ist.

(2) Dieses Übereinkommen ist auf die Anerkennung und Vollstreckung von Maßnahmen anzuwenden, die getroffen wurden, nachdem es im Verhältnis zwischen dem Staat, in dem die Maßnahmen getroffen wurden, und dem ersuchten Staat in Kraft getreten ist.

(3) Dieses Übereinkommen ist ab dem Zeitpunkt seines Inkrafttretens in einem Vertragsstaat auf die Vertretungsmacht anzuwenden, die zuvor unter Bedingungen erteilt wurde, die denen des Artikels 15 entsprechen.

Artikel 51

(1) Mitteilungen an die Zentrale Behörde oder eine andere Behörde eines Vertragsstaats werden in der Originalsprache zugesandt; sie müssen von einer Übersetzung in die Amtssprache oder eine der Amtssprachen des anderen Staates oder, wenn eine solche Übersetzung nur schwer erhältlich ist, von einer Übersetzung ins Französische oder Englische begleitet sein.

(2) Ein Vertragsstaat kann jedoch einen Vorbehalt nach Artikel 56 anbringen und darin gegen die Verwendung des Französischen oder Englischen, jedoch nicht beider Sprachen, Einspruch erheben.

Artikel 52

Der Generalsekretär der Haager Konferenz für Internationales Privatrecht beruft in regelmäßigen Abständen eine Spezialkommission zur Prüfung der praktischen Durchführung dieses Übereinkommens ein.

Kapitel VII
Schlussbestimmungen

Artikel 53

(1) Dieses Übereinkommen liegt für die Staaten, die am 2. Oktober 1999 Mitglied der Haager Konferenz für Internationales Privatrecht waren, zur Unterzeichnung auf.

(2) Es bedarf der Ratifikation, Annahme oder Genehmigung; die Ratifikations-, Annahme- oder Genehmigungsurkunden werden beim Ministerium für Auswärtige Angelegenheiten des Königreichs der Niederlande, dem Verwahrer dieses Übereinkommens, hinterlegt.

Artikel 54

(1) Jeder andere Staat kann diesem Übereinkommen beitreten, sobald es nach Artikel 57 Absatz 1 in Kraft getreten ist.

(2) Die Beitrittsurkunde wird beim Verwahrer hinterlegt.

(3) Der Beitritt wirkt nur im Verhältnis zwischen dem beitretenden Staat und den Vertragsstaaten, die innerhalb von sechs Monaten nach Eingang der in Artikel 59 Buchstabe b vorgesehenen Notifikation keinen Einspruch gegen den Beitritt erhoben haben. Nach dem Beitritt kann ein solcher Einspruch auch von jedem Staat in dem Zeitpunkt erhoben werden, in dem er dieses Übereinkommen ratifiziert, annimmt oder genehmigt. Die Einsprüche werden dem Verwahrer notifiziert.

Artikel 55

(1) Ein Staat, der aus zwei oder mehr Gebietseinheiten besteht, in denen für die in diesem Übereinkommen behandelten Angelegenheiten unterschiedliche Rechtssysteme gelten, kann bei der Unterzeichnung, der Ratifikation, der Annahme, der Genehmigung oder dem Beitritt erklären, dass das Übereinkommen auf alle seine Gebietseinheiten oder nur auf eine oder mehrere davon erstreckt wird; er kann diese Erklärung durch Abgabe einer neuen Erklärung jederzeit ändern.

(2) Jede derartige Erklärung wird dem Verwahrer unter ausdrücklicher Bezeichnung der Gebietseinheiten notifiziert, auf die dieses Übereinkommen angewendet wird.

(3) Gibt ein Staat keine Erklärung nach diesem Artikel ab, so ist dieses Übereinkommen auf sein gesamtes Hoheitsgebiet anzuwenden.

Artikel 56

(1) Jeder Staat kann spätestens bei der Ratifikation, der Annahme, der Genehmigung oder dem Beitritt oder bei Abgabe einer Erklärung nach Artikel 55 den in Artikel 51 Absatz 2 vorgesehenen Vorbehalt anbringen. Weitere Vorbehalte sind nicht zulässig.

(2) Jeder Staat kann den von ihm angebrachten Vorbehalt jederzeit zurücknehmen. Die Rücknahme wird dem Verwahrer notifiziert.

(3) Die Wirkung des Vorbehalts endet am ersten Tag des dritten Kalendermonats nach der in Absatz 2 genannten Notifikation.

Artikel 57

(1) Dieses Übereinkommen tritt am ersten Tag des Monats in Kraft, der auf einen Zeitabschnitt von drei Monaten nach der in Artikel 53 vorgesehenen Hinterlegung der dritten Ratifikations-, Annahme- oder Genehmigungsurkunde folgt.

(2) Danach tritt dieses Übereinkommen in Kraft

a) für jeden Staat, der es später ratifiziert, annimmt oder genehmigt, am ersten Tag des Monats, der auf einen Zeitabschnitt von drei Monaten nach Hinterlegung seiner Ratifikations-, Annahme-, Genehmigungs- oder Beitrittsurkunde folgt;

b) für jeden Staat, der ihm beitritt, am ersten Tag des Monats, der auf einen Zeitabschnitt von drei Monaten nach Ablauf der in Artikel 54 Absatz 3 vorgesehenen Frist von sechs Monaten folgt;

c) für die Gebietseinheiten, auf die es nach Artikel 55 erstreckt worden ist, am ersten Tag des Monats, der auf einen Zeitabschnitt von drei Monaten nach der in jenem Artikel vorgesehenen Notifikation folgt.

Artikel 58

(1) Jeder Vertragsstaat kann dieses Übereinkommen durch eine an den Verwahrer gerichtete schriftliche Notifikation kündigen. Die Kündigung kann sich auf bestimmte Gebietseinheiten beschränken, auf die das Übereinkommen angewendet wird.

(2) Die Kündigung wird am ersten Tag des Monats wirksam, der auf einen Zeitabschnitt von zwölf Monaten nach Eingang der Notifikation beim Verwahrer folgt. Ist in der Notifikation für das Wirksamwerden der Kündigung ein längerer Zeitabschnitt angegeben, so wird die Kündigung nach Ablauf des entsprechenden Zeitabschnitts wirksam.

Artikel 59

Der Verwahrer notifiziert den Mitgliedstaaten der Haager Konferenz für Internationales Privatrecht sowie den Staaten, die nach Artikel 54 beigetreten sind,

a) jede Unterzeichnung, Ratifikation, Annahme und Genehmigung nach Artikel 53;

b) jeden Beitritt und jeden Einspruch gegen einen Beitritt nach Artikel 54;

c) den Tag, an dem dieses Übereinkommen nach Artikel 57 in Kraft tritt;

d) jede Erklärung nach Artikel 32 Absatz 2 und Artikel 55;

e) jede Vereinbarung nach Artikel 37;

f) jeden Vorbehalt nach Artikel 51 Absatz 2 sowie jede Rücknahme eines Vorbehalts nach Artikel 56 Absatz 2;

g) jede Kündigung nach Artikel 58.

Zu Urkund dessen haben die hierzu gehörig befugten Unterzeichneten dieses Übereinkommen unterschrieben.

Geschehen in Den Haag am 13. Januar 2000 in französischer und englischer Sprache, wobei jeder Wortlaut gleichermaßen verbindlich ist, in einer Urschrift, die im Archiv der Regierung des Königreichs der Niederlande hinterlegt und von der jedem Staat, der am 2. Oktober 1999 Mitglied der Haager Konferenz für Internationales Privatrecht war, auf diplomatischem Weg eine beglaubigte Abschrift übermittelt wird.

IV Betreuungsorganisation, Registrierungsverfahren

IV.1 Betreuungsorganisationsgesetz (BtOG) ... 264

IV.1.1 Verordnung über die Registrierung von beruflichen Betreuern (Betreuerregistrierungsverordnung – BtRegV) ... 273

IV.2 Gesetz zur Ausführung des Betreuungsrechts (AG BtG) (Baden-Württemberg) ... 281

IV.3 Bayerisches Gesetz zur Ausführung betreuungsrechtlicher Vorschriften (AGBtG) ... 283

IV.4 Berliner Gesetz zur Ausführung des Betreuungsorganisationsgesetzes (AGBtOG Bln) ... 285

IV.5 Gesetz zur Ausführung des Betreuungsorganisationsgesetzes im Land Brandenburg (Brandenburgisches Betreuungsorganisationsausführungsgesetz – BbgAGBtOG) ... 287

IV.6 Gesetz zur Ausführung des Betreuungsrechts (Bremisches Betreuungsrechtsausführungsgesetz – BremBtRAG) ... 290

IV.7 Hamburgisches Gesetz zur Ausführung des Betreuungsorganisationsgesetzes (HmbAGBtOG) ... 292

IV.8 Hessisches Ausführungsgesetz zum Betreuungsrecht (HAG/BtR) ... 294

IV.9 Gesetz zur Ausführung des Betreuungsrechts in Mecklenburg-Vorpommern (Betreuungsrechtsausführungsgesetz – AG BtG) ... 297

IV.10 Niedersächsisches Ausführungsgesetz zum Betreuungsrecht (Nds. AGBtR) ... 298

IV.11 Gesetz zur Ausführung des Betreuungsgesetzes (Landesbetreuungsgesetz – LBtG) (Nordrhein-Westfalen) ... 299

IV.12 Landesgesetz zur Ausführung des Betreuungsrechts (AGBtR) (Rheinland-Pfalz) ... 301

IV.13 Gesetz zur Ausführung des Betreuungsorganisationsgesetzes (AG-BtOG) (Saarland) ... 303

IV.14 Gesetz zur Ausführung des Betreuungsrechts (AGBtR) (Sachsen) ... 305

IV.15 Gesetz zur Ausführung des Betreuungsrechts (BtR AG) ... 308

IV.16 Landesbetreuungsgesetz (Schleswig-Holstein) ... 310

IV.17 Thüringer Gesetz zur Ausführung des Betreuungsorganisationsgesetzes (ThürAGBtOG) ... 311

Betreuungsorganisationsgesetz (BtOG)

Vom 4. Mai 2021 (BGBl. I S. 882, 2022 S. 959)

Zuletzt geändert durch
Gesetz zur Regelung einer Inflationsausgleichs-Sonderzahlung für berufliche Betreuer, Betreuungsvereine und ehrenamtliche Betreuer und zur Änderung weiterer Gesetze
vom 20. Dezember 2023 (BGBl. I Nr. 391)

Inhaltsübersicht

Abschnitt 1
Betreuungsbehörde

Titel 1
Allgemeine Vorschriften

§ 1 Sachliche Zuständigkeit und Durchführung überörtlicher Aufgaben
§ 2 Örtliche Zuständigkeit
§ 3 Fachkräfte
§ 4 Verarbeitung personenbezogener Daten durch die Behörde

Titel 2
Aufgaben der örtlichen Behörde

§ 5 Informations- und Beratungspflichten
§ 6 Förderungsaufgaben
§ 7 Öffentliche Beglaubigung; Verordnungsermächtigung
§ 8 Beratungs- und Unterstützungsangebot, Vermittlung geeigneter Hilfen und erweiterte Unterstützung
§ 9 Mitteilungen an das Betreuungsgericht und die Stammbehörde
§ 10 Mitteilung an Betreuungsvereine
§ 11 Aufgaben im gerichtlichen Verfahren
§ 12 Betreuervorschlag
§ 13 Weitere Aufgaben

Abschnitt 2
Anerkannte Betreuungsvereine

§ 14 Anerkennung
§ 15 Aufgaben kraft Gesetzes
§ 16 Aufgaben kraft gerichtlicher Bestellung
§ 17 Finanzielle Ausstattung
§ 18 Verarbeitung personenbezogener Daten durch den Verein

Abschnitt 3
Rechtliche Betreuer

Titel 1
Allgemeine Vorschriften

§ 19 Begriffsbestimmung
§ 20 Verarbeitung personenbezogener Daten durch den Betreuer

Titel 2
Ehrenamtliche Betreuer

§ 21 Voraussetzung für eine ehrenamtliche Tätigkeit
§ 22 Abschluss einer Vereinbarung über Begleitung und Unterstützung

Titel 3
Berufliche Betreuer

§ 23 Registrierungsvoraussetzungen; Verordnungsermächtigung
§ 24 Registrierungsverfahren; Verordnungsermächtigung; Registrierungsgebühr
§ 25 Mitteilungs- und Nachweispflichten beruflicher Betreuer
§ 26 Umgang mit den für die Registrierung relevanten Daten
§ 27 Widerruf, Rücknahme und Löschung der Registrierung
§ 28 Wechsel des Sitzes oder Wohnsitzes
§ 29 Fortbildung
§ 30 Leistungen an berufliche Betreuer

Abschnitt 4
Offenbahrungsbefugnisse für Geheimnisträger

§ 31 Beratung und Übermittlung von Informationen durch Geheimnisträger bei Gefährdung von Betreuten

Abschnitt 5
Übergangsvorschriften

§ 32 Registrierung von bereits tätigen beruflichen Betreuern; vorläufige Registrierung
§ 33 Vorläufige Registrierung
§ 34 Anwendungsvorschrift zu § 7

Abschnitt 1
Betreuungsbehörde

Titel 1
Allgemeine Vorschriften

§ 1 Sachliche Zuständigkeit und Durchführung überörtlicher Aufgaben

(1) Welche Behörde auf örtlicher Ebene in Betreuungsangelegenheiten sachlich zuständig ist, bestimmt sich nach Landesrecht. Diese Behörde ist auch in Unterbringungssachen nach § 312 Nummer 1 bis 3 des Gesetzes über das Verfahren in Familiensachen und in den Angelegenheiten der freiwilligen Gerichtsbarkeit zuständig.

(2) Zur Durchführung überörtlicher Aufgaben oder zur Erfüllung einzelner Aufgaben der örtlichen Behörde nach Absatz 1 können nach Landesrecht weitere Behörden vorgesehen werden.

§ 2 Örtliche Zuständigkeit

(1) Örtlich zuständig ist vorbehaltlich der Sätze 2 und 3 und des Absatzes 4 diejenige nach Landesrecht in Betreuungsangelegenheiten zuständige Behörde, in deren Bezirk der Betroffene seinen gewöhnlichen Aufenthalt hat. Hat der Betroffene keinen gewöhnlichen Aufenthalt im Geltungsbereich dieses Gesetzes, ist ein solcher nicht feststellbar oder betrifft die behördliche Maßnahme keine Einzelperson, so ist die Behörde zuständig, in deren Bezirk das Bedürfnis für die behördliche Maßnahme hervortritt. Gleiches gilt, wenn mit dem Aufschub einer Maßnahme Gefahr verbunden ist.

(2) Ändern sich die für die örtliche Zuständigkeit nach Absatz 1 maßgebenden Umstände im Laufe eines gerichtlichen Betreuungs- oder Unterbringungsverfahrens, so bleibt für dieses Verfahren die zuletzt durch das Betreuungsgericht angehörte Behörde allein zuständig, bis die nunmehr nach Absatz 1 zuständige Behörde dem Betreuungsgericht den Wechsel der Zuständigkeit schriftlich anzeigt.

(3) Beglaubigungen nach § 7 Absatz 1 Satz 1 kann abweichend von Absatz 1 jede nach Landesrecht in Betreuungsangelegenheiten zuständige Behörde vornehmen.

(4) Für die Registrierung eines beruflichen Betreuers nach § 24 und die weiteren behördlichen Maßnahmen nach Abschnitt 3 Titel 3 ist diejenige nach Landesrecht in Betreuungsangelegenheiten zuständige Behörde örtlich zuständig, in deren Zuständigkeitsbereich sich der Sitz des beruflichen Betreuers befindet oder errichtet werden soll (Stammbehörde). Ist ein Sitz des beruflichen Betreuers nicht vorhanden und soll ein solcher auch nicht errichtet werden, so richtet sich die örtliche Zuständigkeit nach dem Wohnsitz des beruflichen Betreuers. Für einen beruflichen Betreuer, der weder seinen Sitz noch seinen Wohnsitz im Geltungsbereich dieses Gesetzes hat, ist Stammbehörde diejenige Behörde, in deren Zuständigkeitsbereich der Schwerpunkt der beruflichen Tätigkeit des Betreuers liegt. Verlegt der berufliche Betreuer seinen Sitz oder Wohnsitz in den Zuständigkeitsbereich einer anderen Behörde, so wird diese zur neuen Stammbehörde. Verlegt der berufliche Betreuer seinen Sitz oder Wohnsitz ins Ausland, bleibt die bisherige Stammbehörde örtlich zuständig.

§ 3 Fachkräfte

Zur Durchführung der Aufgaben der Behörde werden Personen beschäftigt, die sich hierfür nach ihrer Persönlichkeit eignen und die in der Regel entweder eine ihren Aufgaben entsprechende Ausbildung erhalten haben (Fachkräfte) oder über vergleichbare Erfahrungen verfügen.

§ 4 Verarbeitung personenbezogener Daten durch die Behörde

(1) Die Verarbeitung personenbezogener Daten des Betroffenen und solcher Personen, auf die es bei der Aufgabenerfüllung ankommt, einschließlich besonderer Kategorien personenbezogener Daten nach Artikel 9 der Verordnung (EU) 2016/679 des Europäischen Parlaments und des Rates vom 27. April 2016 zum Schutz natürlicher Personen bei der Verarbeitung personenbezogener Daten, zum freien Datenverkehr und zur Aufhebung der Richtlinie 95/46/EG (Datenschutz-Grundverordnung) (ABl. L 119 vom 4. 5. 2016, S. 1; L 314 vom 22. 11. 2016, S. 72; L 127 vom 23. 5. 2018, S. 2) durch die Behörde ist zulässig, soweit sie zur Erfüllung der ihr nach Abschnitt 1 Titel 2 obliegenden Aufgaben erforderlich ist. Die für diesen Zweck erforderlichen Daten sind grundsätzlich bei der betroffenen Person zu erheben. Ohne ihre Mitwirkung dürfen sie nur erhoben werden, wenn keine Anhaltspunkte dafür bestehen, dass überwiegende schutzwürdige Interessen der betroffenen Person beeinträchtigt werden, und

1. die von der Behörde nach Abschnitt 1 Titel 2 zu erfüllenden Aufgaben ihrer Art nach eine Erhebung bei Dritten erforderlich machen oder
2. die Erhebung bei der betroffenen Person einen unverhältnismäßigen Aufwand erfordern würde.

(2) Die Pflicht zur Information der betroffenen Person gemäß Artikel 13 Absatz 1 bis 3 und Artikel 14 Absatz 1, 2 und 4 der Verordnung (EU) 2016/679 besteht ergänzend zu den in Artikel 13 Absatz 4 und Artikel 14 Absatz 5 der Verordnung (EU) 2016/679 genannten Ausnahmen nicht,

1. soweit die Erteilung der Information die ordnungsgemäße Erfüllung der der Behörde nach Abschnitt 1 Titel 2 obliegenden Aufgaben gefährden würde oder
2. soweit zum Schutz der betroffenen Person ein Absehen von der Informationserteilung erforderlich ist, was insbesondere dann der Fall ist, wenn hiervon erhebliche Nachteile für ihre Gesundheit zu besorgen sind oder die betroffene Person aufgrund einer Krankheit oder Behinderung offensichtlich nicht in der Lage ist, die Informationen zur Kenntnis zu nehmen.

Titel 2
Aufgaben der örtlichen Behörde

§ 5 Informations- und Beratungspflichten

(1) Die Behörde informiert und berät über allgemeine betreuungsrechtliche Fragen, über Vorsorgevollmachten und über andere Hilfen, bei denen kein gesetzlicher Vertreter bestellt wird.

(2) Die Behörde berät und unterstützt Betreuer und Bevollmächtigte auf deren Wunsch bei der Wahrnehmung von deren Aufgaben. Sie unterstützt ehrenamtliche Be-

treuer beim Abschluss einer Vereinbarung über eine Begleitung und Unterstützung nach § 15 Absatz 1 Satz 1 Nummer 4 mit einem gemäß § 14 anerkannten Betreuungsverein. Die Behörde hat die Begleitung und Unterstützung des ehrenamtlichen Betreuers mittels einer Vereinbarung nach § 15 Absatz 1 Satz 1 Nummer 4 und Absatz 2 selbst zu gewährleisten, wenn in ihrem Zuständigkeitsbereich kein anerkannter Betreuungsverein zur Verfügung steht.

§ 6 Förderungsaufgaben

(1) Die Behörde sorgt dafür, dass in ihrem Zuständigkeitsbereich ein ausreichendes Angebot zur Einführung der Betreuer und der Bevollmächtigten in ihre Aufgaben und zu ihrer Fortbildung vorhanden ist.

(2) Die Behörde regt die Tätigkeit einzelner Personen sowie von gemeinnützigen und freien Organisationen zugunsten Betreuungsbedürftiger an und fördert diese.

(3) Die Behörde fördert die Aufklärung und Beratung über Vorsorgevollmachten, Betreuungsverfügungen und Patientenverfügungen.

§ 7 Öffentliche Beglaubigung; Verordnungsermächtigung

(1) Die Urkundsperson bei der Behörde ist befugt, Unterschriften oder Handzeichen auf Betreuungsverfügungen und auf Vollmachten, soweit sie von natürlichen Personen erteilt werden, öffentlich zu beglaubigen. Die Wirkung der Beglaubigung endet bei einer Vollmacht mit dem Tod des Vollmachtgebers. Die Zuständigkeit der Notare, anderer Personen oder sonstiger Stellen für öffentliche Beurkundungen und Beglaubigungen bleibt unberührt. Die Behörde soll auf die Möglichkeit der Registrierung bei dem Zentralen Vorsorgeregister nach § 78a Absatz 2 der Bundesnotarordnung hinweisen, wenn sie eine Vollmacht oder eine Betreuungsverfügung nach Satz 1 beglaubigt hat.

(2) Die Urkundsperson bei der Behörde darf die Beglaubigung einer Vollmacht nach Absatz 1 Satz 1 nur vornehmen, wenn diese zu dem Zweck erteilt wird, die Bestellung eines Betreuers zu vermeiden. Sie darf eine Beglaubigung nicht vornehmen:

1. von Unterschriften oder Handzeichen ohne dazugehörigen Text oder
2. wenn ihr in der betreffenden Angelegenheit die Vertretung eines Beteiligten obliegt.

(3) Die Behörde hat geeignete Beamte und Angestellte zur Wahrnehmung der Aufgaben nach Absatz 1 Satz 1 zu ermächtigen. Die Länder können Näheres hinsichtlich der fachlichen Anforderungen an diese Personen regeln.

(4) Für jede Beglaubigung nach Absatz 1 Satz 1 wird eine Gebühr in Höhe von 10 Euro erhoben. Auslagen werden gesondert nicht erhoben. Aus Gründen der Billigkeit kann von der Erhebung der Gebühr im Einzelfall abgesehen werden.

(5) Die Landesregierungen werden ermächtigt, durch Rechtsverordnung die Gebühren und Auslagen für die Beglaubigung abweichend von Absatz 4 zu regeln. Die Landesregierungen können die Ermächtigung nach Satz 1 durch Rechtsverordnung auf die Landesjustizverwaltungen übertragen.

§ 8 Beratungs- und Unterstützungsangebot, Vermittlung geeigneter Hilfen und erweiterte Unterstützung

(1) Wenn im Einzelfall Anhaltspunkte für einen Betreuungsbedarf nach § 1814 Absatz 1 des Bürgerlichen Gesetzbuchs bestehen, soll die Behörde dem Betroffenen zur Vermeidung der Bestellung eines Betreuers ein Beratungs- und Unterstützungsangebot unterbreiten. Die Beratung und Unterstützung umfasst auch die Pflicht, andere Hilfen nach § 5 Absatz 1, bei denen kein Betreuer bestellt wird, mit Zustimmung des Betroffenen zu vermitteln. Insbesondere ist ein Kontakt zwischen dem Betroffenen und dem Beratungs- und Unterstützungsangebot des sozialen Hilfesystems herzustellen. Bei antragsabhängigen Leistungen ist der Betroffene dabei zu unterstützen, die notwendigen Anträge selbst zu stellen. Die Behörde arbeitet zur Vermittlung geeigneter Hilfen zur Betreuungsvermeidung mit den zuständigen Sozialleistungsträgern zusammen.

(2) Die Beratung und Unterstützung der Behörde nach Absatz 1 kann darüber hinaus in geeigneten Fällen mit Zustimmung des Betroffenen im Wege einer erweiterten Unterstützung durchgeführt werden. Diese umfasst weitere, über Absatz 1 hinausgehende Maßnahmen, die geeignet sind, die Bestellung eines Betreuers zu vermeiden, und die keine rechtliche Vertretung des Betroffenen durch die Behörde erfordern.

(3) Beratungs- und Unterstützungspflichten nach dem Sozialgesetzbuch bleiben unberührt.

(4) Die Behörde kann mit der Wahrnehmung der erweiterten Unterstützung nach Absatz 2 auch einen anerkannten Betreuungsverein oder einen selbständigen beruflichen Betreuer beauftragen. Dabei ist sicherzustellen, dass die Durchführung durch einen für den konkreten Fall geeigneten Betreuer erfolgt. Die Beauftragung erfolgt durch einen Vertrag, der auch die Finanzierung der übertragenen Aufgaben regeln soll.

§ 9 Mitteilungen an das Betreuungsgericht und die Stammbehörde

(1) Die Behörde kann dem zuständigen Betreuungsgericht Umstände mitteilen, die die Bestellung eines Betreuers oder eine andere Maßnahme in Betreuungssachen erforderlich machen, soweit dies unter Beachtung der berechtigten Interessen des Betroffenen nach den Erkenntnissen der Behörde erforderlich ist, um eine erhebliche Gefahr im Sinne des § 1821 Absatz 3 Nummer 1 des Bürgerlichen Gesetzbuchs von dem Betroffenen abzuwenden.

(2) Hat die Behörde Kenntnis von Umständen, die an der Eignung eines Betreuers nach § 1816 Absatz 1 des Bürgerlichen Gesetzbuchs im Rahmen einer von ihm geführten Betreuung Zweifel aufkommen lassen, hat sie das für das Betreuungsverfahren zuständige Betreuungsgericht und die zuständige Stammbehörde hierüber zu informieren. Die Behörde unterrichtet zugleich den Betreuer über die Mitteilung und deren Inhalt. Die Unterrichtung des Betreuers unterbleibt, solange der Zweck der Mitteilung hierdurch gefährdet würde. Sie ist nachzuholen, sobald die Gründe nach Satz 3 entfallen sind.

(3) Der Inhalt der Mitteilungen nach den Absätzen 1 und 2, die Art und Weise ihrer Übermittlung und der Empfänger sind aktenkundig zu machen.

§ 10 Mitteilung an Betreuungsvereine

Die Behörde teilt Name und Anschrift der ehrenamtlichen Betreuer, von deren Bestellung sie durch die Bekanntgabe des Betreuungsgerichts nach § 288 Absatz 2 Satz 1 des Gesetzes über das Verfahren in Familiensachen und in den Angelegenheiten der freiwilligen Gerichtsbarkeit Kenntnis erlangt hat, unverzüglich einem am Wohnsitz des ehrenamtlichen Betreuers anerkannten Betreuungsverein mit, um dem Verein eine Kontaktaufnahme zu ermöglichen. Dies gilt nicht für ehrenamtliche Betreuer, die keine familiäre Beziehung oder persönliche Bindung zu dem Betroffenen haben.

§ 11 Aufgaben im gerichtlichen Verfahren

(1) Die Behörde unterstützt das Betreuungsgericht. Dies umfasst insbesondere folgende Maßnahmen:

1. die Erstellung eines Berichts im Rahmen der gerichtlichen Anhörung nach § 279 Absatz 2 des Gesetzes über das Verfahren in Familiensachen und in den Angelegenheiten der freiwilligen Gerichtsbarkeit (Sozialbericht),
2. den Vorschlag eines geeigneten Betreuers,
3. die Aufklärung, Mitteilung und gegebenenfalls fachliche Beurteilung des Sachverhalts im Rahmen sonstiger Anhörungen der Behörde durch das Betreuungsgericht oder im Rahmen eines gerichtlichen Ersuchens um eine über Nummer 1 hinausgehende Sachverhaltsklärung,
4. die Prüfung der weiteren Erforderlichkeit der Betreuung in geeigneten Fällen, sobald die Behörde durch das Betreuungsgericht nach § 7 Absatz 4 Satz 1 des Gesetzes über das Verfahren in Familiensachen und in den Angelegenheiten der freiwilligen Gerichtsbarkeit über das Verfahren zur Verlängerung einer Betreuung benachrichtigt worden ist, und
5. auf Aufforderung des Betreuungsgerichts den Vorschlag eines geeigneten Verfahrenspflegers.

(2) Der Sozialbericht soll sich insbesondere auf folgende Kriterien beziehen:

1. die persönliche, gesundheitliche und soziale Situation des Betroffenen,
2. die Erforderlichkeit der Betreuung einschließlich geeigneter anderer Hilfen (§ 1814 Absatz 3 Satz 2 Nummer 2 des Bürgerlichen Gesetzbuchs) und
3. die diesbezügliche Sichtweise des Betroffenen.

(3) Im Rahmen der Erstellung des Sozialberichts hat die Behörde zu prüfen, ob zur Vermeidung einer Betreuung eine erweiterte Unterstützung nach § 8 Absatz 2 in Betracht kommt. In geeigneten Fällen hat die Behörde mit Zustimmung des Betroffenen eine erweiterte Unterstützung durchzuführen; § 8 Absatz 4 gilt entsprechend. Die Behörde hat das Betreuungsgericht über die Durchführung und die voraussichtliche Dauer von Maßnahmen nach § 8 Absatz 2 zu informieren. Während der Durchführung der erweiterten Unterstützung ist die Pflicht der Behörde zur Erstellung eines Sozialberichts ausgesetzt. Das Ergebnis der Prüfung nach Satz 1 und bei Durchführung einer erweiterten Unterstützung deren Ergebnis sind im Sozialbericht darzulegen.

(4) Auf Aufforderung des Betreuungsgerichts hat die Behörde auch unabhängig von der Erstellung eines Sozialberichts zu prüfen, ob die Durchführung einer erweiterten Unterstützung zur Vermeidung einer Betreuung führen kann. Absatz 3 Satz 2, 3 und 5 gilt entsprechend.

(5) Die Länder können durch Gesetz die Aufgabenzuweisung nach den Absätzen 3 und 4 im Rahmen von Modellprojekten auf einzelne Behörden innerhalb eines Landes beschränken.

§ 12 Betreuervorschlag

(1) Die Behörde schlägt mit dem Sozialbericht oder auf Anforderung des Betreuungsgerichts eine Person vor, die sich im konkreten Einzelfall zum Betreuer eignet. Die Behörde soll diesen Vorschlag begründen und die diesbezügliche Sichtweise des Betroffenen darlegen. Eine Person, die keine familiäre Beziehung oder persönliche Bindung zu dem Betroffenen hat, soll nur als ehrenamtlicher Betreuer vorgeschlagen werden, wenn sie sich zum Abschluss einer Vereinbarung über eine Begleitung und Unterstützung nach § 15 Absatz 1 Satz 1 Nummer 4 mit einem anerkannten Betreuungsverein oder einer Betreuungsbehörde nach § 5 Absatz 2 Satz 3 bereit erklärt. Steht keine geeignete Person für eine ehrenamtliche Betreuung zur Verfügung, schlägt die Behörde dem Betreuungsgericht einen beruflichen Betreuer vor. Unter den Voraussetzungen des § 1818 des Bürgerlichen Gesetzbuchs kann die Behörde auch einen anerkannten Betreuungsverein oder sich selbst als Betreuer vorschlagen. Die Behörde soll in geeigneten Fällen einen weiteren Betreuer vorschlagen, der nach § 1817 Absatz 4 des Bürgerlichen Gesetzbuchs bestellt werden kann.

(2) Auf Wunsch des Betroffenen kann die Behörde ein persönliches Kennenlernen zwischen dem Betroffenen und dem vorgesehenen Betreuer vermitteln.

(3) Der Vorschlag nach Absatz 1 hat Angaben zur persönlichen Eignung zu enthalten. Bei einem ehrenamtlichen Betreuer hat die Behörde dem Betreuungsgericht das Ergebnis der Auskünfte nach § 21 Absatz 2 Satz 1 mitzuteilen. Bei einem beruflichen Betreuer sind die Anzahl und der Umfang der von ihm bereits zu führenden Betreuungen, die für ihn zuständige Stammbehörde sowie der zeitliche Gesamtumfang und die Organisationsstruktur seiner Betreuertätigkeit mitzuteilen.

§ 13 Weitere Aufgaben

Die Aufgaben, die der Behörde nach anderen Vorschriften obliegen, bleiben unberührt. Zuständige Behörde im Sinne dieser Vorschriften ist die örtliche Behörde.

Abschnitt 2
Anerkannte Betreuungsvereine

§ 14 Anerkennung

(1) Ein rechtsfähiger Verein kann als Betreuungsverein anerkannt werden, wenn er gewährleistet, dass er

1. die Aufgaben nach den §§ 15 und 16 wahrnehmen wird,
2. eine ausreichende Zahl geeigneter Mitarbeiter hat und diese beaufsichtigen, weiterbilden und gegen Schäden, die diese anderen im Rahmen ihrer Tätigkeit zufügen können, angemessen versichern wird, und
3. einen Erfahrungsaustausch zwischen den Mitarbeitern ermöglicht.

(2) Die Anerkennung gilt für das jeweilige Land; sie kann auf einzelne Landesteile beschränkt werden. Sie kann unter Auflagen erteilt werden und ist widerruflich.

(3) Das Nähere regelt das Landesrecht. Es kann auch weitere Voraussetzungen für die Anerkennung vorsehen.

§ 15 Aufgaben kraft Gesetzes

(1) Ein anerkannter Betreuungsverein hat

1. planmäßig über allgemeine betreuungsrechtliche Fragen, Vorsorgevollmachten, Betreuungsverfügungen und Patientenverfügungen zu informieren,
2. sich planmäßig um die Gewinnung ehrenamtlicher Betreuer zu bemühen,
3. vom Betreuungsgericht bestellte ehrenamtliche Betreuer in ihre Aufgaben einzuführen, sie fortzubilden und sie bei der Wahrnehmung ihrer Aufgaben zu beraten und zu unterstützen,
4. mit ehrenamtlichen Betreuern eine Vereinbarung über eine Begleitung und Unterstützung im Sinne von Nummer 3 abzuschließen, sofern eine solche Vereinbarung nach § 22 Absatz 2 in Verbindung mit § 1816 Absatz 4 des Bürgerlichen Gesetzbuchs erforderlich ist oder von dem ehrenamtlichen Betreuer gewünscht wird, und
5. Bevollmächtigte bei der Wahrnehmung ihrer Aufgaben zu beraten und zu unterstützen.

Der Betreuungsverein erteilt dem ehrenamtlichen Betreuer auf dessen Aufforderung Nachweise über die Teilnahme an Einführungs- und Fortbildungsveranstaltungen nach Satz 1 Nummer 3.

(2) Eine Vereinbarung nach Absatz 1 Satz 1 Nummer 4 hat mindestens zu umfassen:

1. die Verpflichtung des ehrenamtlichen Betreuers zur Teilnahme an einer Einführung über die Grundlagen der Betreuungsführung,
2. die Verpflichtung des ehrenamtlichen Betreuers zur regelmäßigen Teilnahme an Fortbildungen,
3. die Benennung eines Mitarbeiters des Betreuungsvereins als festen Ansprechpartner und
4. die Erklärung der Bereitschaft des Betreuungsvereins zur Übernahme einer Verhinderungsbetreuung nach § 1817 Absatz 4 des Bürgerlichen Gesetzbuchs.

(3) Anerkannte Betreuungsvereine können im Einzelfall Betroffene, Angehörige und sonstige Personen zu allgemeinen betreuungsrechtlichen Fragen, zu Vorsorgevollmachten und über andere Hilfen nach § 5 Absatz 1, bei denen kein Betreuer bestellt wird, beraten. Dies umfasst auch eine Beratung bei der Errichtung einer Vorsorgevollmacht oder Betreuungsverfügung.

§ 16 Aufgaben kraft gerichtlicher Bestellung

Ein anerkannter Betreuungsverein ist verpflichtet, Mitarbeiter zu beschäftigen, die für die Übernahme von Betreuungen zur Verfügung stehen.

§ 17 Finanzielle Ausstattung

Anerkannte Betreuungsvereine haben Anspruch auf eine bedarfsgerechte finanzielle Ausstattung mit öffentlichen Mitteln zur Wahrnehmung der ihnen nach § 15 Absatz 1 obliegenden Aufgaben. Das Nähere regelt das Landesrecht.

§ 18 Verarbeitung personenbezogener Daten durch den Verein

(1) Die Verarbeitung personenbezogener Daten einschließlich besonderer Kategorien personenbezogener Daten nach Artikel 9 der Verordnung (EU) 2016/679 durch den anerkannten Betreuungsverein ist zulässig, soweit sie zur Erfüllung der ihm nach § 15 Absatz 1 und § 16 obliegenden Aufgaben erforderlich ist.

(2) § 4 Absatz 1 Satz 2 und 3 sowie Absatz 2 gilt entsprechend.

Abschnitt 3
Rechtliche Betreuer

Titel 1
Allgemeine Vorschriften

§ 19 Begriffsbestimmung

(1) Ehrenamtliche Betreuer sind natürliche Personen, die außerhalb einer beruflichen Tätigkeit rechtliche Betreuungen führen. Ehrenamtliche Betreuer können sowohl Personen, die familiäre Beziehungen oder persönliche Bindungen zum Betroffenen haben, als auch andere Personen sein.

(2) Berufliche Betreuer sind natürliche Personen, die selbständig oder als Mitarbeiter eines anerkannten Betreuungsvereins rechtliche Betreuungen führen und nach § 24 registriert sind oder nach § 32 Absatz 1 Satz 6 als vorläufig registriert gelten.

§ 20 Verarbeitung personenbezogener Daten durch den Betreuer

(1) Die Verarbeitung personenbezogener Daten einschließlich besonderer Kategorien personenbezogener Daten nach Artikel 9 der Verordnung (EU) 2016/679 durch den Betreuer ist zulässig, soweit sie zur Erfüllung seiner Aufgaben nach den §§ 1814 bis 1881 des Bürgerlichen Gesetzbuchs erforderlich ist.

(2) § 4 Absatz 1 Satz 2 und 3 sowie Absatz 2 gilt entsprechend.

(3) Die Absätze 1 und 2 gelten auch für Personen, denen der anerkannte Betreuungsverein oder die Behörde die Wahrnehmung der Betreuung nach § 1818 Absatz 2 und 4 Satz 2 des Bürgerlichen Gesetzbuchs übertragen hat.

Titel 2
Ehrenamtliche Betreuer

§ 21 Voraussetzung für eine ehrenamtliche Tätigkeit

(1) Voraussetzung für die Führung einer Betreuung als ehrenamtlicher Betreuer ist die persönliche Eignung und Zuverlässigkeit. § 23 Absatz 2 Nummer 1, 2 und 4 gilt entsprechend.

(2) Eine Person, die erstmalig zum ehrenamtlichen Betreuer bestellt werden soll, hat vor ihrer Bestellung zur Feststellung ihrer persönlichen Eignung und Zuverlässigkeit der zuständigen Behörde ein Führungszeugnis nach § 30 Absatz 5 des Bundeszentralregistergesetzes und eine Auskunft aus dem zentralen Schuldnerverzeichnis nach § 882b der Zivilprozessordnung vorzulegen, die

jeweils nicht älter als drei Monate sein sollen. Die Pflicht zur Vorlage einer Auskunft aus dem zentralen Schuldnerverzeichnis entfällt, wenn die zuständige Behörde die Auskunft nach § 882f Absatz 1 Satz 1 Nummer 2 der Zivilprozessordnung selbst einholt. Satz 1 gilt nicht, sofern die Person im Wege der einstweiligen Anordnung nach den §§ 300 und 301 des Gesetzes über das Verfahren in Familiensachen und in den Angelegenheiten der freiwilligen Gerichtsbarkeit zum vorläufigen Betreuer bestellt wird.

(3) Absatz 2 gilt entsprechend, wenn eine Person, die bereits als ehrenamtlicher Betreuer bestellt ist oder war, in einem oder mehreren weiteren Verfahren zum ehrenamtlichen Betreuer bestellt werden soll und das Führungszeugnis und die Auskunft aus dem zentralen Schuldnerverzeichnis nach Absatz 2 Satz 1 zum Zeitpunkt des Betreuervorschlags nach § 12 Absatz 1 älter als drei Jahre sind.

§ 22 Abschluss einer Vereinbarung über Begleitung und Unterstützung

(1) Ein ehrenamtlicher Betreuer kann eine Vereinbarung über eine Begleitung und Unterstützung nach § 15 Absatz 1 Satz 1 Nummer 4 mit einem anerkannten Betreuungsverein oder hilfsweise nach § 5 Absatz 2 Satz 3 mit der zuständigen Behörde abschließen.

(2) Eine Person, die ehrenamtlich Betreuungen führen möchte und keine familiäre Beziehung oder persönliche Bindung zum Betroffenen hat, soll vor ihrer ersten Bestellung als ehrenamtlicher Betreuer eine Vereinbarung nach Absatz 1 abschließen.

Titel 3
Berufliche Betreuer

§ 23 Registrierungsvoraussetzungen; Verordnungsermächtigung

(1) Voraussetzungen für eine Registrierung als beruflicher Betreuer sind:

1. die persönliche Eignung und Zuverlässigkeit,
2. eine ausreichende Sachkunde für die Tätigkeit als beruflicher Betreuer und
3. eine Berufshaftpflichtversicherung zur Deckung der sich aus der Berufstätigkeit ergebenden Haftpflichtgefahren für Vermögensschäden mit einer Mindestversicherungssumme von 250 000 Euro für jeden Versicherungsfall und von 1 Million Euro für alle Versicherungsfälle eines Versicherungsjahres.

(2) Die nach Absatz 1 Nummer 1 erforderliche Zuverlässigkeit fehlt in der Regel, wenn

1. die Person hinsichtlich der Tätigkeit als beruflicher Betreuer einem Berufsverbot nach § 70 des Strafgesetzbuchs oder einem vorläufigen Berufsverbot nach § 132a der Strafprozessordnung unterliegt,
2. die Person in den letzten drei Jahren vor Stellung des Registrierungsantrags wegen eines Verbrechens oder eines vorsätzlich begangenen, für die Führung einer Betreuung relevanten Vergehens rechtskräftig verurteilt worden ist,
3. in den letzten drei Jahren vor der Antragstellung eine Registrierung nach § 27 widerrufen worden ist oder
4. die Vermögensverhältnisse der Person ungeordnet sind, was in der Regel der Fall ist, wenn über das Vermögen der Person das Insolvenzverfahren eröffnet worden oder sie in das vom zentralen Vollstreckungsgericht zu führende Schuldnerverzeichnis (§ 882b der Zivilprozessordnung) eingetragen ist.

(3) Die nach Absatz 1 Nummer 2 erforderliche Sachkunde ist gegenüber der Stammbehörde durch Unterlagen nachzuweisen. Sie hat zu umfassen:

1. Kenntnisse des Betreuungs- und Unterbringungsrechts, des dazugehörigen Verfahrensrechts sowie auf den Gebieten der Personen- und Vermögenssorge,
2. Kenntnisse des sozialrechtlichen Unterstützungssystems und
3. Kenntnisse der Kommunikation mit Personen mit Erkrankungen und Behinderungen und von Methoden zur Unterstützung bei der Entscheidungsfindung.

(4) Ist die Person, die eine Registrierung als beruflicher Betreuer beantragt, Mitarbeiter eines nach § 14 anerkannten Betreuungsvereins oder legt sie eine Anstellungszusage eines anerkannten Betreuungsvereins vor und kann sie zum Zeitpunkt der Antragstellung das Vorliegen der Sachkunde nicht vollständig, aber in wesentlichen Teilen nachweisen, kann die Stammbehörde die Person als beruflicher Betreuer registrieren, wenn

1. die Voraussetzungen für die Registrierung nach Absatz 1 Nummer 1 und 3 vorliegen und
2. der Betreuungsverein sicherstellt, dass die Person bis zum vollständigen Nachweis ihrer Sachkunde durch einen Mitarbeiter, der als beruflicher Betreuer registriert ist, bei den von ihr geführten Betreuungen angeleitet und kontrolliert wird.

Die Sachkunde ist gegenüber der Stammbehörde bis zum Ablauf eines Jahres ab Registrierung vollständig nachzuweisen. Die Behörde kann die Frist für die Erbringung des Nachweises verlängern, wenn die registrierte Person nachweist, dass sie ohne ihr Verschulden verhindert ist, die Frist einzuhalten.

(5) Das Bundesministerium der Justiz bestimmt durch Rechtsverordnung mit Zustimmung des Bundesrates Einzelheiten zu den Voraussetzungen der Registrierung nach den Absätzen 1 bis 4, insbesondere die Anforderungen an die Sachkunde und ihren Nachweis einschließlich der Anerkennung und Zertifizierung von Anbietern von Sachkundelehrgängen und betreuungsspezifischen Studien-, Aus- oder Weiterbildungsgängen, an die Anerkennung ausländischer Berufsqualifikationen sowie, auch abweichend von den Vorschriften des Versicherungsvertragsgesetzes für die Pflichtversicherung, an Inhalt und Ausgestaltung der Berufshaftpflichtversicherung einschließlich möglicher Gründe für den Ausschluss der Haftung, die den Zweck der Haftpflichtversicherung nicht gefährden, und der Bestimmung der zuständigen Stelle im Sinne des § 117 Absatz 2 des Versicherungsvertragsgesetzes.

§ 24 Registrierungsverfahren; Verordnungsermächtigung; Registrierungsgebühr

(1) Die Registrierung erfolgt auf Antrag, der bei der Stammbehörde zu stellen ist. Mit dem Antrag sind beizubringen:

IV

1. ein Führungszeugnis nach § 30 Absatz 5 des Bundeszentralregistergesetzes, das nicht älter als drei Monate sein soll,
2. eine Auskunft aus dem zentralen Schuldnerverzeichnis nach § 882b der Zivilprozessordnung, die nicht älter als drei Monate sein soll,
3. eine Erklärung, ob ein Insolvenz-, Ermittlungs- oder Strafverfahren anhängig ist,
4. eine Erklärung, ob in den letzten drei Jahren vor Antragstellung eine Registrierung als Berufsbetreuer versagt, zurückgenommen oder widerrufen wurde, und
5. geeignete Nachweise über den Erwerb der nach § 23 Absatz 1 Nummer 2 und Absatz 3 erforderlichen Sachkunde.

Zudem hat der Antragsteller der Stammbehörde den beabsichtigten zeitlichen Gesamtumfang und die Organisationsstruktur seiner beruflichen Betreuertätigkeit mitzuteilen.

(2) Zur Feststellung der persönlichen Eignung nach § 23 Absatz 1 Nummer 1 hat die Stammbehörde mit dem Antragsteller ein persönliches Gespräch zu führen.

(3) Über den Antrag ist innerhalb von drei Monaten durch Verwaltungsakt zu entscheiden. Die Frist beginnt mit Eingang der vollständigen Unterlagen. Sie kann einmal angemessen verlängert werden, wenn dies wegen der Schwierigkeit der Angelegenheit gerechtfertigt ist. Die Fristverlängerung ist zu begründen und dem Antragsteller rechtzeitig mitzuteilen. Wenn die Voraussetzungen des § 23 Absatz 1 Nummer 1 und 2 vorliegen, fordert die Stammbehörde den Antragsteller vor Ablauf der Frist nach Satz 1 auf, den Nachweis über die Berufshaftpflichtversicherung nach § 23 Absatz 1 Nummer 3 zu erbringen. Sobald sämtliche Voraussetzungen nach § 23 Absatz 1 nachgewiesen sind, nimmt die Stammbehörde die Registrierung vor. Die Registrierung gilt bundesweit.

(4) Das Bundesministerium der Justiz bestimmt durch Rechtsverordnung mit Zustimmung des Bundesrates die Einzelheiten des Registrierungsverfahrens, darunter auch Aufbewahrungs- und Löschungsfristen.

(5) Für jede Registrierung wird eine Gebühr von 200 Euro erhoben. Auslagen werden nicht gesondert erhoben. Im Einzelfall kann aus Gründen der Billigkeit von der Erhebung der Gebühr abgesehen werden. Folgende Registrierungen erfolgen immer gebührenfrei:
1. Registrierungen nach § 28 Absatz 2,
2. Registrierungen nach § 32 Absatz 1 Satz 1 sowie
3. unbefristete Registrierungen für Antragsteller, die nach § 33 vorläufig registriert sind.

§ 25 Mitteilungs- und Nachweispflichten beruflicher Betreuer

(1) Der berufliche Betreuer teilt der Stammbehörde alle Änderungen im Bestand der von ihm geführten Betreuungen alle sechs Monate sowie alle Änderungen, die sich auf die Registrierung auswirken können, unverzüglich mit. Mitzuteilen sind auch Änderungen des zeitlichen Gesamtumfangs und der Organisationsstruktur seiner beruflichen Betreuertätigkeit sowie der Wechsel des Sitzes oder Wohnsitzes des beruflichen Betreuers.

(2) Der berufliche Betreuer hat der Stammbehörde ab der Registrierung alle drei Jahre unaufgefordert ein aktuelles Führungszeugnis nach § 30 Absatz 5 des Bundeszentralregistergesetzes und eine aktuelle Auskunft aus dem zentralen Schuldnerverzeichnis nach § 882b der Zivilprozessordnung vorzulegen sowie die Erklärung nach § 24 Absatz 1 Satz 2 Nummer 3 abzugeben.

(3) Der berufliche Betreuer teilt der Stammbehörde unaufgefordert das Ergebnis des Feststellungsverfahrens nach § 8 Absatz 3 des Vormünder- und Betreuervergütungsgesetzes mit.

§ 26 Umgang mit den für die Registrierung relevanten Daten

(1) Die Stammbehörde verarbeitet die bei der Durchführung ihrer Aufgaben nach diesem Titel erhaltenen Daten einschließlich personenbezogener Daten, soweit dies hierfür erforderlich ist.

(2) Die Stammbehörde ist berechtigt und auf Verlangen des Betreuungsgerichts verpflichtet, diesem die bei ihr über einen beruflichen Betreuer vorhandenen Daten zu übermitteln, soweit dies für die Erfüllung der gesetzlichen Aufgaben des Betreuungsgerichts erforderlich ist.

(3) Die Stammbehörde darf anderen Betreuungsbehörden Daten übermitteln, die sie bei der Durchführung ihrer Aufgaben nach diesem Titel erhalten hat, soweit die Kenntnis dieser Daten zur Erfüllung der Aufgaben der Behörde, an die die Daten übermittelt werden, erforderlich ist.

(4) Gerichte und Behörden dürfen der Stammbehörde personenbezogene Daten übermitteln, soweit deren Kenntnis für die Registrierung oder die Rücknahme oder den Widerruf der Registrierung erforderlich ist. Satz 1 gilt nur, soweit durch die Übermittlung der Daten schutzwürdige Interessen der betroffenen Person nicht beeinträchtigt werden oder soweit das öffentliche Interesse das Geheimhaltungsinteresse der betroffenen Person überwiegt.

§ 27 Widerruf, Rücknahme und Löschung der Registrierung

(1) Die Stammbehörde widerruft die Registrierung unbeschadet der landesrechtlichen Vorschriften, die § 49 des Verwaltungsverfahrensgesetzes entsprechen, wenn
1. begründete Tatsachen die Annahme rechtfertigen, dass der berufliche Betreuer die persönliche Eignung oder Zuverlässigkeit nicht mehr besitzt; dies ist in der Regel der Fall, wenn einer der in § 23 Absatz 2 genannten Gründe nachträglich eintritt, der berufliche Betreuer gegen das Verbot nach § 30 oder beharrlich gegen die Pflichten nach § 25 verstößt,
2. der berufliche Betreuer keine Berufshaftpflichtversicherung nach § 23 Absatz 1 Nummer 3 mehr unterhält,
3. begründete Tatsachen die Annahme rechtfertigen, dass der berufliche Betreuer die Betreuungen dauerhaft unqualifiziert führt; dies ist in der Regel der Fall, wenn der berufliche Betreuer mehrfach wegen fehlender Eignung aus dem Betreuerverhältnis entlassen worden ist, oder
4. der als Mitarbeiter eines nach § 14 anerkannten Betreuungsvereins registrierte berufliche Betreuer den

vollständigen Nachweis seiner Sachkunde nicht bis zum Ablauf eines Jahres ab Registrierung oder bis zum Ablauf der verlängerten Frist erbringt (§ 23 Absatz 4 Satz 2 und 3).

(2) Hat der berufliche Betreuer im Registrierungsantrag in wesentlichen Punkten vorsätzlich unrichtige Angaben gemacht oder für die Registrierung relevante Umstände pflichtwidrig verschwiegen und beruht die Registrierung auf diesen Angaben, hat die Stammbehörde die Registrierung unbeschadet der landesrechtlichen Vorschriften, die § 48 des Verwaltungsverfahrensgesetzes entsprechen, zurückzunehmen.

(3) Auf Antrag des beruflichen Betreuers oder nach seinem Tod hat die Stammbehörde seine Registrierung zu löschen.

(4) Der Widerruf, die Rücknahme oder die Löschung der Registrierung gelten bundesweit. Den Widerruf, die Rücknahme oder die Löschung der Registrierung hat die Stammbehörde sämtlichen Betreuungsgerichten, bei welchen der berufliche Betreuer Betreuungen führt, sowie den jeweils für den Gerichtsbezirk zuständigen Betreuungsbehörden mitzuteilen.

§ 28 Wechsel des Sitzes oder Wohnsitzes

(1) Ändert der berufliche Betreuer seinen Sitz oder Wohnsitz und ist deshalb eine andere Stammbehörde örtlich zuständig, hat er dies der neuen Stammbehörde unverzüglich anzuzeigen.

(2) Die neue Stammbehörde hat den beruflichen Betreuer zu registrieren. Eine erneute Prüfung der Registrierungsvoraussetzungen findet anlässlich des Zuständigkeitswechsels nicht statt. Die bisher zuständige Stammbehörde hat sämtliche Unterlagen und Daten, die den beruflichen Betreuer betreffen, an die neue Stammbehörde zu übermitteln.

§ 29 Fortbildung

Der berufliche Betreuer stellt in eigener Verantwortung seine regelmäßige berufsbezogene Fortbildung sicher. Nachweise über die erfolgte Fortbildung sind der Stammbehörde vorzulegen.

§ 30 Leistungen an berufliche Betreuer

(1) Einem beruflichen Betreuer ist es untersagt, von dem von ihm Betreuten Geld oder geldwerte Leistungen anzunehmen. Dies gilt auch für Zuwendungen im Rahmen einer Verfügung von Todes wegen. Die gesetzliche Betreuervergütung bleibt hiervon unberührt.

(2) Absatz 1 Satz 1 und 2 gilt nicht, wenn

1. andere als die mit der Betreuervergütung abgegoltenen Leistungen vergütet werden, insbesondere durch die Zahlung von Aufwendungsersatz nach § 1877 Absatz 3 des Bürgerlichen Gesetzbuchs, oder
2. geringwertige Aufmerksamkeiten versprochen oder gewährt werden.

(3) Das Betreuungsgericht kann auf Antrag des Betreuers im Einzelfall Ausnahmen von dem Verbot des Absatzes 1 Satz 1 und 2 zulassen, soweit der Schutz des Betreuten dem nicht entgegensteht. Entscheidungen nach Satz 1 sind der für den beruflichen Betreuer zuständigen Stammbehörde mitzuteilen.

Abschnitt 4
Offenbahrungsbefugnisse für Geheimnisträger

§ 31 Beratung und Übermittlung von Informationen durch Geheimnisträger bei Gefährdung von Betreuten

(1) Werden

1. Ärzten oder Angehörigen eines anderen Heilberufes, der für die Berufsausübung oder die Führung der Berufsbezeichnung eine staatlich geregelte Ausbildung erfordert,
2. Berufspsychologen mit staatlich anerkannter wissenschaftlicher Abschlussprüfung,
3. Beratern für Suchtfragen in einer Beratungsstelle, die von einer Behörde oder Körperschaft, Anstalt oder Stiftung des öffentlichen Rechts anerkannt ist, oder
4. staatlich anerkannten Sozialarbeitern oder staatlich anerkannten Sozialpädagogen

in Ausübung ihrer beruflichen Tätigkeit gewichtige Anhaltspunkte für eine Gefährdung der Person des Betreuten bekannt, so sollen sie dies mit diesem und dem Betreuer erörtern und, soweit erforderlich, auf die Inanspruchnahme von Hilfen hinwirken, soweit hierdurch der wirksame Schutz des Betreuten nicht in Frage gestellt wird.

(2) Die in Absatz 1 Nummer 1 bis 4 genannten Personen haben gegenüber der Betreuungsbehörde zur Einschätzung einer Gefährdung der Person des Betreuten Anspruch auf Beratung durch eine Fachkraft. Sie sind zu diesem Zweck befugt, dieser Fachkraft die zur Einschätzung einer Gefährdung erforderlichen Daten zu übermitteln; vor der Übermittlung sind diese Daten zu pseudonymisieren.

(3) Kann eine Gefährdung des Betreuten durch eine Erörterung nach Absatz 1 nicht abgewendet werden oder ist die Erörterung erfolglos geblieben und halten die in Absatz 1 Nummer 1 bis 4 genannten Personen ein Tätigwerden des Betreuungsgerichts für erforderlich, um eine Gefährdung der Person des Betreuten abzuwenden, so sind sie befugt, das Betreuungsgericht zu informieren. Auf die Möglichkeit einer solchen Information ist der Betreuer vorab hinzuweisen, es sei denn, dass damit der wirksame Schutz des Betreuten in Frage gestellt wird. Zum Zweck der Information des Betreuungsgerichts sind die in Absatz 1 Nummer 1 bis 4 genannten Personen befugt, diesem die erforderlichen Daten zu übermitteln.

Abschnitt 5
Übergangsvorschriften

§ 32 Registrierung von bereits tätigen beruflichen Betreuern; vorläufige Registrierung

(1) Betreuer, die bereits vor dem 1. Januar 2023 berufsmäßig Betreuungen geführt haben und weiterhin führen, werden auf ihren Antrag von der zuständigen Stammbehörde ohne Überprüfung der Voraussetzungen des § 23 Absatz 1 Nummer 1 und 2 registriert. Zum Nachweis der berufsmäßigen Führung von Betreuungen ist dem Antrag ein Beschluss nach § 286 Absatz 1 Nummer 2 oder 4 des Gesetzes über das Verfahren in Familiensa-

IV

chen und in den Angelegenheiten der freiwilligen Gerichtsbarkeit über eine vom Antragsteller aktuell geführte Betreuung beizufügen. Mit dem Antrag sind außerdem ein Nachweis über eine Berufshaftpflichtversicherung nach § 23 Absatz 1 Nummer 3 sowie die Unterlagen nach § 24 Absatz 1 Nummer 1 und 2 beizubringen. Zudem sind der zeitliche Gesamtumfang, die Organisationsstruktur der beruflichen Betreuertätigkeit und die Aktenzeichen der gerichtlichen Betreuungsverfahren zu den aktuell geführten Betreuungen mitzuteilen. Der Antrag ist innerhalb von sechs Monaten nach dem 1. Januar 2023 zu stellen. Ab dem 1. Januar 2023 bis zur Entscheidung über den Antrag nach Satz 5 gelten die in Satz 1 genannten Betreuer als vorläufig registriert. Wird kein Antrag nach Satz 5 gestellt, endet die vorläufige Registrierung mit Ablauf des 30. Juni 2023. § 27 Absatz 4 Satz 2 gilt entsprechend.

(2) Bei Personen, die zum 1. Januar 2023 bereits seit mindestens drei Jahren berufsmäßig Betreuungen geführt haben, ist davon auszugehen, dass sie über die nach § 23 Absatz 1 Nummer 2 erforderliche Sachkunde verfügen. Alle übrigen bereits vor dem 1. Januar 2023 beruflich tätigen Betreuer haben bis zum 30. Juni 2025 ihre Sachkunde nach § 24 Absatz 1 Satz 2 Nummer 5 nachzuweisen. Erfolgt dieser Nachweis nicht, hat die Behörde die Registrierung entsprechend § 27 zu widerrufen.

§ 33 Vorläufige Registrierung

Antragsteller, die die Voraussetzungen für eine Registrierung nach § 23 Absatz 1 Nummer 1 und 3 erfüllen, kann die zuständige Stammbehörde vorläufig registrieren, wenn sie

1. die nach § 23 Absatz 1 Nummer 2 erforderliche Sachkunde teilweise nachweisen können und
2. den vollständigen Nachweis der Sachkunde nach § 24 Absatz 1 Satz 2 Nummer 5 nur noch nicht erbringen können, weil die hierfür notwendigen Studien-, Aus- oder Weiterbildungsangebote nicht verfügbar sind.

Mit der vorläufigen Registrierung werden die Antragsteller berufliche Betreuer. Die vorläufige Registrierung endet spätestens mit Ablauf des 30. Juni 2025. § 27 Absatz 4 Satz 2 gilt entsprechend.

§ 34 Anwendungsvorschrift zu § 7

§ 7 Absatz 1 Satz 2 ist nur auf Vollmachten anzuwenden, die seit dem 1. Januar 2023 durch die Behörde nach § 7 Absatz 1 Satz 1 öffentlich beglaubigt worden sind.

Verordnung über die Registrierung von beruflichen Betreuern (Betreuerregistrierungsverordnung – BtRegV)

Vom 13. Juli 2022 (BGBl. I S. 1154)

Inhaltsübersicht

§ 1 Anwendungsbereich
§ 2 Persönliche Eignung
§ 3 Sachkunde
§ 4 Nachweis der Sachkunde
§ 5 Nachweis der Sachkunde durch betreuungsspezifische Studien-, Aus- oder Weiterbildungsgänge
§ 6 Nachweis der Sachkunde durch Sachkundelehrgang
§ 7 Anderweitiger Nachweis der Sachkunde
§ 8 Anerkennung von Sachkundelehrgängen
§ 9 Anerkennung im Ausland erworbener Berufsqualifikationen; Anzeige der grenzüberschreitenden Erbringung von Dienstleistungen als beruflicher Betreuer
§ 10 Berufshaftpflichtversicherung
§ 11 Mitteilung der Organisationsstruktur
§ 12 Gespräch zur Feststellung der persönlichen Eignung
§ 13 Registrierungsverfahren
§ 14 Aufbewahrungsfrist
§ 15 Übergangsvorschrift zu § 32 Absatz 2 Satz 2 des Betreuungsorganisationsgesetzes
§ 16 Inkrafttreten

Anlage
zu § 3 Absatz 4

IV

Auf Grund des § 23 Absatz 4 und des § 24 Absatz 4 des Betreuungsorganisationsgesetzes, von denen § 23 Absatz 4 durch Artikel 6 Nummer 1 Buchstabe b des Gesetzes vom 24. Juni 2022 (BGBl. I S. 959) neu gefasst und § 24 Absatz 4 durch Artikel 6 Nummer 2 des Gesetzes vom 24. Juni 2022 (BGBl. I S. 959) geändert worden ist, verordnet das Bundesministerium der Justiz:

§ 1 Anwendungsbereich

(1) Diese Verordnung dient der Sicherung der Qualität in der rechtlichen Betreuung und soll gewährleisten, dass berufliche Betreuer befähigt sind, ihre Aufgabe gegenüber den von ihnen betreuten Menschen verantwortungsvoll auszuüben.

IV

(2) Diese Verordnung regelt die Einzelheiten

1. der nach § 23 Absatz 1 Nummer 1 des Betreuungsorganisationsgesetzes für die Registrierung als beruflicher Betreuer erforderlichen persönlichen Eignung,
2. der nach § 23 Absatz 1 Nummer 2 des Betreuungsorganisationsgesetzes für die Registrierung als beruflicher Betreuer erforderlichen Sachkunde sowie ihren Nachweis,
3. der Anforderungen an einen Sachkundelehrgang und dessen Anerkennung,
4. der Anerkennung ausländischer Berufsqualifikationen und
5. des Registrierungsverfahrens.

§ 2 Persönliche Eignung

Der Antragsteller muss die Gewähr dafür bieten, seine Aufgaben als rechtlicher Betreuer, insbesondere diejenigen, die sich aus § 1821 des Bürgerlichen Gesetzbuchs ergeben, erfüllen zu können.

§ 3 Sachkunde

(1) Die nach § 23 Absatz 3 Satz 2 Nummer 1 des Betreuungsorganisationsgesetzes erforderliche Sachkunde umfasst folgende Kenntnisse einschließlich der Fähigkeit zu ihrer praktischen Anwendung:

1. Kenntnisse über die gesetzlichen Voraussetzungen der Betreuerbestellung und der Anordnung eines Einwilligungsvorbehalts, die rechtlichen Grundlagen der Betreuungsführung, insbesondere die Pflichten des Betreuers gegenüber dem Betreuten und dem Betreuungsgericht, sowie über die gesetzlichen Voraussetzungen für Freiheitsentziehungen und ärztliche Zwangsmaßnahmen, jeweils einschließlich des dazugehörigen Verfahrensrechts,
2. Kenntnisse auf dem Gebiet der Personensorge, insbesondere Grundkenntnisse über typische betreuungsrelevante Erkrankungen und Behinderungen, deren Auswirkungen, Gefahren und Behandlungsmöglichkeiten, Patientenrechte, Einwilligungsfähigkeit, Anforderungen an und Rechtsfolgen von Patientenverfügungen, Möglichkeiten der Vermeidung von Freiheitsentziehungen und ärztlichen Zwangsmaßnahmen und
3. Kenntnisse auf dem Gebiet der Vermögenssorge, insbesondere über die Grundlagen der Rechtsgeschäftslehre, des Miet- und Kaufvertragsrechts, der Haftung, der Vermögensverwaltung und der Schuldenregulierung.

(2) Die nach § 23 Absatz 3 Satz 2 Nummer 2 des Betreuungsorganisationsgesetzes erforderliche Sachkunde umfasst folgende Kenntnisse:

1. Kenntnisse des Sozialrechts, insbesondere zu
   a) Grundlagen und Umfang der Leistungen zur Sicherung des Lebensunterhalts einschließlich der Kosten der Unterkunft, vor allem nach dem Zweiten und Zwölften Buch Sozialgesetzbuch,
   b) Sozialleistungsansprüchen nach dem Fünften, Sechsten und Elften Buch Sozialgesetzbuch,
   c) Ermittlung, Geltendmachung und Durchsetzung von sozialrechtlichen Ansprüchen unter Beachtung sozialrechtlicher Mitwirkungspflichten und
2. Kenntnisse zu Sozial- und Hilfestrukturen in der Praxis, insbesondere zu
   a) Teilhabeleistungen vor allem nach dem Neunten Buch Sozialgesetzbuch,
   b) Pflegeleistungen in Kombination mit anderen Leistungen nach dem Sozialgesetzbuch und
   c) Methoden zur fallbezogenen Erschließung und Nutzung von Sozial- und Hilfestrukturen sowie von Netzwerken.

(3) Die nach § 23 Absatz 3 Satz 2 Nummer 3 des Betreuungsorganisationsgesetzes erforderliche Sachkunde umfasst folgende Kenntnisse:

1. Grundlagen der Kommunikation und Umsetzung in der Praxis und
2. betreuungsspezifische Kommunikation und Methoden zur Unterstützung bei der Entscheidungsfindung.

(4) Die Einzelheiten der inhaltlichen Anforderungen an die Sachkunde nach den Absätzen 1 bis 3 ergeben sich aus den in der Anlage bestimmten Modulen.

§ 4 Nachweis der Sachkunde

Die erforderliche Sachkunde ist wie folgt nachzuweisen:

1. durch ein Zeugnis über den erfolgreichen Abschluss eines anerkannten Studien-, Aus- oder Weiterbildungsgangs nach § 5,
2. durch ein Zeugnis über den erfolgreichen Abschluss eines anerkannten Sachkundelehrgangs nach § 6 oder
3. durch anderweitige Nachweise nach § 7.

§ 5 Nachweis der Sachkunde durch betreuungsspezifische Studien-, Aus- oder Weiterbildungsgänge

(1) Die erforderliche Sachkunde kann durch ein Zeugnis über den erfolgreichen Abschluss eines nach Absatz 2 Satz 1 anerkannten Studiengangs nachgewiesen werden.

(2) Auf Antrag der Hochschule erteilt die nach Landesrecht zuständige Behörde für einen im jeweiligen Land von der Hochschule angebotenen Studiengang die Anerkennung, wenn dieser alle für den Nachweis der Sachkunde erforderlichen Kenntnisse nach § 3 Absatz 1 bis 3 vermittelt. Eine nach Satz 1 erteilte Anerkennung gilt bundesweit.

(3) Die Absätze 1 und 2 gelten entsprechend für Aus- und Weiterbildungsgänge, die von oder in Kooperation mit Hochschulen angeboten werden und die alle Kenntnisse nach § 3 einschließlich der in der Anlage konkretisierten Inhalte vermitteln.

§ 6 Nachweis der Sachkunde durch Sachkundelehrgang

(1) Die erforderliche Sachkunde kann durch ein Zeugnis über den erfolgreichen Abschluss eines nach § 8 Absatz 1 anerkannten Sachkundelehrgangs nachgewiesen werden.

(2) Ein Sachkundelehrgang besteht aus den in der Anlage bestimmten Modulen. Die Vermittlung der in den Modulen vorgesehenen Inhalte hat auch praktische Übungen zu umfassen. Der Umfang eines gesamten Sachkundelehrgangs beträgt mindestens 270 Zeitstunden einschließlich Vor- und Nachbereitungszeit. Die einzelnen Module müssen mindestens die in Spalte 3 der Anlage aufgeführten Zeitstunden umfassen.

(3) Jedes Modul endet mit einer Prüfung, deren Bestehen den erfolgreichen Abschluss des Moduls nachweist.

§ 7 Anderweitiger Nachweis der Sachkunde

(1) Die erforderliche Sachkunde kann auch durch Zeugnisse oder sonstige Leistungsnachweise über nicht nach § 5 Absatz 2 und 3 anerkannte Studien-, Aus- oder Weiterbildungsgänge nachgewiesen werden, wenn diese den Erwerb aller Kenntnisse nach § 3 belegen. Zeugnisse und sonstige Leistungsnachweise können, soweit erforderlich, durch weitere Unterlagen ergänzt werden.

(2) Kann der Antragsteller Teilbereiche der Kenntnisse nach § 3 anderweitig nachweisen, hat er im Übrigen seine Sachkunde durch den erfolgreichen Abschluss eines oder mehrerer Module eines nach § 8 Absatz 1 anerkannten Sachkundelehrgangs oder eines nach § 5 anerkannten Studien-, Aus- oder Weiterbildungsgangs nachzuweisen.

(3) Ein anderweitiger Nachweis ist nur geführt, soweit die nachgewiesenen Kenntnisse nach Inhalt und Umfang den Anforderungen gemäß § 6 Absatz 2 einschließlich der Anlage im Wesentlichen gleichwertig sind. Hierzu kann die Stammbehörde in Zweifelsfällen eine Stellungnahme der nach Landesrecht für die Anerkennung nach § 8 Absatz 1 zuständigen Behörde einholen.

(4) Auf Antrag entscheidet die Stammbehörde bereits vor Einleitung des Registrierungsverfahrens durch gesonderten Bescheid, ob und inwieweit der anderweitige Nachweis durch die vorgelegten Unterlagen erbracht werden kann.

(5) Kann der Antragsteller Teilbereiche der Kenntnisse nach § 3 anderweitig nachweisen und verfügt er über eine mehrjährige für die Führung der Betreuung nutzbare Berufserfahrung, die einem Nachweis nach Absatz 2 im Wesentlichen gleichwertig ist, oder eine entsprechende mehrjährige Erfahrung als ehrenamtlicher Betreuer, kann die Stammbehörde auf Antrag im Einzelfall entscheiden, dass seine Sachkunde im Übrigen vermutet wird. Diese Entscheidung ist bezogen auf den Einzelfall zu begründen.

(6) Die für die Registrierung erforderliche Sachkunde gilt bei Antragstellern mit der Befähigung zum Richteramt und denjenigen, die ein Studium der Sozialpädagogik oder der Sozialen Arbeit erfolgreich abgeschlossen haben, als nachgewiesen.

§ 8 Anerkennung von Sachkundelehrgängen

(1) Ein Sachkundelehrgang ist auf Antrag des Anbieters von der nach Landesrecht zuständigen Behörde anzuerkennen, wenn

1. der Sachkundelehrgang die Voraussetzungen des § 6 Absatz 2 erfüllt,
2. der Anbieter für die Vermittlung der in der Anlage vorgesehenen Inhalte Lehrkräfte einsetzt, die
   a) über einen Abschluss eines Hochschulstudiums oder einer Berufsausbildung verfügen und
   b) über die jeweils erforderlichen fachlichen Kenntnisse verfügen, um die in der Anlage aufgeführten Inhalte, für die sie jeweils eingesetzt werden, zu vermitteln,
3. der Anbieter die Gewähr für eine ordnungsgemäße Durchführung des Lehrbetriebs und des Prüfungsverfahrens bietet,
4. der Anbieter eine Prüfungsordnung zur Gewährleistung eines transparenten und nachprüfbaren Verfahrens für die Durchführung der Modulprüfungen nachweist,
5. der Anbieter eine Finanzierungsplanung für den Sachkundelehrgang vorlegt, die den Bestand des Lehrgangs für die Dauer der Anerkennung finanziell gesichert erscheinen lässt, und
6. der Anbieter die teilnehmerbezogenen Lehrgangskosten nachvollziehbar darlegt.

Für die Anerkennung örtlich zuständig ist die nach Landesrecht bestimmte Behörde, in deren Zuständigkeitsbereich sich der Hauptsitz des Anbieters befindet.

(2) Die Anerkennung gilt bundesweit. Sie ist auf fünf Jahre befristet. Die Anerkennung kann auch nachträglich mit Nebenbestimmungen verbunden werden.

(3) Die Anerkennung ist unbeschadet der landesrechtlichen Vorschriften, die § 48 des Verwaltungsverfahrensgesetzes entsprechen, zurückzunehmen, wenn der Anbieter die Anerkennung wie folgt erwirkt hat:

1. durch arglistige Täuschung, Drohung oder Bestechung oder
2. vorsätzlich oder grob fahrlässig durch Angaben, die im Wesentlichen unrichtig oder unvollständig waren.

Die Rücknahme hat keine Auswirkungen auf vor ihrer Bestandskraft erteilte Abschlusszeugnisse.

(4) Die Anerkennung ist unbeschadet der landesrechtlichen Vorschriften, die § 49 des Verwaltungsverfahrensgesetzes entsprechen, zu widerrufen, wenn der Anbieter die Voraussetzungen nach Absatz 1 ganz oder teilweise nicht mehr erfüllt.

(5) Die Anerkennung wird auf Antrag um jeweils fünf Jahre verlängert, wenn die Voraussetzungen des Absatzes 1 weiter vorliegen.

(6) Die Absätze 1 bis 5 gelten entsprechend für die Anerkennung einzelner in der Anlage aufgeführter Module.

§ 9 Anerkennung im Ausland erworbener Berufsqualifikationen; Anzeige der grenzüberschreitenden Erbringung von Dienstleistungen als beruflicher Betreuer[1])

(1) Als Nachweis der erforderlichen Sachkunde durch einen Staatsangehörigen eines Mitgliedstaates der Europäischen Union oder eines Vertragsstaates des Abkommens über den Europäischen Wirtschaftsraum werden in einem anderen Mitgliedstaat erworbene Befähigungs- oder Ausbildungsnachweise, falls notwendig auch in Verbindung mit weiteren Unterlagen, anerkannt, sofern

1. der in einem anderen Mitgliedstaat erworbene Befähigungs- oder Ausbildungsnachweis die Befähigung zu einer vergleichbaren beruflichen Tätigkeit belegt wie das entsprechende inländische Abschlusszeugnis oder der entsprechende inländische sonstige Leistungsnachweis,
2. der Befähigungs- oder Ausbildungsnachweis in dem anderen Mitgliedstaat erforderlich ist, um in dessen Hoheitsgebiet die Erlaubnis zur Aufnahme und Ausübung dieses Berufs zu erhalten,
3. der Antragsteller zur Ausübung dieser beruflichen Tätigkeit in dem anderen Mitgliedstaat berechtigt ist und
4. zwischen den nachgewiesenen ausländischen Berufsqualifikationen und der entsprechenden inländischen Berufsbildung keine wesentlichen Unterschiede bestehen.

(2) Als Nachweis der erforderlichen Sachkunde durch einen Staatsangehörigen eines Mitgliedstaates der Europäischen Union oder eines Vertragsstaates des Abkommens über den Europäischen Wirtschaftsraum werden in einem anderen Mitgliedstaat erworbene Befähigungs- oder Ausbildungsnachweise, falls notwendig auch in Verbindung mit weiteren Unterlagen, auch dann anerkannt, sofern

1. die Tätigkeit des beruflichen Betreuers in dem anderen Mitgliedstaat nicht reglementiert ist,
2. die Befähigungs- und Ausbildungsnachweise in dem anderen Mitgliedstaat von einer entsprechend dessen Rechts- und Verwaltungsvorschriften benannten zuständigen Behörde ausgestellt worden sind,
3. diese bescheinigen, dass der Inhaber auf die Ausübung des betreffenden Berufs vorbereitet wurde und
4. der Antragsteller den Beruf in diesem Mitgliedstaat in den vorangegangenen zehn Jahren mindestens ein Jahr lang in Vollzeit oder während einer entsprechenden Gesamtdauer in Teilzeit ausgeübt hat.

Die mindestens einjährige Berufserfahrung darf nicht verlangt werden, wenn durch den Ausbildungsnachweis, über den der Antragsteller verfügt, ein reglementierter Ausbildungsgang belegt wird.

(3) Unterscheiden sich die von einem Antragsteller nach Absatz 1 oder 2 durch ausländische Berufsqualifikationen nachgewiesenen Kenntnisse hinsichtlich der zugrundeliegenden Sachgebiete nach Inhalt und Umfang wesentlich von den in § 6 Absatz 2 vorgesehenen Anforderungen an den Sachkundelehrgang, stellt die Stammbehörde auf Grundlage der in der Anlage bestimmten Module des Sachkundelehrgangs durch gesonderten Bescheid fest, in welchen der in den Modulen aufgeführten Sachgebieten keine ausreichenden Kenntnisse nachgewiesen wurden. Die Registrierung des Antragstellers als beruflicher Betreuer kann in diesen Fällen nur erfolgen, wenn der Antragsteller ein Zeugnis über die erfolgreiche Teilnahme an den durch gesonderten Bescheid benannten Modulen (Eignungsprüfung) vorlegt.

(4) Will ein Staatsangehöriger eines Mitgliedstaates der Europäischen Union oder eines Vertragsstaates des Abkommens über den Europäischen Wirtschaftsraum die Tätigkeit als beruflicher Betreuer, zu deren Ausübung er in einem dieser Staaten rechtmäßig niedergelassen ist, im Inland nur vorübergehend und gelegentlich ausüben, ist § 13a der Gewerbeordnung mit den Maßgaben entsprechend anzuwenden, dass

1. die nach § 2 Absatz 4 Satz 3 des Betreuungsorganisationsgesetzes örtlich zuständige Stammbehörde die für die Anerkennung der Berufsqualifikation zuständige öffentliche Stelle ist und
2. der Dienstleistungserbringer den Nachweis nach § 13a Absatz 5 Satz 1 Nummer 3 der Gewerbeordnung zu übermitteln hat.

§ 10 Berufshaftpflichtversicherung

(1) Von der Berufshaftpflichtversicherung nach § 23 Absatz 1 Nummer 3 des Betreuungsorganisationsgesetzes kann insbesondere die Haftung für Ersatzansprüche wegen wissentlicher Pflichtverletzung ausgeschlossen werden.

(2) Die Vereinbarung eines Selbstbehalts bis zu einem Prozent der Mindestversicherungssumme ist zulässig. Ein Selbstbehalt des Versicherungsnehmers kann dem Dritten nicht entgegengehalten und gegenüber einer mitversicherten Person nicht geltend gemacht werden.

(3) Im Versicherungsvertrag ist der Versicherer zu verpflichten, der für die Registrierung des Betreuers zuständigen Stammbehörde die Beendigung oder Kündigung des Versicherungsvertrages sowie jede Änderung des Versicherungsvertrages, die den vorgeschriebenen Versicherungsschutz beeinträchtigt, unverzüglich anzuzeigen. Die für die Registrierung des Betreuers zuständige Stammbehörde hat dem Versicherer das Datum des Eingangs der Anzeige mitzuteilen. Sie erteilt Dritten zur Geltendmachung von Schadensersatzansprüchen auf Antrag Auskunft über den Namen und die Adresse der Berufshaftpflichtversicherung des Betreuers sowie die Versicherungsnummer, soweit das Auskunftsinteresse

[1]) § 9 dieser Verordnung dient der Umsetzung der Richtlinie 2005/36/EG des Europäischen Parlaments und des Rates vom 7. September 2005 über die Anerkennung von Berufsqualifikationen (ABl. L 255 vom 30. 9. 2005, S. 22; L 271 vom 16. 10. 2007, S. 18; L 93 vom 4. 4. 2008, S. 28; L 33 vom 3. 2. 2009, S. 49; L 305 vom 24. 10. 2014, S. 115), die zuletzt durch den Delegierten Beschluss (EU) 2021/2183 (ABl. L 444 vom 10. 12. 2021, S. 16) geändert worden ist.

das schutzwürdige Interesse des Betreuers an der Nichterteilung dieser Auskunft überwiegt. Die für die Registrierung des Betreuers zuständige Stammbehörde ist zuständige Stelle im Sinne des § 117 Absatz 2 des Versicherungsvertragsgesetzes.

(4) Der Mitarbeiter eines nach § 14 des Betreuungsorganisationsgesetzes anerkannten Betreuungsvereins kann die nach § 23 Absatz 1 Nummer 3 des Betreuungsorganisationsgesetzes erforderliche Berufshaftpflichtversicherung durch Vorlage einer dem anerkannten Betreuungsverein ausgestellten Bescheinigung nach § 113 Absatz 2 des Versicherungsvertragsgesetzes nachweisen, aus der sich das Bestehen eines den Anforderungen des § 23 Absatz 1 Nummer 3 des Betreuungsorganisationsgesetzes in Verbindung mit den Absätzen 1 bis 3 entsprechenden Versicherungsschutzes für diesen Mitarbeiter ergibt.

§ 11 Mitteilung der Organisationsstruktur

Die Mitteilung der beabsichtigten Organisationsstruktur der beruflichen Betreuertätigkeit nach § 24 Absatz 1 Satz 3 des Betreuungsorganisationsgesetzes hat mindestens folgende Angaben zu umfassen:

1. Vorhandensein, Anzahl und Beschäftigungsumfang von Mitarbeitern,
2. Art und Umfang der Räumlichkeiten, in denen die Tätigkeit ausgeübt wird, und
3. Art und Umfang der Erreichbarkeit.

§ 12 Gespräch zur Feststellung der persönlichen Eignung

(1) Die Stammbehörde soll das Gespräch mit dem Antragsteller zur Feststellung der persönlichen Eignung nach § 24 Absatz 2 des Betreuungsorganisationsgesetzes mit mindestens zwei Mitarbeitern der Stammbehörde führen, von denen mindestens einer über Berufserfahrung auf dem Gebiet der rechtlichen Betreuung verfügt. Die Stammbehörde kann anstelle eines eigenen Mitarbeiters auch einen Mitarbeiter einer anderen Behörde hinzuziehen.

(2) Das Gespräch ist zu protokollieren.

§ 13 Registrierungsverfahren

(1) Anträge nach § 24 Absatz 1 Satz 1 des Betreuungsorganisationsgesetzes sind in Textform zu stellen.

(2) Ist der Antragsteller oder der registrierte berufliche Betreuer Mitarbeiter eines nach § 14 des Betreuungsorganisationsgesetzes anerkannten Betreuungsvereins, teilt die Stammbehörde Entscheidungen, die diesen betreffen, auch dem Betreuungsverein mit. Der Betreuungsverein teilt der Stammbehörde das Ausscheiden eines als beruflicher Betreuer tätigen Mitarbeiters aus dem Beschäftigungsverhältnis unverzüglich mit.

(3) Von Zeugnissen und Nachweisen, die nicht in deutscher Sprache ausgestellt sind, kann die Vorlage einer Übersetzung in die deutsche Sprache verlangt werden.

§ 14 Aufbewahrungsfrist

Folgende Akten und elektronische Akten sind für einen Zeitraum von zehn Jahren nach der Beendigung des Verfahrens aufzubewahren:

1. Akten, in denen eine beantragte Registrierung bestandskräftig abgelehnt worden ist, und
2. Akten, in denen eine Registrierung bestandskräftig widerrufen oder zurückgenommen worden ist.

§ 15 Übergangsvorschrift zu § 32 Absatz 2 Satz 2 des Betreuungsorganisationsgesetzes

Abweichend von § 7 kann die Stammbehörde Antragsteller nach § 32 Absatz 2 Satz 2 des Betreuungsorganisationsgesetzes auch dann registrieren, wenn diese ihre Sachkunde durch die Vorlage von Unterlagen nachweisen können, die den Erwerb von Kenntnissen belegen, die nach Inhalt und Umfang den in § 6 Absatz 2 in Verbindung mit den in der Anlage vorgesehenen Modulen genannten Voraussetzungen des Sachkundelehrgangs im Wesentlichen entsprechen.

§ 16 Inkrafttreten

Diese Verordnung tritt am 1. Januar 2023 in Kraft.

Anlage
zu § 3 Absatz 4

Inhaltliche Anforderungen an die Sachkunde (Module)

Module zu § 3	Unterrichtsinhalte	Gesamter Zeitaufwand in Zeitstunden
Vorbemerkung: Die Inhalte der Module werden grundsätzlich in Lehrveranstaltungen vermittelt, die in Präsenz oder online durchgeführt werden und praktische Übungen umfassen. Prüfungszeiten sind in den vorgeschriebenen Zeitstunden enthalten. Antragsteller, die über einen Hochschulabschluss verfügen, können bis zu 50 Prozent der Zeitstunden des jeweiligen Moduls mit Ausnahme der Module 10 und 11 in Selbstlernphasen absolvieren. Alle übrigen Antragsteller können bis zu 15 Prozent der Zeitstunden des jeweiligen Moduls mit Ausnahme der Module 10 und 11 in Selbstlernphasen absolvieren.		
Modul 1	**Betreuerbestellung und Zusammenarbeit mit dem Betreuungsgericht**	15
Zu Absatz 1 Nummer 1	Betreuerbestellung: Voraussetzungen, Verfahren, Sachverhaltsermittlung	
	Anordnung eines Einwilligungsvorbehalts: Voraussetzungen, Grenzen, Verfahren	
	Aufgabenbereiche	
	Aufsicht durch das Betreuungsgericht	
	Berichts-, Auskunfts- und Mitteilungspflichten	
	Genehmigungsvorbehalte einschließlich Verfahren	
Modul 2	**Betreuungsführung**	30
Zu Absatz 1 Nummer 1	UN-Behindertenrechtskonvention, insbesondere Artikel 12: Unterstützung bei der Ausübung der Rechts- und Handlungsfähigkeit, Bedeutung der Grundrechte	
	Ermittlung der Wohn- und Lebenslage des Betreuten	
	Erarbeitung der Betreuungsziele	
	Vorrang der Unterstützung und Willensvorrang nach § 1821 BGB	
	Wille, Wünsche, Präferenzen	
	Erforderlichkeitsgrundsatz im Innenverhältnis	
	Schutzpflichten	
Modul 3	**Recht der Unterbringung und der ärztlichen Zwangsmaßnahmen**	15
Zu Absatz 1 Nummer 1	Freiheitsentziehende Unterbringung und sonstige freiheitsentziehende Maßnahmen nach Betreuungsrecht und nach öffentlichem Recht:	
	Voraussetzungen und Verfahren	
	Einwilligung in ärztliche Zwangsmaßnahmen: Voraussetzungen und Verfahren	
	Aufgaben des Betreuers während des Vollzugs einer freiheitsentziehenden Unterbringung, sonstiger freiheitsentziehender Maßnahmen und ärztlicher Zwangsmaßnahmen	
Modul 4	**Personensorge 1**	15
Zu Absatz 1 Nummer 2	Grundkenntnisse über typische betreuungsrelevante Erkrankungen und Behinderungen, deren Auswirkungen, Gefahren und Behandlungsmöglichkeiten	
	Möglichkeiten der Vermeidung einer freiheitsentziehenden Unterbringung, sonstiger freiheitsentziehender Maßnahmen und ärztlicher Zwangsmaßnahmen	

Module zu § 3	Unterrichtsinhalte	Gesamter Zeitaufwand in Zeitstunden
Modul 5	**Personensorge 2**	15
Zu Absatz 1 Nummer 2	Behandlungsvertragsrecht, Einwilligungsfähigkeit und Patientenrechte	
	Behandlungswünsche, Patientenverfügung, Sterbewunsch	
	Einwilligung des Betreuers bei gefährlichen ärztlichen Maßnahmen: Voraussetzungen und Verfahren	
	Aufgabe von Wohnraum	
	Umgangs- und Aufenthaltsbestimmung	
Modul 6	**Vermögenssorge 1**	15
Zu Absatz 1 Nummer 3	Grundkenntnisse über	
	Geschäftsfähigkeit	
	Recht der Stellvertretung	
	allgemeines Schuldrecht einschließlich Haftungsfragen	
	Kaufvertragsrecht	
	Schuldenregulierung, Mahn- und Vollstreckungsbescheid, Zwangsvollstreckung, Insolvenzverfahren	
Modul 7	**Vermögenssorge 2**	15
Zu Absatz 1 Nummer 3	Vermögensverwaltung und Verfügungen über das Betreutenvermögen	
	Vermögensverzeichnis, Rechnungslegung und Genehmigungsvorbehalte	
	Betreuungsrelevante Aspekte des Miet- und Heimrechts	
	Betreuungsrelevante Aspekte des Erb- und Familienrechts	
Modul 8	**Sozialrecht 1: Kenntnisse des Sozialrechts**	30
Zu Absatz 2 Nummer 1	Das Sozialrecht (SGB und SGG) im Überblick, insbesondere	
	Leistungen zur Sicherung des Lebensunterhalts einschließlich der Kosten der Unterkunft, vor allem nach dem SGB II und XII	
	Sozialleistungsansprüche nach dem SGB V, VI und XI	
	Ermittlung, Geltendmachung und Durchsetzung von sozialrechtlichen Ansprüchen sowie sozialrechtliche Mitwirkungspflichten	
Modul 9	**Sozialrecht 2: Sozial- und Hilfestrukturen in der Praxis**	45
Zu Absatz 2 Nummer 2	Teilhabeleistungen vor allem nach SGB IX	
	Teilhabe- und Gesamtplanverfahren	
	Rehabilitations- und Teilhabeleistungen der verschiedenen Rehabilitationsträger	
	Leistungsformen der Eingliederungshilfe (z. B. Teilhabe am Arbeitsleben, medizinische Rehabilitation, Teilhabe an Bildung und Leistungen zur sozialen Teilhabe)	
	Besondere Wohnformen und ambulant betreute Wohngemeinschaften	
	Pflegeleistungen in Kombination mit anderen SGB-Leistungen	
	Leistungen der Pflegeversicherung einschließlich Aufklärung, Auskunft und Pflegeberatung nach den §§ 7 ff. SGB XI sowie das Verhältnis zu anderen Sozialleistungen nach § 13 SGB XI	
	Leistungen der Hilfe zur Pflege nach SGB XII	
	Leistungen der gesetzlichen Krankenversicherung im Pflegefall (z. B. häusliche Krankenpflege und weitere Leistungen nach den §§ 37 ff. SGB V, medizinische Rehabilitation)	
	Leistungen der Eingliederungshilfe im Pflegefall	
	Methoden zur fallbezogenen Erschließung und Nutzung von Beratungs-, Sozial- und Hilfestrukturen sowie von Netzwerken	

Module zu § 3	Unterrichtsinhalte	Gesamter Zeitaufwand in Zeitstunden
Modul 10	**Grundlagen der Kommunikation und Praxistransfer**	30
Zu Absatz 3	Theoretische Konzepte und Methoden der Kommunikation	
	Grundhaltungen und Techniken der Kommunikation	
	Diversitätssensible Kommunikation	
	Ressourcenorientierte Kommunikation	
	Konfliktmanagement in der Kommunikation	
	Selbst- und Machtreflexion	
Modul 11	**Betreuungsspezifische Kommunikation/Methoden der unterstützten Entscheidungsfindung**	45
Zu Absatz 3	Auswirkungen spezifischer krankheits- bzw. beeinträchtigungsbedingter Einschränkungen auf die Fähigkeit der Kommunikation und der Entscheidungsfindung	
	Bedeutung sozialer und umweltbedingter Einflussfaktoren auf Autonomie und Entscheidungsfindung von betreuten Menschen	
	Methoden zur kommunikativen Verhinderung von Ausschlussmechanismen	
	Barrierefreie Kommunikation, leichte Sprache	
	Drei- oder Mehrparteien-Interaktion mit betreuten Menschen	
	Erkennen und Ermitteln von Wunsch, Wille und Präferenzen von betreuten Menschen in der Kommunikation einschließlich biographischer Aspekte und Werthaltungen	
	Methoden der Unterstützung bei der Entscheidungsfindung betreuter Menschen und praktische Erprobung	

Gesetz zur Ausführung des Betreuungsgesetzes und des Gesetzes zur Reform des Vormundschafts- und Betreuungsrechts (Gesetz zur Ausführung des Betreuungsrechts – AG BtG)

Vom 19. November 1991 (GBl. S. 681)

Zuletzt geändert durch
Gesetz zur Änderung des Gesetzes zur Ausführung des Betreuungsgesetzes
vom 21. Dezember 2022 (GBl. S. 673)

§ 1 Betreuungsbehörden

(1) Örtliche Betreuungsbehörden sind die Stadt- und Landkreise.

(2) Überörtliche Betreuungsbehörden ist der Kommunalverband für Jugend und Soziales.

(3) Die örtlichen und überörtlichen Betreuungsbehörden führen die Aufgaben in Betreuungsangelegenheiten als weisungsfreie Pflichtaufgaben durch mit Ausnahme der Aufgabe der Förderung von Betreuungsvereinen, die der überörtlichen Betreuungsbehörde als Pflichtaufgabe zur Erfüllung nach Weisung übertragen wird. Die örtlichen Betreuungsbehörden tragen die Kosten hierfür nur, soweit nicht nach dem Vormünder- und Betreuervergütungsgesetz (VBVG) die Kostentragung einem anderen obliegt.

§ 2 Aufgaben der Betreuungsbehörden

(1) Die örtlichen Betreuungsbehörden sind für die ihnen nach dem Betreuungsgesetz und dem Gesetz zur Reform des Vormundschafts- und Betreuungsrechts obliegenden Aufgaben sachlich zuständig, soweit nicht in diesem Gesetz die Zuständigkeit der überörtlichen Betreuungsbehörden begründet ist. Die örtlichen Betreuungsbehörden sind insbesondere zuständig für die

1. Beratung und Unterstützung der Betreuer und Bevollmächtigten bei der Wahrnehmung ihrer Aufgaben,
2. Anregung und Förderung der Tätigkeit einzelner Personen sowie von gemeinnützigen und freien Organisationen zugunsten Betreuungsbedürftiger,
3. Sicherstellung eines ausreichenden Angebots zur Einführung der Betreuer und Bevollmächtigten in ihre Aufgaben und zu ihrer Fortbildung auf örtlicher Ebene,
4. Unterstützung des Betreuungsgerichts nach Maßgabe von §§ 9, 11 und 12 des Betreuungsorganisationsgesetzes (BtOG),
5. Bedarfsermittlung und Planung für ein ausreichendes Angebot an Betreuern auf der örtlichen Ebene,
6. Einrichtung einer örtlichen Arbeitsgemeinschaft, in der die mit Betreuungsangelegenheiten befassten Institutionen und Organisationen einschließlich der Träger der freien Wohlfahrtspflege zur Koordinierung deren Arbeit mitwirken,
7. Übernahme und Führung von Betreuungen im Falle des § 1818 Absatz 4 BGB.

Die Zuständigkeit der unteren Verwaltungsbehörde nach dem Psychisch-Kranken-Hilfe-Gesetz bleibt hiervon unberührt.

(2) Die überörtlichen Betreuungsbehörden sind zur Durchführung der überörtlichen Aufgaben zuständig. Sie sind insbesondere zuständig für die

1. Sicherstellung eines ausreichenden überörtlichen Angebots zur Einführung und Fortbildung der Betreuer sowie zur Unterstützung der örtlichen Betreuungsbehörden bei der Wahrnehmung der Aufgaben nach Absatz 1 Satz 2 Nr. 3,
2. Anerkennung und Förderung sowie fachliche Beratung von Betreuungsvereinen,
3. Bedarfsermittlung und Planung für ein ausreichendes Angebot an Betreuern sowie Unterstützung der örtlichen Betreuungsbehörden bei der Wahrnehmung dieser Aufgabe,
4. Einrichtung einer Arbeitsgemeinschaft auf der überörtlichen Ebene, in der die mit Betreuungsangelegenheiten befassten Institutionen und Organisationen einschließlich der Träger der freien Wohlfahrtspflege zur Koordinierung ihrer Arbeit mitwirken,
5. Anerkennung von Studien-, Aus- und Weiterbildungsgängen nach § 5 Absatz 2 und 3 der Betreuerregistrierungsverordnung (BtRegV) und von Sachkundelehrgängen nach § 8 Absatz 1 BtRegV.

Für die Aufgaben nach Satz 2 Nummer 5 gilt § 9 Absatz 1 des Jugend- und Sozialverbandsgesetzes. Das Sozialministerium wird ermächtigt, Näheres durch Rechtsverordnung zu regeln.

§ 2a Modellprojekte

(1) Die Aufgabenzuweisung nach § 11 Absatz 3 und 4 BtOG wird im Rahmen von Modellprojekten auf einzelne örtliche Betreuungsbehörden (Modellbehörden) beschränkt.

(2) Das Sozialministerium wird ermächtigt, die Einzelheiten der Modellprojekte, insbesondere die Modellbehörden sowie die Finanzierung, Dauer und Evaluierung der Modellprojekte, durch Rechtsverordnung im Einvernehmen mit dem Finanzministerium zu bestimmen.

§ 3 Anerkennung von Betreuungsvereinen

(1) Betreuungsvereine können unter den Voraussetzungen des § 14 Absatz 1 BtOG anerkannt werden, wenn sie

1. ihren Sitz und ihren überwiegenden Tätigkeitsbereich in Baden-Württemberg haben und Personen mit gewöhnlichem Aufenthalt in Baden-Württemberg betreuen,
2. den Anforderungen der Gemeinnützigkeit im Sinne des Steuerrechts genügen,
3. den Nachweis erbringen, dass ihre Arbeit nach Inhalt, Umfang und Dauer eine Anerkennung rechtfertigt,
4. von einer nach Ausbildung oder Berufserfahrung geeigneten Persönlichkeit geleitet werden und über persönlich und fachlich geeignete Mitarbeiter verfügen.

Die Leitung der Betreuungsarbeit soll in keinem Abhängigkeitsverhältnis oder in einer anderen engen Beziehung zu Einrichtungen stehen, in denen Betreute auf Dauer untergebracht sind oder wohnen.

(2) Die Anerkennung ist widerruflich und kann unter Auflagen erteilt werden.

§ 4 Art und Umfang der Förderung von Betreuungsvereinen

Das Land gewährt nach Maßgabe des Staatshaushaltsplans im Rahmen der Verwaltungsvorschrift des Sozialministeriums über die Förderung von Betreuungsvereinen vom 22. Juni 2015 (GABl. S. 463), die zuletzt durch Verwaltungsvorschrift vom 18. Oktober 2021 (GABl. S. 479) geändert worden ist, in der jeweils geltenden Fassung den anerkannten Betreuungsvereinen, die die Voraussetzungen des § 14 Absatz 1 BtOG und des § 3 dieses Gesetzes erfüllen, auf Antrag eine Förderung zur Wahrnehmung der ihnen nach § 15 Absatz 1 BtOG obliegenden Aufgaben.

§ 5 Gleichstellung von Prüfungsleistungen bei beruflichen Betreuern

(1) Einer abgeschlossenen Ausbildung an einer Hochschule im Sinne von § 4 Absatz 3 Nummer 2 des Vormünder- und Betreuervergütungsgesetzes vom 21. April 2005 (BGBl. I S. 1073, 1076), das zuletzt durch Artikel 1 des Gesetzes vom 22. Juni 2019 (BGBl. I S. 866) geändert worden ist, in der bis einschließlich 31. Dezember 2022 geltenden Fassung steht es gleich, wenn die Betreuerin oder der Betreuer besondere Kenntnisse im Sinne dieser Vorschrift durch eine Prüfung nach den Voraussetzungen und Anforderungen des § 5 dieses Gesetzes in der am 31. März 2003 geltenden Fassung nachgewiesen hat.

(2) Einer mit Erfolg abgelegten Prüfung stehen entsprechende Prüfungen in anderen Ländern gleich, soweit diese aufgrund landesrechtlicher Ausführungsregelungen zum Vormünder- und Betreuervergütungsgesetz vom 21. April 2005 (BGBl. I S. 1073, 1076) oder zum Berufsvormündervergütungsgesetz vom 25. Juni 1998 (BGBl. I S. 1580, 1586) abgenommen wurden. Aus dem Zeugnis muss hervorgehen, welchen besonderen Kenntnissen im Sinne des § 4 Absatz 3 des Vormünder- und Betreuervergütungsgesetzes vom 21. April 2005 (BGBl. I S. 1073, 1076), das zuletzt durch Artikel 1 des Gesetzes vom 22. Juni 2019 (BGBl. I S. 866) geändert worden ist, in der bis einschließlich 31. Dezember 2022 geltenden Fassung die durch die Prüfung nachgewiesenen Kenntnisse gleichstehen.

Bayerisches Gesetz zur Ausführung betreuungsrechtlicher Vorschriften (BayAGBtG)

Vom 27. Dezember 1991 (GVBl. S. 496)

Zuletzt geändert durch
Gesetz zur Änderung des Gesetzes zur Ausführung des Betreuungsgesetzes und weiterer Rechtsvorschriften
vom 23. Dezember 2022 (GVBl. S. 718)

Der Landtag des Freistaates Bayern hat das folgende Gesetz beschlossen, das nach Anhörung des Senats hiermit bekanntgemacht wird:

Art. 1 Zuständigkeit der Landkreise und kreisfreien Städte

(1) $_1$Zuständig für die Wahrnehmung der behördlichen Aufgaben bei der Betreuung Volljähriger auf örtlicher Ebene sind, soweit dieses Gesetz keine abweichende Regelung trifft, die Landkreise und kreisfreien Städte. $_2$Die Erfüllung dieser Aufgaben ist eine Angelegenheit des eigenen Wirkungskreises.

(2) Die zuständige Behörde trägt, soweit sie Aufgaben nach Absatz 1 wahrnimmt, die Bezeichnung „Betreuungsstelle".

(3) $_1$Die Betreuungsstelle als Betreuer ist von der Aufsicht des Betreuungsgerichts nach § 1835 Abs. 1 bis 5 sowie § 1844 des Bürgerlichen Gesetzbuchs (BGB) ausgenommen. $_2$In den Fällen der §§ 1848, 1849 Abs. 1 BGB ist eine Genehmigung des Betreuungsgerichts nicht erforderlich.

(4) $_1$Die Aufgabenzuweisung nach § 11 Abs. 3 und 4 des Betreuungsorganisationsgesetzes (BtOG) wird im Rahmen von Modellprojekten auf einzelne Betreuungsstellen (Modellbehörden) beschränkt. $_2$Das Staatsministerium der Justiz (Staatsministerium) wird ermächtigt, durch Rechtsverordnung die Modellbehörden zu bestimmen und Einzelheiten zur Durchführung der Modellprojekte, zur Berichterstattung und zu einer staatlichen Finanzierungsbeteiligung an dem entstehenden Aufwand festzulegen.

Art. 2 Zuständigkeit der Regierungen

(1) Die Regierungen sind auf überörtlicher Ebene zuständig für die Anerkennung, staatliche Förderung und Beratung von Betreuungsvereinen.

(2) Für die Anerkennung und Beratung von Betreuungsvereinen ist die Regierung, in deren Regierungsbezirk der Verein seinen Sitz hat, und für die Gewährung der staatlichen Zuschüsse gemäß Art. 5 die Regierung von Mittelfranken örtlich zuständig.

(3) $_1$Für die Anerkennung von Studien- sowie Aus- und Weiterbildungsgängen nach § 5 der Betreuerregistrierungsverordnung (BtRegV) und von Sachkundelehrgängen nach § 6 Abs. 1 und § 8 BtRegV ist die Regierung von Mittelfranken zuständig. $_2$Das Staatsministerium wird ermächtigt, im Einvernehmen mit dem Staatsministerium des Innern, für Sport und Integration die weiteren Einzelheiten des Anerkennungsverfahrens und der Gebührenerhebung durch Rechtsverordnung zu bestimmen.

Art. 3 Förderung der Zusammenarbeit in Betreuungsangelegenheiten

(1) $_1$Die Regierungen wirken in Zusammenarbeit mit den Betreuungsstellen, den Betreuungsvereinen und den Betreuungsgerichten darauf hin, dass in ihrem Regierungsbezirk ein ausreichendes Angebot an Betreuern zur Verfügung steht, und unterstützen die Betreuungsstellen bei der Aufgabenerfüllung nach § 6 Abs. 1 BtOG. $_2$Die Verpflichtung der Betreuungsstellen nach § 6 Abs. 2 und 3 BtOG bleibt hiervon unberührt.

(2) Zur Förderung der Zusammenarbeit in Betreuungsangelegenheiten sollen auf örtlicher Ebene in Zuständigkeit der Landkreise und kreisfreien Städte und auf überörtlicher Ebene in Zuständigkeit der Regierungen Arbeitsgemeinschaften eingerichtet werden, in denen die mit der Betreuung Volljähriger befassten Organisationen, Behörden und Gerichte sowie Betreuerinnen und Betreuer vertreten sind.

Art. 4 Anerkennung als Betreuungsverein

(1) Ein rechtsfähiger Verein, der den Anforderungen des § 14 Abs. 1 BtOG entspricht, ist als Betreuungsverein anzuerkennen, wenn

1. die Leitung der Betreuungsarbeit einer oder mehreren nach Ausbildung oder Berufserfahrung geeigneten Fachkräften übertragen ist, die nicht in einem Abhängigkeitsverhältnis oder einer anderen engen Beziehung zu Einrichtungen stehen, in denen Personen, für die ein Mitarbeiter des Vereins als Betreuer bestellt ist, untergebracht sind oder wohnen,
2. er sich verpflichtet, der Anerkennungsbehörde jährlich einen Tätigkeitsbericht vorzulegen, der insbesondere Auskunft über Zahl und Art der übernommenen Betreuungen sowie die Zahl der vom Verein in ihre Aufgaben eingeführten, fortgebildeten und beratenen ehrenamtlichen Einzelbetreuer gibt und Kosten sowie Finanzierung der Verwaltungs- und Betreuungsarbeit darstellt,
3. er ausschließlich und unmittelbar gemeinnützige Zwecke im Sinn von § 52 der Abgabenordnung verfolgt,
4. er seinen Sitz und seinen überwiegenden Tätigkeitsbereich in Bayern hat,
5. die örtliche Betreuungsstelle, auf deren Gebiet sich die Tätigkeit des Betreuungsvereins erstreckt, festgestellt hat, dass in dem betreffenden Landkreis oder der betreffenden kreisfreien Stadt ein Bedarf für dessen Tätigkeit besteht.

(2) Die Anerkennung seitens der Anerkennungsbehörde erfolgt für das Gebiet eines bestimmten Landkreises oder einer bestimmten kreisfreien Stadt.

(3) 1Eine bis zum 31. Dezember 2022 erteilte Anerkennung als Betreuungsverein gilt fort. 2Sie ist zu widerrufen, wenn die vollständigen Voraussetzungen nach Abs. 1 nicht bis spätestens 31. Dezember 2024 nachgewiesen werden.

Art. 5 Finanzielle Ausstattung der Betreuungsvereine

(1) 1Die finanzielle Ausstattung anerkannter Betreuungsvereine nach § 17 Satz 1 BtOG erfolgt durch staatliche Zuschüsse nach einem Einwohnerschlüssel pro Landkreis oder kreisfreier Stadt. 2Zuschussfähig sind die erforderlichen Personal- und Sachkosten für die Erfüllung der gesetzlichen Aufgaben der Betreuungsvereine nach § 15 BtOG. 3Stehen für das jeweilige Haushaltsjahr Haushaltsmittel nicht in der erforderlichen Höhe zur Verfügung, wird der jeweilige Zuschussbetrag für jeden Empfänger anteilig vermindert.

(2) Das Staatsministerium für Familie, Arbeit und Soziales wird ermächtigt, Einzelheiten zum Verfahren, zur Verteilung sowie zu Art und Umfang der staatlichen Zuschüsse im Einvernehmen mit dem Staatsministerium der Finanzen und für Heimat durch Rechtsverordnung zu regeln.

Art. 6 Stundensatz des Betreuers

1Einer abgeschlossenen Ausbildung an einer Hochschule im Sinn des § 4 Abs. 3 Nr. 2 des Vormünder- und Betreuervergütungsgesetzes (VBVG) in der am 31. Dezember 2022 geltenden Fassung steht es gleich, wenn der Betreuer einschlägige Kenntnisse durch eine § 17 Abs. 2 VBVG entsprechende Prüfung vor einer staatlichen oder staatlich anerkannten Stelle nachgewiesen hat. 2Dazu zählt insbesondere eine Prüfung nach Art. 6 in der am 1. Juli 2004 geltenden Fassung.

Art. 7 Inkrafttreten

Dieses Gesetz tritt am 1. Januar 1992 in Kraft.

IV

Berliner Gesetz zur Ausführung des Betreuungsorganisationsgesetzes (AGBtOG Bln)

Vom 7. Dezember 2023 (GVBl. S. 402)

§ 1 Betreuungsbehörden

(1) Örtliche Betreuungsbehörden sind die Bezirksämter. Sie sind für die ihnen nach dem Betreuungsorganisationsgesetz vom 12. Mai 2021 (BGBl. I S. 882, 917), das zuletzt durch Artikel 7 des Gesetzes vom 24. Juni 2022 (BGBl. I S. 959) geändert worden ist, in der jeweils geltenden Fassung obliegenden Aufgaben einschließlich der Aufgaben der Stammbehörde nach Abschnitt 3 Titel 3 des Betreuungsorganisationsgesetzes sowie der Betreuerregistrierungsverordnung vom 13. Juli 2022 (BGBl. I S. 1154) in der jeweils geltenden Fassung zuständig.

(2) Überörtliche Betreuungsbehörde ist die für Soziales zuständige Senatsverwaltung. Sie ist für die gesamtstädtische Planung, Grundsatzangelegenheiten, Steuerung und Aufsicht zuständig und stellt sicher, dass ein bedarfsgerechtes Angebot von Betreuungsvereinen gefördert wird.

(3) Das Landesamt für Gesundheit und Soziales Berlin ist für die Anerkennung von Studien-, Aus- und Weiterbildungsgängen, von Sachkundelehrgängen und deren Anbietern nach § 5 Absatz 2 und 3 sowie § 8 Absatz 1 der Betreuerregistrierungsverordnung sowie die Anerkennung und Förderung von Betreuungsvereinen zuständig.

(4) Für die Anerkennung von Studien-, Aus- und Weiterbildungsgängen, von Sachkundelehrgängen und deren Anbietern nach § 5 Absatz 2 und 3 sowie § 8 Absatz 1 der Betreuerregistrierungsverordnung erhebt das Landesamt für Gesundheit und Soziales Berlin eine Gebühr. Die Gebühr beträgt für Anerkennungen nach § 5 Absatz 2 und 3 sowie § 8 Absatz 1 der Betreuerregistrierungsverordnung 1654 Euro sowie für die Anerkennung einzelner Module nach § 8 Absatz 6 der Betreuerregistrierungsverordnung 827 Euro. Bei der Verlängerung der Anerkennung nach § 8 Absatz 5 der Betreuerregistrierungsverordnung kann die Gebühr um ein Drittel ermäßigt werden.

(5) Jede örtliche Betreuungsbehörde richtet eine koordinierende Arbeitsgemeinschaft ein, in der die mit Betreuungsangelegenheiten befassten Institutionen, Organisationen und Behörden mitwirken. Gleiches erfolgt durch die überörtliche Betreuungsbehörde auf Landesebene.

§ 2 Anerkennung von Betreuungsvereinen

(1) Die Anerkennung eines rechtsfähigen Vereins setzt über die Voraussetzungen des § 14 Absatz 1 des Betreuungsorganisationsgesetzes hinaus voraus, dass er dauerhaft

1. mildtätige oder gemeinnützige Zwecke im Sinne der Abgabenordnung verfolgt,
2. seinen Sitz und Tätigkeitsbereich im Land Berlin hat und Personen mit Wohnsitz im Land Berlin betreut,
3. hauptamtliche Mitarbeitende beschäftigt, mindestens jedoch zwei Mitarbeitende mit insgesamt einer Vollzeitstelle, die als Berufsbetreuerinnen und Berufsbetreuer registriert sind, diese Voraussetzung gilt bei Vereinen, die lediglich an ihren Standorten Aufgaben nach § 15 Absatz 1 des Betreuungsorganisationsgesetzes wahrnehmen, mit der Maßgabe, dass sie nur an den jeweiligen Standorten erfüllt sein muss,
4. leistungsfähig ist und kalenderjährlich einen Tätigkeitsbericht vorlegt,
5. zusichert, dass seine Mitarbeitenden gemäß § 1816 Absatz 6 Satz 1 des Bürgerlichen Gesetzbuchs in keinem Abhängigkeitsverhältnis oder einer anderen engen Beziehung zu Einrichtungen oder Diensten stehen, in denen Personen, die sie betreuen, dauerhaft untergebracht sind oder wohnen und
6. seine Bereitschaft erklärt, mit Behörden, Institutionen, Organisationen und den maßgeblichen Arbeits- und Interessengemeinschaften zusammenzuarbeiten.

Ein Betreuungsverein muss auch in Bezug auf seine Standorte die Anerkennungsvoraussetzungen gemäß der Nummern 3 bis 6 erfüllen.

(2) Die örtlichen Betreuungsbehörden werden im Rahmen des Anerkennungsverfahrens beteiligt.

(3) Eine bis zum Zeitpunkt des Inkrafttretens dieses Gesetzes erteilte Anerkennung als Betreuungsverein erlischt nach Ablauf von einem Jahr nach Inkrafttreten dieses Gesetzes.

§ 3 Förderung von Betreuungsvereinen nach § 17 des Betreuungsorganisationsgesetzes

(1) Anerkannte Betreuungsvereine erhalten auf Antrag eine bedarfsgerechte finanzielle Ausstattung zur Wahrnehmung der Aufgaben nach § 15 Absatz 1 des Betreuungsorganisationsgesetzes unter der Voraussetzung, dass

1. der Betreuungsverein im Bezirk seines Sitzes oder, sofern er einen Standort unterhält, im Bezirk des Standortes über die personellen Anerkennungsvoraussetzungen hinaus, zusätzlich mindestens 1,0 Stelle als hauptamtliche Fachkraft vorhält und
2. die für den Stellenbedarf pro Bezirk in Absatz 3 festgesetzte Obergrenze für die Förderung nicht überschritten wird.

(2) Überschreitet die Zahl der beantragten Stellen den in Absatz 3 festgesetzten Bedarf eines Bezirks, trifft die überörtliche Betreuungsbehörde in Abstimmung mit der zuständigen örtlichen Betreuungsbehörde und dem Landesamt für Gesundheit und Soziales Berlin als Bewilligungsstelle eine Förderauswahl nach zuvor festgelegten Wertungskriterien.

(3) Der Stellenbedarf für die Aufgabenwahrnehmung nach § 15 Absatz 1 des Betreuungsorganisationsgesetzes wird auf Grund der Größe der volljährigen Bevölkerung im jeweiligen Bezirk festgesetzt. Die Obergrenze für die Förderung liegt bei einer 1,0 Stelle je 150.000 volljährige Einwohnerinnen und Einwohner.

(4) Das Nähere zur Aufgabenwahrnehmung nach § 15 Absatz 1 des Betreuungsorganisationsgesetzes, Förder-

auswahl und zum Verfahren regelt die für Soziales zuständige Senatsverwaltung durch eine Förderrichtlinie.

§ 4 Erweiterte Unterstützung

Die erweiterte Unterstützung im Sinne des § 8 Absatz 2 des Betreuungsorganisationsgesetzes wird gemäß § 11 Absatz 5 des Betreuungsorganisationsgesetzes als Modellprojekt in einer örtlichen Betreuungsbehörde in ihrem örtlichen Zuständigkeitsbereich durchgeführt.

§ 5 Erlass von Verwaltungsvorschriften

Die für Soziales zuständige Senatsverwaltung wird ermächtigt, die zur Ausführung dieses Gesetzes erforderlichen Verwaltungsvorschriften zu erlassen. Sofern die Verwaltungsvorschriften den Einsatz von Informations- und Kommunikationstechnik betreffen, ist vor Erlass Einvernehmen mit dem für Informations- und Kommunikationstechnik zuständigen Mitglied des Senats herzustellen.

§ 6 Förderung des E-Government

Die für Soziales zuständige Senatsverwaltung kann im Einvernehmen mit dem für Informations- und Kommunikationstechnik zuständigen Mitglied des Senats die verbindlich anzuwendenden geschäftlichen Prozesse für die Verwaltungsabläufe und das Verwaltungsverfahren gemäß § 2 Absatz 1, § 4 Absatz 6 und § 10 Absatz 1 des E-Government-Gesetzes Berlin vom 30. Mai 2016 (GVBl. S. 282), das zuletzt durch Gesetz vom 27. September 2021 (GVBl. S. 1122) geändert worden ist, in der jeweils geltenden Fassung für die örtlichen Betreuungsbehörden zur Durchführung ihrer Aufgaben festlegen.

§ 7 Gewährleistung des Datenschutzes

(1) Sofern die für Soziales zuständige Senatsverwaltung die Verfahrensverantwortung für das Informationstechnik-Fachverfahren ganz oder in Teilen wahrnimmt, darf sie die von den örtlichen Betreuungsbehörden erhobenen personenbezogenen Daten einschließlich besonderer Kategorien personenbezogener Daten im Sinne von Artikel 9 Absatz 1 der Verordnung (EU) 2016/679 des Europäischen Parlaments und des Rates vom 27. April 2016 zum Schutz natürlicher Personen bei der Verarbeitung personenbezogener Daten, zum freien Datenverkehr und zur Aufhebung der Richtlinie 95/46/EG (Datenschutz-Grundverordnung) (ABl. L 119 vom 4. 5. 2016, S. 1; L 314 vom 22. 11. 2016, S. 72; L 127 vom 23. 5. 2018, S. 2; L 74 vom 4. 3. 2021, S. 35) in der jeweils geltenden Fassung verarbeiten, soweit dies zur Erfüllung der sich aus diesem Gesetz, dem Betreuungsorganisationsgesetz sowie der Betreuerregistrierungsverordnung ergebenden Aufgaben erforderlich ist. Für die Verarbeitung besonderer Kategorien personenbezogener Daten im Sinne von Artikel 9 Absatz 1 der Verordnung (EU) 2016/679 gilt § 14 Absatz 3 des Berliner Datenschutzgesetzes vom 13. Juni 2018 (GVBl. S. 418), das zuletzt durch Artikel 1 des Gesetzes vom 27. September 2021 (GVBl. S. 1121) geändert worden ist, in der jeweils geltenden Fassung.

(2) Sofern dies zur Erfüllung der bundes- und landesgesetzlichen Aufgaben erforderlich ist, können die für Soziales zuständige Senatsverwaltung und die örtlichen Betreuungsbehörden

1. Informationstechnik-Fachverfahren gemeinsam einrichten und führen sowie
2. die Verantwortung für die Verarbeitung personenbezogener Daten gemäß Artikel 26 Absatz 1 Satz 1 der Verordnung (EU) 2016/679 gemeinsam tragen.

Dies gilt auch für den Fall, dass die Einrichtung oder das Führen eines gemeinsamen Verfahrens ein hohes Risiko für die Rechte und Freiheiten der betroffenen Personen darstellt, sofern dies zur Erfüllung der bundes- und landesgesetzlichen Aufgaben erforderlich ist und die notwendigen Maßnahmen zur Abwendung von Gefahren für die Rechte und Freiheiten der betroffenen Personen getroffen wurden. Die Bestimmungen der Verordnung (EU) 2016/679 sowie die Regelungen des Berliner Datenschutzgesetzes bleiben unberührt.

§ 8 Evaluation

Die Anwendung des Gesetzes und seine Auswirkungen auf die Arbeit der Betreuungsvereine werden durch unabhängige wissenschaftliche Sachverständige bis spätestens Ende 2027 evaluiert.

§ 9 Inkrafttreten, Außerkrafttreten

Dieses Gesetz tritt am Tag nach der Verkündung im Gesetz- und Verordnungsblatt für Berlin in Kraft. Gleichzeitig tritt das Gesetz zur Ausführung des Betreuungsgesetzes vom 17. März 1994 (GVBl. S. 86) außer Kraft.

Gesetz zur Ausführung des Betreuungsorganisationsgesetzes im Land Brandenburg (Brandenburgisches Betreuungsorganisationsausführungsgesetz – BbgAGBtOG)

Vom 16. Dezember 2022 (GVBl. I Nr. 33)

§ 1 Betreuungsbehörden

(1) Betreuungsbehörden auf örtlicher Ebene im Sinne des § 1 Absatz 1 des Betreuungsorganisationsgesetzes vom 4. Mai 2021 (BGBl. I S. 882, 917), das zuletzt durch Artikel 7 des Gesetzes vom 24. Juni 2022 (BGBl. I S. 959, 963) geändert worden ist, in der jeweils geltenden Fassung, sind die Landkreise und kreisfreien Städte (örtliche Betreuungsbehörden).

(2) Betreuungsbehörde auf überörtlicher Ebene im Sinne des § 1 Absatz 2 des Betreuungsorganisationsgesetzes ist das Landesamt für Soziales und Versorgung (überörtliche Betreuungsbehörde).

§ 2 Aufgaben der Betreuungsbehörden

(1) Soweit nicht durch dieses Gesetz die Zuständigkeit der überbehördlichen Betreuungsbehörde begründet wird, sind die örtlichen Betreuungsbehörden zuständig für die Erfüllung der Aufgaben nach dem Betreuungsorganisationsgesetz. Die örtlichen Betreuungsbehörden führen die Aufgaben in Betreuungsangelegenheiten als pflichtige Selbstverwaltungsaufgaben durch.

(2) Die überörtliche Betreuungsbehörde ist insbesondere zuständig für:

1. die Unterstützung der örtlichen Betreuungsbehörden bei der Wahrnehmung der ihnen übertragenen Aufgaben,
2. die Sicherstellung von überörtlichen Angeboten zur Fortbildung der Betreuerinnen und Betreuer,
3. die Anerkennung und die fachliche Beratung der Betreuungsvereine,
4. die Bedarfsermittlung und Planung für ein ausreichendes Angebot an Betreuerinnen und Betreuern sowie Betreuungsvereinen,
5. die Anerkennung von Studien-, Aus- oder Weiterbildungsgängen und Sachkundelehrgängen nach der Betreuerregistrierungsverordnung vom 13. Juli 2022 (BGBl. I S. 1154) in der jeweils geltenden Fassung,
6. die Einrichtung der überörtlichen Arbeitsgemeinschaft nach § 3 Absatz 2.

§ 3 Arbeitsgemeinschaften

(1) Eine örtliche Betreuungsbehörde kann zur Förderung der Zusammenarbeit in Betreuungsangelegenheiten auf örtlicher Ebene eine Arbeitsgemeinschaft einrichten. In der örtlichen Arbeitsgemeinschaft sollen alle für das Betreuungswesen vor Ort maßgeblichen Institutionen und Organisationen, insbesondere die örtliche Betreuungsbehörde, die Betreuungsgerichte, Betreuungsvereine und Berufsbetreuerinnen und -betreuer vertreten sein. Der Arbeitsgemeinschaft steht es frei, alles Nähere zur Organisation und Besetzung in einer Geschäftsordnung zu regeln.

(2) Zur Förderung der Zusammenarbeit in Betreuungsangelegenheiten wird auf überörtlicher Ebene eine Arbeitsgemeinschaft eingerichtet. Der Arbeitsgemeinschaft sollen Vertreterinnen und Vertreter der mit der Betreuung Volljähriger befassten Institutionen und Organisationen, insbesondere der überörtlichen Betreuungsbehörde, der örtlichen Betreuungsbehörden, der Gerichte und Betreuungsvereine sowie Berufsbetreuerinnen und -betreuer angehören. Vertreterinnen und Vertreter der Landesministerien nehmen als ständige Gäste teil. Das für Soziales zuständige Mitglied der Landesregierung kann jederzeit weitere Mitglieder berufen. Die Beschlüsse der Arbeitsgemeinschaft stellen Empfehlungen dar. Die Arbeitsgemeinschaft kann das Nähere zur Organisation und Besetzung durch eine Geschäftsordnung regeln.

§ 4 Erweiterte Unterstützung

(1) Die Aufgaben nach § 11 Absatz 3 und 4 des Betreuungsorganisationsgesetzes werden gemäß § 11 Absatz 5 des Betreuungsorganisationsgesetzes bis zum 31. Dezember 2027 im Rahmen von Modellprojekten durchgeführt. Bis zu vier örtlichen Betreuungsbehörden wird die Möglichkeit der Durchführung der Modellprojekte eingeräumt. Die überörtliche Betreuungsbehörde und die teilnehmenden örtlichen Betreuungsbehörden regeln Einzelheiten zur Durchführung der Modellprojekte durch Vertrag.

(2) Das für Soziales zuständige Mitglied der Landesregierung fördert die Durchführung der Modellprojekte nach Absatz 1 durch Personal- und Sachkostenzuschüsse.

§ 5 Anerkennung von Betreuungsvereinen

(1) Rechtsfähige Betreuungsvereine können unter den Voraussetzungen des § 14 Absatz 1 des Betreuungsorganisationsgesetzes anerkannt werden, wenn sie

1. ihren Sitz und Tätigkeitsbereich im Land Brandenburg haben und Personen aus dem Land Brandenburg betreuen,
2. die Anerkennung der Gemeinnützigkeit im Sinne des Steuerrechts nachweisen,
3. die Gewähr bieten, dass ihre Arbeit nach Inhalt, Umfang und Qualität zugunsten der Betreuten erfolgen wird und sie über fachlich geeignete Mitarbeiterinnen und Mitarbeiter verfügen,
4. aufgrund ihrer Leistungsfähigkeit die Gewähr für eine sachgerechte Aufgabenerfüllung auf Dauer bieten und ihre Mitarbeiterinnen und Mitarbeiter in keinem Abhängigkeitsverhältnis oder einer anderen engen Beziehung zu Einrichtungen stehen, in denen Personen, die sie betreuen, untergebracht sind oder wohnen,
5. ihre Bereitschaft erklären,
   a) mit Behörden, Institutionen und Einzelpersonen vor allem auf regionaler Ebene zusammenzuarbeiten und

b) jährlich zum Stichtag 30. Juni einen Tätigkeitsbericht vorzulegen,

6. für die Deckung des Bedarfs an Betreuungsvereinen notwendig sind.

Mehrere Betreuungsvereine können sich zur Erfüllung einzelner Aufgaben nach § 15 Absatz 1 des Betreuungsorganisationsgesetzes zu einer Gemeinschaft zusammenschließen.

(2) Der Tätigkeitsbericht nach Absatz 1 Satz 1 Nummer 5 Buchstabe b hat sich zumindest auf folgende Angaben zu erstrecken:

1. Zahl, Qualifikation und Stellenanteile der hauptamtlichen Fachkräfte,
2. Zahl der ehrenamtlich betreuenden Personen, die der Verein begleitet,
3. Art und Inhalt von Maßnahmen für Querschnittsaufgaben,
4. Zahl der im Vorjahr neugewonnenen ehrenamtlich betreuenden Personen,
5. Zahl der Vereinsbetreuungen und
6. Zahl der Betreuungen durch Vereinsbetreuerinnen und Vereinsbetreuer.

(3) Die überörtliche Betreuungsbehörde wird ermächtigt, einmal jährlich alle zur Ermittlung des Bedarfs nach Absatz 1 Satz 1 Nummer 6 notwendigen Daten bei den Betreuungsbehörden zu erheben.

(4) Die Anerkennung der bereits vor dem 1. Januar 2023 anerkannten Betreuungsvereine kann binnen zwei Jahren nach Inkrafttreten dieses Gesetzes mit Wirkung für die Zukunft widerrufen werden, wenn die überörtliche Betreuungsbehörde feststellt, dass die Voraussetzungen des Absatzes 1 nicht vorliegen. Zur Vermeidung einer unbilligen Härte kann von der Bedarfsprüfung abgesehen werden.

(5) Das für Soziales zuständige Mitglied der Landesregierung regelt das Verfahren der Anerkennung der Betreuungsvereine.

§ 6 Finanzierungsanspruch der Betreuungsvereine

(1) Die anerkannten Betreuungsvereine erhalten zur Wahrnehmung der Aufgaben nach § 15 Absatz 1 und 3 des Betreuungsorganisationsgesetzes auf Antrag, der bei dem Landesamt für Soziales und Versorgung einzureichen ist, eine bedarfsgerechte finanzielle Ausstattung. Bis zur Bestandskraft des Widerrufsbescheides nach § 5 Absatz 4 bleibt der Anspruch erhalten.

(2) Die Höhe der finanziellen Ausstattung bemisst sich an den Personal- und Sachausgaben einer hauptberuflichen Fachkraft je 70 000 Einwohnerinnen und Einwohner. Maßgeblich ist insoweit die Eingruppierung der Entgeltgruppe S 12 der Entgeltordnung für den Sozial- und Erziehungsdienst gemäß Anlage C des für die Vereinigung der kommunalen Arbeitgeberverbände geltenden Tarifvertrages für den öffentlichen Dienst in der jeweils geltenden Fassung.

(3) Die Leistung nach Absatz 1 wird auch gewährt, wenn mehrere hauptberufliche Fachkräfte in Teilzeit in einem einer Vollzeitkraft vergleichbaren Umfang beschäftigt werden. Sie verringert sich für teilzeitbeschäftigte oder nicht ganzjährig beschäftigte Fachkräfte in entsprechendem Umfang.

(4) Die Finanzierung wird erstmals für das Förderjahr 2023 und sodann jährlich auf der Grundlage der jeweiligen Personaldurchschnittskosten für vergleichbare Beschäftigte ermittelt.

(5) Näheres über Art, Umfang und Verfahren der Förderung regelt das für Soziales zuständige Mitglied der Landesregierung im Einvernehmen mit dem für Finanzen zuständigen Mitglied der Landesregierung.

§ 7 Kostentragung, Kostenerstattung, Überprüfung und Verordnungsermächtigung

(1) Die Landkreise und kreisfreien Städte tragen die Kosten der Wahrnehmung der ihnen nach diesem Gesetz obliegenden Aufgaben.

(2) Das Land gleicht die durch die zusätzlichen Aufgabenverpflichtungen durch dieses Gesetz verursachten Mehrbelastungen aus. Hierzu erstattet das Land die zusätzlich notwendigen personellen und sachlichen Verwaltungskosten gesondert pauschal. Erstattungsbehörde ist das Landesamt für Soziales und Versorgung. Die Pauschale ist an den der wahrzunehmenden Tätigkeiten entsprechenden Personaldurchschnittskosten zuzüglich angemessener Sachkosten zu bemessen.

(3) Als erforderliche Personalkosten gelten die unmittelbar entgeltbezogenen Aufwendungen des Arbeitgebers für eine Vollzeitstelle der Entgeltgruppe S 12 der Entgeltordnung für den Sozial- und Erziehungsdienst gemäß Anlage C des für die Vereinigung der kommunalen Arbeitgeberverbände geltenden Tarifvertrages für den öffentlichen Dienst einschließlich aller vom Arbeitgeber zu tragenden Entgeltbestandteile und einschließlich der Sozialversicherungsbeiträge (Arbeitgeberbrutto).

(4) Die Auskömmlichkeit der Personal- und Sachkostenpauschale gemäß Absatz 2 ist auf Grundlage der tatsächlichen notwendigen Aufwendungen spätestens im ersten Quartal des Erstattungsjahres 2024 auf ihre Angemessenheit zu überprüfen. Die Überprüfung erfolgt jährlich. Soweit die Personal- und Sachkostenpauschale nicht auskömmlich war, haben die jeweiligen Landkreise und kreisfreien Städte Anspruch auf rückwirkenden Ausgleich durch das Land. Soweit die Personal- und Sachkostenpauschale zu hoch war, werden die jeweiligen Überzahlungen des Landes im Rahmen der nächsten Abschlagszahlung verrechnet.

(5) Das für Soziales zuständige Mitglied der Landesregierung wird ermächtigt, im Einvernehmen mit den für Inneres und für Finanzen zuständigen Mitgliedern der Landesregierung durch Rechtsverordnung das Nähere zu bestimmen über

1. die Höhe der Pauschale nach Absatz 2 und ihre jeweilige Anpassung an die Kostenentwicklung, sowie an die Ergebnisse der Überprüfung der Personal- und Sachkostenpauschale nach Absatz 4,
2. weitere Einzelheiten zu den Voraussetzungen und zu dem Verfahren der Kostenerstattung, insbesondere die Auszahlungstermine, und
3. das für die Überprüfung nach Absatz 4 notwendige Verfahren und vorzulegenden Informationen, insbe-

sondere die durch die Aufgabenwahrnehmung entstehenden Kosten.

Die Rechtsverordnung nach Satz 1 stellt den nach Artikel 97 Absatz 3 Satz 2 und 3 der Verfassung des Landes Brandenburg gebotenen Ausgleich der Mehrbelastungen der Landkreise und kreisfreien Städte infolge der Aufgabenübertragung sicher.

§ 8 Evaluation

Das für Soziales zuständige Mitglied der Landesregierung evaluiert bis zum 31. Dezember 2026 die Anwendung und Auswirkungen der Modellprojekte nach § 4 und den Finanzierungsanspruch der Betreuungsvereine nach § 6. Es berichtet dem Landtag bis zum 30. Juni 2027 über das Ergebnis der Evaluation.

Gesetz zur Ausführung des Betreuungsrechts (Bremisches Betreuungsrechtsausführungsgesetz – BremBtRAG)

Vom 13. Dezember 2022 (Brem. GBl. S. 896)

§ 1 Betreuungsbehörden

(1) Zuständig für die Wahrnehmung der behördlichen Aufgaben im Rahmen des Betreuungsrechts ist die jeweilige Stadtgemeinde als örtliche Betreuungsbehörde, soweit dieses Gesetz keine abweichende Regelung trifft.

(2) Die Senatorin für Soziales, Jugend, Integration und Sport nimmt die Aufgaben der überörtlichen Betreuungsbehörde des Landes wahr. Sie führt gegenüber der örtlichen Betreuungsbehörde die Rechtsaufsicht.

§ 2 Arbeitsgemeinschaften

Die örtliche Betreuungsbehörde und die überörtliche Betreuungsbehörde richten jeweils zur Förderung der Zusammenarbeit eine Arbeitsgemeinschaft ein, in der die mit Betreuungsangelegenheiten befassten Organisationen, Behörden und Gerichte vertreten sind.

§ 3 Anerkennung von Betreuungsvereinen

(1) Ein rechtsfähiger Verein kann von der überörtlichen Betreuungsbehörde als Betreuungsverein anerkannt werden, wenn er neben den bundesrechtlichen Vorgaben folgende weitere Voraussetzungen erfüllt:

1. Der Sitz des Vereins befindet sich im Land Bremen,
2. satzungsgemäß betreut der Verein im Schwerpunkt Personen im Zuständigkeitsbereich der Gerichte des Landes Bremen,
3. der Verein genügt den Anforderungen der Gemeinnützigkeit im Sinne des Steuerrechts,
4. der Verein gewährt der zuständigen Betreuungsbehörde Einblick in seinen Gesamthaushalt und seine Kassenlage,
5. die Leitung des Vereins erfüllt die Voraussetzungen der Eignung und Zuverlässigkeit nach § 23 Absatz 1 Nummer 1 des Betreuungsorganisationsgesetzes vom 4. Mai 2021 (BGBl. I S. 882, 917), das zuletzt durch Artikel 7 des Gesetzes vom 24. Juni 2022 (BGBl. I S. 959) geändert worden ist, und verfügt über eine mindestens fünfjährige Erfahrung in der beruflichen Führung von Betreuungen oder in der beruflichen Wahrnehmung von Aufgaben nach § 15 Absatz 1 des Betreuungsorganisationsgesetzes,
6. der Verein legt gegebenenfalls bestehende Abhängigkeitsverhältnisse oder andere enge Beziehungen, insbesondere Beteiligungen oder Mitgliedschaften seiner Organe oder Mitarbeiter in Bezug auf Einrichtungen oder Dienste, die Leistungen für von ihm betreute Personen erbringen, gegenüber dem zuständigen Betreuungsgericht und der überörtlichen Betreuungsbehörde offen,
7. der Verein hat mit der überörtlichen Betreuungsbehörde einen Vertrag geschlossen, der den Vorgaben des Absatzes 2 entspricht.

(2) Über Verträge, die die überörtliche Betreuungsbehörde mit einem Betreuungsverein schließt, wird sichergestellt, dass die Wahrnehmung der Aufgaben nach § 15 Absatz 1 und 3 des Betreuungsorganisationsgesetzes unter den anerkannten Betreuungsvereinen aufgeteilt wird und insgesamt dem Bedarf des Landes entspricht, diesen insbesondere nicht übersteigt. Die überörtliche Betreuungsbehörde kann den Abschluss des Vertrages insbesondere von folgenden vertraglichen Inhalten abhängig machen:

1. Festlegung der Anzahl der vom Betreuungsverein für die Erfüllung der Aufgaben nach § 15 des Betreuungsorganisationsgesetzes vorzuhaltenden Fachkräfte,
2. Festlegung des regionalen Zuständigkeitsbereichs in der jeweiligen Stadtgemeinde, um eine räumlich ausgewogene Verteilung der Angebote zu sichern; dabei können einzelne regionale Zuständigkeitsbereiche mehreren Betreuungsvereinen zur gemeinschaftlichen Erfüllung der Aufgaben zugeordnet werden.

Es ist ein Anpassungsvorbehalt zu vereinbaren für den Fall der Änderung des Bedarfs des Landes oder von Umständen, die für Verteilung der Aufgaben unter den im Land anerkannten Betreuungsvereinen relevant sind.

(3) Änderungen in den der Anerkennung zugrundeliegenden Umständen teilt der Betreuungsverein der überörtlichen Betreuungsbehörde umgehend mit.

§ 4 Finanzierung von Betreuungsvereinen

(1) Der Bedarf des Landes an der Erfüllung der den Betreuungsvereinen nach § 15 Absatz 1 des Betreuungsorganisationsgesetzes obliegenden Aufgaben beschränkt sich insgesamt auf die Wahrnehmung durch eine Fachkraft in Vollzeit je 100 000 Einwohnerinnen und Einwohner. Maßgeblich ist insofern die amtliche Bevölkerungsstatistik des Statistischen Landesamtes Bremen zum 31. Dezember des Vorjahres.

(2) Die Höhe der finanziellen Ausstattung eines anerkannten Betreuungsvereins zur Wahrnehmung der ihm nach § 15 Absatz 1 des Betreuungsorganisationsgesetzes obliegenden Aufgaben bemisst sich

1. nach den Kosten für eine Vollzeit-Vereinsbetreuerstelle; anzusetzen ist die Vergütung beruflicher Betreuerinnen und Betreuer nach dem Vormünder- und Berufsbetreuervergütungsgesetz vom 4. Mai 2021 (BGBl. I, S. 882) in der jeweils geltenden Fassung; dies entspricht der Entgeltgruppe S 12 TVöD SuE in der Entgeltstufe 04,
2. nach den Vorgaben des Berichts der Kommunalen Gemeinschaftsstelle für Verwaltungsmanagement zu den „Kosten eines Arbeitsplatzes" in der jeweils geltenden Fassung.

(3) Schuldner des Anspruchs anerkannter Betreuungsvereine auf bedarfsgerechte finanzielle Ausstattung nach Maßgabe von § 17 des Betreuungsorganisationsgesetzes ist das Land Bremen. Der Vergütungsanspruch eines anerkannten Betreuungsvereins erstreckt sich auf die Personal- und Sachkosten, die ihm durch die Erfüllung der Aufgaben nach § 15 Absatz 1 des Betreuungsorga-

nisationsgesetzes für die vertraglich vereinbarte Anzahl an Fachkräften entstehen.

§ 5 Lehrgänge

(1) Die allgemeine Anerkennung von Lehrgängen (Sachkundelehrgang, Studien-, Aus- und Weiterbildungsgängen) nach den Vorgaben der nach § 23 Absatz 4 des Betreuungsorganisationsgesetzes erlassenen Rechtsverordnung fällt in die Zuständigkeit der überörtlichen Betreuungsbehörde.

(2) Bei der Entscheidung im Einzelfall über die Anerkennung des Nachweises der erforderlichen Sachkunde durch Unterlagen über im Ausland erworbene Berufsqualifikationen hat sich die örtliche Betreuungsbehörde mit der überörtlichen Betreuungsbehörde ins Benehmen zu setzen.

§ 6 Konnexität

Soweit den Stadtgemeinden mit diesem Gesetz neue Aufgaben übertragen werden, die zu Mehrbelastungen führen, trifft das Land die Verpflichtung zu einem finanziellen Ausgleich.

§ 7 Verordnungsermächtigung

Die Senatorin für Soziales, Jugend, Integration und Sport wird ermächtigt, zur Durchführung dieses Gesetzes durch Rechtsverordnung zu regeln:

1. Einzelheiten der Anerkennung von Betreuungsvereinen und ihrer finanziellen Ausstattung,
2. die Einzelheiten eines finanziellen Ausgleichs für Belastungen der jeweiligen Stadtgemeinde durch dieses Gesetz nach dem Konnexitätsgrundsatz gemäß Artikel 146 Absatz 2 Satz 2 bis 4 der Landesverfassung der Freien Hansestadt Bremen; die Verordnung kann insbesondere Einzelheiten zur Personalbemessung vorgeben und eine nachträgliche Erstattung von Kosten auf Nachweis vorsehen.

Hamburgisches Gesetz zur Ausführung des Betreuungsorganisationsgesetzes (HmbAGBtOG)

Vom 20. Dezember 2022 (HmbGVBl. S. 659)

§ 1 Anerkennung von Betreuungsvereinen

(1) Ein rechtsfähiger Verein ist auf Antrag als Betreuungsverein anzuerkennen, wenn

1. er die in § 14 Absatz 1 des Betreuungsorganisationsgesetzes (BtOG) vom 4. Mai 2021 (BGBl. I S. 882, 917), zuletzt geändert am 24. Juni 2022 (BGBl. I S. 959, 963), in der jeweils geltenden Fassung, genannten Voraussetzungen erfüllt,
2. er seinen Sitz und Tätigkeitsbereich in der Freien und Hansestadt Hamburg hat und Personen mit gewöhnlichem Aufenthalt in der Freien und Hansestadt Hamburg rechtlich betreuen will,
3. er den Anforderungen der Gemeinnützigkeit im Sinne des Steuerrechts genügt,
4. er den Nachweis erbringt, dass seine Arbeit nach Inhalt, Umfang und Dauer eine Anerkennung rechtfertigt,
5. er über fachlich und persönlich geeignete hauptamtliche Beschäftigte einschließlich des Leitungspersonals verfügt,
6. er erklärt, die Pflichten nach § 2 zu erfüllen und
7. die zuständige Behörde feststellt, dass in der Freien und Hansestadt Hamburg ein Bedarf an der Wahrnehmung der Aufgaben nach § 15 Absatz 1 Satz 1 BtOG (Querschnittsaufgaben) durch den Verein besteht.

(2) Unter Berücksichtigung des Bedarfs an der Wahrnehmung von Querschnittsaufgaben und zur Sicherstellung der gleichmäßigen Verfügbarkeit von wahrgenommenen Querschnittsaufgaben auf dem Gebiet der Freien und Hansestadt Hamburg legt die zuständige Behörde befristet auf jeweils drei Jahre fest, dass der Betreuungsverein vorrangig

1. in einem bestimmten Bezirk,
2. in zwei bestimmten Bezirken oder
3. bezirksübergreifend für eine bestimmte Bevölkerungsgruppe

tätig ist und in welchem Umfang er hierfür Personal einzusetzen hat.

§ 2 Pflichten anerkannter Betreuungsvereine

Anerkannte Betreuungsvereine sind verpflichtet,

1. der zuständigen Behörde gegenüber jährlich jeweils bis zum 31. März sowie auf Anforderung nachzuweisen, dass die Voraussetzungen der Anerkennung gemäß § 1 Absatz 1 Nummern 1 bis 5 weiterhin erfüllt werden,
2. der zuständigen Behörde jährlich jeweils bis zum 31. März des Folgejahres einen Tätigkeitsbericht vorzulegen, der insbesondere Angaben über die wahrgenommenen Aufgaben, die Beschäftigten und die Einnahmen und Ausgaben enthält,
3. der zuständigen Behörde zu ermöglichen, stichprobenartig die Verwaltung des Vereins zu prüfen oder, bei begründetem Anlass auf Kosten des Vereins, Prüfungen vornehmen zu lassen,
4. jeweils zum Ende eines Quartals Daten zu statistischen Zwecken, insbesondere zu ihrer Beratungstätigkeit, vorzulegen,
5. mit Behörden, Institutionen, Arbeitsgemeinschaften, anderen anerkannten Betreuungsvereinen und Einzelpersonen zusammenzuarbeiten und
6. Beteiligungen oder Mitgliedschaften ihrer Organe und Beschäftigten an Trägerinnen oder Trägern von Einrichtungen oder Diensten, die in der Versorgung von Personen, für die der Betreuungsverein oder eine oder einer seiner Beschäftigten als Betreuungsperson bestellt ist, tätig sind, gegenüber der zuständigen Behörde unverzüglich offen zu legen.

§ 3 Finanzielle Ausstattung anerkannter Betreuungsvereine

(1) Zur Wahrnehmung von Querschnittsaufgaben erhalten anerkannte Betreuungsvereine auf Antrag eine bedarfsgerechte finanzielle Ausstattung gemäß § 17 Satz 1 BtOG.

(2) Ein anerkannter Betreuungsverein, der die Voraussetzungen und Pflichten der §§ 1 und 2 erfüllt, erhält eine jährliche finanzielle Mindestausstattung in Höhe von

1. 45 000 Euro, wenn er entsprechend der Festlegung nach § 1 Absatz 2 das Äquivalent mindestens einer Vollzeitkraft zur Wahrnehmung von Querschnittsaufgaben einsetzt,
2. 90 000 Euro, wenn er entsprechend der Festlegung nach § 1 Absatz 2 das Äquivalent von mindestens zwei Vollzeitkräften zur Wahrnehmung von Querschnittsaufgaben einsetzt, oder
3. 22 500 Euro, wenn er entsprechend der Festlegung nach § 1 Absatz 2 das Äquivalent einer Teilzeitkraft mit einem Beschäftigungsumfang von mindestens 50 vom Hundert einer Vollzeitkraft zur Wahrnehmung von Querschnittsaufgaben einsetzt.

(3) Ein nach Absatz 2 finanziell auszustattender Betreuungsverein erhält darüber hinaus eine bedarfsgerechte finanzielle Ausstattung zur Wahrnehmung einzelner bestimmter Querschnittsaufgaben, insbesondere für die

1. Durchführung von Veranstaltungen zur Information über allgemeine betreuungsrechtliche Fragen, über Vorsorgevollmachten, Betreuungsverfügungen und Patientenverfügungen sowie zur Gewinnung, zur Einführung und Fortbildung, zur Beratung und Unterstützung ehrenamtlicher Betreuungspersonen,
2. Gewinnung ehrenamtlicher Betreuungspersonen.

(4) Ein nach den Absätzen 2 und 3 finanziell auszustattender Betreuungsverein erhält eine jährliche finanzielle Ausstattung in Höhe von nicht mehr als

1. 85 000 Euro im Fall des Absatzes 2 Nummer 1,
2. 170 000 Euro im Fall des Absatzes 2 Nummer 2 oder
3. 42 500 Euro im Fall des Absatzes 2 Nummer 3.

(5) Der Anspruch auf die finanzielle Mindestausstattung nach Absatz 2 kann im Voraus ab dem 1. Juli eines Jahres für das Folgejahr geltend gemacht werden. Er erlischt, wenn er nicht binnen 18 Monaten nach Ablauf des in Satz 1 genannten Tages bei der zuständigen Behörde geltend gemacht wird. Der Anspruch auf die finanzielle Ausstattung nach Absatz 3 kann halbjährlich jeweils zum 30. Juni und 31. Dezember für die vergangenen sechs Monate geltend gemacht werden. Er erlischt, wenn er nicht binnen sechs Monaten bei der zuständigen Behörde geltend gemacht wird.

(6) Die zuständige Behörde überprüft alle drei Jahre, ob die finanzielle Ausstattung zur Deckung der für die Wahrnehmung von Querschnittsaufgaben erforderlichen Personal- und Sachkosten auskömmlich ist.

§ 4 Erweiterte Unterstützung

Eine erweiterte Unterstützung gemäß § 11 Absätze 3 und 4 BtOG wird im Rahmen eines Modellprojekts gemäß § 11 Absatz 5 BtOG erprobt. Die zuständige Behörde legt unter Einbeziehung der Gerichte und der Bezirksebene fest, auf welchen Bezirk das Modellprojekt beschränkt wird und wertet dieses ab dem Jahr 2026 aus.

§ 5 Verwaltungsvorschriften

Das Nähere zur Ausführung dieses Gesetzes, insbesondere zu den Einzelheiten der Anerkennung nach § 1, den Pflichten nach § 2, der finanziellen Mindestausstattung nach § 3 Absatz 2, der finanziellen Ausstattung für einzelne Querschnittsaufgaben nach § 3 Absatz 3 sowie dem Verfahren, kann die zuständige Behörde durch Verwaltungsvorschriften regeln.

Hessisches Ausführungsgesetz zum Betreuungsrecht (HAG/BtR)

Vom 5. Februar 1992 (GVBl. I S. 66)

Zuletzt geändert durch
Gesetz zur Änderung des Hessischen Ausführungsgesetzes zum Betreuungsrecht und zur Änderung weiterer Rechtsvorschriften
vom 9. Dezember 2022 (GVBl. S. 761)

§ 1

(1) Zuständige Behörden auf örtlicher Ebene nach § 1 Abs. 1 des Betreuungsorganisationsgesetzes vom 4. Mai 2021 (BGBl. I S. 882, 917), geändert durch Gesetz vom 24. Juni 2022 (BGBl. I S. 959)

1. in Betreuungsangelegenheiten und
2. in Unterbringungsangelegenheiten im Sinne des § 312 Nr. 1 bis 3 des Gesetzes über das Verfahren in Familiensachen und in den Angelegenheiten der freiwilligen Gerichtsbarkeit vom 17. Dezember 2008 (BGBl. I S. 2586, 2587), zuletzt geändert durch Gesetz vom 24. Juni 2022 (BGBl. I S. 959),

sind die Magistrate der kreisfreien Städte sowie die Kreisausschüsse der Landkreise. Bei der Erfüllung der Aufgaben nach Satz 1 führen sie die Bezeichnung Betreuungsbehörde.

(2) Überörtliche Betreuungsbehörde nach § 1 Abs. 2 des Betreuungsorganisationsgesetzes ist das für Angelegenheiten der überörtlichen Betreuungsbehörde und der Betreuungsvereine zuständige Ministerium. Sie soll in Zusammenarbeit mit den Betreuungsbehörden, Betreuungsvereinen und Betreuungsgerichten darauf hinwirken, dass eine ausreichende Anzahl von Betreuerinnen und Betreuern zur Verfügung steht, und die Betreuungsbehörden bei der Aufgabenerfüllung nach § 6 Abs. 1 des Betreuungsorganisationsgesetzes unterstützen. Sie ist insbesondere zuständig für die

1. Beratung und Unterstützung der Betreuungsbehörden und Betreuungsvereine in Angelegenheiten, die nicht nur einen örtlichen Träger betreffen,
2. überregionale Fortbildung von Betreuerinnen und Betreuern und
3. Entwicklung von Arbeitskonzepten zur Beratung von ehrenamtlichen rechtlichen Vertretungspersonen und
4. Anerkennung von Sachkundelehrgängen und weiteren betreuungsspezifischen Studien-, Ausbildungs- oder Weiterbildungsgängen nach der Betreuerregistrierungsverordnung vom 13. Juli 2022 (BGBl. I S. 1154).

§ 2

(1) Die erweiterte Unterstützung im gerichtlichen Verfahren nach § 11 Abs. 3 und 4, jeweils in Verbindung mit § 8 Abs. 2, des Betreuungsorganisationsgesetzes, wird bis zum 31. Dezember 2026 durch die Betreuungsbehörden des Landkreises Bergstraße, des Landkreises Gießen, des Landkreises Groß-Gerau und des Landkreises Limburg-Weilburg im Rahmen von Modellprojekten nach § 11 Abs. 5 des Betreuungsorganisationsgesetzes erprobt.

(2) Das für die Angelegenheiten der überörtlichen Betreuungsbehörde und der Betreuungsvereine zuständige Ministerium fördert die Durchführung der Modellprojekte nach Abs. 1 durch Personal- und Sachkostenzuschüsse im Rahmen der verfügbaren Haushaltsmittel.

§ 3

Die Vorschriften für die Aufsicht des Betreuungsgerichts in §§ 1835 und 1844 sowie in den §§ 1848 bis 1854 des Bürgerlichen Gesetzbuchs bleiben gegenüber der Betreuungsbehörde außer Anwendung.

§ 4

(1) Über § 14 des Betreuungsorganisationsgesetzes hinaus setzt die Anerkennung als Betreuungsverein voraus, dass der Verein

1. seinen Sitz und seinen überwiegenden Tätigkeitsbereich in Hessen hat,
2. gemeinnützig im Sinne des Steuerrechts ist und
3. einen Bedarf für die Wahrnehmung der Aufgaben nach § 15 Abs. 1 Satz 1 des Betreuungsorganisationsgesetzes am Sitz des Betreuungsvereins oder einer Außenstelle des Betreuungsvereins nachweist.

(2) Für das Anerkennungsverfahren ist das Regierungspräsidium zuständig.

(3) Im Anerkennungsverfahren sind Stellungnahmen der für den Sitz des Vereins zuständigen örtlichen Betreuungsbehörde und des für den Sitz des Vereins zuständigen Betreuungsgerichts einzuholen. Die örtlich zuständige Betreuungsbehörde hat insbesondere zum Vorliegen der Voraussetzungen nach Abs. 1 Nr. 3 Stellung zu nehmen.

(4) Über die Anerkennung ist ein schriftlicher Bescheid zu erteilen.

(5) Die Fachaufsicht für das Anerkennungsverfahren obliegt dem für Angelegenheiten der überörtlichen Betreuungsbehörde und der Betreuungsvereine zuständigen Ministerium.

§ 5

Die Anerkennung ist auf Antrag des Betreuungsvereins durch die nach § 4 Abs. 2 zuständige Behörde aufzuheben.

§ 6

(1) Das Land Hessen unterstützt die Betreuungsvereine bei der Erfüllung ihrer Aufgaben nach § 15 Abs. 1 des Betreuungsorganisationsgesetzes durch die Zuweisung von Fördermitteln an die Landkreise und kreisfreien Städte. Diese werden von den Landkreisen und kreisfreien Städten im Rahmen von Zuwendungsverträgen auf der Grundlage von individuellen Zielvereinbarungen an anerkannte Betreuungsvereine vergeben.

(2) Die Landkreise und kreisfreien Städte erhalten Zuweisungen des Landes in pauschalierter Form.

(3) In den Jahren 2023 und 2024 bestimmt sich der Zuweisungsbetrag für die Landkreise und kreisfreien Städte jeweils nach der Anlage. Die Höhe der Zuweisung beträgt pro volljährigem Einwohner

1. ab dem Jahr 2025 80 Cent,
2. ab dem Jahr 2026 82 Cent,
3. ab dem Jahr 2027 85 Cent,
4. ab dem Jahr 2028 88 Cent und
5. ab dem Jahr 2029 90 Cent.

Maßgeblich für die Zuweisung nach Satz 2 ist die zum 31. Dezember des vorletzten Jahres durch das Hessische Statistische Landesamt ermittelte Anzahl der volljährigen Einwohner.

(4) Die Landkreise und kreisfreien Städte berichten dem Land jeweils bis zum 30. Juni des Folgejahres über die Verwendung der Zuweisung, über die Höhe der eingesetzten Eigenmittel sowie über Art und Inhalt der Zielvereinbarungen.

§ 7

Eine nach § 3 in der am 31. Dezember 2022 geltenden Fassung erteilte Anerkennung gilt bis zum 31. Dezember 2024 fort.

§ 8 Außerkrafttreten

Dieses Gesetz tritt mit Ablauf des 31. Dezember 2029 außer Kraft.

Anlage
(zu § 6 Abs. 3 Satz 1)

Gebietskörperschaft	Zuweisungsbetrag nach § 6 Abs. 3 Satz 1	
	Jahr 2023	Jahr 2024
Bergstraße, Landkreis	101 734 €	133 385 €
Darmstadt, Stadt	68 715 €	78 926 €
Darmstadt-Dieburg, Landkreis	110 334 €	144 660 €
Frankfurt am Main, Stadt	283 257 €	371 382 €
Fulda, Landkreis	83 492 €	109 467 €
Gießen, Landkreis	102 965 €	134 999 €
Groß-Gerau, Landkreis	101 690 €	133 326 €
Hersfeld-Rotenburg, Landkreis	45 223 €	59 293 €
Hochtaunuskreis	87 260 €	114 407 €
Kassel, Landkreis	89 703 €	117 610 €
Kassel, Stadt	98 185 €	98 847 €
Lahn-Dill-Kreis	94 842 €	124 348 €
Limburg-Weilburg, Landkreis	64 792 €	84 949 €
Main-Kinzig-Kreis	157 977 €	207 125 €
Main-Taunus-Kreis	87 899 €	115 245 €
Marburg-Biedenkopf, Landkreis	92 982 €	121 909 €
Odenwaldkreis	36 659 €	48 064 €
Offenbach am Main, Stadt	48 058 €	63 010 €
Offenbach, Landkreis	132 232 €	173 370 €
Rheingau-Taunus-Kreis	70 453 €	92 372 €
Schwalm-Eder-Kreis	68 137 €	89 335 €
Vogelsbergkreis	40 277 €	52 807 €
Waldeck-Frankenberg, Landkreis	196 645 €	196 645 €
Werra-Meißner-Kreis	38 116 €	49 975 €
Wetteraukreis	116 211 €	152 366 €
Wiesbaden, Stadt	102 947 €	134 974 €

Gesetz zur Ausführung des Betreuungsrechts in Mecklenburg-Vorpommern (Betreuungsrechtsausführungsgesetz – AG BtG)

Vom 30. Dezember 1991 (GVOBl. M-V 1992 S. 2)

Zuletzt geändert durch
Gesetz zur Änderung des Betreuungsrechtsausführungsgesetzes und weiterer Gesetze zur Anpassung an das Betreuungsrecht des Bundes
vom 9. Dezember 2022 (GVOBl. M-V S. 587)

§ 1 Betreuungsbehörden

(1) Örtliche Betreuungsbehörden sind die Landräte und die Oberbürgermeister (Bürgermeister) der kreisfreien Städte. Eine überörtliche Betreuungsbehörde kann durch Verordnung der Landesregierung bestimmt werden.

(2) Die örtlichen Betreuungsbehörden nehmen die Aufgaben in Betreuungsangelegenheiten innerhalb des eigenen Wirkungskreises wahr; sie sind zu deren Erfüllung verpflichtet. Die Kosten hierfür tragen sie nur, soweit nicht nach dem Bürgerlichen Gesetzbuch die Kostentragung einem anderen obliegt.

§ 2 Aufgaben der Betreuungsbehörden

(1) Die örtlichen Betreuungsbehörden sind für die ihnen obliegenden Betreuungsangelegenheiten sachlich zuständig, soweit nicht eine überörtliche Betreuungsbehörde eingerichtet und sachlich zuständig ist.

(2) Soweit eine überörtliche Betreuungsbehörde bestimmt wird, ist diese für ortsübergreifende Aufgaben zuständig, insbesondere für

1. die Sicherstellung eines ausreichenden überörtlichen Angebots zur Einführung und Fortbildung der Betreuer sowie zur Unterstützung der örtlichen Betreuungsbehörden bei der Wahrnehmung der Aufgaben nach Absatz 1,
2. die Anerkennung an Stelle der örtlichen Betreuungsbehörde sowie fachliche Beratung von Betreuungsvereinen,
3. die Bedarfsermittlung und Planung für ein ausreichendes Angebot an Betreuern sowie Unterstützung der örtlichen Betreuungsbehörden bei der Wahrnehmung dieser Aufgabe.

§ 3 Anerkennung von Betreuungsvereinen

Betreuungsvereine können unter den Voraussetzungen des § 14 Absatz 1 des Betreuungsorganisationsgesetzes anerkannt werden, wenn

1. sie ihren Sitz und ihren überwiegenden Tätigkeitsbereich in Mecklenburg-Vorpommern haben und Personen mit gewöhnlichem Aufenthalt in Mecklenburg-Vorpommern betreuen,
2. sie den Anforderungen der Gemeinnützigkeit im Sinne des Steuerrechts genügen,
3. sie den Nachweis erbringen, daß ihre Arbeit nach Inhalt, Umfang und Dauer eine Anerkennung rechtfertigt,
4. die Leitung der Betreuungsarbeit einer oder mehreren nach Ausbildung oder Berufserfahrung geeigneten Fachkräften übertragen ist, die nicht in einem Abhängigkeitsverhältnis oder einer anderen engen Beziehung zu Einrichtungen stehen, in denen Personen, für die ein Mitarbeiter des Vereins als Betreuer bestellt ist, untergebracht sind oder wohnen.

§ 4 Unterstützung der Betreuungsvereine

(1) Das Land gewährt anerkannten Betreuungsvereinen auf Antrag eine bedarfsgerechte Unterstützung für die Wahrnehmung der Aufgaben nach § 15 Absatz 1 des Betreuungsorganisationsgesetzes nach Maßgabe des Haushalts.

(2) Das für Soziales zuständige Ministerium wird ermächtigt, die Einzelheiten der Unterstützung nach Absatz 1 durch Rechtsverordnung zu regeln.

§ 5 Gleichstellung von Prüfungsleistungen mit Abschlüssen

(1) Bei der Bemessung der nach § 7 Absatz 1 in Verbindung mit § 8 Absatz 1 des Vormünder- und Betreuervergütungsgesetzes zu bewilligenden Vergütung steht es

1. einer abgeschlossenen Lehre im Sinne des § 8 Absatz 2 Nummer 2 des Vormünder- und Betreuervergütungsgesetzes gleich, wenn der Betreuer besondere Kenntnisse im Sinne dieser Vorschrift durch eine dem Abschluss einer Lehre vergleichbare Prüfung vor einer staatlichen oder staatlich anerkannten Stelle nachgewiesen hat, die den Voraussetzungen nach § 17 Absatz 1 Satz 2 Nummer 1 und 2 des Vormünder- und Betreuervergütungsgesetzes genügt;
2. einer abgeschlossenen Ausbildung an einer Hochschule im Sinne des § 8 Absatz 2 Nummer 3 des Vormünder- und Betreuervergütungsgesetzes gleich, wenn der Betreuer besondere Kenntnisse im Sinne dieser Vorschrift durch eine Prüfung vor einer staatlichen oder staatlich anerkannten Stelle nachgewiesen hat, die den Voraussetzungen nach § 17 Absatz 2 Satz 2 Nummer 1 und 2 des Vormünder- und Betreuervergütungsgesetzes genügt.

(2) Einer in Mecklenburg-Vorpommern abgelegten Prüfung nach Absatz 1 steht eine in einem anderen Land abgenommene Prüfung gleich, die den Voraussetzungen des § 17 des Vormünder- und Betreuervergütungsgesetzes genügt.

§ 6 Zuständigkeit und Gebühren für die Anerkennung des Sachkundenachweises

(1) Für die Erteilung einer Anerkennung nach § 5 Absatz 2 und 3 sowie § 8 der Betreuerregistrierungsverordnung ist das für Justiz zuständige Ministerium zuständig.

(2) Für jede Anerkennung wird eine Gebühr erhoben. Die Gebühr beträgt 1530 Euro für Anerkennungen nach § 5 Absatz 2 und 3 sowie § 8 Absatz 1 der Betreuerregistrierungsverordnung und 765 Euro für die Anerkennung einzelner Module nach § 8 Absatz 6 der Betreuerregistrierungsverordnung.

Niedersächsisches Ausführungsgesetz zum Betreuungsrecht (Nds. AGBtR)

Vom 17. Dezember 1991 (Nds. GVBl. S. 366)

Zuletzt geändert durch
Gesetz zur Anpassung niedersächsischer Gesetze an das Gesetz zur Reform des Vormundschafts- und Betreuungsrechts
vom 22. September 2022 (Nds. GVBl. S. 593)

Der Niedersächsische Landtag hat das folgende Gesetz beschlossen, das hiermit verkündet wird:

§ 1 Betreuungsbehörden

(1) $_1$Die Landkreise und kreisfreien Städte sind zuständig für die Aufgaben der örtlichen Betreuungsbehörde im Sinne des § 1 Abs. 1 des Betreuungsorganisationsgesetzes (BtOG). $_2$Bei der Wahrnehmung der Aufgaben nach Satz 1 führen sie die Bezeichnung „Betreuungsstelle". $_3$Die Aufgaben gehören zum eigenen Wirkungskreis.

(2) $_1$Das Oberlandesgericht Oldenburg (Oldenburg) ist als weitere Betreuungsbehörde im Sinne des § 1 Abs. 2 BtOG zuständig für

1. die Beschäftigung von Landesbediensteten, die als Behördenbetreuerin oder Behördenbetreuer (§ 1819 Abs. 3 Satz 2 des Bürgerlichen Gesetzbuchs) tätig werden, und
2. die Anerkennung von rechtsfähigen Vereinen als Betreuungsvereine nach § 14 BtOG.

$_2$Bei der Wahrnehmung der Aufgaben nach Satz 1 führt es die Bezeichnung „Landesbetreuungsstelle".

§ 2 Modellprojekte

$_1$Die erweiterte Unterstützung im gerichtlichen Verfahren nach § 11 Abs. 3 und 4 BtOG wird gemäß § 11 Abs. 5 BtOG von einzelnen örtlichen Betreuungsbehörden im Rahmen von Modellprojekten erprobt. $_2$Das für das Betreuungswesen zuständige Ministerium bestimmt die die Modellprojekte durchführenden örtlichen Betreuungsbehörden und die näheren Einzelheiten zu den Modellprojekten durch Verordnung.

§ 3 Anerkennung von Betreuungsvereinen

(1) Ein rechtsfähiger Verein, der die Voraussetzungen des § 14 Abs. 1 BtOG erfüllt, kann als Betreuungsverein anerkannt werden, wenn

1. er die in den §§ 15 und 16 BtOG vorgesehenen Aufgaben in Niedersachsen wahrnehmen wird,
2. er einen Nachweis erbringt, der erwarten lässt, dass er seine Tätigkeit nach Inhalt und Umfang auf Dauer ausüben wird,
3. er sich verpflichtet, der zuständigen Betreuungsbehörde Einblick in seinen Gesamthaushalt und seine Kassenlage zu gewähren,
4. die Betreuerinnen und Betreuer von einer nach Ausbildung und Berufserfahrung geeigneten Fachkraft geleitet werden und der Betreuungsverein über fachlich und persönlich geeignete Mitarbeiterinnen oder Mitarbeiter verfügt, die in der Regel besondere Erfahrungen in Betreuungsangelegenheiten besitzen, und
5. er von der Steuer befreit ist, weil er gemeinnützige Zwecke im Sinne des § 52 der Abgabenordnung verfolgt.

(2) Die Anerkennung ist zu widerrufen, wenn der Betreuungsverein die Voraussetzungen des Absatzes 1 nicht mehr erfüllt oder seine Geschäfte nicht ordnungsgemäß führt. § 14 Abs. 2 Satz 2 BtOG bleibt unberührt.

§ 4 Förderung

Anerkannte Betreuungsvereine erhalten für die Wahrnehmung der Aufgaben nach § 15 Abs. 1 BtOG eine öffentliche Förderung.

§ 5 Inkrafttreten

Dieses Gesetz tritt am 1. Januar 1992 in Kraft.

Gesetz zur Ausführung des Betreuungsgesetzes (Landesbetreuungsgesetz – LBtG)

Vom 3. April 1992 (GV. NW. S. 124)

Zuletzt geändert durch
Gesetz zur Durchführung des Sozialen Entschädigungsrechts in Nordrhein-Westfalen im Rahmen des Sozialgesetzbuches Vierzehntes Buch und zur Änderung verschiedener Landesausführungsgesetze im Sozialrecht vom 19. Dezember 2023 (GV. NRW. S. 1431)

§ 1 Betreuungsbehörden

(1) Zuständige Behörden für Betreuungsangelegenheiten im Sinne des § 1 Absatz1 des Betreuungsorganisationsgesetzes vom 4. Mai 2021 (BGBl. I S. 882, 917) sind die kreisfreien und die Großen kreisangehörigen Städte, für die übrigen kreisangehörigen Gemeinden die Kreise. Sie führen im Rahmen dieser Aufgaben die Zusatzbezeichnung „Betreuungsbehörde".

(2) Betreuungsbehörden im Sinne des § 1 Absatz 2 des Betreuungsorganisationsgesetzes sind

1. die Landschaftsverbände für die Anerkennung von rechtsfähigen Vereinen als Betreuungsvereine gemäß § 14 Absatz 1 des Betreuungsorganisationsgesetzes und für Aufgaben nach der Rechtsverordnung gemäß § 6 und
2. das Landesamt für Finanzen für die Beschäftigung von Landesbediensteten, die als sachkundige Behördenbetreuerinnen oder Behördenbetreuer im Sinne des § 1819 Absatz 3 Satz 2 des Bürgerlichen Gesetzbuchs tätig werden.

(3) Die Landschaftsverbände führen bei der Wahrnehmung von Aufgaben nach diesem Gesetz die Zusatzbezeichnung „Landesbetreuungsamt".

(4) Die Betreuungsbehörden nach den Absätzen 1 und 2 Nummer 1 nehmen diese Aufgaben als Pflichtaufgaben zur Erfüllung nach Weisung wahr. Die Aufsichtsbehörde kann Weisungen erteilen, um die gesetzmäßige Ausführung der Aufgaben zu sichern. Zur zweckmäßigen Ausführung dieser Aufgaben kann sie

1. allgemeine Weisungen erteilen oder
2. besondere Weisungen erteilen, wenn die ordnungsgemäße Erfüllung der Aufgaben nicht gesichert erscheint oder überörtliche Interessen gefährdet sein können.

Aufsichtsbehörde ist das für Soziales zuständige Ministerium.

§ 2 Anerkennung von Betreuungsvereinen

Die Anerkennung als Betreuungsverein setzt zusätzlich zu den Voraussetzungen des § 14 Absatz 1 des Betreuungsorganisationsgesetzes voraus,

1. dass der Verein gemeinnützige Zwecke im Sinne von § 52 der Abgabenordnung verfolgt,
2. dass der Verein mindestens eine hauptamtliche Person zu Betreuungszwecken beschäftigt, die eine abgeschlossene Berufsausbildung im Bereich Sozialarbeit, Sozialpädagogik oder eine vergleichbare Qualifikation hat oder aufgrund der Persönlichkeit oder Lebenserfahrung, z. B. durch langjährige Tätigkeit als Vormund oder Pfleger, geeignet ist, Betreuungen wahrzunehmen,
3. dass der Verein die Verpflichtung übernimmt, kalenderjährlich einen Tätigkeitsbericht vorzulegen.

§ 3 Finanzierung von Betreuungsvereinen

Anerkannte Betreuungsvereine erhalten für die Aufgaben nach § 15 Absatz 1 des Betreuungsorganisationsgesetzes eine bedarfsgerechte finanzielle Ausstattung durch das Land.

§ 3a Erweiterte Unterstützung

(1) Die erweiterte Unterstützung nach § 8 Absatz 2 des Betreuungsorganisationsgesetzes wird in Nordrhein-Westfalen seitens der Betreuungsbehörden in Modellprojekten nach § 11 Absatz 5 des Betreuungsorganisationsgesetzes erprobt.

(2) Das für Soziales zuständige Ministerium und die Betreuungsbehörden legen in einem Rahmenvertrag die Einzelheiten fest.

§ 4 Arbeitsgemeinschaften

(1) Die örtliche Betreuungsbehörde soll zur Förderung der Zusammenarbeit in Betreuungsangelegenheiten auf örtlicher Ebene eine Arbeitsgemeinschaft einrichten, in der die Betreuungsbehörde, die Betreuungsgerichte, Betreuungsvereine und Berufsbetreuer vertreten sind. Die Einbindung weiterer Beteiligter sowie der Erlass einer Geschäftsordnung bleibt der Arbeitsgruppe vorbehalten.

(2) Auf überörtlicher Ebene soll eine überörtliche Arbeitsgemeinschaft eingerichtet werden, in der die mit den Betreuungsangelegenheiten befassten Institutionen, Verbände und Organisationen mitwirken. Das Nähere zur Organisation und Besetzung der überörtlichen Arbeitsgemeinschaft regelt die Geschäftsordnung.

§ 5 Verwaltungsvorschriften

Das für Soziales zuständige Ministerium erlässt die zur Durchführung dieses Gesetzes erforderlichen Verwaltungsvorschriften.

§ 6 Verordnungsermächtigung

Das für Soziales zuständige Ministerium wird ermächtigt, zur Durchführung dieses Gesetzes durch Rechtsverordnung zu regeln:

1. im Einvernehmen mit dem für Justiz zuständigen Ministerium die Zuständigkeit und die Ausgestaltung des Registrierungsverfahrens nach den §§ 23 und 24 des Betreuungsorganisationsgesetzes
2. die Einzelheiten eines etwaigen finanziellen Ausgleichs für Belastungen durch dieses Gesetz sowie
3. im Einvernehmen mit dem für Finanzen zuständigen Ministerium weitere Voraussetzungen und Einzelhei-

ten zur Anerkennung von Betreuungsvereinen sowie die Einzelheiten der Finanzierung der Betreuungsvereine.

§ 6a Auskunftspflicht

Anerkannte Betreuungsvereine sind verpflichtet, dem zuständigen Landesbetreuungsamt die erforderlichen Auskünfte zu erteilen, die für die Bedarfsermittlung, die Planung, das Controlling, die Evaluierung, die Qualitätssicherung und die Qualitätsentwicklung sowohl der Betreuungsarbeit als auch der Landesfinanzierung erforderlich sind. Das für Soziales zuständige Ministerium ist berechtigt, die von den Landesbetreuungsämtern erhobenen Daten auszuwerten. Das für Soziales zuständige Ministerium wird ermächtigt, durch Rechtsverordnung die unter die Auskunftspflicht fallenden Daten und das Verfahren im Einzelnen festzulegen.

IV

§ 7 Berichts- und Evaluierungspflicht, Kostenfolgeabschätzung, Belastungsausgleich

(1) Die Modellprojekte nach § 3a werden wissenschaftlich begleitet und seitens des für Soziales zuständigen Ministeriums unter Einbeziehung der kommunalen Spitzenverbände nach allgemein anerkannten wissenschaftlichen Standards ausgewertet.

(2) Das für Soziales zuständige Ministerium ermittelt unter Beteiligung der kommunalen Spitzenverbände die durch dieses Gesetz und die auf ihm beruhenden Verordnungen entstehenden Kosten mittels einer unabhängigen gutachterlichen Untersuchung. Dabei sind die Erkenntnisse aus den Modellprojekten nach § 3a zu berücksichtigen. Ergibt die Auswertung des Gutachtens unter Berücksichtigung des § 2 Absatz 5 Satz 2 des Konnexitätsausführungsgesetzes vom 22. Juni 2004 (GV. NRW. S. 360), das zuletzt durch Artikel 12 des Gesetzes vom 1. Dezember 2021 (GV. NRW. S. 1346) geändert worden ist, eine wesentliche Belastung für die Gemeinden und Gemeindeverbände, wird ein entsprechender Belastungsausgleich zeitgleich zum Inkrafttreten des Aufgabenübertragungsgesetzes durch Rechtsverordnung nach § 6 Nummer 2 geregelt. Bei einer verspäteten Feststellung erfolgt der Belastungsausgleich bezüglich dieses Gesetzes rückwirkend zum Zeitpunkt des Inkrafttretens dieses Gesetzes. Die Frist zur Erhebung einer Verfassungsbeschwerde nach § 52 des Verfassungsgerichtshofgesetzes vom 14. Dezember 1989 (GV. NRW. S. 708, ber. 1993 S. 588), das zuletzt durch Artikel 1 des Gesetzes vom 23. Februar 2022 (GV. NRW. S. 231) geändert worden ist, gegen Artikel 1 des Gesetzes zur Umsetzung des Gesetzes zur Reform des Vormundschafts- und Betreuungsrechts und zur Änderung des Gesetzes über Hilfen und Schutzmaßnahmen bei psychischen Krankheiten vom 13. April 2022 (GV. NRW. S. 499) oder das Gesetz zur Änderung des Landesbetreuungsgesetzes vom 6. Dezember 2022 (GV. NRW. S. 1062), die mit der Behauptung erhoben wird, diese Gesetze verletzten die Vorschriften der Landesverfassung über das Recht der Selbstverwaltung aufgrund einer Verletzung des Artikels 78 Absatz 3 der Landesverfassung, endet abweichend von § 52 Absatz 2 des Verfassungsgerichtshofgesetzes mit Ablauf des 31. Dezember 2024.

(3) Das für Soziales zuständige Ministerium überprüft in Abstimmung mit den kommunalen Spitzenverbänden zum 31. Dezember 2027 und danach alle fünf Jahre die durch dieses Gesetz und die hierauf beruhenden Verordnungen entstehenden Be- und Entlastungen bei den betroffenen Gemeinden und Gemeindeverbänden einschließlich eines etwaigen Belastungsausgleichs. Die Rechtsverordnung nach § 6 Nummer 2 wird in Folge entsprechend angepasst.

Landesgesetz zur Ausführung des Betreuungsrechts (AGBtR)

Vom 19. Februar 2010 (GVBl. S. 42)

Zuletzt geändert durch
Landesgesetz zur Änderung betreuungsrechtlicher Vorschriften
vom 22. Dezember 2022 (GVBl. S. 481)

Der Landtag Rheinland-Pfalz hat das folgende Gesetz beschlossen:

§ 1 Betreuungsbehörden

(1) Zuständig für die Wahrnehmung behördlicher Aufgaben bei der Betreuung Volljähriger ist die Kreisverwaltung, in kreisfreien Städten die Stadtverwaltung als örtliche Betreuungsbehörde, soweit nicht nach Absatz 2 die überörtliche Betreuungsbehörde zuständig ist. Die Landkreise und kreisfreien Städte erfüllen die Aufgaben als Pflichtaufgaben der Selbstverwaltung.

(2) Das Landesamt für Soziales, Jugend und Versorgung als überörtliche Betreuungsbehörde ist zuständig für

1. die Anerkennung, Förderung und fachliche Beratung von Betreuungsvereinen und
2. die Anerkennung von betreuungsspezifischen Studien-, Aus- oder Fortbildungsgängen und von Sachkundelehrgängen nach § 23 des Betreuungsorganisationsgesetzes (BtOG) vom 4. Mai 2021 (BGBl. I S. 882 -917-) in Verbindung mit der Betreuerregistrierungsverordnung vom 13. Juli 2022 (BGBl. I S. 1154) in ihrer jeweils geltenden Fassung und
3. Stellungnahmen zu Anfragen der örtlichen Betreuungsbehörden im Zusammenhang mit dem Vorliegen von anderweitigen Nachweisen der für die Registrierung als berufliche Betreuerin oder beruflicher Betreuer erforderlichen Sachkunde und der Anerkennung von im Ausland erworbenen Berufsqualifikationen nach § 23 BtOG in Verbindung mit der Betreuerregistrierungsverordnung.
4. die Einrichtung der Arbeitsgemeinschaft nach § 2 Abs. 2.

Es wirkt in Zusammenarbeit mit den örtlichen Betreuungsbehörden, den Betreuungsvereinen und den Betreuungsgerichten darauf hin, dass im Land eine ausreichende Anzahl von Betreuerinnen und Betreuern zur Verfügung steht, und unterstützt die örtlichen Betreuungsbehörden bei der Erfüllung ihrer Aufgaben nach dem Betreuungsorganisationsgesetz in der jeweils geltenden Fassung.

§ 1a Erweiterte Unterstützung

(1) Die erweiterte Unterstützung nach § 8 Abs. 2 BtOG wird in Rheinland-Pfalz durch bis zu zwei Stadtverwaltungen in kreisfreien Städten und bis zu vier Kreisverwaltungen in Landkreisen als örtliche Betreuungsbehörden im Rahmen von Modellprojekten nach § 11 Abs. 5 BtOG erprobt. Das fachlich zuständige Ministerium legt im Einvernehmen mit dem für die Angelegenheiten der Rechtspflege zuständigen Ministerium die näheren Voraussetzungen für die Zulassung zur Teilnahme an den Modellprojekten und deren Dauer fest, führt ein Interessenbekundungsverfahren durch, wählt die für die Teilnahme an den Modellprojekten am besten geeigneten örtlichen Betreuungsbehörden aus und trifft auf dieser Grundlage eine Entscheidung über die Zulassung zur Teilnahme an den Modellprojekten nach Satz 1.

(2) Die überörtliche Betreuungsbehörde fördert die Erprobung der erweiterten Unterstützung nach Absatz 1 durch Personal- und Sachkostenzuschüsse im Rahmen der verfügbaren Haushaltsmittel und evaluiert die Modellprojekte nach Absatz 1.

§ 2 Arbeitsgemeinschaften

(1) Die örtliche Betreuungsbehörde soll zur Förderung der Zusammenarbeit in Betreuungsangelegenheiten auf örtlicher Ebene eine Arbeitsgemeinschaft einrichten, in der die mit der Betreuung Volljähriger befassten Organisationen, Behörden und Gerichte sowie Betreuerinnen und Betreuer vertreten sind. Der Arbeitsgemeinschaft sollen Frauen und Männer in gleicher Zahl angehören. Scheidet eine Person aus der Arbeitsgemeinschaft aus, deren Geschlecht in der Minderheit ist, muss eine Person des gleichen Geschlechts nachfolgen; scheidet eine Person aus, deren Geschlecht in der Mehrheit ist, muss eine Person des anderen Geschlechts nachfolgen. Satz 3 findet keine Anwendung, soweit einer entsendenden Stelle aus rechtlichen oder tatsächlichen Gründen die Einhaltung der Vorgabe nicht möglich ist; sie hat der örtlichen Betreuungsbehörde die Gründe hierfür nachvollziehbar darzulegen.

(2) Die überörtliche Betreuungsbehörde richtet zur Förderung der Zusammenarbeit in Betreuungsangelegenheiten auf überörtlicher Ebene eine Arbeitsgemeinschaft ein, in der die mit der Betreuung Volljähriger befassten Organisationen, Behörden, insbesondere die örtlichen Betreuungsbehörden und Gerichte sowie Betreuerinnen und Betreuer vertreten sind. Absatz 1 Satz 2 bis 4 findet entsprechend Anwendung.

§ 3 Anerkennung von Betreuungsvereinen

(1) Ein rechtsfähiger Verein, der den Anforderungen des § 14 BtOG entspricht, ist auf Antrag und vorbehaltlich des Absatzes 3 als Betreuungsverein anzuerkennen, wenn er

1. den Anforderungen der Gemeinnützigkeit im Sinne der Abgabenordnung entspricht,
2. von Personen geleitet wird, die nach ihrer Persönlichkeit, Ausbildung oder Berufserfahrung hierzu geeignet sind, und diese Personen in keinem Abhängigkeitsverhältnis und in keiner anderen engen Beziehung zu Einrichtungen stehen, in denen Personen untergebracht sind oder wohnen, für die eine Betreuerin oder ein Betreuer des Vereins bestellt ist,

3. die sachgerechte und wirtschaftliche Verwendung der ihm zur Verfügung stehenden finanziellen Mittel gewährleistet und
4. mit der überörtlichen Betreuungsbehörde zur Sicherstellung der Qualität der Aufgabenerfüllung eine Qualitäts- und Leistungsvereinbarung nach Absatz 2 Satz 1 abgeschlossen hat und deren Erfüllung nachweist.

Eine nach dem Landesgesetz zur Ausführung des Betreuungsgesetzes vom 20. Dezember 1991 (GVBl. S. 407) erfolgte Anerkennung gilt als Anerkennung nach diesem Gesetz; die anerkannten Betreuungsvereine haben die Qualitäts- und Leistungsvereinbarung nach Satz 1 Nr. 4 bis spätestens 31. Dezember 2011 abzuschließen. Die örtlichen Betreuungsbehörden, auf deren Gebiet sich die Tätigkeit des Betreuungsvereins erstreckt, sind bei dem Abschluss der Qualitäts- und Leistungsvereinbarung zu beteiligen. Die überörtliche Betreuungsbehörde schließt mit dem Landkreistag Rheinland-Pfalz, dem Städtetag Rheinland-Pfalz und der LIGA der Spitzenverbände der Freien Wohlfahrtspflege in Rheinland-Pfalz eine Rahmenvereinbarung über wesentliche Inhalte der Qualitäts- und Leistungsvereinbarungen.

(2) In die Qualitäts- und Leistungsvereinbarung sind insbesondere Festlegungen aufzunehmen

1. zur Anzahl, Qualifikation, Weiterbildung und Supervision der für den Betreuungsverein haupt- oder ehrenamtlich tätigen Personen,
2. zur räumlichen und sachlichen Ausstattung auch unter Berücksichtigung der Barrierefreiheit im Sinne des § 3 Abs. 4 des Landesinklusionsgesetzes,
3. zur Erreichbarkeit sowie zur Vertretung bei Abwesenheit,
4. zu Dokumentationspflichten und zum Datenschutz,
5. zur Mitarbeit in kommunalen Netzwerken (örtlichen Arbeitsgemeinschaften), zur Information der und Kommunikation mit den Betreuungsbehörden und zur Öffentlichkeitsarbeit und
6. zur Wirkungskontrolle.

(3) Ab dem 1. Januar 2023 stellt die überörtliche Betreuungsbehörde vor der Entscheidung über die Anerkennung nach Absatz 1 den landesweiten und den örtlichen Bedarf für die Tätigkeit anerkannter Betreuungsvereine fest. Ein landesweiter Bedarf ist in der Regel gegeben, soweit die Obergrenze von landesweit durchschnittlich einem Betreuungsverein für jeweils 38 000 Einwohnerinnen und Einwohner nicht überschritten wird. Der örtliche Bedarf wird festgestellt, indem die überörtliche Betreuungsbehörde und die örtlichen Betreuungsbehörden, auf deren örtlichen Zuständigkeitsbereich sich die Tätigkeit des Betreuungsvereins erstreckt, übereinstimmend feststellen, dass in dem betreffenden Gebiet ein Bedarf für dessen Tätigkeit besteht. Eine Anerkennung nach Absatz 1 erfolgt nur, wenn nach den Sätzen 1 bis 3 ein landesweiter und örtlicher Bedarf festgestellt wurde.

§ 4 Förderung von Betreuungsvereinen

(1) Das Land gewährt anerkannten Betreuungsvereinen für die Wahrnehmung der ihnen nach § 15 BtOG obliegenden Aufgaben auf Antrag eine Zuwendung zu den Personal- und Sachkosten einer hauptamtlichen Fachkraft; die Zuwendung wird zur bedarfsgerechten finanziellen Ausstattung anerkannter Betreuungsvereine nach § 17 BtOG gewährt.

(2) Die Zuwendung beträgt ab dem Jahr 2023 33 469 EUR für eine vollzeitbeschäftigte Fachkraft; der Betrag ändert sich ab dem Jahr 2024 jährlich jeweils um den Vomhundertsatz, um den sich das Grundgehalt der Stufe 1 der Entgeltgruppe 9b des Tarifvertrags für den öffentlichen Dienst der Länder (TV-L) oder einer entsprechenden Nachfolgeregelung im Vorjahr geändert hat. Der Betrag wird auch gewährt, wenn mehrere hauptamtliche Fachkräfte im einer Vollzeitkraft vergleichbaren Umfang in Teilzeit beschäftigt werden; im Übrigen verringert er sich für teilzeitbeschäftigte oder nicht ganzjährig beschäftigte Fachkräfte in entsprechendem Umfang. Das fachlich zuständige Ministerium regelt die Einzelheiten der Förderung, insbesondere die Voraussetzungen und das Verfahren, durch Verwaltungsvorschrift.

(3) Die Landkreise und die kreisfreien Städte sollen den anerkannten Betreuungsvereinen grundsätzlich Zuwendungen in Höhe der Landesförderung gewähren.

(4) Das fachlich zuständige Ministerium überprüft die Auswirkung der gesetzlichen Aufgaben der anerkannten Betreuungsvereine nach § 15 Abs. 1 BtOG sowie die Angemessenheit der Förderung nach den Absätzen 1 bis 3. Es berichtet dem Landtag bis zum 30. Juni 2026 über das Ergebnis der Überprüfung.

§ 5 Inkrafttreten

(1) Dieses Gesetz tritt mit Ausnahme des § 4 am Tage nach der Verkündung in Kraft. § 4 tritt mit Wirkung vom 1. Januar 2010 in Kraft.

(2) Das Landesgesetz zur Ausführung des Betreuungsgesetzes vom 20. Dezember 1991 (GVBl. S. 407), zuletzt geändert durch Artikel 10 Nr. 1 des Gesetzes vom 5. April 2005 (GVBl. S. 95), BS 200-3, tritt mit Ausnahme des § 4 am Tage nach der Verkündung außer Kraft; § 4 tritt mit Wirkung vom 1. Januar 2010 außer Kraft.

Gesetz zur Ausführung des Betreuungsorganisationsgesetzes (AG-BtOG)

Vom 18. Januar 2023 (Amtsbl. I S. 138)

Der Landtag des Saarlandes hat folgendes Gesetz beschlossen, das hiermit verkündet wird:

§ 1 Örtliche Betreuungsbehörden

(1) Örtliche Betreuungsbehörden im Sinne des § 1 Absatz 1 des Betreuungsorganisationsgesetzes vom 4. Mai 2021 (BGBl. I S. 882, 917), zuletzt geändert durch Artikel 7 des Gesetzes vom 24. Juni 2022 (BGBl. I S. 959), und Stammbehörden im Sinne des § 2 Absatz 4 des Betreuungsorganisationsgesetzes sind die Landkreise und der Regionalverband Saarbrücken. Sie führen die Aufgaben als Selbstverwaltungsangelegenheiten durch.

(2) Die örtlichen Betreuungsbehörden sind für die ihnen nach dem Betreuungsorganisationsgesetz obliegenden Aufgaben zuständig. Sie haben insbesondere

1. die Betreuerinnen und Betreuer bei der Wahrnehmung ihrer Aufgaben zu beraten und zu unterstützen,
2. in ihrem Bezirk für ein ausreichendes Angebot zur Einführung der Betreuerinnen und Betreuer in ihre Aufgaben und zu ihrer Fortbildung zu sorgen,
3. die Tätigkeit einzelner Personen sowie von gemeinnützigen und freien Organisationen zugunsten Betreuungsbedürftiger anzuregen und zu fördern,
4. die Betreuungsgerichte zu unterstützen.

§ 2 Überörtliche Betreuungsbehörde

(1) Betreuungsbehörde auf überörtlicher Ebene im Sinne des § 1 Absatz 2 des Betreuungsorganisationsgesetzes und für die Anerkennung der Sachkundelehrgänge zuständige Behörde ist das für Soziales zuständige Ministerium.

(2) Die überörtliche Betreuungsbehörde hat die Aufgabe,

1. die örtlichen Betreuungsbehörden zu beraten,
2. Empfehlungen zur Erfüllung von Aufgaben in Betreuungsangelegenheiten zu geben,
3. die Betreuungsvereine nach Anhörung der Landkreise und des Regionalverbandes Saarbrücken anzuerkennen,
4. die Betreuungsvereine zu beraten und bedarfsgerecht zu fördern.

§ 3 Anerkennung der Betreuungsvereine

Ein rechtsfähiger Verein kann als Betreuungsverein anerkannt werden, wenn er

1. die Voraussetzungen des § 14 Absatz 1 des Betreuungsorganisationsgesetzes erfüllt,
2. im Saarland tätig ist und hier seinen Sitz hat,
3. den Anforderungen der Abgabenordnung an die Gemeinnützigkeit genügt,
4. die Leitung der Betreuungsarbeit einer oder mehreren nach Ausbildung oder Berufserfahrung geeigneten Fachkräften übertragen hat, die in keinem Abhängigkeitsverhältnis oder in einer anderen engen Beziehung zu Einrichtungen oder Diensten im Sinne von § 1816 Absatz 6 Satz 1 des Bürgerlichen Gesetzbuches stehen sollen mit Ausnahme einer nicht bestehenden konkreten Gefahr der Interessenkollision im Einzelfall nach Satz 2 des Bürgerlichen Gesetzbuches, und
5. sich verpflichtet, der Anerkennungsbehörde alle zwei Jahre einen Tätigkeitsbericht vorzulegen, insbesondere Auskunft über Zahl und Art der übernommenen Betreuungen und die Zahl der ehrenamtlichen Mitarbeiterinnen und Mitarbeiter gibt sowie die Kosten und die Finanzierung der Verwaltungs- und Betreuungsarbeit darstellt.

§ 4 Förderung der Betreuungsvereine

(1) Das Land gewährt anerkannten und gemeinnützigen Betreuungsvereinen für die Wahrnehmung der Aufgaben nach § 15 des Betreuungsorganisationsgesetzes auf Antrag Zuwendungen zu den Personalkosten für hauptberufliche Mitarbeiterinnen und Mitarbeiter und zu den Sachkosten für die Wahrnehmung der Aufgaben nach § 15 des Betreuungsorganisationsgesetzes.

(2) Das für Soziales zuständige Ministerium wird ermächtigt, im Einvernehmen mit dem für Finanzen zuständigen Ministerium Verwaltungsvorschriften über die Förderung der Betreuungsvereine zu erlassen.

§ 5 Belastungsausgleich

(1) Die Landkreise und der Regionalverband Saarbrücken erhalten für die Durchführung der ihnen mit diesem Gesetz und den darauf beruhenden Rechtsverordnungen übertragenen Aufgaben einen jährlichen Belastungsausgleich.

(2) Das für Soziales zuständige Ministerium wird ermächtigt, die Höhe des Belastungsausgleichs (Kostenfolgeabschätzung), den Verteilschlüssel und das weitere Verfahren unter Beteiligung der kommunalen Spitzenverbände nach den Grundsätzen des Konnexitätsausführungsgesetzes Saarland durch Rechtsverordnung zu regeln.

(3) Die dem Belastungsausgleich nach Absatz 2 zugrunde liegende Kostenfolgeabschätzung und der Verteilschlüssel werden erstmals zum 31. Dezember 2025, danach alle 5 Jahre, unter Beteiligung der kommunalen Spitzenverbände nach den Grundsätzen des Konnexitätsausführungsgesetzes Saarland überprüft und angepasst.

§ 6 Verordnungsermächtigung

Das für Soziales zuständige Ministerium wird ermächtigt, zur Durchführung dieses Gesetzes durch Rechtsverordnung zu regeln:

1. die Ausgestaltung des Registrierungsverfahrens nach den §§ 23 und 24 des Betreuungsorganisationsgesetzes und die Anerkennung von Sachkundelehrgängen im Benehmen mit dem für Justiz zuständigen Ministerium sowie

2. die Einzelheiten des finanziellen Ausgleichs für Belastungen durch dieses Gesetz im Einvernehmen mit dem für Finanzen zuständigen Ministerium.

§7 In- und Außerkrafttreten

Dieses Gesetz tritt mit Wirkung vom 1. Januar 2023 in Kraft. Das Gesetz zur Ausführung des Betreuungsgesetzes vom 15. Juli 1992 (Amtsbl. S. 838), zuletzt geändert durch Artikel 8 Absatz 1 des Gesetzes vom 21. November 2007 (Amtsbl. S. 2393), ist mit Ablauf des 31. Dezember 2022 außer Kraft getreten.

Gesetz zur Ausführung des Betreuungsrechts (AGBtR)

Vom 10. November 1992 (SächsGVBl. S. 539)

Zuletzt geändert durch
Zweites Gesetz zur Anpassung von Vorschriften mit Bezug zur Justiz
vom 15. Dezember 2022 (SächsGVBl. S. 626)

§ 1 Betreuungsbehörden

(1) Örtliche Betreuungsbehörden sind die Landkreise und Kreisfreien Städte.

(2) Überörtliche Betreuungsbehörde ist der Kommunale Sozialverband Sachsen.

(3) Die örtlichen Betreuungsbehörden und die überörtliche Betreuungsbehörde führen die Aufgaben in Betreuungsangelegenheiten als weisungsfreie Pflichtaufgaben durch. Sie tragen die Kosten hierfür nur, soweit nicht nach dem Bürgerlichen Gesetzbuch die Kostentragung einem anderen obliegt.

§ 2 Aufgaben der Betreuungsbehörden

(1) Die örtlichen Betreuungsbehörden sind in Betreuungsangelegenheiten für die behördlichen Aufgaben zuständig, soweit nicht durch dieses Gesetz die Zuständigkeit der überörtlichen Betreuungsbehörde begründet ist. Ihnen obliegt zudem die Bedarfsermittlung, Planung und Sorge für ein ausreichendes Angebot an Betreuern auf der örtlichen Ebene. Sie haben darüber hinaus eine örtliche Arbeitsgemeinschaft einzurichten, in der die mit Betreuungsangelegenheiten befassten Institutionen und Organisationen zur Koordinierung ihrer Arbeit mitwirken.

(2) Die überörtliche Betreuungsbehörde ist zur Durchführung der überörtlichen Aufgaben zuständig. Sie ist insbesondere zuständig für die

1. Sicherstellung eines ausreichenden überörtlichen Angebots zur Einführung und Fortbildung der Betreuer sowie zur Unterstützung der örtlichen Betreuungsbehörden bei der Wahrnehmung dieser Aufgabe auf örtlicher Ebene,
2. Anerkennung und fachliche Beratung von Betreuungsvereinen,
3. Festsetzung der den Betreuungsvereinen zustehenden Vergütung für die Wahrnehmung ihrer Aufgaben nach § 15 Absatz 1 des Betreuungsorganisationsgesetzes vom 4. Mai 2021 (BGBl. I S. 882, 917), das durch Artikel 7 des Gesetzes vom 24. Juni 2022 (BGBl. I S. 959) geändert worden ist,
4. Bedarfsermittlung und Planung für ein ausreichendes Angebot an Betreuern sowie Unterstützung der örtlichen Betreuungsbehörden bei der Wahrnehmung dieser Aufgabe,
5. Einrichtung einer Arbeitsgemeinschaft auf der überörtlichen Ebene, in der die mit Betreuungsangelegenheiten befaßten Institutionen und Organisationen zur Koordinierung ihrer Arbeit mitwirken,
6. Anerkennungen nach § 5 Absatz 2 und 3 sowie § 8 der Betreuerregistrierungsverordnung vom 13. Juli 2022 (BGBl. I S. 1154).

§ 3 Anerkennung von Betreuungsvereinen

Betreuungsvereine können unter den Voraussetzungen des § 14 Absatz 1 des Betreuungsorganisationsgesetzes anerkannt werden, wenn sie

1. ihren Sitz und ihren Tätigkeitsbereich im Freistaat Sachsen haben und Personen aus dem Freistaat Sachsen betreuen,
2. den Anforderungen der Gemeinnützigkeit im Sinne des Steuerrechts genügen,
3. den Nachweis erbringen, daß ihre Arbeit nach Inhalt, Umfang und Dauer eine Anerkennung rechtfertigt,
4. von einer nach ihrer Persönlichkeit sowie nach Ausbildung oder Berufserfahrung geeigneten Fachkraft geleitet werden und über persönlich und fachlich geeignete Mitarbeiter verfügen.

Die Betreuungsvereine sollen nicht in einem Abhängigkeitsverhältnis oder in einer anderen engen Beziehung zu einem Träger von Einrichtungen oder Diensten im Sinne von § 1816 Absatz 6 Satz 1 des Bürgerlichen Gesetzbuchs stehen.

§ 4 Vergütungsanspruch

(1) Die nach § 3 Satz 1 anerkannten Betreuungsvereine können für die Wahrnehmung der ihnen nach § 15 Absatz 1 des Betreuungsorganisationsgesetzes obliegenden Aufgaben eine Vergütung aus der Staatskasse nach Maßgabe dieses Gesetzes verlangen.

(2) Eine weitere Vergütung im Sinne von Absatz 1 können die nach § 3 Satz 1 anerkannten Betreuungsvereine auch für eine im Freistaat Sachsen belegene Zweigstelle verlangen, sofern regional ein besonderer Bedarf besteht, weil in dem jeweiligen Amtsgerichtsbezirk weder ein anderer Betreuungsverein noch eine andere Zweigstelle ihren Sitz hat. Die §§ 5 bis 8 gelten entsprechend. Den besonderen regionalen Bedarf stellt die überörtliche Betreuungsbehörde im Rahmen des Bewilligungsverfahrens fest. Die Feststellung gilt für jeweils drei Jahre.

§ 5 Allgemeine Vergütungsvoraussetzungen

Ein Vergütungsanspruch besteht nur, wenn der Betreuungsverein

1. über mindestens eine Fachkraft verfügt, die neben der Übernahme von Betreuungen für die Wahrnehmung von Aufgaben nach § 15 Absatz 1 des Betreuungsorganisationgesetzes zur Verfügung steht und zugleich als beruflicher Betreuer registriert ist,
2. seinen Einzugsbereich mit der zuständigen örtlichen Betreuungsbehörde abgestimmt hat,
3. in der örtlichen Arbeitsgemeinschaft nach § 2 Absatz 1 Satz 3 mitwirkt, soweit eine solche eingerichtet ist, und

4. regelmäßige Öffnungszeiten von mindestens zehn Stunden pro Woche gewährleistet mit Angeboten zur individuellen Beratung und Information über allgemeine betreuungsrechtliche Fragen, Vorsorgevollmachten, Betreuungsverfügungen und Patientenverfügungen sowie zur individuellen Beratung und Unterstützung der vom Betreuungsgericht bestellten ehrenamtlichen Betreuer und der Bevollmächtigten bei der Wahrnehmung ihrer Aufgaben.

§ 6 Höhe der Vergütung

(1) Die Vergütung setzt sich aus einer Grund- und einer Leistungsvergütung zusammen und ist auf 22 000 Euro je Abrechnungszeitraum begrenzt.

(2) Die Grundvergütung wird in jedem Abrechnungszeitraum einmalig als Pauschale gewährt. Die Leistungsvergütung wird für die in der Anlage bestimmten Leistungen der Betreuungsvereine gewährt. Die Höhe der Grund- und Leistungsvergütung bestimmt sich nach der Anlage.

§ 7 Abrechnungszeitraum, Erlöschen des Anspruchs

Die Vergütung kann jährlich zum 30. Juni und zum 31. Dezember jeweils für die vergangenen sechs Monate geltend gemacht werden. Der Vergütungsanspruch erlischt, wenn er nicht binnen zwei Monaten nach Ablauf des in Satz 1 genannten Stichtages bei der überörtlichen Betreuungsbehörde geltend gemacht wird.

§ 8 Bewilligungsverfahren

(1) Die überörtliche Betreuungsbehörde setzt die Höhe der Vergütung auf Antrag des Betreuungsvereins fest.

(2) Der Antrag bedarf der Textform. Der Betreuungsverein hat die den Vergütungsanspruch begründenden Umstände innerhalb der in § 7 Satz 2 genannten Frist durch geeignete Unterlagen nachzuweisen.

§ 9 Gebühren für Anerkennungen nach § 5 Absatz 2 und 3 sowie § 8 der Betreuerregistrierungsverordnung

Für jede Anerkennung nach § 5 Absatz 2 und 3 sowie § 8 der Betreuerregistrierungsverordnung wird eine Gebühr erhoben. Die Gebühr beträgt 1400 Euro für Anerkennungen nach § 5 Absatz 2 und 3 sowie § 8 Absatz 1 der Betreuerregistrierungsverordnung und 700 Euro für Anerkennungen einzelner Module nach § 8 Absatz 6 der Betreuerregistrierungsverordnung.

§ 10 Gleichstellung von Prüfungsleistungen mit Abschlüssen

Haben berufliche Betreuer Prüfungsleistungen erbracht, die nach § 5 dieses Gesetzes in der bis zum 31. Dezember 2022 geltenden Fassung oder nach den §§ 1 und 2 des Ausführungsgesetzes zum Berufsvormündervergütungsgesetz vom 23. Juni 1999 (SächsGVBl. S. 333) in der bis zum 31. Dezember 2012 geltenden Fassung mit Abschlüssen gleichgestellt sind, sind die Prüfungsleistungen bei der Feststellung, nach welcher Vergütungstabelle nach § 8 Absatz 2 des Vormünder- und Betreuervergütungsgesetzes vom 4. Mai 2021 (BGBl. I S. 882, 925), das durch Artikel 8 des Gesetzes vom 24. Juni 2022 (BGBl. I S. 959) geändert worden ist, sich die Vergütung richtet, entsprechend zu Grunde zu legen.

§ 11 Evaluierung

Das Staatsministerium der Justiz und für Demokratie, Europa und Gleichstellung überprüft für die Jahre 2023 und 2024 die Anwendung und die Auswirkungen der §§ 4 bis 8, insbesondere die Angemessenheit der nach § 6 in Verbindung mit der Anlage festgesetzten Vergütung sowie deren Bemessungsgrundlagen, und berichtet dem Landtag bis zum 30. Juni 2025 über das Ergebnis der Überprüfung.

Anlage
(zu § 6 Absatz 2 und § 10)

Katalog über die Vergütung von Leistungen der anerkannten Betreuungsvereine zur Wahrnehmung ihrer Aufgaben nach § 15 Absatz 1 des Betreuungsorganisationsgesetzes

Nr.	Leistung	Vergütung
100	Grundvergütung	8000,00 €
110	Erhöhung der Grundvergütung für den Fall, dass in dem jeweiligen Amtsgerichtsbezirk weder ein anderer Betreuungsverein noch eine andere Zweigstelle ihren Sitz hat	1500,00 €
120	Einmaliger Zuschuss für die Neugründung eines Betreuungsvereins oder einer Zweigstelle, wenn in dem jeweiligen Amtsgerichtsbezirk weder ein anderer Betreuungsverein noch eine andere Zweigstelle ihren Sitz hat	5000,00 €
200	Durchführung einer öffentlichen Veranstaltung zur Information über allgemeine betreuungsrechtliche Fragen, Vorsorgevollmachten, Betreuungsverfügungen oder Patientenverfügungen[1]	
210	mit 0 bis zu 5 Teilnehmern	500,00 €
220	mit 6 bis 20 Teilnehmern	800,00 €
230	mit mehr als 20 Teilnehmern	1200,00 €
300	Durchführung einer öffentlichen Veranstaltung zur Gewinnung von ehrenamtlichen Betreuern[2]	
310	mit 0 bis zu 5 Teilnehmern	500,00 €
320	mit 6 bis 20 Teilnehmern	800,00 €
330	mit mehr als 20 Teilnehmern	1200,00 €
400	Anwerbung eines neuen ehrenamtlichen Betreuers, dessen Bereitschaftserklärung zur Übernahme ehrenamtlicher Betreuungen an die örtliche Betreuungsbehörde weitergeleitet und von dieser bestätigt worden ist	350,00 €
500	Durchführung einer öffentlichen Veranstaltung zur Einführung, Fortbildung, Beratung und Unterstützung der vom Betreuungsgericht bestellten ehrenamtlichen Betreuer[3]	
510	mit 0 bis zu 5 Teilnehmern	500,00 €
520	mit 6 bis 20 Teilnehmern	800,00 €
530	mit mehr als 20 Teilnehmern	1200,00 €
600	Laufende Vereinbarung mit einem ehrenamtlichen Betreuer über eine Begleitung und Unterstützung im Sinne von § 15 Absatz 1 Satz 1 Nummer 4, Absatz 2 des Betreuungsorganisationsgesetzes	150,00 €
610	Erhöhung der Vergütung, wenn der ehrenamtliche Betreuer, mit dem die Vereinbarung geschlossen wird, mehrere Betreuungen führt, für jedes weitere Verfahren	50,00 €
620	Laufende Vereinbarung mit einem Vorsorgebevollmächtigten über eine Begleitung und Unterstützung entsprechend § 15 Absatz 1 Satz 1 Nummer 4 und Absatz 2 des Betreuungsorganisationsgesetzes	150,00 €
700	Durchführung einer öffentlichen Veranstaltung zur Beratung und Unterstützung von Bevollmächtigten bei der Wahrnehmung ihrer Aufgaben[4]	
710	mit 0 bis zu 5 Teilnehmern	500,00 €
720	mit 6 bis 20 Teilnehmern	800,00 €
730	mit mehr als 20 Teilnehmern	1200,00 €

[1] Es können im jeweiligen Abrechnungszeitraum höchstens drei öffentliche Veranstaltungen nach Nummer 200 in Verbindung mit einer der Nummern 210, 220 oder 230 abgerechnet werden.

[2] Es können im jeweiligen Abrechnungszeitraum höchstens drei öffentliche Veranstaltungen nach Nummer 300 in Verbindung mit einer der Nummern 310, 320 oder 330 abgerechnet werden.

[3] Es können im jeweiligen Abrechnungszeitraum höchstens drei öffentliche Veranstaltungen nach Nummer 500 in Verbindung mit einer der Nummern 510, 520 oder 530 abgerechnet werden.

[4] Es können im jeweiligen Abrechnungszeitraum höchstens drei öffentliche Veranstaltungen nach Nummer 700 in Verbindung mit einer der Nummern 710, 720 oder 730 abgerechnet werden.

Gesetz zur Ausführung des Betreuungsrechts (BtR AG)

Vom 17. Juni 1992 (GVBl. LSA S. 478)

Zuletzt geändert durch
Gesetz zur Änderung des Ausführungsgesetzes zum Betreuungsgesetz
vom 5. Juni 2023 (GVBl. LSA S. 302)

§ 1 Betreuungsbehörden

(1) Örtliche Betreuungsbehörden im Sinne des § 1 Abs. 1 des Betreuungsorganisationsgesetzes vom 4. Mai 2021 (BGBl. I S. 882, 917), zuletzt geändert durch Artikel 7 des Gesetzes vom 24. Juni 2022 (BGBl. I S. 959, 963), sind die kreisfreien Städte und Landkreise. Sie üben ihre Aufgaben in Betreuungsangelegenheiten als Pflichtaufgaben des eigenen Wirkungskreises aus. Sie führen dabei die Bezeichnung „Betreuungsbehörde".

(2) Überörtliche Betreuungsbehörde ist das für Soziales zuständige Ministerium.

§ 2 Aufgaben der Betreuungsbehörden

(1) Die örtlichen Betreuungsbehörden sind für die ihnen nach dem Betreuungsorganisationsgesetz obliegenden Aufgaben sachlich zuständig, soweit nicht nach diesem Gesetz die Zuständigkeit der überörtlichen Betreuungsbehörde gegeben ist.

(2) Die überörtliche Betreuungsbehörde ist zur Durchführung der überörtlichen Aufgaben zuständig, insbesondere für die

1. Sicherstellung eines ausreichenden überörtlichen Angebotes zur Fortbildung der Betreuer,
2. Unterstützung der örtlichen Betreuungsbehörden bei der Wahrnehmung ihrer Aufgaben,
3. Anerkennung und fachliche Beratung von Betreuungsvereinen,
4. Einrichtung einer überörtlichen Arbeitsgemeinschaft zur Koordinierung der mit Betreuungsangelegenheiten befassten Institutionen und Organisationen,
5. Anerkennung von Studien-, Aus- und Weiterbildungsgängen zum Nachweis der Sachkunde gemäß § 5 Abs. 2 und 3 der Betreuerregistrierungsverordnung vom 13. Juli 2022 (BGBl. I S. 1154),
6. Anerkennung von Sachkundelehrgängen gemäß § 8 Abs. 1 der Betreuerregistrierungsverordnung und
7. Anerkennung einzelner in der Anlage zur Betreuerregistrierungsverordnung aufgeführter Module gemäß § 8 Abs. 6 der Betreuerregistrierungsverordnung.

(3) Die überörtliche Betreuungsbehörde ist nach § 1 Abs. 2 des Betreuungsorganisationsgesetzes für die Durchführung der örtlichen Aufgabe der finanziellen Ausstattung der Betreuungsvereine sachlich zuständig.

§ 3 Betreuungsvereine

(1) Betreuungsvereine können anerkannt werden, wenn die Voraussetzungen des § 14 Abs. 1 des Betreuungsorganisationsgesetzes vorliegen und

1. sie ihren Sitz und ihren Tätigkeitsbereich in Sachsen-Anhalt haben,
2. sie gemeinnützig im Sinne des Steuerrechts sind,
3. sie den Nachweis erbringen, dass ihre Arbeit nach Inhalt, Umfang und Dauer eine Anerkennung rechtfertigt,
4. ihre fachliche Arbeit von einer nach ihrer Persönlichkeit sowie der Ausbildung oder Berufserfahrung geeigneten Fachkraft geleitet wird und der Verein über persönlich und fachlich geeignete Mitarbeiter verfügt.

(2) Die Betreuungsvereine sollen in keinem Abhängigkeitsverhältnis oder einer anderen engen Beziehung zu Einrichtungen im Sinne von § 1816 Abs. 6 des Bürgerlichen Gesetzbuches stehen, in denen von ihnen Betreute auf Dauer untergebracht sind oder wohnen.

(3) Vor der Anerkennung von Betreuungsvereinen sollen die Landkreise und kreisfreien Städte gehört werden, in denen die Betreuungsvereine tätig werden wollen.

(4) Die zuständige Behörde soll in regelmäßigen Abständen überprüfen, ob die Voraussetzungen nach Absatz 1 weiterhin vorliegen. Die hierfür erforderlichen Nachweise sind von dem Betreuungsverein jeweils zum Ablauf des zweiten auf die Anerkennung oder jüngste Überprüfung nach Satz 1 folgenden Jahres der Anerkennungsbehörde vorzulegen.

§ 4 Finanzielle Ausstattung von anerkannten Betreuungsvereinen

(1) Anerkannte Betreuungsvereine erhalten auf Antrag eine bedarfsgerechte finanzielle Ausstattung mit öffentlichen Mitteln des Landes zur Wahrnehmung der ihnen nach § 15 Abs. 1 und 3 des Betreuungsorganisationsgesetzes obliegenden Aufgaben für das auf die Antragstellung folgende Jahr. Für das Jahr 2023 ist die bedarfsgerechte finanzielle Ausstattung bis zum 31. Dezember 2023 zu beantragen.

(2) Die personelle Ausstattung der Betreuungsvereine ist in der Regel bedarfsgerecht, soweit im Zuständigkeitsbereich der örtlichen Betreuungsbehörde oder der örtlichen Betreuungsbehörden, in welcher oder welchen der Betreuungsverein tätig ist, nicht mehr als eine vollzeitbeschäftigte hauptberufliche Fachkraft je 100 000 Einwohner oder eine entsprechende Anzahl teilzeitbeschäftigter hauptberuflicher Fachkräfte für die Aufgaben nach § 15 Abs. 1 und 3 des Betreuungsorganisationsgesetzes (Querschnittsfachkräfte) zur Verfügung stehen. Abweichend von Satz 1 ist die Personalausstattung mit Querschnittsfachkräften auch bei einem höheren Versorgungsgrad bedarfsgerecht, soweit landesweit ein Anteil von einer vollzeitbeschäftigten Querschnittsfachkraft je 100 000 Einwohner nicht überschritten wird.

(3) Ein Anspruch auf finanzielle Ausstattung umfasst nur Arbeitsentgelte der Querschnittsfachkräfte und der Verwaltungskräfte sowie sächliche Aufwendungen, die angemessen und für die Erfüllung der Aufgaben nach § 15

Abs. 1 und 3 des Betreuungsorganisationsgesetzes erforderlich sind.

(4) Eine finanzielle Ausstattung wird nur anerkannten Betreuungsvereinen gewährt, die einen zweckentsprechenden Einsatz der Mittel aufgrund des Nachweises einer angemessenen Zahl von im vorangegangenen Jahr beratenen Personen und durchgeführten Informationsveranstaltungen sowie abgeschlossenen Vereinbarungen nach § 22 des Betreuungsorganisationsgesetzes erwarten lassen. Satz 1 gilt nicht für anerkannte Betreuungsvereine, die ihre Tätigkeit erstmals in dem Zeitraum aufnehmen, für welchen die finanziellen Aufwendungen geltend gemacht werden.

(5) Bei Überschreiten der Bedarfsgrenzen nach Absatz 2 erfolgt die Auswahl zwischen mehreren Antragstellenden aufgrund eines Vergleiches der Zahl der im Vorjahr durchgeführten Informationsveranstaltungen und beratenen Personen sowie der ehrenamtlichen Betreuer oder Betreuerinnen, mit denen eine Vereinbarung nach § 22 des Betreuungsorganisationsgesetzes abgeschlossen wurde.

§ 5 Ausnahmen von der vormundschaftlichen Genehmigungspflicht

Die Vorschriften über die Aufsicht des Betreuungsgerichts in den §§ 1835 und 1848 bis 1854 des Bürgerlichen Gesetzbuches bleiben gegenüber den Betreuungsbehörden außer Anwendung.

§ 6 Verordnungsermächtigungen

Das für Soziales zuständige Ministerium wird ermächtigt, durch Verordnung zu regeln:

1. eine abweichende Zuständigkeit für die Anerkennung der Betreuungsvereine nach § 2 Abs. 2 Nr. 3,
2. die Einzelheiten der Anerkennung nach § 2 Abs. 2 Nrn. 5 bis 7,
3. eine abweichende Zuständigkeit für die finanzielle Ausstattung der Betreuungsvereine nach § 2 Abs. 3,
4. die Art der Nachweise nach § 3 Abs. 4 und den Zeitpunkt ihrer Vorlage bei der Anerkennungsbehörde und
5. im Einvernehmen mit dem für Finanzen zuständigen Ministerium die Einzelheiten zu der finanziellen Ausstattung von Betreuungsvereinen nach § 4, insbesondere
   a) den Zeitpunkt der Antragstellung,
   b) Art, Umfang und Zeitpunkt der Zahlungen,
   c) die Zulässigkeit pauschaler Zahlungen,
   d) Art und Zeitpunkt des Nachweises nach § 4 Abs. 4 Satz 1 und
   e) die Kriterien der Bedarfsfeststellung nach § 4 Abs. 2.

§ 7 Mehrbelastungsausgleich

Das Land gewährt den Landkreisen und kreisfreien Städten einen Mehrbelastungsausgleich für die sich aus dem Betreuungsorganisationsgesetz ergebenden Aufgabenerweiterungen in der Form der Erstattung der nachgewiesenen Mehrausgaben. Der Nachweis des zeitlichen Aufwandes und der hierfür geleisteten Personalkosten ist bis zum 30. Juni eines jeden Jahres der überörtlichen Betreuungsbehörde vorzulegen. Das Nähere über die Art des Nachweises und das Verfahren der Kostenerstattung regelt das für Soziales zuständige Ministerium durch Verordnung. Für das Jahr 2023 erhalten die Landkreise und kreisfreien Städte im 3. Quartal des Jahres 2023 Abschlagszahlungen auf den Mehrbelastungsausgleich nach Maßgabe des Haushaltes. Zum 30. Juni und 31. Dezember des Jahres 2024 erhalten die Landkreise und kreisfreien Städte weitere Abschlagszahlungen in Höhe von jeweils l 182 500 Euro.

§ 8 Evaluierung

Das für Soziales zuständige Ministerium evaluiert die Wirkungen dieses Gesetzes und erstattet dem Landtag über die Ergebnisse der Evaluierung bis zum 31. Dezember 2027 einen schriftlichen Bericht.

IV

Landesbetreuungsgesetz

Vom 17. Dezember 1991 (GVOBl. Schl.-H. S. 693)

Zuletzt geändert durch
Gesetz zur Änderung des Landesjustizgesetzes und anderer Gesetze
vom 17. März 2022 (GVOBl. Schl.-H. S. 301)

IV

§ 1 Träger der Aufgabe

Träger der Aufgaben, die den zuständigen Behörden in Betreuungsangelegenheiten als örtliche Betreuungsbehörde nach dem Betreuungsorganisationsgesetz vom 4. Mai 2021 (BGBl. I S. 882), dem Bürgerlichen Gesetzbuch und dem Gesetz über das Verfahren in Familiensachen und in den Angelegenheiten der freiwilligen Gerichtsbarkeit obliegen, sind die Kreise und kreisfreien Städte. Sie erfüllen diese Aufgaben in eigener Verantwortung.

§ 2 Anerkennung von Betreuungsverfahren

(1) Betreuungsvereine können unter den Voraussetzungen des § 14 Absatz 1 des Betreuungsorganisationsgesetzes anerkannt werden, wenn

1. sie ihren Sitz und ihren Tätigkeitsbereich in Schleswig-Holstein haben und Personen aus Schleswig-Holstein betreuen,
2. sie von Personen geleitet werden, die in keinem Abhängigkeitsverhältnis zu einer Einrichtung stehen, in der Betreute untergebracht sind oder wohnen,
3. sie gemeinnützig sind und
4. in ihrem Tätigkeitsbereich ein Bedarf für ihre Tätigkeit besteht.

(2) Zuständige Behörde für die Anerkennung von Betreuungsvereinen nach § 14 Absatz 1 des Betreuungsorganisationsgesetzes sind die Landrätinnen und Landräte der Kreise und die Bürgermeisterinnen und Bürgermeister der kreisfreien Städte, in deren Gebiet sich der Sitz des Betreuungsvereins befindet. Die Feststellung des Bedarfs nach Absatz 1 Nummer 4 erfolgt im Einvernehmen mit dem für Justiz zuständigen Ministerium.

§ 3 Förderung von Betreuungsvereinen

Das Land und die Träger der Aufgaben nach § 1 fördern zu gleichen Teilen anerkannte Betreuungsvereine durch eine bedarfsgerechte finanzielle Ausstattung zur Wahrnehmung der ihnen nach § 15 Absatz 1 des Betreuungsorganisationsgesetzes obliegenden Aufgaben. Eine Förderung der in § 15 Absatz 3 des Betreuungsorganisationsgesetzes aufgeführten Tätigkeiten kann nach Maßgabe des Landeshaushalts erfolgen.

§ 4 Umschulung und Fortbildung von beruflichen Betreuerinnen, beruflichen Betreuern und Berufsvormündern

(1) Einer abgeschlossenen Lehre nach § 8 Absatz 2 Nummer 2 des Vormünder- und Betreuervergütungsgesetzes (VBVG) vom 4. Mai 2021 (BGBl. I S. 882) oder einer abgeschlossenen Ausbildung an einer Hochschule nach § 8 Absatz 2 Nummer 3 VBVG steht es gleich, wenn die berufliche Betreuerin oder der berufliche Betreuer oder der Berufsvormund die besonderen Kenntnisse nach § 8 Absatz 2 Nummer 2 oder Nummer 3 VBVG durch eine Umschulung oder Fortbildung erworben und durch eine Prüfung nachgewiesen hat.

(2) Als Prüfungsnachweis nach Absatz 1 gelten alle Zeugnisse über mit Erfolg abgelegte Prüfungen, die in einem Land der Bundesrepublik Deutschland auf der Grundlage von Ausführungsregelungen zum Berufsvormündervergütungsgesetz abgenommen worden sind und die Bestimmungen über die Anforderungen an eine Umschulung oder Fortbildung, über Art und Umfang der zu erbringenden Prüfungsleistungen und über das Prüfungsverfahren enthalten. Aus dem Zeugnis soll hervorgehen, welchen Kenntnissen nach § 8 Absatz 2 Nummer 2 und 3 VBVG die durch die Prüfung nachgewiesenen Kenntnisse entsprechen.

§ 5 Arbeitsgemeinschaften

(1) Die örtliche Betreuungsbehörde soll zur Förderung der Zusammenarbeit in Betreuungsangelegenheiten auf örtlicher Ebene eine örtliche Arbeitsgemeinschaft einrichten. In der örtlichen Arbeitsgemeinschaft sollen alle für das Betreuungswesen vor Ort maßgeblichen Institutionen und Organisationen, insbesondere die Betreuungsbehörden, Gerichte und Betreuungsvereine, sowie Betreuerinnen und Betreuer vertreten sein.

(2) Das für die Justiz zuständige Ministerium richtet zur Förderung der Zusammenarbeit in Betreuungsangelegenheiten auf Landesebene eine überörtliche Arbeitsgemeinschaft ein. In der überörtlichen Arbeitsgemeinschaft sollen alle für das Betreuungswesen maßgeblichen Institutionen und Organisationen, insbesondere die Betreuungsbehörden, Gerichte und Betreuungsvereine, die für das Betreuungsrecht zuständigen Ministerien und die kommunalen Landesverbände, sowie Betreuerinnen und Betreuer vertreten sein.

Thüringer Gesetz zur Ausführung des Betreuungsorganisationsgesetzes (ThürAGBtOG)

Vom 23. Dezember 2022 (GVBl. S. 519)

§ 1 Betreuungsbehörden

(1) Zuständig für die Wahrnehmung behördlicher Aufgaben bei der Betreuung Volljähriger sind die örtlichen Betreuungsbehörden bei den Landkreisen und kreisfreien Städten, soweit dieses Gesetz keine abweichende Regelung trifft. Die Landkreise und kreisfreien Städte erfüllen die Aufgaben nach diesem Gesetz im eigenen Wirkungskreis.

(2) Für die Wahrnehmung überörtlicher Betreuungsaufgaben ist die in der aufgrund des § 6 Satz 1 Nr. 1 erlassenen Rechtsverordnung bestimmte Behörde zuständig

§ 2 Arbeitsgemeinschaften

(1) Die örtliche Betreuungsbehörde soll zur Förderung der Zusammenarbeit in Betreuungsangelegenheiten auf örtlicher Ebene eine Arbeitsgemeinschaft einrichten, der Vertreterinnen und Vertreter der mit der Betreuung Volljähriger befassten Organisationen, Behörden und Gerichte sowie Betreuerinnen und Betreuer angehören.

(2) Die überörtliche Betreuungsbehörde richtet zur Förderung der Zusammenarbeit in Betreuungsangelegenheiten auf überörtlicher Ebene eine Arbeitsgemeinschaft ein, der Vertreterinnen und Vertreter der mit der Betreuung Volljähriger befassten Organisationen, Behörden, insbesondere der örtlichen Betreuungsbehörden, und Gerichte sowie Betreuerinnen und Betreuer angehören.

§ 3 Anerkennung von Betreuungsvereinen

Ein rechtsfähiger Verein, der den Anforderungen des § 14 Abs. 1 des Betreuungsorganisationsgesetzes (BtOG) vom 4. Mai 2021 (BGBl. I S. 882 -917-) in der jeweils geltenden Fassung entspricht, ist als Betreuungsverein anzuerkennen, wenn

1. dieser den Anforderungen der Gemeinnützigkeit im Sinne der Abgabenordnung genügt,
2. dieser von Personen geleitet wird, die nach ihrer Persönlichkeit sowie ihrer Ausbildung oder Berufserfahrung hierzu geeignet sind und die in keinem Abhängigkeitsverhältnis und in keiner anderen engen Beziehung zu einem Träger von Einrichtungen oder Diensten stehen, der in der Versorgung von Personen tätig ist, die durch den Verein oder Mitglieder des Vereins betreut werden, und
3. die sachgerechte und wirtschaftliche Verwendung der ihm zur Verfügung stehenden Mittel gewährleistet ist.

§ 4 Finanzierung von anerkannten Betreuungsvereinen

(1) Anerkannte Betreuungsvereine erhalten auf Antrag Leistungen zu den Personal- und Sachausgaben einer hauptberuflichen Fachkraft je 100 000 Einwohnerinnen und Einwohner im Zuständigkeitsbereich der örtlichen Betreuungsbehörde (Bedarfszahl), sofern ein Bedarf für die Tätigkeit des anerkannten Betreuungsvereins besteht. Maßgeblich für die Ermittlung der Bedarfszahl ist die amtliche Bevölkerungsstatistik nach den Erhebungen des Landesamtes für Statistik zum Stand des 31. Dezember des Vorvorjahres. Unter Zugrundelegung der Bevölkerungszahl und der Gebietsstrukturen Thüringens besteht grundsätzlich ein Bedarf für die Tätigkeit von einem anerkannten Betreuungsverein je Landkreis oder kreisfreier Stadt mit Ausnahme der kreisfreien Stadt Erfurt, in der ein Bedarf für die Tätigkeit von zwei anerkannten Betreuungsvereinen besteht. Sind zum Zeitpunkt des Inkrafttretens dieses Gesetzes bereits mehrere Betreuungsvereine in einem Landkreis oder einer kreisfreien Stadt anerkannt und stellen alle anerkannten Betreuungsvereine einen Antrag auf Finanzierung, wird die Leistung nach Satz 1 in Verbindung mit Absatz 3 entsprechend der Anzahl der Betreuungsvereine zu gleichen Teilen aufgeteilt.

(2) Darüber hinaus setzt die Gewährung einer Leistung nach Absatz 1 Satz 1 in Verbindung mit Absatz 3 voraus, dass der Betreuungsverein

1. seinen Wirkungskreis mit anderen Betreuungsvereinen und mit den örtlichen Betreuungsbehörden abgestimmt hat; er kann einen örtlichen Wirkungskreis besitzen, der sich auf die Zuständigkeitsbereiche mehrerer örtlicher Betreuungsbehörden erstreckt; mehrere Betreuungsvereine können sich zur Erfüllung einzelner Aufgaben nach § 15 BtOG zu einer Gemeinschaft zusammenschließen,
2. in der örtlichen Arbeitsgemeinschaft nach § 2 Abs. 1 mitwirkt, soweit eine solche eingerichtet ist,
3. für die Wahrnehmung der Aufgaben nach § 15 BtOG über mindestens eine geeignete hauptberufliche Fachkraft in Vollzeit- oder Teilzeitbeschäftigung verfügt, die
   a) als berufliche Betreuerin oder beruflicher Betreuer registriert ist und
   b) auch selbst die Betreuung Volljähriger übernimmt, soweit der tatsächliche Beschäftigungsumfang den finanzierungsfähigen Beschäftigungsumfang übersteigt, und
4. regelmäßige Öffnungszeiten von mindestens zehn Stunden pro Woche gewährleistet, während der er Angebote zur individuellen Beratung und Information über allgemeine betreuungsrechtliche Fragen, Vorsorgevollmachten, Betreuungsverfügungen und Patientenverfügungen sowie zur individuellen Beratung und Unterstützung der vom Betreuungsgericht bestellten ehrenamtlichen Betreuerinnen und Betreuer und der Bevollmächtigten bei der Wahrnehmung ihrer Aufgaben unterbreitet.

(3) Die Höhe der Leistung nach Absatz 1 Satz 1 bemisst sich an den Ausgaben für eine Vollzeitstelle der Entgeltgruppe 9b des Tarifvertrags für den öffentlichen Dienst der Länder in der jeweils geltenden Fassung. Die Leistung nach Satz 1 erhöht oder verringert sich um jeweils ein Hundertstel je 1000 Einwohnerinnen und Einwohner Abweichung von der Bedarfszahl nach Absatz 1 Satz 1.

§ 5 Träger der Finanzierung von Betreuungsvereinen, Finanzierungszeitraum

(1) Das Land trägt 80 Prozent der auf Grundlage des § 4 zu gewährenden Leistungen.

(2) Der Landkreis oder die kreisfreie Stadt, in dem oder in der der jeweilige anerkannte Betreuungsverein seinen Wirkungskreis hat, trägt 20 Prozent der auf Grundlage des § 4 zu gewährenden Leistungen.

(3) Der für die Finanzierung nach § 4 maßgebliche Zeitraum ist jeweils das Kalenderjahr.

§ 6 Verordnungsermächtigungen

Das für das außergerichtliche Betreuungswesen zuständige Ministerium wird ermächtigt, durch Rechtsverordnung zu bestimmen:

1. die zuständige Behörde für die Wahrnehmung überörtlicher Betreuungsaufgaben nach § 1 Abs. 2,
2. die Aufgaben der überörtlichen Betreuungsbehörde,
3. die Einzelheiten des Verfahrens der Anerkennung von Betreuungsvereinen nach § 3 als überörtlichen Betreuungsaufgabe, insbesondere die Beteiligung von Landkreisen und kreisfreien Städten im Anerkennungsverfahren,
4. die Einzelheiten der Finanzierung anerkannter Betreuungsvereine als überörtliche Betreuungsaufgabe, insbesondere zu Art und Höhe der Personal- und Sachausgaben nach den §§ 4 und 5 Abs. 1 sowie die zuständige Behörde und das Verfahren,
5. die Zuständigkeit für die Durchführung und die Ausgestaltung des Registrierungsverfahrens für berufliche Betreuerinnen und Betreuer nach den §§ 23 und 24 BtOG.

In der Rechtsverordnung nach Satz 1 Nr. 4 kann bestimmt werden, dass mit den Aufgaben der zuständigen Behörde auch eine juristische Person des Privatrechts mit deren Zustimmung durch Verwaltungsakt oder öffentlich-rechtlichen Vertrag widerruflich beliehen werden kann, sofern diese die Gewähr für eine sachgerechte Erfüllung der ihr übertragenen Aufgaben bietet; im Rahmen der Zuständigkeitsübertragung steht die Behörde, Stelle oder beliehene juristische Person unter der Fachaufsicht des für das außergerichtliche Betreuungswesen zuständigen Ministeriums.

§ 7 Modellprojekt

Die Wahrnehmung der Aufgabe der erweiterten Unterstützung im gerichtlichen Verfahren nach § 11 Abs. 3 und 4 BtOG, jeweils in Verbindung mit § 8 Abs. 2 BtOG, wird auf der Grundlage des § 11 Abs. 5 BtOG im Rahmen eines Modellprojektes mit einer Laufzeit vom 1. Januar 2023 bis zum 31. Dezember 2025 auf die Betreuungsbehörden Jena und Greiz (Modellkommunen) beschränkt. Jede Modellkommune erhält für die Wahrnehmung der Aufgabe eine nicht zurückzuzahlende Zuwendung des Landes in Form von Fallpauschalen. Die Fallpauschale beträgt:

1. für ein dreimonatiges Fallmanagement 508,50 Euro pro Fall und
2. für ein sechsmonatiges Fallmanagement 924,00 Euro pro Fall.

Die Zuwendung des Landes beträgt jedoch je Modellkommune höchstens 28 000 Euro pro Jahr

§ 8 Gleichstellungsbestimmung

Status- und Funktionsbezeichnungen in diesem Gesetz gelten jeweils auch für Personen, die mit der Angabe „divers" oder ohne eine Angabe des Geschlechts in das Geburtenregister eingetragen sind.

§ 9 Inkrafttreten, Außerkrafttreten

(1) Dieses Gesetz tritt am 1. Januar 2023 in Kraft. Abweichend von Satz 1 tritt § 6 am 31. Dezember 2022 in Kraft.

(2) Gleichzeitig mit dem Inkrafttreten nach Absatz 1 Satz 1 tritt das Thüringer Gesetz zur Ausführung des Betreuungsgesetzes vom 19. Juli 1994 (GVBl. S. 905), zuletzt geändert durch Gesetz vom 25. Oktober 2012 (GVBl. S. 418), außer Kraft.

V Betreuungsverfügung, Vorsorgevollmacht

V.1 Bundesnotarordnung (BNotO) (Auszug) 314

V.2 Beurkundungsgesetz (BeurkG) (Auszug) 318

V.3 Verordnung über das Zentrale Vorsorgeregister (Vorsorgeregister-Verordnung – VRegV) 322

V.4 Satzung über die Gebühren in Angelegenheiten des Zentralen Vorsorgeregisters (Vorsorgeregister-Gebührensatzung – VRegGebS) 324

V.5 Grundsätze der Bundesärztekammer zur ärztlichen Sterbebegleitung 326

Bundesnotarordnung (BNotO)

Vom 24. Februar 1961 (BGBl. I S. 97)

Zuletzt geändert durch
Gesetz zur Beschleunigung von Disziplinarverfahren in der Bundesverwaltung und zur Änderung weiterer dienstrechtlicher Vorschriften
vom 20. Dezember 2023 (BGBl. I Nr. 389)

– Auszug –

Inhaltsübersicht

Teil 2
Notarkammern und Bundesnotarkammer

Abschnitt 2
Bundesnotarkammer

§ 78 Aufgaben
§ 78a Zentrales Vorsorgeregister; Verordnungsermächtigung
§ 78b Auskunft und Gebühren
§ 78c Zentrales Testamentsregister; Verordnungsermächtigung
§ 78d Inhalt des Zentralen Testamentsregisters
§ 78e Sterbefallmitteilung
§ 78f Auskunft aus dem Zentralen Testamentsregister

V

Teil 2
Notarkammern und Bundesnotarkammer

Abschnitt 2
Bundesnotarkammer

§ 78 Aufgaben

(1) Die Bundesnotarkammer hat die ihr durch Gesetz zugewiesenen Aufgaben zu erfüllen. Sie hat insbesondere

1. in Fragen, welche die Gesamtheit der Notarkammern angehen, die Auffassung der einzelnen Notarkammern zu ermitteln und im Wege gemeinschaftlicher Aussprache die Auffassung der Mehrheit festzustellen;
2. in allen die Gesamtheit der Notarkammern berührenden Angelegenheiten die Auffassung der Bundesnotarkammer den zuständigen Gerichten und Behörden gegenüber zur Geltung zu bringen;
3. die Gesamtheit der Notarkammern gegenüber Behörden und Organisationen zu vertreten;
4. Gutachten zu erstatten, die eine an der Gesetzgebung beteiligte Behörde oder Körperschaft des Bundes oder ein Bundesgericht in Angelegenheiten der Notare anfordert;
5. durch Beschluss der Generalversammlung Empfehlungen für die von den Notarkammern nach § 67 Absatz 2 zu erlassenden Richtlinien auszusprechen;
6. Richtlinien für die Ausbildung der Hilfskräfte der Notare aufzustellen;
7. den Elektronischen Notariatsaktenspeicher (§ 78k) zu führen;
8. das Notarverzeichnis (§ 78l) zu führen;
9. die besonderen elektronischen Notarpostfächer (§ 78n) einzurichten.;
10. ein Videokommunikationssystem zu betreiben, das die Vornahme von Urkundstätigkeiten mittels Videokommunikation nach den §§ 16a bis 16e und 40a des Beurkundungsgesetzes (§ 78p) ermöglicht.

(2) Die Bundesnotarkammer führt

1. das Zentrale Vorsorgeregister (§ 78a),
2. das Zentrale Testamentsregister (§ 78c),
3. das Elektronische Urkundenarchiv (§ 78h).

(3) Die Bundesnotarkammer kann weitere dem Zweck ihrer Errichtung entsprechende Aufgaben wahrnehmen. Sie kann insbesondere

1. Maßnahmen ergreifen, die der wissenschaftlichen Beratung der Notarkammern und ihrer Mitglieder, der Fortbildung von Notaren, der Aus- und Fortbildung des beruflichen Nachwuchses und der Hilfskräfte der Notare dienen,
2. Notardaten verwalten und
3. die elektronische Kommunikation der Notare mit Gerichten, Behörden und sonstigen Dritten sowie die elektronische Aktenführung und die sonstige elektronische Datenverarbeitung der Notare unterstützen.

§ 78a Zentrales Vorsorgeregister; Verordnungsermächtigung

(1) Die Bundesnotarkammer führt als Registerbehörde ein automatisiertes elektronisches Register über Vorsorgevollmachten, Betreuungsverfügungen, Patientenverfügungen und Widersprüche gegen eine Vertretung durch den Ehegatten nach § 1358 des Bürgerlichen Gesetzbuchs. Das Bundesministerium der Justiz und für Verbraucherschutz führt die Rechtsaufsicht über die Registerbehörde.

(2) In das Zentrale Vorsorgeregister dürfen Angaben aufgenommen werden über

1. Vollmachtgeber,
2. Bevollmächtigte,
3. die Vollmacht und deren Inhalt,
4. Vorschläge zur Auswahl des Betreuers,
5. Wünsche zur Wahrnehmung der Betreuung,
6. den Vorschlagenden,
7. den einer Vertretung durch den Ehegatten nach § 1358 des Bürgerlichen Gesetzbuchs Widersprechenden und
8. den Ersteller einer Patientenverfügung.

(3) Das Bundesministerium der Justiz und für Verbraucherschutz hat durch Rechtsverordnung mit Zustimmung des Bundesrates die näheren Bestimmungen zu treffen über

1. die Einrichtung und Führung des Registers,
2. die Auskunft aus dem Register,
3. die Anmeldung, Änderung und Löschung von Registereintragungen,
4. die Einzelheiten der Datenübermittlung und -speicherung und
5. die Einzelheiten der Datensicherheit.

V

§ 78b Auskunft und Gebühren

(1) Die Registerbehörde erteilt Gerichten und Ärzten auf Ersuchen Auskunft aus dem Zentralen Vorsorgeregister. Ärzte dürfen nur um Auskunft ersuchen, soweit diese für die Entscheidung über eine dringende medizinische Behandlung erforderlich ist. Die Befugnis der Gerichte, Notare und Notarkammern zur Einsicht in Registrierungen, die von ihnen verwahrte oder registrierte Urkunden betreffen, bleibt unberührt.

(2) Das Zentrale Vorsorgeregister wird durch Gebühren finanziert. Die Registerbehörde kann Gebühren für die Aufnahme von Erklärungen in das Register erheben. Zur Zahlung der Gebühren sind der Antragsteller und derjenige verpflichtet, der für die Gebührenschuld eines anderen kraft Gesetzes haftet. Mehrere Gebührenschuldner haften als Gesamtschuldner. Gerichte und Notare können die Gebühren für die Registerbehörde entgegennehmen.

(3) Die Gebühren sind so zu bemessen, dass der mit der Einrichtung, der Inbetriebnahme, der dauerhaften Führung und der Nutzung des Zentralen Vorsorgeregisters durchschnittlich verbundene Verwaltungsaufwand einschließlich der Personal- und Sachkosten gedeckt wird. Dabei ist auch der für die Aufnahme von Erklärungen in das Register gewählte Kommunikationsweg zu berücksichtigen.

(4) Die Registerbehörde bestimmt die Gebühren nach Absatz 2 Satz 2 und die Art ihrer Erhebung durch eine Gebührensatzung. Die Satzung bedarf der Genehmigung durch das Bundesministerium der Justiz und für Ver-

braucherschutz. Die Höhe der Gebühren ist regelmäßig zu überprüfen.

§ 78c Zentrales Testamentsregister; Verordnungsermächtigung

(1) Die Bundesnotarkammer führt als Registerbehörde ein automatisiertes elektronisches Register über die Verwahrung erbfolgerelevanter Urkunden und sonstige Daten nach § 78d. Die Erhebung und Verwendung der Daten ist auf das für die Erfüllung der gesetzlichen Aufgaben der Registerbehörde, der Nachlassgerichte und der Verwahrstellen Erforderliche zu beschränken. Das Bundesministerium der Justiz und für Verbraucherschutz führt die Rechtsaufsicht über die Registerbehörde.

(2) Das Bundesministerium der Justiz und für Verbraucherschutz hat durch Rechtsverordnung mit Zustimmung des Bundesrates die näheren Bestimmungen zu treffen über

1. die Einrichtung und Führung des Registers,
2. die Auskunft aus dem Register,
3. die Anmeldung, Änderung und Löschung von Registereintragungen,
4. die Einzelheiten der Datenübermittlung und -speicherung und
5. die Einzelheiten der Datensicherheit.

(3) In der Rechtsverordnung können darüber hinaus Bestimmungen zum Inhalt der Sterbefallmitteilungen nach § 78e Satz 1 getroffen werden. Ferner können in der Rechtsverordnung Ausnahmen zugelassen werden von

1. § 78e Satz 3, soweit dies die Sterbefallmitteilung an das Nachlassgericht betrifft;
2. der elektronischen Benachrichtigung nach § 78e Satz 4;
3. der Verpflichtung zur elektronischen Übermittlung nach § 34a Absatz 1 und 2 des Beurkundungsgesetzes und § 347 des Gesetzes über das Verfahren in Familiensachen und in den Angelegenheiten der freiwilligen Gerichtsbarkeit.

§ 78d Inhalt des Zentralen Testamentsregisters

(1) In das Zentrale Testamentsregister werden Verwahrangaben zu erbfolgerelevanten Urkunden aufgenommen, die

1. von Notaren nach § 34a Absatz 1 oder 2 des Beurkundungsgesetzes zu übermitteln sind oder
2. von Gerichten nach Absatz 4 Satz 1 sowie nach § 347 des Gesetzes über das Verfahren in Familiensachen und in den Angelegenheiten der freiwilligen Gerichtsbarkeit zu übermitteln sind.

Weiterer Inhalt des Zentralen Testamentsregisters sind

1. Verwahrangaben, die nach § 1 des Testamentsverzeichnis-Überführungsgesetzes überführt worden sind, und
2. Mitteilungen, die nach § 9 des Testamentsverzeichnis-Überführungsgesetzes überführt worden sind.

Die gespeicherten Daten sind mit Ablauf des 30. auf die Sterbefallmitteilung folgenden Kalenderjahres zu löschen.

(2) Erbfolgerelevante Urkunden sind Testamente, Erbverträge und alle Urkunden mit Erklärungen, welche die Erbfolge beeinflussen können, insbesondere Aufhebungsverträge, Rücktritts- und Anfechtungserklärungen, Erb- und Zuwendungsverzichtsverträge, Ehe- und Lebenspartnerschaftsverträge und Rechtswahlen. Verwahrangaben sind Angaben, die zum Auffinden erbfolgerelevanter Urkunden erforderlich sind.

(3) Registerfähig sind nur erbfolgerelevante Urkunden, die

1. öffentlich beurkundet worden sind oder
2. in amtliche Verwahrung genommen worden sind.

(4) Handelt es sich bei einem gerichtlichen Vergleich um eine erbfolgerelevante Urkunde im Sinne von Absatz 2 Satz 1, übermittelt das Gericht unverzüglich die Verwahrangaben an die das Zentrale Testamentsregister führende Registerbehörde nach Maßgabe der nach § 78c Absatz 2 und 3 erlassenen Rechtsverordnung. Der Erblasser teilt dem Gericht die zur Registrierung erforderlichen Daten mit.

§ 78e Sterbefallmitteilung

Das zuständige Standesamt hat der Registerbehörde den Tod, die Todeserklärung oder die gerichtliche Feststellung der Todeszeit einer Person mitzuteilen (Sterbefallmitteilung). Die Registerbehörde prüft daraufhin, ob im Zentralen Testamentsregister Angaben nach § 78d Absatz 1 Satz 1 und 2 vorliegen. Sie benachrichtigt, soweit es zur Erfüllung der Aufgaben des Nachlassgerichts und der verwahrenden Stellen erforderlich ist, unverzüglich

1. das zuständige Nachlassgericht über den Sterbefall und etwaige Angaben nach § 78d Absatz 1 Satz 1 und 2 und
2. die verwahrenden Stellen über den Sterbefall und etwaige Verwahrangaben nach § 78d Absatz 1 Satz 1 Nummer 1.

Die Benachrichtigung erfolgt elektronisch.

§ 78f Auskunft aus dem Zentralen Testamentsregister

(1) Die Registerbehörde erteilt auf Ersuchen

1. Gerichten Auskunft aus dem Zentralen Testamentsregister sowie
2. Notaren Auskunft über Verwahrangaben aus dem Zentralen Testamentsregister.

Die Auskunft wird nur erteilt, soweit sie im Rahmen der Aufgabenerfüllung der Gerichte und Notare erforderlich ist. Auskünfte können zu Lebzeiten des Erblassers nur mit dessen Einwilligung eingeholt werden.

(1a) Auf Ersuchen erteilt die Registerbehörde in Angelegenheiten, die die Rechtsnachfolge von Todes wegen betreffen, innerhalb des Anwendungsbereichs der Verordnung (EU) Nr. 650/2012 des Europäischen Parlaments und des Rates vom 4. Juli 2012 über die Zuständigkeit, das anzuwendende Recht, die Anerkennung und Vollstreckung von Entscheidungen und die Annahme und Vollstreckung öffentlicher Urkunden in Erbsachen sowie zur Einführung eines Europäischen Nachlasszeugnisses (ABl. L 201 vom 27. 7. 2012, S. 107; L 344 vom 14. 12. 2012, S. 3; L 41 vom 12. 2. 2013, S. 16; L 60 vom 2. 3. 2013, S. 140; L 363 vom 18. 12. 2014, S. 186) auch

1. ausländischen Gerichten im Sinne des Artikels 3 Absatz 2 der Verordnung (EU) Nr. 650/2012 und ausländischen Behörden, die für die Ausstellung des Europäischen Nachlasszeugnisses zuständig sind, Auskunft aus dem Zentralen Testamentsregister sowie

2. Notaren, die in einem anderen Mitgliedstaat der Europäischen Union mit Ausnahme Dänemarks und Irlands niedergelassen sind, Auskunft über Verwahrangaben aus dem Zentralen Testamentsregister.

Absatz 1 Satz 2 und 3 gilt entsprechend.

(2) Die Befugnis der Gerichte, Notare und Notarkammern zur Einsicht in Registrierungen, die von ihnen verwahrte oder registrierte Urkunden betreffen, bleibt unberührt.

(3) Die Registerbehörde kann Gerichte bei der Ermittlung besonders amtlich verwahrter Urkunden unterstützen, für die mangels Verwahrungsnachricht keine Eintragung im Zentralen Testamentsregister vorliegt. Die Verwahrangaben der nach Satz 1 ermittelten Verfügungen von Todes wegen sind nach § 347 des Gesetzes über das Verfahren in Familiensachen und in den Angelegenheiten der freiwilligen Gerichtsbarkeit an das Zentrale Testamentsregister zu melden.

Beurkundungsgesetz (BeurkG)

Vom 28. August 1969 (BGBl. I S. 1513)

Zuletzt geändert durch
Gesetz zur Ergänzung der Regelungen zur Umsetzung der Digitalisierungsrichtlinie und zur Änderung weiterer Vorschriften
vom 15. Juli 2022 (BGBl. I S. 1146)

– Auszug –

Inhaltsübersicht

Abschnitt 1
Allgemeine Vorschriften

§ 1 Geltungsbereich
§ 4 Ablehnung der Beurkundung

Abschnitt 2
Beurkundung von Willenserklärungen

Unterabschnitt 2
Niederschrift

§ 10 Feststellung der Beteiligten
§ 11 Feststellungen über die Geschäftsfähigkeit

Unterabschnitt 4
Prüfungs- und Belehrungspflichten

§ 17 Grundsatz
§ 20a Vorsorgevollmacht

Unterabschnitt 5
Beteiligung behinderter Personen

§ 22 Hörbehinderte, sprachbehinderte und sehbehinderte Beteiligte
§ 23 Besonderheiten bei hörbehinderten Beteiligten
§ 24 Besonderheiten bei hör- und sprachbehinderten Beteiligten, mit denen eine schriftliche Verständigung nicht möglich ist
§ 25 Schreibunfähige

Unterabschnitt 6
Besonderheiten für Verfügungen von Todes wegen

§ 28 Feststellungen über die Geschäftsfähigkeit
§ 34a Mitteilungs- und Ablieferungspflichten

Abschnitt 3
Sonstige Beurkundungen

Unterabschnitt 2
Vermerke

§ 39 Einfache Zeugnisse
§ 39a Einfache elektronische Zeugnisse
§ 40 Beglaubigung einer Unterschrift

Abschnitt 4
Behandlung der Urkunden

§ 44 Verbindung mit Schnur und Prägesiegel

Abschnitt 1
Allgemeine Vorschriften

§ 1 Geltungsbereich

(1) Dieses Gesetz gilt für öffentliche Beurkundungen und Verwahrungen durch den Notar.

(2) Soweit für öffentliche Beurkundungen neben dem Notar auch andere Urkundspersonen oder sonstige Stellen zuständig sind, gelten die Vorschriften dieses Gesetzes, ausgenommen § 5 Abs. 2 und des Abschnitts 5, entsprechend.

§ 4 Ablehnung der Beurkundung

Der Notar soll die Beurkundung ablehnen, wenn sie mit seinen Amtspflichten nicht vereinbar wäre, insbesondere wenn seine Mitwirkung bei Handlungen verlangt wird, mit denen erkennbar unerlaubte oder unredliche Zwecke verfolgt werden.

Abschnitt 2
Beurkundung von Willenserklärungen

Unterabschnitt 2
Niederschrift

§ 10 Feststellung der Beteiligten

(1) Der Notar soll sich Gewissheit über die Person der Beteiligten verschaffen.

(2) In der Niederschrift soll die Person der Beteiligten so genau bezeichnet werden, daß Zweifel und Verwechslungen ausgeschlossen sind.

(3) Aus der Niederschrift soll sich ergeben, ob der Notar die Beteiligten kennt oder wie er sich Gewißheit über ihre Person verschafft hat. Kann sich der Notar diese Gewißheit nicht verschaffen, wird aber gleichwohl die Aufnahme der Niederschrift verlangt, so soll der Notar dies in der Niederschrift unter Anführung des Sachverhalts angeben.

§ 11 Feststellungen über die Geschäftsfähigkeit

(1) Fehlt einem Beteiligten nach der Überzeugung des Notars die erforderliche Geschäftsfähigkeit, so soll die Beurkundung abgelehnt werden. Zweifel an der erforderlichen Geschäftsfähigkeit eines Beteiligten soll der Notar in der Niederschrift feststellen.

(2) Ist ein Beteiligter schwer krank, so soll dies in der Niederschrift vermerkt und angegeben werden, welche Feststellungen der Notar über die Geschäftsfähigkeit getroffen hat.

Unterabschnitt 4
Prüfungs- und Belehrungspflichten

§ 17 Grundsatz

(1) Der Notar soll den Willen der Beteiligten erforschen, den Sachverhalt klären, die Beteiligten über die rechtliche Tragweite des Geschäfts belehren und ihre Erklärungen klar und unzweideutig in der Niederschrift wiedergeben. Dabei soll er darauf achten, daß Irrtümer und Zweifel vermieden sowie unerfahrene und ungewandte Beteiligte nicht benachteiligt werden.

(2) Bestehen Zweifel, ob das Geschäft dem Gesetz oder dem wahren Willen der Beteiligten entspricht, so sollen die Bedenken mit den Beteiligten erörtert werden. Zweifelt der Notar an der Wirksamkeit des Geschäfts und bestehen die Beteiligten auf der Beurkundung, so soll er die Belehrung und die dazu abgegebenen Erklärungen der Beteiligten in der Niederschrift vermerken.

(2a) Der Notar soll das Beurkundungsverfahren so gestalten, daß die Einhaltung der Amtspflichten nach den Absätzen 1 und 2 gewährleistet ist. Bei Verbraucherverträgen soll der Notar darauf hinwirken, dass

1. die rechtsgeschäftlichen Erklärungen des Verbrauchers von diesem persönlich oder durch eine Vertrauensperson vor dem Notar abgegeben werden und
2. der Verbraucher ausreichend Gelegenheit erhält, sich vorab mit dem Gegenstand der Beurkundung auseinanderzusetzen; bei Verbraucherverträgen, die der Beurkundungspflicht nach § 311b Absatz 1 Satz 1 und Absatz 3 des Bürgerlichen Gesetzbuchs unterliegen, soll dem Verbraucher der beabsichtigte Text des Rechtsgeschäfts vom beurkundenden Notar oder einem Notar, mit dem sich der beurkundende Notar zur gemeinsamen Berufsausübung verbunden hat, zur Verfügung gestellt werden. Dies soll im Regelfall zwei Wochen vor der Beurkundung erfolgen. Wird diese Frist unterschritten, sollen die Gründe hierfür in der Niederschrift angegeben werden.

Weitere Amtspflichten des Notars bleiben unberührt.

(3) Kommt ausländisches Recht zur Anwendung oder bestehen darüber Zweifel, so soll der Notar die Beteiligten darauf hinweisen und dies in der Niederschrift vermerken. Zur Belehrung über den Inhalt ausländischer Rechtsordnungen ist er nicht verpflichtet.

§ 20a Vorsorgevollmacht

Beurkundet der Notar eine Vorsorgevollmacht, so soll er auf die Möglichkeit der Registrierung bei dem Zentralen Vorsorgeregister hinweisen.

Unterabschnitt 5
Beteiligung behinderter Personen

§ 22 Hörbehinderte, sprachbehinderte und sehbehinderte Beteiligte

(1) Vermag ein Beteiligter nach seinen Angaben oder nach der Überzeugung des Notars nicht hinreichend zu hören, zu sprechen oder zu sehen, so soll zu der Beurkundung ein Zeuge oder ein zweiter Notar zugezogen werden, es sei denn, daß alle Beteiligten darauf verzichten. Auf Verlangen eines hör- oder sprachbehinderten Beteiligten soll der Notar einen Gebärdensprachdolmetscher hinzuziehen. Diese Tatsachen sollen in der Niederschrift festgestellt werden.

(2) Die Niederschrift soll auch von dem Zeugen oder dem zweiten Notar unterschrieben werden.

§ 23 Besonderheiten bei hörbehinderten Beteiligten

Eine Niederschrift, in der nach § 22 Abs. 1 festgestellt ist, daß ein Beteiligter nicht hinreichend zu hören vermag, muß diesem Beteiligten anstelle des Vorlesens zur Durchsicht vorgelegt werden; in der Niederschrift soll

V

festgestellt werden, daß dies geschehen ist. Hat der Beteiligte die Niederschrift eigenhändig unterschrieben, so wird vermutet, daß sie ihm zur Durchsicht vorgelegt und von ihm genehmigt worden ist.

§ 24 Besonderheiten bei hör- und sprachbehinderten Beteiligten, mit denen eine schriftliche Verständigung nicht möglich ist

(1) Vermag ein Beteiligter nach seinen Angaben oder nach der Überzeugung des Notars nicht hinreichend zu hören oder zu sprechen und sich auch nicht schriftlich zu verständigen, so soll der Notar dies in der Niederschrift feststellen. Wird in der Niederschrift eine solche Feststellung getroffen, so muss zu der Beurkundung eine Person zugezogen werden, die sich mit dem behinderten Beteiligten zu verständigen vermag und mit deren Zuziehung er nach der Überzeugung des Notars einverstanden ist; in der Niederschrift soll festgestellt werden, dass dies geschehen ist. Zweifelt der Notar an der Möglichkeit der Verständigung zwischen der zugezogenen Person und dem Beteiligten, so soll er dies in der Niederschrift feststellen. Die Niederschrift soll auch von der zugezogenen Person unterschrieben werden.

(2) Die Beurkundung von Willenserklärungen ist insoweit unwirksam, als diese darauf gerichtet sind, der nach Absatz 1 zugezogenen Person einen rechtlichen Vorteil zu verschaffen.

(3) Das Erfordernis, nach § 22 einen Zeugen oder zweiten Notar zuzuziehen, bleibt unberührt.

§ 25 Schreibunfähige

Vermag ein Beteiligter nach seinen Angaben oder nach der Überzeugung des Notars seinen Namen nicht zu schreiben, so muß bei dem Vorlesen und der Genehmigung ein Zeuge oder ein zweiter Notar zugezogen werden, wenn nicht bereits nach § 22 ein Zeuge oder ein zweiter Notar zugezogen worden ist. Diese Tatsachen sollen in der Niederschrift festgestellt werden. Die Niederschrift muß von dem Zeugen oder dem zweiten Notar unterschrieben werden.

Unterabschnitt 6
Besonderheiten für Verfügungen von Todes wegen

§ 28 Feststellungen über die Geschäftsfähigkeit

Der Notar soll seine Wahrnehmungen über die erforderliche Geschäftsfähigkeit des Erblassers in der Niederschrift vermerken.

§ 34a Mitteilungs- und Ablieferungspflichten

(1) Der Notar übermittelt nach Errichtung einer erbfolgerelevanten Urkunde im Sinne von § 78d Absatz 2 Satz 1 der Bundesnotarordnung die Verwahrangaben im Sinne von § 78d Absatz 2 Satz 2 der Bundesnotarordnung unverzüglich elektronisch an die das Zentrale Testamentsregister führende Registerbehörde. Die Mitteilungspflicht nach Satz 1 besteht auch bei jeder Beurkundung von Änderungen erbfolgerelevanter Urkunden.

(2) Wird ein in die notarielle Verwahrung genommener Erbvertrag gemäß § 2300 Absatz 2, § 2256 Absatz 1 des Bürgerlichen Gesetzbuchs zurückgegeben, teilt der Notar dies der Registerbehörde mit.

(3) Befindet sich ein Erbvertrag in der Verwahrung des Notars, liefert der Notar ihn nach Eintritt des Erbfalls an das Nachlassgericht ab, in dessen Verwahrung er danach verbleibt. Enthält eine sonstige Urkunde Erklärungen, nach deren Inhalt die Erbfolge geändert werden kann, so teilt der Notar diese Erklärungen dem Nachlassgericht nach dem Eintritt des Erbfalls in beglaubigter Abschrift mit.

Abschnitt 3
Sonstige Beurkundungen

Unterabschnitt 2
Vermerke

§ 39 Einfache Zeugnisse

Bei der Beglaubigung einer Unterschrift oder eines Handzeichens oder der Zeichnung einer Namensunterschrift, bei der Feststellung des Zeitpunktes, zu dem eine Privaturkunde vorgelegt worden ist, bei Bescheinigungen über Eintragungen in öffentlichen Registern, bei der Beglaubigung von Abschriften, Abdrucken, Ablichtungen und dergleichen (Abschriften) und bei sonstigen einfachen Zeugnissen genügt anstelle einer Niederschrift eine Urkunde, die das Zeugnis, die Unterschrift und das Präge- oder Farbdrucksiegel (Siegel) des Notars enthalten muß und Ort und Tag der Ausstellung angeben soll (Vermerk).

§ 39a Einfache elektronische Zeugnisse

(1) Beglaubigungen und sonstige Zeugnisse im Sinne des § 39 können elektronisch errichtet werden; Beglaubigungen qualifizierter elektronischer Signaturen sind elektronisch zu errichten. Das hierzu erstellte Dokument muss mit einer qualifizierten elektronischen Signatur versehen werden. § 16b Absatz 4 Satz 2 und 4 gilt entsprechend.

(2) Mit dem Zeugnis muss eine Bestätigung der Notareigenschaft durch die zuständige Stelle verbunden werden. Das Zeugnis soll Ort und Tag der Ausstellung angeben.

(3) Bei der Beglaubigung eines elektronischen Dokuments, das mit einer qualifizierten elektronischen Signatur versehen ist, soll das Ergebnis der Signaturprüfung dokumentiert werden. Ist das elektronische Dokument mit der qualifizierten elektronischen Signatur eines Notars versehen, so genügt die Dokumentation der Prüfung seiner qualifizierten elektronischen Signatur.

(4) Bei der Beglaubigung einer qualifizierten elektronischen Signatur ist der Bezug zwischen dem Zeugnis und dem mit der zu beglaubigenden qualifizierten elektronischen Signatur versehenen elektronischen Dokument durch kryptografische Verfahren nach dem Stand der Technik herzustellen, wenn das Zeugnis nicht in dem mit der zu beglaubigenden qualifizierten elektronischen Signatur versehenen elektronischen Dokument enthalten ist.

§ 40 Beglaubigung einer Unterschrift

(1) Eine Unterschrift soll nur beglaubigt werden, wenn sie in Gegenwart des Notars vollzogen oder anerkannt wird.

(2) Der Notar braucht die Urkunde nur darauf zu prüfen, ob Gründe bestehen, seine Amtstätigkeit zu versagen.

(3) Der Beglaubigungsvermerk muß auch die Person bezeichnen, welche die Unterschrift vollzogen oder anerkannt hat. In dem Vermerk soll angegeben werden, ob die Unterschrift vor dem Notar vollzogen oder anerkannt worden ist.

(4) § 10 Absatz 1, 2 und 3 Satz 1 gilt entsprechend.

(5) Unterschriften ohne zugehörigen Text soll der Notar nur beglaubigen, wenn dargelegt wird, daß die Beglaubigung vor der Festlegung des Urkundeninhalts benötigt wird. In dem Beglaubigungsvermerk soll angegeben werden, daß bei der Beglaubigung ein durch die Unterschrift gedeckter Text nicht vorhanden war.

(6) Die Absätze 1 bis 5 gelten für die Beglaubigung von Handzeichen entsprechend.

Abschnitt 4
Behandlung der Urkunden

§ 44 Verbindung mit Schnur und Prägesiegel

Besteht eine Urkunde aus mehreren Blättern, so sollen diese mit Schnur und Prägesiegel verbunden werden. Das gleiche gilt für Schriftstücke sowie für Karten, Zeichnungen oder Abbildungen, die nach § 9 Abs. 1 Satz 2, 3, §§ 14, 37 Abs. 1 Satz 2, 3 der Niederschrift beigefügt worden sind.

V

Verordnung über das Zentrale Vorsorgeregister (Vorsorgeregister-Verordnung – VRegV)

Vom 21. Februar 2005 (BGBl. I S. 318)

Zuletzt geändert durch
Gesetz zur Reform des Vormundschafts- und Betreuungsrechts
vom 4. Mai 2021 (BGBl. I S. 882)

§ 1 Inhalt des Zentralen Vorsorgeregisters

(1) Die Bundesnotarkammer stellt die Eintragung folgender personenbezogener Daten im Zentralen Vorsorgeregister sicher:

1. Daten zur Person des Vollmachtgebers:
   a) Familienname,
   b) Geburtsname,
   c) Vornamen,
   d) Geschlecht,
   e) Geburtsdatum,
   f) Geburtsort,
   g) Anschrift (Straße, Hausnummer, Postleitzahl, Ort),
   h) E-Mail-Adresse,
2. Daten zur Person des Bevollmächtigten:
   a) Familienname,
   b) Geburtsname,
   c) Vornamen,
   d) Geburtsdatum,
   e) Anschrift (Straße, Hausnummer, Postleitzahl, Ort),
   f) Rufnummer,
   g) E-Mail-Adresse,
3. Datum der Errichtung der Vollmachtsurkunde,
4. Aufbewahrungsort der Vollmachtsurkunde,
5. Angaben, ob Vollmacht erteilt wurde zur Erledigung von
   a) Vermögensangelegenheiten,
   b) Angelegenheiten der Gesundheitssorge und ob ausdrücklich Maßnahmen nach § 1829 Absatz 1 Satz 1 und § 1832 Absatz 1 und 4 des Bürgerlichen Gesetzbuchs umfasst sind,
   c) Angelegenheiten der Aufenthaltsbestimmung und ob ausdrücklich Maßnahmen nach § 1831 Absatz 1 und 4 des Bürgerlichen Gesetzbuchs umfasst sind,
   d) sonstigen persönlichen Angelegenheiten,
6. besondere Anordnungen oder Wünsche
   a) über das Verhältnis mehrerer Bevollmächtigter zueinander,
   b) für den Fall, dass das Betreuungsgericht einen Betreuer bestellt,
   c) hinsichtlich Art und Umfang medizinischer Versorgung,
7. Widersprüche gegen eine Vertretung durch den Ehegatten nach § 1358 des Bürgerlichen Gesetzbuchs mit den Daten zur Person des Widersprechenden entsprechend Nummer 1.

(2) Ist die Vollmacht in öffentlich beglaubigter oder notariell beurkundeter Form errichtet worden, dürfen darüber hinaus die Urkundenrollennummer, das Urkundsdatum sowie die Bezeichnung des Notars und die Anschrift seiner Geschäftsstelle aufgenommen werden.

(3) Die Eintragung erfolgt unter Angabe ihres Datums.

§ 2 Eintragungsantrag

(1) Die Eintragung erfolgt auf schriftlichen Antrag des Vollmachtgebers oder des einer Vertretung durch den Ehegatten Widersprechenden. Der Antrag hat mindestens die Angaben nach § 1 Abs. 1 Nr. 1 Buchstabe a, c bis g zu enthalten. Sollen auch Angaben über den Bevollmächtigten eingetragen werden, muss der Antrag zudem mindestens die Angaben nach § 1 Abs. 1 Nr. 2 Buchstabe a, c und e enthalten. Die Angaben nach § 1 Abs. 3 werden unabhängig von dem Antrag eingetragen.

(2) Der Antrag kann auch im Wege der Datenfernübertragung gestellt werden, soweit die Bundesnotarkammer diese Möglichkeit eröffnet hat. Die Bundesnotarkammer hat dem jeweiligen Stand der Technik entsprechende Maßnahmen zur Sicherstellung von Datenschutz und Datensicherheit nach den Artikeln 24, 25 und 32 der Verordnung (EU) 2016/679 des Europäischen Parlaments und des Rates vom 27. April 2016 zum Schutz natürlicher Personen bei der Verarbeitung personenbezogener Daten, zum freien Datenverkehr und zur Aufhebung der Richtlinie 95/46/EG (Datenschutz-Grundverordnung) (ABl. L 119 vom 4. 5. 2016, S. 1; L 314 vom 22. 11. 2016, S. 72; L 127 vom 23. 5. 2018, S. 2) zu treffen, die insbesondere die Vertraulichkeit und Unversehrtheit der Daten gewährleisten; im Falle der Nutzung allgemein zugänglicher Netze sind dem jeweiligen Stand der Technik entsprechende Verschlüsselungsverfahren anzuwenden.

(3) In Zweifelsfällen hat die Bundesnotarkammer sich von der Identität des Antragstellers zu überzeugen. Im Übrigen prüft sie die Richtigkeit der mit dem Antrag übermittelten Angaben nicht.

§ 3 Vorschuss, Antragsrücknahme bei Nichtzahlung

(1) Die Bundesnotarkammer kann die Zahlung eines zur Deckung der Gebühren hinreichenden Vorschusses verlangen. Sie kann die Vornahme der Eintragung von der Zahlung oder Sicherstellung des Vorschusses abhängig machen.

(2) Wird ein verlangter Vorschuss innerhalb angemessener Frist nicht gezahlt, gilt der Antrag als zurückgenommen. Die Frist sowie die Rechtsfolge der Fristversäumnis sind mit dem Verlangen des Vorschusses mitzuteilen. Die Frist darf 30 Tage nicht unterschreiten.

§ 4 Benachrichtigung des Bevollmächtigten

Nach Eingang des Eintragungsantrags hat die Bundesnotarkammer einen Bevollmächtigten, der nicht schriftlich in die Speicherung der Daten zu seiner Person eingewilligt hat, schriftlich über die nach § 1 Abs. 1 Nr. 1 Buchstabe a, c, g und Nr. 2 bis 6 gespeicherten Daten zu unterrichten. Artikel 14 der Verordnung (EU) 2016/679 bleibt unberührt.

§ 5 Änderung, Ergänzung und Löschung von Eintragungen

(1) Änderungen, Ergänzungen und Löschungen von Eintragungen erfolgen auf schriftlichen Antrag des Vollmachtgebers oder des einer Vertretung durch den Ehegatten Widersprechenden. § 2 Abs. 2, 3 und § 3 gelten entsprechend.

(2) Bei der Eintragung von Änderungen und Ergänzungen ist sicherzustellen, dass die bisherige Eintragung auf Anforderung erkennbar bleibt.

(3) Daten nach § 1 Abs. 1 Nr. 2 sind auch auf schriftlichen Antrag des Bevollmächtigten zu löschen. § 2 Abs. 2 und 3 gilt entsprechend.

(4) Eintragungen sind 110 Jahre nach der Geburt des Vollmachtgebers oder des einer Vertretung durch den Ehegatten Widersprechenden zu löschen.

§ 6 Auskunft an Betreuungsgerichte, Landgerichte als Beschwerdegerichte und Ärzte

(1) Die Auskunft aus dem Register erfolgt im Wege eines automatisierten Verfahrens auf Abruf, sofern die Bundesnotarkammer zuvor

1. für Ersuchen eines Betreuungsgerichts oder eines Landgerichts als Beschwerdegericht mit der jeweiligen Landesjustizverwaltung und
2. für Ersuchen eines Arztes mit der jeweils zuständigen Landesärztekammer

schriftlich Festlegungen zu den technischen und organisatorischen Maßnahmen zur Gewährleistung des Datenschutzes und der Datensicherheit nach den Artikeln 24, 25 und 32 der Verordnung (EU) 2016/679 getroffen hat. § 2 Abs. 2 Satz 2 gilt entsprechend.

(2) Die Auskunft aus dem Register erfolgt auch auf schriftliches oder elektronisches Ersuchen des Betreuungsgerichts und des Landgerichts als Beschwerdegericht. Bei besonderer Dringlichkeit, insbesondere wenn die Bestellung eines vorläufigen Betreuers im Rahmen einer einstweiligen Anordnung in Betracht kommt, kann das Ersuchen auch fernmündlich gestellt werden. In jedem Fall haben das Betreuungsgericht und das Landgericht als Beschwerdegericht das Geschäftszeichen ihres Betreuungsverfahrens anzugeben.

(3) In den Fällen des Absatzes 2 erteilt die Bundesnotarkammer die Auskunft aus dem Register schriftlich oder elektronisch. Hierbei sind die erforderlichen Maßnahmen zu treffen, um die Authentizität des Ersuchens zu prüfen und die Vertraulichkeit der Auskunft zu gewährleisten.

§ 7 Protokollierung der Auskunftserteilungen

(1) Die Zulässigkeit der Auskunftsersuchen prüft die Bundesnotarkammer nur, wenn sie dazu nach den Umständen des Einzelfalls Anlass hat. Für die Kontrolle der Zulässigkeit der Ersuchen und für die Sicherstellung der ordnungsgemäßen Datenverarbeitung protokolliert die Bundesnotarkammer alle nach § 6 erteilten Auskünfte elektronisch. Zu protokollieren sind

1. die von der ersuchenden Stelle eingegebenen Daten,
2. das ersuchende Gericht und dessen Geschäftszeichen oder der ersuchende Arzt,
3. der Zeitpunkt des Ersuchens sowie
4. die übermittelten Daten.

(2) Die Protokolle dürfen nur für Zwecke der Datenschutzkontrolle, der Datensicherung, der Sicherstellung eines ordnungsgemäßen Registerbetriebs und der Überprüfung durch die jeweils zuständige Landesärztekammer, ob die Voraussetzungen des § 78b Absatz 1 Satz 2 der Bundesnotarordnung eingehalten sind, verwendet werden. Zur Überprüfung, ob die Voraussetzungen des § 78b Absatz 1 Satz 2 der Bundesnotarordnung eingehalten sind, kann die jeweils zuständige Landesärztekammer auf der Grundlage der Protokolle Auskunft darüber verlangen, welche Auskünfte an einen Arzt erteilt worden sind. Ferner kann der Vollmachtgeber oder der einer Vertretung durch den Ehegatten Widersprechende auf der Grundlage der Protokolle Auskunft darüber verlangen, welche Auskünfte aus dem Register erteilt worden sind. Satz 3 gilt entsprechend für den Bevollmächtigten, sofern Daten zu seiner Person gespeichert sind. Die Protokolle sind gegen zweckfremde Verwendung zu schützen.

(3) Die Protokolle werden nach Ablauf des auf ihre Erstellung folgenden Kalenderjahres gelöscht. Die Landesärztekammer löscht Protokolle, die ihr nach Absatz 2 Satz 2 zur Verfügung gestellt worden sind, ein Jahr nach ihrem Eingang, sofern sie nicht für weitere, bereits eingeleitete Prüfungen benötigt werden.

§ 8 Aufbewahrung von Dokumenten

Die ein einzelnes Eintragungs- oder Auskunftsverfahren betreffenden Dokumente hat die Bundesnotarkammer fünf Jahre aufzubewahren. Die Aufbewahrungsfrist beginnt mit dem Schluss des Kalenderjahres, in dem die letzte Verfügung zur Sache ergangen ist oder die Angelegenheit ihre Erledigung gefunden hat. Nach Ablauf der Aufbewahrungsfrist sind die Dokumente zu vernichten.

§ 9 Betreuungsverfügungen, Patientenverfügungen

Im Zentralen Vorsorgeregister können auch Betreuungsverfügungen und Patientenverfügungen unabhängig von der Eintragung einer Vollmacht registriert werden. Die §§ 1 bis 8 gelten entsprechend.

Satzung über die Gebühren in Angelegenheiten des Zentralen Vorsorgeregisters (Vorsorgeregister-Gebührensatzung – VRegGebS)

Vom 2. Februar 2005 (DNotZ S. 81)

Zuletzt geändert durch
Erste Satzung zur Änderung der Vorsorgeregister-Gebührensatzung
vom 2. Dezember 2005 (DNotZ 2006 S. 2)

Aufgrund des § 78b der Bundesnotarordnung, der durch Artikel 2b des Gesetzes vom 23. April 2004 (BGBl. I S. 598) eingefügt worden ist, hat die Vertreterversammlung der Bundesnotarkammer folgende Satzung beschlossen:

§ 1 Gebührenverzeichnis

Für Eintragungen in das Zentrale Vorsorgeregister sowie die Änderung, Ergänzung oder Löschung von Einträgen werden Gebühren nach dem Gebührenverzeichnis der Anlage zu dieser Satzung erhoben. Auslagen werden daneben nicht erhoben.

§ 2 Gebührenschuldner

(1) Zur Zahlung der Gebühren ist verpflichtet:

1. der Antragsteller;
2. derjenige, der für die Gebührenschuld eines anderen kraft Gesetzes haftet.

(2) Mehrere Gebührenschuldner haften als Gesamtschuldner.

§ 3 Fälligkeit

Die Gebühren werden mit der Beendigung der beantragten Amtshandlung fällig.

§ 4 Registrierte Person oder Einrichtung

(1) Wird der Antrag auf Eintragung oder auf Änderung, Ergänzung oder Löschung eines Eintrags von einer bei der Bundesnotarkammer registrierten Person oder Einrichtung für den Vollmachtgeber übermittelt oder im Namen des Vollmachtgebers gestellt, werden nach Maßgabe des Gebührenverzeichnisses (Anlage zu § 1 Satz 1) ermäßigte Gebühren erhoben.

(2) Registrieren lassen können sich Personen oder Einrichtungen, zu deren beruflicher, satzungsgemäßer oder gesetzlicher Tätigkeit es gehört, entsprechende Anträge für den Vollmachtgeber zu übermitteln oder im Namen des Vollmachtgebers zu stellen. Insbesondere können sich Notare, Rechtsanwälte, Betreuungsvereine und Betreuungsbehörden registrieren lassen.

(3) Die Registrierung erfolgt durch Anmeldung bei der Bundesnotarkammer. Bei der Anmeldung hat die Person oder Einrichtung hinreichend ihre Identität und die Erfüllung der Voraussetzungen des Absatzes 2 nachzuweisen. Darüber hinaus hat die Person oder Einrichtung zu erklären, dass sie die Abwicklung des Verfahrens für die Vollmachtgeber, für die sie Anträge übermittelt oder in deren Namen sie Anträge stellt, übernimmt, insbesondere dass sie die Gebührenzahlung auf deren Rechnung besorgt.

(4) Die Registrierung erlischt, wenn die Voraussetzungen des Absatzes 2 nicht mehr vorliegen. Sie erlischt auch, wenn die registrierte Person oder Einrichtung die Abwicklung des Verfahrens für die Vollmachtgeber nicht mehr übernimmt; dies gilt nicht, wenn lediglich die Gebührenzahlung für den Vollmachtgeber nicht besorgt wird.

(5) Die Bundesnotarkammer kann die Registrierung aufheben, wenn die registrierte Person oder Einrichtung länger als sechs Monate keinen Antrag für einen Vollmachtgeber übermittelt oder im Namen eines Vollmachtgebers gestellt hat.

§ 5 Unrichtige Sachbehandlung

Gebühren, die bei richtiger Behandlung nicht entstanden wären, werden nicht erhoben.

§ 6 Ermäßigung, Absehen von Gebührenerhebung

Die Bundesnotarkammer kann Gebühren ermäßigen oder von der Erhebung von Gebühren absehen, wenn dies durch die besonderen Umstände des Einzelfalls geboten erscheint, insbesondere wenn die volle Gebührenerhebung für den Gebührenschuldner eine unzumutbare Härte darstellen würde oder wenn der mit der Erhebung der Gebühr verbundene Verwaltungsaufwand außer Verhältnis zu der Höhe der zu erhebenden Gebühr stünde.

§ 7 Übergangsregelung

Für die Eintragung von Angaben zu notariell beglaubigten oder beurkundeten Vorsorgevollmachten sowie die Änderung, Ergänzung oder Löschung solcher Eintragungen wird keine Gebühr erhoben, wenn die Eintragung, Änderung, Ergänzung oder Löschung vor dem Inkrafttreten dieser Satzung beantragt wurde.

§ 8 Inkrafttreten

Diese Satzung tritt am 1. März 2005 in Kraft.

Anlage
(zu § 1 Satz 1)

Gebührenverzeichnis

Nr.	Gebührentatbestand	Gebührenbetrag
	Vorbemerkung: (1) Die Erhöhungs- und Ermäßigungstatbestände sind nebeneinander anwendbar, soweit nicht ein anderes bestimmt ist. (2) Beantragt ein Bevollmächtigter innerhalb von einem Monat nach Erhalt der Benachrichtigung über eine Eintragung die Änderung oder Löschung des ihn betreffenden Eintrags, so werden für die Änderung oder Löschung des Eintrags von dem Bevollmächtigten keine Gebühren erhoben.	
	1. Persönliche Übermittlung des Antrags	
10	Eintragung einer Vorsorgevollmacht in das Zentrale Vorsorgeregister sowie Änderung, Ergänzung oder Löschung eines Eintrags	18,50 EUR
11	Der Antrag wird elektronisch über eine der hierfür vorgehaltenen technischen Schnittstellen übertragen: Die Gebühr 10 ermäßigt sich um	3,00 EUR
	2. Übermittlung oder Stellung des Antrags durch eine registrierte Person oder Einrichtung (§ 4)	
20	Eintragung einer Vorsorgevollmacht in das Zentrale Vorsorgeregister sowie Änderung, Ergänzung oder Löschung eines Eintrags	16,00 EUR
	Erklärt die registrierte Person oder Einrichtung, die den Antrag auf Eintragung, Änderung, Ergänzung oder Löschung übermittelt oder stellt, dass die Gebühren unmittelbar bei dem Vollmachtgeber erhoben werden sollen, so fällt an Stelle der Gebühr 20 die Gebühr 10 an; der Gebührentatbestand der Nummer 21 einschließlich der Anmerkung zu Nummer 21 finden entsprechende Anwendung.	
21	Der Antrag wird elektronisch über eine der hierfür vorgehaltenen technischen Schnittstellen übertragen: Die Gebühr 20 ermäßigt sich um	5,00 EUR
	Die Gebühr 20 entfällt, wenn der Antrag elektronisch über eine der hierfür vorgehaltenen technischen Schnittstellen übertragen wird und nur die Änderung oder Ergänzung eines bestehenden Eintrags einer Vorsorgevollmacht betrifft.	
	3. Gemeinsame Erhöhungs- und Ermäßigungstatbestände	
	Die Eintragung, Änderung, Ergänzung oder Löschung betrifft mehr als einen Bevollmächtigten oder vorgeschlagenen Betreuer:	
31	– Die Gebühr 10 und die Gebühr 20 erhöhen sich für jeden weiteren Bevollmächtigten oder vorgeschlagenen Betreuer um	3,00 EUR
32	– Wird der Antrag elektronisch über eine der hierfür vorgehaltenen technischen Schnittstellen automatisiert übertragen, erhöhen sich die Gebühr 10 und die Gebühr 20 in Abweichung von Gebühr 31 für jeden weiteren Bevollmächtigten oder vorgeschlagenen Betreuer um	2,50 EUR
35	Die Gebühr wird durch Lastschrifteinzug gezahlt: Die Gebühr 10 und die Gebühr 20 ermäßigen sich um	2,50 EUR
	4. Zurückweisung eines Antrags	
40	Zurückweisung eines Antrags auf Eintragung oder auf Änderung, Ergänzung oder Löschung eines Eintrag	18,50 EUR

Das Bundesministerium der Justiz hat die vorstehende Satzung mit Schreiben vom 31. Januar 2005 gemäß § 78b Abs. 2 Satz 2 der Bundesnotarordnung genehmigt.

Die vorstehende Satzung wird hiermit ausgefertigt und wird in der Deutschen Notar-Zeitschrift verkündet.

Grundsätze der Bundesärztekammer zur ärztlichen Sterbebegleitung

Vom 21. Januar 2011 (Dt. Ärzteblatt Nr. 7)

Präambel

Aufgabe des Arztes ist es, unter Achtung des Selbstbestimmungsrechtes des Patienten Leben zu erhalten, Gesundheit zu schützen und wiederherzustellen sowie Leiden zu lindern und Sterbenden bis zum Tod beizustehen. Die ärztliche Verpflichtung zur Lebenserhaltung besteht daher nicht unter allen Umständen.

Es gibt Situationen, in denen sonst angemessene Diagnostik und Therapieverfahren nicht mehr angezeigt und Begrenzungen geboten sind. Dann tritt eine palliativmedizinische Versorgung in den Vordergrund. Die Entscheidung hierzu darf nicht von wirtschaftlichen Erwägungen abhängig gemacht werden.

Unabhängig von anderen Zielen der medizinischen Behandlung hat der Arzt in jedem Fall für eine Basisbetreuung zu sorgen. Dazu gehören u. a.: menschenwürdige Unterbringung, Zuwendung, Körperpflege, Lindern von Schmerzen, Atemnot und Übelkeit sowie Stillen von Hunger und Durst.

Art und Ausmaß einer Behandlung sind gemäß der medizinischen Indikation vom Arzt zu verantworten. Er muss dabei den Willen des Patienten achten. Bei seiner Entscheidungsfindung soll der Arzt mit ärztlichen und pflegenden Mitarbeitern einen Konsens suchen.

Ein offensichtlicher Sterbevorgang soll nicht durch lebenserhaltende Therapien künstlich in die Länge gezogen werden. Darüber hinaus darf das Sterben durch Unterlassen, Begrenzen oder Beenden einer begonnenen medizinischen Behandlung ermöglicht werden, wenn dies dem Willen des Patienten entspricht. Dies gilt auch für die künstliche Nahrungs- und Flüssigkeitszufuhr.

Die Tötung des Patienten hingegen ist strafbar, auch wenn sie auf Verlangen des Patienten erfolgt.

Die Mitwirkung des Arztes bei der Selbsttötung ist keine ärztliche Aufgabe.

Diese Grundsätze sollen dem Arzt eine Orientierung geben, können ihm jedoch die eigene Verantwortung in der konkreten Situation nicht abnehmen. Alle Entscheidungen müssen unter Berücksichtigung der Umstände des Einzelfalls getroffen werden. In Zweifelsfällen kann eine Ethikberatung hilfreich sein.

I. Ärztliche Pflichten bei Sterbenden

Der Arzt ist verpflichtet, Sterbenden, d. h. Kranken oder Verletzten mit irreversiblem Versagen einer oder mehrerer vitaler Funktionen, bei denen der Eintritt des Todes in kurzer Zeit zu erwarten ist, so zu helfen, dass sie menschenwürdig sterben können.

Die Hilfe besteht in palliativmedizinischer Versorgung und damit auch in Beistand und Sorge für die Basisbetreuung. Dazu gehören nicht immer Nahrungs- und Flüssigkeitszufuhr, da sie für Sterbende eine schwere Belastung darstellen können. Jedoch müssen Hunger und Durst als subjektive Empfindungen gestillt werden. Maßnahmen, die den Todeseintritt zur verzögern, sollen unterlassen oder beendet werden. Bei Sterbenden kann die Linderung des Leidens so im Vordergrund stehen, dass eine möglicherweise dadurch bedingte unvermeidbare Lebensverkürzung hingenommen werden darf.

Die Unterrichtung des Sterbenden über seinen Zustand und mögliche Maßnahmen muss wahrheitsgemäß sein, sie soll sich aber an der Situation des Sterbenden orientieren und vorhandenen Ängsten Rechnung tragen. Der Arzt soll auch Angehörige des Patienten und diesem nahestehende Personen informieren, soweit dies nicht dem Willen des Patienten widerspricht.

II. Verhalten bei Patienten mit infauster Prognose

Bei Patienten, die sich zwar noch nicht im Sterben befinden, aber nach ärztlicher Erkenntnis aller Voraussicht nach in absehbarer Zeit sterben werden, ist eine Änderung des Behandlungszieles geboten, wenn lebenserhaltende Maßnahmen Leiden nur verlängern würden oder die Änderung des Behandlungsziels dem Willen des Patienten entspricht. An die Stelle von Lebensverlängerung und Lebenserhaltung tritt dann die palliativmedizinische Versorgung einschließlich pflegerischer Maßnahmen.

III. Behandlung bei schwerster zerebraler Schädigung

Patienten mit schwersten zerebralen Schädigungen und kognitiven Funktionsstörungen haben, wie alle Patienten, ein Recht auf Behandlung, Pflege und Zuwendung. Art und Ausmaß ihrer Behandlung sind gemäß der medizinischen Indikation vom Arzt zu verantworten; eine anhaltende Bewusstseinsbeeinträchtigung allein rechtfertigt nicht den Verzicht auf lebenserhaltende Maßnahmen.

Soweit bei diesen Patienten eine Situation eintritt, wie unter I. und II. beschrieben, gelten die dort dargelegten Grundsätze.

Zudem sind in Bezug auf eine Änderung des Behandlungsziels zwei Gruppen von Patienten zu unterscheiden: von Lebensbeginn an nichteinwilligungsfähige Menschen sowie Menschen, die im Laufe des Lebens die Fähigkeit, ihren Willen zu bilden oder zu äußern, verloren haben. Eine Änderung des Behandlungsziels ist mit dem Patientenvertreter zu besprechen. Dabei ist bei der ersten Gruppe das Wohl des Patienten, bei der zweiten Gruppe der zuvor geäußerte oder der mutmaßliche Wille zu achten (vgl. Abschnitt IV. bis VI.).

IV. Ermittlung des Patientenwillens

Die Entscheidung über die Einleitung, die weitere Durchführung oder Beendigung einer ärztlichen Maßnahme wird in einem gemeinsamen Entscheidungsprozess von Arzt und Patient bzw. Patientenvertreter getroffen. Das Behandlungsziel, die Indikation der daraus abgeleiteten Maßnahmen, die Frage der Einwilligungsfähigkeit des Patienten und der maßgebliche Patientenwille müssen daher im Gespräch zwischen Arzt und Patient bzw. Patientenvertreter erörtert werden.

Bei einwilligungsfähigen Patienten hat der Arzt den aktuell geäußerten Willen des angemessen aufgeklärten Patienten zu beachten, selbst wenn sich dieser Wille nicht mit den aus ärztlicher Sicht gebotenen Diagnose- und Therapiemaßnahmen deckt. Das gilt auch für die Beendigung schon eingeleiteter lebenserhaltender Maßnahmen. Der Arzt soll Kranken, die eine medizinisch indizierte Behandlung ablehnen, helfen, die Entscheidung zu überdenken.

Bei nichteinwilligungsfähigen Patienten ist die Erklärung ihres Bevollmächtigten bzw. ihres Betreuers maßgeblich. Diese sind verpflichtet, den Willen und die Wünsche des Patienten zu beachten. Falls diese nicht bekannt sind, haben sie so zu entscheiden, wie es der Patient selbst getan hätte (mutmaßlicher Wille). Sie sollen dabei Angehörige und sonstige Vertrauenspersonen des Patienten einbeziehen, sofern dies ohne Verzögerung möglich ist. Bestehen Anhaltspunkte für einen Missbrauch oder für eine offensichtliche Fehlentscheidung, soll sich der Arzt an das Betreuungsgericht wenden.

Ist kein Vertreter des Patienten vorhanden, hat der Arzt im Regelfall das Betreuungsgericht zu informieren und die Bestellung eines Betreuers anzuregen, welcher dann über die Einwilligung in die anstehenden ärztlichen Maßnahmen entscheidet.

Liegt eine Patientenverfügung im Sinne des § 1901a Abs. 1 BGB vor (vgl. VI.2.), hat der Arzt den Patientenwillen anhand der Patientenverfügung festzustellen. Er soll dabei Angehörige und sonstige Vertrauenspersonen des Patienten einbeziehen, sofern dies ohne Verzögerung möglich ist. Trifft die Patientenverfügung auf die aktuelle Behandlungssituation zu, hat der Arzt den Patienten entsprechend dessen Willen zu behandeln. Die Bestellung eines Betreuers ist hierfür nicht erforderlich.

In Notfallsituationen, in denen der Wille des Patienten nicht bekannt ist und für die Ermittlung individueller Umstände keine Zeit bleibt, ist die medizinisch indizierte Behandlung einzuleiten, die im Zweifel auf die Erhaltung des Lebens gerichtet ist. Hier darf der Arzt davon ausgehen, dass es dem mutmaßlichen Willen des Patienten entspricht, den ärztlich indizierten Maßnahmen zuzustimmen. Im weiteren Verlauf gelten die oben dargelegten allgemeinen Grundsätze. Entscheidungen, die im Rahmen einer Notfallsituation getroffen wurden, müssen daraufhin überprüft werden, ob sie weiterhin indiziert sind und vom Patientenwillen getragen werden. Ein Vertreter des Patienten ist sobald wie möglich einzubeziehen; sofern erforderlich, ist die Einrichtung einer Betreuung beim Betreuungsgericht anzuregen.

V. Betreuung von schwerstkranken und sterbenden Kindern und Jugendlichen

Bei Kindern und Jugendlichen gelten für die ärztliche Sterbebegleitung die gleichen Grundsätze wie für Erwachsene. Es ergeben sich aber Besonderheiten aufgrund des Alters bzw. der Minderjährigkeit dieser Patienten.

Für Kinder und Jugendliche sind die Sorgeberechtigten, d. h. in der Regel die Eltern, kraft Gesetzes für alle Angelegenheiten zuständig, einschließlich der ärztlichen Behandlung. Sie müssen als Sorgeberechtigte und gesetzliche Vertreter des Kindes über die ärztlichen Maßnahmen aufgeklärt werden und darin einwilligen.

Bei Neugeborenen mit schwersten Beeinträchtigungen durch Fehlbildungen oder Stoffwechselstörungen, bei denen keine Aussicht auf Heilung oder Besserung besteht, kann nach hinreichender Diagnostik und im Einvernehmen mit den Eltern eine lebenserhaltende Behandlung, die ausgefallene oder ungenügende Vitalfunktionen ersetzen soll, unterlassen oder beendet werden. Gleiches gilt für extrem unreife Kinder, deren unausweichliches Sterben abzusehen ist, und für Neugeborene, die schwerste zerebrale Schädigungen erlitten haben.

Wie bei Erwachsenen ist der Arzt auch bei diesen Patienten zu leidensmindernder Behandlung und Zuwendung verpflichtet. Der Arzt soll die Sorgeberechtigten bei ihrer Entscheidung über die Einwilligung in ärztliche Maßnahmen zur Behandlung eines schwerstkranken Kindes oder Jugendlichen beraten und sie dabei unterstützen, ihre Verantwortung wahrzunehmen. Gegen den Willen der Sorgeberechtigten darf er – außer in Notfällen – keine ärztlichen Maßnahmen beginnen oder fortführen. Bestehen konkrete Anhaltspunkte dafür, dass durch das Verhalten der Sorgeberechtigten das Wohl des Kindes gefährdet wird, soll er sich an das Familiengericht wenden.

Schwerstkranke und sterbende Kinder oder Jugendliche sind wahrheits- und altersgemäß zu informieren. Sie sollten regelmäßig und ihrem Entwicklungsstand entsprechend in die sie betreffenden Entscheidungen einbezogen werden, soweit dies von ihnen gewünscht wird. Dabei ist anzuerkennen, dass schwerstkranke Kinder und Jugendliche oft einen frühen Reifungsprozess durchmachen. Sie können aufgrund ihrer Erfahrungen mit vorhergegangenen Behandlungen und deren Folgen ein hohes Maß an Entscheidungskompetenz erlangen, die bei der Entscheidungsfindung berücksichtigt werden muss.

Soweit der Minderjährige aufgrund seines Entwicklungsstandes selbst in der Lage ist, Bedeutung und Tragweite der ärztlichen Maßnahme zu verstehen und zu beurteilen, steht ihm ein Vetorecht gegen ihre Durchführung zu, selbst wenn die Sorgeberechtigten einwilligen. Davon wird ab einem Alter von 16 Jahren regelmäßig ausgegangen.

Bei bedeutsamen oder riskanten ärztlichen Maßnahmen ist neben der Zustimmung des minderjährigen Patienten auch die Einwilligung der Sorgeberechtigten erforderlich.

Können Meinungsverschiedenheiten zwischen Sorgeberechtigten untereinander oder mit dem Minderjährigen für eine solche Entscheidung über die medizinische Betreuung oder Behandlung nicht ausgeräumt werden, muss eine familiengerichtliche (Eil-)Entscheidung eingeholt werden.

VI. Vorsorgliche Willensbekundungen des Patienten

Willensbekundungen, in denen sich Patienten vorsorglich für den Fall des Verlustes der Einwilligungsfähigkeit zu der Person ihres Vertrauens und der gewünschten

Behandlung erklären, sind eine wesentliche Hilfe für ärztliche Entscheidungen. Die Bundesärztekammer und die Zentrale Ethikkommission bei der Bundesärztekammer haben Empfehlungen zum Umgang mit Vorsorgevollmacht und Patientenverfügung in der ärztlichen Praxis erarbeitet.*

1. Bestellung einer Vertrauensperson

Die Auswahl und die Bestellung einer Vertrauensperson können in unterschiedlicher Weise erfolgen:

Mit der Vorsorgevollmacht bestellt der Patient selbst einen Vertreter (Bevollmächtigten in Gesundheitsangelegenheiten). Das Betreuungsgericht muss in diesen Fällen keinen Vertreter (Betreuer) bestellen. Bei fehlender Einwilligungsfähigkeit des Patienten kann die Vertrauensperson sofort tätig werden. Eine Vollmacht in Gesundheitsangelegenheiten muss vom Patienten eigenhändig unterschrieben sein und ärztliche Maßnahmen ausdrücklich umfassen. Bestehen Zweifel an der Wirksamkeit einer Vollmacht, soll sich der Arzt an das zuständige Betreuungsgericht wenden.

In einer Betreuungsverfügung schlägt der Patient dem Gericht eine Person seines Vertrauens vor. Die Bestellung zum Betreuer erfolgt durch das Betreuungsgericht, sofern der Patient seine Angelegenheiten nicht (mehr) selbst zu besorgen vermag. Das Gericht prüft dabei auch, ob der Vorschlag dem aktuellen Willen des Patienten entspricht sowie die vorgeschlagene Person als Betreuer geeignet ist, und legt den Aufgabenkreis fest. Die vorgeschlagene Person kann erst nach ihrer Bestellung zum Betreuer für den Patienten handeln.

2. Patientenverfügungen und andere Willensbekundungen zur medizinischen und pflegerischen Behandlung und Betreuung

Der Arzt und der Vertreter haben stets den Willen des Patienten zu achten. Der aktuelle Wille des einwilligungsfähigen Patienten hat immer Vorrang; dies gilt auch dann, wenn der Patient einen Vertreter (Bevollmächtigten oder Betreuer) hat. Auf frühere Willensbekundungen kommt es deshalb nur an, wenn sich der Patient nicht mehr äußern oder sich zwar äußern kann, aber nicht einwilligungsfähig ist. Dann ist die frühere Willensbekundung ein Mittel, um den Willen des Patienten festzustellen.

Seit der gesetzlichen Regelung der Patientenverfügung durch das Dritte Betreuungsrechtsänderungsgesetz 2009 sind folgende Formen von vorsorglichen Willensbekundungen zu unterscheiden:

Der Patient kann eine Patientenverfügung verfassen. Das Gesetz (§ 1901a Abs. 1 BGB) versteht darunter eine vorsorgliche Erklärung des Patienten, mit der er selbst in bestimmte ärztliche Maßnahmen, die nicht unmittelbar bevorstehen, sondern erst in Zukunft erforderlich werden können, im Vorhinein einwilligt oder diese untersagt. Sie muss daher konkrete Festlegungen für bestimmte beschriebene Situationen enthalten. Diese Erklärung ist für andere verbindlich. Eine Patientenverfügung setzt die Einwilligungsfähigkeit des Patienten voraus; sie bedarf der Schriftform.

Andere Formen der vorsorglichen Willensbekundung eines Patienten (z. B. mündliche Erklärungen) sind daher keine Patientenverfügung im Sinne des Gesetzes; sie sind aber als Behandlungswünsche oder als Indizien für die Ermittlung des mutmaßlichen Willens zu beachten. Der Vertreter hat diese in den Behandlungsprozess einzubringen und auf dieser Grundlage ärztlichen Maßnahmen zuzustimmen oder diese abzulehnen.

Ist nichts über die Präferenzen des Patienten bekannt, darf der Vertreter davon ausgehen, dass der Patient den ärztlich indizierten Maßnahmen zustimmen würde.

* Deutsches Ärzteblatt, Jg. 107, Heft 18 vom 7. Mai 2010, A 877 bis A 882

VI Sonstige Mitteilungs-/Vertretungsregeln

VI.1 Abgabenordnung (AO) (Auszug) 330

VI.2 Verwaltungsverfahrensgesetz (VwVfG) (Auszug) 336

VI.3 Verwaltungszustellungsgesetz (VwZG) (Auszug) 338

VI.4 Verwaltungsgerichtsordnung (VwGO) (Auszug) 339

VI.5 Sozialgesetzbuch (SGB) Erstes Buch (I) – Allgemeiner Teil – (SGB I) (Auszug) 342

VI.6 Zehntes Buch Sozialgesetzbuch – Sozialverwaltungsverfahren und Sozialdatenschutz – (SGB X) (Auszug) 343

VI.7 Sozialgerichtsgesetz (SGG) (Auszug) 348

VI.8 Strafprozeßordnung (StPO) (Auszug) 352

VI.9 Gesetz über Personalausweise und den elektronischen Identitätsnachweis (Personalausweisgesetz – PAuswG) (Auszug) 354

VI.10 Bundesmeldegesetz (BMG) (Auszug) 356

Abgabenordnung
(AO)

in der Fassung der Bekanntmachung vom 1. Oktober 2002 (BGBl. I S. 3866, 2003 S. 61)

Zuletzt geändert durch
Wachstumschancengesetz
vom 27. März 2024 (BGBl. I Nr. 108)

– Auszug –

Inhaltsübersicht

Zweiter Teil
Steuerschuldrecht

Erster Abschnitt
Steuerpflichtiger

§ 33 Steuerpflichtiger

§ 34 Pflichten der gesetzlichen Vertreter und der Vermögensverwalter

§ 35 Pflichten des Verfügungsberechtigten

§ 36 Erlöschen der Vertretungsmacht

Vierter Abschnitt
Haftung

§ 69 Haftung der Vertreter

§ 70 Haftung des Vertretenen

Dritter Teil
Allgemeine Verfahrensvorschriften

Erster Abschnitt
Verfahrensgrundsätze

1. Unterabschnitt
Beteiligung am Verfahren

§ 79 Handlungsfähigkeit

§ 80 Bevollmächtigte und Beistände

§ 81 Bestellung eines Vertreters von Amts wegen

3. Unterabschnitt
Besteuerungsgrundsätze, Beweismittel

IV.
Auskunfts- und Vorlageverweigerungsrechte

§ 105 Verhältnis der Auskunfts- und Vorlagepflicht zur Schweigepflicht öffentlicher Stellen

5. Unterabschnitt
Rechts- und Amtshilfe

§ 116 Anzeige von Steuerstraftaten

Vierter Teil
Durchführung der Besteuerung

Zweiter Abschnitt
Mitwirkungspflichten

2. Unterabschnitt
Steuererklärungen

§ 150 Form und Inhalt der Steuererklärungen

§ 153 Berichtigung von Erklärungen

Achter Teil
Straf- und Bußgeldvorschriften, Straf- und Bußgeldverfahren

Erster Abschnitt
Strafvorschriften

§ 370 Steuerhinterziehung

§ 371 Selbstanzeige bei Steuerhinterziehung

VI

Zweiter Teil
Steuerschuldrecht

Erster Abschnitt
Steuerpflichtiger

§ 33 Steuerpflichtiger

(1) Steuerpflichtiger ist, wer eine Steuer schuldet, für eine Steuer haftet, eine Steuer für Rechnung eines Dritten einzubehalten und abzuführen hat, wer eine Steuererklärung abzugeben, Sicherheit zu leisten, Bücher und Aufzeichnungen zu führen oder andere ihm durch die Steuergesetze auferlegte Verpflichtungen zu erfüllen hat.

(2) Steuerpflichtiger ist nicht, wer in einer fremden Steuersache Auskunft zu erteilen, Urkunden vorzulegen, ein Sachverständigengutachten zu erstatten oder das Betreten von Grundstücken, Geschäfts- und Betriebsräumen zu gestatten hat.

§ 34 Pflichten der gesetzlichen Vertreter und der Vermögensverwalter

(1) $_{1}$Die gesetzlichen Vertreter natürlicher und juristischer Personen sowie rechtsfähiger Personenvereinigungen und die Geschäftsführer von Vermögensmassen haben deren steuerliche Pflichten zu erfüllen. $_{2}$Sie haben insbesondere dafür zu sorgen, dass die Steuern aus den Mitteln entrichtet werden, die sie verwalten.

(2) $_{1}$Bei nicht rechtsfähigen Personenvereinigungen haben die Mitglieder, Gesellschafter oder Gemeinschafter die Pflichten im Sinne des Absatzes 1 zu erfüllen. $_{2}$Die Finanzbehörde kann sich an jedes Mitglied oder jeden Gesellschafter halten. $_{3}$Für nicht rechtsfähige Vermögensmassen gelten die Sätze 1 und 2 mit der Maßgabe, dass diejenigen, denen das Vermögen zusteht, die steuerlichen Pflichten zu erfüllen haben.

(3) Steht eine Vermögensverwaltung anderen Personen als den Eigentümern des Vermögens oder deren gesetzlichen Vertretern zu, so haben die Vermögensverwalter die in Absatz 1 bezeichneten Pflichten, soweit ihre Verwaltung reicht.

§ 35 Pflichten des Verfügungsberechtigten

Wer als Verfügungsberechtigter im eigenen oder fremden Namen auftritt, hat die Pflichten eines gesetzlichen Vertreters (§ 34 Abs. 1), soweit er sie rechtlich und tatsächlich erfüllen kann.

§ 36 Erlöschen der Vertretungsmacht

Das Erlöschen der Vertretungsmacht oder der Verfügungsmacht lässt die nach den §§ 34 und 35 entstandenen Pflichten unberührt, soweit diese den Zeitraum betreffen, in dem die Vertretungsmacht oder Verfügungsmacht bestanden hat und soweit der Verpflichtete sie erfüllen kann.

Vierter Abschnitt
Haftung

§ 69 Haftung der Vertreter

$_{1}$Die in den §§ 34 und 35 bezeichneten Personen haften, soweit Ansprüche aus dem Steuerschuldverhältnis (§ 37) infolge vorsätzlicher oder grob fahrlässiger Verletzung der ihnen auferlegten Pflichten nicht oder nicht rechtzeitig festgesetzt oder erfüllt werden oder soweit infolgedessen Steuervergütungen oder Steuererstattungen ohne rechtlichen Grund gezahlt werden. $_{2}$Die Haftung umfasst auch die infolge der Pflichtverletzung zu zahlenden Säumniszuschläge.

§ 70 Haftung des Vertretenen

(1) Wenn die in den §§ 34 und 35 bezeichneten Personen bei Ausübung ihrer Obliegenheiten eine Steuerhinterziehung oder eine leichtfertige Steuerverkürzung begehen oder an einer Steuerhinterziehung teilnehmen und hierdurch Steuerschuldner oder Haftende werden, so haften die Vertretenen, soweit sie nicht Steuerschuldner sind, für die durch die Tat verkürzten Steuern und die zu Unrecht gewährten Steuervorteile.

(2) $_{1}$Absatz 1 ist nicht anzuwenden bei Taten gesetzlicher Vertreter natürlicher Personen, wenn diese aus der Tat des Vertreters keinen Vermögensvorteil erlangt haben. $_{2}$Das Gleiche gilt, wenn die Vertretenen denjenigen, der die Steuerhinterziehung oder die leichtfertige Steuerverkürzung begangen hat, sorgfältig ausgewählt und beaufsichtigt haben.

Dritter Teil
Allgemeine Verfahrensvorschriften

Erster Abschnitt
Verfahrensgrundsätze

1. Unterabschnitt
Beteiligung am Verfahren

§ 79 Handlungsfähigkeit

(1) Fähig zur Vornahme von Verfahrenshandlungen sind:

1. natürliche Personen, die nach bürgerlichem Recht geschäftsfähig sind,
2. natürliche Personen, die nach bürgerlichem Recht in der Geschäftsfähigkeit beschränkt sind, soweit sie für den Gegenstand des Verfahrens durch Vorschriften des bürgerlichen Rechts als geschäftsfähig oder durch Vorschriften des öffentlichen Rechts als handlungsfähig anerkannt sind,
3. juristische Personen sowie Personenvereinigungen oder Vermögensmassen durch die in § 34 bezeichneten Personen oder durch besonders Beauftragte,
4. Behörden durch ihre Leiter, deren Vertreter oder Beauftragte.

(2) Betrifft ein Einwilligungsvorbehalt nach § 1825 des Bürgerlichen Gesetzbuchs den Gegenstand des Verfahrens, so ist ein geschäftsfähiger Betreuter nur insoweit zur Vornahme von Verfahrenshandlungen fähig, als er nach den Vorschriften des bürgerlichen Rechts ohne Einwilligung des Betreuers handeln kann oder durch Vorschriften des öffentlichen Rechts als handlungsfähig anerkannt ist.

(3) Die §§ 53 und 55 der Zivilprozessordnung gelten entsprechend.

§ 80 Bevollmächtigte und Beistände

(1) $_{1}$Ein Beteiligter kann sich durch einen Bevollmächtigten vertreten lassen. $_{2}$Die Vollmacht ermächtigt zu allen das Verwaltungsverfahren betreffenden Verfahrenshandlungen, sofern sich aus ihrem Inhalt nicht etwas anderes ergibt; sie ermächtigt nicht zum Empfang von Steuererstattungen und Steuervergütungen. $_{3}$Ein Wider-

ruf der Vollmacht wird der Finanzbehörde gegenüber erst wirksam, wenn er ihr zugeht; Gleiches gilt für eine Veränderung der Vollmacht.

(2) $_{1}$Bei Personen und Vereinigungen im Sinne der §§ 3 und 4 Nummer 11 des Steuerberatungsgesetzes, die für den Steuerpflichtigen handeln, wird eine ordnungsgemäße Bevollmächtigung vermutet. $_{2}$Für den Abruf von bei den Landesfinanzbehörden zum Vollmachtgeber gespeicherten Daten wird eine ordnungsgemäße Bevollmächtigung nur nach Maßgabe des § 80a Absatz 2 und 3 vermutet.

(3) Die Finanzbehörde kann auch ohne Anlass den Nachweis der Vollmacht verlangen.

(4) $_{1}$Die Vollmacht wird weder durch den Tod des Vollmachtgebers noch durch eine Veränderung in seiner Handlungsfähigkeit oder durch eine Veränderung seiner gesetzlichen Vertretung aufgehoben. $_{2}$Der Bevollmächtigte hat jedoch, wenn er für den Rechtsnachfolger im Verwaltungsverfahren auftritt, dessen Vollmacht auf Verlangen nachzuweisen.

(5) $_{1}$Ist für das Verfahren ein Bevollmächtigter bestellt, so soll sich die Finanzbehörde an ihn wenden. $_{2}$Sie kann sich an den Beteiligten selbst wenden, soweit er zur Mitwirkung verpflichtet ist. $_{3}$Wendet sich die Finanzbehörde an den Beteiligten, so soll der Bevollmächtigte verständigt werden. $_{4}$Für die Bekanntgabe von Verwaltungsakten an einen Bevollmächtigten gilt § 122 Absatz 1 Satz 3 und 4.

(6) $_{1}$Ein Beteiligter kann zu Verhandlungen und Besprechungen mit einem Beistand erscheinen. $_{2}$Das von dem Beistand Vorgetragene gilt als von dem Beteiligten vorgebracht, soweit dieser nicht unverzüglich widerspricht.

(7) $_{1}$Soweit ein Bevollmächtigter geschäftsmäßig Hilfe in Steuersachen leistet, ohne dazu befugt zu sein, ist er mit Wirkung für alle anhängigen und künftigen Verwaltungsverfahren des Vollmachtgebers im Zuständigkeitsbereich der Finanzbehörde zurückzuweisen. $_{2}$Die Zurückweisung ist dem Vollmachtgeber und dem Bevollmächtigten bekannt zu geben. $_{3}$Die Finanzbehörde ist befugt, andere Finanzbehörden über die Zurückweisung des Bevollmächtigten zu unterrichten.

(8) $_{1}$Ein Bevollmächtigter kann von einem schriftlichen, elektronischen oder mündlichen Vortrag zurückgewiesen werden, soweit er hierzu ungeeignet ist. $_{2}$Dies gilt nicht für die in § 3 Nummer 1, § 4 Nummer 1 und 2 und § 23 Absatz 3 des Steuerberatungsgesetzes bezeichneten natürlichen Personen sowie natürliche Personen, die für eine Landwirtschaftliche Buchstelle tätig und nach § 44 des Steuerberatungsgesetzes berechtigt sind, die Berufsbezeichnung „Landwirtschaftliche Buchstelle" zu führen. $_{3}$Die Zurückweisung ist dem Vollmachtgeber und dem Bevollmächtigten bekannt zu geben.

(9) $_{1}$Soweit ein Beistand geschäftsmäßig Hilfe in Steuersachen leistet, ohne dazu befugt zu sein, ist er mit Wirkung für alle anhängigen und künftigen Verwaltungsverfahren des Steuerpflichtigen im Zuständigkeitsbereich der Finanzbehörde zurückzuweisen; Absatz 7 Satz 2 und 3 gilt entsprechend. $_{2}$Ferner kann er vom schriftlichen, elektronischen oder mündlichen Vortrag zurückgewiesen werden, falls er zu einem sachgemäßen Vortrag nicht fähig oder willens ist; Absatz 8 Satz 2 und 3 gilt entsprechend.

(10) Verfahrenshandlungen, die ein Bevollmächtigter oder ein Beistand vornimmt, nachdem ihm die Zurückweisung bekannt gegeben worden ist, sind unwirksam.

§ 81 Bestellung eines Vertreters von Amts wegen

(1) Ist ein Vertreter nicht vorhanden, so hat das Betreuungsgericht, für einen minderjährigen Beteiligten das Familiengericht auf Ersuchen der Finanzbehörde einen geeigneten Vertreter zu bestellen

1. für einen Beteiligten, dessen Person unbekannt ist,
2. für einen abwesenden Beteiligten, dessen Aufenthalt unbekannt ist oder der an der Besorgung seiner Angelegenheiten verhindert ist,
3. für einen Beteiligten ohne Aufenthalt
   a) im Inland,
   b) in einem anderen Mitgliedstaat der Europäischen Union oder
   c) in einem anderen Staat, auf den das Abkommen über den Europäischen Wirtschaftsraum anzuwenden ist,

   wenn er der Aufforderung der Finanzbehörde, einen Vertreter zu bestellen, innerhalb der ihm gesetzten Frist nicht nachgekommen ist,
4. für einen Beteiligten, der infolge einer psychischen Krankheit oder körperlichen, geistigen oder seelischen Behinderung nicht in der Lage ist, in dem Verwaltungsverfahren selbst tätig zu werden,
5. bei herrenlosen Sachen, auf die sich das Verfahren bezieht, zur Wahrung der sich in Bezug auf die Sache ergebenden Rechte und Pflichten.

(2) Für die Bestellung des Vertreters ist in den Fällen des Absatzes 1 Nr. 4 das Betreuungsgericht, für einen minderjährigen Beteiligten das Familiengericht zuständig, in dessen Bezirk der Beteiligte seinen gewöhnlichen Aufenthalt (§ 272 Abs. 1 Nr. 2 des Gesetzes über das Verfahren in Familiensachen und in den Angelegenheiten der freiwilligen Gerichtsbarkeit) hat; im Übrigen ist das Gericht zuständig, in dessen Bezirk die ersuchende Finanzbehörde ihren Sitz hat.

(3) $_{1}$Der Vertreter hat gegen den Rechtsträger der Finanzbehörde, die um seine Bestellung ersucht hat, Anspruch auf eine angemessene Vergütung und auf die Erstattung seiner baren Auslagen. $_{2}$Die Finanzbehörde kann von dem Vertretenen Ersatz ihrer Aufwendungen verlangen. $_{3}$Sie bestimmt die Vergütung und stellt die Auslagen und Aufwendungen fest.

(4) Im Übrigen gelten für die Bestellung und für das Amt des Vertreters in den Fällen des Absatzes 1 Nr. 4 die Vorschriften über die Betreuung, in den übrigen Fällen die Vorschriften über die Pflegschaft entsprechend.

3. Unterabschnitt
Besteuerungsgrundsätze, Beweismittel

IV. Auskunfts- und Vorlageverweigerungsrechte

§ 105 Verhältnis der Auskunfts- und Vorlagepflicht zur Schweigepflicht öffentlicher Stellen

(1) Die Verpflichtung der Behörden oder sonstiger öffentlicher Stellen einschließlich der Deutschen Bundesbank, der Staatsbanken und der Schuldenverwaltungen

sowie der Organe und Bediensteten dieser Stellen zur Verschwiegenheit gilt nicht für ihre Auskunfts- und Vorlagepflicht gegenüber den Finanzbehörden.

(2) Absatz 1 gilt nicht, soweit die Behörden und die mit postdienstlichen Verrichtungen betrauten Personen gesetzlich verpflichtet sind, das Brief-, Post- und Fernmeldegeheimnis zu wahren.

5. Unterabschnitt Rechts- und Amtshilfe

§ 116 Anzeige von Steuerstraftaten

(1) 1Gerichte und die Behörden von Bund, Ländern und kommunalen Trägern der öffentlichen Verwaltung, die nicht Finanzbehörden sind, haben Tatsachen, die sie dienstlich erfahren und die auf eine Steuerstraftat schließen lassen, dem Bundeszentralamt für Steuern oder, soweit bekannt, den für das Steuerstrafverfahren zuständigen Finanzbehörden mitzuteilen. 2Soweit die für das Steuerstrafverfahren zuständigen Finanzbehörden nicht bereits erkennbar unmittelbar informiert worden sind, teilt das Bundeszentralamt für Steuern ihnen diese Tatsachen mit. 3Die für das Steuerstrafverfahren zuständigen Finanzbehörden, ausgenommen die Behörden der Bundeszollverwaltung, übermitteln die Mitteilung an das Bundeszentralamt für Steuern, soweit dieses nicht bereits erkennbar unmittelbar in Kenntnis gesetzt worden ist.

(2) § 105 Abs. 2 gilt entsprechend.

Vierter Teil Durchführung der Besteuerung

Zweiter Abschnitt Mitwirkungspflichten

2. Unterabschnitt Steuererklärungen

§ 150 Form und Inhalt der Steuererklärungen

(1) 1Eine Steuererklärung ist nach amtlich vorgeschriebenem Vordruck abzugeben, wenn

1. keine elektronische Steuererklärung vorgeschrieben ist,
2. nicht freiwillig eine gesetzlich oder amtlich zugelassene elektronische Steuererklärung abgegeben wird,
3. keine mündliche oder konkludente Steuererklärung zugelassen ist und
4. eine Aufnahme der Steuererklärung an Amtsstelle nach § 151 nicht in Betracht kommt.

2§ 87a Absatz 1 Satz 1 ist nur anzuwenden, soweit eine elektronische Steuererklärung vorgeschrieben oder zugelassen ist. 3Der Steuerpflichtige hat in der Steuererklärung die Steuer selbst zu berechnen, soweit dies gesetzlich vorgeschrieben ist (Steueranmeldung).

(2) Die Angaben in den Steuererklärungen sind wahrheitsgemäß nach bestem Wissen und Gewissen zu machen.

(3) 1Ordnen die Steuergesetze an, dass der Steuerpflichtige die Steuererklärung eigenhändig zu unterschreiben hat, so ist die Unterzeichnung durch einen Bevollmächtigten nur dann zulässig, wenn der Steuerpflichtige infolge seines körperlichen oder geistigen Zustands oder durch längere Abwesenheit an der Unterschrift gehindert ist. 2Die eigenhändige Unterschrift kann nachträglich verlangt werden, wenn der Hinderungsgrund weggefallen ist.

(4) 1Den Steuererklärungen müssen die Unterlagen beigefügt werden, die nach den Steuergesetzen vorzulegen sind. 2Dritte Personen sind verpflichtet, hierfür erforderliche Bescheinigungen auszustellen.

(5) 1In die Steuererklärungsformulare können auch Fragen aufgenommen werden, die zur Ergänzung der Besteuerungsunterlagen für Zwecke einer Statistik nach dem Gesetz über Steuerstatistiken erforderlich sind. 2Die Finanzbehörden können ferner von Steuerpflichtigen Auskünfte verlangen, die für die Durchführung des Bundesausbildungsförderungsgesetzes erforderlich sind. 3Die Finanzbehörden haben bei der Überprüfung der Angaben dieselben Befugnisse wie bei der Aufklärung der für die Besteuerung erheblichen Verhältnisse.

(6) 1Zur Erleichterung und Vereinfachung des automatisierten Besteuerungsverfahrens kann das Bundesministerium der Finanzen durch Rechtsverordnung mit Zustimmung des Bundesrates bestimmen, dass und unter welchen Voraussetzungen Steuererklärungen oder sonstige für das Besteuerungsverfahren erforderliche Daten ganz oder teilweise durch Datenfernübertragung oder auf maschinell verwertbaren Datenträgern übermittelt werden können. 2In der Rechtsverordnung können von den §§ 72a und 87b bis 87d abweichende Regelungen getroffen werden. 3Die Rechtsverordnung bedarf nicht der Zustimmung des Bundesrates, soweit die Kraftfahrzeugsteuer, die Luftverkehrsteuer, die Versicherungsteuer und Verbrauchsteuern, mit Ausnahme der Biersteuer, betroffen sind.

(7) 1Können Steuererklärungen, die nach amtlich vorgeschriebenem Vordruck abgegeben oder nach amtlich vorgeschriebenem Datensatz durch Datenfernübertragung übermittelt werden, nach § 155 Absatz 4 Satz 1 zu einer ausschließlich automationsgestützten Steuerfestsetzung führen, ist es dem Steuerpflichtigen zu ermöglichen, Angaben, die nach seiner Auffassung Anlass für eine Bearbeitung durch Amtsträger sind, in einem dafür vorgesehenen Abschnitt oder Datenfeld der Steuererklärung zu machen. 2Daten, die von mitteilungspflichtigen Stellen nach Maßgabe des § 93c an die Finanzverwaltung übermittelt wurden, gelten als Angaben des Steuerpflichtigen, soweit sie in den Steuererklärungsformularen als eDaten gekennzeichnet sind oder bei nach amtlich vorgeschriebenem Datensatz durch Datenfernübertragung übermittelten Steuererklärungen für den Belegabruf bereitgestellt werden und er nicht in einem dafür vorzusehenden Abschnitt oder Datenfeld der Steuererklärung abweichende Angaben macht.

(8) 1Ordnen die Steuergesetze an, dass die Finanzbehörde auf Antrag zur Vermeidung unbilliger Härten auf eine Übermittlung der Steuererklärung nach amtlich vorgeschriebenem Datensatz durch Datenfernübertragung verzichten kann, ist einem solchen Antrag zu entsprechen, wenn eine Erklärungsabgabe nach amtlich vorgeschriebenem Datensatz durch Datenfernübertragung für den Steuerpflichtigen wirtschaftlich oder persönlich un-

VI

zumutbar ist. $_{2}$Dies ist insbesondere der Fall, wenn die Schaffung der technischen Möglichkeiten für eine Datenfernübertragung des amtlich vorgeschriebenen Datensatzes nur mit einem nicht unerheblichen finanziellen Aufwand möglich wäre oder wenn der Steuerpflichtige nach seinen individuellen Kenntnissen und Fähigkeiten nicht oder nur eingeschränkt in der Lage ist, die Möglichkeiten der Datenfernübertragung zu nutzen.

§ 153 Berichtigung von Erklärungen

(1) $_{1}$Erkennt ein Steuerpflichtiger nachträglich vor Ablauf der Festsetzungsfrist,

1. dass eine von ihm oder für ihn abgegebene Erklärung unrichtig oder unvollständig ist und dass es dadurch zu einer Verkürzung von Steuern kommen kann oder bereits gekommen ist oder
2. dass eine durch Verwendung von Steuerzeichen oder Steuerstemplern zu entrichtende Steuer nicht in der richtigen Höhe entrichtet worden ist,

so ist er verpflichtet, dies unverzüglich anzuzeigen und die erforderliche Richtigstellung vorzunehmen. $_{2}$Die Verpflichtung trifft auch den Gesamtrechtsnachfolger eines Steuerpflichtigen und die nach den §§ 34 und 35 für den Gesamtrechtsnachfolger oder den Steuerpflichtigen handelnden Personen.

(2) Die Anzeigepflicht besteht ferner, wenn die Voraussetzungen für eine Steuerbefreiung, Steuerermäßigung oder sonstige Steuervergünstigung nachträglich ganz oder teilweise wegfallen.

(3) Wer Waren, für die eine Steuervergünstigung unter einer Bedingung gewährt worden ist, in einer Weise verwenden will, die der Bedingung nicht entspricht, hat dies vorher der Finanzbehörde anzuzeigen.

(4) Die Anzeige- und Berichtigungspflicht besteht ferner, wenn Prüfungsfeststellungen einer Außenprüfung unanfechtbar in einem Steuerbescheid, einem Feststellungsbescheid nach § 180 Absatz 1 Satz 1 Nummer 2 oder einem Teilabschlussbescheid nach § 180 Absatz 1a umgesetzt worden sind und die den Prüfungsfeststellungen zugrunde liegenden Sachverhalte auch in einer anderen vom oder für den Steuerpflichtigen abgegebenen Erklärung, die nicht Gegenstand der Außenprüfung war, zu einer Änderung der Besteuerungsgrundlagen führt.

Achter Teil
Straf- und Bußgeldvorschriften, Straf- und Bußgeldverfahren

Erster Abschnitt
Strafvorschriften

§ 370 Steuerhinterziehung

(1) Mit Freiheitsstrafe bis zu fünf Jahren oder mit Geldstrafe wird bestraft, wer

1. den Finanzbehörden oder anderen Behörden über steuerlich erhebliche Tatsachen unrichtige oder unvollständige Angaben macht,
2. die Finanzbehörden pflichtwidrig über steuerlich erhebliche Tatsachen in Unkenntnis lässt oder
3. pflichtwidrig die Verwendung von Steuerzeichen oder Steuerstemplern unterlässt

und dadurch Steuern verkürzt oder für sich oder einen anderen nicht gerechtfertigte Steuervorteile erlangt.

(2) Der Versuch ist strafbar.

(3) $_{1}$In besonders schweren Fällen ist die Strafe Freiheitsstrafe von sechs Monaten bis zu zehn Jahren. $_{2}$Ein besonders schwerer Fall liegt in der Regel vor, wenn der Täter

1. in großem Ausmaß Steuern verkürzt oder nicht gerechtfertigte Steuervorteile erlangt,
2. seine Befugnisse oder seine Stellung als Amtsträger oder Europäischer Amtsträger (§ 11 Absatz 1 Nummer 2a des Strafgesetzbuchs) missbraucht,
3. die Mithilfe eines Amtsträgers oder Europäischen Amtsträgers (§ 11 Absatz 1 Nummer 2a des Strafgesetzbuchs) ausnutzt, der seine Befugnisse oder seine Stellung missbraucht,
4. unter Verwendung nachgemachter oder verfälschter Belege fortgesetzt Steuern verkürzt oder nicht gerechtfertigte Steuervorteile erlangt,
5. als Mitglied einer Bande, die sich zur fortgesetzten Begehung von Taten nach Absatz 1 verbunden hat, Umsatz- oder Verbrauchssteuern verkürzt oder nicht gerechtfertigte Umsatz- oder Verbrauchssteuervorteile erlangt oder
6. eine Drittstaat-Gesellschaft im Sinne des § 138 Absatz 3, auf die er alleine oder zusammen mit nahestehenden Personen im Sinne des § 1 Absatz 2 des Außensteuergesetzes unmittelbar oder mittelbar einen beherrschenden oder bestimmenden Einfluss ausüben kann, zur Verschleierung steuerlich erheblicher Tatsachen nutzt und auf diese Weise fortgesetzt Steuern verkürzt oder nicht gerechtfertigte Steuervorteile erlangt.

(4) $_{1}$Steuern sind namentlich dann verkürzt, wenn sie nicht, nicht in voller Höhe oder nicht rechtzeitig festgesetzt werden; dies gilt auch dann, wenn die Steuer vorläufig oder unter Vorbehalt der Nachprüfung festgesetzt wird oder eine Steueranmeldung einer Steuerfestsetzung unter Vorbehalt der Nachprüfung gleichsteht. $_{2}$Steuervorteile sind auch Steuervergütungen; nicht gerechtfertigte Steuervorteile sind erlangt, soweit sie zu Unrecht gewährt oder belassen werden. $_{3}$Die Voraussetzungen der Sätze 1 und 2 sind auch dann erfüllt, wenn die Steuer, auf die sich die Tat bezieht, aus anderen Gründen hätte ermäßigt oder der Steuervorteil aus anderen Gründen hätte beansprucht werden können.

(5) Die Tat kann auch hinsichtlich solcher Waren begangen werden, deren Einfuhr, Ausfuhr oder Durchfuhr verboten ist.

(6) $_{1}$Die Absätze 1 bis 5 gelten auch dann, wenn sich die Tat auf Einfuhr- oder Ausfuhrabgaben bezieht, die von einem anderen Mitgliedstaat der Europäischen Union verwaltet werden oder die einem Mitgliedstaat der Europäischen Freihandelsassoziation oder einem mit dieser assoziierten Staat zustehen. $_{2}$Das Gleiche gilt, wenn sich die Tat auf Umsatzsteuern oder auf die in Artikel 1 Absatz 1 der Richtlinie 2008/118/EG des Rates vom 16. Dezember 2008 über das allgemeine Verbrauchsteuersystem und zur Aufhebung der Richtlinie 92/12/EWG (ABl. L 9 vom 14. 1. 2009, S. 12) genannten harmonisierten

Verbrauchsteuern bezieht, die von einem anderen Mitgliedstaat der Europäischen Union verwaltet werden.

(7) Die Absätze 1 bis 6 gelten unabhängig von dem Recht des Tatortes auch für Taten, die außerhalb des Geltungsbereiches dieses Gesetzes begangen werden.

§ 371 Selbstanzeige bei Steuerhinterziehung

(1) 1Wer gegenüber der Finanzbehörde zu allen Steuerstraftaten einer Steuerart in vollem Umfang die unrichtigen Angaben berichtigt, die unvollständigen Angaben ergänzt oder die unterlassenen Angaben nachholt, wird wegen dieser Steuerstraftaten nicht nach § 370 bestraft. 2Die Angaben müssen zu allen unverjährten Steuerstraftaten einer Steuerart, mindestens aber zu allen Steuerstraftaten einer Steuerart innerhalb der letzten zehn Kalenderjahre erfolgen.

(2) 1Straffreiheit tritt nicht ein, wenn

1. bei einer der zur Selbstanzeige gebrachten unverjährten Steuerstraftaten vor der Berichtigung, Ergänzung oder Nachholung
   a) dem an der Tat Beteiligten, seinem Vertreter, dem Begünstigten im Sinne des § 370 Absatz 1 oder dessen Vertreter eine Prüfungsanordnung nach § 196 bekannt gegeben worden ist, beschränkt auf den sachlichen und zeitlichen Umfang der angekündigten Außenprüfung, oder
   b) dem an der Tat Beteiligten oder seinem Vertreter die Einleitung des Straf- oder Bußgeldverfahrens bekannt gegeben worden ist oder
   c) ein Amtsträger der Finanzbehörde zur steuerlichen Prüfung erschienen ist, beschränkt auf den sachlichen und zeitlichen Umfang der Außenprüfung, oder
   d) ein Amtsträger zur Ermittlung einer Steuerstraftat oder einer Steuerordnungswidrigkeit erschienen ist oder
   e) ein Amtsträger der Finanzbehörde zu einer Umsatzsteuer-Nachschau nach § 27b des Umsatzsteuergesetzes, einer Lohnsteuer-Nachschau nach § 42g des Einkommensteuergesetzes oder einer Nachschau nach anderen steuerrechtlichen Vorschriften erschienen ist und sich ausgewiesen hat oder
2. eine der Steuerstraftaten im Zeitpunkt der Berichtigung, Ergänzung oder Nachholung ganz oder zum Teil bereits entdeckt war und der Täter dies wusste oder bei verständiger Würdigung der Sachlage damit rechnen musste,
3. die nach § 370 Absatz 1 verkürzte Steuer oder der für sich oder einen anderen erlangte nicht gerechtfertigte Steuervorteil einen Betrag von 25 000 Euro je Tat übersteigt, oder
4. ein in § 370 Absatz 3 Satz 2 Nummer 2 bis 6 genannter besonders schwerer Fall vorliegt.

2Der Ausschluss der Straffreiheit nach Satz 1 Nummer 1 Buchstabe a und c hindert nicht die Abgabe einer Berichtigung nach Absatz 1 für die nicht unter Satz 1 Nummer 1 Buchstabe a und c fallenden Steuerstraftaten einer Steuerart.

(2a) 1Soweit die Steuerhinterziehung durch Verletzung der Pflicht zur rechtzeitigen Abgabe einer vollständigen und richtigen Umsatzsteuervoranmeldung oder Lohnsteueranmeldung begangen worden ist, tritt Straffreiheit abweichend von den Absätzen 1 und 2 Satz 1 Nummer 3 bei Selbstanzeigen in dem Umfang ein, in dem der Täter gegenüber der zuständigen Finanzbehörde die unrichtigen Angaben berichtigt, die unvollständigen Angaben ergänzt oder die unterlassenen Angaben nachholt. 2Absatz 2 Satz 1 Nummer 2 gilt nicht, wenn die Entdeckung der Tat darauf beruht, dass eine Umsatzsteuervoranmeldung oder Lohnsteueranmeldung nachgeholt oder berichtigt wurde. 3Die Sätze 1 und 2 gelten nicht für Steueranmeldungen, die sich auf das Kalenderjahr beziehen. 4Für die Vollständigkeit der Selbstanzeige hinsichtlich einer auf das Kalenderjahr bezogenen Steueranmeldung ist die Berichtigung, Ergänzung oder Nachholung der Voranmeldungen, die dem Kalenderjahr nachfolgende Zeiträume betreffen, nicht erforderlich.

(3) 1Sind Steuerverkürzungen bereits eingetreten oder Steuervorteile erlangt, so tritt für den an der Tat Beteiligten Straffreiheit nur ein, wenn er die aus der Tat zu seinen Gunsten hinterzogenen Steuern, die Hinterziehungszinsen nach § 235 und die Zinsen nach § 233a, soweit sie auf die Hinterziehungszinsen nach § 235 Absatz 4 angerechnet werden, sowie die Verzugszinsen nach Artikel 114 des Zollkodex der Union innerhalb der ihm bestimmten angemessenen Frist entrichtet. 2In den Fällen des Absatzes 2a Satz 1 gilt Satz 1 mit der Maßgabe, dass die fristgerechte Entrichtung von Zinsen nach § 233a oder § 235 unerheblich ist.

(4) 1Wird die in § 153 vorgesehene Anzeige rechtzeitig und ordnungsmäßig erstattet, so wird ein Dritter, der die in § 153 bezeichneten Erklärungen abzugeben unterlassen oder unrichtig oder unvollständig abgegeben hat, strafrechtlich nicht verfolgt, es sei denn, dass ihm oder seinem Vertreter vorher die Einleitung eines Straf- oder Bußgeldverfahrens wegen der Tat bekannt gegeben worden ist. 2Hat der Dritte zum eigenen Vorteil gehandelt, so gilt Absatz 3 entsprechend.

VI

Verwaltungsverfahrensgesetz (VwVfG)

in der Fassung der Bekanntmachung vom 23. Januar 2003 (BGBl. I S. 102)

Zuletzt geändert durch
Fünftes Gesetz zur Änderung verwaltungsverfahrensrechtlicher Vorschriften sowie
zur Änderung des Sechsten Buches Sozialgesetzbuchs
vom 4. Dezember 2023 (BGBl. I Nr. 344)

– Auszug –

Teil II
Allgemeine Vorschriften über das Verwaltungsverfahren

Abschnitt 1
Verfahrensgrundsätze

§ 11 Beteiligungsfähigkeit

Fähig, am Verfahren beteiligt zu sein, sind

1. natürliche und juristische Personen,
2. Vereinigungen, soweit ihnen ein Recht zustehen kann,
3. Behörden.

§ 12 Handlungsfähigkeit

(1) Fähig zur Vornahme von Verfahrenshandlungen sind

1. natürliche Personen, die nach bürgerlichem Recht geschäftsfähig sind,
2. natürliche Personen, die nach bürgerlichem Recht in der Geschäftsfähigkeit beschränkt sind, soweit sie für den Gegenstand des Verfahrens durch Vorschriften des bürgerlichen Rechts als geschäftsfähig oder durch Vorschriften des öffentlichen Rechts als handlungsfähig anerkannt sind,
3. juristische Personen und Vereinigungen (§ 11 Nr. 2) durch ihre gesetzlichen Vertreter oder durch besonders Beauftragte,
4. Behörden durch ihre Leiter, deren Vertreter oder Beauftragte.

(2) Betrifft ein Einwilligungsvorbehalt nach § 1825 des Bürgerlichen Gesetzbuchs den Gegenstand des Verfahrens, so ist ein geschäftsfähiger Betreuter nur insoweit zur Vornahme von Verfahrenshandlungen fähig, als er nach den Vorschriften des bürgerlichen Rechts ohne Einwilligung des Betreuers handeln kann oder durch Vorschriften des öffentlichen Rechts als handlungsfähig anerkannt ist.

(3) Die §§ 53 und 55 der Zivilprozessordnung gelten entsprechend.

§ 14 Bevollmächtigte und Beistände

(1) Ein Beteiligter kann sich durch einen Bevollmächtigten vertreten lassen. Die Vollmacht ermächtigt zu allen das Verwaltungsverfahren betreffenden Verfahrenshandlungen, sofern sich aus ihrem Inhalt nicht etwas anderes ergibt. Der Bevollmächtigte hat auf Verlangen seine Vollmacht schriftlich nachzuweisen. Ein Widerruf der Vollmacht wird der Behörde gegenüber erst wirksam, wenn er ihr zugeht.

(2) Die Vollmacht wird weder durch den Tod des Vollmachtgebers noch durch eine Veränderung in seiner Handlungsfähigkeit oder seiner gesetzlichen Vertretung aufgehoben; der Bevollmächtigte hat jedoch, wenn er für den Rechtsnachfolger im Verwaltungsverfahren auftritt, dessen Vollmacht auf Verlangen schriftlich beizubringen.

(3) Ist für das Verfahren ein Bevollmächtigter bestellt, so soll sich die Behörde an ihn wenden. Sie kann sich an den Beteiligten selbst wenden, soweit er zur Mitwirkung verpflichtet ist. Wendet sich die Behörde an den Beteiligten, so soll der Bevollmächtigte verständigt werden. Vorschriften über die Zustellung an Bevollmächtigte bleiben unberührt.

(4) Ein Beteiligter kann zu Verhandlungen und Besprechungen mit einem Beistand erscheinen. Das von dem Beistand Vorgetragene gilt als von dem Beteiligten vorgebracht, soweit dieser nicht unverzüglich widerspricht.

(5) Bevollmächtigte und Beistände sind zurückzuweisen, wenn sie entgegen § 3 des Rechtsdienstleistungsgesetzes Rechtsdienstleistungen erbringen.

(6) Bevollmächtigte und Beistände können vom Vortrag zurückgewiesen werden, wenn sie hierzu ungeeignet sind; vom mündlichen Vortrag können sie nur zurückgewiesen werden, wenn sie zum sachgemäßen Vortrag nicht fähig sind. Nicht zurückgewiesen werden können Personen, die nach § 67 Abs. 2 Satz 1 und 2 Nr. 3 bis 7 der Verwaltungsgerichtsordnung zur Vertretung im verwaltungsgerichtlichen Verfahren befugt sind.

(7) Die Zurückweisung nach den Absätzen 5 und 6 ist auch dem Beteiligten, dessen Bevollmächtigter oder Beistand zurückgewiesen wird, mitzuteilen. Verfahrenshandlungen des zurückgewiesenen Bevollmächtigten oder Beistands, die dieser nach der Zurückweisung vornimmt, sind unwirksam.

§ 16 Bestellung eines Vertreters von Amts wegen

(1) Ist ein Vertreter nicht vorhanden, so hat das Betreuungsgericht, für einen minderjährigen Beteiligten das Familiengericht auf Ersuchen der Behörde einen geeigneten Vertreter zu bestellen

1. für einen Beteiligten, dessen Person unbekannt ist;
2. für einen abwesenden Beteiligten, dessen Aufenthalt unbekannt ist oder der an der Besorgung seiner Angelegenheiten verhindert ist;
3. für einen Beteiligten ohne Aufenthalt im Inland, wenn er der Aufforderung der Behörde, einen Vertreter zu

bestellen, innerhalb der ihm gesetzten Frist nicht nachgekommen ist;

4. für einen Beteiligten, der infolge einer psychischen Krankheit oder körperlichen, geistigen oder seelischen Behinderung nicht in der Lage ist, in dem Verwaltungsverfahren selbst tätig zu werden;
5. bei herrenlosen Sachen, auf die sich das Verfahren bezieht, zur Wahrung der sich in Bezug auf die Sache ergebenden Rechte und Pflichten.

(2) Für die Bestellung des Vertreters ist in den Fällen des Absatzes 1 Nr. 4 das Gericht zuständig, in dessen Bezirk der Beteiligte seinen gewöhnlichen Aufenthalt hat; im Übrigen ist das Gericht zuständig, in dessen Bezirk die ersuchende Behörde ihren Sitz hat.

(3) Der Vertreter hat gegen den Rechtsträger der Behörde, die um seine Bestellung ersucht hat, Anspruch auf eine angemessene Vergütung und auf die Erstattung seiner baren Auslagen. Die Behörde kann von dem Vertretenen Ersatz ihrer Aufwendungen verlangen. Sie bestimmt die Vergütung und stellt die Auslagen und Aufwendungen fest.

(4) Im Übrigen gelten für die Bestellung und für das Amt des Vertreters in den Fällen des Absatzes 1 Nr. 4 die Vorschriften über die Betreuung, in den übrigen Fällen die Vorschriften über die Pflegschaft entsprechend.

Verwaltungszustellungsgesetz (VwZG)

Vom 12. August 2005 (BGBl. I S. 2354)

Zuletzt geändert durch
Kreditzweitmarktförderungsgesetz
vom 22. Dezember 2023 (BGBl. I Nr. 411)

– Auszug –

§ 6 Zustellung an gesetzliche Vertreter

(1) Bei Geschäftsunfähigen oder beschränkt Geschäftsfähigen ist an ihre gesetzlichen Vertreter zuzustellen. Gleiches gilt bei Personen, für die ein Betreuer bestellt ist, soweit der Aufgabenkreis des Betreuers reicht. Das zugestellte Dokument ist der betreuten Person nach Wahl der Behörde abschriftlich mitzuteilen oder elektronisch zu übermitteln.

(2) Bei Behörden wird an den Behördenleiter, bei juristischen Personen, nicht rechtsfähigen Personenvereinigungen und Zweckvermögen an ihre gesetzlichen Vertreter zugestellt. § 34 Abs. 2 der Abgabenordnung bleibt unberührt.

(3) Bei mehreren gesetzlichen Vertretern oder Behördenleitern genügt die Zustellung an einen von ihnen.

(4) Der zustellende Bedienstete braucht nicht zu prüfen, ob die Anschrift den Vorschriften der Absätze 1 bis 3 entspricht.

§ 7 Zustellung an Bevollmächtigte

(1) Zustellungen können an den allgemeinen oder für bestimmte Angelegenheiten bestellten Bevollmächtigten gerichtet werden. Sie sind an ihn zu richten, wenn er schriftliche Vollmacht vorgelegt hat. Ist ein Bevollmächtigter für mehrere Beteiligte bestellt, so genügt die Zustellung eines Dokuments an ihn für alle Beteiligten.

(2) Einem Zustellungsbevollmächtigten mehrerer Beteiligter sind so viele Ausfertigungen oder Abschriften zuzustellen, als Beteiligte vorhanden sind.

(3) Auf § 180 Abs. 2 der Abgabenordnung beruhende Regelungen und die §§ 183 und 183a der Abgabenordnung bleiben unberührt.

Verwaltungsgerichtsordnung (VwGO)

in der Fassung der Bekanntmachung vom 19. März 1991 (BGBl. I S. 686)

Zuletzt geändert durch
Gesetz zur Beschleunigung von Genehmigungsverfahren im Verkehrsbereich und zur Umsetzung der Richtlinie (EU) 2021/1187 über die Straffung von Maßnahmen zur rascheren Verwirklichung des transeuropäischen Verkehrsnetzes vom 22. Dezember 2023 (BGBl. I Nr. 409)

– Auszug –

Inhaltsübersicht

Teil II
Verfahren

7. Abschnitt
Allgemeine Verfahrensvorschriften

§ 62 (Prozessfähigkeit)
§ 63 (Beteiligte)
§ 66 (Stellung des Beigeladenen)

8. Abschnitt
Besondere Vorschriften für Anfechtungs- und Verpflichtungsklagen

§ 69 (Widerspruch)

9. Abschnitt
Verfahren im ersten Rechtszug

§ 95 (Persönliches Erscheinen)
§ 99 (Urkunden-, Aktenvorlage; Auskunftspflicht)

10. Abschnitt
Urteile und andere Entscheidungen

§ 121 (Wirkung rechtskräftiger Urteile)

Teil V
Schluß- und Übergangsbestimmungen

§ 180 (Vernehmung, Vereidigung nach VwVfG und SGB X)

VI

Teil II
Verfahren

7. Abschnitt
Allgemeine Verfahrensvorschriften

§ 62 (Prozessfähigkeit)

(1) Fähig zur Vornahme von Verfahrenshandlungen sind

1. die nach bürgerlichem Recht Geschäftsfähigen,
2. die nach bürgerlichem Recht in der Geschäftsfähigkeit Beschränkten, soweit sie durch Vorschriften des bürgerlichen oder öffentlichen Rechts für den Gegenstand des Verfahrens als geschäftsfähig anerkannt sind.

(2) Betrifft ein Einwilligungsvorbehalt nach § 1825 des Bürgerlichen Gesetzbuchs den Gegenstand des Verfahrens, so ist ein geschäftsfähiger Betreuter nur insoweit zur Vornahme von Verfahrenshandlungen fähig, als er nach den Vorschriften des bürgerlichen Rechts ohne Einwilligung des Betreuers handeln kann oder durch Vorschriften des öffentlichen Rechts als handlungsfähig anerkannt ist.

VI

(3) Für Vereinigungen sowie für Behörden handeln ihre gesetzlichen Vertreter und Vorstände.

(4) §§ 53 bis 58 der Zivilprozeßordnung gelten entsprechend.

§ 63 (Beteiligte)

Beteiligte am Verfahren sind

1. der Kläger,
2. der Beklagte,
3. der Beigeladene (§ 65),
4. der Vertreter des Bundesinteresses beim Bundesverwaltungsgericht oder der Vertreter des öffentlichen Interesses, falls er von seiner Beteiligungsbefugnis Gebrauch macht.

§ 66 (Stellung des Beigeladenen)

Der Beigeladene kann innerhalb der Anträge eines Beteiligten selbständig Angriffs- und Verteidigungsmittel geltend machen und alle Verfahrenshandlungen wirksam vornehmen. Abweichende Sachanträge kann er nur stellen, wenn eine notwendige Beiladung vorliegt.

8. Abschnitt
Besondere Vorschriften für Anfechtungs- und Verpflichtungsklagen

§ 69 (Widerspruch)

Das Vorverfahren beginnt mit der Erhebung des Widerspruchs.

9. Abschnitt
Verfahren im ersten Rechtszug

§ 95 (Persönliches Erscheinen)

(1) Das Gericht kann das persönliche Erscheinen eines Beteiligten anordnen. Für den Fall des Ausbleibens kann es Ordnungsgeld wie gegen einen im Vernehmungstermin nicht erschienenen Zeugen androhen. Bei schuldhaftem Ausbleiben setzt das Gericht durch Beschluß das angedrohte Ordnungsgeld fest. Androhung und Festsetzung des Ordnungsgeldes können wiederholt werden.

(2) Ist Beteiligter eine juristische Person oder eine Vereinigung, so ist das Ordnungsgeld dem nach Gesetz oder Satzung Vertretungsberechtigten anzudrohen und gegen ihn festzusetzen.

(3) Das Gericht kann einer beteiligten öffentlich-rechtlichen Körperschaft oder Behörde aufgeben, zur mündlichen Verhandlung einen Beamten oder Angestellten zu entsenden, der mit einem schriftlichen Nachweis über die Vertretungsbefugnis versehen und über die Sach- und Rechtslage ausreichend unterrichtet ist.

§ 99 (Urkunden-, Aktenvorlage; Auskunftspflicht)

(1) Behörden sind zur Vorlage von Urkunden oder Akten, zur Übermittlung elektronischer Dokumente und zu Auskünften verpflichtet. Führen Behörden die Akten elektronisch, sind diese als digital durchsuchbare Dokumente vorzulegen, soweit dies technisch möglich ist. Wenn das Bekanntwerden des Inhalts dieser Urkunden, Akten, elektronischen Dokumente oder dieser Auskünfte dem Wohl des Bundes oder eines Landes Nachteile bereiten würde oder wenn die Vorgänge nach einem Gesetz oder ihrem Wesen nach geheim gehalten werden müssen, kann die zuständige oberste Aufsichtsbehörde die Vorlage von Urkunden oder Akten, die Übermittlung der elektronischen Dokumente und die Erteilung der Auskünfte verweigern.

(2) Auf Antrag eines Beteiligten stellt das Oberverwaltungsgericht ohne mündliche Verhandlung durch Beschluss fest, ob die Verweigerung der Vorlage der Urkunden oder Akten, der Übermittlung der elektronischen Dokumente oder der Erteilung von Auskünften rechtmäßig ist. Verweigert eine oberste Bundesbehörde die Vorlage, Übermittlung oder Auskunft mit der Begründung, das Bekanntwerden des Inhalts der Urkunden, der Akten, der elektronischen Dokumente oder der Auskünfte würde dem Wohl des Bundes Nachteile bereiten, entscheidet das Bundesverwaltungsgericht; Gleiches gilt, wenn das Bundesverwaltungsgericht nach § 50 für die Hauptsache zuständig ist. Der Antrag ist bei dem für die Hauptsache zuständigen Gericht zu stellen. Dieses gibt den Antrag und die Hauptsacheakten an den nach § 189 zuständigen Spruchkörper ab. Die oberste Aufsichtsbehörde hat die nach Absatz 1 Satz 2 verweigerten Urkunden oder Akten auf Aufforderung dieses Spruchkörpers vorzulegen, die elektronischen Dokumente zu übermitteln oder die verweigerten Auskünfte zu erteilen. Sie ist zu diesem Verfahren beizuladen. Das Verfahren unterliegt den Vorschriften des materiellen Geheimschutzes. Können diese nicht eingehalten werden oder macht die zuständige Aufsichtsbehörde geltend, dass besondere Gründe der Geheimhaltung oder des Geheimschutzes der Übergabe der Urkunden oder Akten oder der Übermittlung der elektronischen Dokumente an das Gericht entgegenstehen, wird die Vorlage oder Übermittlung nach Satz 5 dadurch bewirkt, dass die Urkunden, Akten oder elektronischen Dokumente dem Gericht in von der obersten Aufsichtsbehörde bestimmten Räumlichkeiten zur Verfügung gestellt werden. Für die nach Satz 5 vorgelegten Akten, elektronischen Dokumente und für die gemäß Satz 8 geltend gemachten besonderen Gründe gilt § 100 nicht. Die Mitglieder des Gerichts sind zur Geheimhaltung verpflichtet; die Entscheidungsgründe dürfen Art und Inhalt der geheim ge-

haltenen Urkunden, Akten, elektronischen Dokumente und Auskünfte nicht erkennen lassen. Für das nichtrichterliche Personal gelten die Regelungen des personellen Geheimschutzes. Soweit nicht das Bundesverwaltungsgericht entschieden hat, kann der Beschluss selbständig mit der Beschwerde angefochten werden. Über die Beschwerde gegen den Beschluss eines Oberverwaltungsgerichts entscheidet das Bundesverwaltungsgericht. Für das Beschwerdeverfahren gelten die Sätze 4 bis 11 sinngemäß.

10. Abschnitt
Urteile und andere Entscheidungen

§ 121 (Wirkung rechtskräftiger Urteile)

Rechtskräftige Urteile binden, soweit über den Streitgegenstand entschieden worden ist,

1. die Beteiligten und ihre Rechtsnachfolger und
2. im Falle des § 65 Abs. 3 die Personen, die einen Antrag auf Beiladung nicht oder nicht fristgemäß gestellt haben.

Teil V
Schluß- und Übergangsbestimmungen

§ 180 (Vernehmung, Vereidigung nach VwVfG und SGB X)

Erfolgt die Vernehmung oder die Vereidigung von Zeugen und Sachverständigen nach dem Verwaltungsverfahrensgesetz oder nach dem Zehnten Buch Sozialgesetzbuch durch das Verwaltungsgericht, so findet sie vor dem dafür im Geschäftsverteilungsplan bestimmten Richter statt. Über die Rechtmäßigkeit einer Verweigerung des Zeugnisses, des Gutachtens oder der Eidesleistung nach dem Verwaltungsverfahrensgesetz oder nach dem Zehnten Buch Sozialgesetzbuch entscheidet das Verwaltungsgericht durch Beschluß.

Sozialgesetzbuch (SGB) Erstes Buch (I) – Allgemeiner Teil – (SGB I)

Vom 11. Dezember 1975 (BGBl. I S. 3015)

Zuletzt geändert durch
Gesetz zur Anpassung des Zwölften und des Vierzehnten Buches Sozialgesetzbuch und weiterer Gesetze
vom 22. Dezember 2023 (BGBl. I Nr. 408)

– Auszug –

Artikel I
Allgemeiner Teil

Zweiter Abschnitt
Einweisungsvorschriften

Erster Titel
Allgemeines über Sozialleistungen und Leistungsträger

§ 17 Ausführung der Sozialleistungen

(1) Die Leistungsträger sind verpflichtet, darauf hinzuwirken, daß

1. jeder Berechtigte die ihm zustehenden Sozialleistungen in zeitgemäßer Weise, umfassend und zügig erhält,
2. die zur Ausführung von Sozialleistungen erforderlichen sozialen Dienste und Einrichtungen rechtzeitig und ausreichend zur Verfügung stehen,
3. der Zugang zu den Sozialleistungen möglichst einfach gestaltet wird, insbesondere durch Verwendung allgemein verständlicher Antragsvordrucke und
4. ihre Verwaltungs- und Dienstgebäude frei von Zugangs- und Kommunikationsbarrieren sind und Sozialleistungen in barrierefreien Räumen und Anlagen ausgeführt werden.

(2) $_{1}$Menschen mit Hörbehinderungen und Menschen mit Sprachbehinderungen haben das Recht, bei der Ausführung von Sozialleistungen, insbesondere auch bei ärztlichen Untersuchungen und Behandlungen, in Deutscher Gebärdensprache, mit lautsprachbegleitenden Gebärden oder über andere geeignete Kommunikationshilfen zu kommunizieren. $_{2}$Die für die Sozialleistung zuständigen Leistungsträger sind verpflichtet, die durch die Verwendung der Kommunikationshilfen entstehenden Kosten zu tragen. $_{3}$§ 5 der Kommunikationshilfenverordnung in der jeweils geltenden Fassung gilt entsprechend.

(2a) § 11 des Behindertengleichstellungsgesetzes gilt in seiner jeweils geltenden Fassung bei der Ausführung von Sozialleistungen entsprechend.

(3) $_{1}$In der Zusammenarbeit mit gemeinnützigen und freien Einrichtungen und Organisationen wirken die Leistungsträger darauf hin, daß sich ihre Tätigkeit und die der genannten Einrichtungen und Organisationen zum Wohl der Leistungsempfänger wirksam ergänzen. $_{2}$Sie haben dabei deren Selbständigkeit in Zielsetzung und Durchführung ihrer Aufgaben zu achten. $_{3}$Die Nachprüfung zweckentsprechender Verwendung bei der Inanspruchnahme öffentlicher Mittel bleibt unberührt. $_{4}$Im übrigen ergibt sich ihr Verhältnis zueinander aus den besonderen Teilen dieses Gesetzbuchs; § 97 Abs. 1 Satz 1 bis 4 und Abs. 2 des Zehnten Buches findet keine Anwendung.

(4) $_{1}$Die Leistungsträger arbeiten mit den Betreuungsbehörden bei der Erfüllung ihrer Aufgaben zur Vermittlung geeigneter Hilfen zur Betreuungsvermeidung zusammen. $_{2}$Soziale Rechte dürfen nicht deshalb abgelehnt, versagt oder eingeschränkt werden, weil ein rechtlicher Betreuer nach § 1814 Absatz 1 des Bürgerlichen Gesetzbuchs bestellt worden ist oder bestellt werden könnte.

Dritter Abschnitt
Gemeinsame Vorschriften für alle Sozialleistungsbereiche dieses Gesetzbuchs

Erster Titel
Allgemeine Grundsätze

§ 36 Handlungsfähigkeit

(1) $_{1}$Wer das fünfzehnte Lebensjahr vollendet hat, kann Anträge auf Sozialleistungen stellen und verfolgen sowie Sozialleistungen entgegennehmen. $_{2}$Der Leistungsträger soll den gesetzlichen Vertreter über die Antragstellung und die erbrachten Sozialleistungen unterrichten.

(2) $_{1}$Die Handlungsfähigkeit nach Absatz 1 Satz 1 kann vom gesetzlichen Vertreter durch schriftliche Erklärung gegenüber dem Leistungsträger eingeschränkt werden. $_{2}$Die Rücknahme von Anträgen, der Verzicht auf Sozialleistungen und die Entgegennahme von Darlehen bedürfen der Zustimmung des gesetzlichen Vertreters.

Zehntes Buch Sozialgesetzbuch – Sozialverwaltungsverfahren und Sozialdatenschutz – (SGB X)

in der Fassung der Bekanntmachung vom 18. Januar 2001 (BGBl. I S. 130)

Zuletzt geändert durch
Gesetz zur Umsetzung der Richtlinie (EU) 2021/2118 im Hinblick auf die Kraftfahrzeug-Haftpflichtversicherung und die Kontrolle der entsprechenden Versicherungspflicht und zur Änderung anderer versicherungsrechtlicher Vorschriften
vom 11. April 2024 (BGBl. I Nr. 119)

– Auszug –

Inhaltsübersicht

Erstes Kapitel Verwaltungsverfahren

Zweiter Abschnitt Allgemeine Vorschriften über das Verwaltungsverfahren

Erster Titel Verfahrensgrundsätze

§ 10 Beteiligungsfähigkeit
§ 11 Vornahme von Verfahrenshandlungen
§ 12 Beteiligte
§ 13 Bevollmächtigte und Beistände
§ 15 Bestellung eines Vertreters von Amts wegen
§ 25 Akteneinsicht durch Beteiligte

Zweites Kapitel Schutz der Sozialdaten

Zweiter Abschnitt Verarbeitung von Sozialdaten

§ 71 Übermittlung für die Erfüllung besonderer gesetzlicher Pflichten und Mitteilungsbefugnisse

VI

Erstes Kapitel
Verwaltungsverfahren

Zweiter Abschnitt
Allgemeine Vorschriften über das Verwaltungsverfahren

Erster Titel
Verfahrensgrundsätze

§ 10 Beteiligungsfähigkeit

Fähig, am Verfahren beteiligt zu sein, sind

1. natürliche und juristische Personen,
2. Vereinigungen, soweit ihnen ein Recht zustehen kann,
3. Behörden.

§ 11 Vornahme von Verfahrenshandlungen

(1) Fähig zur Vornahme von Verfahrenshandlungen sind

1. natürliche Personen, die nach bürgerlichem Recht geschäftsfähig sind,
2. natürliche Personen, die nach bürgerlichem Recht in der Geschäftsfähigkeit beschränkt sind, soweit sie für den Gegenstand des Verfahrens durch Vorschriften des bürgerlichen Rechts als geschäftsfähig oder durch Vorschriften des öffentlichen Rechts als handlungsfähig anerkannt sind,
3. juristische Personen und Vereinigungen (§ 10 Nr. 2) durch ihre gesetzlichen Vertreter oder durch besonders Beauftragte,
4. Behörden durch ihre Leiter, deren Vertreter oder Beauftragte.

(2) Betrifft ein Einwilligungsvorbehalt nach § 1825 des Bürgerlichen Gesetzbuches den Gegenstand des Verfahrens, so ist ein geschäftsfähiger Betreuter nur insoweit zur Vornahme von Verfahrenshandlungen fähig, als er nach den Vorschriften des bürgerlichen Rechts ohne Einwilligung des Betreuers handeln kann oder durch Vorschriften des öffentlichen Rechts als handlungsfähig anerkannt ist.

(3) Die §§ 53 und 55 der Zivilprozessordnung gelten entsprechend.

§ 12 Beteiligte

(1) Beteiligte sind

1. Antragsteller und Antragsgegner,
2. diejenigen, an die die Behörde den Verwaltungsakt richten will oder gerichtet hat,
3. diejenigen, mit denen die Behörde einen öffentlich-rechtlichen Vertrag schließen will oder geschlossen hat,
4. diejenigen, die nach Absatz 2 von der Behörde zu dem Verfahren hinzugezogen worden sind.

(2) $_{1}$Die Behörde kann von Amts wegen oder auf Antrag diejenigen, deren rechtliche Interessen durch den Ausgang des Verfahrens berührt werden können, als Beteiligte hinzuziehen. $_{2}$Hat der Ausgang des Verfahrens rechtsgestaltende Wirkung für einen Dritten, ist dieser auf Antrag als Beteiligter zu dem Verfahren hinzuzuziehen; soweit er der Behörde bekannt ist, hat diese ihn von der Einleitung des Verfahrens zu benachrichtigen.

(3) Wer anzuhören ist, ohne dass die Voraussetzungen des Absatzes 1 vorliegen, wird dadurch nicht Beteiligter.

§ 13 Bevollmächtigte und Beistände

(1) $_{1}$Ein Beteiligter kann sich durch einen Bevollmächtigten vertreten lassen. $_{2}$Die Vollmacht ermächtigt zu allen das Verwaltungsverfahren betreffenden Verfahrenshandlungen, sofern sich aus ihrem Inhalt nicht etwas anderes ergibt. $_{3}$Der Bevollmächtigte hat auf Verlangen seine Vollmacht schriftlich nachzuweisen. $_{4}$Ein Widerruf der Vollmacht wird der Behörde gegenüber erst wirksam, wenn er ihr zugeht.

(2) Die Vollmacht wird weder durch den Tod des Vollmachtgebers noch durch eine Veränderung in seiner Handlungsfähigkeit oder seiner gesetzlichen Vertretung aufgehoben; der Bevollmächtigte hat jedoch, wenn er für den Rechtsnachfolger im Verwaltungsverfahren auftritt, dessen Vollmacht auf Verlangen schriftlich beizubringen.

(3) $_{1}$Ist für das Verfahren ein Bevollmächtigter bestellt, muss sich die Behörde an ihn wenden. $_{2}$Sie kann sich an den Beteiligten selbst wenden, soweit er zur Mitwirkung verpflichtet ist. $_{3}$Wendet sich die Behörde an den Beteiligten, muss der Bevollmächtigte verständigt werden. $_{4}$Vorschriften über die Zustellung an Bevollmächtigte bleiben unberührt.

(4) $_{1}$Ein Beteiligter kann zu Verhandlungen und Besprechungen mit einem Beistand erscheinen. $_{2}$Das von dem Beistand Vorgetragene gilt als von dem Beteiligten vorgebracht, soweit dieser nicht unverzüglich widerspricht.

(5) Bevollmächtigte und Beistände sind zurückzuweisen, wenn sie entgegen § 3 des Rechtsdienstleistungsgesetzes Rechtsdienstleistungen erbringen.

(6) $_{1}$Bevollmächtigte und Beistände können vom Vortrag zurückgewiesen werden, wenn sie hierzu ungeeignet sind; vom mündlichen Vortrag können sie nur zurückgewiesen werden, wenn sie zum sachgemäßen Vortrag nicht fähig sind. $_{2}$Nicht zurückgewiesen werden können Personen, die nach § 73 Abs. 2 Satz 1 und 2 Nr. 3 bis 9 des Sozialgerichtsgesetzes zur Vertretung im sozialgerichtlichen Verfahren befugt sind.

(7) $_{1}$Die Zurückweisung nach den Absätzen 5 und 6 ist auch dem Beteiligten, dessen Bevollmächtigter oder Beistand zurückgewiesen wird, schriftlich mitzuteilen. $_{2}$Verfahrenshandlungen des zurückgewiesenen Bevollmächtigten oder Beistandes, die dieser nach der Zurückweisung vornimmt, sind unwirksam.

§ 15 Bestellung eines Vertreters von Amts wegen

(1) Ist ein Vertreter nicht vorhanden, hat das Gericht auf Ersuchen der Behörde einen geeigneten Vertreter zu bestellen

1. für einen Beteiligten, dessen Person unbekannt ist,
2. für einen abwesenden Beteiligten, dessen Aufenthalt unbekannt ist oder der an der Besorgung seiner Angelegenheiten verhindert ist,
3. für einen Beteiligten ohne Aufenthalt im Inland, wenn er der Aufforderung der Behörde, einen Vertreter zu bestellen, innerhalb der ihm gesetzten Frist nicht nachgekommen ist,
4. für einen Beteiligten, der infolge einer psychischen Krankheit oder körperlichen, geistigen oder seeli-

schen Behinderung nicht in der Lage ist, in dem Verwaltungsverfahren selbst tätig zu werden.

(2) 1Für die Bestellung des Vertreters ist in den Fällen des Absatzes 1 Nr. 4 das Betreuungsgericht zuständig, in dessen Bezirk der Beteiligte seinen gewöhnlichen Aufenthalt hat; im Übrigen ist das Betreuungsgericht zuständig, in dessen Bezirk die ersuchende Behörde ihren Sitz hat. 2Ist der Beteiligte minderjährig, tritt an die Stelle des Betreuungsgerichts das Familiengericht.

(3) 1Der Vertreter hat gegen den Rechtsträger der Behörde, die um seine Bestellung ersucht hat, Anspruch auf eine angemessene Vergütung und auf die Erstattung seiner baren Auslagen. 2Die Behörde kann von dem Vertretenen Ersatz ihrer Aufwendungen verlangen. 3Sie bestimmt die Vergütung und stellt die Auslagen und Aufwendungen fest.

(4) Im Übrigen gelten für die Bestellung und für das Amt des Vertreters in den Fällen des Absatzes 1 Nr. 4 die Vorschriften über die Betreuung, in den übrigen Fällen die Vorschriften über die sonstige Pflegschaft entsprechend.

§ 25 Akteneinsicht durch Beteiligte

(1) 1Die Behörde hat den Beteiligten Einsicht in die das Verfahren betreffenden Akten zu gestatten, soweit deren Kenntnis zur Geltendmachung oder Verteidigung ihrer rechtlichen Interessen erforderlich ist. 2Satz 1 gilt bis zum Abschluss des Verwaltungsverfahrens nicht für Entwürfe zu Entscheidungen sowie die Arbeiten zu ihrer unmittelbaren Vorbereitung.

(2) 1Soweit die Akten Angaben über gesundheitliche Verhältnisse eines Beteiligten enthalten, kann die Behörde statt dessen den Inhalt der Akten dem Beteiligten durch einen Arzt vermitteln lassen. 2Sie soll den Inhalt der Akten durch einen Arzt vermitteln lassen, soweit zu befürchten ist, dass die Akteneinsicht dem Beteiligten einen unverhältnismäßigen Nachteil, insbesondere an der Gesundheit, zufügen würde. 3Soweit die Akten Angaben enthalten, die die Entwicklung und Entfaltung der Persönlichkeit des Beteiligten beeinträchtigen können, gelten die Sätze 1 und 2 mit der Maßgabe entsprechend, dass der Inhalt der Akten auch durch einen Bediensteten der Behörde vermittelt werden kann, der durch Vorbildung sowie Lebens- und Berufserfahrung dazu geeignet und befähigt ist. 4Das Recht nach Absatz 1 wird nicht beschränkt.

(3) Die Behörde ist zur Gestattung der Akteneinsicht nicht verpflichtet, soweit die Vorgänge wegen der berechtigten Interessen der Beteiligten oder dritter Personen geheim gehalten werden müssen.

(4) 1Die Akteneinsicht erfolgt bei der Behörde, die die Akten führt. 2Im Einzelfall kann die Einsicht auch bei einer anderen Behörde oder bei einer diplomatischen oder berufskonsularischen Vertretung der Bundesrepublik Deutschland im Ausland erfolgen; weitere Ausnahmen kann die Behörde, die die Akten führt, gestatten.

(5) 1Soweit die Akteneinsicht zu gestatten ist, können die Beteiligten Auszüge oder Abschriften selbst fertigen oder sich Ablichtungen durch die Behörde erteilen lassen. 2Soweit die Akteneinsicht in eine elektronische Akte zu gestatten ist, kann die Behörde Akteneinsicht gewähren, indem sie Unterlagen ganz oder teilweise ausdruckt, elektronische Dokumente auf einem Bildschirm wiedergibt, elektronische Dokumente zur Verfügung stellt oder den elektronischen Zugriff auf den Inhalt der Akte gestattet. 3Die Behörde kann Ersatz ihrer Aufwendungen in angemessenem Umfang verlangen.

Zweites Kapitel
Schutz der Sozialdaten

Zweiter Abschnitt
Verarbeitung von Sozialdaten

§ 71 Übermittlung für die Erfüllung besonderer gesetzlicher Pflichten und Mitteilungsbefugnisse

(1) 1Eine Übermittlung von Sozialdaten ist zulässig, soweit sie erforderlich ist für die Erfüllung der gesetzlichen Mitteilungspflichten

1. zur Abwendung geplanter Straftaten nach § 138 des Strafgesetzbuches,
2. zum Schutz der öffentlichen Gesundheit nach § 8 des Infektionsschutzgesetzes,
3. zur Sicherung des Steueraufkommens nach § 22a des Einkommensteuergesetzes und den §§ 93, 97, 105, 111 Absatz 1 und 5, § 116 der Abgabenordnung und § 32b Absatz 3 des Einkommensteuergesetzes, soweit diese Vorschriften unmittelbar anwendbar sind, und zur Mitteilung von Daten der ausländischen Unternehmen, die auf Grund bilateraler Regierungsvereinbarungen über die Beschäftigung von Arbeitnehmern zur Ausführung von Werkverträgen tätig werden, nach § 93a der Abgabenordnung,
4. zur Gewährung und Prüfung des Sonderausgabenabzugs nach § 10 des Einkommensteuergesetzes,
5. zur Überprüfung der Voraussetzungen für die Einziehung der Ausgleichszahlungen und für die Leistung von Wohngeld nach § 33 des Wohngeldgesetzes,
6. zur Bekämpfung von Schwarzarbeit und illegaler Beschäftigung nach dem Schwarzarbeitsbekämpfungsgesetz,
7. zur Mitteilung in das Gewerbezentralregister und das Wettbewerbsregister einzutragender Tatsachen an die Registerbehörde,
8. zur Erfüllung der Aufgaben der statistischen Ämter der Länder und des Statistischen Bundesamtes gemäß § 3 Absatz 1 des Statistikregistergesetzes zum Aufbau und zur Führung des Statistikregisters,
9. zur Aktualisierung des Betriebsregisters nach § 97 Absatz 5 des Agrarstatistikgesetzes,
10. zur Erfüllung der Aufgaben der Deutschen Rentenversicherung Bund als zentraler Stelle nach § 22a und § 91 Absatz 1 Satz 1 des Einkommensteuergesetzes,
11. zur Erfüllung der Aufgaben der Deutschen Rentenversicherung Knappschaft-Bahn-See, soweit sie bei geringfügig Beschäftigten Aufgaben nach dem Einkommensteuergesetz durchführt,

VI

12. zur Erfüllung der Aufgaben des Statistischen Bundesamtes nach § 5a Absatz 1 in Verbindung mit Absatz 3 des Bundesstatistikgesetzes sowie nach § 7 des Registerzensuserprobungsgesetzes zum Zwecke der Entwicklung von Verfahren für die zuverlässige Zuordnung von Personendatensätzen aus ihren Datenbeständen und von Verfahren der Qualitätssicherung eines Registerzensus,
13. nach § 58 des Energiefinanzierungsgesetzes zur Berechnung der Bruttowertschöpfung im Verfahren der Besonderen Ausgleichsregelung,
14. nach § 6 Absatz 3 des Wohnungslosenberichterstattungsgesetzes für die Erhebung über wohnungslose Personen,
15. nach § 4 des Sozialdienstleister-Einsatzgesetzes für die Feststellung des nachträglichen Erstattungsanspruchs oder
16. nach § 5 Absatz 1 des Rentenübersichtsgesetzes zur Erfüllung der Aufgaben der Zentralen Stelle für die Digitale Rentenübersicht.

VI

2Erklärungspflichten als Drittschuldner, welche das Vollstreckungsrecht vorsieht, werden durch Bestimmungen dieses Gesetzbuches nicht berührt. 3Eine Übermittlung von Sozialdaten ist zulässig, soweit sie erforderlich ist für die Erfüllung der gesetzlichen Pflichten zur Sicherung und Nutzung von Archivgut des Bundes nach § 1 Nummer 8 und 9, § 3 Absatz 4, nach den §§ 5 bis 7 sowie nach den §§ 10 bis 13 des Bundesarchivgesetzes oder nach entsprechenden gesetzlichen Vorschriften der Länder, die die Schutzfristen dieses Gesetzes nicht unterschreiten. 4Eine Übermittlung von Sozialdaten ist auch zulässig, soweit sie erforderlich ist, Meldebehörden nach § 6 Absatz 2 des Bundesmeldegesetzes über konkrete Anhaltspunkte für die Unrichtigkeit oder Unvollständigkeit von diesen auf Grund Melderechts übermittelter Daten zu unterrichten. 5Zur Überprüfung des Anspruchs auf Kindergeld ist die Übermittlung von Sozialdaten gemäß § 68 Absatz 7 des Einkommensteuergesetzes an die Familienkassen zulässig. 6Eine Übermittlung von Sozialdaten ist auch zulässig, soweit sie zum Schutz des Kindeswohls nach § 4 Absatz 1 und 5 des Gesetzes zur Kooperation und Information im Kinderschutz erforderlich ist.

(2) 1Eine Übermittlung von Sozialdaten eines Ausländers ist auch zulässig, soweit sie erforderlich ist

1. im Einzelfall auf Ersuchen der mit der Ausführung des Aufenthaltsgesetzes betrauten Behörden nach § 87 Absatz 1 des Aufenthaltsgesetzes mit der Maßgabe, dass über die Angaben nach § 68 hinaus nur mitgeteilt werden können
   a) für die Entscheidung über den Aufenthalt des Ausländers oder eines Familienangehörigen des Ausländers Daten über die Gewährung oder Nichtgewährung von Leistungen, Daten über frühere und bestehende Versicherungen und das Nichtbestehen einer Versicherung,
   b) für die Entscheidung über den Aufenthalt oder über die ausländerrechtliche Zulassung oder Beschränkung einer Erwerbstätigkeit des Ausländers Daten über die Zustimmung nach § 4a Absatz 2 Satz 1, § 16a Absatz 1 Satz 1 und § 18 Absatz 2 Nummer 2 des Aufenthaltsgesetzes,
   c) für eine Entscheidung über den Aufenthalt des Ausländers Angaben darüber, ob die in § 54 Absatz 2 Nummer 4 des Aufenthaltsgesetzes bezeichneten Voraussetzungen vorliegen, und
   d) durch die Jugendämter für die Entscheidung über den weiteren Aufenthalt oder die Beendigung des Aufenthalts eines Ausländers, bei dem ein Ausweisungsgrund nach den §§ 53 bis 56 des Aufenthaltsgesetzes vorliegt, Angaben über das zu erwartende soziale Verhalten,
2. für die Erfüllung der in § 87 Absatz 2 des Aufenthaltsgesetzes bezeichneten Mitteilungspflichten,
3. für die Erfüllung der in § 99 Absatz 1 Nummer 14 Buchstabe d, f und j des Aufenthaltsgesetzes bezeichneten Mitteilungspflichten, wenn die Mitteilung die Erteilung, den Widerruf oder Beschränkungen der Zustimmung nach § 4 Absatz 2 Satz 1, § 16a Absatz 1 Satz 1 und § 18 Absatz 2 Nummer 2 des Aufenthaltsgesetzes oder eines Versicherungsschutzes oder die Gewährung von Leistungen zur Sicherung des Lebensunterhalts nach dem Zweiten Buch betrifft,
4. für die Erfüllung der in § 6 Absatz 1 Nummer 8 in Verbindung mit Absatz 2 Nummer 6 des Gesetzes über das Ausländerzentralregister bezeichneten Mitteilungspflichten,
5. für die Erfüllung der in § 32 Absatz 1 Satz 1 und 2 des Staatsangehörigkeitsgesetzes bezeichneten Mitteilungspflichten oder
6. für die Erfüllung der nach § 8 Absatz 1c des Asylgesetzes bezeichneten Mitteilungspflichten der Träger der Grundsicherung für Arbeitsuchende.

2Daten über die Gesundheit eines Ausländers dürfen nur übermittelt werden,

1. wenn der Ausländer die öffentliche Gesundheit gefährdet und besondere Schutzmaßnahmen zum Ausschluss der Gefährdung nicht möglich sind oder von dem Ausländer nicht eingehalten werden oder
2. soweit sie für die Feststellung erforderlich sind, ob die Voraussetzungen des § 54 Absatz 2 Nummer 4 des Aufenthaltsgesetzes vorliegen.

(2a) Eine Übermittlung personenbezogener Daten eines Leistungsberechtigten nach § 1 des Asylbewerberleistungsgesetzes ist zulässig, soweit sie für die Durchführung des Asylbewerberleistungsgesetzes erforderlich ist.

(3) 1Eine Übermittlung von Sozialdaten ist zulässig, soweit es nach pflichtgemäßem Ermessen eines Leistungsträgers erforderlich ist, dem Betreuungsgericht die Bestellung eines Betreuers oder eine andere Maßnahme in Betreuungssachen zu ermöglichen. 2§ 9 des Betreuungsorganisationsgesetzes gilt entsprechend. 3Eine Übermittlung von Sozialdaten ist auch zulässig, soweit sie im Einzelfall für die Erfüllung der Aufgaben der Betreuungsbehörden nach § 8 des Betreuungsorganisationsgesetzes erforderlich ist.

(4) 1Eine Übermittlung von Sozialdaten ist außerdem zulässig, soweit sie im Einzelfall für die rechtmäßige Erfüllung der in der Zuständigkeit der Zentralstelle für Finanztransaktionsuntersuchungen liegenden Aufgaben

nach § 28 Absatz 1 Satz 2 Nummer 2 des Geldwäschegesetzes erforderlich ist. 2Die Übermittlung ist auf Angaben über Name, Vorname sowie früher geführte Namen, Geburtsdatum, Geburtsort, derzeitige und frühere Anschriften der betroffenen Person sowie Namen und Anschriften seiner derzeitigen und früheren Arbeitgeber beschränkt.

Sozialgerichtsgesetz (SGG)

in der Fassung der Bekanntmachung vom 23. September 1975 (BGBl. I S. 2536)

Zuletzt geändert durch
Krankenhaustransparenzgesetz
vom 22. März 2024 (BGBl. I Nr. 105)

– Auszug –

Inhaltsübersicht

Zweiter Teil
Verfahren

Erster Abschnitt
Gemeinsame Verfahrensvorschriften

Erster Unterabschnitt
Allgemeine Vorschriften

§ 71 (Prozeßfähigkeit)
§ 72 (Bestellung eines besonderen Vertreters)
§ 73 (Prozessvertreter)
§ 73a (Prozesskostenhilfe)
§ 75 (Beiladung Dritter)

Vierter Unterabschnitt
Verfahren im ersten Rechtszug

§ 111 (Anordnung des persönlichen Erscheinens der Beteiligten)
§ 119 (Vorlage von Behördenakten und Auskunftspflicht)

Fünfter Unterabschnitt
Urteile und Beschlüsse

§ 141 (Rechtskraftumfang)

VI

Zweiter Teil
Verfahren

Erster Abschnitt
Gemeinsame Verfahrensvorschriften

Erster Unterabschnitt
Allgemeine Vorschriften

§ 71 (Prozeßfähigkeit)

(1) Ein Beteiligter ist prozeßfähig, soweit er sich durch Verträge verpflichten kann.

(2) Minderjährige sind in eigener Sache prozeßfähig, soweit sie durch Vorschriften des bürgerlichen oder öffentlichen Rechts für den Gegenstand des Verfahrens als geschäftsfähig anerkannt sind. Zur Zurücknahme eines Rechtsbehelfs bedürfen sie der Zustimmung des gesetzlichen Vertreters.

(3) Für rechtsfähige und nichtrechtsfähige Personenvereinigungen sowie für Behörden handeln ihre gesetzlichen Vertreter und Vorstände.

(4) Für Entscheidungsgremien im Sinne von § 70 Nr. 4 handelt der Vorsitzende.

(5) In Angelegenheiten des Sozialen Entschädigungsrechts und des Schwerbehindertenrechts wird das Land durch die Stelle vertreten, die für die Durchführung des Vierzehnten Buches Sozialgesetzbuch oder des Rechts der Teilhabe von Menschen mit Behinderungen zuständig ist oder der nach Maßgabe des Landesrechts diese Aufgaben übertragen worden sind.

(6) Die §§ 53 bis 56 der Zivilprozeßordnung gelten entsprechend.

§ 72 (Bestellung eines besonderen Vertreters)

(1) Für einen nicht prozeßfähigen Beteiligten ohne gesetzlichen Vertreter kann der Vorsitzende bis zum Eintritt eines Vormundes, Betreuers oder Pflegers für das Verfahren einen besonderen Vertreter bestellen, dem alle Rechte, außer dem Empfang von Zahlungen, zustehen.

(2) Die Bestellung eines besonderen Vertreters ist mit Zustimmung des Beteiligten oder seines gesetzlichen Vertreters auch zulässig, wenn der Aufenthaltsort eines Beteiligten oder seines gesetzlichen Vertreters vom Sitz des Gerichts weit entfernt ist.

§ 73 (Prozessvertreter)

(1) Die Beteiligten können vor dem Sozialgericht und dem Landessozialgericht den Rechtsstreit selbst führen.

(2) Die Beteiligten können sich durch einen Rechtsanwalt oder einen Rechtslehrer an einer staatlichen oder staatlich anerkannten Hochschule eines Mitgliedstaates der Europäischen Union, eines anderen Vertragsstaates des Abkommens über den Europäischen Wirtschaftsraum oder der Schweiz, der die Befähigung zum Richteramt besitzt, als Bevollmächtigten vertreten lassen. Darüber hinaus sind als Bevollmächtigte vor dem Sozialgericht und dem Landessozialgericht vertretungsbefugt nur

1. Beschäftigte des Beteiligten oder eines mit ihm verbundenen Unternehmens (§ 15 des Aktiengesetzes); Behörden und juristische Personen des öffentlichen Rechts einschließlich der von ihnen zur Erfüllung ihrer öffentlichen Aufgaben gebildeten Zusammenschlüsse können sich auch durch Beschäftigte anderer Behörden oder juristischer Personen des öffentlichen Rechts einschließlich der von ihnen zur Erfüllung ihrer öffentlichen Aufgaben gebildeten Zusammenschlüsse vertreten lassen,
2. volljährige Familienangehörige (§ 15 der Abgabenordnung, § 11 des Lebenspartnerschaftsgesetzes), Personen mit Befähigung zum Richteramt und Streitgenossen, wenn die Vertretung nicht im Zusammenhang mit einer entgeltlichen Tätigkeit steht,
3. Rentenberater im Umfang ihrer Befugnisse nach § 10 Absatz 1 Satz 1 Nummer 2, auch in Verbindung mit Satz 2, des Rechtsdienstleistungsgesetzes,
4. Steuerberater, Steuerbevollmächtigte, Wirtschaftsprüfer und vereidigte Buchprüfer, Personen und Vereinigungen im Sinne der §§ 3a und 3c des Steuerberatungsgesetzes im Rahmen ihrer Befugnisse nach § 3a des Steuerberatungsgesetzes, zu beschränkter geschäftsmäßiger Hilfeleistung in Steuersachen nach den §§ 3d und 3e des Steuerberatungsgesetzes berechtigte Personen im Rahmen dieser Befugnisse sowie Gesellschaften im Sinne des § 3 Satz 1 Nummer 2 und 3 des Steuerberatungsgesetzes, die durch Personen im Sinne des § 3 Satz 2 des Steuerberatungsgesetzes handeln, in Angelegenheiten nach den §§ 28h und 28p des Vierten Buches Sozialgesetzbuch,
5. selbständige Vereinigungen von Arbeitnehmern mit sozial- oder berufspolitischer Zwecksetzung für ihre Mitglieder,
6. berufsständische Vereinigungen der Landwirtschaft für ihre Mitglieder,
7. Gewerkschaften und Vereinigungen von Arbeitgebern sowie Zusammenschlüsse solcher Verbände für ihre Mitglieder oder für andere Verbände oder Zusammenschlüsse mit vergleichbarer Ausrichtung und deren Mitglieder,
8. Vereinigungen, deren satzungsgemäße Aufgaben die gemeinschaftliche Interessenvertretung, die Beratung und Vertretung der Leistungsempfänger nach dem Sozialen Entschädigungsrecht oder der Menschen mit Behinderungen wesentlich umfassen und die unter Berücksichtigung von Art und Umfang ihrer Tätigkeit sowie ihres Mitgliederkreises die Gewähr für eine sachkundige Prozessvertretung bieten, für ihre Mitglieder,
9. juristische Personen, deren Anteile sämtlich im wirtschaftlichen Eigentum einer der in den Nummern 5 bis 8 bezeichneten Organisationen stehen, wenn die juristische Person ausschließlich die Rechtsberatung und Prozessvertretung dieser Organisation und ihrer Mitglieder oder anderer Verbände oder Zusammenschlüsse mit vergleichbarer Ausrichtung und deren Mitglieder entsprechend deren Satzung durchführt, und wenn die Organisation für die Tätigkeit der Bevollmächtigten haftet.

Bevollmächtigte, die keine natürlichen Personen sind, handeln durch ihre Organe und mit der Prozessvertretung beauftragten Vertreter. § 157 der Zivilprozessordnung gilt entsprechend.

(3) Das Gericht weist Bevollmächtigte, die nicht nach Maßgabe des Absatzes 2 vertretungsbefugt sind, durch

VI

unanfechtbaren Beschluss zurück. Prozesshandlungen eines nicht vertretungsbefugten Bevollmächtigten und Zustellungen oder Mitteilungen an diesen Bevollmächtigten sind bis zu seiner Zurückweisung wirksam. Das Gericht kann den in Absatz 2 Satz 2 Nr. 1 und 2 bezeichneten Bevollmächtigten durch unanfechtbaren Beschluss die weitere Vertretung untersagen, wenn sie nicht in der Lage sind, das Sach- und Streitverhältnis sachgerecht darzustellen. Satz 3 gilt nicht für Beschäftigte eines Sozialleistungsträgers oder eines Spitzenverbandes der Sozialversicherung.

(4) Vor dem Bundessozialgericht müssen sich die Beteiligten, außer im Prozesskostenhilfeverfahren, durch Prozessbevollmächtigte vertreten lassen. Als Bevollmächtigte sind außer den in Absatz 2 Satz 1 bezeichneten Personen nur die in Absatz 2 Satz 2 Nr. 5 bis 9 bezeichneten Organisationen zugelassen. Diese müssen durch Personen mit Befähigung zum Richteramt handeln. Behörden und juristische Personen des öffentlichen Rechts einschließlich der von ihnen zur Erfüllung ihrer öffentlichen Aufgaben gebildeten Zusammenschlüsse sowie private Pflegeversicherungsunternehmen können sich durch eigene Beschäftigte mit Befähigung zum Richteramt oder durch Beschäftigte mit Befähigung zum Richteramt anderer Behörden oder juristischer Personen des öffentlichen Rechts einschließlich der von ihnen zur Erfüllung ihrer öffentlichen Aufgaben gebildeten Zusammenschlüsse vertreten lassen. Ein Beteiligter, der nach Maßgabe des Satzes 2 zur Vertretung berechtigt ist, kann sich selbst vertreten; Satz 3 bleibt unberührt.

(5) Richter dürfen nicht als Bevollmächtigte vor dem Gericht auftreten, dem sie angehören. Ehrenamtliche Richter dürfen, außer in den Fällen des Absatzes 2 Satz 2 Nr. 1, nicht vor einem Spruchkörper auftreten, dem sie angehören. Absatz 3 Satz 1 und 2 gilt entsprechend.

(6) Die Vollmacht ist schriftlich zu den Gerichtsakten einzureichen. Sie kann nachgereicht werden; hierfür kann das Gericht eine Frist bestimmen. Bei Ehegatten oder Lebenspartnern und Verwandten in gerader Linie kann unterstellt werden, dass sie bevollmächtigt sind. Der Mangel der Vollmacht kann in jeder Lage des Verfahrens geltend gemacht werden. Das Gericht hat den Mangel der Vollmacht von Amts wegen zu berücksichtigen, wenn nicht als Bevollmächtigter ein Rechtsanwalt auftritt. Ist ein Bevollmächtigter bestellt, sind die Zustellungen oder Mitteilungen des Gerichts an ihn zu richten. Im Übrigen gelten die §§ 81, 83 bis 86 der Zivilprozessordnung entsprechend.

(7) In der Verhandlung können die Beteiligten mit Beiständen erscheinen. Beistand kann sein, wer in Verfahren, in denen die Beteiligten den Rechtsstreit selbst führen können, als Bevollmächtigter zur Vertretung in der Verhandlung befugt ist. Das Gericht kann andere Personen als Beistand zulassen, wenn dies sachdienlich ist und hierfür nach den Umständen des Einzelfalls ein Bedürfnis besteht. Absatz 3 Satz 1 und 3 und Absatz 5 gelten entsprechend. Das von dem Beistand Vorgetragene gilt als von dem Beteiligten vorgebracht, soweit es nicht von diesem sofort widerrufen oder berichtigt wird.

§ 73a (Prozesskostenhilfe)

(1) Die Vorschriften der Zivilprozeßordnung über die Prozeßkostenhilfe mit Ausnahme des § 127 Absatz 2 Satz 2 der Zivilprozeßordnung gelten entsprechend. Macht der Beteiligte, dem Prozeßkostenhilfe bewilligt ist, von seinem Recht, einen Rechtsanwalt zu wählen, nicht Gebrauch, wird auf Antrag des Beteiligten der beizuordnende Rechtsanwalt vom Gericht ausgewählt. Einem Beteiligten, dem Prozesskostenhilfe bewilligt worden ist, kann auch ein Steuerberater, Steuerbevollmächtigter, Wirtschaftsprüfer, vereidigter Buchprüfer oder Rentenberater beigeordnet werden. Die Vergütung richtet sich nach den für den beigeordneten Rechtsanwalt geltenden Vorschriften des Rechtsanwaltsvergütungsgesetzes.

(2) Prozeßkostenhilfe wird nicht bewilligt, wenn der Beteiligte durch einen Bevollmächtigten im Sinne des § 73 Abs. 2 Satz 2 Nr. 5 bis 9 vertreten ist.

(3) § 109 Abs. 1 Satz 2 bleibt unberührt.

(4) Die Prüfung der persönlichen und wirtschaftlichen Verhältnisse nach den §§ 114 bis 116 der Zivilprozessordnung einschließlich der in § 118 Absatz 2 der Zivilprozessordnung bezeichneten Maßnahmen, der Beurkundung von Vergleichen nach § 118 Absatz 1 Satz 3 der Zivilprozessordnung und der Entscheidungen nach § 118 Absatz 2 Satz 4 der Zivilprozessordnung obliegt dem Urkundsbeamten der Geschäftsstelle des jeweiligen Rechtszugs, wenn der Vorsitzende ihm das Verfahren insoweit überträgt. Liegen die Voraussetzungen für die Bewilligung der Prozesskostenhilfe hiernach nicht vor, erlässt der Urkundsbeamte die den Antrag ablehnende Entscheidung; anderenfalls vermerkt der Urkundsbeamte in den Prozessakten, dass dem Antragsteller nach seinen persönlichen und wirtschaftlichen Verhältnissen Prozesskostenhilfe gewährt werden kann und in welcher Höhe gegebenenfalls Monatsraten oder Beträge aus dem Vermögen zu zahlen sind.

(5) Dem Urkundsbeamten obliegen im Verfahren über die Prozesskostenhilfe ferner die Bestimmung des Zeitpunkts für die Einstellung und eine Wiederaufnahme der Zahlungen nach § 120 Absatz 3 der Zivilprozessordnung sowie die Änderung und die Aufhebung der Bewilligung der Prozesskostenhilfe nach den §§ 120a und 124 Absatz 1 Nummer 2 bis 5 der Zivilprozessordnung.

(6) Der Vorsitzende kann Aufgaben nach den Absätzen 4 und 5 zu jedem Zeitpunkt an sich ziehen. § 5 Absatz 1 Nummer 1, die §§ 6, 7, 8 Absatz 1 bis 4 und § 9 des Rechtspflegergesetzes gelten entsprechend mit der Maßgabe, dass an die Stelle des Rechtspflegers der Urkundsbeamte der Geschäftsstelle tritt.

(7) § 155 Absatz 4 gilt entsprechend.

(8) Gegen Entscheidungen des Urkundsbeamten nach den Absätzen 4 und 5 kann binnen eines Monats nach Bekanntgabe das Gericht angerufen werden, das endgültig entscheidet.

(9) Durch Landesgesetz kann bestimmt werden, dass die Absätze 4 bis 8 für die Gerichte des jeweiligen Landes nicht anzuwenden sind.

§ 75 (Beiladung Dritter)

(1) Das Gericht kann von Amts wegen oder auf Antrag andere, deren berechtigte Interessen durch die Ent-

scheidung berührt werden, beiladen. In Angelegenheiten des Sozialen Entschädigungsrechts ist die Bundesrepublik Deutschland auf Antrag beizuladen.

(2) Sind an dem streitigen Rechtsverhältnis Dritte derart beteiligt, daß die Entscheidung auch ihnen gegenüber nur einheitlich ergehen kann, oder ergibt sich im Verfahren, daß bei der Ablehnung des Anspruchs ein anderer Versicherungsträger, ein Träger der Grundsicherung für Arbeitsuchende, ein Träger der Sozialhilfe einschließlich der Leistungen nach Teil 2 des Neunten Buches Sozialgesetzbuch, ein Träger der Leistungen nach dem Asylbewerberleistungsgesetz oder in Angelegenheiten des Sozialen Entschädigungsrechts ein Land als leistungspflichtig in Betracht kommt, so sind sie beizuladen.

(2a) Kommt nach Absatz 2 erste Alternative die Beiladung von mehr als 20 Personen in Betracht, kann das Gericht durch Beschluss anordnen, dass nur solche Personen beigeladen werden, die dies innerhalb einer bestimmten Frist beantragen. Der Beschluss ist unanfechtbar. Er ist im Bundesanzeiger bekannt zu machen. Er muss außerdem in im gesamten Bundesgebiet verbreiteten Tageszeitungen veröffentlicht werden. Die Bekanntmachung kann zusätzlich in einem von dem Gericht für Bekanntmachungen bestimmten Informations- und Kommunikationssystem erfolgen. Die Frist muss mindestens drei Monate seit der Bekanntgabe betragen. Es ist jeweils anzugeben, an welchem Tag die Antragsfrist abläuft. Für die Wiedereinsetzung in den vorigen Stand wegen Fristversäumnis gilt § 67 entsprechend. Das Gericht soll Personen, die von der Entscheidung erkennbar in besonderem Maße betroffen werden, auch ohne Antrag beiladen.

(2b) In Verfahren gegen Entscheidungen nach § 7a Absatz 1 Satz 3, § 28h Absatz 2 und § 28p Absatz 1 Satz 5 des Vierten Buches Sozialgesetzbuch sind andere Versicherungsträger abweichend von Absatz 2 nur auf deren Antrag beizuladen. Das Gericht benachrichtigt die anderen Versicherungsträger über die Erhebung einer entsprechenden Klage und über die Möglichkeit der Beiladung auf Antrag. Das Gericht setzt den anderen Versicherungsträgern für die Antragstellung eine angemessene Frist. Für die Wiedereinsetzung in den vorigen Stand wegen Fristversäumnis gilt § 67 entsprechend. Das Gericht kann Versicherungsträger auch von Amts wegen beiladen.

(3) Der Beiladungsbeschluß ist allen Beteiligten zuzustellen. Dabei sollen der Stand der Sache und der Grund der Beiladung angegeben werden. Der Beschluß, den Dritten beizuladen, ist unanfechtbar.

(4) Der Beigeladene kann innerhalb der Anträge der anderen Beteiligten selbständig Angriffs- und Verteidigungsmittel geltend machen und alle Verfahrenshandlungen wirksam vornehmen. Abweichende Sachanträge kann er nur dann stellen, wenn eine Beiladung nach Absatz 2 vorliegt.

(5) Ein Versicherungsträger, ein Träger der Grundsicherung für Arbeitsuchende, ein Träger der Sozialhilfe einschließlich der Leistungen nach Teil 2 des Neunten Buches Sozialgesetzbuch, ein Träger der Leistungen nach dem Asylbewerberleistungsgesetz oder in Angelegenheiten des Sozialen Entschädigungsrechts ein Land kann nach Beiladung verurteilt werden.

Vierter Unterabschnitt
Verfahren im ersten Rechtszug

§ 111 (Anordnung des persönlichen Erscheinens der Beteiligten)

(1) Der Vorsitzende kann das persönliche Erscheinen eines Beteiligten zur mündlichen Verhandlung anordnen sowie Zeugen und Sachverständige laden. Auf die Folgen des Ausbleibens ist dabei hinzuweisen.

(2) Die Ladung von Zeugen und Sachverständigen ist den Beteiligten bei der Mitteilung des Termins zur mündlichen Verhandlung bekanntzugeben.

(3) Das Gericht kann einem Beteiligten, der keine natürliche Person ist, aufgeben, zur mündlichen Verhandlung oder zu einem Termin nach § 106 Absatz 3 Nummer 7 einen Beamten oder Angestellten zu entsenden, der mit einem schriftlichen Nachweis über die Vertretungsbefugnis versehen und über die Sach- und Rechtslage ausreichend unterrichtet ist.

§ 119 (Vorlage von Behördenakten und Auskunftspflicht)

(1) Eine Behörde ist zur Vorlage von Urkunden oder Akten, zur Übermittlung elektronischer Dokumente und zu Auskünften nicht verpflichtet, wenn die zuständige oberste Aufsichtsbehörde erklärt, dass das Bekanntwerden des Inhalts dieser Urkunden, Akten, elektronischer Dokumente oder Auskünfte dem Wohl des Bundes oder eines deutschen Landes nachteilig sein würde oder dass die Vorgänge nach einem Gesetz oder ihrem Wesen nach geheim gehalten werden müssen.

(2) Handelt es sich um Urkunden, elektronische Dokumente oder Akten und um Auskünfte einer obersten Bundesbehörde, so darf die Vorlage der Urkunden oder Akten, die Übermittlung elektronischer Dokumente und die Erteilung der Auskunft nur unterbleiben, wenn die Erklärung nach Absatz 1 von der Bundesregierung abgegeben wird. Die Landesregierung hat die Erklärung abzugeben, wenn diese Voraussetzungen bei einer obersten Landesbehörde vorliegen.

Fünfter Unterabschnitt
Urteile und Beschlüsse

§ 141 (Rechtskraftumfang)

(1) Rechtskräftige Urteile binden, soweit über den Streitgegenstand entschieden worden ist,

1. die Beteiligten und ihre Rechtsnachfolger,
2. im Falle des § 75 Absatz 2a die Personen und im Falle des § 75 Absatz 2b die Versicherungsträger, die einen Antrag auf Beiladung nicht oder nicht fristgemäß gestellt haben.

(2) Hat der Beklagte die Aufrechnung einer Gegenforderung geltend gemacht, so ist die Entscheidung, daß die Gegenforderung nicht besteht, bis zur Höhe des Betrags der Rechtskraft fähig, für den die Aufrechnung geltend gemacht worden ist.

Strafprozeßordnung (StPO)

in der Fassung der Bekanntmachung vom 7. April 1987 (BGBl. I S. 1074, S. 1319)

Zuletzt geändert durch
Cannabisgesetz
vom 27. März 2024 (BGBl. I Nr. 109)

– Auszug –

Inhaltsübersicht

Erstes Buch
Allgemeine Vorschriften

Neunter Abschnitt
Verhaftung und vorläufige Festnahme

§ 126a Einstweilige Unterbringung

Elfter Abschnitt
Verteidigung

§ 149 Zulassung von Beiständen

Drittes Buch
Rechtsmittel

Erster Abschnitt
Allgemeine Vorschriften

§ 296 Rechtsmittelberechtigte
§ 298 Einlegung durch den gesetzlichen Vertreter

Dritter Abschnitt
Berufung

§ 330 Maßnahmen bei Berufung des gesetzlichen Vertreters

Sechstes Buch
Besondere Arten des Verfahrens

Erster Abschnitt
Verfahren bei Strafbefehlen

§ 410 Einspruch; Form und Frist des Einspruchs; Rechtskraft

VI

Erstes Buch
Allgemeine Vorschriften

Neunter Abschnitt
Verhaftung und vorläufige Festnahme

§ 126a Einstweilige Unterbringung

(1) Sind dringende Gründe für die Annahme vorhanden, daß jemand eine rechtswidrige Tat im Zustand der Schuldunfähigkeit oder verminderten Schuldfähigkeit (§§ 20, 21 des Strafgesetzbuches) begangen hat und daß seine Unterbringung in einem psychiatrischen Krankenhaus oder einer Entziehungsanstalt angeordnet werden wird, so kann das Gericht durch Unterbringungsbefehl die einstweilige Unterbringung in einer dieser Anstalten anordnen, wenn die öffentliche Sicherheit es erfordert.

(2) Für die einstweilige Unterbringung gelten die §§ 114 bis 115a, 116 Abs. 3 und 4, §§ 117 bis 119a, 123, 125 und 126 entsprechend. Die §§ 121, 122 gelten entsprechend mit der Maßgabe, dass das Oberlandesgericht prüft, ob die Voraussetzungen der einstweiligen Unterbringung weiterhin vorliegen.

(3) Der Unterbringungsbefehl ist aufzuheben, wenn die Voraussetzungen der einstweiligen Unterbringung nicht mehr vorliegen oder wenn das Gericht im Urteil die Unterbringung in einem psychiatrischen Krankenhaus oder einer Entziehungsanstalt nicht anordnet. Durch die Einlegung eines Rechtsmittels darf die Freilassung nicht aufgehalten werden. § 120 Abs. 3 gilt entsprechend.

(4) Hat der Untergebrachte einen gesetzlichen Vertreter oder einen Bevollmächtigten im Sinne des § 1831 Absatz 5 und des § 1820 Absatz 2 Nummer 2 des Bürgerlichen Gesetzbuches, so sind Entscheidungen nach Absatz 1 bis 3 auch diesem bekannt zu geben.

Elfter Abschnitt
Verteidigung

§ 149 Zulassung von Beiständen

(1) Der Ehegatte oder Lebenspartner eines Angeklagten ist in der Hauptverhandlung als Beistand zuzulassen und auf sein Verlangen zu hören. Zeit und Ort der Hauptverhandlung sollen ihm rechtzeitig mitgeteilt werden.

(2) Dasselbe gilt von dem gesetzlichen Vertreter eines Angeklagten.

(3) Im Vorverfahren unterliegt die Zulassung solcher Beistände dem richterlichen Ermessen.

Drittes Buch
Rechtsmittel

Erster Abschnitt
Allgemeine Vorschriften

§ 296 Rechtsmittelberechtigte

(1) Die zulässigen Rechtsmittel gegen gerichtliche Entscheidungen stehen sowohl der Staatsanwaltschaft als dem Beschuldigten zu.

(2) Die Staatsanwaltschaft kann von ihnen auch zugunsten des Beschuldigten Gebrauch machen.

§ 298 Einlegung durch den gesetzlichen Vertreter

(1) Der gesetzliche Vertreter eines Beschuldigten kann binnen der für den Beschuldigten laufenden Frist selbständig von den zulässigen Rechtsmitteln Gebrauch machen.

(2) Auf ein solches Rechtsmittel und auf das Verfahren sind die für die Rechtsmittel des Beschuldigten geltenden Vorschriften entsprechend anzuwenden.

Dritter Abschnitt
Berufung

§ 330 Maßnahmen bei Berufung des gesetzlichen Vertreters

(1) Ist von dem gesetzlichen Vertreter die Berufung eingelegt worden, so hat das Gericht auch den Angeklagten zu der Hauptverhandlung zu laden.

(2) Bleibt allein der gesetzliche Vertreter in der Hauptverhandlung aus, so ist ohne ihn zu verhandeln. Ist weder der gesetzliche Vertreter noch der Angeklagte noch ein Verteidiger mit nachgewiesener Vertretungsvollmacht bei Beginn eines Hauptverhandlungstermins erschienen, so gilt § 329 Absatz 1 Satz 1 entsprechend; ist lediglich der Angeklagte nicht erschienen, so gilt § 329 Absatz 2 und 3 entsprechend.

Sechstes Buch
Besondere Arten des Verfahrens

Erster Abschnitt
Verfahren bei Strafbefehlen

§ 410 Einspruch; Form und Frist des Einspruchs; Rechtskraft

(1) Der Angeklagte kann gegen den Strafbefehl innerhalb von zwei Wochen nach Zustellung bei dem Gericht, das den Strafbefehl erlassen hat, schriftlich oder zu Protokoll der Geschäftsstelle Einspruch einlegen. Die §§ 297 bis 300 und § 302 Abs. 1 Satz 1, Abs. 2 gelten entsprechend.

(2) Der Einspruch kann auf bestimmte Beschwerdepunkte beschränkt werden.

(3) Soweit gegen einen Strafbefehl nicht rechtzeitig Einspruch erhoben worden ist, steht er einem rechtskräftigen Urteil gleich.

Gesetz über Personalausweise und den elektronischen Identitätsnachweis (Personalausweisgesetz – PAuswG)

Vom 18. Juni 2009 (BGBl. I S. 1346)

Zuletzt geändert durch
Gesetz zur Modernisierung des Staatsangehörigkeitsrechts
vom 22. März 2024 (BGBl. I Nr. 104)

– Auszug –

Abschnitt 1
Allgemeine Vorschriften

§ 1 Ausweispflicht; Ausweisrecht

(1) Deutsche im Sinne des Artikels 116 Abs. 1 des Grundgesetzes sind verpflichtet, einen gültigen Ausweis zu besitzen, sobald sie 16 Jahre alt sind und der allgemeinen Meldepflicht unterliegen oder, ohne ihr zu unterliegen, sich überwiegend in Deutschland aufhalten. Sie müssen ihn auf Verlangen einer zur Feststellung der Identität berechtigten Behörde vorlegen und es ihr ermöglichen, ihr Gesicht mit dem Lichtbild des Ausweises abzugleichen. Vom Ausweisinhaber darf nicht verlangt werden, den Personalausweis zu hinterlegen oder in sonstiger Weise den Gewahrsam aufzugeben. Dies gilt nicht für zur Identitätsfeststellung berechtigte Behörden sowie in den Fällen der Einziehung und Sicherstellung.

(2) Die Ausweispflicht gilt auch für Personen, die als Binnenschiffer oder Seeleute nach dem Bundesmeldegesetz einer besonderen Meldepflicht unterliegen. Sie gilt nicht für Personen, gegen die eine Freiheitsstrafe vollzogen wird, wenn deren Vollzug noch länger als drei Monate andauert. Die Ausweispflicht nach Absatz 1 Satz 1 und 2 erfüllt auch, wer einen gültigen Pass im Sinne des § 1 Absatz 2 des Passgesetzes besitzt, ihn auf Verlangen vorlegt und den Lichtbildabgleich ermöglicht.

(3) Die zuständige Personalausweisbehörde nach § 7 Abs. 1 und 2 kann Personen von der Ausweispflicht befreien,

1. für die ein Betreuer oder eine Betreuerin nicht nur durch einstweilige Anordnung bestellt ist oder die handlungs- oder einwilligungsunfähig sind und von einem oder von einer mit öffentlich beglaubigter Vollmacht Bevollmächtigten vertreten werden,
2. die voraussichtlich dauerhaft in einem Krankenhaus, einem Pflegeheim oder einer ähnlichen Einrichtung untergebracht sind oder
3. die sich wegen einer dauerhaften Behinderung nicht allein in der Öffentlichkeit bewegen können.

(4) Auf Antrag ist ein Ausweis auch auszustellen, wenn Personen

1. noch nicht 16 Jahre alt sind oder
2. Deutsche im Sinne des Artikels 116 Abs. 1 des Grundgesetzes sind, die der Meldepflicht deswegen nicht unterliegen, weil sie keine Wohnung in Deutschland haben.

Abschnitt 2
Ausstellung und Sperrung des Ausweises; elektronischer Identitätsnachweis

§ 9 Ausstellung des Ausweises

(1) Personalausweise und vorläufige Personalausweise werden auf Antrag für Deutsche im Sinne des Artikels 116 Abs. 1 des Grundgesetzes ausgestellt. § 3a Abs. 1 des Verwaltungsverfahrensgesetzes ist nicht anzuwenden. Im Antragsverfahren nachzureichende Erklärungen können mittels Datenübertragung abgegeben werden. Die antragstellende Person und ihr gesetzlicher Vertreter können sich bei der Stellung des Antrags nicht durch einen Bevollmächtigten vertreten lassen. Dies gilt nicht für eine handlungs- oder einwilligungsunfähige antragstellende Person, wenn eine für diesen Fall erteilte, öffentlich beglaubigte oder beurkundete Vollmacht vorliegt. Die antragstellende Person und ihr gesetzlicher oder bevollmächtigter Vertreter sollen persönlich erscheinen.

(2) Für Minderjährige, die noch nicht 16 Jahre alt sind, und für Personen, die geschäftsunfähig sind und sich nicht nach Absatz 1 Satz 5 durch einen Bevollmächtigten vertreten lassen, kann nur diejenige Person den Antrag stellen, die sorgeberechtigt ist oder als Betreuer ihren Aufenthalt bestimmen darf. Sie ist verpflichtet, für Jugendliche, die 16, aber noch nicht 18 Jahre alt sind, innerhalb von sechs Wochen, nachdem der Jugendliche 16 Jahre alt geworden ist, den Antrag auf Ausstellung eines Ausweises zu stellen, falls dies der Jugendliche unterlässt. Jugendliche, die mindestens 16 Jahre alt sind, dürfen Verfahrenshandlungen nach diesem Gesetz vornehmen.

(3) In dem Antrag sind alle Tatsachen anzugeben, die zur Feststellung der Person des Antragstellers und seiner Eigenschaft als Deutscher notwendig sind. Die Angaben zum Doktorgrad und zu den Ordens- und Künstlernamen sind freiwillig. Die antragstellende Person hat die erforderlichen Nachweise zu erbringen. Fingerabdrücke von Kindern sind nicht abzunehmen, solange die Kinder noch nicht sechs Jahre alt sind.

(4) Bestehen Zweifel über die Person des Antragstellers, sind die zur Feststellung seiner Identität erforderlichen Maßnahmen zu treffen. Die Personalausweisbehörde kann die Durchführung erkennungsdienstlicher Maßnahmen veranlassen, wenn die Identität der antragstellenden Person auf andere Weise nicht oder nur unter erheblichen Schwierigkeiten festgestellt werden kann. Ist die Identität festgestellt, so sind die im Zusammenhang mit der Feststellung angefallenen Unterlagen zu vernichten. Die Vernichtung ist zu protokollieren.

(5) Die Unterschrift durch ein Kind ist zu leisten, wenn es zum Zeitpunkt der Beantragung des Ausweises zehn Jahre oder älter ist.

(6) Für Deutsche im Sinne des Artikels 116 Absatz 1 des Grundgesetzes werden nach Maßgabe des § 6a Ersatz-Personalausweise von Amts wegen ausgestellt. Absatz 1 Satz 2 bis 6, Absatz 2 Satz 3, Absatz 3 Satz 1 bis 3 sowie die Absätze 4 und 5 gelten entsprechend.

Bundesmeldegesetz (BMG)

Vom 3. Mai 2013 (BGBl. I S. 1084, 2014 S. 1738)

Zuletzt geändert durch
Gesetz zur Modernisierung des Staatsangehörigkeitsrechts
vom 22. März 2024 (BGBl. I Nr. 104)

– Auszug –

Inhaltsübersicht

Abschnitt 3
Allgemeine Meldepflichten

§ 17 Anmeldung, Abmeldung
§ 18 Meldebescheinigung
§ 18a Meldedatensatz zum Abruf
§ 19 Mitwirkung des Wohnungsgebers
§ 20 Begriff der Wohnung
§ 21 Mehrere Wohnungen
§ 22 Bestimmung der Hauptwohnung
§ 23 Erfüllung der allgemeinen Meldepflicht
§ 23a Elektronische Anmeldung
§ 24 Datenerhebung, Meldebestätigung
§ 25 Mitwirkungspflichten der meldepflichtigen Person
§ 26 Befreiung von der Meldepflicht
§ 27 Ausnahmen von der Meldepflicht

Abschnitt 4
Besondere Meldepflichten

§ 32 Besondere Meldepflicht in Krankenhäusern, Heimen und ähnlichen Einrichtungen

Abschnitt 6
Ordnungswidrigkeiten

§ 54 Bußgeldvorschriften

Abschnitt 3 Allgemeine Meldepflichten

§ 17 Anmeldung, Abmeldung

(1) Wer eine Wohnung bezieht, hat sich innerhalb von zwei Wochen nach dem Einzug bei der Meldebehörde anzumelden.

(2) Wer aus einer Wohnung auszieht und keine neue Wohnung im Inland bezieht, hat sich innerhalb von zwei Wochen nach dem Auszug bei der Meldebehörde abzumelden. Eine Abmeldung ist frühestens eine Woche vor Auszug möglich; die Fortschreibung des Melderegisters erfolgt zum Datum des Auszugs.

(3) Die An- oder Abmeldung für Personen unter 16 Jahren obliegt denjenigen, in deren Wohnung die Personen unter 16 Jahren einziehen oder aus deren Wohnung sie ausziehen. Neugeborene, die im Inland geboren wurden, sind nur anzumelden, wenn sie in eine andere Wohnung als die der Eltern oder der Mutter aufgenommen werden. Ist für eine volljährige Person ein Pfleger oder ein Betreuer bestellt, der den Aufenthalt bestimmen kann, obliegt diesem die An- oder Abmeldung.

(4) Die Standesämter teilen den Meldebehörden unverzüglich die Beurkundung der Geburt eines Kindes sowie jede Änderung des Personenstandes einer Person mit.

§ 18 Meldebescheinigung

(1) Die Meldebehörde erteilt der betroffenen Person auf deren Antrag eine schriftliche oder elektronische Meldebescheinigung. Die Meldebescheinigung enthält folgende Daten:

1. Familienname,
2. Vornamen unter Kennzeichnung des gebräuchlichen Vornamens,
3. Doktorgrad,
4. Geburtsdatum,
5. derzeitige Anschriften, gekennzeichnet nach Haupt- und Nebenwohnung.

Hierzu hat die meldepflichtige Person Familienname, Vornamen, Geburtsdatum sowie die Anschrift der derzeitigen Haupt- oder alleinigen Wohnung zu übermitteln.

(2) Auf Antrag der betroffenen Person kann die Meldebescheinigung zusätzlich zu den Daten nach Absatz 1 Satz 2 Daten nach § 3 Absatz 1 Nummer 2, 5 bis 16, 17 mit Ausnahme des Sperrkennworts und der Sperrsumme des Personalausweises und der eID-Karte sowie die Tatsache, dass ein Sterbedatum nicht gespeichert ist, enthalten.

(3) Die elektronische Meldebescheinigung wird unentgeltlich erteilt.

(4) Im Übrigen gelten § 10 Absatz 2 und 3 sowie § 11 Absatz 2 Nummer 1 bis 3 entsprechend.

§ 18a Meldedatensatz zum Abruf

(1) Die Meldebehörde stellt der betroffenen Person auf deren Antrag die Meldedaten nach § 18 Absatz 1 und 2 zum Zweck der Weiterleitung in einer elektronischen Verwaltungsleistung nach dem Onlinezugangsgesetz im Wege des automatisierten Abrufs bereit. Hierzu hat die meldepflichtige Person die in § 18 Absatz 1 Satz 3 genannten Daten zu übermitteln. Die Meldedaten werden als unveränderbarer maschinenlesbarer Datensatz (Meldedatensatz) bereitgestellt. Aus dem Meldedatensatz muss der Zeitpunkt des Abrufs erkennbar sein.

(2) Der Meldedatensatz wird unentgeltlich zum Abruf bereitgestellt.

(3) Im Übrigen gelten § 10 Absatz 2 und 3 sowie § 11 Absatz 2 Nummer 1 bis 3 entsprechend.

§ 19 Mitwirkung des Wohnungsgebers

(1) Der Wohnungsgeber ist verpflichtet, bei der Anmeldung mitzuwirken. Hierzu hat der Wohnungsgeber oder eine von ihm beauftragte Person der meldepflichtigen Person den Einzug schriftlich oder gegenüber der Meldebehörde nach Absatz 4 auch elektronisch innerhalb der in § 17 Absatz 1 genannten Frist zu bestätigen. Er kann sich durch Rückfrage bei der Meldebehörde davon überzeugen, dass sich die meldepflichtige Person angemeldet hat. Die meldepflichtige Person hat dem Wohnungsgeber die Auskünfte zu geben, die für die Bestätigung des Einzugs erforderlich sind. Die Bestätigung nach Satz 2 darf nur vom Wohnungsgeber oder einer von ihm beauftragten Person ausgestellt werden.

(2) Verweigert der Wohnungsgeber oder eine von ihm beauftragte Person die Bestätigung oder erhält die meldepflichtige Person sie aus anderen Gründen nicht rechtzeitig, so hat die meldepflichtige Person dies der Meldebehörde unverzüglich mitzuteilen.

(3) Die Bestätigung des Wohnungsgebers enthält folgende Daten:

1. Name und Anschrift des Wohnungsgebers und wenn dieser nicht Eigentümer ist, auch den Namen des Eigentümers,
2. Einzugsdatum,
3. Anschrift der Wohnung sowie
4. Namen der nach § 17 Absatz 1 meldepflichtigen Personen.

(4) Bei einer elektronischen Bestätigung gegenüber der Meldebehörde erhält der Wohnungsgeber ein Zuordnungsmerkmal, welches er der meldepflichtigen Person zur Nutzung bei der Anmeldung mitzuteilen hat. § 10 Absatz 2 und 3 gilt entsprechend. Sofern die Meldebehörde weitere Formen der Authentifizierung des Wohnungsgebers vorsieht, ist sicherzustellen, dass Maßnahmen nach den Artikeln 24, 25 und 32 der Verordnung (EU) 2016/679 getroffen werden.

(5) Die Meldebehörde kann von dem Eigentümer der Wohnung und, wenn er nicht selbst Wohnungsgeber ist, auch vom Wohnungsgeber Auskunft verlangen über Personen, welche bei ihm wohnen oder gewohnt haben.

(6) Es ist verboten, eine Wohnungsanschrift für eine Anmeldung nach § 17 Absatz 1 einem Dritten anzubieten oder zur Verfügung zu stellen, obwohl ein tatsächlicher Bezug der Wohnung durch einen Dritten weder stattfindet noch beabsichtigt ist.

§ 20 Begriff der Wohnung

Wohnung im Sinne dieses Gesetzes ist jeder umschlossene Raum, der zum Wohnen oder Schlafen benutzt wird. Als Wohnung gilt auch die Unterkunft an Bord eines Schiffes der Marine. Wohnwagen und Wohnschiffe

VI

sind nur dann als Wohnungen anzusehen, wenn sie nicht oder nur gelegentlich fortbewegt werden.

§ 21 Mehrere Wohnungen

(1) Hat ein Einwohner mehrere Wohnungen im Inland, so ist eine dieser Wohnungen seine Hauptwohnung.

(2) Hauptwohnung ist die vorwiegend benutzte Wohnung des Einwohners.

(3) Nebenwohnung ist jede weitere Wohnung des Einwohners im Inland.

(4) Die meldepflichtige Person hat der Meldebehörde bei jeder An- oder Abmeldung mitzuteilen, welche weiteren Wohnungen im Inland sie hat und welche Wohnung ihre Hauptwohnung ist. Sie hat jede Änderung der Hauptwohnung innerhalb von zwei Wochen der Meldebehörde mitzuteilen, die für die neue Hauptwohnung zuständig ist. Zieht die meldepflichtige Person aus einer ihrer Nebenwohnungen im Inland aus und bezieht sie keine neue Wohnung, so hat sie dies der Meldebehörde, die für die Nebenwohnung zuständig ist, oder der Meldebehörde, die für die alleinige Wohnung oder die Hauptwohnung zuständig ist, mitzuteilen.

§ 22 Bestimmung der Hauptwohnung

(1) Hauptwohnung eines verheirateten oder eine Lebenspartnerschaft führenden Einwohners, der nicht dauernd getrennt von seiner Familie oder seinem Lebenspartner lebt, ist die vorwiegend benutzte Wohnung der Familie oder der Lebenspartner.

(2) Hauptwohnung eines minderjährigen Einwohners ist die vorwiegend benutzte Wohnung der Personensorgeberechtigten; leben diese getrennt, ist Hauptwohnung die Wohnung des Sorgeberechtigten, die von dem minderjährigen Einwohner vorwiegend benutzt wird.

(3) In Zweifelsfällen ist die vorwiegend benutzte Wohnung dort, wo der Schwerpunkt der Lebensbeziehungen des Einwohners liegt.

(4) Kann der Wohnungsstatus eines verheirateten oder eine Lebenspartnerschaft führenden Einwohners nach den Absätzen 1 und 3 nicht zweifelsfrei bestimmt werden, ist die Hauptwohnung die Wohnung nach § 21 Absatz 2.

(5) Auf Antrag eines Einwohners, der in einer Einrichtung für behinderte Menschen wohnt, bleibt die Wohnung nach Absatz 2, bis er 25 Jahre alt ist, seine Hauptwohnung.

§ 23 Erfüllung der allgemeinen Meldepflicht

(1) Soweit nachstehend nicht etwas anderes bestimmt ist, hat die meldepflichtige Person einen Meldeschein auszufüllen, zu unterschreiben und der Meldebehörde zusammen mit dem Personalausweis, dem vorläufigen Personalausweis, dem Ersatz-Personalausweis, dem anerkannten und gültigen Pass oder Passersatzpapier sowie der Bestätigung des Wohnungsgebers oder dem entsprechenden Zuordnungsmerkmal nach § 19 Absatz 4 Satz 1 vorzulegen. Wird das Melderegister automatisiert geführt, kann von dem Ausfüllen des Meldescheins abgesehen werden, wenn die meldepflichtige Person persönlich bei der Meldebehörde erscheint und auf einem Ausdruck die Richtigkeit und Vollständigkeit der bei ihr erhobenen Daten durch ihre Unterschrift bestätigt.

(2) Die Meldebehörde des neuen Wohnortes (Zuzugsmeldebehörde) ist verpflichtet, der meldepflichtigen Person die Daten der Wegzugsmeldebehörde nach § 3 Absatz 1 Nummer 1 bis 18 und Absatz 2 Nummer 4 vorzulegen (vorausgefüllter Meldeschein). Daten zum gesetzlichen Vertreter, Ehegatten, Lebenspartner oder zu minderjährigen Kindern, für die eine Auskunftssperre nach § 51 oder ein bedingter Sperrvermerk nach § 52 gespeichert ist, dürfen nicht in dem vorausgefüllten Meldeschein enthalten sein. Die meldepflichtige Person hat die übermittelten Angaben auf ihre Richtigkeit zu prüfen, unzutreffende Angaben zu berichtigen und fehlende Angaben zu ergänzen. Sie hat den aktualisierten vorausgefüllten Meldeschein bei der Zuzugsmeldebehörde unterschrieben einzureichen. Im Fall, dass ein vorausgefüllter Meldeschein nicht erstellt werden kann, hat die meldepflichtige Person einen Meldeschein auszufüllen und zu unterschreiben.

(3) Für den vorausgefüllten Meldeschein gibt die meldepflichtige Person Familienname, Vornamen, Geburtsdatum sowie die letzte Wohnanschrift an. Diese Daten übermittelt die Zuzugsmeldebehörde der Wegzugsmeldebehörde, um die Daten nach § 3 Absatz 1 Nummer 1 bis 18 und Absatz 2 Nummer 4 anzufordern. Die Wegzugsmeldebehörde übermittelt der Zuzugsmeldebehörde unverzüglich die angeforderten Daten.

(4) Ehegatten, Lebenspartner und Familienangehörige mit denselben Zuzugsdaten (Zuzugsdatum sowie frühere und derzeitige Wohnungen) sollen gemeinsam einen Meldeschein verwenden. Es genügt die Anmeldung durch eine der meldepflichtigen Personen. Die Absätze 2 und 3 gelten entsprechend, wenn die meldepflichtige Person versichert, dass sie berechtigt ist, die Daten der übrigen meldepflichtigen Personen entgegenzunehmen. Sie ist darüber zu belehren, dass der unberechtigte Empfang unter Vorspiegelung einer Berechtigung nach § 202a des Strafgesetzbuchs unter Strafe steht.

(5) Abweichend von Absatz 1 kann die Anmeldung von Personen, die in eine Aufnahmeeinrichtung zugezogen sind, automatisiert durch Übernahme der Daten aus dem Ausländerzentralregister nach § 18e des AZR-Gesetzes erfolgen.

(6) Die Abmeldung in das Ausland kann schriftlich oder in entsprechender Anwendung des § 10 Absatz 2 und 3 elektronisch erfolgen. Der Nachweis der Identität der abmeldepflichtigen Person kann bei der elektronischen Abmeldung auch durch die Angabe des Familiennamens, des Vornamens, des Geburtsdatums und der Seriennummer des zuletzt im Melderegister gespeicherten Ausweises oder Passes nach § 3 Absatz 1 Nummer 17 erfolgen.

§ 23a Elektronische Anmeldung

(1) Die meldepflichtige Person darf bei der Wegzugsmeldebehörde die nach § 3 Absatz 1 Nummer 1 bis 18 und Absatz 2 Nummer 4 gespeicherten Daten elektronisch anfordern. Hierzu hat sie die in § 18 Absatz 1 Satz 3 genannten Daten zu übermitteln. Die Wegzugsmeldebehörde ist verpflichtet, diese Daten in elektronischer und unveränderbarer Form zu übermitteln (vorausgefüllter Meldeschein). Daten zum gesetzlichen Vertreter, Ehegatten, Lebenspartner oder zu minderjährigen Kindern,

für die eine Auskunftssperre nach § 51 oder ein bedingter Sperrvermerk nach § 52 gespeichert ist, dürfen nicht in dem vorausgefüllten Meldeschein enthalten sein.

(2) Die meldepflichtige Person hat die übermittelten Angaben auf ihre Richtigkeit zu prüfen, um die Angaben nach § 19 Absatz 3 Nummer 1 bis 3 zu ergänzen, elektronisch zu bestätigen und an die Zuzugsmeldebehörde zu übermitteln.

(3) Die Vorlage der Bestätigung des Wohnungsgebers oder des entsprechenden Zuordnungsmerkmals nach § 19 Absatz 4 Satz 1 kann bei einer elektronischen Anmeldung durch einen Code, der durch die Zuzugsmeldebehörde an die Zuzugsanschrift der meldepflichtigen Person versendet und von dieser bestätigt wird, ersetzt werden.

(4) § 10 Absatz 2 und 3 gilt entsprechend.

§ 24 Datenerhebung, Meldebestätigung

(1) Bei der An- oder Abmeldung oder der Änderung der Hauptwohnung dürfen bei der meldepflichtigen Person die in § 3 Absatz 1 Nummer 1 bis 18 und in Absatz 2 Nummer 2 Buchstabe a bis c und Nummer 10 genannten Daten erhoben werden. Dies gilt auch für die Hinweise, die zum Nachweis der Richtigkeit dieser Daten erforderlich sind.

(2) Die meldepflichtige Person erhält unentgeltlich eine schriftliche oder, sofern die An- oder Abmeldung elektronisch durchgeführt wird, eine elektronische Bestätigung über die An- oder Abmeldung (amtliche Meldebestätigung). Diese darf nur folgende Daten enthalten:

1. Familienname,
2. Vornamen unter Kennzeichnung des gebräuchlichen Vornamens,
3. Doktorgrad,
4. Geburtsdatum,
5. Einzugsdatum oder Auszugsdatum,
6. Datum der An- oder Abmeldung,
7. Anschrift und
8. alleinige Wohnung, Haupt- oder Nebenwohnung.

§ 25 Mitwirkungspflichten der meldepflichtigen Person

Die meldepflichtige Person hat auf Verlangen der Meldebehörde

1. die zur ordnungsgemäßen Führung des Melderegisters erforderlichen Auskünfte zu erteilen,
2. die zum Nachweis der Angaben erforderlichen Unterlagen vorzulegen und
3. persönlich bei der Meldebehörde zu erscheinen.

§ 26 Befreiung von der Meldepflicht

Von der Meldepflicht nach § 17 Absatz 1 und 2 sind befreit

1. Mitglieder einer ausländischen diplomatischen Mission oder einer ausländischen konsularischen Vertretung und die mit ihnen im gemeinsamen Haushalt lebenden Familienmitglieder, falls die genannten Personen weder die deutsche Staatsangehörigkeit besitzen noch im Inland ständig ansässig sind, noch dort eine private Erwerbstätigkeit ausüben,
2. Personen, für die diese Befreiung in völkerrechtlichen Übereinkünften festgelegt ist.

Die Befreiung von der Meldepflicht nach Satz 1 Nummer 1 tritt nur ein, wenn Gegenseitigkeit besteht.

§ 27 Ausnahmen von der Meldepflicht

(1) Eine Meldepflicht nach § 17 Absatz 1 und 2 wird nicht begründet, wenn eine Person, die für eine Wohnung im Inland gemeldet ist, eine Gemeinschaftsunterkunft oder eine andere dienstlich bereitgestellte Unterkunft bezieht, um

1. Wehrdienst nach dem Wehrpflichtgesetz oder freiwilligen Wehrdienst nach dem Soldatengesetz zu leisten,
2. Bundesfreiwilligendienst nach dem Bundesfreiwilligendienstgesetz zu leisten,
3. Zivildienst nach dem Zivildienstgesetz zu leisten,
4. eine Dienstleistung nach dem Vierten Abschnitt des Soldatengesetzes zu erbringen,
5. Dienst bei der Bundeswehr als Berufssoldat oder Soldat auf Zeit oder Vollzugsdienst bei der Bundes- oder der Landespolizei zu leisten, sofern die Unterkunft für nicht länger als zwölf Monate bezogen wird,
6. als Angehörige des öffentlichen Dienstes an Lehrgängen oder Fachstudien zur Aus- oder Fortbildung teilzunehmen.

(2) Wer im Inland nach § 17 oder § 28 gemeldet ist und für einen nicht länger als sechs Monate dauernden Aufenthalt eine Wohnung bezieht, muss sich für diese Wohnung weder an- noch abmelden. Wer nach Ablauf von sechs Monaten nicht aus dieser Wohnung ausgezogen ist, hat sich innerhalb von zwei Wochen bei der Meldebehörde anzumelden. Für Personen, die sonst im Ausland wohnen und im Inland nicht nach § 17 Absatz 1 gemeldet sind, besteht diese Pflicht nach Ablauf von drei Monaten.

(3) Die Ausnahme von der Meldepflicht nach Absatz 2 gilt nicht für

1. Spätaussiedler und deren Familienangehörige, wenn sie nach § 8 des Bundesvertriebenengesetzes verteilt werden, und
2. Asylbewerber oder sonstige Ausländer, die vorübergehend eine Aufnahmeeinrichtung oder eine sonstige zugewiesene Unterkunft beziehen.

Die Meldepflicht nach Absatz 2 in Verbindung mit Satz 1 Nummer 2 kann erfüllt werden, indem die für die Erfassung von Personen in den Aufnahmeeinrichtungen zuständige Stelle der Meldebehörde die für die Anmeldung notwendigen Daten in Form einer Liste übermittelt. Statt einer Liste kann auch eine Kopie der ausländerrechtlichen Erfassung übermittelt werden. Eine elektronische Übermittlung ist in beiden Fällen zulässig.

(4) Für eine Person, der durch eine richterliche Entscheidung die Freiheit entzogen ist, begründet § 17 Absatz 1 keine Meldepflicht, solange

1. der Vollzug der Freiheitsentziehung drei Monate nicht überschreitet oder
2. die betroffene Person im Inland nach § 17 oder § 28 gemeldet ist und der Vollzug der Freiheitsentziehung die Dauer von zwölf Monaten nicht überschreitet.

VI

Andernfalls hat die Leitung der Anstalt die Aufnahme und die Entlassung innerhalb der folgenden zwei Wochen der Meldebehörde, die für den Sitz der Anstalt zuständig ist, mitzuteilen; die betroffene Person ist zu unterrichten. Die Mitteilung enthält die in den Meldescheinen vorgesehenen Daten. Die Mitteilung ersetzt die Anmeldung nach § 23 Absatz 1.

Abschnitt 4 Besondere Meldepflichten

§ 32 Besondere Meldepflicht in Krankenhäusern, Heimen und ähnlichen Einrichtungen

(1) Wer in Krankenhäusern, Pflegeheimen oder sonstigen Einrichtungen, die der Betreuung pflegebedürftiger oder behinderter Menschen oder der Heimerziehung dienen, aufgenommen wird oder dort einzieht, muss sich nicht anmelden, solange er für eine Wohnung im Inland gemeldet ist. Wer nicht für eine Wohnung im Inland gemeldet ist, hat sich, sobald sein Aufenthalt die Dauer von drei Monaten überschreitet, innerhalb von zwei Wochen anzumelden. Für Personen, die ihrer Meldepflicht nicht persönlich nachkommen können, haben die Leiter der Einrichtungen die Aufnahme innerhalb von zwei Wochen der Meldebehörde mitzuteilen, die für den Sitz der Einrichtung zuständig ist; die betroffenen Personen sind zu unterrichten. § 17 Absatz 3 Satz 3 bleibt unberührt.

VI

(2) Der zuständigen Behörde ist Auskunft aus den Unterlagen der genannten Einrichtungen zu erteilen, wenn dies nach Feststellung der Behörde zur Abwehr einer erheblichen und gegenwärtigen Gefahr, zur Verfolgung von Straftaten oder zur Aufklärung des Schicksals von Vermissten und Unfallopfern im Einzelfall erforderlich ist. Die Auskunft umfasst folgende Daten:

1. Familienname,
2. Vornamen,
3. Geburtsdatum und Geburtsort sowie bei Geburt im Ausland auch den Staat,
4. Staatsangehörigkeiten,
5. Anschriften,
6. Datum der Aufnahme und Datum der Entlassung.

Abschnitt 6 Ordnungswidrigkeiten

§ 54 Bußgeldvorschriften

(1) Ordnungswidrig handelt, wer entgegen § 19 Absatz 6 eine Wohnanschrift anbietet oder zur Verfügung stellt.

(2) Ordnungswidrig handelt, wer vorsätzlich oder fahrlässig

1. entgegen § 17 Absatz 1, auch in Verbindung mit § 27 Absatz 2 Satz 2 oder § 28 Absatz 1 Satz 1 oder Satz 2, entgegen § 29 Absatz 1 Satz 2 oder Absatz 4 Satz 2 oder § 32 Absatz 1 Satz 2 sich nicht, nicht richtig oder nicht rechtzeitig anmeldet,
2. entgegen § 17 Absatz 2 Satz 1 sich nicht oder nicht rechtzeitig abmeldet,
3. entgegen § 19 Absatz 1 Satz 2 den Einzug nicht, nicht richtig oder nicht rechtzeitig bestätigt,
4. entgegen § 19 Absatz 1 Satz 5 eine Bestätigung ausstellt,
5. einer vollziehbaren Anordnung nach § 19 Absatz 5 oder § 25 oder § 28 Absatz 4 zuwiderhandelt,
6. entgegen § 21 Absatz 4 Satz 2 eine Mitteilung nicht, nicht richtig, nicht vollständig oder nicht rechtzeitig macht,
7. entgegen § 28 Absatz 2 Satz 1 oder Satz 2 den Kapitän oder ein Besatzungsmitglied nicht oder nicht rechtzeitig anmeldet oder nicht oder nicht rechtzeitig abmeldet,
8. entgegen § 29 Absatz 2 Satz 1 einen besonderen Meldeschein nicht oder nicht rechtzeitig unterschreibt,
9. entgegen § 30 Absatz 1 Satz 1 einen besonderen Meldeschein nicht bereithält,
10. entgegen § 30 Absatz 4 Satz 1, auch in Verbindung mit Satz 2, einen Meldeschein nicht oder nicht mindestens ein Jahr aufbewahrt oder Daten nicht oder nicht mindestens ein Jahr speichert,
11. entgegen § 30 Absatz 4 Satz 3 einen Meldeschein nicht oder nicht rechtzeitig vorlegt oder Daten nicht oder nicht rechtzeitig zur Verfügung stellt.

(3) Die Ordnungswidrigkeit kann in den Fällen des Absatzes 1 mit einer Geldbuße bis zu fünfzigtausend Euro und in den übrigen Fällen mit einer Geldbuße bis zu tausend Euro geahndet werden.

VII Sozialrecht

VII.1 Sozialgesetzbuch (SGB) Zweites Buch (II)
– Bürgergeld, Grundsicherung für Arbeitsuchende – (SGB II) (Auszug) ... 362

VII.1.1 Verordnung zur Berechnung von Einkommen sowie zur Nichtberücksichtigung von Einkommen und Vermögen beim Bürgergeld
(Bürgergeld-Verordnung – Bürgergeld-V) ... 399

VII.2 Sozialgesetzbuch (SGB) Achtes Buch (VIII)
– Kinder- und Jugendhilfe – (SGB VIII) (Auszug) ... 403

VII.3 Sozialgesetzbuch (SGB) Elftes Buch (XI)
– Soziale Pflegeversicherung – (SGB XI) (Auszug) ... 408

VII.4 Sozialgesetzbuch (SGB) Zwölftes Buch (XII)
– Sozialhilfe – (SGB XII) ... 459

VII.5 Sozialgesetzbuch Neuntes Buch
– Rehabilitation und Teilhabe von Menschen mit Behinderungen –
(Neuntes Buch Sozialgesetzbuch – SGB IX)
(Auszug: Teil 2 Eingliederungshilferecht) ... 515

VII.5.1 Verordnung nach § 60 des Zwölften Buches Sozialgesetzbuch
(Eingliederungshilfe-Verordnung) ... 533

VII.6 Verordnung zur Durchführung der Hilfe zur Überwindung besonderer sozialer Schwierigkeiten 534

VII.7 Verordnung zur Durchführung des § 82 des Zwölften Buches Sozialgesetzbuch ... 536

VII.8 Verordnung zur Durchführung des § 90 Abs. 2 Nr. 9 des Zwölften Buches Sozialgesetzbuch . 539

Sozialgesetzbuch (SGB) Zweites Buch (II) – Bürgergeld, Grundsicherung für Arbeitsuchende – (SGB II)

in der Fassung der Bekanntmachung vom 13. Mai 2011 (BGBl. I S. 850, S. 2094)

Zuletzt geändert durch
Zweites Haushaltsfinanzierungsgesetz 2024
vom 27. März 2024 (BGBl. I Nr. 107)

– Auszug –

Inhaltsübersicht

Kapitel 1
Fördern und Fordern

§ 1 Aufgabe und Ziel der Grundsicherung für Arbeitsuchende
§ 2 Grundsatz des Forderns
§ 3 Leistungsgrundsätze
§ 4 Leistungsformen
§ 5 Verhältnis zu anderen Leistungen
§ 6 Träger der Grundsicherung für Arbeitsuchende
§ 6a Zugelassene kommunale Träger
§ 6b Rechtsstellung der zugelassenen kommunalen Träger
§ 6c Personalübergang bei Zulassung weiterer kommunaler Träger und bei Beendigung der Trägerschaft
§ 6d Jobcenter

Kapitel 2
Anspruchsvoraussetzungen

§ 7 Leistungsberechtigte
§ 7a Altersgrenze
§ 7b Erreichbarkeit
§ 8 Erwerbsfähigkeit
§ 9 Hilfebedürftigkeit
§ 10 Zumutbarkeit
§ 11 Zu berücksichtigendes Einkommen
§ 11a Nicht zu berücksichtigendes Einkommen
§ 11b Absetzbeträge
§ 12 Zu berücksichtigendes Vermögen
§ 12a Vorrangige Leistungen
§ 13 Verordnungsermächtigung

Kapitel 3
Leistungen

Abschnitt 1
Leistungen zur Eingliederung in Arbeit

§ 14 Grundsatz des Förderns
§ 15 Potenzialanalyse und Kooperationsplan
§ 15a Schlichtungsverfahren
§ 16 Leistungen zur Eingliederung
§ 16a Kommunale Eingliederungsleistungen
§ 16b Einstiegsgeld
§ 16c Leistungen zur Eingliederung von Selbständigen
§ 16d Arbeitsgelegenheiten
§ 16e Eingliederung von Langzeitarbeitslosen
§ 16f Freie Förderung
§ 16g Förderung bei Wegfall der Hilfebedürftigkeit
§ 16h Förderung schwer zu erreichender junger Menschen
§ 16i Teilhabe am Arbeitsmarkt
§ 16j (weggefallen)
§ 16k Ganzheitliche Betreuung
§ 17 Einrichtungen und Dienste für Leistungen zur Eingliederung
§ 18 Örtliche Zusammenarbeit
§ 18a Zusammenarbeit mit den für die Arbeitsförderung zuständigen Stellen
§ 18b Kooperationsausschuss
§ 18c Bund-Länder-Ausschuss
§ 18d Örtlicher Beirat
§ 18e Beauftragte für Chancengleichheit am Arbeitsmarkt

Abschnitt 2
Leistungen zur Sicherung des Lebensunterhalts

Unterabschnitt 1
Leistungsanspruch

§ 19 Bürgergeld und Leistungen für Bildung und Teilhabe

Unterabschnitt 2
Bürgergeld

§ 20 Regelbedarf zur Sicherung des Lebensunterhalts
§ 21 Mehrbedarfe
§ 22 Bedarfe für Unterkunft und Heizung
§ 22a Satzungsermächtigung
§ 22b Inhalt der Satzung
§ 22c Datenerhebung, -auswertung und -überprüfung
§ 23 Besonderheiten beim Bürgergeld für nicht erwerbsfähige Leistungsberechtigte

Unterabschnitt 3
Abweichende Leistungserbringung und weitere Leistungen

§ 24 Abweichende Erbringung von Leistungen
§ 25 Leistungen bei medizinischer Rehabilitation der Rentenversicherung und bei Anspruch auf Verletztengeld aus der Unfallversicherung

VII

§ 26 Zuschüsse zu Beiträgen zur Krankenversicherung und Pflegeversicherung
§ 27 Leistungen für Auszubildende

Unterabschnitt 4
Leistungen für Bildung und Teilhabe

§ 28 Bedarfe für Bildung und Teilhabe
§ 29 Erbringung der Leistungen für Bildung und Teilhabe
§ 30 Berechtigte Selbsthilfe

Unterabschnitt 5
Leistungsminderungen

§ 31 Pflichtverletzungen
§ 31a Rechtsfolgen bei Pflichtverletzungen
§ 31b Beginn und Dauer der Minderung
§ 32 Meldeversäumnisse

Unterabschnitt 6
Verpflichtungen Anderer

§ 33 Übergang von Ansprüchen
§ 34 Ersatzansprüche bei sozialwidrigem Verhalten
§ 34a Ersatzansprüche für rechtswidrig erbrachte Leistungen
§ 34b Erstattungsanspruch bei Doppelleistungen
§ 34c Ersatzansprüche nach sonstigen Vorschriften
§ 35 (weggefallen)

Kapitel 4
Gemeinsame Vorschriften für Leistungen

Abschnitt 1
Zuständigkeit und Verfahren

§ 36 Örtliche Zuständigkeit
§ 36a Kostenerstattung bei Aufenthalt im Frauenhaus
§ 37 Antragserfordernis
§ 38 Vertretung der Bedarfsgemeinschaft
§ 39 Sofortige Vollziehbarkeit
§ 40 Anwendung von Verfahrensvorschriften
§ 40a Erstattungsanspruch
§ 41 Berechnung der Leistungen und Bewilligungszeitraum
§ 41a Vorläufige Entscheidung
§ 42 Fälligkeit, Auszahlung und Unpfändbarkeit der Leistungen
§ 42a Darlehen
§ 43 Aufrechnung
§ 43a Verteilung von Teilzahlungen
§ 44 Veränderung von Ansprüchen

Abschnitt 2
Einheitliche Entscheidung

§ 44a Feststellung von Erwerbsfähigkeit und Hilfebedürftigkeit
§ 44b Gemeinsame Einrichtung

Kapitel 8
Mitwirkungspflichten

§ 56 Anzeige- und Bescheinigungspflicht bei Arbeitsunfähigkeit
§ 57 Auskunftspflicht von Arbeitgebern
§ 58 Einkommensbescheinigung
§ 59 Meldepflicht
§ 60 Auskunftspflicht und Mitwirkungspflicht Dritter
§ 61 Auskunftspflichten bei Leistungen zur Eingliederung in Arbeit
§ 62 Schadenersatz

Kapitel 9
Straf- und Bußgeldvorschriften

§ 63 Bußgeldvorschriften

Kapitel 10
Bekämpfung von Leistungsmissbrauch

§ 64 Zuständigkeit und Zusammenarbeit mit anderen Behörden

Kapitel 11
Übergangs- und Schlussvorschriften

§ 68 Abweichende Leistungserbringung in Gemeinschaftsunterkünften
§ 69 Übergangsregelung zum Freibetrag für Grundrentenzeiten und vergleichbare Zeiten
§ 72 Sofortzuschlag
§ 74 Ansprüche von Ausländerinnen und Ausländern mit einer Fiktionsbescheinigung

Kapitel 1
Fördern und Fordern

§ 1 Aufgabe und Ziel der Grundsicherung für Arbeitsuchende

(1) Die Grundsicherung für Arbeitsuchende soll es Leistungsberechtigten ermöglichen, ein Leben zu führen, das der Würde des Menschen entspricht.

(2) $_{1}$Die Grundsicherung für Arbeitsuchende soll die Eigenverantwortung von erwerbsfähigen Leistungsberechtigten und Personen, die mit ihnen in einer Bedarfsgemeinschaft leben, stärken und dazu beitragen, dass sie ihren Lebensunterhalt unabhängig von der Grundsicherung aus eigenen Mitteln und Kräften bestreiten können. $_{2}$Sie soll erwerbsfähige Leistungsberechtigte bei der Aufnahme oder Beibehaltung einer Erwerbstätigkeit unterstützen und den Lebensunterhalt sichern, soweit sie ihn nicht auf andere Weise bestreiten können. $_{3}$Die Gleichstellung von Männern und Frauen ist als durchgängiges Prinzip zu verfolgen. $_{4}$Die Leistungen der Grundsicherung sind insbesondere darauf auszurichten, dass

1. durch eine Erwerbstätigkeit Hilfebedürftigkeit vermieden oder beseitigt, die Dauer der Hilfebedürftigkeit verkürzt oder der Umfang der Hilfebedürftigkeit verringert wird,
2. die Erwerbsfähigkeit einer leistungsberechtigten Person erhalten, verbessert oder wieder hergestellt wird,
3. Nachteile, die erwerbsfähigen Leistungsberechtigten aus einem der in § 1 des Allgemeinen Gleichbehandlungsgesetzes genannten Gründe entstehen können, überwunden werden,
4. die familienspezifischen Lebensverhältnisse von erwerbsfähigen Leistungsberechtigten, die Kinder erziehen oder pflegebedürftige Angehörige betreuen, berücksichtigt werden,
5. Anreize zur Aufnahme und Ausübung einer Erwerbstätigkeit geschaffen und aufrechterhalten werden.

(3) Die Grundsicherung für Arbeitsuchende umfasst Leistungen zur

1. Beratung,
2. Beendigung oder Verringerung der Hilfebedürftigkeit insbesondere durch Eingliederung in Ausbildung oder Arbeit und
3. Sicherung des Lebensunterhalts.

§ 2 Grundsatz des Forderns

(1) $_{1}$Erwerbsfähige Leistungsberechtigte und die mit ihnen in einer Bedarfsgemeinschaft lebenden Personen müssen alle Möglichkeiten zur Beendigung oder Verringerung ihrer Hilfebedürftigkeit ausschöpfen. $_{2}$Eine erwerbsfähige leistungsberechtigte Person muss aktiv an allen Maßnahmen zu ihrer Eingliederung in Arbeit mitwirken, insbesondere einen Kooperationsplan abschließen. $_{3}$Im Rahmen der vorrangigen Selbsthilfe und Eigenverantwortung sollen erwerbsfähige leistungsberechtigte Personen eigene Potenziale nutzen und Leistungen anderer Träger in Anspruch nehmen.

(2) $_{1}$Erwerbsfähige Leistungsberechtigte und die mit ihnen in einer Bedarfsgemeinschaft lebenden Personen haben in eigener Verantwortung alle Möglichkeiten zu nutzen, ihren Lebensunterhalt aus eigenen Mitteln und Kräften zu bestreiten. $_{2}$Erwerbsfähige Leistungsberechtigte müssen ihre Arbeitskraft zur Beschaffung des Lebensunterhalts für sich und die mit ihnen in einer Bedarfsgemeinschaft lebenden Personen einsetzen.

§ 3 Leistungsgrundsätze

(1) $_{1}$Leistungen zur Eingliederung in Arbeit können erbracht werden, soweit sie zur Vermeidung oder Beseitigung, Verkürzung oder Verminderung der Hilfebedürftigkeit für die Eingliederung erforderlich sind. $_{2}$Bei den Leistungen zur Eingliederung in Arbeit sind zu berücksichtigen

1. die Eignung der erwerbsfähigen Leistungsberechtigten,
2. die individuelle Lebenssituation der erwerbsfähigen Leistungsberechtigten, insbesondere ihre familiäre Situation,
3. die voraussichtliche Dauer der Hilfebedürftigkeit der erwerbsfähigen Leistungsberechtigten und
4. die Dauerhaftigkeit der Eingliederung der erwerbsfähigen Leistungsberechtigten.

$_{3}$Vorrangig sollen Leistungen erbracht werden, die die unmittelbare Aufnahme einer Ausbildung oder Erwerbstätigkeit ermöglichen, es sei denn, eine andere Leistung ist für die dauerhafte Eingliederung erforderlich. $_{4}$Von der Erforderlichkeit für die dauerhafte Eingliederung ist insbesondere auszugehen, wenn leistungsberechtigte Personen ohne Berufsabschluss Leistungen zur Unterstützung der Aufnahme einer Ausbildung nach diesem Buch, dem Dritten Buch oder auf anderer rechtlicher Grundlage erhalten oder an einer nach § 16 Absatz 1 Satz 2 Nummer 4 in Verbindung mit § 81 des Dritten Buches zu fördernden beruflichen Weiterbildung teilnehmen oder voraussichtlich teilnehmen werden. $_{5}$Die Verpflichtung zur vorrangigen Aufnahme einer Ausbildung oder Erwerbstätigkeit gilt nicht im Verhältnis zur Förderung von Existenzgründungen mit einem Einstiegsgeld für eine selbständige Erwerbstätigkeit nach § 16b.

(2) Bei der Beantragung von Leistungen nach diesem Buch sollen unverzüglich Leistungen zur Eingliederung in Arbeit nach dem Ersten Abschnitt des Dritten Kapitels erbracht werden.

(3) Bei der Erbringung von Leistungen nach dem Ersten Abschnitt des Dritten Kapitels sind die Grundsätze von Wirtschaftlichkeit und Sparsamkeit zu beachten.

(4) $_{1}$Die Agentur für Arbeit hat darauf hinzuwirken, dass erwerbsfähige teilnahmeberechtigte Leistungsberechtigte, die

1. nicht über ausreichende deutsche Sprachkenntnisse verfügen, vorrangig an einem Integrationskurs nach § 43 des Aufenthaltsgesetzes teilnehmen, oder
2. darüber hinaus notwendige berufsbezogene Sprachkenntnisse benötigen, vorrangig an der berufsbezogenen Deutschsprachförderung nach § 45a Absatz 1 des Aufenthaltsgesetzes teilnehmen.

$_{2}$Absatz 1 Satz 3 gilt entsprechend. $_{3}$In den Fällen des Satzes 1 ist die Teilnahme am Integrationskurs nach § 43 des Aufenthaltsgesetzes oder an der berufsbezogenen Deutschsprachförderung nach § 45a des Aufenthaltsgesetzes in der Regel für eine dauerhafte Eingliederung erforderlich. $_{4}$Für die Teilnahmeberechtigung, die Verpflichtung zur Teilnahme und die Zugangsvoraussetzungen gelten die §§ 44, 44a und 45a des Aufenthaltsgesetzes sowie des § 9 Absatz 1 Satz 1 des Bundesvertriebenengesetzes in Verbindung mit der Verordnung über die Durchführung von Integrationskursen für Ausländer und Spätaussiedler und der Verordnung über die berufsbezogene Deutschsprachförderung.

(5) $_{1}$Leistungen zur Sicherung des Lebensunterhalts dürfen nur erbracht werden, soweit die Hilfebedürftigkeit nicht anderweitig beseitigt werden kann. $_{2}$Die nach diesem Buch vorgesehenen Leistungen decken den Bedarf der erwerbsfähigen Leistungsberechtigten und der mit ihnen in einer Bedarfsgemeinschaft lebenden Personen.

§ 4 Leistungsformen

(1) Die Leistungen der Grundsicherung für Arbeitsuchende werden erbracht in Form von

1. Dienstleistungen,
2. Geldleistungen und
3. Sachleistungen.

(2) $_{1}$Die nach § 6 zuständigen Träger wirken darauf hin, dass erwerbsfähige Leistungsberechtigte und die mit ihnen in einer Bedarfsgemeinschaft lebenden Personen die erforderliche Beratung und Hilfe anderer Träger, insbesondere der Kranken- und Rentenversicherung, erhalten. $_{2}$Die nach § 6 zuständigen Träger wirken auch darauf hin, dass Kinder und Jugendliche Zugang zu geeigneten vorhandenen Angeboten der gesellschaftlichen Teilhabe erhalten. $_{3}$Sie arbeiten zu diesem Zweck mit Schulen und Kindertageseinrichtungen, den Trägern der Jugendhilfe, den Gemeinden und Gemeindeverbänden, freien Trägern, Vereinen und Verbänden und sonstigen handelnden Personen vor Ort zusammen. $_{4}$Sie sollen die Eltern unterstützen und in geeigneter Weise dazu beitragen, dass Kinder und Jugendliche Leistungen für Bildung und Teilhabe möglichst in Anspruch nehmen.

§ 5 Verhältnis zu anderen Leistungen

(1) $_{1}$Auf Rechtsvorschriften beruhende Leistungen Anderer, insbesondere der Träger anderer Sozialleistungen, werden durch dieses Buch nicht berührt. $_{2}$Ermessensleistungen dürfen nicht deshalb versagt werden, weil dieses Buch entsprechende Leistungen vorsieht.

(2) $_{1}$Der Anspruch auf Leistungen zur Sicherung des Lebensunterhalts nach diesem Buch schließt Leistungen nach dem Dritten Kapitel des Zwölften Buches aus. $_{2}$Leistungen nach dem Vierten Kapitel des Zwölften Buches sind gegenüber dem Bürgergeld nach § 19 Absatz 1 Satz 2 vorrangig.

(3) $_{1}$Stellen Leistungsberechtigte trotz Aufforderung einen erforderlichen Antrag auf Leistungen eines anderen Trägers nicht, können die Leistungsträger nach diesem Buch den Antrag stellen sowie Rechtsbehelfe und Rechtsmittel einlegen. $_{2}$Der Ablauf von Fristen, die ohne Verschulden der Leistungsträger nach diesem Buch verstrichen sind, wirkt nicht gegen die Leistungsträger nach diesem Buch; dies gilt nicht für Verfahrensfristen, soweit die Leistungsträger nach diesem Buch das Verfahren selbst betreiben. $_{3}$Wird eine Leistung aufgrund eines Antrages nach Satz 1 von einem anderen Träger nach § 66 des Ersten Buches bestandskräftig entzogen oder versagt, sind die Leistungen zur Sicherung des Lebensunterhalts nach diesem Buch ganz oder teilweise so lange zu entziehen oder zu versagen, bis die leistungsberechtigte Person ihrer Verpflichtung nach den §§ 60 bis 64 des Ersten Buches gegenüber dem anderen Träger nachgekommen ist. $_{4}$Eine Entziehung oder Versagung nach Satz 3 ist nur möglich, wenn die leistungsberechtigte Person vom zuständigen Leistungsträger nach diesem Buch zuvor schriftlich auf diese Folgen hingewiesen wurde. $_{5}$Wird die Mitwirkung gegenüber dem anderen Träger nachgeholt, ist die Versagung oder Entziehung rückwirkend aufzuheben.

(4) Leistungen zur Eingliederung in Arbeit nach dem Ersten Abschnitt des Dritten Kapitels werden nicht an oder für erwerbsfähige Leistungsberechtigte erbracht, die einen Anspruch auf Arbeitslosengeld oder Teilarbeitslosengeld haben.

(5) Leistungen nach den §§ 16a, 16b, 16d sowie 16f bis 16i und 16k können auch an erwerbsfähige Leistungsberechtigte erbracht werden, sofern ein Rehabilitationsträger im Sinne des Neunten Buches zuständig ist; § 22 Absatz 2 Satz 1 und 2 des Dritten Buches ist entsprechend anzuwenden.

§ 6 Träger der Grundsicherung für Arbeitsuchende

(1) $_{1}$Träger der Leistungen nach diesem Buch sind:

1. die Bundesagentur für Arbeit (Bundesagentur), soweit Nummer 2 nichts anderes bestimmt,
2. die kreisfreien Städte und Kreise für die Leistungen nach § 16a, für das Bürgergeld nach § 19 Absatz 1 Satz 1 und 2 und die Leistungen nach § 27 Absatz 3, soweit diese Leistungen für den Bedarf für Unterkunft und Heizung geleistet werden, für die Leistungen nach § 24 Absatz 3 Satz 1 Nummer 1 und 2 sowie für die Leistungen nach § 28, soweit durch Landesrecht nicht andere Träger bestimmt sind (kommunale Träger).

$_{2}$Zu ihrer Unterstützung können sie Dritte mit der Wahrnehmung von Aufgaben beauftragen; sie sollen einen Außendienst zur Bekämpfung von Leistungsmissbrauch einrichten.

(2) $_{1}$Die Länder können bestimmen, dass und inwieweit die Kreise ihnen zugehörige Gemeinden oder Gemeindeverbände zur Durchführung der in Absatz 1 Satz 1 Nummer 2 genannten Aufgaben nach diesem Gesetz heranziehen und ihnen dabei Weisungen erteilen können; in diesen Fällen erlassen die Kreise den Widerspruchsbescheid nach dem Sozialgerichtsgesetz. $_{2}$§ 44b Absatz 1 Satz 3 bleibt unberührt. $_{3}$Die Sätze 1 und 2 gelten auch in den Fällen des § 6a mit der Maßgabe, dass eine Heranziehung auch für die Aufgaben nach § 6b Absatz 1 Satz 1 erfolgen kann.

(3) Die Länder Berlin, Bremen und Hamburg werden ermächtigt, die Vorschriften dieses Gesetzes über die Zuständigkeit von Behörden für die Grundsicherung für Arbeitsuchende dem besonderen Verwaltungsaufbau ihrer Länder anzupassen.

§ 6a Zugelassene kommunale Träger

(1) Die Zulassungen der aufgrund der Kommunalträger-Zulassungsverordnung vom 24. September 2004 (BGBl. I

S. 2349) anstelle der Bundesagentur als Träger der Leistungen nach § 6 Absatz 1 Satz 1 Nummer 1 zugelassenen kommunalen Träger werden vom Bundesministerium für Arbeit und Soziales durch Rechtsverordnung über den 31. Dezember 2010 hinaus unbefristet verlängert, wenn die zugelassenen kommunalen Träger gegenüber der zuständigen obersten Landesbehörde die Verpflichtungen nach Absatz 2 Satz 1 Nummer 4 und 5 bis zum 30. September 2010 anerkennen.

(2) $_{1}$Auf Antrag wird eine begrenzte Zahl weiterer kommunaler Träger vom Bundesministerium für Arbeit und Soziales als Träger im Sinne des § 6 Absatz 1 Satz 1 Nummer 1 durch Rechtsverordnung ohne Zustimmung des Bundesrates zugelassen, wenn sie

1. geeignet sind, die Aufgaben zu erfüllen,
2. sich verpflichten, eine besondere Einrichtung nach Absatz 5 zu schaffen,
3. sich verpflichten, mindestens 90 Prozent der Beamtinnen und Beamten, Arbeitnehmerinnen und Arbeitnehmer der Bundesagentur, die zum Zeitpunkt der Zulassung mindestens seit 24 Monaten in der im Gebiet des kommunalen Trägers gelegenen Arbeitsgemeinschaft oder Agentur für Arbeit in getrennter Aufgabenwahrnehmung im Aufgabenbereich nach § 6 Absatz 1 Satz 1 tätig waren, vom Zeitpunkt der Zulassung an, dauerhaft zu beschäftigen,
4. sich verpflichten, mit der zuständigen Landesbehörde eine Zielvereinbarung über die Leistungen nach diesem Buch abzuschließen, und
5. sich verpflichten, die in der Rechtsverordnung nach § 51b Absatz 1 Satz 2 festgelegten Daten zu erheben und gemäß den Regelungen nach § 51b Absatz 4 an die Bundesagentur zu übermitteln, um bundeseinheitliche Datenerfassung, Ergebnisberichterstattung, Wirkungsforschung und Leistungsvergleiche zu ermöglichen.

$_{2}$Für die Antragsberechtigung gilt § 6 Absatz 3 entsprechend. $_{3}$Der Antrag bedarf in den dafür zuständigen Vertretungskörperschaften der kommunalen Träger einer Mehrheit von zwei Dritteln der Mitglieder sowie der Zustimmung der zuständigen obersten Landesbehörde. $_{4}$Die Anzahl der nach den Absätzen 1 und 2 zugelassenen kommunalen Träger beträgt höchstens 25 Prozent der zum 31. Dezember 2010 bestehenden Arbeitsgemeinschaften nach § 44b in der bis zum 31. Dezember 2010 geltenden Fassung, zugelassenen kommunalen Trägern sowie der Kreise und kreisfreien Städte, in denen keine Arbeitsgemeinschaft nach § 44b in der bis zum 31. Dezember 2010 geltenden Fassung errichtet wurde (Aufgabenträger).

(3) Das Bundesministerium für Arbeit und Soziales wird ermächtigt, Voraussetzungen der Eignung nach Absatz 2 Nummer 1 und deren Feststellung sowie die Verteilung der Zulassungen nach den Absätzen 2 und 4 auf die Länder durch Rechtsverordnung mit Zustimmung des Bundesrates zu regeln.

(4) $_{1}$Der Antrag nach Absatz 2 kann bis zum 31. Dezember 2010 mit Wirkung zum 1. Januar 2012 gestellt werden. $_{2}$Darüber hinaus kann vom 30. Juni 2015 bis zum 31. Dezember 2015 mit Wirkung zum 1. Januar 2017 ein Antrag auf Zulassung gestellt werden, soweit die Anzahl der nach den Absätzen 1 und 2 zugelassenen kommunalen Träger 25 Prozent der zum 1. Januar 2015 bestehenden Aufgabenträger nach Absatz 2 Satz 4 unterschreitet. $_{3}$Die Zulassungen werden unbefristet erteilt.

(5) Zur Wahrnehmung der Aufgaben anstelle der Bundesagentur errichten und unterhalten die zugelassenen kommunalen Träger besondere Einrichtungen für die Erfüllung der Aufgaben nach diesem Buch.

(6) $_{1}$Das Bundesministerium für Arbeit und Soziales kann mit Zustimmung der zuständigen obersten Landesbehörde durch Rechtsverordnung ohne Zustimmung des Bundesrates die Zulassung widerrufen. $_{2}$Auf Antrag des zugelassenen kommunalen Trägers, der der Zustimmung der zuständigen obersten Landesbehörde bedarf, widerruft das Bundesministerium für Arbeit und Soziales die Zulassung durch Rechtsverordnung ohne Zustimmung des Bundesrates. $_{3}$Die Trägerschaft endet mit Ablauf des auf die Antragstellung folgenden Kalenderjahres.

(7) $_{1}$Auf Antrag des kommunalen Trägers, der der Zustimmung der obersten Landesbehörde bedarf, widerruft, beschränkt oder erweitert das Bundesministerium für Arbeit und Soziales die Zulassung nach Absatz 1 oder 2 durch Rechtsverordnung ohne Zustimmung des Bundesrates, wenn und soweit die Zulassung aufgrund einer kommunalen Neugliederung nicht mehr dem Gebiet des kommunalen Trägers entspricht. $_{2}$Absatz 2 Satz 1 Nummer 2 bis 5 gilt bei Erweiterung der Zulassung entsprechend. $_{3}$Der Antrag nach Satz 1 kann bis zum 1. Juli eines Kalenderjahres mit Wirkung zum 1. Januar des folgenden Kalenderjahres gestellt werden.

§ 6b Rechtsstellung der zugelassenen kommunalen Träger

(1) $_{1}$Die zugelassenen kommunalen Träger sind anstelle der Bundesagentur im Rahmen ihrer örtlichen Zuständigkeit Träger der Aufgaben nach § 6 Absatz 1 Satz 1 Nummer 1 mit Ausnahme der sich aus den §§ 44b, 48b, 50, 51a, 51b, 53, 55, 56 Absatz 2, §§ 64 und 65d ergebenden Aufgaben. $_{2}$Sie haben insoweit die Rechte und Pflichten der Agentur für Arbeit.

(2) $_{1}$Der Bund trägt die Aufwendungen der Grundsicherung für Arbeitsuchende einschließlich der Verwaltungskosten mit Ausnahme der Aufwendungen für Aufgaben nach § 6 Absatz 1 Satz 1 Nummer 2. $_{2}$§ 46 Absatz 1 Satz 4, Absatz 2 und 3 Satz 1 gilt entsprechend. $_{3}$§ 46 Absatz 5 bis 11 bleibt unberührt.

(2a) Für die Bewirtschaftung von Haushaltsmitteln des Bundes durch die zugelassenen kommunalen Träger gelten die haushaltsrechtlichen Bestimmungen des Bundes, soweit in Rechtsvorschriften des Bundes oder Vereinbarungen des Bundes mit den zugelassenen kommunalen Trägern nicht etwas anderes bestimmt ist.

(3) Der Bundesrechnungshof ist berechtigt, die Leistungsgewährung zu prüfen.

(4) $_{1}$Das Bundesministerium für Arbeit und Soziales prüft, ob Einnahmen und Ausgaben in der besonderen Einrichtung nach § 6a Absatz 5 begründet und belegt sind und den Grundsätzen der Wirtschaftlichkeit und Sparsamkeit entsprechen. $_{2}$Die Prüfung kann in einem vereinfachten Verfahren erfolgen, wenn der zugelassene kommunale Träger ein Verwaltungs- und Kontrollsystem errichtet hat, das die Ordnungsmäßigkeit der Berech-

nung und Zahlung gewährleistet und er dem Bundesministerium für Arbeit und Soziales eine Beurteilung ermöglicht, ob Aufwendungen nach Grund und Höhe vom Bund zu tragen sind. 3Das Bundesministerium für Arbeit und Soziales kündigt örtliche Prüfungen bei einem zugelassenen kommunalen Träger gegenüber der nach § 48 Absatz 1 zuständigen Landesbehörde an und unterrichtet sie über das Ergebnis der Prüfung.

(5) 1Das Bundesministerium für Arbeit und Soziales kann von dem zugelassenen kommunalen Träger die Erstattung von Mitteln verlangen, die er zu Lasten des Bundes ohne Rechtsgrund erlangt hat. 2Der zu erstattende Betrag ist während des Verzugs zu verzinsen. 3Der Verzugszinssatz beträgt für das Jahr 3 Prozentpunkte über dem Basiszinssatz.

§ 6c Personalübergang bei Zulassung weiterer kommunaler Träger und bei Beendigung der Trägerschaft

(1) 1Die Beamtinnen und Beamten, Arbeitnehmerinnen und Arbeitnehmer der Bundesagentur, die am Tag vor der Zulassung eines weiteren kommunalen Trägers nach § 6a Absatz 2 und mindestens seit 24 Monaten Aufgaben der Bundesagentur als Träger nach § 6 Absatz 1 Satz 1 Nummer 1 in dem Gebiet des kommunalen Trägers wahrgenommen haben, treten zum Zeitpunkt der Neuzulassung kraft Gesetzes in den Dienst des kommunalen Trägers über. 2Für die Auszubildenden bei der Bundesagentur gilt Satz 1 entsprechend. 3Die Versetzung von nach Satz 1 übergetretenen Beamtinnen und Beamten vom kommunalen Träger zur Bundesagentur bedarf nicht der Zustimmung der Bundesagentur, bis sie 10 Prozent der nach Satz 1 übergetretenen Beamtinnen und Beamten, Arbeitnehmerinnen und Arbeitnehmer wieder aufgenommen hat. 4Bis zum Erreichen des in Satz 3 genannten Anteils ist die Bundesagentur zur Wiedereinstellung von nach Satz 1 übergetretenen Arbeitnehmerinnen und Arbeitnehmern verpflichtet, die auf Vorschlag des kommunalen Trägers dazu bereit sind. 5Die Versetzung und Wiedereinstellung im Sinne der Sätze 3 und 4 ist innerhalb von drei Monaten nach dem Zeitpunkt der Neuzulassung abzuschließen. 6Die Sätze 1 bis 5 gelten entsprechend für Zulassungen nach § 6a Absatz 4 Satz 2 sowie Erweiterungen der Zulassung nach § 6a Absatz 7.

(2) 1Endet die Trägerschaft eines kommunalen Trägers nach § 6a, treten die Beamtinnen und Beamten, Arbeitnehmerinnen und Arbeitnehmer des kommunalen Trägers, die am Tag vor der Beendigung der Trägerschaft Aufgaben anstelle der Bundesagentur als Träger nach § 6 Absatz 1 Nummer 1 durchgeführt haben, zum Zeitpunkt der Beendigung der Trägerschaft kraft Gesetzes in den Dienst der Bundesagentur über. 2Für die Auszubildenden bei dem kommunalen Träger gilt Satz 1 entsprechend.

(3) 1Treten Beamtinnen und Beamte aufgrund des Absatzes 1 oder 2 kraft Gesetzes in den Dienst eines anderen Trägers über, wird das Beamtenverhältnis mit dem anderen Träger fortgesetzt. 2Treten Arbeitnehmerinnen und Arbeitnehmer aufgrund des Absatzes 1 oder 2 kraft Gesetzes in den Dienst eines anderen Trägers über, tritt der neue Träger unbeschadet des Satzes 3 in die Rechte und Pflichten aus den Arbeitsverhältnissen ein, die im Zeitpunkt des Übertritts bestehen. 3Vom Zeitpunkt des Übertritts an sind die für Arbeitnehmerinnen und Arbeitnehmer des neuen Trägers jeweils geltenden Tarifverträge ausschließlich anzuwenden. 4Den Beamtinnen und Beamten, Arbeitnehmerinnen oder Arbeitnehmern ist die Fortsetzung des Beamten- oder Arbeitsverhältnisses von dem aufnehmenden Träger schriftlich zu bestätigen. 5Für die Verteilung der Versorgungslasten hinsichtlich der aufgrund des Absatzes 1 oder 2 übertretenden Beamtinnen und Beamten gilt § 107b des Beamtenversorgungsgesetzes entsprechend. 6Mit Inkrafttreten des Versorgungslastenteilungs-Staatsvertrags sind für die jeweils beteiligten Dienstherrn die im Versorgungslastenteilungs-Staatsvertrag bestimmten Regelungen entsprechend anzuwenden.

(4) 1Beamtinnen und Beamten, die nach Absatz 1 oder 2 kraft Gesetzes in den Dienst eines anderen Trägers übertreten, soll ein gleich zu bewertendes Amt übertragen werden, das ihrem bisherigen Amt nach Bedeutung und Inhalt ohne Berücksichtigung von Dienststellung und Dienstalter entspricht. 2Wenn eine dem bisherigen Amt entsprechende Verwendung im Ausnahmefall nicht möglich ist, kann ihnen auch ein anderes Amt mit geringerem Grundgehalt übertragen werden. 3Verringert sich nach Satz 1 oder 2 der Gesamtbetrag von Grundgehalt, allgemeiner Stellenzulage oder entsprechender Besoldungsbestandteile und anteiliger Sonderzahlung (auszugleichende Dienstbezüge), hat der aufnehmende Träger eine Ausgleichszulage zu gewähren. 4Die Ausgleichszulage bemisst sich nach der Differenz zwischen den auszugleichenden Dienstbezügen beim abgebenden Träger und beim aufnehmenden Träger zum Zeitpunkt des Übertritts. 5Auf die Ausgleichszulage werden alle Erhöhungen der auszugleichenden Dienstbezüge beim aufnehmenden Träger angerechnet. 6Die Ausgleichszulage ist ruhegehaltfähig. 7Als Bestandteil der Versorgungsbezüge vermindert sich die Ausgleichszulage bei jeder auf das Grundgehalt bezogenen Erhöhung der Versorgungsbezüge um diesen Erhöhungsbetrag. 8Im Fall des Satzes 2 dürfen die Beamtinnen und Beamten neben der neuen Amtsbezeichnung die des früheren Amtes mit dem Zusatz „außer Dienst" („a. D.") führen.

(5) 1Arbeitnehmerinnen und Arbeitnehmern, die nach Absatz 1 oder 2 kraft Gesetzes in den Dienst eines anderen Trägers übertreten, soll grundsätzlich eine tarifrechtlich gleichwertige Tätigkeit übertragen werden. 2Wenn eine derartige Verwendung im Ausnahmefall nicht möglich ist, kann ihnen eine niedriger bewertete Tätigkeit übertragen werden. 3Verringert sich das Arbeitsentgelt nach den Sätzen 1 und 2, ist eine Ausgleichszahlung in Höhe des Unterschiedsbetrages zwischen dem Arbeitsentgelt bei dem abgebenden Träger zum Zeitpunkt des Übertritts und dem jeweiligen Arbeitsentgelt bei dem aufnehmenden Träger zu zahlen.

§ 6d Jobcenter

Die gemeinsamen Einrichtungen nach § 44b und die zugelassenen kommunalen Träger nach § 6a führen die Bezeichnung Jobcenter.

Kapitel 2
Anspruchsvoraussetzungen

§ 7 Leistungsberechtigte

(1) $_{1}$Leistungen nach diesem Buch erhalten Personen, die

1. das 15. Lebensjahr vollendet und die Altersgrenze nach § 7a noch nicht erreicht haben,
2. erwerbsfähig sind,
3. hilfebedürftig sind und
4. ihren gewöhnlichen Aufenthalt in der Bundesrepublik Deutschland haben (erwerbsfähige Leistungsberechtigte).

$_{2}$Ausgenommen sind

1. Ausländerinnen und Ausländer, die weder in der Bundesrepublik Deutschland Arbeitnehmerinnen, Arbeitnehmer oder Selbständige noch aufgrund des § 2 Absatz 3 des Freizügigkeitsgesetzes/EU freizügigkeitsberechtigt sind, und ihre Familienangehörigen für die ersten drei Monate ihres Aufenthalts,
2. Ausländerinnen und Ausländer,
   a) die kein Aufenthaltsrecht haben oder
   b) deren Aufenthaltsrecht sich allein aus dem Zweck der Arbeitsuche, der Ausbildungs- oder Studienplatzsuche oder aus einer Aufenthaltserlaubnis nach § 20a des Aufenthaltsgesetzes ergibt,

   und ihre Familienangehörigen,
3. Leistungsberechtigte nach § 1 des Asylbewerberleistungsgesetzes.

$_{3}$Satz 2 Nummer 1 gilt nicht für Ausländerinnen und Ausländer, die sich mit einem Aufenthaltstitel nach Kapitel 2 Abschnitt 5 des Aufenthaltsgesetzes in der Bundesrepublik Deutschland aufhalten. $_{4}$Abweichend von Satz 2 Nummer 2 erhalten Ausländerinnen und Ausländer und ihre Familienangehörigen Leistungen nach diesem Buch, wenn sie seit mindestens fünf Jahren ihren gewöhnlichen Aufenthalt im Bundesgebiet haben; dies gilt nicht, wenn der Verlust des Rechts nach § 2 Absatz 1 des Freizügigkeitsgesetzes/EU festgestellt wurde. $_{5}$Die Frist nach Satz 4 beginnt mit der Anmeldung bei der zuständigen Meldebehörde. $_{6}$Zeiten des nicht rechtmäßigen Aufenthalts, in denen eine Ausreisepflicht besteht, werden auf Zeiten des gewöhnlichen Aufenthalts nicht angerechnet. $_{7}$Aufenthaltsrechtliche Bestimmungen bleiben unberührt.

(2) $_{1}$Leistungen erhalten auch Personen, die mit erwerbsfähigen Leistungsberechtigten in einer Bedarfsgemeinschaft leben. $_{2}$Dienstleistungen und Sachleistungen werden ihnen nur erbracht, wenn dadurch Hemmnisse bei der Eingliederung der erwerbsfähigen Leistungsberechtigten beseitigt oder vermindert werden. $_{3}$Zur Deckung der Bedarfe nach § 28 erhalten die dort genannten Personen auch dann Leistungen für Bildung und Teilhabe, wenn sie mit Personen in einem Haushalt zusammenleben, mit denen sie nur deshalb keine Bedarfsgemeinschaft bilden, weil diese aufgrund des zu berücksichtigenden Einkommens oder Vermögens selbst nicht leistungsberechtigt sind.

(3) Zur Bedarfsgemeinschaft gehören

1. die erwerbsfähigen Leistungsberechtigten,
2. die im Haushalt lebenden Eltern oder der im Haushalt lebende Elternteil eines unverheirateten erwerbsfähigen Kindes, welches das 25. Lebensjahr noch nicht vollendet hat, und die im Haushalt lebende Partnerin oder der im Haushalt lebende Partner dieses Elternteils,
3. als Partnerin oder Partner der erwerbsfähigen Leistungsberechtigten
   a) die nicht dauernd getrennt lebende Ehegattin oder der nicht dauernd getrennt lebende Ehegatte,
   b) die nicht dauernd getrennt lebende Lebenspartnerin oder der nicht dauernd getrennt lebende Lebenspartner,
   c) eine Person, die mit der erwerbsfähigen leistungsberechtigten Person in einem gemeinsamen Haushalt so zusammenlebt, dass nach verständiger Würdigung der wechselseitige Wille anzunehmen ist, Verantwortung füreinander zu tragen und füreinander einzustehen,
4. die dem Haushalt angehörenden unverheirateten Kinder der in den Nummern 1 bis 3 genannten Personen, wenn sie das 25. Lebensjahr noch nicht vollendet haben, soweit sie die Leistungen zur Sicherung ihres Lebensunterhalts nicht aus eigenem Einkommen oder Vermögen beschaffen können.

(3a) Ein wechselseitiger Wille, Verantwortung füreinander zu tragen und füreinander einzustehen, wird vermutet, wenn Partner

1. länger als ein Jahr zusammenleben,
2. mit einem gemeinsamen Kind zusammenleben,
3. Kinder oder Angehörige im Haushalt versorgen oder
4. befugt sind, über Einkommen oder Vermögen des anderen zu verfügen.

(4) $_{1}$Leistungen nach diesem Buch erhält nicht, wer in einer stationären Einrichtung untergebracht ist, Rente wegen Alters oder Knappschaftsausgleichsleistung oder ähnliche Leistungen öffentlich-rechtlicher Art bezieht. $_{2}$Dem Aufenthalt in einer stationären Einrichtung ist der Aufenthalt in einer Einrichtung zum Vollzug richterlich angeordneter Freiheitsentziehung gleichgestellt. $_{3}$Abweichend von Satz 1 erhält Leistungen nach diesem Buch,

1. wer voraussichtlich für weniger als sechs Monate in einem Krankenhaus (§ 107 des Fünften Buches) untergebracht ist oder
2. wer in einer stationären Einrichtung nach Satz 1 untergebracht und unter den üblichen Bedingungen des allgemeinen Arbeitsmarktes mindestens 15 Stunden wöchentlich erwerbstätig ist.

$_{4}$Die Sätze 1 und 3 Nummer 2 gelten für Bewohner von Räumlichkeiten im Sinne des § 42a Absatz 2 Satz 1 Nummer 2 und Satz 3 des Zwölften Buches entsprechend.

(4a) Personen, denen Leistungen zum Lebensunterhalt nach § 93 des Vierzehnten Buches zuerkannt worden sind, haben keinen Anspruch auf Leistungen zur Sicherung des Lebensunterhalts.

(5) $_{1}$Auszubildende, deren Ausbildung im Rahmen des Bundesausbildungsförderungsgesetzes dem Grunde nach förderungsfähig ist, haben über die Leistungen

nach § 27 hinaus keinen Anspruch auf Leistungen zur Sicherung des Lebensunterhalts. $_{2}$Satz 1 gilt auch für Auszubildende, deren Bedarf sich nach § 61 Absatz 2, § 62 Absatz 3, § 123 Satz 1 Nummer 2 sowie § 124 Nummer 2 des Dritten Buches bemisst.

(6) Absatz 5 Satz 1 ist nicht anzuwenden auf Auszubildende,

1. die aufgrund von § 2 Absatz 1a des Bundesausbildungsförderungsgesetzes keinen Anspruch auf Ausbildungsförderung haben,
2. deren Bedarf sich nach den §§ 12, 13 Absatz 1 in Verbindung mit Absatz 2 Nummer 1 oder nach § 13 Absatz 1 Nummer 1 in Verbindung mit Absatz 2 Nummer 2 des Bundesausbildungsförderungsgesetzes bemisst und die Leistungen nach dem Bundesausbildungsförderungsgesetz
   a) erhalten oder nur wegen der Vorschriften zur Berücksichtigung von Einkommen und Vermögen nicht erhalten oder
   b) beantragt haben und über deren Antrag das zuständige Amt für Ausbildungsförderung noch nicht entschieden hat; lehnt das zuständige Amt für Ausbildungsförderung die Leistungen ab, findet Absatz 5 mit Beginn des folgenden Monats Anwendung, oder
3. die eine Abendhauptschule, eine Abendrealschule oder ein Abendgymnasium besuchen, sofern sie aufgrund des § 10 Absatz 3 des Bundesausbildungsförderungsgesetzes keinen Anspruch auf Ausbildungsförderung haben.

§ 7a Altersgrenze

$_{1}$Personen, die vor dem 1. Januar 1947 geboren sind, erreichen die Altersgrenze mit Ablauf des Monats, in dem sie das 65. Lebensjahr vollenden. $_{2}$Für Personen, die nach dem 31. Dezember 1946 geboren sind, wird die Altersgrenze wie folgt angehoben:

für den Geburtsjahrgang	erfolgt eine Anhebung um Monate	auf den Ablauf des Monats, in dem ein Lebensalter vollendet wird von
1947	1	65 Jahren und 1 Monat
1948	2	65 Jahren und 2 Monaten
1949	3	65 Jahren und 3 Monaten
1950	4	65 Jahren und 4 Monaten
1951	5	65 Jahren und 5 Monaten
1952	6	65 Jahren und 6 Monaten
1953	7	65 Jahren und 7 Monaten
1954	8	65 Jahren und 8 Monaten
1955	9	65 Jahren und 9 Monaten
1956	10	65 Jahren und 10 Monaten
1957	11	65 Jahren und 11 Monaten
1958	12	66 Jahren
1959	14	66 Jahren und 2 Monaten
1960	16	66 Jahren und 4 Monaten
1961	18	66 Jahren und 6 Monaten
1962	20	66 Jahren und 8 Monaten
1963	22	66 Jahren und 10 Monaten
ab 1964	24	67 Jahren.

§ 7b Erreichbarkeit

(1) $_{1}$Erwerbsfähige Leistungsberechtigte erhalten Leistungen, wenn sie erreichbar sind. $_{2}$Erreichbar sind erwerbsfähige Leistungsberechtigte, wenn sie sich im näheren Bereich des zuständigen Jobcenters aufhalten und werktäglich dessen Mitteilungen und Aufforderungen zur Kenntnis nehmen können. $_{3}$Ein Aufenthalt im näheren Bereich liegt vor, wenn es den erwerbsfähigen Leistungsberechtigten möglich ist, eine Dienststelle des zuständigen Jobcenters, einen möglichen Arbeitgeber oder den Durchführungsort einer Integrationsmaßnahme im örtlichen Zuständigkeitsbereich des Jobcenters in einer für den Vermittlungsprozess angemessenen Zeitspanne und ohne unzumutbaren oder die Eigenleistungsfähigkeit übersteigenden Aufwand aufzusuchen. $_{4}$Der nähere Bereich schließt auch einen Bereich im grenznahen Ausland ein.

(2) $_{1}$Erwerbsfähige Leistungsberechtigte, die nicht erreichbar sind, erhalten nur dann Leistungen, wenn für den Aufenthalt außerhalb des näheren Bereichs ein wichtiger Grund vorliegt und das Jobcenter dem Aufenthalt außerhalb des näheren Bereichs zugestimmt hat. $_{2}$Ein wichtiger Grund liegt insbesondere vor bei

1. Teilnahme an einer ärztlich verordneten Maßnahme der medizinischen Vorsorge oder Rehabilitation,
2. Teilnahme an einer Veranstaltung, die kirchlichen oder gewerkschaftlichen Zwecken dient oder im öffentlichen Interesse liegt,
3. Aufenthalten außerhalb des näheren Bereichs, die überwiegend der Eingliederung in Ausbildung oder Arbeit dienen, oder
4. Ausübung einer ehrenamtlichen Tätigkeit, wenn die Eingliederung in Ausbildung oder Arbeit nicht wesentlich beeinträchtigt wird.

₃Für Abwesenheiten außerhalb des näheren Bereichs aufgrund der Ausübung einer Erwerbstätigkeit ist abweichend von Satz 1 keine Zustimmung des Jobcenters erforderlich.

(3) ₁Erwerbsfähige Leistungsberechtigte, die ohne wichtigen Grund nicht erreichbar sind, erhalten Leistungen, wenn das Jobcenter dem Aufenthalt außerhalb des näheren Bereichs zugestimmt hat und die Eingliederung in Ausbildung oder Arbeit nicht wesentlich beeinträchtigt wird. ₂Die Zustimmung zu Abwesenheiten ohne wichtigen Grund soll in der Regel für insgesamt längstens drei Wochen im Kalenderjahr erteilt werden. ₃Bei erwerbsfähigen Leistungsberechtigten, die weder arbeitslos noch erwerbstätig sind, ist die Zustimmung nach Satz 1 zu erteilen.

§ 8 Erwerbsfähigkeit

(1) Erwerbsfähig ist, wer nicht wegen Krankheit oder Behinderung auf absehbare Zeit außerstande ist, unter den üblichen Bedingungen des allgemeinen Arbeitsmarktes mindestens drei Stunden täglich erwerbstätig zu sein.

(2) ₁Im Sinne von Absatz 1 können Ausländerinnen und Ausländer nur erwerbstätig sein, wenn ihnen die Aufnahme einer Beschäftigung erlaubt ist oder erlaubt werden könnte. ₂Die rechtliche Möglichkeit, eine Beschäftigung vorbehaltlich einer Zustimmung nach § 39 des Aufenthaltsgesetzes aufzunehmen, ist ausreichend.

§ 9 Hilfebedürftigkeit

(1) Hilfebedürftig ist, wer seinen Lebensunterhalt nicht oder nicht ausreichend aus dem zu berücksichtigenden Einkommen oder Vermögen sichern kann und die erforderliche Hilfe nicht von anderen, insbesondere von Angehörigen oder von Trägern anderer Sozialleistungen, erhält.

(2) ₁Bei Personen, die in einer Bedarfsgemeinschaft leben, sind das Einkommen und Vermögen des Partners zu berücksichtigen. ₂Bei unverheirateten Kindern, die mit ihren Eltern oder einem Elternteil in einer Bedarfsgemeinschaft leben und die ihren Lebensunterhalt nicht aus eigenem Einkommen oder Vermögen sichern können, sind auch das Einkommen und Vermögen der Eltern oder des Elternteils und dessen in Bedarfsgemeinschaft lebender Partnerin oder lebenden Partners zu berücksichtigen. ₃Ist in einer Bedarfsgemeinschaft nicht der gesamte Bedarf aus eigenen Kräften und Mitteln gedeckt, gilt jede Person der Bedarfsgemeinschaft im Verhältnis des eigenen Bedarfs zum Gesamtbedarf als hilfebedürftig, dabei bleiben die Bedarfe nach § 28 außer Betracht. ₄In den Fällen des § 7 Absatz 2 Satz 3 ist Einkommen und Vermögen, soweit es die nach Satz 3 zu berücksichtigenden Bedarfe übersteigt, im Verhältnis mehrerer Leistungsberechtigter zueinander zu gleichen Teilen zu berücksichtigen.

(3) Absatz 2 Satz 2 findet keine Anwendung auf ein Kind, das schwanger ist oder sein Kind bis zur Vollendung des sechsten Lebensjahres betreut.

(4) Hilfebedürftig ist auch derjenige, dem der sofortige Verbrauch oder die sofortige Verwertung von zu berücksichtigendem Vermögen nicht möglich ist oder für den dies eine besondere Härte bedeuten würde.

(5) Leben Hilfebedürftige in Haushaltsgemeinschaft mit Verwandten oder Verschwägerten, so wird vermutet, dass sie von ihnen Leistungen erhalten, soweit dies nach deren Einkommen und Vermögen erwartet werden kann.

§ 10 Zumutbarkeit

(1) Einer erwerbsfähigen leistungsberechtigten Person ist jede Arbeit zumutbar, es sei denn, dass

1. sie zu der bestimmten Arbeit körperlich, geistig oder seelisch nicht in der Lage ist,
2. die Ausübung der Arbeit die künftige Ausübung der bisherigen überwiegenden Arbeit wesentlich erschweren würde, weil die bisherige Tätigkeit besondere körperliche Anforderungen stellt,
3. die Ausübung der Arbeit die Erziehung ihres Kindes oder des Kindes ihrer Partnerin oder ihres Partners gefährden würde; die Erziehung eines Kindes, das das dritte Lebensjahr vollendet hat, ist in der Regel nicht gefährdet, soweit die Betreuung in einer Tageseinrichtung oder in Tagespflege im Sinne der Vorschriften des Achten Buches oder auf sonstige Weise sichergestellt ist; die zuständigen kommunalen Träger sollen darauf hinwirken, dass erwerbsfähigen Erziehenden vorrangig ein Platz zur Tagesbetreuung des Kindes angeboten wird,
4. die Ausübung der Arbeit mit der Pflege einer oder eines Angehörigen nicht vereinbar wäre und die Pflege nicht auf andere Weise sichergestellt werden kann,
5. der Ausübung der Arbeit ein sonstiger wichtiger Grund entgegensteht.

(2) Eine Arbeit ist nicht allein deshalb unzumutbar, weil

1. sie nicht einer früheren beruflichen Tätigkeit entspricht, für die die erwerbsfähige leistungsberechtigte Person ausgebildet ist oder die früher ausgeübt wurde,
2. sie im Hinblick auf die Ausbildung der erwerbsfähigen leistungsberechtigten Person als geringerwertig anzusehen ist,
3. der Beschäftigungsort vom Wohnort der erwerbsfähigen leistungsberechtigten Person weiter entfernt ist als ein früherer Beschäftigungs- oder Ausbildungsort,
4. die Arbeitsbedingungen ungünstiger sind als bei den bisherigen Beschäftigungen der erwerbsfähigen leistungsberechtigten Person,
5. sie mit der Beendigung einer Erwerbstätigkeit verbunden ist, es sei denn, es liegen begründete Anhaltspunkte vor, dass durch die bisherige Tätigkeit künftig die Hilfebedürftigkeit beendet werden kann.

(3) Die Absätze 1 und 2 gelten für die Teilnahme an Maßnahmen zur Eingliederung in Arbeit entsprechend.

§ 11 Zu berücksichtigendes Einkommen

(1) ₁Als Einkommen zu berücksichtigen sind Einnahmen in Geld abzüglich der nach § 11b abzusetzenden Beträge mit Ausnahme der in § 11a genannten Einnahmen sowie Einnahmen, die nach anderen Vorschriften des Bundesrechts nicht als Einkommen im Sinne dieses Buches zu berücksichtigen sind. ₂Dies gilt auch für Einnahmen in Geldeswert, die im Rahmen einer Erwerbstätigkeit, des Bundesfreiwilligendienstes oder eines Jugendfreiwilligendienstes zufließen. ₃Als Einkommen zu berücksichti-

gen sind auch Zuflüsse aus darlehensweise gewährten Sozialleistungen, soweit sie dem Lebensunterhalt dienen. 4Der Kinderzuschlag nach § 6a des Bundeskindergeldgesetzes ist als Einkommen dem jeweiligen Kind zuzurechnen. 5Dies gilt auch für das Kindergeld für zur Bedarfsgemeinschaft gehörende Kinder, soweit es bei dem jeweiligen Kind zur Sicherung des Lebensunterhalts, mit Ausnahme der Bedarfe nach § 28, benötigt wird.

(2) 1Einnahmen sind für den Monat zu berücksichtigen, in dem sie zufließen. 2Dies gilt auch für Einnahmen, die an einzelnen Tagen eines Monats aufgrund von kurzzeitigen Beschäftigungsverhältnissen erzielt werden.

(3) Würde der Leistungsanspruch durch die Berücksichtigung einer als Nachzahlung zufließenden Einnahme, die nicht für den Monat des Zuflusses erbracht wird, in diesem Monat entfallen, so ist diese Einnahme auf einen Zeitraum von sechs Monaten gleichmäßig aufzuteilen und monatlich ab dem Monat des Zuflusses mit einem entsprechenden monatlichen Teilbetrag zu berücksichtigen.

§ 11a Nicht zu berücksichtigendes Einkommen

(1) Nicht als Einkommen zu berücksichtigen sind

1. Leistungen nach diesem Buch,
2. (weggefallen)
3. die Renten oder Beihilfen, die nach dem Bundesentschädigungsgesetz für Schaden an Leben sowie an Körper oder Gesundheit erbracht werden, bis zur Höhe der vergleichbaren Entschädigungszahlungen nach Kapitel 9 des Vierzehnten Buches,
4. Aufwandspauschalen nach § 1878 des Bürgerlichen Gesetzbuchs kalenderjährlich bis zu dem in § 3 Nummer 26 Satz 1 des Einkommensteuergesetzes genannten Betrag,
5. Aufwandsentschädigungen oder Einnahmen aus nebenberuflichen Tätigkeiten, die nach § 3 Nummer 12, Nummer 26 oder Nummer 26a des Einkommensteuergesetzes steuerfrei sind, soweit diese Einnahmen einen Betrag in Höhe von 3000 Euro im Kalenderjahr nicht überschreiten,
6. Mutterschaftsgeld nach § 19 des Mutterschutzgesetzes
7. Einmalige Einnahmen aus Erbschaften, Vermächtnissen und Pflichtteilszuwendungen.

(2) Entschädigungen, die wegen eines Schadens, der kein Vermögensschaden ist, nach § 253 Absatz 2 des Bürgerlichen Gesetzbuchs geleistet werden, sind nicht als Einkommen zu berücksichtigen.

(3) 1Leistungen, die aufgrund öffentlich-rechtlicher Vorschriften zu einem ausdrücklich genannten Zweck erbracht werden, sind nur so weit als Einkommen zu berücksichtigen, als die Leistungen nach diesem Buch im Einzelfall demselben Zweck dienen. 2Abweichend von Satz 1 sind als Einkommen zu berücksichtigen

1. die Leistungen nach § 39 des Achten Buches, die für den erzieherischen Einsatz erbracht werden,
   a) für das dritte Pflegekind zu 75 Prozent,
   b) für das vierte und jedes weitere Pflegekind vollständig,
2. die Leistungen nach § 23 des Achten Buches,
3. die Leistungen der Ausbildungsförderung nach dem Bundesausbildungsförderungsgesetz sowie vergleichbare Leistungen der Begabtenförderungswerke; § 14b Absatz 2 Satz 1 des Bundesausbildungsförderungsgesetzes bleibt unberührt,
4. die Berufsausbildungsbeihilfe nach dem Dritten Buch mit Ausnahme der Bedarfe nach § 64 Absatz 3 Satz 1 des Dritten Buches sowie
5. Reisekosten zur Teilhabe am Arbeitsleben nach § 127 Absatz 1 Satz 1 des Dritten Buches in Verbindung mit § 73 des Neunten Buches.

(4) Zuwendungen der freien Wohlfahrtspflege sind nicht als Einkommen zu berücksichtigen, soweit sie die Lage der Empfängerinnen und Empfänger nicht so günstig beeinflussen, dass daneben Leistungen nach diesem Buch nicht gerechtfertigt wären.

(5) Zuwendungen, die ein anderer erbringt, ohne hierzu eine rechtliche oder sittliche Pflicht zu haben, sind nicht als Einkommen zu berücksichtigen, soweit

1. ihre Berücksichtigung für die Leistungsberechtigten grob unbillig wäre oder
2. sie die Lage der Leistungsberechtigten nicht so günstig beeinflussen, dass daneben Leistungen nach diesem Buch nicht gerechtfertigt wären.

(6) Überbrückungsgeld nach § 51 des Strafvollzugsgesetzes oder vergleichbare Leistungen nach landesrechtlichen Regelungen sind nicht als Einkommen zu berücksichtigen.

(7) 1Nicht als Einkommen zu berücksichtigen sind Einnahmen von Schülerinnen und Schülern allgemein- oder berufsbildender Schulen, die das 25. Lebensjahr noch nicht vollendet haben, aus Erwerbstätigkeiten, die in den Schulferien ausgeübt werden. 2Satz 1 gilt nicht für eine Ausbildungsvergütung, auf die eine Schülerin oder ein Schüler einen Anspruch hat.

§ 11b Absetzbeträge

(1) 1Vom Einkommen abzusetzen sind

1. auf das Einkommen entrichtete Steuern,
2. Pflichtbeiträge zur Sozialversicherung einschließlich der Beiträge zur Arbeitsförderung,
3. Beiträge zu öffentlichen oder privaten Versicherungen oder ähnlichen Einrichtungen, soweit diese Beiträge gesetzlich vorgeschrieben oder nach Grund und Höhe angemessen sind; hierzu gehören Beiträge
   a) zur Vorsorge für den Fall der Krankheit und der Pflegebedürftigkeit für Personen, die in der gesetzlichen Krankenversicherung nicht versicherungspflichtig sind,
   b) zur Altersvorsorge von Personen, die von der Versicherungspflicht in der gesetzlichen Rentenversicherung befreit sind,

   soweit die Beiträge nicht nach § 26 bezuschusst werden,
4. geförderte Altersvorsorgebeiträge nach § 82 des Einkommensteuergesetzes, soweit sie den Mindesteigenbeitrag nach § 86 des Einkommensteuergesetzes nicht überschreiten,
5. die mit der Erzielung des Einkommens verbundenen notwendigen Ausgaben,

VII

6. für Erwerbstätige ferner ein Betrag nach Absatz 3,
7. Aufwendungen zur Erfüllung gesetzlicher Unterhaltsverpflichtungen bis zu dem in einem Unterhaltstitel oder in einer notariell beurkundeten Unterhaltsvereinbarung festgelegten Betrag,
8. bei erwerbsfähigen Leistungsberechtigten, deren Einkommen nach dem Vierten Abschnitt des Bundesausbildungsförderungsgesetzes oder nach § 67 oder § 126 des Dritten Buches bei der Berechnung der Leistungen der Ausbildungsförderung für mindestens ein Kind berücksichtigt wird, der nach den Vorschriften der Ausbildungsförderung berücksichtigte Betrag.

2Bei der Verteilung einer einmaligen Einnahme nach § 11 Absatz 3 sind die auf die einmalige Einnahme im Zuflussmonat entfallenden Beträge nach den Nummern 1, 2, 5 und 6 vorweg abzusetzen.

(2) 1Bei erwerbsfähigen Leistungsberechtigten, die erwerbstätig sind, ist anstelle der Beträge nach Absatz 1 Satz 1 Nummer 3 bis 5 ein Betrag von insgesamt 100 Euro monatlich von dem Einkommen aus Erwerbstätigkeit abzusetzen. 2Beträgt das monatliche Einkommen aus Erwerbstätigkeit mehr als 400 Euro, gilt Satz 1 nicht, wenn die oder der erwerbsfähige Leistungsberechtigte nachweist, dass die Summe der Beträge nach Absatz 1 Satz 1 Nummer 3 bis 5 den Betrag von 100 Euro übersteigt.

VII

(2a) § 82a des Zwölften Buches gilt entsprechend.

(2b) 1Abweichend von Absatz 2 Satz 1 ist anstelle der Beträge nach Absatz 1 Satz 1 Nummer 3 bis 5 der Betrag nach § 8 Absatz 1a des Vierten Buches von dem Einkommen aus Erwerbstätigkeit abzusetzen bei erwerbsfähigen Leistungsberechtigten, die das 25. Lebensjahr noch nicht vollendet haben und die

1. eine nach dem Bundesausbildungsförderungsgesetz dem Grunde nach förderungsfähige Ausbildung durchführen,
2. eine nach § 57 Absatz 1 des Dritten Buches dem Grunde nach förderungsfähige Ausbildung, eine nach § 51 des Dritten Buches dem Grunde nach förderungsfähige berufsvorbereitende Bildungsmaßnahme oder eine nach § 54a des Dritten Buches geförderte Einstiegsqualifizierung durchführen,
3. einem Freiwilligendienst nach dem Bundesfreiwilligendienstgesetz oder dem Jugendfreiwilligendienstegesetz nachgehen oder
4. als Schülerinnen und Schüler allgemein- oder berufsbildender Schulen außerhalb der in § 11a Absatz 7 genannten Zeiten erwerbstätig sind; dies gilt nach dem Besuch allgemeinbildender Schulen auch bis zum Ablauf des dritten auf das Ende der Schulausbildung folgenden Monats.

2Bei der Anwendung des Satzes 1 Nummer 3 gilt das Taschengeld nach § 2 Nummer 4 des Bundesfreiwilligendienstgesetzes und nach § 2 Absatz 1 Satz 1 Nummer 4 des Jugendfreiwilligendienstegesetzes als Einkommen aus Erwerbstätigkeit. 3Bei Leistungsberechtigten, die das 25. Lebensjahr vollendet haben, tritt in den Fällen des Satzes 1 Nummer 3 an die Stelle des Betrages nach § 8 Absatz 1a des Vierten Buches der Betrag von 250 Euro monatlich. 4Sofern die unter Satz 1 Nummer 1 bis 4 genannten Personen die in § 11a Absatz 3 Satz 2 Nummer 3 bis 5 genannten Leistungen, Ausbildungsgeld nach dem Dritten Buch oder einen Unterhaltsbeitrag nach § 10 Absatz 2 des Aufstiegsfortbildungsförderungsgesetzes erhalten, ist von diesen Leistungen für die Absetzbeträge nach Absatz 1 Satz 1 Nummer 3 bis 5 ein Betrag in Höhe von mindestens 100 Euro abzusetzen, wenn die Absetzung nicht bereits nach Satz 1 oder nach Absatz 2 Satz 1 erfolgt ist. 5Satz 4 gilt auch für Leistungsberechtigte, die das 25. Lebensjahr vollendet haben.

(3) 1Bei erwerbsfähigen Leistungsberechtigten, die erwerbstätig sind, ist von dem monatlichen Einkommen aus Erwerbstätigkeit ein weiterer Betrag abzusetzen. 2Dieser beläuft sich

1. für den Teil des monatlichen Erwerbseinkommens, der 100 Euro übersteigt und nicht mehr als 520 Euro beträgt, auf 20 Prozent,
2. für den Teil des monatlichen Erwerbseinkommens, der 520 Euro übersteigt und nicht mehr als 1000 Euro beträgt, auf 30 Prozent und
3. für den Teil des monatlichen Erwerbseinkommens, der 1000 Euro übersteigt und nicht mehr als 1200 Euro beträgt, auf 10 Prozent.

3Anstelle des Betrages von 1200 Euro tritt für erwerbsfähige Leistungsberechtigte, die entweder mit mindestens einem minderjährigen Kind in Bedarfsgemeinschaft leben oder die mindestens ein minderjähriges Kind haben, ein Betrag von 1500 Euro. 4In den Fällen des Absatzes 2b ist Satz 2 Nummer 1 nicht anzuwenden.

§ 12 Zu berücksichtigendes Vermögen

(1) 1Alle verwertbaren Vermögensgegenstände sind vorbehaltlich des Satzes 2 als Vermögen zu berücksichtigen. 2Nicht zu berücksichtigen sind

1. angemessener Hausrat; für die Beurteilung der Angemessenheit sind die Lebensumstände während des Bezugs von Bürgergeld maßgebend,
2. ein angemessenes Kraftfahrzeug für jede in der Bedarfsgemeinschaft lebende erwerbsfähige Person; die Angemessenheit wird vermutet, wenn die Antragstellerin oder der Antragsteller dies im Antrag erklärt,
3. für die Altersvorsorge bestimmte Versicherungsverträge; zudem andere Formen der Altersvorsorge, wenn sie nach Bundesrecht ausdrücklich als Altersvorsorge gefördert werden,
4. weitere Vermögensgegenstände, die unabhängig von der Anlageform als für die Altersvorsorge bestimmt bezeichnet werden; hierbei ist für jedes angefangene Jahr einer hauptberuflich selbständigen Tätigkeit, in dem keine Beiträge an die gesetzliche Rentenversicherung, an eine öffentlich-rechtliche Versicherungseinrichtung oder an eine Versorgungseinrichtung einer Berufsgruppe entrichtet wurden, höchstens der Betrag nicht zu berücksichtigen, der sich ergibt, wenn der zum Zeitpunkt der Antragstellung geltende Beitragssatz zur allgemeinen Rentenversicherung nach § 158 des Sechsten Buches mit dem zuletzt festgestellten endgültigen Durchschnittsentgelt gemäß Anlage 1 des Sechsten Buches multipliziert und anschließend auf den nächsten durch 500 teilbaren Betrag aufgerundet wird,

5. ein selbst genutztes Hausgrundstück mit einer Wohnfläche von bis zu 140 Quadratmetern oder eine selbst genutzte Eigentumswohnung von bis zu 130 Quadratmetern; bewohnen mehr als vier Personen das Hausgrundstück beziehungsweise die Eigentumswohnung, erhöht sich die maßgebende Wohnfläche um jeweils 20 Quadratmeter für jede weitere Person; höhere Wohnflächen sind anzuerkennen, sofern die Berücksichtigung als Vermögen eine besondere Härte bedeuten würde,
6. Vermögen, solange es nachweislich zur baldigen Beschaffung oder Erhaltung eines Hausgrundstücks oder einer Eigentumswohnung von angemessener Größe bestimmt ist, und das Hausgrundstück oder die Eigentumswohnung Menschen mit Behinderungen oder pflegebedürftigen Menschen zu Wohnzwecken dient oder dienen soll und dieser Zweck durch den Einsatz oder die Verwertung des Vermögens gefährdet würde sowie
7. Sachen und Rechte, soweit ihre Verwertung für die betroffene Person eine besondere Härte bedeuten würde.

(2) 1Von dem zu berücksichtigenden Vermögen ist für jede Person in der Bedarfsgemeinschaft ein Betrag in Höhe von 15 000 Euro abzusetzen. 2Übersteigt das Vermögen einer Person in der Bedarfsgemeinschaft den Betrag nach Satz 1, sind nicht ausgeschöpfte Freibeträge der anderen Personen in der Bedarfsgemeinschaft auf diese Person zu übertragen.

(3) 1Für die Berücksichtigung von Vermögen gilt eine Karenzzeit von einem Jahr ab Beginn des Monats, für den erstmals Leistungen nach diesem Buch bezogen werden. 2Innerhalb dieser Karenzzeit wird Vermögen nur berücksichtigt, wenn es erheblich ist. 3Wird der Leistungsbezug in der Karenzzeit für mindestens einen Monat unterbrochen, verlängert sich die Karenzzeit um volle Monate ohne Leistungsbezug. 4Eine neue Karenzzeit beginnt, wenn zuvor mindestens drei Jahre keine Leistungen nach diesem oder dem Zwölften Buch bezogen worden sind.

(4) 1Vermögen ist im Sinne von Absatz 3 Satz 2 erheblich, wenn es in der Summe 40 000 Euro für die leistungsberechtigte Person sowie 15 000 Euro für jede weitere mit dieser in Bedarfsgemeinschaft lebende Person übersteigt; Absatz 2 Satz 2 gilt entsprechend. 2Bei der Berechnung des erheblichen Vermögens ist ein selbst genutztes Hausgrundstück oder eine selbst genutzte Eigentumswohnung abweichend von Absatz 1 Satz 2 Nummer 5 nicht zu berücksichtigen. 3Es wird vermutet, dass kein erhebliches Vermögen vorhanden ist, wenn die Antragstellerin oder der Antragsteller dies im Antrag erklärt. 4Liegt erhebliches Vermögen vor, sind während der Karenzzeit Beträge nach Satz 1 an Stelle der Freibeträge nach Absatz 2 abzusetzen. 5Der Erklärung ist eine Selbstauskunft beizufügen; Nachweise zum vorhandenen Vermögen sind nur auf Aufforderung des Jobcenters vorzulegen.

(5) 1Das Vermögen ist mit seinem Verkehrswert zu berücksichtigen. 2Für die Bewertung ist der Zeitpunkt maßgebend, in dem der Antrag auf Bewilligung oder erneute Bewilligung der Leistungen der Grundsicherung für Arbeitsuchende gestellt wird, bei späterem Erwerb von Vermögen der Zeitpunkt des Erwerbs.

(6) 1Ist Bürgergeld unter Berücksichtigung des Einkommens nur für einen Monat zu erbringen, gilt keine Karenzzeit. 2Es wird vermutet, dass kein zu berücksichtigendes Vermögen vorhanden ist, wenn die Antragstellerin oder der Antragsteller dies im Antrag erklärt. 3Absatz 4 Satz 5 gilt entsprechend.

§ 12a Vorrangige Leistungen

1Leistungsberechtigte sind verpflichtet, Sozialleistungen anderer Träger in Anspruch zu nehmen und die dafür erforderlichen Anträge zu stellen, sofern dies zur Vermeidung, Beseitigung, Verkürzung oder Verminderung der Hilfebedürftigkeit erforderlich ist. 2Abweichend von Satz 1 sind Leistungsberechtigte nicht verpflichtet,

1. bis zur Vollendung des 63. Lebensjahres eine Rente wegen Alters vorzeitig in Anspruch zu nehmen oder
2. Wohngeld nach dem Wohngeldgesetz oder Kinderzuschlag nach dem Bundeskindergeldgesetz in Anspruch zu nehmen, wenn dadurch nicht die Hilfebedürftigkeit aller Mitglieder der Bedarfsgemeinschaft für einen zusammenhängenden Zeitraum von mindestens drei Monaten beseitigt würde.

3Für die Zeit vom 1. Januar 2023 bis zum Ablauf des 31. Dezember 2026 findet Satz 2 Nummer 1 mit der Maßgabe Anwendung, dass Leistungsberechtigte nicht verpflichtet sind, eine Rente wegen Alters vorzeitig in Anspruch zu nehmen.

§ 13 Verordnungsermächtigung

(1) Das Bundesministerium für Arbeit und Soziales wird ermächtigt, im Einvernehmen mit dem Bundesministerium der Finanzen ohne Zustimmung des Bundesrates durch Rechtsverordnung zu bestimmen,

1. welche weiteren Einnahmen nicht als Einkommen zu berücksichtigen sind und wie das Einkommen im Einzelnen zu berechnen ist,
2. welche weiteren Vermögensgegenstände nicht als Vermögen zu berücksichtigen sind und wie der Wert des Vermögens zu ermitteln ist,
3. welche Pauschbeträge für die von dem Einkommen abzusetzenden Beträge zu berücksichtigen sind,
4. welche durchschnittlichen monatlichen Beträge für einzelne Bedarfe nach § 28 für die Prüfung der Hilfebedürftigkeit zu berücksichtigen sind und welcher Eigenanteil des maßgebenden Regelbedarfs bei der Bemessung des Bedarfs nach § 28 Absatz 6 zugrunde zu legen ist.

(2) Das Bundesministerium für Arbeit und Soziales wird ermächtigt, ohne Zustimmung des Bundesrates durch Rechtsverordnung zu bestimmen, unter welchen Voraussetzungen und für welche Dauer Leistungsberechtigte nach Vollendung des 63. Lebensjahres ausnahmsweise zur Vermeidung von Unbilligkeiten nicht verpflichtet sind, eine Rente wegen Alters vorzeitig in Anspruch zu nehmen.

(3) Das Bundesministerium für Arbeit und Soziales wird ermächtigt, durch Rechtsverordnung, die nicht der Zustimmung des Bundesrates bedarf, nähere Bestimmungen zum näheren Bereich im Sinne des § 7b Absatz 1 Satz 2 zu treffen sowie dazu, für welchen Zeitraum und

VII

unter welchen Voraussetzungen erwerbsfähige Leistungsberechtigte bei einem Aufenthalt außerhalb des näheren Bereichs einen Leistungsanspruch haben können, ohne erreichbar zu sein.

Kapitel 3
Leistungen

Abschnitt 1
Leistungen zur Eingliederung in Arbeit

§ 14 Grundsatz des Förderns

(1) 1Die Träger der Leistungen nach diesem Buch unterstützen erwerbsfähige Leistungsberechtigte umfassend und nachhaltig mit dem Ziel der Eingliederung in Arbeit und Überwindung der Hilfebedürftigkeit. 2Dies gilt sowohl für arbeitslose als auch für nicht arbeitslose erwerbsfähige Leistungsberechtigte.

(2) 1Leistungsberechtigte Personen erhalten Beratung. 2Im Rahmen der Beratung wird gemeinsam eine individuelle Strategie zur Erreichung der in Absatz 1 genannten Ziele erarbeitet und deren schrittweise Umsetzung begleitet. 3Aufgabe der Beratung ist darüber hinaus die Erteilung von Auskunft und Rat, insbesondere zur Berechnung der Leistungen zur Sicherung des Lebensunterhalts, zum Eingliederungsprozess und zu den Mitwirkungspflichten und Selbsthilfeobliegenheiten sowie dem Schlichtungsverfahren, zu den Leistungen der Eingliederung nach diesem Abschnitt sowie zur Möglichkeit der Inanspruchnahme von Leistungen anderer Träger. 4Art und Umfang der Beratung richten sich nach dem Beratungsbedarf der leistungsberechtigten Person. 5Beratungsleistungen, die Leistungsberechtigte nach den §§ 29 bis 33 des Dritten Buches von den für die Arbeitsförderung zuständigen Dienststellen der Bundesagentur für Arbeit erhalten, sollen dabei Berücksichtigung finden. 6Hierbei arbeiten die Träger der Leistungen nach diesem Buch mit den in Satz 4 genannten Dienststellen eng zusammen.

(3) 1Die Agentur für Arbeit soll eine persönliche Ansprechpartnerin oder einen persönlichen Ansprechpartner für jede erwerbsfähige leistungsberechtigte Person und die mit dieser in einer Bedarfsgemeinschaft lebenden Personen benennen. 2Die Beratung kann aufsuchend und sozialraumorientiert erfolgen.

(4) Die Träger der Leistungen nach diesem Buch erbringen unter Beachtung der Grundsätze von Wirtschaftlichkeit und Sparsamkeit alle im Einzelfall für die Eingliederung in Arbeit erforderlichen Leistungen.

§ 15 Potenzialanalyse und Kooperationsplan

(1) 1Die Agentur für Arbeit soll unverzüglich zusammen mit jeder erwerbsfähigen leistungsberechtigten Person die für die Eingliederung in Ausbildung oder Arbeit erforderlichen persönlichen Merkmale, die beruflichen Fähigkeiten und die Eignung feststellen; diese Feststellungen erstrecken sich auch auf die individuellen Stärken sowie darauf, ob und durch welche Umstände die berufliche Eingliederung voraussichtlich erschwert sein wird (Potenzialanalyse). 2Tatsachen, über die die Agentur für Arbeit nach § 9a Satz 2 Nummer 2 des Dritten Buches unterrichtet wird, müssen nicht erneut festgestellt werden, es sei denn, es liegen Anhaltspunkte dafür vor, dass sich Umstände, die für die Eingliederung maßgebend sind, verändert haben.

(2) 1Die Agentur für Arbeit soll im Einvernehmen mit dem kommunalen Träger unverzüglich nach der Potenzialanalyse mit jeder erwerbsfähigen leistungsberechtigten Person unter Berücksichtigung der Feststellungen nach Absatz 1 gemeinsam einen Plan zur Verbesserung der Teilhabe (Kooperationsplan) erstellen. 2In diesem werden das Eingliederungsziel und die wesentlichen Schritte zur Eingliederung festgehalten, insbesondere soll festgelegt werden,

1. welche Leistungen zur Eingliederung in Ausbildung oder Arbeit nach diesem Abschnitt in Betracht kommen,
2. welche für eine erfolgreiche Überwindung von Hilfebedürftigkeit, vor allem durch Eingliederung in Ausbildung oder Arbeit, erforderlichen Eigenbemühungen erwerbsfähige Leistungsberechtigte mindestens unternehmen und nachweisen,
3. eine vorgesehene Teilnahme an einem Integrationskurs nach § 43 des Aufenthaltsgesetzes oder an einer Maßnahme der berufsbezogenen Deutschsprachförderung nach § 45a des Aufenthaltsgesetzes,
4. wie Leistungen anderer Leistungsträger in den Eingliederungsprozess einbezogen werden,
5. in welche Ausbildung, Tätigkeiten oder Tätigkeitsbereiche die erwerbsfähige leistungsberechtigte Person vermittelt werden soll und
6. ob ein möglicher Bedarf für Leistungen zur beruflichen oder medizinischen Rehabilitation mit dem Ziel einer entsprechenden Antragstellung in Betracht kommt.

3Im Kooperationsplan kann auch festgehalten werden,

1. welche Maßnahmen und Leistungen der aktiven Arbeitsförderung im Hinblick auf mögliche gesundheitliche Beeinträchtigungen, die einer Integration in den Arbeitsmarkt entgegenstehen, in Betracht kommen und welche anderen Leistungsträger im Hinblick auf diese Beeinträchtigungen voraussichtlich zu beteiligen sind und
2. welche Leistungen nach diesem Abschnitt für Personen in Betracht kommen, die mit der oder dem erwerbsfähigen Leistungsberechtigten in einer Bedarfsgemeinschaft leben, um Hemmnisse der erwerbsfähigen leistungsberechtigten Person zu beseitigen oder zu verringern; diese Personen sind hierbei zu beteiligen.

(3) 1Die erwerbsfähige leistungsberechtigte Person erhält den Kooperationsplan in Textform. 2Der Kooperationsplan soll spätestens nach Ablauf von jeweils sechs Monaten gemeinsam aktualisiert und fortgeschrieben werden.

(4) Die erste Einladung zum Gespräch zur Erstellung der Potenzialanalyse und des Kooperationsplans erfolgt ohne Belehrung über die Rechtsfolgen bei Nichtteilnahme.

(5) 1Die Agentur für Arbeit überprüft regelmäßig, ob die erwerbsfähige leistungsberechtigte Person die im Kooperationsplan festgehaltenen Absprachen einhält. 2Aufforderungen hierzu erfolgen grundsätzlich mit Rechtsfolgenbelehrung, insbesondere bei Maßnahmen gemäß §§ 16, 16d ist eine Rechtsfolgenbelehrung vorzusehen.

(6) Wenn ein Kooperationsplan nicht zustande kommt oder nicht fortgeschrieben werden kann, erfolgen Aufforderungen zu erforderlichen Mitwirkungshandlungen mit Rechtsfolgenbelehrung.

§ 15a Schlichtungsverfahren

(1) 1Ist die Erstellung oder die Fortschreibung eines Kooperationsplans aufgrund von Meinungsverschiedenheiten zwischen Agentur für Arbeit oder kommunalem Träger und leistungsberechtigter Person nicht möglich, so soll auf Verlangen einer oder beider Seiten ein Schlichtungsverfahren eingeleitet werden. 2Die Agentur für Arbeit schafft im Einvernehmen mit dem kommunalen Träger die Voraussetzungen für einen Schlichtungsmechanismus unter Hinzuziehung einer bisher unbeteiligten und insofern nicht weisungsgebundenen Person innerhalb oder außerhalb der Dienststelle. 3Das nähere Verfahren entsprechend § 44c Absatz 2 Satz 2 Nummer 2 legt die Trägerversammlung fest.

(2) 1In dem Schlichtungsverfahren soll ein gemeinsamer Lösungsvorschlag entwickelt werden. 2Diesen gemeinsamen Lösungsvorschlag haben die Agentur für Arbeit und der kommunale Träger zu berücksichtigen.

(3) Während des Schlichtungsverfahrens führt die Verletzung von Pflichten nach § 31 nicht zu Leistungsverminderungen nach § 31a.

(4) Das Schlichtungsverfahren endet durch eine Einigung oder spätestens mit Ablauf von vier Wochen ab Beginn.

§ 16 Leistungen zur Eingliederung

(1) 1Zur Eingliederung in Arbeit erbringt die Agentur für Arbeit Leistungen nach § 35 des Dritten Buches. 2Sie kann folgende Leistungen des Dritten Kapitels des Dritten Buches erbringen:

1. die übrigen Leistungen der Beratung und Vermittlung nach dem Ersten Abschnitt mit Ausnahme der Leistung nach § 31a,
2. Leistungen zur Aktivierung und beruflichen Eingliederung nach dem Zweiten Abschnitt,
3. Leistungen zur Berufsausbildung nach dem Vierten Unterabschnitt des Dritten Abschnitts und Leistungen nach den §§ 48a und 54a Absatz 1 bis 5,
4. Leistungen zur beruflichen Weiterbildung nach dem Vierten Abschnitt, mit Ausnahme von Leistungen nach § 82 Absatz 5 und § 82a, und Leistungen nach den §§ 131a und 131b,
5. Leistungen zur Aufnahme einer sozialversicherungspflichtigen Beschäftigung nach dem Ersten Unterabschnitt des Fünften Abschnitts.

3Für Eingliederungsleistungen an erwerbsfähige Leistungsberechtigte mit Behinderungen nach diesem Buch gelten entsprechend

1. die §§ 112 bis 114, 115 Nummer 1 bis 3 mit Ausnahme berufsvorbereitender Bildungsmaßnahmen und der Berufsausbildungsbeihilfe sowie § 116 Absatz 1, 2, 5 und 6 des Dritten Buches,
2. § 117 Absatz 1 und § 118 Nummer 3 des Dritten Buches für die besonderen Leistungen zur Förderung der beruflichen Weiterbildung,
3. die §§ 127 und 128 des Dritten Buches für die besonderen Leistungen zur Förderung der beruflichen Weiterbildung.

4§ 1 Absatz 2 Nummer 4 sowie die §§ 36, 76 und 81 Absatz 2 und 3 des Dritten Buches sind entsprechend anzuwenden.

(2) 1Soweit dieses Buch nichts Abweichendes regelt, gelten für die Leistungen nach Absatz 1 die Regelungen des Dritten Buches mit Ausnahme der Verordnungsermächtigung nach § 47 des Dritten Buches sowie der Anordnungsermächtigungen für die Bundesagentur und mit der Maßgabe, dass an die Stelle des Arbeitslosengeldes das Bürgergeld nach § 19 Absatz 1 Satz 1 tritt. 2§ 44 Absatz 3 Satz 3 des Dritten Buches gilt mit der Maßgabe, dass die Förderung aus dem Vermittlungsbudget auch die anderen Leistungen nach dem Zweiten Buch nicht aufstocken, ersetzen oder umgehen darf. 3Für die Teilnahme erwerbsfähiger Leistungsberechtigter an einer Maßnahme zur beruflichen Weiterbildung im Rahmen eines bestehenden Arbeitsverhältnisses werden Leistungen nach Absatz 1 Satz 2 Nummer 4 in Verbindung mit § 82 des Dritten Buches nicht gewährt, wenn die betreffende Maßnahme auf ein nach § 2 Absatz 1 des Aufstiegsfortbildungsförderungsgesetzes förderfähiges Fortbildungsziel vorbereitet.

(3) Abweichend von § 44 Absatz 1 Satz 1 des Dritten Buches können Leistungen auch für die Anbahnung und Aufnahme einer schulischen Berufsausbildung erbracht werden.

(3a) 1Abweichend von § 81 Absatz 4 des Dritten Buches kann die Agentur für Arbeit unter Anwendung des Vergaberechts Träger mit der Durchführung von Maßnahmen der beruflichen Weiterbildung beauftragen, wenn die Maßnahme den Anforderungen des § 180 des Dritten Buches entspricht und

1. eine dem Bildungsziel entsprechende Maßnahme örtlich nicht verfügbar ist oder
2. die Eignung und persönlichen Verhältnisse der erwerbsfähigen Leistungsberechtigten dies erfordern.

2§ 176 Absatz 2 des Dritten Buches findet keine Anwendung.

(3b) Abweichend von § 87a Absatz 2 des Dritten Buches erhalten erwerbsfähige Leistungsberechtigte auch im Rahmen eines bestehenden Arbeitsverhältnisses ein Weiterbildungsgeld, sofern sie die sonstigen Voraussetzungen nach § 87a Absatz 1 des Dritten Buches erfüllen.

(4) 1Die Agentur für Arbeit als Träger der Grundsicherung für Arbeitsuchende kann die Ausbildungsvermittlung durch die für die Arbeitsförderung zuständigen Stellen der Bundesagentur wahrnehmen lassen. 2Das Bundesministerium für Arbeit und Soziales wird ermächtigt, durch Rechtsverordnung ohne Zustimmung des Bundesrates das Nähere über die Höhe, Möglichkeiten der Pauschalierung und den Zeitpunkt der Fälligkeit der Erstattung von Aufwendungen bei der Ausführung des Auftrags nach Satz 1 festzulegen.

§ 16a Kommunale Eingliederungsleistungen

Zur Verwirklichung einer ganzheitlichen und umfassenden Betreuung und Unterstützung bei der Eingliederung in Arbeit können die folgenden Leistungen, die für die

VII

Eingliederung der oder des erwerbsfähigen Leistungsberechtigten in das Erwerbsleben erforderlich sind, erbracht werden:

1. die Betreuung minderjähriger Kinder oder von Kindern mit Behinderungen oder die häusliche Pflege von Angehörigen,
2. die Schuldnerberatung,
3. die psychosoziale Betreuung,
4. die Suchtberatung.

§ 16b Einstiegsgeld

(1) 1Zur Überwindung von Hilfebedürftigkeit kann erwerbsfähigen Leistungsberechtigten bei Aufnahme einer sozialversicherungspflichtigen oder selbständigen Erwerbstätigkeit ein Einstiegsgeld erbracht werden, wenn dies zur Eingliederung in den allgemeinen Arbeitsmarkt erforderlich ist. 2Das Einstiegsgeld kann auch erbracht werden, wenn die Hilfebedürftigkeit durch oder nach Aufnahme der Erwerbstätigkeit entfällt.

(2) 1Das Einstiegsgeld wird, soweit für diesen Zeitraum eine Erwerbstätigkeit besteht, für höchstens 24 Monate erbracht. 2Bei der Bemessung der Höhe des Einstiegsgeldes sollen die vorherige Dauer der Arbeitslosigkeit sowie die Größe der Bedarfsgemeinschaft berücksichtigt werden, in der die oder der erwerbsfähige Leistungsberechtigte lebt.

VII

(3) 1Das Bundesministerium für Arbeit und Soziales wird ermächtigt, im Einvernehmen mit dem Bundesministerium der Finanzen ohne Zustimmung des Bundesrates durch Rechtsverordnung zu bestimmen, wie das Einstiegsgeld zu bemessen ist. 2Bei der Bemessung ist neben der Berücksichtigung der in Absatz 2 Satz 2 genannten Kriterien auch ein Bezug zu dem für die oder den erwerbsfähigen Leistungsberechtigten jeweils maßgebenden Regelbedarf herzustellen.

§ 16c Leistungen zur Eingliederung von Selbständigen

(1) 1Erwerbsfähige Leistungsberechtigte, die eine selbständige, hauptberufliche Tätigkeit aufnehmen oder ausüben, können Darlehen und Zuschüsse für die Beschaffung von Sachgütern erhalten, die für die Ausübung der selbständigen Tätigkeit notwendig und angemessen sind. 2Zuschüsse dürfen einen Betrag von 5000 Euro nicht übersteigen.

(2) 1Erwerbsfähige Leistungsberechtigte, die eine selbständige, hauptberufliche Tätigkeit ausüben, können durch geeignete Dritte durch Beratung oder Vermittlung von Kenntnissen und Fertigkeiten gefördert werden, wenn dies für die weitere Ausübung der selbständigen Tätigkeit erforderlich ist. 2Die Vermittlung von beruflichen Kenntnissen ist ausgeschlossen.

(3) 1Leistungen zur Eingliederung von erwerbsfähigen Leistungsberechtigten, die eine selbständige, hauptberufliche Tätigkeit aufnehmen oder ausüben, können nur gewährt werden, wenn zu erwarten ist, dass die selbständige Tätigkeit wirtschaftlich tragfähig ist und die Hilfebedürftigkeit durch die selbständige Tätigkeit innerhalb eines angemessenen Zeitraums dauerhaft überwunden oder verringert wird. 2Zur Beurteilung der Tragfähigkeit der selbständigen Tätigkeit soll die Agentur für Arbeit die Stellungnahme einer fachkundigen Stelle verlangen.

§ 16d Arbeitsgelegenheiten

(1) 1Erwerbsfähige Leistungsberechtigte können zur Erhaltung oder Wiedererlangung ihrer Beschäftigungsfähigkeit, die für eine Eingliederung in Arbeit erforderlich ist, in Arbeitsgelegenheiten zugewiesen werden, wenn die darin verrichteten Arbeiten zusätzlich sind, im öffentlichen Interesse liegen und wettbewerbsneutral sind. 2§ 18d Satz 2 findet Anwendung.

(2) 1Arbeiten sind zusätzlich, wenn sie ohne die Förderung nicht, nicht in diesem Umfang oder erst zu einem späteren Zeitpunkt durchgeführt würden. 2Arbeiten, die auf Grund einer rechtlichen Verpflichtung durchzuführen sind oder die üblicherweise von juristischen Personen des öffentlichen Rechts durchgeführt werden, sind nur förderungsfähig, wenn sie ohne die Förderung voraussichtlich erst nach zwei Jahren durchgeführt würden. 3Ausgenommen sind Arbeiten zur Bewältigung von Naturkatastrophen und sonstigen außergewöhnlichen Ereignissen.

(3) 1Arbeiten liegen im öffentlichen Interesse, wenn das Arbeitsergebnis der Allgemeinheit dient. 2Arbeiten, deren Ergebnis überwiegend erwerbswirtschaftlichen Interessen oder den Interessen eines begrenzten Personenkreises dient, liegen nicht im öffentlichen Interesse. 3Das Vorliegen des öffentlichen Interesses wird nicht allein dadurch ausgeschlossen, dass das Arbeitsergebnis auch den in der Maßnahme beschäftigten Leistungsberechtigten zugute kommt, wenn sichergestellt ist, dass die Arbeiten nicht zu einer Bereicherung Einzelner führen.

(4) Arbeiten sind wettbewerbsneutral, wenn durch sie eine Beeinträchtigung der Wirtschaft infolge der Förderung nicht zu befürchten ist und Erwerbstätigkeit auf dem allgemeinen Arbeitsmarkt weder verdrängt noch in ihrer Entstehung verhindert wird.

(5) Leistungen zur Eingliederung in Arbeit nach diesem Buch, mit denen die Aufnahme einer Erwerbstätigkeit auf dem allgemeinen Arbeitsmarkt unmittelbar unterstützt werden kann, haben Vorrang gegenüber der Zuweisung in Arbeitsgelegenheiten.

(6) 1Erwerbsfähige Leistungsberechtigte dürfen innerhalb eines Zeitraums von fünf Jahren nicht länger als insgesamt 24 Monate in Arbeitsgelegenheiten zugewiesen werden. 2Der Zeitraum beginnt mit Eintritt in die erste Arbeitsgelegenheit. 3Abweichend von Satz 1 können erwerbsfähige Leistungsberechtigte nach Ablauf der 24 Monate bis zu zwölf weitere Monate in Arbeitsgelegenheiten zugewiesen werden, wenn die Voraussetzungen der Absätze 1 und 5 weiterhin vorliegen.

(7) 1Den erwerbsfähigen Leistungsberechtigten ist während einer Arbeitsgelegenheit zuzüglich zum Bürgergeld nach § 19 Absatz 1 Satz 1 von der Agentur für Arbeit eine angemessene Entschädigung für Mehraufwendungen zu zahlen. 2Die Arbeiten begründen kein Arbeitsverhältnis im Sinne des Arbeitsrechts und auch kein Beschäftigungsverhältnis im Sinne des Vierten Buches; die Vorschriften über den Arbeitsschutz und das Bundesurlaubsgesetz mit Ausnahme der Regelungen über das Urlaubsentgelt sind entsprechend anzuwenden. 3Für Schäden bei der Ausübung ihrer Tätigkeit haften die erwerbsfähigen Leistungsberechtigten wie Arbeitnehmerinnen und Arbeitnehmer.

(8) $_{1}$Auf Antrag werden die unmittelbar im Zusammenhang mit der Verrichtung von Arbeiten nach Absatz 1 erforderlichen Kosten erstattet. $_{2}$Hierzu können auch Personalkosten gehören, die entstehen, wenn eine besondere Anleitung, eine tätigkeitsbezogene Unterweisung oder eine sozialpädagogische Betreuung notwendig ist.

§ 16e Eingliederung von Langzeitarbeitslosen

(1) $_{1}$Arbeitgeber können für die nicht nur geringfügige Beschäftigung von erwerbsfähigen Leistungsberechtigten, die trotz vermittlerischer Unterstützung nach § 16 Absatz 1 Satz 1 unter Einbeziehung der übrigen Eingliederungsleistungen nach diesem Buch seit mindestens zwei Jahren arbeitslos sind, durch Zuschüsse zum Arbeitsentgelt gefördert werden, wenn sie mit einer erwerbsfähigen leistungsberechtigten Person ein Arbeitsverhältnis für die Dauer von mindestens zwei Jahren begründen. $_{2}$Für die Berechnung der Dauer der Arbeitslosigkeit nach Satz 1 findet § 18 des Dritten Buches entsprechende Anwendung.

(2) $_{1}$Der Zuschuss nach Absatz 1 wird in den ersten beiden Jahren des Bestehens des Arbeitsverhältnisses geleistet. $_{2}$Er beträgt im ersten Jahr des Arbeitsverhältnisses 75 Prozent des zu berücksichtigenden Arbeitsentgelts und im zweiten Jahr des Arbeitsverhältnisses 50 Prozent des zu berücksichtigenden Arbeitsentgelts. $_{3}$Für das zu berücksichtigende Arbeitsentgelt findet § 91 Absatz 1 des Dritten Buches mit der Maßgabe entsprechende Anwendung, dass nur der pauschalierte Anteil des Arbeitgebers am Gesamtsozialversicherungsbeitrag abzüglich des Beitrags zur Arbeitsförderung zu berücksichtigen ist. $_{4}$§ 22 Absatz 4 Satz 1 des Mindestlohngesetzes gilt nicht für Arbeitsverhältnisse, für die der Arbeitgeber einen Zuschuss nach Absatz 1 erhält.

(3) $_{1}$§ 92 Absatz 1 des Dritten Buches findet entsprechende Anwendung. $_{2}$§ 92 Absatz 2 Satz 1 erste Alternative, Satz 2 und 3 des Dritten Buches ist mit der Maßgabe entsprechend anzuwenden, dass abweichend von § 92 Absatz 2 Satz 3 zweiter Halbsatz des Dritten Buches der für die letzten sechs Monate bewilligte Förderbetrag zurückzuzahlen ist.

(4) $_{1}$Während einer Beschäftigung in einem Arbeitsverhältnis nach Absatz 1 soll eine erforderliche ganzheitliche beschäftigungsbegleitende Betreuung durch die Agentur für Arbeit oder einen durch diese beauftragten Dritten erbracht werden. $_{2}$In den ersten sechs Monaten der Beschäftigung in einem Arbeitsverhältnis nach Absatz 1 hat der Arbeitgeber die Arbeitnehmerin oder den Arbeitnehmer in angemessenem Umfang für eine ganzheitliche beschäftigungsbegleitende Betreuung nach Satz 1 unter Fortzahlung des Arbeitsentgelts freizustellen.

§ 16f Freie Förderung

(1) $_{1}$Die Agentur für Arbeit kann die Möglichkeiten der gesetzlich geregelten Eingliederungsleistungen durch freie Leistungen zur Eingliederung in Arbeit erweitern. $_{2}$Die freien Leistungen müssen den Zielen und Grundsätzen dieses Buches entsprechen.

(2) $_{1}$Die Ziele der Leistungen sind vor Förderbeginn zu beschreiben. $_{2}$Eine Kombination oder Modularisierung von Inhalten ist zulässig. $_{3}$Die Leistungen der Freien Förderung dürfen gesetzliche Leistungen nicht umgehen oder aufstocken. $_{4}$Ausgenommen hiervon sind Leistungen für

1. Langzeitarbeitslose und
2. erwerbsfähige Leistungsberechtigte, die das 25. Lebensjahr noch nicht vollendet haben und deren berufliche Eingliederung auf Grund von schwerwiegenden Vermittlungshemmnissen besonders erschwert ist,

bei denen in angemessener Zeit von in der Regel sechs Monaten nicht mit Aussicht auf Erfolg auf einzelne Gesetzesgrundlagen dieses Buches oder des Dritten Buches zurückgegriffen werden kann. $_{5}$Bei Leistungen an Arbeitgeber ist darauf zu achten, Wettbewerbsverfälschungen zu vermeiden. $_{6}$Projektförderungen im Sinne von Zuwendungen sind nach Maßgabe der §§ 23 und 44 der Bundeshaushaltsordnung zulässig. $_{7}$Bei längerfristig angelegten Förderungen ist der Erfolg regelmäßig zu überprüfen und zu dokumentieren.

§ 16g Förderung bei Wegfall der Hilfebedürftigkeit

(1) Entfällt die Hilfebedürftigkeit der oder des Erwerbsfähigen während einer Maßnahme zur Eingliederung, kann sie weiter gefördert werden, wenn dies wirtschaftlich erscheint und die oder der Erwerbsfähige die Maßnahme voraussichtlich erfolgreich abschließen wird.

(2) $_{1}$Zur nachhaltigen Eingliederung in Arbeit können Leistungen nach dem Ersten Abschnitt des Dritten Kapitels, nach § 44 oder § 45 Absatz 1 Satz 1 Nummer 5 des Dritten Buches oder nach § 16a, § 16f oder § 16k bis zu sechs Monate nach Beschäftigungsaufnahme auch erbracht werden, wenn die Hilfebedürftigkeit der oder des Erwerbsfähigen aufgrund des zu berücksichtigenden Einkommens entfallen ist. $_{2}$Während der Förderdauer nach Satz 1 gilt § 15 entsprechend.

(3) Leistungen zur ganzheitlichen beschäftigungsbegleitenden Betreuung nach § 16e Absatz 4 und § 16i Absatz 4 dieses Buches können während der gesamten Dauer der jeweiligen Förderung auch erbracht werden, wenn die Hilfebedürftigkeit entfällt.

§ 16h Förderung schwer zu erreichender junger Menschen

(1) $_{1}$Für Leistungsberechtigte, die das 25. Lebensjahr noch nicht vollendet haben, kann die Agentur für Arbeit Leistungen erbringen mit dem Ziel, die aufgrund der individuellen Situation der Leistungsberechtigten bestehenden Schwierigkeiten zu überwinden,

1. eine schulische, ausbildungsbezogene oder berufliche Qualifikation abzuschließen oder anders ins Arbeitsleben einzumünden und
2. Sozialleistungen zu beantragen oder anzunehmen.

$_{2}$Die Förderung umfasst zusätzliche Betreuungs- und Unterstützungsleistungen mit dem Ziel, dass Leistungen der Grundsicherung für Arbeitsuchende in Anspruch genommen werden, erforderliche therapeutische Behandlungen eingeleitet werden und an Regelangebote dieses Buches zur Aktivierung und Stabilisierung und eine frühzeitige intensive berufsorientierte Förderung herangeführt wird.

(2) $_{1}$Leistungen nach Absatz 1 können erbracht werden, wenn die Voraussetzungen der Leistungsberechtigung

mit hinreichender Wahrscheinlichkeit vorliegen oder zu erwarten sind oder eine Leistungsberechtigung dem Grunde nach besteht. $_{2}$Einer Leistung nach Absatz 1 steht eine fehlende Antragstellung der leistungsberechtigten Person nicht entgegen.

(3) Über die Leistungserbringung stimmen sich die Agentur für Arbeit und der örtlich zuständige Träger der öffentlichen Jugendhilfe ab.

(4) Träger bedürfen einer Zulassung nach dem Fünften Kapitel des Dritten Buches, um Maßnahmen nach Absatz 1 durchzuführen.

(5) Zuwendungen sind nach Maßgabe der §§ 23 und 44 der Bundeshaushaltsordnung zulässig.

§ 16i Teilhabe am Arbeitsmarkt

(1) Zur Förderung von Teilhabe am Arbeitsmarkt können Arbeitgeber für die Beschäftigung von zugewiesenen erwerbsfähigen Leistungsberechtigten Zuschüsse zum Arbeitsentgelt erhalten, wenn sie mit einer erwerbsfähigen leistungsberechtigten Person ein sozialversicherungspflichtiges Arbeitsverhältnis begründen.

(2) $_{1}$Der Zuschuss nach Absatz 1 beträgt

1. in den ersten beiden Jahren des Arbeitsverhältnisses 100 Prozent,
2. im dritten Jahr des Arbeitsverhältnisses 90 Prozent,
3. im vierten Jahr des Arbeitsverhältnisses 80 Prozent,
4. im fünften Jahr des Arbeitsverhältnisses 70 Prozent

der Höhe des Mindestlohns nach § 1 Absatz 2 Satz 1 des Mindestlohngesetzes in Verbindung mit der auf der Grundlage des § 11 Absatz 1 Satz 1 des Mindestlohngesetzes jeweils erlassenen Verordnung zuzüglich des auf dieser Basis berechneten pauschalierten Anteils des Arbeitgebers am Gesamtsozialversicherungsbeitrag abzüglich des Beitrags zur Arbeitsförderung. $_{2}$Ist der Arbeitgeber durch oder aufgrund eines Tarifvertrages oder nach kirchlichen Arbeitsrechtsregelungen zur Zahlung eines höheren Arbeitsentgelts verpflichtet, bemisst sich der Zuschuss nach Satz 1 auf Grundlage des zu zahlenden Arbeitsentgelts. $_{3}$§ 91 Absatz 1 des Dritten Buches findet mit der Maßgabe entsprechende Anwendung, dass nur der pauschalierte Anteil des Arbeitgebers am Gesamtsozialversicherungsbeitrag abzüglich des Beitrags zur Arbeitsförderung zu berücksichtigen ist. $_{4}$Der Zuschuss bemisst sich nach der im Arbeitsvertrag vereinbarten Arbeitszeit. $_{5}$§ 22 Absatz 4 Satz 1 des Mindestlohngesetzes gilt nicht für Arbeitsverhältnisse, für die der Arbeitgeber einen Zuschuss nach Absatz 1 erhält.

(3) $_{1}$Eine erwerbsfähige leistungsberechtigte Person kann einem Arbeitgeber zugewiesen werden, wenn

1. sie das 25. Lebensjahr vollendet hat,
2. sie für insgesamt mindestens sechs Jahre innerhalb der letzten sieben Jahre Leistungen zur Sicherung des Lebensunterhalts nach diesem Buch erhalten hat,
3. sie in dieser Zeit nicht oder nur kurzzeitig sozialversicherungspflichtig oder geringfügig beschäftigt oder selbständig tätig war und
4. für sie Zuschüsse an Arbeitgeber nach Absatz 1 noch nicht für eine Dauer von fünf Jahren erbracht worden sind.

$_{2}$In der Regel soll die erwerbsfähige leistungsberechtigte Person bereits für einen Zeitraum von mindestens zwei Monaten eine ganzheitliche Unterstützung erhalten haben. $_{3}$Abweichend von Satz 1 Nummer 2 kann eine erwerbsfähige leistungsberechtigte Person, die in den letzten fünf Jahren Leistungen zur Sicherung des Lebensunterhalts nach diesem Buch erhalten hat, einem Arbeitgeber zugewiesen werden, wenn sie in einer Bedarfsgemeinschaft mit mindestens einem minderjährigen Kind lebt oder schwerbehindert im Sinne des § 2 Absatz 2 und 3 des Neunten Buches ist.

(4) $_{1}$Während einer Förderung nach Absatz 1 soll eine erforderliche ganzheitliche beschäftigungsbegleitende Betreuung durch die Agentur für Arbeit oder einen durch diese beauftragten Dritten erbracht werden. $_{2}$Im ersten Jahr der Beschäftigung in einem Arbeitsverhältnis nach Absatz 1 hat der Arbeitgeber die Arbeitnehmerin oder den Arbeitnehmer in angemessenem Umfang für eine ganzheitliche beschäftigungsbegleitende Betreuung nach Satz 1 unter Fortzahlung des Arbeitsentgelts freizustellen. $_{3}$Begründet die Arbeitnehmerin oder der Arbeitnehmer im Anschluss an eine nach Absatz 1 geförderte Beschäftigung ein sozialversicherungspflichtiges Arbeitsverhältnis bei einem anderen Arbeitgeber, so können Leistungen nach Satz 1 bis zu sechs Monate nach Aufnahme der Anschlussbeschäftigung erbracht werden, auch wenn die Hilfebedürftigkeit während der Förderung nach Absatz 1 entfallen ist, sofern sie ohne die Aufnahme der Anschlussbeschäftigung erneut eintreten würde; § 16g Absatz 2 bleibt im Übrigen unberührt.

(5) $_{1}$Angemessene Zeiten einer erforderlichen Weiterbildung oder eines betrieblichen Praktikums bei einem anderen Arbeitgeber, für die der Arbeitgeber die Arbeitnehmerin oder den Arbeitnehmer unter Fortzahlung des Arbeitsentgelts freistellt, sind förderfähig. $_{2}$Für Weiterbildung nach Satz 1 kann der Arbeitgeber je Förderfall Zuschüsse zu den Weiterbildungskosten von insgesamt bis zu 3000 Euro erhalten.

(6) $_{1}$Die Agentur für Arbeit soll die Arbeitnehmerin oder den Arbeitnehmer umgehend abberufen, wenn sie diese Person in eine zumutbare Arbeit oder Ausbildung vermitteln kann oder die Förderung aus anderen Gründen beendet wird. $_{2}$Die Arbeitnehmerin oder der Arbeitnehmer kann das Arbeitsverhältnis ohne Einhaltung einer Frist kündigen, wenn sie oder er eine Arbeit oder Ausbildung aufnehmen kann, an einer Maßnahme der Berufsausbildung oder beruflichen Weiterbildung zum Erwerb eines Berufsabschlusses teilnehmen kann oder nach Satz 1 abberufen wird. $_{3}$Der Arbeitgeber kann das Arbeitsverhältnis ohne Einhaltung einer Frist kündigen, wenn die Arbeitnehmerin oder der Arbeitnehmer nach Satz 1 abberufen wird.

(7) Die Zahlung eines Zuschusses nach Absatz 1 ist ausgeschlossen, wenn zu vermuten ist, dass der Arbeitgeber

1. die Beendigung eines anderen Arbeitsverhältnisses veranlasst hat, um einen Zuschuss nach Absatz 1 zu erhalten, oder
2. eine bisher für das Arbeitsverhältnis erbrachte Förderung ohne besonderen Grund nicht mehr in Anspruch nimmt.

(8) 1Die Befristung eines Arbeitsvertrages mit einer zugewiesenen erwerbsfähigen leistungsberechtigten Person im Sinne von Absatz 3 ist bis zu einer Dauer von fünf Jahren zulässig, wenn dem Arbeitgeber zur Förderung der Teilhabe am Arbeitsmarkt ein Zuschuss zum Arbeitsentgelt nach Absatz 1 gewährt wird. 2Bis zu der Gesamtdauer von fünf Jahren ist auch die höchstens einmalige Verlängerung des Arbeitsvertrages zulässig.

(9) 1Zu den Einsatzfeldern der nach Absatz 1 geförderten Arbeitsverhältnisse hat die Agentur für Arbeit jährlich eine Stellungnahme der Vertreterinnen und Vertreter der Sozialpartner im Örtlichen Beirat, insbesondere zu möglichen Wettbewerbsverzerrungen sowie Verdrängungseffekten, einzuholen. 2Die Stellungnahme muss einvernehmlich erfolgen. 3Eine von der Stellungnahme abweichende Festlegung der Einsatzfelder hat die Agentur für Arbeit schriftlich zu begründen. 4§ 18d Satz 2 gilt entsprechend.

(10) 1Abweichend von Absatz 3 Nummer 2 und 3 kann eine erwerbsfähige leistungsberechtigte Person auch dann einem Arbeitgeber zugewiesen werden, wenn sie seit dem 1. Januar 2015 für mehr als sechs Monate in einem Arbeitsverhältnis beschäftigt war, das durch einen Zuschuss nach § 16e in der bis zum 31. Dezember 2018 geltenden Fassung oder im Rahmen des Bundesprogramms „Soziale Teilhabe am Arbeitsmarkt" gefördert wurde, und sie dieses Arbeitsverhältnis nicht selbst gekündigt hat. 2Zeiten eines nach § 16e in der bis zum 31. Dezember 2018 geltenden Fassung oder nach dem Bundesprogramm „Soziale Teilhabe am Arbeitsmarkt" geförderten Arbeitsverhältnisses werden bei der Ermittlung der Förderdauer und Förderhöhe nach Absatz 2 Satz 1 berücksichtigt und auf die Förderdauer nach Absatz 3 Nummer 4 angerechnet.

§ 16j (weggefallen)

§ 16k Ganzheitliche Betreuung

(1) 1Zum Aufbau der Beschäftigungsfähigkeit von erwerbsfähigen Leistungsberechtigten kann die Agentur für Arbeit oder ein durch diese beauftragter Dritter eine erforderliche ganzheitliche und gegebenenfalls aufsuchende Betreuung erbringen. 2Die Agentur für Arbeit kann auch Rahmenverträge nutzen und einen Gutschein ausgeben. 3§ 45 Absatz 1 Satz 4, Absatz 2 Satz 1, Absatz 4 Satz 1, 2, 3 Nummer 1, Absatz 5 und 6 Satz 1 und 2 des Dritten Buches gilt entsprechend.

(2) 1Eine ganzheitliche Betreuung kann für junge Menschen auch zur Heranführung an eine oder zur Begleitung während einer Ausbildung erfolgen. 2Sofern keine an die Ausbildung unmittelbar anschließende Beschäftigungsaufnahme erfolgt, kann die ganzheitliche Betreuung bis zu zwölf Monate nach Ende der Ausbildung fortgeführt werden.

(3) § 16g gilt mit der Maßgabe, dass der Zeitraum des Absatzes 2 Satz 1 um weitere drei Monate überschritten werden kann, soweit und solange dies im Einzelfall erforderlich ist.

(4) § 31 Absatz 1 Satz 1 Nummer 3 findet keine Anwendung.

(5) Träger bedürfen einer Zulassung nach dem Fünften Kapitel des Dritten Buches, um Maßnahmen nach den Absätzen 1 und 2 durchzuführen oder durchführen zu lassen.

§ 17 Einrichtungen und Dienste für Leistungen zur Eingliederung

(1) 1Zur Erbringung von Leistungen zur Eingliederung in Arbeit sollen die zuständigen Träger der Leistungen nach diesem Buch eigene Einrichtungen und Dienste nicht neu schaffen, soweit geeignete Einrichtungen und Dienste Dritter vorhanden sind, ausgebaut oder in Kürze geschaffen werden können. 2Die zuständigen Träger der Leistungen nach diesem Buch sollen Träger der freien Wohlfahrtspflege in ihrer Tätigkeit auf dem Gebiet der Grundsicherung für Arbeitsuchende angemessen unterstützen.

(2) 1Wird die Leistung von einem Dritten erbracht und sind im Dritten Buch keine Anforderungen geregelt, denen die Leistung entsprechen muss, sind die Träger der Leistungen nach diesem Buch zur Vergütung für die Leistung nur verpflichtet, wenn mit dem Dritten oder seinem Verband eine Vereinbarung insbesondere über

1. Inhalt, Umfang und Qualität der Leistungen,
2. die Vergütung, die sich aus Pauschalen und Beträgen für einzelne Leistungsbereiche zusammensetzen kann, und
3. die Prüfung der Wirtschaftlichkeit und Qualität der Leistungen

besteht. 2Die Vereinbarungen müssen den Grundsätzen der Wirtschaftlichkeit, Sparsamkeit und Leistungsfähigkeit entsprechen.

§ 18 Örtliche Zusammenarbeit

(1) Die zuständigen Träger der Leistungen arbeiten im Rahmen ihrer Aufgaben und Befugnisse mit den Gemeinden, Kreisen und Bezirken sowie den weiteren Beteiligten des örtlichen Ausbildungs- und Arbeitsmarktes zusammen, insbesondere mit den

1. Leistungsträgern im Sinne des § 12 des Ersten Buches sowie Trägern von Leistungen nach dem Asylbewerberleistungsgesetz,
2. Vertreterinnen und Vertretern der Arbeitgeber sowie der Arbeitnehmerinnen und Arbeitnehmer,
3. Kammern und berufsständischen Organisationen,
4. Ausländerbehörden und dem Bundesamt für Migration und Flüchtlinge,
5. allgemein- und berufsbildenden Schulen und Stellen der Schulverwaltung sowie Hochschulen,
6. Einrichtungen und Stellen des öffentlichen Gesundheitsdienstes und sonstigen Einrichtungen und Diensten des Gesundheitswesens sowie
7. Trägern der freien Wohlfahrtspflege und Dritten, die Leistungen nach diesem Buch erbringen.

(2) 1Die Zusammenarbeit mit den Stellen nach Absatz 1 erfolgt auf der Grundlage der Gegenseitigkeit insbesondere, um

1. eine gleichmäßige oder gemeinsame Durchführung von Maßnahmen zu beraten oder zu sichern und
2. Leistungsmissbrauch zu verhindern oder aufzudecken.

2Dies gilt insbesondere, wenn

1. Hemmnisse bei der Eingliederung der erwerbsfähigen leistungsberechtigten Person in Ausbildung und Arbeit nur unter Einbeziehung der gesamten Bedarfs-

VII

gemeinschaft beseitigt werden können und für die Mitglieder der Bedarfsgemeinschaft die Erbringung weiterer Leistungen erforderlich ist, oder

2. zur Eingliederung insbesondere sozial benachteiligter und individuell beeinträchtigter junger Menschen zwischen den nach Absatz 1 beteiligten Stellen und Einrichtungen abgestimmte, den individuellen Bedarf deckende Leistungen erforderlich sind.

(3) Die Leistungen nach diesem Buch sind in das regionale Arbeitsmarktmonitoring der Agenturen für Arbeit nach § 9 Absatz 2 des Dritten Buches einzubeziehen.

(4) $_{1}$Die Agenturen für Arbeit sollen mit Gemeinden, Kreisen und Bezirken auf deren Verlangen Vereinbarungen über das Erbringen von Leistungen zur Eingliederung nach diesem Gesetz mit Ausnahme der Leistungen nach § 16 Absatz 1 schließen, wenn sie den durch eine Rechtsverordnung festgelegten Mindestanforderungen entsprechen. $_{2}$Satz 1 gilt nicht für die zugelassenen kommunalen Träger.

(5) Das Bundesministerium für Arbeit und Soziales wird ermächtigt, ohne Zustimmung des Bundesrates durch Rechtsverordnung zu bestimmen, welchen Anforderungen eine Vereinbarung nach Absatz 3 mindestens genügen muss.

§ 18a Zusammenarbeit mit den für die Arbeitsförderung zuständigen Stellen

$_{1}$Beziehen erwerbsfähige Leistungsberechtigte auch Leistungen der Arbeitsförderung, so sind die Agenturen für Arbeit, die zugelassenen kommunalen Träger und die gemeinsamen Einrichtungen verpflichtet, bei der Wahrnehmung der Aufgaben nach diesem Buch mit den für die Arbeitsförderung zuständigen Dienststellen der Bundesagentur eng zusammenzuarbeiten. $_{2}$Sie unterrichten diese unverzüglich über die ihnen insoweit bekannten, für die Wahrnehmung der Aufgaben der Arbeitsförderung erforderlichen Tatsachen, insbesondere über

1. die für erwerbsfähige Leistungsberechtigte, die auch Leistungen der Arbeitsförderung beziehen, vorgesehenen und erbrachten Leistungen zur Eingliederung in Arbeit,
2. den Wegfall der Hilfebedürftigkeit bei diesen Personen.

§ 18b Kooperationsausschuss

(1) $_{1}$Die zuständige oberste Landesbehörde und das Bundesministerium für Arbeit und Soziales bilden einen Kooperationsausschuss. $_{2}$Der Kooperationsausschuss koordiniert die Umsetzung der Grundsicherung für Arbeitsuchende auf Landesebene. $_{3}$Im Kooperationsausschuss vereinbaren das Land und der Bund jährlich die Ziele und Schwerpunkte der Arbeitsmarkt- und Integrationspolitik in der Grundsicherung für Arbeitsuchende auf Landesebene. $_{4}$§ 48b bleibt unberührt. $_{5}$Die Verfahren zum Abschluss der Vereinbarungen zwischen Bund und Ländern werden mit den Verfahren zum Abschluss der Zielvereinbarungen zwischen dem Bundesministerium für Arbeit und Soziales und der Bundesagentur sowie deren Konkretisierung in den Zielvereinbarungen der Bundesagentur und den gemeinsamen Einrichtungen abgestimmt. $_{6}$Der Kooperationsausschuss kann sich über die Angelegenheiten der gemeinsamen Einrichtungen unterrichten lassen. $_{7}$Der Kooperationsausschuss entscheidet darüber hinaus bei einer Meinungsverschiedenheit über die Weisungszuständigkeit im Verfahren nach § 44e, berät die Trägerversammlung bei der Bestellung und Abberufung eines Geschäftsführers nach § 44c Absatz 2 Nummer 1 und gibt in den Fällen einer Weisung in grundsätzlichen Angelegenheiten nach § 44b Absatz 3 Satz 4 eine Empfehlung ab.

(2) $_{1}$Der Kooperationsausschuss besteht aus sechs Mitgliedern, von denen drei Mitglieder von der zuständigen obersten Landesbehörde und drei Mitglieder vom Bundesministerium für Arbeit und Soziales entsandt werden. $_{2}$Die Mitglieder des Kooperationsausschusses können sich vertreten lassen. $_{3}$An den Sitzungen soll in der Regel jeweils mindestens eine Mitarbeiterin oder ein Mitarbeiter der zuständigen obersten Landesbehörde und des Bundesministeriums für Arbeit und Soziales teilnehmen.

(3) $_{1}$Die Mitglieder wählen eine Vorsitzende oder einen Vorsitzenden. $_{2}$Kann im Kooperationsausschuss keine Einigung über die Person der oder des Vorsitzenden erzielt werden, wird die oder der Vorsitzende von den Vertreterinnen und Vertretern des Bundesministeriums für Arbeit und Soziales oder den Vertreterinnen und Vertretern der zuständigen obersten Landesbehörde abwechselnd jeweils für zwei Jahre bestimmt; die erstmalige Bestimmung erfolgt durch die Vertreterinnen und Vertreter des Bundesministeriums für Arbeit und Soziales. $_{3}$Der Kooperationsausschuss gibt sich eine Geschäftsordnung.

§ 18c Bund-Länder-Ausschuss

(1) $_{1}$Beim Bundesministerium für Arbeit und Soziales wird ein Ausschuss für die Grundsicherung für Arbeitsuchende gebildet. $_{2}$Er beobachtet und berät die zentralen Fragen der Umsetzung der Grundsicherung für Arbeitsuchende und Fragen der Aufsicht nach den §§ 47 und 48, Fragen des Kennzahlenvergleichs nach § 48a Absatz 2 sowie Fragen der zu erhebenden Daten nach § 51b Absatz 1 Satz 2 und erörtert die Zielvereinbarungen nach § 48b Absatz 1.

(2) $_{1}$Bei der Beobachtung und Beratung zentraler Fragen der Umsetzung der Grundsicherung für Arbeitsuchende sowie Fragen des Kennzahlenvergleichs nach § 48a Absatz 2 und Fragen der zu erhebenden Daten nach § 51b Absatz 1 Satz 2 ist der Ausschuss besetzt mit Vertreterinnen und Vertretern der Bundesregierung, der Länder, der kommunalen Spitzenverbände und der Bundesagentur. $_{2}$Der Ausschuss kann sich von den Trägern berichten lassen.

(3) $_{1}$Bei der Beratung von Fragen der Aufsicht nach den §§ 47 und 48 ist der Ausschuss besetzt mit Vertreterinnen und Vertretern der Bundesregierung und der Aufsichtsbehörden der Länder. $_{2}$Bund und Länder können dazu einvernehmlich Vertreterinnen und Vertreter der kommunalen Spitzenverbände und der Bundesagentur einladen, sofern dies sachdienlich ist.

§ 18d Örtlicher Beirat

$_{1}$Bei jeder gemeinsamen Einrichtung nach § 44b wird ein Beirat gebildet. $_{2}$Der Beirat berät die Einrichtung bei der Auswahl und Gestaltung der Eingliederungsinstrumente und -maßnahmen; Stellungnahmen des Beirats, insbesondere diejenigen der Vertreter der Arbeitgeber und

Arbeitnehmer, hat die gemeinsame Einrichtung zu berücksichtigen. $_{3}$Die Trägerversammlung beruft die Mitglieder des Beirats auf Vorschlag der Beteiligten des örtlichen Arbeitsmarktes, insbesondere den Trägern der freien Wohlfahrtspflege, den Vertreterinnen und Vertretern der Arbeitgeber und Arbeitnehmer sowie den Kammern und berufsständischen Organisationen. $_{4}$Vertreterinnen und Vertreter von Beteiligten des örtlichen Arbeitsmarktes, die Eingliederungsleistungen nach diesem Buch anbieten, dürfen nicht Mitglied des Beirats sein. $_{5}$Der Beirat gibt sich eine Geschäftsordnung. $_{6}$Die Sätze 1 bis 5 gelten entsprechend für die zugelassenen kommunalen Träger mit der Maßgabe, dass die Berufung der Mitglieder des Beirats durch den zugelassenen kommunalen Träger erfolgt.

§ 18e Beauftragte für Chancengleichheit am Arbeitsmarkt

(1) $_{1}$Die Trägerversammlungen bei den gemeinsamen Einrichtungen bestellen Beauftragte für Chancengleichheit am Arbeitsmarkt aus dem Kreis der Beamtinnen und Beamten, Arbeitnehmerinnen und Arbeitnehmer, denen in den gemeinsamen Einrichtungen Tätigkeiten zugewiesen worden sind. $_{2}$Sie sind unmittelbar der jeweiligen Geschäftsführerin oder dem jeweiligen Geschäftsführer zugeordnet.

(2) $_{1}$Die Beauftragten unterstützen und beraten die gemeinsamen Einrichtungen in Fragen der Gleichstellung von Frauen und Männern in der Grundsicherung für Arbeitsuchende, der Frauenförderung sowie der Vereinbarkeit von Familie und Beruf bei beiden Geschlechtern. $_{2}$Hierzu zählen insbesondere Fragen der Beratung, der Eingliederung in Arbeit und Ausbildung sowie des beruflichen Wiedereinstiegs von Frauen und Männern nach einer Familienphase.

(3) $_{1}$Die Beauftragten sind bei der Erarbeitung des örtlichen Arbeitsmarkt- und Integrationsprogramms der Grundsicherung für Arbeitsuchende sowie bei der geschlechter- und familiengerechten fachlichen Aufgabenerledigung der gemeinsamen Einrichtung zu beteiligen. $_{2}$Sie haben ein Informations-, Beratungs- und Vorschlagsrecht in Fragen, die Auswirkungen auf die Chancengleichheit von Frauen und Männern haben.

(4) $_{1}$Die Beauftragten unterstützen und beraten erwerbsfähige Leistungsberechtigte und die mit diesen in einer Bedarfsgemeinschaft lebenden Personen, Arbeitgeber sowie Arbeitnehmer- und Arbeitgeberorganisationen in übergeordneten Fragen der Gleichstellung von Frauen und Männern in der Grundsicherung für Arbeitsuchende, der Frauenförderung sowie der Vereinbarkeit von Familie und Beruf bei beiden Geschlechtern. $_{2}$Zur Sicherung der gleichberechtigten Teilhabe von Frauen und Männern am Arbeitsmarkt arbeiten die Beauftragten mit den in Fragen der Gleichstellung im Erwerbsleben tätigen Stellen im Zuständigkeitsbereich der gemeinsamen Einrichtung zusammen.

(5) Die gemeinsamen Einrichtungen werden in den Sitzungen kommunaler Gremien zu Themen, die den Aufgabenbereich der Beauftragten betreffen, von den Beauftragten vertreten.

(6) Die Absätze 1 bis 5 gelten entsprechend für die zugelassenen kommunalen Träger.

Abschnitt 2
Leistungen zur Sicherung des Lebensunterhalts

Unterabschnitt 1
Leistungsanspruch

§ 19 Bürgergeld und Leistungen für Bildung und Teilhabe

(1) $_{1}$Erwerbsfähige Leistungsberechtigte erhalten Bürgergeld. $_{2}$Nichterwerbsfähige Leistungsberechtigte, die mit erwerbsfähigen Leistungsberechtigten in einer Bedarfsgemeinschaft leben, erhalten Bürgergeld, soweit sie keinen Anspruch auf Leistungen nach dem Vierten Kapitel des Zwölften Buches haben. $_{3}$Die Leistungen umfassen den Regelbedarf, Mehrbedarfe und den Bedarf für Unterkunft und Heizung.

(2) $_{1}$Leistungsberechtigte haben unter den Voraussetzungen des § 28 Anspruch auf Leistungen für Bildung und Teilhabe, soweit sie keinen Anspruch auf Leistungen nach dem Vierten Kapitel des Zwölften Buches haben. $_{2}$Soweit für Kinder Leistungen zur Deckung von Bedarfen für Bildung und Teilhabe nach § 6b des Bundeskindergeldgesetzes gewährt werden, haben sie keinen Anspruch auf entsprechende Leistungen zur Deckung von Bedarfen nach § 28.

(3) $_{1}$Die Leistungen zur Sicherung des Lebensunterhalts werden in Höhe der Bedarfe nach den Absätzen 1 und 2 erbracht, soweit diese nicht durch das zu berücksichtigende Einkommen und Vermögen gedeckt sind. $_{2}$Zu berücksichtigendes Einkommen und Vermögen deckt zunächst die Bedarfe nach den §§ 20, 21 und 23, darüber hinaus die Bedarfe nach § 22. $_{3}$Sind nur noch Leistungen für Bildung und Teilhabe zu leisten, deckt weiteres zu berücksichtigendes Einkommen und Vermögen die Bedarfe in der Reihenfolge der Absätze 2 bis 7 nach § 28.

Unterabschnitt 2
Bürgergeld

§ 20 Regelbedarf zur Sicherung des Lebensunterhalts

(1) $_{1}$Der Regelbedarf zur Sicherung des Lebensunterhalts umfasst insbesondere Ernährung, Kleidung, Körperpflege, Hausrat, Haushaltsenergie ohne die auf die Heizung und Erzeugung von Warmwasser entfallenden Anteile sowie persönliche Bedürfnisse des täglichen Lebens. $_{2}$Zu den persönlichen Bedürfnissen des täglichen Lebens gehört in vertretbarem Umfang eine Teilhabe am sozialen und kulturellen Leben in der Gemeinschaft. $_{3}$Der Regelbedarf wird als monatlicher Pauschalbetrag berücksichtigt. $_{4}$Über die Verwendung der zur Deckung des Regelbedarfs erbrachten Leistungen entscheiden die Leistungsberechtigten eigenverantwortlich; dabei haben sie das Eintreten unregelmäßig anfallender Bedarfe zu berücksichtigen.

(1a) $_{1}$Der Regelbedarf wird in Höhe der jeweiligen Regelbedarfsstufe entsprechend § 28 des Zwölften Buches in Verbindung mit dem Regelbedarfs-Ermittlungsgesetz und den §§ 28a und 40 des Zwölften Buches in Verbindung mit der für das jeweilige Jahr geltenden Regelbedarfsstufen-Fortschreibungsverordnung anerkannt. $_{2}$Soweit in diesem Buch auf einen Regelbedarf oder eine

VII

Regelbedarfsstufe verwiesen wird, ist auf den Betrag der für den jeweiligen Zeitraum geltenden Neuermittlung entsprechend § 28 des Zwölften Buches in Verbindung mit dem Regelbedarfs-Ermittlungsgesetz abzustellen. 3In Jahren, in denen keine Neuermittlung nach § 28 des Zwölften Buches erfolgt, ist auf den Betrag abzustellen, der sich für den jeweiligen Zeitraum entsprechend der Regelbedarfsstufen-Fortschreibungsverordnung nach den §§ 28a und 40 des Zwölften Buches ergibt.

(2) 1Als Regelbedarf wird bei Personen, die alleinstehend oder alleinerziehend sind oder deren Partnerin oder Partner minderjährig ist, monatlich ein Betrag in Höhe der Regelbedarfsstufe 1 anerkannt. 2Für sonstige erwerbsfähige Angehörige der Bedarfsgemeinschaft wird als Regelbedarf anerkannt:

1. monatlich ein Betrag in Höhe der Regelbedarfsstufe 4, sofern sie das 18. Lebensjahr noch nicht vollendet haben,
2. monatlich ein Betrag in Höhe der Regelbedarfsstufe 3 in den übrigen Fällen.

(3) Abweichend von Absatz 2 Satz 1 ist bei Personen, die das 25. Lebensjahr noch nicht vollendet haben und ohne Zusicherung des zuständigen kommunalen Trägers nach § 22 Absatz 5 umziehen, bis zur Vollendung des 25. Lebensjahres der in Absatz 2 Satz 2 Nummer 2 genannte Betrag als Regelbedarf anzuerkennen.

(4) Haben zwei Partner der Bedarfsgemeinschaft das 18. Lebensjahr vollendet, ist als Regelbedarf für jede dieser Personen monatlich ein Betrag in Höhe der Regelbedarfsstufe 2 anzuerkennen.

Regelbedarfsstufen ab 1. Januar 2024
Regelbedarfsstufe 1: 563 Euro
Regelbedarfsstufe 2: 506 Euro
Regelbedarfsstufe 3: 451 Euro
Regelbedarfsstufe 4: 471 Euro
Regelbedarfsstufe 5: 390 Euro
Regelbedarfsstufe 6: 357 Euro

§ 21 Mehrbedarfe

(1) Mehrbedarfe umfassen Bedarfe nach den Absätzen 2 bis 7, die nicht durch den Regelbedarf abgedeckt sind.

(2) Bei werdenden Müttern wird nach der zwölften Schwangerschaftswoche bis zum Ende des Monats, in welchen die Entbindung fällt, ein Mehrbedarf von 17 Prozent des nach § 20 maßgebenden Regelbedarfs anerkannt.

(3) Bei Personen, die mit einem oder mehreren minderjährigen Kindern zusammenleben und allein für deren Pflege und Erziehung sorgen, ist ein Mehrbedarf anzuerkennen

1. in Höhe von 36 Prozent des nach § 20 Absatz 2 maßgebenden Bedarfs, wenn sie mit einem Kind unter sieben Jahren oder mit zwei oder drei Kindern unter sechzehn Jahren zusammenleben, oder
2. in Höhe von 12 Prozent der nach § 20 Absatz 2 maßgebenden Bedarfs für jedes Kind, wenn sich dadurch ein höherer Prozentsatz als nach der Nummer 1 ergibt, höchstens jedoch in Höhe von 60 Prozent des nach § 20 Absatz 2 maßgebenden Regelbedarfs.

(4) 1Bei erwerbsfähigen Leistungsberechtigten mit Behinderungen, denen Leistungen zur Teilhabe am Arbeitsleben nach § 49 des Neunten Buches mit Ausnahme der Leistungen nach § 49 Absatz 3 Nummer 2 und 5 des Neunten Buches sowie sonstige Hilfen zur Erlangung eines geeigneten Platzes im Arbeitsleben oder Eingliederungshilfen nach § 112 des Neunten Buches erbracht werden, wird ein Mehrbedarf von 35 Prozent des nach § 20 maßgebenden Regelbedarfs anerkannt. 2Satz 1 kann auch nach Beendigung der dort genannten Maßnahmen während einer angemessenen Übergangszeit, vor allem einer Einarbeitungszeit, angewendet werden.

(5) Bei Leistungsberechtigten, die aus medizinischen Gründen einer kostenaufwändigen Ernährung bedürfen, wird ein Mehrbedarf in angemessener Höhe anerkannt.

(6) 1Bei Leistungsberechtigten wird ein Mehrbedarf anerkannt, soweit im Einzelfall ein unabweisbarer, besonderer Bedarf besteht; bei einmaligen Bedarfen ist weitere Voraussetzung, dass ein Darlehen nach § 24 Absatz 1 ausnahmsweise nicht zumutbar oder wegen der Art des Bedarfs nicht möglich ist. 2Der Mehrbedarf ist unabweisbar, wenn er insbesondere nicht durch die Zuwendungen Dritter sowie unter Berücksichtigung von Einsparmöglichkeiten der Leistungsberechtigten gedeckt ist und seiner Höhe nach erheblich von einem durchschnittlichen Bedarf abweicht.

(6a) Soweit eine Schülerin oder ein Schüler aufgrund der jeweiligen schulrechtlichen Bestimmungen oder schulischen Vorgaben Aufwendungen zur Anschaffung oder Ausleihe von Schulbüchern oder gleichstehenden Arbeitsheften hat, sind sie als Mehrbedarf anzuerkennen.

(7) 1Bei Leistungsberechtigten wird ein Mehrbedarf anerkannt, soweit Warmwasser durch in der Unterkunft installierte Vorrichtungen erzeugt wird (dezentrale Warmwassererzeugung) und deshalb keine Bedarfe für zentral bereitgestelltes Warmwasser nach § 22 anerkannt werden. 2Der Mehrbedarf beträgt für jede im Haushalt lebende leistungsberechtigte Person jeweils

1. 2,3 Prozent des für sie geltenden Regelbedarfs nach § 20 Absatz 2 Satz 1 oder Satz 2 Nummer 2, Absatz 3 oder 4,
2. 1,4 Prozent des für sie geltenden Regelbedarfs nach § 20 Absatz 2 Satz 2 Nummer 1 oder § 23 Nummer 1 bei Leistungsberechtigten im 15. Lebensjahr,
3. 1,2 Prozent des Regelbedarfs nach § 23 Nummer 1 bei Leistungsberechtigten vom Beginn des siebten bis zur Vollendung des 14. Lebensjahres oder
4. 0,8 Prozent des Regelbedarfs nach § 23 Nummer 1 bei Leistungsberechtigten bis zur Vollendung des sechsten Lebensjahres.

3Höhere Aufwendungen sind abweichend von Satz 2 nur zu berücksichtigen, soweit sie durch eine separate Messeinrichtung nachgewiesen werden.

(8) Die Summe des insgesamt anerkannten Mehrbedarfs nach den Absätzen 2 bis 5 darf die Höhe des für erwerbsfähige Leistungsberechtigte maßgebenden Regelbedarfs nicht übersteigen.

§ 22 Bedarfe für Unterkunft und Heizung

(1) 1Bedarfe für Unterkunft und Heizung werden in Höhe der tatsächlichen Aufwendungen anerkannt, soweit diese angemessen sind. 2Für die Anerkennung der Bedarfe für Unterkunft gilt eine Karenzzeit von einem Jahr ab

VII

Beginn des Monats, für den erstmals Leistungen nach diesem Buch bezogen werden. $_{3}$Innerhalb dieser Karenzzeit werden die Bedarfe für Unterkunft in Höhe der tatsächlichen Aufwendungen anerkannt; Satz 6 bleibt unberührt. $_{4}$Wird der Leistungsbezug in der Karenzzeit für mindestens einen Monat unterbrochen, verlängert sich die Karenzzeit um volle Monate ohne Leistungsbezug. $_{5}$Eine neue Karenzzeit beginnt, wenn zuvor mindestens drei Jahre keine Leistungen nach diesem oder dem Zwölften Buch bezogen worden sind. $_{6}$Erhöhen sich nach einem nicht erforderlichen Umzug die Aufwendungen für Unterkunft und Heizung, wird nur der bisherige Bedarf anerkannt. $_{7}$Soweit die Aufwendungen für Heizung und, nach Ablauf der Karenzzeit, die Aufwendungen der Unterkunft den der Besonderheit des Einzelfalles angemessenen Umfang übersteigen, sind sie als Bedarf so lange anzuerkennen, wie es der oder dem alleinstehenden Leistungsberechtigten oder der Bedarfsgemeinschaft nicht möglich oder nicht zuzumuten ist, durch einen Wohnungswechsel, durch Vermieten oder auf andere Weise die Aufwendungen zu senken, in der Regel jedoch längstens für sechs Monate. $_{8}$Nach Ablauf der Karenzzeit ist Satz 7 mit der Maßgabe anzuwenden, dass der Zeitraum der Karenzzeit nicht auf die in Satz 7 genannte Frist anzurechnen ist. $_{9}$Verstirbt ein Mitglied der Bedarfs- oder Haushaltsgemeinschaft und waren die Aufwendungen für die Unterkunft und Heizung davor angemessen, ist die Senkung der Aufwendungen für die weiterhin bewohnte Unterkunft für die Dauer von mindestens zwölf Monaten nach dem Sterbemonat nicht zumutbar. $_{10}$Eine Absenkung der nach Satz 1 unangemessenen Aufwendungen muss nicht gefordert werden, wenn diese unter Berücksichtigung der bei einem Wohnungswechsel zu erbringenden Leistungen unwirtschaftlich wäre.

(2) $_{1}$Als Bedarf für die Unterkunft werden auch unabweisbare Aufwendungen für Instandhaltung und Reparatur bei selbst bewohntem Wohneigentum im Sinne des § 12 Absatz 1 Satz 2 Nummer 5 anerkannt, soweit diese unter Berücksichtigung der im laufenden sowie den darauffolgenden elf Kalendermonaten anfallenden Aufwendungen insgesamt angemessen sind. $_{2}$Übersteigen unabweisbare Aufwendungen für Instandhaltung und Reparatur den Bedarf für die Unterkunft nach Satz 1, kann der kommunale Träger zur Deckung dieses Teils der Aufwendungen ein Darlehen erbringen, das dinglich gesichert werden soll. $_{3}$Für die Bedarfe nach Satz 1 gilt Absatz 1 Satz 2 bis 4 nicht.

(3) Rückzahlungen und Guthaben, die dem Bedarf für Unterkunft und Heizung zuzuordnen sind, mindern die Aufwendungen für Unterkunft und Heizung nach dem Monat der Rückzahlung oder der Gutschrift; Rückzahlungen, die sich auf die Kosten für Haushaltsenergie oder nicht anerkannte Aufwendungen für Unterkunft und Heizung beziehen, bleiben außer Betracht.

(4) $_{1}$Vor Abschluss eines Vertrages über eine neue Unterkunft soll die leistungsberechtigte Person die Zusicherung des für die neue Unterkunft örtlich zuständigen kommunalen Trägers zur Berücksichtigung der Aufwendungen für die neue Unterkunft einholen. $_{2}$Innerhalb der Karenzzeit nach Absatz 1 Satz 2 bis 5 werden nach einem Umzug höhere als angemessene Aufwendungen nur dann als Bedarf anerkannt, wenn der nach Satz 1 zuständige Träger die Anerkennung vorab zugesichert hat. $_{3}$Der kommunale Träger ist zur Zusicherung verpflichtet, wenn die Aufwendungen für die neue Unterkunft angemessen sind.

(5) $_{1}$Sofern Personen, die das 25. Lebensjahr noch nicht vollendet haben, umziehen, werden Bedarfe für Unterkunft und Heizung für die Zeit nach einem Umzug bis zur Vollendung des 25. Lebensjahres nur anerkannt, wenn der kommunale Träger dies vor Abschluss des Vertrages über die Unterkunft zugesichert hat. $_{2}$Der kommunale Träger ist zur Zusicherung verpflichtet, wenn

1. die oder der Betroffene aus schwerwiegenden sozialen Gründen nicht auf die Wohnung der Eltern oder eines Elternteils verwiesen werden kann,
2. der Bezug der Unterkunft zur Eingliederung in den Arbeitsmarkt erforderlich ist oder
3. ein sonstiger, ähnlich schwerwiegender Grund vorliegt.

$_{3}$Unter den Voraussetzungen des Satzes 2 kann vom Erfordernis der Zusicherung abgesehen werden, wenn es der oder dem Betroffenen aus wichtigem Grund nicht zumutbar war, die Zusicherung einzuholen. $_{4}$Bedarfe für Unterkunft und Heizung werden bei Personen, die das 25. Lebensjahr noch nicht vollendet haben, nicht anerkannt, wenn diese vor der Beantragung von Leistungen in eine Unterkunft in der Absicht umziehen, die Voraussetzungen für die Gewährung der Leistungen herbeizuführen.

(6) $_{1}$Wohnungsbeschaffungskosten und Umzugskosten können bei vorheriger Zusicherung durch den bis zum Umzug örtlich zuständigen kommunalen Träger als Bedarf anerkannt werden; Aufwendungen für eine Mietkaution und für den Erwerb von Genossenschaftsanteilen können bei vorheriger Zusicherung durch den am Ort der neuen Unterkunft zuständigen kommunalen Träger als Bedarf anerkannt werden. $_{2}$Die Zusicherung soll erteilt werden, wenn der Umzug durch den kommunalen Träger veranlasst oder aus anderen Gründen notwendig ist und wenn ohne die Zusicherung eine Unterkunft in einem angemessenen Zeitraum nicht gefunden werden kann. $_{3}$Aufwendungen für eine Mietkaution und für Genossenschaftsanteile sollen als Darlehen erbracht werden.

(7) $_{1}$Soweit Bürgergeld für den Bedarf für Unterkunft und Heizung geleistet wird, ist es auf Antrag der leistungsberechtigten Person an den Vermieter oder andere Empfangsberechtigte zu zahlen. $_{2}$Es soll an den Vermieter oder andere Empfangsberechtigte gezahlt werden, wenn die zweckentsprechende Verwendung durch die leistungsberechtigte Person nicht sichergestellt ist. $_{3}$Das ist insbesondere der Fall, wenn

1. Mietrückstände bestehen, die zu einer außerordentlichen Kündigung des Mietverhältnisses berechtigen,
2. Energiekostenrückstände bestehen, die zu einer Unterbrechung der Energieversorgung berechtigen,
3. konkrete Anhaltspunkte für ein krankheits- oder suchtbedingtes Unvermögen der leistungsberechtigten Person bestehen, die Mittel zweckentsprechend zu verwenden, oder

4. konkrete Anhaltspunkte dafür bestehen, dass die im Schuldnerverzeichnis eingetragene leistungsberechtigte Person die Mittel nicht zweckentsprechend verwendet.

$_{4}$Der kommunale Träger hat die leistungsberechtigte Person über eine Zahlung der Leistungen für die Unterkunft und Heizung an den Vermieter oder andere Empfangsberechtigte schriftlich zu unterrichten.

(8) $_{1}$Sofern Bürgergeld für den Bedarf für Unterkunft und Heizung erbracht wird, können auch Schulden übernommen werden, soweit dies zur Sicherung der Unterkunft oder zur Behebung einer vergleichbaren Notlage gerechtfertigt ist. $_{2}$Sie sollen übernommen werden, wenn dies gerechtfertigt und notwendig ist und sonst Wohnungslosigkeit einzutreten droht. $_{3}$Vermögen nach § 12 Absatz 2 Satz 1 und Absatz 4 Satz 1 ist vorrangig einzusetzen. $_{4}$Geldleistungen sollen als Darlehen erbracht werden.

(9) $_{1}$Geht bei einem Gericht eine Klage auf Räumung von Wohnraum im Falle der Kündigung des Mietverhältnisses nach § 543 Absatz 1, 2 Satz 1 Nummer 3 in Verbindung mit § 569 Absatz 3 des Bürgerlichen Gesetzbuchs ein, teilt das Gericht dem örtlich zuständigen Träger nach diesem Buch oder der von diesem beauftragten Stelle zur Wahrnehmung der in Absatz 8 bestimmten Aufgaben unverzüglich Folgendes mit:

1. den Tag des Eingangs der Klage,
2. die Namen und die Anschriften der Parteien,
3. die Höhe der monatlich zu entrichtenden Miete,
4. die Höhe des geltend gemachten Mietrückstandes und der geltend gemachten Entschädigung und
5. den Termin zur mündlichen Verhandlung, sofern dieser bereits bestimmt ist.

$_{2}$Außerdem kann der Tag der Rechtshängigkeit mitgeteilt werden. $_{3}$Die Übermittlung unterbleibt, wenn die Nichtzahlung der Miete nach dem Inhalt der Klageschrift offensichtlich nicht auf Zahlungsunfähigkeit der Mieterin oder des Mieters beruht.

(10) $_{1}$Zur Beurteilung der Angemessenheit der Aufwendungen für Unterkunft und Heizung nach Absatz 1 Satz 1 ist die Bildung einer Gesamtangemessenheitsgrenze zulässig. $_{2}$Dabei kann für die Aufwendungen für Heizung der Wert berücksichtigt werden, der bei einer gesonderten Beurteilung der Angemessenheit der Aufwendungen für Unterkunft und der Aufwendungen für Heizung ohne Prüfung der Angemessenheit im Einzelfall höchstens anzuerkennen wäre. $_{3}$Absatz 1 Satz 6 bis 10 gilt entsprechend.

(11) $_{1}$Die für die Erstellung von Mietspiegeln nach § 558c Absatz 1 des Bürgerlichen Gesetzbuchs nach Landesrecht zuständigen Behörden sind befugt, die in Artikel 238 § 2 Absatz 2 Nummer 1 Buchstabe a, d und e des Einführungsgesetzes zum Bürgerlichen Gesetzbuche genannten Daten zu verarbeiten, soweit dies für die Erstellung von Übersichten über die Angemessenheit von Aufwendungen für eine Unterkunft nach Absatz 1 Satz 1 erforderlich ist. $_{2}$Erstellen die nach Landesrecht zuständigen Behörden solche Übersichten nicht, so sind sie befugt, die Daten nach Satz 1 auf Ersuchen an die kommunalen Träger der Grundsicherung für Arbeitsuchende für ihren örtlichen Zuständigkeitsbereich zu übermitteln, soweit dies für die Erstellung von Übersichten über die Angemessenheit von Aufwendungen für die Unterkunft erforderlich ist. $_{3}$Werden den kommunalen Trägern der Grundsicherung für Arbeitsuchende die Übersichten nicht zur Verfügung gestellt, so sind sie befugt, die Daten nach Satz 1 für ihren örtlichen Zuständigkeitsbereich bei den nach Landesrecht für die Erstellung von Mietspiegeln zuständigen Behörden zu erheben und in sonstiger Weise zu verarbeiten, soweit dies für die Erstellung von Übersichten über und die Bestimmung der Angemessenheit von Aufwendungen für die Unterkunft nach Absatz 1 Satz 1 erforderlich ist.

(12) Die Daten nach Absatz 11 Satz 1 und 3 sind zu löschen, wenn sie für die dort genannten Zwecke nicht mehr erforderlich sind.

§ 22a Satzungsermächtigung

(1) $_{1}$Die Länder können die Kreise und kreisfreien Städte durch Gesetz ermächtigen oder verpflichten, durch Satzung zu bestimmen, in welcher Höhe Aufwendungen für Unterkunft und Heizung in ihrem Gebiet angemessen sind. $_{2}$Eine solche Satzung bedarf der vorherigen Zustimmung der obersten Landesbehörde oder einer von ihr bestimmten Stelle, wenn dies durch Landesgesetz vorgesehen ist. $_{3}$Die Länder Berlin und Hamburg bestimmen, welche Form der Rechtsetzung an die Stelle einer nach Satz 1 vorgesehenen Satzung tritt. $_{4}$Das Land Bremen kann eine Bestimmung nach Satz 3 treffen.

(2) $_{1}$Die Länder können die Kreise und kreisfreien Städte auch ermächtigen, abweichend von § 22 Absatz 1 Satz 1 die Bedarfe für Unterkunft und Heizung in ihrem Gebiet durch eine monatliche Pauschale zu berücksichtigen, wenn auf dem örtlichen Wohnungsmarkt ausreichend freier Wohnraum verfügbar ist und dies dem Grundsatz der Wirtschaftlichkeit entspricht. $_{2}$In der Satzung sind Regelungen für den Fall vorzusehen, dass die Pauschalierung im Einzelfall zu unzumutbaren Ergebnissen führt. $_{3}$Absatz 1 Satz 2 bis 4 gilt entsprechend.

(3) $_{1}$Die Bestimmung der angemessenen Aufwendungen für Unterkunft und Heizung soll die Verhältnisse des einfachen Standards auf dem örtlichen Wohnungsmarkt abbilden. $_{2}$Sie soll die Auswirkungen auf den örtlichen Wohnungsmarkt berücksichtigen hinsichtlich:

1. der Vermeidung von Mietpreis erhöhenden Wirkungen,
2. der Verfügbarkeit von Wohnraum des einfachen Standards,
3. aller verschiedenen Anbietergruppen und
4. der Schaffung und Erhaltung sozial ausgeglichener Bewohnerstrukturen.

§ 22b Inhalt der Satzung

(1) $_{1}$In der Satzung ist zu bestimmen,

1. welche Wohnfläche entsprechend der Struktur des örtlichen Wohnungsmarktes als angemessen anerkannt wird und
2. in welcher Höhe Aufwendungen für die Unterkunft als angemessen anerkannt werden.

$_{2}$In der Satzung kann auch die Höhe des als angemessen anerkannten Verbrauchswertes oder der als angemessen anerkannten Aufwendungen für die Heizung bestimmt werden. $_{3}$Bei einer Bestimmung nach Satz 2 kann sowohl eine Quadratmeterhöchstmiete als auch eine Gesamtangemessenheitsgrenze unter Berücksichtigung der in den Sätzen 1 und 2 genannten Werte gebildet werden. 4Um die Verhältnisse des einfachen Standards auf dem örtlichen Wohnungsmarkt realitätsgerecht abzubilden, können die Kreise und kreisfreien Städte ihr Gebiet in mehrere Vergleichsräume unterteilen, für die sie jeweils eigene Angemessenheitswerte bestimmen.

(2) 1Der Satzung ist eine Begründung beizufügen. 2Darin ist darzulegen, wie die Angemessenheit der Aufwendungen für Unterkunft und Heizung ermittelt wird. 3Die Satzung ist mit ihrer Begründung ortsüblich bekannt zu machen.

(3) 1In der Satzung soll für Personen mit einem besonderen Bedarf für Unterkunft und Heizung eine Sonderregelung getroffen werden. 2Dies gilt insbesondere für Personen, die einen erhöhten Raumbedarf haben wegen

1. einer Behinderung oder
2. der Ausübung ihres Umgangsrechts.

§ 22c Datenerhebung, -auswertung und -überprüfung

(1) 1Zur Bestimmung der angemessenen Aufwendungen für Unterkunft und Heizung sollen die Kreise und kreisfreien Städte insbesondere

1. Mietspiegel, qualifizierte Mietspiegel und Mietdatenbanken und
2. geeignete eigene statistische Datenerhebungen und -auswertungen oder Erhebungen Dritter

einzeln oder kombiniert berücksichtigen. 2Hilfsweise können auch die monatlichen Höchstbeträge nach § 12 Absatz 1 des Wohngeldgesetzes berücksichtigt werden. 3In die Auswertung sollen sowohl Neuvertrags- als auch Bestandsmieten einfließen. 4Die Methodik der Datenerhebung und -auswertung ist in der Begründung der Satzung darzulegen.

(2) Die Kreise und kreisfreien Städte müssen die durch Satzung bestimmten Werte für die Unterkunft mindestens alle zwei Jahre und die durch Satzung bestimmten Werte für die Heizung mindestens jährlich überprüfen und gegebenenfalls neu festsetzen.

§ 23 Besonderheiten beim Bürgergeld für nicht erwerbsfähige Leistungsberechtigte

Beim Bürgergeld nach § 19 Absatz 1 Satz 2 gelten ergänzend folgende Maßgaben:

1. Als Regelbedarf wird bis zur Vollendung des sechsten Lebensjahres ein Betrag in Höhe der Regelbedarfsstufe 6, vom Beginn des siebten bis zur Vollendung des 14. Lebensjahres ein Betrag in Höhe der Regelbedarfsstufe 5 und im 15. Lebensjahr ein Betrag in Höhe der Regelbedarfsstufe 4 anerkannt;
2. Mehrbedarfe nach § 21 Absatz 4 werden auch bei Menschen mit Behinderungen, die das 15. Lebensjahr vollendet haben, anerkannt, wenn Leistungen der Eingliederungshilfe nach § 112 des Neunten Buches erbracht werden;
3. § 21 Absatz 4 Satz 2 gilt auch nach Beendigung der in § 112 des Neunten Buches genannten Maßnahmen;
4. bei nicht erwerbsfähigen Personen, die voll erwerbsgemindert nach dem Sechsten Buch sind, wird ein Mehrbedarf von 17 Prozent der nach § 20 maßgebenden Regelbedarfe anerkannt, wenn sie Inhaberin oder Inhaber eines Ausweises nach § 152 Absatz 5 des Neunten Buches mit dem Merkzeichen G sind; dies gilt nicht, wenn bereits ein Anspruch auf einen Mehrbedarf wegen Behinderung nach § 21 Absatz 4 oder nach der vorstehenden Nummer 2 oder 3 besteht.

Unterabschnitt 3 Abweichende Leistungserbringung und weitere Leistungen

§ 24 Abweichende Erbringung von Leistungen

(1) 1Kann im Einzelfall ein vom Regelbedarf zur Sicherung des Lebensunterhalts umfasster und nach den Umständen unabweisbarer Bedarf nicht gedeckt werden, erbringt die Agentur für Arbeit bei entsprechendem Nachweis den Bedarf als Sachleistung oder als Geldleistung und gewährt der oder dem Leistungsberechtigten ein entsprechendes Darlehen. 2Bei Sachleistungen wird das Darlehen in Höhe des für die Agentur für Arbeit entstandenen Anschaffungswertes gewährt. 3Weiter gehende Leistungen sind ausgeschlossen.

(2) Solange sich Leistungsberechtigte, insbesondere bei Drogen- oder Alkoholabhängigkeit sowie im Falle unwirtschaftlichen Verhaltens, als ungeeignet erweisen, mit den Leistungen für den Regelbedarf nach § 20 ihren Bedarf zu decken, kann das Bürgergeld bis zur Höhe des Regelbedarfs für den Lebensunterhalt in voller Höhe oder anteilig in Form von Sachleistungen erbracht werden.

(3) 1Nicht vom Regelbedarf nach § 20 umfasst sind Bedarfe für

1. Erstausstattungen für die Wohnung einschließlich Haushaltsgeräten,
2. Erstausstattungen für Bekleidung und Erstausstattungen bei Schwangerschaft und Geburt sowie
3. Anschaffung und Reparaturen von orthopädischen Schuhen, Reparaturen von therapeutischen Geräten und Ausrüstungen sowie die Miete von therapeutischen Geräten.

2Leistungen für diese Bedarfe werden gesondert erbracht. 3Leistungen nach Satz 2 werden auch erbracht, wenn Leistungsberechtigte keine Leistungen zur Sicherung des Lebensunterhalts einschließlich der angemessenen Kosten für Unterkunft und Heizung benötigen, den Bedarf nach Satz 1 jedoch aus eigenen Kräften und Mitteln nicht voll decken können. 4In diesem Fall kann das Einkommen berücksichtigt werden, das Leistungsberechtigte innerhalb eines Zeitraumes von bis zu sechs Monaten nach Ablauf des Monats erwerben, in dem über die Leistung entschieden wird. 5Die Leistungen für Bedarfe nach Satz 1 Nummer 1 und 2 können als Sachleistung oder Geldleistung, auch in Form von Pauschalbeträgen, erbracht werden. 6Bei der Bemessung der Pauschalbeträge sind geeignete Angaben über die erforderlichen Aufwendungen und nachvollziehbare Erfahrungswerte zu berücksichtigen.

(4) 1Leistungen zur Sicherung des Lebensunterhalts können als Darlehen erbracht werden, soweit in dem Monat, für den die Leistungen erbracht werden, voraussichtlich Einnahmen anfallen. 2Satz 1 gilt auch, soweit Leistungs-

VII

berechtigte einmalige Einnahmen nach § 11 Absatz 3 vorzeitig verbraucht haben.

(5) 1Soweit Leistungsberechtigten der sofortige Verbrauch oder die sofortige Verwertung von zu berücksichtigendem Vermögen nicht möglich ist oder für sie eine besondere Härte bedeuten würde, sind Leistungen als Darlehen zu erbringen. 2Die Leistungen können davon abhängig gemacht werden, dass der Anspruch auf Rückzahlung dinglich oder in anderer Weise gesichert wird.

(6) In Fällen des § 22 Absatz 5 werden Leistungen für Erstausstattungen für die Wohnung nur erbracht, wenn der kommunale Träger die Übernahme der Leistungen für Unterkunft und Heizung zugesichert hat oder vom Erfordernis der Zusicherung abgesehen werden konnte.

§ 25 Leistungen bei medizinischer Rehabilitation der Rentenversicherung und bei Anspruch auf Verletztengeld aus der Unfallversicherung

1Haben Leistungsberechtigte dem Grunde nach Anspruch auf Verletztengeld der gesetzlichen Unfallversicherung, erbringen die Träger der Leistungen nach diesem Buch die bisherigen Leistungen als Vorschuss auf die Leistungen der gesetzlichen Unfallversicherung weiter. 2Werden Vorschüsse länger als einen Monat geleistet, erhalten die Träger der Leistungen nach diesem Buch von den zur Leistung verpflichteten Trägern monatliche Abschlagszahlungen in Höhe der Vorschüsse des jeweils abgelaufenen Monats. 3§ 102 des Zehnten Buches gilt entsprechend.

§ 26 Zuschüsse zu Beiträgen zur Krankenversicherung und Pflegeversicherung

(1) 1Für Bezieherinnen und Bezieher von Bürgergeld, die gegen das Risiko Krankheit bei einem privaten Krankenversicherungsunternehmen im Rahmen von Versicherungsverträgen, die der Versicherungspflicht nach § 193 Absatz 3 des Versicherungsvertragsgesetzes genügen, versichert sind, wird für die Dauer des Leistungsbezugs ein Zuschuss zum Beitrag geleistet; der Zuschuss ist begrenzt auf die Höhe des nach § 152 Absatz 4 des Versicherungsaufsichtsgesetzes halbierten Beitrags für den Basistarif in der privaten Krankenversicherung, den Hilfebedürftige zu leisten haben. 2Für Bezieherinnen und Bezieher von Bürgergeld nach § 19 Absatz 1 Satz 2, die in der gesetzlichen Krankenversicherung versicherungspflichtig oder freiwillig versichert sind, wird für die Dauer des Leistungsbezugs ein Zuschuss in Höhe des Beitrags geleistet, soweit dieser nicht nach § 11b Absatz 1 Satz 1 Nummer 2 abgesetzt wird; Gleiches gilt für Bezieherinnen und Bezieher von Bürgergeld nach § 19 Absatz 1 Satz 1, die nicht nach § 5 Absatz 1 Nummer 2a des Fünften Buches versicherungspflichtig sind.

(2) 1Für Personen, die

1. in der gesetzlichen Krankenversicherung versicherungspflichtig oder freiwillig versichert sind oder
2. unter den Voraussetzungen des Absatzes 1 Satz 1 erster Halbsatz privat krankenversichert sind und die

allein durch die Zahlung des Beitrags hilfebedürftig würden, wird ein Zuschuss zum Beitrag in Höhe des Betrages geleistet, der notwendig ist, um die Hilfebedürftigkeit zu vermeiden. 2In den Fällen des Satzes 1 Nummer 2 gilt die Begrenzung des Zuschusses nach Absatz 1 Satz 1 zweiter Halbsatz entsprechend.

(3) 1Für Bezieherinnen und Bezieher von Bürgergeld, die gegen das Risiko Pflegebedürftigkeit bei einem privaten Versicherungsunternehmen in Erfüllung ihrer Versicherungspflicht nach § 23 des Elften Buches versichert sind, wird für die Dauer des Leistungsbezugs ein Zuschuss zum Beitrag geleistet; der Zuschuss ist begrenzt auf die Hälfte des Höchstbeitrags in der sozialen Pflegeversicherung. 2Für Bezieherinnen und Bezieher von Bürgergeld nach § 19 Absatz 1 Satz 2, die in der sozialen Pflegeversicherung versicherungspflichtig sind, wird für die Dauer des Leistungsbezugs ein Zuschuss in Höhe des Beitrags geleistet, soweit dieser nicht nach § 11b Absatz 1 Satz 1 Nummer 2 abgesetzt wird; Gleiches gilt für Bezieherinnen und Bezieher von Bürgergeld nach § 19 Absatz 1 Satz 1, die nicht nach § 20 Absatz 1 Satz 2 Nummer 2a des Elften Buches versicherungspflichtig sind.

(4) 1Für Personen, die

1. in der sozialen Pflegeversicherung versicherungspflichtig sind oder
2. unter den Voraussetzungen des Absatzes 3 Satz 1 erster Halbsatz privat pflegeversichert sind und die

allein durch die Zahlung des Beitrags hilfebedürftig würden, wird ein Zuschuss zum Beitrag in Höhe des Betrages geleistet, der notwendig ist, um die Hilfebedürftigkeit zu vermeiden. 2In den Fällen des Satzes 1 Nummer 2 gilt die Begrenzung des Zuschusses nach Absatz 3 Satz 1 zweiter Halbsatz entsprechend.

(5) 1Der Zuschuss nach Absatz 1 Satz 1, nach Absatz 2 Satz 1 Nummer 2, nach Absatz 3 Satz 1 und nach Absatz 4 Satz 1 Nummer 2 ist an das private Versicherungsunternehmen zu zahlen, bei dem die leistungsberechtigte Person versichert ist. 2Der Zuschuss nach Absatz 1 Satz 2 und Absatz 3 Satz 2 ist an die Krankenkasse zu zahlen, bei der die leistungsberechtigte Person versichert ist.

(6) 1Für Bezieherinnen und Bezieher von Bürgergeld, die Mitglied in einer in § 176 Absatz 1 des Fünften Buches genannten Solidargemeinschaft sind, gelten die Absätze 1 und 2 Satz 1 Nummer 2 und Satz 2 entsprechend. 2Für Bezieherinnen und Bezieher von Bürgergeld, die nach § 21a Absatz 1 Satz 1 des Elften Buches in der sozialen Pflegeversicherung versicherungspflichtig sind, wird für die Dauer des Leistungsbezugs ein Zuschuss in Höhe des Beitrags geleistet, soweit dieser nicht nach § 11b Absatz 1 Satz 1 Nummer 2 abgesetzt wird.

§ 27 Leistungen für Auszubildende

(1) 1Auszubildende im Sinne des § 7 Absatz 5 erhalten Leistungen zur Sicherung des Lebensunterhalts nach Maßgabe der folgenden Absätze. 2Die Leistungen für Auszubildende im Sinne des § 7 Absatz 5 gelten nicht als Bürgergeld nach § 19 Absatz 1 Satz 1.

(2) Leistungen werden in Höhe der Mehrbedarfe nach § 21 Absatz 2, 3, 5 und 6 und in Höhe der Leistungen nach § 24 Absatz 3 Nummer 2 erbracht, soweit die Mehrbedarfe nicht durch zu berücksichtigendes Einkommen oder Vermögen gedeckt sind.

(3) $_{1}$Leistungen können für Regelbedarfe, den Mehrbedarf nach § 21 Absatz 7, Bedarfe für Unterkunft und Heizung, Bedarfe für Bildung und Teilhabe und notwendige Beiträge zur Kranken- und Pflegeversicherung als Darlehen erbracht werden, sofern der Leistungsausschluss nach § 7 Absatz 5 eine besondere Härte bedeutet. $_{2}$Eine besondere Härte ist auch anzunehmen, wenn Auszubildenden, deren Bedarf sich nach §§ 12 oder 13 Absatz 1 Nummer 1 des Bundesausbildungsförderungsgesetzes bemisst, aufgrund von § 10 Absatz 3 des Bundesausbildungsförderungsgesetzes keine Leistungen zustehen, diese Ausbildung im Einzelfall für die Eingliederung der oder des Auszubildenden in das Erwerbsleben zwingend erforderlich ist und ohne die Erbringung von Leistungen zum Lebensunterhalt der Abbruch der Ausbildung droht; in diesem Fall sind Leistungen als Zuschuss zu erbringen. $_{3}$Für den Monat der Aufnahme einer Ausbildung können Leistungen entsprechend § 24 Absatz 4 Satz 1 erbracht werden. Leistungen nach Satz 1 sind gegenüber den Leistungen nach Absatz 2 nachrangig.

Unterabschnitt 4
Leistungen für Bildung und Teilhabe

§ 28 Bedarfe für Bildung und Teilhabe

(1) $_{1}$Bedarfe für Bildung und Teilhabe am sozialen und kulturellen Leben in der Gemeinschaft werden bei Kindern, Jugendlichen und jungen Erwachsenen neben dem Regelbedarf nach Maßgabe der Absätze 2 bis 7 gesondert berücksichtigt. $_{2}$Bedarfe für Bildung werden nur bei Personen berücksichtigt, die das 25. Lebensjahr noch nicht vollendet haben, eine allgemein- oder berufsbildende Schule besuchen und keine Ausbildungsvergütung erhalten (Schülerinnen und Schüler).

(2) $_{1}$Bei Schülerinnen und Schülern werden die tatsächlichen Aufwendungen anerkannt für

1. Schulausflüge und
2. mehrtägige Klassenfahrten im Rahmen der schulrechtlichen Bestimmungen.

$_{2}$Für Kinder, die eine Tageseinrichtung besuchen oder für die Kindertagespflege geleistet wird, gilt Satz 1 entsprechend.

(3) Für die Ausstattung von Schülerinnen und Schülern mit persönlichem Schulbedarf ist § 34 Absatz 3 und 3a des Zwölften Buches mit der Maßgabe entsprechend anzuwenden, dass der nach § 34 Absatz 3 Satz 1 und Absatz 3a des Zwölften Buches anzuerkennende Bedarf für das erste Schulhalbjahr regelmäßig zum 1. August und für das zweite Schulhalbjahr regelmäßig zum 1. Februar zu berücksichtigen ist.

(4) $_{1}$Bei Schülerinnen und Schülern, die für den Besuch der nächstgelegenen Schule des gewählten Bildungsgangs auf Schülerbeförderung angewiesen sind, werden die dafür erforderlichen tatsächlichen Aufwendungen berücksichtigt, soweit sie nicht von Dritten übernommen werden. $_{2}$Als nächstgelegene Schule des gewählten Bildungsgangs gilt auch eine Schule, die aufgrund ihres Profils gewählt wurde, soweit aus diesem Profil eine besondere inhaltliche oder organisatorische Ausgestaltung des Unterrichts folgt; dies sind insbesondere Schulen mit naturwissenschaftlichem, musischem, sportlichem oder sprachlichem Profil sowie bilinguale Schulen, und Schulen mit ganztägiger Ausrichtung.

(5) $_{1}$Bei Schülerinnen und Schülern wird eine schulische Angebote ergänzende angemessene Lernförderung berücksichtigt, soweit diese geeignet und zusätzlich erforderlich ist, um die nach den schulrechtlichen Bestimmungen festgelegten wesentlichen Lernziele zu erreichen. $_{2}$Auf eine bestehende Versetzungsgefährdung kommt es dabei nicht an.

(6) $_{1}$Bei Teilnahme an einer gemeinschaftlichen Mittagsverpflegung werden die entstehenden Aufwendungen berücksichtigt für

1. Schülerinnen und Schüler und
2. Kinder, die eine Tageseinrichtung besuchen oder für die Kindertagespflege geleistet wird.

$_{2}$Für Schülerinnen und Schüler gilt dies unter der Voraussetzung, dass die Mittagsverpflegung in schulischer Verantwortung angeboten wird oder durch einen Kooperationsvertrag zwischen Schule und Tageseinrichtung vereinbart ist. $_{3}$In den Fällen des Satzes 2 ist für die Ermittlung des monatlichen Bedarfs die Anzahl der Schultage in dem Land zugrunde zu legen, in dem der Schulbesuch stattfindet.

(7) $_{1}$Für die Teilhabe am sozialen und kulturellen Leben in der Gemeinschaft werden pauschal 15 Euro monatlich berücksichtigt, sofern bei Leistungsberechtigten, die das 18. Lebensjahr noch nicht vollendet haben, tatsächliche Aufwendungen entstehen im Zusammenhang mit der Teilnahme an

1. Aktivitäten in den Bereichen Sport, Spiel, Kultur und Geselligkeit,
2. Unterricht in künstlerischen Fächern (zum Beispiel Musikunterricht) und vergleichbare angeleitete Aktivitäten der kulturellen Bildung und
3. Freizeiten.

$_{2}$Neben der Berücksichtigung von Bedarfen nach Satz 1 können auch weitere tatsächliche Aufwendungen berücksichtigt werden, wenn sie im Zusammenhang mit der Teilnahme an Aktivitäten nach Satz 1 Nummer 1 bis 3 entstehen und es den Leistungsberechtigten im Einzelfall nicht zugemutet werden kann, diese aus den Leistungen nach Satz 1 und aus dem Regelbedarf zu bestreiten.

§ 29 Erbringung der Leistungen für Bildung und Teilhabe

(1) $_{1}$Leistungen zur Deckung der Bedarfe nach § 28 Absatz 2 und 5 bis 7 werden erbracht durch

1. Sach- und Dienstleistungen, insbesondere in Form von personalisierten Gutscheinen,
2. Direktzahlungen an Anbieter von Leistungen zur Deckung dieser Bedarfe (Anbieter) oder
3. Geldleistungen.

$_{2}$Die kommunalen Träger bestimmen, in welcher Form sie die Leistungen erbringen. $_{3}$Die Leistungen zur Deckung der Bedarfe nach § 28 Absatz 3 und 4 werden jeweils durch Geldleistungen erbracht. $_{4}$Die kommunalen Träger können mit Anbietern pauschal abrechnen.

(2) $_{1}$Werden die Bedarfe durch Gutscheine gedeckt, gelten die Leistungen mit Ausgabe des jeweiligen Gut-

scheins als erbracht. $_{2}$Die kommunalen Träger gewährleisten, dass Gutscheine bei geeigneten vorhandenen Anbietern oder zur Wahrnehmung ihrer eigenen Angebote eingelöst werden können. $_{3}$Gutscheine können für den gesamten Bewilligungszeitraum im Voraus ausgegeben werden. $_{4}$Die Gültigkeit von Gutscheinen ist angemessen zu befristen. $_{5}$Im Fall des Verlustes soll ein Gutschein erneut in dem Umfang ausgestellt werden, in dem er noch nicht in Anspruch genommen wurde.

(3) $_{1}$Werden die Bedarfe durch Direktzahlungen an Anbieter gedeckt, gelten die Leistungen mit der Zahlung als erbracht. $_{2}$Eine Direktzahlung ist für den gesamten Bewilligungszeitraum im Voraus möglich.

(4) Werden die Leistungen für Bedarfe nach § 28 Absatz 2 und 5 bis 7 durch Geldleistungen erbracht, erfolgt dies

1. monatlich in Höhe der im Bewilligungszeitraum bestehenden Bedarfe oder
2. nachträglich durch Erstattung verauslagter Beträge.

(5) $_{1}$Im Einzelfall kann ein Nachweis über eine zweckentsprechende Verwendung der Leistung verlangt werden. $_{2}$Soweit der Nachweis nicht geführt wird, soll die Bewilligungsentscheidung widerrufen werden.

(6) $_{1}$Abweichend von den Absätzen 1 bis 4 können Leistungen nach § 28 Absatz 2 Satz 1 Nummer 1 gesammelt für Schülerinnen und Schüler an eine Schule ausgezahlt werden, wenn die Schule

1. dies bei dem örtlich zuständigen kommunalen Träger (§ 36 Absatz 3) beantragt,
2. die Leistungen für die leistungsberechtigten Schülerinnen und Schüler verauslagt und
3. sich die Leistungsberechtigung von den Leistungsberechtigten nachweisen lässt.

$_{2}$Der kommunale Träger kann mit der Schule vereinbaren, dass monatliche oder schulhalbjährliche Abschlagszahlungen geleistet werden.

§ 30 Berechtigte Selbsthilfe

$_{1}$Geht die leistungsberechtigte Person durch Zahlung an Anbieter in Vorleistung, ist der kommunale Träger zur Übernahme der berücksichtigungsfähigen Aufwendungen verpflichtet, soweit

1. unbeschadet des Satzes 2 die Voraussetzungen einer Leistungsgewährung zur Deckung der Bedarfe im Zeitpunkt der Selbsthilfe nach § 28 Absatz 2 und 5 bis 7 vorlagen und
2. zum Zeitpunkt der Selbsthilfe der Zweck der Leistung durch Erbringung als Sach- oder Dienstleistung ohne eigenes Verschulden nicht oder nicht rechtzeitig zu erreichen war.

$_{2}$War es dem Leistungsberechtigten nicht möglich, rechtzeitig einen Antrag zu stellen, gilt dieser als zum Zeitpunkt der Selbstvornahme gestellt.

Unterabschnitt 5
Leistungsminderungen

§ 31 Pflichtverletzungen

(1) $_{1}$Erwerbsfähige Leistungsberechtigte verletzen ihre Pflichten, wenn sie trotz schriftlicher Belehrung über die Rechtsfolgen oder deren Kenntnis

1. sich weigern, einer Aufforderung gemäß § 15 Absatz 5 oder Absatz 6 nachzukommen,
2. sich weigern, eine zumutbare Arbeit, Ausbildung oder ein nach § 16e gefördertes Arbeitsverhältnis aufzunehmen, fortzuführen oder deren Anbahnung durch ihr Verhalten verhindern,
3. eine zumutbare Maßnahme zur Eingliederung in Arbeit nicht antreten, abbrechen oder Anlass für den Abbruch gegeben haben.

$_{2}$Dies gilt nicht, wenn erwerbsfähige Leistungsberechtigte einen wichtigen Grund für ihr Verhalten darlegen und nachweisen.

(2) Eine Pflichtverletzung von erwerbsfähigen Leistungsberechtigten ist auch anzunehmen, wenn

1. sie nach Vollendung des 18. Lebensjahres ihr Einkommen oder Vermögen in der Absicht vermindert haben, die Voraussetzungen für die Gewährung oder Erhöhung des Bürgergeldes nach § 19 Absatz 1 Satz 1 herbeizuführen,
2. sie trotz Belehrung über die Rechtsfolgen oder deren Kenntnis ihr unwirtschaftliches Verhalten fortsetzen,
3. ihr Anspruch auf Arbeitslosengeld ruht oder erloschen ist, weil die Agentur für Arbeit das Eintreten einer Sperrzeit oder das Erlöschen des Anspruchs nach den Vorschriften des Dritten Buches festgestellt hat, oder
4. sie die im Dritten Buch genannten Voraussetzungen für das Eintreten einer Sperrzeit erfüllen, die das Ruhen oder Erlöschen eines Anspruchs auf Arbeitslosengeld begründen.

§ 31a Rechtsfolgen bei Pflichtverletzungen

(1) $_{1}$Bei einer Pflichtverletzung nach § 31 mindert sich das Bürgergeld um 10 Prozent des nach § 20 jeweils maßgebenden Regelbedarfs. $_{2}$Bei einer weiteren Pflichtverletzung nach § 31 mindert sich das Bürgergeld um 20 Prozent des nach § 20 jeweils maßgebenden Regelbedarfs. $_{3}$Bei jeder weiteren Pflichtverletzung nach § 31 mindert sich das Bürgergeld um 30 Prozent des nach § 20 jeweils maßgeblichen Regelbedarfs. $_{4}$Eine weitere Pflichtverletzung liegt nur vor, wenn bereits zuvor eine Minderung festgestellt wurde. $_{5}$Sie liegt nicht vor, wenn der Beginn des vorangegangenen Minderungszeitraums länger als ein Jahr zurückliegt. $_{6}$Minderungen nach den Sätzen 1 bis 3 sind aufzuheben, sobald erwerbsfähige Leistungsberechtigte diese Pflichten erfüllen oder sich nachträglich ernsthaft und nachhaltig dazu bereit erklären, diesen künftig nachzukommen. $_{7}$Abweichend von den Sätzen 1 bis 3 gelten bei Pflichtverletzungen nach § 31 Absatz 2 Nummer 3 in Fällen einer Sperrzeit bei Meldeversäumnis nach § 159 Absatz 1 Satz 2 Nummer 8 des Dritten Buches die Rechtsfolgen des § 32.

(2) $_{1}$Vor der Feststellung der Minderung nach Absatz 1 soll auf Verlangen der erwerbsfähigen Leistungsberechtigten die Anhörung nach § 24 des Zehnten Buches persönlich erfolgen. $_{2}$Verletzen die erwerbsfähigen Leistungsberechtigten wiederholt ihre Pflichten oder versäumen wiederholt Meldetermine nach § 32, soll die Anhörung persönlich erfolgen.

(3) Eine Leistungsminderung erfolgt nicht, wenn sie im Einzelfall eine außergewöhnliche Härte bedeuten würde.

(4) 1Leistungsminderungen bei wiederholten Pflichtverletzungen oder wiederholten Meldeversäumnissen nach § 32 sind auf insgesamt 30 Prozent des nach § 20 maßgebenden Regelbedarfs begrenzt. 2Die sich rechnerisch ergebenden Zahlbeträge für die Kosten der Unterkunft und Heizung dürfen durch eine Leistungsminderung nicht verringert werden.

(5) Für nicht erwerbsfähige Leistungsberechtigte gelten die Absätze 1 bis 4 bei Pflichtverletzungen nach § 31 Absatz 2 Nummer 1 und 2 entsprechend.

(6) Erwerbsfähige Leistungsberechtigte, die das 25. Lebensjahr noch nicht vollendet haben, sollen innerhalb von vier Wochen nach Feststellung einer Leistungsminderung ein Beratungsangebot erhalten, in dem die Inhalte des Kooperationsplans überprüft und bei Bedarf fortgeschrieben werden.

(7) 1Abweichend von Absatz 4 Satz 1 entfällt der Leistungsanspruch in Höhe des Regelbedarfes, wenn erwerbsfähige Leistungsberechtigte, deren Bürgergeld wegen einer Pflichtverletzung nach § 31 Absatz 1 Satz 1 Nummer 2, Absatz 2 Nummer 3 oder Absatz 2 Nummer 4 innerhalb des letzten Jahres gemindert war, eine zumutbare Arbeit nicht aufnehmen. 2Die Möglichkeit der Arbeitsaufnahme muss tatsächlich und unmittelbar bestehen und willentlich verweigert werden. 3Absatz 1 Satz 6, die Absätze 2 und 3 sowie § 31 Absatz 1 Satz 2 finden Anwendung.

§ 31b Beginn und Dauer der Minderung

(1) 1Der Auszahlungsanspruch mindert sich mit Beginn des Kalendermonats, der auf das Wirksamwerden des Verwaltungsaktes folgt, der die Pflichtverletzung und den Umfang der Minderung der Leistung feststellt. 2In den Fällen des § 31 Absatz 2 Nummer 3 tritt die Minderung mit Beginn der Sperrzeit oder mit dem Erlöschen des Anspruchs nach dem Dritten Buch ein. 3Die Feststellung der Minderung ist nur innerhalb von sechs Monaten ab dem Zeitpunkt der Pflichtverletzung zulässig.

(2) 1Der Minderungszeitraum beträgt

1. in den Fällen des § 31a Absatz 1 Satz 1 einen Monat,
2. in den Fällen des § 31a Absatz 1 Satz 2 zwei Monate und
3. in den Fällen des § 31a Absatz 1 Satz 3 jeweils drei Monate.

2In den Fällen des § 31a Absatz 1 Satz 6 ist die Minderung ab dem Zeitpunkt der Pflichterfüllung oder der Erklärung der Bereitschaft zur Pflichterfüllung aufzuheben, soweit der Minderungszeitraum mindestens einen Monat betragen hat, andernfalls nach Ablauf dieses Monats.

(3) 1In den Fällen des § 31a Absatz 7 wird die Minderung aufgehoben, wenn die Möglichkeit der Arbeitsaufnahme nicht mehr besteht, spätestens aber mit dem Ablauf eines Zeitraums von zwei Monaten. 2Absatz 1 Satz 1 und 3 sowie Absatz 2 Satz 2 sind entsprechend anzuwenden.

(4) Während der Minderung des Auszahlungsanspruchs besteht kein Anspruch auf ergänzende Hilfe zum Lebensunterhalt nach den Vorschriften des Zwölften Buches.

§ 32 Meldeversäumnisse

(1) 1Kommen Leistungsberechtigte trotz schriftlicher Belehrung über die Rechtsfolgen oder deren Kenntnis einer Aufforderung des zuständigen Trägers, sich bei ihm zu melden oder bei einem ärztlichen oder psychologischen Untersuchungstermin zu erscheinen, nicht nach, mindert sich das Bürgergeld jeweils um 10 Prozent des für sie nach § 20 maßgebenden Regelbedarfs. 2Dies gilt nicht, wenn Leistungsberechtigte einen wichtigen Grund für ihr Verhalten darlegen und nachweisen.

(2) 1§ 31a Absatz 2 bis 5 und § 31b Absatz 1 und 4 gelten entsprechend. 2Der Minderungszeitraum beträgt einen Monat.

Unterabschnitt 6
Verpflichtungen Anderer

§ 33 Übergang von Ansprüchen

(1) 1Haben Personen, die Leistungen zur Sicherung des Lebensunterhalts beziehen, für die Zeit, für die Leistungen erbracht werden, einen Anspruch gegen einen Anderen, der nicht Leistungsträger ist, geht der Anspruch bis zur Höhe der geleisteten Aufwendungen auf die Träger der Leistungen nach diesem Buch über, wenn bei rechtzeitiger Leistung des Anderen Leistungen zur Sicherung des Lebensunterhalts nicht erbracht worden wären. 2Satz 1 gilt auch, soweit Kinder unter Berücksichtigung von Kindergeld nach § 11 Absatz 1 Satz 4 keine Leistungen empfangen haben und bei rechtzeitiger Leistung des Anderen keine oder geringere Leistungen an die Mitglieder der Haushaltsgemeinschaft erbracht worden wären. 3Der Übergang wird nicht dadurch ausgeschlossen, dass der Anspruch nicht übertragen, verpfändet oder gepfändet werden kann. 4Unterhaltsansprüche nach bürgerlichem Recht gehen zusammen mit dem unterhaltsrechtlichen Auskunftsanspruch auf die Träger der Leistungen nach diesem Buch über.

(2) 1Ein Unterhaltsanspruch nach bürgerlichem Recht geht nicht über, wenn die unterhaltsberechtigte Person

1. mit der oder dem Verpflichteten in einer Bedarfsgemeinschaft lebt,
2. mit der oder dem Verpflichteten verwandt ist und den Unterhaltsanspruch nicht geltend macht; dies gilt nicht für Unterhaltsansprüche
   a) minderjähriger Leistungsberechtigter,
   b) Leistungsberechtigter, die das 25. Lebensjahr noch nicht vollendet und die Erstausbildung noch nicht abgeschlossen haben,

   gegen ihre Eltern,
3. in einem Kindschaftsverhältnis zur oder zum Verpflichteten steht und
   a) schwanger ist oder
   b) ihr leibliches Kind bis zur Vollendung seines sechsten Lebensjahres betreut.

2Der Übergang ist auch ausgeschlossen, soweit der Unterhaltsanspruch durch laufende Zahlung erfüllt wird. 3Der Anspruch geht nur über, soweit das Einkommen und Vermögen der unterhaltsverpflichteten Person das nach den §§ 11 bis 12 zu berücksichtigende Einkommen und Vermögen übersteigt.

(3) 1Für die Vergangenheit können die Träger der Leistungen nach diesem Buch außer unter den Voraussetzungen des bürgerlichen Rechts nur von der Zeit an den Anspruch geltend machen, zu welcher sie der oder dem

Verpflichteten die Erbringung der Leistung schriftlich mitgeteilt haben. $_{2}$Wenn die Leistung voraussichtlich auf längere Zeit erbracht werden muss, können die Träger der Leistungen nach diesem Buch bis zur Höhe der bisherigen monatlichen Aufwendungen auch auf künftige Leistungen klagen.

(4) $_{1}$Die Träger der Leistungen nach diesem Buch können den auf sie übergegangenen Anspruch im Einvernehmen mit der Empfängerin oder dem Empfänger der Leistungen auf diese oder diesen zur gerichtlichen Geltendmachung rückübertragen und sich den geltend gemachten Anspruch abtreten lassen. $_{2}$Kosten, mit denen die Leistungsempfängerin oder der Leistungsempfänger dadurch selbst belastet wird, sind zu übernehmen. $_{3}$Über die Ansprüche nach Absatz 1 Satz 4 ist im Zivilrechtsweg zu entscheiden.

(5) Die §§ 115 und 116 des Zehnten Buches gehen der Regelung des Absatzes 1 vor.

§ 34 Ersatzansprüche bei sozialwidrigem Verhalten

(1) $_{1}$Wer nach Vollendung des 18. Lebensjahres vorsätzlich oder grob fahrlässig die Voraussetzungen für die Gewährung von Leistungen nach diesem Buch an sich oder an Personen, die mit ihr oder ihm in einer Bedarfsgemeinschaft leben, ohne wichtigen Grund herbeigeführt hat, ist zum Ersatz der deswegen erbrachten Geld- und Sachleistungen verpflichtet. $_{2}$Als Herbeiführung im Sinne des Satzes 1 gilt auch, wenn die Hilfebedürftigkeit erhöht, aufrechterhalten oder nicht verringert wurde. $_{3}$Sachleistungen sind, auch wenn sie in Form eines Gutscheins erbracht wurden, in Geld zu ersetzen. $_{4}$§ 40 Absatz 6 Satz 2 gilt entsprechend. $_{5}$Der Ersatzanspruch umfasst auch die geleisteten Beiträge zur Sozialversicherung. $_{6}$Von der Geltendmachung eines Ersatzanspruchs ist abzusehen, soweit sie eine Härte bedeuten würde.

(2) $_{1}$Eine nach Absatz 1 eingetretene Verpflichtung zum Ersatz der Leistungen geht auf den Erben über. $_{2}$Sie ist auf den Nachlasswert zum Zeitpunkt des Erbfalls begrenzt.

(3) $_{1}$Der Ersatzanspruch erlischt drei Jahre nach Ablauf des Jahres, für das die Leistung erbracht worden ist. $_{2}$Die Bestimmungen des Bürgerlichen Gesetzbuchs über die Hemmung, die Ablaufhemmung, den Neubeginn und die Wirkung der Verjährung gelten sinngemäß; der Erhebung der Klage steht der Erlass eines Leistungsbescheides gleich.

§ 34a Ersatzansprüche für rechtswidrig erbrachte Leistungen

(1) $_{1}$Zum Ersatz rechtswidrig erbrachter Geld- und Sachleistungen nach diesem Buch ist verpflichtet, wer diese durch vorsätzliches oder grob fahrlässiges Verhalten an Dritte herbeigeführt hat. $_{2}$Sachleistungen sind, auch wenn sie in Form eines Gutscheins erbracht wurden, in Geld zu ersetzen. $_{3}$§ 40 Absatz 6 Satz 2 gilt entsprechend. $_{4}$Der Ersatzanspruch umfasst auch die geleisteten Beiträge zur Sozialversicherung entsprechend § 40 Absatz 2 Nummer 5.

(2) $_{1}$Der Ersatzanspruch verjährt in vier Jahren nach Ablauf des Kalenderjahres, in dem der Verwaltungsakt, mit dem die Erstattung nach § 50 des Zehnten Buches festgesetzt worden ist, unanfechtbar geworden ist. $_{2}$Soweit gegenüber einer rechtswidrig begünstigten Person ein Verwaltungsakt nicht aufgehoben werden kann, beginnt die Frist nach Satz 1 mit dem Zeitpunkt, ab dem die Behörde Kenntnis von der Rechtswidrigkeit der Leistungserbringung hat. $_{3}$§ 34 Absatz 3 Satz 2 gilt entsprechend.

(3) $_{1}$§ 34 Absatz 2 gilt entsprechend. $_{2}$Der Ersatzanspruch erlischt drei Jahre nach dem Tod der Person, die gemäß Absatz 1 zum Ersatz verpflichtet war; § 34 Absatz 3 Satz 2 gilt entsprechend.

(4) Zum Ersatz nach Absatz 1 und zur Erstattung nach § 50 des Zehnten Buches Verpflichtete haften als Gesamtschuldner.

§ 34b Erstattungsanspruch bei Doppelleistungen

(1) $_{1}$Hat ein vorrangig verpflichteter Leistungsträger in Unkenntnis der Leistung durch Träger nach diesem Buch an eine leistungsberechtigte Person geleistet, ist diese zur Erstattung der Leistung des vorrangigen Trägers an die Träger nach diesem Buch verpflichtet. $_{2}$Der Erstattungsanspruch besteht in der Höhe, in der ein Erstattungsanspruch nach dem Zweiten Abschnitt des Dritten Kapitels des Zehnten Buches bestanden hätte. $_{3}$§ 34c ist entsprechend anwendbar.

(2) Ein Erstattungsanspruch besteht nicht, soweit der geleistete Betrag als Einkommen nach den Vorschriften dieses Buches berücksichtigt werden kann.

(3) Der Erstattungsanspruch verjährt vier Jahre nach Ablauf des Kalenderjahres, in dem der vorrangig verpflichtete Leistungsträger die Leistung erbracht hat.

§ 34c Ersatzansprüche nach sonstigen Vorschriften

Bestimmt sich das Recht des Trägers nach diesem Buch, Ersatz seiner Aufwendungen von einem anderen zu verlangen, gegen den die Leistungsberechtigten einen Anspruch haben, nach sonstigen gesetzlichen Vorschriften, die dem § 33 vorgehen, gelten als Aufwendungen auch solche Leistungen zur Sicherung des Lebensunterhalts, die an die mit der leistungsberechtigten Person in einer Bedarfsgemeinschaft lebenden Personen erbracht wurden.

§ 35 (weggefallen)

Kapitel 4
Gemeinsame Vorschriften für Leistungen

Abschnitt 1
Zuständigkeit und Verfahren

§ 36 Örtliche Zuständigkeit

(1) $_{1}$Für die Leistungen nach § 6 Absatz 1 Satz 1 Nummer 1 ist die Agentur für Arbeit zuständig, in deren Bezirk die erwerbsfähige leistungsberechtigte Person ihren gewöhnlichen Aufenthalt hat. $_{2}$Für die Leistungen nach § 6 Absatz 1 Satz 1 Nummer 2 ist der kommunale Träger zuständig, in dessen Gebiet die erwerbsfähige leistungsberechtigte Person ihren gewöhnlichen Aufenthalt hat. $_{3}$Für Leistungen nach den Sätzen 1 und 2 an Minderjährige, die Leistungen für die Zeit der Ausübung des

Umgangsrechts nur für einen kurzen Zeitraum beanspruchen, ist der jeweilige Träger an dem Ort zuständig, an dem die umgangsberechtigte Person ihren gewöhnlichen Aufenthalt hat. $_{4}$Kann ein gewöhnlicher Aufenthaltsort nicht festgestellt werden, so ist der Träger nach diesem Buch örtlich zuständig, in dessen Bereich sich die oder der erwerbsfähige Leistungsberechtigte tatsächlich aufhält. $_{5}$Für nicht erwerbsfähige Personen, deren Leistungsberechtigung sich aus § 7 Absatz 2 Satz 3 ergibt, gelten die Sätze 1 bis 4 entsprechend.

(2) $_{1}$Abweichend von Absatz 1 ist für die jeweiligen Leistungen nach diesem Buch der Träger zuständig, in dessen Gebiet die leistungsberechtigte Person nach § 12a Absatz 1 bis 3 des Aufenthaltsgesetzes ihren Wohnsitz zu nehmen hat. $_{2}$Ist die leistungsberechtigte Person nach § 12a Absatz 4 des Aufenthaltsgesetzes verpflichtet, ihren Wohnsitz an einem bestimmten Ort nicht zu nehmen, kann eine Zuständigkeit der Träger in diesem Gebiet für die jeweiligen Leistungen nach diesem Buch nicht begründet werden; im Übrigen gelten die Regelungen des Absatzes 1.

(3) $_{1}$Abweichend von den Absätzen 1 und 2 ist im Fall der Auszahlung der Leistungen nach § 28 Absatz 2 Satz 1 Nummer 1 nach § 29 Absatz 6 der kommunale Träger zuständig, in dessen Gebiet die Schule liegt. $_{2}$Die Zuständigkeit nach Satz 1 umfasst auch Leistungen an Schülerinnen und Schüler, für die im Übrigen ein anderer kommunaler Träger nach den Absätzen 1 oder 2 zuständig ist oder wäre.

§ 36a Kostenerstattung bei Aufenthalt im Frauenhaus

Sucht eine Person in einem Frauenhaus Zuflucht, ist der kommunale Träger am bisherigen gewöhnlichen Aufenthaltsort verpflichtet, dem durch die Aufnahme im Frauenhaus zuständigen kommunalen Träger am Ort des Frauenhauses die Kosten für die Zeit des Aufenthaltes im Frauenhaus zu erstatten.

§ 37 Antragserfordernis

(1) $_{1}$Leistungen nach diesem Buch werden auf Antrag erbracht. $_{2}$Leistungen nach § 24 Absatz 1 und 3 und Leistungen für die Bedarfe nach § 28 Absatz 5 sind gesondert zu beantragen.

(2) $_{1}$Leistungen nach diesem Buch werden nicht für Zeiten vor der Antragstellung erbracht. $_{2}$Der Antrag auf Leistungen zur Sicherung des Lebensunterhalts wirkt auf den Ersten des Monats zurück. $_{3}$Wird ein Antrag auf Leistungen zur Sicherung des Lebensunterhalts für einen einzelnen Monat gestellt, in dem aus Jahresabrechnungen von Heizenergiekosten oder aus der angemessenen Bevorratung mit Heizmitteln resultierende Aufwendungen für die Heizung fällig sind, wirkt dieser Antrag, wenn er bis zum Ablauf des dritten Monats nach dem Fälligkeitsmonat gestellt wird, auf den Ersten des Fälligkeitsmonats zurück. $_{4}$Satz 3 gilt nur für Anträge, die bis zum 31. Dezember 2023 gestellt werden.

§ 38 Vertretung der Bedarfsgemeinschaft

(1) $_{1}$Soweit Anhaltspunkte dem nicht entgegenstehen, wird vermutet, dass die oder der erwerbsfähige Leistungsberechtigte bevollmächtigt ist, Leistungen nach diesem Buch auch für die mit ihm in einer Bedarfsgemeinschaft lebenden Personen zu beantragen und entgegenzunehmen. $_{2}$Leben mehrere erwerbsfähige Leistungsberechtigte in einer Bedarfsgemeinschaft, gilt diese Vermutung zugunsten der Antrag stellenden Person.

(2) Für Leistungen an Kinder im Rahmen der Ausübung des Umgangsrechts hat die umgangsberechtigte Person die Befugnis, Leistungen nach diesem Buch zu beantragen und entgegenzunehmen, soweit das Kind dem Haushalt angehört.

§ 39 Sofortige Vollziehbarkeit

Keine aufschiebende Wirkung haben Widerspruch und Anfechtungsklage gegen einen Verwaltungsakt,

1. der Leistungen der Grundsicherung für Arbeitsuchende aufhebt, zurücknimmt, widerruft, entzieht, die Pflichtverletzung und die Minderung des Auszahlungsanspruchs feststellt oder Leistungen zur Eingliederung in Arbeit oder Pflichten erwerbsfähiger Leistungsberechtigter bei der Eingliederung in Arbeit regelt,
2. mit dem zur Beantragung einer vorrangigen Leistung aufgefordert wird oder
3. mit dem nach § 59 in Verbindung mit § 309 des Dritten Buches zur persönlichen Meldung bei der Agentur für Arbeit aufgefordert wird.

§ 40 Anwendung von Verfahrensvorschriften

(1) $_{1}$Für das Verfahren nach diesem Buch gilt das Zehnte Buch. $_{2}$Abweichend von Satz 1 gilt § 44 des Zehnten Buches mit der Maßgabe, dass

1. rechtswidrige nicht begünstigende Verwaltungsakte nach den Absätzen 1 und 2 nicht später als vier Jahre nach Ablauf des Jahres, in dem der Verwaltungsakt bekanntgegeben wurde, zurückzunehmen sind; ausreichend ist, wenn die Rücknahme innerhalb dieses Zeitraums beantragt wird,
2. anstelle des Zeitraums von vier Jahren nach Absatz 4 Satz 1 ein Zeitraum von einem Jahr tritt.

$_{3}$Abweichend von Satz 1 gelten die §§ 45, 47 und 48 des Zehnten Buches mit der Maßgabe, dass ein Verwaltungsakt mit Wirkung für die Vergangenheit nicht aufzuheben ist, wenn sich ausschließlich Erstattungsforderungen nach § 50 Absatz 1 des Zehnten Buches von insgesamt weniger als 50 Euro für die Gesamtheit der Mitglieder der Bedarfsgemeinschaft ergäben. $_{4}$Bei der Prüfung der Aufhebung nach Satz 3 sind Umstände, die bereits Gegenstand einer vorherigen Prüfung nach Satz 3 waren, nicht zu berücksichtigen. $_{5}$Die Sätze 3 und 4 gelten in den Fällen des § 50 Absatz 2 des Zehnten Buches entsprechend.

(2) Entsprechend anwendbar sind die Vorschriften des Dritten Buches über

1. und 2. (weggefallen)
3. die Aufhebung von Verwaltungsakten (§ 330 Absatz 2, 3 Satz 1 und 4);
4. die vorläufige Zahlungseinstellung nach § 331 mit der Maßgabe, dass die Träger auch zur teilweisen Zahlungseinstellung berechtigt sind, wenn sie von Tatsachen Kenntnis erhalten, die zu einem geringeren Leistungsanspruch führen;

5. die Erstattung von Beiträgen zur Kranken-, Renten- und Pflegeversicherung (§ 335 Absatz 1, 2 und 5); § 335 Absatz 1 Satz 1 und Absatz 5 in Verbindung mit Absatz 1 Satz 1 ist nicht anwendbar, wenn in einem Kalendermonat für mindestens einen Tag rechtmäßig Bürgergeld nach § 19 Absatz 1 Satz 1 gewährt wurde; in den Fällen des § 335 Absatz 1 Satz 2 und Absatz 5 in Verbindung mit Absatz 1 Satz 2 besteht kein Beitragserstattungsanspruch.

(3) 1Liegen die in § 44 Absatz 1 Satz 1 des Zehnten Buches genannten Voraussetzungen für die Rücknahme eines rechtswidrigen nicht begünstigenden Verwaltungsaktes vor, weil dieser auf einer Rechtsnorm beruht, die nach Erlass des Verwaltungsaktes

1. durch eine Entscheidung des Bundesverfassungsgerichts für nichtig oder für unvereinbar mit dem Grundgesetz erklärt worden ist oder
2. in ständiger Rechtsprechung anders als durch den für die jeweilige Leistungsart zuständigen Träger der Grundsicherung für Arbeitsuchende ausgelegt worden ist,

so ist der Verwaltungsakt, wenn er unanfechtbar geworden ist, nur mit Wirkung für die Zeit nach der Entscheidung des Bundesverfassungsgerichts oder ab dem Bestehen der ständigen Rechtsprechung zurückzunehmen. 2Bei der Unwirksamkeit einer Satzung oder einer anderen im Rang unter einem Landesgesetz stehenden Rechtsvorschrift, die nach § 22a Absatz 1 und dem dazu ergangenen Landesgesetz erlassen worden ist, ist abweichend von Satz 1 auf die Zeit nach der Entscheidung durch das Landessozialgericht abzustellen.

VII

(4) Der Verwaltungsakt, mit dem über die Gewährung von Leistungen nach diesem Buch abschließend entschieden wurde, ist mit Wirkung für die Zukunft ganz aufzuheben, wenn in den tatsächlichen Verhältnissen der leistungsberechtigten Person Änderungen eintreten, aufgrund derer nach Maßgabe des § 41a vorläufig zu entscheiden wäre.

(5) 1Verstirbt eine leistungsberechtigte Person oder eine Person, die mit der leistungsberechtigten Person in häuslicher Gemeinschaft lebt, bleiben im Sterbemonat allein die dadurch eintretenden Änderungen in den bereits bewilligten Leistungsansprüchen der leistungsberechtigten Person und der mit ihr in Bedarfsgemeinschaft lebenden Personen unberücksichtigt; die §§ 48 und 50 Absatz 2 des Zehnten Buches sind insoweit nicht anzuwenden. 2§ 118 Absatz 3 bis 4a des Sechsten Buches findet mit der Maßgabe entsprechend Anwendung, dass Geldleistungen, die für die Zeit nach dem Monat des Todes der leistungsberechtigten Person überwiesen wurden, als unter Vorbehalt erbracht gelten.

(6) 1§ 50 Absatz 1 des Zehnten Buches ist mit der Maßgabe anzuwenden, dass Gutscheine in Geld zu erstatten sind. 2Die leistungsberechtigte Person kann die Erstattungsforderung auch durch Rückgabe des Gutscheins erfüllen, soweit dieser nicht in Anspruch genommen wurde. 3Eine Erstattung der Leistungen nach § 28 erfolgt nicht, soweit eine Aufhebungsentscheidung allein wegen dieser Leistungen zu treffen wäre. 4Satz 3 gilt nicht im Fall des Widerrufs einer Bewilligungsentscheidung nach § 29 Absatz 5 Satz 2.

(7) § 28 des Zehnten Buches gilt mit der Maßgabe, dass der Antrag unverzüglich nach Ablauf des Monats, in dem die Ablehnung oder Erstattung der anderen Leistung bindend geworden ist, nachzuholen ist.

(8) Für die Vollstreckung von Ansprüchen der in gemeinsamen Einrichtungen zusammenwirkenden Träger nach diesem Buch gilt das Verwaltungs-Vollstreckungsgesetz des Bundes; im Übrigen gilt § 66 des Zehnten Buches.

(9) § 1629a des Bürgerlichen Gesetzbuchs gilt mit der Maßgabe, dass sich die Haftung eines Kindes auf das Vermögen beschränkt, das bei Eintritt der Volljährigkeit den Betrag von 15 000 Euro übersteigt.

(10) 1Erstattungsansprüche nach § 50 des Zehnten Buches, die auf die Aufnahme einer bedarfsdeckenden sozialversicherungspflichtigen Beschäftigung zurückzuführen sind, sind in monatlichen Raten in Höhe von 10 Prozent des maßgebenden Regelbedarfs zu tilgen. 2Dies gilt nicht, wenn vor Tilgung der gesamten Summe erneute Hilfebedürftigkeit eintritt.

§ 40a Erstattungsanspruch

1Wird einer leistungsberechtigten Person für denselben Zeitraum, für den ein Träger der Grundsicherung für Arbeitsuchende Leistungen nach diesem Buch erbracht hat, eine andere Sozialleistung bewilligt, so steht dem Träger der Grundsicherung für Arbeitsuchende unter den Voraussetzungen des § 104 des Zehnten Buches ein Erstattungsanspruch gegen den anderen Sozialleistungsträger zu. 2Der Erstattungsanspruch besteht auch, soweit die Erbringung des Arbeitslosengeldes II allein auf Grund einer nachträglich festgestellten vollen Erwerbsminderung rechtswidrig war oder rückwirkend eine Rente wegen Alters oder eine Knappschaftsausgleichsleistung zuerkannt wird. 3Die §§ 106 bis 114 des Zehnten Buches gelten entsprechend. 4§ 44a Absatz 3 bleibt unberührt.

§ 41 Berechnung der Leistungen und Bewilligungszeitraum

(1) 1Anspruch auf Leistungen zur Sicherung des Lebensunterhalts besteht für jeden Kalendertag. 2Der Monat wird mit 30 Tagen berechnet. 3Stehen die Leistungen nicht für einen vollen Monat zu, wird die Leistung anteilig erbracht.

(2) 1Berechnungen werden auf zwei Dezimalstellen durchgeführt, wenn nichts Abweichendes bestimmt ist. 2Bei einer auf Dezimalstellen durchgeführten Berechnung wird die letzte Dezimalstelle um eins erhöht, wenn sich in der folgenden Dezimalstelle eine der Ziffern 5 bis 9 ergeben würde.

(3) 1Über den Anspruch auf Leistungen zur Sicherung des Lebensunterhalts ist in der Regel für ein Jahr zu entscheiden (Bewilligungszeitraum). 2Der Bewilligungszeitraum soll insbesondere in den Fällen regelmäßig auf sechs Monate verkürzt werden, in denen

1. über den Leistungsanspruch vorläufig entschieden wird (§ 41a) oder
2. die Aufwendungen für die Unterkunft und Heizung unangemessen sind.

3Die Festlegung des Bewilligungszeitraums erfolgt einheitlich für die Entscheidung über die Leistungsansprüche aller Mitglieder einer Bedarfsgemeinschaft. 4Wird mit dem Bescheid über Leistungen zur Sicherung des Lebensunterhalts nicht auch über die Leistungen zur Deckung der Bedarfe nach § 28 Absatz 2, 4, 6 und 7 entschieden, ist die oder der Leistungsberechtigte in dem Bescheid über Leistungen zur Sicherung des Lebensunterhalts darauf hinzuweisen, dass die Entscheidung über Leistungen zur Deckung der Bedarfe nach § 28 Absatz 2, 4, 6 und 7 gesondert erfolgt.

§ 41a Vorläufige Entscheidung

(1) 1Über die Erbringung von Geld- und Sachleistungen ist vorläufig zu entscheiden, wenn

1. zur Feststellung der Voraussetzungen des Anspruchs auf Geld- und Sachleistungen voraussichtlich längere Zeit erforderlich ist und die Voraussetzungen für den Anspruch mit hinreichender Wahrscheinlichkeit vorliegen oder
2. ein Anspruch auf Geld- und Sachleistungen dem Grunde nach besteht und zur Feststellung seiner Höhe voraussichtlich längere Zeit erforderlich ist.

2Besteht eine Bedarfsgemeinschaft aus mehreren Personen, ist unter den Voraussetzungen des Satzes 1 über den Leistungsanspruch aller Mitglieder der Bedarfsgemeinschaft vorläufig zu entscheiden. 3Eine vorläufige Entscheidung ergeht nicht, wenn Leistungsberechtigte die Umstände, die einer sofortigen abschließenden Entscheidung entgegenstehen, zu vertreten haben.

(2) 1Der Grund der Vorläufigkeit ist anzugeben. 2Die vorläufige Leistung ist so zu bemessen, dass der monatliche Bedarf der Leistungsberechtigten zur Sicherung des Lebensunterhalts gedeckt ist; davon ist auszugehen, wenn das vorläufig berücksichtigte Einkommen voraussichtlich höchstens in Höhe des Absetzbetrages nach § 11b Absatz 1 Satz 1 Nummer 6 von dem nach Satz 3 zugrunde zu legenden Einkommen abweicht. 3Hierbei sind die im Zeitpunkt der Entscheidung bekannten und prognostizierten Verhältnisse zugrunde zu legen. 4Soweit die vorläufige Entscheidung nach Absatz 1 rechtswidrig ist, ist sie für die Zukunft zurückzunehmen. 5§ 45 Absatz 2 des Zehnten Buches findet keine Anwendung.

(3) 1Die Träger der Grundsicherung für Arbeitsuchende entscheiden abschließend über den monatlichen Leistungsanspruch, sofern die vorläufig bewilligte Leistung nicht der abschließend festzustellenden entspricht oder die leistungsberechtigte Person eine abschließende Entscheidung beantragt. 2Die leistungsberechtigte Person und die mit ihr in Bedarfsgemeinschaft lebenden Personen sind nach Ablauf des Bewilligungszeitraums verpflichtet, die von den Trägern der Grundsicherung für Arbeitsuchende zum Erlass einer abschließenden Entscheidung geforderten leistungserheblichen Tatsachen nachzuweisen; die §§ 60, 61, 65 und 65a des Ersten Buches gelten entsprechend. 3Kommen die leistungsberechtigte Person oder die mit ihr in Bedarfsgemeinschaft lebenden Personen ihrer Nachweis- oder Auskunftspflicht bis zur abschließenden Entscheidung nicht, nicht vollständig oder trotz angemessener Fristsetzung und schriftlicher Belehrung über die Rechtsfolgen nicht fristgemäß nach, setzen die Träger der Grundsicherung für Arbeitsuchende den Leistungsanspruch für diejenigen Kalendermonate nur in der Höhe abschließend fest, in welcher seine Voraussetzungen ganz oder teilweise nachgewiesen wurden. 4Für die übrigen Kalendermonate wird festgestellt, dass ein Leistungsanspruch nicht bestand.

(4) Die abschließende Entscheidung nach Absatz 3 soll nach Ablauf des Bewilligungszeitraums erfolgen.

(5) 1Ergeht innerhalb eines Jahres nach Ablauf des Bewilligungszeitraums keine abschließende Entscheidung nach Absatz 3, gelten die vorläufig bewilligten Leistungen als abschließend festgesetzt. 2Dies gilt nicht, wenn

1. die leistungsberechtigte Person innerhalb der Frist nach Satz 1 eine abschließende Entscheidung beantragt oder
2. der Leistungsanspruch aus einem anderen als dem nach Absatz 2 Satz 1 anzugebenden Grund nicht oder nur in geringerer Höhe als die vorläufigen Leistungen besteht und der Träger der Grundsicherung für Arbeitsuchende über den Leistungsanspruch innerhalb eines Jahres seit Kenntnis von diesen Tatsachen, spätestens aber nach Ablauf von zehn Jahren nach der Bekanntgabe der vorläufigen Entscheidung, abschließend entscheidet.

(6) 1Die aufgrund der vorläufigen Entscheidung erbrachten Leistungen sind auf die abschließend festgestellten Leistungen anzurechnen. 2Soweit im Bewilligungszeitraum in einzelnen Kalendermonaten vorläufig zu hohe Leistungen erbracht wurden, sind die sich daraus ergebenden Überzahlungen auf die abschließend bewilligten Leistungen anzurechnen, die für andere Kalendermonate dieses Bewilligungszeitraums nachzuzahlen wären. 3Überzahlungen, die nach der Anrechnung fortbestehen, sind zu erstatten, sofern sie insgesamt mindestens 50 Euro für die Gesamtheit der Mitglieder der Bedarfsgemeinschaft betragen. 4Das gilt auch im Fall des Absatzes 3 Satz 3 und 4.

(7) 1Über die Erbringung von Geld- und Sachleistungen kann vorläufig entschieden werden, wenn

1. die Vereinbarkeit einer Vorschrift dieses Buches, von der die Entscheidung über den Antrag abhängt, mit höherrangigem Recht Gegenstand eines Verfahrens bei dem Bundesverfassungsgericht oder dem Gerichtshof der Europäischen Union ist oder
2. eine entscheidungserhebliche Rechtsfrage von grundsätzlicher Bedeutung Gegenstand eines Verfahrens beim Bundessozialgericht ist.

2Absatz 2 Satz 1, Absatz 3 Satz 2 bis 4 sowie Absatz 6 gelten entsprechend.

§ 42 Fälligkeit, Auszahlung und Unpfändbarkeit der Leistungen

(1) Leistungen sollen monatlich im Voraus erbracht werden.

(2) 1Auf Antrag der leistungsberechtigten Person können durch Bewilligungsbescheid festgesetzte, zum nächsten Zahlungszeitpunkt fällige Leistungsansprüche vorzeitig erbracht werden. 2Die Höhe der vorzeitigen Leistung ist auf 100 Euro begrenzt. 3Der Auszahlungsanspruch im Folgemonat verringert sich entsprechend. 4Soweit eine Verringerung des Auszahlungsanspruchs im Folgemonat nicht möglich ist, verringert sich der Auszahlungsanspruch für den zweiten auf die Bewilligung der vorzeiti-

VII

gen Leistung folgenden Monat. 5Die vorzeitige Leistung ist ausgeschlossen,

1. wenn im laufenden Monat oder im Monat der Verringerung des Leistungsanspruches eine Aufrechnung zu erwarten ist,
2. wenn der Leistungsanspruch im Folgemonat durch eine Sanktion gemindert ist oder
3. wenn sie bereits in einem der vorangegangenen zwei Kalendermonate in Anspruch genommen wurde.

(3) (weggefallen)

(4) 1Der Anspruch auf Leistungen zur Sicherung des Lebensunterhaltes kann nicht abgetreten, übertragen, verpfändet oder gepfändet werden. 2Die Abtretung und Übertragung nach § 53 Absatz 2 des Ersten Buches bleibt unberührt.

§ 42a Darlehen

(1) 1Darlehen werden nur erbracht, wenn ein Bedarf weder durch Vermögen nach § 12 Absatz 2 und 4 Satz 1 noch auf andere Weise gedeckt werden kann. 2Darlehen können an einzelne Mitglieder von Bedarfsgemeinschaften oder an mehrere gemeinsam vergeben werden. 3Die Rückzahlungsverpflichtung trifft die Darlehensnehmer.

VII

(2) 1Solange Darlehensnehmer Leistungen zur Sicherung des Lebensunterhalts beziehen, werden Rückzahlungsansprüche aus Darlehen ab dem Monat, der auf die Auszahlung folgt, durch monatliche Aufrechnung in Höhe von 5 Prozent des maßgebenden Regelbedarfs getilgt. 2§ 43 Absatz 3 gilt entsprechend. 3Die Aufrechnung ist gegenüber den Darlehensnehmern schriftlich durch Verwaltungsakt zu erklären. 4Satz 1 gilt nicht, soweit Leistungen zur Sicherung des Lebensunterhalts als Darlehen erbracht werden oder soweit bereits gemäß § 43 in Höhe von mehr als 20 Prozent des für die Darlehensnehmer maßgebenden Regelbedarfs gegen deren Ansprüche auf Geldleistungen zur Sicherung des Lebensunterhalts aufgerechnet wird.

(3) 1Rückzahlungsansprüche aus Darlehen nach § 24 Absatz 5 sind nach erfolgter Verwertung sofort in voller Höhe und Rückzahlungsansprüche aus Darlehen nach § 22 Absatz 6 bei Rückzahlung durch den Vermieter sofort in Höhe des noch nicht getilgten Darlehensbetrages fällig. 2Deckt der erlangte Betrag den noch nicht getilgten Darlehensbetrag nicht, soll eine Vereinbarung über die Rückzahlung des ausstehenden Betrags unter Berücksichtigung der wirtschaftlichen Verhältnisse der Darlehensnehmer getroffen werden.

(4) 1Nach Beendigung des Leistungsbezuges ist der noch nicht getilgte Darlehensbetrag sofort fällig. 2Über die Rückzahlung des ausstehenden Betrags soll eine Vereinbarung unter Berücksichtigung der wirtschaftlichen Verhältnisse der Darlehensnehmer getroffen werden.

(5) 1Rückzahlungsansprüche aus Darlehen nach § 27 Absatz 3 sind abweichend von Absatz 4 Satz 1 erst nach Abschluss der Ausbildung fällig. 2Absatz 4 Satz 2 gilt entsprechend.

(6) Sofern keine abweichende Tilgungsbestimmung getroffen wird, werden Zahlungen, die zur Tilgung der gesamten fälligen Schuld nicht ausreichen, zunächst auf das zuerst erbrachte Darlehen angerechnet.

§ 43 Aufrechnung

(1) Die Jobcenter können gegen Ansprüche von leistungsberechtigten Personen auf Geldleistungen zur Sicherung des Lebensunterhalts aufrechnen mit

1. Erstattungsansprüchen nach § 50 des Zehnten Buches,
2. Ersatzansprüchen nach den §§ 34 und 34a,
3. Erstattungsansprüchen nach § 34b oder
4. Erstattungsansprüchen nach § 41a Absatz 6 Satz 3.

(2) 1Die Höhe der Aufrechnung beträgt bei Erstattungsansprüchen, die auf § 41a oder auf § 48 Absatz 1 Satz 2 Nummer 3 in Verbindung mit § 50 des Zehnten Buches beruhen, 10 Prozent des für die leistungsberechtigte Person maßgebenden Regelbedarfs, in den übrigen Fällen 30 Prozent. 2Die Aufrechnung, die zusammen mit bereits laufenden Aufrechnungen nach Absatz 1 und nach § 42a Absatz 2 insgesamt 30 Prozent des maßgebenden Regelbedarfs übersteigen würde, ist unzulässig.

(3) 1Eine Aufrechnung ist nicht zulässig für Zeiträume, in denen der Auszahlungsanspruch nach § 31b Absatz 1 Satz 1 um mindestens 30 Prozent des maßgebenden Regelbedarfs gemindert ist. 2Ist die Minderung des Auszahlungsanspruchs geringer, ist die Höhe der Aufrechnung auf die Differenz zwischen dem Minderungsbetrag und 30 Prozent des maßgebenden Regelbedarfs begrenzt.

(4) 1Die Aufrechnung ist gegenüber der leistungsberechtigten Person schriftlich durch Verwaltungsakt zu erklären. 2Sie endet spätestens drei Jahre nach dem Monat, der auf die Bestandskraft der in Absatz 1 genannten Entscheidungen folgt. 3Zeiten, in denen die Aufrechnung nicht vollziehbar ist, verlängern den Aufrechnungszeitraum entsprechend.

§ 43a Verteilung von Teilzahlungen

Teilzahlungen auf Ersatz- und Erstattungsansprüche der Träger nach diesem Buch gegen Leistungsberechtigte oder Dritte mindern die Aufwendungen der Träger der Aufwendungen im Verhältnis des jeweiligen Anteils an der Forderung zueinander.

§ 44 Veränderung von Ansprüchen

Die Träger von Leistungen nach diesem Buch dürfen Ansprüche erlassen, wenn deren Einziehung nach Lage des einzelnen Falles unbillig wäre.

Abschnitt 2
Einheitliche Entscheidung

§ 44a Feststellung von Erwerbsfähigkeit und Hilfebedürftigkeit

(1) 1Die Agentur für Arbeit stellt fest, ob die oder der Arbeitsuchende erwerbsfähig ist. 2Der Entscheidung können widersprechen:

1. der kommunale Träger,
2. ein anderer Träger, der bei voller Erwerbsminderung zuständig wäre, oder
3. die Krankenkasse, die bei Erwerbsfähigkeit Leistungen der Krankenversicherung zu erbringen hätte.

3Der Widerspruch ist zu begründen. 4Im Widerspruchsfall entscheidet die Agentur für Arbeit, nachdem sie eine gutachterliche Stellungnahme eingeholt hat. $_{5}$Die gutachterliche Stellungnahme erstellt der nach § 109a Absatz 4 des Sechsten Buches zuständige Träger der Rentenversicherung. $_{6}$Die Agentur für Arbeit ist bei der Entscheidung über den Widerspruch an die gutachterliche Stellungnahme nach Satz 5 gebunden. $_{7}$Bis zu der Entscheidung über den Widerspruch erbringen die Agentur für Arbeit und der kommunale Träger bei Vorliegen der übrigen Voraussetzungen Leistungen der Grundsicherung für Arbeitsuchende.

(1a) $_{1}$Der Einholung einer gutachterlichen Stellungnahme nach Absatz 1 Satz 4 bedarf es nicht, wenn der zuständige Träger der Rentenversicherung bereits nach § 109a Absatz 2 Satz 2 des Sechsten Buches eine gutachterliche Stellungnahme abgegeben hat. $_{2}$Die Agentur für Arbeit ist an die gutachterliche Stellungnahme gebunden.

(2) Die gutachterliche Stellungnahme des Rentenversicherungsträgers zur Erwerbsfähigkeit ist für alle gesetzlichen Leistungsträger nach dem Zweiten, Dritten, Fünften, Sechsten und Zwölften Buch bindend; § 48 des Zehnten Buches bleibt unberührt.

(3) $_{1}$Entscheidet die Agentur für Arbeit, dass ein Anspruch auf Leistungen der Grundsicherung für Arbeitsuchende nicht besteht, stehen ihr und dem kommunalen Träger Erstattungsansprüche nach § 103 des Zehnten Buches zu, wenn der oder dem Leistungsberechtigten eine andere Sozialleistung zuerkannt wird. $_{2}$§ 103 Absatz 3 des Zehnten Buches gilt mit der Maßgabe, dass Zeitpunkt der Kenntnisnahme der Leistungsverpflichtung des Trägers der Sozialhilfe, der Sozialen Entschädigung nach dem Vierzehnten Buch, soweit er Besondere Leistungen im Einzelfall erbringt, und der Jugendhilfe der Tag des Widerspruchs gegen die Feststellung der Agentur für Arbeit ist.

(4) $_{1}$Die Agentur für Arbeit stellt fest, ob und in welchem Umfang die erwerbsfähige Person und die dem Haushalt angehörenden Personen hilfebedürftig sind. $_{2}$Sie ist dabei und bei den weiteren Entscheidungen nach diesem Buch an die Feststellung der Angemessenheit der Kosten für Unterkunft und Heizung durch den kommunalen Träger gebunden. $_{3}$Die Agentur für Arbeit stellt fest, ob die oder der erwerbsfähige Leistungsberechtigte oder die dem Haushalt angehörenden Personen vom Bezug von Leistungen nach diesem Buch ausgeschlossen sind.

(5) $_{1}$Der kommunale Träger stellt die Höhe der in seiner Zuständigkeit zu erbringenden Leistungen fest. $_{2}$Er ist dabei und bei den weiteren Entscheidungen nach diesem Buch an die Feststellungen der Agentur für Arbeit nach Absatz 4 gebunden. $_{3}$Satz 2 gilt nicht, sofern der kommunale Träger zur vorläufigen Zahlungseinstellung berechtigt ist und dies der Agentur für Arbeit vor dieser Entscheidung mitteilt.

(6) $_{1}$Der kommunale Träger kann einer Feststellung der Agentur für Arbeit nach Absatz 4 Satz 1 oder 3 innerhalb eines Monats schriftlich widersprechen, wenn er aufgrund der Feststellung höhere Leistungen zu erbringen hat. $_{2}$Der Widerspruch ist zu begründen; er befreit nicht von der Verpflichtung, die Leistungen entsprechend der Feststellung der Agentur für Arbeit zu gewähren. $_{3}$Die Agentur für Arbeit überprüft ihre Feststellung und teilt dem kommunalen Träger innerhalb von zwei Wochen ihre endgültige Feststellung mit. $_{4}$Hält der kommunale Träger seinen Widerspruch aufrecht, sind die Träger bis zu einer anderen Entscheidung der Agentur für Arbeit oder einer gerichtlichen Entscheidung an die Feststellung der Agentur für Arbeit gebunden.

§ 44b Gemeinsame Einrichtung

(1) $_{1}$Zur einheitlichen Durchführung der Grundsicherung für Arbeitsuchende bilden die Träger im Gebiet jedes kommunalen Trägers nach § 6 Absatz 1 Satz 1 Nummer 2 eine gemeinsame Einrichtung. $_{2}$Die gemeinsame Einrichtung nimmt die Aufgaben der Träger nach diesem Buch wahr; die Trägerschaft nach § 6 sowie nach den §§ 6a und 6b bleibt unberührt. $_{3}$Die gemeinsame Einrichtung ist befugt, Verwaltungsakte und Widerspruchsbescheide zu erlassen. $_{4}$Die Aufgaben werden von Beamtinnen und Beamten sowie Arbeitnehmerinnen und Arbeitnehmern wahrgenommen, denen entsprechende Tätigkeiten zugewiesen worden sind.

(2) $_{1}$Die Träger bestimmen den Standort sowie die nähere Ausgestaltung und Organisation der gemeinsamen Einrichtung durch Vereinbarung. $_{2}$Die Ausgestaltung und Organisation der gemeinsamen Einrichtung sollen die Besonderheiten der beteiligten Träger, des regionalen Arbeitsmarktes und der regionalen Wirtschaftsstruktur berücksichtigen. $_{3}$Die Träger können die Zusammenlegung mehrerer gemeinsamer Einrichtungen zu einer gemeinsamen Einrichtung vereinbaren.

(3) $_{1}$Den Trägern obliegt die Verantwortung für die rechtmäßige und zweckmäßige Erbringung ihrer Leistungen. $_{2}$Sie haben in ihrem Aufgabenbereich nach § 6 Absatz 1 Nummer 1 oder 2 gegenüber der gemeinsamen Einrichtung ein Weisungsrecht; dies gilt nicht im Zuständigkeitsbereich der Trägerversammlung nach § 44c. $_{3}$Die Träger sind berechtigt, von der gemeinsamen Einrichtung die Erteilung von Auskunft und Rechenschaftslegung über die Leistungserbringung zu fordern, die Wahrnehmung der Aufgaben in der gemeinsamen Einrichtung zu prüfen und die gemeinsame Einrichtung an ihre Auffassung zu binden. $_{4}$Vor Ausübung ihres Weisungsrechts in Angelegenheiten grundsätzlicher Bedeutung befassen die Träger den Kooperationsausschuss nach § 18b. $_{5}$Der Kooperationsausschuss kann innerhalb von zwei Wochen nach Anrufung eine Empfehlung abgeben.

(4) $_{1}$Die gemeinsame Einrichtung kann einzelne Aufgaben auch durch die Träger wahrnehmen lassen. $_{2}$Im Übrigen gelten die §§ 88 bis 92 des Zehnten Buches für die gemeinsamen Einrichtungen im Aufgabenbereich dieses Buches entsprechend.

(5) Die Bundesagentur stellt der gemeinsamen Einrichtung Angebote an Dienstleistungen zur Verfügung.

(6) Die Träger teilen der gemeinsamen Einrichtung alle Tatsachen und Feststellungen mit, von denen sie Kenntnis erhalten und die für die Leistungen erforderlich sind.

Kapitel 8
Mitwirkungspflichten

§ 56 Anzeige- und Bescheinigungspflicht bei Arbeitsunfähigkeit

(1) $_{1}$Erwerbsfähige Leistungsberechtigte, die Leistungen zur Sicherung des Lebensunterhalts beantragt haben oder beziehen, sind verpflichtet,

1. eine eingetretene Arbeitsunfähigkeit und deren voraussichtliche Dauer unverzüglich anzuzeigen und
2. spätestens vor Ablauf des dritten Kalendertages nach Eintritt der Arbeitsunfähigkeit eine ärztliche Bescheinigung über die Arbeitsunfähigkeit und deren voraussichtliche Dauer vorzulegen.

$_{2}$§ 31 Absatz 1 findet keine Anwendung. $_{3}$Die Agentur für Arbeit ist berechtigt, die Vorlage der ärztlichen Bescheinigung früher zu verlangen. $_{4}$Dauert die Arbeitsunfähigkeit länger als in der Bescheinigung angegeben, so ist der Agentur für Arbeit eine neue ärztliche Bescheinigung vorzulegen. $_{5}$Die Bescheinigungen müssen einen Vermerk des behandelnden Arztes darüber enthalten, dass dem Träger der Krankenversicherung unverzüglich eine Bescheinigung über die Arbeitsunfähigkeit mit Angaben über den Befund und die voraussichtliche Dauer der Arbeitsunfähigkeit übersandt wird. $_{6}$Zweifelt die Agentur für Arbeit an der Arbeitsunfähigkeit der oder des erwerbsfähigen Leistungsberechtigten, so gilt § 275 Absatz 1 Nummer 3b und Absatz 1a des Fünften Buches entsprechend.

(2) $_{1}$Absatz 1 Satz 1 gilt nicht für erwerbsfähige Leistungsberechtigte, die einen Anspruch auf Arbeitslosengeld oder Teilarbeitslosengeld haben. $_{2}$Die Agentur für Arbeit kann erwerbsfähige Leistungsberechtigte im Einzelfall von der Verpflichtung nach Absatz 1 Satz 1 befreien. $_{3}$Sie soll erwerbsfähige Leistungsberechtigte befreien, sofern die Eingliederung in Arbeit oder Ausbildung hierdurch nicht gefährdet wird.

(3) $_{1}$Die Bundesagentur erstattet den Krankenkassen die Kosten für die Begutachtung durch den Medizinischen Dienst nach Absatz 1 Satz 6. $_{2}$Die Bundesagentur und der Spitzenverband Bund der Krankenkassen vereinbaren das Nähere über das Verfahren und die Höhe der Kostenerstattung; der Medizinische Dienst Bund ist zu beteiligen. $_{3}$In der Vereinbarung kann auch eine pauschale Abgeltung der Kosten geregelt werden.

§ 57 Auskunftspflicht von Arbeitgebern

$_{1}$Arbeitgeber haben der Agentur für Arbeit auf deren Verlangen Auskunft über solche Tatsachen zu geben, die für die Entscheidung über einen Anspruch auf Leistungen nach diesem Buch erheblich sein können; die Agentur für Arbeit kann hierfür die Benutzung eines Vordrucks verlangen. $_{2}$Die Auskunftspflicht erstreckt sich auch auf Angaben über das Ende und den Grund für die Beendigung des Beschäftigungsverhältnisses.

§ 58 Einkommensbescheinigung

(1) $_{1}$Wer jemanden, der laufende Geldleistungen nach diesem Buch beantragt hat oder bezieht, gegen Arbeitsentgelt beschäftigt, ist verpflichtet, diesem unverzüglich Art und Dauer dieser Erwerbstätigkeit sowie die Höhe des Arbeitsentgelts oder der Vergütung für die Zeiten zu bescheinigen, für die diese Leistung beantragt worden ist oder bezogen wird. $_{2}$Dabei ist der von der Agentur für Arbeit vorgesehene Vordruck zu benutzen. $_{3}$Die Bescheinigung ist der- oder demjenigen, die oder der die Leistung beantragt hat oder bezieht, unverzüglich auszuhändigen.

(2) Wer eine laufende Geldleistung nach diesem Buch beantragt hat oder bezieht und gegen Arbeitsentgelt beschäftigt wird, ist verpflichtet, dem Arbeitgeber den für die Bescheinigung des Arbeitsentgelts vorgeschriebenen Vordruck unverzüglich vorzulegen.

§ 59 Meldepflicht

Die Vorschriften über die allgemeine Meldepflicht, § 309 des Dritten Buches, und über die Meldepflicht bei Wechsel der Zuständigkeit, § 310 des Dritten Buches, sind entsprechend anzuwenden.

§ 60 Auskunftspflicht und Mitwirkungspflicht Dritter

(1) Wer jemandem, der Leistungen nach diesem Buch beantragt hat oder bezieht, Leistungen erbringt, die geeignet sind, diese Leistungen nach diesem Buch auszuschließen oder zu mindern, hat der Agentur für Arbeit auf Verlangen hierüber Auskunft zu erteilen, soweit es zur Durchführung der Aufgaben nach diesem Buch erforderlich ist.

(2) $_{1}$Wer jemandem, der eine Leistung nach diesem Buch beantragt hat oder bezieht, zu Leistungen verpflichtet ist, die geeignet sind, Leistungen nach diesem Buch auszuschließen oder zu mindern, oder wer für ihn Guthaben führt oder Vermögensgegenstände verwahrt, hat der Agentur für Arbeit auf Verlangen hierüber sowie über damit im Zusammenhang stehendes Einkommen oder Vermögen Auskunft zu erteilen, soweit es zur Durchführung der Aufgaben nach diesem Buch erforderlich ist. $_{2}$§ 21 Absatz 3 Satz 4 des Zehnten Buches gilt entsprechend. $_{3}$Für die Feststellung einer Unterhaltsverpflichtung ist § 1605 Absatz 1 des Bürgerlichen Gesetzbuchs anzuwenden.

(3) Wer jemanden, der

1. Leistungen nach diesem Buch beantragt hat oder bezieht oder dessen Partnerin oder Partner oder
2. nach Absatz 2 zur Auskunft verpflichtet ist,

beschäftigt, hat der Agentur für Arbeit auf Verlangen über die Beschäftigung, insbesondere über das Arbeitsentgelt, Auskunft zu erteilen, soweit es zur Durchführung der Aufgaben nach diesem Buch erforderlich ist.

(4) $_{1}$Sind Einkommen oder Vermögen der Partnerin oder des Partners zu berücksichtigen, haben

1. diese Partnerin oder dieser Partner,
2. Dritte, die für diese Partnerin oder diesen Partner Guthaben führen oder Vermögensgegenstände verwahren,

der Agentur für Arbeit auf Verlangen hierüber Auskunft zu erteilen, soweit es zur Durchführung der Aufgaben nach diesem Buch erforderlich ist. $_{2}$§ 21 Absatz 3 Satz 4 des Zehnten Buches gilt entsprechend.

(5) Wer jemanden, der Leistungen nach diesem Buch beantragt hat, bezieht oder bezogen hat, beschäftigt, hat der Agentur für Arbeit auf Verlangen Einsicht in Geschäftsbücher, Geschäftsunterlagen und Belege sowie in Listen, Entgeltverzeichnisse und Entgeltbelege für Heimarbeiterinnen oder Heimarbeiter zu gewähren, soweit es zur Durchführung der Aufgaben nach diesem Buch erforderlich ist.

§ 61 Auskunftspflichten bei Leistungen zur Eingliederung in Arbeit

(1) $_{1}$Träger, die eine Leistung zur Eingliederung in Arbeit erbracht haben oder erbringen, haben der Agentur für

Arbeit unverzüglich Auskünfte über Tatsachen zu erteilen, die Aufschluss darüber geben, ob und inwieweit Leistungen zu Recht erbracht worden sind oder werden. 2Sie haben Änderungen, die für die Leistungen erheblich sind, unverzüglich der Agentur für Arbeit mitzuteilen.

(2) 1Die Teilnehmerinnen und Teilnehmer an Maßnahmen zur Eingliederung sind verpflichtet,

1. der Agentur für Arbeit auf Verlangen Auskunft über den Eingliederungserfolg der Maßnahme sowie alle weiteren Auskünfte zu erteilen, die zur Qualitätsprüfung benötigt werden, und
2. eine Beurteilung ihrer Leistung und ihres Verhaltens durch den Maßnahmeträger zuzulassen.

2Die Maßnahmeträger sind verpflichtet,

1. ihre Beurteilung der oder des Teilnehmenden unverzüglich der Agentur für Arbeit zu übermitteln,
2. der für die einzelne Teilnehmerin oder den einzelnen Teilnehmer zuständigen Agentur für Arbeit kalendermonatlich die Fehltage der Teilnehmerin oder des Teilnehmers sowie die Gründe für die Fehltage mitzuteilen.

3Dabei haben sie jeweils die von der Agentur für Arbeit vorgegebenen Verfahren und Formate zu nutzen.

§ 62 Schadenersatz

Wer vorsätzlich oder fahrlässig

1. eine Einkommensbescheinigung nicht, nicht richtig oder nicht vollständig ausfüllt,
2. eine Auskunft nach § 57 oder § 60 nicht, nicht richtig oder nicht vollständig erteilt,

ist zum Ersatz des daraus entstehenden Schadens verpflichtet.

Kapitel 9
Straf- und Bußgeldvorschriften

§ 63 Bußgeldvorschriften

(1) Ordnungswidrig handelt, wer vorsätzlich oder fahrlässig

1. entgegen § 57 Satz 1 eine Auskunft nicht, nicht richtig, nicht vollständig oder nicht rechtzeitig erteilt,
2. entgegen § 58 Absatz 1 Satz 1 oder 3 Art oder Dauer der Erwerbstätigkeit oder die Höhe des Arbeitsentgelts oder der Vergütung nicht, nicht richtig, nicht vollständig oder nicht rechtzeitig bescheinigt oder eine Bescheinigung nicht oder nicht rechtzeitig aushändigt,
3. entgegen § 58 Absatz 2 einen Vordruck nicht oder nicht rechtzeitig vorlegt,
4. entgegen § 60 Absatz 1, 2 Satz 1, Absatz 3 oder 4 Satz 1 oder als privater Träger entgegen § 61 Absatz 1 Satz 1 eine Auskunft nicht, nicht richtig, nicht vollständig oder nicht rechtzeitig erteilt,
5. entgegen § 60 Absatz 5 Einsicht nicht oder nicht rechtzeitig gewährt,
6. entgegen § 60 Absatz 1 Satz 1 Nummer 1 des Ersten Buches eine Angabe nicht, nicht richtig, nicht vollständig oder nicht rechtzeitig macht oder
7. entgegen § 60 Absatz 1 Satz 1 Nummer 2 des Ersten Buches eine Änderung in den Verhältnissen, die für einen Anspruch auf eine laufende Leistung erheblich ist, nicht, nicht richtig, nicht vollständig oder nicht rechtzeitig mitteilt.

(1a) Die Bestimmungen des Absatzes 1 Nummer 1, 4, 5, 6 und 7 gelten auch in Verbindung mit § 6b Absatz 1 Satz 2 oder § 44b Absatz 1 Satz 2 erster Halbsatz.

(2) Die Ordnungswidrigkeit kann in den Fällen des Absatzes 1 Nummer 6 und 7 mit einer Geldbuße bis zu fünftausend Euro, in den übrigen Fällen mit einer Geldbuße bis zu zweitausend Euro geahndet werden.

Kapitel 10
Bekämpfung von Leistungsmissbrauch

§ 64 Zuständigkeit und Zusammenarbeit mit anderen Behörden

(1) Für die Bekämpfung von Leistungsmissbrauch gilt § 319 des Dritten Buches entsprechend.

(2) Verwaltungsbehörden im Sinne des § 36 Absatz 1 Nummer 1 des Gesetzes über Ordnungswidrigkeiten sind in den Fällen

1. des § 63 Absatz 1 Nummer 1 bis 5 die gemeinsame Einrichtung oder der nach § 6a zugelassene kommunale Träger,
2. des § 63 Absatz 1 Nummer 6 und 7
   a) die gemeinsame Einrichtung oder der nach § 6a zugelassene kommunale Träger sowie
   b) die Behörden der Zollverwaltung

   jeweils für ihren Geschäftsbereich.

(3) Bei der Verfolgung und Ahndung der Ordnungswidrigkeiten nach § 63 Absatz 1 Nummer 6 und 7 arbeiten die Behörden nach Absatz 2 Nummer 2 mit den in § 2 Absatz 4 des Schwarzarbeitsbekämpfungsgesetzes genannten Behörden zusammen.

(4) 1Soweit die gemeinsame Einrichtung Verwaltungsbehörde nach Absatz 2 ist, fließen die Geldbußen in die Bundeskasse. 2§ 66 des Zehnten Buches gilt entsprechend. 3Die Bundeskasse trägt abweichend von § 105 Absatz 2 des Gesetzes über Ordnungswidrigkeiten die notwendigen Auslagen. 4Sie ist auch ersatzpflichtig im Sinne des § 110 Absatz 4 des Gesetzes über Ordnungswidrigkeiten.

Kapitel 11
Übergangs- und Schlussvorschriften

§ 68 Abweichende Leistungserbringung in Gemeinschaftsunterkünften

1Ist eine leistungsberechtigte Person in einer Gemeinschaftsunterkunft ohne Selbstversorgungsmöglichkeit untergebracht, kann der Anspruch auf Bürgergeld, soweit er sich auf die Bedarfe für Ernährung und Haushaltsenergie bezieht, in Form von Sachleistungen erfüllt werden. 2Der Wert der Sachleistung nach Satz 1 beträgt

1. bei Erwachsenen, bei denen der Regelbedarf für eine alleinstehende Person anerkannt wird, 186 Euro,
2. bei Erwachsenen, die mit einem Partner zusammenleben, 167 Euro,

VII

3. bei jungen Erwachsenen, die das 18. Lebensjahr vollendet, aber das 25. Lebensjahr noch nicht vollendet haben 149 Euro,
4. bei Jugendlichen von 14 bis unter 18 Jahren 178 Euro,
5. bei Kindern von sechs bis unter 14 Jahren 131 Euro und
6. bei Kindern von null bis unter 6 Jahren 98 Euro.

3Wird die Sachleistung im Auftrag oder mit Zustimmung der Agentur für Arbeit durch einen anderen öffentlich-rechtlichen Träger oder einen privaten Dritten erbracht, gilt dies als Leistung nach diesem Buch. 4Die Agentur für Arbeit hat dem öffentlich-rechtlichen Träger der Gemeinschaftsunterkunft oder, soweit ein solcher nicht vorhanden ist, dem privaten Betreiber der Gemeinschaftsunterkunft Aufwendungen für die Verpflegung einschließlich Haushaltsstrom in Höhe der in Satz 2 benannten Beträge zu erstatten.

§ 69 Übergangsregelung zum Freibetrag für Grundrentenzeiten und vergleichbare Zeiten

Über die Erbringung der Leistungen zur Sicherung des Lebensunterhalts ist ohne Berücksichtigung eines möglichen Freibetrages nach § 11b Absatz 2a in Verbindung mit § 82a des Zwölften Buches zu entscheiden, solange nicht durch eine Mitteilung des Rentenversicherungsträgers oder einer berufsständischen Versicherungs- oder Versorgungseinrichtung nachgewiesen ist, dass die Voraussetzungen für die Einräumung des Freibetrages vorliegen.

VII

§ 72 Sofortzuschlag

(1) 1Kinder, Jugendliche und junge Erwachsene, die Anspruch auf Bürgergeld haben, dem ein Regelbedarf nach den Regelbedarfsstufen 3, 4, 5 oder 6 zu Grunde liegt, haben zusätzlich Anspruch auf einen monatlichen Sofortzuschlag in Höhe von 20 Euro. 2Satz 1 gilt auch für Kinder, Jugendliche und junge Erwachsene, die

1. nur einen Anspruch auf eine Bildungs- und Teilhabeleistung haben oder
2. nur deshalb keinen Anspruch auf Bürgergeld haben, weil im Rahmen der Prüfung der Hilfebedürftigkeit Kindergeld berücksichtigt wurde (§ 11 Absatz 1 Satz 5).

3Der Sofortzuschlag wird erstmalig für den Monat Juli 2022 erbracht.

(2) 1Wird die Entscheidung über die Bewilligung von Bürgergeld oder der Bildungs- und Teilhabeleistung rückwirkend geändert oder fällt sie rückwirkend weg, erfolgt keine rückwirkende Aufhebung der Bewilligung und keine Rückforderung des Sofortzuschlages. 2Dies gilt auch, wenn sich aufgrund einer abschließenden Entscheidung nach § 41a Absatz 3 kein Anspruch auf Bürgergeld oder eine Bildungs- und Teilhabeleistung ergibt.

(3) § 42 Absatz 4 gilt auch für den Anspruch auf den Sofortzuschlag.

§ 74 Ansprüche von Ausländerinnen und Ausländern mit einer Fiktionsbescheinigung

(1) 1Abweichend von § 7 Absatz 1 Satz 2 Nummer 1 und 2 erhalten Leistungen nach diesem Buch auch Personen, die gemäß § 49 des Aufenthaltsgesetzes erkennungsdienstlich behandelt worden sind, eine Aufenthaltserlaubnis nach § 24 Absatz 1 des Aufenthaltsgesetzes beantragt haben und denen eine entsprechende Fiktionsbescheinigung nach § 81 Absatz 5 in Verbindung mit Absatz 3 des Aufenthaltsgesetzes ausgestellt worden ist. 2§ 7 Absatz 1 Satz 1 Nummer 4 und § 8 Absatz 2 sind nicht anzuwenden. 3Der Bewilligungszeitraum ist abweichend von § 41 Absatz 3 Satz 1 auf längstens sechs Monate zu verkürzen.

(2) Absatz 1 gilt auch für Personen, die gemäß § 49 des Aufenthaltsgesetzes erkennungsdienstlich behandelt worden sind, eine Aufenthaltserlaubnis nach § 24 Absatz 1 des Aufenthaltsgesetzes beantragt haben und denen daher eine entsprechende Fiktionsbescheinigung nach § 81 Absatz 5 in Verbindung mit Absatz 4 des Aufenthaltsgesetzes ausgestellt worden ist.

(3) 1Die Absätze 1 und 2 sind bei Personen, denen nach dem 24. Februar 2022 und vor dem 1. Juni 2022 auf Grund eines Antrages auf eine Aufenthaltserlaubnis nach § 24 Absatz 1 des Aufenthaltsgesetzes eine entsprechende Fiktionsbescheinigung nach § 81 Absatz 5 in Verbindung mit Absatz 3 oder Absatz 4 des Aufenthaltsgesetzes ausgestellt worden ist, mit der Maßgabe anzuwenden, dass anstelle der erkennungsdienstlichen Behandlung die Speicherung der Daten nach § 3 Absatz 1 des AZR-Gesetzes erfolgt ist. 2Eine nicht durchgeführte erkennungsdienstliche Behandlung nach § 49 des Aufenthaltsgesetzes oder nach § 16 des Asylgesetzes ist in diesen Fällen durch die zuständige Behörde bis zum Ablauf des 31. Oktober 2022 nachzuholen.

(4) Das Erfordernis des Nachholens einer erkennungsdienstlichen Behandlung in Absatz 3 gilt nicht, soweit eine erkennungsdienstliche Behandlung nach § 49 des Aufenthaltsgesetzes nicht vorgesehen ist.

(5) 1In der Zeit vom 1. Juni 2022 bis einschließlich 31. August 2022 gilt der Antrag auf Leistungen zur Sicherung des Lebensunterhalts nach diesem Buch für Leistungsberechtigte nach § 18 des Asylbewerberleistungsgesetzes als gestellt. 2Die Leistungen nach diesem Buch sind gegenüber den Leistungen nach § 18 des Asylbewerberleistungsgesetzes vorrangig. 3Wenn die Träger der Grundsicherung für Arbeitsuchende Leistungsberechtigten nach § 18 des Asylbewerberleistungsgesetzes laufende Leistungen zur Sicherung des Lebensunterhalts bewilligt haben, haben sie den Zeitpunkt der Aufnahme der laufenden Leistungsgewährung den für die Durchführung des Asylbewerberleistungsgesetzes zuständigen Behörden unverzüglich anzuzeigen. 4Der für die Durchführung des Asylbewerberleistungsgesetzes zuständigen Behörde stehen Erstattungsansprüche nach Maßgabe des § 104 des Zehnten Buches zu.

Verordnung zur Berechnung von Einkommen sowie zur Nichtberücksichtigung von Einkommen und Vermögen beim Bürgergeld (Bürgergeld-Verordnung – Bürgergeld-V)

Vom 17. Dezember 2007 (BGBl. I S. 2942)

Zuletzt geändert durch
Elfte Verordnung zur Änderung der Bürgergeld-Verordnung
vom 13. Februar 2023 (BGBl. I Nr. 38)

Inhaltsübersicht

§ 1 Nicht als Einkommen zu berücksichtigende Einnahmen
§ 2 Berechnung des Einkommens aus nichtselbständiger Arbeit
§ 3 Berechnung des Einkommens aus selbständiger Arbeit, Gewerbebetrieb oder Land- und Forstwirtschaft
§ 4 Berechnung des Einkommens in sonstigen Fällen
§ 5 Begrenzung abzugsfähiger Ausgaben
§ 5a Beträge für die Prüfung der Hilfebedürftigkeit
§ 6 Pauschbeträge für vom Einkommen abzusetzende Beträge
§ 7 Nicht zu berücksichtigendes Vermögen
§ 8 Wert des Vermögens
§ 9 Übergangsvorschrift
§ 10 Inkrafttreten, Außerkrafttreten

VII

Auf Grund des § 13 des Zweiten Buches Sozialgesetzbuch – Grundsicherung für Arbeitsuchende – (Artikel 1 des Gesetzes vom 24. Dezember 2003, BGBl. I S. 2954, 2955), der durch Artikel 1 Nr. 11 des Gesetzes vom 20. Juli 2006 (BGBl. I S. 1706) geändert worden ist, verordnet das Bundesministerium für Arbeit und Soziales im Einvernehmen mit dem Bundesministerium der Finanzen:

§ 1 Nicht als Einkommen zu berücksichtigende Einnahmen

(1) Außer den in § 11a des Zweiten Buches Sozialgesetzbuch genannten Einnahmen sind nicht als Einkommen zu berücksichtigen:

1. Einnahmen, wenn sie innerhalb eines Kalendermonats 10 Euro nicht übersteigen,
2. (weggefallen)
3. Einnahmen aus Kapitalvermögen, soweit sie 100 Euro kalenderjährlich nicht übersteigen,
4. nicht steuerpflichtige Einnahmen einer Pflegeperson für Leistungen der Grundpflege und der hauswirtschaftlichen Versorgung,
5. bei Soldaten der Auslandsverwendungszuschlag,
6. die aus Mitteln des Bundes gezahlte Überbrückungsbeihilfe nach Artikel IX Abs. 4 des Abkommens zwischen den Parteien des Nordatlantikvertrages über die Rechtsstellung ihrer Truppen (NATO-Truppenstatut) vom 19. Juni 1951 (BGBl. 1961 II S. 1190) an ehemalige Arbeitnehmer bei den Stationierungsstreitkräften und nach Artikel 5 des Gesetzes zu den Notenwechseln vom 25. September 1990 und 23. September 1991 über die Rechtsstellung der in Deutschland stationierten verbündeten Streitkräfte und zu den Übereinkommen vom 25. September 1990 zur Regelung bestimmter Fragen in Bezug auf Berlin vom 3. Januar 1994 (BGBl. 1994 II S. 26) an ehemalige Arbeitnehmer bei den alliierten Streitkräften in Berlin,
7. nach § 3 Nummer 11c des Einkommensteuergesetzes steuerfrei gewährte Leistungen zur Abmilderung der gestiegenen Verbrauchspreise,
8. Kindergeld für Kinder des Hilfebedürftigen, soweit es nachweislich an das nicht im Haushalt des Hilfebedürftigen lebende Kind weitergeleitet wird,
9. bei Beziehenden von Bürgergeld nach § 19 Absatz 1 Satz 2 des Zweiten Buches Sozialgesetzbuch, die das 15. Lebensjahr noch nicht vollendet haben, Einnahmen aus Erwerbstätigkeit, soweit sie einen Betrag von 100 Euro monatlich nicht übersteigen,
10. nach § 3 Nummer 11a oder 11b des Einkommensteuergesetzes steuerfrei gewährte Leistungen aufgrund der COVID-19-Pandemie sowie den Leistungen nach § 3 Nummer 11a des Einkommensteuergesetzes entsprechende Zahlungen aus den Haushalten des Bundes und der Länder,
11. Verpflegung, die außerhalb der in den §§ 2, 3 und 4 Nummer 4 genannten Einkommensarten bereitgestellt wird,
12. Geldgeschenke an Minderjährige anlässlich der Firmung, Kommunion, Konfirmation oder vergleichbarer religiöser Feste sowie anlässlich der Jugendweihe, soweit sie den Betrag von 3100 Euro nicht überschreiten,
13. die auf Grund eines Bundesprogramms gezahlten Außerordentlichen Wirtschaftshilfen zur Abfederung von Einnahmeausfällen, die ab dem 2. November 2020 infolge der vorübergehenden Schließung von Betrieben und Einrichtungen entstanden sind (Novemberhilfe und Dezemberhilfe),
14. die pauschalierten Betriebskostenzuschüsse, die auf Grund des Förderelements „Neustarthilfe" des Bundesprogramms Überbrückungshilfe III gezahlt werden,
15. Hilfen zur Beschaffung von Hygiene- oder Gesundheitsartikeln, die auf Grund einer epidemischen Lage von nationaler Tragweite, die vom Deutschen Bundestag gemäß § 5 Absatz 1 Satz 1 des Infektionsschutzgesetzes festgestellt worden ist, aus Mitteln des Bundes oder der Länder gezahlt werden,
16. in der Zeit vom 1. Januar 2023 bis zum Ablauf des 30. Juni 2023 erzielte Einnahmen von Schülerinnen und Schülern allgemein- oder berufsbildender Schulen, die das 25. Lebensjahr noch nicht vollendet haben, aus Erwerbstätigkeiten, die in den Schulferien ausgeübt werden, soweit diese einen Betrag in Höhe von 2400 Euro kalenderjährlich nicht überschreiten; dies gilt nicht für Schülerinnen und Schüler, die einen Anspruch auf Ausbildungsvergütung haben.

(2) $_{1}$Bei der § 9 Abs. 5 des Zweiten Buches Sozialgesetzbuch zugrunde liegenden Vermutung, dass Verwandte und Verschwägerte an mit ihnen in Haushaltsgemeinschaft lebende Hilfebedürftige Leistungen erbringen, sind die um die Absetzbeträge nach § 11b des Zweiten Buches Sozialgesetzbuch bereinigten Einnahmen in der Regel nicht als Einkommen zu berücksichtigen, soweit sie einen Freibetrag in Höhe des doppelten Betrags des nach § 20 Absatz 2 Satz 1 maßgebenden Regelbedarfs zuzüglich der anteiligen Aufwendungen für Unterkunft und Heizung sowie darüber hinausgehend 50 Prozent der diesen Freibetrag übersteigenden bereinigten Einnahmen nicht überschreiten. $_{2}$§ 11a des Zweiten Buches Sozialgesetzbuch gilt entsprechend.

(3) $_{1}$Die Verletztenrente nach dem Siebten Buch Sozialgesetzbuch ist teilweise nicht als Einkommen zu berücksichtigen, wenn sie auf Grund eines in Ausübung der Wehrpflicht bei der Nationalen Volksarmee der ehemaligen Deutschen Demokratischen Republik erlittenen Gesundheitsschadens erbracht wird. $_{2}$Dabei bestimmt sich die Höhe des nicht zu berücksichtigenden Betrages nach der Höhe der Grundrente nach § 31 des Bundesversorgungsgesetzes, die für den Grad der Schädigungsfolgen zu zahlen ist, der der jeweiligen Minderung der Erwerbsfähigkeit entspricht. $_{3}$Bei einer Minderung der Erwerbsfähigkeit um 20 Prozent beträgt der nicht zu berücksichtigende Betrag zwei Drittel, bei einer Minderung der Erwerbsfähigkeit um 10 Prozent ein Drittel der Mindestgrundrente nach dem Bundesversorgungsgesetz.

§ 2 Berechnung des Einkommens aus nichtselbständiger Arbeit

(1) Bei der Berechnung des Einkommens aus nichtselbständiger Arbeit (§ 14 des Vierten Buches Sozialgesetzbuch) ist von den Bruttoeinnahmen auszugehen.

(2) bis (4) (weggefallen)

(5) $_{1}$Bei der Berechnung des Einkommens ist der Wert der vom Arbeitgeber bereitgestellten Vollverpflegung mit täglich 1 Prozent des nach § 20 des Zweiten Buches Sozialgesetzbuch maßgebenden monatlichen Regelbedarfs anzusetzen. $_{2}$Wird Teilverpflegung bereitgestellt, entfallen auf das Frühstück ein Anteil von 20 Prozent und auf das Mittag- und Abendessen Anteile von je 40 Prozent des sich nach Satz 1 ergebenden Betrages.

(6) Sonstige Einnahmen in Geldeswert sind mit ihrem Verkehrswert als Einkommen anzusetzen.

(7) Das Einkommen kann nach Anhörung geschätzt werden, wenn

1. Leistungen der Grundsicherung für Arbeitsuchende einmalig oder für kurze Zeit zu erbringen sind oder Einkommen nur für kurze Zeit zu berücksichtigen ist oder
2. die Entscheidung über die Erbringung von Leistungen der Grundsicherung für Arbeitsuchende im Einzelfall keinen Aufschub duldet.

§ 3 Berechnung des Einkommens aus selbständiger Arbeit, Gewerbebetrieb oder Land- und Forstwirtschaft

(1) $_{1}$Bei der Berechnung des Einkommens aus selbständiger Arbeit, Gewerbebetrieb oder Land- und Forstwirtschaft ist von den Betriebseinnahmen auszugehen. $_{2}$Betriebseinnahmen sind alle aus selbständiger Arbeit, Gewerbebetrieb oder Land- und Forstwirtschaft erzielten Einnahmen, die im Bewilligungszeitraum nach § 41 Absatz 3 des Zweiten Buches Sozialgesetzbuch tatsächlich zufließen. $_{3}$Wird eine Erwerbstätigkeit nach Satz 1 nur während eines Teils des Bewilligungszeitraums ausgeübt, ist das Einkommen nur für diesen Zeitraum zu berechnen.

(1a) Nicht zu den Betriebseinnahmen zählen abweichend von Absatz 1 Satz 2 die pauschalierten Betriebskostenzuschüsse, die auf Grund des Förderelements „Neustarthilfe" des Bundesprogramms Überbrückungshilfe III gezahlt werden.

(2) Zur Berechnung des Einkommens sind von den Betriebseinnahmen die im Bewilligungszeitraum tatsächlich geleisteten notwendigen Ausgaben mit Ausnahme der nach § 11b des Zweiten Buches Sozialgesetzbuch abzusetzenden Beträge ohne Rücksicht auf steuerrechtliche Vorschriften abzusetzen.

(3) $_{1}$Tatsächliche Ausgaben sollen nicht abgesetzt werden, soweit diese ganz oder teilweise vermeidbar sind oder offensichtlich nicht den Lebensumständen während des Bezuges der Leistungen zur Grundsicherung für Arbeitsuchende entsprechen. $_{2}$Nachgewiesene Einnahmen können bei der Berechnung angemessen erhöht werden, wenn anzunehmen ist, dass die nachgewiesene Höhe der Einnahmen offensichtlich nicht den tatsächlichen Einnahmen entspricht. $_{3}$Ausgaben können bei der Berechnung nicht abgesetzt werden, soweit das Verhältnis der Ausgaben zu den jeweiligen Erträgen in einem auffälligen Missverhältnis steht. $_{4}$Ausgaben sind ferner nicht abzusetzen, soweit für sie Darlehen oder Zuschüsse nach dem Zweiten Buch Sozialgesetzbuch erbracht oder betriebliche Darlehen aufgenommen worden sind. $_{5}$Dies gilt auch für Ausgaben, soweit zu deren Finanzierung andere Darlehen verwandt werden.

(4) $_{1}$Für jeden Monat ist der Teil des Einkommens zu berücksichtigen, der sich bei der Teilung des Gesamteinkommens im Bewilligungszeitraum durch die Anzahl der Monate im Bewilligungszeitraum ergibt. $_{2}$Im Fall des Absatzes 1 Satz 3 gilt als monatliches Einkommen derjenige Teil des Einkommens, der der Anzahl der in den in Absatz 1 Satz 3 genannten Zeitraum fallenden Monate entspricht. $_{3}$Von dem Einkommen sind die Beträge nach § 11b des Zweiten Buches Sozialgesetzbuch abzusetzen.

(5) (weggefallen)

(6) (weggefallen)

(7) $_{1}$Wird ein Kraftfahrzeug überwiegend betrieblich genutzt, sind die tatsächlich geleisteten notwendigen Ausgaben für dieses Kraftfahrzeug als betriebliche Ausgabe abzusetzen. $_{2}$Für private Fahrten sind die Ausgaben um 0,10 Euro für jeden gefahrenen Kilometer zu vermindern. $_{3}$Ein Kraftfahrzeug gilt als überwiegend betrieblich genutzt, wenn es zu mindestens 50 Prozent betrieblich genutzt wird. $_{4}$Wird ein Kraftfahrzeug überwiegend privat genutzt, sind die tatsächlichen Ausgaben keine Betriebsausgaben. $_{5}$Für betriebliche Fahrten können 0,10 Euro für jeden mit dem privaten Kraftfahrzeug gefahrenen Kilometer abgesetzt werden, soweit der oder die erwerbsfähige Leistungsberechtigte nicht höhere notwendige Ausgaben für Kraftstoff nachweist.

§ 4 Berechnung des Einkommens in sonstigen Fällen

$_{1}$Für die Berechnung des Einkommens aus Einnahmen, die nicht unter die §§ 2 und 3 fallen, ist § 2 entsprechend anzuwenden. $_{2}$Hierzu gehören insbesondere Einnahmen aus

1. Sozialleistungen,
2. Vermietung und Verpachtung,
3. Kapitalvermögen sowie
4. Wehr-, Ersatz- und Freiwilligendienstverhältnissen.

§ 5 Begrenzung abzugsfähiger Ausgaben

$_{1}$Ausgaben sind höchstens bis zur Höhe der Einnahmen aus derselben Einkunftsart abzuziehen. $_{2}$Einkommen darf nicht um Ausgaben einer anderen Einkommensart vermindert werden.

§ 5a Beträge für die Prüfung der Hilfebedürftigkeit

Bei der Prüfung der Hilfebedürftigkeit ist zugrunde zu legen

1. für die Schulausflüge (§ 28 Absatz 2 Satz 1 Nummer 1 des Zweiten Buches Sozialgesetzbuch) ein Betrag von drei Euro monatlich,
2. für die mehrtägigen Klassenfahrten (§ 28 Absatz 2 Satz 1 Nummer 2 des Zweiten Buches Sozialgesetzbuch) monatlich der Betrag, der sich bei der Teilung der Aufwendungen, die für die mehrtägige Klassenfahrt entstehen, auf einen Zeitraum von sechs Monaten ab Beginn des auf den Antrag folgenden Monats ergibt.

§ 6 Pauschbeträge für vom Einkommen abzusetzende Beträge

(1) Als Pauschbeträge sind abzusetzen

1. von dem Einkommen volljähriger Leistungsberechtigter ein Betrag in Höhe von 30 Euro monatlich für

die Beiträge zu privaten Versicherungen nach § 11b Absatz 1 Satz 1 Nummer 3 des Zweiten Buches Sozialgesetzbuch, die nach Grund und Höhe angemessen sind,

2. von dem Einkommen Minderjähriger ein Betrag in Höhe von 30 Euro monatlich für die Beiträge zu privaten Versicherungen nach § 11b Absatz 1 Satz 1 Nummer 3 des Zweiten Buches Sozialgesetzbuch, die nach Grund und Höhe angemessen sind, wenn der oder die Minderjährige eine entsprechende Versicherung abgeschlossen hat,
3. von dem Einkommen Leistungsberechtigter monatlich ein Betrag in Höhe eines Zwölftels der zum Zeitpunkt der Entscheidung über den Leistungsanspruch nachgewiesenen Jahresbeiträge zu den gesetzlich vorgeschriebenen Versicherungen nach § 11b Absatz 1 Satz 1 Nummer 3 des Zweiten Buches Sozialgesetzbuch,
4. von dem Einkommen Leistungsberechtigter ein Betrag in Höhe von 3 Prozent des Einkommens, mindestens 5 Euro, für die zu einem geförderten Altersvorsorgevertrag entrichteten Beiträge nach § 11b Absatz 1 Satz 1 Nummer 4 des Zweiten Buches Sozialgesetzbuch; der Prozentwert mindert sich um 1,5 Prozentpunkte je zulageberechtigtes Kind im Haushalt der oder des Leistungsberechtigten,
5. von dem Einkommen Erwerbstätiger für die Beträge nach § 11b Absatz 1 Satz 1 Nummer 5 des Zweiten Buches Sozialgesetzbuch bei Benutzung eines Kraftfahrzeuges für die Fahrt zwischen Wohnung und Arbeitsstätte für Wegstrecken zur Ausübung der Erwerbstätigkeit 0,20 Euro für jeden Entfernungskilometer der kürzesten Straßenverbindung, soweit der oder die erwerbsfähige Leistungsberechtigte nicht höhere notwendige Ausgaben nachweist.

(2) Sofern die Berücksichtigung des Pauschbetrags nach Absatz 1 Nummer 5 im Vergleich zu den bei Benutzung eines zumutbaren öffentlichen Verkehrsmittels anfallenden Fahrtkosten unangemessen hoch ist, sind nur diese als Pauschbetrag abzusetzen.

(3) Für Mehraufwendungen für Verpflegung ist, wenn die erwerbsfähige leistungsberechtigte Person vorübergehend von seiner Wohnung und dem Mittelpunkt seiner dauerhaft angelegten Erwerbstätigkeit entfernt erwerbstätig ist, für jeden Kalendertag, an dem die erwerbsfähige leistungsberechtigte Person wegen dieser vorübergehenden Tätigkeit von seiner Wohnung und dem Tätigkeitsmittelpunkt mindestens zwölf Stunden abwesend ist, ein Pauschbetrag in Höhe von 6 Euro abzusetzen.

§ 7 Nicht zu berücksichtigendes Vermögen

(1) Außer dem in § 12 Absatz 1 des Zweiten Buches Sozialgesetzbuch genannten Vermögen sind Vermögensgegenstände nicht als Vermögen zu berücksichtigen, die zur Aufnahme oder Fortsetzung der Berufsausbildung oder der Erwerbstätigkeit unentbehrlich sind.

(2) Bei der § 9 Abs. 5 des Zweiten Buches Sozialgesetzbuch zu Grunde liegenden Vermutung, dass Verwandte und Verschwägerte an mit ihnen in Haushaltsgemeinschaft lebende Leistungsberechtigte Leistungen erbringen, ist Vermögen nicht zu berücksichtigen, das nach § 12 Abs. 2 des Zweiten Buches Sozialgesetzbuch abzusetzen oder nach § 12 Absatz 1 des Zweiten Buches Sozialgesetzbuch nicht zu berücksichtigen ist.

§ 8 Wert des Vermögens

Das Vermögen ist ohne Rücksicht auf steuerrechtliche Vorschriften mit seinem Verkehrswert zu berücksichtigen.

§ 9 Übergangsvorschrift

§ 6 Absatz 1 Nummer 3 und 4 in der ab dem 1. August 2016 geltenden Fassung ist erstmals anzuwenden für Bewilligungszeiträume, die nach dem 31. Juli 2016 begonnen haben.

§ 10 Inkrafttreten, Außerkrafttreten

1Diese Verordnung tritt am 1. Januar 2008 in Kraft. 2Gleichzeitig tritt die Arbeitslosengeld II/Sozialgeld-Verordnung vom 20. Oktober 2004 (BGBl. I S. 2622), zuletzt geändert durch Artikel 3 Abs. 3 der Verordnung vom 21. Dezember 2006 (BGBl. I S. 3385), außer Kraft.

Sozialgesetzbuch (SGB) Achtes Buch (VIII) – Kinder- und Jugendhilfe – (SGB VIII)

in der Fassung der Bekanntmachung vom 11. September 2012 (BGBl. I S. 2022)

Zuletzt geändert durch
Bekanntmachung zur Umsetzung der Richtlinie (EU) 2016/800 des Europäischen Parlaments und des Rates vom 11. Mai 2016 über Verfahrensgarantien in Strafverfahren für Kinder, die Verdächtige oder beschuldigte Personen in Strafverfahren sind
vom 27. Februar 2024 (BGBl. I Nr. 69)

– Auszug –

Inhaltsübersicht

Zweites Kapitel
Leistungen der Jugendhilfe

Vierter Abschnitt
Hilfe zur Erziehung, Eingliederungshilfe für seelisch behinderte Kinder und Jugendliche, Hilfe für junge Volljährige

Erster Unterabschnitt
Hilfe zur Erziehung

§ 27 Hilfe zur Erziehung
§ 28 Erziehungsberatung
§ 29 Soziale Gruppenarbeit
§ 30 Erziehungsbeistand, Betreuungshelfer
§ 33 Vollzeitpflege
§ 34 Heimerziehung, sonstige betreute Wohnform
§ 35 Intensive sozialpädagogische Einzelbetreuung

Zweiter Unterabschnitt
Eingliederungshilfe für seelisch behinderte Kinder und Jugendliche

§ 35a Eingliederungshilfe für Kinder und Jugendliche mit seelischer Behinderung oder drohender seelischer Behinderung

Dritter Unterabschnitt
Gemeinsame Vorschriften für die Hilfe zur Erziehung und die Eingliederungshilfe für seelisch behinderte Kinder und Jugendliche

§ 36 Mitwirkung, Hilfeplan
§ 37 Beratung und Unterstützung der Eltern, Zusammenarbeit bei Hilfen außerhalb der eigenen Familie
§ 39 Leistungen zum Unterhalt des Kindes oder des Jugendlichen
§ 40 Krankenhilfe

Vierter Unterabschnitt
Hilfe für junge Volljährige

§ 41 Hilfe für junge Volljährige

Siebtes Kapitel
Zuständigkeit, Kostenerstattung

Zweiter Abschnitt
Örtliche Zuständigkeit

Erster Unterabschnitt
Örtliche Zuständigkeit für Leistungen

§ 86a Örtliche Zuständigkeit für Leistungen an junge Volljährige
§ 86b Örtliche Zuständigkeit für Leistungen in gemeinsamen Wohnformen für Mütter/Väter und Kinder

Dritter Abschnitt
Kostenerstattung

§ 89 Kostenerstattung bei fehlendem gewöhnlichen Aufenthalt
§ 89a Kostenerstattung bei fortdauernder Vollzeitpflege

VII

Zweites Kapitel
Leistungen der Jugendhilfe

Vierter Abschnitt
Hilfe zur Erziehung, Eingliederungshilfe für seelisch behinderte Kinder und Jugendliche, Hilfe für junge Volljährige

Erster Unterabschnitt
Hilfe zur Erziehung

§ 27 Hilfe zur Erziehung

(1) Ein Personensorgeberechtigter hat bei der Erziehung eines Kindes oder eines Jugendlichen Anspruch auf Hilfe (Hilfe zur Erziehung), wenn eine dem Wohl des Kindes oder des Jugendlichen entsprechende Erziehung nicht gewährleistet ist und die Hilfe für seine Entwicklung geeignet und notwendig ist.

(2) 1Hilfe zur Erziehung wird insbesondere nach Maßgabe der §§ 28 bis 35 gewährt. 2Art und Umfang der Hilfe richten sich nach dem erzieherischen Bedarf im Einzelfall; dabei soll das engere soziale Umfeld des Kindes oder des Jugendlichen einbezogen werden. 3Unterschiedliche Hilfearten können miteinander kombiniert werden, sofern dies dem erzieherischen Bedarf des Kindes oder Jugendlichen im Einzelfall entspricht.

(2a) Ist eine Erziehung des Kindes oder Jugendlichen außerhalb des Elternhauses erforderlich, so entfällt der Anspruch auf Hilfe zur Erziehung nicht dadurch, dass eine andere unterhaltspflichtige Person bereit ist, diese Aufgabe zu übernehmen; die Gewährung von Hilfe zur Erziehung setzt in diesem Fall voraus, dass diese Person bereit und geeignet ist, den Hilfebedarf in Zusammenarbeit mit dem Träger der öffentlichen Jugendhilfe nach Maßgabe der §§ 36 und 37 zu decken.

(3) 1Hilfe zur Erziehung umfasst insbesondere die Gewährung pädagogischer und damit verbundener therapeutischer Leistungen. 2Bei Bedarf soll sie Ausbildungs- und Beschäftigungsmaßnahmen im Sinne des § 13 Absatz 2 einschließen und kann mit anderen Leistungen nach diesem Buch kombiniert werden. 3Die in der Schule oder Hochschule wegen des erzieherischen Bedarfs erforderliche Anleitung und Begleitung können als Gruppenangebote an Kinder oder Jugendliche gemeinsam erbracht werden, soweit dies dem Bedarf des Kindes oder Jugendlichen im Einzelfall entspricht.

(4) Wird ein Kind oder eine Jugendliche während ihres Aufenthalts in einer Einrichtung oder einer Pflegefamilie selbst Mutter eines Kindes, so umfasst die Hilfe zur Erziehung auch die Unterstützung bei der Pflege und Erziehung dieses Kindes.

§ 28 Erziehungsberatung

1Erziehungsberatungsstellen und andere Beratungsdienste und -einrichtungen sollen Kinder, Jugendliche, Eltern und andere Erziehungsberechtigte bei der Klärung und Bewältigung individueller und familienbezogener Probleme und der zugrunde liegenden Faktoren, bei der Lösung von Erziehungsfragen sowie bei Trennung und Scheidung unterstützen. 2Dabei sollen Fachkräfte verschiedener Fachrichtungen zusammenwirken, die mit unterschiedlichen methodischen Ansätzen vertraut sind.

§ 29 Soziale Gruppenarbeit

1Die Teilnahme an sozialer Gruppenarbeit soll älteren Kindern und Jugendlichen bei der Überwindung von Entwicklungsschwierigkeiten und Verhaltensproblemen helfen. 2Soziale Gruppenarbeit soll auf der Grundlage eines gruppenpädagogischen Konzepts die Entwicklung älterer Kinder und Jugendlicher durch soziales Lernen in der Gruppe fördern.

§ 30 Erziehungsbeistand, Betreuungshelfer

Der Erziehungsbeistand und der Betreuungshelfer sollen das Kind oder den Jugendlichen bei der Bewältigung von Entwicklungsproblemen möglichst unter Einbeziehung des sozialen Umfelds unterstützen und unter Erhaltung des Lebensbezugs zur Familie seine Verselbständigung fördern.

§ 33 Vollzeitpflege

1Hilfe zur Erziehung in Vollzeitpflege soll entsprechend dem Alter und Entwicklungsstand des Kindes oder des Jugendlichen und seinen persönlichen Bindungen sowie den Möglichkeiten der Verbesserung der Erziehungsbedingungen in der Herkunftsfamilie Kindern und Jugendlichen in einer anderen Familie eine zeitlich befristete Erziehungshilfe oder eine auf Dauer angelegte Lebensform bieten. 2Für besonders entwicklungsbeeinträchtigte Kinder und Jugendliche sind geeignete Formen der Familienpflege zu schaffen und auszubauen.

§ 34 Heimerziehung, sonstige betreute Wohnform

1Hilfe zur Erziehung in einer Einrichtung über Tag und Nacht (Heimerziehung) oder in einer sonstigen betreuten Wohnform soll Kinder und Jugendliche durch eine Verbindung von Alltagserleben mit pädagogischen und therapeutischen Angeboten in ihrer Entwicklung fördern. 2Sie soll entsprechend dem Alter und Entwicklungsstand des Kindes oder des Jugendlichen sowie den Möglichkeiten der Verbesserung der Erziehungsbedingungen in der Herkunftsfamilie

1. eine Rückkehr in die Familie zu erreichen versuchen oder
2. die Erziehung in einer anderen Familie vorbereiten oder
3. eine auf längere Zeit angelegte Lebensform bieten und auf ein selbständiges Leben vorbereiten.

3Jugendliche sollen in Fragen der Ausbildung und Beschäftigung sowie der allgemeinen Lebensführung beraten und unterstützt werden.

§ 35 Intensive sozialpädagogische Einzelbetreuung

1Intensive sozialpädagogische Einzelbetreuung soll Jugendlichen gewährt werden, die einer intensiven Unterstützung zur sozialen Integration und zu einer eigenverantwortlichen Lebensführung bedürfen. 2Die Hilfe ist in der Regel auf längere Zeit angelegt und soll den individuellen Bedürfnissen des Jugendlichen Rechnung tragen.

Zweiter Unterabschnitt
Eingliederungshilfe für seelisch behinderte Kinder und Jugendliche

§ 35a Eingliederungshilfe für Kinder und Jugendliche mit seelischer Behinderung oder drohender seelischer Behinderung

(1) 1Kinder oder Jugendliche haben Anspruch auf Eingliederungshilfe, wenn

1. ihre seelische Gesundheit mit hoher Wahrscheinlichkeit länger als sechs Monate von dem für ihr Lebensalter typischen Zustand abweicht, und
2. daher ihre Teilhabe am Leben in der Gesellschaft beeinträchtigt ist oder eine solche Beeinträchtigung zu erwarten ist.

$_{2}$Von einer seelischen Behinderung bedroht im Sinne dieser Vorschrift sind Kinder oder Jugendliche, bei denen eine Beeinträchtigung ihrer Teilhabe am Leben in der Gesellschaft nach fachlicher Erkenntnis mit hoher Wahrscheinlichkeit zu erwarten ist. $_{3}$§ 27 Absatz 4 gilt entsprechend.

(1a) $_{1}$Hinsichtlich der Abweichung der seelischen Gesundheit nach Absatz 1 Satz 1 Nummer 1 hat der Träger der öffentlichen Jugendhilfe die Stellungnahme

1. eines Arztes für Kinder- und Jugendpsychiatrie und -psychotherapie,
2. eines Kinder- und Jugendlichenpsychotherapeuten, eines Psychotherapeuten mit einer Weiterbildung für die Behandlung von Kindern und Jugendlichen oder
3. eines Arztes oder eines psychologischen Psychotherapeuten, der über besondere Erfahrungen auf dem Gebiet seelischer Störungen bei Kindern und Jugendlichen verfügt,

einzuholen. $_{2}$Die Stellungnahme ist auf der Grundlage der Internationalen Klassifikation der Krankheiten in der vom Bundesinstitut für Arzneimittel und Medizinprodukte herausgegebenen deutschen Fassung zu erstellen. $_{3}$Dabei ist auch darzulegen, ob die Abweichung Krankheitswert hat oder auf einer Krankheit beruht. $_{4}$Enthält die Stellungnahme auch Ausführungen zu Absatz 1 Satz 1 Nummer 2, so sollen diese vom Träger der öffentlichen Jugendhilfe im Rahmen seiner Entscheidung angemessen berücksichtigt werden. $_{5}$Die Hilfe soll nicht von der Person oder dem Dienst oder der Einrichtung, der die Person angehört, die die Stellungnahme abgibt, erbracht werden.

(2) Die Hilfe wird nach dem Bedarf im Einzelfall

1. in ambulanter Form,
2. in Tageseinrichtungen für Kinder oder in anderen teilstationären Einrichtungen,
3. durch geeignete Pflegepersonen und
4. in Einrichtungen über Tag und Nacht sowie sonstigen Wohnformen geleistet.

(3) Aufgabe und Ziele der Hilfe, die Bestimmung des Personenkreises sowie Art und Form der Leistungen richten sich nach Kapitel 6 des Teils 1 des Neunten Buches sowie § 90 und den Kapiteln 3 bis 6 des Teils 2 des Neunten Buches, soweit diese Bestimmungen auch auf seelisch behinderte oder von einer solchen Behinderung bedrohte Personen Anwendung finden und sich aus diesem Buch nichts anderes ergibt.

(4) $_{1}$Ist gleichzeitig Hilfe zur Erziehung zu leisten, so sollen Einrichtungen, Dienste und Personen in Anspruch genommen werden, die geeignet sind, sowohl die Aufgaben der Eingliederungshilfe zu erfüllen als auch den erzieherischen Bedarf zu decken. $_{2}$Sind heilpädagogische Maßnahmen für Kinder, die noch nicht im schulpflichtigen Alter sind, in Tageseinrichtungen für Kinder zu gewähren und lässt der Hilfebedarf es zu, so sollen Einrichtungen in Anspruch genommen werden, in denen behinderte und nicht behinderte Kinder gemeinsam betreut werden.

Dritter Unterabschnitt
Gemeinsame Vorschriften für die Hilfe zur Erziehung und die Eingliederungshilfe für seelisch behinderte Kinder und Jugendliche

§ 36 Mitwirkung, Hilfeplan

(1) $_{1}$Der Personensorgeberechtigte und das Kind oder der Jugendliche sind vor der Entscheidung über die Inanspruchnahme einer Hilfe und vor einer notwendigen Änderung von Art und Umfang der Hilfe zu beraten und auf die möglichen Folgen für die Entwicklung des Kindes oder des Jugendlichen hinzuweisen. $_{2}$Es ist sicherzustellen, dass Beratung und Aufklärung nach Satz 1 in einer für den Personensorgeberechtigten und das Kind oder den Jugendlichen verständlichen, nachvollziehbaren und wahrnehmbaren Form erfolgen.

(2) $_{1}$Die Entscheidung über die im Einzelfall angezeigte Hilfeart soll, wenn Hilfe voraussichtlich für längere Zeit zu leisten ist, im Zusammenwirken mehrerer Fachkräfte getroffen werden. $_{2}$Als Grundlage für die Ausgestaltung der Hilfe sollen sie zusammen mit dem Personensorgeberechtigten und dem Kind oder dem Jugendlichen einen Hilfeplan aufstellen, der Feststellungen über den Bedarf, die zu gewährende Art der Hilfe sowie die notwendigen Leistungen enthält; sie sollen regelmäßig prüfen, ob die gewählte Hilfeart weiterhin geeignet oder notwendig ist. $_{3}$Hat das Kind oder der Jugendliche ein oder mehrere Geschwister, so soll der Geschwisterbeziehung bei der Aufstellung und Überprüfung des Hilfeplans sowie bei der Durchführung der Hilfe Rechnung getragen werden.

(3) $_{1}$Werden bei der Durchführung der Hilfe andere Personen, Dienste oder Einrichtungen tätig, so sind sie oder deren Mitarbeiterinnen und Mitarbeiter an der Aufstellung des Hilfeplans und seiner Überprüfung zu beteiligen. $_{2}$Soweit dies zur Feststellung des Bedarfs, der zu gewährenden Art der Hilfe oder der notwendigen Leistungen nach Inhalt, Umfang und Dauer erforderlich ist, sollen öffentliche Stellen, insbesondere andere Sozialleistungsträger, Rehabilitationsträger oder die Schule beteiligt werden. $_{3}$Gewährt der Träger der öffentlichen Jugendhilfe Leistungen zur Teilhabe, sind die Vorschriften zum Verfahren bei einer Mehrheit von Rehabilitationsträgern nach dem Neunten Buch zu beachten.

(4) Erscheinen Hilfen nach § 35a erforderlich, so soll bei der Aufstellung und Änderung des Hilfeplans sowie bei der Durchführung der Hilfe die Person, die eine Stellungnahme nach § 35a Abs. 1a abgegeben hat, beteiligt werden.

(5) Soweit dies zur Feststellung des Bedarfs, der zu gewährenden Art der Hilfe oder der notwendigen Leistungen nach Inhalt, Umfang und Dauer erforderlich ist und dadurch der Hilfezweck nicht in Frage gestellt wird, sollen Eltern, die nicht personensorgeberechtigt sind, an der Aufstellung des Hilfeplans und seiner Überprüfung beteiligt werden; die Entscheidung, ob, wie und in welchem Umfang deren Beteiligung erfolgt, soll im Zusammenwirken mehrerer Fachkräfte unter Berücksichtigung der Willensäußerung und der Interessen des Kindes oder Jugendlichen sowie der Willensäußerung des Personensorgeberechtigten getroffen werden.

§ 37 Beratung und Unterstützung der Eltern, Zusammenarbeit bei Hilfen außerhalb der eigenen Familie

(1) $_{1}$Werden Hilfen nach den §§ 32 bis 34 und 35a Absatz 2 Nummer 3 und 4 gewährt, haben die Eltern einen Anspruch auf Beratung und Unterstützung sowie Förderung der Beziehung zu ihrem Kind. $_{2}$Durch Beratung und Unterstützung sollen die Entwicklungs-, Teilhabe- oder Erziehungsbedingungen in der Herkunftsfamilie innerhalb eines im Hinblick auf die Entwicklung des Kindes oder Jugendlichen vertretbaren Zeitraums so weit verbessert werden, dass sie das Kind oder den Jugendlichen wieder selbst erziehen kann. $_{3}$Ist eine nachhaltige Verbesserung der Entwicklungs-, Teilhabe- oder Erziehungsbedingungen in der Herkunftsfamilie innerhalb dieses Zeitraums nicht erreichbar, so dienen die Beratung und Unterstützung der Eltern sowie die Förderung ihrer Beziehung zum Kind der Erarbeitung und Sicherung einer anderen, dem Wohl des Kindes oder Jugendlichen förderlichen und auf Dauer angelegten Lebensperspektive.

(2) $_{1}$Bei den in Absatz 1 Satz 1 genannten Hilfen soll der Träger der öffentlichen Jugendhilfe die Zusammenarbeit der Pflegeperson oder der in der Einrichtung für die Erziehung verantwortlichen Person und der Eltern zum Wohl des Kindes oder Jugendlichen durch geeignete Maßnahmen fördern. $_{2}$Der Träger der öffentlichen Jugendhilfe stellt dies durch eine abgestimmte Wahrnehmung der Aufgaben nach Absatz 1 und § 37a sicher.

(3) $_{1}$Sofern der Inhaber der elterlichen Sorge durch eine Erklärung nach § 1688 Absatz 3 Satz 1 des Bürgerlichen Gesetzbuchs die Entscheidungsbefugnisse der Pflegeperson so weit einschränkt, dass die Einschränkung eine dem Wohl des Kindes oder des Jugendlichen förderliche Entwicklung nicht mehr ermöglicht, sollen die Beteiligten das Jugendamt einschalten. $_{2}$Auch bei sonstigen Meinungsverschiedenheiten zwischen ihnen sollen die Beteiligten das Jugendamt einschalten.

§ 39 Leistungen zum Unterhalt des Kindes oder des Jugendlichen

(1) $_{1}$Wird Hilfe nach den §§ 32 bis 35 oder nach § 35a Absatz 2 Nummer 2 bis 4 gewährt, so ist auch der notwendige Unterhalt des Kindes oder Jugendlichen außerhalb des Elternhauses sicherzustellen. $_{2}$Er umfasst die Kosten für den Sachaufwand sowie für die Pflege und Erziehung des Kindes oder Jugendlichen.

(2) $_{1}$Der gesamte regelmäßig wiederkehrende Bedarf soll durch laufende Leistungen gedeckt werden. $_{2}$Sie umfassen außer im Fall des § 32 und des § 35a Absatz 2 Nummer 2 auch einen angemessenen Barbetrag zur persönlichen Verfügung des Kindes oder des Jugendlichen. $_{3}$Die Höhe des Betrages wird in den Fällen der §§ 34, 35, 35a Absatz 2 Nummer 4 von der nach Landesrecht zuständigen Behörde festgesetzt; die Beträge sollen nach Altersgruppen gestaffelt sein. $_{4}$Die laufenden Leistungen im Rahmen der Hilfe in Vollzeitpflege (§ 33) oder bei einer geeigneten Pflegeperson (§ 35a Absatz 2 Nummer 3) sind nach den Absätzen 4 bis 6 zu bemessen.

(3) Einmalige Beihilfen oder Zuschüsse können insbesondere zur Erstausstattung einer Pflegestelle, bei wichtigen persönlichen Anlässen sowie für Urlaubs- und Ferienreisen des Kindes oder des Jugendlichen gewährt werden.

(4) $_{1}$Die laufenden Leistungen sollen auf der Grundlage der tatsächlichen Kosten gewährt werden, sofern sie einen angemessenen Umfang nicht übersteigen. $_{2}$Die laufenden Leistungen umfassen auch die Erstattung nachgewiesener Aufwendungen für Beiträge zu einer Unfallversicherung sowie die hälftige Erstattung nachgewiesener Aufwendungen zu einer angemessenen Alterssicherung der Pflegeperson. $_{3}$Sie sollen in einem monatlichen Pauschalbetrag gewährt werden, soweit nicht nach der Besonderheit des Einzelfalls abweichende Leistungen geboten sind. $_{4}$Ist die Pflegeperson in gerader Linie mit dem Kind oder Jugendlichen verwandt und kann sie diesem unter Berücksichtigung ihrer sonstigen Verpflichtungen und ohne Gefährdung ihres angemessenen Unterhalts Unterhalt gewähren, so kann der Teil des monatlichen Pauschalbetrags, der die Kosten für den Sachaufwand des Kindes oder Jugendlichen betrifft, angemessen gekürzt werden. $_{5}$Wird ein Kind oder ein Jugendlicher im Bereich eines anderen Jugendamts untergebracht, so soll sich die Höhe des zu gewährenden Pauschalbetrages nach den Verhältnissen richten, die am Ort der Pflegestelle gelten.

(5) $_{1}$Die Pauschalbeträge für laufende Leistungen zum Unterhalt sollen von den nach Landesrecht zuständigen Behörden festgesetzt werden. $_{2}$Dabei ist dem altersbedingt unterschiedlichen Unterhaltsbedarf von Kindern und Jugendlichen durch eine Staffelung der Beträge nach Altersgruppen Rechnung zu tragen. $_{3}$Das Nähere regelt Landesrecht.

(6) $_{1}$Wird das Kind oder der Jugendliche im Rahmen des Familienleistungsausgleichs nach § 31 des Einkommensteuergesetzes bei der Pflegeperson berücksichtigt, so ist ein Betrag in Höhe der Hälfte des Betrages, der nach § 66 des Einkommensteuergesetzes für ein erstes Kind zu zahlen ist, auf die laufenden Leistungen anzurechnen. $_{2}$Ist das Kind oder der Jugendliche nicht das älteste Kind in der Pflegefamilie, so ermäßigt sich der Anrechnungsbetrag für dieses Kind oder diesen Jugendlichen auf ein Viertel des Betrages, der für ein erstes Kind zu zahlen ist.

(7) Wird ein Kind oder eine Jugendliche während ihres Aufenthalts in einer Einrichtung oder einer Pflegefamilie selbst Mutter eines Kindes, so ist auch der notwendige Unterhalt dieses Kindes sicherzustellen.

§ 40 Krankenhilfe

$_{1}$Wird Hilfe nach den §§ 33 bis 35 oder nach § 35a Absatz 2 Nummer 3 oder 4 gewährt, so ist auch Krankenhilfe zu leisten; für den Umfang der Hilfe gelten die §§ 47 bis 52 des Zwölften Buches entsprechend. $_{2}$Krankenhilfe muss den im Einzelfall notwendigen Bedarf in voller Höhe befriedigen. $_{3}$Zuzahlungen und Eigenbeteiligungen sind zu übernehmen. $_{4}$Das Jugendamt kann in geeigneten Fällen die Beiträge für eine freiwillige Krankenversicherung übernehmen, soweit sie angemessen sind.

Vierter Unterabschnitt
Hilfe für junge Volljährige

§ 41 Hilfe für junge Volljährige

(1) $_{1}$Junge Volljährige erhalten geeignete und notwendige Hilfe nach diesem Abschnitt, wenn und solange ihre Persönlichkeitsentwicklung eine selbstbestimmte, eigen-

verantwortliche und selbständige Lebensführung nicht gewährleistet. $_{2}$Die Hilfe wird in der Regel nur bis zur Vollendung des 21. Lebensjahres gewährt; in begründeten Einzelfällen soll sie für einen begrenzten Zeitraum darüber hinaus fortgesetzt werden. $_{3}$Eine Beendigung der Hilfe schließt die erneute Gewährung oder Fortsetzung einer Hilfe nach Maßgabe der Sätze 1 und 2 nicht aus.

(2) Für die Ausgestaltung der Hilfe gelten § 27 Absatz 3 und 4 sowie die §§ 28 bis 30, 33 bis 36, 39 und 40 entsprechend mit der Maßgabe, dass an die Stelle des Personensorgeberechtigten oder des Kindes oder des Jugendlichen der junge Volljährige tritt.

(3) Soll eine Hilfe nach dieser Vorschrift nicht fortgesetzt oder beendet werden, prüft der Träger der öffentlichen Jugendhilfe ab einem Jahr vor dem hierfür im Hilfeplan vorgesehenen Zeitpunkt, ob im Hinblick auf den Bedarf des jungen Menschen ein Zuständigkeitsübergang auf andere Sozialleistungsträger in Betracht kommt; § 36b gilt entsprechend.

Siebtes Kapitel
Zuständigkeit, Kostenerstattung

Zweiter Abschnitt
Örtliche Zuständigkeit

Erster Unterabschnitt
Örtliche Zuständigkeit für Leistungen

§ 86a Örtliche Zuständigkeit für Leistungen an junge Volljährige

(1) Für Leistungen an junge Volljährige ist der örtliche Träger zuständig, in dessen Bereich der junge Volljährige vor Beginn der Leistung seinen gewöhnlichen Aufenthalt hat.

(2) Hält sich der junge Volljährige in einer Einrichtung oder sonstigen Wohnform auf, die der Erziehung, Pflege, Betreuung, Behandlung oder dem Strafvollzug dient, so richtet sich die örtliche Zuständigkeit nach dem gewöhnlichen Aufenthalt vor der Aufnahme in eine Einrichtung oder sonstige Wohnform.

(3) Hat der junge Volljährige keinen gewöhnlichen Aufenthalt, so richtet sich die Zuständigkeit nach seinem tatsächlichen Aufenthalt zu dem in Absatz 1 genannten Zeitpunkt; Absatz 2 bleibt unberührt.

(4) $_{1}$Wird eine Leistung nach § 13 Absatz 3 oder nach § 21 über die Vollendung des 18. Lebensjahres hinaus weitergeführt oder geht der Hilfe für junge Volljährige nach § 41 eine dieser Leistungen, eine Leistung nach § 19 oder eine Hilfe nach den §§ 27 bis 35a voraus, so bleibt der örtliche Träger zuständig, der bis zu diesem Zeitpunkt zuständig war. $_{2}$Eine Unterbrechung der Hilfeleistung von bis zu drei Monaten bleibt dabei außer Betracht. $_{3}$Die Sätze 1 und 2 gelten entsprechend, wenn eine Hilfe für junge Volljährige nach § 41 beendet war und innerhalb von drei Monaten erneut Hilfe für junge Volljährige nach § 41 erforderlich wird.

§ 86b Örtliche Zuständigkeit für Leistungen in gemeinsamen Wohnformen für Mütter/Väter und Kinder

(1) $_{1}$Für Leistungen in gemeinsamen Wohnformen für Mütter oder Väter und Kinder ist der örtliche Träger zuständig, in dessen Bereich der nach § 19 Leistungsberechtigte vor Beginn der Leistung seinen gewöhnlichen Aufenthalt hat. $_{2}$§ 86a Absatz 2 gilt entsprechend.

(2) Hat der Leistungsberechtigte keinen gewöhnlichen Aufenthalt, so richtet sich die Zuständigkeit nach seinem tatsächlichen Aufenthalt zu dem in Absatz 1 genannten Zeitpunkt.

(3) $_{1}$Geht der Leistung Hilfe nach den §§ 27 bis 35a oder eine Leistung nach § 13 Absatz 3, § 21 oder § 41 voraus, so bleibt der örtliche Träger zuständig, der bisher zuständig war. $_{2}$Eine Unterbrechung der Hilfeleistung von bis zu drei Monaten bleibt dabei außer Betracht.

Dritter Abschnitt
Kostenerstattung

§ 89 Kostenerstattung bei fehlendem gewöhnlichen Aufenthalt

Ist für die örtliche Zuständigkeit nach den §§ 86, 86a oder 86b der tatsächliche Aufenthalt maßgeblich, so sind die Kosten, die ein örtlicher Träger aufgewendet hat, von dem überörtlichen Träger zu erstatten, zu dessen Bereich der örtliche Träger gehört.

§ 89a Kostenerstattung bei fortdauernder Vollzeitpflege

(1) $_{1}$Kosten, die ein örtlicher Träger aufgrund einer Zuständigkeit nach § 86 Absatz 6 aufgewendet hat, sind von dem örtlichen Träger zu erstatten, der zuvor zuständig war oder gewesen wäre. $_{2}$Die Kostenerstattungspflicht bleibt bestehen, wenn die Pflegeperson ihren gewöhnlichen Aufenthalt ändert oder wenn die Leistung über die Volljährigkeit hinaus nach § 41 fortgesetzt wird.

(2) Hat oder hätte der nach Absatz 1 kostenerstattungspflichtig werdende örtliche Träger während der Gewährung einer Leistung selbst einen Kostenerstattungsanspruch gegen einen anderen örtlichen oder den überörtlichen Träger, so bleibt oder wird abweichend von Absatz 1 dieser Träger dem nunmehr nach § 86 Absatz 6 zuständig gewordenen örtlichen Träger kostenerstattungspflichtig.

(3) Ändert sich während der Gewährung der Leistung nach Absatz 1 der für die örtliche Zuständigkeit nach § 86 Absatz 1 bis 5 maßgebliche gewöhnliche Aufenthalt, so wird der örtliche Träger kostenerstattungspflichtig, der ohne Anwendung des § 86 Absatz 6 örtlich zuständig geworden wäre.

Sozialgesetzbuch (SGB) Elftes Buch (XI) – Soziale Pflegeversicherung – (SGB XI)

Vom 26. Mai 1994 (BGBl. I S. 1014)

Zuletzt geändert durch
Wachstumschancengesetz
vom 27. März 2024 (BGBl. I Nr. 108)

– Auszug –

Inhaltsübersicht

Erstes Kapitel
Allgemeine Vorschriften

§ 1 Soziale Pflegeversicherung
§ 2 Selbstbestimmung
§ 3 Vorrang der häuslichen Pflege
§ 4 Art und Umfang der Leistungen
§ 5 Prävention in Pflegeeinrichtungen, Vorrang von Prävention und medizinischer Rehabilitation
§ 6 Eigenverantwortung
§ 7 Aufklärung, Auskunft
§ 7a Pflegeberatung
§ 7b Pflicht zum Beratungsangebot und Beratungsgutscheine
§ 7c Pflegestützpunkte, Verordnungsermächtigung
§ 8 Gemeinsame Verantwortung
§ 8a Gemeinsame Empfehlungen zur pflegerischen Versorgung
§ 9 Aufgaben der Länder
§ 10 Berichtspflichten des Bundes und der Länder
§ 11 Rechte und Pflichten der Pflegeeinrichtungen
§ 12 Aufgaben der Pflegekassen
§ 13 Verhältnis der Leistungen der Pflegeversicherung zu anderen Sozialleistungen

Zweites Kapitel
Leistungsberechtigter Personenkreis, Verfahren zur Feststellung der Pflegebedürftigkeit und Berichtspflichten, Begriff der Pflegeperson

§ 14 Begriff der Pflegebedürftigkeit
§ 15 Ermittlung des Grades der Pflegebedürftigkeit, Begutachtungsinstrument
§ 16 Verordnungsermächtigung
§ 17 Richtlinien des Medizinischen Dienstes Bund; Richtlinien der Pflegekassen
§ 18 Beauftragung der Begutachtung
§ 18a Begutachtungsverfahren
§ 18b Inhalt und Übermittlung des Gutachtens
§ 18c Entscheidung über den Antrag, Fristen
§ 18d Berichtspflichten und Statistik zum Verfahren zur Feststellung der Pflegebedürftigkeit
§ 18e Weiterentwicklung des Verfahrens zur Pflegebegutachtung durch Modellvorhaben, Studien und wissenschaftliche Expertisen
§ 19 Begriff der Pflegeperson

Drittes Kapitel
Versicherungspflichtiger Personenkreis

§ 20 Versicherungspflicht in der sozialen Pflegeversicherung für Mitglieder der gesetzlichen Krankenversicherung
§ 21 Versicherungspflicht in der sozialen Pflegeversicherung für sonstige Personen
§ 21a Versicherungspflicht in der sozialen Pflegeversicherung bei Mitgliedern von Solidargemeinschaften
§ 22 Befreiung von der Versicherungspflicht
§ 23 Versicherungspflicht für Versicherte der privaten Krankenversicherungsunternehmen
§ 24 Versicherungspflicht der Abgeordneten
§ 25 Familienversicherung
§ 26 Weiterversicherung
§ 26a Beitrittsrecht
§ 27 Kündigung eines privaten Pflegeversicherungsvertrages

Viertes Kapitel
Leistungen der Pflegeversicherung

Erster Abschnitt
Übersicht über die Leistungen

§ 28 Leistungsarten, Grundsätze
§ 28a Leistungen bei Pflegegrad 1

Zweiter Abschnitt
Gemeinsame Vorschriften

§ 29 Wirtschaftlichkeitsgebot
§ 30 Dynamisierung
§ 31 Vorrang der Rehabilitation vor Pflege
§ 32 Vorläufige Leistungen zur medizinischen Rehabilitation
§ 33 Leistungsvoraussetzungen
§ 33a Leistungsausschluss
§ 34 Ruhen der Leistungsansprüche
§ 35 Erlöschen der Leistungsansprüche
§ 35a Teilnahme an einem Persönlichen Budget nach § 29 des Neunten Buches

Dritter Abschnitt
Leistungen

Erster Titel
Leistungen bei häuslicher Pflege

§ 36 Pflegesachleistung
§ 37 Pflegegeld für selbst beschaffte Pflegehilfen

§ 38 Kombination von Geldleistung und Sachleistung (Kombinationsleistung)

§ 38a Zusätzliche Leistungen für Pflegebedürftige in ambulant betreuten Wohngruppen

§ 39 Häusliche Pflege bei Verhinderung der Pflegeperson

§ 39a Ergänzende Unterstützung bei Nutzung von digitalen Pflegeanwendungen

§ 40 Pflegehilfsmittel und wohnumfeldverbessernde Maßnahmen

§ 40a Digitale Pflegeanwendungen

§ 40b Leistungsanspruch beim Einsatz digitaler Pflegeanwendungen

Zweiter Titel
Teilstationäre Pflege und Kurzzeitpflege

§ 41 Tagespflege und Nachtpflege

§ 42 Kurzzeitpflege

Dritter Titel
Pflegerische Versorgung bei Vorsorge- oder Rehabilitationsmaßnahmen der Pflegeperson

§ 42a Versorgung Pflegebedürftiger bei Inanspruchnahme von Vorsorge- oder Rehabilitationsleistungen durch die Pflegeperson

Vierter Titel
Vollstationäre Pflege

§ 43 Inhalt der Leistung

Fünfter Titel
Pauschalleistung für die Pflege von Menschen mit Behinderungen

§ 43a Inhalt der Leistung

Sechster Titel
Zusätzliche Betreuung und Aktivierung in stationären Pflegeeinrichtungen

§ 43b Inhalt der Leistung

Siebter Titel
Pflegebedingter Eigenanteil bei vollstationärer Pflege

§ 43c Begrenzung des Eigenanteils an den pflegebedingten Aufwendungen

Vierter Abschnitt
Leistungen für Pflegepersonen

§ 44 Leistungen zur sozialen Sicherung der Pflegepersonen

§ 44a Zusätzliche Leistungen bei Pflegezeit und kurzzeitiger Arbeitsverhinderung

§ 45 Pflegekurse für Angehörige und ehrenamtliche Pflegepersonen

Fünfter Abschnitt
Angebote zur Unterstützung im Alltag, Entlastungsbetrag, Förderung der Weiterentwicklung der Versorgungsstrukturen und des Ehrenamts sowie der Selbsthilfe

§ 45a Angebote zur Unterstützung im Alltag, Umwandlung des ambulanten Sachleistungsbetrags (Umwandlungsanspruch), Verordnungsermächtigung

§ 45b Entlastungsbetrag

§ 45c Förderung der Weiterentwicklung der Versorgungsstrukturen und des Ehrenamts, Verordnungsermächtigung

§ 45d Förderung der Selbsthilfe, Verordnungsermächtigung

Sechster Abschnitt
Initiativprogramm zur Förderung neuer Wohnformen

§ 45e Anschubfinanzierung zur Gründung von ambulant betreuten Wohngruppen

§ 45f Weiterentwicklung neuer Wohnformen

Anlage 1
(zu § 15)

Anlage 2
(zu § 15)

Erstes Kapitel
Allgemeine Vorschriften

§ 1 Soziale Pflegeversicherung

(1) Zur sozialen Absicherung des Risikos der Pflegebedürftigkeit wird als neuer eigenständiger Zweig der Sozialversicherung eine soziale Pflegeversicherung geschaffen.

(2) $_{1}$In den Schutz der sozialen Pflegeversicherung sind kraft Gesetzes alle einbezogen, die in der gesetzlichen Krankenversicherung versichert sind. $_{2}$Wer gegen Krankheit bei einem privaten Krankenversicherungsunternehmen versichert ist, muß eine private Pflegeversicherung abschließen.

(3) Träger der sozialen Pflegeversicherung sind die Pflegekassen; ihre Aufgaben werden von den Krankenkassen (§ 4 des Fünften Buches) wahrgenommen.

(4) Die Pflegeversicherung hat die Aufgabe, Pflegebedürftigen Hilfe zu leisten, die wegen der Schwere der Pflegebedürftigkeit auf solidarische Unterstützung angewiesen sind.

(5) In der Pflegeversicherung sollen geschlechtsspezifische Unterschiede bezüglich der Pflegebedürftigkeit von Männern und Frauen und ihrer Bedarfe an Leistungen berücksichtigt und den Bedürfnissen nach einer kultursensiblen Pflege nach Möglichkeit Rechnung getragen werden.

(6) $_{1}$Die Ausgaben der Pflegeversicherung werden durch Beiträge der Mitglieder und der Arbeitgeber finanziert. $_{2}$Die Beiträge richten sich nach den beitragspflichtigen Einnahmen der Mitglieder. $_{3}$Für versicherte Familienangehörige und eingetragene Lebenspartner (Lebenspartner) werden Beiträge nicht erhoben.

(7) Ein Lebenspartner einer eingetragenen Lebenspartnerschaft gilt im Sinne dieses Buches als Familienangehöriger des anderen Lebenspartners, sofern nicht ausdrücklich etwas anderes bestimmt ist.

§ 2 Selbstbestimmung

(1) $_{1}$Die Leistungen der Pflegeversicherung sollen den Pflegebedürftigen helfen, trotz ihres Hilfebedarfs ein möglichst selbständiges und selbstbestimmtes Leben zu führen, das der Würde des Menschen entspricht. $_{2}$Die Hilfen sind darauf auszurichten, die körperlichen, geistigen und seelischen Kräfte der Pflegebedürftigen, auch in Form der aktivierenden Pflege, wiederzugewinnen oder zu erhalten.

(2) $_{1}$Die Pflegebedürftigen können zwischen Einrichtungen und Diensten verschiedener Träger wählen. $_{2}$Ihren Wünschen zur Gestaltung der Hilfe soll, soweit sie angemessen sind, im Rahmen des Leistungsrechts entsprochen werden. $_{3}$Wünsche der Pflegebedürftigen nach gleichgeschlechtlicher Pflege haben nach Möglichkeit Berücksichtigung zu finden.

(3) $_{1}$Auf die religiösen Bedürfnisse der Pflegebedürftigen ist Rücksicht zu nehmen. $_{2}$Auf ihren Wunsch hin sollen sie stationäre Leistungen in einer Einrichtung erhalten, in der sie durch Geistliche ihres Bekenntnisses betreut werden können.

(4) Die Pflegebedürftigen sind auf die Rechte nach den Absätzen 2 und 3 hinzuweisen.

§ 3 Vorrang der häuslichen Pflege

$_{1}$Die Pflegeversicherung soll mit ihren Leistungen vorrangig die häusliche Pflege und die Pflegebereitschaft der Angehörigen und Nachbarn unterstützen, damit die Pflegebedürftigen möglichst lange in ihrer häuslichen Umgebung bleiben können. $_{2}$Leistungen der teilstationären Pflege und der Kurzzeitpflege gehen den Leistungen der vollstationären Pflege vor.

§ 4 Art und Umfang der Leistungen

(1) $_{1}$Die Leistungen der Pflegeversicherung sind Dienst-, Sach- und Geldleistungen für den Bedarf an körperbezogenen Pflegemaßnahmen, pflegerischen Betreuungsmaßnahmen und Hilfen bei der Haushaltsführung sowie Kostenerstattung, soweit es dieses Buch vorsieht. $_{2}$Art und Umfang der Leistungen richten sich nach der Schwere der Pflegebedürftigkeit und danach, ob häusliche, teilstationäre oder vollstationäre Pflege in Anspruch genommen wird.

(2) $_{1}$Bei häuslicher und teilstationärer Pflege ergänzen die Leistungen der Pflegeversicherung die familiäre, nachbarschaftliche oder sonstige ehrenamtliche Pflege und Betreuung. $_{2}$Bei teil- und vollstationärer Pflege werden die Pflegebedürftigen von Aufwendungen entlastet, die für ihre Versorgung nach Art und Schwere der Pflegebedürftigkeit erforderlich sind (pflegebedingte Aufwendungen), die Aufwendungen für Unterkunft und Verpflegung tragen die Pflegebedürftigen selbst.

(3) Pflegekassen, Pflegeeinrichtungen und Pflegebedürftige haben darauf hinzuwirken, daß die Leistungen wirksam und wirtschaftlich erbracht und nur im notwendigen Umfang in Anspruch genommen werden.

§ 5 Prävention in Pflegeeinrichtungen, Vorrang von Prävention und medizinischer Rehabilitation

(1) $_{1}$Die Pflegekassen sollen Leistungen zur Prävention in stationären Pflegeeinrichtungen nach § 71 Absatz 2 für in der sozialen Pflegeversicherung Versicherte erbringen, indem sie unter Beteiligung der versicherten Pflegebedürftigen und der Pflegeeinrichtung Vorschläge zur Verbesserung der gesundheitlichen Situation und zur Stärkung der gesundheitlichen Ressourcen und Fähigkeiten entwickeln sowie deren Umsetzung unterstützen. $_{2}$Die Pflichten der Pflegeeinrichtungen nach § 11 Absatz 1 bleiben unberührt. $_{3}$Der Spitzenverband Bund der Pflegekassen legt unter Einbeziehung unabhängigen Sachverstandes die Kriterien für die Leistungen nach Satz 1 fest, insbesondere hinsichtlich Inhalt, Methodik, Qualität, wissenschaftlicher Evaluation und der Messung der Erreichung der mit den Leistungen verfolgten Ziele.

(2) $_{1}$Die Ausgaben der Pflegekassen für die Wahrnehmung ihrer Aufgaben nach Absatz 1 sollen insgesamt im Jahr 2016 für jeden ihrer Versicherten einen Betrag von 0,30 Euro umfassen. $_{2}$Die Ausgaben sind in den Folgejahren entsprechend der prozentualen Veränderung der monatlichen Bezugsgröße nach § 18 Absatz 1 des Vierten Buches anzupassen. $_{3}$Sind in einem Jahr die Ausgaben rundungsbedingt nicht anzupassen, ist die unterbliebene Anpassung bei der Berechnung der Anpassung der Ausgaben im Folgejahr zu berücksichtigen.

(3) $_{1}$Bei der Wahrnehmung ihrer Aufgaben nach Absatz 1 sollen die Pflegekassen zusammenarbeiten und kassenübergreifende Leistungen zur Prävention erbringen. $_{2}$Erreicht eine Pflegekasse den in Absatz 2 festgelegten Betrag in einem Jahr nicht, stellt sie die nicht verausgabten Mittel im Folgejahr dem Spitzenverband Bund der Pflegekassen zur Verfügung, der die Mittel nach einem von ihm festzulegenden Schlüssel auf die Pflegekassen zur Wahrnehmung der Aufgaben nach Absatz 1 verteilt, die Kooperationsvereinbarungen zur Durchführung kassenübergreifender Leistungen geschlossen haben. $_{3}$Auf die zum Zwecke der Vorbereitung und Umsetzung der Kooperationsvereinbarungen nach Satz 2 gebildeten Arbeitsgemeinschaften findet § 94 Absatz 1a Satz 2 und 3 des Zehnten Buches keine Anwendung.

(4) Die Pflegekassen wirken unbeschadet ihrer Aufgaben nach Absatz 1 bei den zuständigen Leistungsträgern darauf hin, dass frühzeitig alle geeigneten Leistungen zur Prävention, zur Krankenbehandlung und zur medizinischen Rehabilitation eingeleitet werden, um den Eintritt von Pflegebedürftigkeit zu vermeiden.

(5) Die Pflegekassen beteiligen sich an der nationalen Präventionsstrategie nach den §§ 20d bis 20f des Fünften Buches mit den Aufgaben nach den Absätzen 1 und 2.

(6) Die Leistungsträger haben im Rahmen ihres Leistungsrechts auch nach Eintritt der Pflegebedürftigkeit ihre Leistungen zur medizinischen Rehabilitation und ergänzenden Leistungen in vollem Umfang einzusetzen und darauf hinzuwirken, die Pflegebedürftigkeit zu überwinden, zu mindern sowie eine Verschlimmerung zu verhindern.

(7) $_{1}$Im Jahr 2020 müssen die Ausgaben der Pflegekassen für die Wahrnehmung der Aufgaben nach Absatz 1 nicht dem in Absatz 2 festgelegten Betrag entsprechen. $_{2}$Im Jahr 2019 nicht verausgabte Mittel sind abweichend von Absatz 3 Satz 2 im Jahr 2020 nicht dem Spitzenverband Bund der Pflegekassen zur Verfügung zu stellen.

§ 6 Eigenverantwortung

(1) Die Versicherten sollen durch gesundheitsbewußte Lebensführung, durch frühzeitige Beteiligung an Vorsorgemaßnahmen und durch aktive Mitwirkung an Krankenbehandlung und Leistungen zur medizinischen Rehabilitation dazu beitragen, Pflegebedürftigkeit zu vermeiden.

(2) Nach Eintritt der Pflegebedürftigkeit haben die Pflegebedürftigen an Leistungen zur medizinischen Rehabilitation und der aktivierenden Pflege mitzuwirken, um die Pflegebedürftigkeit zu überwinden, zu mindern oder eine Verschlimmerung zu verhindern.

§ 7 Aufklärung, Auskunft

(1) Die Pflegekassen haben die Eigenverantwortung der Versicherten durch Aufklärung und Auskunft über eine gesunde, der Pflegebedürftigkeit vorbeugende Lebensführung zu unterstützen und auf die Teilnahme an gesundheitsfördernden Maßnahmen hinzuwirken.

(2) $_{1}$Die Pflegekassen haben die Versicherten und ihre Angehörigen und Lebenspartner in den mit der Pflegebedürftigkeit zusammenhängenden Fragen, insbesondere über die Leistungen der Pflegekassen sowie über die Leistungen und Hilfen anderer Träger, in für sie verständlicher Weise zu informieren und darüber aufzuklären, dass ein Anspruch besteht auf die Übermittlung

1. des Gutachtens des Medizinischen Dienstes oder eines anderen von der Pflegekasse beauftragten Gutachters sowie
2. der gesonderten Präventions- und Rehabilitationsempfehlung gemäß § 18c Absatz 4.

$_{2}$Mit Einwilligung des Versicherten haben der behandelnde Arzt, das Krankenhaus, die Rehabilitations- und Vorsorgeeinrichtungen sowie die Sozialleistungsträger unverzüglich die zuständige Pflegekasse zu benachrichtigen, wenn sich der Eintritt von Pflegebedürftigkeit abzeichnet oder wenn Pflegebedürftigkeit festgestellt wird. $_{3}$Die zuständige Pflegekasse informiert die Versicherten unverzüglich nach Eingang eines Antrags auf Leistungen nach diesem Buch insbesondere über ihren Anspruch auf die unentgeltliche Pflegeberatung nach § 7a, den nächstgelegenen Pflegestützpunkt nach § 7c sowie die Leistungs- und Preisvergleichsliste nach Absatz 3. $_{4}$Ebenso gibt die zuständige Pflegekasse Auskunft über die in ihren Verträgen zur integrierten Versorgung nach § 92b Absatz 2 getroffenen Festlegungen, insbesondere zu Art, Inhalt und Umfang der zu erbringenden Leistungen und der für die Versicherten entstehenden Kosten, und veröffentlicht diese Angaben auf einer eigenen Internetseite.

VII

(3) $_{1}$Zur Unterstützung der pflegebedürftigen Person bei der Ausübung ihres Wahlrechts nach § 2 Absatz 2 sowie zur Förderung des Wettbewerbs und der Überschaubarkeit des vorhandenen Angebots hat die zuständige Pflegekasse der antragstellenden Person auf Anforderung unverzüglich und in geeigneter Form eine Leistungs- und Preisvergleichsliste zu übermitteln; die Leistungs- und Preisvergleichsliste muss für den Einzugsbereich der antragstellenden Person, in dem die pflegerische Versorgung und Betreuung gewährleistet werden soll, die Leistungen und Vergütungen der zugelassenen Pflegeeinrichtungen, die Angebote zur Unterstützung im Alltag nach § 45a sowie Angaben zur Person des zugelassenen oder anerkannten Leistungserbringers enthalten. $_{2}$Die Landesverbände der Pflegekassen erstellen eine Leistungs- und Preisvergleichsliste nach Satz 1, aktualisieren diese einmal im Quartal und veröffentlichen sie auf einer eigenen Internetseite. $_{3}$Die Liste hat zumindest die jeweils geltenden Festlegungen der Vergütungsvereinbarungen nach dem Achten Kapitel sowie die im Rahmen der Vereinbarungen nach Absatz 4 übermittelten Angaben zu Art, Inhalt und Umfang der Angebote sowie zu den Kosten in einer Form zu enthalten, die einen regionalen Vergleich von Angeboten und Kosten und der regionalen Verfügbarkeit ermöglicht. $_{4}$Auf der Internetseite nach Satz 2 sind auch die nach § 115 Absatz 1a veröffentlichten Ergebnisse der Qualitätsprüfungen und die nach § 115 Absatz 1b veröffentlichten Informationen zu berücksichtigen. $_{5}$Die Leistungs- und Preisvergleichsliste ist der Pflegekasse sowie dem Verband der privaten Krankenversicherung e. V. für die Wahrnehmung ihrer Aufgaben nach diesem Buch und zur Veröffentlichung nach Absatz 2 Satz 4 und 5 vom Landesverband der Pflegekassen durch elektronische Datenübertragung zur Verfügung zu stellen. $_{6}$Die Landesverbände der Pflege-

kassen erarbeiten Nutzungsbedingungen für eine zweckgerechte, nicht gewerbliche Nutzung der Angaben nach Satz 1 durch Dritte; die Übermittlung der Angaben erfolgt gegen Verwaltungskostenersatz, es sei denn, es handelt sich bei den Dritten um öffentlich-rechtliche Stellen.

(4) $_{1}$Im Einvernehmen mit den zuständigen obersten Landesbehörden vereinbaren die Landesverbände der Pflegekassen gemeinsam mit den nach Landesrecht zuständigen Stellen für die Anerkennung der Angebote zur Unterstützung im Alltag nach den Vorschriften dieses Buches das Nähere zur Übermittlung von Angaben im Wege elektronischer Datenübertragung insbesondere zu Art, Inhalt und Umfang der Angebote, Kosten und regionaler Verfügbarkeit dieser Angebote einschließlich der Finanzierung des Verfahrens für die Übermittlung. $_{2}$Träger weiterer Angebote, in denen Leistungen zur medizinischen Vorsorge und Rehabilitation, zur Teilhabe am Arbeitsleben oder Leben in der Gemeinschaft, zur schulischen Ausbildung oder Erziehung kranker oder behinderter Kinder, zur Alltagsunterstützung und zum Wohnen im Vordergrund stehen, können an Vereinbarungen nach Satz 1 beteiligt werden, falls sie insbesondere die Angaben nach Satz 1 im Wege der von den Parteien nach Satz 1 vorgesehenen Form der elektronischen Datenübertragung unentgeltlich bereitstellen. $_{3}$Dazu gehören auch Angebote der Träger von Leistungen der Eingliederungshilfe, soweit diese in der vorgesehenen Form der elektronischen Datenübermittlung kostenfrei bereitgestellt werden. $_{4}$Der Spitzenverband Bund der Pflegekassen gibt Empfehlungen für einen bundesweit einheitlichen technischen Standard zur elektronischen Datenübermittlung ab. $_{5}$Die Empfehlungen bedürfen der Zustimmung der Länder.

§ 7a Pflegeberatung

(1) $_{1}$Personen, die Leistungen nach diesem Buch erhalten, haben Anspruch auf individuelle Beratung und Hilfestellung durch einen Pflegeberater oder eine Pflegeberaterin bei der Auswahl und Inanspruchnahme von bundes- oder landesrechtlich vorgesehenen Sozialleistungen sowie sonstigen Hilfsangeboten, die auf die Unterstützung von Menschen mit Pflege-, Versorgungs- oder Betreuungsbedarf ausgerichtet sind (Pflegeberatung); Anspruchsberechtigten soll durch die Pflegekassen vor der erstmaligen Beratung unverzüglich ein zuständiger Pflegeberater, eine zuständige Pflegeberaterin oder eine sonstige Beratungsstelle benannt werden. $_{2}$Für das Verfahren, die Durchführung und die Inhalte der Pflegeberatung sind die Richtlinien nach § 17 Absatz 1a maßgeblich. $_{3}$Aufgabe der Pflegeberatung ist es insbesondere,

1. den Hilfebedarf unter Berücksichtigung der Ergebnisse der Begutachtung durch den Medizinischen Dienst sowie, wenn die nach Satz 1 anspruchsberechtigte Person zustimmt, die Ergebnisse der Beratung in der eigenen Häuslichkeit nach § 37 Absatz 3 systematisch zu erfassen und zu analysieren,
2. einen individuellen Versorgungsplan mit den im Einzelfall erforderlichen Sozialleistungen und gesundheitsfördernden, präventiven, kurativen, rehabilitativen oder sonstigen medizinischen sowie pflegerischen und sozialen Hilfen zu erstellen,
3. auf die für die Durchführung des Versorgungsplans erforderlichen Maßnahmen einschließlich deren Genehmigung durch den jeweiligen Leistungsträger hinzuwirken, insbesondere hinsichtlich einer Empfehlung zur medizinischen Rehabilitation gemäß § 18b Absatz 1 Satz 1 Nummer 2 und Absatz 2,
4. die Durchführung des Versorgungsplans zu überwachen und erforderlichenfalls einer veränderten Bedarfslage anzupassen,
5. bei besonders komplexen Fallgestaltungen den Hilfeprozess auszuwerten und zu dokumentieren sowie
6. über Leistungen zur Entlastung der Pflegepersonen zu informieren.

$_{4}$Der Versorgungsplan wird nach Maßgabe der Richtlinien nach § 17 Absatz 1a erstellt und umgesetzt; er beinhaltet insbesondere Empfehlungen zu den im Einzelfall erforderlichen Maßnahmen nach Satz 3 Nummer 3, Hinweise zu dem dazu vorhandenen örtlichen Leistungsangebot sowie zur Überprüfung und Anpassung der empfohlenen Maßnahmen. $_{5}$Bei Erstellung und Umsetzung des Versorgungsplans ist Einvernehmen mit dem Hilfesuchenden und allen an der Pflege, Versorgung und Betreuung Beteiligten anzustreben. $_{6}$Soweit Leistungen nach sonstigen bundes- oder landesrechtlichen Vorschriften erforderlich sind, sind die zuständigen Leistungsträger frühzeitig mit dem Ziel der Abstimmung einzubeziehen. $_{7}$Eine enge Zusammenarbeit mit anderen Koordinierungsstellen, insbesondere den Ansprechstellen der Rehabilitationsträger nach § 12 Absatz 1 Satz 3 des Neunten Buches, ist sicherzustellen. $_{8}$Ihnen obliegende Aufgaben der Pflegeberatung können die Pflegekassen ganz oder teilweise auf Dritte übertragen; § 80 des Zehnten Buches bleibt unberührt. $_{9}$Ein Anspruch auf Pflegeberatung besteht auch dann, wenn ein Antrag auf Leistungen nach diesem Buch gestellt wurde und erkennbar ein Hilfe- und Beratungsbedarf besteht. $_{10}$Es ist sicherzustellen, dass im jeweiligen Pflegestützpunkt nach § 7c Pflegeberatung im Sinne dieser Vorschrift in Anspruch genommen werden kann und die Unabhängigkeit der Beratung gewährleistet ist.

(2) $_{1}$Auf Wunsch einer anspruchsberechtigten Person nach Absatz 1 Satz 1 erfolgt die Pflegeberatung auch gegenüber ihren Angehörigen oder weiteren Personen oder unter deren Einbeziehung. $_{2}$Sie erfolgt auf Wunsch einer anspruchsberechtigten Person nach Absatz 1 Satz 1 in der häuslichen Umgebung oder in der Einrichtung, in der diese Person lebt. $_{3}$Die Pflegeberatung kann auf Wunsch einer anspruchsberechtigten Person nach Absatz 1 Satz 1 durch barrierefreie digitale Angebote der Pflegekassen ergänzt werden und in diesem Rahmen mittels barrierefreier digitaler Anwendungen erfolgen, bei denen im Fall der Verarbeitung personenbezogener Daten die dafür geltenden Vorschriften zum Datenschutz eingehalten und die Anforderungen an die Datensicherheit nach dem Stand der Technik gewährleistet werden. $_{4}$Bei der Durchführung der Beratung als Videokonferenz gelten die nach § 365 Absatz 1 Satz 1 des Fünften Buches vereinbarten Anforderungen an die technischen Verfahren zu Videosprechstunden. $_{5}$Für digitale Angebote sowie andere digitale Anwendungen nach dieser Vorschrift

gelten die Anforderungen, die der Spitzenverband Bund der Pflegekassen in seiner Richtlinie nach § 17 Absatz 1a zur Durchführung von Beratungen für den Datenschutz und die Datensicherheit bestimmt hat. $_{6}$Ein Versicherter kann einen Leistungsantrag nach diesem oder dem Fünften Buch auch gegenüber dem Pflegeberater oder der Pflegeberaterin stellen. $_{7}$Der Antrag ist unverzüglich der zuständigen Pflege- oder Krankenkasse zu übermitteln, die den Leistungsbescheid unverzüglich dem Antragsteller und zeitgleich dem Pflegeberater oder der Pflegeberaterin zuleitet. $_{8}$Erfolgt die individuelle Beratung nach Absatz 1 Satz 1 mittels barrierefreier digitaler Anwendungen, bleibt der Anspruch der Versicherten auf eine Beratung nach Satz 2 unberührt.

(3) $_{1}$Die Anzahl von Pflegeberatern und Pflegeberaterinnen ist so zu bemessen, dass die Aufgaben nach Absatz 1 im Interesse der Hilfesuchenden zeitnah und umfassend wahrgenommen werden können. $_{2}$Die Pflegekassen setzen für die persönliche Beratung und Betreuung durch Pflegeberater und Pflegeberaterinnen entsprechend qualifiziertes Personal ein, insbesondere Pflegefachkräfte, Sozialversicherungsfachangestellte oder Sozialarbeiter mit der jeweils erforderlichen Zusatzqualifikation. $_{3}$Der Spitzenverband Bund der Pflegekassen gibt unter Beteiligung der in § 17 Absatz 1a Satz 2 genannten Parteien bis zum 31. Juli 2018 Empfehlungen zur erforderlichen Anzahl, Qualifikation und Fortbildung von Pflegeberaterinnen und Pflegeberatern ab.

(4) $_{1}$Die Pflegekassen im Land haben Pflegeberater und Pflegeberaterinnen zur Sicherstellung einer wirtschaftlichen Aufgabenwahrnehmung in den Pflegestützpunkten nach Anzahl und örtlicher Zuständigkeit aufeinander abgestimmt bereitzustellen und hierüber einheitlich und gemeinsam Vereinbarungen zu treffen. $_{2}$Die Pflegekassen können diese Aufgabe auf die Landesverbände der Pflegekassen übertragen. $_{3}$Kommt eine Einigung bis zu dem in Satz 1 genannten Zeitpunkt ganz oder teilweise nicht zustande, haben die Landesverbände der Pflegekassen innerhalb eines Monats zu entscheiden; § 81 Abs. 1 Satz 2 gilt entsprechend. $_{4}$Die Pflegekassen und die gesetzlichen Krankenkassen können zur Aufgabenwahrnehmung durch Pflegeberater und Pflegeberaterinnen von der Möglichkeit der Beauftragung nach Maßgabe der §§ 88 bis 92 des Zehnten Buches Gebrauch machen; § 94 Absatz 1 Nummer 8 gilt entsprechend. $_{5}$Die durch die Tätigkeit von Pflegeberatern und Pflegeberaterinnen entstehenden Aufwendungen werden von den Pflegekassen getragen und zur Hälfte auf die Verwaltungskostenpauschale nach § 46 Abs. 3 Satz 1 angerechnet.

(5) $_{1}$Zur Durchführung der Pflegeberatung können die privaten Versicherungsunternehmen, die die private Pflege-Pflichtversicherung durchführen, Pflegeberater und Pflegeberaterinnen der Pflegekassen für die bei ihnen versicherten Personen nutzen. $_{2}$Dies setzt eine vertragliche Vereinbarung mit den Pflegekassen über Art, Inhalt und Umfang der Inanspruchnahme sowie über die Vergütung der hierfür je Fall entstehenden Aufwendungen voraus. $_{3}$Soweit Vereinbarungen mit den Pflegekassen nicht zustande kommen, können die privaten Versicherungsunternehmen, die die private Pflege-Pflichtversicherung durchführen, untereinander Vereinbarungen über eine abgestimmte Bereitstellung von Pflegeberatern und Pflegeberaterinnen treffen.

(6) Pflegeberater und Pflegeberaterinnen sowie sonstige mit der Wahrnehmung von Aufgaben nach Absatz 1 befasste Stellen, insbesondere

1. nach Landesrecht für die wohnortnahe Betreuung im Rahmen der örtlichen Altenhilfe und für die Gewährung der Hilfe zur Pflege nach dem Zwölften Buch zu bestimmende Stellen,
2. Unternehmen der privaten Kranken- und Pflegeversicherung,
3. Pflegeeinrichtungen und Einzelpersonen nach § 77,
4. Mitglieder von Selbsthilfegruppen, ehrenamtliche und sonstige zum bürgerschaftlichen Engagement bereite Personen und Organisationen sowie
5. Agenturen für Arbeit und Träger der Grundsicherung für Arbeitsuchende,

dürfen Sozialdaten für Zwecke der Pflegeberatung nur verarbeiten, soweit dies zur Erfüllung der Aufgaben nach diesem Buch erforderlich oder durch Rechtsvorschriften des Sozialgesetzbuches oder Regelungen des Versicherungsvertrags- oder des Versicherungsaufsichtsgesetzes angeordnet oder erlaubt ist.

(7) $_{1}$Die Landesverbände der Pflegekassen vereinbaren gemeinsam und einheitlich mit dem Verband der privaten Krankenversicherung e. V., den nach Landesrecht bestimmten Stellen für die wohnortnahe Betreuung im Rahmen der Altenhilfe und den zuständigen Trägern der Sozialhilfe sowie mit den kommunalen Spitzenverbänden auf Landesebene Rahmenverträge über die Zusammenarbeit in der Beratung. $_{2}$Zu den Verträgen nach Satz 1 sind die Verbände der Träger weiterer nicht gewerblicher Beratungsstellen auf Landesebene anzuhören, die für die Beratung Pflegebedürftiger und ihrer Angehörigen von Bedeutung sind. $_{3}$Die Landesverbände der Pflegekassen vereinbaren gemeinsam und einheitlich mit dem Verband der privaten Krankenversicherung e. V. und dem zuständigen Träger der Sozialhilfe auf dessen Verlangen eine ergänzende Vereinbarung zu den Verträgen nach Satz 1 über die Zusammenarbeit in der örtlichen Beratung im Gebiet des Kreises oder der kreisfreien Stadt für den Bereich der örtlichen Zuständigkeit des Trägers der Sozialhilfe. Für Modellvorhaben nach § 123 kann der Antragsteller nach § 123 Absatz 1 die ergänzende Vereinbarung für den Geltungsbereich des Modellvorhabens verlangen.

(8) Die Pflegekassen können sich zur Wahrnehmung ihrer Beratungsaufgaben nach diesem Buch aus ihren Verwaltungsmitteln an der Finanzierung und arbeitsteiligen Organisation von Beratungsaufgaben anderer Träger beteiligen; die Neutralität und Unabhängigkeit der Beratung sind zu gewährleisten.

(9) $_{1}$Der Spitzenverband Bund der Pflegekassen legt dem Bundesministerium für Gesundheit alle drei Jahre, erstmals zum 30. Juni 2020, einen unter wissenschaftlicher Begleitung zu erstellenden Bericht vor über

1. die Erfahrungen und Weiterentwicklung der Pflegeberatung und Pflegeberatungsstrukturen nach den Absätzen 1 bis 4, 7 und 8, § 7b Absatz 1 und 2 und § 7c und

VII

2. die Durchführung, Ergebnisse und Wirkungen der Beratung in der eigenen Häuslichkeit sowie die Fortentwicklung der Beratungsstrukturen nach § 37 Absatz 3 bis 8.

$_{2}$Er kann hierfür Mittel nach § 8 Absatz 3 einsetzen.

§ 7b Pflicht zum Beratungsangebot und Beratungsgutscheine

(1) $_{1}$Die Pflegekasse hat dem Versicherten unmittelbar nach Eingang eines erstmaligen Antrags auf Leistungen nach diesem Buch oder des erklärten Bedarfs einer Begutachtung zur Feststellung der Pflegebedürftigkeit oder weiterer Anträge auf Leistungen nach den §§ 36 bis 38a, 40 Absatz 1 und 4, den §§ 40b, 41 bis 43, 44a, 45, 45e, 87a Absatz 2 Satz 1 und § 115 Absatz 4 entweder

1. unter Angabe einer Kontaktperson einen konkreten Beratungstermin anzubieten, der spätestens innerhalb von zwei Wochen nach Antragseingang durchzuführen ist, oder
2. einen Beratungsgutschein auszustellen, in dem Beratungsstellen benannt sind, bei denen er zu Lasten der Pflegekasse innerhalb von zwei Wochen nach Antragseingang eingelöst werden kann; § 7a Absatz 4 Satz 5 ist entsprechend anzuwenden.

$_{2}$Dabei ist ausdrücklich auf die Möglichkeiten des individuellen Versorgungsplans nach § 7a hinzuweisen und über dessen Nutzen aufzuklären. $_{3}$Die Beratung richtet sich nach § 7a. $_{4}$Auf Wunsch des Versicherten hat die Beratung in der häuslichen Umgebung stattzufinden und kann auch nach Ablauf der in Satz 1 genannten Frist durchgeführt werden; über diese Möglichkeiten hat ihn die Pflegekasse aufzuklären. $_{5}$Die Sätze 1 bis 4 finden auch Anwendung bei der erstmaligen Beantragung von Leistungen nach den §§ 39, 40 Absatz 2, § 45a Absatz 4 und § 45b.

(2) $_{1}$Die Pflegekasse hat sicherzustellen, dass die Beratungsstellen die Anforderungen an die Beratung nach § 7a einhalten. $_{2}$Die Pflegekasse schließt hierzu allein oder gemeinsam mit anderen Pflegekassen vertragliche Vereinbarungen mit unabhängigen und neutralen Beratungsstellen, die insbesondere Regelungen treffen für

1. die Anforderungen an die Beratungsleistung und die Beratungspersonen,
2. die Haftung für Schäden, die der Pflegekasse durch fehlerhafte Beratung entstehen, und
3. die Vergütung.

(2a) $_{1}$Sofern kommunale Gebietskörperschaften, von diesen geschlossene Zweckgemeinschaften oder nach Landesrecht zu bestimmende Stellen

1. für die wohnortnahe Betreuung im Rahmen der örtlichen Altenhilfe oder
2. für die Gewährung der Hilfe zur Pflege nach dem Zwölften Buch

Pflegeberatung im Sinne von § 7a erbringen, sind sie Beratungsstellen, bei denen Pflegebedürftige nach Absatz 1 Satz 1 Nummer 2 Beratungsgutscheine einlösen können; sie haben die Empfehlungen nach § 7a Absatz 3 Satz 3 zu berücksichtigen und die Pflegeberatungs-Richtlinien nach § 17 Absatz 1a zu beachten. $_{2}$Absatz 2 Satz 1 findet keine Anwendung. $_{3}$Die Pflegekasse schließt hierzu allein oder gemeinsam mit anderen Pflegekassen mit den in Satz 1 genannten Stellen vertragliche Vereinbarungen über die Vergütung. $_{4}$Für die Verarbeitung der Sozialdaten gilt § 7a Absatz 6 entsprechend.

(3) $_{1}$Stellen nach Absatz 1 Satz 1 Nummer 2 dürfen personenbezogene Daten nur verarbeiten, soweit dies für Zwecke der Beratung nach § 7a erforderlich ist und der Versicherte oder sein gesetzlicher Vertreter eingewilligt hat. $_{2}$Zudem ist der Versicherte oder sein gesetzlicher Vertreter zu Beginn der Beratung darauf hinzuweisen, dass die Einwilligung jederzeit widerrufen werden kann.

(4) Die Absätze 1 bis 3 gelten für private Versicherungsunternehmen, die die private Pflege-Pflichtversicherung durchführen, entsprechend.

§ 7c Pflegestützpunkte, Verordnungsermächtigung

(1) $_{1}$Zur wohnortnahen Beratung, Versorgung und Betreuung der Versicherten richten die Pflegekassen und Krankenkassen Pflegestützpunkte ein, sofern die zuständige oberste Landesbehörde dies bestimmt. $_{2}$Die Einrichtung muss innerhalb von sechs Monaten nach der Bestimmung durch die oberste Landesbehörde erfolgen. $_{3}$Kommen die hierfür erforderlichen Verträge nicht innerhalb von drei Monaten nach der Bestimmung durch die oberste Landesbehörde zustande, haben die Landesverbände der Pflegekassen innerhalb eines weiteren Monats den Inhalt der Verträge festzulegen; hierbei haben sie auch die Interessen der Ersatzkassen und der Landesverbände der Krankenkassen wahrzunehmen. $_{4}$Hinsichtlich der Mehrheitsverhältnisse bei der Beschlussfassung ist § 81 Absatz 1 Satz 2 entsprechend anzuwenden. $_{5}$Widerspruch und Anfechtungsklage gegen Maßnahmen der Aufsichtsbehörden zur Einrichtung von Pflegestützpunkten haben keine aufschiebende Wirkung.

(1a) $_{1}$Die für die Hilfe zur Pflege zuständigen Träger der Sozialhilfe nach dem Zwölften Buch sowie die nach Landesrecht zu bestimmenden Stellen der Altenhilfe können auf Grund landesrechtlicher Vorschriften von den Pflegekassen und Krankenkassen den Abschluss einer Vereinbarung zur Einrichtung von Pflegestützpunkten verlangen. $_{2}$Ist in der Vereinbarung zur Einrichtung eines Pflegestützpunktes oder in den Rahmenverträgen nach Absatz 6 nichts anderes vereinbart, werden die Aufwendungen, die für den Betrieb des Pflegestützpunktes erforderlich sind, von den Trägern des Pflegestützpunktes zu gleichen Teilen unter Berücksichtigung der anrechnungsfähigen Aufwendungen für das eingesetzte Personal getragen.

(2) $_{1}$Aufgaben der Pflegestützpunkte sind

1. umfassende sowie unabhängige Auskunft und Beratung zu den Rechten und Pflichten nach dem Sozialgesetzbuch und zur Auswahl und Inanspruchnahme der bundes- oder landesrechtlich vorgesehenen Sozialleistungen und sonstigen Hilfsangebote einschließlich der Pflegeberatung nach § 7a in Verbindung mit den Richtlinien nach § 17 Absatz 1a,
2. Koordinierung aller für die wohnortnahe Versorgung und Betreuung in Betracht kommenden gesundheitsfördernden, präventiven, kurativen, rehabilitativen und sonstigen medizinischen sowie pflegerischen und sozialen Hilfs- und Unterstützungsangebote ein-

schließlich der Hilfestellung bei der Inanspruchnahme der Leistungen,

3. Vernetzung aufeinander abgestimmter pflegerischer und sozialer Versorgungs- und Betreuungsangebote.

2Auf vorhandene vernetzte Beratungsstrukturen ist zurückzugreifen. 3Die Pflegekassen haben jederzeit darauf hinzuwirken, dass sich insbesondere die

1. nach Landesrecht zu bestimmenden Stellen für die wohnortnahe Betreuung im Rahmen der örtlichen Altenhilfe und für die Gewährung der Hilfe zur Pflege nach dem Zwölften Buch,
2. im Land zugelassenen und tätigen Pflegeeinrichtungen,
3. im Land tätigen Unternehmen der privaten Kranken- und Pflegeversicherung

an den Pflegestützpunkten beteiligen. 4Die Krankenkassen haben sich an den Pflegestützpunkten zu beteiligen. 5Träger der Pflegestützpunkte sind die beteiligten Kosten- und Leistungsträger. 6Die Träger

1. sollen Pflegefachkräfte in die Tätigkeit der Pflegestützpunkte einbinden,
2. haben nach Möglichkeit Mitglieder von Selbsthilfegruppen sowie ehrenamtliche und sonstige zum bürgerschaftlichen Engagement bereite Personen und Organisationen in die Tätigkeit der Pflegestützpunkte einzubinden,
3. sollen interessierten kirchlichen sowie sonstigen religiösen und gesellschaftlichen Trägern und Organisationen sowie nicht gewerblichen, gemeinwohlorientierten Einrichtungen mit öffentlich zugänglichen Angeboten und insbesondere Selbsthilfe stärkender und generationenübergreifender Ausrichtung in kommunalen Gebietskörperschaften die Beteiligung an den Pflegestützpunkten ermöglichen,
4. können sich zur Erfüllung ihrer Aufgaben dritter Stellen bedienen,
5. sollen im Hinblick auf die Vermittlung und Qualifizierung von für die Pflege und Betreuung geeigneten Kräften eng mit dem Träger der Arbeitsförderung nach dem Dritten Buch und den Trägern der Grundsicherung für Arbeitsuchende nach dem Zweiten Buch zusammenarbeiten.

(3) Die an den Pflegestützpunkten beteiligten Kostenträger und Leistungserbringer können für das Einzugsgebiet der Pflegestützpunkte Verträge zur wohnortnahen integrierten Versorgung schließen; insoweit ist § 92b mit der Maßgabe entsprechend anzuwenden, dass die Pflege- und Krankenkassen gemeinsam und einheitlich handeln.

(4) 1Der Pflegestützpunkt kann bei einer im Land zugelassenen und tätigen Pflegeeinrichtung errichtet werden, wenn dies nicht zu einer unzulässigen Beeinträchtigung des Wettbewerbs zwischen den Pflegeeinrichtungen führt. 2Die für den Betrieb des Pflegestützpunktes erforderlichen Aufwendungen werden von den Trägern der Pflegestützpunkte unter Berücksichtigung der anrechnungsfähigen Aufwendungen für das eingesetzte Personal auf der Grundlage einer vertraglichen Vereinbarung anteilig getragen. 3Die Verteilung der für den Betrieb des Pflegestützpunktes erforderlichen Aufwendungen wird mit der Maßgabe vereinbart, dass der auf eine einzelne Pflegekasse entfallende Anteil nicht höher sein darf als der von der Krankenkasse, bei der sie errichtet ist, zu tragende Anteil. 4Soweit sich private Versicherungsunternehmen, die die private Pflege-Pflichtversicherung durchführen, nicht an der Finanzierung der Pflegestützpunkte beteiligen, haben sie mit den Trägern der Pflegestützpunkte über Art, Inhalt und Umfang der Inanspruchnahme der Pflegestützpunkte durch privat Pflege-Pflichtversicherte sowie über die Vergütung der hierfür je Fall entstehenden Aufwendungen Vereinbarungen zu treffen; dies gilt für private Versicherungsunternehmen, die die private Krankenversicherung durchführen, entsprechend.

(5) Im Pflegestützpunkt tätige Personen sowie sonstige mit der Wahrnehmung von Aufgaben nach Absatz 1 befasste Stellen, insbesondere

1. nach Landesrecht für die wohnortnahe Betreuung im Rahmen der örtlichen Altenhilfe und für die Gewährung der Hilfe zur Pflege nach dem Zwölften Buch zu bestimmende Stellen,
2. Unternehmen der privaten Kranken- und Pflegeversicherung,
3. Pflegeeinrichtungen und Einzelpersonen nach § 77,
4. Mitglieder von Selbsthilfegruppen, ehrenamtliche und sonstige zum bürgerschaftlichen Engagement bereite Personen und Organisationen sowie
5. Agenturen für Arbeit und Träger der Grundsicherung für Arbeitsuchende,

dürfen Sozialdaten nur verarbeiten, soweit dies zur Erfüllung der Aufgaben nach diesem Buch erforderlich oder durch Rechtsvorschriften des Sozialgesetzbuches oder Regelungen des Versicherungsvertrags- oder des Versicherungsaufsichtsgesetzes angeordnet oder erlaubt ist.

(6) 1Sofern die zuständige oberste Landesbehörde die Einrichtung von Pflegestützpunkten bestimmt hat, vereinbaren die Landesverbände der Pflegekassen mit den Landesverbänden der Krankenkassen sowie den Ersatzkassen und den für die Hilfe zur Pflege zuständigen Trägern der Sozialhilfe nach dem Zwölften Buch und den kommunalen Spitzenverbänden auf Landesebene Rahmenverträge zur Arbeit und zur Finanzierung der Pflegestützpunkte. 2Bestandskräftige Rahmenverträge gelten bis zum Inkrafttreten von Rahmenverträgen nach Satz 1 fort. 3Die von der zuständigen obersten Landesbehörde getroffene Bestimmung zur Einrichtung von Pflegestützpunkten sowie die Empfehlungen nach Absatz 9 sind beim Abschluss der Rahmenverträge zu berücksichtigen. 4In den Rahmenverträgen nach Satz 1 sind die Strukturierung der Zusammenarbeit mit weiteren Beteiligten sowie die Zuständigkeit insbesondere für die Koordinierung der Arbeit, die Qualitätssicherung und die Auskunftspflicht gegenüber den Trägern, den Ländern und dem Bundesversicherungsamt zu bestimmen. 5Ferner sollen Regelungen zur Aufteilung der Kosten unter Berücksichtigung der Vorschriften nach Absatz 4 getroffen werden. 6Die Regelungen zur Kostenaufteilung gelten unmittelbar für die Pflegestützpunkte, soweit in den Verträgen zur Errichtung der Pflegestützpunkte nach Absatz 1 nichts anderes vereinbart ist.

VII

(7) $_{1}$Die Landesregierungen werden ermächtigt, Schiedsstellen einzurichten. $_{2}$Diese setzen den Inhalt der Rahmenverträge nach Absatz 6 fest, sofern ein Rahmenvertrag nicht innerhalb der in der Rechtsverordnung nach Satz 6 zu bestimmenden Frist zustande kommt. $_{3}$Die Schiedsstelle besteht aus Vertretungen der Pflegekassen und der für die Hilfe zur Pflege zuständigen Träger der Sozialhilfe nach dem Zwölften Buch in gleicher Zahl sowie einem unparteiischen Vorsitzenden und zwei weiteren unparteiischen Mitgliedern. $_{4}$Für den Vorsitzenden und die unparteiischen Mitglieder können Stellvertretungen bestellt werden. $_{5}$§ 76 Absatz 3 und 4 gilt entsprechend. $_{6}$Die Landesregierungen werden ermächtigt, durch Rechtsverordnung das Nähere über die Zahl, die Bestellung, die Amtsdauer, die Amtsführung, die Erstattung der baren Auslagen und die Entschädigung für den Zeitaufwand der Mitglieder der Schiedsstelle, die Geschäftsführung, das Verfahren, die Frist, nach deren Ablauf die Schiedsstelle ihre Arbeit aufnimmt, die Erhebung und die Höhe der Gebühren sowie über die Verteilung der Kosten zu regeln.

(8) $_{1}$Abweichend von Absatz 7 können die Parteien des Rahmenvertrages nach Absatz 6 Satz 1 einvernehmlich eine unparteiische Schiedsperson und zwei unparteiische Mitglieder bestellen, die den Inhalt des Rahmenvertrages nach Absatz 6 innerhalb von sechs Wochen nach ihrer Bestellung festlegen. $_{2}$Die Kosten des Schiedsverfahrens tragen die Vertragspartner zu gleichen Teilen.

(9) Der Spitzenverband Bund der Pflegekassen, der Spitzenverband Bund der Krankenkassen, die Bundesarbeitsgemeinschaft der überörtlichen Träger der Sozialhilfe und die Bundesvereinigung der kommunalen Spitzenverbände können gemeinsam und einheitlich Empfehlungen zur Arbeit und zur Finanzierung von Pflegestützpunkten in der gemeinsamen Trägerschaft der gesetzlichen Kranken- und Pflegekassen sowie der nach Landesrecht zu bestimmenden Stellen der Alten- und Sozialhilfe vereinbaren.

§ 8 Gemeinsame Verantwortung

(1) Die pflegerische Versorgung der Bevölkerung ist eine gesamtgesellschaftliche Aufgabe.

(2) $_{1}$Die Länder, die Kommunen, die Pflegeeinrichtungen und die Pflegekassen wirken unter Beteiligung des Medizinischen Dienstes eng zusammen, um eine leistungsfähige, regional gegliederte, ortsnahe und aufeinander abgestimmte ambulante und stationäre pflegerische Versorgung der Bevölkerung zu gewährleisten. $_{2}$Sie tragen zum Ausbau und zur Weiterentwicklung der notwendigen pflegerischen Versorgungsstrukturen bei; das gilt insbesondere für die Ergänzung des Angebots an häuslicher und stationärer Pflege durch neue Formen der teilstationären Pflege und Kurzzeitpflege sowie für die Vorhaltung eines Angebots von die Pflege ergänzenden Leistungen zur medizinischen Rehabilitation. $_{3}$Sie unterstützen und fördern darüber hinaus die Bereitschaft zu einer humanen Pflege und Betreuung durch hauptberufliche und ehrenamtliche Pflegekräfte sowie durch Angehörige, Nachbarn und Selbsthilfegruppen und wirken so auf eine neue Kultur des Helfens und der mitmenschlichen Zuwendung hin.

(3) $_{1}$Der Spitzenverband Bund der Pflegekassen kann aus Mitteln des Ausgleichsfonds der Pflegeversicherung mit 5 Millionen Euro im Kalenderjahr Maßnahmen wie Modellvorhaben, Studien, wissenschaftliche Expertisen und Fachtagungen zur Weiterentwicklung der Pflegeversicherung, insbesondere zur Entwicklung neuer qualitätsgesicherter Versorgungsformen für Pflegebedürftige, durchführen und mit Leistungserbringern vereinbaren. $_{2}$Dabei sind vorrangig modellhaft in einer Region Möglichkeiten eines personenbezogenen Budgets sowie neue Wohnkonzepte für Pflegebedürftige zu erproben. $_{3}$Bei der Vereinbarung und Durchführung von Modellvorhaben kann im Einzelfall von den Regelungen des Siebten Kapitels sowie von § 36 und zur Entwicklung besonders pauschalierter Pflegesätze von § 84 Abs. 2 Satz 2 abgewichen werden. $_{4}$Mehrbelastungen der Pflegeversicherung, die dadurch entstehen, dass Pflegebedürftige, die Pflegegeld beziehen, durch Einbeziehung in ein Modellvorhaben höhere Leistungen als das Pflegegeld erhalten, sind in das nach Satz 1 vorgesehene Fördervolumen einzubeziehen. $_{5}$Soweit die in Satz 1 genannten Mittel im jeweiligen Haushaltsjahr nicht verbraucht wurden, können sie in das Folgejahr übertragen werden. $_{6}$Die Modellvorhaben sind auf längstens fünf Jahre zu befristen. $_{7}$Der Spitzenverband Bund der Pflegekassen bestimmt Ziele, Dauer, Inhalte und Durchführung der Maßnahmen; dabei sind auch regionale Modellvorhaben einzelner Länder zu berücksichtigen. $_{8}$Die Maßnahmen sind mit dem Bundesministerium für Gesundheit abzustimmen. $_{9}$Soweit finanzielle Interessen einzelner Länder berührt werden, sind diese zu beteiligen. $_{10}$Näheres über das Verfahren zur Auszahlung der aus dem Ausgleichsfonds zu finanzierenden Fördermittel regeln der Spitzenverband Bund der Pflegekassen und das Bundesamt für Soziale Sicherung durch Vereinbarung. $_{11}$Für die Modellvorhaben ist eine wissenschaftliche Begleitung und Auswertung vorzusehen. $_{12}$§ 45c Absatz 5 Satz 6 gilt entsprechend.

(3a) $_{1}$Der Spitzenverband Bund der Pflegekassen kann aus Mitteln des Ausgleichsfonds der Pflegeversicherung mit 3 Millionen Euro im Kalenderjahr Modellvorhaben, Studien und wissenschaftliche Expertisen zur Entwicklung oder Erprobung innovativer Versorgungsansätze unter besonderer Berücksichtigung einer kompetenzorientierten Aufgabenverteilung des Personals in Pflegeeinrichtungen durchführen und mit Leistungserbringern vereinbaren. $_{2}$Bei Modellvorhaben, die den Einsatz von zusätzlichem Personal in der Versorgung durch die Pflegeeinrichtung erfordern, können die dadurch entstehenden Personalkosten in das nach Satz 1 vorgesehene Fördervolumen einbezogen werden. $_{3}$Bei der Vereinbarung und Durchführung von Modellvorhaben kann im Einzelfall von den Regelungen des Siebten Kapitels abgewichen werden. $_{4}$Pflegebedürftige dürfen durch die Durchführung der Modellvorhaben nicht belastet werden. $_{5}$Soweit die in Satz 1 genannten Mittel im jeweiligen Haushaltsjahr nicht verbraucht werden, können sie in das folgende Haushaltsjahr oder unter entsprechender Erhöhung des zur Verfügung stehenden Betrages auf die Mittel nach Absatz 3b Satz 5 für den Bereitstellungszeitraum nach Absatz 3b Satz 5 übertragen werden. $_{6}$Die Modellvorhaben sind auf längstens fünf Jahre zu befristen. 7Der Spitzenverband Bund der Pflegekassen bestimmt im Einvernehmen mit dem Bundesministerium für Gesundheit Ziele, Dauer, Inhalte und Durchführung der Modellvorhaben. 8Das Nähere über das Verfahren zur Auszahlung der aus dem Ausgleichsfonds zu finanzierenden Fördermittel regeln der Spitzenverband Bund der Pflegekassen und das Bundesamt für Soziale Sicherung durch Vereinbarung. 9Der Spitzenverband Bund der Pflegekassen hat eine wissenschaftliche Begleitung und Auswertung der Modellvorhaben im Hinblick auf die Erreichung der Ziele der Modellvorhaben nach allgemein wissenschaftlichen Standards zu veranlassen. 10Über die Auswertung der Modellvorhaben ist von unabhängigen Sachverständigen ein Bericht zu erstellen. 11Der Bericht ist zu veröffentlichen. 12§ 45c Absatz 5 Satz 6 gilt entsprechend.

(3b) 1Der Spitzenverband Bund der Pflegekassen stellt durch die Finanzierung von Studien, Modellprojekten und wissenschaftlichen Expertisen die wissenschaftlich gestützte Begleitung der Einführung und Weiterentwicklung des wissenschaftlich fundierten Verfahrens zur einheitlichen Bemessung des Personalbedarfs in Pflegeeinrichtungen nach qualitativen und quantitativen Maßstäben, das nach § 113c Satz 1 in der am 1. Januar 2016 geltenden Fassung für vollstationäre Pflegeeinrichtungen entwickelt und erprobt wurde, und die wissenschaftlich gestützte Weiterentwicklung der ambulanten Versorgung sicher. 2Das Bundesministerium für Gesundheit setzt dazu ein Begleitgremium ein. 3Aufgabe des Begleitgremiums ist es, den Spitzenverband Bund der Pflegekassen, das Bundesministerium für Gesundheit und das Bundesministerium für Familie, Senioren, Frauen und Jugend bei der Umsetzung des Verfahrens zur einheitlichen Bemessung des Personalbedarfs für vollstationäre Pflegeeinrichtungen sowie bei der Weiterentwicklung der ambulanten Versorgung fachlich zu beraten und zu unterstützen. 4Der Spitzenverband Bund der Pflegekassen bestimmt im Einvernehmen mit dem Bundesministerium für Gesundheit und dem Bundesministerium für Familie, Senioren, Frauen und Jugend sowie nach Anhörung des Begleitgremiums Ziele, Dauer, Inhalte und Durchführung der Maßnahmen nach Satz 1. 5Dem Spitzenverband Bund der Pflegekassen werden zur Finanzierung der Maßnahmen nach Satz 1 in den Jahren 2021 bis 2026 bis zu 12 Millionen Euro aus dem Ausgleichsfonds zur Verfügung gestellt. 6Das Nähere über das Verfahren zur Auszahlung der Mittel regeln der Spitzenverband Bund der Pflegekassen und das Bundesamt für Soziale Sicherung durch Vereinbarung. 7Der Einsatz von zusätzlichem Personal in vollstationären Pflegeeinrichtungen und die dadurch entstehenden Personalkosten bei der Teilnahme an Modellprojekten nach Satz 1 sollen in das Fördervolumen nach Satz 5 einbezogen werden. 8Pflegebedürftige dürfen durch die Durchführung von Maßnahmen nach Satz 1 nicht belastet werden.

(4) 1Aus den Mitteln des Ausgleichsfonds der Pflegeversicherung ist ebenfalls die Finanzierung der qualifizierten Geschäftsstelle nach § 113b Absatz 6 und der wissenschaftlichen Aufträge nach § 113b Absatz 4 und 4a sicherzustellen. 2Absatz 5 Satz 2 und 3 gilt entsprechend. 3Sofern der Verband der privaten Krankenversicherung e. V. als Mitglied im Qualitätsausschuss nach § 113b vertreten ist, beteiligen sich die privaten Versicherungsunternehmen, die die private Pflege-Pflichtversicherung durchführen, mit einem Anteil von 10 Prozent an den Aufwendungen nach Satz 1. 4Der Finanzierungsanteil nach Satz 3, der auf die privaten Versicherungsunternehmen entfällt, kann von dem Verband der privaten Krankenversicherung e. V. unmittelbar an das Bundesamt für Soziale Sicherung zugunsten des Ausgleichsfonds der Pflegeversicherung nach § 65 geleistet werden.

(5) 1Aus den Mitteln des Ausgleichsfonds der Pflegeversicherung ist die Finanzierung der gemäß § 113 Absatz 1b Satz 1 beauftragten, fachlich unabhängigen Institution sicherzustellen. 2Die Vertragsparteien nach § 113 und das Bundesversicherungsamt vereinbaren das Nähere über das Verfahren zur Auszahlung der aus dem Ausgleichsfonds zu finanzierenden Mittel. 3Die jeweilige Auszahlung bedarf der Genehmigung durch das Bundesministerium für Gesundheit.

(5a) 1Aus den Mitteln des Ausgleichsfonds der Pflegeversicherung ist die Finanzierung der Geschäftsstelle nach § 82c Absatz 6 sicherzustellen. 2Das Nähere über das Verfahren zur Auszahlung der aus dem Ausgleichsfonds zu finanzierenden Mittel regeln der Spitzenverband Bund der Pflegekassen und das Bundesamt für Soziale Sicherung durch Vereinbarung.

(6) 1Abweichend von § 84 Absatz 4 Satz 1 erhalten vollstationäre Pflegeeinrichtungen auf Antrag einen Vergütungszuschlag zur Unterstützung der Leistungserbringung insbesondere im Bereich der medizinischen Behandlungspflege. 2Voraussetzung für die Gewährung des Vergütungszuschlags ist, dass die Pflegeeinrichtung über neu eingestelltes oder über Stellenaufstockung erweitertes Pflegepersonal verfügt, das über das Personal hinausgeht, das die Pflegeeinrichtung nach der Pflegesatzvereinbarung gemäß § 84 Absatz 5 Satz 2 Nummer 2 vorzuhalten hat. 3Das zusätzliche Pflegepersonal muss zur Erbringung aller vollstationären Pflegeleistungen vorgesehen sein und es muss sich bei dem Personal um Pflegefachkräfte handeln. 4Die vollstationäre Pflegeeinrichtung kann auch für die Beschäftigung zusätzlicher Fachkräfte aus dem Gesundheits- und Sozialbereich sowie von zusätzlichen Pflegehilfskräften, die sich in der Ausbildung zur Pflegefachkraft befinden, einen Vergütungszuschlag erhalten. 5Das Bundesversicherungsamt verwaltet die zur Finanzierung des Vergütungszuschlags von den Krankenkassen nach § 37 Absatz 2a des Fünften Buches und von den privaten Versicherungsunternehmen nach Absatz 9 Satz 2 zu leistenden Beträge im Ausgleichsfonds der Pflegeversicherung. 6Der Anspruch auf einen Vergütungszuschlag ist unter entsprechender Anwendung des § 84 Absatz 2 Satz 5 und 6 begrenzt auf die tatsächlichen Aufwendungen für zusätzlich

1. eine halbe Stelle bei Pflegeeinrichtungen mit bis zu 40 Plätzen,
2. eine Stelle bei Pflegeeinrichtungen mit 41 bis zu 80 Plätzen,
3. anderthalb Stellen bei Pflegeeinrichtungen mit 81 bis zu 120 Plätzen und
4. zwei Stellen bei Pflegeeinrichtungen mit mehr als 120 Plätzen.

$_{7}$Der Vergütungszuschlag ist von den Pflegekassen monatlich zu zahlen und wird zum 15. eines jeden Monats fällig, sofern von der vollstationären Pflegeeinrichtung halbjährlich das Vorliegen der Anspruchsvoraussetzungen nach Satz 2 bestätigt wird. $_{8}$Der Spitzenverband Bund der Pflegekassen legt im Benehmen mit den Bundesvereinigungen der Träger stationärer Pflegeeinrichtungen das Nähere für die Antragstellung sowie das Zahlungsverfahren für seine Mitglieder fest. $_{9}$Die Festlegungen bedürfen der Zustimmung des Bundesministeriums für Gesundheit im Benehmen mit dem Bundesministerium für Familie, Senioren, Frauen und Jugend im Rahmen seiner Zuständigkeit. $_{10}$Bis zum Vorliegen der Bestimmung nach Satz 8 stellen die Landesverbände der Pflegekassen die sachgerechte Verfahrensbearbeitung sicher; es genügt die Antragstellung an eine als Partei der Pflegesatzvereinbarung beteiligte Pflegekasse. $_{11}$Die über den Vergütungszuschlag finanzierten zusätzlichen Stellen und die der Berechnung des Vergütungszuschlags zugrunde gelegte Bezahlung der auf diesen Stellen Beschäftigten sind von den Pflegeeinrichtungen unter entsprechender Anwendung des § 84 Absatz 6 Satz 3 und 4 und Absatz 7 nachzuweisen. $_{12}$Die Auszahlung des gesamten Zuschlags hat einheitlich über eine Pflegekasse an die vollstationäre Pflegeeinrichtung vor Ort zu erfolgen. $_{13}$Änderungen der den Anträgen zugrunde liegenden Sachverhalte sind von den vollstationären Pflegeeinrichtungen unverzüglich anzuzeigen. $_{14}$Der Spitzenverband Bund der Pflegekassen berichtet dem Bundesministerium für Gesundheit erstmals bis zum 31. Dezember 2019 und danach jährlich über die Zahl der durch diesen Zuschlag finanzierten Pflegekräfte, den Stellenzuwachs und die Ausgabenentwicklung.

(7) $_{1}$Aus den Mitteln des Ausgleichsfonds der Pflegeversicherung werden in den Jahren 2019 bis 2024 jährlich bis zu 100 Millionen Euro bereitgestellt, um Maßnahmen der Pflegeeinrichtungen zu fördern, die das Ziel haben, die Vereinbarkeit von Pflege, Familie und Beruf für ihre in der Pflege tätigen Mitarbeiterinnen und Mitarbeiter zu verbessern. $_{2}$Die Maßnahmen nach Satz 1 werden in den Jahren 2025 bis 2030 mit den in den Jahren 2023 und 2024 nicht in Anspruch genommenen Fördermitteln aus dem Ausgleichsfonds der Pflegeversicherung gefördert. $_{3}$Das verfügbare Fördervolumen in den Jahren 2025 bis 2030 wird zudem um die für Modellvorhaben nach § 123 beanspruchten Mittel des Ausgleichfonds verringert. $_{4}$Förderfähig sind alle Maßnahmen der Pflegeeinrichtungen, die das Ziel haben, die Vereinbarkeit von Pflege, Familie und Beruf, insbesondere für ihre in der Pflege und Betreuung tätigen Mitarbeiterinnen und Mitarbeiter zu verbessern; dazu gehören, jeweils einschließlich aller erforderlichen Maßnahmen zur betrieblichen Umsetzung, insbesondere der Bedarfsanalyse, Konzeptentwicklung, Personal- und Organisationsentwicklung, Schulung und Weiterbildung der Führungskräfte und Beschäftigten sowie der Begleitung bei der Umsetzung, insbesondere

1. individuelle und gemeinschaftliche Betreuungsangebote, die auf die besonderen Arbeitszeiten von Pflegekräften ausgerichtet sind, sowie weitere Maßnahmen zur Entlastung insbesondere der in der Pflege und Betreuung tätigen Mitarbeiterinnen und Mitarbeiter,
2. Maßnahmen zur Rückgewinnung von Pflege- und Betreuungspersonal,
3. Maßnahmen zur Verbesserung der Arbeitszeit- und Dienstplangestaltung einschließlich Maßnahmen im Zusammenhang mit lebensphasengerechten Arbeitszeitmodellen, Personalpools sowie weiteren betrieblichen Ausfallkonzepten,
4. Maßnahmen zur Verbesserung der Kommunikation mit und zwischen den Beschäftigten,
5. Maßnahmen zur kompetenzorientierten Personalentwicklung, Personalqualifizierung und Führung,
6. Maßnahmen zur Verbesserung der Kommunikation mit Kunden,
7. Maßnahmen zur Schaffung einer familienfreundlichen Unternehmenskultur.

$_{5}$Ab dem 1. Juli 2023 sind folgende jährliche Förderzuschüsse möglich:

1. bei Pflegeeinrichtungen mit bis zu 25 in der Pflege tätigen Mitarbeiterinnen und Mitarbeitern in Höhe von bis zu 10 000 Euro; dabei werden bis zu 70 Prozent der durch die Pflegeeinrichtung für eine Maßnahme verausgabten Mittel gefördert;
2. bei Pflegeeinrichtungen ab 26 in der Pflege tätigen Mitarbeiterinnen und Mitarbeitern in Höhe von bis zu 7500 Euro; dabei werden bis zu 50 Prozent der durch die Pflegeeinrichtung für eine Maßnahme verausgabten Mittel gefördert.

$_{6}$Die Landesverbände der Pflegekassen stellen die sachgerechte Verteilung der Mittel sicher. $_{7}$Der in Satz 1 genannte Betrag soll unter Berücksichtigung der Zahl der Pflegeeinrichtungen auf die Länder aufgeteilt werden. $_{8}$Antrag und Nachweis sollen einfach ausgestaltet sein. $_{9}$Pflegeeinrichtungen können in einem Antrag die Förderung von zeitlich und sachlich unterschiedlichen Maßnahmen beantragen. $_{10}$Soweit eine Pflegeeinrichtung den Förderhöchstbetrag nach Satz 4 innerhalb eines Kalenderjahres nicht in Anspruch genommen hat und die für das Land, in dem die Pflegeeinrichtung ihren Sitz hat, in diesem Kalenderjahr bereitgestellte Gesamtfördersumme noch nicht ausgeschöpft ist, erhöht sich der mögliche Förderhöchstbetrag für diese Pflegeeinrichtung im nachfolgenden Kalenderjahr um den aus dem Vorjahr durch die Pflegeeinrichtung nicht in Anspruch genommenen Betrag. $_{11}$Der Spitzenverband Bund der Pflegekassen erlässt im Einvernehmen mit dem Verband der privaten Krankenversicherung e. V. nach Anhörung der Verbände der Leistungserbringer auf Bundesebene, erstmals bis zum 31. März 2019, Richtlinien über das Nähere der Voraussetzungen, Ziele, Inhalte und Durchführung der Förderung sowie zu dem Verfahren zur Vergabe der Fördermittel durch eine Pflegekasse. $_{12}$Die Richtlinien bedürfen der Genehmigung des Bundesministeriums für Gesundheit. $_{13}$Die Genehmigung gilt als erteilt, wenn die Richtlinien nicht innerhalb eines Monats, nachdem sie dem Bundesministerium für Gesundheit vorgelegt worden sind, beanstandet werden. $_{14}$Das Bundesministerium für Gesundheit kann im Rahmen der Richtlinienprüfung vom Spitzenverband Bund der Pflegekassen zusätzliche Informationen und ergänzende Stellungnahmen anfordern; bis zu deren Eingang ist der Lauf der Frist nach Satz 12 unterbrochen. $_{15}$Beanstandungen des Bundesministeriums für Gesundheit sind innerhalb der von ihm gesetzten Frist zu beheben. $_{16}$Die Genehmigung kann vom Bundesministerium für Gesundheit mit Auflagen verbunden werden.

(8) $_{1}$Aus den Mitteln des Ausgleichsfonds der Pflegeversicherung wird in den Jahren 2019 bis 2030 ein einmaliger Zuschuss für jede ambulante und stationäre Pflegeeinrichtung bereitgestellt, um digitale Anwendungen, insbesondere zur Entlastung der Pflegekräfte, zur Verbesserung der pflegerischen Versorgung sowie für eine stärkere Beteiligung der Pflegebedürftigen zu fördern. $_{2}$Förderfähig sind Anschaffungen von digitaler oder technischer Ausrüstung sowie damit verbundene Schulungen, die beispielsweise Investitionen in die IT- und Cybersicherheit, das interne Qualitätsmanagement, die Erhebung von Qualitätsindikatoren, verbesserte Arbeitsabläufe und Organisation bei der Pflege und die Zusammenarbeit zwischen Ärzten und stationären Pflegeeinrichtungen unterstützen. $_{3}$Förderfähig sind auch die Aus-, Fort- und Weiterbildungen sowie Schulungen zu digitalen Kompetenzen von Pflegebedürftigen und Pflegekräften in der Langzeitpflege. $_{4}$Gefördert werden bis zu 40 Prozent der durch die Pflegeeinrichtung verausgabten Mittel. $_{5}$Pro Pflegeeinrichtung ist höchstens ein einmaliger Zuschuss in Höhe von 12 000 Euro möglich. $_{6}$Der Spitzenverband Bund der Pflegekassen beschließt im Einvernehmen mit dem Verband der privaten Krankenversicherung e. V. nach Anhörung der Verbände der Leistungserbringer auf Bundesebene bis zum 31. Oktober 2023 Richtlinien über das Nähere der Voraussetzungen und zu dem Verfahren der Gewährung des Zuschusses, der durch eine Pflegekasse ausgezahlt wird. $_{7}$Die Richtlinien bedürfen der Genehmigung des Bundesministeriums für Gesundheit. $_{8}$Die Genehmigung gilt als erteilt, wenn die Richtlinien nicht innerhalb eines Monats, nachdem sie dem Bundesministerium für Gesundheit vorgelegt worden sind, beanstandet werden. $_{9}$Das Bundesministerium für Gesundheit kann im Rahmen der Richtlinienprüfung vom Spitzenverband Bund der Pflegekassen zusätzliche Informationen und ergänzende Stellungnahmen anfordern; bis zu deren Eingang ist der Lauf der Frist nach Satz 8 unterbrochen. $_{10}$Beanstandungen des Bundesministeriums für Gesundheit sind innerhalb der von ihm gesetzten Frist zu beheben. $_{11}$Die Genehmigung kann vom Bundesministerium für Gesundheit mit Auflagen verbunden werden.

(9) $_{1}$Die privaten Versicherungsunternehmen, die die private Pflege-Pflichtversicherung durchführen, beteiligen sich mit einem Anteil von 7 Prozent an den Kosten, die sich gemäß den Absätzen 5, 7 und 8 jeweils ergeben. $_{2}$Die privaten Versicherungsunternehmen, die die private Pflege-Pflichtversicherung durchführen, beteiligen sich an der Finanzierung der Vergütungszuschläge nach Absatz 6 mit jährlich 44 Millionen Euro. $_{3}$Der jeweilige Finanzierungsanteil, der auf die privaten Versicherungsunternehmen entfällt, kann von dem Verband der privaten Krankenversicherung e. V. unmittelbar an das Bundesversicherungsamt zugunsten des Ausgleichsfonds der Pflegeversicherung nach § 65 geleistet werden. $_{4}$Einmalig können die privaten Versicherungsunternehmen, die die private Pflege-Pflichtversicherung durchführen, für bestehende Vertragsverhältnisse die Prämie für die private Pflege-Pflichtversicherung anpassen, um die Verpflichtungen zu berücksichtigen, die sich aus den Sätzen 1 und 2 ergeben. $_{5}$§ 155 Absatz 1 des Versicherungsaufsichtsgesetzes ist anzuwenden. $_{6}$Dem Versicherungsnehmer ist die Neufestsetzung der Prämie unter Hinweis auf die hierfür maßgeblichen Gründe in Textform mitzuteilen. $_{7}$§ 203 Absatz 5 des Versicherungsvertragsgesetzes und § 205 Absatz 4 des Versicherungsvertragsgesetzes gelten entsprechend.

(10) Der Spitzenverband Bund der Pflegekassen, der Verband der privaten Krankenversicherung e. V. und das Bundesversicherungsamt regeln das Nähere über das Verfahren zur Bereitstellung der notwendigen Finanzmittel zur Finanzierung der Maßnahmen nach den Absätzen 6 bis 8 aus dem Ausgleichsfonds der Pflegeversicherung sowie zur Feststellung und Erhebung der Beträge der privaten Versicherungsunternehmen, die die private Pflege-Pflichtversicherung durchführen, nach Absatz 9 Satz 1 und 2 durch Vereinbarung.

§ 8a Gemeinsame Empfehlungen zur pflegerischen Versorgung

(1) $_{1}$Für jedes Land oder für Teile des Landes wird zur Beratung über Fragen der Pflegeversicherung ein Landespflegeausschuss gebildet. $_{2}$Der Ausschuss kann zur Umsetzung der Pflegeversicherung einvernehmlich Empfehlungen abgeben. $_{3}$Die Landesregierungen werden ermächtigt, durch Rechtsverordnung das Nähere zu den Landespflegeausschüssen zu bestimmen; insbesondere können sie die den Landespflegeausschüssen angehörenden Organisationen unter Berücksichtigung der Interessen aller an der Pflege im Land Beteiligten berufen.

(2) $_{1}$Sofern nach Maßgabe landesrechtlicher Vorschriften ein Ausschuss zur Beratung über sektorenübergreifende Zusammenarbeit in der Versorgung von Pflegebedürftigen (sektorenübergreifender Landespflegeausschuss) eingerichtet worden ist, entsenden die Landesverbände der Pflegekassen und der Krankenkassen sowie die Ersatzkassen, die Kassenärztlichen Vereinigungen und die Landeskrankenhausgesellschaften Vertreter in diesen Ausschuss und wirken an der Abgabe gemeinsamer Empfehlungen mit. $_{2}$Soweit erforderlich, ist eine Abstimmung mit dem Landesgremium nach § 90a des Fünften Buches herbeizuführen.

(3) Sofern nach Maßgabe landesrechtlicher Vorschriften regionale Ausschüsse insbesondere zur Beratung über Fragen der Pflegeversicherung in Landkreisen und kreisfreien Städten eingerichtet worden sind, entsenden die Landesverbände der Pflegekassen Vertreter in diese Ausschüsse und wirken an der einvernehmlichen Abgabe gemeinsamer Empfehlungen mit.

(4) $_{1}$Die in den Ausschüssen nach den Absätzen 1 und 3 vertretenen Pflegekassen, Landesverbände der Pflegekassen sowie die sonstigen in Absatz 2 genannten Mitglieder wirken in dem jeweiligen Ausschuss an einer nach Maßgabe landesrechtlicher Vorschriften vorgesehenen Erstellung und Fortschreibung von Empfehlungen zur Sicherstellung der pflegerischen Infrastruktur (Pflegestrukturplanungsempfehlung) mit. $_{2}$Sie stellen die

hierfür erforderlichen Angaben bereit, soweit diese ihnen im Rahmen ihrer gesetzlichen Aufgaben verfügbar sind und es sich nicht um personenbezogene Daten handelt. 3Die Mitglieder nach Satz 1 berichten den jeweiligen Ausschüssen nach den Absätzen 1 bis 3 insbesondere darüber, inwieweit diese Empfehlungen von den Landesverbänden der Pflegekassen und der Krankenkassen sowie den Ersatzkassen, den Kassenärztlichen Vereinigungen und den Landeskrankenhausgesellschaften bei der Erfüllung der ihnen nach diesem und dem Fünften Buch übertragenen Aufgaben berücksichtigt wurden.

(5) Empfehlungen der Ausschüsse nach den Absätzen 1 bis 3 zur Weiterentwicklung der Versorgung sollen von den Vertragsparteien nach dem Siebten Kapitel beim Abschluss der Versorgungs- und Rahmenverträge und von den Vertragsparteien nach dem Achten Kapitel beim Abschluss der Vergütungsverträge einbezogen werden.

§ 9 Aufgaben der Länder

1Die Länder sind verantwortlich für die Vorhaltung einer leistungsfähigen, zahlenmäßig ausreichenden und wirtschaftlichen pflegerischen Versorgungsstruktur. 2Das Nähere zur Planung und zur Förderung der Pflegeeinrichtungen wird durch Landesrecht bestimmt; durch Landesrecht kann auch bestimmt werden, ob und in welchem Umfang eine im Landesrecht vorgesehene und an der wirtschaftlichen Leistungsfähigkeit der Pflegebedürftigen orientierte finanzielle Unterstützung

1. der Pflegebedürftigen bei der Tragung der ihnen von den Pflegeeinrichtungen berechneten betriebsnotwendigen Investitionsaufwendungen oder
2. der Pflegeeinrichtungen bei der Tragung ihrer betriebsnotwendigen Investitionsaufwendungen

als Förderung der Pflegeeinrichtungen gilt.

3Zur finanziellen Förderung der Investitionskosten der Pflegeeinrichtungen sollen Einsparungen eingesetzt werden, die den Trägern der Sozialhilfe durch die Einführung der Pflegeversicherung entstehen.

§ 10 Berichtspflichten des Bundes und der Länder

(1) Die Bundesregierung berichtet den gesetzgebenden Körperschaften des Bundes ab 2016 im Abstand von vier Jahren über die Entwicklung der Pflegeversicherung und den Stand der pflegerischen Versorgung in der Bundesrepublik Deutschland.

(2) Die Länder berichten dem Bundesministerium für Gesundheit jährlich bis zum 30. Juni über Art und Umfang der finanziellen Förderung der Pflegeeinrichtungen im vorausgegangenen Kalenderjahr sowie über die mit dieser Förderung verbundenen durchschnittlichen Investitionskosten für die Pflegebedürftigen.

§ 11 Rechte und Pflichten der Pflegeeinrichtungen

(1) 1Die Pflegeeinrichtungen pflegen, versorgen und betreuen die Pflegebedürftigen, die ihre Leistungen in Anspruch nehmen, entsprechend dem allgemein anerkannten Stand medizinisch-pflegerischer Erkenntnisse. 2Inhalt und Organisation der Leistungen haben eine humane und aktivierende Pflege unter Achtung der Menschenwürde zu gewährleisten.

(2) 1Bei der Durchführung dieses Buches sind die Vielfalt der Träger von Pflegeeinrichtungen zu wahren sowie deren Selbständigkeit, Selbstverständnis und Unabhängigkeit zu achten. 2Dem Auftrag kirchlicher und sonstiger Träger der freien Wohlfahrtspflege, kranke, gebrechliche und pflegebedürftige Menschen zu pflegen, zu betreuen, zu trösten und sie im Sterben zu begleiten, ist Rechnung zu tragen. 3Freigemeinnützige und private Träger haben Vorrang gegenüber öffentlichen Trägern.

(3) Die Bestimmungen des Wohn- und Betreuungsvertragsgesetzes bleiben unberührt.

§ 12 Aufgaben der Pflegekassen

(1) 1Die Pflegekassen sind für die Sicherstellung der pflegerischen Versorgung ihrer Versicherten verantwortlich. 2Sie arbeiten dabei mit allen an der pflegerischen, gesundheitlichen und sozialen Versorgung Beteiligten eng zusammen und wirken, insbesondere durch Pflegestützpunkte nach § 7c, auf eine Vernetzung der regionalen und kommunalen Versorgungsstrukturen hin, um eine Verbesserung der wohnortnahen Versorgung pflege- und betreuungsbedürftiger Menschen zu ermöglichen. 3Die Pflegekassen sollen zur Durchführung der ihnen gesetzlich übertragenen Aufgaben örtliche und regionale Arbeitsgemeinschaften bilden. 4§ 94 Abs. 2 bis 4 des Zehnten Buches gilt entsprechend.

(2) 1Die Pflegekassen wirken mit den Trägern der ambulanten und der stationären gesundheitlichen und sozialen Versorgung partnerschaftlich zusammen, um die für den Pflegebedürftigen zur Verfügung stehenden Hilfen zu koordinieren. 2Sie stellen insbesondere über die Pflegeberatung nach § 7a sicher, dass im Einzelfall häusliche Pflegehilfe, Behandlungspflege, ärztliche Behandlung, spezialisierte Palliativversorgung, Leistungen zur Prävention, zur medizinischen Rehabilitation und zur Teilhabe nahtlos und störungsfrei ineinandergreifen. 3Die Pflegekassen nutzen darüber hinaus das Instrument der integrierten Versorgung nach § 92b und wirken zur Sicherstellung der haus-, fach- und zahnärztlichen Versorgung der Pflegebedürftigen darauf hin, dass die stationären Pflegeeinrichtungen Kooperationen mit niedergelassenen Ärzten eingehen oder § 119b des Fünften Buches anwenden.

§ 13 Verhältnis der Leistungen der Pflegeversicherung zu anderen Sozialleistungen

(1) Den Leistungen der Pflegeversicherung gehen die Entschädigungsleistungen wegen Pflegebedürftigkeit

1. nach dem Vierzehnten Buch und nach den Gesetzen, die eine entsprechende Anwendung des Vierzehnten Buches vorsehen,
2. aus der gesetzlichen Unfallversicherung und
3. aus öffentlichen Kassen auf Grund gesetzlich geregelter Unfallversorgung oder Unfallfürsorge

vor.

(2) 1Die Leistungen nach dem Fünften Buch einschließlich der Leistungen der häuslichen Krankenpflege nach § 37 des Fünften Buches bleiben unberührt. 2Dies gilt auch für krankheitsspezifische Pflegemaßnahmen, soweit diese im Rahmen der häuslichen Krankenpflege nach § 37 des Fünften Buches zu leisten sind.

VII

(3) 1Die Leistungen der Pflegeversicherung gehen den Fürsorgeleistungen zur Pflege

1. nach dem Zwölften Buch,
2. nach dem Lastenausgleichsgesetz, dem Reparationsschädengesetz und dem Flüchtlingshilfegesetz

vor, soweit dieses Buch nichts anderes bestimmt. 2Leistungen zur Pflege nach diesen Gesetzen sind zu gewähren, wenn und soweit Leistungen der Pflegeversicherung nicht erbracht werden oder diese Gesetze dem Grunde oder der Höhe nach weitergehende Leistungen als die Pflegeversicherung vorsehen. 3Die Leistungen der Eingliederungshilfe für Menschen mit Behinderungen nach dem Neunten Buch, die Leistungen zur Teilhabe nach dem Vierzehnten Buch und die Leistungen der Eingliederungshilfe nach dem Achten Buch bleiben unberührt, sie sind im Verhältnis zur Pflegeversicherung nicht nachrangig; die notwendige Hilfe in den Einrichtungen und Räumlichkeiten nach § 71 Abs. 4 ist einschließlich der Pflegeleistungen zu gewähren.

(4) 1Treffen Leistungen der Pflegeversicherung und Leistungen der Eingliederungshilfe zusammen, vereinbaren mit Zustimmung des Leistungsberechtigten die zuständige Pflegekasse und der für die Eingliederungshilfe zuständige Träger,

1. dass im Verhältnis zum Pflegebedürftigen der für die Eingliederungshilfe zuständige Träger die Leistungen der Pflegeversicherung auf der Grundlage des von der Pflegekasse erlassenen Leistungsbescheids zu übernehmen hat,
2. dass die zuständige Pflegekasse dem für die Eingliederungshilfe zuständigen Träger die Kosten der von ihr zu tragenden Leistungen zu erstatten hat sowie
3. die Modalitäten der Übernahme und der Durchführung der Leistungen sowie der Erstattung.

2Die bestehenden Wunsch- und Wahlrechte der Leistungsberechtigten bleiben unberührt und sind zu beachten. 3Die Ausführung der Leistungen erfolgt nach den für den zuständigen Leistungsträger geltenden Rechtsvorschriften. 4Soweit auch Leistungen der Hilfe zur Pflege nach dem Zwölften Buch zu erbringen sind, ist der für die Hilfe zur Pflege zuständige Träger zu beteiligen. 5Der Spitzenverband Bund der Pflegekassen beschließt gemeinsam mit der Bundesarbeitsgemeinschaft der überörtlichen Träger der Sozialhilfe bis zum 1. Januar 2018 in einer Empfehlung Näheres zu den Modalitäten der Übernahme und der Durchführung der Leistungen sowie der Erstattung und zu der Beteiligung des für die Hilfe zur Pflege zuständigen Trägers. 6Die Länder, die kommunalen Spitzenverbände auf Bundesebene, die Bundesarbeitsgemeinschaft der Freien Wohlfahrtspflege, die Vereinigungen der Träger der Pflegeeinrichtungen auf Bundesebene, die Vereinigungen der Leistungserbringer der Eingliederungshilfe auf Bundesebene sowie die auf Bundesebene maßgeblichen Organisationen für die Wahrnehmung der Interessen und der Selbsthilfe pflegebedürftiger und behinderter Menschen sind vor dem Beschluss anzuhören. 7Die Empfehlung bedarf der Zustimmung des Bundesministeriums für Gesundheit und des Bundesministeriums für Arbeit und Soziales.

(4a) Bestehen im Einzelfall Anhaltspunkte für ein Zusammentreffen von Leistungen der Pflegeversicherung und Leistungen der Eingliederungshilfe, bezieht der für die Durchführung eines Teilhabeplanverfahrens oder Gesamtplanverfahrens verantwortliche Träger mit Zustimmung des Leistungsberechtigten die zuständige Pflegekasse in das Verfahren beratend mit ein, um die Vereinbarung nach Absatz 4 gemeinsam vorzubereiten.

(4b) Die Regelungen nach Absatz 3 Satz 3, Absatz 4 und 4a werden bis zum 1. Juli 2019 evaluiert.

(5) 1Die Leistungen der Pflegeversicherung bleiben als Einkommen bei Sozialleistungen und bei Leistungen nach dem Asylbewerberleistungsgesetz, deren Gewährung von anderen Einkommen abhängig ist, unberücksichtigt; dies gilt nicht für das Pflegeunterstützungsgeld gemäß § 44a Absatz 3. 2Satz 1 gilt entsprechend bei Vertragsleistungen aus privaten Pflegeversicherungen, die der Art und dem Umfang nach den Leistungen der sozialen Pflegeversicherung gleichwertig sind. 3Rechtsvorschriften, die weitergehende oder ergänzende Leistungen aus einer privaten Pflegeversicherung von der Einkommensermittlung ausschließen, bleiben unberührt.

(6) 1Wird Pflegegeld nach § 37 oder eine vergleichbare Geldleistung an eine Pflegeperson (§ 19) weitergeleitet, bleibt dies bei der Ermittlung von Unterhaltsansprüchen und Unterhaltsverpflichtungen der Pflegeperson unberücksichtigt. 2Dies gilt nicht

1. in den Fällen des § 1361 Abs. 3, der §§ 1579, 1603 Abs. 2 und des § 1611 Abs. 1 des Bürgerlichen Gesetzbuchs,
2. für Unterhaltsansprüche der Pflegeperson, wenn von dieser erwartet werden kann, ihren Unterhaltsbedarf ganz oder teilweise durch eigene Einkünfte zu decken und der Pflegebedürftige mit dem Unterhaltspflichtigen nicht in gerader Linie verwandt ist.

Zweites Kapitel
Leistungsberechtigter Personenkreis, Verfahren zur Feststellung der Pflegebedürftigkeit und Berichtspflichten, Begriff der Pflegeperson

§ 14 Begriff der Pflegebedürftigkeit

(1) 1Pflegebedürftig im Sinne dieses Buches sind Personen, die gesundheitlich bedingte Beeinträchtigungen der Selbständigkeit oder der Fähigkeiten aufweisen und deshalb der Hilfe durch andere bedürfen. 2Es muss sich um Personen handeln, die körperliche, kognitive oder psychische Beeinträchtigungen oder gesundheitlich bedingte Belastungen oder Anforderungen nicht selbständig kompensieren oder bewältigen können. 3Die Pflegebedürftigkeit muss auf Dauer, voraussichtlich für mindestens sechs Monate, und mit mindestens der in § 15 festgelegten Schwere bestehen.

(2) Maßgeblich für das Vorliegen von gesundheitlich bedingten Beeinträchtigungen der Selbständigkeit oder der Fähigkeiten sind die in den folgenden sechs Bereichen genannten pflegefachlich begründeten Kriterien:

1. Mobilität: Positionswechsel im Bett, Halten einer stabilen Sitzposition, Umsetzen, Fortbewegen innerhalb des Wohnbereichs, Treppensteigen;

VII

2. kognitive und kommunikative Fähigkeiten: Erkennen von Personen aus dem näheren Umfeld, örtliche Orientierung, zeitliche Orientierung, Erinnern an wesentliche Ereignisse oder Beobachtungen, Steuern von mehrschrittigen Alltagshandlungen, Treffen von Entscheidungen im Alltagsleben, Verstehen von Sachverhalten und Informationen, Erkennen von Risiken und Gefahren, Mitteilen von elementaren Bedürfnissen, Verstehen von Aufforderungen, Beteiligen an einem Gespräch;
3. Verhaltensweisen und psychische Problemlagen: motorisch geprägte Verhaltensauffälligkeiten, nächtliche Unruhe, selbstschädigendes und autoaggressives Verhalten, Beschädigen von Gegenständen, physisch aggressives Verhalten gegenüber anderen Personen, verbale Aggression, andere pflegerelevante vokale Auffälligkeiten, Abwehr pflegerischer und anderer unterstützender Maßnahmen, Wahnvorstellungen, Ängste, Antriebslosigkeit bei depressiver Stimmungslage, sozial inadäquate Verhaltensweisen, sonstige pflegerelevante inadäquate Handlungen;
4. Selbstversorgung: Waschen des vorderen Oberkörpers, Körperpflege im Bereich des Kopfes, Waschen des Intimbereichs, Duschen und Baden einschließlich Waschen der Haare, An- und Auskleiden des Oberkörpers, An- und Auskleiden des Unterkörpers, mundgerechtes Zubereiten der Nahrung und Eingießen von Getränken, Essen, Trinken, Benutzen einer Toilette oder eines Toilettenstuhls, Bewältigen der Folgen einer Harninkontinenz und Umgang mit Dauerkatheter und Urostoma, Bewältigen der Folgen einer Stuhlinkontinenz und Umgang mit Stoma, Ernährung parenteral oder über Sonde, Bestehen gravierender Probleme bei der Nahrungsaufnahme bei Kindern bis zu 18 Monaten, die einen außergewöhnlich pflegeintensiven Hilfebedarf auslösen;
5. Bewältigung von und selbständiger Umgang mit krankheits- oder therapiebedingten Anforderungen und Belastungen:
   a) in Bezug auf Medikation, Injektionen, Versorgung intravenöser Zugänge, Absaugen und Sauerstoffgabe, Einreibungen sowie Kälte- und Wärmeanwendungen, Messung und Deutung von Körperzuständen, körpernahe Hilfsmittel,
   b) in Bezug auf Verbandswechsel und Wundversorgung, Versorgung mit Stoma, regelmäßige Einmalkatheterisierung und Nutzung von Abführmethoden, Therapiemaßnahmen in häuslicher Umgebung,
   c) in Bezug auf zeit- und technikintensive Maßnahmen in häuslicher Umgebung, Arztbesuche, Besuche anderer medizinischer oder therapeutischer Einrichtungen, zeitlich ausgedehnte Besuche medizinischer oder therapeutischer Einrichtungen, Besuch von Einrichtungen zur Frühförderung bei Kindern sowie
   d) in Bezug auf das Einhalten einer Diät oder anderer krankheits- oder therapiebedingter Verhaltensvorschriften;
6. Gestaltung des Alltagslebens und sozialer Kontakte: Gestaltung des Tagesablaufs und Anpassung an Veränderungen, Ruhen und Schlafen, Sichbeschäftigen, Vornehmen von in die Zukunft gerichteten Planungen, Interaktion mit Personen im direkten Kontakt, Kontaktpflege zu Personen außerhalb des direkten Umfelds.

(3) Beeinträchtigungen der Selbständigkeit oder der Fähigkeiten, die dazu führen, dass die Haushaltsführung nicht mehr ohne Hilfe bewältigt werden kann, werden bei den Kriterien der in Absatz 2 genannten Bereiche berücksichtigt.

§ 15 Ermittlung des Grades der Pflegebedürftigkeit, Begutachtungsinstrument

(1) 1Pflegebedürftige erhalten nach der Schwere der Beeinträchtigungen der Selbständigkeit oder der Fähigkeiten einen Grad der Pflegebedürftigkeit (Pflegegrad). 2Der Pflegegrad wird mit Hilfe eines pflegefachlich begründeten Begutachtungsinstruments ermittelt.

(2) 1Das Begutachtungsinstrument ist in sechs Module gegliedert, die den sechs Bereichen in § 14 Absatz 2 entsprechen. 2In jedem Modul sind für die in den Bereichen genannten Kriterien die in Anlage 1 dargestellten Kategorien vorgesehen. 3Die Kategorien stellen die in ihnen zum Ausdruck kommenden verschiedenen Schweregrade der Beeinträchtigungen der Selbständigkeit oder der Fähigkeiten dar. 4Den Kategorien werden in Bezug auf die einzelnen Kriterien pflegefachlich fundierte Einzelpunkte zugeordnet, die aus Anlage 1 ersichtlich sind. 5In jedem Modul werden die jeweils erreichbaren Summen aus Einzelpunkten nach den in Anlage 2 festgelegten Punktbereichen gegliedert. 6Die Summen der Punkte werden nach den in ihnen zum Ausdruck kommenden Schweregraden der Beeinträchtigungen der Selbständigkeit oder der Fähigkeiten wie folgt bezeichnet:

1. Punktbereich 0: keine Beeinträchtigungen der Selbständigkeit oder der Fähigkeiten,
2. Punktbereich 1: geringe Beeinträchtigungen der Selbständigkeit oder der Fähigkeiten,
3. Punktbereich 2: erhebliche Beeinträchtigungen der Selbständigkeit oder der Fähigkeiten,
4. Punktbereich 3: schwere Beeinträchtigungen der Selbständigkeit oder der Fähigkeiten und
5. Punktbereich 4: schwerste Beeinträchtigungen der Selbständigkeit oder der Fähigkeiten.

7Jedem Punktbereich in einem Modul werden unter Berücksichtigung der in ihm zum Ausdruck kommenden Schwere der Beeinträchtigungen der Selbständigkeit oder der Fähigkeiten sowie der folgenden Gewichtung der Module die in Anlage 2 festgelegten, gewichteten Punkte zugeordnet. 8Die Module des Begutachtungsinstruments werden wie folgt gewichtet:

1. Mobilität mit 10 Prozent,
2. kognitive und kommunikative Fähigkeiten sowie Verhaltensweisen und psychische Problemlagen zusammen mit 15 Prozent,
3. Selbstversorgung mit 40 Prozent,
4. Bewältigung von und selbständiger Umgang mit krankheits- oder therapiebedingten Anforderungen und Belastungen mit 20 Prozent,

5. Gestaltung des Alltagslebens und sozialer Kontakte mit 15 Prozent.

(3) 1Zur Ermittlung des Pflegegrades sind die bei der Begutachtung festgestellten Einzelpunkte in jedem Modul zu addieren und dem in Anlage 2 festgelegten Punktbereich sowie den sich daraus ergebenden gewichteten Punkten zuzuordnen. 2Den Modulen 2 und 3 ist ein gemeinsamer gewichteter Punkt zuzuordnen, der aus den höchsten gewichteten Punkten entweder des Moduls 2 oder des Moduls 3 besteht. 3Aus den gewichteten Punkten aller Module sind durch Addition die Gesamtpunkte zu bilden. 4Auf der Basis der erreichten Gesamtpunkte sind pflegebedürftige Personen in einen der nachfolgenden Pflegegrade einzuordnen:

1. ab 12,5 bis unter 27 Gesamtpunkten in den Pflegegrad 1: geringe Beeinträchtigungen der Selbständigkeit oder der Fähigkeiten,
2. ab 27 bis unter 47,5 Gesamtpunkten in den Pflegegrad 2: erhebliche Beeinträchtigungen der Selbständigkeit oder der Fähigkeiten,
3. ab 47,5 bis unter 70 Gesamtpunkten in den Pflegegrad 3: schwere Beeinträchtigungen der Selbständigkeit oder der Fähigkeiten,
4. ab 70 bis unter 90 Gesamtpunkten in den Pflegegrad 4: schwerste Beeinträchtigungen der Selbständigkeit oder der Fähigkeiten,
5. ab 90 bis 100 Gesamtpunkten in den Pflegegrad 5: schwerste Beeinträchtigungen der Selbständigkeit oder der Fähigkeiten mit besonderen Anforderungen an die pflegerische Versorgung.

(4) 1Pflegebedürftige mit besonderen Bedarfskonstellationen, die einen spezifischen, außergewöhnlich hohen Hilfebedarf mit besonderen Anforderungen an die pflegerische Versorgung aufweisen, können aus pflegefachlichen Gründen dem Pflegegrad 5 zugeordnet werden, auch wenn ihre Gesamtpunkte unter 90 liegen. 2Der Medizinische Dienst Bund konkretisiert in den Richtlinien nach § 17 Absatz 1 die pflegefachlich begründeten Voraussetzungen für solche besonderen Bedarfskonstellationen.

(5) 1Bei der Begutachtung sind auch solche Kriterien zu berücksichtigen, die zu einem Hilfebedarf führen, für den Leistungen des Fünften Buches vorgesehen sind. 2Dies gilt auch für krankheitsspezifische Pflegemaßnahmen. 3Krankheitsspezifische Pflegemaßnahmen sind Maßnahmen der Behandlungspflege, bei denen der behandlungspflegerische Hilfebedarf aus medizinisch-pflegerischen Gründen regelmäßig und auf Dauer untrennbarer Bestandteil einer pflegerischen Maßnahme in den in § 14 Absatz 2 genannten sechs Bereichen ist oder mit einer solchen notwendig in einem unmittelbaren zeitlichen und sachlichen Zusammenhang steht.

(6) 1Bei pflegebedürftigen Kindern wird der Pflegegrad durch einen Vergleich der Beeinträchtigungen ihrer Selbständigkeit und ihrer Fähigkeiten mit altersentsprechend entwickelten Kindern ermittelt. 2Im Übrigen gelten die Absätze 1 bis 5 entsprechend.

(7) Pflegebedürftige Kinder im Alter bis zu 18 Monaten werden abweichend von den Absätzen 3, 4 und 6 Satz 2 wie folgt eingestuft:

1. ab 12,5 bis unter 27 Gesamtpunkten in den Pflegegrad 2,
2. ab 27 bis unter 47,5 Gesamtpunkten in den Pflegegrad 3,
3. ab 47,5 bis unter 70 Gesamtpunkten in den Pflegegrad 4,
4. ab 70 bis 100 Gesamtpunkten in den Pflegegrad 5.

§ 16 Verordnungsermächtigung

1Das Bundesministerium für Gesundheit wird ermächtigt, im Einvernehmen mit dem Bundesministerium für Familien, Senioren, Frauen und Jugend und dem Bundesministerium für Arbeit und Soziales durch Rechtsverordnung mit Zustimmung des Bundesrates Vorschriften zur pflegefachlichen Konkretisierung der Inhalte des Begutachtungsinstruments nach § 15 sowie zum Verfahren der Feststellung der Pflegebedürftigkeit nach den §§ 18 bis 18c zu erlassen. 2Es kann sich dabei von unabhängigen Sachverständigen beraten lassen.

§ 17 Richtlinien des Medizinischen Dienstes Bund; Richtlinien der Pflegekassen

(1) 1Der Medizinische Dienst Bund erlässt mit dem Ziel, eine einheitliche Rechtsanwendung zu fördern, im Benehmen mit dem Spitzenverband Bund der Pflegekassen Richtlinien zur pflegefachlichen Konkretisierung der Inhalte des Begutachtungsinstruments nach § 15 sowie zum Verfahren der Feststellung der Pflegebedürftigkeit nach den §§ 18 bis 18c (Begutachtungs-Richtlinien). 2Er hat dabei die Vereinigungen der Träger der Pflegeeinrichtungen auf Bundesebene, den Verband der privaten Krankenversicherung e. V., die Bundesarbeitsgemeinschaft der überörtlichen Träger der Sozialhilfe, die kommunalen Spitzenverbände auf Bundesebene und die Verbände der Pflegeberufe auf Bundesebene zu beteiligen. 3Ihnen ist unter Übermittlung der hierfür erforderlichen Informationen innerhalb einer angemessenen Frist vor der Entscheidung Gelegenheit zur Stellungnahme zu geben. 4Die Stellungnahmen sind in die Entscheidung einzubeziehen. 5Die maßgeblichen Organisationen für die Wahrnehmung der Interessen und der Selbsthilfe der pflegebedürftigen und behinderten Menschen wirken nach Maßgabe der nach § 118 Absatz 2 erlassenen Verordnung beratend mit. 6§ 118 Absatz 1 Satz 2 gilt entsprechend. 7Wird schriftlichen Anliegen der in Satz 5 genannten Organisationen nicht gefolgt, sind ihnen auf Verlangen die Gründe dafür schriftlich mitzuteilen.

(1a) 1Der Spitzenverband Bund der Pflegekassen erlässt unter Beteiligung des Medizinischen Dienstes Bund Richtlinien zur einheitlichen Durchführung der Pflegeberatung nach § 7a (Pflegeberatungs-Richtlinien). 2An den Pflegeberatungs-Richtlinien sind die Länder, der Verband der Privaten Krankenversicherung e. V., die Bundesarbeitsgemeinschaft der überörtlichen Träger der Sozialhilfe, die kommunalen Spitzenverbände auf Bundesebene, die Bundesarbeitsgemeinschaft der freien Wohlfahrtspflege sowie die Verbände der Träger der Pflegeeinrichtungen auf Bundesebene zu beteiligen. 3Den Verbänden der Pflegeberufe auf Bundesebene, unabhängigen Sachverständigen sowie den maßgeblichen Organisationen für die Wahrnehmung der Interessen und der Selbsthilfe der pflegebedürftigen und behinderten Menschen sowie ihren Angehörigen ist Gelegenheit zur

VII

Stellungnahme zu geben. 4Darüber hinaus ergänzt der Spitzenverband Bund der Pflegekassen unter Beteiligung des Medizinischen Dienstes Bund, der Kassenärztlichen Bundesvereinigung, der kommunalen Spitzenverbände auf Bundesebene und der Länder bis zum 31. Juli 2020 die Pflegeberatungs-Richtlinien um Regelungen für eine einheitliche Struktur eines elektronischen Versorgungsplans nach § 7a Absatz 1 Satz 2 Nummer 2 und für dessen elektronischen Austausch sowohl mit der Pflegekasse als auch mit den beteiligten Ärzten und Ärztinnen und Pflegeeinrichtungen sowie mit den Beratungsstellen der Kommunen sowie bis zum 31. Dezember 2021 um Regelungen zur Nutzung von digitalen Anwendungen nach § 7a Absatz 2 einschließlich der Festlegungen über technische Verfahren und der Bestimmung von digitalen Anwendungen zur Durchführung der Beratungen. 5Die Pflegeberatungs-Richtlinien sind für die Pflegeberater und Pflegeberaterinnen der Pflegekassen, der Beratungsstellen nach § 7b Absatz 1 Satz 1 Nummer 2 sowie der Pflegestützpunkte nach § 7c unmittelbar verbindlich. 6Die Festlegungen über technische Verfahren nach Satz 4 sind im Einvernehmen mit der oder dem Bundesbeauftragten für den Datenschutz und die Informationsfreiheit und dem Bundesamt für Sicherheit in der Informationstechnik zu treffen.

(1b) 1Der Medizinische Dienst Bund erlässt im Benehmen mit dem Spitzenverband Bund der Pflegekassen Richtlinien zur Feststellung des Zeitanteils, für den die Pflegeversicherung bei ambulant versorgten Pflegebedürftigen, die einen besonders hohen Bedarf an behandlungspflegerischen Leistungen haben und die Leistungen der häuslichen Pflegehilfe nach § 36 und der häuslichen Krankenpflege nach § 37 Absatz 2 des Fünften Buches oder die Leistungen der häuslichen Pflegehilfe nach § 36 und der außerklinischen Intensivpflege nach § 37c des Fünften Buches beziehen, die hälftigen Kosten zu tragen hat. 2Von den Leistungen der häuslichen Pflegehilfe nach § 36 sind dabei nur Maßnahmen der körperbezogenen Pflege zu berücksichtigen. 3Im Übrigen gilt § 17 Absatz 1 Satz 2 bis 6 entsprechend.

(1c) 1Der Medizinische Dienst Bund erlässt mit dem Ziel, die Dienstleistungsorientierung für die Versicherten im Begutachtungsverfahren zu stärken, unter fachlicher Beteiligung der Medizinischen Dienste verbindliche Richtlinien zur Dienstleistungsorientierung im Begutachtungsverfahren. 2Die auf Bundesebene maßgeblichen Organisationen für die Wahrnehmung der Interessen und der Selbsthilfe der pflegebedürftigen und behinderten Menschen sind zu beteiligen. 3Die Richtlinien regeln insbesondere

1. allgemeine Verhaltensgrundsätze für alle unter der Verantwortung der Medizinischen Dienste am Begutachtungsverfahren Beteiligten,
2. die Pflicht der Medizinischen Dienste zur individuellen und umfassenden Information des Versicherten über das Begutachtungsverfahren, insbesondere über den Ablauf, die Rechtsgrundlagen und Beschwerdemöglichkeiten,
3. die regelhafte Durchführung von Versichertenbefragungen und
4. ein einheitliches Verfahren zum Umgang mit Beschwerden, die das Verhalten der Mitarbeiter der Medizinischen Dienste oder das Verfahren bei der Begutachtung betreffen.

(2) 1Die Richtlinien nach den Absätzen 1, 1a, 1b und 1c werden erst wirksam, wenn das Bundesministerium für Gesundheit sie genehmigt. 2Die Genehmigung gilt als erteilt, wenn die Richtlinien nicht innerhalb eines Monats, nachdem sie dem Bundesministerium für Gesundheit vorgelegt worden sind, beanstandet werden. 3Beanstandungen des Bundesministeriums für Gesundheit sind innerhalb der von ihm gesetzten Frist zu beheben.

In § 17 Absatz 1a Satz 4 heißt es „…Struktur eines elektronischen Versorgungsplanes nach § 7a Absatz 1 **Satz 2** Nummer 2 und…"; richtig müsste es heißen „…Struktur eines elektronischen Versorgungsplanes nach § 7a Absatz 1 **Satz 3** Nummer 2 und…" (redaktionelles Versehen des Gesetzgebers).

§ 18 Beauftragung der Begutachtung

(1) 1Die Pflegekassen beauftragen den Medizinischen Dienst oder andere unabhängige Gutachterinnen und Gutachter mit der Prüfung, ob bei der zu begutachtenden Person die Voraussetzungen der Pflegebedürftigkeit erfüllt sind und welcher Pflegegrad vorliegt. 2Sie übermitteln die Aufträge zur Feststellung von Pflegebedürftigkeit an den Medizinischen Dienst oder an die von ihnen beauftragten Gutachterinnen und Gutachter. 3Die Übermittlung eines Auftrags hat innerhalb von drei Arbeitstagen ab Eingang des Antrags auf Pflegeleistungen nach § 33 Absatz 1 Satz 1 in gesicherter elektronischer Form zu erfolgen; eine davon abweichende Form der Auftragsübermittlung ist bis einschließlich 30. November 2023 zulässig. 4Der Medizinische Dienst Bund regelt im Benehmen mit dem Spitzenverband Bund der Pflegekassen in den Richtlinien nach § 17 Absatz 1 bis spätestens zum 31. Oktober 2023, welche Unterlagen zwingend zur Beauftragung der Feststellung von Pflegebedürftigkeit erforderlich sind.

(2) 1Die Pflegekassen können den Medizinischen Dienst oder andere unabhängige Gutachterinnen und Gutachter mit der Prüfung beauftragen, für welchen Zeitanteil die Pflegeversicherung bei ambulant versorgten Pflegebedürftigen, die einen besonders hohen Bedarf an behandlungspflegerischen Leistungen haben und die Leistungen der häuslichen Pflegehilfe nach § 36 und der häuslichen Krankenpflege nach § 37 Absatz 2 des Fünften Buches beziehen oder die Leistungen der häuslichen Pflegehilfe nach § 36 und der außerklinischen Intensivpflege nach § 37c des Fünften Buches beziehen, die hälftigen Kosten zu tragen hat. 2Von den Leistungen der häuslichen Pflegehilfe nach § 36 sind nur Maßnahmen der körperbezogenen Pflege zu berücksichtigen. 3Bei der Prüfung des Zeitanteils sind die Richtlinien nach § 17 Absatz 1b zu beachten.

(3) 1Die Pflegekasse ist verpflichtet, dem Antragsteller eine Liste zu übersenden, in der mindestens drei unabhängige Gutachterinnen oder Gutachter zur Auswahl benannt werden,

1. wenn nach Absatz 1 unabhängige Gutachterinnen oder Gutachter mit der Prüfung beauftragt werden sollen oder
2. wenn innerhalb von 20 Arbeitstagen ab Antragstellung keine Begutachtung erfolgt ist.

2Der Antragsteller ist auf die Qualifikation und auf die Unabhängigkeit der benannten Gutachterinnen und

Gutachter hinzuweisen. $_{3}$Hat sich der Antragsteller für eine benannte Gutachterin oder einen benannten Gutachter entschieden, wird dem Wunsch entsprochen. $_{4}$Der Antragsteller hat der Pflegekasse seine Entscheidung innerhalb einer Woche ab Kenntnis der Namen der Gutachterinnen und Gutachter mitzuteilen, ansonsten kann die Pflegekasse eine Gutachterin oder einen Gutachter aus der übersandten Liste beauftragen. $_{5}$Satz 1 Nummer 2 findet keine Anwendung, wenn die Pflegekasse die Verzögerung nicht zu vertreten hat.

(4) $_{1}$Die Pflegekassen und die Krankenkassen sowie die Leistungserbringer sind verpflichtet, dem Medizinischen Dienst oder den von der Pflegekasse beauftragten Gutachterinnen und Gutachtern die für die Begutachtung erforderlichen Unterlagen vorzulegen und Auskünfte zu erteilen, soweit diese jeweils für die Begutachtung erforderlich sind. $_{2}$Die Pflegekassen haben die Unterlagen in gesicherter elektronischer Form weiterzuleiten; eine davon abweichende Form der Weiterleitung der Unterlagen ist bis einschließlich 30. November 2023 zulässig. $_{3}$Für die Pflegekassen und die Krankenkassen gilt § 276 Absatz 1 Satz 2 und 3 des Fünften Buches entsprechend.

§ 18a Begutachtungsverfahren

(1) Im Rahmen der Prüfung nach § 18 Absatz 1 Satz 1 haben der Medizinische Dienst oder die von der Pflegekasse beauftragten Gutachterinnen und Gutachter durch eine Untersuchung des Antragstellers die Beeinträchtigungen der Selbständigkeit oder der Fähigkeiten bei den in § 14 Absatz 2 genannten Kriterien nach Maßgabe des § 15 sowie die voraussichtliche Dauer der Pflegebedürftigkeit zu ermitteln.

(2) $_{1}$Der Versicherte ist in seinem Wohnbereich zu untersuchen. $_{2}$Erteilt der Versicherte dazu nicht sein Einverständnis, kann die Pflegekasse die beantragten Leistungen verweigern. $_{3}$Hinsichtlich der Grenzen der Mitwirkung des Versicherten und der Folgen fehlender Mitwirkung gelten die §§ 65 und 66 des Ersten Buches. $_{4}$Die Untersuchung ist in angemessenen Zeitabständen zu wiederholen. $_{5}$Abweichend von Satz 1 kann die Begutachtung ausnahmsweise auch ohne Untersuchung des Versicherten in seinem Wohnbereich erfolgen, wenn

1. auf Grund einer eindeutigen Aktenlage das Ergebnis der medizinischen Untersuchung bereits feststeht oder
2. bei einer Krisensituation von nationaler Tragweite oder, bezogen auf den Aufenthaltsort des Versicherten, von regionaler Tragweite der Antrag auf Pflegeleistungen während der Krisensituation gestellt wird oder ein Untersuchungstermin, der bereits vereinbart war, in den Zeitraum einer Krisensituation fällt.

$_{6}$Eine Begutachtung nach Satz 5 Nummer 2 setzt voraus, dass die Krisensituation einer Untersuchung des Versicherten in seinem Wohnbereich entgegensteht; der Wunsch des Versicherten, persönlich in seinem Wohnbereich untersucht zu werden, ist zu berücksichtigen. $_{7}$Grundlage für eine Begutachtung nach Satz 5 Nummer 2 bilden die zum Versicherten zur Verfügung stehenden Unterlagen sowie die Angaben und Auskünfte, die beim Versicherten, seinen Angehörigen und sonstigen zur Auskunft fähigen Personen einzuholen sind. $_{8}$Das Nähere zu den Voraussetzungen und die weiteren, insbesondere inhaltlichen und organisatorischen Einzelheiten für eine Begutachtung nach Satz 5 Nummer 2 konkretisiert der Medizinische Dienst Bund im Benehmen mit dem Spitzenverband Bund der Pflegekassen bis spätestens 31. Oktober 2023 in den Richtlinien nach § 17 Absatz 1.

(3) $_{1}$Bei der Begutachtung sind darüber hinaus die Beeinträchtigungen der Selbständigkeit oder der Fähigkeiten in den Bereichen außerhäusliche Aktivitäten und Haushaltsführung festzustellen. $_{2}$Beide Bereiche werden bei der rechnerischen Ermittlung des Pflegegrades nicht gesondert berücksichtigt; § 14 Absatz 3 bleibt unberührt. $_{3}$Mit den Feststellungen nach Satz 1 sollen eine umfassende Beratung und das Erstellen eines individuellen Versorgungsplans nach § 7a, das Versorgungsmanagement nach § 11 Absatz 4 des Fünften Buches und eine individuelle Pflegeplanung sowie eine sachgerechte Erbringung von Hilfen bei der Haushaltsführung ermöglicht werden. $_{4}$Bei der Feststellung nach Satz 1 ist im Einzelnen auf die nachfolgenden Kriterien abzustellen:

1. in Bezug auf außerhäusliche Aktivitäten: Verlassen des Bereiches der Wohnung oder der Einrichtung, Fortbewegen außerhalb der Wohnung oder der Einrichtung, Nutzung öffentlicher Verkehrsmittel im Nahverkehr, Mitfahren in einem Kraftfahrzeug, Teilnahme an kulturellen, religiösen oder sportlichen Veranstaltungen, Besuch von Schule, Kindergarten, Arbeitsplatz, einer Werkstatt für behinderte Menschen oder Besuch einer Einrichtung der Tages- oder Nachtpflege oder eines Tagesbetreuungsangebots, Teilnahme an sonstigen Aktivitäten mit anderen Menschen;
2. in Bezug auf Haushaltsführung: Einkaufen für den täglichen Bedarf, Zubereitung einfacher Mahlzeiten, einfache Aufräum- und Reinigungsarbeiten, aufwändige Aufräum- und Reinigungsarbeiten einschließlich Wäschepflege, Nutzung von Dienstleistungen, Umgang mit finanziellen Angelegenheiten, Umgang mit Behördenangelegenheiten.

$_{5}$Der Medizinische Dienst Bund konkretisiert in den Richtlinien nach § 17 Absatz 1 die in Satz 4 genannten Kriterien für die Bereiche außerhäusliche Aktivitäten und Haushaltsführung im Benehmen mit dem Spitzenverband Bund der Pflegekassen pflegefachlich unter Berücksichtigung der Ziele nach Satz 3.

(4) Im Übrigen erstreckt sich die Begutachtung auf die im Gutachten gemäß § 18b darzulegenden Feststellungen und Empfehlungen.

(5) $_{1}$Die Begutachtung ist unverzüglich, spätestens am fünften Arbeitstag nach Eingang des Antrags bei der zuständigen Pflegekasse durchzuführen, wenn sich der Antragsteller im Krankenhaus oder in einer stationären Rehabilitationseinrichtung befindet und

1. Hinweise vorliegen, dass zur Sicherstellung der ambulanten oder stationären Weiterversorgung und Betreuung eine Begutachtung in der Einrichtung erforderlich ist, oder
2. die Inanspruchnahme von Pflegezeit nach dem Pflegezeitgesetz gegenüber dem Arbeitgeber der pflegenden Person angekündigt wurde oder
3. mit dem Arbeitgeber der pflegenden Person eine Familienpflegezeit nach § 2 Absatz 1 des Familienpflegezeitgesetzes vereinbart wurde.

$_{2}$Die Frist nach Satz 1 kann durch regionale Vereinbarungen verkürzt werden. $_{3}$Die verkürzte Begutachtungsfrist nach Satz 1 oder Satz 2 gilt auch dann, wenn der Antragsteller sich in einem Hospiz befindet oder ambulant palliativ versorgt wird.

(6) Befindet sich der Antragsteller in häuslicher Umgebung, ohne palliativ versorgt zu werden, und wurde die Inanspruchnahme von Pflegezeit nach dem Pflegezeitgesetz gegenüber dem Arbeitgeber der pflegenden Person angekündigt oder mit dem Arbeitgeber der pflegenden Person eine Familienpflegezeit nach § 2 Absatz 1 des Familienpflegezeitgesetzes vereinbart, so ist

1. eine Begutachtung des Antragstellers spätestens innerhalb von zehn Arbeitstagen nach Eingang des Antrags bei der zuständigen Pflegekasse durchzuführen und
2. der Antragsteller vom Medizinischen Dienst oder von der von der Pflegekasse beauftragten Gutachterin oder von dem von der Pflegekasse beauftragten Gutachter unverzüglich schriftlich darüber zu informieren, welche Empfehlung der Medizinische Dienst oder die von der Pflegekasse beauftragte Gutachterin oder der von der Pflegekasse beauftragte Gutachter an die Pflegekasse weiterleitet.

(7) $_{1}$In den Fällen der Absätze 5 und 6 muss die Empfehlung nur die Feststellung beinhalten, ob Pflegebedürftigkeit im Sinne der §§ 14 und 15 vorliegt und ob mindestens die Voraussetzungen des Pflegegrades 2 erfüllt sind. $_{2}$Die abschließende Begutachtung des Versicherten ist unverzüglich nachzuholen. $_{3}$Nimmt der Versicherte unmittelbar im Anschluss an den Aufenthalt in einem Krankenhaus, einschließlich eines Aufenthalts im Rahmen der Übergangspflege nach § 39e des Fünften Buches, oder im Anschluss an den Aufenthalt in einer stationären Rehabilitationseinrichtung Kurzzeitpflege in Anspruch, hat die abschließende Begutachtung spätestens am zehnten Arbeitstag nach Beginn der Kurzzeitpflege in dieser Einrichtung zu erfolgen.

(8) $_{1}$Der Antragsteller ist bei der Begutachtung auf die maßgebliche Bedeutung des Gutachtens insbesondere für eine umfassende Beratung, das Erstellen eines individuellen Versorgungsplans nach § 7a, das Versorgungsmanagement nach § 11 Absatz 4 des Fünften Buches und die Pflegeplanung hinzuweisen. $_{2}$Die Zustimmung des Versicherten nach § 18b Absatz 3 Satz 1 erfolgt gegenüber der Gutachterin oder dem Gutachter im Rahmen der Begutachtung und wird im Begutachtungsformular schriftlich oder elektronisch dokumentiert. $_{3}$Gleiches gilt spätestens ab 1. November 2023 für die Zustimmung des Versicherten nach § 18c Absatz 3 Satz 3. $_{4}$Über die Möglichkeiten nach § 18c Absatz 4 Satz 3 und 4 und das Erfordernis der Einwilligung ist der Antragsteller bei der Begutachtung zu informieren; die Einwilligung ist jeweils schriftlich oder elektronisch zu dokumentieren.

(9) $_{1}$Der Medizinische Dienst oder die von der Pflegekasse beauftragte Gutachterin oder der von der Pflegekasse beauftragte Gutachter soll, soweit der Versicherte einwilligt, die behandelnden Ärztinnen und behandelnden Ärzte des Antragstellers, insbesondere die Hausärztin oder den Hausarzt, in die Begutachtung einbeziehen und ärztliche Auskünfte und Unterlagen über die für die Begutachtung der Pflegebedürftigkeit wichtigen Vorerkrankungen sowie über Art, Umfang und Dauer der Hilfebedürftigkeit einholen. $_{2}$Mit Einwilligung des Versicherten sollen auch pflegende Angehörige oder sonstige Personen oder Dienste, die an der Pflege des Versicherten beteiligt sind, befragt werden.

(10) $_{1}$Die Aufgaben des Medizinischen Dienstes werden durch Pflegefachkräfte oder Ärztinnen und Ärzte in enger Zusammenarbeit mit anderen geeigneten Fachkräften wahrgenommen. $_{2}$Die Prüfung der Pflegebedürftigkeit von Kindern ist in der Regel durch besonders geschulte Gutachterinnen und Gutachter mit einer Qualifikation als Pflegefachfrau oder Pflegefachmann, als Gesundheits- und Kinderkrankenpflegerin oder Gesundheits- und Kinderkrankenpfleger oder als Kinderärztin oder Kinderarzt vorzunehmen. $_{3}$Der Medizinische Dienst ist befugt, den Pflegefachkräften oder sonstigen geeigneten Fachkräften, die nicht dem Medizinischen Dienst angehören, die für deren jeweilige Beteiligung erforderlichen personenbezogenen Daten zu übermitteln.

(11) $_{1}$Für andere unabhängige Gutachterinnen und Gutachter gilt Absatz 10 entsprechend. $_{2}$Die unabhängigen Gutachterinnen und Gutachter sind bei der Wahrnehmung ihrer fachlichen Aufgaben nur ihrem Gewissen unterworfen. $_{3}$Sie sind nicht berechtigt, in die ärztliche Behandlung und pflegerische Versorgung der Versicherten einzugreifen.

(12) Für die Gutachterinnen und Gutachter, die von den die private Pflege-Pflichtversicherung betreibenden Versicherungsunternehmen beauftragt werden, Pflegebedürftigkeit festzustellen und Pflegegrade zuzuordnen, gilt § 23 Absatz 6 Nummer 1.

§ 18b Inhalt und Übermittlung des Gutachtens

(1) $_{1}$Das Gutachten des Medizinischen Dienstes oder der von der Pflegekasse beauftragten Gutachterinnen oder Gutachter beinhaltet

1. die Feststellungen, die in der Begutachtung nach § 18a vorzunehmen sind, insbesondere das Ergebnis der Prüfung, ob die Voraussetzungen der Pflegebedürftigkeit erfüllt sind und welcher Pflegegrad vorliegt, sowie
2. Feststellungen, ob und in welchem Umfang Maßnahmen zur Vermeidung, Überwindung, Minderung oder Verhinderung einer Verschlimmerung der Pflegebedürftigkeit geeignet, notwendig und zumutbar sind; Empfehlungen auszusprechen sind insbesondere zu
   a) Maßnahmen der Prävention,
   b) Maßnahmen der medizinischen Rehabilitation,
   c) Maßnahmen zur Hilfsmittel- und Pflegehilfsmittelversorgung,
   d) Maßnahmen zur Heilmittelversorgung,
   e) anderen therapeutischen Maßnahmen,
   f) Maßnahmen zur Verbesserung des individuellen oder gemeinsamen Wohnumfelds,
   g) edukativen Maßnahmen und
   h) einer Beratung zu Leistungen zur verhaltensbezogenen Primärprävention nach § 20 Absatz 5 des Fünften Buches.

$_{2}$Beantragt der Pflegebedürftige Pflegegeld, hat sich die gutachterliche Stellungnahme auch darauf zu erstrecken, ob die häusliche Pflege in geeigneter Weise sichergestellt ist.

(2) 1Die Feststellungen zur Prävention und zur medizinischen Rehabilitation sind auf der Grundlage eines bundeseinheitlichen, strukturierten Verfahrens zu treffen und in einer gesonderten Präventions- und Rehabilitationsempfehlung zu dokumentieren. 2Im Umfang des nach Absatz 1 Satz 1 Nummer 2 Buchstabe b festgestellten Bedarfs an Leistungen zur medizinischen Rehabilitation haben Versicherte einen Anspruch gegen den zuständigen Träger auf diese Leistungen.

(3) 1Die im Gutachten gegebenen konkreten Empfehlungen zur Hilfsmittel- und Pflegehilfsmittelversorgung gelten hinsichtlich Hilfsmitteln und Pflegehilfsmitteln, die den Zielen von § 40 dienen, jeweils als Antrag auf Leistungsgewährung, sofern der Versicherte zustimmt. 2Bezüglich der empfohlenen Hilfsmittel, die den Zielen nach § 40 dienen, wird das Vorliegen der nach § 33 Absatz 1 des Fünften Buches notwendigen Erforderlichkeit vermutet; insofern bedarf es keiner ärztlichen Verordnung gemäß § 33 Absatz 5a des Fünften Buches. 3Bezüglich der empfohlenen Pflegehilfsmittel wird die Notwendigkeit der Versorgung nach § 40 Absatz 1 Satz 2 vermutet. 4Welche Hilfsmittel und Pflegehilfsmittel im Sinne von Satz 1 den Zielen von § 40 dienen, wird in den Richtlinien nach § 17 Absatz 1 konkretisiert. 5Dabei ist auch die Richtlinie des Gemeinsamen Bundesausschusses nach § 92 Absatz 1 Satz 2 Nummer 6 des Fünften Buches über die Verordnung von Hilfsmitteln zu berücksichtigen.

(4) Das vollständige Gutachten muss vom Medizinischen Dienst oder von der von der Pflegekasse beauftragten Gutachterin oder von dem von der Pflegekasse beauftragten Gutachter unverzüglich der Pflegekasse in gesicherter elektronischer Form übermittelt werden; eine davon abweichende Form der Übermittlung ist noch bis einschließlich 30. November 2023 zulässig.

§ 18c Entscheidung über den Antrag, Fristen

(1) 1Ihre Entscheidung über einen Antrag nach § 33 Absatz 1 Satz 1 hat die zuständige Pflegekasse dem Antragsteller spätestens 25 Arbeitstage nach Eingang des Antrags schriftlich mitzuteilen. 2In den Fällen einer verkürzten Begutachtungsfrist nach § 18a Absatz 5 und 6 hat die schriftliche Entscheidung der Pflegekasse dem Antragsteller gegenüber unverzüglich nach Eingang der Empfehlung des Medizinischen Dienstes oder der beauftragten Gutachterinnen oder Gutachter bei der Pflegekasse zu erfolgen.

(2) 1Zusammen mit dem Bescheid wird dem Antragsteller das Gutachten übersandt, sofern er der Übersendung des Gutachtens nicht widerspricht. 2Mit dem Bescheid ist zugleich das Ergebnis des Gutachtens transparent darzustellen und dem Antragsteller verständlich zu erläutern. 3Der Medizinische Dienst Bund konkretisiert im Benehmen mit dem Spitzenverband Bund der Pflegekassen in den Richtlinien nach § 17 Absatz 1 die Anforderungen an eine transparente Darstellungsweise und verständliche Erläuterung des Gutachtens. 4Die Pflegekasse hat den Antragsteller ebenfalls auf die maßgebliche Bedeutung des Gutachtens im Sinne des § 18a Absatz 8 Satz 1 hinzuweisen. 5Der Antragsteller kann die Übermittlung des Gutachtens auch zu einem späteren Zeitpunkt verlangen. 6Die Pflegekasse hat den Antragsteller auf die Möglichkeit hinzuweisen, sich bei Beschwerden über die Tätigkeit des Medizinischen Dienstes vertraulich an die Ombudsperson nach § 278 Absatz 3 des Fünften Buches zu wenden.

(3) 1Die Pflegekasse übermittelt dem Antragsteller unverzüglich die Entscheidung über die in dem Gutachten empfohlenen Hilfsmittel und Pflegehilfsmittel und weist ihn zugleich auf die zur Auswahl stehenden Leistungserbringer hin. 2Spätestens mit der Mitteilung der Entscheidung nach Absatz 1 Satz 1 informiert die Pflegekasse den Antragsteller über die Bedeutung der empfohlenen Heilmittel und klärt ihn über die Regelung nach § 32 Absatz 1a des Fünften Buches auf. 3Die Pflegekasse leitet eine Mitteilung über die empfohlenen Heilmittel der behandelnden Ärztin oder dem behandelnden Arzt schriftlich oder elektronisch zu, wenn der Antragsteller in die Weiterleitung einwilligt.

(4) 1Spätestens mit der Mitteilung der Entscheidung über die Pflegebedürftigkeit leitet die Pflegekasse dem Antragsteller die gesonderte Präventions- und Rehabilitationsempfehlung des Medizinischen Dienstes oder der von der Pflegekasse beauftragten Gutachterinnen oder Gutachter zu und nimmt umfassend und begründet dazu Stellung, inwieweit auf der Grundlage der Empfehlung die Durchführung einer Maßnahme zur Prävention oder zur medizinischen Rehabilitation angezeigt ist. 2Die Pflegekasse hat den Antragsteller zusätzlich darüber zu informieren, dass mit der Zuleitung einer Mitteilung über den Rehabilitationsbedarf an den zuständigen Rehabilitationsträger ein Antragsverfahren auf Leistungen zur medizinischen Rehabilitation entsprechend den Vorschriften des Neunten Buches ausgelöst wird, sofern der Antragsteller in dieses Verfahren einwilligt. 3Mit Einwilligung des Antragstellers leitet die Pflegekasse die Präventions- und Rehabilitationsempfehlung und die Informationen nach Satz 2 auch seinen Angehörigen, Personen seines Vertrauens, Pflege- und Betreuungseinrichtungen, die den Antragsteller versorgen, oder der behandelnden Ärztin oder dem behandelnden Arzt schriftlich oder elektronisch zu. 4Sobald der Pflegekasse die Information über die Leistungsentscheidung des zuständigen Rehabilitationsträgers nach § 31 Absatz 3 Satz 4 vorliegt, leitet sie diese Information unverzüglich dem Medizinischen Dienst sowie mit Einwilligung des Antragstellers auch an die behandelnde Ärztin oder den behandelnden Arzt sowie an Angehörige des Antragstellers, Personen seines Vertrauens oder an Pflege- und Betreuungseinrichtungen, die den Antragsteller versorgen, schriftlich oder elektronisch weiter.

(5) 1Erteilt die Pflegekasse den schriftlichen Bescheid über den Antrag nicht innerhalb von 25 Arbeitstagen nach Eingang des Antrags oder wird eine der in § 18a Absatz 5 und 6 genannten verkürzten Begutachtungsfristen nicht eingehalten, hat die Pflegekasse nach Fristablauf für jede begonnene Woche der Fristüberschreitung unverzüglich 70 Euro an den Antragsteller zu zahlen. 2Dies gilt nicht, wenn die Pflegekasse die Verzögerung nicht zu vertreten hat oder wenn sich der Antragsteller in vollstationärer Pflege befindet und bereits bei ihm mindestens erhebliche Beeinträchtigungen der

VII

Selbständigkeit oder der Fähigkeiten (mindestens Pflegegrad 2) festgestellt sind. 3Entsprechendes gilt für die privaten Versicherungsunternehmen, die die private Pflege-Pflichtversicherung durchführen. 4Liegt ein Verzögerungsgrund vor, den die Pflegekasse nicht zu vertreten hat, so ist der Lauf der Frist nach Satz 1 so lange unterbrochen, bis die Verzögerung beendet ist; mit Beendigung der Verzögerung läuft die Frist weiter. 5Die Frist nach Satz 1 beginnt mit Antragstellung gemäß § 33 Absatz 1. 6Der Lauf der Frist von 25 Arbeitstagen nach Satz 1 bleibt von einer Entscheidung der Pflegekasse nach Absatz 1 Satz 2 unberührt. 7Die Pflegekasse hat den Antragsteller nach Eingang seines Antrags nach § 33 Absatz 1 Satz 1 auf die Frist für ihre Entscheidung sowie die verkürzten Begutachtungsfristen und die Folgen der Nichteinhaltung der Fristen hinzuweisen.

(6) 1Wird der Antragsteller von der Pflegekasse aufgefordert, zur Beauftragung der Feststellung von Pflegebedürftigkeit noch zwingend erforderliche Unterlagen im Sinne des § 18 Absatz 1 Satz 4 einzureichen, so sind die Fristen nach den Absätzen 1 und 5 Satz 1 so lange unterbrochen, bis die geforderten Unterlagen bei der Pflegekasse eingegangen sind; mit Eingang der Unterlagen läuft die Frist weiter. 2Die Unterbrechung beginnt mit dem Tag, an dem dem Antragsteller die Aufforderung zur Einreichung der noch fehlenden Unterlagen zugeht.

VII

§ 18d Berichtspflichten und Statistik zum Verfahren zur Feststellung der Pflegebedürftigkeit

(1) 1Die Pflegekassen berichten dem Spitzenverband Bund der Pflegekassen jährlich über die Anwendung eines bundeseinheitlichen, strukturierten Verfahrens zur Erkennung rehabilitativer Bedarfe in der Pflegebegutachtung und die Erfahrungen mit der Umsetzung der Empfehlungen der Medizinischen Dienste oder der beauftragten Gutachterinnen und Gutachter zur medizinischen Rehabilitation. 2Hierzu wird von den Pflegekassen insbesondere Folgendes an den Spitzenverband Bund der Pflegekassen gemeldet:

1. die Anzahl der Empfehlungen der Medizinischen Dienste und der beauftragten Gutachterinnen und Gutachter für Leistungen der medizinischen Rehabilitation im Rahmen der Begutachtung zur Feststellung der Pflegebedürftigkeit,
2. die Anzahl der Anträge an den zuständigen Rehabilitationsträger gemäß § 31 Absatz 3 in Verbindung mit § 14 des Neunten Buches,
3. die Anzahl der genehmigten und die Anzahl der abgelehnten Leistungsentscheidungen der zuständigen Rehabilitationsträger einschließlich der Gründe für eine Ablehnung sowie die Anzahl der Widersprüche,
4. die Anzahl der durchgeführten medizinischen Rehabilitationsmaßnahmen,
5. die Gründe, aus denen Versicherte nicht in die Weiterleitung einer Mitteilung über den Rehabilitationsbedarf an den Rehabilitationsträger nach § 31 Absatz 3 Satz 1 einwilligen, soweit diese der Pflegekasse bekannt sind, und inwieweit die zuständige Pflegekasse hier tätig geworden ist, und
6. die Maßnahmen, die die Pflegekassen im jeweiligen Einzelfall regelmäßig durchführen, um ihre Aufgaben nach § 18c Absatz 4 und § 31 Absatz 3 zu erfüllen.

3Die Meldung durch die Pflegekassen erfolgt bis zum 31. März des dem Berichtsjahr folgenden Jahres. 4Näheres über das Verfahren und die Inhalte der Meldung regelt der Spitzenverband Bund der Pflegekassen im Einvernehmen mit dem Bundesministerium für Gesundheit. 5Die Pflegekasse leitet die Meldung zusätzlich der für die Aufsicht über sie zuständigen Stelle zu.

(2) 1Der Spitzenverband Bund der Pflegekassen bereitet die nach Absatz 1 gemeldeten Daten auf und leitet die aufbereiteten und auf Plausibilität geprüften Daten bis zum 30. Juni des dem Berichtsjahr folgenden Jahres dem Bundesministerium für Gesundheit zu. 2Er hat die aufbereiteten Daten der landesunmittelbaren Versicherungsträger auch den für die Sozialversicherung zuständigen obersten Verwaltungsbehörden der Länder oder den von diesen bestimmten Stellen auf Verlangen zuzuleiten. 3Der Spitzenverband Bund der Pflegekassen veröffentlicht auf Basis der gemeldeten Daten sowie sonstiger Erkenntnisse jährlich einen Bericht bis zum 1. September des dem Berichtsjahr folgenden Jahres.

(3) 1Der Spitzenverband Bund der Pflegekassen berichtet dem Bundesministerium für Gesundheit für die Geschäftsjahre ab 2024 jährlich bis zum 30. Juni des Folgejahres über Daten, die im Zusammenhang mit den Anträgen auf Pflegeleistungen nach § 33 Absatz 1 Satz 1 und dem weiteren Verfahren bei den Pflegekassen stehen, und über die daraus abzuleitenden Erkenntnisse; dabei ist jeweils nach Erst- und Höherstufungsanträgen zu differenzieren. 2Der Spitzenverband Bund der Pflegekassen bestimmt zu diesem Zweck die von seinen Mitgliedern zu übermittelnden statistischen Informationen. 3Von den Pflegekassen sind insbesondere folgende Daten an den Spitzenverband Bund der Pflegekassen zu melden:

1. die Anzahl der bei den zuständigen Pflegekassen eingegangenen Anträge auf Leistungen der Pflegeversicherung sowie jeweils die Fallzahlen, in denen eine Entscheidung nach § 18c Absatz 1 Satz 1 ergangen ist, und die Fallzahlen der abgelehnten Anträge sowie die Anzahl der Arbeitstage ab Eingang des Antrags bei der zuständigen Pflegekasse bis zur schriftlichen Mitteilung der Entscheidung der Pflegekasse nach § 18c Absatz 1 Satz 1,
2. die Anzahl an Fällen, in denen die Fristen nach § 18c Absatz 1 Satz 1 und nach § 18a Absatz 5 und 6 nicht eingehalten wurden, jeweils unter Angabe der Gründe, die für die Nichteinhaltung der Frist ursächlich waren,
3. die Anzahl an Fällen, in denen eine pauschale Zusatzzahlung nach § 18c Absatz 5 Satz 1 geleistet sowie die Anzahl an Fällen, in denen der antragstellenden Person nach § 18 Absatz 3 Satz 1 mindestens drei unabhängige Gutachterinnen oder Gutachter zur Auswahl benannt wurden,
4. die Anzahl an Fällen, in denen der Antragsteller eine Untersuchung verweigert hat,
5. die Anzahl an Fällen, in denen im Gutachten Empfehlungen für Heilmittel abgegeben wurden, und die

Anzahl an Fällen, in denen die Pflegekasse eine Mitteilung über empfohlene Heilmittel an den Arzt oder die Ärztin des Antragstellers weitergeleitet hat, jeweils unterteilt nach Art der Heilmittel,

6. die Anzahl an Fällen, in denen Widerspruch gegen die Entscheidung der Pflegekasse nach § 18c Absatz 1 Satz 1 und § 18a Absatz 5 und 6 eingelegt wurde, unter Angabe der Gründe, auf die der Widerspruch jeweils gestützt wurde, sowie die Anzahl an zurückgewiesenen und stattgegebenen Widersprüchen, jeweils unter Angabe der Entscheidungsgründe und der Dauer des Widerspruchsverfahrens (bis zur schriftlichen Mitteilung der Entscheidung der Pflegekasse), und, soweit zum Zeitpunkt der Berichtslegung bekannt, in wie vielen Fällen nach erfolglosem Widerspruchsverfahren Klage erhoben worden ist.

$_{4}$Der Spitzenverband Bund der Pflegekassen hat die gemeldeten Daten vor der Berichtslegung aufzubereiten und auf Plausibilität zu prüfen. $_{5}$Für die Berichterstattung über das Geschäftsjahr 2025 beauftragt er eine unabhängige wissenschaftliche Einrichtung oder einen unabhängigen Sachverständigen mit einer Evaluation hinsichtlich der Ergebnisse und Wirkungen der Zuleitung von Mitteilungen zu empfohlenen Heilmitteln nach § 18c Absatz 3 Satz 3. $_{6}$Der Bericht über das Geschäftsjahr 2025 hat sich zum Ergebnis der Evaluation zu verhalten; das Ergebnis der Evaluation ist dem Bericht beizufügen.

(4) Die Pflegekassen und die privaten Versicherungsunternehmen veröffentlichen jährlich jeweils bis zum 31. März des dem Berichtsjahr folgenden Jahres eine Statistik über die Einhaltung der Fristen nach § 18a Absatz 5 und 6 und § 18c Absatz 1 Satz 1.

§ 18e Weiterentwicklung des Verfahrens zur Pflegebegutachtung durch Modellvorhaben, Studien und wissenschaftliche Expertisen

(1) $_{1}$Der Medizinische Dienst Bund und die Medizinischen Dienste können Modellvorhaben, Studien und wissenschaftliche Expertisen zur Weiterentwicklung der den Medizinischen Diensten nach den §§ 18 bis 18b zugewiesenen Aufgaben durchführen. $_{2}$Für die Durchführung ist eine Vereinbarung mit den Pflegekassen erforderlich.

(2) Ziel, Dauer, Inhalt und Durchführung eines Modellvorhabens, einer Studie oder einer wissenschaftlichen Expertise sind im Einvernehmen mit dem Bundesministerium für Gesundheit zu bestimmen.

(3) $_{1}$Für die Beauftragung und Durchführung der Modellvorhaben, der Studien und der wissenschaftlichen Expertisen kann der Medizinische Dienst Bund aus Mitteln des Ausgleichsfonds der Pflegeversicherung bis zu 500 000 Euro im Kalenderjahr nutzen. $_{2}$Das Nähere über das Verfahren zur Auszahlung der aus dem Ausgleichsfonds zu finanzierenden Fördermittel regeln der Medizinische Dienst Bund und das Bundesamt für Soziale Sicherung durch Vereinbarung.

(4) $_{1}$Bei der Durchführung der Modellvorhaben kann im Einzelfall von der Regelung des § 18a und insoweit von den Richtlinien nach § 53d Absatz 3 Satz 1 Nummer 1 abgewichen werden. $_{2}$Pflegebedürftige dürfen dadurch jedoch nicht benachteiligt werden.

(5) $_{1}$Für jedes Modellvorhaben ist eine wissenschaftliche Begleitung und Auswertung vorzusehen. $_{2}$Personenbezogene Daten dürfen im Rahmen der Modellvorhaben nur verarbeitet werden, wenn die betroffene Person eingewilligt hat.

(6) $_{1}$Der Medizinische Dienst Bund beauftragt im Rahmen eines Modellvorhabens nach den Absätzen 1 bis 5 bis spätestens 31. Oktober 2023 eine wissenschaftliche Studie zu den Auswirkungen, die ein ersatzweiser oder ergänzender Einsatz telefonischer und digitaler Kommunikationsmittel bei der Untersuchung zur Feststellung der Pflegebedürftigkeit auf das Begutachtungsverfahren und das Begutachtungsergebnis, insbesondere im Vergleich zu einer Begutachtung im Wohnbereich des Versicherten nach § 18a Absatz 2 Satz 1, mit sich bringt, und erstellt einen Abschlussbericht. $_{2}$Der Abschlussbericht und der Studienbericht sind dem Bundesministerium für Gesundheit bis zum 30. September 2024 vorzulegen. $_{3}$Absatz 3 findet Anwendung.

§ 19 Begriff der Pflegeperson

$_{1}$Pflegepersonen im Sinne dieses Buches sind Personen, die nicht erwerbsmäßig einen Pflegebedürftigen im Sinne des § 14 in seiner häuslichen Umgebung pflegen. $_{2}$Leistungen zur sozialen Sicherung nach § 44 erhält eine Pflegeperson nur dann, wenn sie eine oder mehrere pflegebedürftige Personen wenigstens zehn Stunden wöchentlich, verteilt auf regelmäßig mindestens zwei Tage in der Woche, pflegt.

Drittes Kapitel
Versicherungspflichtiger Personenkreis

§ 20 Versicherungspflicht in der sozialen Pflegeversicherung für Mitglieder der gesetzlichen Krankenversicherung

(1) $_{1}$Versicherungspflichtig in der sozialen Pflegeversicherung sind die versicherungspflichtigen Mitglieder der gesetzlichen Krankenversicherung. $_{2}$Dies sind:

1. Arbeiter, Angestellte und zu ihrer Berufsausbildung Beschäftigte, die gegen Arbeitsentgelt beschäftigt sind; für die Zeit des Bezugs von Kurzarbeitergeld nach dem Dritten Buch bleibt die Versicherungspflicht unberührt,

2. Personen in der Zeit, für die sie Arbeitslosengeld nach dem Dritten Buch beziehen oder nur deshalb nicht beziehen, weil der Anspruch wegen einer Sperrzeit (§ 159 des Dritten Buches) oder wegen einer Urlaubsabgeltung (§ 157 Absatz 2 des Dritten Buches) ruht; dies gilt auch, wenn die Entscheidung, die zum Bezug der Leistung geführt hat, rückwirkend aufgehoben oder die Leistung zurückgefordert oder zurückgezahlt worden ist,

2a. Personen in der Zeit, für die sie Bürgergeld nach § 19 Absatz 1 Satz 1 des Zweiten Buches beziehen, auch wenn die Entscheidung, die zum Bezug der Leistung geführt hat, rückwirkend aufgehoben oder die Leistung zurückgefordert oder zurückgezahlt worden ist, es sei denn, dass diese Leistung nur darlehensweise gewährt wird oder nur Leistungen nach § 24 Abs. 3 Satz 1 des Zweiten Buches bezogen werden,

3. Landwirte, ihre mitarbeitenden Familienangehörigen und Altenteiler, die nach § 2 des Zweiten Gesetzes über die Krankenversicherung der Landwirte versicherungspflichtig sind,
4. selbständige Künstler und Publizisten nach näherer Bestimmung des Künstlersozialversicherungsgesetzes,
5. Personen, die in Einrichtungen der Jugendhilfe, in Berufsbildungswerken oder in ähnlichen Einrichtungen für behinderte Menschen für eine Erwerbstätigkeit befähigt werden sollen,
6. Teilnehmer an Leistungen zur Teilhabe am Arbeitsleben sowie an Berufsfindung oder Arbeitserprobung, es sei denn, sie gehören zu dem Personenkreis des § 151 des Vierzehnten Buches,
7. behinderte Menschen, die in anerkannten Werkstätten für behinderte Menschen oder in Blindenwerkstätten im Sinne des § 226 des Neunten Buches oder für diese Einrichtungen in Heimarbeit oder bei einem anderen Leistungsanbieter nach § 60 des Neunten Buches tätig sind,
8. behinderte Menschen, die in Anstalten, Heimen oder gleichartigen Einrichtungen in gewisser Regelmäßigkeit eine Leistung erbringen, die einem Fünftel der Leistung eines voll erwerbsfähigen Beschäftigten in gleichartiger Beschäftigung entspricht; hierzu zählen auch Dienstleistungen für den Träger der Einrichtung,
9. Studenten, die an staatlichen oder staatlich anerkannten Hochschulen eingeschrieben sind, soweit sie nach § 5 Abs. 1 Nr. 9 des Fünften Buches der Krankenversicherungspflicht unterliegen,
10. Personen, die zu ihrer Berufsausbildung ohne Arbeitsentgelt beschäftigt sind oder die eine Fachschule oder Berufsfachschule besuchen oder eine in Studien- oder Prüfungsordnungen vorgeschriebene berufspraktische Tätigkeit ohne Arbeitsentgelt verrichten (Praktikanten), längstens bis zur Vollendung des 30. Lebensjahres; Auszubildende des Zweiten Bildungsweges, die sich in einem nach dem Bundesausbildungsförderungsgesetz förderungsfähigen Teil eines Ausbildungsabschnittes befinden, sind Praktikanten gleichgestellt,
11. Personen, die die Voraussetzungen für den Anspruch auf eine Rente aus der gesetzlichen Rentenversicherung erfüllen und diese Rente beantragt haben, soweit sie nach § 5 Abs. 1 Nr. 11, 11a, 11b oder 12 des Fünften Buches der Krankenversicherungspflicht unterliegen,
12. Personen, die, weil sie bisher keinen Anspruch auf Absicherung im Krankheitsfall hatten, nach § 5 Abs. 1 Nr. 13 des Fünften Buches oder nach § 2 Abs. 1 Nr. 7 des Zweiten Gesetzes über die Krankenversicherung der Landwirte der Krankenversicherungspflicht unterliegen.

(2) 1Als gegen Arbeitsentgelt beschäftigte Arbeiter und Angestellte im Sinne des Absatzes 1 Nr. 1 gelten Bezieher von Vorruhestandsgeld, wenn sie unmittelbar vor Bezug des Vorruhestandsgeldes versicherungspflichtig waren und das Vorruhestandsgeld mindestens in Höhe von 65 vom Hundert des Bruttoarbeitsentgelts im Sinne des § 3 Abs. 2 des Vorruhestandsgesetzes gezahlt wird. 2Satz 1 gilt nicht für Personen, die im Ausland ihren Wohnsitz oder gewöhnlichen Aufenthalt in einem Staat haben, mit dem für Arbeitnehmer mit Wohnsitz oder gewöhnlichem Aufenthalt in diesem Staat keine über- oder zwischenstaatlichen Regelungen über Sachleistungen bei Krankheit bestehen.

(2a) Als zu ihrer Berufsausbildung Beschäftigte im Sinne des Absatzes 1 Satz 2 Nr. 1 gelten Personen, die als nicht satzungsmäßige Mitglieder geistlicher Genossenschaften oder ähnlicher religiöser Gemeinschaften für den Dienst in einer solchen Genossenschaft oder ähnlichen religiösen Gemeinschaft außerschulisch ausgebildet werden.

(3) Freiwillige Mitglieder der gesetzlichen Krankenversicherung sind versicherungspflichtig in der sozialen Pflegeversicherung.

(4) 1Nehmen Personen, die mindestens zehn Jahre nicht in der sozialen Pflegeversicherung oder der gesetzlichen Krankenversicherung versicherungspflichtig waren, eine dem äußeren Anschein nach versicherungspflichtige Beschäftigung oder selbständige Tätigkeit von untergeordneter wirtschaftlicher Bedeutung auf, besteht die widerlegbare Vermutung, daß eine die Versicherungspflicht begründende Beschäftigung nach Absatz 1 Nr. 1 oder eine versicherungspflichtige selbständige Tätigkeit nach Absatz 1 Nr. 3 oder 4 tatsächlich nicht ausgeübt wird. 2Dies gilt insbesondere für eine Beschäftigung bei Familienangehörigen oder Lebenspartnern.

§ 21 Versicherungspflicht in der sozialen Pflegeversicherung für sonstige Personen

Versicherungspflicht in der sozialen Pflegeversicherung besteht auch für Personen mit Wohnsitz oder gewöhnlichem Aufenthalt im Inland, die

1. nach dem Bundesversorgungsgesetz oder nach Gesetzen, die eine entsprechende Anwendung des Bundesversorgungsgesetzes vorsehen, bis zu deren Außerkrafttreten einen Anspruch auf Heilbehandlung oder Krankenbehandlung hatten,

1a. nach § 42 Absatz 2, 3 oder 4 des Vierzehnten Buches leistungsberechtigt sind,

2. Kriegsschadenrente oder vergleichbare Leistungen nach dem Lastenausgleichsgesetz oder dem Reparationsschädengesetz oder laufende Beihilfe nach dem Flüchtlingshilfegesetz beziehen,
3. nach § 145 Absatz 2 Nummer 4 des Vierzehnten Buches ergänzende Hilfe zum Lebensunterhalt nach dem Bundesversorgungsgesetz weiter erhalten oder Leistungen zum Lebensunterhalt nach § 93 des Vierzehnten Buches beziehen,
4. laufende Leistungen zum Unterhalt und Leistungen der Krankenhilfe nach dem Achten Buch beziehen,
5. krankenversorgungsberechtigt nach dem Bundesentschädigungsgesetz sind,
6. in das Dienstverhältnis eines Soldaten auf Zeit berufen worden sind,

wenn sie gegen das Risiko Krankheit weder in der gesetzlichen Krankenversicherung noch bei einem privaten Krankenversicherungsunternehmen versichert sind.

§ 21a Versicherungspflicht in der sozialen Pflegeversicherung bei Mitgliedern von Solidargemeinschaften

(1) $_{1}$Versicherungspflicht in der sozialen Pflegeversicherung besteht für Mitglieder von Solidargemeinschaften, deren Mitgliedschaft gemäß § 176 Absatz 1 des Fünften Buches als anderweitige Absicherung im Krankheitsfall im Sinne des § 5 Absatz 1 Nummer 13 des Fünften Buches gilt, sofern sie ihren Wohnsitz oder gewöhnlichen Aufenthalt im Inland haben und sie ohne die Mitgliedschaft in der Solidargemeinschaft nach § 5 Absatz 1 Nummer 13 des Fünften Buches versicherungspflichtig wären. $_{2}$Sofern ein Mitglied bereits gegen das Risiko der Pflegebedürftigkeit in der privaten Pflege-Pflichtversicherung versichert ist, gilt die Versicherungspflicht nach Satz 1 als erfüllt.

(2) $_{1}$Die in § 176 Absatz 1 des Fünften Buches genannten Solidargemeinschaften haben bei ihren Mitgliedern unverzüglich abzufragen, ob sie in der sozialen Pflegeversicherung oder privaten Pflege-Pflichtversicherung versichert sind. $_{2}$Die Mitglieder einer Solidargemeinschaft sind verpflichtet, der Solidargemeinschaft innerhalb von drei Monaten nach der Abfrage das Vorliegen eines Pflegeversicherungsschutzes nachzuweisen oder mitzuteilen, dass kein Versicherungsschutz besteht. $_{3}$Wird kein Pflegeversicherungsschutz innerhalb der Frist nach Satz 2 nachgewiesen, hat die Solidargemeinschaft das Mitglied unverzüglich aufzufordern, sich gegen das Risiko der Pflegebedürftigkeit zu versichern und einen Nachweis darüber innerhalb von sechs Wochen vorzulegen.

§ 22 Befreiung von der Versicherungspflicht

(1) $_{1}$Personen, die nach § 20 Abs. 3 in der sozialen Pflegeversicherung versicherungspflichtig sind, können auf Antrag von der Versicherungspflicht befreit werden, wenn sie nachweisen, daß sie bei einem privaten Versicherungsunternehmen gegen Pflegebedürftigkeit versichert sind und für sich und ihre Angehörigen oder Lebenspartner, die bei Versicherungspflicht nach § 25 versichert wären, Leistungen beanspruchen können, die nach Art und Umfang den Leistungen des Vierten Kapitels gleichwertig sind. $_{2}$Die befreiten Personen sind verpflichtet, den Versicherungsvertrag aufrechtzuerhalten, solange sie krankenversichert sind. $_{3}$Personen, die bei Pflegebedürftigkeit Beihilfeleistungen erhalten, sind zum Abschluß einer entsprechenden anteiligen Versicherung im Sinne des Satzes 1 verpflichtet.

(2) $_{1}$Der Antrag kann nur innerhalb von drei Monaten nach Beginn der Versicherungspflicht bei der Pflegekasse gestellt werden. $_{2}$Die Befreiung wirkt vom Beginn der Versicherungspflicht an, wenn seit diesem Zeitpunkt noch keine Leistungen in Anspruch genommen wurden, sonst vom Beginn des Kalendermonats an, der auf die Antragstellung folgt. $_{3}$Die Befreiung kann nicht widerrufen werden.

§ 23 Versicherungspflicht für Versicherte der privaten Krankenversicherungsunternehmen

(1) $_{1}$Personen, die gegen das Risiko Krankheit bei einem privaten Krankenversicherungsunternehmen mit Anspruch auf allgemeine Krankenhausleistungen oder im Rahmen von Versicherungsverträgen, die der Versicherungspflicht nach § 193 Abs. 3 des Versicherungsvertragsgesetzes genügen, versichert sind, sind vorbehaltlich des Absatzes 2 verpflichtet, bei diesem Unternehmen zur Absicherung des Risikos der Pflegebedürftigkeit einen Versicherungsvertrag abzuschließen und aufrechtzuerhalten. $_{2}$Der Vertrag muß ab dem Zeitpunkt des Eintritts der Versicherungspflicht für sie selbst und ihre Angehörigen oder Lebenspartner, für die in der sozialen Pflegeversicherung nach § 25 eine Familienversicherung bestünde, Vertragsleistungen vorsehen, die nach Art und Umfang den Leistungen des Vierten Kapitels gleichwertig sind. $_{3}$Dabei tritt an die Stelle der Sachleistungen eine der Höhe nach gleiche Kostenerstattung.

(2) $_{1}$Der Vertrag nach Absatz 1 kann auch bei einem anderen privaten Versicherungsunternehmen abgeschlossen werden. $_{2}$Das Wahlrecht ist innerhalb von sechs Monaten auszuüben. $_{3}$Die Frist beginnt mit dem Eintritt der individuellen Versicherungspflicht. $_{4}$Das Recht zur Kündigung des Vertrages wird durch den Ablauf der Frist nicht berührt; bei fortbestehender Versicherungspflicht nach Absatz 1 wird eine Kündigung des Vertrages jedoch erst wirksam, wenn der Versicherungsnehmer nachweist, dass die versicherte Person bei einem neuen Versicherer ohne Unterbrechung versichert ist.

(3) $_{1}$Personen, die nach beamtenrechtlichen Vorschriften oder Grundsätzen bei Pflegebedürftigkeit Anspruch auf Beihilfe haben, sind zum Abschluß einer entsprechenden anteiligen beihilfekonformen Versicherung im Sinne des Absatzes 1 verpflichtet, sofern sie nicht nach § 20 Abs. 3 versicherungspflichtig sind. $_{2}$Die beihilfekonforme Versicherung ist so auszugestalten, daß ihre Vertragsleistungen zusammen mit den Beihilfeleistungen, die sich bei Anwendung der in § 46 Absatz 2 und 3 der Bundesbeihilfeverordnung festgelegten Bemessungssätze ergeben, den in Absatz 1 Satz 2 vorgeschriebenen Versicherungsschutz gewährleisten.

(4) Die Absätze 1 bis 3 gelten entsprechend für

1. Heilfürsorgeberechtigte, die nicht in der sozialen Pflegeversicherung versicherungspflichtig sind,
2. Mitglieder der Postbeamtenkrankenkasse und
3. Mitglieder der Krankenversorgung der Bundesbahnbeamten.

(4a) $_{1}$Die Absätze 1 und 3 gelten entsprechend für Mitglieder von Solidargemeinschaften, deren Mitgliedschaft gemäß § 176 Absatz 1 des Fünften Buches als ein mit dem Anspruch auf freie Heilfürsorge oder einer Beihilfeberechtigung vergleichbarer Anspruch im Sinne des § 193 Absatz 3 Satz 2 Nummer 2 des Versicherungsvertragsgesetzes gilt und die ohne die Mitgliedschaft in der Solidargemeinschaft nach § 193 Absatz 3 des Versicherungsvertragsgesetzes verpflichtet wären, eine Krankheitskostenversicherung abzuschließen. $_{2}$Eine Kündigung des Versicherungsvertrages wird bei fortbestehender Versicherungspflicht erst wirksam, wenn der Versicherungsnehmer nachweist, dass die versicherte Person bei einem neuen Versicherer ohne Unterbrechung versichert ist. $_{3}$Sofern ein Mitglied bereits gegen das Risiko der Pflegebedürftigkeit in der sozialen Pflegeversicherung versichert ist, gilt die Versicherungspflicht nach Satz 1 als erfüllt. $_{4}$§ 21a Absatz 2 bleibt unberührt.

(5) Die Absätze 1, 3 und 4 gelten nicht für Personen, die sich auf nicht absehbare Dauer in stationärer Pflege be-

finden und bereits Leistungen bei Pflegebedürftigkeit nach § 74 Satz 1 Nummer 1 des Vierzehnten Buches oder Pflegeleistungen für Geschädigte nach § 146 Absatz 2 des Vierzehnten Buches in Verbindung mit § 43 des Elften Buches, nach § 44 des Siebten Buches, nach § 34 des Beamtenversorgungsgesetzes oder nach Gesetzen erhalten, die eine entsprechende Anwendung des Vierzehnten Buches vorsehen, sofern sie keine Familienangehörigen haben, für die in der sozialen Pflegeversicherung nach § 25 eine Familienversicherung bestünde.

(6) Das private Krankenversicherungsunternehmen oder ein anderes die Pflegeversicherung betreibendes Versicherungsunternehmen sind verpflichtet,

1. für die Feststellung der Pflegebedürftigkeit sowie für die Zuordnung zu einem Pflegegrad dieselben Maßstäbe wie in der sozialen Pflegeversicherung anzulegen und
2. die in der sozialen Pflegeversicherung zurückgelegte Versicherungszeit des Mitglieds und seiner nach § 25 familienversicherten Angehörigen oder Lebenspartner auf die Wartezeit anzurechnen.

§ 24 Versicherungspflicht der Abgeordneten

$_1$Mitglieder des Bundestages, des Europäischen Parlaments und der Parlamente der Länder (Abgeordnete) sind unbeschadet einer bereits nach § 20 Abs. 3 oder § 23 Abs. 1 bestehenden Versicherungspflicht verpflichtet, gegenüber dem jeweiligen Parlamentspräsidenten nachzuweisen, daß sie sich gegen das Risiko der Pflegebedürftigkeit versichert haben. $_2$Das gleiche gilt für die Bezieher von Versorgungsleistungen nach den jeweiligen Abgeordnetengesetzen des Bundes und der Länder.

§ 25 Familienversicherung

(1) $_1$Versichert sind der Ehegatte, der Lebenspartner und die Kinder von Mitgliedern sowie die Kinder von familienversicherten Kindern, wenn diese Familienangehörigen

1. ihren Wohnsitz oder gewöhnlichen Aufenthalt im Inland haben,
2. nicht nach § 20 Abs. 1 Nr. 1 bis 8 oder 11 oder nach § 20 Abs. 3 versicherungspflichtig sind,
3. nicht nach § 22 von der Versicherungspflicht befreit oder nach § 23 in der privaten Pflegeversicherung pflichtversichert sind,
4. nicht hauptberuflich selbständig erwerbstätig sind und
5. kein Gesamteinkommen haben, das regelmäßig im Monat ein Siebtel der monatlichen Bezugsgröße nach § 18 des Vierten Buches, überschreitet; bei Abfindungen, Entschädigungen oder ähnlichen Leistungen (Entlassungsentschädigungen), die wegen der Beendigung eines Arbeitsverhältnisses in Form nicht monatlich wiederkehrender Leistungen gezahlt werden, wird das zuletzt erzielte monatliche Arbeitsentgelt für die der Auszahlung der Entlassungsentschädigung folgenden Monate bis zu dem Monat berücksichtigt, in dem im Fall der Fortzahlung des Arbeitsentgelts die Höhe der gezahlten Entlassungsentschädigung erreicht worden wäre; bei Renten wird der Zahlbetrag ohne den auf Entgeltpunkte für Kindererziehungszeiten entfallenden Teil berücksichtigt; für Familienangehörige, die eine geringfügige Beschäftigung nach § 8 Absatz 1 Nummer 1 oder § 8a des Vierten Buches in Verbindung mit § 8 Absatz 1 Nummer 1 des Vierten Buches ausüben, ist ein regelmäßiges monatliches Gesamteinkommen bis zur Geringfügigkeitsgrenze zulässig.

$_2$§ 7 Abs. 1 Satz 3 und 4 und Abs. 2 des Zweiten Gesetzes über die Krankenversicherung der Landwirte sowie § 10 Absatz 1 Satz 2 und 3 des Fünften Buches gelten entsprechend.

(2) $_1$Kinder sind versichert:

1. bis zur Vollendung des 18. Lebensjahres,
2. bis zur Vollendung des 23. Lebensjahres, wenn sie nicht erwerbstätig sind,
3. bis zur Vollendung des 25. Lebensjahres, wenn sie sich in Schul- oder Berufsausbildung befinden oder ein freiwilliges soziales Jahr oder ein freiwilliges ökologisches Jahr im Sinne des Jugendfreiwilligendienstegesetzes leisten; wird die Schul- oder Berufsausbildung durch Erfüllung einer gesetzlichen Dienstpflicht des Kindes unterbrochen oder verzögert, besteht die Versicherung auch für einen der Dauer dieses Dienstes entsprechenden Zeitraum über das 25. Lebensjahr hinaus; dies gilt auch bei einer Unterbrechung durch den freiwilligen Wehrdienst nach § 58b des Soldatengesetzes, einen Freiwilligendienst nach dem Bundesfreiwilligendienstgesetz, dem Jugendfreiwilligendienstegesetz oder einen vergleichbaren anerkannten Freiwilligendienst oder durch eine Tätigkeit als Entwicklungshelfer im Sinne des § 1 Absatz 1 des Entwicklungshelfer-Gesetzes für die Dauer von höchstens zwölf Monaten; wird als Berufsausbildung ein Studium an einer staatlichen oder staatlich anerkannten Hochschule abgeschlossen, besteht die Versicherung bis zum Ablauf des Semesters fort, längstens bis zur Vollendung des 25. Lebensjahres; § 186 Absatz 7 Satz 2 und 3 des Fünften Buches gilt entsprechend,
4. ohne Altersgrenze, wenn sie wegen körperlicher, geistiger oder seelischer Behinderung (§ 2 Abs. 1 des Neunten Buches) außerstande sind, sich selbst zu unterhalten; Voraussetzung ist, daß die Behinderung zu einem Zeitpunkt vorlag, in dem das Kind innerhalb der Altersgrenzen nach den Nummern 1, 2 oder 3 familienversichert war oder die Familienversicherung nur wegen einer Vorrangversicherung nach Absatz 1 Satz 1 Nummer 2 ausgeschlossen war.

$_2$§ 10 Abs. 4 und 5 des Fünften Buches Sozialgesetzbuch gilt entsprechend.

(3) Kinder sind nicht versichert, wenn der mit den Kindern verwandte Ehegatte oder Lebenspartner des Mitglieds nach § 22 von der Versicherungspflicht befreit oder nach § 23 in der privaten Pflegeversicherung pflichtversichert ist und sein Gesamteinkommen regelmäßig im Monat ein Zwölftel der Jahresarbeitsentgeltgrenze nach dem Fünften Buch übersteigt und regelmäßig höher als das Gesamteinkommen des Mitglieds ist; bei Renten wird der Zahlbetrag berücksichtigt.

(4) $_1$Die Versicherung nach Absatz 2 Nr. 1, 2 und 3 bleibt bei Personen, die auf Grund gesetzlicher Pflicht Wehrdienst oder Zivildienst oder die Dienstleistungen oder Übungen nach dem Vierten Abschnitt des Soldatengesetzes leisten, für die Dauer des Dienstes bestehen. $_2$Dies gilt auch für Personen in einem Wehrdienstver-

hältnis besonderer Art nach § 6 des Einsatz-Weiterverwendungsgesetzes.

§ 26 Weiterversicherung

(1) 1Personen, die aus der Versicherungspflicht nach § 20, § 21 oder § 21a Absatz 1 ausgeschieden sind und in den letzten fünf Jahren vor dem Ausscheiden mindestens 24 Monate oder unmittelbar vor dem Ausscheiden mindestens zwölf Monate versichert waren, können sich auf Antrag in der sozialen Pflegeversicherung weiterversichern, sofern für sie keine Versicherungspflicht nach § 23 Abs. 1 eintritt. 2Dies gilt auch für Personen, deren Familienversicherung nach § 25 erlischt oder nur deswegen nicht besteht, weil die Voraussetzungen des § 25 Abs. 3 vorliegen. 3Der Antrag ist in den Fällen des Satzes 1 innerhalb von drei Monaten nach Beendigung der Mitgliedschaft, in den Fällen des Satzes 2 nach Beendigung der Familienversicherung oder nach Geburt des Kindes bei der zuständigen Pflegekasse zu stellen.

(2) 1Personen, die wegen der Verlegung ihres Wohnsitzes oder gewöhnlichen Aufenthaltes ins Ausland aus der Versicherungspflicht ausscheiden, können sich auf Antrag weiterversichern. 2Der Antrag ist bis spätestens einen Monat nach Ausscheiden aus der Versicherungspflicht bei der Pflegekasse zu stellen, bei der die Versicherung zuletzt bestand. 3Die Weiterversicherung erstreckt sich auch auf die nach § 25 versicherten Familienangehörigen oder Lebenspartner, die gemeinsam mit dem Mitglied ihren Wohnsitz oder gewöhnlichen Aufenthalt in das Ausland verlegen. 4Für Familienangehörige oder Lebenspartner, die im Inland verbleiben, endet die Familienversicherung nach § 25 mit dem Tag, an dem das Mitglied seinen Wohnsitz oder gewöhnlichen Aufenthalt ins Ausland verlegt.

§ 26a Beitrittsrecht

(1) 1Personen mit Wohnsitz im Inland, die nicht pflegeversichert sind, weil sie zum Zeitpunkt der Einführung der Pflegeversicherung am 1. Januar 1995 trotz Wohnsitz im Inland keinen Tatbestand der Versicherungspflicht oder der Mitversicherung in der sozialen oder privaten Pflegeversicherung erfüllten, sind berechtigt, die freiwillige Mitgliedschaft bei einer der nach § 48 Abs. 2 wählbaren sozialen Pflegekassen zu beantragen oder einen Pflegeversicherungsvertrag mit einem privaten Versicherungsunternehmen abzuschließen. 2Ausgenommen sind Personen, die laufende Hilfe zum Lebensunterhalt nach dem Zwölften Buch beziehen sowie Personen, die nicht selbst in der Lage sind, einen Beitrag zu zahlen. 3Der Beitritt ist gegenüber der gewählten Pflegekasse oder dem gewählten privaten Versicherungsunternehmen bis zum 30. Juni 2002 schriftlich zu erklären; er bewirkt einen Versicherungsbeginn rückwirkend zum 1. April 2001. 4Die Vorversicherungszeiten nach § 33 Abs. 2 gelten als erfüllt. 5Auf den privaten Versicherungsvertrag findet § 110 Abs. 1 Anwendung.

(2) 1Personen mit Wohnsitz im Inland, die erst ab einem Zeitpunkt nach dem 1. Januar 1995 bis zum Inkrafttreten dieses Gesetzes nicht pflegeversichert sind und keinen Tatbestand der Versicherungspflicht nach diesem Buch erfüllen, sind berechtigt, die freiwillige Mitgliedschaft bei einer der nach § 48 Abs. 2 wählbaren sozialen Pflegekassen zu beantragen oder einen Pflegeversicherungsvertrag mit einem privaten Versicherungsunternehmen abzuschließen. 2Vom Beitrittsrecht ausgenommen sind die in Absatz 1 Satz 2 genannten Personen sowie Personen, die nur deswegen nicht pflegeversichert sind, weil sie nach dem 1. Januar 1995 ohne zwingenden Grund eine private Kranken- und Pflegeversicherung aufgegeben oder von einer möglichen Weiterversicherung in der gesetzlichen Krankenversicherung oder in der sozialen Pflegeversicherung keinen Gebrauch gemacht haben. 3Der Beitritt ist gegenüber der gewählten Pflegekasse oder dem gewählten privaten Versicherungsunternehmen bis zum 30. Juni 2002 schriftlich zu erklären. 4Er bewirkt einen Versicherungsbeginn zum 1. Januar 2002. 5Auf den privaten Versicherungsvertrag findet § 110 Abs. 3 Anwendung.

(3) 1Ab dem 1. Juli 2002 besteht ein Beitrittsrecht zur sozialen oder privaten Pflegeversicherung nur für nicht pflegeversicherte Personen, die als Zuwanderer oder Auslandsrückkehrer bei Wohnsitznahme im Inland keinen Tatbestand der Versicherungspflicht nach diesem Buch erfüllen und das 65. Lebensjahr noch nicht vollendet haben, sowie für nicht versicherungspflichtige Personen mit Wohnsitz im Inland, bei denen die Ausschlussgründe nach Absatz 1 Satz 2 entfallen sind. 2Der Beitritt ist gegenüber der nach § 48 Abs. 2 gewählten Pflegekasse oder dem gewählten privaten Versicherungsunternehmen schriftlich innerhalb von drei Monaten nach Wohnsitznahme im Inland oder nach Wegfall der Ausschlussgründe nach Absatz 1 Satz 2 mit Wirkung vom 1. des Monats zu erklären, der auf die Beitrittserklärung folgt. 3Auf den privaten Versicherungsvertrag findet § 110 Abs. 3 Anwendung. 4Das Beitrittsrecht nach Satz 1 ist nicht gegeben in Fällen, in denen ohne zwingenden Grund von den in den Absätzen 1 und 2 geregelten Beitrittsrechten kein Gebrauch gemacht worden ist oder in denen die in Absatz 2 Satz 2 aufgeführten Ausschlussgründe vorliegen.

§ 27 Kündigung eines privaten Pflegeversicherungsvertrages

1Personen, die nach § 20, § 21 oder § 21a Absatz 1 versicherungspflichtig werden und bei einem privaten Krankenversicherungsunternehmen gegen Pflegebedürftigkeit versichert sind, können ihren Versicherungsvertrag mit Wirkung vom Eintritt der Versicherungspflicht an kündigen. 2Das Kündigungsrecht gilt auch für Familienangehörige oder Lebenspartner, wenn für sie eine Familienversicherung nach § 25 eintritt. 3§ 5 Absatz 9 des Fünften Buches gilt entsprechend.

Viertes Kapitel
Leistungen der Pflegeversicherung

Erster Abschnitt
Übersicht über die Leistungen

§ 28 Leistungsarten, Grundsätze

(1) Die Pflegeversicherung gewährt folgende Leistungen:

1. Pflegesachleistung (§ 36),
2. Pflegegeld für selbst beschaffte Pflegehilfen (§ 37),
3. Kombination von Geldleistung und Sachleistung (§ 38),

VII

3a. zusätzliche Leistungen für Pflegebedürftige in ambulant betreuten Wohngruppen (§ 38a),
4. häusliche Pflege bei Verhinderung der Pflegeperson (§ 39),
5. Pflegehilfsmittel und wohnumfeldverbessernde Maßnahmen (§ 40),
5a. ergänzende Unterstützung bei Nutzung von digitalen Pflegeanwendungen (§ 39a in Verbindung mit § 40b) und digitale Pflegeanwendungen (§ 40a in Verbindung mit § 40b),
6. Tagespflege und Nachtpflege (§ 41),
7. Kurzzeitpflege (§ 42),
7a. Versorgung Pflegebedürftiger bei Inanspruchnahme von Vorsorge- oder Rehabilitationsleistungen durch die Pflegeperson (§ 42a),
8. vollstationäre Pflege (§ 43),
9. Pauschalleistung für die Pflege von Menschen mit Behinderungen (§ 43a),
9a. Zusätzliche Betreuung und Aktivierung in stationären Pflegeeinrichtungen (§ 43b),
10. Leistungen zur sozialen Sicherung der Pflegepersonen (§ 44),
11. zusätzliche Leistungen bei Pflegezeit und kurzzeitiger Arbeitsverhinderung (§ 44a),
12. Pflegekurse für Angehörige und ehrenamtliche Pflegepersonen (§ 45),
12a. Umwandlung des ambulanten Sachleistungsbetrags (§ 45a),
13. Entlastungsbetrag (§ 45b),
14. Leistungen des Persönlichen Budgets nach § 29 des Neunten Buches gemäß § 35a.

(1a) Versicherte haben gegenüber ihrer Pflegekasse oder ihrem Versicherungsunternehmen Anspruch auf Pflegeberatung gemäß den §§ 7a und 7b.

(1b) Bis zum Erreichen des in § 45e Absatz 2 Satz 2 genannten Zeitpunkts haben Pflegebedürftige unter den Voraussetzungen des § 45e Absatz 1 Anspruch auf Anschubfinanzierung bei Gründung von ambulant betreuten Wohngruppen.

(2) Personen, die nach beamtenrechtlichen Vorschriften oder Grundsätzen bei Krankheit und Pflege Anspruch auf Beihilfe oder Heilfürsorge haben, erhalten die jeweils zustehenden Leistungen zur Hälfte; dies gilt auch für den Wert von Sachleistungen.

(3) Die Pflegekassen und die Leistungserbringer haben sicherzustellen, daß die Leistungen nach Absatz 1 nach allgemein anerkanntem Stand medizinisch-pflegerischer Erkenntnisse erbracht werden.

(4) Pflege schließt Sterbebegleitung mit ein; Leistungen anderer Sozialleistungsträger bleiben unberührt.

§ 28a Leistungen bei Pflegegrad 1

Bei Vorliegen des Pflegegrades 1 gewährt die Pflegeversicherung folgende Leistungen:

1. Pflegeberatung gemäß den §§ 7a und 7b,
2. Beratung in der eigenen Häuslichkeit gemäß § 37 Absatz 3,
3. zusätzliche Leistungen für Pflegebedürftige in ambulant betreuten Wohngruppen gemäß § 38a, ohne dass § 38a Absatz 1 Satz 1 Nummer 2 erfüllt sein muss,
4. Versorgung mit Pflegehilfsmitteln gemäß § 40,
5. finanzielle Zuschüsse für Maßnahmen zur Verbesserung des individuellen oder gemeinsamen Wohnumfelds gemäß § 40,
6. Leistungen zur ergänzenden Unterstützung bei der Nutzung von digitalen Pflegeanwendungen sowie zur Versorgung mit digitalen Pflegeanwendungen gemäß den §§ 39a, 40a und 40b,
7. Versorgung Pflegebedürftiger bei Inanspruchnahme von Vorsorge- oder Rehabilitationsleistungen durch die Pflegeperson gemäß § 42a,
8. einen monatlichen Zuschuss bei vollstationärer Pflege gemäß § 43 Absatz 3,
9. zusätzliche Betreuung und Aktivierung in stationären Pflegeeinrichtungen gemäß § 43b,
10. zusätzliche Leistungen bei Pflegezeit und kurzzeitiger Arbeitsverhinderung gemäß § 44a,
11. Pflegekurse für Angehörige und ehrenamtliche Pflegepersonen gemäß § 45,
12. den Entlastungsbetrag gemäß § 45b,
13. die Anschubfinanzierung zur Gründung von ambulant betreuten Wohngruppen gemäß § 45e nach Maßgabe von § 28 Absatz 1b.

Zweiter Abschnitt
Gemeinsame Vorschriften

§ 29 Wirtschaftlichkeitsgebot

(1) $_1$Die Leistungen müssen wirksam und wirtschaftlich sein; sie dürfen das Maß des Notwendigen nicht übersteigen. $_2$Leistungen, die diese Voraussetzungen nicht erfüllen, können Pflegebedürftige nicht beanspruchen, dürfen die Pflegekassen nicht bewilligen und dürfen die Leistungserbringer nicht zu Lasten der sozialen Pflegeversicherung bewirken.

(2) Leistungen dürfen nur bei Leistungserbringern in Anspruch genommen werden, mit denen die Pflegekassen oder die für sie tätigen Verbände Verträge abgeschlossen haben.

§ 30 Dynamisierung

(1) Die im Vierten Kapitel dieses Buches benannten, ab 1. Januar 2024 geltenden Beträge für die Leistungen der Pflegeversicherung steigen zum 1. Januar 2025 um 4,5 Prozent und zum 1. Januar 2028 in Höhe des kumulierten Anstiegs der Kerninflationsrate in den letzten drei Kalenderjahren, für die zum Zeitpunkt der Erhöhung die entsprechenden Daten vorliegen, nicht jedoch stärker als der Anstieg der Bruttolohn- und Gehaltssumme je abhängig beschäftigten Arbeitnehmer im selben Zeitraum.

(2) Die neuen Beträge für die Leistungen der Pflegeversicherung werden vom Bundesministerium für Gesundheit jeweils im Bundesanzeiger bekannt gemacht.

§ 31 Vorrang der Rehabilitation vor Pflege

(1) $_1$Die Pflegekassen prüfen im Einzelfall, welche Leistungen zur medizinischen Rehabilitation und ergänzenden Leistungen geeignet und zumutbar sind, Pflegebedürftigkeit zu überwinden, zu mindern oder ihre Ver-

schlimmerung zu verhüten. $_{2}$Werden Leistungen nach diesem Buch gewährt, ist bei Nachuntersuchungen die Frage geeigneter und zumutbarer Leistungen zur medizinischen Rehabilitation mit zu prüfen.

(2) Die Pflegekassen haben bei der Einleitung und Ausführung der Leistungen zur Pflege sowie bei Beratung, Auskunft und Aufklärung mit den Trägern der Rehabilitation eng zusammenzuarbeiten, um Pflegebedürftigkeit zu vermeiden, zu überwinden, zu mindern oder ihre Verschlimmerung zu verhüten.

(3) $_{1}$Wenn eine Pflegekasse durch die gutachterlichen Feststellungen des Medizinischen Dienstes oder anderer von ihr beauftragter unabhängiger Gutachterinnen und Gutachter (§ 18b Absatz 1 Satz 1 Nummer 2 und Absatz 2) oder auf sonstige Weise feststellt, dass im Einzelfall Leistungen zur medizinischen Rehabilitation angezeigt sind, informiert sie schriftlich oder elektronisch unverzüglich den Versicherten sowie mit dessen Einwilligung schriftlich oder elektronisch die behandelnde Ärztin oder den behandelnden Arzt sowie Angehörige, Personen des Vertrauens der Versicherten oder Pflege- und Betreuungseinrichtungen, die den Versicherten versorgen, und leitet mit Einwilligung des Versicherten eine entsprechende Mitteilung dem zuständigen Rehabilitationsträger zu. $_{2}$Die Pflegekasse weist den Versicherten gleichzeitig auf seine Eigenverantwortung und Mitwirkungspflicht hin. $_{3}$Soweit der Versicherte eingewilligt hat, gilt die Mitteilung an den Rehabilitationsträger als Antragstellung für das Verfahren nach § 14 des Neunten Buches. $_{4}$Die Pflegekasse ist über die Leistungsentscheidung des zuständigen Rehabilitationsträgers unverzüglich zu informieren. $_{5}$Sie prüft in einem angemessenen zeitlichen Abstand, ob entsprechende Maßnahmen durchgeführt worden sind; soweit erforderlich, hat sie vorläufige Leistungen zur medizinischen Rehabilitation nach § 32 Absatz 1 zu erbringen.

§ 32 Vorläufige Leistungen zur medizinischen Rehabilitation

(1) Die Pflegekasse erbringt vorläufige Leistungen zur medizinischen Rehabilitation, wenn eine sofortige Leistungserbringung erforderlich ist, um eine unmittelbar drohende Pflegebedürftigkeit zu vermeiden, eine bestehende Pflegebedürftigkeit zu überwinden, zu mindern oder eine Verschlimmerung der Pflegebedürftigkeit zu verhüten, und sonst die sofortige Einleitung der Leistungen gefährdet wäre.

(2) Die Pflegekasse hat zuvor den zuständigen Träger zu unterrichten und auf die Eilbedürftigkeit der Leistungsgewährung hinzuweisen; wird dieser nicht rechtzeitig, spätestens jedoch vier Wochen nach Antragstellung, tätig, erbringt die Pflegekasse die Leistungen vorläufig.

§ 33 Leistungsvoraussetzungen

(1) $_{1}$Versicherte erhalten die Leistungen der Pflegeversicherung auf Antrag. $_{2}$Die Leistungen werden ab Antragstellung gewährt, frühestens jedoch von dem Zeitpunkt an, in dem die Anspruchsvoraussetzungen vorliegen. $_{3}$Wird der Antrag nicht in dem Kalendermonat, in dem die Pflegebedürftigkeit eingetreten ist, sondern später gestellt, werden die Leistungen vom Beginn des Monats der Antragstellung an gewährt. $_{4}$Die Zuordnung zu einem Pflegegrad und die Bewilligung von Leistungen können befristet werden und enden mit Ablauf der Frist. $_{5}$Die Befristung erfolgt, wenn und soweit eine Verringerung der Beeinträchtigungen der Selbständigkeit oder der Fähigkeiten nach der Einschätzung des Medizinischen Dienstes zu erwarten ist. $_{6}$Die Befristung kann wiederholt werden und schließt Änderungen bei der Zuordnung zu einem Pflegegrad und bei bewilligten Leistungen im Befristungszeitraum nicht aus, soweit dies durch Rechtsvorschriften des Sozialgesetzbuches angeordnet oder erlaubt ist. $_{7}$Der Befristungszeitraum darf insgesamt die Dauer von drei Jahren nicht überschreiten. $_{8}$Um eine nahtlose Leistungsgewährung sicherzustellen, hat die Pflegekasse vor Ablauf einer Befristung rechtzeitig zu prüfen und dem Pflegebedürftigen sowie der ihn betreuenden Pflegeeinrichtung mitzuteilen, ob Pflegeleistungen weiterhin bewilligt werden und welchem Pflegegrad der Pflegebedürftige zuzuordnen ist.

(2) $_{1}$Anspruch auf Leistungen besteht, wenn der Versicherte in den letzten zehn Jahren vor der Antragstellung mindestens zwei Jahre als Mitglied versichert oder nach § 25 familienversichert war. $_{2}$Zeiten der Weiterversicherung nach § 26 Abs. 2 werden bei der Ermittlung der nach Satz 1 erforderlichen Vorversicherungszeit mitberücksichtigt. $_{3}$Für versicherte Kinder gilt die Vorversicherungszeit nach Satz 1 als erfüllt, wenn ein Elternteil sie erfüllt.

(3) Personen, die wegen des Eintritts von Versicherungspflicht in der sozialen Pflegeversicherung oder von Familienversicherung nach § 25 aus der privaten Pflegeversicherung ausscheiden, ist die dort ununterbrochen zurückgelegte Versicherungszeit auf die Vorversicherungszeit nach Absatz 2 anzurechnen.

§ 33a Leistungsausschluss

$_{1}$Auf Leistungen besteht kein Anspruch, wenn sich Personen in den Geltungsbereich dieses Gesetzbuchs begeben, um in einer Versicherung nach § 20 Abs. 1 Satz 2 Nr. 12 oder auf Grund dieser Versicherung in einer Versicherung nach § 25 missbräuchlich Leistungen in Anspruch zu nehmen. $_{2}$Das Nähere zur Durchführung regelt die Pflegekasse in ihrer Satzung.

§ 34 Ruhen der Leistungsansprüche

(1) Der Anspruch auf Leistungen ruht:

1. solange sich der Versicherte im Ausland aufhält. Bei vorübergehendem Auslandsaufenthalt von bis zu sechs Wochen im Kalenderjahr ist das Pflegegeld nach § 37 oder anteiliges Pflegegeld nach § 38 weiter zu gewähren. Für die Pflegesachleistung gilt dies nur, soweit die Pflegekraft, die ansonsten die Pflegesachleistung erbringt, den Pflegebedürftigen während des Auslandsaufenthaltes begleitet,
2. soweit Versicherte Entschädigungsleistungen wegen Pflegebedürftigkeit aus der gesetzlichen Unfallversicherung oder aus öffentlichen Kassen auf Grund gesetzlich geregelter Unfallversorgung oder Unfallfürsorge erhalten. Dies gilt auch, wenn vergleichbare Leistungen aus dem Ausland oder von einer zwischenstaatlichen oder überstaatlichen Einrichtung bezogen werden.

(1a) Der Anspruch auf Pflegegeld nach § 37 oder anteiliges Pflegegeld nach § 38 ruht nicht bei pflegebedürftigen Versicherten, die sich in einem Mitgliedstaat der Europäischen Union, einem Vertragsstaat des Abkommens über den Europäischen Wirtschaftsraum oder der Schweiz aufhalten.

(2) $_{1}$Der Anspruch auf Leistungen bei häuslicher Pflege ruht darüber hinaus, soweit im Rahmen des Anspruchs auf häusliche Krankenpflege (§ 37 des Fünften Buches) auch Anspruch auf Leistungen besteht, deren Inhalt den Leistungen nach § 36 entspricht, sowie für die Dauer des stationären Aufenthalts in einer Einrichtung im Sinne des § 71 Abs. 4, soweit § 39 nichts Abweichendes bestimmt. $_{2}$Pflegegeld nach § 37 oder anteiliges Pflegegeld nach § 38 ist in den ersten vier Wochen einer vollstationären Krankenhausbehandlung, einer häuslichen Krankenpflege mit Anspruch auf Leistungen, deren Inhalt den Leistungen nach § 36 entspricht, oder einer Aufnahme in Vorsorge- oder Rehabilitationseinrichtungen nach § 107 Absatz 2 des Fünften Buches weiter zu zahlen; bei Pflegebedürftigen, die ihre Pflege durch von ihnen beschäftigte besondere Pflegekräfte sicherstellen und bei denen § 63b Absatz 6 Satz 1 des Zwölften Buches Anwendung findet, wird das Pflegegeld nach § 37 oder anteiliges Pflegegeld nach § 38 auch über die ersten vier Wochen hinaus weiter gezahlt.

(3) Die Leistungen zur sozialen Sicherung nach den §§ 44 und 44a ruhen nicht für die Dauer der häuslichen Krankenpflege, bei vorübergehendem Auslandsaufenthalt des Versicherten oder Erholungsurlaub der Pflegeperson von bis zu sechs Wochen im Kalenderjahr sowie in den ersten vier Wochen einer vollstationären Krankenhausbehandlung oder einer stationären Leistung zur medizinischen Rehabilitation.

§ 35 Erlöschen der Leistungsansprüche

$_{1}$Der Anspruch auf Leistungen erlischt mit dem Ende der Mitgliedschaft, soweit in diesem Buch nichts Abweichendes bestimmt ist. $_{2}$§ 19 Absatz 1a des Fünften Buches gilt entsprechend. $_{3}$Endet die Mitgliedschaft durch Tod, erlöschen Ansprüche auf Kostenerstattung nach diesem Buch abweichend von § 59 des Ersten Buches nicht, wenn sie innerhalb von zwölf Monaten nach dem Tod des Berechtigten geltend gemacht werden.

§ 35a Teilnahme an einem Persönlichen Budget nach § 29 des Neunten Buches

$_{1}$Pflegebedürftigen werden auf Antrag die Leistungen nach den §§ 36, 37 Abs. 1, §§ 38, 40 Abs. 2 und § 41 durch ein Persönliches Budget nach § 29 des Neunten Buches erbracht; bei der Kombinationsleistung nach § 38 ist nur das anteilige und im Voraus bestimmte Pflegegeld als Geldleistung budgetfähig, die Sachleistungen nach den §§ 36, 38 und 41 dürfen nur in Form von Gutscheinen zur Verfügung gestellt werden, die zur Inanspruchnahme von zugelassenen Pflegeeinrichtungen nach diesem Buch berechtigen. $_{2}$Der Leistungsträger, der das Persönliche Budget nach § 29 Absatz 3 des Neunten Buches durchführt, hat sicherzustellen, dass eine den Vorschriften dieses Buches entsprechende Leistungsbewilligung und Verwendung der Leistungen durch den Pflegebedürftigen gewährleistet ist. $_{3}$Andere als die in Satz 1 genannten Leistungsansprüche bleiben ebenso wie die sonstigen Vorschriften dieses Buches unberührt.

Dritter Abschnitt
Leistungen

Erster Titel
Leistungen bei häuslicher Pflege

§ 36 Pflegesachleistung

(1) $_{1}$Pflegebedürftige der Pflegegrade 2 bis 5 haben bei häuslicher Pflege Anspruch auf körperbezogene Pflegemaßnahmen und pflegerische Betreuungsmaßnahmen sowie auf Hilfen bei der Haushaltsführung als Sachleistung (häusliche Pflegehilfe). $_{2}$Der Anspruch umfasst pflegerische Maßnahmen in den in § 14 Absatz 2 genannten Bereichen Mobilität, kognitive und kommunikative Fähigkeiten, Verhaltensweisen und psychische Problemlagen, Selbstversorgung, Bewältigung von und selbständiger Umgang mit krankheits- oder therapiebedingten Anforderungen und Belastungen sowie Gestaltung des Alltagslebens und sozialer Kontakte.

(2) $_{1}$Häusliche Pflegehilfe wird erbracht, um Beeinträchtigungen der Selbständigkeit oder der Fähigkeiten des Pflegebedürftigen so weit wie möglich durch pflegerische Maßnahmen zu beseitigen oder zu mindern und eine Verschlimmerung der Pflegebedürftigkeit zu verhindern. $_{2}$Bestandteil der häuslichen Pflegehilfe ist auch die pflegefachliche Anleitung von Pflegebedürftigen und Pflegepersonen. $_{3}$Pflegerische Betreuungsmaßnahmen umfassen Unterstützungsleistungen zur Bewältigung und Gestaltung des alltäglichen Lebens im häuslichen Umfeld, insbesondere

1. bei der Bewältigung psychosozialer Problemlagen oder von Gefährdungen,
2. bei der Orientierung, bei der Tagesstrukturierung, bei der Kommunikation, bei der Aufrechterhaltung sozialer Kontakte und bei bedürfnisgerechten Beschäftigungen im Alltag sowie
3. durch Maßnahmen zur kognitiven Aktivierung.

(3) Der Anspruch auf häusliche Pflegehilfe umfasst je Kalendermonat

1. für Pflegebedürftige des Pflegegrades 2 Leistungen bis zu einem Gesamtwert von 761 Euro,
2. für Pflegebedürftige des Pflegegrades 3 Leistungen bis zu einem Gesamtwert von 1432 Euro,
3. für Pflegebedürftige des Pflegegrades 4 Leistungen bis zu einem Gesamtwert von 1778 Euro,
4. für Pflegebedürftige des Pflegegrades 5 Leistungen bis zu einem Gesamtwert von 2200 Euro.

(4) $_{1}$Häusliche Pflegehilfe ist auch zulässig, wenn Pflegebedürftige nicht in ihrem eigenen Haushalt gepflegt werden; sie ist nicht zulässig, wenn Pflegebedürftige in einer stationären Pflegeeinrichtung oder in einer Einrichtung oder in Räumlichkeiten im Sinne des § 71 Absatz 4 gepflegt werden. $_{2}$Häusliche Pflegehilfe wird durch geeignete Pflegekräfte erbracht, die entweder von der Pflegekasse oder bei ambulanten Pflegeeinrichtungen, mit denen die Pflegekasse einen Versorgungsvertrag abgeschlossen hat, angestellt sind. $_{3}$Auch durch Einzelpersonen, mit denen die Pflegekasse einen Vertrag nach § 77 Absatz 1 abgeschlossen hat, kann häusliche Pflegehilfe als Sachleistung erbracht werden. $_{4}$Mehrere Pfle-

gebedürftige können häusliche Pflegehilfe gemeinsam in Anspruch nehmen.

§ 37 Pflegegeld für selbst beschaffte Pflegehilfen

(1) 1Pflegebedürftige der Pflegegrade 2 bis 5 können anstelle der häuslichen Pflegehilfe ein Pflegegeld beantragen. 2Der Anspruch setzt voraus, dass der Pflegebedürftige mit dem Pflegegeld dessen Umfang entsprechend die erforderlichen körperbezogenen Pflegemaßnahmen und pflegerischen Betreuungsmaßnahmen sowie Hilfen bei der Haushaltsführung in geeigneter Weise selbst sicherstellt. 3Das Pflegegeld beträgt je Kalendermonat

1. 332 Euro für Pflegebedürftige des Pflegegrades 2,
2. 573 Euro für Pflegebedürftige des Pflegegrades 3,
3. 765 Euro für Pflegebedürftige des Pflegegrades 4,
4. 947 Euro für Pflegebedürftige des Pflegegrades 5.

(2) 1Besteht der Anspruch nach Absatz 1 nicht für den vollen Kalendermonat, ist der Geldbetrag entsprechend zu kürzen; dabei ist der Kalendermonat mit 30 Tagen anzusetzen. 2Die Hälfte des bisher bezogenen Pflegegeldes wird während einer Kurzzeitpflege nach § 42 für bis zu acht Wochen und während einer Verhinderungspflege nach § 39 für bis zu sechs Wochen je Kalenderjahr fortgewährt. 3Das Pflegegeld wird bis zum Ende des Kalendermonats geleistet, in dem der Pflegebedürftige gestorben ist. 4§ 118 Abs. 3 und 4 des Sechsten Buches gilt entsprechend, wenn für die Zeit nach dem Monat, in dem der Pflegebedürftige verstorben ist, Pflegegeld überwiesen wurde.

(3) 1Pflegebedürftige, die Pflegegeld nach Absatz 1 beziehen, haben in folgenden Intervallen eine Beratung in der eigenen Häuslichkeit abzurufen:

1. bei den Pflegegraden 2 und 3 halbjährlich einmal,
2. bei den Pflegegraden 4 und 5 vierteljährlich einmal.

2Pflegebedürftige des Pflegegrades 1 haben Anspruch, halbjährlich einmal eine Beratung in der eigenen Häuslichkeit abzurufen. 3Beziehen Pflegebedürftige von einem ambulanten Pflegedienst Pflegesachleistungen, können sie ebenfalls halbjährlich einmal eine Beratung in der eigenen Häuslichkeit in Anspruch nehmen. 4Auf Wunsch der pflegebedürftigen Person erfolgt im Zeitraum vom 1. Juli 2022 bis einschließlich 30. Juni 2024 jede zweite Beratung abweichend von den Sätzen 1 bis 3 per Videokonferenz. 5Bei der Durchführung der Videokonferenz sind die nach § 365 Absatz 1 Satz 1 des Fünften Buches vereinbarten Anforderungen an die technischen Verfahren zu Videosprechstunden einzuhalten. 6Die erstmalige Beratung nach den Sätzen 1 bis 3 hat in der eigenen Häuslichkeit zu erfolgen.

(3a) 1Die Beratung nach Absatz 3 dient der Sicherung der Qualität der häuslichen Pflege und der regelmäßigen Hilfestellung und praktischen pflegefachlichen Unterstützung der häuslich Pflegenden. 2Die Pflegebedürftigen und die häuslich Pflegenden sind bei der Beratung auch auf die Auskunfts-, Beratungs- und Unterstützungsangebote des für sie zuständigen Pflegestützpunktes sowie auf die Pflegeberatung nach § 7a hinzuweisen.

(3b) Die Beratung nach Absatz 3 kann durchgeführt werden durch

1. einen zugelassenen Pflegedienst,
2. eine von den Landesverbänden der Pflegekassen nach Absatz 7 anerkannte Beratungsstelle mit nachgewiesener pflegefachlicher Kompetenz oder
3. eine von der Pflegekasse beauftragte, jedoch von ihr nicht beschäftigte Pflegefachkraft, sofern die Durchführung der Beratung durch einen zugelassenen Pflegedienst vor Ort oder eine von den Landesverbänden der Pflegekassen nach Absatz 7 anerkannte Beratungsstelle mit nachgewiesener pflegefachlicher Kompetenz nicht gewährleistet werden kann.

(3c) 1Die Vergütung für die Beratung nach Absatz 3 ist von der zuständigen Pflegekasse, bei privat Pflegeversicherten von dem zuständigen privaten Versicherungsunternehmen zu tragen, im Fall der Beihilfeberechtigung anteilig von dem zuständigen Beihilfeträger. 2Die Höhe der Vergütung für die Beratung durch einen zugelassenen Pflegedienst oder durch eine von der Pflegekasse beauftragte Pflegefachkraft vereinbaren die Pflegekassen oder deren Arbeitsgemeinschaften in entsprechender Anwendung des § 89 Absatz 1 und 3 mit dem Träger des zugelassenen Pflegedienstes oder mit der von der Pflegekasse beauftragten Pflegefachkraft unter Berücksichtigung der Empfehlungen nach Absatz 5. 3Die Vergütung kann nach Pflegegraden gestaffelt werden. 4Über die Höhe der Vergütung anerkannter Beratungsstellen und von Beratungspersonen der kommunalen Gebietskörperschaften entscheiden die Landesverbände der Pflegekassen unter Zugrundelegung der im jeweiligen Land nach den Sätzen 2 und 4 vereinbarten Vergütungssätze jeweils für die Dauer eines Jahres. 5Die Landesverbände haben die jeweilige Festlegung der Vergütungshöhe in geeigneter Weise zu veröffentlichen.

(4) 1Die Pflegedienste und die anerkannten Beratungsstellen sowie die beauftragten Pflegefachkräfte haben die Durchführung der Beratungseinsätze gegenüber der Pflegekasse oder dem privaten Versicherungsunternehmen zu bestätigen sowie die bei dem Beratungsbesuch gewonnenen Erkenntnisse über die Möglichkeiten der Verbesserung der häuslichen Pflegesituation dem Pflegebedürftigen und mit dessen Einwilligung der Pflegekasse oder dem privaten Versicherungsunternehmen mitzuteilen, im Fall der Beihilfeberechtigung auch der zuständigen Beihilfefestsetzungsstelle. 2Der Spitzenverband Bund der Pflegekassen und die privaten Versicherungsunternehmen stellen ihnen für diese Mitteilung ein einheitliches Formular zur Verfügung. 3Erteilt die pflegebedürftige Person die Einwilligung nicht, ist jedoch nach Überzeugung der Beratungsperson eine weitergehende Beratung angezeigt, übermittelt die jeweilige Beratungsstelle diese Einschätzung über die Erforderlichkeit einer weitergehenden Beratung der zuständigen Pflegekasse oder dem zuständigen privaten Versicherungsunternehmen. 4Diese haben eine weitergehende Beratung nach § 7a anzubieten. 5Der beauftragte Pflegedienst und die anerkannte Beratungsstelle haben dafür Sorge zu tragen, dass für einen Beratungsbesuch im häuslichen Bereich Pflegekräfte eingesetzt werden, die spezifisches Wissen zu dem Krankheits- und Behinderungsbild sowie des sich daraus ergebenden Hilfebedarfs des Pflegebedürftigen mitbringen und über besondere Beratungskompetenz verfügen. 6Zudem soll bei der Planung für die

VII

Beratungsbesuche weitestgehend sichergestellt werden, dass der Beratungsbesuch bei einem Pflegebedürftigen möglichst auf Dauer von derselben Pflegekraft durchgeführt wird.

(5) $_{1}$Die Vertragsparteien nach § 113 beschließen gemäß § 113b bis zum 1. Januar 2018 unter Beachtung der in Absatz 4 festgelegten Anforderungen Empfehlungen zur Qualitätssicherung der Beratungsbesuche nach Absatz 3. $_{2}$Die Empfehlungen enthalten Ausführungen wenigstens

1. zu Beratungsstandards,
2. zur erforderlichen Qualifikation der Beratungspersonen sowie
3. zu erforderlichenfalls einzuleitenden Maßnahmen im Einzelfall.

$_{3}$Fordert das Bundesministerium für Gesundheit oder eine Vertragspartei nach § 113 im Einvernehmen mit dem Bundesministerium für Gesundheit die Vertragsparteien schriftlich zum Beschluss neuer Empfehlungen nach Satz 1 auf, sind diese innerhalb von sechs Monaten nach Eingang der Aufforderung neu zu beschließen. $_{4}$Die Empfehlungen gelten für die anerkannten Beratungsstellen entsprechend.

(5a) $_{1}$Der Spitzenverband Bund der Pflegekassen beschließt mit dem Verband der privaten Krankenversicherung e. V. bis zum 1. Januar 2020 Richtlinien zur Aufbereitung, Bewertung und standardisierten Dokumentation der Erkenntnisse aus dem jeweiligen Beratungsbesuch durch die Pflegekasse oder das private Versicherungsunternehmen. $_{2}$Die Richtlinien werden erst wirksam, wenn das Bundesministerium für Gesundheit sie genehmigt. $_{3}$Die Genehmigung gilt als erteilt, wenn die Richtlinien nicht innerhalb von zwei Monaten, nachdem sie dem Bundesministerium für Gesundheit vorgelegt worden sind, beanstandet werden. $_{4}$Beanstandungen des Bundesministeriums für Gesundheit sind innerhalb der von ihm gesetzten Frist zu beheben.

(6) Rufen Pflegebedürftige die Beratung nach Absatz 3 Satz 1 nicht ab, hat die Pflegekasse oder das private Versicherungsunternehmen das Pflegegeld angemessen zu kürzen und im Wiederholungsfall zu entziehen.

(7) $_{1}$Die Landesverbände der Pflegekassen haben neutrale und unabhängige Beratungsstellen zur Durchführung der Beratung nach den Absätzen 3 bis 4 anzuerkennen. $_{2}$Dem Antrag auf Anerkennung ist ein Nachweis über die erforderliche pflegefachliche Kompetenz der Beratungsstelle und ein Konzept zur Qualitätssicherung des Beratungsangebotes beizufügen. $_{3}$Die Landesverbände der Pflegekassen regeln das Nähere zur Anerkennung der Beratungsstellen.

(8) $_{1}$Die Beratungsbesuche nach Absatz 3 können auch von Pflegeberaterinnen und Pflegeberatern im Sinne des § 7a oder von Beratungspersonen der kommunalen Gebietskörperschaften, die die erforderliche pflegefachliche Kompetenz aufweisen, durchgeführt werden. $_{2}$Absatz 4 findet entsprechende Anwendung. $_{3}$Die Inhalte der Empfehlungen zur Qualitätssicherung der Beratungsbesuche nach Absatz 5 sind zu beachten.

(9) Beratungsbesuche nach Absatz 3 dürfen von Betreuungsdiensten im Sinne des § 71 Absatz 1a nicht durchgeführt werden.

§ 38 Kombination von Geldleistung und Sachleistung (Kombinationsleistung)

$_{1}$Nimmt der Pflegebedürftige die ihm nach § 36 Absatz 3 zustehende Sachleistung nur teilweise in Anspruch, erhält er daneben ein anteiliges Pflegegeld im Sinne des § 37. $_{2}$Das Pflegegeld wird um den Vomhundertsatz vermindert, in dem der Pflegebedürftige Sachleistungen in Anspruch genommen hat. $_{3}$An die Entscheidung, in welchem Verhältnis er Geld- und Sachleistung in Anspruch nehmen will, ist der Pflegebedürftige für die Dauer von sechs Monaten gebunden. $_{4}$Anteiliges Pflegegeld wird während einer Kurzzeitpflege nach § 42 für bis zu acht Wochen und während einer Verhinderungspflege nach § 39 für bis zu sechs Wochen je Kalenderjahr in Höhe der Hälfte der vor Beginn der Kurzzeit- oder Verhinderungspflege geleisteten Höhe fortgewährt. $_{5}$Pflegebedürftige in vollstationären Einrichtungen der Hilfe für behinderte Menschen (§ 43a) haben Anspruch auf ungekürztes Pflegegeld anteilig für die Tage, an denen sie sich in häuslicher Pflege befinden.

§ 38a Zusätzliche Leistungen für Pflegebedürftige in ambulant betreuten Wohngruppen

(1) $_{1}$Pflegebedürftige haben Anspruch auf einen pauschalen Zuschlag in Höhe von 214 Euro monatlich, wenn

1. sie mit mindestens zwei und höchstens elf weiteren Personen in einer ambulant betreuten Wohngruppe in einer gemeinsamen Wohnung zum Zweck der gemeinschaftlich organisierten pflegerischen Versorgung leben und davon mindestens zwei weitere Personen pflegebedürftig im Sinne der §§ 14, 15 sind,
2. sie Leistungen nach den §§ 36, 37, 38, 45a oder § 45b beziehen,
3. eine Person durch die Mitglieder der Wohngruppe gemeinschaftlich beauftragt ist, unabhängig von der individuellen pflegerischen Versorgung allgemeine organisatorische, verwaltende, betreuende oder das Gemeinschaftsleben fördernde Tätigkeiten zu verrichten oder die Wohngruppenmitglieder bei der Haushaltsführung zu unterstützen, und
4. keine Versorgungsform einschließlich teilstationärer Pflege vorliegt, in der ein Anbieter der Wohngruppe oder ein Dritter den Pflegebedürftigen Leistungen anbietet oder gewährleistet, die dem im jeweiligen Rahmenvertrag nach § 75 Absatz 1 für vollstationäre Pflege vereinbarten Leistungsumfang weitgehend entsprechen; der Anbieter einer ambulant betreuten Wohngruppe hat die Pflegebedürftigen vor deren Einzug in die Wohngruppe in geeigneter Weise darauf hinzuweisen, dass dieser Leistungsumfang von ihm oder einem Dritten nicht erbracht wird, sondern die Versorgung in der Wohngruppe auch durch die aktive Einbindung ihrer eigenen Ressourcen und ihres sozialen Umfelds sichergestellt werden kann.

$_{2}$Leistungen der Tages- und Nachtpflege gemäß § 41 können neben den Leistungen nach dieser Vorschrift nur in Anspruch genommen werden, wenn gegenüber der zuständigen Pflegekasse durch eine Prüfung des Medizinischen Dienstes nachgewiesen ist, dass die Pflege in der ambulant betreuten Wohngruppe ohne teilstationäre Pflege nicht in ausreichendem Umfang sichergestellt ist;

dies gilt entsprechend für die Versicherten der privaten Pflege-Pflichtversicherung.

(2) Die Pflegekassen sind berechtigt, zur Feststellung der Anspruchsvoraussetzungen bei dem Antragsteller folgende Daten zu verarbeiten und folgende Unterlagen anzufordern:

1. eine formlose Bestätigung des Antragstellers, dass die Voraussetzungen nach Absatz 1 Nummer 1 erfüllt sind,
2. die Adresse und das Gründungsdatum der Wohngruppe,
3. den Mietvertrag einschließlich eines Grundrisses der Wohnung und den Pflegevertrag nach § 120,
4. Vorname, Name, Anschrift und Telefonnummer sowie Unterschrift der Person nach Absatz 1 Nummer 3 und
5. die vereinbarten Aufgaben der Person nach Absatz 1 Nummer 3.

§ 39 Häusliche Pflege bei Verhinderung der Pflegeperson

(1) 1Ist eine Pflegeperson wegen Erholungsurlaubs, Krankheit oder aus anderen Gründen an der Pflege gehindert, übernimmt die Pflegekasse die nachgewiesenen Kosten einer notwendigen Ersatzpflege für längstens sechs Wochen je Kalenderjahr; § 34 Absatz 2 Satz 1 gilt nicht. 2Voraussetzung ist, dass die Pflegeperson den Pflegebedürftigen vor der erstmaligen Verhinderung mindestens sechs Monate in seiner häuslichen Umgebung gepflegt hat und der Pflegebedürftige zum Zeitpunkt der Verhinderung mindestens in Pflegegrad 2 eingestuft ist. 3Die Aufwendungen der Pflegekasse können sich im Kalenderjahr auf bis zu 1612 Euro belaufen, wenn die Ersatzpflege durch andere Pflegepersonen sichergestellt wird als solche, die mit dem Pflegebedürftigen bis zum zweiten Grade verwandt oder verschwägert sind oder die mit ihm in häuslicher Gemeinschaft leben.

(2) 1Der Leistungsbetrag nach Absatz 1 Satz 3 kann um bis zu 806 Euro aus noch nicht in Anspruch genommenen Mitteln der Kurzzeitpflege nach § 42 Absatz 2 Satz 2 auf insgesamt bis zu 2418 Euro im Kalenderjahr erhöht werden. 2Der für die Verhinderungspflege in Anspruch genommene Erhöhungsbetrag wird auf den Leistungsbetrag für eine Kurzzeitpflege nach § 42 Absatz 2 Satz 2 angerechnet. 3Auf den in Satz 1 genannten Erhöhungsbetrag von bis zu 806 Euro findet § 30 Absatz 1 und 2 entsprechende Anwendung.

(3) 1Bei einer Ersatzpflege durch Pflegepersonen, die mit dem Pflegebedürftigen bis zum zweiten Grade verwandt oder verschwägert sind oder mit ihm in häuslicher Gemeinschaft leben, dürfen die Aufwendungen der Pflegekasse regelmäßig den Betrag des Pflegegeldes nach § 37 Absatz 1 Satz 3 für bis zu sechs Wochen nicht überschreiten. 2Wird die Ersatzpflege von den in Satz 1 genannten Personen erwerbsmäßig ausgeübt, können sich die Aufwendungen der Pflegekasse abweichend von Satz 1 auf den Leistungsbetrag nach Absatz 1 Satz 3 belaufen; Absatz 2 findet Anwendung. 3Bei Bezug der Leistung in Höhe des Pflegegeldes für eine Ersatzpflege durch Pflegepersonen, die mit dem Pflegebedürftigen bis zum zweiten Grade verwandt oder verschwägert sind oder mit ihm in häuslicher Gemeinschaft leben, können von der Pflegekasse auf Nachweis notwendige Aufwendungen, die der Pflegeperson im Zusammenhang mit der Ersatzpflege entstanden sind, übernommen werden. 4Die Aufwendungen der Pflegekasse nach den Sätzen 1 und 3 dürfen zusammen den Leistungsbetrag nach Absatz 1 Satz 3 nicht übersteigen; Absatz 2 findet Anwendung.

(4) 1Ist eine Pflegeperson wegen Erholungsurlaubs, Krankheit oder aus anderen Gründen an der Pflege gehindert, die einen Pflegebedürftigen der Pflegegrade 4 oder 5 pflegt, der das 25. Lebensjahr noch nicht vollendet hat, übernimmt die Pflegekasse abweichend von Absatz 1 Satz 1 die nachgewiesenen Kosten einer notwendigen Ersatzpflege für längstens acht Wochen je Kalenderjahr. 2Abweichend von Absatz 1 Satz 2 ist es dabei nicht erforderlich, dass die Pflegeperson den Pflegebedürftigen vor der erstmaligen Verhinderung mindestens sechs Monate in seiner häuslichen Umgebung gepflegt hat. 3In dem in Satz 1 genannten Fall der Verhinderung gilt Absatz 3 Satz 1 mit der Maßgabe, dass die Aufwendungen der Pflegekasse regelmäßig den Betrag des Pflegegeldes nach § 37 Absatz 1 Satz 3 für bis zu zwei Monate nicht überschreiten dürfen. 4In dem in Satz 1 genannten Fall der Verhinderung kann der Leistungsbetrag nach Absatz 1 Satz 3 abweichend von Absatz 2 sowie Absatz 3 Satz 2 und 4 in Verbindung mit Absatz 2 im Kalenderjahr um bis zu 100 Prozent der Mittel für eine Kurzzeitpflege nach § 42 Absatz 2 Satz 2 erhöht werden, soweit die Mittel der Kurzzeitpflege in dem Kalenderjahr noch nicht in Anspruch genommen worden sind. 5Der für die Verhinderungspflege in Anspruch genommene Erhöhungsbetrag wird auf den Leistungsbetrag für eine Kurzzeitpflege nach § 42 Absatz 2 Satz 2 angerechnet.

(5) In dem in Absatz 4 Satz 1 genannten Fall der Verhinderung wird abweichend von § 37 Absatz 2 Satz 2 die Hälfte eines bisher bezogenen Pflegegeldes für bis zu acht Wochen im Kalenderjahr fortgewährt sowie abweichend von § 38 Satz 4 die Hälfte eines vor Beginn der Verhinderungspflege bezogenen anteiligen Pflegegeldes für bis zu acht Wochen im Kalenderjahr fortgewährt.

§ 39a Ergänzende Unterstützung bei Nutzung von digitalen Pflegeanwendungen

Pflegebedürftige haben bei der Nutzung digitaler Pflegeanwendungen im Sinne des § 40a Anspruch auf ergänzende Unterstützungsleistungen, deren Erforderlichkeit das Bundesinstitut für Arzneimittel und Medizinprodukte nach § 78a Absatz 5 Satz 6 festgestellt hat, durch nach diesem Buch zugelassene ambulante Pflegeeinrichtungen.

§ 40 Pflegehilfsmittel und wohnumfeldverbessernde Maßnahmen

(1) 1Pflegebedürftige haben Anspruch auf Versorgung mit Pflegehilfsmitteln, die zur Erleichterung der Pflege oder zur Linderung der Beschwerden des Pflegebedürftigen beitragen oder ihm eine selbständigere Lebensführung ermöglichen, soweit die Hilfsmittel nicht wegen Krankheit oder Behinderung von der Krankenversicherung oder anderen zuständigen Leistungsträgern zu leisten sind. 2Die Pflegekasse kann in geeigneten Fällen die Notwendigkeit der Versorgung mit den beantragten Pflegehilfsmitteln unter Beteiligung einer Pflegekraft oder des Medizinischen Dienstes überprüfen lassen.

$_3$Entscheiden sich Versicherte für eine Ausstattung des Pflegehilfsmittels, die über das Maß des Notwendigen hinausgeht, haben sie die Mehrkosten und die dadurch bedingten Folgekosten selbst zu tragen. $_4$§ 33 Abs. 6 und 7 des Fünften Buches gilt entsprechend.

(2) $_1$Die Aufwendungen der Pflegekassen für zum Verbrauch bestimmte Pflegehilfsmittel dürfen monatlich den Betrag von 40 Euro nicht übersteigen; bis zum 31. Dezember 2021 gilt ein monatlicher Betrag in Höhe von 60 Euro. $_2$Die Leistung kann auch in Form einer Kostenerstattung erbracht werden.

(3) $_1$Die Pflegekassen sollen technische Pflegehilfsmittel in allen geeigneten Fällen vorrangig leihweise überlassen. $_2$Sie können die Bewilligung davon abhängig machen, daß die Pflegebedürftigen sich das Pflegehilfsmittel anpassen oder sich selbst oder die Pflegeperson in seinem Gebrauch ausbilden lassen. $_3$Der Anspruch umfaßt auch die notwendige Änderung, Instandsetzung und Ersatzbeschaffung von Pflegehilfsmitteln sowie die Ausbildung in ihrem Gebrauch. $_4$Versicherte, die das 18. Lebensjahr vollendet haben, haben zu den Kosten der Pflegehilfsmittel mit Ausnahme der Pflegehilfsmittel nach Absatz 2 eine Zuzahlung von zehn vom Hundert, höchstens jedoch 25 Euro je Pflegehilfsmittel an die abgebende Stelle zu leisten. $_5$Zur Vermeidung von Härten kann die Pflegekasse den Versicherten in entsprechender Anwendung des § 62 Abs. 1 Satz 1, 2 und 6 sowie Abs. 2 und 3 des Fünften Buches ganz oder teilweise von der Zuzahlung befreien. $_6$Versicherte, die die für sie geltende Belastungsgrenze nach § 62 des Fünften Buches erreicht haben oder unter Berücksichtigung der Zuzahlung nach Satz 4 erreichen, sind hinsichtlich des die Belastungsgrenze überschreitenden Betrags von der Zuzahlung nach diesem Buch befreit. $_7$Lehnen Versicherte die teilweise Überlassung eines Pflegehilfsmittels ohne zwingenden Grund ab, haben sie die Kosten des Pflegehilfsmittels in vollem Umfang selbst zu tragen.

(4) $_1$Die Pflegekassen können subsidiär finanzielle Zuschüsse für Maßnahmen zur Verbesserung des individuellen Wohnumfeldes des Pflegebedürftigen gewähren, beispielsweise für technische Hilfen im Haushalt, wenn dadurch im Einzelfall die häusliche Pflege ermöglicht oder erheblich erleichtert oder eine möglichst selbständige Lebensführung des Pflegebedürftigen wiederhergestellt wird. $_2$Die Zuschüsse dürfen einen Betrag in Höhe von 4000 Euro je Maßnahme nicht übersteigen. $_3$Leben mehrere Pflegebedürftige in einer gemeinsamen Wohnung, dürfen die Zuschüsse für Maßnahmen zur Verbesserung des gemeinsamen Wohnumfeldes einen Betrag in Höhe von 4000 Euro je Pflegebedürftigem nicht übersteigen. $_4$Der Gesamtbetrag je Maßnahme nach Satz 3 ist auf 16 000 Euro begrenzt und wird bei mehr als vier Anspruchsberechtigten anteilig auf die Versicherungsträger der Anspruchsberechtigten aufgeteilt. $_5$§ 40 Absatz 1 Satz 2 gilt entsprechend.

(5) $_1$Für Hilfsmittel und Pflegehilfsmittel, die sowohl den in § 23 und § 33 des Fünften Buches als auch den in Absatz 1 genannten Zwecken dienen können, prüft der Leistungsträger, bei dem die Leistung beantragt wird, ob ein Anspruch gegenüber der Krankenkasse oder der Pflegekasse besteht und entscheidet über die Bewilligung der Hilfsmittel und Pflegehilfsmittel. $_2$Zur Gewährleistung einer Absatz 1 Satz 1 entsprechenden Abgrenzung der Leistungsverpflichtungen der gesetzlichen Krankenversicherung und der sozialen Pflegeversicherung werden die Ausgaben für Hilfsmittel und Pflegehilfsmittel zwischen der jeweiligen Krankenkasse und der bei ihr errichteten Pflegekasse in einem bestimmten Verhältnis pauschal aufgeteilt. $_3$Der Spitzenverband Bund der Krankenkassen bestimmt in Richtlinien, die erstmals bis zum 30. April 2012 zu beschließen sind, die Hilfsmittel und Pflegehilfsmittel nach Satz 1, das Verhältnis, in dem die Ausgaben aufzuteilen sind, sowie die Einzelheiten zur Umsetzung der Pauschalierung. $_4$Er berücksichtigt dabei die bisherigen Ausgaben der Kranken- und Pflegekassen und stellt sicher, dass bei der Aufteilung die Zielsetzung der Vorschriften des Fünften Buches und dieses Buches zur Hilfsmittelversorgung sowie die Belange der Versicherten gewahrt bleiben. $_5$Die Richtlinien bedürfen der Genehmigung des Bundesministeriums für Gesundheit und treten am ersten Tag des auf die Genehmigung folgenden Monats in Kraft; die Genehmigung kann mit Auflagen verbunden werden. $_6$Die Richtlinien sind für die Kranken- und Pflegekassen verbindlich. $_7$Für die nach Satz 3 bestimmten Hilfsmittel und Pflegehilfsmittel richtet sich die Zuzahlung nach den §§ 33, 61 und 62 des Fünften Buches; für die Prüfung des Leistungsanspruchs gilt § 275 Absatz 3 des Fünften Buches. $_8$Die Regelungen dieses Absatzes gelten nicht für Ansprüche auf Hilfsmittel oder Pflegehilfsmittel von Pflegebedürftigen, die sich in vollstationärer Pflege befinden, sowie von Pflegebedürftigen nach § 28 Absatz 2.

(6) $_1$Pflegefachkräfte können im Rahmen ihrer Leistungserbringung nach § 36, nach den §§ 37 und 37c des Fünften Buches sowie der Beratungseinsätze nach § 37 Absatz 3 konkrete Empfehlungen zur Hilfsmittel- und Pflegehilfsmittelversorgung abgeben. $_2$Wird ein Pflegehilfsmittel nach Absatz 1 Satz 1 oder Absatz 5 oder ein Hilfsmittel nach Absatz 5, das den Zielen von Absatz 1 Satz 1 dient, von einer Pflegefachkraft bei der Antragstellung empfohlen, werden unter den in den Richtlinien nach Satz 6 festgelegten Voraussetzungen die Notwendigkeit der Versorgung nach Absatz 1 Satz 2 und die Erforderlichkeit der Versorgung nach § 33 Absatz 1 des Fünften Buches vermutet. $_3$Die Empfehlung der Pflegefachkraft darf bei der Antragstellung nicht älter als zwei Wochen sein. $_4$Einer ärztlichen Verordnung gemäß § 33 Absatz 5a des Fünften Buches bedarf es bei Vorliegen einer Empfehlung nach Satz 1 nicht. $_5$Die Empfehlung der Pflegefachkraft für ein Pflegehilfsmittel oder ein Hilfsmittel, das den Zielen des Absatzes 1 Satz 1 dient, ist der Kranken- oder Pflegekasse zusammen mit dem Antrag des Versicherten in Textform zu übermitteln. $_6$Der Spitzenverband Bund der Krankenkassen, zugleich nach § 53 Satz 1 die Aufgaben des Spitzenverbandes Bund der Pflegekassen wahrnehmend, legt bis zum 31. Dezember 2021 in Richtlinien fest, in welchen Fällen und für welche Hilfsmittel und Pflegehilfsmittel nach Satz 2 die Erforderlichkeit oder Notwendigkeit der Versorgung vermutet wird; dabei ist auch festzulegen, über welche Eignung die empfehlende Pflegefachkraft verfügen soll. $_7$In den Richtlinien wird auch das Nähere zum Verfahren der Empfehlung durch die versorgende Pflegefachkraft bei Antragstellung festgelegt. $_8$Die Bundespflegekammer

und die Verbände der Pflegeberufe auf Bundesebene sind an den Richtlinien zu beteiligen. 9Der Spitzenverband Bund der Krankenkassen, zugleich nach § 53 Satz 1 die Aufgaben des Spitzenverbandes Bund der Pflegekassen wahrnehmend, wird beauftragt, die in den Richtlinien festgelegten Verfahren in fachlicher und wirtschaftlicher Hinsicht unter Beteiligung des Medizinischen Dienstes Bund, der Bundespflegekammer und der Verbände der Pflegeberufe auf Bundesebene zu evaluieren. 10Ein Bericht über die Ergebnisse der Evaluation ist dem Bundesministerium für Gesundheit bis zum 1. Januar 2025 vorzulegen.

(7) 1Die Pflegekasse hat über einen Antrag auf Pflegehilfsmittel oder Zuschüsse zu wohnumfeldverbessernden Maßnahmen zügig, spätestens bis zum Ablauf von drei Wochen nach Antragseingang oder in Fällen, in denen eine Pflegefachkraft oder der Medizinische Dienst nach Absatz 1 Satz 2 beteiligt wird, innerhalb von fünf Wochen nach Antragseingang zu entscheiden. 2Über einen Antrag auf ein Pflegehilfsmittel, das von einer Pflegefachkraft bei der Antragstellung nach Absatz 6 Satz 2 empfohlen wurde, hat die Pflegekasse zügig, spätestens bis zum Ablauf von drei Wochen nach Antragseingang, zu entscheiden. 3Kann die Pflegekasse die Fristen nach Satz 1 oder Satz 2 nicht einhalten, teilt sie dies den Antragstellern unter Darlegung der Gründe rechtzeitig schriftlich mit. 4Erfolgt keine Mitteilung eines hinreichenden Grundes, gilt die Leistung nach Ablauf der Frist als genehmigt.

§ 40a Digitale Pflegeanwendungen

(1) Pflegebedürftige haben Anspruch auf Versorgung mit Anwendungen, die wesentlich auf digitalen Technologien beruhen und von den Pflegebedürftigen oder in der Interaktion von Pflegebedürftigen mit Angehörigen, sonstigen ehrenamtlich Pflegenden oder zugelassenen ambulanten Pflegeeinrichtungen genutzt werden, um Beeinträchtigungen der Selbständigkeit oder der Fähigkeiten des Pflegebedürftigen zu mindern oder einer Verschlimmerung der Pflegebedürftigkeit entgegenzuwirken, soweit die Anwendung nicht wegen Krankheit oder Behinderung von der Krankenversicherung oder anderen zuständigen Leistungsträgern zu leisten ist (digitale Pflegeanwendungen).

(1a) 1Digitale Pflegeanwendungen im Sinne des Absatzes 1 sind auch solche Anwendungen, die pflegende Angehörige oder sonstige ehrenamtlich Pflegende in den in § 14 Absatz 2 genannten Bereichen oder bei der Haushaltsführung unterstützen und die häusliche Versorgungssituation des Pflegebedürftigen stabilisieren. 2Keine digitalen Pflegeanwendungen im Sinne des Absatzes 1 sind insbesondere Anwendungen, deren Zweck dem allgemeinen Lebensbedarf oder der allgemeinen Lebensführung dient, sowie Anwendungen zur Arbeitsorganisation von ambulanten Pflegeeinrichtungen, zur Wissensvermittlung, Information oder Kommunikation, zur Beantragung oder Verwaltung von Leistungen oder andere digitale Anwendungen, die ausschließlich auf Auskunft oder Beratung zur Auswahl und Inanspruchnahme von Sozialleistungen oder sonstigen Hilfsangeboten ausgerichtet sind.

(1b) Sofern digitale Pflegeanwendungen nach den geltenden medizinprodukterechtlichen Vorschriften Medizinprodukte sind, umfasst der Anspruch nur digitale Pflegeanwendungen, die nach § 33a Absatz 2 des Fünften Buches Medizinprodukte mit niedriger Risikoklasse sind.

(2) 1Der Anspruch umfasst nur digitale Pflegeanwendungen, die vom Bundesinstitut für Arzneimittel und Medizinprodukte in das Verzeichnis für digitale Pflegeanwendungen nach § 78a Absatz 3 aufgenommen sind. 2Die Pflegekasse entscheidet auf Antrag des Pflegebedürftigen über die Notwendigkeit der Versorgung des Pflegebedürftigen mit einer digitalen Pflegeanwendung. 3Die erstmalige Bewilligung ist zu befristen. 4Die Befristung darf höchstens sechs Monate betragen. 5Innerhalb der Frist hat die Pflegekasse eine Prüfung vorzunehmen und eine unbefristete Bewilligung zu erteilen, wenn die Prüfung ergibt, dass die digitale Pflegeanwendung genutzt und die Zwecksetzung der Versorgung mit der digitalen Pflegeanwendung gemäß Absatz 1 bezogen auf die konkrete Versorgungssituation erreicht wird. 6Die Pflegekasse darf dazu die pflegebedürftige Person befragen. 7Ein erneuter Antrag ist nicht erforderlich. 8Entscheiden sich Pflegebedürftige für eine digitale Pflegeanwendung, deren Funktionen oder Anwendungsbereiche über die in das Verzeichnis für digitale Pflegeanwendungen nach § 78a Absatz 3 aufgenommenen digitalen Pflegeanwendungen hinausgehen, haben sie die Mehrkosten selbst zu tragen.

(3) Ansprüche nach anderen Vorschriften dieses Buches bleiben unberührt.

(4) Die Hersteller stellen den Anspruchsberechtigten digitale Pflegeanwendungen barrierefrei im Wege elektronischer Übertragung über öffentlich zugängliche Netze, auf maschinell lesbaren Datenträgern oder über digitale Vertriebsplattformen zur Verfügung.

§ 40b Leistungsanspruch beim Einsatz digitaler Pflegeanwendungen

(1) Bewilligt die Pflegekasse die Versorgung mit einer digitalen Pflegeanwendung, hat die pflegebedürftige Person Anspruch auf die Erstattung von Aufwendungen für digitale Pflegeanwendungen nach § 40a sowie auf Leistungen für die Inanspruchnahme von ergänzenden Unterstützungsleistungen ambulanter Pflegeeinrichtungen nach § 39a bis zur Höhe von insgesamt 50 Euro im Monat.

(2) Die Pflegekasse informiert den Pflegebedürftigen barrierefrei in schriftlicher oder elektronischer Form über die Kosten, die von ihm für die digitale Pflegeanwendung, einschließlich der Mehrkosten nach § 40a Absatz 2 Satz 8, selbst zu tragen sind, und über die Kosten, die von ihm für ergänzende Unterstützungsleistungen selbst zu tragen sind.

Zweiter Titel
Teilstationäre Pflege und Kurzzeitpflege

§ 41 Tagespflege und Nachtpflege

(1) 1Pflegebedürftige der Pflegegrade 2 bis 5 haben Anspruch auf teilstationäre Pflege in Einrichtungen der Tages- oder Nachtpflege, wenn häusliche Pflege nicht in

VII

ausreichendem Umfang sichergestellt werden kann oder wenn dies zur Ergänzung oder Stärkung der häuslichen Pflege erforderlich ist. $_{2}$Die teilstationäre Pflege umfaßt auch die notwendige Beförderung des Pflegebedürftigen von der Wohnung zur Einrichtung der Tagespflege oder der Nachtpflege und zurück.

(2) $_{1}$Die Pflegekasse übernimmt im Rahmen der Leistungsbeträge nach Satz 2 die pflegebedingten Aufwendungen der teilstationären Pflege einschließlich der Aufwendungen für Betreuung und die Aufwendungen für die in der Einrichtung notwendigen Leistungen der medizinischen Behandlungspflege. $_{2}$Der Anspruch auf teilstationäre Pflege umfasst je Kalendermonat

1. für Pflegebedürftige des Pflegegrades 2 einen Gesamtwert bis zu 689 Euro,
2. für Pflegebedürftige des Pflegegrades 3 einen Gesamtwert bis zu 1298 Euro,
3. für Pflegebedürftige des Pflegegrades 4 einen Gesamtwert bis zu 1612 Euro,
4. für Pflegebedürftige des Pflegegrades 5 einen Gesamtwert bis zu 1995 Euro.

(3) Pflegebedürftige der Pflegegrade 2 bis 5 können teilstationäre Tages- und Nachtpflege zusätzlich zu ambulanten Pflegesachleistungen, Pflegegeld oder der Kombinationsleistung nach § 38 in Anspruch nehmen, ohne dass eine Anrechnung auf diese Ansprüche erfolgt.

§ 42 Kurzzeitpflege

(1) $_{1}$Kann die häusliche Pflege zeitweise nicht, noch nicht oder nicht im erforderlichen Umfang erbracht werden und reicht auch teilstationäre Pflege nicht aus, besteht für Pflegebedürftige der Pflegegrade 2 bis 5 Anspruch auf Pflege in einer vollstationären Einrichtung. $_{2}$Dies gilt:

1. für eine Übergangszeit im Anschluß an eine stationäre Behandlung des Pflegebedürftigen oder
2. in sonstigen Krisensituationen oder anderen Situationen, in denen vorübergehend häusliche oder teilstationäre Pflege nicht möglich oder nicht ausreichend ist.

(2) $_{1}$Der Anspruch auf Kurzzeitpflege ist auf acht Wochen pro Kalenderjahr beschränkt. $_{2}$Die Pflegekasse übernimmt die pflegebedingten Aufwendungen einschließlich der Aufwendungen für Betreuung sowie die Aufwendungen für Leistungen der medizinischen Behandlungspflege bis zu dem Gesamtbetrag von 1774 Euro im Kalenderjahr. $_{3}$Der Leistungsbetrag nach Satz 2 kann um bis zu 1612 Euro aus noch nicht in Anspruch genommenen Mitteln der Verhinderungspflege nach § 39 Absatz 1 Satz 3 auf insgesamt bis zu 3386 Euro im Kalenderjahr erhöht werden. $_{4}$Der für die Kurzzeitpflege in Anspruch genommene Erhöhungsbetrag wird auf den Leistungsbetrag für eine Verhinderungspflege nach § 39 Absatz 1 Satz 3 angerechnet. $_{5}$Auf den in Satz 3 genannten Erhöhungsbetrag von bis zu 1612 Euro findet § 30 Absatz 1 und 2 entsprechende Anwendung.

(3) $_{1}$Abweichend von den Absätzen 1 und 2 besteht der Anspruch auf Kurzzeitpflege in begründeten Einzelfällen bei zu Hause gepflegten Pflegebedürftigen auch in geeigneten Einrichtungen der Hilfe für behinderte Menschen und anderen geeigneten Einrichtungen, wenn die Pflege in einer von den Pflegekassen zur Kurzzeitpflege zugelassenen Pflegeeinrichtung nicht möglich ist oder nicht zumutbar erscheint. $_{2}$§ 34 Abs. 2 Satz 1 findet keine Anwendung. $_{3}$Sind in dem Entgelt für die Einrichtung Kosten für Unterkunft und Verpflegung sowie Aufwendungen für Investitionen enthalten, ohne gesondert ausgewiesen zu sein, so sind 60 vom Hundert des Entgelts zuschussfähig. $_{4}$In begründeten Einzelfällen kann die Pflegekasse in Ansehung der Kosten für Unterkunft und Verpflegung sowie der Aufwendungen für Investitionen davon abweichende pauschale Abschläge vornehmen.

Dritter Titel
Pflegerische Versorgung bei Vorsorge- oder Rehabilitationsmaßnahmen der Pflegeperson

§ 42a Versorgung Pflegebedürftiger bei Inanspruchnahme von Vorsorge- oder Rehabilitationsleistungen durch die Pflegeperson

(1) $_{1}$Pflegebedürftige haben ab dem 1. Juli 2024 Anspruch auf Versorgung in zugelassenen Vorsorge- oder Rehabilitationseinrichtungen, wenn dort gleichzeitig Leistungen zur medizinischen Vorsorge oder Rehabilitation einschließlich der erforderlichen Unterkunft und Verpflegung nach § 23 Absatz 4 Satz 1 des Fünften Buches, nach § 40 Absatz 2 Satz 1 des Fünften Buches oder nach § 15 Absatz 2 des Sechsten Buches oder eine vergleichbare stationäre Vorsorge- oder Rehabilitationsmaßnahme von einer Pflegeperson des Pflegebedürftigen in Anspruch genommen werden. $_{2}$Leistungen nach dieser Vorschrift werden nur erbracht, wenn kein Anspruch auf Versorgung des Pflegebedürftigen nach § 40 Absatz 3a Satz 1 des Fünften Buches besteht.

(2) $_{1}$Der Anspruch nach Absatz 1 setzt voraus, dass die pflegerische Versorgung der Pflegebedürftigen in der Vorsorge- oder Rehabilitationseinrichtung für die Dauer der Leistungen zur stationären Vorsorge oder zur medizinischen Rehabilitation sichergestellt ist. $_{2}$Zur Erbringung der körperbezogenen Pflegemaßnahmen und pflegerischen Betreuungsmaßnahmen sowie der Leistungen der medizinischen Behandlungspflege kann die Vorsorge- oder Rehabilitationseinrichtung eine nach § 72 zugelassene ambulante Pflegeeinrichtung einsetzen. $_{3}$Kann die pflegerische Versorgung in der Vorsorge- oder Rehabilitationseinrichtung nicht sichergestellt werden, kann der Anspruch auch in einer nach § 72 zugelassenen vollstationären Pflegeeinrichtung wahrgenommen werden.

(3) $_{1}$Der Anspruch nach Absatz 1 umfasst die pflegebedingten Aufwendungen einschließlich der Aufwendungen für Betreuung, die Aufwendungen für Leistungen der medizinischen Behandlungspflege, die Unterkunft und Verpflegung sowie die Übernahme der betriebsnotwendigen Investitionsaufwendungen. $_{2}$Pflegebedürftige haben Anspruch auf Erstattung der erforderlichen Fahr- und Gepäcktransportkosten, die im Zusammenhang mit der Versorgung in einer zugelassenen Vorsorge- oder Rehabilitationseinrichtung oder vollstationären Pflegeeinrichtung nach Absatz 2 entstehen. $_{3}$Erstattungsfähig sind nach vorheriger Antragstellung auch Kosten für besondere Beförderungsmittel, deren Inanspruchnahme wegen der Art oder Schwere der Pflegebedürftigkeit erforderlich ist.

(4) $_{1}$Stellt die Pflegeperson einen Antrag auf Leistungen zur medizinischen Vorsorge nach § 23 Absatz 4 Satz 1

des Fünften Buches oder Leistungen zur medizinischen Rehabilitation nach § 40 Absatz 2 Satz 1 des Fünften Buches oder nach § 15 Absatz 1 des Sechsten Buches und wünscht die Versorgung des Pflegebedürftigen in derselben Einrichtung, stellt der Antrag zugleich einen Antrag des Pflegebedürftigen auf Leistungen nach Absatz 1 Satz 1 an die Pflegekasse oder das private Versicherungsunternehmen dar, das die private Pflege-Pflichtversicherung durchführt, sofern der Pflegebedürftige zustimmt. 2Die Pflegekasse oder das private Versicherungsunternehmen, das die private Pflege-Pflichtversicherung durchführt, prüft mit den nach § 23 Absatz 5 Satz 1 des Fünften Buches oder § 40 Absatz 3 Satz 1 des Fünften Buches benannten Einrichtungen, ob die Versorgung des Pflegebedürftigen in der Einrichtung möglich ist, und holt deren Einverständnis ein. 3Liegt das Einverständnis der Einrichtung vor, informiert die Pflegekasse oder das private Versicherungsunternehmen unverzüglich die Krankenkasse. 4Über den Antrag auf Leistungen nach Absatz 1 Satz 1 ist unverzüglich zu entscheiden. 5Sollen die Pflegebedürftigen in einer anderen Einrichtung als der Vorsorge- oder Rehabilitationseinrichtung versorgt werden, koordiniert die Pflegekasse oder das private Versicherungsunternehmen des Pflegebedürftigen auf Wunsch der Pflegeperson und mit Einwilligung des Pflegebedürftigen dessen Versorgung.

(5) 1Die Pflegekasse oder das private Versicherungsunternehmen, das die private Pflege- Pflichtversicherung durchführt, hat unmittelbar der Vorsorge- oder Rehabilitationseinrichtung die pflegebedingten Aufwendungen einschließlich der Aufwendungen für Betreuung und für Leistungen der medizinischen Behandlungspflege, die Kosten für Unterkunft und Verpflegung sowie die betriebsnotwendigen Investitionsaufwendungen gemäß Absatz 3 zu erstatten. 2Die Vergütung erfolgt nach dem durchschnittlichen Gesamtheimentgelt nach § 87a Absatz 1 Satz 1 aller zur Kurzzeitpflege zugelassenen Pflegeeinrichtungen im jeweiligen Land. 3Das durchschnittliche Gesamtheimentgelt wird durch die Landesverbände der Pflegekassen auf Grundlage der am 31. Dezember des vorangehenden Jahres gültigen Gesamtheimentgelte ermittelt und jeweils ab dem 1. April für die Dauer eines Jahres bis zum 31. März festgelegt. 4Die Landesverbände haben die jeweilige Festlegung der Vergütungshöhe in geeigneter Weise zu veröffentlichen. 5Erfolgt die Versorgung des Pflegebedürftigen gemäß Absatz 2 Satz 3 in einer zugelassenen vollstationären Pflegeeinrichtung, hat die Pflegekasse oder das private Versicherungsunternehmen die pflegebedingten Aufwendungen einschließlich der Aufwendungen für Betreuung, die Aufwendungen für Leistungen der medizinischen Behandlungspflege sowie die Entgelte für Unterkunft und Verpflegung und die betriebsnotwendigen Investitionsaufwendungen im Umfang des für diese Pflegeeinrichtung geltenden Gesamtheimentgelts unmittelbar der Pflegeeinrichtung zu erstatten.

(6) Abweichend von § 34 Absatz 2 ruht der Anspruch auf Leistungen bei häuslicher Pflege einschließlich des Pflegegeldes oder anteiligen Pflegegeldes, solange sich die Pflegeperson in der Vorsorge- oder Rehabilitationseinrichtung befindet und der Pflegebedürftige nach Absatz 1 Satz 1 oder § 40 Absatz 3a Satz 1 des Fünften Buches versorgt wird; § 34 Absatz 2 Satz 2 zweiter Halbsatz und Absatz 3 bleibt unberührt.

(7) 1Der Spitzenverband Bund der Pflegekassen, der Spitzenverband Bund der Krankenkassen, der Verband der privaten Krankenversicherung e. V. und die für die Wahrnehmung der Interessen der Vorsorge- und Rehabilitationseinrichtungen und der Einrichtungen des Müttergenesungswerks oder gleichartiger Einrichtungen auf Bundesebene maßgeblichen Spitzenorganisationen vereinbaren bis zum 30. Juni 2024 gemeinsame Empfehlungen insbesondere zum Antrags-, Genehmigungs- und Kostenerstattungsverfahren und zur Sicherung der Qualität der Versorgung der Pflegebedürftigen. 2Die gemeinsamen Empfehlungen sind durch das Bundesministerium für Gesundheit zu genehmigen. 3Beanstandungen des Bundesministeriums für Gesundheit sind innerhalb der von ihm gesetzten Frist zu beheben. 4Die Deutsche Rentenversicherung Bund und der Spitzenverband Bund der Pflegekassen schließen bis zum 30. Juni 2024 eine Verwaltungsvereinbarung zum Antrags- und Genehmigungsverfahren.

(8) Die Vorsorge- oder Rehabilitationseinrichtung hat den Landesverbänden der Pflegekassen vor erstmaliger Versorgung Pflegebedürftiger ein auf Grundlage der gemeinsamen Empfehlungen nach Absatz 7 erstelltes Konzept zur qualitätsgesicherten Versorgung Pflegebedürftiger vorzulegen und in regelmäßigen Abständen dessen Einhaltung nachzuweisen.

(9) 1Die Pflegekassen und die privaten Versicherungsunternehmen erheben Statistiken über Anträge auf Leistungen nach Absatz 1 Satz 1 sowie deren Erledigung und Durchführung. 2Zur Durchführung des Antrags-, Genehmigungs- und Kostenerstattungsverfahrens dürfen die Pflegekassen oder die privaten Versicherungsunternehmen die dafür erforderlichen Daten des Pflegebedürftigen sowie der Krankenkasse oder des Rentenversicherungsträgers der Pflegeperson den beteiligten Vorsorge- oder Rehabilitationseinrichtungen übermitteln, sofern der Pflegebedürftige und die Pflegeperson in die Übermittlung einwilligen.

Vierter Titel
Vollstationäre Pflege

§ 43 Inhalt der Leistung

(1) Pflegebedürftige der Pflegegrade 2 bis 5 haben Anspruch auf Pflege in vollstationären Einrichtungen.

(2) 1Für Pflegebedürftige in vollstationären Einrichtungen übernimmt die Pflegekasse im Rahmen der pauschalen Leistungsbeträge nach Satz 2 die pflegebedingten Aufwendungen einschließlich der Aufwendungen für Betreuung und die Aufwendungen für Leistungen der medizinischen Behandlungspflege. 2Der Anspruch beträgt je Kalendermonat

1. 770 Euro für Pflegebedürftige des Pflegegrades 2,
2. 1262 Euro für Pflegebedürftige des Pflegegrades 3,
3. 1775 Euro für Pflegebedürftige des Pflegegrades 4,
4. 2005 Euro für Pflegebedürftige des Pflegegrades 5.

3Abweichend von Satz 1 übernimmt die Pflegekasse auch Aufwendungen für Unterkunft und Verpflegung, soweit der nach Satz 2 gewährte Leistungsbetrag die in Satz 1 genannten Aufwendungen übersteigt.

(3) Wählen Pflegebedürftige des Pflegegrades 1 vollstationäre Pflege, erhalten sie für die in Absatz 2 Satz 1 genannten Aufwendungen einen Zuschuss in Höhe von 125 Euro monatlich.

(4) Bei vorübergehender Abwesenheit von Pflegebedürftigen aus dem Pflegeheim werden die Leistungen für vollstationäre Pflege erbracht, solange die Voraussetzungen des § 87a Abs. 1 Satz 5 und 6 vorliegen.

Fünfter Titel
Pauschalleistung für die Pflege von Menschen mit Behinderungen

§ 43a Inhalt der Leistung

$_{1}$Für Pflegebedürftige der Pflegegrade 2 bis 5 in einer vollstationären Einrichtung im Sinne des § 71 Absatz 4 Nummer 1, in der die Teilhabe am Arbeitsleben, an Bildung oder die soziale Teilhabe, die schulische Ausbildung oder die Erziehung von Menschen mit Behinderungen im Vordergrund des Einrichtungszwecks stehen, übernimmt die Pflegekasse zur Abgeltung der in § 43 Absatz 2 genannten Aufwendungen 15 Prozent der nach Teil 2 Kapitel 8 des Neunten Buches vereinbarten Vergütung. $_{2}$Die Aufwendungen der Pflegekasse dürfen im Einzelfall je Kalendermonat 266 Euro nicht überschreiten. $_{3}$Die Sätze 1 und 2 gelten auch für Pflegebedürftige der Pflegegrade 2 bis 5 in Räumlichkeiten im Sinne des § 71 Absatz 4 Nummer 3, die Leistungen der Eingliederungshilfe für Menschen mit Behinderungen nach Teil 2 des Neunten Buches erhalten. $_{4}$Wird für die Tage, an denen die Pflegebedürftigen im Sinne der Sätze 1 und 3 zu Hause gepflegt und betreut werden, anteiliges Pflegegeld beansprucht, gelten die Tage der An- und Abreise als volle Tage der häuslichen Pflege.

Sechster Titel
Zusätzliche Betreuung und Aktivierung in stationären Pflegeeinrichtungen

§ 43b Inhalt der Leistung

Pflegebedürftige in stationären Pflegeeinrichtungen haben nach Maßgabe von § 84 Absatz 8 und § 85 Absatz 8 Anspruch auf zusätzliche Betreuung und Aktivierung, die über die nach Art und Schwere der Pflegebedürftigkeit notwendige Versorgung hinausgeht.

Siebter Titel
Pflegebedingter Eigenanteil bei vollstationärer Pflege

§ 43c Begrenzung des Eigenanteils an den pflegebedingten Aufwendungen

$_{1}$Pflegebedürftige der Pflegegrade 2 bis 5, die bis einschließlich zwölf Monate Leistungen nach § 43 beziehen, erhalten einen Leistungszuschlag in Höhe von 15 Prozent ihres zu zahlenden Eigenanteils an den pflegebedingten Aufwendungen. $_{2}$Pflegebedürftige der Pflegegrade 2 bis 5, die seit mehr als zwölf Monaten Leistungen nach § 43 beziehen, erhalten einen Leistungszuschlag in Höhe von 30 Prozent ihres zu zahlenden Eigenanteils an den pflegebedingten Aufwendungen. $_{3}$Pflegebedürftige der Pflegegrade 2 bis 5, die seit mehr als 24 Monaten Leistungen nach § 43 beziehen, erhalten einen Leistungszuschlag in Höhe von 50 Prozent ihres zu zahlenden Eigenanteils an den pflegebedingten Aufwendungen. $_{4}$Pflegebedürftige der Pflegegrade 2 bis 5, die seit mehr als 36 Monaten Leistungen nach § 43 beziehen, erhalten einen Leistungszuschlag in Höhe von 75 Prozent ihres zu zahlenden Eigenanteils an den pflegebedingten Aufwendungen. $_{5}$Bei der Bemessung der Monate, in denen Pflegebedürftige Leistungen nach § 43 beziehen, werden Monate, in denen nur für einen Teilzeitraum Leistungen nach § 43 bezogen worden sind, berücksichtigt. $_{6}$Die Pflegeeinrichtung, die den Pflegebedürftigen versorgt, stellt der Pflegekasse des Pflegebedürftigen neben dem Leistungsbetrag den Leistungszuschlag in Rechnung und dem Pflegebedürftigen den verbleibenden Eigenanteil. $_{7}$Die Pflegekasse übermittelt für jeden Pflegebedürftigen beim Einzug in die Pflegeeinrichtung sowie zum 1. Januar 2022 für alle vollstationär versorgten Pflegebedürftigen die bisherige Dauer des Bezugs von Leistungen nach § 43.

Vierter Abschnitt
Leistungen für Pflegepersonen

§ 44 Leistungen zur sozialen Sicherung der Pflegepersonen

(1) $_{1}$Zur Verbesserung der sozialen Sicherung der Pflegepersonen im Sinne des § 19, die einen Pflegebedürftigen mit mindestens Pflegegrad 2 pflegen, entrichten die Pflegekassen und die privaten Versicherungsunternehmen, bei denen eine private Pflege-Pflichtversicherung durchgeführt wird, sowie die sonstigen in § 170 Absatz 1 Nummer 6 des Sechsten Buches genannten Stellen Beiträge nach Maßgabe des § 166 Absatz 2 des Sechsten Buches an den zuständigen Träger der gesetzlichen Rentenversicherung, wenn die Pflegeperson regelmäßig nicht mehr als 30 Stunden wöchentlich erwerbstätig ist. $_{2}$Der Medizinische Dienst oder ein anderer von der Pflegekasse beauftragter unabhängiger Gutachter ermittelt im Einzelfall, ob die Pflegeperson eine oder mehrere pflegebedürftige Personen wenigstens zehn Stunden wöchentlich, verteilt auf regelmäßig mindestens zwei Tage in der Woche, pflegt. $_{3}$Wird die Pflege eines Pflegebedürftigen von mehreren Pflegepersonen erbracht (Mehrfachpflege), wird zudem der Umfang der jeweiligen Pflegetätigkeit je Pflegeperson im Verhältnis zum Umfang der von den Pflegepersonen zu leistenden Pflegetätigkeit insgesamt (Gesamtpflegeaufwand) ermittelt. $_{4}$Dabei werden die Angaben der beteiligten Pflegepersonen zugrunde gelegt. $_{5}$Werden keine oder keine übereinstimmenden Angaben gemacht, erfolgt eine Aufteilung zu gleichen Teilen. $_{6}$Die Feststellungen zu den Pflegezeiten und zum Pflegeaufwand der Pflegeperson sowie bei Mehrfachpflege zum Einzel- und Gesamtpflegeaufwand trifft die für die Pflegeleistungen nach diesem Buch zuständige Stelle. $_{7}$Diese Feststellungen sind der Pflegeperson auf Wunsch zu übermitteln.

(2) $_{1}$Für Pflegepersonen, die wegen einer Pflichtmitgliedschaft in einer berufsständischen Versorgungseinrichtung auch in ihrer Pflegetätigkeit von der Versicherungspflicht in der gesetzlichen Rentenversicherung be-

freit sind oder befreit wären, wenn sie in der gesetzlichen Rentenversicherung versicherungspflichtig wären und einen Befreiungsantrag gestellt hätten, werden die nach Absatz 1 zu entrichtenden Beiträge auf Antrag an die berufsständische Versorgungseinrichtung gezahlt. $_{2}$§ 47a Absatz 2 des Fünften Buches gilt für die Pflegekassen, die Beiträge an berufsständische Versorgungseinrichtungen entrichten, entsprechend.

(2a) Während der pflegerischen Tätigkeit sind Pflegepersonen im Sinne des § 19, die einen Pflegebedürftigen mit mindestens Pflegegrad 2 pflegen, nach Maßgabe des § 2 Absatz 1 Nummer 17 des Siebten Buches in den Versicherungsschutz der gesetzlichen Unfallversicherung einbezogen.

(2b) $_{1}$Während der pflegerischen Tätigkeit sind Pflegepersonen im Sinne des § 19, die einen Pflegebedürftigen mit mindestens Pflegegrad 2 pflegen, nach Maßgabe des § 26 Absatz 2b des Dritten Buches nach dem Recht der Arbeitsförderung versichert. $_{2}$Die Pflegekassen und die privaten Versicherungsunternehmen, bei denen eine private Pflege-Pflichtversicherung durchgeführt wird, sowie die sonstigen in § 347 Nummer 10 Buchstabe c des Dritten Buches genannten Stellen entrichten für die Pflegepersonen Beiträge an die Bundesagentur für Arbeit. $_{3}$Näheres zu den Beiträgen und zum Verfahren regeln die §§ 345, 347 und 349 des Dritten Buches.

(3) $_{1}$Die Pflegekasse und das private Versicherungsunternehmen haben die in der Rentenversicherung zu versichernde Pflegeperson den zuständigen Rentenversicherungsträgern zu melden. $_{2}$Die Meldung für die Pflegeperson enthält:

1. ihre Versicherungsnummer, soweit bekannt,
2. ihren Familien- und Vornamen,
3. ihr Geburtsdatum,
4. ihre Staatsangehörigkeit,
5. ihre Anschrift,
6. Beginn und Ende der Pflegetätigkeit,
7. den Pflegegrad des Pflegebedürftigen und
8. die nach § 166 Absatz 2 des Sechsten Buches maßgeblichen beitragspflichtigen Einnahmen.

$_{3}$Der Spitzenverband Bund der Pflegekassen sowie der Verband der privaten Krankenversicherung e. V. können mit der Deutschen Rentenversicherung Bund Näheres über das Meldeverfahren vereinbaren.

(4) Der Inhalt der Meldung nach Absatz 3 Satz 2 Nr. 1 bis 6 und 8 ist der Pflegeperson, der Inhalt der Meldung nach Absatz 3 Satz 2 Nr. 7 dem Pflegebedürftigen schriftlich mitzuteilen.

(5) $_{1}$Die Pflegekasse und das private Versicherungsunternehmen haben in den Fällen, in denen eine nicht erwerbsmäßig tätige Pflegeperson einen Pflegebedürftigen mit mindestens Pflegegrad 2 pflegt, der Anspruch auf Beihilfeleistungen oder Leistungen der Heilfürsorge hat, und für die die Beiträge an die gesetzliche Rentenversicherung nach § 170 Absatz 1 Nummer 6 Buchstabe c des Sechsten Buches oder an die Bundesagentur für Arbeit nach § 347 Nummer 10 Buchstabe c des Dritten Buches anteilig getragen werden, im Antragsverfahren auf Leistungen der Pflegeversicherung von dem Pflegebedürftigen die zuständige Festsetzungsstelle für die Beihilfe oder den Dienstherrn unter Hinweis auf die beabsichtigte Weiterleitung der in Satz 2 genannten Angaben an diese Stelle zu erfragen. $_{2}$Der angegebenen Festsetzungsstelle für die Beihilfe oder dem Dienstherrn sind bei Feststellung der Beitragspflicht sowie bei Änderungen in den Verhältnissen des Pflegebedürftigen oder der Pflegeperson, insbesondere bei einer Änderung des Pflegegrades, einer Unterbrechung der Pflegetätigkeit oder einem Wechsel der Pflegeperson, die in Absatz 3 Satz 2 genannten Angaben mitzuteilen. $_{3}$Absatz 4 findet auf Satz 2 entsprechende Anwendung. $_{4}$Für die Mitteilungen nach Satz 2 haben die Pflegekassen und privaten Versicherungsunternehmen spätestens zum 1. Januar 2020 ein elektronisches Verfahren vorzusehen, bei dem die Mitteilungen an die Beihilfefestsetzungsstellen oder die Dienstherren automatisch erfolgen. $_{5}$Die Pflegekassen und privaten Versicherungsunternehmen haben technisch sicherzustellen, dass die Meldungen nach Absatz 3 an die Träger der gesetzlichen Rentenversicherung erst erfolgen, wenn die erforderliche Mitteilung an die Beihilfefestsetzungsstelle oder den Dienstherrn erfolgt ist. $_{6}$Für Beiträge, die von den Beihilfestellen und Dienstherren nicht bis zum Ablauf des Fälligkeitstages gezahlt worden sind, weil die Pflegekassen und privaten Versicherungsunternehmen die Mitteilungen nach Satz 2 nicht, nicht unverzüglich, nicht vollständig oder fehlerhaft durchgeführt haben, ist von den Pflegekassen und privaten Versicherungsunternehmen ein Säumniszuschlag entsprechend § 24 Absatz 1 Satz 1 des Vierten Buches zu zahlen; dies gilt nicht, wenn im Einzelfall kein Verschulden der Pflegekassen und privaten Versicherungsunternehmen vorliegt.

(6) $_{1}$Für Pflegepersonen, bei denen die Mindeststundenzahl von zehn Stunden wöchentlicher Pflege, verteilt auf regelmäßig mindestens zwei Tage in der Woche, nur durch die Pflege mehrerer Pflegebedürftiger erreicht wird, haben der Spitzenverband Bund der Pflegekassen, der Verband der privaten Krankenversicherung e. V., die Deutsche Rentenversicherung Bund und die Bundesagentur für Arbeit das Verfahren und die Mitteilungspflichten zwischen den an einer Addition von Pflegezeiten und Pflegeaufwänden beteiligten Pflegekassen und Versicherungsunternehmen durch Vereinbarung zu regeln. $_{2}$Die Pflegekassen und Versicherungsunternehmen dürfen die in Absatz 3 Satz 2 Nummer 1 bis 3 und 6 und, soweit dies für eine sichere Identifikation der Pflegeperson erforderlich ist, die in den Nummern 4 und 5 genannten Daten sowie die Angabe des zeitlichen Umfangs der Pflegetätigkeit der Pflegeperson an andere Pflegekassen und Versicherungsunternehmen, die an einer Addition von Pflegezeiten und Pflegeaufwänden beteiligt sind, zur Überprüfung der Voraussetzungen der Rentenversicherungspflicht oder der Versicherungspflicht nach dem Dritten Buch der Pflegeperson übermitteln und ihnen übermittelte Daten verarbeiten.

§ 44a Zusätzliche Leistungen bei Pflegezeit und kurzzeitiger Arbeitsverhinderung

(1) $_{1}$Beschäftigte, die nach § 3 des Pflegezeitgesetzes von der Arbeitsleistung vollständig freigestellt wurden oder deren Beschäftigung durch Reduzierung der Arbeitszeit zu einer geringfügigen Beschäftigung im Sinne des § 8 Abs. 1 Nr. 1 des Vierten Buches wird, erhalten auf Antrag Zuschüsse zur Kranken- und Pflegeversicherung. $_{2}$Zu-

schüsse werden gewährt für eine freiwillige Versicherung in der gesetzlichen Krankenversicherung, eine Pflichtversicherung nach § 5 Abs. 1 Nr. 13 des Fünften Buches oder nach § 2 Abs. 1 Nr. 7 des Zweiten Gesetzes über die Krankenversicherung der Landwirte, eine Versicherung bei einem privaten Krankenversicherungsunternehmen, eine Versicherung bei der Postbeamtenkrankenkasse oder der Krankenversorgung der Bundesbahnbeamten, soweit im Einzelfall keine beitragsfreie Familienversicherung möglich ist, sowie für eine damit in Zusammenhang stehende Pflege-Pflichtversicherung. 3Die Zuschüsse belaufen sich auf die Höhe der Mindestbeiträge, die von freiwillig in der gesetzlichen Krankenversicherung versicherten Personen zur gesetzlichen Krankenversicherung (§ 240 Abs. 4 Satz 1 des Fünften Buches) und zur sozialen Pflegeversicherung (§ 57 Abs. 4) zu entrichten sind und dürfen die tatsächliche Höhe der Beiträge nicht übersteigen. 4Für die Berechnung der Mindestbeiträge zur gesetzlichen Krankenversicherung werden bei Mitgliedern der gesetzlichen Krankenversicherung der allgemeine Beitragssatz nach § 241 des Fünften Buches sowie der kassenindividuelle Zusatzbeitragssatz nach § 242 Absatz 1 des Fünften Buches zugrunde gelegt. 5Bei Mitgliedern der landwirtschaftlichen Krankenversicherung sowie bei Personen, die nicht in der gesetzlichen Krankenversicherung versichert sind, werden der allgemeine Beitragssatz nach § 241 des Fünften Buches sowie der durchschnittliche Zusatzbeitragssatz nach § 242a des Fünften Buches zugrunde gelegt. 6Beschäftigte haben Änderungen in den Verhältnissen, die sich auf die Zuschussgewährung auswirken können, unverzüglich der Pflegekasse oder dem privaten Versicherungsunternehmen, bei dem der Pflegebedürftige versichert ist, mitzuteilen.

(2) (weggefallen)

(3) 1Für kurzzeitige Arbeitsverhinderung nach § 2 des Pflegezeitgesetzes hat eine Beschäftigte oder ein Beschäftigter im Sinne des § 7 Absatz 1 des Pflegezeitgesetzes, die oder der für diesen Zeitraum keine Entgeltfortzahlung vom Arbeitgeber und kein Kranken- oder Verletztengeld bei Erkrankung oder Unfall eines Kindes nach § 45 des Fünften Buches oder nach § 45 Absatz 4 des Siebten Buches beanspruchen kann, Anspruch auf einen Ausgleich für entgangenes Arbeitsentgelt (Pflegeunterstützungsgeld) für bis zu zehn Arbeitstage je Kalenderjahr. 2Wenn mehrere Beschäftigte den Anspruch nach § 2 Absatz 1 des Pflegezeitgesetzes für einen pflegebedürftigen nahen Angehörigen geltend machen, ist deren Anspruch auf Pflegeunterstützungsgeld auf insgesamt bis zu zehn Arbeitstage je Kalenderjahr begrenzt. 3Das Pflegeunterstützungsgeld wird auf Antrag, der unverzüglich zu stellen ist, unter Vorlage der ärztlichen Bescheinigung nach § 2 Absatz 2 Satz 2 des Pflegezeitgesetzes von der Pflegekasse oder dem Versicherungsunternehmen des pflegebedürftigen nahen Angehörigen gewährt. 4Für die Höhe des Pflegeunterstützungsgeldes gilt § 45 Absatz 2 Satz 3 bis 5 des Fünften Buches entsprechend.

(4) 1Beschäftigte, die Pflegeunterstützungsgeld nach Absatz 3 beziehen, erhalten für die Dauer des Leistungsbezuges von den in Absatz 3 bezeichneten Organisationen auf Antrag Zuschüsse zur Krankenversicherung. 2Zuschüsse werden gewährt für eine Versicherung bei einem privaten Krankenversicherungsunternehmen, eine Versicherung bei der Postbeamtenkrankenkasse oder der Krankenversorgung der Bundesbahnbeamten. 3Die Zuschüsse belaufen sich auf den Betrag, der bei Versicherungspflicht in der gesetzlichen Krankenversicherung als Leistungsträgeranteil nach § 249c des Fünften Buches aufzubringen wäre, und dürfen die tatsächliche Höhe der Beiträge nicht übersteigen. 4Für die Berechnung nach Satz 3 werden der allgemeine Beitragssatz nach § 241 des Fünften Buches sowie der durchschnittliche Zusatzbeitragssatz nach § 242a Absatz 2 des Fünften Buches zugrunde gelegt. 5Für Beschäftigte, die Pflegeunterstützungsgeld nach Absatz 3 beziehen und wegen einer Pflichtmitgliedschaft in einer berufsständischen Versorgungseinrichtung von der Versicherungspflicht in der gesetzlichen Rentenversicherung befreit sind, zahlen die in § 170 Absatz 1 Nummer 2 Buchstabe e des Sechsten Buches genannten Stellen auf Antrag Beiträge an die zuständige berufsständische Versorgungseinrichtung in der Höhe, wie sie bei Eintritt von Versicherungspflicht nach § 3 Satz 1 Nummer 3 des Sechsten Buches an die gesetzliche Rentenversicherung zu entrichten wären. 6Die von den in § 170 Absatz 1 Nummer 2 Buchstabe e des Sechsten Buches genannten Stellen zu zahlenden Beiträge sind auf die Höhe der Beiträge begrenzt, die von diesen Stellen ohne die Befreiung von der Versicherungspflicht in der gesetzlichen Rentenversicherung für die Dauer des Leistungsbezugs zu tragen wären; die Beiträge dürfen die Hälfte der in der Zeit des Leistungsbezugs vom Beschäftigten an die berufsständische Versorgungseinrichtung zu zahlenden Beiträge nicht übersteigen. 7§ 47a Absatz 2 des Fünften Buches gilt für die Pflegekassen, die Beiträge an berufsständische Versorgungseinrichtungen entrichten, entsprechend.

(5) 1Die Pflegekasse oder das private Pflegeversicherungsunternehmen des pflegebedürftigen nahen Angehörigen stellt dem Leistungsbezieher nach Absatz 3 mit der Leistungsbewilligung eine Bescheinigung über den Zeitraum des Bezugs und die Höhe des gewährten Pflegeunterstützungsgeldes aus. 2Der Leistungsbezieher hat diese Bescheinigung unverzüglich seinem Arbeitgeber vorzulegen. 3In den Fällen des § 170 Absatz 1 Nummer 2 Buchstabe e Doppelbuchstabe cc des Sechsten Buches bescheinigt die Pflegekasse oder das private Versicherungsunternehmen die gesamte Höhe der Leistung.

(6) 1Landwirtschaftlichen Unternehmern im Sinne des § 2 Absatz 1 Nummer 1 und 2 des Zweiten Gesetzes über die Krankenversicherung der Landwirte, die an der Führung des Unternehmens gehindert sind, weil sie für einen pflegebedürftigen nahen Angehörigen in einer akut aufgetretenen Pflegesituation eine bedarfsgerechte Pflege organisieren oder eine pflegerische Versorgung in dieser Zeit sicherstellen müssen, wird anstelle des Pflegeunterstützungsgeldes für bis zu zehn Arbeitstage je Kalenderjahr Betriebshilfe entsprechend § 9 des Zweiten Gesetzes über die Krankenversicherung der Landwirte gewährt. 2Diese Kosten der Leistungen für die Betriebshilfe werden der landwirtschaftlichen Pflegekasse von der Pflegeversicherung des pflegebedürftigen nahen Angehörigen erstattet; innerhalb der sozialen Pflegeversicherung wird von einer Erstattung abgesehen. 3Privat pflegeversicherte landwirtschaftliche Unternehmer, die an der

Führung des Unternehmens gehindert sind, weil dies erforderlich ist, um für einen pflegebedürftigen nahen Angehörigen in einer akut aufgetretenen Pflegesituation eine bedarfsgerechte Pflege zu organisieren oder eine pflegerische Versorgung in dieser Zeit sicherzustellen, erhalten von der Pflegekasse des Pflegebedürftigen oder in Höhe des tariflichen Erstattungssatzes von dem privaten Versicherungsunternehmen des Pflegebedürftigen eine Kostenerstattung für bis zu zehn Arbeitstage je Kalenderjahr Betriebshilfe; dabei werden nicht die tatsächlichen Kosten, sondern ein pauschaler Betrag in Höhe von 200 Euro je Tag Betriebshilfe zugrunde gelegt.

(7) 1Die Pflegekasse und das private Versicherungsunternehmen haben in den Fällen, in denen ein Leistungsbezieher nach Absatz 3 einen pflegebedürftigen nahen Angehörigen pflegt, der Anspruch auf Beihilfeleistungen oder Leistungen der Heilfürsorge hat, und für den Beiträge anteilig getragen werden, im Antragsverfahren auf Pflegeunterstützungsgeld von dem Pflegebedürftigen die zuständige Festsetzungsstelle für die Beihilfe oder den Dienstherrn unter Hinweis auf die beabsichtigte Information dieser Stelle über den beitragspflichtigen Bezug von Pflegeunterstützungsgeld zu erfragen. 2Der angegebenen Festsetzungsstelle für die Beihilfe oder dem angegebenen Dienstherrn sind bei Feststellung der Beitragspflicht folgende Angaben zum Leistungsbezieher mitzuteilen:

1. die Versicherungsnummer, soweit bekannt,
2. der Familien- und der Vorname,
3. das Geburtsdatum,
4. die Staatsangehörigkeit,
5. die Anschrift,
6. der Beginn des Bezugs von Pflegeunterstützungsgeld,
7. die Höhe des dem Pflegeunterstützungsgeld zugrunde liegenden ausgefallenen Arbeitsentgelts und
8. Name und Anschrift der Krankenkasse oder des privaten Krankenversicherungsunternehmens.

§ 45 Pflegekurse für Angehörige und ehrenamtliche Pflegepersonen

(1) 1Die Pflegekassen haben für Angehörige und sonstige an einer ehrenamtlichen Pflegetätigkeit interessierte Personen unentgeltlich Schulungskurse durchzuführen, um soziales Engagement im Bereich der Pflege zu fördern und zu stärken, Pflege und Betreuung zu erleichtern und zu verbessern sowie pflegebedingte körperliche und seelische Belastungen zu mindern und ihrer Entstehung vorzubeugen. 2Die Kurse sollen Fertigkeiten für eine eigenständige Durchführung der Pflege vermitteln. 3Auf Wunsch der Pflegeperson und der pflegebedürftigen Person findet die Schulung auch in der häuslichen Umgebung des Pflegebedürftigen statt. 4§ 114a Absatz 3a gilt entsprechend. 5Die Pflegekassen sollen auch digitale Pflegekurse anbieten; die Pflicht der Pflegekassen zur Durchführung von Schulungskursen nach Satz 1 vor Ort bleibt unberührt.

(2) Die Pflegekasse kann die Kurse entweder selbst oder gemeinsam mit anderen Pflegekassen durchführen oder geeignete andere Einrichtungen mit der Durchführung beauftragen.

(3) Über die einheitliche Durchführung sowie über die inhaltliche Ausgestaltung der Kurse können die Landesverbände der Pflegekassen Rahmenvereinbarungen mit den Trägern der Einrichtungen schließen, die die Pflegekurse durchführen.

Fünfter Abschnitt
Angebote zur Unterstützung im Alltag, Entlastungsbetrag, Förderung der Weiterentwicklung der Versorgungsstrukturen und des Ehrenamts sowie der Selbsthilfe

§ 45a Angebote zur Unterstützung im Alltag, Umwandlung des ambulanten Sachleistungsbetrags (Umwandlungsanspruch), Verordnungsermächtigung

(1) 1Angebote zur Unterstützung im Alltag tragen dazu bei, Pflegepersonen zu entlasten, und helfen Pflegebedürftigen, möglichst lange in ihrer häuslichen Umgebung zu bleiben, soziale Kontakte aufrechtzuerhalten und ihren Alltag weiterhin möglichst selbständig bewältigen zu können. 2Angebote zur Unterstützung im Alltag sind

1. Angebote, in denen insbesondere ehrenamtliche Helferinnen und Helfer unter pflegefachlicher Anleitung die Betreuung von Pflegebedürftigen mit allgemeinem oder mit besonderem Betreuungsbedarf in Gruppen oder im häuslichen Bereich übernehmen (Betreuungsangebote),
2. Angebote, die der gezielten Entlastung und beratenden Unterstützung von pflegenden Angehörigen und vergleichbar nahestehenden Pflegepersonen in ihrer Eigenschaft als Pflegende dienen (Angebote zur Entlastung von Pflegenden),
3. Angebote, die dazu dienen, die Pflegebedürftigen bei der Bewältigung von allgemeinen oder pflegebedingten Anforderungen des Alltags oder im Haushalt, insbesondere bei der Haushaltsführung, oder bei der eigenverantwortlichen Organisation individuell benötigter Hilfeleistungen zu unterstützen (Angebote zur Entlastung im Alltag).

3Die Angebote benötigen eine Anerkennung durch die zuständige Behörde nach Maßgabe des gemäß Absatz 3 erlassenen Landesrechts. 4Durch ein Angebot zur Unterstützung im Alltag können auch mehrere der in Satz 2 Nummer 1 bis 3 genannten Bereiche abgedeckt werden. 5In Betracht kommen als Angebote zur Unterstützung im Alltag insbesondere Betreuungsgruppen für an Demenz erkrankte Menschen, Helferinnen- und Helferkreise zur stundenweisen Entlastung pflegender Angehöriger oder vergleichbar nahestehender Pflegepersonen im häuslichen Bereich, die Tagesbetreuung in Kleingruppen oder Einzelbetreuung durch anerkannte Helferinnen oder Helfer, Agenturen zur Vermittlung von Betreuungs- und Entlastungsleistungen für Pflegebedürftige und pflegende Angehörige sowie vergleichbar nahestehende Pflegepersonen, Familienentlastende Dienste, Alltagsbegleiter, Pflegebegleiter und Serviceangebote für haushaltsnahe Dienstleistungen.

(2) 1Angebote zur Unterstützung im Alltag beinhalten die Übernahme von Betreuung und allgemeiner Beaufsichtigung, eine die vorhandenen Ressourcen und Fähigkeiten stärkende oder stabilisierende Alltagsbegleitung,

VII

Unterstützungsleistungen für Angehörige und vergleichbar Nahestehende in ihrer Eigenschaft als Pflegende zur besseren Bewältigung des Pflegealltags, die Erbringung von Dienstleistungen, organisatorische Hilfestellungen oder andere geeignete Maßnahmen. 2Die Angebote verfügen über ein Konzept, das Angaben zur Qualitätssicherung des Angebots sowie eine Übersicht über die Leistungen, die angeboten werden sollen, und die Höhe der den Pflegebedürftigen hierfür in Rechnung gestellten Kosten enthält. 3Das Konzept umfasst ferner Angaben zur zielgruppen- und tätigkeitsgerechten Qualifikation der Helfenden und zu dem Vorhandensein von Grund- und Notfallwissen im Umgang mit Pflegebedürftigen sowie dazu, wie eine angemessene Schulung und Fortbildung der Helfenden sowie eine kontinuierliche fachliche Begleitung und Unterstützung insbesondere von ehrenamtlich Helfenden in ihrer Arbeit gesichert werden. 4Bei wesentlichen Änderungen hinsichtlich der angebotenen Leistungen ist das Konzept entsprechend fortzuschreiben; bei Änderung der hierfür in Rechnung gestellten Kosten sind die entsprechenden Angaben zu aktualisieren.

(3) 1Die Landesregierungen werden ermächtigt, durch Rechtsverordnung das Nähere über die Anerkennung der Angebote zur Unterstützung im Alltag im Sinne der Absätze 1 und 2 einschließlich der Vorgaben zur regelmäßigen Qualitätssicherung der Angebote und zur regelmäßigen Übermittlung einer Übersicht über die aktuell angebotenen Leistungen und die Höhe der hierfür erhobenen Kosten zu bestimmen. 2Beim Erlass der Rechtsverordnung sollen sie die gemäß § 45c Absatz 7 beschlossenen Empfehlungen berücksichtigen.

VII

(4) 1Pflegebedürftige in häuslicher Pflege mit mindestens Pflegegrad 2 können eine Kostenerstattung zum Ersatz von Aufwendungen für Leistungen der nach Landesrecht anerkannten Angebote zur Unterstützung im Alltag unter Anrechnung auf ihren Anspruch auf ambulante Pflegesachleistungen nach § 36 erhalten, soweit für den entsprechenden Leistungsbetrag nach § 36 in dem jeweiligen Kalendermonat keine ambulanten Pflegesachleistungen bezogen wurden. 2Der hierfür verwendete Betrag darf je Kalendermonat 40 Prozent des nach § 36 für den jeweiligen Pflegegrad vorgesehenen Höchstleistungsbetrags nicht überschreiten. 3Zur Inanspruchnahme der Umwandlung des ambulanten Sachleistungsbetrags nach Satz 1 bedarf es keiner vorherigen Antragstellung. 4Die Anspruchsberechtigten erhalten die Kostenerstattung nach Satz 1 bei Beantragung der dafür erforderlichen finanziellen Mittel von der zuständigen Pflegekasse oder dem zuständigen privaten Versicherungsunternehmen sowie im Fall der Beihilfeberechtigung anteilig von der Beihilfefestsetzungsstelle gegen Vorlage entsprechender Belege über Eigenbelastungen, die ihnen im Zusammenhang mit der Inanspruchnahme der Leistungen der Angebote zur Unterstützung im Alltag entstanden sind. 5Die Vergütungen für ambulante Pflegesachleistungen nach § 36 sind vorrangig abzurechnen. 6Im Rahmen der Kombinationsleistung nach § 38 gilt die Erstattung der Aufwendungen nach Satz 1 als Inanspruchnahme der dem Anspruchsberechtigten nach § 36 Absatz 3 zustehenden Sachleistung. 7Ist vor der Auszahlung der Kostenerstattung nach Satz 1 für den jeweiligen Kalendermonat bereits mehr Pflegegeld oder anteiliges Pflegegeld an den Pflegebedürftigen ausgezahlt worden, als er nach Berücksichtigung des Betrags der zu erstattenden Aufwendungen beanspruchen kann, wird der Kostenerstattungsbetrag insoweit mit dem bereits ausgezahlten Pflegegeldbetrag verrechnet. 8Beziehen Anspruchsberechtigte die Leistung nach Satz 1, findet § 37 Absatz 3 bis 5 und 7 bis 9 Anwendung; § 37 Absatz 6 findet mit der Maßgabe entsprechende Anwendung, dass eine Kürzung oder Entziehung in Bezug auf die Kostenerstattung nach Satz 1 erfolgt. 9Die Inanspruchnahme der Umwandlung des ambulanten Sachleistungsbetrags nach Satz 1 und die Inanspruchnahme des Entlastungsbetrags nach § 45b erfolgen unabhängig voneinander.

§ 45b Entlastungsbetrag

(1) 1Pflegebedürftige in häuslicher Pflege haben Anspruch auf einen Entlastungsbetrag in Höhe von bis zu 125 Euro monatlich. 2Der Betrag ist zweckgebunden einzusetzen für qualitätsgesicherte Leistungen zur Entlastung pflegender Angehöriger und vergleichbar Nahestehender in ihrer Eigenschaft als Pflegende sowie zur Förderung der Selbständigkeit und Selbstbestimmtheit der Pflegebedürftigen bei der Gestaltung ihres Alltags. 3Er dient der Erstattung von Aufwendungen, die den Versicherten entstehen im Zusammenhang mit der Inanspruchnahme von

1. Leistungen der Tages- oder Nachtpflege,
2. Leistungen der Kurzzeitpflege,
3. Leistungen der ambulanten Pflegedienste im Sinne des § 36, in den Pflegegraden 2 bis 5 jedoch nicht von Leistungen im Bereich der Selbstversorgung,
4. Leistungen der nach Landesrecht anerkannten Angebote zur Unterstützung im Alltag im Sinne des § 45a.

4Die Erstattung der Aufwendungen aus dem Entlastungsbetrag erfolgt auch in dem Fall, in dem für die in Satz 3 genannten Leistungen Mittel im Rahmen einer Verhinderungspflege gemäß § 39 eingesetzt werden. 5Die Leistung nach Satz 1 kann innerhalb des jeweiligen Kalenderjahres in Anspruch genommen werden; wird die Leistung in einem Kalenderjahr nicht ausgeschöpft, kann der nicht verbrauchte Betrag in das folgende Kalenderhalbjahr übertragen werden.

(2) 1Der Anspruch auf den Entlastungsbetrag entsteht, sobald die in Absatz 1 Satz 1 genannten Anspruchsvoraussetzungen vorliegen, ohne dass es einer vorherigen Antragstellung bedarf. 2Die Kostenerstattung in Höhe des Entlastungsbetrags nach Absatz 1 erhalten die Pflegebedürftigen von der zuständigen Pflegekasse oder dem zuständigen privaten Versicherungsunternehmen sowie im Fall der Beihilfeberechtigung anteilig von der Beihilfefestsetzungsstelle bei Beantragung der dafür erforderlichen finanziellen Mittel gegen Vorlage entsprechender Belege über entstandene Eigenbelastungen im Zusammenhang mit der Inanspruchnahme der in Absatz 1 Satz 3 genannten Leistungen. 3Für Zwecke der statistischen Erfassung bei den Pflegekassen und den privaten Versicherungsunternehmen muss auf den Belegen eindeutig und deutlich erkennbar angegeben sein, im Zusammenhang mit welcher der in Absatz 1 Satz 3

Nummer 1 bis 4 genannten Leistungen die Aufwendungen jeweils entstanden sind.

(3) 1Der Entlastungsbetrag nach Absatz 1 Satz 1 findet bei den Fürsorgeleistungen zur Pflege nach § 13 Absatz 3 Satz 1 keine Berücksichtigung. 2§ 63b Absatz 1 des Zwölften Buches findet auf den Entlastungsbetrag keine Anwendung. 3Abweichend von den Sätzen 1 und 2 darf der Entlastungsbetrag hinsichtlich der Leistungen nach § 64i oder § 66 des Zwölften Buches bei der Hilfe zur Pflege Berücksichtigung finden, soweit nach diesen Vorschriften Leistungen zu gewähren sind, deren Inhalte den Leistungen nach Absatz 1 Satz 3 entsprechen.

(4) 1Die für die Erbringung von Leistungen nach Absatz 1 Satz 3 Nummer 1 bis 4 verlangte Vergütung darf die Preise für vergleichbare Sachleistungen von zugelassenen Pflegeeinrichtungen nicht übersteigen. 2Näheres zur Ausgestaltung einer entsprechenden Begrenzung der Vergütung, die für die Erbringung von Leistungen nach Absatz 1 Satz 3 Nummer 4 durch nach Landesrecht anerkannte Angebote zur Unterstützung im Alltag verlangt werden darf, können die Landesregierungen in der Rechtsverordnung nach § 45a Absatz 3 bestimmen.

§ 45c Förderung der Weiterentwicklung der Versorgungsstrukturen und des Ehrenamts, Verordnungsermächtigung

(1) 1Zur Weiterentwicklung der Versorgungsstrukturen und Versorgungskonzepte und zur Förderung ehrenamtlicher Strukturen fördert der Spitzenverband Bund der Pflegekassen im Wege der Anteilsfinanzierung aus Mitteln des Ausgleichsfonds mit 25 Millionen Euro je Kalenderjahr

1. den Auf- und Ausbau von Angeboten zur Unterstützung im Alltag im Sinne des § 45a,
2. den Auf- und Ausbau und die Unterstützung von Gruppen ehrenamtlich tätiger sowie sonstiger zum bürgerschaftlichen Engagement bereiter Personen und entsprechender ehrenamtlicher Strukturen sowie
3. Modellvorhaben zur Erprobung neuer Versorgungskonzepte und Versorgungsstrukturen insbesondere für an Demenz erkrankte Pflegebedürftige sowie andere Gruppen von Pflegebedürftigen, deren Versorgung in besonderem Maße der strukturellen Weiterentwicklung bedarf.

2Die privaten Versicherungsunternehmen, die die private Pflege-Pflichtversicherung durchführen, beteiligen sich an dieser Förderung mit insgesamt 10 Prozent des in Satz 1 genannten Fördervolumens. 3Darüber hinaus fördert der Spitzenverband Bund der Pflegekassen aus Mitteln des Ausgleichsfonds mit 20 Millionen Euro je Kalenderjahr die strukturierte Zusammenarbeit in regionalen Netzwerken nach Absatz 9; Satz 2 gilt entsprechend. 4Fördermittel nach Satz 3, die in dem jeweiligen Kalenderjahr nicht in Anspruch genommen worden sind, erhöhen im Folgejahr das Fördervolumen nach Satz 1; dadurch erhöht sich auch das in Absatz 2 Satz 2 genannte Gesamtfördervolumen entsprechend. 5Im Rahmen der Förderung nach Satz 1 können jeweils auch digitale Anwendungen berücksichtigt werden, sofern diese den geltenden Anforderungen an den Datenschutz entsprechen und die Datensicherheit nach dem Stand der Technik gewährleisten.

(2) 1Der Zuschuss aus Mitteln der sozialen und privaten Pflegeversicherung ergänzt eine Förderung der in Absatz 1 Satz 1 genannten Zwecke durch das jeweilige Land oder die jeweilige kommunale Gebietskörperschaft. 2Der Zuschuss wird jeweils in gleicher Höhe gewährt wie der Zuschuss, der vom Land oder von der kommunalen Gebietskörperschaft für die einzelne Fördermaßnahme geleistet wird, sodass insgesamt ein Fördervolumen von 50 Millionen Euro im Kalenderjahr erreicht wird. 3Im Einvernehmen mit allen Fördergebern können Zuschüsse der kommunalen Gebietskörperschaften auch als Personal- oder Sachmittel eingebracht werden, sofern diese Mittel nachweislich ausschließlich und unmittelbar dazu dienen, den jeweiligen Förderzweck zu erreichen. 4Soweit Mittel der Arbeitsförderung bei einem Projekt eingesetzt werden, sind diese einem vom Land oder von der Kommune geleisteten Zuschuss gleichgestellt.

(3) 1Die Förderung des Auf- und Ausbaus von Angeboten zur Unterstützung im Alltag im Sinne des § 45a nach Absatz 1 Satz 1 Nummer 1 erfolgt als Projektförderung und dient insbesondere dazu, Aufwandsentschädigungen für die ehrenamtlich tätigen Helfenden zu finanzieren sowie notwendige Personal- und Sachkosten, die mit der Koordination und Organisation der Hilfen und der fachlichen Anleitung und Schulung der Helfenden durch Fachkräfte verbunden sind. 2Dem Antrag auf Förderung ist ein Konzept zur Qualitätssicherung des Angebots beizufügen. 3Aus dem Konzept muss sich ergeben, dass eine angemessene Schulung und Fortbildung der Helfenden sowie eine kontinuierliche fachliche Begleitung und Unterstützung der ehrenamtlich Helfenden in ihrer Arbeit gesichert sind.

(4) Die Förderung des Auf- und Ausbaus und der Unterstützung von Gruppen ehrenamtlich tätiger sowie sonstiger zum bürgerschaftlichen Engagement bereiter Personen und entsprechender ehrenamtlicher Strukturen nach Absatz 1 Satz 1 Nummer 2 erfolgt zur Förderung von Initiativen, die sich die Unterstützung, allgemeine Betreuung und Entlastung von Pflegebedürftigen und deren Angehörigen sowie vergleichbar nahestehenden Pflegepersonen zum Ziel gesetzt haben.

(5) 1Im Rahmen der Modellförderung nach Absatz 1 Satz 1 Nummer 3 sollen insbesondere modellhaft Möglichkeiten einer wirksamen Vernetzung der erforderlichen Hilfen für an Demenz erkrankte Pflegebedürftige und andere Gruppen von Pflegebedürftigen, deren Versorgung in besonderem Maße der strukturellen Weiterentwicklung bedarf, in einzelnen Regionen erprobt werden. 2Dabei können auch stationäre Versorgungsangebote berücksichtigt werden. 3Die Modellvorhaben sind auf längstens fünf Jahre zu befristen. 4Bei der Vereinbarung und Durchführung von Modellvorhaben kann im Einzelfall von den Regelungen des Siebten Kapitels abgewichen werden. 5Für die Modellvorhaben sind eine wissenschaftliche Begleitung und Auswertung vorzusehen. 6Soweit im Rahmen der Modellvorhaben personenbezogene Daten benötigt werden, können diese nur mit Einwilligung des Pflegebedürftigen erhoben, verarbeitet und genutzt werden.

(6) 1Um eine gerechte Verteilung der Fördermittel der Pflegeversicherung auf die Länder zu gewährleisten, werden die nach Absatz 1 Satz 1 und 2 zur Verfügung

VII

stehenden Fördermittel der sozialen und privaten Pflegeversicherung nach dem Königsteiner Schlüssel aufgeteilt. 2Mittel, die in einem Land im jeweiligen Haushaltsjahr nicht in Anspruch genommen werden, können in das Folgejahr übertragen werden. 3Nach Satz 2 übertragene Mittel, die am Ende des Folgejahres nicht in Anspruch genommen worden sind, können für Projekte, für die bis zum Stichtag nach Satz 5 mindestens Art, Region und geplante Förderhöhe konkret benannt werden, im darauf folgenden Jahr von Ländern beantragt werden, die im Jahr vor der Übertragung der Mittel nach Satz 2 mindestens 80 Prozent der auf sie nach dem Königsteiner Schlüssel entfallenden Mittel ausgeschöpft haben. 4Die Verausgabung der nach Satz 3 beantragten Fördermittel durch die Länder oder kommunalen Gebietskörperschaften darf sich für die entsprechend benannten Projekte über einen Zeitraum von maximal drei Jahren erstrecken. 5Der Ausgleichsfonds sammelt die nach Satz 3 eingereichten Anträge bis zum 30. April des auf das Folgejahr folgenden Jahres und stellt anschließend fest, in welchem Umfang die Mittel jeweils auf die beantragenden Länder entfallen. 6Die Auszahlung der Mittel für ein Projekt erfolgt, sobald für das Projekt eine konkrete Förderzusage durch das Land oder die kommunale Gebietskörperschaft vorliegt. 7Ist die Summe der bis zum 30. April beantragten Mittel insgesamt größer als der dafür vorhandene Mittelbestand, so werden die vorhandenen Mittel nach dem Königsteiner Schlüssel auf die beantragenden Länder verteilt. 8Nach dem 30. April eingehende Anträge werden in der Reihenfolge des Antragseingangs bearbeitet, bis die Fördermittel verbraucht sind. 9Fördermittel, die bis zum Ende des auf das Folgejahr folgenden Jahres nicht beantragt sind, verfallen.

(7) 1Der Spitzenverband Bund der Pflegekassen beschließt mit dem Verband der privaten Krankenversicherung e. V. nach Anhörung der Verbände der Behinderten und Pflegebedürftigen auf Bundesebene Empfehlungen über die Voraussetzungen, Ziele, Dauer, Inhalte und Durchführung der Förderung sowie zu dem Verfahren zur Vergabe der Fördermittel für die in Absatz 1 Satz 1 genannten Zwecke. 2In den Empfehlungen ist unter anderem auch festzulegen, welchen Anforderungen die Einbringung von Zuschüssen der kommunalen Gebietskörperschaften als Personal- oder Sachmittel genügen muss und dass jeweils im Einzelfall zu prüfen ist, ob im Rahmen der in Absatz 1 Satz 1 genannten Zwecke Mittel und Möglichkeiten der Arbeitsförderung genutzt werden können. 3Die Empfehlungen bedürfen der Zustimmung des Bundesministeriums für Gesundheit und der Länder. 4Soweit Belange des Ehrenamts betroffen sind, erteilt das Bundesministerium für Gesundheit seine Zustimmung im Benehmen mit dem Bundesministerium für Familie, Senioren, Frauen und Jugend. 5Die Landesregierungen werden ermächtigt, durch Rechtsverordnung das Nähere über die Umsetzung der Empfehlungen zu bestimmen.

(8) 1Der Finanzierungsanteil, der auf die privaten Versicherungsunternehmen entfällt, kann von dem Verband der privaten Krankenversicherung e. V. unmittelbar an das Bundesamt für Soziale Sicherung zugunsten des Ausgleichsfonds der Pflegeversicherung (§ 65) überwiesen werden. 2Näheres über das Verfahren der Auszahlung der Fördermittel, die aus dem Ausgleichsfonds zu finanzieren sind, sowie über die Zahlung und Abrechnung des Finanzierungsanteils der privaten Versicherungsunternehmen regeln das Bundesamt für Soziale Sicherung, der Spitzenverband Bund der Pflegekassen und der Verband der privaten Krankenversicherung e. V. durch Vereinbarung.

(9) 1Zur Verbesserung der Versorgung und Unterstützung von Pflegebedürftigen und deren Angehörigen sowie vergleichbar nahestehenden Pflegepersonen können die in Absatz 1 Satz 3 genannten Mittel für die Beteiligung von Pflegekassen an regionalen Netzwerken verwendet werden, die der strukturierten Zusammenarbeit von Akteuren dienen, die an der Versorgung Pflegebedürftiger beteiligt sind und die sich im Rahmen einer freiwilligen Vereinbarung vernetzen. 2Die Förderung der strukturierten regionalen Zusammenarbeit erfolgt, indem sich die Pflegekassen einzeln oder gemeinsam im Wege einer Anteilsfinanzierung an den netzwerkbedingten Kosten beteiligen. 3Je Kreis oder kreisfreier Stadt können zwei regionale Netzwerke, je Kreis oder kreisfreier Stadt ab 500 000 Einwohnern bis zu vier regionale Netzwerke gefördert werden. 4Abweichend von Satz 1 können pro Bezirk in den Stadtstaaten, die nur aus einer kreisfreien Stadt bestehen, zwei regionale Netzwerke gefördert werden. 5Der Förderbetrag pro Netzwerk darf dabei 25 000 Euro je Kalenderjahr nicht überschreiten. 6Die Landesverbände der Pflegekassen erstellen eine Übersicht über die in ihrem Zuständigkeitsbereich geförderten regionalen Netzwerke, aktualisieren diese mindestens einmal jährlich und veröffentlichen sie auf einer eigenen Internetseite. 7Den Kreisen und kreisfreien Städten, Selbsthilfegruppen, -organisationen und -kontaktstellen im Sinne des § 45d sowie organisierten Gruppen ehrenamtlich tätiger sowie sonstiger zum bürgerschaftlichen Engagement bereiter Personen im Sinne des Absatzes 4 ist in ihrem jeweiligen Einzugsgebiet die Teilnahme an der geförderten strukturierten regionalen Zusammenarbeit zu ermöglichen. 8Für private Versicherungsunternehmen, die die private Pflege-Pflichtversicherung durchführen, gelten die Sätze 1 bis 5 entsprechend. 9Absatz 7 Satz 1 bis 4 und Absatz 8 finden entsprechende Anwendung. 10Die Absätze 2 und 6 finden keine Anwendung. 11Die Empfehlungen nach Absatz 7, soweit sie die Förderung der regionalen Netzwerke betreffen, sind bis zum 31. Dezember 2021 zu aktualisieren.

§ 45d Förderung der Selbsthilfe, Verordnungsermächtigung

1Je Kalenderjahr werden 0,15 Euro je Versicherten verwendet zur Förderung und zum Auf- und Ausbau von Selbsthilfegruppen, -organisationen und -kontaktstellen, die sich die Unterstützung von Pflegebedürftigen sowie von deren Angehörigen und vergleichbar Nahestehenden zum Ziel gesetzt haben; um eine gerechte Verteilung dieser Fördermittel auf die Länder zu gewährleisten, werden die Fördermittel der Pflegeversicherung nach dem Königsteiner Schlüssel aufgeteilt. 2Der Zuschuss aus den Mitteln der sozialen und privaten Pflegeversicherung nach Satz 1 ergänzt eine Förderung durch das jeweilige Land oder die jeweilige kommunale Gebietskörperschaft und wird jeweils in Höhe von 75 Prozent des Zuschusses gewährt, der für die einzelne Fördermaßnahme insge-

VII

samt geleistet wird. $_{3}$Davon abweichend können von den nach Satz 1 auf die Länder aufgeteilten Mitteln Fördermittel in Höhe von insgesamt je Kalenderjahr bis zu 0,01 Euro je Versicherten als Gründungszuschüsse für neue Selbsthilfegruppen, -organisationen und -kontaktstellen verwendet werden, ohne dass es für die Förderung einer Mitfinanzierung durch das Land oder durch eine kommunale Gebietskörperschaft bedarf. $_{4}$Die Gründungszuschüsse sind von den Selbsthilfegruppen, -organisationen und -kontaktstellen unmittelbar beim Spitzenverband Bund der Pflegekassen zu beantragen; das Nähere zur Durchführung der Förderung und zum Verfahren wird in den Empfehlungen nach § 45c Absatz 7 festgelegt. $_{5}$Im Übrigen werden für die Förderung der Selbsthilfe die Vorgaben des § 45c und das dortige Verfahren, einschließlich § 45c Absatz 2 Satz 3 und 4 und Absatz 6 Satz 2, entsprechend angewendet. $_{6}$§ 45c Absatz 6 Satz 3 bis 9 findet mit der Maßgabe entsprechende Anwendung, dass von den in das Folgejahr übertragenen Mitteln nach Satz 1, die am Ende des Folgejahres nicht in Anspruch genommen worden sind, Fördermittel in Höhe von 0,01 Euro je Versicherten in dem auf das Folgejahr folgenden Jahr von einer Übertragung auf die Länder ausgenommen sind. $_{7}$Die nach Satz 6 von der Übertragung ausgenommenen Mittel werden zur Förderung von bundesweiten Tätigkeiten von Selbsthilfegruppen, -organisationen und -kontaktstellen verwendet. $_{8}$Die Förderung der bundesweiten Selbsthilfetätigkeiten erfolgt durch den Spitzenverband Bund der Pflegekassen, ohne dass es einer Mitfinanzierung durch das Land oder durch eine kommunale Gebietskörperschaft bedarf. $_{9}$Die Förderung der bundesweiten Selbsthilfetätigkeiten ist von den Selbsthilfegruppen, -organisationen und -kontaktstellen unmittelbar beim Spitzenverband Bund der Pflegekassen zu beantragen. $_{10}$Die Bewilligung der Fördermittel aus den gemäß den Sätzen 6 und 7 zur Verfügung stehenden Mitteln durch den Spitzenverband Bund der Pflegekassen darf jeweils für einen Zeitraum von maximal fünf Jahren erfolgen. $_{11}$Nach erneuter Antragstellung kann eine Förderung erneut bewilligt werden. $_{12}$Die Einzelheiten zu den Voraussetzungen, Zielen, Inhalten und der Durchführung der Förderung sowie zu dem Verfahren zur Vergabe der Fördermittel nach Satz 7 werden in den Empfehlungen nach § 45c Absatz 7 festgelegt. $_{13}$Selbsthilfegruppen im Sinne dieser Vorschrift sind freiwillige, neutrale, unabhängige und nicht gewinnorientierte Zusammenschlüsse von Personen, die entweder aufgrund eigener Betroffenheit oder als Angehörige oder vergleichbar Nahestehende das Ziel verfolgen, durch persönliche, wechselseitige Unterstützung, auch unter Zuhilfenahme von Angeboten ehrenamtlicher und sonstiger zum bürgerschaftlichen Engagement bereiter Personen, die Lebenssituation von Pflegebedürftigen sowie von deren Angehörigen und vergleichbar Nahestehenden zu verbessern. $_{14}$Selbsthilfeorganisationen sind die Zusammenschlüsse von Selbsthilfegruppen in Verbänden. $_{15}$Selbsthilfekontaktstellen sind örtlich oder regional arbeitende professionelle Beratungseinrichtungen mit hauptamtlichem Personal, die das Ziel verfolgen, die Lebenssituation von Pflegebedürftigen sowie von deren Angehörigen und vergleichbar Nahestehenden zu verbessern. $_{16}$Eine Förderung der Selbsthilfe nach dieser Vorschrift ist ausgeschlossen, soweit für dieselbe Zweckbestimmung eine Förderung nach § 20h des Fünften Buches erfolgt. $_{17}$§ 45c Absatz 7 Satz 5 gilt entsprechend. $_{18}$Im Rahmen der Förderung der Selbsthilfe können auch digitale Anwendungen berücksichtigt werden, sofern diese den geltenden Anforderungen an den Datenschutz entsprechen und die Datensicherheit nach dem Stand der Technik gewährleisten.

Sechster Abschnitt
Initiativprogramm zur Förderung neuer Wohnformen

§ 45e Anschubfinanzierung zur Gründung von ambulant betreuten Wohngruppen

(1) $_{1}$Zur Förderung der Gründung von ambulant betreuten Wohngruppen wird Pflegebedürftigen, die Anspruch auf Leistungen nach § 38a haben und die an der gemeinsamen Gründung beteiligt sind, für die altersgerechte oder barrierearme Umgestaltung der gemeinsamen Wohnung zusätzlich zu dem Betrag nach § 40 Absatz 4 einmalig ein Betrag von bis zu 2500 Euro gewährt. $_{2}$Der Gesamtbetrag ist je Wohngruppe auf 10 000 Euro begrenzt und wird bei mehr als vier Anspruchsberechtigten anteilig auf die Versicherungsträger der Anspruchsberechtigten aufgeteilt. $_{3}$Der Antrag ist innerhalb eines Jahres nach Vorliegen der Anspruchsvoraussetzungen zu stellen. $_{4}$Dabei kann die Umgestaltungsmaßnahme auch vor der Gründung und dem Einzug erfolgen. $_{5}$Die Sätze 1 bis 4 gelten für die Versicherten der privaten Pflege-Pflichtversicherung entsprechend.

(2) $_{1}$Die Pflegekassen zahlen den Förderbetrag aus, wenn die Gründung einer ambulant betreuten Wohngruppe nachgewiesen wird. $_{2}$Der Anspruch endet mit Ablauf des Monats, in dem das Bundesamt für Soziale Sicherung den Pflegekassen und dem Verband der privaten Krankenversicherung e. V. mitteilt, dass mit der Förderung eine Gesamthöhe von 30 Millionen Euro erreicht worden ist. $_{3}$Einzelheiten zu den Voraussetzungen und dem Verfahren der Förderung regelt der Spitzenverband Bund der Pflegekassen im Einvernehmen mit dem Verband der privaten Krankenversicherung e. V.

§ 45f Weiterentwicklung neuer Wohnformen

(1) $_{1}$Zur wissenschaftlich gestützten Weiterentwicklung und Förderung neuer Wohnformen werden zusätzlich 10 Millionen Euro zur Verfügung gestellt. $_{2}$Dabei sind insbesondere solche Konzepte einzubeziehen, die es alternativ zu stationären Einrichtungen ermöglichen, außerhalb der vollstationären Betreuung bewohnerorientiert individuelle Versorgung anzubieten.

(2) $_{1}$Einrichtungen, die aus diesem Grund bereits eine Modellförderung, insbesondere nach § 8 Absatz 3, erfahren haben, sind von der Förderung nach Absatz 1 Satz 1 ausgenommen. $_{2}$Für die Förderung gilt § 8 Absatz 3 entsprechend.

Anlage 1
(zu § 15)

Einzelpunkte der Module 1 bis 6; Bildung der Summe der Einzelpunkte in jedem Modul

Modul 1: Einzelpunkte im Bereich der Mobilität

Das Modul umfasst fünf Kriterien, deren Ausprägungen in den folgenden Kategorien mit den nachstehenden Einzelpunkten gewertet werden:

Ziffer	Kriterien	selbständig	überwiegend selbständig	überwiegend unselbständig	unselbständig
1.1	Positionswechsel im Bett	0	1	2	3
1.2	Halten einer stabilen Sitzposition	0	1	2	3
1.3	Umsetzen	0	1	2	3
1.4	Fortbewegen innerhalb des Wohnbereichs	0	1	2	3
1.5	Treppensteigen	0	1	2	3

Modul 2: Einzelpunkte im Bereich der kognitiven und kommunikativen Fähigkeiten

Das Modul umfasst elf Kriterien, deren Ausprägungen in den folgenden Kategorien mit den nachstehenden Einzelpunkten gewertet werden:

Ziffer	Kriterien	Fähigkeit vorhanden/ unbeeinträchtigt	Fähigkeit größtenteils vorhanden	Fähigkeit in geringem Maße vorhanden	Fähigkeit nicht vorhanden
2.1	Erkennen von Personen aus dem näheren Umfeld	0	1	2	3
2.2	Örtliche Orientierung	0	1	2	3
2.3	Zeitliche Orientierung	0	1	2	3
2.4	Erinnern an wesentliche Ereignisse oder Beobachtungen	0	1	2	3
2.5	Steuern von mehrschrittigen Alltagshandlungen	0	1	2	3
2.6	Treffen von Entscheidungen im Alltag	0	1	2	3
2.7	Verstehen von Sachverhalten und Informationen	0	1	2	3
2.8	Erkennen von Risiken und Gefahren	0	1	2	3
2.9	Mitteilen von elementaren Bedürfnissen	0	1	2	3
2.10	Verstehen von Aufforderungen	0	1	2	3
2.11	Beteiligen an einem Gespräch	0	1	2	3

Modul 3: Einzelpunkte im Bereich der Verhaltensweisen und psychische Problemlagen

Das Modul umfasst dreizehn Kriterien, deren Häufigkeit des Auftretens in den folgenden Kategorien mit den nachstehenden Einzelpunkten gewertet wird:

Ziffer	Kriterien	nie oder selten	selten (ein- bis dreimal innerhalb von zwei Wochen)	häufig (zweimal bis mehrmals wöchentlich, aber nicht täglich)	täglich
3.1	Motorisch geprägte Verhaltensauffälligkeiten	0	1	3	5
3.2	Nächtliche Unruhe	0	1	3	5
3.3	Selbstschädigendes und autoaggressives Verhalten	0	1	3	5
3.4	Beschädigen von Gegenständen	0	1	3	5
3.5	Physisch aggressives Verhalten gegenüber anderen Personen	0	1	3	5
3.6	Verbale Aggression	0	1	3	5
3.7	Andere pflegerelevante vokale Auffälligkeiten	0	1	3	5
3.8	Abwehr pflegerischer und anderer unterstützender Maßnahmen	0	1	3	5
3.9	Wahnvorstellungen	0	1	3	5
3.10	Ängste	0	1	3	5
3.11	Antriebslosigkeit bei depressiver Stimmungslage	0	1	3	5
3.12	Sozial inadäquate Verhaltensweisen	0	1	3	5
3.13	Sonstige pflegerelevante inadäquate Handlungen	0	1	3	5

VII

Modul 4: Einzelpunkte im Bereich der Selbstversorgung

Das Modul umfasst dreizehn Kriterien:

Einzelpunkte für die Kriterien der Ziffern 4.1 bis 4.12

Die Ausprägungen der Kriterien 4.1 bis 4.12 werden in den folgenden Kategorien mit den nachstehenden Punkten gewertet:

Ziffer	Kriterien	selbständig	überwiegend selbständig	überwiegend unselbständig	unselbständig
4.1	Waschen des vorderen Oberkörpers	0	1	2	3
4.2	Körperpflege im Bereich des Kopfes (Kämmen, Zahnpflege/Prothesenreinigung, Rasieren)	0	1	2	3
4.3	Waschen des Intimbereichs	0	1	2	3
4.4	Duschen und Baden einschließlich Waschen der Haare	0	1	2	3
4.5	An- und Auskleiden des Oberkörpers	0	1	2	3
4.6	An- und Auskleiden des Unterkörpers	0	1	2	3
4.7	Mundgerechtes Zubereiten der Nahrung und Eingießen von Getränken	0	1	2	3
4.8	Essen	0	3	6	9
4.9	Trinken	0	2	4	6
4.10	Benutzen einer Toilette oder eines Toilettenstuhls	0	2	4	6
4.11	Bewältigen der Folgen einer Harninkontinenz und Umgang mit Dauerkatheter und Urostoma	0	1	2	3
4.12	Bewältigen der Folgen einer Stuhlinkontinenz und Umgang mit Stoma	0	1	2	3

Die Ausprägungen des Kriteriums der Ziffer 4.8 sowie die Ausprägung der Kriterien der Ziffern 4.9 und 4.10 werden wegen ihrer besonderen Bedeutung für die pflegerische Versorgung stärker gewichtet.

Die Einzelpunkte für die Kriterien der Ziffern 4.11 und 4.12 gehen in die Berechnung nur ein, wenn bei der Begutachtung beim Versicherten darüber hinaus die Feststellung „überwiegend inkontinent" oder „vollständig inkontinent" getroffen wird oder eine künstliche Ableitung von Stuhl oder Harn erfolgt.

Einzelpunkte für das Kriterium der Ziffer 4.13

Die Ausprägungen des Kriteriums der Ziffer 4.13 werden in den folgenden Kategorien mit den nachstehenden Einzelpunkten gewertet:

Ziffer	Kriterium	entfällt	teilweise	vollständig
4.13	Ernährung parental oder über Sonde	0	6	3

Das Kriterium ist mit „entfällt" (0 Punkte) zu bewerten, wenn eine regelmäßige und tägliche parenterale Ernährung oder Sondenernährung auf Dauer, voraussichtlich für mindestens sechs Monate, nicht erforderlich ist. Kann die parenterale Ernährung oder Sondenernährung ohne Hilfe durch andere selbständig durchgeführt werden, werden ebenfalls keine Punkte vergeben.

Das Kriterium ist mit „teilweise" (6 Punkte) zu bewerten, wenn eine parenterale Ernährung oder Sondenernährung zur Vermeidung von Mangelernährung mit Hilfe täglich und zusätzlich zur oralen Aufnahme von Nahrung oder Flüssigkeit erfolgt.

Das Kriterium ist mit „vollständig" (3 Punkte) zu bewerten, wenn die Aufnahme von Nahrung oder Flüssigkeit ausschließlich oder nahezu ausschließlich parenteral oder über eine Sonde erfolgt.

Bei einer vollständigen parenteralen Ernährung oder Sondenernährung werden weniger Punkte vergeben als bei einer teilweisen parenteralen Ernährung oder Sondenernährung, da der oft hohe Aufwand zur Unterstützung bei der oralen Nahrungsaufnahme im Fall ausschließlich parenteraler oder Sondenernährung weitgehend entfällt.

Einzelpunkte für das Kriterium der Ziffer 4.K

Bei Kindern im Alter bis 18 Monate werden die Kriterien der Ziffern 4.1 bis 4.13 durch das Kriterium 4.K ersetzt und wie folgt gewertet:

Ziffer	Kriterium	Einzelpunkte
4.K	Bestehen gravierender Probleme bei der Nahrungsaufnahme bei Kindern bis zu 18 Monaten, die einen außergewöhnlich pflegeintensiven Hilfebedarf auslösen	20

Modul 5: Einzelpunkte im Bereich der Bewältigung von und des selbständigen Umgangs mit krankheits- oder therapiebedingten Anforderungen und Belastungen

Das Modul umfasst sechzehn Kriterien.

Einzelpunkte für die Kriterien der Ziffern 5.1 bis 5.7

Die durchschnittliche Häufigkeit der Maßnahmen pro Tag bei den Kriterien der Ziffern 5.1 bis 5.7 wird in den folgenden Kategorien mit den nachstehenden Einzelpunkten gewertet:

Ziffer	Kriterien in Bezug auf	entfällt oder selbständig	Anzahl der Maßnahmen pro Tag	Anzahl der Maßnahmen pro Woche	Anzahl der Maßnahmen pro Monat
5.1	Medikation	0			
5.2	Injektionen (subcutan oder intramuskulär)	0			
5.3	Versorgung intravenöser Zugänge (Port)	0			
5.4	Absaugen und Sauerstoffgabe	0			
5.5	Einreibungen oder Kälte- und Wärmeanwendungen	0			
5.6	Messung und Deutung von Körperzuständen	0			
5.7	Körpernahe Hilfsmittel	0			
Summe der Maßnahmen aus 5.1 bis 5.7		0			
Umrechnung in Maßnahmen pro Tag		0			

Einzelpunkte für die Kriterien der Ziffern 5.1 bis 5.7

Maßnahme pro Tag	keine oder seltener als einmal täglich	mindestens einmal bis maximal dreimal täglich	mehr als dreimal bis maximal achtmal täglich	mehr als achtmal täglich
Einzelpunkte	0	1	2	3

Für jedes der Kriterien 5.1 bis 5.7 wird zunächst die Anzahl der durchschnittlich durchgeführten Maßnahmen, die täglich und auf Dauer, voraussichtlich für mindestens sechs Monate, vorkommen, in der Spalte pro Tag, die Maßnahmen, die wöchentlich und auf Dauer, voraussichtlich für mindestens sechs Monate, vorkommen, in der Spalte pro Woche und die Maßnahmen, die monatlich und auf Dauer, voraussichtlich für mindestens sechs Monate, vorkommen, in der Spalte pro Monat erfasst. Berücksichtigt werden nur Maßnahmen, die vom Versicherten nicht selbständig durchgeführt werden können.

Die Zahl der durchschnittlich durchgeführten täglichen, wöchentlichen und monatlichen Maßnahmen wird für die Kriterien 5.1 bis 5.7 summiert (erfolgt zum Beispiel täglich dreimal eine Medikamentengabe – Kriterium 5.1 – und einmal Blutzuckermessen – Kriterium 5.6 –, entspricht dies vier Maßnahmen pro Tag). Diese Häufigkeit wird umgerechnet in einen Durchschnittswert pro Tag. Für die Umrechnung der Maßnahmen pro Monat in Maßnahmen pro Tag wird die Summe der Maßnahmen pro Monat durch 30 geteilt. Für die Umrechnung der Maßnahmen pro Woche in Maßnahmen pro Tag wird die Summe der Maßnahmen pro Woche durch 7 geteilt.

VII

Einzelpunkte für die Kriterien der Ziffern 5.8 bis 5.11

Die durchschnittliche Häufigkeit der Maßnahmen pro Tag bei den Kriterien der Ziffern 5.8 bis 5.11 wird in den folgenden Kategorien mit den nachstehenden Einzelpunkten gewertet:

Ziffer	Kriterien in Bezug auf	entfällt oder selbständig	Anzahl der Maßnahmen pro Tag	Anzahl der Maßnahmen pro Woche	Anzahl der Maßnahmen pro Monat
5.8	Verbandswechsel und Wundversorgung	0			
5.9	Versorgung mit Stoma	0			
5.10	Regelmäßige Einmalkatheterisierung und Nutzung von Abführmethoden	0			
5.11	Therapiemaßnahmen in häuslicher Umgebung	0			
Summe der Maßnahmen aus 5.8 bis 5.11		0			
Umrechnung in Maßnahmen pro Tag		0			

Einzelpunkte für die Kriterien der Ziffern 5.8 bis 5.11

Maßnahme pro Tag	keine oder seltener als einmal wöchentlich	ein- bis mehrmals wöchentlich	ein- bis unter dreimal täglich	mindestens dreimal täglich
Einzelpunkte	0	1	2	3

Für jedes der Kriterien 5.8 bis 5.11 wird zunächst die Anzahl der durchschnittlich durchgeführten Maßnahmen, die täglich und auf Dauer, voraussichtlich für mindestens sechs Monate, vorkommen, in der Spalte pro Tag, die Maßnahmen, die wöchentlich und auf Dauer, voraussichtlich für mindestens sechs Monate, vorkommen, in der Spalte pro Woche und die Maßnahmen, die monatlich und auf Dauer, voraussichtlich für mindestens sechs Monate, vorkommen, in der Spalte pro Monat erfasst. Berücksichtigt werden nur Maßnahmen, die vom Versicherten nicht selbständig durchgeführt werden können.

Die Zahl der durchschnittlich durchgeführten täglichen, wöchentlichen und monatlichen Maßnahmen wird für die Kriterien 5.8 bis 5.11 summiert. Diese Häufigkeit wird umgerechnet in einen Durchschnittswert pro Tag. Für die Umrechnung der Maßnahmen pro Monat in Maßnahmen pro Tag wird die Summe der Maßnahmen pro Monat durch 30 geteilt. Für die Umrechnung der Maßnahmen pro Woche in Maßnahmen pro Tag wird die Summe der Maßnahmen pro Woche durch 7 geteilt.

Einzelpunkte für die Kriterien der Ziffern 5.12 bis 5.K

Die durchschnittliche wöchentliche oder monatliche Häufigkeit von zeit- und technikintensiven Maßnahmen in häuslicher Umgebung, die auf Dauer, voraussichtlich für mindestens sechs Monate, vorkommen, wird in den folgenden Kategorien mit den nachstehenden Einzelpunkten gewertet:

Ziffer	Kriterium in Bezug auf	entfällt oder selbständig	täglich	wöchentliche Häufigkeit multipliziert mit	monatliche Häufigkeit multipliziert mit
5.12	Zeit- und technikintensive Maßnahmen in häuslicher Umgebung	0	60	8,6	2

Für das Kriterium der Ziffer 5.12 wird zunächst die Anzahl der regelmäßig und mit durchschnittlicher Häufigkeit durchgeführten Maßnahmen, die wöchentlich vorkommen, und die Anzahl der regelmäßig und mit durchschnittlicher Häufigkeit durchgeführten Maßnahmen, die monatlich vorkommen, erfasst. Kommen Maßnahmen regelmäßig täglich vor, werden 60 Punkte vergeben.

Jede regelmäßige wöchentliche Maßnahme wird mit 8,6 Punkten gewertet. Jede regelmäßige monatliche Maßnahme wird mit zwei Punkten gewertet.

Die durchschnittliche wöchentliche oder monatliche Häufigkeit der Kriterien der Ziffern 5.13 bis 5.K wird wie folgt erhoben und mit den nachstehenden Punkten gewertet:

Ziffer	Kriterien	entfällt oder selbständig	wöchentliche Häufigkeit multipliziert mit	monatliche Häufigkeit multipliziert mit
5.13	Arztbesuche	0	4,3	1
5.14	Besuch anderer medizinischer oder therapeutischer Einrichtungen (bis zu drei Stunden)	0	4,3	1

Ziffer	Kriterien	entfällt oder selbständig	wöchentliche Häufigkeit multipliziert mit	monatliche Häufigkeit multipliziert mit
5.15	Zeitlich ausgedehnte Besuche anderer medizinischer oder therapeutischer Einrichtungen (länger als drei Stunden)	0	8,6	2
5.K	Besuche von Einrichtungen zur Frühförderung bei Kindern	0	4,3	1

Für jedes der Kriterien der Ziffern 5.13 bis 5.K wird zunächst die Anzahl der regelmäßig und mit durchschnittlicher Häufigkeit durchgeführten Besuche, die wöchentlich und auf Dauer, voraussichtlich für mindestens sechs Monate, vorkommen, und die Anzahl der regelmäßig und mit durchschnittlicher Häufigkeit durchgeführten Besuche, die monatlich und auf Dauer, voraussichtlich für mindestens sechs Monate, vorkommen, erfasst. Jeder regelmäßige monatliche Besuch wird mit einem Punkt gewertet. Jeder regelmäßige wöchentliche Besuch wird mit 4,3 Punkten gewertet. Handelt es sich um zeitlich ausgedehnte Arztbesuche oder Besuche von anderen medizinischen oder therapeutischen Einrichtungen, werden sie doppelt gewertet.

Die Punkte der Kriterien 5.12 bis 5.15 – bei Kindern bis 5.K – werden addiert. Die Kriterien der Ziffern 5.12 bis 5.15 – bei Kindern bis 5.K – werden anhand der Summe der so erreichten Punkte mit den nachstehenden Einzelpunkten gewertet:

Summe	Einzelpunkte
0 bis unter 4,3	0
4,3 bis unter 8,6	1
8,6 bis unter 12,9	2
12,9 bis unter 60	3
60 und mehr	6

Einzelpunkte für das Kriterium der Ziffer 5.16

Die Ausprägungen des Kriteriums der Ziffer 5.16 werden in den folgenden Kategorien mit den nachstehenden Einzelpunkten gewertet:

Ziffer	Kriterien	entfällt oder selbständig	überwiegend selbständig	überwiegend unselbständig	unselbständig
5.16	Einhaltung einer Diät und anderer krankheits- oder therapiebedingter Verhaltensvorschriften	0	1	2	3

Modul 6: Einzelpunkte im Bereich der Gestaltung des Alltagslebens und sozialer Kontakte

Das Modul umfasst sechs Kriterien, deren Ausprägungen in den folgenden Kategorien mit den nachstehenden Punkten gewertet werden:

Ziffer	Kriterien	selbständig	überwiegend selbständig	überwiegend unselbständig	unselbständig
6.1	Gestaltung des Tagesablaufs und Anpassung an Veränderungen	0	1	2	3
6.2	Ruhen und Schlafen	0	1	2	3
6.3	Sichbeschäftigen	0	1	2	3
6.4	Vornehmen von in die Zukunft gerichteten Planungen	0	1	2	3
6.5	Interaktion mit Personen im direkten Kontakt	0	1	2	3
6.6	Kontaktpflege zu Personen außerhalb des direkten Umfelds	0	1	2	3

Anlage 2
(zu § 15)

Bewertungssystematik (Summe der Punkte und gewichtete Punkte)
Schweregrad der Beeinträchtigungen der Selbständigkeit oder der Fähigkeiten im Modul

	Module	Gewichtung	0 Keine	1 Geringe	2 Erhebliche	3 Schwere	4 Schwerste	
1	Mobilität	**10 %**	0 – 1	2 – 3	4 – 5	6 – 9	10 – 15	Summe der Einzelpunkte im Modul 1
			0	**2,5**	**5**	**7,5**	**10**	**Gewichtete Punkte im Modul 1**
2	Kognitive und kommunikative Fähigkeiten	**15 %**	0 – 1	2 – 5	6 – 10	11 – 16	17 – 33	Summe der Einzelpunkte im Modul 2
3	Verhaltensweisen und psychische Problemlagen		0	1 – 2	3 – 4	5 – 6	7 – 65	Summe der Einzelpunkte im Modul 3
	Höchster Wert aus Modul 2 oder Modul 3		**0**	**3,75**	**7,5**	**11,25**	**15**	**Gewichtete Punkte für die Module 2 und 3**
4	Selbstversorgung	**40 %**	0 – 2	3 – 7	8 – 18	19 – 36	37 – 54	Summe der Einzelpunkte im Modul 4
			0	**10**	**20**	**30**	**40**	**Gewichtete Punkte im Modul 4**
5	Bewältigung von und selbständiger Umgang mit krankheits- oder therapiebedingten Anforderungen und Belastungen	**20 %**	0	1	2 –3	4 – 5	6 – 15	Summe der Einzelpunkte im Modul 5
			0	**5**	**10**	**15**	**20**	**Gewichtete Punkte im Modul 5**
6	Gestaltung des Alltagslebens und sozialer Kontakte	**15 %**	0	1 – 3	4 – 6	7 – 11	12 – 18	Summe der Einzelpunkte im Modul 6
			0	**3,75**	**7,5**	**11,25**	**15**	**Gewichtete Punkte im Modul 6**
7	Außerhäusliche Aktivitäten		Die Berechnung einer Modulbewertung ist entbehrlich, da die Darstellung der qualitativen Ausprägungen bei den einzelnen Kriterien ausreichend ist, um Anhaltspunkte für eine Versorgungs- und Pflegeplanung ableiten zu können.					
8	Haushaltsführung							

VII

Sozialgesetzbuch (SGB) Zwölftes Buch (XII) – Sozialhilfe – (SGB XII)

Vom 27. Dezember 2003 (BGBl. I S. 3022, 2004 S. 3305)

Zuletzt geändert durch
Gesetz zur Anpassung des Zwölften und des Vierzehnten Buches Sozialgesetzbuch und weiterer Gesetze
vom 22. Dezember 2023 (BGBl. I Nr. 408)

Inhaltsübersicht

Erstes Kapitel
Allgemeine Vorschriften

§ 1 Aufgabe der Sozialhilfe
§ 2 Nachrang der Sozialhilfe
§ 3 Träger der Sozialhilfe
§ 4 Zusammenarbeit
§ 5 Verhältnis zur freien Wohlfahrtspflege
§ 6 Fachkräfte
§ 7 Aufgabe der Länder

Zweites Kapitel
Leistungen der Sozialhilfe

Erster Abschnitt
Grundsätze der Leistungen

§ 8 Leistungen
§ 9 Sozialhilfe nach der Besonderheit des Einzelfalles
§ 10 Leistungsformen
§ 11 Beratung und Unterstützung
§ 12 Vorbereitung für die Aufnahme einer Tätigkeit und Vereinbarung
§ 13 Leistungen für Einrichtungen, Vorrang anderer Leistungen
§ 14 (weggefallen)
§ 15 Vorbeugende und nachgehende Leistungen
§ 16 Familiengerechte Leistungen

Zweiter Abschnitt
Anspruch auf Leistungen

§ 17 Anspruch
§ 18 Einsetzen der Sozialhilfe
§ 19 Leistungsberechtigte
§ 20 Eheähnliche Gemeinschaft
§ 21 Sonderregelung für Leistungsberechtigte nach dem Zweiten Buch
§ 22 Sonderregelungen für Auszubildende
§ 23 Sozialhilfe für Ausländerinnen und Ausländer
§ 24 Sozialhilfe für Deutsche im Ausland
§ 25 Erstattung von Aufwendungen anderer
§ 26 Einschränkung, Aufrechnung

Drittes Kapitel
Hilfe zum Lebensunterhalt

Erster Abschnitt
Leistungsberechtigte, notwendiger Lebensunterhalt, Regelbedarfe und Regelsätze

§ 27 Leistungsberechtigte
§ 27a Notwendiger Lebensunterhalt, Regelbedarfe und Regelsätze
§ 27b Notwendiger Lebensunterhalt in Einrichtungen
§ 27c Sonderregelung für den Lebensunterhalt
§ 28 Ermittlung der Regelbedarfe
§ 28a Fortschreibung der Regelbedarfsstufen
§ 29 Festsetzung und Fortschreibung der Regelsätze

Zweiter Abschnitt
Zusätzliche Bedarfe

§ 30 Mehrbedarf
§ 31 Einmalige Bedarfe
§ 32 Bedarfe für eine Kranken- und Pflegeversicherung
§ 32a Zeitliche Zuordnung und Zahlung von Beiträgen für eine Kranken- und Pflegeversicherung
§ 33 Bedarfe für die Vorsorge

Dritter Abschnitt
Bildung und Teilhabe

§ 34 Bedarfe für Bildung und Teilhabe
§ 34a Erbringung der Leistungen für Bildung und Teilhabe
§ 34b Berechtigte Selbsthilfe
§ 34c Zuständigkeit

Vierter Abschnitt
Bedarfe für Unterkunft und Heizung

§ 35 Bedarfe für Unterkunft und Heizung
§ 35a Aufwendungen für Instandhaltung und Reparatur, Aufwendungen bei Wohnungswechsel, Direktzahlung
§ 35b Satzung
§ 36 Sonstige Hilfen zur Sicherung der Unterkunft

Fünfter Abschnitt
Gewährung von Darlehen

§ 37 Ergänzende Darlehen
§ 37a Darlehen bei am Monatsende fälligen Einkünften
§ 38 Darlehen bei vorübergehender Notlage

Sechster Abschnitt
Einschränkung von Leistungsberechtigung und -umfang

§ 39 Vermutung der Bedarfsdeckung

Siebter Abschnitt
Verordnungsermächtigung

§ 40 Verordnungsermächtigung

Viertes Kapitel
Grundsicherung im Alter und bei Erwerbsminderung

Erster Abschnitt
Grundsätze

§ 41 Leistungsberechtigte
§ 41a Vorübergehender Auslandsaufenthalt
§ 42 Bedarfe
§ 42a Bedarfe für Unterkunft und Heizung
§ 42b Mehrbedarfe
§ 43 Einsatz von Einkommen und Vermögen

Zweiter Abschnitt
Verfahrensbestimmungen

§ 43a Gesamtbedarf, Zahlungsanspruch und Direktzahlung
§ 44 Antragserfordernis, Erbringung von Geldleistungen, Bewilligungszeitraum
§ 44a Vorläufige Entscheidung
§ 44b Aufrechnung, Verrechnung
§ 44c Erstattungsansprüche zwischen Trägern
§ 45 Feststellung der dauerhaften vollen Erwerbsminderung
§ 45a Ermittlung der durchschnittlichen Warmmiete
§ 46 Zusammenarbeit mit den Trägern der Rentenversicherung

Dritter Abschnitt
Erstattung und Zuständigkeit

§ 46a Erstattung durch den Bund
§ 46b Zuständigkeit

Fünftes Kapitel
Hilfen zur Gesundheit

§ 47 Vorbeugende Gesundheitshilfe
§ 48 Hilfe bei Krankheit
§ 49 Hilfe zur Familienplanung
§ 50 Hilfe bei Schwangerschaft und Mutterschaft
§ 51 Hilfe bei Sterilisation
§ 52 Leistungserbringung, Vergütung

Sechstes Kapitel
(weggefallen)

§§ 53 bis 60a (weggefallen)

Siebtes Kapitel
Hilfe zur Pflege

§ 61 Leistungsberechtigte
§ 61a Begriff der Pflegebedürftigkeit
§ 61b Pflegegrade
§ 61c Pflegegrade bei Kindern
§ 62 Ermittlung des Grades der Pflegebedürftigkeit
§ 62a Bindungswirkung
§ 63 Leistungen für Pflegebedürftige
§ 63a Notwendiger pflegerischer Bedarf
§ 63b Leistungskonkurrenz
§ 64 Vorrang
§ 64a Pflegegeld
§ 64b Häusliche Pflegehilfe
§ 64c Verhinderungspflege
§ 64d Pflegehilfsmittel
§ 64e Maßnahmen zur Verbesserung des Wohnumfeldes
§ 64f Andere Leistungen
§ 64g Teilstationäre Pflege
§ 64h Kurzzeitpflege
§ 64i Entlastungsbetrag bei den Pflegegraden 2, 3, 4 oder 5
§ 64j Digitale Pflegeanwendungen
§ 64k Ergänzende Unterstützung bei Nutzung von digitalen Pflegeanwendungen
§ 65 Stationäre Pflege
§ 66 Entlastungsbetrag bei Pflegegrad 1
§ 66a Sonderregelungen zum Einsatz von Vermögen

Achtes Kapitel
Hilfe zur Überwindung besonderer sozialer Schwierigkeiten

§ 67 Leistungsberechtigte
§ 68 Umfang der Leistungen
§ 69 Verordnungsermächtigung

Neuntes Kapitel
Hilfe in anderen Lebenslagen

§ 70 Hilfe zur Weiterführung des Haushalts
§ 71 Altenhilfe
§ 72 Blindenhilfe
§ 73 Hilfe in sonstigen Lebenslagen
§ 74 Bestattungskosten

Zehntes Kapitel
Vertragsrecht

§ 75 Allgemeine Grundsätze
§ 76 Inhalt der Vereinbarungen
§ 76a Zugelassene Pflegeeinrichtungen
§ 77 Verfahren und Inkrafttreten der Vereinbarung
§ 77a Verbindlichkeit der vereinbarten Vergütung
§ 78 Wirtschaftlichkeits- und Qualitätsprüfung
§ 79 Kürzung der Vergütung
§ 79a Außerordentliche Kündigung der Vereinbarungen
§ 80 Rahmenverträge
§ 81 Schiedsstelle

Elftes Kapitel
Einsatz des Einkommens und des Vermögens

Erster Abschnitt
Einkommen

§ 82 Begriff des Einkommens
§ 82a Freibetrag für Personen mit Grundrentenzeiten oder entsprechenden Zeiten aus anderweitigen Alterssicherungssystemen
§ 83 Nach Zweck und Inhalt bestimmte Leistungen
§ 84 Zuwendungen

Zweiter Abschnitt
Einkommensgrenzen für die Leistungen nach dem Fünften bis Neunten Kapitel

§ 85 Einkommensgrenze
§ 86 Abweichender Grundbetrag
§ 87 Einsatz des Einkommens über der Einkommensgrenze
§ 88 Einsatz des Einkommens unter der Einkommensgrenze
§ 89 Einsatz des Einkommens bei mehrfachem Bedarf

Dritter Abschnitt
Vermögen

§ 90 Einzusetzendes Vermögen
§ 91 Darlehen

Vierter Abschnitt
Einschränkung der Anrechnung

§ 92 Beschränkung des Einkommenseinsatzes auf die häusliche Ersparnis

Fünfter Abschnitt
Verpflichtungen anderer

§ 93 Übergang von Ansprüchen
§ 94 Übergang von Ansprüchen gegen einen nach bürgerlichem Recht Unterhaltspflichtigen
§ 95 Feststellung der Sozialleistungen

Sechster Abschnitt
Verordnungsermächtigungen

§ 96 Verordnungsermächtigungen

Zwölftes Kapitel
Zuständigkeit der Träger der Sozialhilfe

Erster Abschnitt
Sachliche und örtliche Zuständigkeit

§ 97 Sachliche Zuständigkeit
§ 98 Örtliche Zuständigkeit
§ 99 Vorbehalt abweichender Durchführung

Zweiter Abschnitt
Sonderbestimmungen

§ 100 (weggefallen)
§ 101 Behördenbestimmung und Stadtstaaten-Klausel

Dreizehntes Kapitel
Kosten

Erster Abschnitt
Kostenersatz

§ 102 Kostenersatz durch Erben
§ 102a Rücküberweisung und Erstattung im Todesfall
§ 103 Kostenersatz bei schuldhaftem Verhalten
§ 104 Kostenersatz für zu Unrecht erbrachte Leistungen
§ 105 Kostenersatz bei Doppelleistungen

Zweiter Abschnitt
Kostenerstattung zwischen den Trägern der Sozialhilfe

§ 106 Kostenerstattung bei Aufenthalt in einer Einrichtung
§ 107 Kostenerstattung bei Unterbringung in einer anderen Familie
§ 108 Kostenerstattung bei Einreise aus dem Ausland
§ 109 Ausschluss des gewöhnlichen Aufenthalts
§ 110 Umfang der Kostenerstattung
§ 111 Verjährung
§ 112 Kostenerstattung auf Landesebene

Dritter Abschnitt
Sonstige Regelungen

§ 113 Vorrang der Erstattungsansprüche
§ 114 Ersatzansprüche der Träger der Sozialhilfe nach sonstigen Vorschriften
§ 115 Übergangsregelung für die Kostenerstattung bei Einreise aus dem Ausland

Vierzehntes Kapitel
Verfahrensbestimmungen

§ 116 Beteiligung sozial erfahrener Dritter
§ 116a Rücknahme von Verwaltungsakten
§ 117 Pflicht zur Auskunft
§ 118 Überprüfung, Verwaltungshilfe
§ 119 Wissenschaftliche Forschung im Auftrag des Bundes
§ 120 Verordnungsermächtigung

Fünfzehntes Kapitel
Statistik

Erster Abschnitt
Bundesstatistik für das Dritte und Fünfte bis Neunte Kapitel

§ 121 Bundesstatistik für das Dritte und Fünfte bis Neunte Kapitel
§ 122 Erhebungsmerkmale
§ 123 Hilfsmerkmale
§ 124 Periodizität, Berichtszeitraum und Berichtszeitpunkte
§ 125 Auskunftspflicht
§ 126 Übermittlung, Veröffentlichung
§ 127 Übermittlung an Kommunen
§ 128 Zusatzerhebungen

Zweiter Abschnitt
Bundesstatistik für das Vierte Kapitel

§ 128a Bundesstatistik für das Vierte Kapitel
§ 128b Persönliche Merkmale
§ 128c Art und Höhe der Bedarfe
§ 128d Art und Höhe der angerechneten Einkommen und abgesetzten Beträge
§ 128e Hilfsmerkmale
§ 128f Periodizität, Berichtszeitraum und Berichtszeitpunkte
§ 128g Auskunftspflicht
§ 128h Datenübermittlung, Veröffentlichung

Dritter Abschnitt
Verordnungsermächtigung

§ 129 Verordnungsermächtigung

Sechzehntes Kapitel
Übergangs- und Schlussbestimmungen

§ 130 Übergangsregelung für ambulant Betreute
§ 131 Übergangsregelung aus Anlass des Wohngeld-Plus-Gesetzes
§ 132 Übergangsregelung zur Sozialhilfegewährung für Deutsche im Ausland
§ 133 Übergangsregelung für besondere Hilfen an Deutsche nach Artikel 116 Abs. 1 des Grundgesetzes
§ 133a Übergangsregelung für Hilfeempfänger in Einrichtungen
§ 133b Übergangsregelung zu Bedarfen für Unterkunft und Heizung
§ 134 Fortschreibung der Regelbedarfsstufen zum 1. Januar 2023
§ 135 Übergangsregelung aus Anlass des Zweiten Rechtsbereinigungsgesetzes
§ 136 Erstattung des Barbetrags durch den Bund in den Jahren 2017 bis 2019
§ 136a Erstattung des Barbetrags durch den Bund ab dem Jahr 2020
§ 137 Überleitung in Pflegegrade zum 1. Januar 2017
§ 138 Übergangsregelung für Pflegebedürftige aus Anlass des Dritten Pflegestärkungsgesetzes
§ 139 Übergangsregelung für Bedarfe für Unterkunft und Heizung ab dem Jahr 2020
§ 140 Übergangsregelung für die Bedarfe für Unterkunft während der Karenzzeit
§ 141 Übergangsregelung aus Anlass der COVID-19-Pandemie; Verordnungsermächtigung
§ 142 Verpflegung in Gemeinschaftsunterkünften
§ 143 Übergangsregelung zum Freibetrag für Grundrentenzeiten und vergleichbare Zeiten
§ 144 Einmalzahlung für den Monat Juli 2022
§ 145 Sofortzuschlag
§ 146 Sozialhilfe für Ausländerinnen und Ausländer mit einem Aufenthaltstitel nach § 24 des Aufenthaltsgesetzes oder einer entsprechenden Fiktionsbescheinigung
§ 147 Übergangsregelung aus Anlass des Gesetzes zur Regelung des Sozialen Entschädigungsrechts

Anlage
(zu § 28)

Anlage
(zu § 34)

VII

Erstes Kapitel
Allgemeine Vorschriften

§ 1 Aufgabe der Sozialhilfe

1Aufgabe der Sozialhilfe ist es, den Leistungsberechtigten die Führung eines Lebens zu ermöglichen, das der Würde des Menschen entspricht. 2Die Leistung soll sie so weit wie möglich befähigen, unabhängig von ihr zu leben; darauf haben auch die Leistungsberechtigten nach ihren Kräften hinzuarbeiten. 3Zur Erreichung dieser Ziele haben die Leistungsberechtigten und die Träger der Sozialhilfe im Rahmen ihrer Rechte und Pflichten zusammenzuwirken.

§ 2 Nachrang der Sozialhilfe

(1) Sozialhilfe erhält nicht, wer sich vor allem durch Einsatz seiner Arbeitskraft, seines Einkommens und seines Vermögens selbst helfen kann oder wer die erforderliche Leistung von anderen, insbesondere von Angehörigen oder von Trägern anderer Sozialleistungen, erhält.

(2) 1Verpflichtungen anderer, insbesondere Unterhaltspflichtiger oder der Träger anderer Sozialleistungen, bleiben unberührt. 2Auf Rechtsvorschriften beruhende Leistungen anderer dürfen nicht deshalb versagt werden, weil nach dem Recht der Sozialhilfe entsprechende Leistungen vorgesehen sind.

§ 3 Träger der Sozialhilfe

(1) Die Sozialhilfe wird von örtlichen und überörtlichen Trägern geleistet.

(2) 1Örtliche Träger der Sozialhilfe sind die kreisfreien Städte und die Kreise, soweit nicht nach Landesrecht etwas anderes bestimmt wird. 2Bei der Bestimmung durch Landesrecht ist zu gewährleisten, dass die zukünftigen örtlichen Träger mit der Übertragung dieser Aufgaben einverstanden sind, nach ihrer Leistungsfähigkeit zur Erfüllung der Aufgaben nach diesem Buch geeignet sind und dass die Erfüllung dieser Aufgaben in dem gesamten Kreisgebiet sichergestellt ist.

(3) Die Länder bestimmen die überörtlichen Träger der Sozialhilfe.

§ 4 Zusammenarbeit

(1) 1Die Träger der Sozialhilfe arbeiten mit anderen Stellen, deren gesetzliche Aufgaben dem gleichen Ziel dienen oder die an Leistungen beteiligt sind oder beteiligt werden sollen, zusammen, insbesondere mit den Trägern von Leistungen nach dem Zweiten, dem Achten, dem Neunten und dem Elften Buch, sowie mit anderen Trägern von Sozialleistungen und mit Verbänden. 2Darüber hinaus sollen die Träger der Sozialhilfe gemeinsam mit den Beteiligten der Pflegestützpunkte nach § 7c des Elften Buches alle für die wohnortnahe Versorgung und Betreuung in Betracht kommenden Hilfe- und Unterstützungsangebote koordinieren. 3Die Rahmenverträge nach § 7a Absatz 7 des Elften Buches sind zu berücksichtigen und die Empfehlungen nach § 8a des Elften Buches sollen berücksichtigt werden.

(2) Ist die Beratung und Sicherung der gleichmäßigen, gemeinsamen oder ergänzenden Erbringung von Leistungen geboten, sollen zu diesem Zweck Arbeitsgemeinschaften gebildet werden.

(3) Soweit eine Verarbeitung personenbezogener Daten erfolgt, ist das Nähere in einer Vereinbarung zu regeln.

§ 5 Verhältnis zur freien Wohlfahrtspflege

(1) Die Stellung der Kirchen und Religionsgesellschaften des öffentlichen Rechts sowie der Verbände der freien Wohlfahrtspflege als Träger eigener sozialer Aufgaben und ihre Tätigkeit zur Erfüllung dieser Aufgaben werden durch dieses Buch nicht berührt.

(2) 1Die Träger der Sozialhilfe sollen bei der Durchführung dieses Buches mit den Kirchen und Religionsgesellschaften des öffentlichen Rechts sowie den Verbänden der freien Wohlfahrtspflege zusammenarbeiten. 2Sie achten dabei deren Selbständigkeit in Zielsetzung und Durchführung ihrer Aufgaben.

(3) 1Die Zusammenarbeit soll darauf gerichtet sein, dass sich die Sozialhilfe und die Tätigkeit der freien Wohlfahrtspflege zum Wohle der Leistungsberechtigten wirksam ergänzen. 2Die Träger der Sozialhilfe sollen die Verbände der freien Wohlfahrtspflege in ihrer Tätigkeit auf dem Gebiet der Sozialhilfe angemessen unterstützen.

(4) 1Wird die Leistung im Einzelfall durch die freie Wohlfahrtspflege erbracht, sollen die Träger der Sozialhilfe von der Durchführung eigener Maßnahmen absehen. 2Dies gilt nicht für die Erbringung von Geldleistungen.

(5) 1Die Träger der Sozialhilfe können allgemein an der Durchführung ihrer Aufgaben nach diesem Buch die Verbände der freien Wohlfahrtspflege beteiligen oder ihnen die Durchführung solcher Aufgaben übertragen, wenn die Verbände mit der Beteiligung oder Übertragung einverstanden sind. 2Die Träger der Sozialhilfe bleiben den Leistungsberechtigten gegenüber verantwortlich.

(6) § 4 Abs. 3 findet entsprechende Anwendung.

§ 6 Fachkräfte

(1) Bei der Durchführung der Aufgaben dieses Buches werden Personen beschäftigt, die sich hierfür nach ihrer Persönlichkeit eignen und in der Regel entweder eine ihren Aufgaben entsprechende Ausbildung erhalten haben oder über vergleichbare Erfahrungen verfügen.

(2) 1Die Träger der Sozialhilfe gewährleisten für die Erfüllung ihrer Aufgaben eine angemessene fachliche Fortbildung ihrer Fachkräfte. 2Diese umfasst auch die Durchführung von Dienstleistungen, insbesondere von Beratung und Unterstützung.

§ 7 Aufgabe der Länder

1Die obersten Landesbehörden unterstützten die Träger der Sozialhilfe bei der Durchführung ihrer Aufgaben nach diesem Buch. 2Dabei sollen sie insbesondere den Erfahrungsaustausch zwischen den Trägern der Sozialhilfe sowie die Entwicklung und Durchführung von Instrumenten der Dienstleistungen, der zielgerichteten Erbringung und Überprüfung von Leistungen und der Qualitätssicherung fördern.

Zweites Kapitel
Leistungen der Sozialhilfe

Erster Abschnitt
Grundsätze der Leistungen

§ 8 Leistungen

Die Sozialhilfe umfasst:

1. Hilfe zum Lebensunterhalt (§§ 27 bis 40),
2. Grundsicherung im Alter und bei Erwerbsminderung (§§ 41 bis 46b),

3. Hilfen zur Gesundheit (§§ 47 bis 52),
4. Hilfe zur Pflege (§§ 61 bis 66a),
5. Hilfe zur Überwindung besonderer sozialer Schwierigkeiten (§§ 67 bis 69),
6. Hilfe in anderen Lebenslagen (§§ 70 bis 74)

sowie die jeweils gebotene Beratung und Unterstützung.

§ 9 Sozialhilfe nach der Besonderheit des Einzelfalles

(1) Die Leistungen richten sich nach der Besonderheit des Einzelfalles, insbesondere nach der Art des Bedarfs, den örtlichen Verhältnissen, den eigenen Kräften und Mitteln der Person oder des Haushalts bei der Hilfe zum Lebensunterhalt.

(2) 1Wünschen der Leistungsberechtigten, die sich auf die Gestaltung der Leistung richten, soll entsprochen werden, soweit sie angemessen sind. 2Wünschen der Leistungsberechtigten, den Bedarf stationär oder teilstationär zu decken, soll nur entsprochen werden, wenn dies nach der Besonderheit des Einzelfalles erforderlich ist, weil anders der Bedarf nicht oder nicht ausreichend gedeckt werden kann und wenn mit der Einrichtung Vereinbarungen nach den Vorschriften des Zehnten Kapitels dieses Buches bestehen. 3Der Träger der Sozialhilfe soll in der Regel Wünschen nicht entsprechen, deren Erfüllung mit unverhältnismäßigen Mehrkosten verbunden wäre.

(3) Auf Wunsch der Leistungsberechtigten sollen sie in einer Einrichtung untergebracht werden, in der sie durch Geistliche ihres Bekenntnisses betreut werden können.

§ 10 Leistungsformen

(1) Die Leistungen werden erbracht in Form von

1. Dienstleistungen,
2. Geldleistungen und
3. Sachleistungen.

(2) Zur Dienstleistung gehören insbesondere die Beratung in Fragen der Sozialhilfe und die Beratung und Unterstützung in sonstigen sozialen Angelegenheiten.

(3) Geldleistungen haben Vorrang vor Gutscheinen oder Sachleistungen, soweit dieses Buch nicht etwas anderes bestimmt oder mit Gutscheinen oder Sachleistungen das Ziel der Sozialhilfe erheblich besser oder wirtschaftlicher erreicht werden kann oder die Leistungsberechtigten es wünschen.

§ 11 Beratung und Unterstützung

(1) Zur Erfüllung der Aufgaben dieses Buches werden die Leistungsberechtigten beraten und, soweit erforderlich, unterstützt.

(2) 1Die Beratung betrifft die persönliche Situation, den Bedarf sowie die eigenen Kräfte und Mittel sowie die mögliche Stärkung der Selbsthilfe zur aktiven Teilnahme am Leben in der Gemeinschaft und zur Überwindung der Notlage. 2Die aktive Teilnahme am Leben in der Gemeinschaft umfasst auch ein gesellschaftliches Engagement. 3Zur Überwindung der Notlage gehört auch, die Leistungsberechtigten für den Erhalt von Sozialleistungen zu befähigen. 4Die Beratung umfasst auch eine gebotene Budgetberatung nach § 29 des Neunten Buches. 5Leistungsberechtigte nach dem Dritten und Vierten Kapitel erhalten die gebotene Beratung für den Umgang mit dem durch den Regelsatz zur Verfügung gestellten monatlichen Pauschalbetrag (§ 27a Absatz 3 Satz 2).

(3) 1Die Unterstützung umfasst Hinweise und, soweit erforderlich, die Vorbereitung von Kontakten mit und die Begleitung zu sozialen Diensten sowie zu Möglichkeiten der aktiven Teilnahme am Leben in der Gemeinschaft unter Einschluss des gesellschaftlichen Engagements. 2Soweit Leistungsberechtigte den Wunsch äußern, einer Tätigkeit nachgehen zu wollen, umfasst die Unterstützung nach Maßgabe des § 12 Absatz 1 auch die Vorbereitung sowie zusätzlich die Begleitung der Leistungsberechtigten. 3Äußern Leistungsberechtigte nach Satz 2 den Wunsch, durch die Aufnahme einer zumutbaren Tätigkeit Einkommen zu erzielen, können sie hierbei durch Angebote von geeigneten Maßnahmen für eine erforderliche Vorbereitung unterstützt werden.

(4) 1Auf die Möglichkeit der Beratung und Unterstützung durch Verbände der freien Wohlfahrtspflege, durch Angehörige der rechtsberatenden Berufe und durch sonstige Stellen ist hinzuweisen. 2Ist die Beratung durch eine Schuldnerberatungsstelle oder andere Fachberatungsstellen geboten, ist auf ihre Inanspruchnahme hinzuwirken. 3Angemessene Kosten einer Beratung nach Satz 2 sollen übernommen werden, wenn eine Lebenslage, die Leistungen der Hilfe zum Lebensunterhalt erforderlich macht oder erwarten lässt, sonst nicht überwunden werden kann; in anderen Fällen können Kosten übernommen werden. 4Die Kostenübernahme kann auch in Form einer pauschalierten Abgeltung der Leistung der Schuldnerberatungsstelle oder anderer Fachberatungsstellen erfolgen.

§ 12 Vorbereitung für die Aufnahme einer Tätigkeit und Vereinbarung

(1) 1Die erforderlichen Vorbereitungen für die Aufnahme einer Tätigkeit nach § 11 Absatz 3 Satz 2 und 3 können insbesondere Maßnahmen umfassen, die geeignet und angemessen sind, Einschränkungen der Leistungsberechtigten aufgrund einer vollen Erwerbsminderung, einer Krankheit, einer Behinderung oder einer Pflegebedürftigkeit soweit auszugleichen oder zu vermindern, dass sie der Ausübung einer Tätigkeit nicht entgegenstehen. 2Satz 1 gilt entsprechend bei Einschränkungen, die sich für die Leistungsberechtigten aus der Pflege eines Angehörigen ergeben. 3Maßnahmen nach Satz 1 können auch die Vermittlung der Betreuung eines Kindes in einer Tageseinrichtung oder in Tagespflege im Sinne der Vorschriften des Achten Buches umfassen.

(2) 1Stimmt die leistungsberechtigte Person zu, kann der zuständige Träger der Sozialhilfe mit der leistungsberechtigten Person eine unverbindliche schriftliche Vereinbarung über die angestrebte Tätigkeit, die zur Erreichung hierfür als erforderlich angesehene Unterstützung nach § 11 Absatz 3 sowie die unterstützenden Maßnahmen nach Absatz 1 treffen. 2Wird eine Vereinbarung nach Satz 1 getroffen, so soll diese in geeignetem zeitlichem Abstand gemeinsam überprüft und gegebenenfalls angepasst werden; dies umfasst auch die Überprüfung der Erreichbarkeit des angestrebten Ziels.

§ 13 Leistungen für Einrichtungen, Vorrang anderer Leistungen

(1) 1Die Leistungen nach dem Fünften bis Neunten Kapitel können entsprechend den Erfordernissen des Ein-

zelfalles für die Deckung des Bedarfs außerhalb von Einrichtungen (ambulante Leistungen), für teilstationäre oder stationäre Einrichtungen (teilstationäre oder stationäre Leistungen) erbracht werden. 2Vorrang haben ambulante Leistungen vor teilstationären und stationären Leistungen sowie teilstationäre vor stationären Leistungen. 3Der Vorrang der ambulanten Leistung gilt nicht, wenn eine Leistung für eine geeignete stationäre Einrichtung zumutbar und eine ambulante Leistung mit unverhältnismäßigen Mehrkosten verbunden ist. 4Bei der Entscheidung ist zunächst die Zumutbarkeit zu prüfen. 5Dabei sind die persönlichen, familiären und örtlichen Umstände angemessen zu berücksichtigen. 6Bei Unzumutbarkeit ist ein Kostenvergleich nicht vorzunehmen.

(2) Einrichtungen im Sinne des Absatzes 1 sind alle Einrichtungen, die der Pflege, der Behandlung oder sonstigen nach diesem Buch zu deckenden Bedarfe oder der Erziehung dienen.

§ 14 (weggefallen)

§ 15 Vorbeugende und nachgehende Leistungen

(1) 1Die Sozialhilfe soll vorbeugend geleistet werden, wenn dadurch eine drohende Notlage ganz oder teilweise abgewendet werden kann. 2§ 47 ist vorrangig anzuwenden.

(2) Die Sozialhilfe soll auch nach Beseitigung einer Notlage geleistet werden, wenn dies geboten ist, um die Wirksamkeit der zuvor erbrachten Leistung zu sichern.

§ 16 Familiengerechte Leistungen

1Bei Leistungen der Sozialhilfe sollen die besonderen Verhältnisse in der Familie der Leistungsberechtigten berücksichtigt werden. 2Die Sozialhilfe soll die Kräfte der Familie zur Selbsthilfe anregen und den Zusammenhalt der Familie festigen.

Zweiter Abschnitt
Anspruch auf Leistungen

§ 17 Anspruch

(1) 1Auf Sozialhilfe besteht ein Anspruch, soweit bestimmt wird, dass die Leistung zu erbringen ist. 2Der Anspruch kann nicht übertragen, verpfändet oder gepfändet werden.

(2) 1Über Art und Maß der Leistungserbringung ist nach pflichtgemäßem Ermessen zu entscheiden, soweit das Ermessen nicht ausgeschlossen wird. 2Werden Leistungen auf Grund von Ermessensentscheidungen erbracht, sind die Entscheidungen im Hinblick auf die sie tragenden Gründe und Ziele zu überprüfen und im Einzelfall gegebenenfalls abzuändern.

§ 18 Einsetzen der Sozialhilfe

(1) Die Sozialhilfe, mit Ausnahme der Leistungen der Grundsicherung im Alter und bei Erwerbsminderung, setzt ein, sobald dem Träger der Sozialhilfe oder den von ihm beauftragten Stellen bekannt wird, dass die Voraussetzungen für die Leistung vorliegen.

(2) 1Wird einem nicht zuständigen Träger der Sozialhilfe oder einer nicht zuständigen Gemeinde im Einzelfall bekannt, dass Sozialhilfe beansprucht wird, so sind die darüber bekannten Umstände dem zuständigen Träger der Sozialhilfe oder der von ihm beauftragten Stelle unverzüglich mitzuteilen und vorhandene Unterlagen zu übersenden. 2Ergeben sich daraus die Voraussetzungen für die Leistung, setzt die Sozialhilfe zu dem nach Satz 1 maßgebenden Zeitpunkt ein.

§ 19 Leistungsberechtigte

(1) Hilfe zum Lebensunterhalt nach dem Dritten Kapitel ist Personen zu leisten, die ihren notwendigen Lebensunterhalt nicht oder nicht ausreichend aus eigenen Kräften und Mitteln, insbesondere aus ihrem Einkommen und Vermögen, bestreiten können.

(2) 1Grundsicherung im Alter und bei Erwerbsminderung nach dem Vierten Kapitel dieses Buches ist Personen zu leisten, die die Altersgrenze nach § 41 Absatz 2 erreicht haben oder das 18. Lebensjahr vollendet haben und dauerhaft voll erwerbsgemindert sind, sofern sie ihren notwendigen Lebensunterhalt nicht oder nicht ausreichend aus eigenen Kräften und Mitteln, insbesondere aus ihrem Einkommen und Vermögen, bestreiten können. 2Die Leistungen der Grundsicherung im Alter und bei Erwerbsminderung gehen der Hilfe zum Lebensunterhalt nach dem Dritten Kapitel vor.

(3) Hilfen zur Gesundheit, Hilfe zur Pflege, Hilfe zur Überwindung besonderer sozialer Schwierigkeiten und Hilfen in anderen Lebenslagen werden nach dem Fünften bis Neunten Kapitel dieses Buches geleistet, soweit den Leistungsberechtigten, ihren nicht getrennt lebenden Ehegatten oder Lebenspartnern und, wenn sie minderjährig und unverheiratet sind, auch ihren Eltern oder einem Elternteil die Aufbringung der Mittel aus dem Einkommen und Vermögen nach den Vorschriften des Elften Kapitels dieses Buches nicht zuzumuten ist.

(4) Lebt eine Person bei ihren Eltern oder einem Elternteil und ist sie schwanger oder betreut ihr leibliches Kind bis zur Vollendung des sechsten Lebensjahres, werden Einkommen und Vermögen der Eltern oder des Elternteils nicht berücksichtigt.

(5) 1Ist den in den Absätzen 1 bis 3 genannten Personen die Aufbringung der Mittel aus dem Einkommen und Vermögen im Sinne der Absätze 1 und 2 möglich oder im Sinne des Absatzes 3 zuzumuten und sind Leistungen erbracht worden, haben sie dem Träger der Sozialhilfe die Aufwendungen in diesem Umfang zu ersetzen. 2Mehrere Verpflichtete haften als Gesamtschuldner.

(6) Der Anspruch der Berechtigten auf Leistungen für Einrichtungen oder auf Pflegegeld steht, soweit die Leistung den Berechtigten erbracht worden wäre, nach ihrem Tode demjenigen zu, der die Leistung erbracht oder die Pflege geleistet hat.

§ 20 Eheähnliche Gemeinschaft

1Personen, die in eheähnlicher oder lebenspartnerschaftsähnlicher Gemeinschaft leben, dürfen hinsichtlich der Voraussetzungen sowie des Umfangs der Sozialhilfe nicht besser gestellt werden als Ehegatten. 2§ 39 gilt entsprechend.

§ 21 Sonderregelung für Leistungsberechtigte nach dem Zweiten Buch

1Personen, die nach dem Zweiten Buch als Erwerbsfähige oder als Angehörige dem Grunde nach leistungsberechtigt sind, erhalten keine Leistungen für den Lebensunterhalt. 2Abweichend von Satz 1 können Personen, die

VII

nicht hilfebedürftig nach § 9 des Zweiten Buches sind, Leistungen nach § 36 erhalten. 3Bestehen über die Zuständigkeit zwischen den beteiligten Leistungsträgern unterschiedliche Auffassungen, so ist der zuständige Träger der Sozialhilfe für die Leistungsberechtigung nach dem Dritten oder Vierten Kapitel an die Feststellung einer vollen Erwerbsminderung im Sinne des § 43 Absatz 2 Satz 2 des Sechsten Buches und nach Abschluss des Widerspruchsverfahrens an die Entscheidung der Agentur für Arbeit zur Erwerbsfähigkeit nach § 44a Absatz 1 des Zweiten Buches gebunden.

§ 22 Sonderregelungen für Auszubildende

(1) 1Auszubildende, deren Ausbildung im Rahmen des Bundesausbildungsförderungsgesetzes oder der §§ 51, 57 und 58 des Dritten Buches dem Grunde nach förderungsfähig ist, haben keinen Anspruch auf Leistungen nach dem Dritten und Vierten Kapitel. 2In besonderen Härtefällen können Leistungen nach dem Dritten oder Vierten Kapitel als Beihilfe oder Darlehen gewährt werden.

(2) Absatz 1 findet keine Anwendung auf Auszubildende,

1. die auf Grund von § 2 Abs. 1a des Bundesausbildungsförderungsgesetzes keinen Anspruch auf Ausbildungsförderung oder auf Grund von § 60 Absatz 1 und 2 des Dritten Buches keinen Anspruch auf Berufsausbildungsbeihilfe haben,
2. deren Bedarf sich nach § 12 Abs. 1 Nr. 1 des Bundesausbildungsförderungsgesetzes oder nach § 62 Absatz 1 des Dritten Buches bemisst oder
3. die eine Abendhauptschule, eine Abendrealschule oder ein Abendgymnasium besuchen, sofern sie aufgrund von § 10 Abs. 3 des Bundesausbildungsförderungsgesetzes keinen Anspruch auf Ausbildungsförderung haben.

§ 23 Sozialhilfe für Ausländerinnen und Ausländer

(1) 1Ausländern, die sich im Inland tatsächlich aufhalten, ist Hilfe zum Lebensunterhalt, Hilfe bei Krankheit, Hilfe bei Schwangerschaft und Mutterschaft sowie Hilfe zur Pflege nach diesem Buch zu leisten. 2Die Vorschriften des Vierten Kapitels bleiben unberührt. 3Im Übrigen kann Sozialhilfe geleistet werden, soweit dies im Einzelfall gerechtfertigt ist. 4Die Einschränkungen nach Satz 1 gelten nicht für Ausländer, die im Besitz einer Niederlassungserlaubnis oder eines befristeten Aufenthaltstitels sind und sich voraussichtlich dauerhaft im Bundesgebiet aufhalten. 5Rechtsvorschriften, nach denen außer den in Satz 1 genannten Leistungen auch sonstige Sozialhilfe zu leisten ist oder geleistet werden soll, bleiben unberührt.

(2) Leistungsberechtigte nach § 1 des Asylbewerberleistungsgesetzes erhalten keine Leistungen der Sozialhilfe.

(3) 1Ausländer und ihre Familienangehörigen erhalten keine Leistungen nach Absatz 1 oder nach dem Vierten Kapitel, wenn

1. sie weder in der Bundesrepublik Deutschland Arbeitnehmer oder Selbständige noch auf Grund des § 2 Absatz 3 des Freizügigkeitsgesetzes/EU freizügigkeitsberechtigt sind, für die ersten drei Monate ihres Aufenthalts,
2. sie kein Aufenthaltsrecht haben oder sich ihr Aufenthaltsrecht allein aus dem Zweck der Arbeitsuche, der Ausbildungs- oder Studienplatzsuche oder aus einer Aufenthaltserlaubnis nach § 20a des Aufenthaltsgesetzes ergibt oder
3. sie eingereist sind, um Sozialhilfe zu erlangen.

2Satz 1 Nummer 1 und 3 gilt nicht für Ausländerinnen und Ausländer, die sich mit einem Aufenthaltstitel nach Kapitel 2 Abschnitt 5 des Aufenthaltsgesetzes in der Bundesrepublik Deutschland aufhalten. 3Hilfebedürftigen Ausländern, die Satz 1 unterfallen, werden bis zur Ausreise, längstens jedoch für einen Zeitraum von einem Monat, einmalig innerhalb von zwei Jahren nur eingeschränkte Hilfen gewährt, um den Zeitraum bis zur Ausreise zu überbrücken (Überbrückungsleistungen); die Zweijahresfrist beginnt mit dem Erhalt der Überbrückungsleistungen nach Satz 3. 4Hierüber und über die Möglichkeit der Leistungen nach Absatz 3a sind die Leistungsberechtigten zu unterrichten. 5Die Überbrückungsleistungen umfassen:

1. Leistungen zur Deckung der Bedarfe für Ernährung sowie Körper- und Gesundheitspflege,
2. Leistungen zur Deckung der Bedarfe für Unterkunft und Heizung in angemessener Höhe nach § 35 und § 35a, einschließlich der Bedarfe nach § 30 Absatz 7,
3. die zur Behandlung akuter Erkrankungen und Schmerzzustände erforderliche ärztliche und zahnärztliche Behandlung einschließlich der Versorgung mit Arznei- und Verbandmitteln sowie sonstiger zur Genesung, zur Besserung oder zur Linderung von Krankheiten oder Krankheitsfolgen erforderlichen Leistungen und
4. Leistungen nach § 50 Nummer 1 bis 3.

6Soweit dies im Einzelfall besondere Umstände erfordern, werden Leistungsberechtigten nach Satz 3 zur Überwindung einer besonderen Härte andere Leistungen im Sinne von Absatz 1 gewährt; ebenso sind Leistungen über einen Zeitraum von einem Monat hinaus zu erbringen, soweit dies im Einzelfall auf Grund besonderer Umstände zur Überwindung einer besonderen Härte und zur Deckung einer zeitlich befristeten Bedarfslage geboten ist. 7Abweichend von Satz 1 Nummer 2 erhalten Ausländer und ihre Familienangehörigen Leistungen nach Absatz 1 Satz 1 und 2, wenn sie sich seit mindestens fünf Jahren ohne wesentliche Unterbrechung im Bundesgebiet aufhalten; dies gilt nicht, wenn der Verlust des Rechts nach § 2 Absatz 1 des Freizügigkeitsgesetzes/EU festgestellt wurde. 8Die Frist nach Satz 7 beginnt mit der Anmeldung bei der zuständigen Meldebehörde. 9Zeiten des nicht rechtmäßigen Aufenthalts, in denen eine Ausreisepflicht besteht, werden auf Zeiten des tatsächlichen Aufenthalts nicht angerechnet. 10Ausländerrechtliche Bestimmungen bleiben unberührt.

(3a) 1Neben den Überbrückungsleistungen werden auf Antrag auch die angemessenen Kosten der Rückreise übernommen. 2Satz 1 gilt entsprechend, soweit die Personen allein durch die angemessenen Kosten der Rückreise die in Absatz 3 Satz 5 Nummer 1 und 2 genannten Bedarfe nicht aus eigenen Mitteln oder mit Hilfe Dritter decken können. 3Die Leistung ist als Darlehen zu erbringen.

(4) Ausländer, denen Sozialhilfe geleistet wird, sind auf für sie zutreffende Rückführungs- und Weiterwanderungsprogramme hinzuweisen; in geeigneten Fällen ist auf eine Inanspruchnahme solcher Programme hinzuwirken.

(5) $_{1}$Hält sich ein Ausländer entgegen einer räumlichen Beschränkung im Bundesgebiet auf oder wählt er seinen Wohnsitz entgegen einer Wohnsitzauflage oder einer Wohnsitzregelung nach § 12a des Aufenthaltsgesetzes im Bundesgebiet, darf der für den Aufenthaltsort örtlich zuständige Träger nur die nach den Umständen des Einzelfalls gebotene Leistung erbringen. $_{2}$Unabweisbar geboten ist regelmäßig nur eine Reisebeihilfe zur Deckung des Bedarfs für die Reise zu dem Wohnort, an dem ein Ausländer seinen Wohnsitz zu nehmen hat. $_{3}$In den Fällen des § 12a Absatz 1 und 4 des Aufenthaltsgesetzes ist regelmäßig eine Reisebeihilfe zu dem Ort im Bundesgebiet zu gewähren, an dem der Ausländer die Wohnsitznahme begehrt und an dem seine Wohnsitznahme zulässig ist. $_{4}$Der örtlich zuständige Träger am Aufenthaltsort informiert den bislang örtlich zuständigen Träger darüber, ob Leistungen nach Satz 1 bewilligt worden sind. $_{5}$Die Sätze 1 und 2 gelten auch für Ausländer, die eine räumlich nicht beschränkte Aufenthaltserlaubnis nach den §§ 23a, 24 Absatz 1 oder § 25 Absatz 4 oder 5 des Aufenthaltsgesetzes besitzen, wenn sie sich außerhalb des Landes aufhalten, in dem der Aufenthaltstitel erstmals erteilt worden ist. $_{6}$Satz 5 findet keine Anwendung, wenn der Wechsel in ein anderes Land zur Wahrnehmung der Rechte zum Schutz der Ehe und Familie nach Artikel 6 des Grundgesetzes oder aus vergleichbar wichtigen Gründen gerechtfertigt ist.

§ 24 Sozialhilfe für Deutsche im Ausland

(1) $_{1}$Deutsche, die ihren gewöhnlichen Aufenthalt im Ausland haben, erhalten keine Leistungen. $_{2}$Hiervon kann im Einzelfall nur abgewichen werden, soweit dies wegen einer außergewöhnlichen Notlage unabweisbar ist und zugleich nachgewiesen wird, dass eine Rückkehr in das Inland aus folgenden Gründen nicht möglich ist:

1. Pflege und Erziehung eines Kindes, das aus rechtlichen Gründen im Ausland bleiben muss,
2. längerfristige stationäre Betreuung in einer Einrichtung oder Schwere der Pflegebedürftigkeit oder
3. hoheitliche Gewalt.

(2) Leistungen werden nicht erbracht, soweit sie von dem hierzu verpflichteten Aufenthaltsland oder von anderen erbracht werden oder zu erwarten sind.

(3) Art und Maß der Leistungserbringung sowie der Einsatz des Einkommens und des Vermögens richten sich nach den besonderen Verhältnissen im Aufenthaltsland.

(4) $_{1}$Die Leistungen sind abweichend von § 18 zu beantragen. $_{2}$Für die Leistungen zuständig ist der überörtliche Träger der Sozialhilfe, in dessen Bereich die antragstellende Person geboren ist. $_{3}$Liegt der Geburtsort im Ausland oder ist er nicht zu ermitteln, wird der örtlich zuständige Träger von einer Schiedsstelle bestimmt. $_{4}$§ 108 Abs. 1 Satz 2 gilt entsprechend.

(5) $_{1}$Leben Ehegatten oder Lebenspartner, Verwandte und Verschwägerte bei Einsetzen der Sozialhilfe zusammen, richtet sich die örtliche Zuständigkeit nach der ältesten Person von ihnen, die im Inland geboren ist. $_{2}$Ist keine dieser Personen im Inland geboren, ist ein gemeinsamer örtlich zuständiger Träger nach Absatz 4 zu bestimmen. $_{3}$Die Zuständigkeit bleibt bestehen, solange eine der Personen nach Satz 1 der Sozialhilfe bedarf.

(6) Die Träger der Sozialhilfe arbeiten mit den deutschen Dienststellen im Ausland zusammen.

§ 25 Erstattung von Aufwendungen anderer

$_{1}$Hat jemand in einem Eilfall einem anderen Leistungen erbracht, die bei rechtzeitigem Einsetzen von Sozialhilfe nicht zu erbringen gewesen wären, sind ihm die Aufwendungen in gebotenem Umfang zu erstatten, wenn er sie nicht auf Grund rechtlicher oder sittlicher Pflicht selbst zu tragen hat. $_{2}$Dies gilt nur, wenn die Erstattung innerhalb angemessener Frist beim zuständigen Träger der Sozialhilfe beantragt wird.

§ 26 Einschränkung, Aufrechnung

(1) $_{1}$Die Geldleistung für den Lebensunterhalt soll eingeschränkt werden

1. bei Leistungsberechtigten, die nach Vollendung des 18. Lebensjahres ihr Einkommen oder Vermögen vermindert haben in der Absicht, die Voraussetzungen für die Gewährung oder Erhöhung der Leistung herbeizuführen,
2. bei Leistungsberechtigten, die trotz Belehrung ihr unwirtschaftliches Verhalten fortsetzen.

$_{2}$In den Fällen des Satzes 1 kann die monatliche Geldleistung um einen Betrag vermindert werden, der bis zu 30 Prozent der Regelbedarfsstufe 1 nach der Anlage zu § 28 entspricht.

(2) $_{1}$Die Geldleistung nach diesem Buch kann mit Ansprüchen des Trägers der Sozialhilfe gegen eine leistungsberechtigte Person aufgerechnet werden, wenn

1. es sich um Ansprüche auf Erstattung zu Unrecht erbrachter Leistungen der Sozialhilfe handelt, die die leistungsberechtigte Person oder ihr Vertreter durch vorsätzlich oder grob fahrlässig unrichtige oder unvollständige Angaben oder durch pflichtwidriges Unterlassen veranlasst hat, oder
2. es sich um Ansprüche auf Kostenersatz nach den §§ 103 und 104 handelt.

$_{2}$In den Fällen des Satzes 1 kann die Aufrechnung mit einem monatlichen Betrag vorgenommen werden, der bis zu 30 Prozent der Regelbedarfsstufe 1 nach der Anlage zu § 28 entspricht. $_{3}$Die Aufrechnungsmöglichkeit wegen eines Anspruchs ist auf drei Jahre beschränkt; ein neuer Anspruch des Trägers der Sozialhilfe auf Erstattung oder auf Kostenersatz kann erneut aufgerechnet werden.

(3) Eine Aufrechnung nach Absatz 2 kann auch erfolgen, wenn Leistungen für einen Bedarf übernommen werden, der durch vorangegangene Leistungen der Sozialhilfe an die leistungsberechtigte Person bereits gedeckt worden war.

(4) Eine Aufrechnung erfolgt nicht, soweit dadurch der Gesundheit dienende Leistungen gefährdet werden.

Drittes Kapitel
Hilfe zum Lebensunterhalt

Erster Abschnitt
Leistungsberechtigte, notwendiger Lebensunterhalt, Regelbedarfe und Regelsätze

§ 27 Leistungsberechtigte

(1) Hilfe zum Lebensunterhalt ist Personen zu leisten, die ihren notwendigen Lebensunterhalt nicht oder nicht

ausreichend aus eigenen Kräften und Mitteln bestreiten können.

(2) $_1$Eigene Mittel sind insbesondere das eigene Einkommen und Vermögen. $_2$Bei nicht getrennt lebenden Ehegatten oder Lebenspartnern sind das Einkommen und Vermögen beider Ehegatten oder Lebenspartner gemeinsam zu berücksichtigen. $_3$Gehören minderjährige unverheiratete Kinder dem Haushalt ihrer Eltern oder eines Elternteils an und können sie den notwendigen Lebensunterhalt aus ihrem Einkommen und Vermögen nicht bestreiten, sind vorbehaltlich des § 39 Satz 3 Nummer 1 auch das Einkommen und das Vermögen der Eltern oder des Elternteils gemeinsam zu berücksichtigen.

(3) $_1$Personen, die ihren Lebensunterhalt aus eigenen Mitteln und Kräften bestreiten können, jedoch einzelne im Haushalt erforderliche Tätigkeiten nicht verrichten können, erhalten auf Antrag einen angemessenen Zuschuss, wenn ihnen die Aufbringung der für die geleistete Hilfe und Unterstützung notwendigen Kosten nicht in voller Höhe zumutbar ist. $_2$Als angemessen gelten Aufwendungen, die üblicherweise als Anerkennung für unentgeltlich geleistete Hilfen und Unterstützungen oder zur Abgeltung des entsprechenden Aufwandes geleistet werden. $_3$Den Zuschuss erhält nicht, wer einen entsprechenden Anspruch auf Assistenzleistungen nach § 78 des Neunten Buches hat.

§ 27a Notwendiger Lebensunterhalt, Regelbedarfe und Regelsätze

(1) $_1$Der für die Gewährleistung des Existenzminimums notwendige Lebensunterhalt umfasst insbesondere Ernährung, Kleidung, Körperpflege, Hausrat, Haushaltsenergie ohne die auf Heizung und Erzeugung von Warmwasser entfallenden Anteile, persönliche Bedürfnisse des täglichen Lebens sowie Unterkunft und Heizung. $_2$Zu den persönlichen Bedürfnissen des täglichen Lebens gehört in vertretbarem Umfang eine Teilhabe am sozialen und kulturellen Leben in der Gemeinschaft; dies gilt in besonderem Maß für Kinder und Jugendliche. $_3$Für Schülerinnen und Schüler umfasst der notwendige Lebensunterhalt auch die erforderlichen Hilfen für den Schulbesuch.

(2) $_1$Der gesamte notwendige Lebensunterhalt nach Absatz 1 mit Ausnahme der Bedarfe nach dem Zweiten bis Vierten Abschnitt ergibt den monatlichen Regelbedarf. $_2$Dieser ist in Regelbedarfsstufen unterteilt; für Abgrenzung und Höhe der Regelbedarfsstufen sind zu berücksichtigen:

1. bei Kindern und Jugendlichen altersbedingte Unterschiede,
2. bei Erwachsenen die Art der Unterkunft, in der sie leben, und zusätzlich bei in Wohnungen oder sonstigen Unterkünften nach § 42a Absatz 2 Satz 1 Nummer 1 und 3 lebenden Erwachsenen, ob sie in einer Paarbeziehung oder ohne Paarbeziehung zusammenleben.

(3) $_1$Für Leistungsberechtigte nach diesem Kapitel sind zur Deckung der Regelbedarfe, die sich nach den Regelbedarfsstufen der Anlage zu § 28 ergeben, monatliche Regelsätze als Bedarf anzuerkennen; dies gilt nicht für Leistungsberechtigte, deren notwendiger Lebensunterhalt sich nach § 27b bestimmt. $_2$Der Regelsatz stellt einen monatlichen Pauschalbetrag zur Bestreitung des Regelbedarfs dar, über dessen Verwendung die Leistungsberechtigten eigenverantwortlich entscheiden; dabei haben sie das Eintreten unregelmäßig anfallender Bedarfe zu berücksichtigen. $_3$Besteht die Leistungsberechtigung für weniger als einen Monat, ist der Regelsatz anteilig als Bedarf anzuerkennen. $_4$Zur Deckung der Regelbedarfe von Personen, die in einer sonstigen Unterkunft oder vorübergehend nicht in einer Unterkunft untergebracht sind, sind als Bedarfe monatliche Regelsätze anzuerkennen, die sich in entsprechender Anwendung der Regelbedarfsstufen nach der Anlage zu § 28 ergeben.

(4) $_1$Im Einzelfall wird der Regelsatz abweichend von der maßgebenden Regelbedarfsstufe festgesetzt (abweichende Regelsatzfestsetzung), wenn ein durch die Regelbedarfe abgedeckter Bedarf nicht nur einmalig, sondern für eine Dauer von voraussichtlich mehr als einem Monat

1. nachweisbar vollständig oder teilweise anderweitig gedeckt ist oder
2. unausweichlich in mehr als geringem Umfang oberhalb durchschnittlicher Bedarfe liegt, wie sie sich nach den bei der Ermittlung der Regelbedarfe zugrundeliegenden durchschnittlichen Verbrauchsausgaben ergeben, und die dadurch bedingten Mehraufwendungen begründbar nicht anderweitig ausgeglichen werden können.

$_2$Bei einer abweichenden Regelsatzfestsetzung nach Satz 1 Nummer 1 sind für die monatlich ersparten Verbrauchsausgaben die sich nach § 5 Absatz 1 oder nach § 6 Absatz 1 des Regelbedarfs-Ermittlungsgesetzes für die jeweilige Abteilung ergebenden Beträge zugrunde zu legen. $_3$Beschränkt sich die anderweitige Bedarfsdeckung auf einzelne in die regelbedarfsrelevanten Verbrauchsausgaben je Abteilung eingegangenen Verbrauchspositionen, sind die regelbedarfsrelevanten Beträge zugrunde zu legen, auf denen die in § 5 Absatz 1 und § 6 Absatz 1 des Regelbedarfs-Ermittlungsgesetzes genannten Beträge für die einzelnen Abteilungen beruhen. $_4$Für Leistungsberechtigte, die nicht in einer Wohnung leben und deren Regelbedarf sich aus der Regelbedarfsstufe 2 der Anlage zu § 28 ergibt, ist Satz 1 Nummer 1 nicht anwendbar für Bedarfe, die durch einen Vertrag über die Überlassung von Wohnraum nach § 42a Absatz 5 Satz 4 Nummer 3 gedeckt werden. $_5$Für Leistungsberechtigte, die in einer Unterkunft nach § 42a Absatz 2 Satz 1 Nummer 2 und Satz 3 leben und denen Aufwendungen für Unterkunft und Heizung nach § 42a Absatz 5 und 6 anzuerkennen sind, ist Satz 1 Nummer 1 nicht anwendbar für Bedarfe, die durch einen Vertrag über die Überlassung von Wohnraum nach § 42a Absatz 5 Satz 6 Nummer 1, 3 und 4 gedeckt werden. $_6$Für Leistungsberechtigte, denen ein Mehrbedarf nach § 42b Absatz 2 anzuerkennen ist, ist Satz 1 für die dadurch abgedeckten Aufwendungen nicht anwendbar.

(5) Sind minderjährige Leistungsberechtigte in einer anderen Familie, insbesondere in einer Pflegefamilie, oder bei anderen Personen als bei ihren Eltern oder einem Elternteil untergebracht, so wird in der Regel der individuelle Bedarf abweichend von den Regelsätzen in Höhe der tatsächlichen Kosten der Unterbringung festgesetzt, sofern die Kosten einen angemessenen Umfang nicht übersteigen.

§ 27b Notwendiger Lebensunterhalt in Einrichtungen

(1) 1Der notwendige Lebensunterhalt umfasst

1. in Einrichtungen den darin erbrachten Lebensunterhalt,
2. in stationären Einrichtungen zusätzlich den weiteren notwendigen Lebensunterhalt.

2Der notwendige Lebensunterhalt in stationären Einrichtungen entspricht dem Umfang

1. der Regelbedarfsstufe 3 nach der Anlage zu § 28 bei Leistungsberechtigten, die das 18. Lebensjahr vollendet haben, und den Regelbedarfsstufen 4 bis 6 nach der Anlage zu § 28 bei Leistungsberechtigten, die das 18. Lebensjahr noch nicht vollendet haben,
2. der zusätzlichen Bedarfe nach dem Zweiten Abschnitt des Dritten Kapitels,
3. der Bedarfe für Unterkunft und Heizung nach § 42 Nummer 4 Buchstabe b.

(2) Der weitere notwendige Lebensunterhalt nach Absatz 1 Satz 1 Nummer 2 umfasst insbesondere einen Barbetrag nach Absatz 3 sowie Bekleidung und Schuhe (Bekleidungspauschale) nach Absatz 4; § 31 Absatz 2 Satz 2 ist nicht anzuwenden.

(3) 1Der Barbetrag nach Absatz 2 steht für die Abdeckung von Bedarfen des notwendigen Lebensunterhalts nach § 27a Absatz 1 zur Verfügung, soweit diese nicht nach Absatz 1 von der stationären Einrichtung gedeckt werden. 2Die Höhe des Barbetrages beträgt für Leistungsberechtigte nach diesem Kapitel,

1. die das 18. Lebensjahr vollendet haben, mindestens 27 Prozent der Regelbedarfsstufe 1 nach der Anlage zu § 28,
2. haben diese das 18. Lebensjahr noch nicht vollendet, setzen die zuständigen Landesbehörden oder die von ihnen bestimmten Stellen für die in ihrem Bereich bestehenden Einrichtungen die Höhe des Barbetrages fest.

3Der Barbetrag ist in der sich nach Satz 2 ergebenden Höhe an die Leistungsberechtigten zu zahlen; er ist zu vermindern, wenn und soweit dessen bestimmungsgemäße Verwendung durch oder für die Leistungsberechtigten nicht möglich ist.

(4) 1Die Höhe der Bekleidungspauschale nach Absatz 2 setzen die zuständigen Landesbehörden oder die von ihnen bestimmten Stellen für die in ihrem Bereich bestehenden Einrichtungen fest. 2Sie ist als Geld- oder Sachleistung zu gewähren; im Falle einer Geldleistung hat die Zahlung monatlich, quartalsweise oder halbjährlich zu erfolgen.

§ 27c Sonderregelung für den Lebensunterhalt

(1) Für Leistungsberechtigte, die nicht in einer Wohnung nach § 42a Absatz 2 Satz 1 Nummer 1 und Satz 2 leben, bestimmen sich der notwendige Lebensunterhalt nach Absatz 2 und der weitere notwendige Lebensunterhalt nach Absatz 3, wenn sie

1. minderjährig sind und ihnen Leistungen nach Teil 2 des Neunten Buches über Tag und Nacht erbracht werden oder
2. volljährig sind und ihnen Leistungen über Tag und Nacht erbracht werden, denen Vereinbarungen nach § 134 Absatz 4 des Neunten Buches zugrunde liegen.

(2) Der notwendige Lebensunterhalt nach Absatz 1 umfasst die Bedarfe nach § 27b Absatz 1 Satz 2, darüber hinaus sind Bedarfe für Bildung und Teilhabe nach dem Dritten Abschnitt mit umfasst, soweit nicht entsprechende Leistungen nach § 75 des Neunten Buches erbracht werden.

(3) Für den weiteren notwendigen Lebensunterhalt gilt § 27b Absatz 2 bis 4.

(4) Der sich nach Absatz 2 ergebende monatliche Betrag für den notwendigen Lebensunterhalt ist bei Leistungsberechtigten nach Absatz 1 Nummer 1 abzüglich der aufzubringenden Mittel nach § 142 Absatz 1 und 2 des Neunten Buches sowie bei Leistungsberechtigten nach Absatz 1 Nummer 2 abzüglich der aufzubringenden Mittel nach § 142 Absatz 3 des Neunten Buches quartalsweise dem für die Leistungen nach Teil 2 des Neunten Buches zuständigen Träger der Eingliederungshilfe zu erstatten.

§ 28 Ermittlung der Regelbedarfe

(1) Liegen die Ergebnisse einer bundesweiten neuen Einkommens- und Verbrauchsstichprobe vor, wird die Höhe der Regelbedarfe in einem Bundesgesetz neu ermittelt.

(2) 1Bei der Ermittlung der bundesdurchschnittlichen Regelbedarfsstufen nach § 27a Absatz 2 sind Stand und Entwicklung von Nettoeinkommen, Verbraucherverhalten und Lebenshaltungskosten zu berücksichtigen. 2Grundlage hierfür sind die durch die Einkommens- und Verbrauchsstichprobe nachgewiesenen tatsächlichen Verbrauchsausgaben unterer Einkommensgruppen.

(3) 1Für die Ermittlung der Regelbedarfsstufen beauftragt das Bundesministerium für Arbeit und Soziales das Statistische Bundesamt mit Sonderauswertungen, die auf der Grundlage einer neuen Einkommens- und Verbrauchsstichprobe vorzunehmen sind. 2Sonderauswertungen zu den Verbrauchsausgaben von Haushalten unterer Einkommensgruppen sind zumindest für Haushalte (Referenzhaushalte) vorzunehmen, in denen nur eine erwachsene Person lebt (Einpersonenhaushalte), sowie für Haushalte, in denen Paare mit einem Kind leben (Familienhaushalte). 3Dabei ist festzulegen, welche Haushalte, die Leistungen nach diesem Buch und dem Zweiten Buch beziehen, nicht als Referenzhaushalte zu berücksichtigen sind. 4Für die Bestimmung des Anteils der Referenzhaushalte an den jeweiligen Haushalten der Sonderauswertungen ist ein für statistische Zwecke hinreichend großer Stichprobenumfang zu gewährleisten.

(4) 1Die in Sonderauswertungen nach Absatz 3 ausgewiesenen Verbrauchsausgaben der Referenzhaushalte sind für die Ermittlung der Regelbedarfsstufen als regelbedarfsrelevant zu berücksichtigen, soweit sie zur Sicherung des Existenzminimums notwendig sind und eine einfache Lebensweise ermöglichen, wie sie einkommensschwache Haushalte aufweisen, die ihren Lebensunterhalt nicht ausschließlich aus Leistungen nach diesem oder dem Zweiten Buch bestreiten. 2Nicht als regelbedarfsrelevant zu berücksichtigen sind Verbrauchsausgaben der Referenzhaushalte, wenn sie bei Leistungsberechtigten nach diesem Buch oder dem Zweiten Buch

1. durch bundes- oder landesgesetzliche Leistungsansprüche, die der Finanzierung einzelner Verbrauchs-

VII

positionen der Sonderauswertungen dienen, abgedeckt sind und diese Leistungsansprüche kein anrechenbares Einkommen nach § 82 oder § 11 des Zweiten Buches darstellen oder
2. nicht anfallen, weil bundesweit in einheitlicher Höhe Vergünstigungen gelten.

(5) $_{1}$Die Summen der sich nach Absatz 4 ergebenden regelbedarfsrelevanten Verbrauchsausgaben der Referenzhaushalte sind Grundlage für die Prüfung der Regelbedarfsstufen, insbesondere für die Altersabgrenzungen bei Kindern und Jugendlichen. $_{2}$Die nach Satz 1 für die Ermittlung der Regelbedarfsstufen zugrunde zu legenden Summen der regelbedarfsrelevanten Verbrauchsausgaben aus den Sonderauswertungen sind jeweils mit der sich nach § 28a Absatz 2 ergebenden Veränderungsrate entsprechend fortzuschreiben. $_{3}$Die sich durch die Fortschreibung nach Satz 2 ergebenden Summenbeträge sind jeweils bis unter 0,50 Euro abzurunden sowie von 0,50 Euro an aufzurunden und ergeben die Regelbedarfsstufen (Anlage).

§ 28a Fortschreibung der Regelbedarfsstufen

(1) Für Jahre bis zur nächsten Neuermittlung nach § 28 werden die Regelbedarfsstufen jeweils zum 1. Januar nach den Absätzen 2 bis 5 fortgeschrieben.

(2) $_{1}$Zum 1. Januar 2023 werden die Eurobeträge der zum 1. Januar 2022 fortgeschriebenen Regelbedarfsstufen zuerst mit der sich nach Absatz 3 ergebenden Veränderungsrate fortgeschrieben (Basisfortschreibung) und das Ergebnis mit der sich nach Absatz 4 ergebenden Veränderungsrate fortgeschrieben (ergänzende Fortschreibung). $_{2}$Für nachfolgende Fortschreibungen ab dem Jahr 2024 sind jeweils die nicht gerundeten Eurobeträge, die sich aus der Basisfortschreibung des Vorjahres nach Absatz 3 ergeben haben, erneut nach Absatz 3 fortzuschreiben und die sich daraus ergebenden Eurobeträge mit der Veränderungsrate der ergänzenden Fortschreibung nach Absatz 4 fortzuschreiben.

(3) $_{1}$Die Veränderungsrate für die Basisfortschreibung ergibt sich aus der bundesdurchschnittlichen Entwicklung der Preise für regelbedarfsrelevante Güter und Dienstleistungen sowie der bundesdurchschnittlichen Entwicklung der Nettolöhne und -gehälter je beschäftigten Arbeitnehmer nach der Volkswirtschaftlichen Gesamtrechnung (Mischindex). $_{2}$Für die Ermittlung der jährlichen Veränderungsrate des Mischindexes wird die sich aus der Entwicklung der Preise aller regelbedarfsrelevanten Güter und Dienstleistungen ergebende Veränderungsrate mit einem Anteil von 70 Prozent und die sich aus der Entwicklung der Nettolöhne und -gehälter je beschäftigten Arbeitnehmer ergebende Veränderungsrate mit einem Anteil von 30 Prozent berücksichtigt. $_{3}$Maßgeblich ist jeweils die Veränderungsrate, die sich aus der Veränderung in dem Zwölfmonatszeitraum, der mit dem 1. Juli des Vorvorjahres beginnt und mit dem 30. Juni des Vorjahres endet, gegenüber dem davorliegenden Zwölfmonatszeitraum ergibt.

(4) $_{1}$Maßgeblich für die Veränderungsrate der ergänzenden Fortschreibung der sich nach Absatz 3 ergebenden nicht gerundeten Eurobeträge der Regelbedarfsstufen ist jeweils die bundesdurchschnittliche Entwicklung der Preise für regelbedarfsrelevante Güter und Dienstleistungen in dem Dreimonatszeitraum vom 1. April bis zum 30. Juni des Vorjahres gegenüber dem gleich abgegrenzten Dreimonatszeitraum des Vorvorjahres. $_{2}$§ 28 Absatz 5 Satz 3 gilt entsprechend.

(5) Ergeben sich aus der Fortschreibung nach den Absätzen 2 bis 4 für die Regelbedarfsstufen Eurobeträge, die niedriger als die im Vorjahr geltenden Eurobeträge sind, gelten die für das Vorjahr bestimmten Eurobeträge solange weiter, bis sich aus einer nachfolgenden Fortschreibung höhere Eurobeträge ergeben.

(6) Das Bundesministerium für Arbeit und Soziales beauftragt das Statistische Bundesamt mit der Ermittlung der jährlichen Veränderungsrate

1. für den Zeitraum nach Absatz 3 für
   a) die Preise aller regelbedarfsrelevanten Güter und Dienstleistungen und
   b) die durchschnittliche Nettolohn- und -gehaltssumme je durchschnittlich beschäftigten Arbeitnehmer,
2. für den Zeitraum nach Absatz 4 für die Preise aller regelbedarfsrelevanten Güter und Dienstleistungen.

§ 29 Festsetzung und Fortschreibung der Regelsätze

(1) $_{1}$Werden die Regelbedarfsstufen nach § 28 neu ermittelt, gelten diese als neu festgesetzte Regelsätze (Neufestsetzung), solange die Länder keine abweichende Neufestsetzung vornehmen. $_{2}$Satz 1 gilt entsprechend, wenn die Regelbedarfe nach § 28a fortgeschrieben werden.

(2) $_{1}$Nehmen die Länder eine abweichende Neufestsetzung vor, haben sie die Höhe der monatlichen Regelsätze entsprechend der Abstufung der Regelbedarfe nach der Anlage zu § 28 durch Rechtsverordnung neu festzusetzen. $_{2}$Sie können die Ermächtigung für die Neufestsetzung nach Satz 1 auf die zuständigen Landesministerien übertragen. $_{3}$Für die abweichende Neufestsetzung sind anstelle der bundesdurchschnittlichen Regelbedarfsstufen, die sich nach § 28 aus der bundesweiten Auswertung der Einkommens- und Verbrauchsstichprobe ergeben, entsprechend aus regionalen Auswertungen der Einkommens- und Verbrauchsstichprobe ermittelte Regelbedarfsstufen zugrunde zu legen. $_{4}$Die Länder können bei der Neufestsetzung der Regelsätze auch auf ihr Land bezogene besondere Umstände, die die Deckung des Regelbedarfs betreffen, berücksichtigen. Regelsätze, die nach Absatz 1 oder nach den Sätzen 1 bis 4 festgesetzt worden sind, können von den Ländern als Mindestregelsätze festgesetzt werden. $_{5}$§ 28 Absatz 4 Satz 4 und 5 gilt für die Festsetzung der Regelsätze nach den Sätzen 1 bis 4 entsprechend.

(3) $_{1}$Die Länder können die Träger der Sozialhilfe ermächtigen, auf der Grundlage von nach Absatz 2 Satz 5 bestimmten Mindestregelsätzen regionale Regelsätze festzusetzen; bei der Festsetzung können die Träger der Sozialhilfe regionale Besonderheiten sowie statistisch nachweisbare Abweichungen in den Verbrauchsausgaben berücksichtigen. $_{2}$§ 28 Absatz 4 Satz 4 und 5 gilt für die Festsetzung der Regelsätze nach Satz 1 entsprechend.

(4) Werden die Regelsätze nach den Absätzen 2 und 3 abweichend von den Regelbedarfsstufen nach § 28 festgesetzt, sind diese in den Jahren, in denen keine Neuermittlung der Regelbedarfe nach § 28 erfolgt, jeweils zum 1. Januar durch Rechtsverordnung der Länder mit der Veränderungsrate der Regelbedarfe fortzuschreiben, die sich nach der Rechtsverordnung nach § 40 ergibt.

(5) Die nach den Absätzen 2 und 3 festgesetzten und nach Absatz 4 fortgeschriebenen Regelsätze gelten als Regelbedarfsstufen nach der Anlage zu § 28.

Zweiter Abschnitt
Zusätzliche Bedarfe

§ 30 Mehrbedarf

(1) Für Personen, die

1. die Altersgrenze nach § 41 Abs. 2 erreicht haben oder
2. die Altersgrenze nach § 41 Abs. 2 noch nicht erreicht haben und voll erwerbsgemindert nach dem Sechsten Buch sind

und durch einen Bescheid der nach § 152 Absatz 4 des Neunten Buches zuständigen Behörde oder einen Ausweis nach § 152 Absatz 5 des Neunten Buches die Feststellung des Merkzeichens G nachweisen, wird ein Mehrbedarf von 17 vom Hundert der maßgebenden Regelbedarfsstufe anerkannt, soweit nicht im Einzelfall ein abweichender Bedarf besteht.

(2) Für werdende Mütter nach der zwölften Schwangerschaftswoche bis zum Ende des Monats, in welchen die Entbindung fällt, wird ein Mehrbedarf von 17 vom Hundert der maßgebenden Regelbedarfsstufe anerkannt, soweit nicht im Einzelfall ein abweichender Bedarf besteht.

(3) Für Personen, die mit einem oder mehreren minderjährigen Kindern zusammenleben und allein für deren Pflege und Erziehung sorgen, ist, soweit kein abweichender Bedarf besteht, ein Mehrbedarf anzuerkennen

1. in Höhe von 36 vom Hundert der Regelbedarfsstufe 1 nach der Anlage zu § 28 für ein Kind unter sieben Jahren oder für zwei oder drei Kinder unter sechzehn Jahren, oder
2. in Höhe von 12 vom Hundert der Regelbedarfsstufe 1 nach der Anlage zu § 28 für jedes Kind, wenn die Voraussetzungen nach Nummer 1 nicht vorliegen, höchstens jedoch in Höhe von 60 vom Hundert der Regelbedarfsstufe 1 nach der Anlage zu § 28.

(4) § 42b Absatz 3 ist entsprechend anzuwenden auf Leistungsberechtigte, die das 15. Lebensjahr vollendet haben.

(5) $_{1}$Für Leistungsberechtigte wird ein Mehrbedarf anerkannt, wenn deren Ernährungsbedarf aus medizinischen Gründen von allgemeinen Ernährungsempfehlungen abweicht und die Aufwendungen für die Ernährung deshalb unausweichlich und in mehr als geringem Umfang oberhalb eines durchschnittlichen Bedarfs für Ernährung liegen (ernährungsbedingter Mehrbedarf). $_{2}$Dies gilt entsprechend für aus medizinischen Gründen erforderliche Aufwendungen für Produkte zur erhöhten Versorgung des Stoffwechsels mit bestimmten Nähr- oder Wirkstoffen, soweit hierfür keine vorrangigen Ansprüche bestehen. $_{3}$Die medizinischen Gründe nach den Sätzen 1 und 2 sind auf der Grundlage aktueller medizinischer und ernährungswissenschaftlicher Erkenntnisse zu bestimmen. $_{4}$Dabei sind auch die durchschnittlichen Mehraufwendungen zu ermitteln, die für die Höhe des anzuerkennenden ernährungsbedingten Mehrbedarfs zugrunde zu legen sind, soweit im Einzelfall kein abweichender Bedarf besteht.

(6) Die Summe des nach den Absätzen 1 bis 5 insgesamt anzuerkennenden Mehrbedarfs darf die Höhe der maßgebenden Regelbedarfsstufe nicht übersteigen.

(7) $_{1}$Für Leistungsberechtigte wird ein Mehrbedarf anerkannt, soweit Warmwasser durch in der Wohnung, in der besonderen Wohnform oder der sonstigen Unterkunft nach § 42a Absatz 2 installierte Vorrichtungen erzeugt wird (dezentrale Warmwassererzeugung) und denen deshalb kein Bedarf für Warmwasser nach § 35 Absatz 5 anerkannt wird. $_{2}$Der Mehrbedarf beträgt für jede leistungsberechtigte Person entsprechend der für sie geltenden Regelbedarfsstufe nach der Anlage zu § 28 jeweils

1. 2,3 Prozent der Regelbedarfsstufen 1 und 2,
2. 1,4 Prozent der Regelbedarfsstufe 4,
3. 1,2 Prozent der Regelbedarfsstufe 5 oder
4. 0,8 Prozent der Regelbedarfsstufe 6.

$_{3}$Höhere Aufwendungen sind abweichend von Satz 2 nur zu berücksichtigen, soweit sie durch eine separate Messeinrichtung nachgewiesen werden.

(8) § 42b Absatz 2 ist entsprechend anzuwenden.

(9) Soweit eine Schülerin oder ein Schüler aufgrund der jeweiligen schulrechtlichen Bestimmungen oder schulischen Vorgaben Aufwendungen zur Anschaffung oder Ausleihe von Schulbüchern oder gleichstehenden Arbeitsheften hat, sind sie als Mehrbedarf anzuerkennen.

(10) Für Leistungsberechtigte wird ein Mehrbedarf anerkannt, soweit im Einzelfall ein einmaliger, unabweisbarer, besonderer Bedarf besteht, der auf keine andere Weise gedeckt werden kann und ein Darlehen nach § 37 Absatz 1 ausnahmsweise nicht zumutbar oder wegen der Art des Bedarfs nicht möglich ist.

§ 31 Einmalige Bedarfe

(1) Leistungen zur Deckung von Bedarfen für

1. Erstausstattungen für die Wohnung einschließlich Haushaltsgeräten,
2. Erstausstattungen für Bekleidung und Erstausstattungen bei Schwangerschaft und Geburt sowie
3. Anschaffung und Reparaturen von orthopädischen Schuhen, Reparaturen von therapeutischen Geräten und Ausrüstungen sowie die Miete von therapeutischen Geräten

werden gesondert erbracht.

(2) $_{1}$Einer Person, die Sozialhilfe beansprucht (nachfragende Person), werden, auch wenn keine Regelsätze zu gewähren sind, für einmalige Bedarfe nach Absatz 1 Leistungen erbracht, wenn sie diese nicht aus eigenen Kräften und Mitteln vollständig decken kann. $_{2}$In diesem Falle kann das Einkommen berücksichtigt werden, das sie innerhalb eines Zeitraums von bis zu sechs Monaten

nach Ablauf des Monats erwerben, in dem über die Leistung entschieden worden ist.

(3) 1Die Leistungen nach Absatz 1 Nr. 1 und 2 können als Pauschalbeträge erbracht werden. 2Bei der Bemessung der Pauschalbeträge sind geeignete Angaben über die erforderlichen Aufwendungen und nachvollziehbare Erfahrungswerte zu berücksichtigen.

§ 32 Bedarfe für eine Kranken- und Pflegeversicherung

(1) Angemessene Beiträge für eine Kranken- und Pflegeversicherung sind als Bedarf anzuerkennen, soweit Leistungsberechtigte diese nicht aus eigenem Einkommen tragen können. Leistungsberechtigte können die Beiträge so weit aus eigenem Einkommen tragen, wie diese im Wege der Einkommensbereinigung nach § 82 Absatz 2 Satz 1 Nummer 2 und 3 abzusetzen sind. Der Bedarf nach Satz 1 erhöht sich entsprechend, wenn bei der Einkommensbereinigung für das Einkommen geltende Absetzbeträge nach § 82 Absatz 2 Satz 2 und Absatz 3 bis 6 zu berücksichtigen sind.

(2) Bei Personen, die in der gesetzlichen Krankenversicherung

1. nach § 5 Absatz 1 Nummer 13 des Fünften Buches oder nach § 2 Absatz 1 Nummer 7 des Zweiten Gesetzes über die Krankenversicherung der Landwirte pflichtversichert sind,
2. nach § 9 Absatz 1 Nummer 1 des Fünften Buches oder nach § 6 Absatz 1 Nummer 1 des Zweiten Gesetzes über die Krankenversicherung der Landwirte weiterversichert sind,
3. als Rentenantragsteller nach § 189 des Fünften Buches als Mitglied einer Krankenkasse gelten,
4. nach § 9 Absatz 1 Nummer 2 bis 8 des Fünften Buches oder nach § 6 Absatz 1 Nummer 2 des Zweiten Gesetzes über die Krankenversicherung der Landwirte freiwillig versichert sind oder
5. nach § 188 Absatz 4 des Fünften Buches oder nach § 22 Absatz 3 des Zweiten Gesetzes über die Krankenversicherung der Landwirte weiterversichert sind,

gilt der monatliche Beitrag als angemessen.

(3) Bei Personen, denen Beiträge nach Absatz 2 als Bedarf anerkannt werden, gilt auch der Zusatzbeitragssatz nach § 242 Absatz 1 des Fünften Buches als angemessen.

(4) 1Bei Personen, die gegen das Risiko Krankheit bei einem privaten Krankenversicherungsunternehmen versichert sind, sind angemessene Beiträge nach den Sätzen 2 und 3 anzuerkennen. Angemessen sind Beiträge

1. bis zu der Höhe des sich nach § 152 Absatz 4 des Versicherungsaufsichtsgesetzes ergebenden halbierten monatlichen Beitrags für den Basistarif, sofern die Versicherungsverträge der Versicherungspflicht nach § 193 Absatz 3 des Versicherungsvertragsgesetzes genügen, oder
2. für eine Absicherung im brancheneinheitlichen Standardtarif nach § 257 Absatz 2a des Fünften Buches in der bis zum 31. Dezember 2008 geltenden Fassung.

2Ein höherer Beitrag kann als angemessen anerkannt werden, wenn die Leistungsberechtigung nach diesem Kapitel voraussichtlich nur für einen Zeitraum von bis zu drei Monaten besteht. 3Im begründeten Ausnahmefall kann auf Antrag ein höherer Beitrag auch im Fall einer Leistungsberechtigung für einen Zeitraum von bis zu sechs Monaten als angemessen anerkannt werden, wenn vor Ablauf der drei Monate oder bereits bei Antragstellung davon auszugehen ist, dass die Leistungsberechtigung nach diesem Kapitel für einen begrenzten, aber mehr als drei Monate andauernden Zeitraum bestehen wird.

(4a) Für Personen, die Mitglied in einer in § 176 Absatz 1 des Fünften Buches genannten Solidargemeinschaft sind, werden angemessene Beiträge bis zur Hälfte des sich nach § 152 Absatz 3 Satz 2 des Versicherungsaufsichtsgesetzes ergebenden Höchstbeitrags der gesetzlichen Krankenversicherung anerkannt.

(5) Bei Personen, die in der sozialen Pflegeversicherung nach

1. den §§ 20, 21 und 21a des Elften Buches pflichtversichert sind oder
2. § 26 des Elften Buches weiterversichert sind oder
3. § 26a des Elften Buches der sozialen Pflegeversicherung beigetreten sind,

gilt der monatliche Beitrag als angemessen.

(6) 1Bei Personen, die gegen das Risiko Pflegebedürftigkeit bei einem privaten Krankenversicherungsunternehmen in Erfüllung ihrer Versicherungspflicht nach § 23 des Elften Buches versichert sind oder nach § 26a des Elften Buches der privaten Pflegeversicherung beigetreten sind, gilt bei Versicherung im brancheneinheitlichen Standardtarif nach § 257 Absatz 2a des Fünften Buches in der bis zum 31. Dezember 2008 geltenden Fassung der geschuldete Beitrag als angemessen, im Übrigen höchstens jedoch bis zu einer Höhe des nach § 110 Absatz 2 Satz 3 des Elften Buches halbierten Höchstbeitrags in der sozialen Pflegeversicherung. 2Für die Höhe des im Einzelfall angemessenen monatlichen Beitrags gilt Absatz 4 Satz 3 und 4 entsprechend.

§ 32a Zeitliche Zuordnung und Zahlung von Beiträgen für eine Kranken- und Pflegeversicherung

(1) Die Bedarfe nach § 32 sind unabhängig von der Fälligkeit des Beitrags jeweils in dem Monat als Bedarf anzuerkennen, für den die Versicherung besteht.

(2) 1Die Beiträge für eine Kranken- und Pflegeversicherung, die nach § 82 Absatz 2 Nummer 2 und 3 vom Einkommen abgesetzt und nach § 32 als Bedarf anerkannt werden, sind als Direktzahlung zu leisten, wenn der Zahlungsanspruch nach § 43a Absatz 2 größer oder gleich der Summe dieser Beiträge ist. 2Die Zahlung nach Satz 1 erfolgt an diejenige Krankenkasse oder dasjenige Versicherungsunternehmen, bei der beziehungsweise dem die leistungsberechtigte Person versichert ist. 3Die Leistungsberechtigten sowie die zuständigen Krankenkassen oder die zuständigen Versicherungsunternehmen sind über Beginn, Höhe des Beitrags und den Zeitraum sowie über die Beendigung einer Direktzahlung nach den Sätzen 1 und 2 schriftlich zu unterrichten. 4Die Leistungsberechtigten sind zusätzlich über die jeweilige Krankenkasse oder das Versicherungsunternehmen zu informieren, die zuständigen Krankenkassen und Versi-

cherungsunternehmen zusätzlich über Namen und Anschrift der Leistungsberechtigten.

(3) Die Zahlung nach Absatz 2 hat in Fällen des § 32 Absatz 2, 3 und 5 bis zum Ende, in Fällen des § 32 Absatz 4 und 6 zum Ersten des sich nach Absatz 1 ergebenden Monats zu erfolgen.

§ 33 Bedarfe für die Vorsorge

(1) 1Um die Voraussetzungen eines Anspruchs auf eine angemessene Alterssicherung zu erfüllen, können die erforderlichen Aufwendungen als Bedarf berücksichtigt werden, soweit sie nicht nach § 82 Absatz 2 Satz 1 Nummer 2 und 3 vom Einkommen abgesetzt werden. 2Aufwendungen nach Satz 1 sind insbesondere

1. Beiträge zur gesetzlichen Rentenversicherung,
2. Beiträge zur landwirtschaftlichen Alterskasse,
3. Beiträge zu berufsständischen Versorgungseinrichtungen, die den gesetzlichen Rentenversicherungen vergleichbare Leistungen erbringen,
4. Beiträge für eine eigene kapitalgedeckte Altersvorsorge in Form einer lebenslangen Leibrente, wenn der Vertrag nur die Zahlung einer monatlichen auf das Leben des Steuerpflichtigen bezogenen lebenslangen Leibrente nicht vor Vollendung des 60. Lebensjahres vorsieht, sowie
5. geförderte Altersvorsorgebeiträge nach § 82 des Einkommensteuergesetzes, soweit sie den Mindesteigenbeitrag nach § 86 des Einkommensteuergesetzes nicht überschreiten.

(2) Weisen Leistungsberechtigte Aufwendungen zur Erlangung eines Anspruchs auf ein angemessenes Sterbegeld vor Beginn der Leistungsberechtigung nach, so werden diese in angemessener Höhe als Bedarf anerkannt, soweit sie nicht nach § 82 Absatz 2 Nummer 3 vom Einkommen abgesetzt werden.

Dritter Abschnitt
Bildung und Teilhabe

§ 34 Bedarfe für Bildung und Teilhabe

(1) 1Bedarfe für Bildung nach den Absätzen 2 bis 6 von Schülerinnen und Schülern, die eine allgemein- oder berufsbildende Schule besuchen, sowie Bedarfe von Kindern und Jugendlichen für Teilhabe am sozialen und kulturellen Leben in der Gemeinschaft nach Absatz 7 werden neben den maßgebenden Regelbedarfsstufen gesondert berücksichtigt. 2Leistungen hierfür werden nach den Maßgaben des § 34a gesondert erbracht.

(2) 1Bedarfe werden bei Schülerinnen und Schülern in Höhe der tatsächlichen Aufwendungen anerkannt für

1. Schulausflüge und
2. mehrtägige Klassenfahrten im Rahmen der schulrechtlichen Bestimmungen.

2Für Kinder, die eine Tageseinrichtung besuchen oder für die Kindertagespflege geleistet wird, gilt Satz 1 entsprechend.

(3) 1Bedarfe für die Ausstattung mit persönlichem Schulbedarf werden bei Schülerinnen und Schülern für den Monat, in dem der erste Schultag eines Schuljahres liegt, in Höhe von 100 Euro und für den Monat, in dem das zweite Schulhalbjahr eines Schuljahres beginnt, in Höhe von 50 Euro anerkannt. 2Abweichend von Satz 1 ist Schülerinnen und Schülern für die Ausstattung mit persönlichem Schulbedarf ein Bedarf anzuerkennen

1. in Höhe von 100 Euro für das erste Schulhalbjahr, wenn die erstmalige Aufnahme innerhalb des Schuljahres nach dem Monat erfolgt, in dem das erste Schulhalbjahr beginnt, aber vor Beginn des Monats, in dem das zweite Schulhalbjahr beginnt,
2. in Höhe des Betrags für das erste und das zweite Schulhalbjahr, wenn die erstmalige Aufnahme innerhalb des Schuljahres in oder nach dem Monat erfolgt, in dem das zweite Schulhalbjahr beginnt,
3. in Höhe von 50 Euro, wenn der Schulbesuch nach dem Monat, in dem das Schuljahr begonnen hat, unterbrochen wird und die Wiederaufnahme nach dem Monat erfolgt, in dem das zweite Schulhalbjahr beginnt.

(3a) 1Der nach Absatz 3 anzuerkennende Teilbetrag für ein erstes Schulhalbjahr eines Schuljahres wird kalenderjährlich mit den in der maßgeblichen Regelbedarfsstufen-Fortschreibungsverordnung nach den §§ 28a und 40 Nummer 1 bestimmten Prozentsätzen fortgeschrieben; der fortgeschriebene Wert ist bis unter 0,50 Euro auf den nächsten vollen Euro abzurunden und ab 0,50 Euro auf den nächsten vollen Euro aufzurunden (Anlage). 2Der Teilbetrag für das zweite Schulhalbjahr eines Schuljahres nach Absatz 3 beträgt 50 Prozent des sich nach Satz 1 für das jeweilige Kalenderjahr ergebenden Teilbetrags (Anlage). 3Liegen die Ergebnisse einer bundesweiten neuen Einkommens- und Verbrauchsstichprobe vor, ist der Teilbetrag nach Satz 1 durch Bundesgesetz um den Betrag zu erhöhen, der sich aus der prozentualen Erhöhung der Regelbedarfsstufe 1 nach § 28 für das jeweilige Kalenderjahr durch Bundesgesetz ergibt, das Ergebnis ist entsprechend Satz 1 zweiter Teilsatz zu runden und die Anlage zu ergänzen. 4Aus dem sich nach Satz 3 ergebenden Teilbetrag für das erste Schulhalbjahr ist der Teilbetrag für das zweite Schulhalbjahr des jeweiligen Kalenderjahres entsprechend Satz 2 durch Bundesgesetz zu bestimmen und die Anlage um den sich ergebenden Betrag zu ergänzen.

(4) 1Bei Schülerinnen und Schülern, die für den Besuch der nächstgelegenen Schule des gewählten Bildungsgangs auf Schülerbeförderung angewiesen sind, werden die dafür erforderlichen tatsächlichen Aufwendungen berücksichtigt, soweit sie nicht von Dritten übernommen werden. 2Als nächstgelegene Schule des gewählten Bildungsgangs gilt auch eine Schule, die aufgrund ihres Profils gewählt wurde, soweit aus diesem Profil eine besondere inhaltliche oder organisatorische Ausgestaltung des Unterrichts folgt; dies sind insbesondere Schulen mit naturwissenschaftlichem, musischem, sportlichem oder sprachlichem Profil sowie bilinguale Schulen, und Schulen mit ganztägiger Ausrichtung.

(5) 1Für Schülerinnen und Schüler wird eine schulische Angebote ergänzende angemessene Lernförderung berücksichtigt, soweit diese geeignet und zusätzlich erforderlich ist, um die nach den schulrechtlichen Bestimmungen festgelegten wesentlichen Lernziele zu erreichen. 2Auf eine bestehende Versetzungsgefährdung kommt es dabei nicht an.

VII

(6) $_1$Bei Teilnahme an einer gemeinschaftlichen Mittagsverpflegung werden die entstehenden Aufwendungen berücksichtigt für

1. Schülerinnen und Schüler und
2. Kinder, die eine Tageseinrichtung besuchen oder für die Kindertagespflege geleistet wird.

$_2$Für Schülerinnen und Schüler gilt dies unter der Voraussetzung, dass die Mittagsverpflegung in schulischer Verantwortung angeboten wird oder durch einen Kooperationsvertrag zwischen Schule und Tageseinrichtung vereinbart ist.

(7) $_1$Für die Teilhabe am sozialen und kulturellen Leben in der Gemeinschaft werden pauschal 15 Euro monatlich berücksichtigt, sofern bei Leistungsberechtigten, die das 18. Lebensjahr noch nicht vollendet haben, tatsächliche Aufwendungen entstehen im Zusammenhang mit der Teilnahme an

1. Aktivitäten in den Bereichen Sport, Spiel, Kultur und Geselligkeit,
2. Unterricht in künstlerischen Fächern (zum Beispiel Musikunterricht) und vergleichbare angeleitete Aktivitäten der kulturellen Bildung und
3. Freizeiten.

$_2$Neben der Berücksichtigung von Bedarfen nach Satz 1 können auch weitere tatsächliche Aufwendungen berücksichtigt werden, wenn sie im Zusammenhang mit der Teilnahme an Aktivitäten nach Satz 1 Nummer 1 bis 3 entstehen und es den Leistungsberechtigten im Einzelfall nicht zugemutet werden kann, diese aus den Leistungen nach Satz 1 und aus dem Regelbedarf zu bestreiten.

§ 34a Erbringung der Leistungen für Bildung und Teilhabe

(1) $_1$Leistungen zur Deckung der Bedarfe nach § 34 Absatz 2 und 4 bis 7 werden auf Antrag erbracht; gesonderte Anträge sind nur für Leistungen nach § 34 Absatz 5 erforderlich. $_2$Einer nachfragenden Person werden, auch wenn keine Regelsätze zu gewähren sind, für Bedarfe nach § 34 Leistungen erbracht, wenn sie diese nicht aus eigenen Kräften und Mitteln vollständig decken kann. $_3$Die Leistungen zur Deckung der Bedarfe nach § 34 Absatz 7 bleiben bei der Erbringung von Leistungen nach Teil 2 des Neunten Buches unberücksichtigt.

(2) $_1$Leistungen zur Deckung der Bedarfe nach § 34 Absatz 2 und 5 bis 7 werden erbracht durch

1. Sach- und Dienstleistungen, insbesondere in Form von personalisierten Gutscheinen,
2. Direktzahlungen an Anbieter von Leistungen zur Deckung dieser Bedarfe (Anbieter) oder
3. Geldleistungen.

$_2$Die nach § 34c Absatz 1 zuständigen Träger der Sozialhilfe bestimmen, in welcher Form sie die Leistungen erbringen. $_3$Die Leistungen zur Deckung der Bedarfe nach § 34 Absatz 3 und 4 werden jeweils durch Geldleistungen erbracht. $_4$Die nach § 34c Absatz 1 zuständigen Träger der Sozialhilfe können mit Anbietern pauschal abrechnen.

(3) $_1$Werden die Bedarfe durch Gutscheine gedeckt, gelten die Leistungen mit Ausgabe des jeweiligen Gutscheins als erbracht. $_2$Die nach § 34c Absatz 1 zuständigen Träger der Sozialhilfe gewährleisten, dass Gutscheine bei geeigneten vorhandenen Anbietern oder zur Wahrnehmung ihrer eigenen Angebote eingelöst werden können. $_3$Gutscheine können für den gesamten Bewilligungszeitraum im Voraus ausgegeben werden. $_4$Die Gültigkeit von Gutscheinen ist angemessen zu befristen. $_5$Im Fall des Verlustes soll ein Gutschein erneut in dem Umfang ausgestellt werden, in dem er noch nicht in Anspruch genommen wurde.

(4) $_1$Werden die Bedarfe durch Direktzahlungen an Anbieter gedeckt, gelten die Leistungen mit der Zahlung als erbracht. $_2$Eine Direktzahlung ist für den gesamten Bewilligungszeitraum im Voraus möglich.

(5) Werden die Leistungen für Bedarfe nach § 34 Absatz 2 und 5 bis 7 durch Geldleistungen erbracht, erfolgt dies

1. monatlich in Höhe der im Bewilligungszeitraum bestehenden Bedarfe oder
2. nachträglich durch Erstattung verauslagter Beträge.

(6) $_1$Im Einzelfall kann der nach § 34c Absatz 1 zuständige Träger der Sozialhilfe einen Nachweis über eine zweckentsprechende Verwendung der Leistung verlangen. $_2$Soweit der Nachweis nicht geführt wird, soll die Bewilligungsentscheidung widerrufen werden.

(7) $_1$Abweichend von den Absätzen 2 bis 5 können Leistungen nach § 34 Absatz 2 Satz 1 Nummer 1 gesammelt für Schülerinnen und Schüler an eine Schule ausgezahlt werden, wenn die Schule

1. dies bei dem nach § 34c Absatz 1 zuständigen Träger der Sozialhilfe beantragt,
2. die Leistungen für die leistungsberechtigten Schülerinnen und Schüler verauslagt und
3. sich die Leistungsberechtigung von den Leistungsberechtigten nachweisen lässt.

$_2$Der nach § 34c Absatz 1 zuständige Träger der Sozialhilfe kann mit der Schule vereinbaren, dass monatliche oder schulhalbjährliche Abschlagszahlungen geleistet werden.

§ 34b Berechtigte Selbsthilfe

$_1$Geht die leistungsberechtigte Person durch Zahlung an Anbieter in Vorleistung, ist der nach § 34c Absatz 1 zuständige Träger der Sozialhilfe zur Übernahme der berücksichtigungsfähigen Aufwendungen verpflichtet, soweit

1. unbeschadet des Satzes 2 die Voraussetzungen einer Leistungsgewährung zur Deckung der Bedarfe im Zeitpunkt der Selbsthilfe nach § 34 Absatz 2 und 5 bis 7 vorlagen und
2. zum Zeitpunkt der Selbsthilfe der Zweck der Leistung durch Erbringung als Sach- oder Dienstleistung ohne eigenes Verschulden nicht oder nicht rechtzeitig zu erreichen war.

$_2$War es dem Leistungsberechtigten nicht möglich, rechtzeitig einen Antrag zu stellen, gilt dieser als zum Zeitpunkt der Selbstvornahme gestellt.

§ 34c Zuständigkeit

(1) Die für die Ausführung des Gesetzes nach diesem Abschnitt zuständigen Träger werden nach Landesrecht bestimmt.

(2) Die §§ 3, 6 und 7 sind nicht anzuwenden.

Vierter Abschnitt
Bedarfe für Unterkunft und Heizung

§ 35 Bedarfe für Unterkunft und Heizung

(1) 1Bedarfe für Unterkunft und Heizung werden in Höhe der tatsächlichen Aufwendungen anerkannt, soweit diese angemessen sind. 2Für die Anerkennung der Bedarfe für Unterkunft gilt eine Karenzzeit von einem Jahr ab Beginn des Monats, für den erstmals Leistungen nach diesem Buch bezogen werden. 3Innerhalb dieser Karenzzeit werden abweichend von Satz 1 Bedarfe für Unterkunft in Höhe der tatsächlichen Aufwendungen anerkannt; § 35a Absatz 2 Satz 2 bleibt unberührt. 4Wird der Leistungsbezug in der Karenzzeit für mindestens einen Monat unterbrochen, verlängert sich die Karenzzeit um volle Monate ohne Leistungsbezug. 5Eine neue Karenzzeit beginnt nur, wenn zuvor mindestens drei Jahre keine Leistungen nach diesem Kapitel, dem Vierten Kapitel oder dem Zweiten Buch bezogen worden sind. 6Bei Leistungsberechtigten, die in den letzten zwei Jahren vor dem Bezug von Leistungen nach dem Dritten oder Vierten Kapitel Leistungen nach dem Zweiten Buch bezogen haben, wird die nach § 22 Absatz 1 Satz 2 bis 4 des Zweiten Buches bereits in Anspruch genommene Karenzzeit für die weitere Dauer der Karenzzeit nach den Sätzen 2 bis 5 berücksichtigt.

(2) 1Der Träger der Sozialhilfe prüft zu Beginn der Karenzzeit nach Absatz 1 Satz 2 bis 6 die Angemessenheit der Aufwendungen für Unterkunft und Heizung. 2Übersteigen die Aufwendungen für Unterkunft und Heizung den der Besonderheit des Einzelfalles angemessenen Umfang, teilt der Träger der Sozialhilfe dies den Leistungsberechtigten mit dem ersten Bewilligungsbescheid mit und unterrichtet sie über die Dauer der Karenzzeit nach Absatz 1 Satz 2 bis 6 sowie über das Verfahren nach Ablauf der Karenzzeit nach Absatz 3 Satz 2.

(3) 1Übersteigen die Aufwendungen für Unterkunft und Heizung den der Besonderheit des Einzelfalles angemessenen Umfang, sind sie in tatsächlicher Höhe als Bedarf der Personen, deren Einkommen und Vermögen nach § 27 Absatz 2 zu berücksichtigen sind, anzuerkennen. 2Satz 1 gilt für die Aufwendungen für Heizung und nach Ablauf der Karenzzeit nach Absatz 1 Satz 2 bis 6 für die Aufwendungen für Unterkunft so lange, bis es diesen Personen möglich oder zuzumuten ist, durch einen Wohnungswechsel, durch Vermieten oder auf andere Weise die Aufwendungen zu senken, in der Regel jedoch längstens für sechs Monate. 3Eine Absenkung der nach Absatz 1 Satz 1 unangemessenen Aufwendungen muss nicht gefordert werden, wenn diese unter Berücksichtigung der bei einem Wohnungswechsel zu erbringenden Leistungen unwirtschaftlich wäre. 4Stirbt ein Mitglied der Haushaltsgemeinschaft und waren die Aufwendungen für Unterkunft und Heizung davor angemessen, ist die Senkung der Aufwendungen für die weiterhin bewohnte Unterkunft für die Dauer von mindestens zwölf Monaten nach dem Sterbemonat nicht zumutbar.

(4) 1Der Träger der Sozialhilfe kann für seinen örtlichen Zuständigkeitsbereich für die Höhe der Bedarfe für Unterkunft eine monatliche Pauschale festsetzen, wenn auf dem örtlichen Wohnungsmarkt hinreichend angemessener freier Wohnraum verfügbar und in Einzelfällen die Pauschalierung nicht unzumutbar ist. 2Bei der Bemessung der Pauschale sind die tatsächlichen Gegebenheiten des örtlichen Wohnungsmarkts, der örtliche Mietspiegel sowie die familiären Verhältnisse der Leistungsberechtigten, insbesondere Anzahl, Alter und Gesundheitszustand der in der Unterkunft lebenden Personen, zu berücksichtigen. 3Absatz 3 Satz 1 gilt entsprechend.

(5) 1Bedarfe für Heizung umfassen auch Aufwendungen für zentrale Warmwasserversorgung. 2Die Bedarfe können durch eine monatliche Pauschale festgesetzt werden. 3Bei der Bemessung der Pauschale sind die persönlichen und familiären Verhältnisse, insbesondere Anzahl, Alter und Gesundheitszustand der in der Unterkunft lebenden Personen, die Größe und Beschaffenheit der Wohnung, die vorhandenen Heizmöglichkeiten und die örtlichen Gegebenheiten zu berücksichtigen.

(6) 1Leben Leistungsberechtigte in einer Unterkunft nach § 42a Absatz 2 Satz 1 Nummer 2 und Satz 3, so sind Aufwendungen für Unterkunft und Heizung nach § 42a Absatz 5 und 6 anzuerkennen. 2Leben Leistungsberechtigte in einer sonstigen Unterkunft nach § 42a Absatz 2 Satz 1 Nummer 3, so sind Aufwendungen für Unterkunft und Heizung nach § 42a Absatz 7 anzuerkennen. 3Für die Bedarfe nach den Sätzen 1 und 2 gilt Absatz 1 Satz 2 bis 6 nicht.

(7) 1Zur Beurteilung der Angemessenheit der Aufwendungen für Unterkunft und Heizung nach Absatz 1 Satz 1 ist die Bildung einer Gesamtangemessenheitsgrenze zulässig. 2Dabei kann für die Aufwendungen für Heizung der Wert berücksichtigt werden, der bei einer gesonderten Beurteilung der Angemessenheit der Aufwendungen für Unterkunft und der Aufwendungen für Heizung ohne Prüfung der Angemessenheit im Einzelfall höchstens anzuerkennen wäre. 3Absatz 3 und § 35a Absatz 2 Satz 2 gelten entsprechend.

(8) § 22 Absatz 11 und 12 des Zweiten Buches gelten entsprechend.

§ 35a Aufwendungen für Instandhaltung und Reparatur, Aufwendungen bei Wohnungswechsel, Direktzahlung

(1) 1Als Bedarf für Unterkunft werden auch die unabweisbaren Aufwendungen für Instandhaltung und Reparatur bei selbst bewohntem Wohneigentum im Sinne des § 90 Absatz 2 Nummer 8 anerkannt, soweit diese unter Berücksichtigung der im laufenden sowie in den darauffolgenden elf Kalendermonaten anfallenden Aufwendungen insgesamt angemessen sind. 2Übersteigen die unabweisbaren Aufwendungen für Instandhaltung und Reparatur den Bedarf für die Unterkunft nach Satz 1, kann zur Deckung dieses Teils der Aufwendungen ein Darlehen erbracht werden, das dinglich gesichert werden soll. 3Für die Bedarfe nach Satz 1 gilt § 35 Absatz 1 Satz 2 bis 6 nicht.

(2) 1Vor Abschluss eines Vertrages über eine neue Unterkunft haben Leistungsberechtigte den dort zuständigen Träger der Sozialhilfe über die nach § 35 Absatz 3 Satz 1 und 2 maßgeblichen Umstände in Kenntnis zu setzen. 2Sind die Aufwendungen für Unterkunft und Heizung für die neue Unterkunft unangemessen hoch, sind diese nur in Höhe angemessener Aufwendungen als Bedarf anzuerkennen, es sei denn, der zuständige Träger

VII

der Sozialhilfe hat den darüberhinausgehenden Aufwendungen vorher zugestimmt. 3Eine Zustimmung soll erteilt werden, wenn der Umzug durch den Träger der Sozialhilfe veranlasst wird oder aus anderen Gründen notwendig ist und wenn ohne die Zustimmung eine Unterkunft in einem angemessenen Zeitraum nicht gefunden werden kann. 4Innerhalb der Karenzzeit nach § 35 Absatz 1 Satz 2 werden nach einem Umzug höhere als angemessene Aufwendungen nur dann als Bedarf anerkannt, wenn der Träger der Sozialhilfe die Anerkennung vorab zugesichert hat. 5Wohnungsbeschaffungskosten, Mietkautionen, Genossenschaftsanteile und Umzugskosten können bei vorheriger Zustimmung übernommen werden; Mietkautionen und Genossenschaftsanteile sollen als Darlehen erbracht werden. 6Rückzahlungsansprüche aus Darlehen nach Satz 5 werden, solange Darlehensnehmer Leistungen zur Sicherung des Lebensunterhalts beziehen, ab dem Monat, der auf die Auszahlung folgt, durch monatliche Aufrechnung in Höhe von 5 Prozent der maßgebenden Regelbedarfsstufe getilgt.

(3) 1Bedarfe für Unterkunft und Heizung sind auf Antrag der leistungsberechtigten Person durch Direktzahlung an den Vermieter oder andere Empfangsberechtigte zu decken; § 43a Absatz 3 gilt entsprechend. 2Direktzahlungen an den Vermieter oder andere Empfangsberechtigte sollen erfolgen, wenn die zweckentsprechende Verwendung durch die leistungsberechtigte Person nicht sichergestellt ist. 3Das ist insbesondere der Fall, wenn

1. Mietrückstände bestehen, die zu einer außerordentlichen Kündigung des Mietverhältnisses berechtigen,
2. Energiekostenrückstände bestehen, die zu einer Unterbrechung der Energieversorgung berechtigen,
3. konkrete Anhaltspunkte für ein krankheits- oder suchtbedingtes Unvermögen der leistungsberechtigten Person bestehen, die Mittel zweckentsprechend zu verwenden oder
4. konkrete Anhaltspunkte dafür bestehen, dass die im Schuldnerverzeichnis eingetragene leistungsberechtigte Person die Mittel nicht zweckentsprechend verwendet.

§ 35b Satzung

1Hat ein Kreis oder eine kreisfreie Stadt eine Satzung nach den §§ 22a bis 22c des Zweiten Buches erlassen, so gilt sie für die Höhe der anzuerkennenden Bedarfe für die Unterkunft nach § 35 Absatz 1 Satz 1, Absatz 3 und § 35a Absatz 2 des zuständigen Trägers der Sozialhilfe entsprechend, sofern darin nach § 22b Absatz 3 des Zweiten Buches Sonderregelungen für Personen mit einem besonderen Bedarf für Unterkunft und Heizung getroffen werden und dabei zusätzlich auch die Bedarfe älterer Menschen berücksichtigt werden. 2Dies gilt auch für die Höhe der anzuerkennenden Bedarfe für Heizung nach § 35 Absatz 5, soweit die Satzung Bestimmungen nach § 22b Absatz 1 Satz 2 und 3 des Zweiten Buches enthält. 3In Fällen der Sätze 1 und 2 ist § 35 Absatz 4 und 5 Satz 2 und 3 nicht anzuwenden.

§ 36 Sonstige Hilfen zur Sicherung der Unterkunft

(1) 1Schulden können nur übernommen werden, wenn dies zur Sicherung der Unterkunft oder zur Behebung einer vergleichbaren Notlage gerechtfertigt ist. 2Sie sollen übernommen werden, wenn dies gerechtfertigt und notwendig ist und sonst Wohnungslosigkeit einzutreten droht. 3Geldleistungen können als Beihilfe oder als Darlehen erbracht werden.

(2) 1Geht bei einem Gericht eine Klage auf Räumung von Wohnraum im Falle der Kündigung des Mietverhältnisses nach § 543 Absatz 1, 2 Satz 1 Nummer 3 in Verbindung mit § 569 Absatz 3 des Bürgerlichen Gesetzbuchs ein, teilt das Gericht dem zuständigen örtlichen Träger der Sozialhilfe oder der Stelle, die von ihm zur Wahrnehmung der in Absatz 1 bestimmten Aufgaben beauftragt wurde, unverzüglich Folgendes mit:

1. den Tag des Eingangs der Klage,
2. die Namen und die Anschriften der Parteien,
3. die Höhe der monatlich zu entrichtenden Miete,
4. die Höhe des geltend gemachten Mietrückstandes und der geltend gemachten Entschädigung sowie
5. den Termin zur mündlichen Verhandlung, sofern dieser bereits bestimmt ist.

2Außerdem kann der Tag der Rechtshängigkeit mitgeteilt werden. 3Die Übermittlung unterbleibt, wenn die Nichtzahlung der Miete nach dem Inhalt der Klageschrift offensichtlich nicht auf Zahlungsunfähigkeit des Mieters beruht. 4Die übermittelten Daten dürfen auch für entsprechende Zwecke der Sozialen Entschädigung, soweit es sich um Besondere Leistungen im Einzelfall nach Kapitel 11 des Vierzehnten Buches handelt, gespeichert, verändert, genutzt, übermittelt und in der Verarbeitung eingeschränkt werden.

Fünfter Abschnitt Gewährung von Darlehen

§ 37 Ergänzende Darlehen

(1) Kann im Einzelfall ein von den Regelbedarfen umfasster und nach den Umständen unabweisbar gebotener Bedarf auf keine andere Weise gedeckt werden, sollen auf Antrag hierfür notwendige Leistungen als Darlehen erbracht werden.

(2) 1Der Träger der Sozialhilfe übernimmt für Leistungsberechtigte, die einen Barbetrag nach § 27b Absatz 3 Satz 2 Nummer 1 erhalten, die jeweils von ihnen bis zur Belastungsgrenze (§ 62 des Fünften Buches) zu leistenden Zuzahlungen in Form eines ergänzenden Darlehens, sofern der Leistungsberechtigte nicht widerspricht. 2Die Auszahlung der für das gesamte Kalenderjahr zu leistenden Zuzahlungen erfolgt unmittelbar an die zuständige Krankenkasse zum 1. Januar oder bei Aufnahme in eine stationäre Einrichtung. 3Der Träger der Sozialhilfe teilt der zuständigen Krankenkasse spätestens bis zum 1. November des Vorjahres die Leistungsberechtigten nach § 27b Absatz 3 Satz 2 Nummer 1 mit, soweit diese der Darlehensgewährung nach Satz 1 für das laufende oder ein vorangegangenes Kalenderjahr nicht widersprochen haben.

(3) In den Fällen des Absatzes 2 Satz 3 erteilt die Krankenkasse über den Träger der Sozialhilfe die in § 62 Absatz 1 Satz 1 des Fünften Buches genannte Bescheinigung jeweils bis zum 1. Januar oder bei Aufnahme in eine stationäre Einrichtung und teilt dem Träger der Sozialhilfe die Höhe der der leistungsberechtigten Person

zu leistenden Zuzahlungen mit; Veränderungen im Laufe eines Kalenderjahres sind unverzüglich mitzuteilen.

(4) 1Für die Rückzahlung von Darlehen nach Absatz 1 können von den monatlichen Regelsätzen Teilbeträge bis zur Höhe von jeweils 5 vom Hundert der Regelbedarfsstufe 1 nach der Anlage zu § 28 einbehalten werden. 2Die Rückzahlung von Darlehen nach Absatz 2 erfolgt in gleichen Teilbeträgen über das ganze Kalenderjahr.

§ 37a Darlehen bei am Monatsende fälligen Einkünften

(1) 1Kann eine leistungsberechtigte Person in dem Monat, in dem ihr erstmals eine Rente zufließt, bis zum voraussichtlichen Zufluss der Rente ihren notwendigen Lebensunterhalt nicht vollständig aus eigenen Mitteln bestreiten, ist ihr insoweit auf Antrag ein Darlehen zu gewähren. 2Satz 1 gilt entsprechend für Einkünfte und Sozialleistungen, die am Monatsende fällig werden.

(2) 1Das Darlehen ist in monatlichen Raten in Höhe von 5 Prozent der Regelbedarfsstufe 1 nach der Anlage zu § 28 zu tilgen; insgesamt ist jedoch höchstens ein Betrag in Höhe von 50 Prozent der Regelbedarfsstufe 1 nach der Anlage zu § 28 zurückzuzahlen. 2Beträgt der monatliche Leistungsanspruch der leistungsberechtigten Person weniger als 5 Prozent der Regelbedarfsstufe 1 nach der Anlage zu § 28 wird die monatliche Rate nach Satz 1 in Höhe des Leistungsanspruchs festgesetzt.

(3) 1Die Rückzahlung nach Absatz 2 beginnt mit Ablauf des Kalendermonats, der auf die Auszahlung des Darlehens folgt. 2Die Rückzahlung des Darlehens erfolgt während des Leistungsbezugs durch Aufrechnung nach § 44b.

§ 38 Darlehen bei vorübergehender Notlage

1Sind Leistungen nach § 27a Absatz 3 und 4, der Barbetrag nach § 27b Absatz 2 sowie nach den §§ 30, 32, 33, 35 und 35a voraussichtlich nur für kurze Dauer zu erbringen, können Geldleistungen als Darlehen gewährt werden. 2Darlehen an Mitglieder von Haushaltsgemeinschaften im Sinne des § 27 Absatz 2 Satz 2 und 3 können an einzelne Mitglieder oder an mehrere gemeinsam vergeben werden.

Sechster Abschnitt
Einschränkung von Leistungsberechtigung und -umfang

§ 39 Vermutung der Bedarfsdeckung

1Lebt eine nachfragende Person gemeinsam mit anderen Personen in einer Wohnung oder in einer entsprechenden anderen Unterkunft, so wird vermutet, dass sie gemeinsam wirtschaften (Haushaltsgemeinschaft) und dass die nachfragende Person von den anderen Personen Leistungen zum Lebensunterhalt erhält, soweit dies nach deren Einkommen und Vermögen erwartet werden kann. 2Soweit nicht gemeinsam gewirtschaftet wird oder die nachfragende Person von den Mitgliedern der Haushaltsgemeinschaft keine ausreichenden Leistungen zum Lebensunterhalt erhält, ist ihr Hilfe zum Lebensunterhalt zu gewähren. 3Satz 1 gilt nicht

1. für Schwangere oder Personen, die ihr leibliches Kind bis zur Vollendung seines sechsten Lebensjahres betreuen und mit ihren Eltern oder einem Elternteil zusammenleben, oder
2. für Personen, die in der Eingliederungshilfe leistungsberechtigt im Sinne des § 99 Absatz 1 bis 3 des Neunten Buches sind oder im Sinne des § 61a pflegebedürftig sind und von in Satz 1 genannten Personen betreut werden; dies gilt auch, wenn die genannten Voraussetzungen einzutreten drohen und das gemeinsame Wohnen im Wesentlichen zum Zweck der Sicherstellung der Hilfe und Versorgung erfolgt.

Siebter Abschnitt
Verordnungsermächtigung

§ 40 Verordnungsermächtigung

1Das Bundesministerium für Arbeit und Soziales hat im Einvernehmen mit dem Bundesministerium der Finanzen durch Rechtsverordnung mit Zustimmung des Bundesrates

1. die für die Fortschreibung der Regelbedarfsstufen nach § 28a und für die Fortschreibung des Teilbetrags nach § 34 Absatz 3a Satz 1 maßgeblichen Prozentsätze zu bestimmen und
2. die Anlagen zu den §§ 28 und 34 um die sich durch die Fortschreibung nach Nummer 1 zum 1. Januar eines Jahres ergebenden Regelbedarfsstufen sowie um die sich aus der Fortschreibung nach § 34 Absatz 3a Satz 1 und 2 ergebenden Teilbeträge zu ergänzen.

2Der Prozentsatz nach Satz 1 Nummer 1 in Verbindung mit § 28a Absatz 3 ist auf zwei Dezimalstellen zu berechnen; die zweite Dezimalstelle ist um eins zu erhöhen, wenn sich in der dritten Dezimalstelle eine der Ziffern von 5 bis 9 ergibt. 3Der Prozentsatz nach Satz 1 Nummer 1 in Verbindung mit § 28a Absatz 4 ist auf eine Dezimalstelle zu berechnen; die erste Dezimalstelle ist um eins zu erhöhen, wenn sich in der zweiten Dezimalstelle eine der Ziffern von 5 bis 9 ergibt. 4Die Bestimmungen nach Satz 1 erfolgen bis spätestens zum Ablauf des 31. Oktober des jeweiligen Jahres.

Viertes Kapitel
Grundsicherung im Alter und bei Erwerbsminderung

Erster Abschnitt
Grundsätze

§ 41 Leistungsberechtigte

(1) Leistungsberechtigt nach diesem Kapitel sind Personen mit gewöhnlichem Aufenthalt im Inland, die ihren notwendigen Lebensunterhalt nicht oder nicht ausreichend aus Einkommen und Vermögen nach § 43 bestreiten können, wenn sie die Voraussetzungen nach Absatz 2, 3 oder 3a erfüllen.

(2) 1Leistungsberechtigt sind Personen nach Absatz 1 wegen Alters, wenn sie die Altersgrenze erreicht haben. 2Personen, die vor dem 1. Januar 1947 geboren sind, erreichen die Altersgrenze mit Vollendung des 65. Lebensjahres. 3Für Personen, die nach dem 31. Dezember

VII

1946 geboren sind, wird die Altersgrenze wie folgt angehoben:

für den Geburtsjahrgang	erfolgt eine Anhebung um Monate	auf Vollendung eines Lebensalters von
1947	1	65 Jahren und 1 Monat
1948	2	65 Jahren und 2 Monaten
1949	3	65 Jahren und 3 Monaten
1950	4	65 Jahren und 4 Monaten
1951	5	65 Jahren und 5 Monaten
1952	6	65 Jahren und 6 Monaten
1953	7	65 Jahren und 7 Monaten
1954	8	65 Jahren und 8 Monaten
1955	9	65 Jahren und 9 Monaten
1956	10	65 Jahren und 10 Monaten
1957	11	65 Jahren und 11 Monaten
1958	12	66 Jahren
1959	14	66 Jahren und 2 Monaten
1960	16	66 Jahren und 4 Monaten
1961	18	66 Jahren und 6 Monaten
1962	20	66 Jahren und 8 Monaten
1963	22	66 Jahren und 10 Monaten
ab 1964	24	67 Jahren.

(3) Leistungsberechtigt sind Personen nach Absatz 1 wegen einer dauerhaften vollen Erwerbsminderung, wenn sie das 18. Lebensjahr vollendet haben, unabhängig von der jeweiligen Arbeitsmarktlage voll erwerbsgemindert im Sinne des § 43 Absatz 2 des Sechsten Buches sind und bei denen unwahrscheinlich ist, dass die volle Erwerbsminderung behoben werden kann.

(3a) Leistungsberechtigt sind Personen nach Absatz 1, die das 18. Lebensjahr vollendet haben, für den Zeitraum, in dem sie

1. in einer Werkstatt für behinderte Menschen (§ 57 des Neunten Buches) oder bei einem anderen Leistungsanbieter (§ 60 des Neunten Buches) das Eingangsverfahren und den Berufsbildungsbereich durchlaufen oder
2. in einem Ausbildungsverhältnis stehen, für das sie ein Budget für Ausbildung (§ 61a des Neunten Buches) erhalten.

(4) Keinen Anspruch auf Leistungen nach diesem Kapitel hat, wer in den letzten zehn Jahren die Hilfebedürftigkeit vorsätzlich oder grob fahrlässig herbeigeführt hat.

§ 41a Vorübergehender Auslandsaufenthalt

Leistungsberechtigte, die sich länger als vier Wochen ununterbrochen im Ausland aufhalten, erhalten nach Ablauf der vierten Woche bis zu ihrer nachgewiesenen Rückkehr ins Inland keine Leistungen.

§ 42 Bedarfe

Die Bedarfe nach diesem Kapitel umfassen:

1. die Regelsätze nach den Regelbedarfsstufen der Anlage zu § 28; § 27a Absatz 3 und Absatz 4 ist anzuwenden; § 29 Absatz 1 Satz 1 letzter Halbsatz und Absatz 2 bis 5 ist nicht anzuwenden,
2. die zusätzlichen Bedarfe nach dem Zweiten Abschnitt des Dritten Kapitels sowie Bedarfe nach § 42b,
3. die Bedarfe für Bildung und Teilhabe nach dem Dritten Abschnitt des Dritten Kapitels, ausgenommen die Bedarfe nach § 34 Absatz 7,
4. Bedarfe für Unterkunft und Heizung
   a) bei Leistungsberechtigten außerhalb von Einrichtungen nach § 42a,
   b) bei Leistungsberechtigten, deren notwendiger Lebensunterhalt sich nach § 27b Absatz 1 Satz 2 oder nach § 27c Absatz 1 Nummer 2 ergibt, in Höhe der nach § 45a ermittelten durchschnittlichen Warmmiete von Einpersonenhaushalten,
5. ergänzende Darlehen nach § 37 Absatz 1 und Darlehen bei am Monatsende fälligen Einkommen nach § 37a.

§ 42a Bedarfe für Unterkunft und Heizung

(1) [1]Für Leistungsberechtigte sind angemessene Bedarfe für Unterkunft und Heizung nach dem Vierten Abschnitt des Dritten Kapitels sowie nach § 42 Nummer 4 Buchstabe b anzuerkennen, soweit in den folgenden Absätzen nichts Abweichendes geregelt ist. [2]§ 35 Absatz 1 Satz 2 bis 6 gilt nicht in den Fällen der Absätze 3 und 5 bis 7.

(2) [1]Für die Anerkennung von Bedarfen für Unterkunft und Heizung bei

1. Leistungsberechtigten, die in einer Wohnung nach Satz 2 leben, gelten die Absätze 3 und 4,
2. Leistungsberechtigten, die nicht in einer Wohnung nach Nummer 1 leben, weil ihnen zur Erbringung von Leistungen nach Teil 2 des Neunten Buches allein oder zu zweit ein persönlicher Wohnraum und zusätzliche Räumlichkeiten zur gemeinschaftlichen Nutzung nach Satz 3 zu Wohnzwecken überlassen werden, gelten die Absätze 5 und 6,
3. Leistungsberechtigten, die weder in einer Wohnung nach Nummer 1 noch in einem persönlichen Wohnraum und zusätzlichen Räumlichkeiten nach Num-

mer 2 untergebracht sind und für die § 42 Nummer 4 Buchstabe b nicht anzuwenden ist, gilt Absatz 7.

2Wohnung ist die Zusammenfassung mehrerer Räume, die von anderen Wohnungen oder Wohnräumen baulich getrennt sind und die in ihrer Gesamtheit alle für die Führung eines Haushalts notwendigen Einrichtungen, Ausstattungen und Räumlichkeiten umfassen. 3Persönlicher Wohnraum ist ein Wohnraum, der Leistungsberechtigten allein oder zu zweit zur alleinigen Nutzung überlassen wird, und zusätzliche Räumlichkeiten sind Räume, die Leistungsberechtigten zusammen mit weiteren Personen zur gemeinschaftlichen Nutzung überlassen werden.

(3) 1Lebt eine leistungsberechtigte Person

1. zusammen mit mindestens einem Elternteil, mit mindestens einem volljährigen Geschwisterkind oder einem volljährigen Kind in einer Wohnung im Sinne von Absatz 2 Satz 2 und sind diese Mieter oder Eigentümer der gesamten Wohnung (Mehrpersonenhaushalt) und
2. ist sie nicht vertraglich zur Tragung von Unterkunftskosten verpflichtet,

sind ihr Bedarfe für Unterkunft und Heizung nach den Sätzen 2 bis 5 anzuerkennen. 2Als Bedarf sind leistungsberechtigten Personen nach Satz 1 diejenigen Aufwendungen für Unterkunft als Bedarf anzuerkennen, die sich aus der Differenz der angemessenen Aufwendungen für den Mehrpersonenhaushalt entsprechend der Anzahl der dort wohnenden Personen ergeben und für einen Haushalt mit einer um eins verringerten Personenzahl. 3Für die als Bedarf zu berücksichtigenden angemessenen Aufwendungen für Heizung ist der Anteil an den tatsächlichen Gesamtaufwendungen für die Heizung der Wohnung zu berücksichtigen, der sich für die Aufwendungen für die Unterkunft nach Satz 2 ergibt. 4Abweichend von § 35 kommt es auf die nachweisbare Tragung von tatsächlichen Aufwendungen für Unterkunft und Heizung nicht an. 5Die Sätze 2 und 3 gelten nicht, wenn die mit der leistungsberechtigten Person zusammenlebenden Personen darlegen, dass sie ihren Lebensunterhalt einschließlich der ungedeckten angemessenen Aufwendungen für Unterkunft und Heizung aus eigenen Mitteln nicht decken können; in diesen Fällen findet Absatz 4 Satz 1 Anwendung.

(4) 1Lebt eine leistungsberechtigte Person zusammen mit anderen Personen in einer Wohnung im Sinne von Absatz 2 Satz 2 (Wohngemeinschaft) oder lebt die leistungsberechtigte Person zusammen mit in Absatz 3 Satz 1 Nummer 1 genannten Personen und ist sie vertraglich zur Tragung von Unterkunftskosten verpflichtet, sind die von ihr zu tragenden Aufwendungen für Unterkunft und Heizung bis zu dem Betrag als Bedarf anzuerkennen, der ihrem nach der Zahl der Bewohner zu bemessenden Anteil an den Aufwendungen für Unterkunft und Heizung entspricht, die für einen entsprechenden Mehrpersonenhaushalt als angemessen gelten. 2Satz 1 gilt nicht, wenn die leistungsberechtigte Person auf Grund einer mietvertraglichen Vereinbarung nur für konkret bestimmte Anteile des Mietzinses zur Zahlung verpflichtet ist; in diesem Fall sind die tatsächlichen Aufwendungen für Unterkunft und Heizung bis zu dem Betrag als Bedarf anzuerkennen, der für einen Einpersonenhaushalt angemessen ist, soweit der von der leistungsberechtigten Person zu zahlende Mietzins zur gesamten Wohnungsmiete in einem angemessenen Verhältnis steht. 3Übersteigen die tatsächlichen Aufwendungen der leistungsberechtigten Person die nach den Sätzen 1 und 2 angemessenen Aufwendungen für Unterkunft und Heizung, gilt § 35 Absatz 3 entsprechend.

(5) 1Für leistungsberechtigte Personen, die in Räumlichkeiten nach Absatz 2 Satz 1 Nummer 2 leben, werden die tatsächlichen Aufwendungen für die Unterkunft, soweit sie angemessen sind, als Bedarf berücksichtigt für

1. den persönlichen Wohnraum in voller Höhe, wenn er allein bewohnt wird, und jeweils hälftig, wenn er von zwei Personen bewohnt wird,
2. einen Zuschlag für den persönlichen Wohnraum, der vollständig oder teilweise möbliert zur Nutzung überlassen wird, in der sich daraus ergebenden Höhe,
3. die Räumlichkeiten, die vorrangig zur gemeinschaftlichen Nutzung der leistungsberechtigten Person und anderer Bewohner bestimmt sind (Gemeinschaftsräume), mit einem Anteil, der sich aus der Anzahl der vorgesehenen Nutzer bei gleicher Aufteilung ergibt.

2Für die tatsächlichen Aufwendungen für die Heizung werden die auf den persönlichen Wohnraum und die auf die Gemeinschaftsräume entfallenden Anteile als Bedarf anerkannt, soweit sie angemessen sind. 3Tatsächliche Aufwendungen für Unterkunft und Heizung nach den Sätzen 1 und 2 gelten als angemessen, wenn sie die Höhe der durchschnittlichen angemessenen tatsächlichen Aufwendungen für die Warmmiete von Einpersonenhaushalten nach § 45a nicht überschreiten. 4Überschreiten die tatsächlichen Aufwendungen die Angemessenheitsgrenze nach Satz 3, sind um bis zu 25 Prozent höhere als die angemessenen Aufwendungen anzuerkennen, wenn die leistungsberechtigte Person die höheren Aufwendungen durch einen Vertrag mit gesondert ausgewiesenen zusätzlichen Kosten nachweist für

1. Zuschläge nach Satz 1 Nummer 2,
2. Wohn- und Wohnnebenkosten, sofern diese Kosten im Verhältnis zu vergleichbaren Wohnformen angemessen sind,
3. Haushaltsstrom, Instandhaltung des persönlichen Wohnraums und der Räumlichkeiten zur gemeinschaftlichen Nutzung sowie die Ausstattung mit Haushaltsgroßgeräten oder
4. Gebühren für Telekommunikation sowie Gebühren für den Zugang zu Rundfunk, Fernsehen und Internet.

5Die zusätzlichen Aufwendungen nach Satz 4 Nummer 2 bis 4 sind nach der Anzahl der in einer baulichen Einheit lebenden Personen zu gleichen Teilen aufzuteilen.

(6) 1Übersteigen die Aufwendungen für die Unterkunft nach Absatz 4 den der Besonderheit des Einzelfalles angemessenen Umfang und hat der für die Ausführung des Gesetzes nach diesem Kapitel zuständige Träger Anhaltspunkte dafür, dass ein anderer Leistungsträger diese Aufwendungen ganz oder teilweise zu übernehmen verpflichtet ist, wirkt er auf eine sachdienliche Antragstellung bei diesem Leistungsträger hin. 2Übersteigen die tatsächlichen Aufwendungen die Angemessenheitsgrenze nach Absatz 5 Satz 3 um mehr als 25 Prozent, um-

fassen die Leistungen nach Teil 2 des Neunten Buches auch diese Aufwendungen.

(7) 1Lebt eine leistungsberechtigte Person in einer sonstigen Unterkunft nach Absatz 2 Satz 1 Nummer 3 allein, so sind höchstens die durchschnittlichen angemessenen tatsächlichen Aufwendungen für die Warmmiete eines Einpersonenhaushaltes im örtlichen Zuständigkeitsbereich des für die Ausführung des Gesetzes nach diesem Kapitel zuständigen Trägers als Bedarf anzuerkennen. 2Lebt die leistungsberechtigte Person zusammen mit anderen Bewohnern in einer sonstigen Unterkunft, so sind höchstens die angemessenen tatsächlichen Aufwendungen als Bedarf anzuerkennen, die die leistungsberechtigte Person nach der Zahl der Bewohner anteilig an einem entsprechenden Mehrpersonenhaushalt zu tragen hätte. 3Höhere als die sich nach Satz 1 oder 2 ergebenden Aufwendungen können im Einzelfall als Bedarf anerkannt werden, wenn

1. eine leistungsberechtigte Person voraussichtlich innerhalb von sechs Monaten ab der erstmaligen Anerkennung von Bedarfen nach Satz 1 oder Satz 2 in einer angemessenen Wohnung untergebracht werden kann oder, sofern dies als nicht möglich erscheint, voraussichtlich auch keine hinsichtlich Ausstattung und Größe sowie Höhe der Aufwendungen angemessene Unterbringung in einer sonstigen Unterkunft verfügbar ist oder
2. die Aufwendungen zusätzliche haushaltsbezogene Aufwendungen beinhalten, die ansonsten über die Regelbedarfe abzudecken wären.

VII

§ 42b Mehrbedarfe

(1) Für Bedarfe, die nicht durch den Regelsatz abgedeckt sind, werden ergänzend zu den Mehrbedarfen nach § 30 die Mehrbedarfe nach den Absätzen 2 bis 4 anerkannt.

(2) 1Für die Mehraufwendungen bei gemeinschaftlicher Mittagsverpflegung wird ein Mehrbedarf anerkannt

1. in einer Werkstatt für behinderte Menschen nach § 56 des Neunten Buches,
2. bei einem anderen Leistungsanbieter nach § 60 des Neunten Buches oder
3. im Rahmen vergleichbarer anderer tagesstrukturierender Angebote.

2Dies gilt unter der Voraussetzung, dass die Mittagsverpflegung in Verantwortung eines Leistungsanbieters nach Satz 1 Nummer 1 bis 3 angeboten wird oder durch einen Kooperationsvertrag zwischen diesem und dem für die gemeinschaftliche Mittagsverpflegung an einem anderen Ort Verantwortlichen vereinbart ist. 3Die Mehraufwendungen je Arbeitstag sind ein Dreißigstel des Betrags, der sich nach § 2 Absatz 1 Satz 2 der Sozialversicherungsentgeltverordnung in der jeweiligen Fassung ergibt.

(3) 1Für Leistungsberechtigte mit Behinderungen, denen Hilfen zur Schulbildung oder Hilfen zur schulischen oder hochschulischen Ausbildung nach § 112 Absatz 1 Satz 1 Nummer 1 und 2 des Neunten Buches geleistet werden, wird ein Mehrbedarf von 35 Prozent der maßgebenden Regelbedarfsstufe anerkannt. 2In besonderen Einzelfällen ist der Mehrbedarf nach Satz 1 über die Beendigung der dort genannten Leistungen hinaus während einer angemessenen Einarbeitungszeit von bis zu drei Monaten anzuerkennen. In den Fällen des Satzes 1 oder des Satzes 2 ist § 30 Absatz 1 Nummer 2 nicht anzuwenden.

(4) Die Summe des nach Absatz 3 und § 30 Absatz 1 bis 5 insgesamt anzuerkennenden Mehrbedarfs darf die Höhe der maßgebenden Regelbedarfsstufe nicht übersteigen.

§ 43 Einsatz von Einkommen und Vermögen

(1) 1Für den Einsatz des Einkommens sind die §§ 82 bis 84 und für den Einsatz des Vermögens die §§ 90 und 91 anzuwenden, soweit in den folgenden Absätzen nichts Abweichendes geregelt ist. 2Einkommen und Vermögen des nicht getrennt lebenden Ehegatten oder Lebenspartners sowie des Partners einer eheähnlichen oder lebenspartnerschaftsähnlichen Gemeinschaft, die dessen notwendigen Lebensunterhalt nach § 27a übersteigen, sind zu berücksichtigen.

(2) Zusätzlich zu den nach § 82 Absatz 2 vom Einkommen abzusetzenden Beträgen sind Einnahmen aus Kapitalvermögen abzusetzen, soweit sie einen Betrag von 26 Euro im Kalenderjahr nicht übersteigen.

(3) 1Die Verletztenrente nach dem Siebten Buch ist teilweise nicht als Einkommen zu berücksichtigen, wenn sie auf Grund eines in Ausübung der Wehrpflicht bei der Nationalen Volksarmee der ehemaligen Deutschen Demokratischen Republik erlittenen Gesundheitsschadens erbracht wird. 2Dabei bestimmt sich die Höhe des nicht zu berücksichtigenden Betrages nach der Höhe der monatlichen Entschädigungszahlung nach § 83 des Vierzehnten Buches, die für den Grad der Schädigungsfolgen zu zahlen ist, der der jeweiligen Minderung der Erwerbsfähigkeit entspricht. 3Bei einer Minderung der Erwerbsfähigkeit um 20 Prozent beträgt der nicht zu berücksichtigende Betrag zwei Drittel, bei einer Minderung der Erwerbsfähigkeit um 10 Prozent ein Drittel der monatlichen Entschädigungszahlung nach § 83 Absatz 1 Nummer 1 des Vierzehnten Buches.

(4) Erhalten Leistungsberechtigte nach dem Dritten Kapitel in einem Land nach § 29 Absatz 1 letzter Halbsatz und Absatz 2 bis 5 festgesetzte und fortgeschriebene Regelsätze und sieht das Landesrecht in diesem Land für Leistungsberechtigte nach diesem Kapitel eine aufstockende Leistung vor, dann ist diese Leistung nicht als Einkommen nach § 82 Absatz 1 zu berücksichtigen.

(5) § 39 Satz 1 ist nicht anzuwenden.

Zweiter Abschnitt
Verfahrensbestimmungen

§ 43a Gesamtbedarf, Zahlungsanspruch und Direktzahlung

(1) Der monatliche Gesamtbedarf ergibt sich aus der Summe der nach § 42 Nummer 1 bis 4 anzuerkennenden monatlichen Bedarfe.

(2) Die Höhe der monatlichen Geldleistung im Einzelfall (monatlicher Zahlungsanspruch) ergibt sich aus dem Gesamtbedarf nach Absatz 1 zuzüglich Nachzahlungen und abzüglich des nach § 43 Absatz 1 bis 4 einzusetzenden Einkommens und Vermögens sowie abzüglich von Aufrechnungen und Verrechnungen nach § 44b.

(3) 1Sehen Vorschriften des Dritten Kapitels vor, dass Bedarfe, die in den Gesamtbedarf eingehen, durch Zah-

lungen des zuständigen Trägers an Empfangsberechtigte gedeckt werden können oder zu decken sind (Direktzahlung), erfolgt die Zahlung durch den für die Ausführung des Gesetzes nach diesem Kapitel zuständigen Träger, und zwar bis zur Höhe des jeweils anerkannten Bedarfs, höchstens aber bis zu der sich nach Absatz 2 ergebenden Höhe des monatlichen Zahlungsanspruchs; die §§ 34a und 34b bleiben unberührt. $_{2}$Satz 1 gilt entsprechend, wenn Leistungsberechtigte eine Direktzahlung wünschen. $_{3}$Erfolgt eine Direktzahlung, hat der für die Ausführung des Gesetzes nach diesem Kapitel zuständige Träger die leistungsberechtigte Person darüber schriftlich zu informieren.

(4) Der für die Ausführung des Gesetzes nach diesem Kapitel zuständige Träger kann bei Zahlungsrückständen aus Stromlieferverträgen für Haushaltsstrom, die zu einer Unterbrechung der Energielieferung berechtigen, für die laufenden Zahlungsverpflichtungen einer leistungsberechtigten Person eine Direktzahlung entsprechend Absatz 3 Satz 1 vornehmen.

§ 44 Antragserfordernis, Erbringung von Geldleistungen, Bewilligungszeitraum

(1) $_{1}$Leistungen nach diesem Kapitel werden auf Antrag erbracht. $_{2}$Gesondert zu beantragen sind Leistungen zur Deckung von Bedarfen nach § 42 Nummer 2 in Verbindung mit den §§ 31 und 33 sowie zur Deckung der Bedarfe nach § 42 Nummer 3 in Verbindung mit § 34 Absatz 5 und nach § 42 Nummer 5.

(2) $_{1}$Ein Antrag nach Absatz 1 wirkt auf den Ersten des Kalendermonats zurück, in dem er gestellt wird, wenn die Voraussetzungen des § 41 innerhalb dieses Kalendermonats erfüllt werden. $_{2}$Leistungen zur Deckung von Bedarfen nach § 42 werden vorbehaltlich Absatz 4 Satz 2 nicht für Zeiten vor dem sich nach Satz 1 ergebenden Kalendermonat erbracht.

(3) $_{1}$Leistungen zur Deckung von Bedarfen nach § 42 werden in der Regel für einen Bewilligungszeitraum von zwölf Kalendermonaten bewilligt. $_{2}$Sofern über den Leistungsanspruch nach § 44a vorläufig entschieden wird, soll der Bewilligungszeitraum nach Satz 1 auf höchstens sechs Monate verkürzt werden. $_{3}$Bei einer Bewilligung nach dem Bezug von Bürgergeld nach dem Zweiten Buch, der mit Erreichen der Altersgrenze nach § 7a des Zweiten Buches endet, beginnt der Bewilligungszeitraum erst mit dem Ersten des Monats, der auf den sich nach § 7a des Zweiten Buches ergebenden Monat folgt.

(4) $_{1}$Leistungen zur Deckung von wiederkehrenden Bedarfen nach § 42 Nummer 1, 2 und 4 werden monatlich im Voraus erbracht. $_{2}$Für Leistungen zur Deckung der Bedarfe nach § 42 Nummer 3 sind die §§ 34a und 34b anzuwenden.

§ 44a Vorläufige Entscheidung

(1) Über die Erbringung von Geldleistungen ist vorläufig zu entscheiden, wenn die Voraussetzungen des § 41 Absatz 2, 3 und 3a feststehen und

1. zur Feststellung der weiteren Voraussetzungen des Anspruchs auf Geldleistungen voraussichtlich längere Zeit erforderlich ist und die weiteren Voraussetzungen für den Anspruch mit hinreichender Wahrscheinlichkeit vorliegen oder
2. ein Anspruch auf Geldleistungen dem Grunde nach besteht und zur Feststellung seiner Höhe voraussichtlich längere Zeit erforderlich ist.

(2) $_{1}$Der Grund der Vorläufigkeit der Entscheidung ist im Verwaltungsakt des ausführenden Trägers anzugeben. $_{2}$Eine vorläufige Entscheidung ergeht nicht, wenn die leistungsberechtigte Person die Umstände, die einer sofortigen abschließenden Entscheidung entgegenstehen, zu vertreten hat.

(3) Soweit die Voraussetzungen des § 45 Absatz 1 des Zehnten Buches vorliegen, ist die vorläufige Entscheidung mit Wirkung für die Zukunft zurückzunehmen; § 45 Absatz 2 des Zehnten Buches findet keine Anwendung.

(4) Steht während des Bewilligungszeitraums fest, dass für Monate, für die noch keine vorläufig bewilligten Leistungen erbracht wurden, kein Anspruch bestehen wird und steht die Höhe des Anspruchs für die Monate endgültig fest, für die bereits vorläufig Geldleistungen erbracht worden sind, kann der ausführende Träger für den gesamten Bewilligungszeitraum eine abschließende Entscheidung bereits vor dessen Ablauf treffen.

(5) $_{1}$Nach Ablauf des Bewilligungszeitraums hat der für die Ausführung des Gesetzes nach diesem Kapitel zuständige Träger abschließend über den monatlichen Leistungsanspruch zu entscheiden, sofern die vorläufig bewilligte Geldleistung nicht der abschließend festzustellenden entspricht. $_{2}$Anderenfalls trifft der ausführende Träger nur auf Antrag der leistungsberechtigten Person eine abschließende Entscheidung für den gesamten Bewilligungszeitraum. $_{3}$Die leistungsberechtigte Person ist nach Ablauf des Bewilligungszeitraums verpflichtet, die von dem der für die Ausführung des Gesetzes nach diesem Kapitel zuständige Träger zum Erlass einer abschließenden Entscheidung geforderten leistungserheblichen Tatsachen nachzuweisen; die §§ 60, 61, 65 und 65a des Ersten Buches gelten entsprechend. $_{4}$Kommt die leistungsberechtigte Person ihrer Nachweispflicht trotz angemessener Fristsetzung und schriftlicher Belehrung über die Rechtsfolgen bis zur abschließenden Entscheidung nicht, nicht vollständig oder nicht fristgemäß nach, setzt der für die Ausführung des Gesetzes nach diesem Kapitel zuständige Träger die zu gewährenden Geldleistungen für diese Kalendermonate nur in der Höhe endgültig fest, soweit der Leistungsanspruch nachgewiesen ist. $_{5}$Für die übrigen Kalendermonate wird festgestellt, dass ein Leistungsanspruch nicht bestand.

(6) $_{1}$Ergeht innerhalb eines Jahres nach Ablauf des Bewilligungszeitraums keine abschließende Entscheidung nach Absatz 5, gelten die vorläufig bewilligten Geldleistungen als abschließend festgesetzt. $_{2}$Satz 1 gilt nicht, wenn

1. die leistungsberechtigte Person innerhalb der Frist nach Satz 1 eine abschließende Entscheidung beantragt oder
2. der Leistungsanspruch aus einem anderen als dem nach Absatz 2 anzugebenden Grund nicht oder nur in geringerer Höhe als die vorläufigen Leistungen besteht und der für die Ausführung des Gesetzes nach diesem Kapitel zuständige Träger über diesen innerhalb eines Jahres seit Kenntnis von diesen Tatsachen, spätestens aber nach Ablauf von zehn Jahren nach

der Bekanntgabe der vorläufigen Entscheidung abschließend entschieden hat.

$_{3}$Satz 2 Nummer 2 findet keine Anwendung, wenn der für die Ausführung des Gesetzes nach diesem Kapitel zuständige Träger die Unkenntnis von den entscheidungserheblichen Tatsachen zu vertreten hat.

(7) $_{1}$Die auf Grund der vorläufigen Entscheidung erbrachten Geldleistungen sind auf die abschließend festgestellten Geldleistungen anzurechnen. $_{2}$Soweit im Bewilligungszeitraum in einzelnen Kalendermonaten vorläufig zu hohe Geldleistungen erbracht wurden, sind die sich daraus ergebenden Überzahlungen auf die abschließend bewilligten Geldleistungen anzurechnen, die für andere Kalendermonate dieses Bewilligungszeitraums nachzuzahlen wären. $_{3}$Überzahlungen, die nach der Anrechnung fortbestehen, sind zu erstatten.

§ 44b Aufrechnung, Verrechnung

(1) Die für die Ausführung des Gesetzes nach diesem Kapitel zuständigen Träger können mit einem bestandskräftigen Erstattungsanspruch nach § 44a Absatz 7 gegen den monatlichen Leistungsanspruch aufrechnen.

(2) Die Höhe der Aufrechnung nach Absatz 1 beträgt monatlich 5 Prozent der maßgebenden Regelbedarfsstufe nach der Anlage zu § 28.

(3) $_{1}$Die Aufrechnung ist gegenüber der leistungsberechtigten Person schriftlich durch Verwaltungsakt zu erklären. $_{2}$Die Aufrechnung endet spätestens drei Jahre nach Ablauf des Monats, in dem die Bestandskraft der in Absatz 1 genannten Ansprüche eingetreten ist. $_{3}$Zeiten, in denen die Aufrechnung nicht vollziehbar ist, verlängern den Aufrechnungszeitraum entsprechend.

(4) $_{1}$Ein für die Ausführung des Gesetzes nach diesem Kapitel zuständiger Träger kann nach Ermächtigung eines anderen Trägers im Sinne dieses Buches dessen bestandskräftige Ansprüche mit dem monatlichen Zahlungsanspruch nach § 43a nach Maßgabe der Absätze 2 und 3 verrechnen. $_{2}$Zwischen den für die Ausführung des Gesetzes nach diesem Kapitel zuständigen Trägern findet keine Erstattung verrechneter Forderungen statt, soweit die miteinander verrechneten Ansprüche auf der Bewilligung von Leistungen nach diesem Kapitel beruhen.

§ 44c Erstattungsansprüche zwischen Trägern

Im Verhältnis der für die Ausführung des Gesetzes nach diesem Kapitel zuständigen Träger untereinander sind die Vorschriften über die Erstattung nach

1. dem Zweiten Abschnitt des Dreizehnten Kapitels sowie
2. dem Zweiten Abschnitt des Dritten Kapitels des Zehnten Buches

für Geldleistungen nach diesem Kapitel nicht anzuwenden.

§ 45 Feststellung der dauerhaften vollen Erwerbsminderung

$_{1}$Der jeweils für die Ausführung des Gesetzes nach diesem Kapitel zuständige Träger ersucht den nach § 109a Absatz 2 des Sechsten Buches zuständigen Träger der Rentenversicherung, die medizinischen Voraussetzungen des § 41 Absatz 3 zu prüfen, wenn es auf Grund der Angaben und Nachweise des Leistungsberechtigten als wahrscheinlich erscheint, dass diese erfüllt sind und das zu berücksichtigende Einkommen und Vermögen nicht ausreicht, um den Lebensunterhalt vollständig zu decken. $_{2}$Die Entscheidung des Trägers der Rentenversicherung ist bindend für den ersuchenden Träger, der für die Ausführung des Gesetzes nach diesem Kapitel zuständig ist; dies gilt auch für eine Entscheidung des Trägers der Rentenversicherung nach § 109a Absatz 3 des Sechsten Buches. $_{3}$Ein Ersuchen nach Satz 1 erfolgt nicht, wenn

1. ein Träger der Rentenversicherung bereits die Voraussetzungen des § 41 Absatz 3 im Rahmen eines Antrags auf eine Rente wegen Erwerbsminderung festgestellt hat,
2. ein Träger der Rentenversicherung bereits nach § 109a Absatz 2 und 3 des Sechsten Buches eine gutachterliche Stellungnahme abgegeben hat,
3. Personen in einer Werkstatt für behinderte Menschen das Eingangsverfahren oder den Berufsbildungsbereich durchlaufen oder im Arbeitsbereich beschäftigt sind oder
4. der Fachausschuss einer Werkstatt für behinderte Menschen über die Aufnahme in eine Werkstatt oder Einrichtung eine Stellungnahme nach den §§ 2 und 3 der Werkstättenverordnung abgegeben und dabei festgestellt hat, dass ein Mindestmaß an wirtschaftlich verwertbarer Arbeitsleistung nicht vorliegt.

$_{4}$In Fällen des Satzes 3 Nummer 4 wird die Stellungnahme des Fachausschusses bei Durchführung eines Teilhabeplanverfahrens nach den §§ 19 bis 23 des Neunten Buches durch eine entsprechende Feststellung im Teilhabeplanverfahren ersetzt; dies gilt entsprechend, wenn ein Gesamtplanverfahren nach den §§ 117 bis 121 des Neunten Buches durchgeführt wird.

§ 45a Ermittlung der durchschnittlichen Warmmiete

(1) $_{1}$Die Höhe der durchschnittlichen Warmmiete von Einpersonenhaushalten ergibt sich aus den tatsächlichen Aufwendungen, die für allein in Wohnungen (§ 42a Absatz 2 Satz 1 Nummer 1 und Satz 2) lebende Leistungsberechtigte im Durchschnitt als angemessene Bedarfe für Unterkunft und Heizung anerkannt worden sind. $_{2}$Hierfür sind die Bedarfe derjenigen Leistungsberechtigten in Einpersonenhaushalten heranzuziehen, die im Zuständigkeitsbereich desjenigen für dieses Kapitel zuständigen Trägers der Sozialhilfe leben, in dem die nach § 42 Nummer 4 Buchstabe b oder nach § 42a Absatz 5 Satz 1 maßgebliche Unterkunft liegt. $_{3}$Zuständiger Träger der Sozialhilfe im Sinne des Satzes 2 ist derjenige Träger, der für in Wohnungen lebende Leistungsberechtigte zuständig ist, die zur gleichen Zeit keine Leistungen nach dem Siebten bis Neunten Kapitel oder nach Teil 2 des Neunten Buches erhalten. $_{4}$Hat ein nach Satz 3 zuständiger Träger innerhalb seines örtlichen Zuständigkeitsbereiches mehrere regionale Angemessenheitsgrenzen festgelegt, so sind die sich daraus ergebenden örtlichen Abgrenzungen für die Durchschnittsbildung zu Grunde zu legen.

(2) $_{1}$Die durchschnittliche Warmmiete ist jährlich bis spätestens zum 1. August eines Kalenderjahres neu zu ermitteln. $_{2}$Zur Neuermittlung ist zunächst jeweils gesondert der Durchschnitt aus den anerkannten ange-

messenen Bedarfen für Unterkunft und der Durchschnitt aus den anerkannten angemessenen Bedarfen für Heizung im Zeitraum 1. Oktober des Vorvorjahres bis 30. Juni des Vorjahres zu bilden. 3Im zweiten Schritt sind die beiden Durchschnittswerte zu addieren und ergeben in der Summe die durchschnittliche Warmmiete. 4Bei der Ermittlung bleiben Leistungsberechtigte außer Betracht, für die keine Aufwendungen für Unterkunft und Heizung anerkannt worden sind. Darüber hinaus bleiben bei der Ermittlung diejenigen Leistungsberechtigten außer Betracht, für die Bedarfe anerkannt worden sind für

1. Aufwendungen für Unterkunft und Heizung für selbstgenutztes Wohneigentum,
2. unangemessen hohe Aufwendungen für Unterkunft während der Karenzzeit nach § 35 Absatz 1 Satz 2 bis 6 oder
3. unangemessen hohe Aufwendungen während eines Zeitraums nach § 35 Absatz 3 für Aufwendungen für Unterkunft oder für Heizung oder für Unterkunft und Heizung.

5Die neu ermittelte durchschnittliche Warmmiete ist ab dem 1. Januar des jeweils folgenden Kalenderjahres für die nach § 42 Nummer 4 Buchstabe b und § 42a Absatz 5 Satz 3 anzuerkennenden Bedarfe für Unterkunft und Heizung anzuwenden.

§ 46 Zusammenarbeit mit den Trägern der Rentenversicherung

1Der zuständige Träger der Rentenversicherung informiert und berät leistungsberechtigte Personen nach § 41, die rentenberechtigt sind, über die Leistungsvoraussetzungen und über das Verfahren nach diesem Kapitel. 2Personen, die nicht rentenberechtigt sind, werden auf Anfrage beraten und informiert. 3Liegt die Rente unter dem 27-fachen Betrag des geltenden aktuellen Rentenwertes in der gesetzlichen Rentenversicherung (§§ 68, 68a des Sechsten Buches), ist der Information zusätzlich ein Antragsformular beizufügen. 4Der Träger der Rentenversicherung übersendet einen eingegangenen Antrag mit einer Mitteilung über die Höhe der monatlichen Rente und über das Vorliegen der Voraussetzungen der Leistungsberechtigung an den jeweils für die Ausführung des Gesetzes nach diesem Kapitel zuständigen Träger. 5Eine Verpflichtung des Trägers der Rentenversicherung nach Satz 1 besteht nicht, wenn eine Inanspruchnahme von Leistungen nach diesem Kapitel wegen der Höhe der gezahlten Rente sowie der im Rentenverfahren zu ermittelnden weiteren Einkommen nicht in Betracht kommt.

Dritter Abschnitt
Erstattung und Zuständigkeit

§ 46a Erstattung durch den Bund

(1) Der Bund erstattet den Ländern jeweils einen Anteil von 100 Prozent der im jeweiligen Kalenderjahr den für die Ausführung des Gesetzes nach diesem Kapitel zuständigen Trägern entstandenen Nettoausgaben für Geldleistungen nach diesem Kapitel.

(2) 1Die Höhe der Nettoausgaben für Geldleistungen nach Absatz 1 ergibt sich aus den Bruttoausgaben der für die Ausführung des Gesetzes nach diesem Kapitel zuständigen Träger, abzüglich der auf diese Geldleistungen entfallenden Einnahmen. 2Einnahmen nach Satz 1 sind insbesondere Einnahmen aus Aufwendungen, Kostenersatz und Ersatzansprüchen nach dem Dreizehnten Kapitel, soweit diese auf Geldleistungen nach diesem Kapitel entfallen, aus dem Übergang von Ansprüchen nach § 93 sowie aus Erstattungen anderer Sozialleistungsträger nach dem Zehnten Buch.

(3) 1Der Abruf der Erstattungen durch die Länder erfolgt quartalsweise. 2Die Abrufe sind

1. vom 15. März bis 14. Mai,
2. vom 15. Juni bis 14. August,
3. vom 15. September bis 14. November und
4. vom 1. Januar bis 28. Februar des Folgejahres

zulässig (Abrufzeiträume). 3Werden Leistungen für Leistungszeiträume im folgenden Haushaltsjahr zur fristgerechten Auszahlung an den Leistungsberechtigten bereits im laufenden Haushaltsjahr erbracht, sind die entsprechenden Nettoausgaben im Abrufzeitraum 15. März bis 14. Mai des Folgejahres abzurufen. 4Der Abruf für Nettoausgaben aus Vorjahren, für die bereits ein Jahresnachweis vorliegt, ist in den darauf folgenden Jahren nach Maßgabe des Absatzes 1 jeweils nur vom 15. Juni bis 14. August zulässig.

(4) 1Die Länder gewährleisten die Prüfung, dass die Ausgaben für Geldleistungen der für die Ausführung des Gesetzes nach diesem Kapitel zuständigen Träger begründet und belegt sind und den Grundsätzen für Wirtschaftlichkeit und Sparsamkeit entsprechen. 2Sie haben dies dem Bundesministerium für Arbeit und Soziales für das jeweils abgeschlossene Quartal in tabellarischer Form zu belegen (Quartalsnachweis). 3In den Quartalsnachweisen sind zu belegen:

1. die Bruttoausgaben für Geldleistungen nach § 46a Absatz 2 sowie die darauf entfallenden Einnahmen,
2. die Bruttoausgaben und Einnahmen nach Nummer 1, differenziert nach Leistungen für Leistungsberechtigte
   a) in Wohnungen und sonstigen Unterkünften nach § 42a Absatz 2 Satz 1 Nummer 1 und 3,
   b) in der besonderen Wohnform nach § 42a Absatz 2 Nummer 2,
   c) in Einrichtungen, für die § 42 Nummer 4 Buchstabe b anzuwenden ist,
3. die Bruttoausgaben und Einnahmen nach Nummer 1, differenziert nach Leistungen für Leistungsberechtigte nach § 41 Absatz 2, 3 und 3a.

4Die Quartalsnachweise für die Abrufzeiträume nach Absatz 3 Satz 2 Nummer 1 bis 3 sind dem Bundesministerium für Arbeit und Soziales durch die Länder jeweils zwischen dem 15. und dem 20. der Monate Mai, August und November für das jeweils abgeschlossene Quartal vorzulegen, für den Abrufzeitraum nach Absatz 3 Satz 2 Nummer 4 zwischen dem 1. und 5. März des Folgejahres. 5Die Länder können die Quartalsnachweise auch vor den sich nach Satz 4 ergebenden Terminen vorlegen; ein weiterer Abruf in dem für das jeweilige Quartal nach Absatz 3 Satz 1 geltenden Abrufzeitraum ist nach Vorlage des Quartalsnachweises nicht zulässig.

(5) 1Die Länder haben dem Bundesministerium für Arbeit und Soziales die Angaben nach Absatz 4 Satz 3 jeweils bis zum Ablauf des 31. März des jeweils folgenden Jah-

VII

res in tabellarischer Form zu belegen (Jahresnachweis). 2Die Angaben nach Satz 1 sind zusätzlich für die für die Ausführung nach diesem Kapitel zuständigen Träger zu differenzieren.

§ 46b Zuständigkeit

(1) Die für die Ausführung des Gesetzes nach diesem Kapitel zuständigen Träger werden nach Landesrecht bestimmt, sofern sich nach Absatz 3 nichts Abweichendes ergibt.

(2) Die §§ 3, 6 und 7 sind nicht anzuwenden.

(3) 1Das Zwölfte Kapitel ist nicht anzuwenden, sofern sich aus den Sätzen 2 bis 5 nichts Abweichendes ergibt. 2Im Fall der Auszahlung der Leistungen nach § 34 Absatz 2 Satz 1 Nummer 1 und nach § 34a Absatz 7 ist § 98 Absatz 1a entsprechend anzuwenden. 3Bei Leistungsberechtigten nach diesem Kapitel gilt der Aufenthalt in einer stationären Einrichtung und in Einrichtungen zum Vollzug richterlich angeordneter Freiheitsentziehung nicht als gewöhnlicher Aufenthalt; § 98 Absatz 2 Satz 1 bis 3 ist entsprechend anzuwenden. 4Für die Leistungen nach diesem Kapitel an Personen, die Leistungen nach dem Siebten und Achten Kapitel in Formen ambulanter betreuter Wohnmöglichkeiten erhalten, ist § 98 Absatz 5 entsprechend anzuwenden. 5Soweit Leistungen der Eingliederungshilfe nach Teil 2 des Neunten Buches und Leistungen nach diesem Kapitel gleichzeitig zu erbringen sind, ist § 98 Absatz 6 entsprechend anzuwenden.

VII

Fünftes Kapitel
Hilfen zur Gesundheit

§ 47 Vorbeugende Gesundheitshilfe

1Zur Verhütung und Früherkennung von Krankheiten werden die medizinischen Vorsorgeleistungen und Untersuchungen erbracht. 2Andere Leistungen werden nur erbracht, wenn ohne diese nach ärztlichem Urteil eine Erkrankung oder ein sonstiger Gesundheitsschaden einzutreten droht.

§ 48 Hilfe bei Krankheit

1Um eine Krankheit zu erkennen, zu heilen, ihre Verschlimmerung zu verhüten oder Krankheitsbeschwerden zu lindern, werden Leistungen zur Krankenbehandlung entsprechend dem Dritten Kapitel Fünften Abschnitt Ersten Titel des Fünften Buches erbracht. 2Die Regelungen zur Krankenbehandlung nach § 264 des Fünften Buches gehen den Leistungen der Hilfe bei Krankheit nach Satz 1 vor.

§ 49 Hilfe zur Familienplanung

1Zur Familienplanung werden die ärztliche Beratung, die erforderliche Untersuchung und die Verordnung der empfängnisregelnden Mittel geleistet. 2Die Kosten für empfängnisverhütende Mittel werden übernommen, wenn diese ärztlich verordnet worden sind.

§ 50 Hilfe bei Schwangerschaft und Mutterschaft

Bei Schwangerschaft und Mutterschaft werden

1. ärztliche Behandlung und Betreuung sowie Hebammenhilfe,
2. Versorgung mit Arznei-, Verband- und Heilmitteln,
3. Pflege in einer stationären Einrichtung und
4. häusliche Pflege nach den §§ 64c und 64f sowie die angemessenen Aufwendungen der Pflegeperson

geleistet.

§ 51 Hilfe bei Sterilisation

Bei einer durch Krankheit erforderlichen Sterilisation werden die ärztliche Untersuchung, Beratung und Begutachtung, die ärztliche Behandlung, die Versorgung mit Arznei-, Verband- und Heilmitteln sowie die Krankenhauspflege geleistet.

§ 52 Leistungserbringung, Vergütung

(1) 1Die Hilfen nach den §§ 47 bis 51 entsprechen den Leistungen der gesetzlichen Krankenversicherung. 2Soweit Krankenkassen in ihrer Satzung Umfang und Inhalt der Leistungen bestimmen können, entscheidet der Träger der Sozialhilfe über Umfang und Inhalt der Hilfen nach pflichtgemäßem Ermessen.

(2) 1Leistungsberechtigte haben die freie Wahl unter den Ärzten und Zahnärzten sowie den Krankenhäusern entsprechend den Bestimmungen der gesetzlichen Krankenversicherung. 2Hilfen werden nur in dem durch Anwendung des § 65a des Fünften Buches erzielbaren geringsten Umfang geleistet.

(3) 1Bei Erbringung von Leistungen nach den §§ 47 bis 51 sind die für die gesetzlichen Krankenkassen nach dem Vierten Kapitel des Fünften Buches geltenden Regelungen mit Ausnahme des Dritten Titels des Zweiten Abschnitts anzuwenden. 2Ärzte, Psychotherapeuten im Sinne des § 28 Abs. 3 Satz 1 des Fünften Buches und Zahnärzte haben für ihre Leistungen Anspruch auf die Vergütung, welche die Ortskrankenkasse, in deren Bereich der Arzt, Psychotherapeut oder der Zahnarzt niedergelassen ist, für ihre Mitglieder zahlt. 3Die sich aus den §§ 294, 295, 300 bis 302 des Fünften Buches für die Leistungserbringer ergebenden Verpflichtungen gelten auch für die Abrechnung von Leistungen nach diesem Kapitel mit dem Träger der Sozialhilfe. 4Die Vereinbarungen nach § 303 Abs. 1 sowie § 304 des Fünften Buches gelten für den Träger der Sozialhilfe entsprechend.

(4) Leistungsberechtigten, die nicht in der gesetzlichen Krankenversicherung versichert sind, wird unter den Voraussetzungen von § 39a Satz 1 des Fünften Buches zu stationärer und teilstationärer Versorgung in Hospizen der von den gesetzlichen Krankenkassen entsprechend § 39a Satz 3 des Fünften Buches zu zahlende Zuschuss geleistet.

Sechstes Kapitel
(weggefallen)

§§ 53 bis 60a (weggefallen)

Siebtes Kapitel
Hilfe zur Pflege

§ 61 Leistungsberechtigte

1Personen, die pflegebedürftig im Sinne des § 61a sind, haben Anspruch auf Hilfe zur Pflege, soweit ihnen und ihren nicht getrennt lebenden Ehegatten oder Lebenspartnern nicht zuzumuten ist, dass sie die für die Hilfe zur Pflege benötigten Mittel aus dem Einkommen und Vermögen nach den Vorschriften des Elften Kapitels aufbringen. ₂Sind die Personen minderjährig und unverheiratet, so sind auch das Einkommen und das Vermögen ihrer Eltern oder eines Elternteils zu berücksichtigen.

§ 61a Begriff der Pflegebedürftigkeit

(1) ₁Pflegebedürftig sind Personen, die gesundheitlich bedingte Beeinträchtigungen der Selbständigkeit oder der Fähigkeiten aufweisen und deshalb der Hilfe durch andere bedürfen. ₂Pflegebedürftige Personen im Sinne des Satzes 1 können körperliche, kognitive oder psychische Beeinträchtigungen oder gesundheitlich bedingte Belastungen oder Anforderungen nicht selbständig kompensieren oder bewältigen.

(2) Maßgeblich für die Beurteilung der Beeinträchtigungen der Selbständigkeit oder Fähigkeiten sind die folgenden Bereiche mit folgenden Kriterien:

1. Mobilität mit den Kriterien
   a) Positionswechsel im Bett,
   b) Halten einer stabilen Sitzposition,
   c) Umsetzen,
   d) Fortbewegen innerhalb des Wohnbereichs,
   e) Treppensteigen;
2. kognitive und kommunikative Fähigkeiten mit den Kriterien
   a) Erkennen von Personen aus dem näheren Umfeld,
   b) örtliche Orientierung,
   c) zeitliche Orientierung,
   d) Erinnern an wesentliche Ereignisse oder Beobachtungen,
   e) Steuern von mehrschrittigen Alltagshandlungen,
   f) Treffen von Entscheidungen im Alltagsleben,
   g) Verstehen von Sachverhalten und Informationen,
   h) Erkennen von Risiken und Gefahren,
   i) Mitteilen von elementaren Bedürfnissen,
   j) Verstehen von Aufforderungen,
   k) Beteiligen an einem Gespräch;
3. Verhaltensweisen und psychische Problemlagen mit den Kriterien
   a) motorisch geprägte Verhaltensauffälligkeiten,
   b) nächtliche Unruhe,
   c) selbstschädigendes und autoaggressives Verhalten,
   d) Beschädigen von Gegenständen,
   e) physisch aggressives Verhalten gegenüber anderen Personen,
   f) verbale Aggression,
   g) andere pflegerelevante vokale Auffälligkeiten,
   h) Abwehr pflegerischer und anderer unterstützender Maßnahmen,
   i) Wahnvorstellungen,
   j) Ängste,
   k) Antriebslosigkeit bei depressiver Stimmungslage,
   l) sozial inadäquate Verhaltensweisen,
   m) sonstige pflegerelevante inadäquate Handlungen;
4. Selbstversorgung mit den Kriterien
   a) Waschen des vorderen Oberkörpers,
   b) Körperpflege im Bereich des Kopfes,
   c) Waschen des Intimbereichs,
   d) Duschen und Baden einschließlich Waschen der Haare,
   e) An- und Auskleiden des Oberkörpers,
   f) An- und Auskleiden des Unterkörpers,
   g) mundgerechtes Zubereiten der Nahrung und Eingießen von Getränken,
   h) Essen,
   i) Trinken,
   j) Benutzen einer Toilette oder eines Toilettenstuhls,
   k) Bewältigen der Folgen einer Harninkontinenz und Umgang mit Dauerkatheter und Urostoma,
   l) Bewältigen der Folgen einer Stuhlinkontinenz und Umgang mit Stoma,
   m) Ernährung parenteral oder über Sonde,
   n) Bestehen gravierender Probleme bei der Nahrungsaufnahme bei Kindern bis zu 18 Monaten, die einen außergewöhnlich pflegeintensiven Hilfebedarf auslösen;
5. Bewältigung von und selbständiger Umgang mit krankheits- oder therapiebedingten Anforderungen und Belastungen in Bezug auf
   a) Medikation,
   b) Injektionen,
   c) Versorgung intravenöser Zugänge,
   d) Absaugen und Sauerstoffgabe,
   e) Einreibungen sowie Kälte- und Wärmeanwendungen,
   f) Messung und Deutung von Körperzuständen,
   g) körpernahe Hilfsmittel,
   h) Verbandswechsel und Wundversorgung,
   i) Versorgung mit Stoma,
   j) regelmäßige Einmalkatheterisierung und Nutzung von Abführmethoden,
   k) Therapiemaßnahmen in häuslicher Umgebung,
   l) zeit- und technikintensive Maßnahmen in häuslicher Umgebung,
   m) Arztbesuche,
   n) Besuch anderer medizinischer oder therapeutischer Einrichtungen,
   o) zeitlich ausgedehnte Besuche medizinischer oder therapeutischer Einrichtungen,
   p) Besuche von Einrichtungen zur Frühförderung bei Kindern,
   q) Einhalten einer Diät oder anderer krankheits- oder therapiebedingter Verhaltensvorschriften;
6. Gestaltung des Alltagslebens und sozialer Kontakte mit den Kriterien
   a) Gestaltung des Tagesablaufs und Anpassung an Veränderungen,
   b) Ruhen und Schlafen,
   c) Sichbeschäftigen,
   d) Vornehmen von in die Zukunft gerichteten Planungen,
   e) Interaktion mit Personen im direkten Kontakt,

f) Kontaktpflege zu Personen außerhalb des direkten Umfelds.

§ 61b Pflegegrade

(1) Für die Gewährung von Leistungen der Hilfe zur Pflege sind pflegebedürftige Personen entsprechend den im Begutachtungsverfahren nach § 62 ermittelten Gesamtpunkten in einen der Schwere der Beeinträchtigungen der Selbständigkeit oder der Fähigkeiten entsprechenden Pflegegrad einzuordnen:

1. Pflegegrad 1: geringe Beeinträchtigungen der Selbständigkeit oder der Fähigkeiten (ab 12,5 bis unter 27 Gesamtpunkte),
2. Pflegegrad 2: erhebliche Beeinträchtigungen der Selbständigkeit oder der Fähigkeiten (ab 27 bis unter 47,5 Gesamtpunkte),
3. Pflegegrad 3: schwere Beeinträchtigungen der Selbständigkeit oder der Fähigkeiten (ab 47,5 bis unter 70 Gesamtpunkte),
4. Pflegegrad 4: schwerste Beeinträchtigungen der Selbständigkeit oder der Fähigkeiten (ab 70 bis unter 90 Gesamtpunkte),
5. Pflegegrad 5: schwerste Beeinträchtigungen der Selbständigkeit oder Fähigkeiten mit besonderen Anforderungen an die pflegerische Versorgung (ab 90 bis 100 Gesamtpunkte).

(2) Pflegebedürftige mit besonderen Bedarfskonstellationen, die einen spezifischen, außergewöhnlich hohen Hilfebedarf mit besonderen Anforderungen an die pflegerische Versorgung aufweisen, können aus pflegefachlichen Gründen dem Pflegegrad 5 zugeordnet werden, auch wenn ihre Gesamtpunkte unter 90 liegen.

§ 61c Pflegegrade bei Kindern

(1) Bei pflegebedürftigen Kindern, die 18 Monate oder älter sind, ist für die Einordnung in einen Pflegegrad nach § 61b der gesundheitlich bedingte Grad der Beeinträchtigungen ihrer Selbständigkeit und ihrer Fähigkeiten im Verhältnis zu altersentsprechend entwickelten Kindern maßgebend.

(2) Pflegebedürftige Kinder im Alter bis zu 18 Monaten sind in einen der nachfolgenden Pflegegrade einzuordnen:

1. Pflegegrad 2: ab 12,5 bis unter 27 Gesamtpunkte,
2. Pflegegrad 3: ab 27 bis unter 47,5 Gesamtpunkte,
3. Pflegegrad 4: ab 47,5 bis unter 70 Gesamtpunkte,
4. Pflegegrad 5: ab 70 bis 100 Gesamtpunkte.

§ 62 Ermittlung des Grades der Pflegebedürftigkeit

$_{1}$Die Ermittlung des Pflegegrades erfolgt durch ein Begutachtungsinstrument nach Maßgabe des § 15 des Elften Buches. $_{2}$Die auf Grund des § 16 des Elften Buches erlassene Verordnung sowie die auf Grund des § 17 des Elften Buches erlassenen Richtlinien der Pflegekassen finden entsprechende Anwendung.

§ 62a Bindungswirkung

$_{1}$Die Entscheidung der Pflegekasse über den Pflegegrad ist für den Träger der Sozialhilfe bindend, soweit sie auf Tatsachen beruht, die bei beiden Entscheidungen zu berücksichtigen sind. $_{2}$Bei seiner Entscheidung kann sich der Träger der Sozialhilfe der Hilfe sachverständiger Dritter bedienen. $_{3}$Auf Anforderung unterstützt der Medizinische Dienst gemäß § 278 des Fünften Buches den Träger der Sozialhilfe bei seiner Entscheidung und erhält hierfür Kostenersatz, der zu vereinbaren ist.

§ 63 Leistungen für Pflegebedürftige

(1) $_{1}$Die Hilfe zur Pflege umfasst für Pflegebedürftige der Pflegegrade 2, 3, 4 oder 5

1. häusliche Pflege in Form von
   a) Pflegegeld (§ 64a),
   b) häuslicher Pflegehilfe (§ 64b),
   c) Verhinderungspflege (§ 64c),
   d) Pflegehilfsmitteln (§ 64d),
   e) Maßnahmen zur Verbesserung des Wohnumfeldes (§ 64e),
   f) anderen Leistungen (§ 64f),
   g) digitalen Pflegeanwendungen (§ 64j),
   h) ergänzender Unterstützung bei Nutzung von digitalen Pflegeanwendungen (§ 64k),
2. teilstationäre Pflege (§ 64g),
3. Kurzzeitpflege (§ 64h),
4. einen Entlastungsbetrag (§ 64i) und
5. stationäre Pflege (§ 65).

$_{2}$Die Hilfe zur Pflege schließt Sterbebegleitung mit ein.

(2) Die Hilfe zur Pflege umfasst für Pflegebedürftige des Pflegegrades 1

1. Pflegehilfsmittel (§ 64d),
2. Maßnahmen zur Verbesserung des Wohnumfeldes (§ 64e),
3. digitale Pflegeanwendungen (§ 64j),
4. ergänzende Unterstützung bei Nutzung von digitalen Pflegeanwendungen (§ 64k) und
5. einen Entlastungsbetrag (§ 66).

(3) $_{1}$Die Leistungen der Hilfe zur Pflege werden auf Antrag auch als Teil eines Persönlichen Budgets ausgeführt. $_{2}$§ 29 des Neunten Buches ist insoweit anzuwenden.

§ 63a Notwendiger pflegerischer Bedarf

Die Träger der Sozialhilfe haben den notwendigen pflegerischen Bedarf zu ermitteln und festzustellen.

§ 63b Leistungskonkurrenz

(1) Leistungen der Hilfe zur Pflege werden nicht erbracht, soweit Pflegebedürftige gleichartige Leistungen nach anderen Rechtsvorschriften erhalten.

(2) $_{1}$Abweichend von Absatz 1 sind Leistungen nach § 72 oder gleichartige Leistungen nach anderen Rechtsvorschriften mit 70 Prozent auf das Pflegegeld nach § 64a anzurechnen. $_{2}$Leistungen nach § 45b des Elften Buches gehen den Leistungen nach den §§ 64i und 66 vor; auf die übrigen Leistungen der Hilfe zur Pflege werden sie nicht angerechnet.

(3) $_{1}$Pflegebedürftige haben während ihres Aufenthalts in einer teilstationären oder vollstationären Einrichtung dort keinen Anspruch auf häusliche Pflege. $_{2}$Abweichend von Satz 1 kann das Pflegegeld nach § 64a während einer teilstationären Pflege nach § 64g oder einer vergleichbaren nicht nach Teil 2 des Neunten Buches durchgeführten Maßnahme angemessen gekürzt werden.

(4) 1Absatz 3 Satz 1 gilt nicht für vorübergehende Aufenthalte in einem Krankenhaus nach § 108 des Fünften Buches oder in einer Vorsorge- oder Rehabilitationseinrichtung nach § 107 Absatz 2 des Fünften Buches, soweit Pflegebedürftige ihre Pflege durch von ihnen selbst beschäftigte besondere Pflegekräfte (Arbeitgebermodell) sicherstellen. 2Die vorrangigen Leistungen des Pflegegeldes für selbst beschaffte Pflegehilfen nach den §§ 37 und 38 des Elften Buches sind anzurechnen. 3§ 39 des Fünften Buches bleibt unberührt.

(5) Das Pflegegeld kann um bis zu zwei Drittel gekürzt werden, soweit die Heranziehung einer besonderen Pflegekraft erforderlich ist, Pflegebedürftige Leistungen der Verhinderungspflege nach § 64c oder gleichartige Leistungen nach anderen Rechtsvorschriften erhalten.

(6) 1Pflegebedürftige, die ihre Pflege im Rahmen des Arbeitgebermodells sicherstellen, können nicht auf die Inanspruchnahme von Sachleistungen nach dem Elften Buch verwiesen werden. 2In diesen Fällen ist das geleistete Pflegegeld nach § 37 des Elften Buches auf die Leistungen der Hilfe zur Pflege anzurechnen.

(7) Leistungen der stationären Pflege nach § 65 werden auch bei einer vorübergehenden Abwesenheit von Pflegebedürftigen aus der stationären Einrichtung erbracht, solange die Voraussetzungen des § 87a Absatz 1 Satz 5 und 6 des Elften Buches vorliegen.

§ 64 Vorrang

Soweit häusliche Pflege ausreicht, soll der Träger der Sozialhilfe darauf hinwirken, dass die häusliche Pflege durch Personen, die dem Pflegebedürftigen nahestehen, oder als Nachbarschaftshilfe übernommen wird.

§ 64a Pflegegeld

(1) 1Pflegebedürftige der Pflegegrade 2, 3, 4 oder 5 haben bei häuslicher Pflege Anspruch auf Pflegegeld in Höhe des Pflegegeldes nach § 37 Absatz 1 des Elften Buches. 2Der Anspruch auf Pflegegeld setzt voraus, dass die Pflegebedürftigen und die Sorgeberechtigten bei pflegebedürftigen Kindern die erforderliche Pflege mit dem Pflegegeld in geeigneter Weise selbst sicherstellen.

(2) 1Besteht der Anspruch nach Absatz 1 nicht für den vollen Kalendermonat, ist das Pflegegeld entsprechend zu kürzen. 2Bei der Kürzung ist der Kalendermonat mit 30 Tagen anzusetzen. 3Das Pflegegeld wird bis zum Ende des Kalendermonats geleistet, in dem die pflegebedürftige Person gestorben ist.

(3) Stellt die Pflegekasse ihre Leistungen nach § 37 Absatz 6 des Elften Buches ganz oder teilweise ein, entfällt insoweit die Leistungspflicht nach Absatz 1.

§ 64b Häusliche Pflegehilfe

(1) 1Pflegebedürftige der Pflegegrade 2, 3, 4 oder 5 haben Anspruch auf körperbezogene Pflegemaßnahmen und pflegerische Betreuungsmaßnahmen sowie auf Hilfen bei der Haushaltsführung als Pflegesachleistung (häusliche Pflegehilfe), soweit die häusliche Pflege nach § 64 nicht sichergestellt werden kann. 2Der Anspruch auf häusliche Pflegehilfe umfasst auch die pflegefachliche Anleitung von Pflegebedürftigen und Pflegepersonen. 3Mehrere Pflegebedürftige der Pflegegrade 2, 3, 4 oder 5 können die häusliche Pflege gemeinsam in Anspruch nehmen. 4Häusliche Pflegehilfe kann auch Betreuungs- und Entlastungsleistungen durch Unterstützungsangebote im Sinne des § 45a des Elften Buches umfassen; § 64i bleibt unberührt.

(2) Pflegerische Betreuungsmaßnahmen umfassen Unterstützungsleistungen zur Bewältigung und Gestaltung des alltäglichen Lebens im häuslichen Umfeld, insbesondere

1. bei der Bewältigung psychosozialer Problemlagen oder von Gefährdungen,
2. bei der Orientierung, bei der Tagesstrukturierung, bei der Kommunikation, bei der Aufrechterhaltung sozialer Kontakte und bei bedürfnisgerechten Beschäftigungen im Alltag sowie
3. durch Maßnahmen zur kognitiven Aktivierung.

§ 64c Verhinderungspflege

Ist eine Pflegeperson im Sinne von § 64 wegen Erholungsurlaubs, Krankheit oder aus sonstigen Gründen an der häuslichen Pflege gehindert, sind die angemessenen Kosten einer notwendigen Ersatzpflege zu übernehmen.

§ 64d Pflegehilfsmittel

(1) 1Pflegebedürftige haben Anspruch auf Versorgung mit Pflegehilfsmitteln, die

1. zur Erleichterung der Pflege der Pflegebedürftigen beitragen,
2. zur Linderung der Beschwerden der Pflegebedürftigen beitragen oder
3. den Pflegebedürftigen eine selbständigere Lebensführung ermöglichen.

2Der Anspruch umfasst die notwendige Änderung, Instandsetzung und Ersatzbeschaffung von Pflegehilfsmitteln sowie die Ausbildung in ihrem Gebrauch.

(2) Technische Pflegehilfsmittel sollen den Pflegebedürftigen in geeigneten Fällen leihweise zur Verfügung gestellt werden.

§ 64e Maßnahmen zur Verbesserung des Wohnumfeldes

Maßnahmen zur Verbesserung des Wohnumfeldes der Pflegebedürftigen können gewährt werden,

1. soweit sie angemessen sind und
2. durch sie
   a) die häusliche Pflege ermöglicht oder erheblich erleichtert werden kann oder
   b) eine möglichst selbständige Lebensführung der Pflegebedürftigen wiederhergestellt werden kann.

§ 64f Andere Leistungen

(1) Zusätzlich zum Pflegegeld nach § 64a Absatz 1 sind die Aufwendungen für die Beiträge einer Pflegeperson oder einer besonderen Pflegekraft für eine angemessene Alterssicherung zu erstatten, soweit diese nicht anderweitig sichergestellt ist.

(2) Ist neben der häuslichen Pflege nach § 64 eine Beratung der Pflegeperson geboten, sind die angemessenen Kosten zu übernehmen.

(3) Soweit die Sicherstellung der häuslichen Pflege für Pflegebedürftige der Pflegegrade 2, 3, 4 oder 5 im Rahmen des Arbeitgebermodells erfolgt, sollen die angemessenen Kosten übernommen werden.

VII

§ 64g Teilstationäre Pflege

[1]Pflegebedürftige der Pflegegrade 2, 3, 4 oder 5 haben Anspruch auf teilstationäre Pflege in Einrichtungen der Tages- oder Nachtpflege, soweit die häusliche Pflege nicht in ausreichendem Umfang sichergestellt werden kann oder die teilstationäre Pflege zur Ergänzung oder Stärkung der häuslichen Pflege erforderlich ist. [2]Der Anspruch umfasst auch die notwendige Beförderung des Pflegebedürftigen von der Wohnung zur Einrichtung der Tages- oder Nachtpflege und zurück.

§ 64h Kurzzeitpflege

(1) Pflegebedürftige der Pflegegrade 2, 3, 4 oder 5 haben Anspruch auf Kurzeitpflege in einer stationären Pflegeeinrichtung, soweit die häusliche Pflege zeitweise nicht, noch nicht oder nicht im erforderlichen Umfang erbracht werden kann und die teilstationäre Pflege nach § 64g nicht ausreicht.

(2) Wenn die Pflege in einer zur Kurzzeitpflege zugelassenen Pflegeeinrichtung nach den §§ 71 und 72 des Elften Buches nicht möglich ist oder nicht zumutbar erscheint, kann die Kurzzeitpflege auch erbracht werden

1. durch geeignete Erbringer von Leistungen nach Teil 2 des Neunten Buches oder
2. in geeigneten Einrichtungen, die nicht als Einrichtung zur Kurzzeitpflege zugelassen sind.

(3) Soweit während einer Maßnahme der medizinischen Vorsorge oder Rehabilitation für eine Pflegeperson eine gleichzeitige Unterbringung und Pflege der Pflegebedürftigen erforderlich ist, kann Kurzzeitpflege auch in Vorsorge- oder Rehabilitationseinrichtungen nach § 107 Absatz 2 des Fünften Buches erbracht werden.

§ 64i Entlastungsbetrag bei den Pflegegraden 2, 3, 4 oder 5

[1]Pflegebedürftige der Pflegegrade 2, 3, 4 oder 5 haben Anspruch auf einen Entlastungsbetrag in Höhe von bis zu 125 Euro monatlich. [2]Der Entlastungsbetrag ist zweckgebunden einzusetzen zur

1. Entlastung pflegender Angehöriger oder nahestehender Pflegepersonen,
2. Förderung der Selbständigkeit und Selbstbestimmung der Pflegebedürftigen bei der Gestaltung ihres Alltags oder
3. Inanspruchnahme von Unterstützungsangeboten im Sinne des § 45a des Elften Buches.

§ 64j Digitale Pflegeanwendungen

(1) Pflegebedürftige haben Anspruch auf Versorgung mit Anwendungen, die wesentlich auf digitalen Technologien beruhen und von den Pflegebedürftigen oder in der Interaktion von Pflegebedürftigen mit Angehörigen, sonstigen ehrenamtlich Pflegenden oder zugelassenen ambulanten Pflegeeinrichtungen genutzt werden, um Beeinträchtigungen der Selbständigkeit oder der Fähigkeiten des Pflegebedürftigen zu mindern oder einer Verschlimmerung der Pflegebedürftigkeit entgegenzuwirken (digitale Pflegeanwendungen).

(2) Der Anspruch umfasst nur solche digitalen Pflegeanwendungen, die vom Bundesinstitut für Arzneimittel und Medizinprodukte in das Verzeichnis für digitale Pflegeanwendungen nach § 78a Absatz 3 des Elften Buches aufgenommen wurden.

§ 64k Ergänzende Unterstützung bei Nutzung von digitalen Pflegeanwendungen

Pflegebedürftige haben bei der Nutzung digitaler Pflegeanwendungen im Sinne des § 64j Anspruch auf erforderliche ergänzende Unterstützungsleistungen, die das Bundesinstitut für Arzneimittel und Medizinprodukte nach § 78a Absatz 5 Satz 6 des Elften Buches festgelegt hat, durch nach dem Recht des Elften Buches zugelassene ambulante Pflegeeinrichtungen.

§ 65 Stationäre Pflege

[1]Pflegebedürftige der Pflegegrade 2, 3, 4 oder 5 haben Anspruch auf Pflege in stationären Einrichtungen, wenn häusliche oder teilstationäre Pflege nicht möglich ist oder wegen der Besonderheit des Einzelfalls nicht in Betracht kommt. [2]Der Anspruch auf stationäre Pflege umfasst auch Betreuungsmaßnahmen; § 64b Absatz 2 findet entsprechende Anwendung.

§ 66 Entlastungsbetrag bei Pflegegrad 1

[1]Pflegebedürftige des Pflegegrades 1 haben Anspruch auf einen Entlastungsbetrag in Höhe von bis zu 125 Euro monatlich. [2]Der Entlastungsbetrag ist zweckgebunden einzusetzen zur

1. Entlastung pflegender Angehöriger oder nahestehender Pflegepersonen,
2. Förderung der Selbständigkeit und Selbstbestimmung der Pflegebedürftigen bei der Gestaltung ihres Alltags,
3. Inanspruchnahme von
   a) Leistungen der häuslichen Pflegehilfe im Sinne des § 64b,
   b) Maßnahmen zur Verbesserung des Wohnumfeldes nach § 64e,
   c) anderen Leistungen nach § 64f,
   d) Leistungen zur teilstationären Pflege im Sinne des § 64g,
4. Inanspruchnahme von Unterstützungsangeboten im Sinne des § 45a des Elften Buches.

§ 66a Sonderregelungen zum Einsatz von Vermögen

Für Personen, die Leistungen nach diesem Kapitel erhalten, gilt ein zusätzlicher Betrag von bis zu 25 000 Euro für die Lebensführung und die Alterssicherung im Sinne von § 90 Absatz 3 Satz 2 als angemessen, sofern dieser Betrag ganz oder überwiegend als Einkommen aus selbständiger und nichtselbständiger Tätigkeit der Leistungsberechtigten während des Leistungsbezugs erworben wird; § 90 Absatz 3 Satz 1 bleibt unberührt.

Achtes Kapitel
Hilfe zur Überwindung besonderer sozialer Schwierigkeiten

§ 67 Leistungsberechtigte

[1]Personen, bei denen besondere Lebensverhältnisse mit sozialen Schwierigkeiten verbunden sind, sind Leistungen zur Überwindung dieser Schwierigkeiten zu erbrin-

gen, wenn sie aus eigener Kraft hierzu nicht fähig sind. 2Soweit der Bedarf durch Leistungen nach anderen Vorschriften dieses Buches oder des Achten und Neunten Buches gedeckt wird, gehen diese der Leistung nach Satz 1 vor.

§ 68 Umfang der Leistungen

(1) 1Die Leistungen umfassen alle Maßnahmen, die notwendig sind, um die Schwierigkeiten abzuwenden, zu beseitigen, zu mildern oder ihre Verschlimmerung zu verhüten, insbesondere Beratung und persönliche Betreuung für die Leistungsberechtigten und ihre Angehörigen, Hilfen zur Ausbildung, Erlangung und Sicherung eines Arbeitsplatzes sowie Maßnahmen bei der Erhaltung und Beschaffung einer Wohnung. 2Zur Durchführung der erforderlichen Maßnahmen ist in geeigneten Fällen ein Gesamtplan zu erstellen.

(2) 1Die Leistung wird ohne Rücksicht auf Einkommen und Vermögen erbracht, soweit im Einzelfall Dienstleistungen erforderlich sind. 2Einkommen und Vermögen der in § 19 Abs. 3 genannten Personen ist nicht zu berücksichtigen und von der Inanspruchnahme nach bürgerlichem Recht Unterhaltspflichtiger abzusehen, soweit dies den Erfolg der Hilfe gefährden würde.

(3) Die Träger der Sozialhilfe sollen mit den Vereinigungen, die sich die gleichen Aufgaben zum Ziel gesetzt haben, und mit den sonst beteiligten Stellen zusammenarbeiten und darauf hinwirken, dass sich die Sozialhilfe und die Tätigkeit dieser Vereinigungen und Stellen wirksam ergänzen.

§ 69 Verordnungsermächtigung

Das Bundesministerium für Arbeit und Soziales kann durch Rechtsverordnung mit Zustimmung des Bundesrates Bestimmungen über die Abgrenzung des Personenkreises nach § 67 sowie über Art und Umfang der Maßnahmen nach § 68 Abs. 1 erlassen.

Neuntes Kapitel
Hilfe in anderen Lebenslagen

§ 70 Hilfe zur Weiterführung des Haushalts

(1) 1Personen mit eigenem Haushalt sollen Leistungen zur Weiterführung des Haushalts erhalten, wenn weder sie selbst noch, falls sie mit anderen Haushaltsangehörigen zusammenleben, die anderen Haushaltsangehörigen den Haushalt führen können und die Weiterführung des Haushalts geboten ist. 2Die Leistungen sollen in der Regel nur vorübergehend erbracht werden. 3Satz 2 gilt nicht, wenn durch die Leistungen die Unterbringung in einer stationären Einrichtung vermieden oder aufgeschoben werden kann.

(2) Die Leistungen umfassen die persönliche Betreuung von Haushaltsangehörigen sowie die sonstige zur Weiterführung des Haushalts erforderliche Tätigkeit.

(3) 1Personen im Sinne des Absatzes 1 sind die angemessenen Aufwendungen für eine haushaltsführende Person zu erstatten. 2Es können auch angemessene Beihilfen geleistet sowie Beiträge der haushaltsführenden Person für eine angemessene Alterssicherung übernommen werden, wenn diese nicht anderweitig sichergestellt ist. 3Ist neben oder anstelle der Weiterführung des Haushalts die Heranziehung einer besonderen Person zur Haushaltsführung erforderlich oder eine Beratung oder zeitweilige Entlastung der haushaltsführenden Person geboten, sind die angemessenen Kosten zu übernehmen.

(4) Die Leistungen können auch durch Übernahme der angemessenen Kosten für eine vorübergehende anderweitige Unterbringung von Haushaltsangehörigen erbracht werden, wenn diese Unterbringung in besonderen Fällen neben oder statt der Weiterführung des Haushalts geboten ist.

§ 71 Altenhilfe

(1) 1Alten Menschen soll außer den Leistungen nach den übrigen Bestimmungen dieses Buches sowie den Leistungen der Eingliederungshilfe nach Teil 2 des Neunten Buches Altenhilfe gewährt werden. 2Die Altenhilfe soll dazu beitragen, Schwierigkeiten, die durch das Alter entstehen, zu verhüten, zu überwinden oder zu mildern und alten Menschen die Möglichkeit zu erhalten, selbstbestimmt am Leben in der Gemeinschaft teilzunehmen und ihre Fähigkeit zur Selbsthilfe zu stärken.

(2) Als Leistungen der Altenhilfe kommen insbesondere in Betracht:

1. Leistungen zu einer Betätigung und zum gesellschaftlichen Engagement, wenn sie vom alten Menschen gewünscht wird,
2. Leistungen bei der Beschaffung und zur Erhaltung einer Wohnung, die den Bedürfnissen des alten Menschen entspricht,
3. Beratung und Unterstützung im Vor- und Umfeld von Pflege, insbesondere in allen Fragen des Angebots an Wohnformen bei Unterstützungs-, Betreuungs- oder Pflegebedarf sowie an Diensten, die Betreuung oder Pflege leisten,
4. Beratung und Unterstützung in allen Fragen der Inanspruchnahme altersgerechter Dienste,
5. Leistungen zum Besuch von Veranstaltungen oder Einrichtungen, die der Geselligkeit, der Unterhaltung, der Bildung oder den kulturellen Bedürfnissen alter Menschen dienen,
6. Leistungen, die alten Menschen die Verbindung mit nahe stehenden Personen ermöglichen.

(3) Leistungen nach Absatz 1 sollen auch erbracht werden, wenn sie der Vorbereitung auf das Alter dienen.

(4) Altenhilfe soll ohne Rücksicht auf vorhandenes Einkommen oder Vermögen geleistet werden, soweit im Einzelfall Beratung und Unterstützung erforderlich sind.

(5) 1Die Leistungen der Altenhilfe sind mit den übrigen Leistungen dieses Buches, den Leistungen der Eingliederungshilfe nach dem Neunten Buch, den Leistungen der örtlichen Altenhilfe und der kommunalen Infrastruktur zur Vermeidung sowie Verringerung der Pflegebedürftigkeit und der Inanspruchnahme der Leistungen der Eingliederungshilfe zu verzahnen. 2Die Ergebnisse der Teilhabeplanung und Gesamtplanung nach dem Neunten Buch sind zu berücksichtigen.

§ 72 Blindenhilfe

(1) 1Blinden Menschen wird zum Ausgleich der durch die Blindheit bedingten Mehraufwendungen Blindenhilfe

VII

gewährt, soweit sie keine gleichartigen Leistungen nach anderen Rechtsvorschriften erhalten. $_{2}$Auf die Blindenhilfe sind Leistungen bei häuslicher Pflege nach dem Elften Buch, auch soweit es sich um Sachleistungen handelt, bei Pflegebedürftigen des Pflegegrades 2 mit 50 Prozent des Pflegegeldes des Pflegegrades 2 und bei Pflegebedürftigen der Pflegegrade 3, 4 oder 5 mit 40 Prozent des Pflegegeldes des Pflegegrades 3, höchstens jedoch mit 50 Prozent des Betrages nach Absatz 2, anzurechnen. $_{3}$Satz 2 gilt sinngemäß für Leistungen nach dem Elften Buch aus einer privaten Pflegeversicherung und nach beamtenrechtlichen Vorschriften.

(2) $_{1}$Die Blindenhilfe beträgt bis 30. Juni 2004 für blinde Menschen nach Vollendung des 18. Lebensjahres 585 Euro monatlich, für blinde Menschen, die das 18. Lebensjahr noch nicht vollendet haben, beträgt sie 293 Euro monatlich. $_{2}$Sie verändert sich jeweils zu dem Zeitpunkt und in dem Umfang, wie sich der aktuelle Rentenwert in der gesetzlichen Rentenversicherung verändert.

(3) $_{1}$Lebt der blinde Mensch in einer stationären Einrichtung und werden die Kosten des Aufenthalts ganz oder teilweise aus Mitteln öffentlich-rechtlicher Leistungsträger getragen, so verringert sich die Blindenhilfe nach Absatz 2 um die aus diesen Mitteln getragenen Kosten, höchstens jedoch um 50 vom Hundert der Beträge nach Absatz 2. $_{2}$Satz 1 gilt vom ersten Tage des zweiten Monats an, der auf den Eintritt in die Einrichtung folgt, für jeden vollen Kalendermonat des Aufenthalts in der Einrichtung. $_{3}$Für jeden vollen Tag vorübergehender Abwesenheit von der Einrichtung wird die Blindenhilfe in Höhe von je einem Dreißigstel des Betrages nach Absatz 2 gewährt, wenn die vorübergehende Abwesenheit länger als sechs volle zusammenhängende Tage dauert; der Betrag nach Satz 1 wird im gleichen Verhältnis gekürzt.

(4) $_{1}$Neben der Blindenhilfe wird Hilfe zur Pflege wegen Blindheit nach dem Siebten Kapitel außerhalb von stationären Einrichtungen sowie ein Barbetrag (§ 27b Absatz 2) nicht gewährt. $_{2}$Neben Absatz 1 ist § 30 Abs. 1 Nr. 2 nur anzuwenden, wenn der blinde Mensch nicht allein wegen Blindheit voll erwerbsgemindert ist. $_{3}$Die Sätze 1 und 2 gelten entsprechend für blinde Menschen, die nicht Blindenhilfe, sondern gleichartige Leistungen nach anderen Rechtsvorschriften erhalten.

(5) Blinden Menschen stehen Personen gleich, deren beidäugige Gesamtsehschärfe nicht mehr als ein Fünfzigstel beträgt oder bei denen dem Schweregrad dieser Sehschärfe gleichzuachtende, nicht nur vorübergehende Störungen des Sehvermögens vorliegen.

(6) Die Blindenhilfe wird neben Leistungen nach Teil 2 des Neunten Buches erbracht.

§ 73 Hilfe in sonstigen Lebenslagen

$_{1}$Leistungen können auch in sonstigen Lebenslagen erbracht werden, wenn sie den Einsatz öffentlicher Mittel rechtfertigen. $_{2}$Geldleistungen können als Beihilfe oder als Darlehen erbracht werden.

§ 74 Bestattungskosten

Die erforderlichen Kosten einer Bestattung werden übernommen, soweit den hierzu Verpflichteten nicht zugemutet werden kann, die Kosten zu tragen.

Zehntes Kapitel
Vertragsrecht

§ 75 Allgemeine Grundsätze

(1) $_{1}$Der Träger der Sozialhilfe darf Leistungen nach dem Siebten bis Neunten Kapitel mit Ausnahme der Leistungen der häuslichen Pflege, soweit diese gemäß § 64 durch Personen, die dem Pflegebedürftigen nahe stehen, oder als Nachbarschaftshilfe übernommen werden, durch Dritte (Leistungserbringer) nur bewilligen, soweit eine schriftliche Vereinbarung zwischen dem Träger des Leistungserbringers und dem für den Ort der Leistungserbringung zuständigen Träger der Sozialhilfe besteht. $_{2}$Die Vereinbarung kann auch zwischen dem Träger der Sozialhilfe und dem Verband, dem der Leistungserbringer angehört, geschlossen werden, soweit der Verband eine entsprechende Vollmacht nachweist. $_{3}$Die Vereinbarungen sind für alle übrigen Träger der Sozialhilfe bindend. $_{4}$Die Vereinbarungen müssen den Grundsätzen der Wirtschaftlichkeit, Sparsamkeit und Leistungsfähigkeit entsprechen und dürfen das Maß des Notwendigen nicht überschreiten. $_{5}$Sie sind vor Beginn der jeweiligen Wirtschaftsperiode für einen zukünftigen Zeitraum abzuschließen (Vereinbarungszeitraum); nachträgliche Ausgleiche sind nicht zulässig. $_{6}$Die Ergebnisse sind den Leistungsberechtigten in einer wahrnehmbaren Form zugänglich zu machen.

(2) $_{1}$Sind geeignete Leistungserbringer vorhanden, soll der Träger der Sozialhilfe zur Erfüllung seiner Aufgaben eigene Angebote nicht neu schaffen. $_{2}$Geeignet ist ein Leistungserbringer, der unter Sicherstellung der Grundsätze des § 9 Absatz 1 die Leistungen wirtschaftlich und sparsam erbringen kann. $_{3}$Geeignete Träger von Einrichtungen dürfen nur solche Personen beschäftigen oder ehrenamtliche Personen, die in Wahrnehmung ihrer Aufgaben Kontakt mit Leistungsberechtigten haben, mit Aufgaben betrauen, die nicht rechtskräftig wegen einer Straftat nach den §§ 171, 174 bis 174c, 176 bis 180a, 181a, 182 bis 184g, 184i bis 184l, 201a Absatz 3, §§ 225, 232 bis 233a, 234, 235 oder 236 des Strafgesetzbuchs verurteilt worden sind. $_{4}$Die Leistungserbringer sollen sich von Fach- und anderem Betreuungspersonal, die in Wahrnehmung ihrer Aufgaben Kontakt mit Leistungsberechtigten haben, vor deren Einstellung oder Aufnahme einer dauerhaften ehrenamtlichen Tätigkeit und in regelmäßigen Abständen ein Führungszeugnis nach § 30a Absatz 1 des Bundeszentralregistergesetzes vorlegen lassen. $_{5}$Nimmt der Leistungserbringer Einsicht in ein Führungszeugnis nach § 30a Absatz 1 des Bundeszentralregistergesetzes, so speichert er nur den Umstand der Einsichtnahme, das Datum des Führungszeugnisses und die Information, ob die das Führungszeugnis betreffende Person wegen einer in Satz 3 genannten Straftat rechtskräftig verurteilt worden ist. $_{6}$Der Träger der Einrichtung darf diese Daten nur verändern und nutzen, soweit dies zur Prüfung der Eignung einer Person erforderlich ist. $_{7}$Die Daten sind vor dem Zugriff Unbefugter zu schützen. $_{8}$Sie sind unverzüglich zu löschen, wenn im Anschluss an die Einsichtnahme keine Tätigkeit für den Leistungserbringer wahrgenommen wird. $_{9}$Sie sind spätestens drei Monate nach der letztmaligen Ausübung einer Tätigkeit für den Leistungserbringer zu löschen. $_{10}$Die durch den Leistungserbringer geforderte Vergütung ist wirtschaftlich

angemessen, wenn sie im Vergleich mit der Vergütung vergleichbarer Leistungserbringer im unteren Drittel liegt (externer Vergleich). 11Liegt die geforderte Vergütung oberhalb des unteren Drittels, kann sie wirtschaftlich angemessen sein, sofern sie nachvollziehbar auf einem höheren Aufwand des Leistungserbringers beruht und wirtschaftlicher Betriebsführung entspricht. 12In den externen Vergleich sind die im Einzugsbereich tätigen Leistungserbringer einzubeziehen. 13Tariflich vereinbarte Vergütungen sowie entsprechende Vergütungen nach kirchlichen Arbeitsrechtsregelungen sind grundsätzlich als wirtschaftlich anzusehen, auch soweit die Vergütung aus diesem Grunde oberhalb des unteren Drittels liegt.

(3) Sind mehrere Leistungserbringer im gleichen Maße geeignet, hat der Träger der Sozialhilfe Vereinbarungen vorrangig mit Leistungserbringern abzuschließen, deren Vergütung bei vergleichbarem Inhalt, Umfang und vergleichbarer Qualität der Leistung nicht höher ist als die anderer Leistungserbringer.

(4) Besteht eine schriftliche Vereinbarung, ist der Leistungserbringer im Rahmen des vereinbarten Leistungsangebotes verpflichtet, Leistungsberechtigte aufzunehmen und zu betreuen.

(5) Der Träger der Sozialhilfe darf die Leistungen durch Leistungserbringer, mit denen keine schriftliche Vereinbarung getroffen wurde, nur erbringen, soweit

1. dies nach der Besonderheit des Einzelfalles geboten ist,
2. der Leistungserbringer ein schriftliches Leistungsangebot vorlegt, das für den Inhalt einer Vereinbarung nach § 76 gilt,
3. der Leistungserbringer sich schriftlich verpflichtet, die Grundsätze der Wirtschaftlichkeit und Qualität der Leistungserbringung zu beachten,
4. die Vergütung für die Erbringung der Leistungen nicht höher ist als die Vergütung, die der Träger der Sozialhilfe mit anderen Leistungserbringern für vergleichbare Leistungen vereinbart hat.

Die allgemeinen Grundsätze der Absätze 1 bis 4 und 6 sowie die Vorschriften zum Inhalt der Vereinbarung (§ 76), zur Verbindlichkeit der vereinbarten Vergütung (§ 77a), zur Wirtschaftlichkeits- und Qualitätsprüfung (§ 78), zur Kürzung der Vergütung (§ 79) und zur außerordentlichen Kündigung der Vereinbarung (§ 79a) gelten entsprechend.

(6) Der Leistungserbringer hat gegen den Träger der Sozialhilfe einen Anspruch auf Vergütung der gegenüber dem Leistungsberechtigten erbrachten Leistungen.

§ 76 Inhalt der Vereinbarungen

(1) In der schriftlichen Vereinbarung mit Erbringern von Leistungen nach dem Siebten bis Neunten Kapitel sind zu regeln:

1. Inhalt, Umfang und Qualität einschließlich der Wirksamkeit der Leistungen (Leistungsvereinbarung) sowie
2. die Vergütung der Leistung (Vergütungsvereinbarung).

(2) In die Leistungsvereinbarung sind als wesentliche Leistungsmerkmale insbesondere aufzunehmen:

1. die betriebsnotwendigen Anlagen des Leistungserbringers,
2. der zu betreuende Personenkreis,
3. Art, Ziel und Qualität der Leistung,
4. die Festlegung der personellen Ausstattung,
5. die Qualifikation des Personals sowie
6. die erforderliche sächliche Ausstattung.

(3) 1Die Vergütungsvereinbarung besteht mindestens aus

1. der Grundpauschale für Unterkunft und Verpflegung,
2. der Maßnahmepauschale sowie
3. einem Betrag für betriebsnotwendige Anlagen einschließlich ihrer Ausstattung (Investitionsbetrag).

2Förderungen aus öffentlichen Mitteln sind anzurechnen. 3Die Maßnahmepauschale ist nach Gruppen für Leistungsberechtigte mit vergleichbarem Bedarf sowie bei Leistungen der häuslichen Pflegehilfe für die gemeinsame Inanspruchnahme durch mehrere Leistungsberechtigte zu kalkulieren. 4Abweichend von Satz 1 können andere geeignete Verfahren zur Vergütung und Abrechnung der Leistung unter Beteiligung der Interessenvertretungen der Menschen mit Behinderungen vereinbart werden.

§ 76a Zugelassene Pflegeeinrichtungen

(1) Bei zugelassenen Pflegeeinrichtungen im Sinne des § 72 des Elften Buches richten sich Art, Inhalt, Umfang und Vergütung

1. der ambulanten und teilstationären Pflegeleistungen,
2. der Leistungen der Kurzzeitpflege,
3. der vollstationären Pflegeleistungen,
4. der Leistungen bei Unterkunft und Verpflegung und
5. der Zusatzleistungen in Pflegeheimen

nach dem Achten Kapitel des Elften Buches, soweit die Vereinbarungen nach dem Achten Kapitel des Elften Buches im Einvernehmen mit dem Träger der Sozialhilfe getroffen worden sind und nicht nach dem Siebten Kapitel weitergehende Leistungen zu erbringen sind.

(2) Bestehen tatsächliche Anhaltspunkte, dass eine zugelassene Pflegeeinrichtung ihre vertraglichen oder gesetzlichen Pflichten nicht erfüllt, findet § 78 entsprechende Anwendung, soweit nicht eine Wirtschaftlichkeits- und Abrechnungsprüfung nach § 79 des Elften Buches erfolgt oder soweit nicht ein Auftrag für eine Anlassprüfung nach § 114 des Elften Buches durch die Landesverbände der Pflegekassen erteilt worden ist.

(3) Der Träger der Sozialhilfe ist zur Übernahme gesondert berechneter Investitionskosten nach dem Elften Buch nur verpflichtet, soweit die zuständige Landesbehörde ihre Zustimmung nach § 82 Absatz 3 Satz 3 des Elften Buches erteilt oder der Träger der Sozialhilfe mit dem Träger der Einrichtung eine entsprechende Vereinbarung nach dem Zehnten Kapitel über die gesondert berechneten Investitionskosten nach § 82 Absatz 4 des Elften Buches getroffen hat.

§ 77 Verfahren und Inkrafttreten der Vereinbarung

(1) 1Der Leistungserbringer oder der Träger der Sozialhilfe hat die jeweils andere Partei schriftlich zu Verhandlungen über den Abschluss einer Vereinbarung gemäß § 76 aufzufordern. 2Bei einer Aufforderung zum Abschluss einer Folgevereinbarung sind die Verhandlungsgegenstände zu benennen. 3Die Aufforderung durch den Leistungsträger kann an einen unbestimmten Kreis von

VII

Leistungserbringern gerichtet werden. 4Auf Verlangen einer Partei sind geeignete Nachweise zu den Verhandlungsgegenständen vorzulegen.

(2) 1Kommt es nicht innerhalb von drei Monaten, nachdem eine Partei zu Verhandlungen aufgefordert wurde, zu einer schriftlichen Vereinbarung, so kann jede Partei hinsichtlich der strittigen Punkte die gemeinsame Schiedsstelle anrufen. 2Die Schiedsstelle hat unverzüglich über die strittigen Punkte zu entscheiden. 3Gegen die Entscheidung der Schiedsstelle ist der Rechtsweg zu den Sozialgerichten gegeben, ohne dass es eines Vorverfahrens bedarf. 4Die Klage ist nicht gegen die Schiedsstelle, sondern gegen den Verhandlungspartner zu richten.

(3) 1Vereinbarungen und Schiedsstellenentscheidungen treten zu dem darin bestimmten Zeitpunkt in Kraft. 2Wird in einer Vereinbarung ein Zeitpunkt nicht bestimmt, wird die Vereinbarung mit dem Tag ihres Abschlusses wirksam. 3Festsetzungen der Schiedsstelle werden, soweit keine Festlegung erfolgt ist, rückwirkend mit dem Tag wirksam, an dem der Antrag bei der Schiedsstelle eingegangen ist. 4Soweit in den Fällen des Satzes 3 während des Schiedsstellenverfahrens der Antrag geändert wurde, ist auf den Tag abzustellen, an dem der geänderte Antrag bei der Schiedsstelle eingegangen ist. 5Ein jeweils vor diesem Zeitpunkt zurückwirkendes Vereinbaren oder Festsetzen von Vergütungen ist in den Fällen der Sätze 1 bis 4 nicht zulässig.

VII

§ 77a Verbindlichkeit der vereinbarten Vergütung

(1) 1Mit der Zahlung der vereinbarten Vergütung gelten alle während des Vereinbarungszeitraums entstandenen Ansprüche des Leistungserbringers auf Vergütung der Leistung als abgegolten. 2Die im Einzelfall zu zahlende Vergütung bestimmt sich auf der Grundlage der jeweiligen Vereinbarung nach dem Betrag, der dem Leistungsberechtigten vom zuständigen Träger der Sozialhilfe bewilligt worden ist. 3Sind Leistungspauschalen nach Gruppen von Leistungsberechtigten kalkuliert (§ 76 Absatz 3 Satz 2), richtet sich die zu zahlende Vergütung nach der Gruppe, die dem Leistungsberechtigten vom zuständigen Träger der Sozialhilfe bewilligt wurde.

(2) Einer Erhöhung der Vergütung auf Grund von Investitionsmaßnahmen, die während des laufenden Vereinbarungszeitraums getätigt werden, muss der Träger der Sozialhilfe zustimmen, soweit er der Maßnahme zuvor dem Grunde und der Höhe nach zugestimmt hat.

(3) 1Bei unvorhergesehenen wesentlichen Änderungen der Annahmen, die der Vergütungsvereinbarung oder der Entscheidung der Schiedsstelle über die Vergütung zugrunde lagen, sind die Vergütungen auf Verlangen einer Vertragspartei für den laufenden Vereinbarungszeitraum neu zu verhandeln. 2Für eine Neuverhandlung gelten die Vorschriften zum Verfahren und Inkrafttreten (§ 77) entsprechend.

(4) Nach Ablauf des Vereinbarungszeitraums gelten die vereinbarten oder durch die Schiedsstelle festgesetzten Vergütungen bis zum Inkrafttreten einer neuen Vergütungsvereinbarung weiter.

§ 78 Wirtschaftlichkeits- und Qualitätsprüfung

(1) 1Soweit tatsächliche Anhaltspunkte dafür bestehen, dass ein Leistungserbringer seine vertraglichen oder gesetzlichen Pflichten nicht erfüllt, prüft der Träger der Sozialhilfe oder ein von diesem beauftragter Dritter die Wirtschaftlichkeit und Qualität einschließlich der Wirksamkeit der vereinbarten Leistungen des Leistungserbringers. 2Die Leistungserbringer sind verpflichtet, dem Träger der Sozialhilfe auf Verlangen die für die Prüfung erforderlichen Unterlagen vorzulegen und Auskünfte zu erteilen. 3Zur Vermeidung von Doppelprüfungen arbeiten die Träger der Sozialhilfe mit den Leistungsträgern nach Teil 2 des Neunten Buches, mit den für die Heimaufsicht zuständigen Behörden sowie mit dem Medizinischen Dienst gemäß § 278 des Fünften Buches zusammen. 4Der Träger der Sozialhilfe ist berechtigt und auf Anforderung verpflichtet, den für die Heimaufsicht zuständigen Behörden die Daten über den Leistungserbringer sowie die Ergebnisse der Prüfungen mitzuteilen, soweit sie für die Zwecke der Prüfung durch den Empfänger erforderlich sind. 5Personenbezogene Daten sind vor der Datenübermittlung zu anonymisieren. 6Abweichend von Satz 5 dürfen personenbezogene Daten in nicht anonymisierter Form an die für die Heimaufsicht zuständigen Behörden übermittelt werden, soweit sie zu deren Aufgabenerfüllung erforderlich sind. 7Durch Landesrecht kann von der Einschränkung in Satz 1 erster Halbsatz abgewichen werden.

(2) Die Prüfung erfolgt ohne vorherige Ankündigung und erstreckt sich auf Inhalt, Umfang, Wirtschaftlichkeit und Qualität einschließlich der Wirksamkeit der erbrachten Leistungen.

(3) 1Der Träger der Sozialhilfe hat den Leistungserbringer über das Ergebnis der Prüfung schriftlich zu unterrichten. 2Das Ergebnis der Prüfung ist dem Leistungsberechtigten in einer wahrnehmbaren Form zugänglich zu machen.

§ 79 Kürzung der Vergütung

(1) 1Hält ein Leistungserbringer seine gesetzlichen oder vertraglichen (vereinbarten) Verpflichtungen ganz oder teilweise nicht ein, ist die vereinbarte Vergütung für die Dauer der Pflichtverletzung entsprechend zu kürzen. 2Über die Höhe des Kürzungsbetrags ist zwischen den Vertragsparteien Einvernehmen herzustellen. 3Kommt eine Einigung nicht zustande, entscheidet auf Antrag einer Vertragspartei die Schiedsstelle. 4Für das Verfahren bei Entscheidungen durch die Schiedsstelle gilt § 77 Absatz 2 und 3 entsprechend.

(2) Der Kürzungsbetrag ist an den Träger der Sozialhilfe bis zu der Höhe zurückzuzahlen, in der die Leistung vom Träger der Sozialhilfe erbracht worden ist, und im Übrigen an den Leistungsberechtigten zurückzuzahlen.

(3) 1Der Kürzungsbetrag kann nicht über die Vergütungen refinanziert werden. 2Darüber hinaus besteht hinsichtlich des Kürzungsbetrags kein Anspruch auf Nachverhandlung gemäß § 77a Absatz 2.

§ 79a Außerordentliche Kündigung der Vereinbarungen

1Der Träger der Sozialhilfe kann die Vereinbarungen mit einem Leistungserbringer fristlos kündigen, wenn ihm ein Festhalten an den Vereinbarungen auf Grund einer groben Verletzung einer gesetzlichen oder vertraglichen Verpflichtung durch die Vertragspartei nicht mehr zumutbar ist. 2Eine grobe Pflichtverletzung liegt insbesondere dann vor, wenn in der Prüfung nach § 78 oder auf andere Weise festgestellt wird, dass

1. Leistungsberechtigte infolge der Pflichtverletzung zu Schaden kommen,
2. gravierende Mängel bei der Leistungserbringung vorhanden sind,
3. dem Leistungserbringer nach heimrechtlichen Vorschriften die Betriebserlaubnis entzogen ist,
4. dem Leistungserbringer der Betrieb untersagt wird oder
5. der Leistungserbringer nicht erbrachte Leistungen gegenüber dem Leistungsträger abrechnet.

$_3$Die Kündigung bedarf der Schriftform. $_4$§ 59 des Zehnten Buches bleibt unberührt.

§ 80 Rahmenverträge

(1) $_1$Die überörtlichen Träger der Sozialhilfe und die örtlichen Träger der Sozialhilfe im Zuständigkeitsbereich des überörtlichen Trägers schließen mit den Vereinigungen der Leistungserbringer gemeinsam und einheitlich Rahmenverträge zu den Vereinbarungen nach § 76 ab. $_2$Die Rahmenverträge bestimmen

1. die nähere Abgrenzung der den Vergütungspauschalen und -beträgen nach § 76 zugrunde zu legenden Kostenarten und -bestandteile sowie die Zusammensetzung der Investitionsbeträge nach § 76,
2. den Inhalt und die Kriterien für die Ermittlung und Zusammensetzung der Maßnahmepauschalen, die Merkmale für die Bildung von Gruppen mit vergleichbarem Bedarf nach § 76 Absatz 3 Satz 3 sowie die Zahl der zu bildenden Gruppen,
3. die Festlegung von Personalrichtwerten oder anderen Methoden zur Festlegung der personellen Ausstattung,
4. die Grundsätze und Maßstäbe für die Wirtschaftlichkeit und Qualitätssicherung einschließlich der Wirksamkeit der Leistungen sowie Inhalt und Verfahren zur Durchführung von Wirtschaftlichkeits- und Qualitätsprüfungen und
5. das Verfahren zum Abschluss von Vereinbarungen.

$_3$Für Leistungserbringer, die einer Kirche oder Religionsgemeinschaft des öffentlichen Rechts oder einem sonstigen freigemeinnützigen Träger zuzuordnen sind, können die Rahmenverträge auch von der Kirche oder Religionsgemeinschaft oder von dem Wohlfahrtsverband abgeschlossen werden, dem der Leistungserbringer angehört. $_4$In den Rahmenverträgen sollen die Merkmale und Besonderheit der jeweiligen Leistungen berücksichtigt werden.

(2) Die durch Landesrecht bestimmten maßgeblichen Interessenvertretungen der Menschen mit Behinderungen wirken bei der Erarbeitung und Beschlussfassung der Rahmenverträge mit.

(3) Die Bundesarbeitsgemeinschaft der überörtlichen Träger der Sozialhilfe, die Bundesvereinigung der kommunalen Spitzenverbände und die Bundesvereinigungen der Leistungserbringer vereinbaren gemeinsam und einheitlich Empfehlungen zum Inhalt der Rahmenverträge nach Absatz 1.

(4) Kommt es nicht innerhalb von sechs Monaten nach schriftlicher Aufforderung durch die Landesregierung zu einem Rahmenvertrag, kann die Landesregierung durch Rechtsverordnung die Inhalte regeln.

§ 81 Schiedsstelle

(1) Für jedes Land oder für Teile eines Landes wird eine Schiedsstelle gebildet.

(2) Die Schiedsstelle besteht aus Vertretern der Leistungserbringer und Vertretern der örtlichen und überörtlichen Träger der Sozialhilfe in gleicher Zahl sowie einem unparteiischen Vorsitzenden.

(3) $_1$Die Vertreter der Leistungserbringer und deren Stellvertreter werden von den Vereinigungen der Leistungserbringer bestellt. $_2$Bei der Bestellung ist die Trägervielfalt zu beachten. $_3$Die Vertreter der Träger der Sozialhilfe und deren Stellvertreter werden von diesen bestellt. $_4$Der Vorsitzende und sein Stellvertreter werden von den beteiligten Organisationen gemeinsam bestellt. $_5$Kommt eine Einigung nicht zustande, werden sie durch Los bestimmt. $_6$Soweit beteiligte Organisationen keinen Vertreter bestellen oder im Verfahren nach Satz 3 keine Kandidaten für das Amt des Vorsitzenden und des Stellvertreters benennen, bestellt die zuständige Landesbehörde auf Antrag einer der beteiligten Organisationen die Vertreter und benennt die Kandidaten.

(4) $_1$Die Mitglieder der Schiedsstelle führen ihr Amt als Ehrenamt. $_2$Sie sind an Weisungen nicht gebunden. $_3$Jedes Mitglied hat eine Stimme. $_4$Die Entscheidungen werden mit der Mehrheit der Mitglieder getroffen. $_5$Ergibt sich keine Mehrheit, entscheidet die Stimme des Vorsitzenden.

(5) Die Landesregierungen werden ermächtigt, durch Rechtsverordnung das Nähere über

1. die Zahl der Schiedsstellen,
2. die Zahl der Mitglieder und deren Bestellung,
3. die Amtsdauer und Amtsführung,
4. die Erstattung der baren Auslagen und die Entschädigung für den Zeitaufwand der Mitglieder der Schiedsstelle,
5. die Geschäftsführung,
6. das Verfahren,
7. die Erhebung und die Höhe der Gebühren,
8. die Verteilung der Kosten sowie
9. die Rechtsaufsicht zu bestimmen.

Elftes Kapitel
Einsatz des Einkommens und des Vermögens

Erster Abschnitt
Einkommen

§ 82 Begriff des Einkommens

(1) $_1$Zum Einkommen gehören alle Einkünfte in Geld oder Geldeswert. $_2$Nicht zum Einkommen gehören

1. Leistungen nach diesem Buch,
2. (weggefallen)
3. Renten oder Beihilfen nach dem Bundesentschädigungsgesetz für Schaden an Leben sowie an Körper

VII

oder Gesundheit bis zur Höhe der vergleichbaren Leistungen nach dem Vierzehnten Buch,

4. Aufwandspauschalen nach § 1878 des Bürgerlichen Gesetzbuchs kalenderjährlich bis zu dem in § 3 Nummer 26 Satz 1 des Einkommensteuergesetzes genannten Betrag,
5. Mutterschaftsgeld nach § 19 des Mutterschutzgesetzes,
6. Einnahmen von Schülerinnen und Schülern allgemein- oder berufsbildender Schulen, die das 25. Lebensjahr noch nicht vollendet haben, aus Erwerbstätigkeiten, die in den Schulferien ausgeübt werden; dies gilt nicht für Schülerinnen und Schüler, die einen Anspruch auf Ausbildungsvergütung haben,
7. der Betrag nach § 8 Absatz 1a des Vierten Buches aus Erwerbstätigkeit bei Leistungsberechtigten, die das 15., aber noch nicht das 25. Lebensjahr vollendet haben, und die
   a) eine nach dem Bundesausbildungsförderungsgesetz dem Grunde nach förderungsfähige Ausbildung durchführen,
   b) eine nach § 57 Absatz 1 des Dritten Buches dem Grunde nach förderungsfähige Ausbildung, eine nach § 51 des Dritten Buches dem Grunde nach förderungsfähige berufsvorbereitende Bildungsmaßnahme oder eine nach § 54a des Dritten Buches geförderte Einstiegsqualifizierung durchführen,
   c) als Schülerinnen und Schüler allgemein- oder berufsbildender Schulen während der Schulzeit erwerbstätig sind oder
   d) einem Freiwilligendienst nach dem Bundesfreiwilligendienstgesetz oder dem Jugendfreiwilligendienstegesetz nachgehen,
8. Aufwandsentschädigungen oder Einnahmen aus nebenberuflichen Tätigkeiten , die nach § 3 Nummer 12, Nummer 26 oder Nummer 26a des Einkommensteuergesetzes steuerfrei sind, soweit diese einen Betrag in Höhe von 3 000 Euro kalenderjährlich nicht überschreiten,
9. einmalige Einnahmen aus Erbschaften, Vermächtnissen und Pflichtteilszuwendungen,
10. Überbrückungsgeld nach § 51 des Strafvollzugsgesetzes oder vergleichbare Leistungen nach landesrechtlichen Regelungen und
11. Einnahmen in Geldeswert, die nicht im Rahmen einer Erwerbstätigkeit, des Bundesfreiwilligendienstes oder eines Jugendfreiwilligendienstes zufließen.

$_3$Satz 2 Nummer 7 Buchstabe c ist nach dem Besuch einer allgemeinbildenden Schule bis zum Ablauf des dritten auf das Ende der Schulausbildung folgenden Monats anzuwenden. $_4$Bei der Anwendung von Satz 2 Nummer 7 Buchstabe d gilt das Taschengeld nach § 2 Nummer 4 des Bundesfreiwilligendienstgesetzes und nach § 2 Absatz 1 Nummer 4 des Jugendfreiwilligendienstegesetzes als Einkommen aus Erwerbstätigkeit. $_5$Einkünfte aus Rückerstattungen, die auf Vorauszahlungen beruhen, die Leistungsberechtigte aus dem Regelsatz erbracht haben, sind kein Einkommen. $_6$Bei Minderjährigen ist das Kindergeld dem jeweiligen Kind als Einkommen zuzurechnen, soweit es bei diesem zur Deckung des notwendigen Lebensunterhaltes, mit Ausnahme der Bedarfe nach § 34, benötigt wird.

(2) $_1$Von dem Einkommen sind abzusetzen

1. auf das Einkommen entrichtete Steuern,
2. Pflichtbeiträge zur Sozialversicherung einschließlich der Beiträge zur Arbeitsförderung,
3. Beiträge zu öffentlichen oder privaten Versicherungen oder ähnlichen Einrichtungen, soweit diese Beiträge gesetzlich vorgeschrieben oder nach Grund und Höhe angemessen sind, sowie geförderte Altersvorsorgebeiträge nach § 82 des Einkommensteuergesetzes, soweit sie den Mindesteigenbetrag nach § 86 des Einkommensteuergesetzes nicht überschreiten, und
4. die mit der Erzielung des Einkommens verbundenen notwendigen Ausgaben.

$_2$Erhält eine leistungsberechtigte Person, die das 25. Lebensjahr vollendet hat, aus einer Tätigkeit Bezüge oder Einnahmen, die als Taschengeld nach § 2 Nummer 4 des Bundesfreiwilligendienstgesetzes oder nach § 2 Absatz 1 Nummer 4 des Jugendfreiwilligendienstgesetzes gezahlt werden, ist abweichend von Satz 1 Nummer 2 bis 4 und den Absätzen 3 und 6 ein Betrag von bis zu 250 Euro monatlich nicht als Einkommen zu berücksichtigen. $_3$Soweit ein Betrag nach Satz 2 in Anspruch genommen wird, gelten die Beträge nach Absatz 3 Satz 1 zweiter Halbsatz und nach Absatz 6 Satz 1 zweiter Halbsatz insoweit als ausgeschöpft.

(3) $_1$Bei der Hilfe zum Lebensunterhalt und Grundsicherung im Alter und bei Erwerbsminderung ist ferner ein Betrag in Höhe von 30 vom Hundert des Einkommens aus selbständiger und nichtselbständiger Tätigkeit der Leistungsberechtigten abzusetzen, höchstens jedoch 50 vom Hundert der Regelbedarfsstufe 1 nach der Anlage zu § 28. $_2$Abweichend von Satz 1 ist bei einer Beschäftigung in einer Werkstatt für behinderte Menschen oder bei einem anderen Leistungsanbieter nach § 60 des Neunten Buches von dem Entgelt ein Achtel der Regelbedarfsstufe 1 nach der Anlage zu § 28 zuzüglich 50 vom Hundert des diesen Betrag übersteigenden Entgelts abzusetzen. $_3$Im Übrigen kann in begründeten Fällen ein anderer als in Satz 1 festgelegter Betrag vom Einkommen abgesetzt werden.

(4) Bei der Hilfe zum Lebensunterhalt und Grundsicherung im Alter und bei Erwerbsminderung ist ferner ein Betrag von 100 Euro monatlich aus einer zusätzlichen Altersvorsorge der Leistungsberechtigten zuzüglich 30 vom Hundert des diesen Betrag übersteigenden Einkommens aus einer zusätzlichen Altersvorsorge der Leistungsberechtigten abzusetzen, höchstens jedoch 50 vom Hundert der Regelbedarfsstufe 1 nach der Anlage zu § 28.

(5) $_1$Einkommen aus einer zusätzlichen Altersvorsorge im Sinne des Absatzes 4 ist jedes monatlich bis zum Lebensende ausgezahlte Einkommen, auf das der Leistungsberechtigte vor Erreichen der Regelaltersgrenze auf freiwilliger Grundlage Ansprüche erworben hat und das dazu bestimmt und geeignet ist, die Einkommenssituation des Leistungsberechtigten gegenüber möglichen Ansprüchen aus Zeiten einer Versicherungspflicht in der gesetzlichen Rentenversicherung nach den §§ 1 bis 4 des

Sechsten Buches, nach § 1 des Gesetzes über die Alterssicherung der Landwirte, aus beamtenrechtlichen Versorgungsansprüchen und aus Ansprüchen aus Zeiten einer Versicherungspflicht in einer Versicherungs- und Versorgungseinrichtung, die für Angehörige bestimmter Berufe errichtet ist, zu verbessern. 2Als Einkommen aus einer zusätzlichen Altersvorsorge gelten auch laufende Zahlungen aus

1. einer betrieblichen Altersversorgung im Sinne des Betriebsrentengesetzes,
2. einem nach § 5 des Altersvorsorgeverträge-Zertifizierungsgesetzes zertifizierten Altersvorsorgevertrag und
3. einem nach § 5a des Altersvorsorgeverträge-Zertifizierungsgesetzes zertifizierten Basisrentenvertrag.

3Werden bis zu zwölf Monatsleistungen aus einer zusätzlichen Altersvorsorge, insbesondere gemäß einer Vereinbarung nach § 10 Absatz 1 Nummer 2 Satz 3 erster Halbsatz des Einkommensteuergesetzes, zusammengefasst, so ist das Einkommen gleichmäßig auf den Zeitraum aufzuteilen, für den die Auszahlung erfolgte.

(6) Für Personen, die Leistungen der Hilfe zur Pflege, der Blindenhilfe oder Leistungen der Eingliederungshilfe nach dem Neunten Buch erhalten, ist ein Betrag in Höhe von 40 Prozent des Einkommens aus selbständiger und nichtselbständiger Tätigkeit der Leistungsberechtigten abzusetzen, höchstens jedoch 65 Prozent der Regelbedarfsstufe 1 nach der Anlage zu § 28.

(7) 1Einnahmen sind für den Monat zu berücksichtigen, in dem sie zufließen. 2Würde der Leistungsanspruch durch die Berücksichtigung einer als Nachzahlung zufließenden Einnahme, die nicht für den Monat des Zuflusses erbracht wird, in diesem Monat entfallen, so ist diese Einnahme auf einen Zeitraum von sechs Monaten gleichmäßig aufzuteilen und monatlich ab dem Monat des Zuflusses mit einem entsprechenden monatlichen Teilbetrag zu berücksichtigen. 3In begründeten Einzelfällen ist der Anrechnungszeitraum nach Satz 2 angemessen zu verkürzen. 4Die Sätze 1 und 2 sind auch anzuwenden, soweit während des Leistungsbezugs eine Auszahlung zur Abfindung einer Kleinbetragsrente im Sinne des § 93 Absatz 3 Satz 2 des Einkommensteuergesetzes oder nach § 3 Absatz 2 des Betriebsrentengesetzes erfolgt und durch den ausgezahlten Betrag das Vermögen überschritten wird, welches nach § 90 Absatz 2 Nummer 9 und Absatz 3 nicht einzusetzen ist.

§ 82a Freibetrag für Personen mit Grundrentenzeiten oder entsprechenden Zeiten aus anderweitigen Alterssicherungssystemen

(1) Bei der Hilfe zum Lebensunterhalt und Grundsicherung im Alter und bei Erwerbsminderung ist für Personen, die mindestens 33 Jahre an Grundrentenzeiten nach § 76g Absatz 2 des Sechsten Buches erreicht haben, ein Betrag in Höhe von 100 Euro monatlich aus der gesetzlichen Rente zuzüglich 30 Prozent des diesen Betrag übersteigenden Einkommens aus der gesetzlichen Rente vom Einkommen nach § 82 Absatz 1 abzusetzen, höchstens jedoch ein Betrag in Höhe von 50 Prozent der Regelbedarfsstufe 1 nach der Anlage zu § 28.

(2) Absatz 1 gilt entsprechend für Personen, die mindestens 33 Jahre an Grundrentenzeiten vergleichbaren Zeiten in

1. einer Versicherungspflicht nach § 1 des Gesetzes über die Alterssicherung der Landwirte haben,
2. einer sonstigen Beschäftigung, in der Versicherungsfreiheit nach § 5 Absatz 1 Satz 1 Nummer 2 und 3 und Satz 2 des Sechsten Buches oder Befreiung von der Versicherungspflicht nach § 6 Absatz 1 Satz 1 Nummer 2 des Sechsten Buches bestand, haben oder
3. einer Versicherungspflicht in einer Versicherungs- oder Versorgungseinrichtung, die für Angehörige bestimmter Berufe errichtet ist, haben.

Absatz 1 gilt auch, wenn die 33 Jahre durch die Zusammenrechnung der Zeiten nach Satz 1 Nummer 1 bis 3 und der Grundrentenzeiten nach § 76g Absatz 2 des Sechsten Buches erfüllt werden. Je Kalendermonat wird eine Grundrentenzeit oder eine nach Satz 1 vergleichbare Zeit angerechnet.

§ 83 Nach Zweck und Inhalt bestimmte Leistungen

(1) Leistungen, die auf Grund öffentlich-rechtlicher Vorschriften zu einem ausdrücklich genannten Zweck erbracht werden, sind nur so weit als Einkommen zu berücksichtigen, als die Sozialhilfe im Einzelfall demselben Zweck dient.

(2) Eine Entschädigung, die wegen eines Schadens, der nicht Vermögensschaden ist, nach § 253 Abs. 2 des Bürgerlichen Gesetzbuches geleistet wird, ist nicht als Einkommen zu berücksichtigen.

§ 84 Zuwendungen

(1) 1Zuwendungen der freien Wohlfahrtspflege bleiben als Einkommen außer Betracht. 2Dies gilt nicht, soweit die Zuwendung die Lage der Leistungsberechtigten so günstig beeinflusst, dass daneben Sozialhilfe ungerechtfertigt wäre.

(2) Zuwendungen, die ein anderer erbringt, ohne hierzu eine rechtliche oder sittliche Pflicht zu haben, sollen als Einkommen außer Betracht bleiben, soweit ihre Berücksichtigung für die Leistungsberechtigten eine besondere Härte bedeuten würde.

Zweiter Abschnitt
Einkommensgrenzen für die Leistungen nach dem Fünften bis Neunten Kapitel

§ 85 Einkommensgrenze

(1) Bei der Hilfe nach dem Fünften bis Neunten Kapitel ist der nachfragenden Person und ihrem nicht getrennt lebenden Ehegatten oder Lebenspartner die Aufbringung der Mittel nicht zuzumuten, wenn während der Dauer des Bedarfs ihr monatliches Einkommen zusammen eine Einkommensgrenze nicht übersteigt, die sich ergibt aus

1. einem Grundbetrag in Höhe des Zweifachen der Regelbedarfsstufe 1 nach der Anlage zu § 28,
2. den Aufwendungen für die Unterkunft, soweit diese den der Besonderheit des Einzelfalles angemessenen Umfang nicht übersteigen und
3. einem Familienzuschlag in Höhe des auf volle Euro aufgerundeten Betrages von 70 vom Hundert der Regelbedarfsstufe 1 nach der Anlage zu § 28 für den nicht getrennt lebenden Ehegatten oder Lebenspartner und für jede Person, die von der nachfragenden

Person, ihrem nicht getrennt lebenden Ehegatten oder Lebenspartner überwiegend unterhalten worden ist oder für die sie nach der Entscheidung über die Erbringung der Sozialhilfe unterhaltspflichtig werden.

(2) $_{1}$Ist die nachfragende Person minderjährig und unverheiratet, so ist ihr und ihren Eltern die Aufbringung der Mittel nicht zuzumuten, wenn während der Dauer des Bedarfs das monatliche Einkommen der nachfragenden Person und ihrer Eltern zusammen eine Einkommensgrenze nicht übersteigt, die sich ergibt aus

1. einem Grundbetrag in Höhe des Zweifachen der Regelbedarfsstufe 1 nach der Anlage zu § 28,
2. den Aufwendungen für die Unterkunft, soweit diese den der Besonderheit des Einzelfalles angemessenen Umfang nicht übersteigen und
3. einem Familienzuschlag in Höhe des auf volle Euro aufgerundeten Betrages von 70 vom Hundert der Regelbedarfsstufe 1 nach der Anlage zu § 28 für einen Elternteil, wenn die Eltern zusammenleben, sowie für die nachfragende Person und für jede Person, die von den Eltern oder der nachfragenden Person überwiegend unterhalten worden ist oder für die sie nach der Entscheidung über die Erbringung der Sozialhilfe unterhaltspflichtig werden.

$_{2}$Leben die Eltern nicht zusammen, richtet sich die Einkommensgrenze nach dem Elternteil, bei dem die nachfragende Person lebt. $_{3}$Lebt sie bei keinem Elternteil, bestimmt sich die Einkommensgrenze nach Absatz 1.

(3) $_{1}$Die Regelbedarfsstufe 1 nach der Anlage zu § 28 bestimmt sich nach dem Ort, an dem der Leistungsberechtigte die Leistung erhält. $_{2}$Bei der Leistung in einer Einrichtung sowie bei Unterbringung in einer anderen Familie oder bei den in § 107 genannten anderen Personen bestimmt er sich nach dem gewöhnlichen Aufenthalt des Leistungsberechtigten oder, wenn im Falle des Absatzes 2 auch das Einkommen seiner Eltern oder eines Elternteils maßgebend ist, nach deren gewöhnlichen Aufenthalt. $_{3}$Ist ein gewöhnlicher Aufenthalt im Inland nicht vorhanden oder nicht zu ermitteln, ist Satz 1 anzuwenden.

§ 86 Abweichender Grundbetrag

Die Länder und, soweit landesrechtliche Vorschriften nicht entgegenstehen, auch die Träger der Sozialhilfe können für bestimmte Arten der Hilfe nach dem Fünften bis Neunten Kapitel der Einkommensgrenze einen höheren Grundbetrag zu Grunde legen.

§ 87 Einsatz des Einkommens über der Einkommensgrenze

(1) $_{1}$Soweit das zu berücksichtigende Einkommen die Einkommensgrenze übersteigt, ist die Aufbringung der Mittel in angemessenem Umfang zuzumuten. $_{2}$Bei der Prüfung, welcher Umfang angemessen ist, sind insbesondere die Art des Bedarfs, die Art oder Schwere der Behinderung oder der Pflegebedürftigkeit, die Dauer und Höhe der erforderlichen Aufwendungen sowie besondere Belastungen der nachfragenden Person und ihrer unterhaltsberechtigten Angehörigen zu berücksichtigen. $_{3}$Bei Pflegebedürftigen der Pflegegrade 4 und 5 und blinden Menschen nach § 72 ist ein Einsatz des Einkommens über der Einkommensgrenze in Höhe von mindestens 60 vom Hundert nicht zuzumuten.

(2) Verliert die nachfragende Person durch den Eintritt eines Bedarfsfalles ihr Einkommen ganz oder teilweise und ist ihr Bedarf nur von kurzer Dauer, so kann die Aufbringung der Mittel auch aus dem Einkommen verlangt werden, das sie innerhalb eines angemessenen Zeitraumes nach dem Wegfall des Bedarfs erwirbt und das die Einkommensgrenze übersteigt, jedoch nur insoweit, als ihr ohne den Verlust des Einkommens die Aufbringung der Mittel zuzumuten gewesen wäre.

(3) Bei einmaligen Leistungen zur Beschaffung von Bedarfsgegenständen, deren Gebrauch für mindestens ein Jahr bestimmt ist, kann die Aufbringung der Mittel nach Maßgabe des Absatzes 1 auch aus dem Einkommen verlangt werden, das die in § 19 Abs. 3 genannten Personen innerhalb eines Zeitraumes von bis zu drei Monaten nach Ablauf des Monats, in dem über die Leistung entschieden worden ist, erwerben.

§ 88 Einsatz des Einkommens unter der Einkommensgrenze

(1) $_{1}$Die Aufbringung der Mittel kann, auch soweit das Einkommen unter der Einkommensgrenze liegt, verlangt werden,

1. soweit von einem anderen Leistungen für einen besonderen Zweck erbracht werden, für den sonst Sozialhilfe zu leisten wäre,
2. wenn zur Deckung des Bedarfs nur geringfügige Mittel erforderlich sind.

$_{2}$Darüber hinaus soll in angemessenem Umfang die Aufbringung der Mittel verlangt werden, wenn eine Person für voraussichtlich längere Zeit Leistungen in einer stationären Einrichtung bedarf.

(2) $_{1}$Bei einer stationären Leistung in einer stationären Einrichtung wird von dem Einkommen, das der Leistungsberechtigte aus einer entgeltlichen Beschäftigung erzielt, die Aufbringung der Mittel in Höhe von einem Achtel der Regelbedarfsstufe 1 nach der Anlage zu § 28 zuzüglich 50 vom Hundert des diesen Betrag übersteigenden Einkommens aus der Beschäftigung nicht verlangt. $_{2}$§ 82 Absatz 3 und 6 ist nicht anzuwenden.

§ 89 Einsatz des Einkommens bei mehrfachem Bedarf

(1) Wird im Einzelfall der Einsatz eines Teils des Einkommens zur Deckung eines bestimmten Bedarfs zugemutet oder verlangt, darf dieser Teil des Einkommens bei der Prüfung, inwieweit der Einsatz des Einkommens für einen anderen gleichzeitig bestehenden Bedarf zuzumuten ist oder verlangt werden kann, nicht berücksichtigt werden.

(2) $_{1}$Sind im Fall des Absatzes 1 für die Bedarfsfälle verschiedene Träger der Sozialhilfe zuständig, hat die Entscheidung über die Leistung für den zuerst eingetretenen Bedarf den Vorrang. $_{2}$Treten die Bedarfsfälle gleichzeitig ein, ist das über der Einkommensgrenze liegende Einkommen zu gleichen Teilen bei den Bedarfsfällen zu berücksichtigen. $_{3}$Bestehen neben den Bedarfen für Leistungen nach diesem Buch gleichzeitig Bedarfe für Leistungen nach Teil 2 des Neunten Buches, so ist das über der Einkommensgrenze liegende Einkommen nur zur Hälfte zu berücksichtigen.

Dritter Abschnitt
Vermögen

§ 90 Einzusetzendes Vermögen

(1) Einzusetzen ist das gesamte verwertbare Vermögen.

(2) Die Sozialhilfe darf nicht abhängig gemacht werden vom Einsatz oder von der Verwertung

1. eines Vermögens, das aus öffentlichen Mitteln zum Aufbau oder zur Sicherung einer Lebensgrundlage oder zur Gründung eines Hausstandes erbracht wird,
2. eines nach § 10a oder Abschnitt XI des Einkommensteuergesetzes geförderten Altersvorsorgevermögens im Sinne des § 92 des Einkommensteuergesetzes; dies gilt auch für das in der Auszahlungsphase insgesamt zur Verfügung stehende Kapital, soweit die Auszahlung als monatliche oder als sonstige regelmäßige Leistung im Sinne von § 82 Absatz 5 Satz 3 erfolgt; für diese Auszahlungen ist § 82 Absatz 4 und 5 anzuwenden,
3. eines sonstigen Vermögens, solange es nachweislich zur baldigen Beschaffung oder Erhaltung eines Hausgrundstücks im Sinne der Nummer 8 bestimmt ist, soweit dieses Wohnzwecken von Menschen mit einer wesentlichen Behinderung oder einer drohenden wesentlichen Behinderung (§ 99 Absatz 1 und 2 des Neunten Buches) oder von blinden Menschen (§ 72) oder pflegebedürftigen Menschen (§ 61) dient oder dienen soll und dieser Zweck durch den Einsatz oder die Verwertung des Vermögens gefährdet würde,
4. eines angemessenen Hausrats; dabei sind die bisherigen Lebensverhältnisse der nachfragenden Person zu berücksichtigen,
5. von Gegenständen, die zur Aufnahme oder Fortsetzung der Berufsausbildung oder der Erwerbstätigkeit unentbehrlich sind,
6. von Familien- und Erbstücken, deren Veräußerung für die nachfragende Person oder ihre Familie eine besondere Härte bedeuten würde,
7. von Gegenständen, die zur Befriedigung geistiger, insbesondere wissenschaftlicher oder künstlerischer Bedürfnisse dienen und deren Besitz nicht Luxus ist,
8. eines angemessenen Hausgrundstücks, das von der nachfragenden Person oder einer anderen in den § 19 Abs. 1 bis 3 genannten Person allein oder zusammen mit Angehörigen ganz oder teilweise bewohnt wird und nach ihrem Tod von ihren Angehörigen bewohnt werden soll. Die Angemessenheit bestimmt sich nach der Zahl der Bewohner, dem Wohnbedarf (zum Beispiel behinderter, blinder oder pflegebedürftiger Menschen), der Grundstücksgröße, der Hausgröße, dem Zuschnitt und der Ausstattung des Wohngebäudes sowie dem Wert des Grundstücks einschließlich des Wohngebäudes,
9. kleinerer Barbeträge oder sonstiger Geldwerte; dabei ist eine besondere Notlage der nachfragenden Person zu berücksichtigen,
10. eines angemessenen Kraftfahrzeuges.

(3) $_{1}$Die Sozialhilfe darf ferner nicht vom Einsatz oder von der Verwertung eines Vermögens abhängig gemacht werden, soweit dies für den, der das Vermögen einzusetzen hat, und für seine unterhaltsberechtigten Angehörigen eine Härte bedeuten würde. $_{2}$Dies ist bei der Leistung nach dem Fünften bis Neunten Kapitel insbesondere der Fall, soweit eine angemessene Lebensführung oder die Aufrechterhaltung einer angemessenen Alterssicherung wesentlich erschwert würde.

§ 91 Darlehen

$_{1}$Soweit nach § 90 für den Bedarf der nachfragenden Person Vermögen einzusetzen ist, jedoch der sofortige Verbrauch oder die sofortige Verwertung des Vermögens nicht möglich ist oder für die, die es einzusetzen hat, eine Härte bedeuten würde, soll die Sozialhilfe als Darlehen geleistet werden. $_{2}$Die Leistungserbringung kann davon abhängig gemacht werden, dass der Anspruch auf Rückzahlung dinglich oder in anderer Weise gesichert wird.

Vierter Abschnitt
Einschränkung der Anrechnung

§ 92 Beschränkung des Einkommenseinsatzes auf die häusliche Ersparnis

(1) $_{1}$Erhält eine Person, die nicht in einer Wohnung nach § 42a Absatz 2 Satz 2 lebt, Leistungen nach dem Dritten, Vierten, Fünften, Siebten, Achten oder Neunten Kapitel oder Leistungen für ärztliche oder ärztlich verordnete Maßnahmen, so kann die Aufbringung der Mittel für die Leistungen nach dem Dritten und Vierten Kapitel von ihr und den übrigen in § 19 Absatz 3 genannten Personen verlangt werden, soweit Aufwendungen für den häuslichen Lebensunterhalt erspart werden. $_{2}$Für Leistungsberechtigte nach § 27c Absatz 1 und die übrigen in § 19 Absatz 3 genannten Personen sind Leistungen nach § 27c ohne die Berücksichtigung von vorhandenem Vermögen zu erbringen; Absatz 2 findet keine Anwendung. $_{3}$Die Aufbringung der Mittel nach Satz 1 ist aus dem Einkommen nicht zumutbar, wenn Personen, bei denen nach § 138 Absatz 1 Nummer 3 und 6 des Neunten Buches ein Beitrag zu Leistungen der Eingliederungshilfe nicht verlangt wird, einer selbständigen und nicht selbständigen Tätigkeit nachgehen und das Einkommen aus dieser Tätigkeit einen Betrag in Höhe des Zweifachen der Regelbedarfsstufe 1 nach der Anlage zu § 28 nicht übersteigt; Satz 2 gilt entsprechend.

(2) $_{1}$Darüber hinaus soll in angemessenem Umfang die Aufbringung der Mittel aus dem gemeinsamen Einkommen der leistungsberechtigten Person und ihres nicht getrennt lebenden Ehegatten oder Lebenspartners verlangt werden, wenn die leistungsberechtigte Person auf voraussichtlich längere Zeit Leistungen in einer stationären Einrichtung bedarf. $_{2}$Bei der Prüfung, welcher Umfang angemessen ist, ist auch der bisherigen Lebenssituation des im Haushalt verbliebenen, nicht getrennt lebenden Ehegatten oder Lebenspartners sowie der im Haushalt lebenden minderjährigen unverheirateten Kinder Rechnung zu tragen.

(3) $_{1}$Hat ein anderer als ein nach bürgerlichem Recht Unterhaltspflichtiger nach sonstigen Vorschriften Leistungen für denselben Zweck zu erbringen, wird seine Verpflichtung durch Absatz 2 nicht berührt. $_{2}$Soweit er solche Leistungen erbringt, kann abweichend von Absatz 2 von den in § 19 Absatz 3 genannten Personen die Aufbringung der Mittel verlangt werden.

Fünfter Abschnitt
Verpflichtungen anderer

§ 93 Übergang von Ansprüchen

(1) $_{1}$Hat eine leistungsberechtigte Person oder haben bei Gewährung von Hilfen nach dem Fünften bis Neunten Kapitel auch ihre Eltern, ihr nicht getrennt lebender Ehegatte oder ihr Lebenspartner für die Zeit, für die Leistungen erbracht werden, einen Anspruch gegen einen anderen, der kein Leistungsträger im Sinne des § 12 des Ersten Buches ist, kann der Träger der Sozialhilfe durch schriftliche Anzeige an den anderen bewirken, dass dieser Anspruch bis zur Höhe seiner Aufwendungen auf ihn übergeht. $_{2}$Er kann den Übergang dieses Anspruchs auch wegen seiner Aufwendungen für diejenigen Leistungen des Dritten und Vierten Kapitels bewirken, die er gleichzeitig mit den Leistungen für die in Satz 1 genannte leistungsberechtigte Person, deren nicht getrennt lebenden Ehegatten oder Lebenspartner und deren minderjährigen unverheirateten Kindern erbringt. $_{3}$Der Übergang des Anspruchs darf nur insoweit bewirkt werden, als bei rechtzeitiger Leistung des anderen entweder die Leistung nicht erbracht worden wäre oder in den Fällen des § 19 Abs. 5 Aufwendungsersatz oder ein Kostenbeitrag zu leisten wäre. $_{4}$Der Übergang ist nicht dadurch ausgeschlossen, dass der Anspruch nicht übertragen, verpfändet oder gepfändet werden kann.

(2) $_{1}$Die schriftliche Anzeige bewirkt den Übergang des Anspruchs für die Zeit, für die der leistungsberechtigten Person die Leistung ohne Unterbrechung erbracht wird. $_{2}$Als Unterbrechung gilt ein Zeitraum von mehr als zwei Monaten.

(3) Widerspruch und Anfechtungsklage gegen den Verwaltungsakt, der den Übergang des Anspruchs bewirkt, haben keine aufschiebende Wirkung.

(4) Die §§ 115 und 116 des Zehnten Buches gehen der Regelung des Absatzes 1 vor.

§ 94 Übergang von Ansprüchen gegen einen nach bürgerlichem Recht Unterhaltspflichtigen

(1) $_{1}$Hat die leistungsberechtigte Person für die Zeit, für die Leistungen erbracht werden, nach bürgerlichem Recht einen Unterhaltsanspruch, geht dieser bis zur Höhe der geleisteten Aufwendungen zusammen mit dem unterhaltsrechtlichen Auskunftsanspruch auf den Träger der Sozialhilfe über. $_{2}$Der Übergang des Anspruchs ist ausgeschlossen, soweit der Unterhaltsanspruch durch laufende Zahlung erfüllt wird. $_{3}$Der Übergang des Anspruchs ist auch ausgeschlossen, wenn die unterhaltspflichtige Person zum Personenkreis des § 19 gehört oder die unterhaltspflichtige Person mit der leistungsberechtigten Person vom zweiten Grad an verwandt ist. $_{4}$Gleiches gilt für Unterhaltsansprüche gegen Verwandte ersten Grades einer Person, die schwanger ist oder ihr leibliches Kind bis zur Vollendung seines sechsten Lebensjahres betreut. $_{5}$§ 93 Abs. 4 gilt entsprechend.

(1a) $_{1}$Unterhaltsansprüche der Leistungsberechtigten gegenüber ihren Kindern und Eltern sind nicht zu berücksichtigen, es sei denn, deren jährliches Gesamteinkommen im Sinne des § 16 des Vierten Buches beträgt jeweils mehr als 100 000 Euro (Jahreseinkommensgrenze). $_{2}$Der Übergang von Ansprüchen der Leistungsberechtigten ist ausgeschlossen, sofern Unterhaltsansprüche nach Satz 1 nicht zu berücksichtigen sind. $_{3}$Es wird vermutet, dass das Einkommen der unterhaltsverpflichteten Personen nach Satz 1 die Jahreseinkommensgrenze nicht überschreitet. $_{4}$Zur Widerlegung der Vermutung nach Satz 3 kann der jeweils für die Ausführung des Gesetzes zuständige Träger von den Leistungsberechtigten Angaben verlangen, die Rückschlüsse auf die Einkommensverhältnisse der Unterhaltspflichtigen nach Satz 1 zulassen. $_{5}$Liegen im Einzelfall hinreichende Anhaltspunkte für ein Überschreiten der Jahreseinkommensgrenze vor, so ist § 117 anzuwenden. $_{6}$Die Sätze 1 bis 5 gelten nicht bei Leistungen nach dem Dritten Kapitel an minderjährige Kinder.

(2) $_{1}$Der Anspruch einer volljährigen unterhaltsberechtigten Person, die in der Eingliederungshilfe leistungsberechtigt im Sinne des § 99 Absatz 1 bis 3 des Neunten Buches oder pflegebedürftig im Sinne von § 61a ist, gegenüber ihren Eltern wegen Leistungen nach dem Siebten Kapitel geht nur in Höhe von bis zu 26 Euro, wegen Leistungen nach dem Dritten und Vierten Kapitel nur in Höhe von bis zu 20 Euro monatlich über. $_{2}$Es wird vermutet, dass der Anspruch in Höhe der genannten Beträge übergeht und mehrere Unterhaltspflichtige zu gleichen Teilen haften; die Vermutung kann widerlegt werden. $_{3}$Die in Satz 1 genannten Beträge verändern sich zum gleichen Zeitpunkt und um denselben Vomhundertsatz, um den sich das Kindergeld verändert.

(3) $_{1}$Ansprüche nach Absatz 1 und 2 gehen nicht über, soweit

1. die unterhaltspflichtige Person Leistungsberechtigte nach dem Dritten und Vierten Kapitel ist oder bei Erfüllung des Anspruchs würde oder
2. der Übergang des Anspruchs eine unbillige Härte bedeuten würde.

$_{2}$Der Träger der Sozialhilfe hat die Einschränkung des Übergangs nach Satz 1 zu berücksichtigen, wenn er von ihren Voraussetzungen durch vorgelegte Nachweise oder auf andere Weise Kenntnis hat.

(4) $_{1}$Für die Vergangenheit kann der Träger der Sozialhilfe den übergegangenen Unterhalt außer unter den Voraussetzungen des bürgerlichen Rechts nur von der Zeit an fordern, zu welcher er dem Unterhaltspflichtigen die Erbringung der Leistung schriftlich mitgeteilt hat. $_{2}$Wenn die Leistung voraussichtlich auf längere Zeit erbracht werden muss, kann der Träger der Sozialhilfe bis zur Höhe der bisherigen monatlichen Aufwendungen auch auf künftige Leistungen klagen.

(5) $_{1}$Der Träger der Sozialhilfe kann den auf ihn übergegangenen Unterhaltsanspruch im Einvernehmen mit der leistungsberechtigten Person auf diesen zur gerichtlichen Geltendmachung rückübertragen und sich den geltend gemachten Unterhaltsanspruch abtreten lassen. $_{2}$Kosten, mit denen die leistungsberechtigte Person dadurch selbst belastet wird, sind zu übernehmen. $_{3}$Über die Ansprüche nach den Absätzen 1, 2 bis 4 ist im Zivilrechtsweg zu entscheiden.

§ 95 Feststellung der Sozialleistungen

$_{1}$Der erstattungsberechtigte Träger der Sozialhilfe kann die Feststellung einer Sozialleistung betreiben sowie Rechtsmittel einlegen. $_{2}$Der Ablauf der Fristen, die ohne sein Verschulden verstrichen sind, wirkt nicht gegen ihn. $_{3}$Satz 2 gilt nicht für die Verfahrensfristen, soweit der Träger der Sozialhilfe das Verfahren selbst betreibt.

Sechster Abschnitt
Verordnungsermächtigungen

§ 96 Verordnungsermächtigungen

(1) Die Bundesregierung kann durch Rechtsverordnung mit Zustimmung des Bundesrates Näheres über die Berechnung des Einkommens nach § 82, insbesondere der Einkünfte aus Land- und Forstwirtschaft, aus Gewerbebetrieb und aus selbständiger Arbeit bestimmen.

(2) Das Bundesministerium für Arbeit und Soziales kann durch Rechtsverordnung mit Zustimmung des Bundesrates die Höhe der Barbeträge oder sonstigen Geldwerte im Sinne des § 90 Abs. 2 Nr. 9 bestimmen.

Zwölftes Kapitel
Zuständigkeit der Träger der Sozialhilfe

Erster Abschnitt
Sachliche und örtliche Zuständigkeit

§ 97 Sachliche Zuständigkeit

(1) Für die Sozialhilfe sachlich zuständig ist der örtliche Träger der Sozialhilfe, soweit nicht der überörtliche Träger sachlich zuständig ist.

(2) $_{1}$Die sachliche Zuständigkeit des überörtlichen Trägers der Sozialhilfe wird nach Landesrecht bestimmt. $_{2}$Dabei soll berücksichtigt werden, dass so weit wie möglich für Leistungen im Sinne von § 8 Nr. 1 bis 6 jeweils eine einheitliche sachliche Zuständigkeit gegeben ist.

(3) Soweit Landesrecht keine Bestimmung nach Absatz 2 Satz 1 enthält, ist der überörtliche Träger der Sozialhilfe für

1. (weggefallen)
2. Leistungen der Hilfe zur Pflege nach den §§ 61 bis 66,
3. Leistungen der Hilfe zur Überwindung besonderer sozialer Schwierigkeiten nach den §§ 67 bis 69,
4. Leistungen der Blindenhilfe nach § 72

sachlich zuständig.

(4) Die sachliche Zuständigkeit für eine stationäre Leistung umfasst auch die sachliche Zuständigkeit für Leistungen, die gleichzeitig nach anderen Kapiteln zu erbringen sind, sowie für eine Leistung nach § 74.

§ 98 Örtliche Zuständigkeit

(1) $_{1}$Für die Sozialhilfe örtlich zuständig ist der Träger der Sozialhilfe, in dessen Bereich sich die Leistungsberechtigten tatsächlich aufhalten. $_{2}$Diese Zuständigkeit bleibt bis zur Beendigung der Leistung auch dann bestehen, wenn die Leistung außerhalb seines Bereichs erbracht wird.

(1a) $_{1}$Abweichend von Absatz 1 ist im Falle der Auszahlung der Leistungen nach § 34 Absatz 2 Satz 1 Nummer 1 und bei Anwendung von § 34a Absatz 7 der nach § 34c zuständige Träger der Sozialhilfe zuständig, in dessen örtlichem Zuständigkeitsbereich die Schule liegt. $_{2}$Die Zuständigkeit nach Satz 1 umfasst auch Leistungen an Schülerinnen und Schüler, für die im Übrigen ein anderer Träger der Sozialhilfe nach Absatz 1 örtlich zuständig ist oder wäre.

(2) $_{1}$Für die stationäre Leistung ist der Träger der Sozialhilfe örtlich zuständig, in dessen Bereich die Leistungsberechtigten ihren gewöhnlichen Aufenthalt im Zeitpunkt der Aufnahme in die Einrichtung haben oder in den zwei Monaten vor der Aufnahme zuletzt gehabt hatten. $_{2}$Waren bei Einsetzen der Sozialhilfe die Leistungsberechtigten aus einer Einrichtung im Sinne des Satzes 1 in eine andere Einrichtung oder von dort in weitere Einrichtungen übergetreten oder tritt nach dem Einsetzen der Leistung ein solcher Fall ein, ist der gewöhnliche Aufenthalt, der für die erste Einrichtung maßgebend war, entscheidend. $_{3}$Steht innerhalb von vier Wochen nicht fest, ob und wo der gewöhnliche Aufenthalt nach Satz 1 oder 2 begründet worden ist oder ist ein gewöhnlicher Aufenthaltsort nicht vorhanden oder nicht zu ermitteln oder liegt ein Eilfall vor, hat der nach Absatz 1 zuständige Träger der Sozialhilfe über die Leistung unverzüglich zu entscheiden und sie vorläufig zu erbringen. $_{4}$Wird ein Kind in einer Einrichtung im Sinne des Satzes 1 geboren, tritt an die Stelle seines gewöhnlichen Aufenthalts der gewöhnliche Aufenthalt der Mutter.

(3) In den Fällen des § 74 ist der Träger der Sozialhilfe örtlich zuständig, der bis zum Tod der leistungsberechtigten Person Sozialhilfe leistete, in den anderen Fällen der Träger der Sozialhilfe, in dessen Bereich der Sterbeort liegt.

(4) Für Hilfen an Personen, die sich in Einrichtungen zum Vollzug richterlich angeordneter Freiheitsentziehung aufhalten oder aufgehalten haben, gelten die Absätze 1 und 2 sowie die §§ 106 und 109 entsprechend.

(5) $_{1}$Für die Leistungen nach diesem Buch an Personen, die Leistungen nach dem Siebten und Achten Kapitel in Formen ambulanter betreuter Wohnmöglichkeiten erhalten, ist der Träger der Sozialhilfe örtlich zuständig, der vor Eintritt in diese Wohnform zuletzt zuständig war oder gewesen wäre. $_{2}$Vor Inkrafttreten dieses Buches begründete Zuständigkeiten bleiben hiervon unberührt.

(6) Soweit Leistungen der Eingliederungshilfe nach Teil 2 des Neunten Buches zu erbringen sind, richtet sich die örtliche Zuständigkeit für gleichzeitig zu erbringende Leistungen nach diesem Buch nach § 98 des Neunten Buches, soweit das Landesrecht keine abweichende Regelung trifft.

§ 99 Vorbehalt abweichender Durchführung

(1) Die Länder können bestimmen, dass und inwieweit die Kreise ihnen zugehörige Gemeinden oder Gemeindeverbände zur Durchführung von Aufgaben nach diesem Buch heranziehen und ihnen dabei Weisungen erteilen können; in diesen Fällen erlassen die Kreise den Widerspruchsbescheid nach dem Sozialgerichtsgesetz.

(2) Die Länder können bestimmen, dass und inwieweit die überörtlichen Träger der Sozialhilfe örtliche Träger der Sozialhilfe sowie diesen zugehörige Gemeinden und Gemeindeverbände zur Durchführung von Aufgaben nach diesem Buch heranziehen und ihnen dabei Weisungen erteilen können; in diesen Fällen erlassen die überörtlichen Träger den Widerspruchsbescheid nach dem Sozialgerichtsgesetz, soweit nicht nach Landesrecht etwas anderes bestimmt wird.

Zweiter Abschnitt
Sonderbestimmungen

§ 100 (weggefallen)

§ 101 Behördenbestimmung und Stadtstaaten-Klausel

(1) Welche Stellen zuständige Behörden sind, bestimmt die Landesregierung, soweit eine landesrechtliche Regelung nicht besteht.

(2) Die Senate der Länder Berlin, Bremen und Hamburg werden ermächtigt, die Vorschriften dieses Buches über die Zuständigkeit von Behörden dem besonderen Verwaltungsaufbau ihrer Länder anzupassen.

Dreizehntes Kapitel
Kosten

Erster Abschnitt
Kostenersatz

§ 102 Kostenersatz durch Erben

(1) $_{1}$Der Erbe der leistungsberechtigten Person oder ihres Ehegatten oder ihres Lebenspartners, falls diese vor der leistungsberechtigten Person sterben, ist vorbehaltlich des Absatzes 5 zum Ersatz der Kosten der Sozialhilfe verpflichtet. $_{2}$Die Ersatzpflicht besteht nur für die Kosten der Sozialhilfe, die innerhalb eines Zeitraumes von zehn Jahren vor dem Erbfall aufgewendet worden sind und die das Dreifache des Grundbetrages nach § 85 Abs. 1 übersteigen. $_{3}$Die Ersatzpflicht des Erben des Ehegatten oder Lebenspartners besteht nicht für die Kosten der Sozialhilfe, die während des Getrenntlebens der Ehegatten oder Lebenspartner geleistet worden sind. $_{4}$Ist die leistungsberechtigte Person der Erbe ihres Ehegatten oder Lebenspartners, ist sie zum Ersatz der Kosten nach Satz 1 nicht verpflichtet.

(2) $_{1}$Die Ersatzpflicht des Erben gehört zu den Nachlassverbindlichkeiten. $_{2}$Der Erbe haftet mit dem Wert des im Zeitpunkt des Erbfalles vorhandenen Nachlasses.

(3) Der Anspruch auf Kostenersatz ist nicht geltend zu machen,

1. soweit der Wert des Nachlasses unter dem Dreifachen des Grundbetrages nach § 85 Abs. 1 liegt,
2. soweit der Wert des Nachlasses unter dem Betrag von 15 340 Euro liegt, wenn der Erbe der Ehegatte oder Lebenspartner der leistungsberechtigten Person oder mit dieser verwandt ist und nicht nur vorübergehend bis zum Tod der leistungsberechtigten Person mit dieser in häuslicher Gemeinschaft gelebt und sie gepflegt hat,
3. soweit die Inanspruchnahme des Erben nach der Besonderheit des Einzelfalles eine besondere Härte bedeuten würde.

(4) $_{1}$Der Anspruch auf Kostenersatz erlischt in drei Jahren nach dem Tod der leistungsberechtigten Person, ihres Ehegatten oder ihres Lebenspartners. $_{2}$§ 103 Abs. 3 Satz 2 und 3 gilt entsprechend.

(5) Der Ersatz der Kosten durch die Erben gilt nicht für Leistungen nach dem Vierten Kapitel und für die vor dem 1. Januar 1987 entstandenen Kosten der Tuberkulosehilfe.

§ 102a Rücküberweisung und Erstattung im Todesfall

Für Geldleistungen nach diesem Buch, die für Zeiträume nach dem Todesmonat der leistungsberechtigten Person überwiesen wurden, ist § 118 Absatz 3 bis 4a des Sechsten Buches entsprechend anzuwenden.

§ 103 Kostenersatz bei schuldhaftem Verhalten

(1) $_{1}$Zum Ersatz der Kosten der Sozialhilfe ist verpflichtet, wer nach Vollendung des 18. Lebensjahres für sich oder andere durch vorsätzliches oder grob fahrlässiges Verhalten die Voraussetzungen für die Leistungen der Sozialhilfe herbeigeführt hat. $_{2}$Zum Kostenersatz ist auch verpflichtet, wer als leistungsberechtigte Person oder als deren Vertreter die Rechtswidrigkeit des der Leistung zu Grunde liegenden Verwaltungsaktes kannte oder infolge grober Fahrlässigkeit nicht kannte. $_{3}$Von der Heranziehung zum Kostenersatz kann abgesehen werden, soweit sie eine Härte bedeuten würde.

(2) $_{1}$Eine nach Absatz 1 eingetretene Verpflichtung zum Ersatz der Kosten geht auf den Erben über. $_{2}$§ 102 Abs. 2 Satz 2 findet Anwendung.

(3) $_{1}$Der Anspruch auf Kostenersatz erlischt in drei Jahren vom Ablauf des Jahres an, in dem die Leistung erbracht worden ist. $_{2}$Für die Hemmung, die Ablaufhemmung, den Neubeginn und die Wirkung der Verjährung gelten die Vorschriften des Bürgerlichen Gesetzbuchs sinngemäß. $_{3}$Der Erhebung der Klage steht der Erlass eines Leistungsbescheides gleich.

(4) $_{1}$Die §§ 44 bis 50 des Zehnten Buches bleiben unberührt. $_{2}$Zum Kostenersatz nach Absatz 1 und zur Erstattung derselben Kosten nach § 50 des Zehnten Buches Verpflichtete haften als Gesamtschuldner.

§ 104 Kostenersatz für zu Unrecht erbrachte Leistungen

$_{1}$Zum Ersatz der Kosten für zu Unrecht erbrachte Leistungen der Sozialhilfe ist in entsprechender Anwendung des § 103 verpflichtet, wer die Leistungen durch vorsätzliches oder grob fahrlässiges Verhalten herbeigeführt hat. $_{2}$Zum Kostenersatz nach Satz 1 und zur Erstattung derselben Kosten nach § 50 des Zehnten Buches Verpflichtete haften als Gesamtschuldner.

§ 105 Kostenersatz bei Doppelleistungen

Hat ein vorrangig verpflichteter Leistungsträger in Unkenntnis der Leistung des Trägers der Sozialhilfe an die leistungsberechtigte Person geleistet, ist diese zur Herausgabe des Erlangten an den Träger der Sozialhilfe verpflichtet.

Zweiter Abschnitt
Kostenerstattung zwischen den Trägern der Sozialhilfe

§ 106 Kostenerstattung bei Aufenthalt in einer Einrichtung

(1) $_{1}$Der nach § 98 Abs. 2 Satz 1 zuständige Träger der Sozialhilfe hat dem nach § 98 Abs. 2 Satz 3 vorläufig leistenden Träger die aufgewendeten Kosten zu erstatten. $_{2}$Ist in den Fällen des § 98 Abs. 2 Satz 3 oder 4 ein gewöhnlicher Aufenthalt nicht vorhanden oder nicht zu ermitteln und war für die Leistungserbringung ein örtli-

cher Träger der Sozialhilfe sachlich zuständig, sind diesem die aufgewendeten Kosten von dem überörtlichen Träger der Sozialhilfe zu erstatten, zu dessen Bereich der örtliche Träger gehört.

(2) Als Aufenthalt in einer stationären Einrichtung gilt auch, wenn jemand außerhalb der Einrichtung untergebracht wird, aber in ihrer Betreuung bleibt, oder aus der Einrichtung beurlaubt wird.

(3) $_{1}$Verlässt in den Fällen des § 98 Abs. 2 die leistungsberechtigte Person die Einrichtung und erhält sie im Bereich des örtlichen Trägers, in dem die Einrichtung liegt, innerhalb von einem Monat danach Leistungen der Sozialhilfe, sind dem örtlichen Träger der Sozialhilfe die aufgewendeten Kosten von dem Träger der Sozialhilfe zu erstatten, in dessen Bereich die leistungsberechtigte Person ihren gewöhnlichen Aufenthalt im Sinne des § 98 Abs. 2 Satz 1 hatte. $_{2}$Absatz 1 Satz 2 gilt entsprechend. $_{3}$Die Erstattungspflicht wird nicht durch einen Aufenthalt außerhalb dieses Bereichs oder in einer Einrichtung im Sinne des § 98 Abs. 2 Satz 1 unterbrochen, wenn dieser zwei Monate nicht übersteigt; sie endet, wenn für einen zusammenhängenden Zeitraum von zwei Monaten Leistungen nicht zu erbringen waren, spätestens nach Ablauf von zwei Jahren seit dem Verlassen der Einrichtung.

§ 107 Kostenerstattung bei Unterbringung in einer anderen Familie

§ 98 Abs. 2 und § 106 gelten entsprechend, wenn ein Kind oder ein Jugendlicher in einer anderen Familie oder bei anderen Personen als bei seinen Eltern oder bei einem Elternteil untergebracht ist.

§ 108 Kostenerstattung bei Einreise aus dem Ausland

(1) $_{1}$Reist eine Person, die weder im Ausland noch im Inland einen gewöhnlichen Aufenthalt hat, aus dem Ausland ein und setzen innerhalb eines Monats nach ihrer Einreise Leistungen der Sozialhilfe ein, sind die aufgewendeten Kosten von dem von einer Schiedsstelle bestimmten überörtlichen Träger der Sozialhilfe zu erstatten. $_{2}$Bei ihrer Entscheidung hat die Schiedsstelle die Einwohnerzahl und die Belastungen, die sich im vorangegangenen Haushaltsjahr für die Träger der Sozialhilfe nach dieser Vorschrift sowie nach den §§ 24 und 115 ergeben haben, zu berücksichtigen. $_{3}$Satz 1 gilt nicht für Personen, die im Inland geboren sind oder bei Einsetzen der Leistung mit ihnen als Ehegatte, Lebenspartner, Verwandte oder Verschwägerte zusammenleben. $_{4}$Leben Ehegatten, Lebenspartner, Verwandte oder Verschwägerte bei Einsetzen der Leistung zusammen, ist ein gemeinsamer erstattungspflichtiger Träger der Sozialhilfe zu bestimmen.

(2) $_{1}$Schiedsstelle im Sinne des Absatzes 1 ist das Bundesverwaltungsamt. $_{2}$Die Länder können durch Verwaltungsvereinbarung eine andere Schiedsstelle bestimmen.

(3) Ist ein Träger der Sozialhilfe nach Absatz 1 zur Erstattung der für eine leistungsberechtigte Person aufgewendeten Kosten verpflichtet, hat er auch die für den Ehegatten, den Lebenspartner oder die minderjährigen Kinder der leistungsberechtigten Personen aufgewendeten Kosten zu erstatten, wenn diese Personen später einreisen und Sozialhilfe innerhalb eines Monats einsetzt.

(4) Die Verpflichtung zur Erstattung der für Leistungsberechtigten aufgewendeten Kosten entfällt, wenn für einen zusammenhängenden Zeitraum von drei Monaten Sozialhilfe nicht zu leisten war.

(5) Die Absätze 1 bis 4 sind nicht anzuwenden für Personen, deren Unterbringung nach der Einreise in das Inland bundesrechtlich oder durch Vereinbarung zwischen Bund und Ländern geregelt ist.

§ 109 Ausschluss des gewöhnlichen Aufenthalts

Als gewöhnlicher Aufenthalt im Sinne des Zwölften Kapitels und des Dreizehnten Kapitels, Zweiter Abschnitt, gelten nicht der Aufenthalt in einer Einrichtung im Sinne von § 98 Abs. 2 und der auf richterlich angeordneter Freiheitsentziehung beruhende Aufenthalt in einer Vollzugsanstalt.

§ 110 Umfang der Kostenerstattung

(1) $_{1}$Die aufgewendeten Kosten sind zu erstatten, soweit die Leistung diesem Buch entspricht. $_{2}$Dabei gelten die am Aufenthaltsort der Leistungsberechtigten zur Zeit der Leistungserbringung bestehenden Grundsätze für die Leistung von Sozialhilfe.

(2) $_{1}$Kosten unter 2560 Euro, bezogen auf einen Zeitraum der Leistungserbringung von bis zu zwölf Monaten, sind außer in den Fällen einer vorläufigen Leistungserbringung nach § 98 Abs. 2 Satz 3 nicht zu erstatten. $_{2}$Die Begrenzung auf 2560 Euro gilt, wenn die Kosten für die Mitglieder eines Haushalts im Sinne von § 27 Absatz 2 Satz 2 und 3 zu erstatten sind, abweichend von Satz 1 für die Mitglieder des Haushalts zusammen.

§ 111 Verjährung

(1) Der Anspruch auf Erstattung der aufgewendeten Kosten verjährt in vier Jahren, beginnend nach Ablauf des Kalenderjahres, in dem er entstanden ist.

(2) Für die Hemmung, die Ablaufhemmung, den Neubeginn und die Wirkung der Verjährung gelten die Vorschriften des Bürgerlichen Gesetzbuchs sinngemäß.

§ 112 Kostenerstattung auf Landesebene

Die Länder können Abweichendes über die Kostenerstattung zwischen den Trägern der Sozialhilfe ihres Bereichs regeln.

Dritter Abschnitt
Sonstige Regelungen

§ 113 Vorrang der Erstattungsansprüche

Erstattungsansprüche der Träger der Sozialhilfe gegen andere Leistungsträger nach § 104 des Zehnten Buches gehen einer Übertragung, Pfändung oder Verpfändung des Anspruchs vor, auch wenn sie vor Entstehen des Erstattungsanspruchs erfolgt sind.

§ 114 Ersatzansprüche der Träger der Sozialhilfe nach sonstigen Vorschriften

Bestimmt sich das Recht des Trägers der Sozialhilfe, Ersatz seiner Aufwendungen von einem anderen zu verlangen, gegen den die Leistungsberechtigten einen Anspruch haben, nach sonstigen gesetzlichen Vorschriften, die dem § 93 vorgehen, gelten als Aufwendungen

1. die Kosten der Leistung für diejenige Person, die den Anspruch gegen den anderen hat, und
2. die Kosten für Leistungen nach dem Dritten und Vierten Kapitel, die gleichzeitig mit der Leistung nach Nummer 1 für den nicht getrennt lebenden Ehegatten oder Lebenspartner und die minderjährigen unverheirateten Kinder geleistet wurden.

§ 115 Übergangsregelung für die Kostenerstattung bei Einreise aus dem Ausland

Die Pflicht eines Trägers der Sozialhilfe zur Kostenerstattung, die nach der vor dem 1. Januar 1994 geltenden Fassung des § 108 des Bundessozialhilfegesetzes entstanden oder von der Schiedsstelle bestimmt worden ist, bleibt bestehen.

Vierzehntes Kapitel Verfahrensbestimmungen

§ 116 Beteiligung sozial erfahrener Dritter

(1) Soweit Landesrecht nichts Abweichendes bestimmt, sind vor dem Erlass allgemeiner Verwaltungsvorschriften sozial erfahrene Dritte zu hören, insbesondere aus Vereinigungen, die Bedürftige betreuen, oder aus Vereinigungen von Sozialleistungsempfängern.

VII

(2) Soweit Landesrecht nichts Abweichendes bestimmt, sind vor dem Erlass des Verwaltungsaktes über einen Widerspruch gegen die Ablehnung der Sozialhilfe oder gegen die Festsetzung ihrer Art und Höhe Dritte, wie sie in Absatz 1 bezeichnet sind, beratend zu beteiligen.

§ 116a Rücknahme von Verwaltungsakten

§ 44 des Zehnten Buches gilt mit der Maßgabe, dass

1. rechtswidrige nicht begünstigende Verwaltungsakte nach den Absätzen 1 und 2 nicht später als vier Jahre nach Ablauf des Jahres, in dem der Verwaltungsakt bekanntgegeben wurde, zurückzunehmen sind; ausreichend ist, wenn die Rücknahme innerhalb dieses Zeitraumes beantragt wird,
2. anstelle des Zeitraums von vier Jahren nach Absatz 4 Satz 1 ein Zeitraum von einem Jahr tritt.

§ 117 Pflicht zur Auskunft

(1) 1Die Unterhaltspflichtigen, ihre nicht getrennt lebenden Ehegatten oder Lebenspartner und die Kostenersatzpflichtigen haben dem Träger der Sozialhilfe über ihre Einkommens- und Vermögensverhältnisse Auskunft zu geben, soweit die Durchführung dieses Buches es erfordert. 2Dabei haben sie die Verpflichtung, auf Verlangen des Trägers der Sozialhilfe Beweisurkunden vorzulegen oder ihrer Vorlage zuzustimmen. 3Auskunftspflichtig nach Satz 1 und 2 sind auch Personen, von denen nach § 39 trotz Aufforderung unwiderlegt vermutet wird, dass sie Leistungen zum Lebensunterhalt an andere Mitglieder der Haushaltsgemeinschaft erbringen. 4Die Auskunftspflicht der Finanzbehörden nach § 21 Abs. 4 des Zehnten Buches erstreckt sich auch auf diese Personen.

(2) Wer jemandem, der Leistung nach diesem Buch beantragt hat oder bezieht, Leistungen erbringt oder erbracht hat, die geeignet sind oder waren, diese Leistungen auszuschließen oder zu mindern, hat dem Träger der Sozialhilfe auf Verlangen hierüber Auskunft zu geben, soweit es zur Durchführung der Aufgaben nach diesem Buch im Einzelfall erforderlich ist.

(3) 1Wer jemandem, der Leistungen nach diesem Buch beantragt hat oder bezieht, zu Leistungen verpflichtet ist oder war, die geeignet sind oder waren, Leistungen auszuschließen oder zu mindern, oder für ihn Guthaben führt oder Vermögensgegenstände verwahrt, hat dem Träger der Sozialhilfe auf Verlangen hierüber sowie über damit im Zusammenhang stehendes Einkommen oder Vermögen Auskunft zu erteilen, soweit es zur Durchführung der Leistungen nach diesem Buch im Einzelfall erforderlich ist. 2§ 21 Abs. 3 Satz 4 des Zehnten Buches gilt entsprechend.

(4) Der Arbeitgeber ist verpflichtet, dem Träger der Sozialhilfe über die Art und Dauer der Beschäftigung, die Arbeitsstätte und das Arbeitsentgelt der bei ihm beschäftigten Leistungsberechtigten, Unterhaltspflichtigen und deren nicht getrennt lebenden Ehegatten oder Lebenspartner sowie Kostenersatzpflichtigen Auskunft zu geben, soweit die Durchführung dieses Buches es erfordert.

(5) Die nach den Absätzen 1 bis 4 zur Erteilung einer Auskunft Verpflichteten können Angaben verweigern, die ihnen oder ihnen nahe stehenden Personen (§ 383 Abs. 1 Nr. 1 bis 3 der Zivilprozessordnung) die Gefahr zuziehen würden, wegen einer Straftat oder einer Ordnungswidrigkeit verfolgt zu werden.

(6) 1Ordnungswidrig handelt, wer vorsätzlich oder fahrlässig die Auskünfte nach den Absätzen 2, 3 Satz 1 und Absatz 4 nicht, nicht richtig, nicht vollständig oder nicht rechtzeitig erteilt. 2Die Ordnungswidrigkeit kann mit einer Geldbuße geahndet werden.

§ 118 Überprüfung, Verwaltungshilfe

(1) 1Die Träger der Sozialhilfe können Personen, die Leistungen nach diesem Buch beziehen, auch regelmäßig im Wege des automatisierten Datenabgleichs daraufhin überprüfen,

1. ob und in welcher Höhe und für welche Zeiträume von ihnen Leistungen der Bundesagentur für Arbeit (Auskunftsstelle) oder der Träger der gesetzlichen Unfall- oder Rentenversicherung (Auskunftsstellen) bezogen werden oder wurden,
2. ob und in welchem Umfang Zeiten des Leistungsbezuges nach diesem Buch mit Zeiten einer Versicherungspflicht oder Zeiten einer geringfügigen Beschäftigung zusammentreffen,
3. ob und welche Daten nach § 45d Abs. 1 und § 45e des Einkommensteuergesetzes dem Bundeszentralamt für Steuern (Auskunftsstelle) übermittelt worden sind,
4. ob und in welcher Höhe ein Kapital nach § 90 Abs. 2 Nr. 2 nicht mehr dem Zweck einer geförderten zusätzlichen Altersvorsorge im Sinne des § 10a oder des Abschnitts XI des Einkommensteuergesetzes dient und
5. ob und in welcher Höhe und für welche Zeiträume von ihnen Leistungen der Eingliederungshilfe nach Teil 2 des Neunten Buches bezogen werden oder wurden.

$_{2}$Sie dürfen für die Überprüfung nach Satz 1 Name, Vorname (Rufname), Geburtsdatum, Geburtsort, Nationalität, Geschlecht, Anschrift und Versicherungsnummer der Personen, die Leistungen nach diesem Buch beziehen, den Auskunftsstellen übermitteln. $_{3}$Die Auskunftsstellen führen den Abgleich mit den nach Satz 2 übermittelten Daten durch und übermitteln die Daten über Feststellungen im Sinne des Satzes 1 an die Träger der Sozialhilfe. $_{4}$Die ihnen überlassenen Daten und Datenträger sind nach Durchführung des Abgleichs unverzüglich zurückzugeben, zu löschen oder zu vernichten. $_{5}$Die Träger der Sozialhilfe dürfen die ihnen übermittelten Daten nur zur Überprüfung nach Satz 1 nutzen. $_{6}$Die übermittelten Daten der Personen, bei denen die Überprüfung zu keinen abweichenden Feststellungen führt, sind unverzüglich zu löschen.

(1a) Liegt ein Vermögen vor, das nach § 90 Absatz 2 Nummer 2 nicht einzusetzen ist, so melden die Träger der Sozialhilfe auf elektronischem Weg der Datenstelle der Rentenversicherung als Vermittlungsstelle, um eine Mitteilung zu einer schädlichen Verwendung nach § 94 Absatz 3 des Einkommensteuergesetzes zu erhalten, den erstmaligen Bezug nach dem Dritten und Vierten Kapitel sowie die Beendigung des jeweiligen Leistungsbezugs.

(2) $_{1}$Die Träger der Sozialhilfe sind befugt, Personen, die Leistungen nach diesem Buch beziehen, auch regelmäßig im Wege des automatisierten Datenabgleichs daraufhin zu überprüfen, ob und in welcher Höhe und für welche Zeiträume von ihnen Leistungen nach diesem Buch durch andere Träger der Sozialhilfe bezogen werden oder wurden. $_{2}$Hierzu dürfen die erforderlichen Daten nach Absatz 1 Satz 2 anderen Trägern der Sozialhilfe oder einer zentralen Vermittlungsstelle im Sinne des § 120 Nr. 1 übermittelt werden. $_{3}$Diese führen den Abgleich der ihnen übermittelten Daten durch und leiten Feststellungen im Sinne des Satzes 1 an die übermittelnden Träger der Sozialhilfe zurück. $_{4}$Sind die ihnen übermittelten Daten oder Datenträger für die Überprüfung nach Satz 1 nicht mehr erforderlich, sind diese unverzüglich zurückzugeben, zu löschen oder zu vernichten. $_{5}$Überprüfungsverfahren nach diesem Absatz können zusammengefasst und mit Überprüfungsverfahren nach Absatz 1 verbunden werden.

(3) $_{1}$Die Datenstelle der Rentenversicherung darf als Vermittlungsstelle für das Bundesgebiet die nach den Absätzen 1, 1a und 2 übermittelten Daten speichern und nutzen, soweit dies für die Datenabgleiche nach den Absätzen 1, 1a und 2 erforderlich ist. $_{2}$Sie darf die Daten der Stammsatzdatei (§ 150 des Sechsten Buches) und des bei ihr für die Prüfung bei den Arbeitgebern geführten Dateisystems (§ 28p Absatz 8 Satz 2 des Vierten Buches) nutzen, soweit die Daten für die Datenabgleiche erforderlich sind. $_{3}$Die nach Satz 1 bei der Datenstelle der Rentenversicherung gespeicherten Daten sind unverzüglich nach Abschluss der Datenabgleiche zu löschen.

(4) $_{1}$Die Träger der Sozialhilfe sind befugt, zur Vermeidung rechtswidriger Inanspruchnahme von Sozialhilfe Daten von Personen, die Leistungen nach diesem Buch beziehen, bei anderen Stellen ihrer Verwaltung, bei ihren wirtschaftlichen Unternehmen und bei den Kreisen, Kreisverwaltungsbehörden und Gemeinden zu überprüfen, soweit diese für die Erfüllung dieser Aufgaben erforderlich sind. $_{2}$Sie dürfen für die Überprüfung die in Absatz 1 Satz 2 genannten Daten übermitteln. $_{3}$Die Überprüfung kann auch regelmäßig im Wege des automatisierten Datenabgleichs mit den Stellen durchgeführt werden, bei denen die in Satz 4 jeweils genannten Daten zuständigkeitshalber vorliegen. $_{4}$Nach Satz 1 ist die Überprüfung folgender Daten zulässig:

1. Geburtsdatum und -ort,
2. Personen- und Familienstand,
3. Wohnsitz,
4. Dauer und Kosten von Miet- oder Überlassungsverhältnissen von Wohnraum,
5. Dauer und Kosten von bezogenen Leistungen über Elektrizität, Gas, Wasser, Fernwärme oder Abfallentsorgung und
6. Eigenschaft als Kraftfahrzeughalter.

$_{5}$Die in Satz 1 genannten Stellen sind verpflichtet, die in Satz 4 genannten Daten zu übermitteln. $_{6}$Sie haben die ihnen im Rahmen der Überprüfung übermittelten Daten nach Vorlage der Mitteilung unverzüglich zu löschen. $_{7}$Eine Übermittlung durch diese Stellen unterbleibt, soweit ihr besondere gesetzliche Verwendungsregelungen entgegenstehen.

§ 119 Wissenschaftliche Forschung im Auftrag des Bundes

$_{1}$Der Träger der Sozialhilfe darf einer wissenschaftlichen Einrichtung, die im Auftrag des Bundesministeriums für Arbeit und Soziales ein Forschungsvorhaben durchführt, das dem Zweck dient, die Erreichung der Ziele von Gesetzen über soziale Leistungen zu überprüfen oder zu verbessern, Sozialdaten übermitteln, soweit

1. dies zur Durchführung des Forschungsvorhabens erforderlich ist, insbesondere das Verfahren mit anonymisierten oder pseudoanonymisierten Daten nicht durchgeführt werden kann, und
2. das öffentliche Interesse an dem Forschungsvorhaben das schutzwürdige Interesse der Betroffenen an einem Ausschluss der Übermittlung erheblich überwiegt.

$_{2}$Vor der Übermittlung sind die Betroffenen über die beabsichtigte Übermittlung, den Zweck des Forschungsvorhabens sowie ihr Widerspruchsrecht nach Satz 3 schriftlich zu unterrichten. $_{3}$Sie können der Übermittlung innerhalb eines Monats nach der Unterrichtung widersprechen. $_{4}$Im Übrigen bleibt das Zweite Kapitel des Zehnten Buches unberührt.

§ 120 Verordnungsermächtigung

Das Bundesministerium für Arbeit und Soziales wird ermächtigt, durch Rechtsverordnung mit Zustimmung des Bundesrates

1. das Nähere über das Verfahren des automatisierten Datenabgleichs nach § 118 Abs. 1 und die Kosten des Verfahrens zu regeln; dabei ist vorzusehen, dass die Zuleitung an die Auskunftsstellen durch eine zentrale Vermittlungsstelle (Kopfstelle) zu erfolgen hat, deren Zuständigkeitsbereich zumindest das Gebiet eines Bundeslandes umfasst, und
2. das Nähere über die Verfahren und die Kosten nach § 118 Absatz 1a und 2 zu regeln.

Fünfzehntes Kapitel
Statistik

Erster Abschnitt
Bundesstatistik für das Dritte und Fünfte bis Neunte Kapitel

§ 121 Bundesstatistik für das Dritte und Fünfte bis Neunte Kapitel

Zur Beurteilung der Auswirkungen des Dritten und Fünften bis Neunten Kapitels und zu deren Fortentwicklung werden Erhebungen über

1. die Leistungsberechtigten, denen
   a) Hilfe zum Lebensunterhalt nach dem Dritten Kapitel (§§ 27 bis 40),
   b) Hilfen zur Gesundheit nach dem Fünften Kapitel (§§ 47 bis 52),
   c) (weggefallen)
   d) Hilfe zur Pflege nach dem Siebten Kapitel (§§ 61 bis 66),
   e) Hilfe zur Überwindung besonderer sozialer Schwierigkeiten nach dem Achten Kapitel (§§ 67 bis 69) und
   f) Hilfe in anderen Lebenslagen nach dem Neunten Kapitel (§§ 70 bis 74),

   geleistet wird,
2. die Einnahmen und Ausgaben der Träger der Sozialhilfe nach dem Dritten und Fünften bis Neunten Kapitel

als Bundesstatistik durchgeführt.

VII

§ 122 Erhebungsmerkmale

(1) Erhebungsmerkmale bei den Erhebungen nach § 121 Nummer 1 Buchstabe a sind für Leistungsberechtigte, denen Leistungen nach dem Dritten Kapitel für mindestens einen Monat erbracht werden

1. Geschlecht, Geburtsmonat und -jahr, Staatsangehörigkeit, Migrationshintergrund, bei Ausländern auch aufenthaltsrechtlicher Status, Regelbedarfsstufe, Art der geleisteten Mehrbedarfe,
2. für Leistungsberechtigte, die das 15. Lebensjahr vollendet, die Altersgrenze nach § 41 Absatz 2 aber noch nicht erreicht haben, zusätzlich zu den unter Nummer 1 genannten Merkmalen: Beschäftigung,
3. für Leistungsberechtigte in Personengemeinschaften, für die eine gemeinsame Bedarfsberechnung erfolgt, und für einzelne Leistungsberechtigte: Wohngemeinde, Gemeindeteil, Art des Trägers, Leistungen in und außerhalb von Einrichtungen, Beginn der Leistung nach Monat und Jahr, Beginn der ununterbrochenen Leistungserbringung für mindestens ein Mitglied der Personengemeinschaft nach Monat und Jahr, die in den § 27a Absatz 3, §§ 27b, 30 bis 33, §§ 35 bis 38 und 133a genannten Bedarfe je Monat, Nettobedarf je Monat, Art und jeweilige Höhe des angerechneten oder in Anspruch genommenen Einkommens und übergegangener Ansprüche, Zahl aller Haushaltsmitglieder, Zahl aller Leistungsberechtigten im Haushalt,
4. bei Änderung der Zusammensetzung der Personengemeinschaft und bei Beendigung der Leistungserbringung zusätzlich zu den unter den Nummern 1 bis 3 genannten Merkmalen: Monat und Jahr der Änderung der Zusammensetzung oder der Beendigung der Leistung, bei Ende der Leistung auch Grund der Einstellung der Leistungen,
5. für Leistungsberechtigte mit Bedarfen für Bildung und Teilhabe nach § 34 Absatz 2 bis 7:
   a) Geschlecht, Geburtsmonat und -jahr, Wohngemeinde und Gemeindeteil, Staatsangehörigkeit, bei Ausländern auch aufenthaltsrechtlicher Status,
   b) die in § 34 Absatz 2 bis 7 genannten Bedarfe je Monat getrennt nach Schulausflügen, mehrtägigen Klassenfahrten, Ausstattung mit persönlichem Schulbedarf, Schülerbeförderung, Lernförderung, Teilnahme an einer gemeinsamen Mittagsverpflegung sowie Teilhabe am sozialen und kulturellen Leben in der Gemeinschaft.

(2) (weggefallen)

(3) Erhebungsmerkmale bei den Erhebungen nach § 121 Nummer 1 Buchstabe b bis f sind für jeden Leistungsberechtigten:

1. Geschlecht, Geburtsmonat und -jahr, Wohngemeinde und Gemeindeteil, Staatsangehörigkeit, bei Ausländern auch aufenthaltsrechtlicher Status, Art des Trägers, erbrachte Leistung im Laufe und am Ende des Berichtsjahres sowie in und außerhalb von Einrichtungen nach Art der Leistung nach § 8, am Jahresende erbrachte Leistungen nach dem Dritten und Vierten Kapitel jeweils getrennt nach in und außerhalb von Einrichtungen,
2. bei Leistungsberechtigten nach dem Siebten Kapitel auch die einzelne Art der Leistungen und die Ausgaben je Fall, Beginn und Ende der Leistungserbringung nach Monat und Jahr sowie Art der Unterbringung, Leistung durch ein Persönliches Budget,
3. (weggefallen)
4. bei Leistungsberechtigten nach dem Siebten Kapitel zusätzlich
   a) das Bestehen einer Pflegeversicherung,
   b) die Erbringung oder Gründe der Nichterbringung von Pflegeleistungen von Sozialversicherungsträgern und einer privaten Pflegeversicherung,
   c) die Höhe des anzurechnenden Einkommens, Bezug von Leistungen der Eingliederungshilfe nach Teil 2 des Neunten Buches.

(4) Erhebungsmerkmale bei der Erhebung nach § 121 Nummer 2 sind: Art des Trägers, Ausgaben für Leistungen in und außerhalb von Einrichtungen nach § 8, Einnahmen in und außerhalb von Einrichtungen nach Einnahmearten und Leistungen nach § 8.

§ 123 Hilfsmerkmale

(1) Hilfsmerkmale für Erhebungen nach § 121 sind

1. Name und Anschrift des Auskunftspflichtigen,
2. für die Erhebung nach § 122 Absatz 1 und Absatz 3 die Kennnummern der Leistungsberechtigten,
3. Name und Telefonnummer der für eventuelle Rückfragen zur Verfügung stehenden Person.

(2) 1Die Kennnummern nach Absatz 1 Nummer 2 dienen der Prüfung der Richtigkeit der Statistik und der Fortschreibung der jeweils letzten Bestandserhebung. 2Sie enthalten keine Angaben über persönliche und sachliche Verhältnisse der Leistungsberechtigten und sind zum

frühestmöglichen Zeitpunkt spätestens nach Abschluss der wiederkehrenden Bestandserhebung zu löschen.

§ 124 Periodizität, Berichtszeitraum und Berichtszeitpunkte

(1) $_{1}$Die Erhebungen nach § 122 Absatz 1 Nummer 1 bis 3 werden als Bestandserhebungen jährlich zum 31. Dezember durchgeführt. $_{2}$Die Angaben sind darüber hinaus bei Beginn und Ende der Leistungserbringung sowie bei Änderung der Zusammensetzung der Personengemeinschaft nach § 122 Absatz 1 Nummer 3 zu erteilen. $_{3}$Die Angaben zu § 122 Absatz 1 Nummer 4 sind ebenfalls zum Zeitpunkt der Beendigung der Leistungserbringung und der Änderung der Zusammensetzung der Personengemeinschaft zu erteilen.

(2) $_{1}$Die Erhebung nach § 122 Absatz 1 Nummer 5 wird für jedes abgelaufene Quartal eines Kalenderjahres durchgeführt. $_{2}$Dabei sind die Merkmale für jeden Monat eines Quartals zu erheben.

(3) (weggefallen)

(4) Die Erhebungen nach § 122 Absatz 3 und 4 erfolgen jährlich für das abgelaufene Kalenderjahr.

§ 125 Auskunftspflicht

(1) $_{1}$Für die Erhebungen nach § 121 besteht Auskunftspflicht. $_{2}$Die Angaben nach § 123 Absatz 1 Nummer 3 sowie die Angaben zum Gemeindeteil nach § 122 Absatz 1 Nummer 3 und 5 sowie Absatz 3 Nummer 1 sind freiwillig.

(2) Auskunftspflichtig sind die zuständigen örtlichen und überörtlichen Träger der Sozialhilfe sowie die kreisangehörigen Gemeinden und Gemeindeverbände, soweit sie Aufgaben dieses Buches wahrnehmen.

§ 126 Übermittlung, Veröffentlichung

(1) $_{1}$An die fachlich zuständigen obersten Bundes- oder Landesbehörden dürfen für die Verwendung gegenüber den gesetzgebenden Körperschaften und für Zwecke der Planung, jedoch nicht für die Regelung von Einzelfällen, vom Statistischen Bundesamt und den statistischen Ämtern der Länder Tabellen mit statistischen Ergebnissen nach § 121 übermittelt werden, auch soweit Tabellenfelder nur einen einzigen Fall ausweisen. $_{2}$Tabellen, deren Tabellenfelder nur einen einzigen Fall ausweisen, dürfen nur dann übermittelt werden, wenn sie nicht differenzierter als auf Regierungsbezirksebene, bei Stadtstaaten auf Bezirksebene, aufbereitet sind.

(2) Die statistischen Ämter der Länder stellen dem Statistischen Bundesamt zu den Erhebungen nach § 121 für Zusatzaufbereitungen des Bundes jährlich unverzüglich nach Aufbereitung der Bestandserhebung und der Erhebung im Laufe des Berichtsjahres Einzelangaben aus einer Zufallsstichprobe mit einem Auswahlsatz von 25 vom Hundert der Leistungsberechtigten zur Verfügung.

(3) Die Ergebnisse der Sozialhilfestatistik dürfen auf die einzelne Gemeinde bezogen veröffentlicht werden.

§ 127 Übermittlung an Kommunen

(1) Für ausschließlich statistische Zwecke dürfen den zur Durchführung statistischer Aufgaben zuständigen Stellen der Gemeinden und Gemeindeverbände für ihren Zuständigkeitsbereich Einzelangaben aus der Erhebung nach § 122 mit Ausnahme der Hilfsmerkmale übermittelt werden, soweit die Voraussetzungen nach § 16 Abs. 5 des Bundesstatistikgesetzes gegeben sind.

(2) Die Daten können auch für interkommunale Vergleichszwecke übermittelt werden, wenn die betreffenden Träger der Sozialhilfe zustimmen und sichergestellt ist, dass die Datenerhebung der Berichtsstellen nach standardisierten Erfassungs- und Melderegelungen sowie vereinheitlichter Auswertungsroutine erfolgt.

§ 128 Zusatzerhebungen

Über Leistungen und Maßnahmen nach dem Dritten und Fünften bis Neunten Kapitel, die nicht durch die Erhebungen nach § 121 Nummer 1 erfasst sind, können bei Bedarf Zusatzerhebungen als Bundesstatistiken durchgeführt werden.

Zweiter Abschnitt
Bundesstatistik für das Vierte Kapitel

§ 128a Bundesstatistik für das Vierte Kapitel

(1) $_{1}$Zur Beurteilung der Auswirkungen des Vierten Kapitels sowie zu seiner Fortentwicklung sind Erhebungen über die Leistungsberechtigten als Bundesstatistik durchzuführen. $_{2}$Die Erhebungen erfolgen zentral durch das Statistische Bundesamt.

(2) Die Statistik nach Absatz 1 umfasst folgende Merkmalkategorien:

1. Persönliche Merkmale,
2. Art und Höhe der Bedarfe,
3. Art und Höhe der angerechneten Einkommen, der nach § 82 Absatz 1 Satz 2 Nummer 8 nicht zum Einkommen gehörenden Beträge, der nach § 82 Absatz 2 Satz 2 nicht als Einkommen zu berücksichtigenden Beträge und der nach § 82 Absatz 3, 4 und 6 sowie nach § 82a abgesetzten Beträge.

§ 128b Persönliche Merkmale

Erhebungsmerkmale nach § 128a Absatz 2 Nummer 1 sind

1. Geschlecht, Geburtsjahr, Staatsangehörigkeit und Bundesland,
2. Geburtsmonat, Wohngemeinde und Gemeindeteil, bei Ausländern auch aufenthaltsrechtlicher Status,
3. Leistungsbezug in und außerhalb von Einrichtungen, bei Leistungsberechtigten außerhalb von Einrichtungen zusätzlich die Anzahl der im Haushalt lebenden Personen, bei Leistungsberechtigten in Einrichtungen die Art der Unterbringung,
4. Träger der Leistung,
5. Beginn der Leistungsgewährung nach Monat und Jahr sowie Ursache der Leistungsgewährung, Ende des Leistungsbezugs nach Monat und Jahr sowie Grund für die Einstellung der Leistung,
6. Dauer des Leistungsbezugs in Monaten,
7. gleichzeitiger Bezug von Leistungen nach dem Dritten und Fünften bis Neunten Kapitel,
8. Bezug eines Zuschlages an Entgeltpunkten für langjährige Versicherung (Grundrentenzuschlag) nach § 76g des Sechsten Buches.

§ 128c Art und Höhe der Bedarfe

Erhebungsmerkmale nach § 128a Absatz 2 Nummer 2 sind

1. Regelbedarfsstufe, gezahlter Regelsatz in den Regelbedarfsstufen und abweichende Regelsatzfestsetzung,
2. Mehrbedarfe nach Art und Höhe,
3. einmalige Bedarfe nach Art und Höhe,
4. Beiträge zur Kranken- und Pflegeversicherung, getrennt nach
   a) Beiträgen für eine Pflichtversicherung in der gesetzlichen Krankenversicherung,
   b) Beiträgen für eine freiwillige Versicherung in der gesetzlichen Krankenversicherung,
   c) Beiträgen, die auf Grund des Zusatzbeitragssatzes nach dem Fünften Buch gezahlt werden,
   d) Beiträgen für eine private Krankenversicherung,
   e) Beiträgen für eine soziale Pflegeversicherung,
   f) Beiträgen für eine private Pflegeversicherung,
5. Beiträge für die Vorsorge, getrennt nach
   a) Beiträgen für die Altersvorsorge,
   b) Aufwendungen für Sterbegeldversicherungen,
6. Bedarfe für Bildung und Teilhabe, getrennt nach
   a) Schulausflügen,
   b) mehrtägigen Klassenfahrten,
   c) Ausstattung mit persönlichem Schulbedarf,
   d) Schulbeförderung,
   e) Lernförderung,
   f) Teilnahme an einer gemeinschaftlichen Mittagsverpflegung,
7. Aufwendungen für Unterkunft und Heizung sowie sonstige Hilfen zur Sicherung der Unterkunft, getrennt nach Leistungsberechtigten,
   a) die in einer Wohnung
      aa) allein leben,
      bb) mit einem Ehegatten oder in eheähnlicher Gemeinschaft zusammenleben,
      cc) mit Verwandten ersten und zweiten Grades zusammenleben,
      dd) in einer Wohngemeinschaft leben,
   b) die in einer stationären Einrichtung oder in einem persönlichen Wohnraum und zusätzlichen Räumlichkeiten
      aa) allein leben,
      bb) mit einer oder mehreren Personen zusammenleben,
8. Brutto- und Nettobedarf,
9. Darlehen getrennt nach
   a) Darlehen nach § 37 Absatz 1 und
   b) Darlehen bei am Monatsende fälligen Einkünften nach § 37a.

§ 128d Art und Höhe der angerechneten Einkommen und abgesetzten Beträge

(1) Erhebungsmerkmale nach § 128a Absatz 2 Nummer 3 sind die jeweilige Höhe der angerechneten Einkommensart, getrennt nach

1. Altersrente aus der gesetzlichen Rentenversicherung,
2. Hinterbliebenenrente aus der gesetzlichen Rentenversicherung,
3. Renten wegen Erwerbsminderung,
4. Versorgungsbezüge,
5. Renten aus betrieblicher Altersvorsorge,
6. Renten aus privater Vorsorge,
7. Vermögenseinkünfte,
8. Einkünfte nach dem Vierzehnten Buch,
9. Erwerbseinkommen,
10. übersteigendes Einkommen eines im gemeinsamen Haushalt lebenden Partners,
11. öffentlich-rechtliche Leistungen für Kinder,
12. sonstige Einkünfte.

(2) Weitere Erhebungsmerkmale nach § 128a Absatz 2 Nummer 3 sind die Art und Höhe der nach § 82 Absatz 1 Satz 2 Nummer 8 nicht zum Einkommen gehörenden Beträge, der nach § 82 Absatz 2 Satz 2 nicht als Einkommen zu berücksichtigenden Beträge und der nach § 82 Absatz 3, 4 und 6 sowie nach § 82a abgesetzten Beträge.

§ 128e Hilfsmerkmale

(1) Hilfsmerkmale für die Bundesstatistik nach § 128a sind

1. Name und Anschrift der nach § 128g Auskunftspflichtigen,
2. die Kennnummern des Leistungsberechtigten,
3. Name und Telefonnummer sowie Adresse für elektronische Post der für eventuelle Rückfragen zur Verfügung stehenden Person.

(2) 1Die Kennnummern nach Absatz 1 Nummer 2 dienen der Prüfung der Richtigkeit der Statistik und der Fortschreibung der jeweils letzten Bestandserhebung. 2Sie enthalten keine Angaben über persönliche und sachliche Verhältnisse des Leistungsberechtigten und sind zum frühestmöglichen Zeitpunkt, spätestens nach Abschluss der wiederkehrenden Bestandserhebung, zu löschen.

§ 128f Periodizität, Berichtszeitraum und Berichtszeitpunkte

(1) Die Bundesstatistik nach § 128a wird quartalsweise durchgeführt.

(2) Die Merkmale nach den §§ 128b bis 128d, ausgenommen das Merkmal nach § 128b Nummer 5, sind als Bestandserhebung zum Quartalsende zu erheben, wobei sich die Angaben zu den Bedarfen nach § 128c Nummer 1 bis 8 sowie den angerechneten Einkommen und abgesetzten Beträgen nach § 128d jeweils auf den gesamten letzten Monat des Berichtsquartals beziehen.

(3) 1Die Merkmale nach § 128b Nummer 5 sind für den gesamten Quartalszeitraum zu erheben, wobei gleichzeitig die Merkmale nach § 128b Nummer 1 und 2 zu erheben sind. 2Bei den beendeten Leistungen ist zudem die bisherige Dauer der Leistungsgewährung nach § 128b Nummer 6 zu erheben.

(4) Die Merkmale nach § 128c Nummer 6 sind für jeden Monat eines Quartals zu erheben, wobei gleichzeitig die Merkmale nach § 128b Nummer 1 und 2 zu erheben sind.

§ 128g Auskunftspflicht

(1) 1Für die Bundesstatistik nach § 128a besteht Auskunftspflicht. 2Die Auskunftserteilung für die Angaben

nach § 128e Nummer 3 und zum Gemeindeteil nach § 128b Nummer 2 sind freiwillig.

(2) Auskunftspflichtig sind die für die Ausführung des Gesetzes nach dem Vierten Kapitel zuständigen Träger.

§ 128h Datenübermittlung, Veröffentlichung

(1) 1Die in sich schlüssigen und nach einheitlichen Standards formatierten Einzeldatensätze sind von den Auskunftspflichtigen elektronisch bis zum Ablauf von 30 Arbeitstagen nach Ende des jeweiligen Berichtsquartals nach § 128f an das Statistische Bundesamt zu übermitteln. 2Soweit die Übermittlung zwischen informationstechnischen Netzen von Bund und Ländern stattfindet, ist dafür nach § 3 des Gesetzes über die Verbindung der informationstechnischen Netze des Bundes und der Länder – Gesetz zur Ausführung von Artikel 91c Absatz 4 des Grundgesetzes – vom 10. August 2009 (BGBl. I S. 2702, 2706) das Verbindungsnetz zu nutzen. 3Die zu übermittelnden Daten sind nach dem Stand der Technik fortgeschritten zu signieren und zu verschlüsseln.

(2) Das Statistische Bundesamt übermittelt dem Bundesministerium für Arbeit und Soziales für Zwecke der Planung, jedoch nicht für die Regelung von Einzelfällen, Tabellen mit den Ergebnissen der Bundesstatistik nach § 128a, auch soweit Tabellenfelder nur einen einzigen Fall ausweisen.

(3) 1Zur Weiterentwicklung des Systems der Grundsicherung im Alter und bei Erwerbsminderung übermittelt das Statistische Bundesamt auf Anforderung des Bundesministeriums für Arbeit und Soziales Einzelangaben aus einer Stichprobe, die vom Statistischen Bundesamt gezogen wird und nicht mehr als 10 Prozent der Grundgesamtheit der Leistungsberechtigten umfasst. 2Die zu übermittelnden Einzelangaben dienen der Entwicklung und dem Betrieb von Mikrosimulationsmodellen durch das Bundesministerium für Arbeit und Soziales und dürfen nur im hierfür erforderlichen Umfang und mittels eines sicheren Datentransfers ausschließlich an das Bundesministerium für Arbeit und Soziales übermittelt werden. 3Angaben zu den Erhebungsmerkmalen nach § 128b Nummer 2 und 4 und den Hilfsmerkmalen nach § 128e dürfen nicht übermittelt werden; Angaben zu monatlichen Durchschnittsbeträgen in den Einzelangaben werden vom Statistischen Bundesamt auf volle Euro gerundet.

(4) 1Bei der Verarbeitung der Daten nach Absatz 3 ist das Statistikgeheimnis nach § 16 des Bundesstatistikgesetzes zu wahren. 2Dafür ist die Trennung von statistischen und nichtstatistischen Aufgaben durch Organisation und Verfahren zu gewährleisten. 3Die nach Absatz 3 übermittelten Daten dürfen nur für die Zwecke gespeichert, verändert, genutzt, übermittelt oder in der Verarbeitung eingeschränkt werden, für die sie übermittelt wurden. 4Eine Weitergabe von Einzelangaben aus einer Stichprobe nach Absatz 3 Satz 1 durch das Bundesministerium für Arbeit und Soziales an Dritte ist nicht zulässig. 5Die übermittelten Einzeldaten sind nach dem Erreichen des Zweckes zu löschen, zu dem sie übermittelt wurden.

(5) 1Das Statistische Bundesamt übermittelt den statistischen Ämtern der Länder Tabellen mit den Ergebnissen der Bundesstatistik für die jeweiligen Länder und für die für die Ausführung des Gesetzes nach dem Vierten Kapitel zuständigen Träger. 2Das Bundesministerium für Arbeit und Soziales erhält diese Tabellen ebenfalls. 3Die statistischen Ämter der Länder erhalten zudem für ihr Land die jeweiligen Einzeldatensätze für Sonderaufbereitungen auf regionaler Ebene.

(6) Die Ergebnisse der Bundesstatistik nach diesem Abschnitt dürfen auf die einzelnen Gemeinden bezogen veröffentlicht werden.

Dritter Abschnitt
Verordnungsermächtigung

§ 129 Verordnungsermächtigung

Das Bundesministerium für Arbeit und Soziales kann für Zusatzerhebungen nach § 128 im Einvernehmen mit dem Bundesministerium des Innern, für Bau und Heimat durch Rechtsverordnung mit Zustimmung des Bundesrates das Nähere regeln über

a) den Kreis der Auskunftspflichtigen nach § 125 Abs. 2,
b) die Gruppen von Leistungsberechtigten, denen Hilfen nach dem Dritten und Fünften bis Neunten Kapitel geleistet werden,
c) die Leistungsberechtigten, denen bestimmte einzelne Leistungen der Hilfen nach dem Dritten und Fünften bis Neunten Kapitel geleistet werden,
d) den Zeitpunkt der Erhebungen,
e) die erforderlichen Erhebungs- und Hilfsmerkmale im Sinne der §§ 122 und 123 und
f) die Art der Erhebung (Vollerhebung oder Zufallsstichprobe).

VII

Sechzehntes Kapitel
Übergangs- und Schlussbestimmungen

§ 130 Übergangsregelung für ambulant Betreute

Für Personen, die Leistungen der Eingliederungshilfe für behinderte Menschen oder der Hilfe zur Pflege empfangen, deren Betreuung am 26. Juni 1996 durch von ihnen beschäftigte Personen oder ambulante Dienste sichergestellt wurde, gilt § 3a des Bundessozialhilfegesetzes in der am 26. Juli 1996 geltenden Fassung.

§ 131 Übergangsregelung aus Anlass des Wohngeld-Plus-Gesetzes

(1) Abweichend von § 2 sind Leistungsberechtigte für am 31. Dezember 2022 laufende Bewilligungszeiträume oder Bewilligungszeiträume, die in der Zeit vom 1. Januar 2023 bis 30. Juni 2023 beginnen, nicht verpflichtet, Wohngeld nach dem Wohngeldgesetz in Anspruch zu nehmen.

(2) § 95 Satz 1 findet in den Fällen nach Absatz 1 keine Anwendung.

§ 132 Übergangsregelung zur Sozialhilfegewährung für Deutsche im Ausland

(1) Deutsche, die am 31. Dezember 2003 Leistungen nach § 147b des Bundessozialhilfegesetzes in der zu diesem Zeitpunkt geltenden Fassung bezogen haben, erhalten diese Leistungen bei fortdauernder Bedürftigkeit weiter.

(2) 1Deutsche,

1. die in den dem 1. Januar 2004 vorangegangenen 24 Kalendermonaten ohne Unterbrechung Leistungen nach § 119 des Bundessozialhilfegesetzes in der am 31. Dezember 2003 geltenden Fassung bezogen haben und
2. in dem Aufenthaltsstaat über eine dauerhafte Aufenthaltsgenehmigung verfügen,

erhalten diese Leistungen bei fortdauernder Bedürftigkeit weiter. 2Für Deutsche, die am 31. Dezember 2003 Leistungen nach § 119 des Bundessozialhilfegesetzes in der am 31. Dezember 2003 geltenden Fassung bezogen haben und weder die Voraussetzungen nach Satz 1 noch die Voraussetzungen des § 24 Abs. 1 erfüllen, enden die Leistungen bei fortdauernder Bedürftigkeit mit Ablauf des 31. März 2004.

(3) Deutsche, die die Voraussetzungen des § 1 Abs. 1 des Bundesentschädigungsgesetzes erfüllen und

1. zwischen dem 30. Januar 1933 und dem 8. Mai 1945 das Gebiet des Deutschen Reiches oder der Freien Stadt Danzig verlassen haben, um sich einer von ihnen nicht zu vertretenden und durch die politischen Verhältnisse bedingten besonderen Zwangslage zu entziehen oder aus den gleichen Gründen nicht in das Gebiet des Deutschen Reiches oder der Freien Stadt Danzig zurückkehren konnten oder
2. nach dem 8. Mai 1945 und vor dem 1. Januar 1950 das Gebiet des Deutschen Reiches nach dem Stande vom 31. Dezember 1937 oder das Gebiet der Freien Stadt Danzig verlassen haben,

können, sofern sie in dem Aufenthaltsstaat über ein dauerhaftes Aufenthaltsrecht verfügen, in außergewöhnlichen Notlagen Leistungen erhalten, auch wenn sie nicht die Voraussetzungen nach den Absätzen 1 und 2 oder nach § 24 Abs. 1 erfüllen; § 24 Abs. 2 gilt.

VII

§ 133 Übergangsregelung für besondere Hilfen an Deutsche nach Artikel 116 Abs. 1 des Grundgesetzes

(1) 1Deutsche, die außerhalb des Geltungsbereiches dieses Gesetzes, aber innerhalb des in Artikel 116 Abs. 1 des Grundgesetzes genannten Gebiets geboren sind und dort ihren gewöhnlichen Aufenthalt haben, können in außergewöhnlichen Notlagen besondere Hilfen erhalten, auch wenn sie nicht die Voraussetzungen des § 24 Abs. 1 erfüllen. 2§ 24 Abs. 2 gilt. 3Die Höhe dieser Leistungen bemisst sich nach den im Aufenthaltsstaat in vergleichbaren Lebensumständen üblichen Leistungen. 4Die besonderen Hilfen werden unter Übernahme der Kosten durch den Bund durch Träger der freien Wohlfahrtspflege mit Sitz im Inland geleistet.

(2) Die Bundesregierung wird ermächtigt, durch Rechtsverordnung mit Zustimmung des Bundesrates die persönlichen Bezugsvoraussetzungen, die Bemessung der Leistungen sowie die Trägerschaft und das Verfahren zu bestimmen.

§ 133a Übergangsregelung für Hilfeempfänger in Einrichtungen

Für Personen, die am 31. Dezember 2004 einen Anspruch auf einen zusätzlichen Barbetrag nach § 21 Abs. 3 Satz 4 des Bundessozialhilfegesetzes haben, wird diese Leistung in der für den vollen Kalendermonat Dezember 2004 festgestellten Höhe weiter erbracht.

§ 133b Übergangsregelung zu Bedarfen für Unterkunft und Heizung

1§ 42a Absatz 3 und 4 findet keine Anwendung auf Leistungsberechtigte, bei denen vor dem 1. Juli 2017 Bedarfe für Unterkunft und Heizung nach § 35 anerkannt worden sind, die

1. dem Kopfteil an den Aufwendungen für Unterkunft und Heizung entsprechen, die für einen entsprechenden Mehrpersonenhaushalt als angemessen gelten, oder
2. nach ihrer Höhe die durchschnittliche Warmmiete eines Einpersonenhaushaltes im örtlichen Zuständigkeitsbereich des für die Ausführung des Gesetzes nach diesem Kapitel zuständigen Trägers nicht übersteigen.

2Satz 1 findet Anwendung, solange die leistungsberechtigte Person mit mehreren Personen in derselben Wohnung lebt.

§ 134 Fortschreibung der Regelbedarfsstufen zum 1. Januar 2023

(1) 1Die Veränderungsrate für die Fortschreibung der Regelbedarfsstufen nach § 28a Absatz 3 zum 1. Januar 2023 beträgt 4,54 Prozent. 2Die Veränderungsrate für die Fortschreibung der Regelbedarfsstufen nach § 28a Absatz 4 zum 1. Januar 2023 beträgt 6,9 Prozent. 3Die Anlage zu § 28 ist zum 1. Januar 2023 zu ergänzen.

(2) 1Die Veränderungsrate für die Fortschreibung der Bedarfe nach § 34 Absatz 3 für das Jahr 2023 beträgt 11,75 Prozent. 2Die Anlage zu § 34 ist zum 1. Januar 2023 zu ergänzen.

§ 135 Übergangsregelung aus Anlass des Zweiten Rechtsbereinigungsgesetzes

(1) 1Erhielten am 31. Dezember 1986 Tuberkulosekranke, von Tuberkulose Bedrohte oder von Tuberkulose Genesene laufende Leistungen nach Vorschriften, die durch das Zweite Rechtsbereinigungsgesetz außer Kraft treten, sind diese Leistungen nach den bisher maßgebenden Vorschriften weiterzugewähren, längstens jedoch bis zum 31. Dezember 1987. 2Sachlich zuständig bleibt der überörtliche Träger der Sozialhilfe, soweit nicht nach Landesrecht der örtliche Träger zuständig ist.

(2) Die Länder können für die Verwaltung der im Rahmen der bisherigen Tuberkulosehilfe gewährten Darlehen andere Behörden bestimmen.

§ 136 Erstattung des Barbetrags durch den Bund in den Jahren 2017 bis 2019

(1) Für Leistungsberechtigte nach dem Vierten Kapitel, die zugleich Leistungen der Eingliederungshilfe nach dem Sechsten Kapitel in einer stationären Einrichtung erhalten, erstattet der Bund den Ländern in den Jahren 2017 bis 2019 für jeden Leistungsberechtigten je Kalendermonat einen Betrag, dessen Höhe sich nach einem Anteil von 14 Prozent der Regelbedarfsstufe 1 nach der Anlage zu § 28 bemisst.

(2) 1Die Länder teilen dem Bundesministerium für Arbeit und Soziales die Zahl der Leistungsberechtigten je Kalendermonat nach Absatz 1 für jeden für die Ausführung

des Gesetzes nach diesem Kapitel zuständigen Träger mit, sofern diese in einem Kalendermonat für mindestens 15 Kalendertage einen Barbetrag erhalten haben. 2Die Meldungen nach Satz 1 erfolgen

1. bis zum Ablauf der 35. Kalenderwoche des Jahres 2017 für den Meldezeitraum Januar bis Juni 2017,
2. bis zum Ablauf der 42. Kalenderwoche des Jahres 2018 für den Meldezeitraum Juli 2017 bis Juni 2018,
3. bis zum Ablauf der 42. Kalenderwoche des Jahres 2019 für den Meldezeitraum Juli 2018 bis Juni 2019 und
4. bis zum Ablauf der 16. Kalenderwoche des Jahres 2020 für den Meldezeitraum Juli 2019 bis Dezember 2019.

(3) 1Der Erstattungsbetrag für jeden Kalendermonat im Meldezeitraum nach Absatz 2 errechnet sich aus

1. der Anzahl der jeweils gemeldeten Leistungsberechtigten,
2. multipliziert mit dem Anteil von 14 Prozent des für jeden Kalendermonat jeweils geltenden Betrags der Regelbedarfsstufe 1 nach der Anlage zu § 28.

2Der Erstattungsbetrag für den jeweiligen Meldezeitraum ergibt sich aus der Summe der Erstattungsbeträge je Kalendermonat nach Satz 1.

(4) Zu zahlen ist der Erstattungsbetrag

1. zum 15. Oktober 2017 für den Meldezeitraum Januar bis Juni 2017,
2. zum 15. November 2018 für den Meldezeitraum Juli 2017 bis Juni 2018,
3. zum 15. November 2019 für den Meldezeitraum Juli 2018 bis Juni 2019,
4. zum 15. Mai 2020 für den Meldezeitraum Juli 2019 bis Dezember 2019.

§ 136a Erstattung des Barbetrags durch den Bund ab dem Jahr 2020

(1) 1Für Leistungsberechtigte nach dem Vierten Kapitel, die zugleich Leistungen in einer stationären Einrichtung erhalten, erstattet der Bund den Ländern ab dem Jahr 2020 je Kalendermonat einen Betrag, dessen Höhe sich nach den in Satz 2 genannten Anteilen der Regelbedarfsstufe 1 nach der Anlage zu § 28 bemisst. 2Die Anteile an der Regelbedarfsstufe 1 belaufen sich

1. für das Jahr 2020 auf 5,2Prozent,
2. für das Jahr 2021 auf 5,0 Prozent,
3. für das Jahr 2022 auf 4,9 Prozent,
4. für das Jahr 2023 auf 4,7 Prozent,
5. für das Jahr 2024 auf 4,6 Prozent und
6 für das Jahr 2025 auf 4,4 Prozent.

(2) Die Länder teilen dem Bundesministerium für Arbeit und Soziales für jedes Kalenderjahr (Meldezeitraum) von 2020 bis 2025 jeweils bis zum 30. Juni des Folgejahres für jeden Träger, der für die Ausführung des Gesetzes nach diesem Kapitel zuständig ist, die Zahl der Leistungsberechtigten mit, die in einem Kalendermonat des Meldezeitraums für mindestens 15 Kalendertage einen Barbetrag erhalten haben.

(3) 1Der Erstattungsbetrag für jeden Kalendermonat im Meldezeitraum errechnet sich aus der Anzahl der jeweils gemeldeten Leistungsberechtigten multipliziert mit dem Betrag, der sich aus dem sich für das jeweilige Jahr ergebenden Anteil nach Absatz 1 Satz 2 an dem jeweils geltenden Betrag der Regelbedarfsstufe 1 nach der Anlage zu § 28 ergibt. 2Der Erstattungsbetrag für den jeweiligen Meldezeitraum ergibt sich aus der Summe der Erstattungsbeträge je Kalendermonat nach Satz 1.

(4) Der Erstattungsbetrag nach Absatz 3 Satz 2 ist zum 31. August des Kalenderjahres zu zahlen, das auf den jeweiligen Meldezeitraum folgt.

§ 137 Überleitung in Pflegegrade zum 1. Januar 2017

1Pflegebedürftige, deren Pflegebedürftigkeit nach den Vorschriften des Siebten Kapitels in der am 31. Dezember 2016 geltenden Fassung festgestellt worden ist und bei denen spätestens am 31. Dezember 2016 die Voraussetzungen auf Leistungen nach den Vorschriften des Siebten Kapitels vorliegen, werden ab dem 1. Januar 2017 ohne erneute Antragstellung und ohne erneute Begutachtung wie folgt in die Pflegegrade übergeleitet:

1. Pflegebedürftige mit Pflegestufe I in den Pflegegrad 2,
2. Pflegebedürftige mit Pflegestufe II in den Pflegegrad 3,
3. Pflegebedürftige mit Pflegestufe III in den Pflegegrad 4.

2Die Überleitung in die Pflegegrade nach § 140 des Elften Buches ist für den Träger der Sozialhilfe bindend.

§ 138 Übergangsregelung für Pflegebedürftige aus Anlass des Dritten Pflegestärkungsgesetzes

1Einer Person, die am 31. Dezember 2016 einen Anspruch auf Leistungen nach dem Siebten Kapitel in der am 31. Dezember 2016 geltenden Fassung hat, sind die ihr am 31. Dezember 2016 zustehenden Leistungen über den 31. Dezember 2016 hinaus bis zum Abschluss des von Amts wegen zu betreibenden Verfahrens zur Ermittlung und Feststellung des Pflegegrades und des notwendigen pflegerischen Bedarfs nach § 63a in der ab dem 1. Januar 2017 geltenden Fassung weiter zu gewähren. 2Soweit eine Person zugleich Leistungen nach dem Elften Buch in der ab dem 1. Januar 2017 geltenden Fassung erhält, sind diese anzurechnen. 3Dies gilt nicht für die Zuschläge nach § 141 Absatz 2 des Elften Buches sowie für den Entlastungsbetrag nach § 45b des Elften Buches. 4Ergibt das Verfahren, dass für die Zeit ab dem 1. Januar 2017 die Leistungen für den notwendigen pflegerischen Bedarf, die nach dem Siebten Kapitel in der ab dem 1. Januar 2017 geltenden Fassung zu gewähren sind, geringer sind als die nach Satz 1 gewährten Leistungen, so sind die nach Satz 1 gewährten höheren Leistungen nicht vom Leistungsbezieher zu erstatten; § 45 des Zehnten Buches bleibt unberührt. 5Ergibt das Verfahren, dass für die Zeit ab dem 1. Januar 2017 die Leistungen für den notwendigen pflegerischen Bedarf, die nach dem Siebten Kapitel in der ab dem 1. Januar 2017 geltenden Fassung zu gewähren sind, höher sind als die nach Satz 1 gewährten Leistungen, so sind die Leistungen rückwirkend nach den Vorschriften des Siebten Kapitels in der ab dem 1. Januar 2017 geltenden Fassung zu gewähren.

§ 139 Übergangsregelung für Bedarfe für Unterkunft und Heizung ab dem Jahr 2020

(1) Für Leistungsberechtigte,

1. die am 31. Dezember 2019 nach dem Dritten oder Vierten Kapitel und zugleich nach dem Sechsten Kapitel leistungsberechtigt sind und
2. die am 31. Dezember 2019 in einer Unterkunft leben, für die Bedarfe für Unterkunft und Heizung nach § 35 anerkannt werden,

sind, wenn

3. sie am 1. Januar 2020 leistungsberechtigt nach dem Dritten oder Vierten Kapitel sind und zugleich Leistungen nach Teil 2 des Neunten Buches beziehen und
4. die Unterkunft nach Nummer 2 am 1. Januar 2020 als persönlicher Wohnraum und zusätzliche Räumlichkeiten nach § 42a Absatz 2 Satz 1 Nummer 2 gilt,

für diese Unterkunft die Bedarfe für Unterkunft und Heizung nach § 42a Absatz 2 Satz 1 Nummer 1 und Satz 2 zu berücksichtigen.

(2) Leistungsberechtigten,

1. die am 31. Dezember 2019 nach dem Dritten oder Vierten Kapitel und zugleich nach dem Sechsten Kapitel leistungsberechtigt sind und
2. denen am 31. Dezember 2019 Bedarfe für Unterkunft und Heizung nach § 27b Absatz 1 Satz 2 in Verbindung mit § 42 Nummer 4 Buchstabe b anzuerkennen sind,

sind, wenn sie am 1. Januar 2020 leistungsberechtigt nach dem Dritten oder Vierten Kapitel sind und zugleich Leistungen nach Teil 2 des Neunten Buches beziehen, für diese Unterkunft ab dem 1. Januar 2020 Bedarfe für Unterkunft und Heizung nach § 42a Absatz 2 Satz 1 Nummer 2 und Satz 3 anzuerkennen, solange sich keine Veränderung in der Unterbringung ergibt, durch die diese die Voraussetzungen einer Wohnung nach § 42a Absatz 2 Satz 1 Nummer 1 und Satz 2 erfüllt.

§ 140 Übergangsregelung für die Bedarfe für Unterkunft während der Karenzzeit

(1) Zeiten eines Leistungsbezugs bis zum 31. Dezember 2022 bleiben bei der Karenzzeit nach § 35 Absatz 1 Satz 2 unberücksichtigt.

(2) § 35 Absatz 1 Satz 2 bis 6 gilt nicht in den Fällen, in denen in einem der vorangegangenen Bewilligungszeiträume für die aktuell bewohnte Unterkunft die angemessenen und nicht die tatsächlichen Aufwendungen als Bedarf anerkannt wurden.

§ 141 Übergangsregelung aus Anlass der COVID-19-Pandemie; Verordnungsermächtigung

(1) Leistungen nach dem Dritten und Vierten Kapitel werden für Bewilligungszeiträume, die in der Zeit vom 1. März 2020 bis zum 31. März 2022 beginnen, nach Maßgabe der Absätze 2 bis 4 erbracht.

(2) $_1$Abweichend von § 2 Absatz 1, § 19 Absatz 1, 2 und 5, § 27 Absatz 1 und 2, § 39, § 41 Absatz 1, § 43 Absatz 1, § 43a Absatz 2 und § 90 wird Vermögen für die Dauer von sechs Monaten nicht berücksichtigt. $_2$Satz 1 gilt nicht, wenn das Vermögen erheblich ist; es wird vermutet, dass kein erhebliches Vermögen vorhanden ist, wenn die leistungsnachsuchenden Personen dies im Antrag erklären.

(3) $_1$Abweichend von § 35 und § 42a Absatz 1 gelten die tatsächlichen Aufwendungen für Unterkunft und Heizung für die Dauer von sechs Monaten als angemessen. $_2$Nach Ablauf des Zeitraums nach Satz 1 ist § 35 Absatz 2 Satz 2 mit der Maßgabe anzuwenden, dass der Zeitraum nach Satz 1 nicht auf die in § 35 Absatz 2 Satz 2 genannte Frist anzurechnen ist. $_3$Satz 1 gilt nicht in den Fällen, in denen im vorangegangenen Bewilligungszeitraum die angemessenen und nicht die tatsächlichen Aufwendungen als Bedarf anerkannt wurden.

(4) Sofern Geldleistungen der Grundsicherung im Alter und bei Erwerbsminderung nach § 44a Absatz 1 vorläufig oder Geldleistungen der Hilfe zum Lebensunterhalt vorschussweise nach § 42 des Ersten Buches zu bewilligen sind, ist über den monatlichen Leistungsanspruch für Bewilligungszeiträume, die bis zum 31. März 2021 begonnen haben, nur auf Antrag der leistungsberechtigten Person abschließend zu entscheiden; § 44a Absatz 5 Satz 1 findet keine Anwendung.

(5) $_1$Abweichend von § 34a Absatz 1 Satz 1 gilt der Antrag auf Leistungen nach § 34 Absatz 5 in der Zeit vom 1. Juli 2021 bis zum Ablauf des 31. Dezember 2023 als von dem Antrag auf Leistungen zur Sicherung des Lebensunterhalts mit umfasst. $_2$Dies gilt für ab dem 1. Juli 2021 entstehende Lernförderungsbedarfe auch dann, wenn die jeweiligen Bewilligungszeiträume nur teilweise in den in Satz 1 genannten Zeitraum fallen, weil sie entweder bereits vor dem 1. Juli 2021 begonnen haben oder erst nach dem 31. Dezember 2023 enden.

(6) Die Bundesregierung wird ermächtigt, den in Absatz 1 genannten Zeitraum durch Rechtsverordnung ohne Zustimmung des Bundesrates längstens bis zum 31. Dezember 2022 zu verlängern.

§ 142 Verpflegung in Gemeinschaftsunterkünften

$_1$Ist eine nach dem Dritten oder Vierten Kapitel leistungsberechtigte Person in einer Gemeinschaftsunterkunft ohne Selbstversorgungsmöglichkeit untergebracht und wird ihr darin unentgeltlich Vollverpflegung und Haushaltsenergie zur Verfügung gestellt, liegt insoweit eine anderweitige Bedarfsdeckung durch Sachleistungsgewährung vor. $_2$Wegen dieser anderweitigen Bedarfsdeckung vermindert sich der monatliche Anspruch auf Leistungen für den Lebensunterhalt in Abhängigkeit von der jeweils maßgeblichen Regelbedarfsstufe wie folgt:

1. bei Regelbedarfsstufe 1 um 186 Euro,
2. bei Regelbedarfsstufe 2 um 167 Euro,
3. bei Regelbedarfsstufe 4 um 178 Euro,
4. bei Regelbedarfsstufe 5 um 131 Euro und
5. bei Regelbedarfsstufe 6 um 98 Euro.

$_3$Die Sätze 1 und 2 gelten entsprechend, wenn die Sachleistung im Auftrag oder mit Zustimmung des zuständigen Trägers der Sozialhilfe durch einen anderen öffentlich-rechtlichen Träger oder einen privaten Dritten erbracht wird. $_4$Der zuständige Träger der Sozialhilfe hat dem öffentlich-rechtlichen Träger oder privaten Betreiber der Gemeinschaftsunterkunft ohne Selbstversorgungsmöglichkeit für die anderweitige Bedarfsdeckung für Verpflegung und Haushaltsstrom Aufwendungen in Höhe der in Satz 2 benannten Beträge zu erstatten.

§ 143 Übergangsregelung zum Freibetrag für Grundrentenzeiten und vergleichbare Zeiten

Der Träger der Sozialhilfe hat über Leistungen der Hilfe zum Lebensunterhalt und der Grundsicherung im Alter und bei Erwerbsminderung ohne Berücksichtigung eines eventuellen Freibetrages nach § 82a zu entscheiden, so lange ihm nicht durch eine Mitteilung des Rentenversicherungsträgers oder berufsständischer Versicherungs- oder Versorgungseinrichtungen nachgewiesen ist, dass die Voraussetzungen für die Einräumung des Freibetrages vorliegen.

§ 144 Einmalzahlung für den Monat Juli 2022

$_1$Leistungsberechtigte, denen für den Monat Juli 2022 Leistungen nach dem Dritten oder Vierten Kapitel gezahlt werden und deren Regelsatz sich nach der Regelbedarfsstufe 1, 2 oder 3 der Anlage zu § 28 ergibt, erhalten für diesen Monat zum Ausgleich der mit der COVID-19-Pandemie in Zusammenhang stehenden Mehraufwendungen eine Einmalzahlung in Höhe von 200 Euro. $_2$Leistungsberechtigten, für die die Regelbedarfsstufe 3 gilt, ist die Leistung nach Satz 1 zusammen mit dem Barbetrag nach § 27b Absatz 3 oder § 27c Absatz 3 auszuzahlen; die Einmalzahlungen für Leistungsberechtigte nach dem Vierten Kapitel sind Bruttoausgaben nach § 46a Absatz 2 Satz 1.

§ 145 Sofortzuschlag

(1) $_1$Minderjährige, die einen Anspruch auf Leistungen nach dem Dritten Kapitel haben, dem ein Regelsatz nach der Regelbedarfsstufe 4, 5 oder 6 zugrunde liegt, haben Anspruch auf einen monatlichen Sofortzuschlag in Höhe von 20 Euro. $_2$Anspruch auf den Sofortzuschlag besteht für Minderjährige auch dann, wenn sie

1. einen Anspruch auf Leistungen nach § 34 haben oder
2. einen Anspruch nach Satz 1 oder Nummer 1 nur deshalb nicht haben, weil Kindergeld nach § 82 Absatz 1 Satz 4 berücksichtigt wird.

$_3$Der Sofortzuschlag wird erstmalig für den Monat Juli 2022 erbracht.

(2) $_1$Wird die Entscheidung über die Bewilligung der Leistungen nach Absatz 1 Satz 1 und 2 Nummer 1 rückwirkend geändert oder fällt diese rückwirkend weg, erfolgt keine rückwirkende Aufhebung der Bewilligung und keine Aufhebung des Sofortzuschlages. $_2$Dies gilt auch, wenn sich nachträglich ergibt, dass innerhalb des Bewilligungszeitraums, für den der Sofortzuschlag bereits festgesetzt ist, kein Anspruch auf Leistungen nach Absatz 1 Satz 1 und 2 Nummer 1 besteht.

(3) § 17 Absatz 1 Satz 2 gilt auch für den Anspruch auf den Sofortzuschlag.

(4) $_1$Die für die Ausführung der Absätze 1 bis 3 zuständigen Träger werden nach Landesrecht bestimmt. $_2$Die §§ 3, 6 und 7 sind nicht anzuwenden.

§ 146 Sozialhilfe für Ausländerinnen und Ausländer mit einem Aufenthaltstitel nach § 24 des Aufenthaltsgesetzes oder einer entsprechenden Fiktionsbescheinigung

(1) $_1$Für Ausländerinnen und Ausländer, die gemäß § 49 des Aufenthaltsgesetzes erkennungsdienstlich behandelt worden sind und denen eine Aufenthaltserlaubnis nach § 24 Absatz 1 des Aufenthaltsgesetzes erteilt wurde oder denen eine entsprechende Fiktionsbescheinigung nach § 81 Absatz 5 in Verbindung mit Absatz 3 des Aufenthaltsgesetzes für einen solchen Aufenthaltstitel ausgestellt wurde, gilt der Tatbestand von § 23 Absatz 1 Satz 4 als erfüllt. $_2$§ 23 Absatz 3 findet in diesen Fällen keine Anwendung. $_3$Der Leistungsbeginn richtet sich für Leistungen nach dem Vierten Kapitel nach § 44 und im Übrigen nach § 18.

(2) Absatz 1 gilt auch für Personen, die gemäß § 49 des Aufenthaltsgesetzes erkennungsdienstlich behandelt worden sind, eine Aufenthaltserlaubnis nach § 24 Absatz 1 des Aufenthaltsgesetzes beantragt haben und denen eine entsprechende Fiktionsbescheinigung nach § 81 Absatz 5 in Verbindung mit Absatz 4 des Aufenthaltsgesetzes ausgestellt worden ist.

(3) $_1$Die Absätze 1 und 2 sind bei Personen, denen nach dem 24. Februar 2022 und vor dem 1. Juni 2022 eine Aufenthaltserlaubnis nach § 24 Absatz 1 des Aufenthaltsgesetzes erteilt oder eine entsprechende Fiktionsbescheinigung nach § 81 Absatz 5 in Verbindung mit Absatz 3 oder Absatz 4 des Aufenthaltsgesetzes ausgestellt wurde, mit der Maßgabe anzuwenden, dass anstelle der erkennungsdienstlichen Behandlung die Speicherung der Daten nach § 3 Absatz 1 des AZR-Gesetzes erfolgt ist. $_2$Eine nicht durchgeführte erkennungsdienstliche Behandlung nach § 49 des Aufenthaltsgesetzes oder nach § 16 des Asylgesetzes ist in diesen Fällen durch die zuständige Behörde bis zum Ablauf des 31. Oktober 2022 nachzuholen.

(4) Das Erfordernis des Nachholens einer erkennungsdienstlichen Behandlung nach Absatz 3 gilt nicht, soweit eine erkennungsdienstliche Behandlung nach § 49 des Aufenthaltsgesetzes nicht vorgesehen ist.

(5) $_1$In der Zeit vom 1. Juni 2022 bis einschließlich 31. August 2022 gilt der Antrag auf Leistungen nach diesem Buch für Leistungsberechtigte nach § 18 des Asylbewerberleistungsgesetzes als gestellt. $_2$Die Leistungen nach diesem Buch sind gegenüber den Leistungen nach § 18 des Asylbewerberleistungsgesetzes vorrangig. $_3$Wenn die Träger der Leistungen nach dem Dritten oder Vierten Kapitel Leistungsberechtigten nach § 18 des Asylbewerberleistungsgesetzes laufende Leistungen zur Sicherung des Lebensunterhalts bewilligt haben, haben sie den Zeitpunkt der Aufnahme der laufenden Leistungsgewährung den für die Durchführung des Asylbewerberleistungsgesetzes zuständigen Behörden unverzüglich anzuzeigen. $_4$Der für die Durchführung des Asylbewerberleistungsgesetzes zuständigen Behörde stehen Erstattungsansprüche nach Maßgabe des § 104 des Zehnten Buches zu.

§ 147 Übergangsregelung aus Anlass des Gesetzes zur Regelung des Sozialen Entschädigungsrechts

Für Personen, die Leistungen nach dem Soldatenversorgungsgesetz in Verbindung mit dem Bundesversorgungsgesetz erhalten, gelten die Vorschriften des § 36 Absatz 2 Satz 4, des § 43 Absatz 3 Satz 2 und 3, des § 82 Absatz 1 Satz 2 und des § 128d Absatz 1 Nummer 8 in der am 31. Dezember 2023 geltenden Fassung weiter.

Anlage
(zu § 28)

Regelbedarfsstufen nach § 28

gültig ab 1. Januar 2024

Regelbedarfsstufe 1	563 Euro
Regelbedarfsstufe 2	506 Euro
Regelbedarfsstufe 3	451 Euro
Regelbedarfsstufe 4	471 Euro
Regelbedarfsstufe 5	390 Euro
Regelbedarfsstufe 6	357 Euro

gültig ab 1. Januar 2023

Regelbedarfsstufe 1	502 Euro
Regelbedarfsstufe 2	451 Euro
Regelbedarfsstufe 3	402 Euro
Regelbedarfsstufe 4	420 Euro
Regelbedarfsstufe 5	348 Euro
Regelbedarfsstufe 6	318 Euro

gültig ab 1. Januar 2022

Regelbedarfsstufe 1	449 Euro
Regelbedarfsstufe 2	404 Euro
Regelbedarfsstufe 3	360 Euro
Regelbedarfsstufe 4	376 Euro
Regelbedarfsstufe 5	311 Euro
Regelbedarfsstufe 6	285 Euro

gültig ab 1. Januar 2021

Regelbedarfsstufe 1	446 Euro
Regelbedarfsstufe 2	401 Euro
Regelbedarfsstufe 3	357 Euro
Regelbedarfsstufe 4	373 Euro
Regelbedarfsstufe 5	309 Euro
Regelbedarfsstufe 6	283 Euro

gültig ab 1. Januar 2020

Regelbedarfsstufe 1	432 Euro
Regelbedarfsstufe 2	389 Euro
Regelbedarfsstufe 3	345 Euro
Regelbedarfsstufe 4	328 Euro
Regelbedarfsstufe 5	308 Euro
Regelbedarfsstufe 6	250 Euro

gültig ab 1. Januar 2019

Regelbedarfsstufe 1	424 Euro
Regelbedarfsstufe 2	382 Euro
Regelbedarfsstufe 3	339 Euro
Regelbedarfsstufe 4	322 Euro
Regelbedarfsstufe 5	302 Euro
Regelbedarfsstufe 6	245 Euro

gültig ab 1. Januar 2018

Regelbedarfsstufe 1	416 Euro
Regelbedarfsstufe 2	374 Euro
Regelbedarfsstufe 3	332 Euro
Regelbedarfsstufe 4	316 Euro
Regelbedarfsstufe 5	296 Euro
Regelbedarfsstufe 6	240 Euro

gültig ab 1. Januar 2017

Regelbedarfsstufe 1	409 Euro
Regelbedarfsstufe 2	368 Euro
Regelbedarfsstufe 3	327 Euro
Regelbedarfsstufe 4	311 Euro
Regelbedarfsstufe 5	291 Euro
Regelbedarfsstufe 6	237 Euro

gültig ab 1. Januar 2016

Regelbedarfsstufe 1	404 Euro
Regelbedarfsstufe 2	364 Euro
Regelbedarfsstufe 3	324 Euro
Regelbedarfsstufe 4	306 Euro
Regelbedarfsstufe 5	270 Euro
Regelbedarfsstufe 6	237 Euro

gültig ab 1. Januar 2015

Regelbedarfsstufe 1	399 Euro
Regelbedarfsstufe 2	360 Euro
Regelbedarfsstufe 3	320 Euro
Regelbedarfsstufe 4	302 Euro
Regelbedarfsstufe 5	267 Euro
Regelbedarfsstufe 6	234 Euro

gültig ab 1. Januar 2014

Regelbedarfsstufe 1	391 Euro
Regelbedarfsstufe 2	353 Euro
Regelbedarfsstufe 3	313 Euro
Regelbedarfsstufe 4	296 Euro
Regelbedarfsstufe 5	261 Euro
Regelbedarfsstufe 6	229 Euro

gültig ab 1. Januar 2013

Regelbedarfsstufe 1	382 Euro
Regelbedarfsstufe 2	345 Euro
Regelbedarfsstufe 3	306 Euro
Regelbedarfsstufe 4	289 Euro
Regelbedarfsstufe 5	255 Euro
Regelbedarfsstufe 6	224 Euro

gültig ab 1. Januar 2012

Regelbedarfsstufe 1	374 Euro
Regelbedarfsstufe 2	337 Euro
Regelbedarfsstufe 3	299 Euro
Regelbedarfsstufe 4	287 Euro
Regelbedarfsstufe 5	251 Euro
Regelbedarfsstufe 6	219 Euro

gültig ab 1. Januar 2011

Regelbedarfsstufe 1	364 Euro
Regelbedarfsstufe 2	328 Euro
Regelbedarfsstufe 3	291 Euro
Regelbedarfsstufe 4	287 Euro
Regelbedarfsstufe 5	251 Euro
Regelbedarfsstufe 6	215 Euro

Regelbedarfsstufe 1:

Für jede erwachsene Person, die in einer Wohnung nach § 42a Absatz 2 Satz 2 lebt und für die nicht Regelbedarfsstufe 2 gilt.

Regelbedarfsstufe 2:

Für jede erwachsene Person, wenn sie

1. in einer Wohnung nach § 42a Absatz 2 Satz 2 mit einem Ehegatten oder Lebenspartner oder in eheähnlicher oder lebenspartnerschaftsähnlicher Gemeinschaft mit einem Partner zusammenlebt oder
2. nicht in einer Wohnung lebt, weil ihr allein oder mit einer weiteren Person ein persönlicher Wohnraum und mit weiteren Personen zusätzliche Räumlichkeiten nach § 42a Absatz 2 Satz 3 zur gemeinschaftlichen Nutzung überlassen sind.

Regelbedarfsstufe 3:

Für eine erwachsene Person, deren notwendiger Lebensunterhalt sich nach § 27b bestimmt.

Regelbedarfsstufe 4:

Für eine Jugendliche oder einen Jugendlichen vom Beginn des 15. bis zur Vollendung des 18. Lebensjahres.

Regelbedarfsstufe 5:

Für ein Kind vom Beginn des siebten bis zur Vollendung des 14. Lebensjahres.

Regelbedarfsstufe 6:

Für ein Kind bis zur Vollendung des sechsten Lebensjahres.

Anlage
(zu § 34)

Ausstattung mit persönlichem Schulbedarf in Euro

gültig im Kalenderjahr	Teilbetrag für das im jeweiligen Kalenderjahr beginnende erste Schulhalbjahr	Teilbetrag für das im jeweiligen Kalenderjahr beginnende zweite Schulhalbjahr
2019	100 Euro	–
2020	100 Euro	50 Euro
2021	103 Euro	51,50 Euro
2022	104 Euro	52 Euro
2023	116 Euro	58 Euro
2024	130 Euro	65 Euro

Sozialgesetzbuch Neuntes Buch
– Rehabilitation und Teilhabe von Menschen mit Behinderungen –
(Neuntes Buch Sozialgesetzbuch – SGB IX)
Teil 2 Eingliederungshilferecht

Vom 23. Dezember 2016 (BGBl. I S. 3234)

Zuletzt geändert durch
Gesetz zur Anpassung des Zwölften und des Vierzehnten Buches Sozialgesetzbuch und weiterer Gesetze
vom 22. Dezember 2023 (BGBl. I Nr. 408)

Inhaltsübersicht

Teil 2
Besondere Leistungen zur selbstbestimmten Lebensführung für Menschen mit Behinderungen (Eingliederungshilferecht)

Kapitel 1
Allgemeine Vorschriften

§ 90 Aufgabe der Eingliederungshilfe
§ 91 Nachrang der Eingliederungshilfe
§ 92 Beitrag
§ 93 Verhältnis zu anderen Rechtsbereichen
§ 94 Aufgaben der Länder
§ 95 Sicherstellungsauftrag
§ 96 Zusammenarbeit
§ 97 Fachkräfte
§ 98 Örtliche Zuständigkeit

Kapitel 2
Grundsätze der Leistungen

§ 99 Leistungsberechtigung, Verordnungsermächtigung
§ 100 Eingliederungshilfe für Ausländer
§ 101 Eingliederungshilfe für Deutsche im Ausland
§ 102 Leistungen der Eingliederungshilfe
§ 103 Regelung für Menschen mit Behinderungen und Pflegebedarf
§ 104 Leistungen nach der Besonderheit des Einzelfalles
§ 105 Leistungsformen
§ 106 Beratung und Unterstützung
§ 107 Übertragung, Verpfändung oder Pfändung, Auswahlermessen
§ 108 Antragserfordernis

Kapitel 3
Medizinische Rehabilitation

§ 109 Leistungen zur medizinischen Rehabilitation
§ 110 Leistungserbringung

Kapitel 4
Teilhabe am Arbeitsleben

§ 111 Leistungen zur Beschäftigung

Kapitel 5
Teilhabe an Bildung

§ 112 Leistungen zur Teilhabe an Bildung

Kapitel 6
Soziale Teilhabe

§ 113 Leistungen zur Sozialen Teilhabe
§ 114 Leistungen zur Mobilität
§ 115 Besuchsbeihilfen
§ 116 Pauschale Geldleistung, gemeinsame Inanspruchnahme

Kapitel 7
Gesamtplanung

§ 117 Gesamtplanverfahren
§ 118 Instrumente der Bedarfsermittlung
§ 119 Gesamtplankonferenz
§ 120 Feststellung der Leistungen
§ 121 Gesamtplan
§ 122 Teilhabezielvereinbarung

Kapitel 8
Vertragsrecht

§ 123 Allgemeine Grundsätze
§ 124 Geeignete Leistungserbringer
§ 125 Inhalt der schriftlichen Vereinbarung
§ 126 Verfahren und Inkrafttreten der Vereinbarung
§ 127 Verbindlichkeit der vereinbarten Vergütung
§ 128 Wirtschaftlichkeits- und Qualitätsprüfung
§ 129 Kürzung der Vergütung
§ 130 Außerordentliche Kündigung der Vereinbarungen
§ 131 Rahmenverträge zur Erbringung von Leistungen
§ 132 Abweichende Zielvereinbarungen
§ 133 Schiedsstelle
§ 134 Sonderregelung zum Inhalt der Vereinbarungen zur Erbringung von Leistungen für minderjährige Leistungsberechtigte und in Sonderfällen

Kapitel 9
Einkommen und Vermögen

§ 135 Begriff des Einkommens
§ 136 Beitrag aus Einkommen zu den Aufwendungen
§ 137 Höhe des Beitrages zu den Aufwendungen
§ 138 Besondere Höhe des Beitrages zu den Aufwendungen
§ 139 Begriff des Vermögens
§ 140 Einsatz des Vermögens
§ 141 Übergang von Ansprüchen
§ 142 Sonderregelungen für minderjährige Leistungsberechtigte und in Sonderfällen

VII

Kapitel 10
Statistik

§ 143 Bundesstatistik
§ 144 Erhebungsmerkmale
§ 145 Hilfsmerkmale
§ 146 Periodizität und Berichtszeitraum
§ 147 Auskunftspflicht
§ 148 Übermittlung, Veröffentlichung

Kapitel 11
Übergangs- und Schlussbestimmungen

§ 149 Übergangsregelung für ambulant Betreute
§ 150 Übergangsregelung zum Einsatz des Einkommens
§ 150a Übergangsregelung für Ausländerinnen und Ausländer mit Aufenthaltstitel nach § 24 des Aufenthaltsgesetzes oder mit entsprechender Fiktionsbescheinigung

Teil 2
Besondere Leistungen zur selbstbestimmten Lebensführung für Menschen mit Behinderungen (Eingliederungshilferecht)

Kapitel 1
Allgemeine Vorschriften

§ 90 Aufgabe der Eingliederungshilfe

(1) $_{1}$Aufgabe der Eingliederungshilfe ist es, Leistungsberechtigten eine individuelle Lebensführung zu ermöglichen, die der Würde des Menschen entspricht, und die volle, wirksame und gleichberechtigte Teilhabe am Leben in der Gesellschaft zu fördern. $_{2}$Die Leistung soll sie befähigen, ihre Lebensplanung und -führung möglichst selbstbestimmt und eigenverantwortlich wahrnehmen zu können.

(2) Besondere Aufgabe der medizinischen Rehabilitation ist es, eine Beeinträchtigung nach § 99 Absatz 1 abzuwenden, zu beseitigen, zu mindern, auszugleichen, eine Verschlimmerung zu verhüten oder die Leistungsberechtigten soweit wie möglich unabhängig von Pflege zu machen.

(3) Besondere Aufgabe der Teilhabe am Arbeitsleben ist es, die Aufnahme, Ausübung und Sicherung einer der Eignung und Neigung der Leistungsberechtigten entsprechenden Beschäftigung sowie die Weiterentwicklung ihrer Leistungsfähigkeit und Persönlichkeit zu fördern.

(4) Besondere Aufgabe der Teilhabe an Bildung ist es, Leistungsberechtigten eine ihren Fähigkeiten und Leistungen entsprechende Schulbildung und schulische und hochschulische Aus- und Weiterbildung für einen Beruf zur Förderung ihrer Teilhabe am Leben in der Gesellschaft zu ermöglichen.

(5) Besondere Aufgabe der Sozialen Teilhabe ist es, die gleichberechtigte Teilhabe am Leben in der Gemeinschaft zu ermöglichen oder zu erleichtern.

§ 91 Nachrang der Eingliederungshilfe

(1) Eingliederungshilfe erhält, wer die erforderliche Leistung nicht von anderen oder von Trägern anderer Sozialleistungen erhält.

(2) $_{1}$Verpflichtungen anderer, insbesondere der Träger anderer Sozialleistungen, bleiben unberührt. $_{2}$Leistungen anderer dürfen nicht deshalb versagt werden, weil dieser Teil entsprechende Leistungen vorsieht; dies gilt insbesondere bei einer gesetzlichen Verpflichtung der Träger anderer Sozialleistungen oder anderer Stellen, in ihrem Verantwortungsbereich die Verwirklichung der Rechte für Menschen mit Behinderungen zu gewährleisten oder zu fördern.

(3) Das Verhältnis der Leistungen der Pflegeversicherung und der Leistungen der Eingliederungshilfe bestimmt sich nach § 13 Absatz 3 des Elften Buches.

§ 92 Beitrag

Zu den Leistungen der Eingliederungshilfe ist nach Maßgabe des Kapitels 9 ein Beitrag aufzubringen.

§ 93 Verhältnis zu anderen Rechtsbereichen

(1) Die Vorschriften über die Leistungen zur Sicherung des Lebensunterhalts nach dem Zweiten Buch sowie über die Hilfe zum Lebensunterhalt und die Grundsicherung im Alter und bei Erwerbsminderung nach dem Zwölften Buch bleiben unberührt.

(2) Die Vorschriften über die Hilfe zur Überwindung besonderer sozialer Schwierigkeiten nach dem Achten Kapitel des Zwölften Buches, über die Altenhilfe nach § 71 des Zwölften Buches und über die Blindenhilfe nach § 72 des Zwölften Buches bleiben unberührt.

(3) Die Hilfen zur Gesundheit nach dem Zwölften Buch gehen den Leistungen der Eingliederungshilfe vor, wenn sie zur Beseitigung einer drohenden wesentlichen Behinderung nach § 99 Absatz 1 in Verbindung mit Absatz 2 geeignet sind.

§ 94 Aufgaben der Länder

(1) Die Länder bestimmen die für die Durchführung dieses Teils zuständigen Träger der Eingliederungshilfe.

(2) $_{1}$Bei der Bestimmung durch Landesrecht ist sicherzustellen, dass die Träger der Eingliederungshilfe nach ihrer Leistungsfähigkeit zur Erfüllung dieser Aufgaben geeignet sind. $_{2}$Sind in einem Land mehrere Träger der Eingliederungshilfe bestimmt worden, unterstützen die obersten Landessozialbehörden die Träger bei der Durchführung der Aufgaben nach diesem Teil. $_{3}$Dabei sollen sie insbesondere den Erfahrungsaustausch zwischen den Trägern sowie die Entwicklung und Durchführung von Instrumenten zur zielgerichteten Erbringung und Überprüfung von Leistungen und der Qualitätssicherung einschließlich der Wirksamkeit der Leistungen fördern.

(3) Die Länder haben auf flächendeckende, bedarfsdeckende, am Sozialraum orientierte und inklusiv ausgerichtete Angebote von Leistungsanbietern hinzuwirken und unterstützen die Träger der Eingliederungshilfe bei der Umsetzung ihres Sicherstellungsauftrages.

(4) $_{1}$Zur Förderung und Weiterentwicklung der Strukturen der Eingliederungshilfe bildet jedes Land eine Arbeitsgemeinschaft. $_{2}$Die Arbeitsgemeinschaften bestehen aus Vertretern des für die Eingliederungshilfe zuständigen Ministeriums, der Träger der Eingliederungshilfe, der Leistungserbringer sowie aus Vertretern der Verbände für Menschen mit Behinderungen. $_{3}$Die Landesregierungen werden ermächtigt, durch Rechtsverordnung das Nähere über die Zusammensetzung und das Verfahren zu bestimmen.

(5) $_{1}$Die Länder treffen sich regelmäßig unter Beteiligung des Bundes sowie der Träger der Eingliederungshilfe zur Evidenzbeobachtung und zu einem Erfahrungsaustausch. $_{2}$Die Verbände der Leistungserbringer sowie die Verbände für Menschen mit Behinderungen können hinzugezogen werden. $_{3}$Gegenstand der Evidenzbeobachtung und des Erfahrungsaustausches sind insbesondere

1. die Wirkung und Qualifizierung der Steuerungsinstrumente,
2. die Wirkungen der Regelungen zur Leistungsberechtigung nach § 99 sowie der neuen Leistungen und Leistungsstrukturen,
3. die Umsetzung des Wunsch- und Wahlrechtes nach § 104 Absatz 1 und 2,

4. die Wirkung der Koordinierung der Leistungen und der trägerübergreifenden Verfahren der Bedarfsermittlung und -feststellung und
5. die Auswirkungen des Beitrags.

$_4$Die Erkenntnisse sollen zur Weiterentwicklung der Eingliederungshilfe zusammengeführt werden.

§ 95 Sicherstellungsauftrag

$_1$Die Träger der Eingliederungshilfe haben im Rahmen ihrer Leistungsverpflichtung eine personenzentrierte Leistung für Leistungsberechtigte unabhängig vom Ort der Leistungserbringung sicherzustellen (Sicherstellungsauftrag), soweit dieser Teil nichts Abweichendes bestimmt. $_2$Sie schließen hierzu Vereinbarungen mit den Leistungsanbietern nach den Vorschriften des Kapitels 8 ab. $_3$Im Rahmen der Strukturplanung sind die Erkenntnisse aus der Gesamtplanung nach Kapitel 7 zu berücksichtigen.

§ 96 Zusammenarbeit

(1) Die Träger der Eingliederungshilfe arbeiten mit Leistungsanbietern und anderen Stellen, deren Aufgabe die Lebenssituation von Menschen mit Behinderungen betrifft, zusammen.

(2) Die Stellung der Kirchen und Religionsgesellschaften des öffentlichen Rechts sowie der Verbände der Freien Wohlfahrtspflege als Träger eigener sozialer Aufgaben und ihre Tätigkeit zur Erfüllung dieser Aufgaben werden durch diesen Teil nicht berührt.

(3) Ist die Beratung und Sicherung der gleichmäßigen, gemeinsamen oder ergänzenden Erbringung von Leistungen geboten, sollen zu diesem Zweck Arbeitsgemeinschaften gebildet werden.

(4) Sozialdaten dürfen im Rahmen der Zusammenarbeit nur verarbeitet werden, soweit dies zur Erfüllung von Aufgaben nach diesem Teil erforderlich ist oder durch Rechtsvorschriften des Sozialgesetzbuches angeordnet oder erlaubt ist.

§ 97 Fachkräfte

$_1$Bei der Durchführung der Aufgaben dieses Teils beschäftigen die Träger der Eingliederungshilfe eine dem Bedarf entsprechende Anzahl an Fachkräften aus unterschiedlichen Fachdisziplinen. $_2$Diese sollen

1. eine ihren Aufgaben entsprechende Ausbildung erhalten haben und insbesondere über umfassende Kenntnisse
   a) des Sozial- und Verwaltungsrechts,
   b) über Personen, die leistungsberechtigt im Sinne des § 99 Absatz 1 bis 3 sind, oder
   c) von Teilhabebedarfen und Teilhabebarrieren

   verfügen,
2. umfassende Kenntnisse über den regionalen Sozialraum und seine Möglichkeiten zur Durchführung von Leistungen der Eingliederungshilfe haben sowie
3. die Fähigkeit zur Kommunikation mit allen Beteiligten haben.

$_3$Soweit Mitarbeiter der Leistungsträger nicht oder nur zum Teil die Voraussetzungen erfüllen, ist ihnen Gelegenheit zur Fortbildung und zum Austausch mit Menschen mit Behinderungen zu geben. $_4$Die fachliche Fortbildung der Fachkräfte, die insbesondere die Durchführung der Aufgaben nach den §§ 106 und 117 umfasst, ist zu gewährleisten.

§ 98 Örtliche Zuständigkeit

(1) $_1$Für die Eingliederungshilfe örtlich zuständig ist der Träger der Eingliederungshilfe, in dessen Bereich die leistungsberechtigte Person ihren gewöhnlichen Aufenthalt zum Zeitpunkt der ersten Antragstellung nach § 108 Absatz 1 hat oder in den zwei Monaten vor den Leistungen einer Betreuung über Tag und Nacht zuletzt gehabt hatte. $_2$Bedarf es nach § 108 Absatz 2 keines Antrags, ist der Beginn des Verfahrens nach Kapitel 7 maßgeblich. $_3$Diese Zuständigkeit bleibt bis zur Beendigung des Leistungsbezuges bestehen. $_4$Sie ist neu festzustellen, wenn für einen zusammenhängenden Zeitraum von mindestens sechs Monaten keine Leistungen bezogen wurden. $_5$Eine Unterbrechung des Leistungsbezuges wegen stationärer Krankenhausbehandlung oder medizinischer Rehabilitation gilt nicht als Beendigung des Leistungsbezuges.

(2) $_1$Steht innerhalb von vier Wochen nicht fest, ob und wo der gewöhnliche Aufenthalt begründet worden ist, oder ist ein gewöhnlicher Aufenthalt nicht vorhanden oder nicht zu ermitteln, hat der für den tatsächlichen Aufenthalt zuständige Träger der Eingliederungshilfe über die Leistung unverzüglich zu entscheiden und sie vorläufig zu erbringen. $_2$Steht der gewöhnliche Aufenthalt in den Fällen des Satzes 1 fest, wird der Träger der Eingliederungshilfe nach Absatz 1 örtlich zuständig und hat dem nach Satz 1 leistenden Träger die Kosten zu erstatten. $_3$Ist ein gewöhnlicher Aufenthalt im Bundesgebiet nicht vorhanden oder nicht zu ermitteln, ist der Träger der Eingliederungshilfe örtlich zuständig, in dessen Bereich sich die leistungsberechtigte Person tatsächlich aufhält.

(3) Werden für ein Kind vom Zeitpunkt der Geburt an Leistungen nach diesem Teil des Buches über Tag und Nacht beantragt, tritt an die Stelle seines gewöhnlichen Aufenthalts der gewöhnliche Aufenthalt der Mutter.

(4) $_1$Als gewöhnlicher Aufenthalt im Sinne dieser Vorschrift gilt nicht der stationäre Aufenthalt oder der auf richterlich angeordneter Freiheitsentziehung beruhende Aufenthalt in einer Vollzugsanstalt. $_2$In diesen Fällen ist der Träger der Eingliederungshilfe örtlich zuständig, in dessen Bereich die leistungsberechtigte Person ihren gewöhnlichen Aufenthalt in den letzten zwei Monaten vor der Aufnahme zuletzt hatte.

(5) $_1$Bei Personen, die am 31. Dezember 2019 Leistungen nach dem Sechsten Kapitel des Zwölften Buches in der am 31. Dezember 2019 geltenden Fassung bezogen haben und auch ab dem 1. Januar 2020 Leistungen nach Teil 2 dieses Buches erhalten, ist der Träger der Eingliederungshilfe örtlich zuständig, dessen örtliche Zuständigkeit sich am 1. Januar 2020 im Einzelfall in entsprechender Anwendung von § 98 Absatz 1 Satz 1 oder Absatz 5 des Zwölften Buches oder in entsprechender Anwendung von § 98 Absatz 2 Satz 1 und 2 in Verbindung mit § 107 des Zwölften Buches ergeben würde. $_2$Absatz 1 Satz 3 bis 5 gilt entsprechend. $_3$Im Übrigen bleiben die Absätze 2 bis 4 unberührt.

Kapitel 2
Grundsätze der Leistungen

§ 99 Leistungsberechtigung, Verordnungsermächtigung

(1) Leistungen der Eingliederungshilfe erhalten Menschen mit Behinderungen im Sinne von § 2 Absatz 1 Satz 1 und 2, die wesentlich in der gleichberechtigten Teilhabe an der Gesellschaft eingeschränkt sind (wesentliche Behinderung) oder von einer solchen wesentlichen Behinderung bedroht sind, wenn und solange nach der Besonderheit des Einzelfalles Aussicht besteht, dass die Aufgabe der Eingliederungshilfe nach § 90 erfüllt werden kann.

(2) Von einer wesentlichen Behinderung bedroht sind Menschen, bei denen der Eintritt einer wesentlichen Behinderung nach fachlicher Erkenntnis mit hoher Wahrscheinlichkeit zu erwarten ist.

(3) Menschen mit anderen geistigen, seelischen, körperlichen oder Sinnesbeeinträchtigungen, durch die sie in Wechselwirkung mit einstellungs- und umweltbedingten Barrieren in der gleichberechtigten Teilhabe an der Gesellschaft eingeschränkt sind, können Leistungen der Eingliederungshilfe erhalten.

(4) 1Die Bundesregierung kann durch Rechtsverordnung mit Zustimmung des Bundesrates Bestimmungen über die Konkretisierung der Leistungsberechtigung in der Eingliederungshilfe erlassen. 2Bis zum Inkrafttreten einer nach Satz 1 erlassenen Rechtsverordnung gelten die §§ 1 bis 3 der Eingliederungshilfe-Verordnung in der am 31. Dezember 2019 geltenden Fassung entsprechend.

§ 100 Eingliederungshilfe für Ausländer

(1) 1Ausländer, die sich im Inland tatsächlich aufhalten, können Leistungen nach diesem Teil erhalten, soweit dies im Einzelfall gerechtfertigt ist. 2Die Einschränkung auf Ermessensleistungen nach Satz 1 gilt nicht für Ausländer, die im Besitz einer Niederlassungserlaubnis oder eines befristeten Aufenthaltstitels sind und sich voraussichtlich dauerhaft im Bundesgebiet aufhalten. 3Andere Rechtsvorschriften, nach denen Leistungen der Eingliederungshilfe zu erbringen sind, bleiben unberührt.

(2) Leistungsberechtigte nach § 1 des Asylbewerberleistungsgesetzes erhalten keine Leistungen der Eingliederungshilfe.

(3) Ausländer, die eingereist sind, um Leistungen nach diesem Teil zu erlangen, haben keinen Anspruch auf Leistungen der Eingliederungshilfe.

§ 101 Eingliederungshilfe für Deutsche im Ausland

(1) 1Deutsche, die ihren gewöhnlichen Aufenthalt im Ausland haben, erhalten keine Leistungen der Eingliederungshilfe. 2Hiervon kann im Einzelfall nur abgewichen werden, soweit dies wegen einer außergewöhnlichen Notlage unabweisbar ist und zugleich nachgewiesen wird, dass eine Rückkehr in das Inland aus folgenden Gründen nicht möglich ist:

1. Pflege und Erziehung eines Kindes, das aus rechtlichen Gründen im Ausland bleiben muss,
2. längerfristige stationäre Betreuung in einer Einrichtung oder Schwere der Pflegebedürftigkeit oder
3. hoheitliche Gewalt.

(2) Leistungen der Eingliederungshilfe werden nicht erbracht, soweit sie von dem hierzu verpflichteten Aufenthaltsland oder von anderen erbracht werden oder zu erwarten sind.

(3) Art und Maß der Leistungserbringung sowie der Einsatz des Einkommens und Vermögens richten sich nach den besonderen Verhältnissen im Aufenthaltsland.

(4) 1Für die Leistung zuständig ist der Träger der Eingliederungshilfe, in dessen Bereich die antragstellende Person geboren ist. 2Liegt der Geburtsort im Ausland oder ist er nicht zu ermitteln, richtet sich die örtliche Zuständigkeit des Trägers der Eingliederungshilfe nach dem Geburtsort der Mutter der antragstellenden Person. 3Liegt dieser ebenfalls im Ausland oder ist er nicht zu ermitteln, richtet sich die örtliche Zuständigkeit des Trägers der Eingliederungshilfe nach dem Geburtsort des Vaters der antragstellenden Person. 4Liegt auch dieser im Ausland oder ist er nicht zu ermitteln, ist der Träger der Eingliederungshilfe örtlich zuständig, bei dem der Antrag eingeht.

(5) Die Träger der Eingliederungshilfe arbeiten mit den deutschen Dienststellen im Ausland zusammen.

§ 102 Leistungen der Eingliederungshilfe

(1) Die Leistungen der Eingliederungshilfe umfassen

1. Leistungen zur medizinischen Rehabilitation,
2. Leistungen zur Teilhabe am Arbeitsleben,
3. Leistungen zur Teilhabe an Bildung und
4. Leistungen zur Sozialen Teilhabe.

(2) Leistungen nach Absatz 1 Nummer 1 bis 3 gehen den Leistungen nach Absatz 1 Nummer 4 vor.

§ 103 Regelung für Menschen mit Behinderungen und Pflegebedarf

(1) 1Werden Leistungen der Eingliederungshilfe in Einrichtungen oder Räumlichkeiten im Sinne des § 43a des Elften Buches in Verbindung mit § 71 Absatz 4 des Elften Buches erbracht, umfasst die Leistung auch die Pflegeleistungen in diesen Einrichtungen oder Räumlichkeiten. 2Stellt der Leistungserbringer fest, dass der Mensch mit Behinderungen so pflegebedürftig ist, dass die Pflege in diesen Einrichtungen oder Räumlichkeiten nicht sichergestellt werden kann, vereinbaren der Träger der Eingliederungshilfe und die zuständige Pflegekasse mit dem Leistungserbringer, dass die Leistung bei einem anderen Leistungserbringer erbracht wird; dabei ist angemessenen Wünschen des Menschen mit Behinderungen Rechnung zu tragen. 3Die Entscheidung zur Vorbereitung der Vereinbarung nach Satz 2 erfolgt nach den Regelungen zur Gesamtplanung nach Kapitel 7.

(2) 1Werden Leistungen der Eingliederungshilfe außerhalb von Einrichtungen oder Räumlichkeiten im Sinne des § 43a des Elften Buches in Verbindung mit § 71 Absatz 4 des Elften Buches erbracht, umfasst die Leistung auch die Leistungen der häuslichen Pflege nach den §§ 64a bis 64f, 64i bis 64k und 66 des Zwölften Buches, solange die Teilhabeziele nach Maßgabe des Gesamtplanes (§ 121) erreicht werden können, es sei denn der Leistungsberechtigte hat vor Vollendung des für die Regelaltersrente im Sinne des Sechsten Buches erforderlichen Lebensjahres keine Leistungen der Eingliederungshilfe erhalten. 2Satz 1 gilt entsprechend in Fällen, in denen der Leistungsberechtigte vorübergehend Leistungen

nach den §§ 64g und 64h des Zwölften Buches in Anspruch nimmt. $_3$Die Länder können durch Landesrecht bestimmen, dass der für die Leistungen der häuslichen Pflege zuständige Träger der Sozialhilfe die Kosten der vom Träger der Eingliederungshilfe erbrachten Leistungen der häuslichen Pflege zu erstatten hat.

§ 104 Leistungen nach der Besonderheit des Einzelfalles

(1) $_1$Die Leistungen der Eingliederungshilfe bestimmen sich nach der Besonderheit des Einzelfalles, insbesondere nach der Art des Bedarfes, den persönlichen Verhältnissen, dem Sozialraum und den eigenen Kräften und Mitteln; dabei ist auch die Wohnform zu würdigen. $_2$Sie werden so lange geleistet, wie die Teilhabeziele nach Maßgabe des Gesamtplanes (§ 121) erreichbar sind.

(2) $_1$Wünschen der Leistungsberechtigten, die sich auf die Gestaltung der Leistung richten, ist zu entsprechen, soweit sie angemessen sind. $_2$Die Wünsche der Leistungsberechtigten gelten nicht als angemessen,

1. wenn und soweit die Höhe der Kosten der gewünschten Leistung die Höhe der Kosten für eine vergleichbare Leistung von Leistungserbringern, mit denen eine Vereinbarung nach Kapitel 8 besteht, unverhältnismäßig übersteigt und
2. wenn der Bedarf nach der Besonderheit des Einzelfalles durch die vergleichbare Leistung gedeckt werden kann.

(3) $_1$Bei der Entscheidung nach Absatz 2 ist zunächst die Zumutbarkeit einer von den Wünschen des Leistungsberechtigten abweichenden Leistung zu prüfen. $_2$Dabei sind die persönlichen, familiären und örtlichen Umstände einschließlich der gewünschten Wohnform angemessen zu berücksichtigen. $_3$Kommt danach ein Wohnen außerhalb von besonderen Wohnformen in Betracht, ist dieser Wohnform der Vorzug zu geben, wenn dies von der leistungsberechtigten Person gewünscht wird. $_4$Soweit die leistungsberechtigte Person dies wünscht, sind in diesem Fall die im Zusammenhang mit dem Wohnen stehenden Assistenzleistungen nach § 113 Absatz 2 Nummer 2 im Bereich der Gestaltung sozialer Beziehungen und der persönlichen Lebensplanung nicht gemeinsam zu erbringen nach § 116 Absatz 2 Nummer 1. $_5$Bei Unzumutbarkeit einer abweichenden Leistungsgestaltung ist ein Kostenvergleich nicht vorzunehmen.

(4) Auf Wunsch der Leistungsberechtigten sollen die Leistungen der Eingliederungshilfe von einem Leistungsanbieter erbracht werden, der die Betreuung durch Geistliche ihres Bekenntnisses ermöglicht.

(5) Leistungen der Eingliederungshilfe für Leistungsberechtigte mit gewöhnlichem Aufenthalt in Deutschland können auch im Ausland erbracht werden, wenn dies im Interesse der Aufgabe der Eingliederungshilfe geboten ist, die Dauer der Leistungen durch den Auslandsaufenthalt nicht wesentlich verlängert wird und keine unvertretbaren Mehraufwendungen entstehen.

§ 105 Leistungsformen

(1) Die Leistungen der Eingliederungshilfe werden als Sach-, Geld- oder Dienstleistung erbracht.

(2) Zur Dienstleistung gehören insbesondere die Beratung und Unterstützung in Angelegenheiten der Leistungen der Eingliederungshilfe sowie in sonstigen sozialen Angelegenheiten.

(3) $_1$Leistungen zur Sozialen Teilhabe können mit Zustimmung der Leistungsberechtigten auch in Form einer pauschalen Geldleistung erbracht werden, soweit es dieser Teil vorsieht. $_2$Die Träger der Eingliederungshilfe regeln das Nähere zur Höhe und Ausgestaltung der Pauschalen.

(4) $_1$Die Leistungen der Eingliederungshilfe werden auf Antrag auch als Teil eines Persönlichen Budgets ausgeführt. $_2$Die Vorschrift zum Persönlichen Budget nach § 29 ist insoweit anzuwenden.

§ 106 Beratung und Unterstützung

(1) $_1$Zur Erfüllung der Aufgaben dieses Teils werden die Leistungsberechtigten, auf ihren Wunsch auch im Beisein einer Person ihres Vertrauens, vom Träger der Eingliederungshilfe beraten und, soweit erforderlich, unterstützt. $_2$Die Beratung erfolgt in einer für den Leistungsberechtigten wahrnehmbaren Form.

(2) Die Beratung umfasst insbesondere

1. die persönliche Situation des Leistungsberechtigten, den Bedarf, die eigenen Kräfte und Mittel sowie die mögliche Stärkung der Selbsthilfe zur Teilhabe am Leben in der Gemeinschaft einschließlich eines gesellschaftlichen Engagements,
2. die Leistungen der Eingliederungshilfe einschließlich des Zugangs zum Leistungssystem,
3. die Leistungen anderer Leistungsträger,
4. die Verwaltungsabläufe,
5. Hinweise auf Leistungsanbieter und andere Hilfemöglichkeiten im Sozialraum und auf Möglichkeiten zur Leistungserbringung,
6. Hinweise auf andere Beratungsangebote im Sozialraum,
7. eine gebotene Budgetberatung.

(3) Die Unterstützung umfasst insbesondere

1. Hilfe bei der Antragstellung,
2. Hilfe bei der Klärung weiterer zuständiger Leistungsträger,
3. das Hinwirken auf zeitnahe Entscheidungen und Leistungen der anderen Leistungsträger,
4. Hilfe bei der Erfüllung von Mitwirkungspflichten,
5. Hilfe bei der Inanspruchnahme von Leistungen,
6. die Vorbereitung von Möglichkeiten der Teilhabe am Leben in der Gemeinschaft einschließlich des gesellschaftlichen Engagements,
7. die Vorbereitung von Kontakten und Begleitung zu Leistungsanbietern und anderen Hilfemöglichkeiten,
8. Hilfe bei der Entscheidung über Leistungserbringer sowie bei der Aushandlung und dem Abschluss von Verträgen mit Leistungserbringern sowie
9. Hilfe bei der Erfüllung von Verpflichtungen aus der Zielvereinbarung und dem Bewilligungsbescheid.

(4) Die Leistungsberechtigten sind hinzuweisen auf die ergänzende unabhängige Teilhabeberatung nach § 32, auf die Beratung und Unterstützung von Verbänden der Freien Wohlfahrtspflege sowie von Angehörigen der rechtsberatenden Berufe und von sonstigen Stellen.

§ 107 Übertragung, Verpfändung oder Pfändung, Auswahlermessen

(1) Der Anspruch auf Leistungen der Eingliederungshilfe kann nicht übertragen, verpfändet oder gepfändet werden.

(2) Über Art und Maß der Leistungserbringung ist nach pflichtgemäßem Ermessen zu entscheiden, soweit das Ermessen nicht ausgeschlossen ist.

§ 108 Antragserfordernis

(1) 1Die Leistungen der Eingliederungshilfe nach diesem Teil werden auf Antrag erbracht. 2Die Leistungen werden frühestens ab dem Ersten des Monats der Antragstellung erbracht, wenn zu diesem Zeitpunkt die Voraussetzungen bereits vorlagen.

(2) Eines Antrages bedarf es nicht für Leistungen, deren Bedarf in dem Verfahren nach Kapitel 7 ermittelt worden ist.

Kapitel 3
Medizinische Rehabilitation

§ 109 Leistungen zur medizinischen Rehabilitation

(1) Leistungen zur medizinischen Rehabilitation sind insbesondere die in § 42 Absatz 2 und 3 und § 64 Absatz 1 Nummer 3 bis 6 genannten Leistungen.

(2) Die Leistungen zur medizinischen Rehabilitation entsprechen den Rehabilitationsleistungen der gesetzlichen Krankenversicherung.

§ 110 Leistungserbringung

(1) Leistungsberechtigte haben entsprechend den Bestimmungen der gesetzlichen Krankenversicherung die freie Wahl unter den Ärzten und Zahnärzten sowie unter den Krankenhäusern und Vorsorge- und Rehabilitationseinrichtungen.

(2) 1Bei der Erbringung von Leistungen zur medizinischen Rehabilitation sind die Regelungen, die für die gesetzlichen Krankenkassen nach dem Vierten Kapitel des Fünften Buches gelten, mit Ausnahme des Dritten Titels des Zweiten Abschnitts anzuwenden. 2Ärzte, Psychotherapeuten im Sinne des § 28 Absatz 3 Satz 1 des Fünften Buches und Zahnärzte haben für ihre Leistungen Anspruch auf die Vergütung, welche die Ortskrankenkasse, in deren Bereich der Arzt, Psychotherapeut oder der Zahnarzt niedergelassen ist, für ihre Mitglieder zahlt.

(3) 1Die Verpflichtungen, die sich für die Leistungserbringer aus den §§ 294, 294a, 295, 300 bis 302 des Fünften Buches ergeben, gelten auch für die Abrechnung von Leistungen zur medizinischen Rehabilitation mit dem Träger der Eingliederungshilfe. 2Die Vereinbarungen nach § 303 Absatz 1 sowie § 304 des Fünften Buches gelten für den Träger der Eingliederungshilfe entsprechend.

Kapitel 4
Teilhabe am Arbeitsleben

§ 111 Leistungen zur Beschäftigung

(1) Leistungen zur Beschäftigung umfassen

1. Leistungen im Arbeitsbereich anerkannter Werkstätten für behinderte Menschen nach den §§ 58 und 62,
2. Leistungen bei anderen Leistungsanbietern nach den §§ 60 und 62,
3. Leistungen bei privaten und öffentlichen Arbeitgebern nach § 61 sowie
4. Leistungen für ein Budget für Ausbildung nach § 61a.

(2) 1Leistungen nach Absatz 1 umfassen auch Gegenstände und Hilfsmittel, die wegen der gesundheitlichen Beeinträchtigung zur Aufnahme oder Fortsetzung der Beschäftigung erforderlich sind. 2Voraussetzung für eine Hilfsmittelversorgung ist, dass der Leistungsberechtigte das Hilfsmittel bedienen kann. 3Die Versorgung mit Hilfsmitteln schließt eine notwendige Unterweisung im Gebrauch und eine notwendige Instandhaltung oder Änderung ein. 4Die Ersatzbeschaffung des Hilfsmittels erfolgt, wenn sie infolge der körperlichen Entwicklung der Leistungsberechtigten notwendig ist oder wenn das Hilfsmittel aus anderen Gründen ungeeignet oder unbrauchbar geworden ist.

(3) Zu den Leistungen nach Absatz 1 Nummer 1 und 2 gehört auch das Arbeitsförderungsgeld nach § 59.

Kapitel 5
Teilhabe an Bildung

§ 112 Leistungen zur Teilhabe an Bildung

(1) 1Leistungen zur Teilhabe an Bildung umfassen

1. Hilfen zu einer Schulbildung, insbesondere im Rahmen der allgemeinen Schulpflicht und zum Besuch weiterführender Schulen einschließlich der Vorbereitung hierzu; die Bestimmungen über die Ermöglichung der Schulbildung im Rahmen der allgemeinen Schulpflicht bleiben unberührt, und
2. Hilfen zur schulischen oder hochschulischen Ausbildung oder Weiterbildung für einen Beruf.

2Die Hilfen nach Satz 1 Nummer 1 schließen Leistungen zur Unterstützung schulischer Ganztagsangebote in der offenen Form ein, die im Einklang mit dem Bildungs- und Erziehungsauftrag der Schule stehen und unter deren Aufsicht und Verantwortung ausgeführt werden, an den stundenplanmäßigen Unterricht anknüpfen und in der Regel in den Räumlichkeiten der Schule oder in deren Umfeld durchgeführt werden. 3Hilfen nach Satz 1 Nummer 1 umfassen auch heilpädagogische und sonstige Maßnahmen, wenn die Maßnahmen erforderlich und geeignet sind, der leistungsberechtigten Person den Schulbesuch zu ermöglichen oder zu erleichtern. 4Hilfen zu einer schulischen oder hochschulischen Ausbildung nach Satz 1 Nummer 2 können erneut erbracht werden, wenn dies aus behinderungsbedingten Gründen erforderlich ist. 5Hilfen nach Satz 1 umfassen auch Gegenstände und Hilfsmittel, die wegen der gesundheitlichen Beeinträchtigung zur Teilhabe an Bildung erforderlich sind. 6Voraussetzung für eine Hilfsmittelversorgung ist, dass die leistungsberechtigte Person das Hilfsmittel bedienen kann. 7Die Versorgung mit Hilfsmitteln schließt eine notwendige Unterweisung im Gebrauch und eine notwendige Instandhaltung oder Änderung ein. 8Die Ersatzbeschaffung des Hilfsmittels erfolgt, wenn sie infolge der körperlichen Entwicklung der leistungsberechtigten Person notwendig ist oder wenn das Hilfsmittel aus an-

VII

deren Gründen ungeeignet oder unbrauchbar geworden ist.

(2) $_{1}$Hilfen nach Absatz 1 Satz 1 Nummer 2 werden erbracht für eine schulische oder hochschulische berufliche Weiterbildung, die

1. in einem zeitlichen Zusammenhang an eine duale, schulische oder hochschulische Berufsausbildung anschließt,
2. in dieselbe fachliche Richtung weiterführt und
3. es dem Leistungsberechtigten ermöglicht, das von ihm angestrebte Berufsziel zu erreichen.

$_{2}$Hilfen für ein Masterstudium werden abweichend von Satz 1 Nummer 2 auch erbracht, wenn das Masterstudium auf ein zuvor abgeschlossenes Bachelorstudium aufbaut und dieses interdisziplinär ergänzt, ohne in dieselbe Fachrichtung weiterzuführen. $_{3}$Aus behinderungsbedingten oder aus anderen, nicht von der leistungsberechtigten Person beeinflussbaren gewichtigen Gründen kann von Satz 1 Nummer 1 abgewichen werden.

(3) Hilfen nach Absatz 1 Satz 1 Nummer 2 schließen folgende Hilfen ein:

1. Hilfen zur Teilnahme an Fernunterricht,
2. Hilfen zur Ableistung eines Praktikums, das für den Schul- oder Hochschulbesuch oder für die Berufszulassung erforderlich ist, und
3. Hilfen zur Teilnahme an Maßnahmen zur Vorbereitung auf die schulische oder hochschulische Ausbildung oder Weiterbildung für einen Beruf.

(4) $_{1}$Die in der Schule oder Hochschule wegen der Behinderung erforderliche Anleitung und Begleitung können an mehrere Leistungsberechtigte gemeinsam erbracht werden, soweit dies nach § 104 für die Leistungsberechtigten zumutbar ist und mit Leistungserbringern entsprechende Vereinbarungen bestehen. $_{2}$Die Leistungen nach Satz 1 sind auf Wunsch der Leistungsberechtigten gemeinsam zu erbringen.

Kapitel 6
Soziale Teilhabe

§ 113 Leistungen zur Sozialen Teilhabe

(1) $_{1}$Leistungen zur Sozialen Teilhabe werden erbracht, um eine gleichberechtigte Teilhabe am Leben in der Gemeinschaft zu ermöglichen oder zu erleichtern, soweit sie nicht nach den Kapiteln 3 bis 5 erbracht werden. $_{2}$Hierzu gehört, Leistungsberechtigte zu einer möglichst selbstbestimmten und eigenverantwortlichen Lebensführung im eigenen Wohnraum sowie in ihrem Sozialraum zu befähigen oder sie hierbei zu unterstützen. $_{3}$Maßgeblich sind die Ermittlungen und Feststellungen nach Kapitel 7.

(2) Leistungen zur Sozialen Teilhabe sind insbesondere

1. Leistungen für Wohnraum,
2. Assistenzleistungen,
3. heilpädagogische Leistungen,
4. Leistungen zur Betreuung in einer Pflegefamilie,
5. Leistungen zum Erwerb und Erhalt praktischer Kenntnisse und Fähigkeiten,
6. Leistungen zur Förderung der Verständigung,
7. Leistungen zur Mobilität,
8. Hilfsmittel,
9. Besuchsbeihilfen.

(3) Die Leistungen nach Absatz 2 Nummer 1 bis 8 bestimmen sich nach den §§ 77 bis 84, soweit sich aus diesem Teil nichts Abweichendes ergibt.

(4) Zur Ermöglichung der gemeinschaftlichen Mittagsverpflegung in der Verantwortung einer Werkstatt für behinderte Menschen, einem anderen Leistungsanbieter oder dem Leistungserbringer vergleichbarer anderer tagesstrukturierender Maßnahmen werden die erforderliche sächliche Ausstattung, die personelle Ausstattung und die erforderlichen betriebsnotwendigen Anlagen des Leistungserbringers übernommen.

(5) $_{1}$In besonderen Wohnformen des § 42a Absatz 2 Satz 1 Nummer 2 und Satz 3 des Zwölften Buches werden Aufwendungen für Wohnraum oberhalb der Angemessenheitsgrenze nach § 42a Absatz 6 des Zwölften Buches übernommen, sofern dies wegen der besonderen Bedürfnisse des Menschen mit Behinderungen erforderlich ist. $_{2}$Kapitel 8 ist anzuwenden.

(6) $_{1}$Bei einer stationären Krankenhausbehandlung nach § 39 des Fünften Buches werden auch Leistungen für die Begleitung und Befähigung des Leistungsberechtigten durch vertraute Bezugspersonen zur Sicherstellung der Durchführung der Behandlung erbracht, soweit dies aufgrund des Vertrauensverhältnisses des Leistungsberechtigten zur Bezugsperson und aufgrund der behinderungsbedingten besonderen Bedürfnisse erforderlich ist. $_{2}$Vertraute Bezugspersonen im Sinne von Satz 1 sind Personen, die dem Leistungsberechtigten gegenüber im Alltag bereits Leistungen der Eingliederungshilfe insbesondere im Rahmen eines Rechtsverhältnisses mit einem Leistungserbringer im Sinne des Kapitels 8 erbringen. $_{3}$Die Leistungen umfassen Leistungen zur Verständigung und zur Unterstützung im Umgang mit Belastungssituationen als nichtmedizinische Nebenleistungen zur stationären Krankenhausbehandlung. $_{4}$Bei den Leistungen im Sinne von Satz 1 findet § 91 Absatz 1 und 2 gegenüber Kostenträgern von Leistungen zur Krankenbehandlung mit Ausnahme der Träger der Unfallversicherung keine Anwendung. $_{5}$§ 17 Absatz 2 und 2a des Ersten Buches bleibt unberührt.

(7) $_{1}$Das Bundesministerium für Gesundheit und das Bundesministerium für Arbeit und Soziales evaluieren im Einvernehmen mit den Ländern die Wirkung einschließlich der finanziellen Auswirkungen der Regelungen in Absatz 6 und in § 44b des Fünften Buches. $_{2}$Die Ergebnisse sind bis zum 31. Dezember 2025 zu veröffentlichen. $_{3}$Die Einbeziehung Dritter in die Durchführung der Untersuchung erfolgt im Benehmen mit den zuständigen obersten Landesbehörden, soweit Auswirkungen auf das Sozialleistungssystem der Eingliederungshilfe untersucht werden.

§ 114 Leistungen zur Mobilität

Bei den Leistungen zur Mobilität nach § 113 Absatz 2 Nummer 7 gilt § 83 mit der Maßgabe, dass

1. die Leistungsberechtigten zusätzlich zu den in § 83 Absatz 2 genannten Voraussetzungen zur Teilhabe am Leben in der Gemeinschaft ständig auf die Nutzung eines Kraftfahrzeugs angewiesen sind und

2. abweichend von § 83 Absatz 3 Satz 2 die Vorschriften der §§ 6 und 8 der Kraftfahrzeughilfe-Verordnung nicht maßgeblich sind.

§ 115 Besuchsbeihilfen

Werden Leistungen bei einem oder mehreren Anbietern über Tag und Nacht erbracht, können den Leistungsberechtigten oder ihren Angehörigen zum gegenseitigen Besuch Beihilfen geleistet werden, soweit es im Einzelfall erforderlich ist.

§ 116 Pauschale Geldleistung, gemeinsame Inanspruchnahme

(1) $_1$Die Leistungen

1. zur Assistenz zur Übernahme von Handlungen zur Alltagsbewältigung sowie Begleitung der Leistungsberechtigten (§ 113 Absatz 2 Nummer 2 in Verbindung mit § 78 Absatz 2 Nummer 1 und Absatz 5),
2. zur Förderung der Verständigung (§ 113 Absatz 2 Nummer 6) und
3. zur Beförderung im Rahmen der Leistungen zur Mobilität (§ 113 Absatz 2 Nummer 7 in Verbindung mit § 83 Absatz 1 Nummer 1)

können mit Zustimmung der Leistungsberechtigten als pauschale Geldleistungen nach § 105 Absatz 3 erbracht werden. $_2$Die zuständigen Träger der Eingliederungshilfe regeln das Nähere zur Höhe und Ausgestaltung der pauschalen Geldleistungen sowie zur Leistungserbringung.

(2) $_1$Die Leistungen

1. zur Assistenz (§ 113 Absatz 2 Nummer 2),
2. zur Heilpädagogik (§ 113 Absatz 2 Nummer 3),
3. zum Erwerb und Erhalt praktischer Fähigkeiten und Kenntnisse (§ 113 Absatz 2 Nummer 5),
4. zur Förderung der Verständigung (§ 113 Absatz 2 Nummer 6),
5. zur Beförderung im Rahmen der Leistungen zur Mobilität (§ 113 Absatz 2 Nummer 7 in Verbindung mit § 83 Absatz 1 Nummer 1) und
5. zur Erreichbarkeit einer Ansprechperson unabhängig von einer konkreten Inanspruchnahme (§ 113 Absatz 2 Nummer 2 in Verbindung mit § 78 Absatz 6)

können an mehrere Leistungsberechtigte gemeinsam erbracht werden, soweit dies nach § 104 für die Leistungsberechtigten zumutbar ist und mit Leistungserbringern entsprechende Vereinbarungen bestehen. $_2$Maßgeblich sind die Ermittlungen und Feststellungen im Rahmen der Gesamtplanung nach Kapitel 7.

(3) Die Leistungen nach Absatz 2 sind auf Wunsch der Leistungsberechtigten gemeinsam zu erbringen, soweit die Teilhabeziele erreicht werden können.

Kapitel 7
Gesamtplanung

§ 117 Gesamtplanverfahren

(1) Das Gesamtplanverfahren ist nach folgenden Maßstäben durchzuführen:

1. Beteiligung des Leistungsberechtigten in allen Verfahrensschritten, beginnend mit der Beratung,
2. Dokumentation der Wünsche des Leistungsberechtigten zu Ziel und Art der Leistungen,
3. Beachtung der Kriterien
   a) transparent,
   b) trägerübergreifend,
   c) interdisziplinär,
   d) konsensorientiert,
   e) individuell,
   f) lebensweltbezogen,
   g) sozialraumorientiert und
   h) zielorientiert,
4. Ermittlung des individuellen Bedarfes,
5. Durchführung einer Gesamtplankonferenz,
6. Abstimmung der Leistungen nach Inhalt, Umfang und Dauer in einer Gesamtplankonferenz unter Beteiligung betroffener Leistungsträger.

(2) Am Gesamtplanverfahren wird auf Verlangen des Leistungsberechtigten eine Person seines Vertrauens beteiligt.

(3) $_1$Bestehen im Einzelfall Anhaltspunkte für eine Pflegebedürftigkeit nach dem Elften Buch, wird die zuständige Pflegekasse mit Zustimmung des Leistungsberechtigten vom Träger der Eingliederungshilfe informiert und muss am Gesamtplanverfahren beratend teilnehmen, soweit dies für den Träger der Eingliederungshilfe zur Feststellung der Leistungen nach den Kapiteln 3 bis 6 erforderlich ist. $_2$Bestehen im Einzelfall Anhaltspunkte, dass Leistungen der Hilfe zur Pflege nach dem Siebten Kapitel des Zwölften Buches erforderlich sind, so soll der Träger dieser Leistungen mit Zustimmung der Leistungsberechtigten informiert und am Gesamtplanverfahren beteiligt werden, soweit dies zur Feststellung der Leistungen nach den Kapiteln 3 bis 6 erforderlich ist.

(4) Bestehen im Einzelfall Anhaltspunkte für einen Bedarf an notwendigem Lebensunterhalt, ist der Träger dieser Leistungen mit Zustimmung des Leistungsberechtigten zu informieren und am Gesamtplanverfahren zu beteiligen, soweit dies zur Feststellung der Leistungen nach den Kapiteln 3 bis 6 erforderlich ist.

(5) § 22 Absatz 4 ist entsprechend anzuwenden, auch wenn ein Teilhabeplan nicht zu erstellen ist.

(6) $_1$Bei minderjährigen Leistungsberechtigten wird der nach § 86 des Achten Buches zuständige örtliche Träger der öffentlichen Jugendhilfe vom Träger der Eingliederungshilfe mit Zustimmung des Personensorgeberechtigten informiert und nimmt am Gesamtplanverfahren beratend teil, soweit dies zur Feststellung der Leistungen der Eingliederungshilfe nach den Kapiteln 3 bis 6 erforderlich ist. $_2$Hiervon kann in begründeten Ausnahmefällen abgesehen werden, insbesondere, wenn durch die Teilnahme des zuständigen örtlichen Trägers der öffentlichen Jugendhilfe das Gesamtplanverfahren verzögert würde.

§ 118 Instrumente der Bedarfsermittlung

(1) $_1$Der Träger der Eingliederungshilfe hat die Leistungen nach den Kapiteln 3 bis 6 unter Berücksichtigung der Wünsche des Leistungsberechtigten festzustellen. $_2$Die Ermittlung des individuellen Bedarfes des Leistungsberechtigten muss durch ein Instrument erfolgen, das sich

an der Internationalen Klassifikation der Funktionsfähigkeit, Behinderung und Gesundheit orientiert. $_{3}$Das Instrument hat die Beschreibung einer nicht nur vorübergehenden Beeinträchtigung der Aktivität und Teilhabe in den folgenden Lebensbereichen vorzusehen:

1. Lernen und Wissensanwendung,
2. Allgemeine Aufgaben und Anforderungen,
3. Kommunikation,
4. Mobilität,
5. Selbstversorgung,
6. häusliches Leben,
7. interpersonelle Interaktionen und Beziehungen,
8. bedeutende Lebensbereiche und
9. Gemeinschafts-, soziales und staatsbürgerliches Leben.

(2) Die Landesregierungen werden ermächtigt, durch Rechtsverordnung das Nähere über das Instrument zur Bedarfsermittlung zu bestimmen.

§ 119 Gesamtplankonferenz

(1) $_{1}$Mit Zustimmung des Leistungsberechtigten kann der Träger der Eingliederungshilfe eine Gesamtplankonferenz durchführen, um die Leistungen für den Leistungsberechtigten nach den Kapiteln 3 bis 6 sicherzustellen. $_{2}$Die Leistungsberechtigten, die beteiligten Rehabilitationsträger und bei minderjährigen Leistungsberechtigten der nach § 86 des Achten Buches zuständige örtliche Träger der öffentlichen Jugendhilfe können dem nach § 15 verantwortlichen Träger der Eingliederungshilfe die Durchführung einer Gesamtplankonferenz vorschlagen. $_{3}$Den Vorschlag auf Durchführung einer Gesamtplankonferenz kann der Träger der Eingliederungshilfe ablehnen, wenn der maßgebliche Sachverhalt schriftlich ermittelt werden kann oder der Aufwand zur Durchführung nicht in einem angemessenen Verhältnis zum Umfang der beantragten Leistung steht.

(2) $_{1}$In einer Gesamtplankonferenz beraten der Träger der Eingliederungshilfe, der Leistungsberechtigte und beteiligte Leistungsträger gemeinsam auf der Grundlage des Ergebnisses der Bedarfsermittlung nach § 118 insbesondere über

1. die Stellungnahmen der beteiligten Leistungsträger und die gutachterliche Stellungnahme des Leistungserbringers bei Beendigung der Leistungen zur beruflichen Bildung nach § 57,
2. die Wünsche der Leistungsberechtigten nach § 104 Absatz 2 bis 4,
3. den Beratungs- und Unterstützungsbedarf nach § 106,
4. die Erbringung der Leistungen.

$_{2}$Soweit die Beratung über die Erbringung der Leistungen nach Nummer 4 den Lebensunterhalt betrifft, umfasst sie den Anteil des Regelsatzes nach § 27a Absatz 3 des Zwölften Buches, der den Leistungsberechtigten als Barmittel verbleibt.

(3) $_{1}$Ist der Träger der Eingliederungshilfe Leistungsverantwortlicher nach § 15, soll er die Gesamtplankonferenz mit einer Teilhabeplankonferenz nach § 20 verbinden. $_{2}$Ist der Träger der Eingliederungshilfe nicht Leistungsverantwortlicher nach § 15, soll er nach § 19 Absatz 5 den Leistungsberechtigten und den Rehabilitationsträgern anbieten, mit deren Einvernehmen das Verfahren anstelle des leistenden Rehabilitationsträgers durchzuführen.

(4) $_{1}$Beantragt eine leistungsberechtigte Mutter oder ein leistungsberechtigter Vater Leistungen zur Deckung von Bedarfen bei der Versorgung und Betreuung eines eigenen Kindes oder mehrerer eigener Kinder, so ist eine Gesamtplankonferenz mit Zustimmung des Leistungsberechtigten durchzuführen. $_{2}$Bestehen Anhaltspunkte dafür, dass diese Bedarfe durch Leistungen anderer Leistungsträger, durch das familiäre, freundschaftliche und nachbarschaftliche Umfeld oder ehrenamtlich gedeckt werden können, so informiert der Träger der Eingliederungshilfe mit Zustimmung der Leistungsberechtigten die als zuständig angesehenen Leistungsträger, die ehrenamtlich tätigen Stellen und Personen oder die jeweiligen Personen aus dem persönlichen Umfeld und beteiligt sie an der Gesamtplankonferenz.

§ 120 Feststellung der Leistungen

(1) Nach Abschluss der Gesamtplankonferenz stellen der Träger der Eingliederungshilfe und die beteiligten Leistungsträger ihre Leistungen nach den für sie geltenden Leistungsgesetzen innerhalb der Fristen nach den §§ 14 und 15 fest.

(2) $_{1}$Der Träger der Eingliederungshilfe erlässt auf Grundlage des Gesamtplanes nach § 121 den Verwaltungsakt über die festgestellte Leistung nach den Kapiteln 3 bis 6. $_{2}$Der Verwaltungsakt enthält mindestens die bewilligten Leistungen und die jeweiligen Leistungsvoraussetzungen. $_{3}$Die Feststellungen über die Leistungen sind für den Erlass des Verwaltungsaktes bindend. $_{4}$Ist eine Gesamtplankonferenz durchgeführt worden, sind deren Ergebnisse der Erstellung des Gesamtplanes zugrunde zu legen. $_{5}$Ist der Träger der Eingliederungshilfe Leistungsverantwortlicher nach § 15, sind die Feststellungen über die Leistungen für die Entscheidung nach § 15 Absatz 3 bindend.

(3) Wenn nach den Vorschriften zur Koordinierung der Leistungen nach Teil 1 Kapitel 4 ein anderer Rehabilitationsträger die Leistungsverantwortung trägt, bilden die im Rahmen der Gesamtplanung festgestellten Leistungen nach den Kapiteln 3 bis 6 die für den Teilhabeplan erforderlichen Feststellungen nach § 15 Absatz 2.

(4) In einem Eilfall erbringt der Träger der Eingliederungshilfe Leistungen der Eingliederungshilfe nach den Kapiteln 3 bis 6 vor Beginn der Gesamtplankonferenz vorläufig; der Umfang der vorläufigen Gesamtleistung bestimmt sich nach pflichtgemäßem Ermessen.

§ 121 Gesamtplan

(1) Der Träger der Eingliederungshilfe stellt unverzüglich nach der Feststellung der Leistungen einen Gesamtplan insbesondere zur Durchführung der einzelnen Leistungen oder einer Einzelleistung auf.

(2) $_{1}$Der Gesamtplan dient der Steuerung, Wirkungskontrolle und Dokumentation des Teilhabeprozesses. $_{2}$Er bedarf der Schriftform und soll regelmäßig, spätestens nach zwei Jahren, überprüft und fortgeschrieben werden.

(3) Bei der Aufstellung des Gesamtplanes wirkt der Träger der Eingliederungshilfe zusammen mit

1. dem Leistungsberechtigten,
2. einer Person seines Vertrauens und
3. dem im Einzelfall Beteiligten, insbesondere mit
   a) dem behandelnden Arzt,
   b) dem Gesundheitsamt,
   c) dem Landesarzt,
   d) dem Jugendamt und
   e) den Dienststellen der Bundesagentur für Arbeit.

(4) Der Gesamtplan enthält neben den Inhalten nach § 19 mindestens

1. die im Rahmen der Gesamtplanung eingesetzten Verfahren und Instrumente sowie die Maßstäbe und Kriterien der Wirkungskontrolle einschließlich des Überprüfungszeitpunkts,
2. die Aktivitäten der Leistungsberechtigten,
3. die Feststellungen über die verfügbaren und aktivierbaren Selbsthilferessourcen des Leistungsberechtigten sowie über Art, Inhalt, Umfang und Dauer der zu erbringenden Leistungen,
4. die Berücksichtigung des Wunsch- und Wahlrechts nach § 8 im Hinblick auf eine pauschale Geldleistung,
5. die Erkenntnisse aus vorliegenden sozialmedizinischen Gutachten,
6. das Ergebnis über die Beratung des Anteils des Regelsatzes nach § 27a Absatz 3 des Zwölften Buches, der den Leistungsberechtigten als Barmittel verbleibt und
7. die Einschätzung, ob für den Fall einer stationären Krankenhausbehandlung die Begleitung und Befähigung des Leistungsberechtigten durch vertraute Bezugspersonen zur Sicherstellung der Durchführung der Behandlung erforderlich ist.

(5) Der Träger der Eingliederungshilfe stellt der leistungsberechtigten Person den Gesamtplan zur Verfügung.

§ 122 Teilhabezielvereinbarung

₁Der Träger der Eingliederungshilfe kann mit dem Leistungsberechtigten eine Teilhabezielvereinbarung zur Umsetzung der Mindestinhalte des Gesamtplanes oder von Teilen der Mindestinhalte des Gesamtplanes abschließen. ₂Die Vereinbarung wird für die Dauer des Bewilligungszeitraumes der Leistungen der Eingliederungshilfe abgeschlossen, soweit sich aus ihr nichts Abweichendes ergibt. ₃Bestehen Anhaltspunkte dafür, dass die Vereinbarungsziele nicht oder nicht mehr erreicht werden, hat der Träger der Eingliederungshilfe die Teilhabezielvereinbarung anzupassen. ₄Die Kriterien nach § 117 Absatz 1 Nummer 3 gelten entsprechend.

Kapitel 8
Vertragsrecht

§ 123 Allgemeine Grundsätze

(1) ₁Der Träger der Eingliederungshilfe darf Leistungen der Eingliederungshilfe mit Ausnahme der Leistungen nach § 113 Absatz 2 Nummer 2 in Verbindung mit § 78 Absatz 5 und § 116 Absatz 1 durch Dritte (Leistungserbringer) nur bewilligen, soweit eine schriftliche Vereinbarung zwischen dem Träger des Leistungserbringers und dem für den Ort der Leistungserbringung zuständigen Träger der Eingliederungshilfe besteht. ₂Die Vereinbarung kann auch zwischen dem Träger der Eingliederungshilfe und dem Verband, dem der Leistungserbringer angehört, geschlossen werden, soweit der Verband eine entsprechende Vollmacht nachweist.

(2) ₁Die Vereinbarungen sind für alle übrigen Träger der Eingliederungshilfe bindend. ₂Die Vereinbarungen müssen den Grundsätzen der Wirtschaftlichkeit, Sparsamkeit und Leistungsfähigkeit entsprechen und dürfen das Maß des Notwendigen nicht überschreiten. ₃Sie sind vor Beginn der jeweiligen Wirtschaftsperiode für einen zukünftigen Zeitraum abzuschließen (Vereinbarungszeitraum); nachträgliche Ausgleiche sind nicht zulässig. ₄Die Ergebnisse der Vereinbarungen sind den Leistungsberechtigten in einer wahrnehmbaren Form zugänglich zu machen.

(3) Keine Leistungserbringer im Sinne dieses Kapitels sind

1. private und öffentliche Arbeitgeber gemäß § 61 oder § 61a sowie
2. Einrichtungen der beruflichen Rehabilitation, in denen der schulische Teil der Ausbildung nach § 61a Absatz 2 Satz 2 erfolgen kann.

(4) ₁Besteht eine schriftliche Vereinbarung, so ist der Leistungserbringer, soweit er kein anderer Leistungsanbieter im Sinne des § 60 ist, im Rahmen des vereinbarten Leistungsangebotes verpflichtet, Leistungsberechtigte aufzunehmen und Leistungen der Eingliederungshilfe unter Beachtung der Inhalte des Gesamtplanes nach § 121 zu erbringen. ₂Die Verpflichtung zur Leistungserbringung besteht auch in den Fällen des § 116 Absatz 2.

(5) ₁Der Träger der Eingliederungshilfe darf die Leistungen durch Leistungserbringer, mit denen keine schriftliche Vereinbarung besteht, nur erbringen, soweit

1. dies nach der Besonderheit des Einzelfalles geboten ist,
2. der Leistungserbringer ein schriftliches Leistungsangebot vorlegt, das für den Inhalt einer Vereinbarung nach § 125 gilt,
3. der Leistungserbringer sich schriftlich verpflichtet, die Grundsätze der Wirtschaftlichkeit und Qualität der Leistungserbringung zu beachten,
4. der Leistungserbringer sich schriftlich verpflichtet, bei der Erbringung von Leistungen die Inhalte des Gesamtplanes nach § 121 zu beachten,
5. die Vergütung für die Erbringung der Leistungen nicht höher ist als die Vergütung, die der Träger der Eingliederungshilfe mit anderen Leistungserbringern für vergleichbare Leistungen vereinbart hat.

₂Die allgemeinen Grundsätze der Absätze 1 bis 3 und 5 sowie die Vorschriften zur Geeignetheit der Leistungserbringer (§ 124), zum Inhalt der Vergütung (§ 125), zur Verbindlichkeit der vereinbarten Vergütung (§ 127), zur Wirtschaftlichkeits- und Qualitätsprüfung (§ 128), zur Kürzung der Vergütung (§ 129) und zur außerordentlichen Kündigung der Vereinbarung (§ 130) gelten entsprechend.

(6) Der Leistungserbringer hat gegen den Träger der Eingliederungshilfe einen Anspruch auf Vergütung der

gegenüber dem Leistungsberechtigten erbrachten Leistungen der Eingliederungshilfe.

§ 124 Geeignete Leistungserbringer

(1) 1Sind geeignete Leistungserbringer vorhanden, soll der Träger der Eingliederungshilfe zur Erfüllung seiner Aufgaben eigene Angebote nicht neu schaffen. 2Geeignet ist ein externer Leistungserbringer, der unter Sicherstellung der Grundsätze des § 104 die Leistungen wirtschaftlich und sparsam erbringen kann. 3Die durch den Leistungserbringer geforderte Vergütung ist wirtschaftlich angemessen, wenn sie im Vergleich mit der Vergütung vergleichbarer Leistungserbringer im unteren Drittel liegt (externer Vergleich). 4Liegt die geforderte Vergütung oberhalb des unteren Drittels, kann sie wirtschaftlich angemessen sein, sofern sie nachvollziehbar auf einem höheren Aufwand des Leistungserbringers beruht und wirtschaftlicher Betriebsführung entspricht. 5In den externen Vergleich sind die im Einzugsbereich tätigen Leistungserbringer einzubeziehen. 6Die Bezahlung tariflich vereinbarter Vergütungen sowie entsprechender Vergütungen nach kirchlichen Arbeitsrechtsregelungen kann dabei nicht als unwirtschaftlich abgelehnt werden, soweit die Vergütung aus diesem Grunde oberhalb des unteren Drittels liegt.

VII

(2) 1Geeignete Leistungserbringer haben zur Erbringung der Leistungen der Eingliederungshilfe eine dem Leistungsangebot entsprechende Anzahl an Fach- und anderem Betreuungspersonal zu beschäftigen. 2Sie müssen über die Fähigkeit zur Kommunikation mit den Leistungsberechtigten in einer für die Leistungsberechtigten wahrnehmbaren Form verfügen und nach ihrer Persönlichkeit geeignet sein. 3Geeignete Leistungserbringer dürfen nur solche Personen beschäftigen oder ehrenamtliche Personen, die in Wahrnehmung ihrer Aufgaben Kontakt mit Leistungsberechtigten haben, mit Aufgaben betrauen, die nicht rechtskräftig wegen einer Straftat nach den §§ 171, 174 bis 174c, 176 bis 180a, 181a, 182 bis 184g, 184i bis 184l, 201a Absatz 3, §§ 225, 232 bis 233a, 234, 235 oder 236 des Strafgesetzbuchs verurteilt worden sind. 4Die Leistungserbringer sollen sich von Fach- und anderem Betreuungspersonal, die in Wahrnehmung ihrer Aufgaben Kontakt mit Leistungsberechtigten haben, vor deren Einstellung oder Aufnahme einer dauerhaften ehrenamtlichen Tätigkeit und in regelmäßigen Abständen ein Führungszeugnis nach § 30a Absatz 1 des Bundeszentralregistergesetzes vorlegen lassen. 5Nimmt der Leistungserbringer Einsicht in ein Führungszeugnis nach § 30a Absatz 1 des Bundeszentralregistergesetzes, so speichert er nur den Umstand der Einsichtnahme, das Datum des Führungszeugnisses und die Information, ob die das Führungszeugnis betreffende Person wegen einer in Satz 3 genannten Straftat rechtskräftig verurteilt worden ist. 6Der Leistungserbringer darf diese Daten nur verändern und nutzen, soweit dies zur Prüfung der Eignung einer Person erforderlich ist. 7Die Daten sind vor dem Zugriff Unbefugter zu schützen. 8Sie sind unverzüglich zu löschen, wenn im Anschluss an die Einsichtnahme keine Tätigkeit für den Leistungserbringer wahrgenommen wird. 9Sie sind spätestens drei Monate nach der letztmaligen Ausübung einer Tätigkeit für den Leistungserbringer zu löschen. 10Das Fachpersonal muss zusätzlich über eine abgeschlossene berufsspezifische Ausbildung und dem Leistungsangebot entsprechende Zusatzqualifikationen verfügen.

(3) Sind mehrere Leistungserbringer im gleichen Maße geeignet, so hat der Träger der Eingliederungshilfe Vereinbarungen vorrangig mit Leistungserbringern abzuschließen, deren Vergütung bei vergleichbarem Inhalt, Umfang und Qualität der Leistung nicht höher ist als die anderer Leistungserbringer.

§ 125 Inhalt der schriftlichen Vereinbarung

(1) In der schriftlichen Vereinbarung zwischen dem Träger der Eingliederungshilfe und dem Leistungserbringer sind zu regeln:

1. Inhalt, Umfang und Qualität einschließlich der Wirksamkeit der Leistungen der Eingliederungshilfe (Leistungsvereinbarung) und
2. die Vergütung der Leistungen der Eingliederungshilfe (Vergütungsvereinbarung).

(2) 1In die Leistungsvereinbarung sind als wesentliche Leistungsmerkmale mindestens aufzunehmen:

1. der zu betreuende Personenkreis,
2. die erforderliche sächliche Ausstattung,
3. Art, Umfang, Ziel und Qualität der Leistungen der Eingliederungshilfe,
4. die Festlegung der personellen Ausstattung,
5. die Qualifikation des Personals sowie
6. soweit erforderlich, die betriebsnotwendigen Anlagen des Leistungserbringers.

2Soweit die Erbringung von Leistungen nach § 116 Absatz 2 zu vereinbaren ist, sind darüber hinaus die für die Leistungserbringung erforderlichen Strukturen zu berücksichtigen.

(3) 1Mit der Vergütungsvereinbarung werden unter Berücksichtigung der Leistungsmerkmale nach Absatz 2 Leistungspauschalen für die zu erbringenden Leistungen unter Beachtung der Grundsätze nach § 123 Absatz 2 festgelegt. 2Förderungen aus öffentlichen Mitteln sind anzurechnen. 3Die Leistungspauschalen sind nach Gruppen von Leistungsberechtigten mit vergleichbarem Bedarf oder Stundensätzen sowie für die gemeinsame Inanspruchnahme durch mehrere Leistungsberechtigte (§ 116 Absatz 2) zu kalkulieren. 4Abweichend von Satz 1 können andere geeignete Verfahren zur Vergütung und Abrechnung der Fachleistung unter Beteiligung der Interessenvertretungen der Menschen mit Behinderungen vereinbart werden.

(4) 1Die Vergütungsvereinbarungen mit Werkstätten für behinderte Menschen und anderen Leistungsanbietern berücksichtigen zusätzlich die mit der wirtschaftlichen Betätigung in Zusammenhang stehenden Kosten, soweit diese Kosten unter Berücksichtigung der besonderen Verhältnisse beim Leistungserbringer und der dort beschäftigten Menschen mit Behinderungen nach Art und Umfang über die in einem Wirtschaftsunternehmen üblicherweise entstehenden Kosten hinausgehen. 2Können die Kosten im Einzelfall nicht ermittelt werden, kann hierfür eine Vergütungspauschale vereinbart werden. 3Das Arbeitsergebnis des Leistungserbringers darf nicht dazu verwendet werden, die Vergütung des Trägers der Eingliederungshilfe zu mindern.

§ 126 Verfahren und Inkrafttreten der Vereinbarung

(1) $_{1}$Der Leistungserbringer oder der Träger der Eingliederungshilfe hat die jeweils andere Partei schriftlich zu Verhandlungen über den Abschluss einer Vereinbarung gemäß § 125 aufzufordern. $_{2}$Bei einer Aufforderung zum Abschluss einer Folgevereinbarung sind die Verhandlungsgegenstände zu benennen. $_{3}$Die Aufforderung durch den Leistungsträger kann an einen unbestimmten Kreis von Leistungserbringern gerichtet werden. $_{4}$Auf Verlangen einer Partei sind geeignete Nachweise zu den Verhandlungsgegenständen vorzulegen.

(2) $_{1}$Kommt es nicht innerhalb von drei Monaten, nachdem eine Partei zu Verhandlungen aufgefordert wurde, zu einer schriftlichen Vereinbarung, so kann jede Partei hinsichtlich der strittigen Punkte die Schiedsstelle nach § 133 anrufen. $_{2}$Die Schiedsstelle hat unverzüglich über die strittigen Punkte zu entscheiden. $_{3}$Gegen die Entscheidung der Schiedsstelle ist der Rechtsweg zu den Sozialgerichten gegeben, ohne dass es eines Vorverfahrens bedarf. $_{4}$Die Klage ist gegen den Verhandlungspartner und nicht gegen die Schiedsstelle zu richten.

(3) $_{1}$Vereinbarungen und Schiedsstellenentscheidungen treten zu dem darin bestimmten Zeitpunkt in Kraft. $_{2}$Wird ein Zeitpunkt nicht bestimmt, wird die Vereinbarung mit dem Tag ihres Abschlusses wirksam. $_{3}$Festsetzungen der Schiedsstelle werden, soweit keine Festlegung erfolgt ist, rückwirkend mit dem Tag wirksam, an dem der Antrag bei der Schiedsstelle eingegangen ist. $_{4}$Soweit in den Fällen des Satzes 3 während des Schiedsstellenverfahrens der Antrag geändert wurde, ist auf den Tag abzustellen, an dem der geänderte Antrag bei der Schiedsstelle eingegangen ist. $_{5}$Ein jeweils vor diesem Zeitpunkt zurückwirkendes Vereinbaren oder Festsetzen von Vergütungen ist in den Fällen der Sätze 1 bis 4 nicht zulässig.

§ 127 Verbindlichkeit der vereinbarten Vergütung

(1) $_{1}$Mit der Zahlung der vereinbarten Vergütung gelten alle während des Vereinbarungszeitraumes entstandenen Ansprüche des Leistungserbringers auf Vergütung der Leistung der Eingliederungshilfe als abgegolten. $_{2}$Die im Einzelfall zu zahlende Vergütung bestimmt sich auf der Grundlage der jeweiligen Vereinbarung nach dem Betrag, der dem Leistungsberechtigten vom zuständigen Träger der Eingliederungshilfe bewilligt worden ist. $_{3}$Sind Leistungspauschalen nach Gruppen von Leistungsberechtigten kalkuliert (§ 125 Absatz 3 Satz 3), richtet sich die zu zahlende Vergütung nach der Gruppe, die dem Leistungsberechtigten vom zuständigen Träger der Eingliederungshilfe bewilligt wurde.

(2) Einer Erhöhung der Vergütung auf Grund von Investitionsmaßnahmen, die während des laufenden Vereinbarungszeitraumes getätigt werden, muss der Träger der Eingliederungshilfe zustimmen, soweit er der Maßnahme zuvor dem Grunde und der Höhe nach zugestimmt hat.

(3) $_{1}$Bei unvorhergesehenen wesentlichen Änderungen der Annahmen, die der Vergütungsvereinbarung oder der Entscheidung der Schiedsstelle über die Vergütung zugrunde lagen, ist die Vergütung auf Verlangen einer Vertragspartei für den laufenden Vereinbarungszeitraum neu zu verhandeln. $_{2}$Für eine Neuverhandlung gelten die Vorschriften zum Verfahren und Inkrafttreten (§ 126) entsprechend.

(4) Nach Ablauf des Vereinbarungszeitraumes gilt die vereinbarte oder durch die Schiedsstelle festgesetzte Vergütung bis zum Inkrafttreten einer neuen Vergütungsvereinbarung weiter.

§ 128 Wirtschaftlichkeits- und Qualitätsprüfung

(1) $_{1}$Soweit tatsächliche Anhaltspunkte dafür bestehen, dass ein Leistungserbringer seine vertraglichen oder gesetzlichen Pflichten nicht erfüllt, prüft der Träger der Eingliederungshilfe oder ein von diesem beauftragter Dritter die Wirtschaftlichkeit und Qualität einschließlich der Wirksamkeit der vereinbarten Leistungen des Leistungserbringers. $_{2}$Die Leistungserbringer sind verpflichtet, dem Träger der Eingliederungshilfe auf Verlangen die für die Prüfung erforderlichen Unterlagen vorzulegen und Auskünfte zu erteilen. $_{3}$Zur Vermeidung von Doppelprüfungen arbeiten die Träger der Eingliederungshilfe mit den Trägern der Sozialhilfe, mit den für die Heimaufsicht zuständigen Behörden sowie mit dem Medizinischen Dienst gemäß § 278 des Fünften Buches zusammen. $_{4}$Der Träger der Eingliederungshilfe ist berechtigt und auf Anforderung verpflichtet, den für die Heimaufsicht zuständigen Behörden die Daten über den Leistungserbringer sowie die Ergebnisse der Prüfungen mitzuteilen, soweit sie für die Zwecke der Prüfung durch den Empfänger erforderlich sind. $_{5}$Personenbezogene Daten sind vor der Datenübermittlung zu anonymisieren. $_{6}$Abweichend von Satz 5 dürfen personenbezogene Daten in nicht anonymisierter Form an die für die Heimaufsicht zuständigen Behörden übermittelt werden, soweit sie zu deren Aufgabenerfüllung erforderlich sind. $_{7}$Durch Landesrecht kann von der Einschränkung in Satz 1 erster Halbsatz abgewichen werden.

(2) Die Prüfung nach Absatz 1 kann ohne vorherige Ankündigung erfolgen und erstreckt sich auf Inhalt, Umfang, Wirtschaftlichkeit und Qualität einschließlich der Wirksamkeit der erbrachten Leistungen.

(3) $_{1}$Der Träger der Eingliederungshilfe hat den Leistungserbringer über das Ergebnis der Prüfung schriftlich zu unterrichten. $_{2}$Das Ergebnis der Prüfung ist dem Leistungsberechtigten in einer wahrnehmbaren Form zugänglich zu machen.

§ 129 Kürzung der Vergütung

(1) $_{1}$Hält ein Leistungserbringer seine gesetzlichen oder vertraglichen Verpflichtungen ganz oder teilweise nicht ein, ist die vereinbarte Vergütung für die Dauer der Pflichtverletzung entsprechend zu kürzen. $_{2}$Über die Höhe des Kürzungsbetrags ist zwischen den Vertragsparteien Einvernehmen herzustellen. $_{3}$Kommt eine Einigung nicht zustande, entscheidet auf Antrag einer Vertragspartei die Schiedsstelle. $_{4}$Für das Verfahren bei Entscheidungen durch die Schiedsstelle gilt § 126 Absatz 2 und 3 entsprechend.

(2) Der Kürzungsbetrag ist an den Träger der Eingliederungshilfe bis zu der Höhe zurückzuzahlen, in der die Leistung vom Träger der Eingliederungshilfe erbracht worden ist und im Übrigen an die Leistungsberechtigten zurückzuzahlen.

(3) 1Der Kürzungsbetrag kann nicht über die Vergütungen refinanziert werden. 2Darüber hinaus besteht hinsichtlich des Kürzungsbetrags kein Anspruch auf Nachverhandlung gemäß § 127 Absatz 3.

§ 130 Außerordentliche Kündigung der Vereinbarungen

1Der Träger der Eingliederungshilfe kann die Vereinbarungen mit einem Leistungserbringer fristlos kündigen, wenn ihm ein Festhalten an den Vereinbarungen auf Grund einer groben Verletzung einer gesetzlichen oder vertraglichen Verpflichtung durch den Leistungserbringer nicht mehr zumutbar ist. 2Eine grobe Pflichtverletzung liegt insbesondere dann vor, wenn

1. Leistungsberechtigte infolge der Pflichtverletzung zu Schaden kommen,
2. gravierende Mängel bei der Leistungserbringung vorhanden sind,
3. dem Leistungserbringer nach heimrechtlichen Vorschriften die Betriebserlaubnis entzogen ist,
4. dem Leistungserbringer der Betrieb untersagt wird oder
5. der Leistungserbringer gegenüber dem Leistungsträger nicht erbrachte Leistungen abrechnet.

3Die Kündigung bedarf der Schriftform. 4§ 59 des Zehnten Buches gilt entsprechend.

§ 131 Rahmenverträge zur Erbringung von Leistungen

(1) 1Die Träger der Eingliederungshilfe schließen auf Landesebene mit den Vereinigungen der Leistungserbringer gemeinsam und einheitlich Rahmenverträge zu den schriftlichen Vereinbarungen nach § 125 ab. 2Die Rahmenverträge bestimmen

1. die nähere Abgrenzung der den Vergütungspauschalen und -beträgen nach § 125 Absatz 1 zugrunde zu legenden Kostenarten und -bestandteile sowie die Zusammensetzung der Investitionsbeträge nach § 125 Absatz 2,
2. den Inhalt und die Kriterien für die Ermittlung und Zusammensetzung der Leistungspauschalen, die Merkmale für die Bildung von Gruppen mit vergleichbarem Bedarf nach § 125 Absatz 3 Satz 3 sowie die Zahl der zu bildenden Gruppen,
3. die Höhe der Leistungspauschale nach § 125 Absatz 3 Satz 1,
4. die Zuordnung der Kostenarten und -bestandteile nach § 125 Absatz 4 Satz 1,
5. die Festlegung von Personalrichtwerten oder anderen Methoden zur Festlegung der personellen Ausstattung,
6. die Grundsätze und Maßstäbe für die Wirtschaftlichkeit und Qualität einschließlich der Wirksamkeit der Leistungen sowie Inhalt und Verfahren zur Durchführung von Wirtschaftlichkeits- und Qualitätsprüfungen und
7. das Verfahren zum Abschluss von Vereinbarungen.

3Für Leistungserbringer, die einer Kirche oder Religionsgemeinschaft des öffentlichen Rechts oder einem sonstigen freigemeinnützigen Träger zuzuordnen sind, können die Rahmenverträge auch von der Kirche oder Religionsgemeinschaft oder von dem Wohlfahrtsverband abgeschlossen werden, dem der Leistungserbringer angehört. 4In den Rahmenverträgen sollen die Merkmale und Besonderheiten der jeweiligen Leistungen berücksichtigt werden.

(2) Die durch Landesrecht bestimmten maßgeblichen Interessenvertretungen der Menschen mit Behinderungen wirken bei der Erarbeitung und Beschlussfassung der Rahmenverträge mit.

(3) Die Vereinigungen der Träger der Eingliederungshilfe und die Vereinigungen der Leistungserbringer vereinbaren gemeinsam und einheitlich Empfehlungen auf Bundesebene zum Inhalt der Rahmenverträge.

(4) Kommt es nicht innerhalb von sechs Monaten nach schriftlicher Aufforderung durch die Landesregierung zu einem Rahmenvertrag, so kann die Landesregierung die Inhalte durch Rechtsverordnung regeln.

§ 132 Abweichende Zielvereinbarungen

(1) Leistungsträger und Träger der Leistungserbringer können Zielvereinbarungen zur Erprobung neuer und zur Weiterentwicklung der bestehenden Leistungs- und Finanzierungsstrukturen abschließen.

(2) Die individuellen Leistungsansprüche der Leistungsberechtigten bleiben unberührt.

(3) Absatz 1 gilt nicht, soweit auch Leistungen nach dem Siebten Kapitel des Zwölften Buches gewährt werden.

§ 133 Schiedsstelle

(1) Für jedes Land oder für Teile eines Landes wird eine Schiedsstelle gebildet.

(2) Die Schiedsstelle besteht aus Vertretern der Leistungserbringer und Vertretern der Träger der Eingliederungshilfe in gleicher Zahl sowie einem unparteiischen Vorsitzenden.

(3) 1Die Vertreter der Leistungserbringer und deren Stellvertreter werden von den Vereinigungen der Leistungserbringer bestellt. Bei der Bestellung ist die Trägervielfalt zu beachten. 2Die Vertreter der Träger der Eingliederungshilfe und deren Stellvertreter werden von diesen bestellt. 3Der Vorsitzende und sein Stellvertreter werden von den beteiligten Organisationen gemeinsam bestellt. 4Kommt eine Einigung nicht zustande, werden sie durch Los bestimmt. 5Soweit die beteiligten Organisationen der Leistungserbringer oder die Träger der Eingliederungshilfe keinen Vertreter bestellen oder im Verfahren nach Satz 3 keine Kandidaten für das Amt des Vorsitzenden und des Stellvertreters benennen, bestellt die zuständige Landesbehörde auf Antrag eines der Beteiligten die Vertreter und benennt die Kandidaten für die Position des Vorsitzenden und seines Stellvertreters.

(4) 1Die Mitglieder der Schiedsstelle führen ihr Amt als Ehrenamt. 2Sie sind an Weisungen nicht gebunden. 3Jedes Mitglied hat eine Stimme. 4Die Entscheidungen werden mit der Mehrheit der Mitglieder getroffen. 5Ergibt sich keine Mehrheit, entscheidet die Stimme des Vorsitzenden.

(5) Die Landesregierungen werden ermächtigt, durch Rechtsverordnung das Nähere zu bestimmen über

1. die Zahl der Schiedsstellen,
2. die Zahl der Mitglieder und deren Bestellung,

3. die Amtsdauer und Amtsführung,
4. die Erstattung der baren Auslagen und die Entschädigung für den Zeitaufwand der Mitglieder der Schiedsstelle,
5. die Geschäftsführung,
6. das Verfahren,
7. die Erhebung und die Höhe der Gebühren,
8. die Verteilung der Kosten,
9. die Rechtsaufsicht sowie
10. die Beteiligung der Interessenvertretungen der Menschen mit Behinderungen.

§ 134 Sonderregelung zum Inhalt der Vereinbarungen zur Erbringung von Leistungen für minderjährige Leistungsberechtigte und in Sonderfällen

(1) In der schriftlichen Vereinbarung zur Erbringung von Leistungen für minderjährige Leistungsberechtigte zwischen dem Träger der Eingliederungshilfe und dem Leistungserbringer sind zu regeln:
1. Inhalt, Umfang und Qualität einschließlich der Wirksamkeit der Leistungen (Leistungsvereinbarung) sowie
2. die Vergütung der Leistung (Vergütungsvereinbarung).

(2) In die Leistungsvereinbarung sind als wesentliche Leistungsmerkmale insbesondere aufzunehmen:
1. die betriebsnotwendigen Anlagen des Leistungserbringers,
2. der zu betreuende Personenkreis,
3. Art, Ziel und Qualität der Leistung,
4. die Festlegung der personellen Ausstattung,
5. die Qualifikation des Personals sowie
6. die erforderliche sächliche Ausstattung.

(3) $_1$Die Vergütungsvereinbarung besteht mindestens aus
1. der Grundpauschale für Unterkunft und Verpflegung,
2. der Maßnahmepauschale sowie
3. einem Betrag für betriebsnotwendige Anlagen einschließlich ihrer Ausstattung (Investitionsbetrag).

$_2$Förderungen aus öffentlichen Mitteln sind anzurechnen. $_3$Die Maßnahmepauschale ist nach Gruppen für Leistungsberechtigte mit vergleichbarem Bedarf zu kalkulieren.

(4) $_1$Die Absätze 1 bis 3 finden auch Anwendung, wenn volljährige Leistungsberechtigte Leistungen zur Schulbildung nach § 112 Absatz 1 Nummer 1 sowie Leistungen zur schulischen Ausbildung für einen Beruf nach § 112 Absatz 1 Nummer 2 erhalten, soweit diese Leistungen in besonderen Ausbildungsstätten über Tag und Nacht für Menschen mit Behinderungen erbracht werden. $_2$Entsprechendes gilt bei anderen volljährigen Leistungsberechtigten, wenn
1. das Konzept des Leistungserbringers auf Minderjährige als zu betreuenden Personenkreis ausgerichtet ist,
2. der Leistungsberechtigte von diesem Leistungserbringer bereits Leistungen über Tag und Nacht auf Grundlage von Vereinbarungen nach den Absätzen 1 bis 3, § 78b des Achten Buches, § 75 Absatz 3 des Zwölften Buches in der am 31. Dezember 2019 geltenden Fassung oder nach Maßgabe des § 75 Absatz 4 des Zwölften Buches in der am 31. Dezember 2019 geltenden Fassung erhalten hat und
3. der Leistungsberechtigte nach Erreichen der Volljährigkeit für eine kurze Zeit, in der Regel nicht länger als bis zur Vollendung des 21. Lebensjahres, Leistungen von diesem Leistungserbringer weitererhält, mit denen insbesondere vor dem Erreichen der Volljährigkeit definierte Teilhabeziele erreicht werden sollen.

Kapitel 9
Einkommen und Vermögen

§ 135 Begriff des Einkommens

(1) Maßgeblich für die Ermittlung des Beitrages nach § 136 ist die Summe der Einkünfte des Vorvorjahres nach § 2 Absatz 2 des Einkommensteuergesetzes sowie bei Renteneinkünften die Bruttorente des Vorvorjahres.

(2) Wenn zum Zeitpunkt der Leistungsgewährung eine erhebliche Abweichung zu den Einkünften des Vorvorjahres besteht, sind die voraussichtlichen Jahreseinkünfte des laufenden Jahres im Sinne des Absatzes 1 zu ermitteln und zugrunde zu legen.

§ 136 Beitrag aus Einkommen zu den Aufwendungen

(1) Bei den Leistungen nach diesem Teil ist ein Beitrag zu den Aufwendungen aufzubringen, wenn das Einkommen im Sinne des § 135 der antragstellenden Person sowie bei minderjährigen Personen der im Haushalt lebenden Eltern oder des im Haushalt lebenden Elternteils die Beträge nach Absatz 2 übersteigt.

(2) $_1$Ein Beitrag zu den Aufwendungen ist aufzubringen, wenn das Einkommen im Sinne des § 135 überwiegend
1. aus einer sozialversicherungspflichtigen Beschäftigung oder selbständigen Tätigkeit erzielt wird und 85 Prozent der jährlichen Bezugsgröße nach § 18 Absatz 1 des Vierten Buches übersteigt oder
2. aus einer nicht sozialversicherungspflichtigen Beschäftigung erzielt wird und 75 Prozent der jährlichen Bezugsgröße nach § 18 Absatz 1 des Vierten Buches übersteigt oder
3. aus Renteneinkünften erzielt wird und 60 Prozent der jährlichen Bezugsgröße nach § 18 Absatz 1 des Vierten Buches übersteigt.

$_2$Wird das Einkommen im Sinne des § 135 überwiegend aus anderen Einkunftsarten erzielt, ist Satz 1 Nummer 2 entsprechend anzuwenden.

(3) Die Beträge nach Absatz 2 erhöhen sich für den nicht getrennt lebenden Ehegatten oder Lebenspartner, den Partner einer eheähnlichen oder lebenspartnerschaftsähnlichen Gemeinschaft um 15 Prozent sowie für jedes unterhaltsberechtigte Kind im Haushalt um 10 Prozent der jährlichen Bezugsgröße nach § 18 Absatz 1 des Vierten Buches.

(4) $_1$Übersteigt das Einkommen im Sinne des § 135 einer in Absatz 3 erster Halbsatz genannten Person den Betrag, der sich nach Absatz 2 ergibt, findet Absatz 3 keine Anwendung. $_2$In diesem Fall erhöhen sich für jedes un-

terhaltsberechtigte Kind im Haushalt die Beträge nach Absatz 2 um 5 Prozent der jährlichen Bezugsgröße nach § 18 Absatz 1 des Vierten Buches.

(5) $_{1}$Ist der Leistungsberechtigte minderjährig und lebt im Haushalt der Eltern, erhöht sich der Betrag nach Absatz 2 um 75 Prozent der jährlichen Bezugsgröße nach § 18 Absatz 1 des Vierten Buches für jeden Leistungsberechtigten. $_{2}$Die Absätze 3 und 4 sind nicht anzuwenden.

§ 137 Höhe des Beitrages zu den Aufwendungen

(1) Die antragstellende Person im Sinne des § 136 Absatz 1 hat aus dem Einkommen im Sinne des § 135 einen Beitrag zu den Aufwendungen nach Maßgabe der Absätze 2 und 3 aufzubringen.

(2) $_{1}$Wenn das Einkommen die Beträge nach § 136 Absatz 2 übersteigt, ist ein monatlicher Beitrag in Höhe von 2 Prozent des den Betrag nach § 136 Absatz 2 bis 5 übersteigenden Betrages als monatlicher Beitrag aufzubringen. $_{2}$Der nach Satz 1 als monatlicher Beitrag aufzubringende Betrag ist auf volle 10 Euro abzurunden.

(3) Der Beitrag ist von der zu erbringenden Leistung abzuziehen.

(4) $_{1}$Ist ein Beitrag von anderen Personen aufzubringen als dem Leistungsberechtigten und ist die Durchführung der Maßnahme der Eingliederungshilfeleistung ohne Entrichtung des Beitrages gefährdet, so kann im Einzelfall die erforderliche Leistung ohne Abzug nach Absatz 3 erbracht werden. $_{2}$Die in Satz 1 genannten Personen haben dem Träger der Eingliederungshilfe die Aufwendungen im Umfang des Beitrages zu ersetzen; mehrere Verpflichtete haften als Gesamtschuldner.

§ 138 Besondere Höhe des Beitrages zu den Aufwendungen

(1) Ein Beitrag ist nicht aufzubringen bei

1. heilpädagogischen Leistungen nach § 113 Absatz 2 Nummer 3,
2. Leistungen zur medizinischen Rehabilitation nach § 109,
3. Leistungen zur Teilhabe am Arbeitsleben nach § 111 Absatz 1,
4. Leistungen zur Teilhabe an Bildung nach § 112 Absatz 1 Nummer 1,
5. Leistungen zur schulischen oder hochschulischen Ausbildung oder Weiterbildung für einen Beruf nach § 112 Absatz 1 Nummer 2, soweit diese Leistungen in besonderen Ausbildungsstätten über Tag und Nacht für Menschen mit Behinderungen erbracht werden,
6. Leistungen zum Erwerb und Erhalt praktischer Kenntnisse und Fähigkeiten nach § 113 Absatz 2 Nummer 5, soweit diese der Vorbereitung auf die Teilhabe am Arbeitsleben nach § 111 Absatz 1 dienen,
7. Leistungen nach § 113 Absatz 1, die noch nicht eingeschulten leistungsberechtigten Personen die für sie erreichbare Teilnahme am Leben in der Gemeinschaft ermöglichen sollen,
8. gleichzeitiger Gewährung von Leistungen zum Lebensunterhalt nach dem Zweiten oder Zwölften Buch oder nach § 27a des Bundesversorgungsgesetzes.

(2) Wenn ein Beitrag nach § 137 aufzubringen ist, ist für weitere Leistungen im gleichen Zeitraum oder weitere Leistungen an minderjährige Kinder im gleichen Haushalt nach diesem Teil kein weiterer Beitrag aufzubringen.

(3) Bei einmaligen Leistungen zur Beschaffung von Bedarfsgegenständen, deren Gebrauch für mindestens ein Jahr bestimmt ist, ist höchstens das Vierfache des monatlichen Beitrages einmalig aufzubringen.

§ 139 Begriff des Vermögens

$_{1}$Zum Vermögen im Sinne dieses Teils gehört das gesamte verwertbare Vermögen. $_{2}$Die Leistungen nach diesem Teil dürfen nicht abhängig gemacht werden vom Einsatz oder von der Verwertung des Vermögens im Sinne des § 90 Absatz 2 Nummer 1 bis 8 und 10 des Zwölften Buches und eines Barvermögens oder sonstiger Geldwerte bis zu einem Betrag von 150 Prozent der jährlichen Bezugsgröße nach § 18 Absatz 1 des Vierten Buches. $_{3}$Die Eingliederungshilfe darf ferner nicht vom Einsatz oder von der Verwertung eines Vermögens abhängig gemacht werden, soweit dies für den, der das Vermögen einzusetzen hat, und für seine unterhaltsberechtigten Angehörigen eine Härte bedeuten würde.

§ 140 Einsatz des Vermögens

(1) Die antragstellende Person sowie bei minderjährigen Personen die im Haushalt lebenden Eltern oder ein Elternteil haben vor der Inanspruchnahme von Leistungen nach diesem Teil die erforderlichen Mittel aus ihrem Vermögen aufzubringen.

(2) $_{1}$Soweit für den Bedarf der nachfragenden Person Vermögen einzusetzen ist, jedoch der sofortige Verbrauch oder die sofortige Verwertung des Vermögens nicht möglich ist oder für die, die es einzusetzen hat, eine Härte bedeuten würde, soll die beantragte Leistung als Darlehen geleistet werden. $_{2}$Die Leistungserbringung kann davon abhängig gemacht werden, dass der Anspruch auf Rückzahlung dinglich oder in anderer Weise gesichert wird.

(3) Die in § 138 Absatz 1 genannten Leistungen sind ohne Berücksichtigung von vorhandenem Vermögen zu erbringen.

§ 141 Übergang von Ansprüchen

(1) $_{1}$Hat eine Person im Sinne von § 136 Absatz 1 oder der nicht getrennt lebende Ehegatte oder Lebenspartner für die antragstellende Person einen Anspruch gegen einen anderen, der kein Leistungsträger im Sinne des § 12 des Ersten Buches ist, kann der Träger der Eingliederungshilfe durch schriftliche Anzeige an den anderen bewirken, dass dieser Anspruch bis zur Höhe seiner Aufwendungen auf ihn übergeht. $_{2}$Dies gilt nicht für bürgerlich-rechtliche Unterhaltsansprüche.

(2) $_{1}$Der Übergang des Anspruches darf nur insoweit bewirkt werden, als bei rechtzeitiger Leistung des anderen entweder die Leistung nicht erbracht worden wäre oder ein Beitrag aufzubringen wäre. $_{2}$Der Übergang ist nicht dadurch ausgeschlossen, dass der Anspruch nicht übertragen, verpfändet oder gepfändet werden kann.

(3) $_{1}$Die schriftliche Anzeige bewirkt den Übergang des Anspruches für die Zeit, für die der leistungsberechtigten Person die Leistung ohne Unterbrechung erbracht wird. $_{2}$Als Unterbrechung gilt ein Zeitraum von mehr als zwei Monaten.

(4) 1Widerspruch und Anfechtungsklage gegen den Verwaltungsakt, der den Übergang des Anspruches bewirkt, haben keine aufschiebende Wirkung. 2Die §§ 115 und 116 des Zehnten Buches gehen der Regelung des Absatzes 1 vor.

§ 142 Sonderregelungen für minderjährige Leistungsberechtigte und in Sonderfällen

(1) Minderjährigen Leistungsberechtigten und ihren Eltern oder einem Elternteil ist bei Leistungen im Sinne des § 138 Absatz 1 Nummer 1, 2, 4, 5 und 7 die Aufbringung der Mittel für die Kosten des Lebensunterhalts nur in Höhe der für den häuslichen Lebensunterhalt ersparten Aufwendungen zuzumuten, soweit Leistungen über Tag und Nacht oder über Tag erbracht werden.

(2) 1Sind Leistungen von einem oder mehreren Anbietern über Tag und Nacht oder über Tag oder für ärztliche oder ärztlich verordnete Maßnahmen erforderlich, sind die Leistungen, die der Vereinbarung nach § 134 Absatz 3 zugrunde liegen, durch den Träger der Eingliederungshilfe auch dann in vollem Umfang zu erbringen, wenn den minderjährigen Leistungsberechtigten und ihren Eltern oder einem Elternteil die Aufbringung der Mittel nach Absatz 1 zu einem Teil zuzumuten ist. 2In Höhe dieses Teils haben sie zu den Kosten der erbrachten Leistungen beizutragen; mehrere Verpflichtete haften als Gesamtschuldner.

(3) 1Die Absätze 1 und 2 gelten entsprechend für volljährige Leistungsberechtigte, wenn diese Leistungen erhalten, denen Vereinbarungen nach § 134 Absatz 4 zugrunde liegen. 2In diesem Fall ist den volljährigen Leistungsberechtigten die Aufbringung der Mittel für die Kosten des Lebensunterhalts nur in Höhe der für ihren häuslichen Lebensunterhalt ersparten Aufwendungen zuzumuten.

Kapitel 10
Statistik

§ 143 Bundesstatistik

Zur Beurteilung der Auswirkungen dieses Teils und zu seiner Fortentwicklung werden Erhebungen über

1. die Leistungsberechtigten und
2. die Ausgaben und Einnahmen der Träger der Eingliederungshilfe

als Bundesstatistik durchgeführt.

§ 144 Erhebungsmerkmale

(1) Erhebungsmerkmale bei den Erhebungen nach § 143 Nummer 1 sind für jeden Leistungsberechtigten

1. Geschlecht, Geburtsmonat und -jahr, Staatsangehörigkeit, Bundesland, Wohngemeinde und Gemeindeteil, Kennnummer des Trägers, mit anderen Leistungsberechtigten zusammenlebend, erbrachte Leistungsarten im Laufe und am Ende des Berichtsjahres,
2. die Höhe der Bedarfe für jede erbrachte Leistungsart, die Höhe des aufgebrachten Beitrags nach § 92, die Art des angerechneten Einkommens, Beginn und Ende der Leistungserbringung nach Monat und Jahr, die für mehrere Leistungsberechtigte erbrachte Leistung, die Leistung als pauschalierte Geldleistung, die Leistung durch ein Persönliches Budget sowie
3. gleichzeitiger Bezug von Leistungen nach dem Zweiten, Elften oder Zwölften Buch.

(2) Merkmale bei den Erhebungen nach Absatz 1 Nummer 1 und 2 nach der Art der Leistung sind insbesondere:

1. Leistung zur medizinischen Rehabilitation,
2. Leistung zur Beschäftigung im Arbeitsbereich anerkannter Werkstätten für behinderte Menschen,
3. Leistung zur Beschäftigung bei anderen Leistungsanbietern,
4. Leistung zur Beschäftigung bei privaten und öffentlichen Arbeitgebern,
5. Leistung zur Teilhabe an Bildung,
6. Leistung für Wohnraum,
7. Assistenzleistung nach § 113 Absatz 2 Nummer 2 in Verbindung mit § 78 Absatz 2 Nummer 1,
8. Assistenzleistung nach § 113 Absatz 2 Nummer 2 in Verbindung mit § 78 Absatz 2 Nummer 2,
9. heilpädagogische Leistung,
10. Leistung zum Erwerb praktischer Kenntnisse und Fähigkeiten,
11. Leistung zur Förderung der Verständigung,
12. Leistung für ein Kraftfahrzeug,
13. Leistung zur Beförderung insbesondere durch einen Beförderungsdienst,
14. Hilfsmittel im Rahmen der Sozialen Teilhabe und
15. Besuchsbeihilfen.

(3) Erhebungsmerkmale nach § 143 Nummer 2 sind das Bundesland, die Ausgaben gesamt nach der Art der Leistungen die Einnahmen gesamt und nach Einnahmearten sowie die Höhe der aufgebrachten Beiträge gesamt.

§ 145 Hilfsmerkmale

(1) Hilfsmerkmale sind

1. Name und Anschrift des Auskunftspflichtigen,
2. Name, Telefonnummer und E-Mail-Adresse der für eventuelle Rückfragen zur Verfügung stehenden Person,
3. für die Erhebung nach § 143 Nummer 1 die Kennnummer des Leistungsberechtigten.

(2) 1Die Kennnummern nach Absatz 1 Nummer 3 dienen der Prüfung der Richtigkeit der Statistik und der Fortschreibung der jeweils letzten Bestandserhebung. 2Sie enthalten keine Angaben über persönliche und sachliche Verhältnisse des Leistungsberechtigten und sind zum frühestmöglichen Zeitpunkt, spätestens nach Abschluss der wiederkehrenden Bestandserhebung, zu löschen.

§ 146 Periodizität und Berichtszeitraum

Die Erhebungen erfolgen jährlich für das abgelaufene Kalenderjahr.

§ 147 Auskunftspflicht

(1) 1Für die Erhebungen besteht Auskunftspflicht. 2Die Angaben nach § 145 Absatz 1 Nummer 2 und die Angaben zum Gemeindeteil nach § 144 Absatz 1 Nummer 1 sind freiwillig.

(2) Auskunftspflichtig sind die Träger der Eingliederungshilfe.

VII

§ 148 Übermittlung, Veröffentlichung

(1) Die in sich schlüssigen und nach einheitlichen Standards formatierten Einzeldatensätze sind von den Auskunftspflichtigen elektronisch bis zum Ablauf von 40 Arbeitstagen nach Ende des jeweiligen Berichtszeitraums an das jeweilige statistische Landesamt zu übermitteln.

(2) 1An die fachlich zuständigen obersten Bundes- oder Landesbehörden dürfen für die Verwendung gegenüber den gesetzgebenden Körperschaften und für Zwecke der Planung, jedoch nicht für die Regelung von Einzelfällen, vom Statistischen Bundesamt und von den statistischen Ämtern der Länder Tabellen mit statistischen Ergebnissen übermittelt werden, auch soweit Tabellenfelder nur einen einzigen Fall ausweisen. 2Tabellen, die nur einen einzigen Fall ausweisen, dürfen nur dann übermittelt werden, wenn sie nicht differenzierter als auf Regierungsbezirksebene, bei Stadtstaaten auf Bezirksebene, aufbereitet sind.

(3) 1Die statistischen Ämter der Länder stellen dem Statistischen Bundesamt für Zusatzaufbereitungen des Bundes jährlich unverzüglich nach Aufbereitung der Bestandserhebung und der Erhebung im Laufe des Berichtsjahres die Einzelangaben aus der Erhebung zur Verfügung. 2Angaben zu den Hilfsmerkmalen nach § 145 dürfen nicht übermittelt werden.

(4) Die Ergebnisse der Bundesstatistik nach diesem Kapitel dürfen auf die einzelnen Gemeinden bezogen veröffentlicht werden.

Kapitel 11
Übergangs- und Schlussbestimmungen

§ 149 Übergangsregelung für ambulant Betreute

Für Personen, die Leistungen der Eingliederungshilfe für behinderte Menschen erhalten, deren Betreuung am 26. Juni 1996 durch von ihnen beschäftigte Personen oder ambulante Dienste sichergestellt wurde, gilt § 3a des Bundessozialhilfegesetzes in der am 26. Juni 1996 geltenden Fassung.

§ 150 Übergangsregelung zum Einsatz des Einkommens

Abweichend von Kapitel 9 sind bei der Festsetzung von Leistungen für Leistungsberechtigte, die am 31. Dezember 2019 Leistungen nach dem Sechsten Kapitel des Zwölften Buches in der Fassung vom 31. Dezember 2019 erhalten haben und von denen ein Einsatz des Einkommens über der Einkommensgrenze gemäß § 87 des Zwölften Buches in der Fassung vom 31. Dezember 2019 gefordert wurde, die am 31. Dezember 2019 geltenden Einkommensgrenzen nach dem Elften Kapitel des Zwölften Buches in der Fassung vom 31. Dezember 2019 zugrunde zu legen, solange der nach Kapitel 9 aufzubringende Beitrag höher ist als der Einkommenseinsatz nach dem am 31. Dezember 2019 geltenden Recht.

§ 150a Übergangsregelung für Ausländerinnen und Ausländer mit Aufenthaltstitel nach § 24 des Aufenthaltsgesetzes oder mit entsprechender Fiktionsbescheinigung

§ 100 Absatz 1 findet keine Anwendung, soweit Leistungsberechtigte nach § 18 des Asylbewerberleistungsgesetzes Leistungen nach dem Asylbewerberleistungsgesetz erhalten.

Verordnung nach § 60 des Zwölften Buches Sozialgesetzbuch (Eingliederungshilfe-Verordnung)

in der Fassung der Bekanntmachung vom 1. Februar 1975 (BGBl. I S. 433)

Die Verordnung ist zum 1. Januar 2020 außer Kraft getreten.
Die §§ 1–3 werden aber weiterhin angewendet, siehe § 99 SGB IX.

Abschnitt I
Personenkreis

§ 1 Körperlich wesentlich behinderte Menschen

Durch körperliche Gebrechen wesentlich in ihrer Teilhabefähigkeit eingeschränkt im Sinne des § 53 Abs. 1 Satz 1 des Zwölften Buches Sozialgesetzbuch sind

1. Personen, deren Bewegungsfähigkeit durch eine Beeinträchtigung des Stütz- oder Bewegungssystems in erheblichem Umfange eingeschränkt ist,
2. Personen mit erheblichen Spaltbildungen des Gesichts oder des Rumpfes oder mit abstoßend wirkenden Entstellungen vor allem des Gesichts,
3. Personen, deren körperlichen Leistungsvermögen infolge Erkrankung, Schädigung oder Fehlfunktion eines inneren Organs oder der Haut in erheblichem Umfange eingeschränkt ist,
4. Blinden oder solchen Sehbehinderten, bei denen mit Gläserkorrektion ohne besondere optische Hilfsmittel
   a) auf dem besseren Auge oder beidäugig im Nahbereich bei einem Abstand von mindestens 30 cm oder im Fernbereich eine Sehschärfe von nicht mehr als 0,3 besteht oder
   b) durch Buchstabe a nicht erfaßte Störungen der Sehfunktion von entsprechendem Schweregrad vorliegen,
5. Personen, die gehörlos sind oder denen eine sprachliche Verständigung über das Gehör nur mit Hörhilfen möglich ist,
6. Personen, die nicht sprechen können, Seelentauben und Hörstummen, Personen mit erheblichen Stimmstörungen sowie Personen, die stark stammeln, stark stottern oder deren Sprache stark unartikuliert ist.

§ 2 Geistig wesentlich behinderte Menschen

Geistig wesentlich behindert im Sinne des § 53 Abs. 1 Satz 1 des Zwölften Buches Sozialgesetzbuch sind Personen, die infolge einer Schwäche ihrer geistigen Kräfte in erheblichem Umfange in ihrer Fähigkeit zur Teilhabe am Leben in der Gesellschaft eingeschränkt sind.

§ 3 Seelisch wesentlich behinderte Menschen

Seelische Störungen, die eine wesentliche Einschränkung der Teilhabefähigkeit im Sinne des § 53 Abs. 1 Satz 1 des Zwölften Buches Sozialgesetzbuch zur Folge haben können, sind

1. körperlich nicht begründbare Psychosen,
2. seelische Störungen als Folge von Krankheiten oder Verletzungen des Gehirns, von Anfallsleiden oder von anderen Krankheiten oder körperlichen Beeinträchtigungen,
3. Suchtkrankheiten,
4. Neurosen und Persönlichkeitsstörungen.

Verordnung zur Durchführung der Hilfe zur Überwindung besonderer sozialer Schwierigkeiten

in der Fassung der Bekanntmachung vom 24. Januar 2001 (BGBl. I S. 179)

Zuletzt geändert durch
Gesetz zur Einordnung des Sozialhilferechts in das Sozialgesetzbuch
vom 27. Dezember 2003 (BGBl. I S. 3022)

Auf Grund des § 72 Abs. 5 des Bundessozialhilfegesetzes in der Fassung der Bekanntmachung vom 23. März 1994 (BGBl. I S. 646, 2975), der zuletzt geändert wurde durch Artikel 1 Nr. 4 des Gesetzes vom 25. Juni 1999 (BGBl. I S. 1442), in Verbindung mit Artikel 6 Abs. 1 des Gesetzes vom 16. Februar 1993 (BGBl. I S. 239), verordnet das Bundesministerium für Arbeit und Sozialordnung:

§ 1 Persönliche Voraussetzungen

(1) Personen leben in besonderen sozialen Schwierigkeiten, wenn besondere Lebensverhältnisse derart mit sozialen Schwierigkeiten verbunden sind, dass die Überwindung der besonderen Lebensverhältnisse auch die Überwindung der sozialen Schwierigkeiten erfordert. Nachgehende Hilfe ist Personen zu gewähren, soweit bei ihnen nur durch Hilfe nach dieser Verordnung der drohende Wiedereintritt besonderer sozialer Schwierigkeiten abgewendet werden kann.

(2) Besondere Lebensverhältnisse bestehen bei fehlender oder nicht ausreichender Wohnung, bei ungesicherter wirtschaftlicher Lebensgrundlage, bei gewaltgeprägten Lebensumständen, bei Entlassung aus einer geschlossenen Einrichtung oder bei vergleichbaren nachteiligen Umständen. Besondere Lebensverhältnisse können ihre Ursachen in äußeren Umständen oder in der Person der Hilfesuchenden haben.

(3) Soziale Schwierigkeiten liegen vor, wenn ein Leben in der Gemeinschaft durch ausgrenzendes Verhalten des Hilfesuchenden oder eines Dritten wesentlich eingeschränkt ist, insbesondere im Zusammenhang mit der Erhaltung oder Beschaffung einer Wohnung, mit der Erlangung oder Sicherung eines Arbeitsplatzes, mit familiären oder anderen sozialen Beziehungen oder mit Straffälligkeit.

§ 2 Art und Umfang der Maßnahmen

(1) Art und Umfang der Maßnahmen richten sich nach dem Ziel, die Hilfesuchenden zur Selbsthilfe zu befähigen, die Teilnahme am Leben in der Gemeinschaft zu ermöglichen und die Führung eines menschenwürdigen Lebens zu sichern. Durch Unterstützung der Hilfesuchenden zur selbständigen Bewältigung ihrer besonderen sozialen Schwierigkeiten sollen sie in die Lage versetzt werden, ihr Leben entsprechend ihren Bedürfnissen, Wünschen und Fähigkeiten zu organisieren und selbstverantwortlich zu gestalten. Dabei ist auch zu berücksichtigen, dass Hilfesuchende verpflichtet sind, nach eigenen Kräften an der Überwindung der besonderen sozialen Schwierigkeiten mitzuwirken. Auf Leistungen anderer Stellen oder nach anderen Vorschriften des Zwölften Buches Sozialgesetzbuch, die im Sinne dieser Verordnung geeignet sind, ist hinzuwirken; die Regelungen über Erstattungsansprüche der Leistungsträger untereinander gemäß §§ 102 bis 114 des Zehnten Buches Sozialgesetzbuch finden insoweit auch zwischen Trägern der Sozialhilfe Anwendung.

(2) Maßnahmen sind die Dienst-, Geld- und Sachleistungen, die notwendig sind, um die besonderen sozialen Schwierigkeiten nachhaltig abzuwenden, zu beseitigen, zu mildern oder ihre Verschlimmerung zu verhüten. Vorrangig sind als Hilfe zur Selbsthilfe Dienstleistungen der Beratung und persönlichen Unterstützung für die Hilfesuchenden und für ihre Angehörigen, bei der Erhaltung und Beschaffung einer Wohnung, bei der Vermittlung in Ausbildung, bei der Erlangung und Sicherung eines Arbeitsplatzes sowie bei Aufbau und Aufrechterhaltung sozialer Beziehungen und der Gestaltung des Alltags. Bei der Hilfe sind geschlechts- und altersbedingte Besonderheiten sowie besondere Fähigkeiten und Neigungen zu berücksichtigen.

(3) Bei der Ermittlung und Feststellung des Hilfebedarfs sowie bei der Erstellung und Fortschreibung eines Gesamtplanes sollen die Hilfesuchenden unter Berücksichtigung der vorhandenen Kräfte und Fähigkeiten beteiligt werden. Wird ein Gesamtplan erstellt, sind der ermittelte Bedarf und die dem Bedarf entsprechenden Maßnahmen der Hilfe zu benennen und anzugeben, in welchem Verhältnis zueinander sie verwirklicht werden sollen. Dabei ist der verbundene Einsatz der unterschiedlichen Hilfen nach dem Zwölften Buch Sozialgesetzbuch und nach anderen Leistungsgesetzen anzustreben. Soweit es erforderlich ist, wirkt der Träger der Sozialhilfe mit anderen am Einzelfall Beteiligten zusammen; bei Personen vor Vollendung des 21. Lebensjahres ist ein Zusammenwirken mit dem Träger der öffentlichen Jugendhilfe erforderlich.

(4) Gesamtplan und Maßnahmen sind zu überprüfen, sobald Umstände die Annahme rechtfertigen, dass die Hilfe nicht oder nicht mehr zielgerecht ausgestaltet ist oder Hilfesuchende nicht nach ihren Kräften mitwirken.

(5) In stationären Einrichtungen soll die Hilfe nur befristet und nur dann gewährt werden, wenn eine verfügbare ambulante oder teilstationäre Hilfe nicht geeignet und die stationäre Hilfe Teil eines Gesamtplanes ist, an dessen Erstellung der für die stationäre Hilfe zuständige Träger der Sozialhilfe beteiligt war. Ist die Erstellung eines Gesamtplanes vor Beginn der Hilfe nicht möglich, hat sie unverzüglich danach zu erfolgen. Die Hilfe ist spätestens nach jeweils sechs Monaten zu überprüfen. Frauenhäuser sind keine Einrichtungen im Sinne von Satz 1; ambulante Maßnahmen nach den §§ 3 bis 6 werden durch den Aufenthalt in einem Frauenhaus nicht ausgeschlossen.

§ 3 Beratung und persönliche Unterstützung

(1) Zur Beratung und persönlichen Unterstützung gehört es vor allem, den Hilfebedarf zu ermitteln, die Ursachen der besonderen Lebensumstände sowie der sozialen Schwierigkeiten festzustellen, sie bewusst zu machen, über die zur Überwindung der besonderen Lebensverhältnisse und sozialen Schwierigkeiten in Betracht kommenden Maßnahmen und geeigneten Hilfeangebote und -organisationen zu unterrichten, diese soweit erforderlich zu vermitteln und ihre Inanspruchnahme und Wirksamkeit zu fördern.

(2) Beratung und persönliche Unterstützung müssen darauf ausgerichtet sein, die Bereitschaft und Fähigkeit zu erhalten und zu entwickeln, bei der Überwindung der besonderen sozialen Schwierigkeiten nach Kräften mitzuwirken und so weit wie möglich unabhängig von Sozialhilfe zu leben. Sie sollen auch erforderliche Hilfestellungen bei der Inanspruchnahme in Betracht kommender Sozialleistungen, bei der Inanspruchnahme von Schuldnerberatung oder bei der Erledigung von Angelegenheiten mit Behörden und Gerichten umfassen.

(3) Soweit es im Einzelfall erforderlich ist, erstreckt sich die persönliche Unterstützung auch darauf, in der Umgebung des Hilfesuchenden

1. Verständnis für die Art der besonderen Lebensverhältnisse und die damit verbundenen sozialen Schwierigkeiten zu wecken und Vorurteilen entgegenzuwirken,
2. Einflüssen zu begegnen, welche die Bemühungen und Fähigkeiten zur Überwindung besonderer sozialer Schwierigkeiten beeinträchtigen.

(4) Beratung und persönliche Unterstützung kann auch in Gruppen gewährt werden, wenn diese Art der Hilfegewährung geeignet ist, den Erfolg der Maßnahmen herbeizuführen.

§ 4 Erhaltung und Beschaffung einer Wohnung

(1) Maßnahmen zur Erhaltung und Beschaffung einer Wohnung sind vor allem die erforderliche Beratung und persönliche Unterstützung.

(2) Soweit es Maßnahmen nach Absatz 1 erfordern, umfasst die Hilfe auch sonstige Leistungen zur Erhaltung und Beschaffung einer Wohnung nach dem Dritten Kapitel des Zwölften Buches Sozialgesetzbuch, insbesondere nach § 34.

(3) Maßnahmen der Gefahrenabwehr lassen den Anspruch auf Hilfe zur Überwindung besonderer sozialer Schwierigkeiten bei der Erhaltung und Beschaffung einer Wohnung unberührt.

§ 5 Ausbildung, Erlangung und Sicherung eines Arbeitsplatzes

(1) Die Hilfe zur Ausbildung sowie zur Erlangung und Sicherung eines Arbeitsplatzes umfasst, wenn andere arbeits- und beschäftigungswirksame Maßnahmen im Einzelfall nicht in Betracht kommen, vor allem Maßnahmen, die darauf gerichtet sind, die Fähigkeiten und Fertigkeiten sowie die Bereitschaft zu erhalten und zu entwickeln, einer regelmäßigen Erwerbstätigkeit nachzugehen und den Lebensunterhalt für sich und Angehörige aus Erwerbseinkommen zu bestreiten.

(2) Zu den Maßnahmen können vor allem solche gehören, die

1. dem drohenden Verlust eines Ausbildungs- oder Arbeitsplatzes entgegenwirken,
2. es ermöglichen, den Ausbildungsabschluss allgemeinbildender Schulen nachzuholen und die für die Ausübung einer Erwerbstätigkeit auf dem allgemeinen Arbeitsmarkt notwendigen Fähigkeiten und Fertigkeiten zu erwerben,
3. eine Ausbildung für einen angemessenen Beruf ermöglichen,
4. der Erlangung und Sicherung eines geeigneten Arbeitsplatzes oder einer sonstigen angemessenen Tätigkeit dienen,
5. den Abschluss sozialversicherungspflichtiger Beschäftigungsverhältnisse ermöglichen oder den Aufbau einer Lebensgrundlage durch selbständige Tätigkeit zu fördern.

§ 6 Hilfe zum Aufbau und zur Aufrechterhaltung sozialer Beziehungen und zur Gestaltung des Alltags

Zu den Maßnahmen im Sinne des § 68 Abs. 1 des Zwölften Buches Sozialgesetzbuch gehört auch Hilfe zum Aufbau und zur Aufrechterhaltung sozialer Beziehungen und zur Gestaltung des Alltags. Sie umfasst vor allem Maßnahmen der persönlichen Hilfe, die

1. die Begegnung und dem Umgang mit anderen Personen,
2. eine aktive Gestaltung, Strukturierung und Bewältigung des Alltags,
3. eine wirtschaftliche und gesundheitsbewusste Lebensweise,
4. den Besuch von Einrichtungen oder Veranstaltungen, die der Geselligkeit, der Unterhaltung oder kulturellen Zwecken dienen,
5. eine gesellige, sportliche oder kulturelle Betätigung

fördern oder ermöglichen.

§ 7 Inkrafttreten, Außerkrafttreten

Diese Verordnung tritt am ersten Tag des auf die Verkündung folgenden sechsten Kalendermonats in Kraft. Gleichzeitig tritt die Verordnung zur Durchführung des § 72 des Bundessozialhilfegesetzes vom 9. Juni 1976 (BGBl. I S. 1469), geändert durch Artikel 4 Abs. 5 des Gesetzes vom 16. Februar 1993 (BGBl. I S. 239), außer Kraft.

Verordnung zur Durchführung des § 82 des Zwölften Buches Sozialgesetzbuch

Vom 28. November 1962 (BGBl. I S. 692)

Zuletzt geändert durch
Gesetz zur Änderung des Zwölften Buches Sozialgesetzbuch und weiterer Vorschriften
vom 21. Dezember 2015 (BGBl. I S. 2557)

Auf Grund des § 76 Abs. 3 des Bundessozialhilfegesetzes vom 30. Juni 1961 (Bundesgesetzbl. I S. 815) verordnet die Bundesregierung mit Zustimmung des Bundesrates:

§ 1 Einkommen

Bei der Berechnung der Einkünfte in Geld oder Geldeswert, die nach § 82 Abs. 1 des Zwölften Buches Sozialgesetzbuch zum Einkommen gehören, sind alle Einnahmen ohne Rücksicht auf ihre Herkunft und Rechtsnatur sowie ohne Rücksicht darauf, ob sie zu den Einkunftsarten im Sinne des Einkommensteuergesetzes gehören und ob sie der Steuerpflicht unterliegen, zugrunde zu legen.

§ 2 Bewertung von Sachbezügen

(1) Für die Bewertung von Einnahmen, die nicht in Geld bestehen (Kost, Wohnung und sonstige Sachbezüge), sind die auf Grund des § 17 Abs. 2 des Vierten Buches Sozialgesetzbuch für die Sozialversicherung zuletzt festgesetzten Werte der Sachbezüge maßgebend; soweit der Wert der Sachbezüge nicht festgesetzt ist, sind der Bewertung die üblichen Mittelpreise des Verbrauchsortes zu Grunde zu legen. Die Verpflichtung, den notwendigen Lebensunterhalt im Einzelfall nach dem Dritten Kapitel des Zwölften Buches Sozialgesetzbuch sicherzustellen, bleibt unberührt.

(2) Absatz 1 gilt auch dann, wenn in einem Tarifvertrag, einer Tarifordnung, einer Betriebs- oder Dienstordnung, einer Betriebsvereinbarung, einem Arbeitsvertrag oder einem sonstigen Vertrag andere Werte festgesetzt worden sind.

§ 3 Einkünfte aus nichtselbständiger Arbeit

(1) Welche Einkünfte zu den Einkünften aus nichtselbständiger Arbeit gehören, bestimmt sich nach § 19 Abs. 1 Ziff. 1 des Einkommensteuergesetzes.

(2) Als nichtselbständige Arbeit gilt auch die Arbeit, die in einer Familiengemeinschaft von einem Familienangehörigen des Betriebsinhabers gegen eine Vergütung geleistet wird. Wird die Arbeit nicht nur vorübergehend geleistet, so ist in Zweifelsfällen anzunehmen, daß der Familienangehörige eine Vergütung erhält, wie sie einem Gleichaltrigen für eine gleichartige Arbeit gleichen Umfangs in einem fremden Betrieb ortsüblich gewährt wird.

(3) Bei der Berechnung der Einkünfte ist von den monatlichen Bruttoeinnahmen auszugehen. Sonderzuwendungen, Gratifikationen und gleichartige Bezüge und Vorteile, die in größeren als monatlichen Zeitabständen gewährt werden, sind wie einmalige Einnahmen zu behandeln.

(4) Zu den mit der Erzielung der Einkünfte aus nichtselbständiger Arbeit verbundenen Ausgaben im Sinne des § 82 Abs. 2 Nr. 4 des Zwölften Buches Sozialgesetzbuch gehören vor allem

1. notwendige Aufwendungen für Arbeitsmittel,
2. notwendige Aufwendungen für Fahrten zwischen Wohnung und Arbeitsstätte,
3. notwendige Beiträge für Berufsverbände,
4. notwendige Mehraufwendungen infolge Führung eines doppelten Haushalts nach näherer Bestimmung des Absatzes 7.

Ausgaben im Sinne des Satzes 1 sind nur insoweit zu berücksichtigen, als sie von dem Bezieher des Einkommens selbst getragen werden.

(5) Als Aufwendungen für Arbeitsmittel (Absatz 4 Nr. 1) kann ein monatlicher Pauschbetrag von 5,20 Euro berücksichtigt werden, wenn nicht im Einzelfall höhere Aufwendungen nachgewiesen werden.

(6) Wird für die Fahrt zwischen Wohnung und Arbeitsstätte (Absatz 4 Nr. 2) ein eigenes Kraftfahrzeug benutzt, gilt folgendes:

1. Wäre bei Nichtvorhandensein eines Kraftfahrzeuges die Benutzung eines öffentlichen Verkehrsmittels notwendig, so ist ein Betrag in Höhe der Kosten der tariflich günstigsten Zeitkarte abzusetzen.
2. Ist ein öffentliches Verkehrsmittel nicht vorhanden oder dessen Benutzung im Einzelfall nicht zumutbar und deshalb die Benutzung eines Kraftfahrzeuges notwendig, so sind folgende monatliche Pauschbeträge abzusetzen:
   a) bei Benutzung eines Kraftwagens 5,20 Euro,
   b) bei Benutzung eines Kleinstkraftwagens (drei- oder vierrädriges Kraftfahrzeug, dessen Motor einen Hubraum von nicht mehr als 500 ccm hat) 3,70 Euro,
   c) bei Benutzung eines Motorrades oder eines Motorrollers 2,30 Euro,
   d) bei Benutzung eines Fahrrades mit Motor 1,30 Euro

   für jeden vollen Kilometer, den die Wohnung von der Arbeitsstätte entfernt liegt, jedoch für nicht mehr als 40 Kilometer. Bei einer Beschäftigungsdauer von weniger als einem Monat sind die Beträge anteilmäßig zu kürzen.

(7) Ist der Bezieher des Einkommens außerhalb des Ortes beschäftigt, an dem er einen eigenen Hausstand unterhält, und kann ihm weder der Umzug noch die tägliche Rückkehr an den Ort des eigenen Hausstandes zugemutet werden, so sind die durch Führung des doppelten Haushalts ihm nachweislich entstehenden Mehraufwendungen, höchstens ein Betrag von 130 Euro monatlich, sowie die unter Ausnutzung bestehender Tarifvergünstigungen entstehenden Aufwendungen für Fahrtkosten der zweiten Wagenklasse für eine Familienheimfahrt im Kalendermonat abzusetzen. Ein eigener Hausstand ist dann anzunehmen, wenn der Bezieher des

Einkommens eine Wohnung mit eigener oder selbstbeschaffter Möbelausstattung besitzt. Eine doppelte Haushaltsführung kann auch dann anerkannt werden, wenn der Bezieher des Einkommens nachweislich ganz oder überwiegend die Kosten für einen Haushalt trägt, den er gemeinsam mit nächsten Angehörigen führt.

§ 4 Einkünfte aus Land- und Forstwirtschaft, Gewerbebetrieb und selbständiger Arbeit

(1) Welche Einkünfte zu den Einkünften aus Land- und Forstwirtschaft, Gewerbebetrieb und selbständiger Arbeit gehören, bestimmt sich nach § 13 Abs. 1 und 2, § 15 Abs. 1 und § 18 Abs. 1 des Einkommensteuergesetzes; der Nutzungswert der Wohnung im eigenen Haus bleibt unberücksichtigt.

(2) Die Einkünfte sind für das Jahr zu berechnen, in dem der Bedarfszeitraum liegt (Berechnungsjahr).

(3) Als Einkünfte ist bei den einzelnen Einkunftsarten ein Betrag anzusetzen, der auf der Grundlage früherer Betriebsergebnisse aus der Gegenüberstellung der im Rahmen des Betriebes im Berechnungsjahr bereits erzielten Einnahmen und geleisteten notwendigen Ausgaben sowie der im Rahmen des Betriebes im Berechnungsjahr noch zu erwartenden Einnahmen und notwendigen Ausgaben zu errechnen ist. Bei der Ermittlung früherer Betriebsergebnisse (Satz 1) kann ein durch das Finanzamt festgestellter Gewinn berücksichtigt werden.

(4) Soweit im Einzelfall geboten, kann abweichend von der Regelung des Absatzes 3 als Einkünfte ein Betrag angesetzt werden, der nach Ablauf des Berechnungsjahres aus der Gegenüberstellung der im Rahmen des Betriebes im Berechnungsjahr erzielten Einnahmen und geleisteten notwendigen Ausgaben zu errechnen ist. Als Einkünfte im Sinne des Satzes 1 kann auch der vom Finanzamt für das Berechnungsjahr festgestellte Gewinn angesetzt werden.

(5) Wird der vom Finanzamt festgestellte Gewinn nach Absatz 3 Satz 2 berücksichtigt oder nach Absatz 4 Satz 2 als Einkünfte angesetzt, so sind Absetzungen, die bei Gebäuden und sonstigen Wirtschaftsgütern durch das Finanzamt nach

1. den §§ 7, 7b und 7e des Einkommensteuergesetzes,
2. den Vorschriften des Berlinförderungsgesetzes,
3. den §§ 76, 77 und 78 Abs. 1 der Einkommensteuer-Durchführungsverordnung,
4. der Verordnung über Steuervergünstigungen zur Förderung des Baues von Landarbeiterwohnungen in der Fassung der Bekanntmachung vom 6. August 1974 (Bundesgesetzbl. I S. 1869)

vorgenommen worden sind, dem durch das Finanzamt festgestellten Gewinn wieder hinzuzurechnen. Soweit jedoch in diesen Fällen notwendige Ausgaben für die Anschaffung oder Herstellung der in Satz 1 genannten Wirtschaftsgüter im Feststellungszeitraum geleistet worden sind, sind sie vom Gewinn abzusetzen.

§ 5 Sondervorschrift für die Einkünfte aus Land- und Forstwirtschaft

(1) Die Träger der Sozialhilfe können mit Zustimmung der zuständigen Landesbehörde die Einkünfte aus Land- und Forstwirtschaft abweichend von § 4 nach § 7 der Dritten Verordnung über Ausgleichsleistungen nach dem Lastenausgleichsgesetz (3. LeistungsDV-LA) berechnen; der Nutzungswert der Wohnung im eigenen Haus bleibt jedoch unberücksichtigt.

(2) Von der Berechnung der Einkünfte nach Absatz 1 ist abzusehen,

1. wenn sie im Einzelfall offenbar nicht den besonderen persönlichen oder wirtschaftlichen Verhältnissen entspricht oder
2. wenn der Bezieher der Einkünfte zur Einkommensteuer veranlagt wird, es sei denn, daß der Gewinn auf Grund von Durchschnittssätzen ermittelt wird.

§ 6 Einkünfte aus Kapitalvermögen

(1) Welche Einkünfte zu den Einkünften aus Kapitalvermögen gehören, bestimmt sich nach § 20 Abs. 1 bis 3 des Einkommensteuergesetzes.

(2) Als Einkünfte aus Kapitalvermögen sind die Jahresroheinnahmen anzusetzen, vermindert um die Kapitalertragsteuer sowie um die mit der Erzielung der Einkünfte verbundenen notwendigen Ausgaben (§ 82 Abs. 2 Nr. 4 des Zwölften Buches Sozialgesetzbuch).

(3) Die Einkünfte sind auf der Grundlage der vor dem Berechnungsjahr erzielten Einkünfte unter Berücksichtigung der im Berechnungsjahr bereits eingetretenen und noch zu erwartenden Veränderungen zu errechnen. Soweit im Einzelfall geboten, können hiervon abweichend die Einkünfte für das Berechnungsjahr auch nachträglich errechnet werden.

VII

§ 7 Einkünfte aus Vermietung und Verpachtung

(1) Welche Einkünfte zu den Einkünften aus Vermietung und Verpachtung gehören, bestimmt sich nach § 21 Abs. 1 und 3 des Einkommensteuergesetzes.

(2) Als Einkünfte aus Vermietung und Verpachtung ist der Überschuß der Einnahmen über die mit ihrer Erzielung verbundenen notwendigen Ausgaben (§ 82 Abs. 2 Nr. 4 des Zwölften Buches Sozialgesetzbuch) anzusetzen; zu den Ausgaben gehören

1. Schuldzinsen und dauernde Lasten,
2. Steuern vom Grundbesitz, sonstige öffentliche Abgaben und Versicherungsbeiträge,
3. Leistungen auf die Hypothekengewinnabgabe und die Kreditgewinnabgabe, soweit es sich um Zinsen nach § 211 Abs. 1 Nr. 2 des Lastenausgleichsgesetzes handelt,
4. der Erhaltungsaufwand,
5. sonstige Aufwendungen zur Bewirtschaftung des Haus- und Grundbesitzes, ohne besonderen Nachweis Aufwendungen in Höhe von 1 vom Hundert der Jahresroheinnahmen.

Zum Erhaltungsaufwand im Sinne des Satzes 1 Nr. 4 gehören die Ausgaben für Instandsetzung und Instandhaltung, nicht jedoch die Ausgaben für Verbesserungen; ohne Nachweis können bei Wohnungsgrundstücken, die vor dem 1. Januar 1925 bezugsfähig geworden sind, 15 vom Hundert, bei Wohnungsgrundstücken, die nach dem 31. Dezember 1924 bezugsfähig geworden sind, 10 vom Hundert der Jahresroheinnahmen als Erhaltungsaufwand berücksichtigt werden.

(3) Die in Absatz 2 genannten Ausgaben sind von den Einnahmen insoweit nicht abzusetzen, als sie auf den

vom Vermieter oder Verpächter selbst genutzten Teil des vermieteten oder verpachteten Gegenstandes entfallen.

(4) Als Einkünfte aus der Vermietung von möblierten Wohnungen und von Zimmern sind anzusetzen

bei möblierten Wohnungen 80 vom Hundert,

bei möblierten Zimmern 70 vom Hundert,

bei Leerzimmern 90 vom Hundert

der Roheinnahmen. Dies gilt nicht, wenn geringe Einkünfte nachgewiesen werden.

(5) Die Einkünfte sind als Jahreseinkünfte, bei der Vermietung von möblierten Wohnungen und von Zimmern jedoch als Monatseinkünfte zu berechnen. Sind sie als Jahreseinkünfte zu berechnen, gilt § 6 Abs. 3 entsprechend.

§ 8 Andere Einkünfte

(1) Andere als die in den §§ 3, 4, 6 und 7 genannten Einkünfte sind, wenn sie nicht monatlich oder wenn sie monatlich in unterschiedlicher Höhe erzielt werden, als Jahreseinkünfte zu berechnen. Zu den anderen Einkünften im Sinne des Satzes 1 gehören auch die in § 19 Abs. 1 Ziff. 2 des Einkommensteuergesetzes genannten Bezüge sowie Renten und sonstige wiederkehrende Bezüge. § 3 Abs. 3 gilt entsprechend.

(2) Sind die Einkünfte als Jahreseinkünfte zu berechnen, gilt § 6 Abs. 3 entsprechend.

§ 9 Einkommensberechnung in besonderen Fällen

Ist der Bedarf an Sozialhilfe einmalig oder nur von kurzer Dauer und duldet die Entscheidung über die Hilfe keinen Aufschub, so kann der Träger der Sozialhilfe nach Anhörung des Beziehers des Einkommens die Einkünfte schätzen.

§ 10 Verlustausgleich

Ein Verlustausgleich zwischen einzelnen Einkunftsarten ist nicht vorzunehmen. In Härtefällen kann jedoch die gesamtwirtschaftliche Lage des Beziehers des Einkommens berücksichtigt werden.

§ 11 Maßgebender Zeitraum

(1) Soweit die Einkünfte als Jahreseinkünfte berechnet werden, gilt der zwölfte Teil dieser Einkünfte zusammen mit den monatlich berechneten Einkünften als monatliches Einkommen im Sinne des Zwölften Buches Sozialgesetzbuch. § 8 Abs. 1 Satz 3 geht der Regelung des Satzes 1 vor.

(2) Ist der Betrieb oder die sonstige Grundlage der als Jahreseinkünfte zu berechnenden Einkünfte nur während eines Teils vorhanden oder zur Einkommenserzielung genutzt, so sind die Einkünfte aus der betreffenden Einkunftsart nur für diesen Zeitraum zu berechnen; für ihn gilt als monatliches Einkommen im Sinne des Zwölften Buches Sozialgesetzbuch derjenige Teil der Einkünfte, der der Anzahl der in den genannten Zeitraum fallenden Monate entspricht. Satz 1 gilt nicht für Einkünfte aus Saisonbetrieben und andere ihrer Natur nach auf einen Teil des Jahres beschränkte Einkünfte, wenn die Einkünfte den Hauptbestandteil des Einkommens bilden.

§ 12 Ausgaben nach § 82 Abs. 2 Nr. 1 bis 3 des Zwölften Buches Sozialgesetzbuch

Die in § 82 Abs. 2 Nr. 1 bis 3 des Zwölften Buches Sozialgesetzbuch bezeichneten Ausgaben sind von der Summe der Einkünfte abzusetzen, soweit sie nicht bereits nach den Bestimmungen dieser Verordnung bei den einzelnen Einkunftsarten abzuziehen sind.

§ 13 (weggefallen)

§ 14 Inkrafttreten

Diese Verordnung tritt am 1. Januar 1963 in Kraft.

Verordnung zur Durchführung des § 90 Abs. 2 Nr. 9 des Zwölften Buches Sozialgesetzbuch

Vom 11. Februar 1988 (BGBl. I S. 150)

Zuletzt geändert durch
Zwölftes Gesetz zur Änderung des Zweiten Buches Sozialgesetzbuch und anderer Gesetze – Einführung eines Bürgergeldes (Bürgergeld-Gesetz)
vom 16. Dezember 2022 (BGBl. I S. 2328)

Auf Grund des § 88 Abs. 4 des Bundessozialhilfegesetzes in der Fassung der Bekanntmachung vom 20. Januar 1987 (BGBl. I S. 401) wird mit Zustimmung des Bundesrates verordnet:

§ 1 (Freigrenzen)

Kleinere Barbeträge oder sonstige Geldwerte im Sinne des § 90 Absatz 2 Nummer 9 des Zwölften Buches Sozialgesetzbuch sind:

1. für jede in § 19 Absatz 3, § 27 Absatz 1 und 2, § 41 und § 43 Absatz 1 Satz 2 des Zwölften Buches Sozialgesetzbuch genannte volljährige Person sowie für jede alleinstehende minderjährige Person, 10 000 Euro,
2. für jede Person, die von einer Person nach Nummer 1 überwiegend unterhalten wird, 500 Euro.

Eine minderjährige Person ist alleinstehend im Sinne des Satzes 1 Nummer 1, wenn sie unverheiratet und ihr Anspruch auf Leistungen nach dem Zwölften Buch Sozialgesetzbuch nicht vom Vermögen ihrer Eltern oder eines Elternteils abhängig ist.

§ 2 (Erhöhung im Einzelfall)

(1) Der nach § 1 maßgebende Betrag ist angemessen zu erhöhen, wenn im Einzelfall eine besondere Notlage der nachfragenden Person besteht. Bei der Prüfung, ob eine besondere Notlage besteht, sowie bei der Entscheidung über den Umfang der Erhöhung sind vor allem Art und Dauer des Bedarfs sowie besondere Belastungen zu berücksichtigen.

(2) Der nach § 1 maßgebende Betrag kann angemessen herabgesetzt werden, wenn die Voraussetzungen der §§ 103 oder 94 des Gesetzes vorliegen.

§ 3 (Überleitungsvorschrift)

Diese Verordnung gilt nach § 14 des Dritten Überleitungsgesetzes in Verbindung mit § 136 des Zwölften Buches Sozialgesetzbuch auch im Land Berlin.

§ 4 (Inkrafttreten)

Diese Verordnung tritt am 1. April 1988 in Kraft. Gleichzeitig tritt die Verordnung zur Durchführung des § 88 Abs. 2 Nr. 8 des Bundessozialhilfegesetzes vom 9. November 1970 (BGBl. I S. 1529), zuletzt geändert durch die Verordnung vom 6. Dezember 1979 (BGBl. I S. 2004) außer Kraft.

VIII Heimrecht

VIII.1 Gesetz zur Regelung von Verträgen über Wohnraum mit Pflege- oder Betreuungsleistungen (Wohn- und Betreuungsvertragsgesetz – WBVG) 542

Gesetz zur Regelung von Verträgen über Wohnraum mit Pflege- oder Betreuungsleistungen (Wohn- und Betreuungsvertragsgesetz – WBVG)

Vom 29. Juli 2009 (BGBl. I S. 2319)

Zuletzt geändert durch
Gesetz zur Änderung des Neunten und des Zwölften Buches Sozialgesetzbuch und anderer Rechtsvorschriften
vom 30. November 2019 (BGBl. I S. 1948)

Inhaltsübersicht

§ 1 Anwendungsbereich
§ 2 Ausnahmen vom Anwendungsbereich
§ 3 Informationspflichten vor Vertragsschluss
§ 4 Vertragsschluss und Vertragsdauer
§ 5 Wechsel der Vertragsparteien
§ 6 Schriftform und Vertragsinhalt
§ 7 Leistungspflichten
§ 8 Vertragsanpassung bei Änderung des Pflege- oder Betreuungsbedarfs
§ 9 Entgelterhöhung bei Änderung der Berechnungsgrundlage
§ 10 Nichtleistung oder Schlechtleistung
§ 11 Kündigung durch den Verbraucher
§ 12 Kündigung durch den Unternehmer
§ 13 Nachweis von Leistungsersatz und Übernahme von Umzugskosten
§ 14 Sicherheitsleistungen
§ 15 Besondere Bestimmungen bei Bezug von Sozialleistungen
§ 16 Unwirksamkeit abweichender Vereinbarungen
§ 17 Übergangsvorschriften

§ 1 Anwendungsbereich

(1) Dieses Gesetz ist anzuwenden auf einen Vertrag zwischen einem Unternehmer und einem volljährigen Verbraucher, in dem sich der Unternehmer zur Überlassung von Wohnraum und zur Erbringung von Pflege- oder Betreuungsleistungen verpflichtet, die der Bewältigung eines durch Alter, Pflegebedürftigkeit oder Behinderung bedingten Hilfebedarfs dienen. Unerheblich ist, ob die Pflege- oder Betreuungsleistungen nach den vertraglichen Vereinbarungen vom Unternehmer zur Verfügung gestellt oder vorgehalten werden. Das Gesetz ist nicht anzuwenden, wenn der Vertrag neben der Überlassung von Wohnraum ausschließlich die Erbringung von allgemeinen Unterstützungsleistungen wie die Vermittlung von Pflege- oder Betreuungsleistungen, Leistungen der hauswirtschaftlichen Versorgung oder Notrufdienste zum Gegenstand hat.

(2) Dieses Gesetz ist entsprechend anzuwenden, wenn die vom Unternehmer geschuldeten Leistungen Gegenstand verschiedener Verträge sind und

1. der Bestand des Vertrags über die Überlassung von Wohnraum von dem Bestand des Vertrags über die Erbringung von Pflege- oder Betreuungsleistungen abhängig ist,
2. der Verbraucher an dem Vertrag über die Überlassung von Wohnraum nach den vertraglichen Vereinbarungen nicht unabhängig von dem Vertrag über die Erbringung von Pflege- oder Betreuungsleistungen festhalten kann oder
3. der Unternehmer den Abschluss des Vertrags über die Überlassung von Wohnraum von dem Abschluss des Vertrags über die Erbringung von Pflege- oder Betreuungsleistungen tatsächlich abhängig macht.

Dies gilt auch, wenn in den Fällen des Satzes 1 die Leistungen von verschiedenen Unternehmern geschuldet werden, es sei denn, diese sind nicht rechtlich oder wirtschaftlich miteinander verbunden.

§ 2 Ausnahmen vom Anwendungsbereich

Dieses Gesetz ist nicht anzuwenden auf Verträge über

1. Leistungen der Krankenhäuser, Vorsorge- oder Rehabilitationseinrichtungen im Sinne des § 107 des Fünften Buches Sozialgesetzbuch,
2. Leistungen der Internate der Berufsbildungs- und Berufsförderungswerke,
3. Leistungen im Sinne des § 41 des Achten Buches Sozialgesetzbuch,
4. Leistungen, die im Rahmen von Kur- oder Erholungsaufenthalten erbracht werden.

§ 3 Informationspflichten vor Vertragsschluss

(1) Der Unternehmer hat den Verbraucher rechtzeitig vor Abgabe von dessen Vertragserklärung in Textform und in leicht verständlicher Sprache über sein allgemeines Leistungsangebot und über den wesentlichen Inhalt seiner für den Verbraucher in Betracht kommenden Leistungen zu informieren.

(2) Zur Information des Unternehmers über sein allgemeines Leistungsangebot gehört die Darstellung

1. der Ausstattung und Lage des Gebäudes, in dem sich der Wohnraum befindet, sowie der dem gemeinschaftlichen Gebrauch dienenden Anlagen und Einrichtungen, zu denen der Verbraucher Zugang hat, und gegebenenfalls ihrer Nutzungsbedingungen,
2. der darin enthaltenen Leistungen nach Art, Inhalt und Umfang,
3. der Ergebnisse der Qualitätsprüfungen, soweit sie nach § 115 Absatz 1a Satz 1 des Elften Buches Sozialgesetzbuch oder nach landesrechtlichen Vorschriften zu veröffentlichen sind.

(3) Zur Information über die für den Verbraucher in Betracht kommenden Leistungen gehört die Darstellung

1. des Wohnraums, der Pflege- oder Betreuungsleistungen, gegebenenfalls der Verpflegung als Teil der Betreuungsleistungen sowie der einzelnen weiteren Leistungen nach Art, Inhalt und Umfang,
2. des den Pflege- oder Betreuungsleistungen zugrunde liegenden Leistungskonzepts,
3. der für die in Nummer 1 benannten Leistungen jeweils zu zahlenden Entgelte, der nach § 82 Absatz 3 und 4 des Elften Buches Sozialgesetzbuch gesondert berechenbaren Investitionskosten sowie des Gesamtentgelts,
4. der Voraussetzungen für mögliche Leistungs- und Entgeltveränderungen,
5. des Umfangs und der Folgen eines Ausschlusses der Angebotspflicht nach § 8 Absatz 4, wenn ein solcher Ausschluss vereinbart werden soll.

Die Darstellung nach Satz 1 Nummer 5 muss in hervorgehobener Form erfolgen.

(4) Erfüllt der Unternehmer seine Informationspflichten nach den Absätzen 1 bis 3 nicht, ist § 6 Absatz 2 Satz 2 und 3 entsprechend anzuwenden. Weitergehende zivilrechtliche Ansprüche des Verbrauchers bleiben unberührt.

(5) Die sich aus anderen Gesetzen ergebenden Informationspflichten bleiben unberührt.

§ 4 Vertragsschluss und Vertragsdauer

(1) Der Vertrag wird auf unbestimmte Zeit geschlossen. Die Vereinbarung einer Befristung ist zulässig, wenn die Befristung den Interessen des Verbrauchers nicht widerspricht. Ist die vereinbarte Befristung nach Satz 2 unzulässig, gilt der Vertrag für unbestimmte Zeit, sofern nicht der Verbraucher seinen entgegenstehenden Willen innerhalb von zwei Wochen nach Ende der vereinbarten Vertragsdauer dem Unternehmer erklärt.

(2) War der Verbraucher bei Abschluss des Vertrags geschäftsunfähig, so hängt die Wirksamkeit des Vertrags von der Genehmigung eines Bevollmächtigten oder Betreuers ab. § 108 Absatz 2 des Bürgerlichen Gesetzbuchs ist entsprechend anzuwenden. In Ansehung einer bereits bewirkten Leistung und deren Gegenleistung gilt der Vertrag als wirksam geschlossen. Solange der Vertrag nicht wirksam geschlossen worden ist, kann der Unternehmer das Vertragsverhältnis nur aus wichtigem Grund für gelöst erklären; die §§ 12 und 13 Absatz 2 und 4 sind entsprechend anzuwenden.

(3) Mit dem Tod des Verbrauchers endet das Vertragsverhältnis zwischen ihm und dem Unternehmer. Die vertraglichen Bestimmungen hinsichtlich der Behandlung des in den Räumen oder in Verwahrung des Unterneh-

VIII

mers befindlichen Nachlasses des Verbrauchers bleiben wirksam. Eine Fortgeltung des Vertrags kann für die Überlassung des Wohnraums gegen Fortzahlung der darauf entfallenden Entgeltbestandteile vereinbart werden, soweit ein Zeitraum von zwei Wochen nach dem Sterbetag des Verbrauchers nicht überschritten wird. In diesen Fällen ermäßigt sich das geschuldete Entgelt um den Wert der ersparten Aufwendungen des Unternehmers.

§ 5 Wechsel der Vertragsparteien

(1) Mit Personen, die mit dem Verbraucher einen auf Dauer angelegten gemeinsamen Haushalt führen und nicht Vertragspartner des Unternehmers hinsichtlich der Überlassung des Wohnraums sind, wird das Vertragsverhältnis beim Tod des Verbrauchers hinsichtlich der Überlassung des Wohnraums gegen Zahlung der darauf entfallenden Entgeltbestandteile bis zum Ablauf des dritten Kalendermonats nach dem Sterbetag des Verbrauchers fortgesetzt. Erklären Personen, mit denen das Vertragsverhältnis fortgesetzt wurde, innerhalb von vier Wochen nach dem Sterbetag des Verbrauchers dem Unternehmer, dass sie das Vertragsverhältnis nicht fortsetzen wollen, gilt die Fortsetzung des Vertragsverhältnisses als nicht erfolgt. Ist das Vertragsverhältnis mit mehreren Personen fortgesetzt worden, so kann jeder die Erklärung für sich abgeben.

(2) Wird der überlassene Wohnraum nach Beginn des Vertragsverhältnisses von dem Unternehmer an einen Dritten veräußert, gelten für die Rechte und Pflichten des Erwerbers hinsichtlich der Überlassung des Wohnraums die §§ 566 bis 567b des Bürgerlichen Gesetzbuchs entsprechend.

VIII

§ 6 Schriftform und Vertragsinhalt

(1) Der Vertrag ist schriftlich abzuschließen. Der Abschluss des Vertrags in elektronischer Form ist ausgeschlossen. Der Unternehmer hat dem Verbraucher eine Ausfertigung des Vertrags auszuhändigen.

(2) Wird der Vertrag nicht in schriftlicher Form geschlossen, sind zu Lasten des Verbrauchers von den gesetzlichen Regelungen abweichende Vereinbarungen unwirksam, auch wenn sie durch andere Vorschriften dieses Gesetzes zugelassen werden; im Übrigen bleibt der Vertrag wirksam. Der Verbraucher kann den Vertrag jederzeit ohne Einhaltung einer Frist kündigen. Ist der schriftliche Vertragsschluss im Interesse des Verbrauchers unterblieben, insbesondere weil zum Zeitpunkt des Vertragsschlusses beim Verbraucher Gründe vorlagen, die ihn an der schriftlichen Abgabe seiner Vertragserklärung hinderten, muss der schriftliche Vertragsschluss unverzüglich nachgeholt werden.

(3) Der Vertrag muss mindestens

1. die Leistungen des Unternehmers nach Art, Inhalt und Umfang einzeln beschreiben,
2. die für diese Leistungen jeweils zu zahlenden Entgelte, getrennt nach Überlassung des Wohnraums, Pflege- oder Betreuungsleistungen, gegebenenfalls Verpflegung als Teil der Betreuungsleistungen sowie den einzelnen weiteren Leistungen, die nach § 82 Absatz 3 und 4 des Elften Buches Sozialgesetzbuch gesondert berechenbaren Investitionskosten und das Gesamtentgelt angeben,
3. die Informationen des Unternehmers nach § 3 als Vertragsgrundlage benennen und mögliche Abweichungen von den vorvertraglichen Informationen gesondert kenntlich machen,
4. die Informationen nach § 36 Absatz 1 des Verbraucherstreitbeilegungsgesetzes vom 19. Februar 2016 (BGBl. I S. 254) geben; dies gilt auch, wenn der Unternehmer keine Webseite unterhält oder keine Allgemeinen Geschäftsbedingungen verwendet.

§ 7 Leistungspflichten

(1) Der Unternehmer ist verpflichtet, dem Verbraucher den Wohnraum in einem zum vertragsgemäßen Gebrauch geeigneten Zustand zu überlassen und während der vereinbarten Vertragsdauer in diesem Zustand zu erhalten sowie die vertraglich vereinbarten Pflege- oder Betreuungsleistungen nach dem allgemein anerkannten Stand fachlicher Erkenntnisse zu erbringen.

(2) Der Verbraucher hat das vereinbarte Entgelt zu zahlen, soweit dieses insgesamt und nach seinen Bestandteilen im Verhältnis zu den Leistungen angemessen ist. In Verträgen mit Verbrauchern, die Leistungen nach dem Elften Buch Sozialgesetzbuch in Anspruch nehmen, gilt die aufgrund der Bestimmungen des Siebten und Achten Kapitels des Elften Buches Sozialgesetzbuch festgelegte Höhe des Entgelts als vereinbart und angemessen. In Verträgen mit Verbrauchern, denen Hilfe in Einrichtungen nach dem Zwölften Buch Sozialgesetzbuch gewährt wird, gilt die aufgrund des Zehnten Kapitels des Zwölften Buches Sozialgesetzbuch festgelegte Höhe des Entgelts als vereinbart und angemessen. In Verträgen mit Verbrauchern, die Leistungen nach Teil 2 des Neunten Buches Sozialgesetzbuch in Anspruch nehmen, gilt die aufgrund der Bestimmungen des Teils 2 Kapitel 8 des Neunten Buches Sozialgesetzbuch festgelegte Höhe des Entgelts für diese Leistungen als vereinbart und angemessen.

(3) Der Unternehmer hat das Entgelt sowie die Entgeltbestandteile für die Verbraucher nach einheitlichen Grundsätzen zu bemessen. Eine Differenzierung ist zulässig, soweit eine öffentliche Förderung von betriebsnotwendigen Investitionsaufwendungen nur für einen Teil der Einrichtung erfolgt ist. Sie ist auch insofern zulässig, als Vergütungsvereinbarungen nach dem Zehnten Kapitel des Zwölften Buches Sozialgesetzbuch über Investitionsbeträge oder gesondert berechenbare Investitionskosten getroffen worden sind.

(4) Werden Leistungen unmittelbar zu Lasten eines Sozialleistungsträgers erbracht, ist der Unternehmer verpflichtet, den Verbraucher unverzüglich schriftlich unter Mitteilung des Kostenanteils hierauf hinzuweisen.

(5) Soweit der Verbraucher länger als drei Tage abwesend ist, muss sich der Unternehmer den Wert der dadurch ersparten Aufwendungen auf seinen Entgeltanspruch anrechnen lassen. Im Vertrag kann eine Pauschalierung des Anrechnungsbetrags vereinbart werden. In Verträgen mit Verbrauchern, die Leistungen nach dem Elften Buch Sozialgesetzbuch in Anspruch nehmen, ergibt sich die Höhe des Anrechnungsbetrags aus den in § 87a Absatz 1 Satz 7 des Elften Buches Sozialgesetzbuch genannten Vereinbarungen.

§ 8 Vertragsanpassung bei Änderung des Pflege- oder Betreuungsbedarfs

(1) Ändert sich der Pflege- oder Betreuungsbedarf des Verbrauchers, muss der Unternehmer eine entsprechende Anpassung der Leistungen anbieten. Der Verbraucher kann das Angebot auch teilweise annehmen. Die Leistungspflicht des Unternehmers und das vom Verbraucher zu zahlende angemessene Entgelt erhöhen oder verringern sich in dem Umfang, in dem der Verbraucher das Angebot angenommen hat.

(2) In Verträgen mit Verbrauchern, die Leistungen nach dem Elften Buch Sozialgesetzbuch in Anspruch nehmen oder denen Hilfe in Einrichtungen nach dem Zwölften Buch Sozialgesetzbuch gewährt wird, ist der Unternehmer berechtigt, bei einer Änderung des Pflege- oder Betreuungsbedarfs des Verbrauchers den Vertrag nach Maßgabe des Absatzes 1 Satz 3 durch einseitige Erklärung anzupassen. Absatz 3 ist entsprechend anzuwenden.

(3) Der Unternehmer hat das Angebot zur Anpassung des Vertrags dem Verbraucher durch Gegenüberstellung der bisherigen und der angebotenen Leistungen sowie der dafür jeweils zu entrichtenden Entgelte schriftlich darzustellen und zu begründen.

(4) Der Unternehmer kann die Pflicht, eine Anpassung anzubieten, durch gesonderte Vereinbarung mit dem Verbraucher bei Vertragsschluss ganz oder teilweise ausschließen. Der Ausschluss ist nur wirksam, soweit der Unternehmer unter Berücksichtigung des dem Vertrag zugrunde gelegten Leistungskonzepts daran ein berechtigtes Interesse hat und dieses in der Vereinbarung begründet. Die Belange von Menschen mit Behinderungen sind besonders zu berücksichtigen. Die Vereinbarung bedarf zu ihrer Wirksamkeit der Schriftform; die elektronische Form ist ausgeschlossen.

§ 9 Entgelterhöhung bei Änderung der Berechnungsgrundlage

(1) Der Unternehmer kann eine Erhöhung des Entgelts verlangen, wenn sich die bisherige Berechnungsgrundlage verändert. Neben dem erhöhten Entgelt muss auch die Erhöhung selbst angemessen sein. Satz 2 gilt nicht für die in § 7 Absatz 2 Satz 2 bis 4 genannten Fälle. Entgelterhöhungen aufgrund von Investitionsaufwendungen sind nur zulässig, soweit sie nach der Art des Betriebs notwendig sind und nicht durch öffentliche Förderung gedeckt werden.

(2) Der Unternehmer hat dem Verbraucher die beabsichtigte Erhöhung des Entgelts schriftlich mitzuteilen und zu begründen. Aus der Mitteilung muss der Zeitpunkt hervorgehen, zu dem der Unternehmer die Erhöhung des Entgelts verlangt. In der Begründung muss er unter Angabe des Umlagemaßstabs die Positionen benennen, für die sich durch die veränderte Berechnungsgrundlage Kostensteigerungen ergeben, und die bisherigen Entgeltbestandteile den vorgesehenen neuen Entgeltbestandteilen gegenüberstellen. Der Verbraucher schuldet das erhöhte Entgelt frühestens vier Wochen nach Zugang des hinreichend begründeten Erhöhungsverlangens. Der Verbraucher muss rechtzeitig Gelegenheit erhalten, die Angaben des Unternehmers durch Einsichtnahme in die Kalkulationsunterlagen zu überprüfen.

§ 10 Nichtleistung oder Schlechtleistung

(1) Erbringt der Unternehmer die vertraglichen Leistungen ganz oder teilweise nicht oder weisen sie nicht unerhebliche Mängel auf, kann der Verbraucher unbeschadet weitergehender zivilrechtlicher Ansprüche bis zu sechs Monate rückwirkend eine angemessene Kürzung des vereinbarten Entgelts verlangen.

(2) Zeigt sich während der Vertragsdauer ein Mangel des Wohnraums oder wird eine Maßnahme zum Schutz des Wohnraums gegen eine nicht vorhergesehene Gefahr erforderlich, so hat der Verbraucher dies dem Unternehmer unverzüglich anzuzeigen.

(3) Soweit der Unternehmer infolge einer schuldhaften Unterlassung der Anzeige nach Absatz 2 nicht Abhilfe schaffen konnte, ist der Verbraucher nicht berechtigt, sein Kürzungsrecht nach Absatz 1 geltend zu machen.

(4) Absatz 1 ist nicht anzuwenden, soweit nach § 115 Absatz 3 des Elften Buches Sozialgesetzbuch wegen desselben Sachverhalts ein Kürzungsbetrag vereinbart oder festgesetzt worden ist.

(5) Bei Verbrauchern, denen Hilfe in Einrichtungen nach dem Zwölften Buch Sozialgesetzbuch gewährt wird, steht der Kürzungsbetrag nach Absatz 1 bis zur Höhe der erbrachten Leistungen vorrangig dem Träger der Sozialhilfe zu. Verbrauchern, die Leistungen nach dem Elften Buch Sozialgesetzbuch in Anspruch nehmen, steht der Kürzungsbetrag bis zur Höhe ihres Eigenanteils selbst zu; ein überschießender Betrag ist an die Pflegekasse auszuzahlen. Bei Verbrauchern, die Leistungen nach Teil 2 des Neunten Buches Sozialgesetzbuch in Anspruch nehmen, steht der Kürzungsbetrag nach Absatz 1 bis zur Höhe der erbrachten Leistungen vorrangig dem Träger der Eingliederungshilfe zu.

§ 11 Kündigung durch den Verbraucher

(1) Der Verbraucher kann den Vertrag spätestens am dritten Werktag eines Kalendermonats zum Ablauf desselben Monats schriftlich kündigen. Bei einer Erhöhung des Entgelts ist eine Kündigung jederzeit zu dem Zeitpunkt möglich, zu dem der Unternehmer die Erhöhung des Entgelts verlangt. In den Fällen des § 1 Absatz 2 Satz 1 Nummer 1 und 2 kann der Verbraucher nur alle Verträge einheitlich kündigen. Bei Verträgen im Sinne des § 1 Absatz 2 Satz 2 hat der Verbraucher die Kündigung dann gegenüber allen Unternehmern zu erklären.

(2) Innerhalb von zwei Wochen nach Beginn des Vertragsverhältnisses kann der Verbraucher jederzeit ohne Einhaltung einer Frist kündigen. Wird dem Verbraucher erst nach Beginn des Vertragsverhältnisses eine Ausfertigung des Vertrags ausgehändigt, kann der Verbraucher auch noch bis zum Ablauf von zwei Wochen nach der Aushändigung kündigen.

(3) Der Verbraucher kann den Vertrag aus wichtigem Grund jederzeit ohne Einhaltung einer Kündigungsfrist kündigen, wenn ihm die Fortsetzung des Vertrags bis zum Ablauf der Kündigungsfrist nicht zuzumuten ist.

(4) Die Absätze 2 und 3 sind in den Fällen des § 1 Absatz 2 auf jeden der Verträge gesondert anzuwenden. Kann der Verbraucher hiernach einen Vertrag kündigen, ist er auch zur Kündigung der anderen Verträge berechtigt. Er hat dann die Kündigung einheitlich für alle Verträge und zu demselben Zeitpunkt zu erklären. Bei Verträgen im Sinne

des § 1 Absatz 2 Satz 2 hat der Verbraucher die Kündigung gegenüber allen Unternehmern zu erklären.

(5) Kündigt der Unternehmer in den Fällen des § 1 Absatz 2 einen Vertrag, kann der Verbraucher zu demselben Zeitpunkt alle anderen Verträge kündigen. Die Kündigung muss unverzüglich nach Zugang der Kündigungserklärung des Unternehmers erfolgen. Absatz 4 Satz 3 und 4 ist entsprechend anzuwenden.

§ 12 Kündigung durch den Unternehmer

(1) Der Unternehmer kann den Vertrag nur aus wichtigem Grund kündigen. Die Kündigung bedarf der Schriftform und ist zu begründen. Ein wichtiger Grund liegt insbesondere vor, wenn

1. der Unternehmer den Betrieb einstellt, wesentlich einschränkt oder in seiner Art verändert und die Fortsetzung des Vertrags für den Unternehmer eine unzumutbare Härte bedeuten würde,
2. der Unternehmer eine fachgerechte Pflege- oder Betreuungsleistung nicht erbringen kann, weil
   a) der Verbraucher eine vom Unternehmer angebotene Anpassung der Leistungen nach § 8 Absatz 1 nicht annimmt oder
   b) der Unternehmer eine Anpassung der Leistungen aufgrund eines Ausschlusses nach § 8 Absatz 4 nicht anbietet

   und dem Unternehmer deshalb ein Festhalten an dem Vertrag nicht zumutbar ist,
3. der Verbraucher seine vertraglichen Pflichten schuldhaft so gröblich verletzt, dass dem Unternehmer die Fortsetzung des Vertrags nicht mehr zugemutet werden kann, oder
4. der Verbraucher
   a) für zwei aufeinander folgende Termine mit der Entrichtung des Entgelts oder eines Teils des Entgelts, der das Entgelt für einen Monat übersteigt, im Verzug ist oder
   b) in einem Zeitraum, der sich über mehr als zwei Termine erstreckt, mit der Entrichtung des Entgelts in Höhe eines Betrags in Verzug gekommen ist, der das Entgelt für zwei Monate erreicht.

Eine Kündigung des Vertrags zum Zwecke der Erhöhung des Entgelts ist ausgeschlossen.

(2) Der Unternehmer kann aus dem Grund des Absatzes 1 Satz 3 Nummer 2 Buchstabe a nur kündigen, wenn er zuvor dem Verbraucher gegenüber sein Angebot nach § 8 Absatz 1 Satz 1 unter Bestimmung einer angemessenen Annahmefrist und unter Hinweis auf die beabsichtigte Kündigung erneuert hat und der Kündigungsgrund durch eine Annahme des Verbrauchers im Sinne des § 8 Absatz 1 Satz 2 nicht entfallen ist.

(3) Der Unternehmer kann aus dem Grund des Absatzes 1 Satz 3 Nummer 4 nur kündigen, wenn er zuvor dem Verbraucher unter Hinweis auf die beabsichtigte Kündigung erfolglos eine angemessene Zahlungsfrist gesetzt hat. Ist der Verbraucher in den Fällen des Absatzes 1 Satz 3 Nummer 4 mit der Entrichtung des Entgelts für die Überlassung von Wohnraum in Rückstand geraten, ist die Kündigung ausgeschlossen, wenn der Unternehmer vorher befriedigt wird. Die Kündigung wird unwirksam, wenn der Unternehmer bis zum Ablauf von zwei Monaten nach Eintritt der Rechtshängigkeit des Räumungsanspruchs hinsichtlich des fälligen Entgelts befriedigt wird oder eine öffentliche Stelle sich zur Befriedigung verpflichtet.

(4) In den Fällen des Absatzes 1 Satz 3 Nummer 2 bis 4 kann der Unternehmer den Vertrag ohne Einhaltung einer Frist kündigen. Im Übrigen ist eine Kündigung bis zum dritten Werktag eines Kalendermonats zum Ablauf des nächsten Monats zulässig.

(5) Die Absätze 1 bis 4 sind in den Fällen des § 1 Absatz 2 auf jeden der Verträge gesondert anzuwenden. Der Unternehmer kann in den Fällen des § 1 Absatz 2 einen Vertrag auch dann kündigen, wenn ein anderer Vertrag gekündigt wird und ihm deshalb ein Festhalten an dem Vertrag unter Berücksichtigung der berechtigten Interessen des Verbrauchers nicht zumutbar ist. Er kann sein Kündigungsrecht nur unverzüglich nach Kenntnis von der Kündigung des anderen Vertrags ausüben. Dies gilt unabhängig davon, ob die Kündigung des anderen Vertrags durch ihn, einen anderen Unternehmer oder durch den Verbraucher erfolgt ist.

§ 13 Nachweis von Leistungsersatz und Übernahme von Umzugskosten

(1) Hat der Verbraucher nach § 11 Absatz 3 Satz 1 aufgrund eines vom Unternehmer zu vertretenden Kündigungsgrundes gekündigt, ist der Unternehmer dem Verbraucher auf dessen Verlangen zum Nachweis eines angemessenen Leistungsersatzes zu zumutbaren Bedingungen und zur Übernahme der Umzugskosten in angemessenem Umfang verpflichtet. § 115 Absatz 4 des Elften Buches Sozialgesetzbuch bleibt unberührt.

(2) Hat der Unternehmer nach § 12 Absatz 1 Satz 1 aus den Gründen des § 12 Absatz 1 Satz 3 Nummer 1 oder nach § 12 Absatz 5 gekündigt, so hat er dem Verbraucher auf dessen Verlangen einen angemessenen Leistungsersatz zu zumutbaren Bedingungen nachzuweisen. In den Fällen des § 12 Absatz 1 Satz 3 Nummer 1 hat der Unternehmer auch die Kosten des Umzugs in angemessenem Umfang zu tragen.

(3) Der Verbraucher kann den Nachweis eines angemessenen Leistungsersatzes zu zumutbaren Bedingungen nach Absatz 1 auch dann verlangen, wenn er noch nicht gekündigt hat.

(4) Wird in den Fällen des § 1 Absatz 2 ein Vertrag gekündigt, gelten die Absätze 1 bis 3 entsprechend. Der Unternehmer hat die Kosten des Umzugs in angemessenem Umfang nur zu tragen, wenn ein Vertrag über die Überlassung von Wohnraum gekündigt wird. Werden mehrere Verträge gekündigt, kann der Verbraucher den Nachweis eines angemessenen Leistungsersatzes zu zumutbaren Bedingungen und unter der Voraussetzung des Satzes 2 auch die Übernahme der Umzugskosten von jedem Unternehmer fordern, dessen Vertrag gekündigt ist. Die Unternehmer haften als Gesamtschuldner.

§ 14 Sicherheitsleistungen

(1) Der Unternehmer kann von dem Verbraucher Sicherheiten für die Erfüllung seiner Pflichten aus dem Vertrag verlangen, wenn dies im Vertrag vereinbart ist. Die Sicherheiten dürfen das Doppelte des auf einen Monat entfallenden Entgelts nicht übersteigen. Auf Verlangen des Verbrauchers können die Sicherheiten auch durch

eine Garantie oder ein sonstiges Zahlungsversprechen eines im Geltungsbereich dieses Gesetzes zum Geschäftsbetrieb befugten Kreditinstituts oder Kreditversicherers oder einer öffentlich-rechtlichen Körperschaft geleistet werden.

(2) In den Fällen des § 1 Absatz 2 gilt Absatz 1 mit der Maßgabe, dass der Unternehmer von dem Verbraucher für die Erfüllung seiner Pflichten aus dem Vertrag nur Sicherheiten verlangen kann, soweit der Vertrag die Überlassung von Wohnraum betrifft.

(3) Ist als Sicherheit eine Geldsumme bereitzustellen, so kann diese in drei gleichen monatlichen Teilleistungen erbracht werden. Die erste Teilleistung ist zu Beginn des Vertragsverhältnisses fällig. Der Unternehmer hat die Geldsumme von seinem Vermögen getrennt für jeden Verbraucher einzeln bei einem Kreditinstitut zu dem für Spareinlagen mit dreimonatiger Kündigungsfrist marktüblichen Zinssatz anzulegen. Die Zinsen stehen, auch soweit ein höherer Zinssatz erzielt wird, dem Verbraucher zu und erhöhen die Sicherheit.

(4) Von Verbrauchern, die Leistungen nach den §§ 42 und 43 des Elften Buches Sozialgesetzbuch in Anspruch nehmen, oder Verbrauchern, denen Hilfe in Einrichtungen nach dem Zwölften Buch Sozialgesetzbuch gewährt wird, kann der Unternehmer keine Sicherheiten nach Absatz 1 verlangen. Von Verbrauchern, die Leistungen nach dem Dritten oder Vierten Kapitel des Zwölften Buches Sozialgesetzbuch erhalten und in einer besonderen Wohnform nach § 42a Absatz 2 Satz 1 Nummer 2 und Satz 3 des Zwölften Buches Sozialgesetzbuch leben, kann der Unternehmer keine Sicherheiten nach Absatz 1 verlangen, wenn das für die Überlassung von Wohnraum geschuldete Entgelt durch Direktzahlung des Sozialhilfeträgers an den Unternehmer geleistet wird. Von Verbrauchern, die Leistungen im Sinne des § 36 Absatz 1 Satz 1 des Elften Buches Sozialgesetzbuch in Anspruch nehmen, kann der Unternehmer nur für die Erfüllung der die Überlassung von Wohnraum betreffenden Pflichten aus dem Vertrag Sicherheiten verlangen.

§ 15 Besondere Bestimmungen bei Bezug von Sozialleistungen

(1) In Verträgen mit Verbrauchern, die Leistungen nach dem Elften Buch Sozialgesetzbuch in Anspruch nehmen, müssen die Vereinbarungen den Regelungen des Siebten und Achten Kapitels des Elften Buches Sozialgesetzbuch sowie den aufgrund des Siebten und Achten Kapitels des Elften Buches Sozialgesetzbuch getroffenen Regelungen entsprechen. Vereinbarungen, die diesen Regelungen nicht entsprechen, sind unwirksam.

(2) In Verträgen mit Verbrauchern, die Leistungen nach dem Zwölften Buch Sozialgesetzbuch in Anspruch nehmen, müssen die Vereinbarungen den aufgrund des Zehnten Kapitels des Zwölften Buches Sozialgesetzbuch getroffenen Regelungen entsprechen. Absatz 1 Satz 2 ist entsprechend anzuwenden.

(3) In Verträgen mit Verbrauchern, die Leistungen nach Teil 2 des Neunten Buches Sozialgesetzbuch in Anspruch nehmen, müssen die Vereinbarungen den aufgrund des Teils 2 Kapitel 8 des Neunten Buches Sozialgesetzbuch getroffenen Regelungen entsprechen. Absatz 1 Satz 2 ist entsprechend anzuwenden.

§ 16 Unwirksamkeit abweichender Vereinbarungen

Von den Vorschriften dieses Gesetzes zum Nachteil des Verbrauchers abweichende Vereinbarungen sind unwirksam.

§ 17 Übergangsvorschriften

(1) Auf Heimverträge im Sinne des § 5 Absatz 1 Satz 1 des Heimgesetzes, die vor dem 1. Oktober 2009 geschlossen worden sind, sind bis zum 30. April 2010 die §§ 5 bis 9 und 14 Absatz 2 Nummer 4, Absatz 4, 7 und 8 des Heimgesetzes in ihrer bis zum 30. September 2009 geltenden Fassung anzuwenden. Ab dem 1. Mai 2010 richten sich die Rechte und Pflichten aus den in Satz 1 genannten Verträgen nach diesem Gesetz. Der Unternehmer hat den Verbraucher vor der erforderlichen schriftlichen Anpassung eines Vertrags in entsprechender Anwendung des § 3 zu informieren.

(2) Auf die bis zum 30. September 2009 geschlossenen Verträge, die keine Heimverträge im Sinne des § 5 Absatz 1 Satz 1 des Heimgesetzes sind, ist dieses Gesetz nicht anzuwenden.

(3) § 6 Absatz 3 Nummer 4 gilt nur für nach dem 31. März 2016 geschlossene Verträge.

Stichwortverzeichnis

Sie finden das jeweilige Stichwort über die fettgedruckte Angabe der Leitziffer. Im angegebenen Paragraphen finden Sie das gesuchte Stichwort. Fundstellen im für die Betreuungspraxis maßgeblichen Bürgerlichen Gesetzbuch (BGB), dem Gesetz über das Verfahren in Familiensachen und in den Angelegenheiten der freiwilligen Gerichtsbarkeit (FamFG) sowie dem Betreuungsorganisationsgesetz (BtOG) sind zudem mit der Vorschriftenabkürzung versehen.
Um mehr Übersichtlichkeit zu erreichen sind die Bezeichnungen der Gesetze zum Teil verkürzt wiedergegeben. Wo die männliche Form verwendet wurde, ist implizit auch die weibliche gemeint.

Abmeldung, Meldebehörde VI.10 § 27 ff.

Abrechnungszeitraum, Betreuervergütung II.3/VBVG § 15

Abstammung II.1/BGB § 1591 ff.
genetische Untersuchung **II.1/BGB** § 1598a ff.

Akteneinsicht III.3/FamFG § 13

Amtsgericht, Zuständigkeit III.1 § 23a

Anfangsbericht II.1/BGB § 1862

Andere Hilfen
Anhörung, Betreuungsgericht **III.3/FamFG** § 279
Beratungs- und Unterstützungsangebot durch Betreuungsbehörde **IV.1/BtOG** § 8
Information durch Betreuungsbehörde **IV.1/BtOG** § 5

Anfechtung
wegen falscher Übermittlung **II.1/BGB** § 120
wegen Irrtums **II.1/BGB** § 119
wegen Täuschung oder Drohung **II.1/BGB** § 123

Anfechtungsfrist II.1/BGB § 121, § 124

Angehörige, Auskunftspflicht gegenüber II.1/BGB § 1822

Angehörigenbetreuer, Befreiungen II.1/BGB § 1859

Anhörungsrecht des Betroffenen, Betreuerbestellung III.3/FamFG § 278

Anlageflicht II.1/BGB § 1841

Anmeldung, Meldebehörde VI.10 § 27 ff.

Annahme, Vertragsabschluss II.1/BGB § 147 ff.

Anregung des Verfahrens III.3/FamFG § 24

Anschlussbeschwerde III.3/FamFG § 66

Anschlussrechtsbeschwerde III.3/FamFG § 73

Antrag, Vertragsabschluss II.1/BGB § 145 ff.

Antragsrücknahme III.3/FamFG § 22

Anwendungsbereich FamFG III.3/FamFG § 1

Anzeigepflichten, Vermögensangelegenheiten II.1/BGB § 1846, § 1847

Ärztliche Aufklärungspflicht II.1/BGB § 630e

Ärztlicher Eingriff
Anhörungspflicht **III.3/FamFG** § 298
Behandlungsfehler **II.1/BGB** § 630h
Genehmigungspflicht **II.1/BGB** § 1829 **III.3/FamFG** § 323
Patientenrechte **II.1/BGB** § 630a

Ärztliches Zeugnis III.3/FamFG § 281

Ärztliche Zwangsmaßnahme II.1/BGB § 1832 **III.3/FamFG** § 312
Dauer **III.3/FamFG** § 329
Genehmigung **III.3/FamFG** § 323

Aufenthaltsbestimmung II.1/BGB § 1834

Aufgabenkreis, Aufgabenbereiche II.1/BGB § 1815
Erörterung mit dem Betroffenen **III.3/FamFG** § 278
Erweiterung **II.1/BGB** § 1871 **III.3/FamFG** § 293

Aufhebung der Betreuung II.1/BGB § 1871 **III.3/FamFG** § 294

Aufhebung der Unterbringung III.3/FamFG § 330

Auflösende Bedingung II.1/BGB § 158 ff.

Aufsichtspflicht des Gerichts II.1/BGB § 1862

Aufsichtspflichtiger, Haftung II.1/BGB § 832

Auftrag II.1/BGB § 662 ff.

Aufwendungsersatz II.1/BGB § 1875 ff.
Berufliche Betreuer **II.3/VBVG** § 11
ehrenamtlicher Betreuer **II.1/BGB** § 1877

Aufwandspauschale II.1/BGB § 1878

Auskunftspflicht gegenüber Angehörigen II.1/BGB § 1822

Auslegung von Verträgen II.1/BGB § 157

Ausschließung und Ablehnung der Gerichtspersonen III.3/FamFG § 6

Aussetzung
der Vollstreckung **III.3/FamFG** § 55
des Verfahrens **III.3/FamFG** § 21

Auswahl des Betreuers II.1/BGB § 1816

Ausweispflicht VI.9 § 1

Bargeldloser Zahlungsverkehr II.1/BGB § 1840

Barrierefreiheit II.1/BGB § 554a

Bedingung II.1/BGB § 158 ff.

Beendigungserklärung III.3/FamFG § 22

Befreiter Betreuer II.1/BGB § 1859

Findex

Befreiung von der Gegenleistung II.1/BGB § 326

Beglaubigungen durch die Betreuungsbehörde IV.1/BtOG § 7

Behandlungsvertrag II.1/BGB § 630a

Behandlungswünsche II.1/BGB § 1827

Behindertenrechtskonvention I.3 Art. 1 ff.

Behinderung
Frauen **I.3** Art. 6
Kinder **I.3** Art. 6
Rehabilitation **I.3** Art. 29
unabhängige Lebensführung **I.3** Art. 9

Beiordnung eines Rechtsanwalts III.3/FamFG § 78

Beratungsgutschein, Pflege VII.3 § 7b

Berichtigung des Beschlusses III.3/FamFG § 42

Beruflicher Betreuer, Begriff IV.1/BtOG § 19

Berufshaftpflichtversicherung IV.1/BtOG § 23 **IV.1.1** § 10

Berufswahl, freie I.1 Art. 12

Beschluss III.3/FamFG § 38 ff.

Beschränkte Geschäftsfähigkeit
Ehevertrag **II.1/BGB** § 1411
Minderjährige **II.1/BGB** § 106

Beschwerde, Rechtsmittelgericht III.1 § 119

Beschwerdebegründung III.3/FamFG § 65

Beschwerdeberechtigte III.3/FamFG § 59

Beschwerdeentscheidung III.3/FamFG § 69

Beschwerdefrist III.3/FamFG § 63

Beschwerdegericht III.1 § 72

Beschwerdewert III.3/FamFG § 61

Bestellungsurkunde III.3/FamFG § 290

Beteiligtenfähigkeit III.3/FamFG § 8
Verwaltungsverfahren **VI.2** § 11

Betreuer
Aufsicht durch das Betreuungsgericht **II.1/BGB** § 1862
Auskunfts- und Mitteilungspflicht **II.1/BGB** § 1864
Auswahl **II.1/BGB** § 1816 **III.3/FamFG** § 291
Bestellung **II.1/BGB** § 1814 ff. **III.3/FamFG** § 278, § 279, § 289
Eignung **II.1/BGB** § 1816 **IV.1/BtOG** § 23
Entlassung **II.1/BGB** § 1868
Haftung **II.1/BGB** § 1826
mehrere **II.1/BGB** § 1817
Mitteilungs- und Nachweispflicht **IV.1/BtOG** § 25
Pflichten **II.1/BGB** § 1821
Registrierung **IV.1/BtOG** § 23, § 24 **IV.1.1** §1 ff.
Vergütung **II.1/BGB** § 1875 ff. **II.3/VBVG** § 7 ff.
Vertretungsmacht **II.1/BGB** § 1823
Wechsel **II.1/BGB** § 1869, § 1872

Betreuerregistrierungsverordnung IV.1/1 § 1 ff.

Betreuervergütung II.3/VBVG § 7 ff.

Betreuung
Aufgabenbereiche **II.1/BGB** § 1815
Aufhebung **II.1/BGB** § 1871
Ende **II.1/BGB** § 1870
Erforderlichkeitsgrundsatz **II.1/BGB** § 1814
Führung **II.1/BGB** § 1821
Grundsatz Wünsche des Betreuten **II.1/BGB** § 1821
Umfang **II.1/BGB** § 1815

Betreuungsbehörde
Aufgaben **IV.1/BtOG** § 5 ff. **II.1/BGB** § 1817
Beglaubigungen **IV.1/BtOG** § 7
Beratungspflichten **IV.1/BtOG** § 5
Fortbildungsangebote **IV.1/BtOG** § 6
Örtliche Zuständigkeit **IV.1/BtOG** § 2
Sachliche Zuständigkeit **IV.1/BtOG** § 1
Stammbehörde **IV.1/BtOG** § 2
Unterstützung des Betreuungsgerichts **IV.1/BtOG** § 11

Betreuungsgericht
Aufbau und Zuständigkeit **III.1** § 23c
Aufgaben **II.2** Art. 147
Aufsichtspflicht **II.1/BGB** § 1862
Befreiungen **II.1/BGB** § 1860
Beratung **II.1/BGB** § 1861
Einstweilige Maßnahmen **II.1/BGB** § 1867
Erklärung der Genehmigung **II.1/BGB** § 1855 ff.
Genehmigung ärztlicher Maßnahmen **II.1/BGB** § 1829
Mitteilungen durch Betreuungsbehörde **IV.1/BtOG** § 9
Prüfung der Rechnungslegung **II.1/BGB** § 1866
Rechtsgeschäfte, Genehmigung **II.1/BGB** § 1848 ff.
Unterstützung durch Betreuungsbehörde **IV.1/BtOG** § 11

Betreuungsorganisationsgesetz IV.1/BtOG § 1 ff.

Betreuungssachen, Verfahren III.3/FamFG § 271

Betreuungsverein
Anerkennung **IV.1/BtOG** § 14
Aufgaben **IV.1/BtOG** § 15, § 16
Betreuung des Betreuers **II.1/BGB** § 1817
Datenverarbeitung **IV.1/BtOG** § 18
finanzielle Ausstattung **IV.1/BtOG** § 17

Betreuungsvermeidung II.1/BGB § 1814
Beratungs- und Unterstützungsangebot **IV.1/BtOG** § 8

Findex

Betriebskosten II.1/BGB § 556

Beurkundungsgesetz V.2 § 1 ff.

Bevollmächtigte III.3/FamFG § 10

Bewegungsfreiheit, Inland I.1 Art. 11

Beweiserhebung III.3/FamFG § 29

Briefgeheimnis I.1 Art. 10

Bundesamt für Justiz III.8 § 1

Bundesnotarkammer, Registerbehörde V.1 § 78

Bundestagswahl
- Ausschluß vom Wahlrecht **I.2** § 13
- ungültige Stimmen **I.2** § 39
- Wahlrecht **I.1** Art. 38 **I.2** § 12
- Wählbarkeit **I.2** § 15

Bürgergeld VII.1 § 19

Bürgerliches Gesetzbuch II.1/BGB § 1 ff.

Bürgschaft, Genehmigungspflicht II.1/BGB § 1822

Chancengleichheit I.3 Art. 3

Datenverarbeitung IV.1/BtOG § 4, § 18, § 20

Deliktsfähigkeit II.1/BGB § 827 ff.

Depotverwahrung II.1/BGB § 1842

Diskriminierungsverbot I.3 Art. 3

Dolmetscher
- Vergütung **III.5** § 1, § 9, § 12
- Vergütungsvereinbarung **III.5** § 14

Ehe
- Aufhebung **II.1/BGB** § 1313 ff.
- Schutz **I.1** Art. 6

Ehegattennotvertretungsrecht II.1/BGB § 1358

Ehemündigkeit II.1/BGB § 1303

Ehevertrag II.1/BGB § 1408 ff.
- von Betreuten **II.1/BGB** § 1411

Ehrenamtlicher Betreuer
- Anfangsgespräch **II.1/BGB** § 1863
- Befreiungen **II.1/BGB** § 1859
- Begleitung und Unterstützung **IV.1/BtOG** § 5, § 22
- Begriff **IV.1/BtOG** § 19
- mündliche Verpflichtung **II.1/BGB** § 1861
- Vergütung, Aufwendungsersatz **II.1/BGB** § 1876, § 1877
- Voraussetzungen für die Tätigkeit **IV.1/BtOG** § 21

Eidesstattliche Versicherung III.3/FamFG § 94

Eigentum I.1 Art. 14

Eigentumsvorbehalt II.1/BGB § 449

Eignung des Betreuers II.1/BGB § 1816 **IV.1/BtOG** § 23 **IV.1.1** § 2, § 12

Eingliederungshilferecht VII.5 § 90 ff.

Einigungsmangel II.1/BGB § 154 ff.

Einkommenberechnung
- SGB II **VII.1** § 11 ff. **VII.1.1** § 1 ff.
- SGB XII **VII.4** § 82 ff.

Einlegung der Beschwerde III.3/FamFG § 64

Einrede nicht erfüllten Vertrages II.1/BGB § 320

Einsichtnahme Patientenakte II.1/BGB § 630e

Einstweilige Maßnahmen (Anordnung) II.1/BGB § 1867 **III.3/FamFG** § 49 ff., § 331

Einwilligungsvorbehalt II.1/BGB § 1825, § 1871
- Anhörung durch das Gericht **III.3/FamFG** § 278, § 279
- Ärztliches Zeugnis **III.3/FamFG** § 281
- Einholung eines Gutachtens **III.3/FamFG** § 280
- Erweiterung **III.3/FamFG** § 293
- Verlängerung **III.3/FamFG** § 295
- vorläufiger **III.3/FamFG** § 300

Elektronische Akte III.3/FamFG § 14

Elektronischer Geschäftsverkehr II.1/BGB § 312e ff.

Ende der Betreuung II.1/BGB § 1870, § 1874

Entbehrlichkeit eines Gutachtens III.3/FamFG § 281

Entlassung des Betreuers II.1/BGB § 1868 **III.3/FamFG** § 296
- einstweilige Anordnung **III.3/FamFG** § 300

Entlastungsbetrag, Pflege VII.3 § 45b

Entschädigung für Aufwand III.5 § 6

Erbrechtliche Rechtsgeschäfte, Genehmigungspflicht II.1/BGB § 1851

Erbschaft, Vermögensverwaltung II.1/BGB § 1837

Erbschein II.1/BGB § 2353 ff.
- Verfahren **III.3/FamFG** § 352 ff.

Erbunwürdigkeit II.1/BGB § 2339

Erforderlichkeit der Betreuung II.1/BGB § 1814

Ergänzungsbetreuer II.1/BGB § 1817

Ermittlung von Amts wegen III.3/FamFG § 26

Ersatzpflicht aus Billigkeitsgründen II.1/BGB § 829

Erwachsenenschutzübereinkommen III.9 Art. 1 ff.
- Ausführungsgesetz **III.8** § 1 ff.

Erweiterung der Betreuung II.1/BGB § 1871 **III.3/FamFG** § 293

Erweiterte Unterstützung IV.1/BtOG § 8

Erwerbsfähigkeit VII.1 § 8

Erwerbsgeschäft II.1/BGB § 1847

Fachkräfte IV.1/BtOG § 3

Fahrtkosten III.5 § 5

Fallpauschalen II.3/VBVG § 9

Familie, Schutz I.1 Art. 6

Fehlende Eignung, Betreuerentlassung II.1/BGB § 1868

Fernabsatzverträge II.1/BGB § 312b ff.
- Kündigung **II.1/BGB** § 312 ff. ff.
- Unterrichtung **II.1/BGB** § 312c ff.
- Widerrufs- und Rückgaberecht **II.1/BGB** § 312d ff.

Fernmeldegeheimnis I.1 Art. 10

Fernmeldeverkehr II.1/BGB § 1896

Forderungen, Verfügungen über II.1/BGB § 1812

Fortbildung IV.1/BtOG § 29

Frauen mit Behinderungen I.3 Art. 6

Freier Wille, Betreuerbestellung II.1/BGB § 1814

Freiheitsentziehende Maßnahmen II.1/BGB § 1815, § 1831 **III.3/FamFG** § 312
- Grundrechtsgarantie **I.1** Art. 104

Freiheitsrecht I.1 Art. 2

Freiwillige Gerichtsbarkeit
- Angelegenheiten der **III.1** § 23a
- Gebühren und Auslagen **III.6** § 1 ff.
- Verfahren **III.3/FamFG** § 1 ff.

Fristberechnung II.1/BGB § 186 ff. **III.4** § 222

Fristlose Kündigung, Mietverhältnis II.1/BGB § 543, § 569

Führungszeugnis IV.1/BtOG § 24

Geeignetheit des Betreuers II.1/BGB § 1816 **IV.1/BtOG** § 23 **IV.1.1** § 2, § 12

Gefahrübergang II.1/BGB § 446

Gegenseitiger Vertrag II.1/BGB § 320 ff.

Geheimer Vorbehalt, Willenserklärung II.1/BGB § 116

Geheimnisträger IV.1/BtOG § 31

Geldanlage
- Anzeigepflicht **II.1/BGB** § 1846
- Genehmigungspflicht **II.1/BGB** § 1848

Geldannahme IV.1/BtOG § 30

Geldverwaltung II.1/BGB § 1838 ff.
- Anzeigepflichten **II.1/BGB** § 1846

Genehmigung II.1/BGB § 134, § 182 ff.
- Rechtsgeschäfte **II.1/BGB** § 1848 ff.

Gerichtsbeschluss, Wirksamwerden III.3/FamFG § 286

Gerichtskosten, Betreuung III.6 § 3, § 8, § 63

Geschäfte des täglichen Lebens II.1/BGB § 105a ff.

Geschäftsbesorgungsauftrag II.1/BGB § 675

Geschäftsfähigkeit II.1/BGB § 104 ff. **II.2** Art. 7

Geschäftsgrundlage II.1/BGB § 313

Geschäftsunfähigkeit II.1/BGB § 104
- Eheverbot **II.1/BGB** § 1304
- Ehevertrag **II.1/BGB** § 1411
- Wohnsitz **II.1/BGB** § 8

Gesetzlicher Vertreter, Anhörung III.3/FamFG § 279

Gesundheitsuntersuchung II.1/BGB § 1827, § 1832
- Anhörungspflicht **III.3/FamFG** § 298
- zur Vorbereitung eines Gutachtens **III.3/FamFG** § 282

Girokonto, Eröffnung II.1/BGB § 1846

Glaubensfreiheit I.1 Art. 4

Glaubhaftmachung III.3/FamFG § 31

Gleichberechtigung I.1 Art. 3 **I.3** Art. 5

Gleichheitsgrundsatz I.1 Art. 3

Grundfreiheiten I.3 Art. 1

Grundgesetz I.1 Art. 1 ff.

Grundrechte I.1 Art. 1 ff.
- Einschränkung **I.1** Art. 19
- Verwirkung **I.1** Art. 18

Grundsicherung im Alter und bei Erwerbsminderung VII.4 § 41 ff.

Grundstücksgeschäfte, Genehmigungspflicht II.1/BGB § 1850

Gutachten III.3/FamFG § 280, § 321
- Entbehrlichkeit **III.3/FamFG** § 281

Haager Übereinkommen über den internationalen Schutz von Erwachsenen III.9 Art. 1 ff.

Habilitation I.3 Art. 29

Haftung des Betreuers II.1/BGB § 1826

Haftung für unerlaubte Handlung II.1/BGB § 823 ff.

Haftungsausschluss II.1/BGB § 444

Hauptsacheverfahren III.3/FamFG § 52

Häusliche Pflege
- Leistungen **VII.3** § 36 ff.
- Vorrang **VII.3** § 3

Findex

Haustürgeschäfte II.1/BGB § 312
Widerrufsrecht **II.1/BGB** § 312

Heilbehandlung II.1/BGB § 1827
Anhörungspflicht **III.3/FamFG** § 298

Heim, Umzug und Meldepflichten VI.10 § 32

Heimvertrag
Entgelterhöhung **VIII.1** § 9
Informationspflichten vor Vertragsschluss **VIII.1** § 3
Kündigung durch das Heim **VIII.1** § 12
Kündigung durch den Bewohner **VIII.1** § 11
Leistungspflichten **VIII.1** § 7
Nichtleistung, Schlechtleistung **VIII.1** § 10
Schriftform **VIII.1** § 6
Sicherheitsleistungen **VIII.1** § 14
Vertragsanpassung **VIII.1** § 8
Vertragsschluss und Vertragsdauer **VIII.1** § 4
Wechsel der Vertragsparteien **VIII.1** § 5

Heizungskosten VII.1 § 22

Hemmung der Verjährung II.1/BGB § 203 ff.

Herausgabe von Vermögen II.1/BGB § 1872

Hilfe(n)
in anderen Lebenslagen **VII.4** § 70 ff.
für junge Volljährige **VII.2** § 41
zum Lebensunterhalt **VII.4** § 27 ff.
zur Gesundheit **VII.4** § 47 ff.
zur Pflege **VII.4** § 61 ff.
zur Überwindung besonderer sozialer Schwierigkeiten **VII.4** § 67 ff.

Hilfebedürftigkeit VII.1 § 9

Hinterlegung Wertpapiere, Wertgegenstände II.1/BGB § 1843, § 1844

Informationspflicht gegenüber Patienten II.1/BGB § 630c

Inhaberpapiere, Hinterlegung II.1/BGB § 1843

Insichgeschäft II.1/BGB § 181, § 1824

Internationaler Schutz III.8 § 1 ff. **III.9** Art. 1 ff.

Jahresbericht II.1/BGB § 1863

Junge Volljährige VII.2 § 41

Justizbeitreibungsordnung III.7 § 1 ff.

Kaufvertrag II.1/BGB § 433 ff.
Pflichten **II.1/BGB** § 433
Rechtsmangel **II.1/BGB** § 435
Sachmangel **II.1/BGB** § 434

Kinder mit Behinderungen I.3 Art. 6 **VII.2** § 35a

Kinder- und Jugendhilfe VII.2 § 27 ff.

Kontrollbetreuung II.1/BGB § 1815, § 1820

Kopierkosten III.5 § 7

Kostenfestsetzung III.3/FamFG § 85

Kostenpflicht bei Vergleich, Erledigung und Rücknahme III.3/FamFG § 83

Kreditaufnahme, Genehmigungspflicht II.1/BGB § 1854

Kreditinstitut, Voraussetzungen II.1/BGB § 1842

Kündigung von Dauerschuldverhältnissen II.1/BGB § 314, § 185

Kündigungsfristen, Mietvertrag II.1/BGB § 573c

Kurzzeitpflege VII.3 § 42

Landgericht, Zuständigkeit III.1 § 72

Leistungen zur Eingliederung in Arbeit VII.1 § 14 ff.

Leistungen zur Sicherung des Lebensunterhalt VII.1 § 19 ff.

Leistungsberechtigte, Bürgergeld VII.1 § 7

Leistungsbestimmungsrechte, einseitige II.1/BGB § 315 ff.

Leistungshindernis II.1/BGB § 311a ff.

Mehrbedarfe VII.1 § 21 **VII.4** § 30

Medizinische Maßnahme
Behandlungsfehler **II.1/BGB** § 630h
Einwilligung **II.1/BGB** § 630d, § 1827 ff.
Information und Aufklärung **II.1/BGB** § 630c
Zwangsmaßnahme **II.1/BGB** § 1829

Mehrere Betreuer II.1/BGB § 1817 **III.3/FamFG** § 293

Meinungsäußerung, freie I.1 Art. 5

Meldepflichten VI.10 § 27 ff.

Menschenrechte I.3 Art. 1

Menschenwürde I.1 Art. 1 **I.3** Art. 3

Mieter, Tod des II.1/BGB § 563 ff.

Mieterhöhung II.1/BGB § 557 ff.

Mietrecht II.1/BGB § 535 ff.

Mietvertrag, Genehmigungspflicht II.1/BGB § 1853

Mietverhältnis
Beendigung **II.1/BGB** § 568 ff.
Eintrittsrecht bei Tod des Mieters **II.1/BGB** § 563 ff.
Ende **II.1/BGB** § 542
Wohnraum **II.1/BGB** § 549 ff.

Mietvertrag

Mietvertrag II.1/BGB § 535 ff.
fristlose Kündigung aus wichtigem Grund **II.1/BGB** § 543, § 569

Kündigung **II.1/BGB** § 568 ff., § 1853
Kündigungsfristen **II.1/BGB** § 573c
Vermieterkündigung **II.1/BGB** § 573

Mietwohnung, Aufgabe der II.1/BGB § 1907

Mietzahlung bei persönlicher Verhinderung des Mieters II.1/BGB § 537

Mietzins II.1/BGB § 556 ff.

Minderjährige
beschränkte Geschäftsfähigkeit **II.1/BGB** § 106
Beschwerderecht **III.3/FamFG** § 60
Dienst- und Arbeitsverhältnis **II.1/BGB** § 113
Rechtsgeschäft **II.1/BGB** § 110
Verantwortlichkeit **II.1/BGB** § 828
Wohnsitz **II.1/BGB** § 11

Minderung II.1/BGB § 437, § 441

Mitteilungspflichten, Betreuer II.1/BGB § 1864

Mittellosigkeit des Betreuten II.1/BGB § 1880 **III.3/FamFG** § 292, § 168

Mitwirkung der Beteiligten III.3/FamFG § 27

Mitwirkungspflichten VII.1 § 56 ff.

Mutmaßlicher Wille des Betreuten II.1/BGB § 1827

Mutterschaft II.1/BGB § 1591

Mängelansprüche II.1/BGB § 438

Nacherbe II.1/BGB § 2100

Nacherfüllung II.1/BGB § 437, § 439

Nachlasssachen, Verfahren III.3/FamFG § 342 ff.

Nachtpflege VII.3 § 41

Nahestehende Person, Anhörung III.3/FamFG § 279

Natürliche Personen II.1/BGB § 1 ff.

Nichtdiskriminierung I.3 Art. 5

Nichtöffentlichkeit der Gerichtsverhandlung III.1 § 170

Notvertretungsrecht, Ehegatten II.1/BGB § 1358

Oberlandesgericht, Zuständigkeit III.1 § 119

Parteifähigkeit, Zivilprozess III.4 § 50

Patientenakte, Einsichtnahme II.1/BGB § 630g

Patienteneinwilligung II.1/BGB § 630d

Patientenrechte II.1/BGB § 630a ff.

Patientenverfügung II.1/BGB § 1827 **III.3/FamFG** § 285 **IV.1/BtOG** § 6

Patientenwille II.1/BGB § 1827, § 1828

Personalausweis VI.9 § 1

Personenangelegenheiten II.1/BGB § 1827

Personenbezogene Daten, Verarbeitung IV.1/BtOG § 4, § 18, § 20

Persönliche Anhörung des Betreuers II.1/BGB § 1862

Pflegebedürftigkeit
Begriff **VII.3** § 14
Feststellungsverfahren **VII.3** § 18
Pflegegrade **VII.3** § 15, Anlage

Pflegeberatung VII.3 § 7a

Pflegegeld VII.3 § 37

Pflegegrade VII.3 § 15, Anlage

Pflegehilfsmittel VII.3 § 40

Pflegeperson VII.3 § 19

Pflegesachleistung VII.3 § 36

Pflegeversicherung VII.3 § 1 ff.

Pflichten des Betreuers II.1/BGB § 1821

Pflichtteil II.1/BGB § 2303 ff.

Pflichtwidrigkeiten, Aufsicht durch Betreuungsgericht II.1/BGB § 1862

Postgeheimnis I.1 Art. 10

Prozessfähigkeit
Verwaltungsgericht **VI.4** § 62
Zivilprozess **III.4** § 51 ff.

Rechnungslegung II.1/BGB § 1865
Befreiung **II.1/BGB** § 1859
Prüfung durch das Gericht **II.1/BGB** § 1866

Rechnungsprüfung II.1/BGB § 1873

Recht auf Leben I.3 Art. 10

Rechte des Käufers bei Mängeln II.1/BGB § 437

Rechtliche Betreuung II.1/BGB § 1814 ff.

Rechtsbehelfsbelehrung III.3/FamFG § 39

Rechtsfähigkeit II.1/BGB § 1 **II.2** Art. 7

Rechtsgeschäft II.1/BGB § 116 ff.
einseitiges **II.1/BGB** § 180
elektronische Schriftform **II.1/BGB** § 126a ff.
Genehmigungspflicht **II.1/BGB** § 1849, § 1851
gesetzliches Verbot **II.1/BGB** § 134
Nichtigkeit wegen Formmangels **II.1/BGB** § 125
Schriftform **II.1/BGB** § 126
Sittenwidrigkeit **II.1/BGB** § 138
Teilnichtigkeit **II.1/BGB** § 139
Textform **II.1/BGB** § 126b ff.
Umdeutung **II.1/BGB** § 140
vereinbarte Form **II.1/BGB** § 127

Rechtsgeschäftliche Schuldverhältnisse II.1/BGB § 311

Rechtskraftzeugnis III.3/FamFG § 46

Rechtsmangel II.1/BGB § 435

Rechtsmittel III.3/FamFG § 57, § 58 ff.
gegen Rechtspflegerentscheidungen **III.2** § 11

Rechtsmittelkosten III.3/FamFG § 84

Rechtspfleger III.2 § 1 ff.
übertragene Aufgaben **III.2** § 3
Weisungsfreiheit **III.2** § 9

Registrierungsverfahren IV.1/BtOG § 24 **IV.1.1** § 1 ff.
Übergangsvorschriften **IV.1/BtOG** § 32 ff. **IV.1.1** § 15

Rehabilitationsempfehlung VII.3 § 18a

Richtervorlage III.2 § 5

Richter
Ablehnung **III.4** § 42
Ausschluss **III.4** § 41

Richterlicher Durchsuchungsbeschluss III.3/FamFG § 91

Richtervorbehalt, Betreuungssachen III.2 § 15, § 19

Rücknahme der Beschwerde III.3/FamFG § 67

Rücktritt vom Vertrag II.1/BGB § 323, § 324, § 346 ff., § 437, § 440

Rücktrittsregeln II.1/BGB § 346 ff.

Sachkunde IV.1/BtOG § 23
Nachweis **IV.1.1** § 3 ff.

Sachkundelehrgang
Anerkennung **IV.1.1** § 8
Module **IV.1.1** Anlage

Sachmangel II.1/BGB § 434

Sachverständiger
Haftung **II.1/BGB** § 839a
Vergütung **III.5** § 1, § 8
Vergütungsvereinbarung **III.5** § 14

Schadensersatz II.1/BGB § 325, § 440

Schadensersatzpflicht II.1/BGB § 122, § 823 ff.

Schenkung, Vermögensverwaltung II.1/BGB § 1837

Schlussbericht II.1/BGB § 1836

Schlussrechnung II.1/BGB § 1872, § 1873

Schuldnerverzeichnis, Auskunft aus IV.1/BtOG § 24

Selbstbestimmungsrecht des Betreuten II.1/BGB § 1814, § 1821

Sittenwidrige vorsätzliche Schädigung II.1/BGB § 826

Sittenwidrigkeit, Rechtsgeschäft II.1/BGB § 138

Sofortige Beschwerde III.4 § 567 ff.

Sozialgesetzbuch (SGB)
Zweites Buch (Bürgergeld, Grundsicherung für Arbeitsuchende) **VII.1** § 1 ff.
Neuntes Buch (Teil 2 Eingliederungshilfe) **VII.3** § 90 ff.
Elftes Buch (Soziale Pflegeversicherung) **VII.3** § 1 ff.
Zwölftes Buch (Sozialhilfe) **VII.4** § 1 ff.

Sozialbericht IV.1/BtOG § 11

Soziales Hilfesystem IV.1/BtOG § 8 **IV.5** § 17

Sozialhilfe VII.4 § 1 ff.

Sperrvereinbarung II.1/BGB § 1845
befreite Betreuer **II.1/BGB** § 1821

Sprungrechtsbeschwerde III.3/FamFG § 75

Staatskasse, Zahlung aus der II.1/BGB § 1881 **II.3/VBVG** § 16

Stammbehörde IV.1/BtOG § 2

Statthaftigkeit der Beschwerde III.3/FamFG § 58, § 62
Rechtsbeschwerde **III.3/FamFG** § 70

Sterbefallmitteilung V.1 § 78c

Sterilisation II.1/BGB § 1830
Anhörungsrecht **III.3/FamFG** § 297
Verfahrenspflegerbestellung **III.3/FamFG** § 297

Steuererklärung, Berichtigung VI.1 § 153

Steuerhinterziehung VI.1 § 370

Steuerpflicht VI.1 § 34

Steuerschuld, Haftung des Vertreters VI.1 § 69

Tagespflege VII.3 § 41

Taschengeldparagraph II.1/BGB § 110

Teilhabe an der Gesellschaft I.3 Art. 1

Termine II.1/BGB § 186 ff.

Testament, Geschäftsfähigkeit V.2 § 28

Testamentsregister, Zentrales V.1 § 78b

Testamentsvollstreckung III.3/FamFG § 355

Tod des Betreuten II.1/BGB § 1874

Tod des Mieters II.1/BGB § 563 ff.

Trennungsgebot II.1/BGB § 1836

Umfang der Betreuung II.1/BGB § 1815

Umgangsbestimmung II.1/BGB § 1834

Umzug, An- und Abmeldepflichten VI.10 § 27 ff.

UN-Behindertenrechtskonvention I.3 Art. 1 ff.

Findex

Unerlaubte Handlungen II.1/BGB § 823 ff.

Unmittelbarer Zwang III.3/FamFG § 90

Unterbringung II.1/BGB § 1831
zur Begutachtung **III.3/FamFG** § 284

Unterbringungssachen III.3/FamFG § 312
Ärztliche Zwangsmaßnahme **II.1/BGB** § 1829
Benachrichtigung von Angehörigen **III.3/FamFG** § 339
Einstweilige Anordnung **III.3/FamFG** § 331
Kosten **III.3/FamFG** § 337

Unterkunftskosten VII.1 § 22

Unterschriftsbeglaubigung V.2 § 40

Untervermietung II.1/BGB § 540, § 553

Unverletzlichkeit der Wohnung I.1 Art. 13

Verarbeitung personenbezogener Daten IV.1/BtOG § 4, § 18, § 20

Verbrauchbare Sachen II.1/BGB § 92

Verbraucher II.1/BGB § 13

Verbraucherdarlehensvertrag II.1/BGB § 491 ff.

Verbundene Verträge II.1/BGB § 358 ff.

Verdienstausfall, Zeuge III.5 § 22

Vereinsbetreuer II.1/BGB § 1817
Entlassung **II.1/BGB** § 1868

Verfahren in Betreuungssachen III.3/FamFG § 271 ff.
Beteiligte **III.3/FamFG** § 274
Örtliche Zuständigkeit **III.3/FamFG** § 272
Verfahrensfähigkeit **III.3/FamFG** § 275

Verfahren in Unterbringungssachen III.3/FamFG § 312 ff.
Beteiligte **III.3/FamFG** § 315
Örtliche Zuständigkeit **III.3/FamFG** § 313
Verfahrensfähigkeit **III.3/FamFG** § 316

Verfahrenskostenhilfe III.3/FamFG § 76 ff.

Verfahrensleitung III.3/FamFG § 28

Verfahrenspfleger III.3/FamFG § 276
Bestellung bei Gesundheitsmaßnahmen **III.3/FamFG** § 298
Bestellung bei Sterilisation **III.3/FamFG** § 297
Gerichtskosten **III.6** § 1 ff.
Unterbringungssachen **III.3/FamFG** § 317
Vergütung und Aufwendungsersatz **III.3/FamFG** § 277
Vergütung und Aufwendungsersatz bei Unterbringungssachen **III.3/FamFG** § 318

Verfahrensverbindung und -trennung III.3/FamFG § 20

Verfahrensvollmacht III.3/FamFG § 11

Verfügungen von Todes wegen, Geschäftsfähigkeit V.2 § 28

Verfügungsgeld II.1/BGB § 1839

Vergleich III.3/FamFG § 36
Genehmigungspflicht **II.1/BGB** § 1822

Vergütung des Betreuers II.1/BGB § 1875 ff. **II.3/VBVG** § 7 ff.

Verhinderungsbetreuer II.1/BGB § 1817

Verhinderungspflege VII.3 § 39

Verjährung II.1/BGB § 194 ff.
Hemmung **II.1/BGB** § 203 ff.
Mängelansprüche **II.1/BGB** § 438
Neubeginn **II.1/BGB** § 212
Rechtsfolgen **II.1/BGB** § 214 ff.

Verjährungsfristen II.1/BGB § 195 ff.

Verjährungsregeln II.1/BGB § 194 ff.

Vermächtnis II.1/BGB § 2147 ff.

Vermieterkündigung
berechtigtes Interesse **II.1/BGB** § 573
Widerspruchsrecht des Mieters **II.1/BGB** § 574 ff.

Vermieterpfandrecht II.1/BGB § 562 ff.

Vermögensangelegenheiten II.1/BGB § 1835 ff.

Vermögensberechnung, Sozialleistungen
SGB II **VII.1** § 12 **VII.1.1** § 7
SGB XII **VII.4** § 90

Vermögensherausgabe II.1/BGB § 1872

Vermögensübersicht II.1/BGB § 1859

Vermögensverwaltung II.1/BGB § 1835 ff.
Anzeigepflichten **II.1/BGB** § 1846, § 1847
Betreuerpflichten **II.1/BGB** § 1838
Rechnungslegung **II.1/BGB** § 1865

Vermögensverzeichnis II.1/BGB § 1835, § 1863

Verrichtungsgehilfe, Haftung II.1/BGB § 831

Versammlungsfreiheit I.1 Art. 8

Vertragsinhalt, Heimvertrag VIII.1 § 6

Vertragsschluss ohne Einwilligung II.1/BGB § 108 ff., § 182 ff.

Vertragsstrafe II.1/BGB § 336 ff.

Vertragsvoraussetzungen II.1/BGB § 145 ff.

Vertrauensperson, Anwesenheit in Betreuungs- und Unterbringungssachen III.1 § 170

Vertrauensschaden II.1/BGB § 122

Findex

Vertretungsmacht des Betreuers II.1/BGB § 1823, § 1824

Vertretungsregeln, allgemein zivilrechtliche II.1/BGB § 164 ff.

Verwaltungsverfahren
Beteiligtenfähigkeit **VI.2** § 11
Handlungsfähigkeit **VI.2** § 12
Vertretung **VI.2** § 14
Zustellung **VI.3** § 6

Verweisung bei Unzuständigkeit III.3/FamFG § 3

Verwirkungsklausel II.1/BGB § 354

Verzicht auf die Beschwerde III.3/FamFG § 67

Verzinsungspflicht II.1/BGB § 1834

Vertretungsmacht, Ausschluss II.1/BGB § 1795

Volljährigkeit II.1/BGB § 2

Vollmacht II.1/BGB § 167 ff., § 184 ff.

Vollstationäre Pflege VII.3 § 43, § 43a

Vollstreckung III.3/FamFG § 53, § 86 ff.

Vollstreckungstitel III.3/FamFG § 86

Vollstreckungsverfahren III.3/FamFG § 92

Vollzugsangelegenheiten III.3/FamFG § 327

Vorführung zur Anhörung des Betroffenen III.3/FamFG § 278
bei Bestellung eines weiteren Betreuers **III.3/FamFG** § 293
bei Erweiterung des Aufgabenkreises **III.3/FamFG** § 293
bei Erweiterung des Einwilligungsvorbehaltes **III.3/FamFG** § 294
bei Verlängerung der Bestellung eines Betreuers **III.3/FamFG** § 295
vor einer Unterbringungsmaßnahme **III.3/FamFG** § 319, § 322

Vorführung
zur Unterbringung und Beobachtung **III.3/FamFG** § 284
zur Untersuchung für ein Gutachten **III.3/FamFG** § 283, § 322

Vorläufige Registrierung IV.1/BtOG § 33

Vorläufiger Betreuer, Einstweilige Anordnung III.3/FamFG § 300

Vorsorgeregister, Zentrales V.1 § 78a **V.3** § 1 ff.

Vorsorgeregister-Verordnung V.3 § 1 ff.

Vorsorgevollmacht II.1/BGB § 1820
Beglaubigung, Betreuungsbehörde **IV.1/BtOG** § 7
Beurkundung durch Notar **V.2** § 20a
Förderung und Aufklärung **IV.1/BtOG** § 6
Hinweis des Gerichts **III.3/FamFG** § 278
Informationen durch Betreuungsbehörde **IV.1/BtOG** § 5

Wahlrecht I.1 Art. 38
Ausschluß **I.2** § 13

Wertgegenstände
Hinterlegung **II.1/BGB** § 1844
Verwaltung **II.1/BGB** § 1838 ff.

Wertpapiere
Genehmigungspflicht **II.1/BGB** § 1849
Hinterlegung **II.1/BGB** § 1844
Verwaltung **II.1/BGB** § 1838 ff.

Widerrufs- und Rückgaberecht bei Verbraucherverträgen II.1/BGB § 355 ff.

Widerrufsrecht II.1/BGB § 109
des Mieters, Kündigung **II.1/BGB** § 574 ff.

Wiedereinsetzung in den vorigen Stand III.3/FamFG § 17

Wiederkehrende Leistungen, Genehmigungspflicht II.1/BGB § 1853

Willenserklärung II.1/BGB § 105, § 116 ff.
Anfechtbarkeit wegen falscher Übermittlung **II.1/BGB** § 120
Anfechtbarkeit wegen Irrtums **II.1/BGB** § 119
Anfechtbarkeit wegen Täuschung oder Drohung **II.1/BGB** § 123
Auslegung **II.1/BGB** § 133
elektronische Form **II.1/BGB** § 126a ff.
geheimer Vorbehalt **II.1/BGB** § 116
gesetzliches Verbot **II.1/BGB** § 134
Nichtigkeit **II.1/BGB** § 105
Nichtigkeit wegen Formmangels **II.1/BGB** § 125
Scheingeschäft **II.1/BGB** § 117
Schriftform **II.1/BGB** § 126
Sittenwidrigkeit **II.1/BGB** § 138
Teilnichtigkeit **II.1/BGB** § 139
Textform **II.1/BGB** § 126b ff.
Umdeutung **II.1/BGB** § 140
vereinbarte Form **II.1/BGB** § 127
Zugang **II.1/BGB** § 130 ff.

Wirtschaftliche Verhältnisse des Betreuten, Auskunftspflicht II.1/BGB § 1864

Wohn- und Betreuungsvertragsgesetz VIII.1 § 1 ff.

Wohnraum mit Pflege- oder Betreuungsleistungen VIII.1 § 1 ff.

Wohnraummietverhältnisse II.1/BGB § 549 ff.

Wohnsitzwechsel des Betreuers IV.1/BtOG § 28

Wohnumfeldverbessernde Maßnahmen VII.3 § 40

Findex

Wohnung
Begriff **VI.10** § 20
Unverletzlichkeit **I.1** Art. 13
Zwangsweise Öffnung **III.3/FamFG** § 278, § 283, § 319, § 326

Wohnungszutritt gegen den Willen des Betroffenen III.3/FamFG § 278, § 283, § 319, § 326

Wunschberücksichtigung II.1/BGB § 1816, § 1821

Zahlungsaufschub II.1/BGB § 506

Zahlungsdienste II.1/BGB § 675c

Zeitbestimmung II.1/BGB § 163

Zeitmietvertrag II.1/BGB § 575

Zeitpunkt der Kostenentscheidung III.3/FamFG § 82

Zentrales Testamentsregister V.1 § 78b

Zentrales Vorsorgeregister V.1 § 78a **V.3** § 1 ff.

Zug-um-Zug II.1/BGB § 322, § 348

Zulassungsbeschwerde III.3/FamFG § 61

Zurückweisungsbeschluss III.3/FamFG § 74a

Zustellung
an Bevollmächtigten **III.4** § 171 **VI.3** § 7
an gesetzlichen Vertreter **III.4** § 170 **VI.3** § 6

Zustimmung II.1/BGB § 182

Zuverlässigkeit des Betreuers IV.1/BtOG § 23

Zuweisungssachen, betreuungsgerichtliche III.3/FamFG § 340

Zwangsmaßnahmen, ärztliche II.1/BGB § 1832 **III.3/FamFG** § 312

Zwangsmittel III.3/FamFG § 35

Findex

Alphabetische Schnellübersicht

AO	Abgabenordnung	VI.1
BetrInASG	Betreuer-Inflationsausgleichs-Sonderzahlungsgesetz	II.3.1
BeurkG	Beurkundungsgesetz	V.2
BGB	Bürgerliches Gesetzbuch	II.1
BMG	Bundesmeldegesetz	VI.10
BNotO	Bundesnotarordnung	V.1
Bürgergeld-V	Bürgergeldverordnung	VII.1.1
BtOG	Betreuungsorganisationsgesetz Ausführungsgesetze der Bundesländer	IV.1 IV.2 – IV.17
BtRegV	Betreuerregistrierungsverordnung	IV.1.1
EGBGB	Einführungsgesetz zum Bürgerlichen Gesetzbuche	II.2
ErwSÜAG	Erwachsenenschutzübereinkommens-Ausführungsgesetz	III.8
ESÜ	Haager Erwachsenenschutzübereinkommen	III.9
FamFG	Gesetz über das Verfahren in Familiensachen und in den Angelegenheiten der freiwilligen Gerichtsbarkeit	III.3
GG	Grundgesetz	I.1
GNotKG	Gerichts- und Notarkostengesetz	III.6
GVG	Gerichtsverfassungsgesetz	III.1
JBetrG	Justizbeitreibungsgesetz	III.7
JVEG	Justizvergütungs- und -entschädigungsgesetz	III.5
PAuswG	Personalausweisgesetz	VI.9
RPflG	Rechtspflegergesetz	III.2
SGB I	Sozialgesetzbuch (SGB) Erstes Buch (I) – Allgemeiner Teil –	VI.5
SGB II	Sozialgesetzbuch (SGB) Zweites Buch (II) – Bürgergeld, Grundsicherung für Arbeitsuchende	VII.1
SGB VIII	Sozialgesetzbuch (SGB) Achtes Buch (VIII) – Kinder- und Jugendhilfe	VII.2
SGB IX	Sozialgesetzbuch Neuntes Buch – Rehabilitation und Teilhabe von Menschen mit Behinderungen – (Neuntes Buch Sozialgesetzbuch – SGB IX) – Teil 2: Eingliederungshilferecht	VII.5
SGB X	Zehntes Buch Sozialgesetzbuch – Sozialverwaltungsverfahren und Sozialdatenschutz	VI.6
SGB XI	Sozialgesetzbuch (SGB) Elftes Buch (XI) – Soziale Pflegeversicherung	VII.3
SGB XII	Sozialgesetzbuch (SGB) Zwölftes Buch (XII) – Sozialhilfe	VII.4
SGG	Sozialgerichtsgesetz	VI.7
StPO	Strafprozessordnung	VI.8
VBVG	Vormünder- und Betreuervergütungsgesetz	II.3

VRegGebS	Satzung über die Gebühren in Angelegenheiten des Zentralen Vorsorgeregisters (Vorsorgeregister)	V.4
VRegV	Vorsorgeregister-Verordnung	V.3
VwGO	Verwaltungsgerichtsordnung	VI.4
VwVfG	Verwaltungsverfahrensgesetz	VI.2
VwZG	Verwaltungszustellungsgesetz	VI.3
WBVG	Gesetz zur Regelung von Verträgen über Wohnraum mit Pflege- oder Betreuungsleistungen (Wohn- und Betreuungsvertragsgesetz)	VIII.1
ZPO	Zivilprozessordnung	III.4